lonely planet

Roumanie et Bulgarie

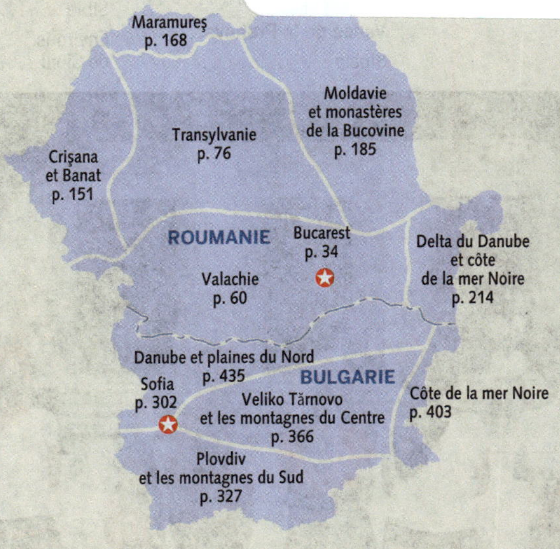

ÉDITION ÉCRITE ET ACTUALISÉE PAR

Mark Baker, Steve Fallon, Anita Isalska

PRÉPARER SON VOYAGE

SUR LA ROUTE

SALAJEAN / SHUTTERSTOCK ©

FEMMES ET JEUNES FILLES EN TENUE TRADITIONNELLE, ROUMANIE

Sommaire Roumanie

COMPRENDRE

LA ROUMANIE PRATIQUE

COUPS DE PROJECTEUR

PRÉPARER SON VOYAGE

SUR LA ROUTE

ARSENIE KRASNEVSKY / SHUTTERSTOCK©

Sommaire Bulgarie

VELIKO TĂRNOVO, BULGARIE, P. 372

COMPRENDRE

LA BULGARIE PRATIQUE

COUPS DE PROJECTEUR

Roumanie et Bulgarie

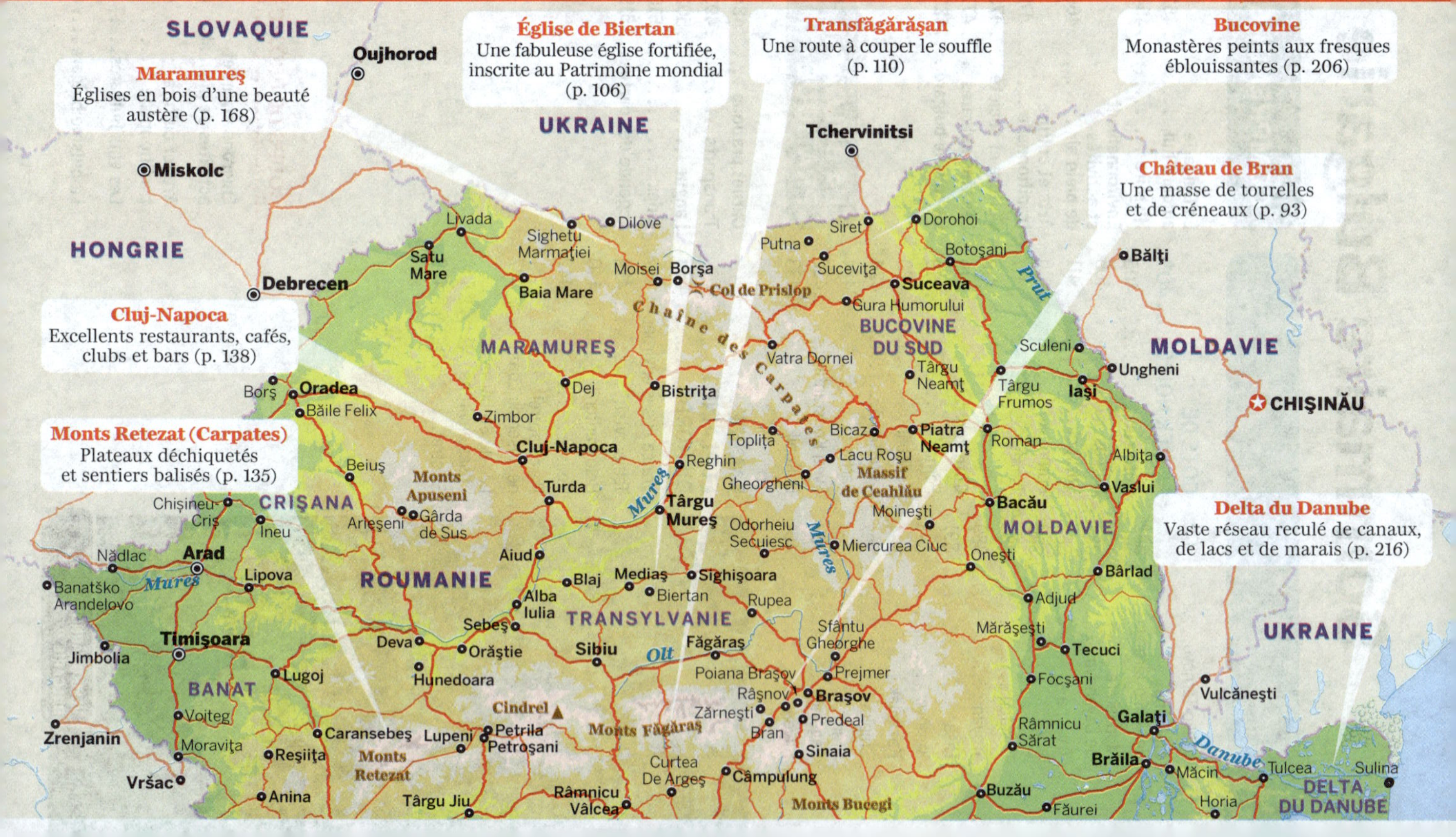

Bucarest
L'immense (et tristement célèbre) palais du Parlement évoque l'histoire moderne du pays (p. 34)
Sofia
Admirez la majestueuse cathédrale-mémorial Alexandre Nevski (p. 302)
Monastère de Rila
Un trésor spirituel millénaire (p. 330)
Massif du Pirin
Stations de ski et belles randonnées en été (p. 336)
Melnik
Bons vins et remarquables pyramides de pierre (p. 343)
Plovdiv
Culture d'aujourd'hui et ruines antiques (p. 346)
Veliko Tărnovo
La capitale médiévale allie histoire et vie nocturne (p. 372)
Côte de la mer Noire bulgare
Vestiges antiques et plages de sable blond (p. 403)
ALTITUDE
2 500 m
2 000 m
1 500 m
1 000 m
500 m
300 m
200 m
0
SERBIE
MACÉDOINE
SKOPJE
GRÈCE
TURQUIE
BULGARIE
VALACHIE
DOBROUDJA DU NORD
MER NOIRE
Chaîne des Carpates
Danube
Lac de Srebărna
Stara Planina
Col de Shipka
Massif du Rila
Massif du Pirin
Massif des Rhodopes
Mt Vitosha
Parc naturel de Vratchanski Balkan
Parc naturel du Vitosha
Parc naturel de Strandja
Réserve naturelle de Ropotamo
Cap Kaliakra
BUCAREST
SOFIA
İstanbul
Naidăș
Băile Herculane
Orșova
Kladovo
Drobeta-Turnu Severin
Filiași
Drăgășani
Scornicești
Slatina
Craiova
Pitești
Târgoviște
Ploiești
Snagov
Urziceni
Otopeni
Brănești
Slobozia
Hârșova
Ciucurova
Sfântu Gheorghe
Histria
Fetești
Mamaia
Constanța
Călărași
Silistra
Srebărna
Oltenița
Giurgiu
Roussé
Alexandria
Roșiori de Vede
Caracal
Vidin
Calafat
Lom
Bechet
Corabia
Turnu Măgurele
Oryahovo
Zimnicea
Svishtov
Goulyantsi
Belogradtchik
Tchiprovtsi
Montana
Kneja
Pleven
Borovan
Byala
Popovo
Razgrad
Negru Vodă
Mangalia
Vama Veche
Durankulak
Dobritch
Baltchik
Kavarna
Albena
Kaliakra
Zlatni Pyasătsi (Sables d'Or)
Varna
Sveti Konstantin
Madara
Shumen
Targovishte
Veliki Preslav
Omurtag
Bekovitsa
Vratsa
Mezdra
Tcherven Bryag
Lovetch
Veliko Tărnovo
Arbanasi
Dimitrovgrad
Troyan
Gabrovo
Tryavna
Elena
Kotel
Byala
Slăntchev Bryag (plage du Soleil)
Novi Iskăr
Boyana
Pernik
Shipka
Karlovo
Kazanlăk
Novo Zagora
Sliven
Karnobat
Aitos
Nesebăr
Pomorie
Burgas
Yambol
Ihtiman
Panagyurishte
Hisar (Hisarya)
Stara Zagora
Sozopol
Kyustendil
Samokov
Borovets
Pazardjik
Primorsko
Kiten
Tsarevo
Rila
Plovdiv
Tchirpan
Elhovo
Sinemorets
Blagoevgrad
Velingrad
Peshtera
Asenovgrad
Haskovo
Topolovgrad
Bansko
Devin
Tchepelare
Ormenio
Gotse Deltchev
Dospat
Pamporovo
Kărdjali
Melnik
Smolyan
Petritch
Zlatograd

17 façons de voir la Roumanie et la Bulgarie

1

Palais du Parlement, Bucarest

1 En son temps, la construction du palais du Parlement (p. 35) engloutit des ressources colossales dans un contexte économique exsangue et amena à raser tout un pan du vieux Bucarest, naguère surnommé le "Petit Paris". Ahurissant témoignage du fol orgueil d'un dictateur, la "maison du peuple" n'en impressionne pas moins par son gigantisme et l'étalage impressionnant de savoir-faire et de matériaux mis en œuvre. Sa visite est aussi bien édifiante que mémorable.

Plages de la mer Noire, Bulgarie

2 Que vous souhaitiez vous dorer au soleil toute la journée, passer la nuit à danser ou pratiquer d'autres activités, vous trouverez votre bonheur sur les plages bulgares de la mer Noire (p. 403). Loin des grands complexes touristiques tapageurs, de charmantes bourgades balnéaires surplombent de petites criques, et les cités de Varna et de Burgas possèdent de longues plages de ville moins bondées. Pour davantage de calme, optez pour les plages reculées tout au nord ou au sud.

Ci-dessous : Albena (p. 434)

JOYFULL / SHUTTERSTOCK ©

OPOPO / SHUTTERSTOCK ©

3

IVANCREATIVE / SHUTTERSTOCK ©

Monastère de Rila

3 Haut lieu de spiritualité depuis plus de mille ans, ce joli monastère (p. 330) est lové dans les brumes d'une vallée du massif du Rila. Gardien de l'identité et de la culture bulgares aux sombres heures de l'occupation ottomane, et fanal révolutionnaire au XIXe siècle, il reste, aujourd'hui encore, un joyau chargé d'histoire. Ermitage au Xe siècle, le monastère s'agrandit par la suite. Le bel ensemble d'arches, de hautes coupoles et de fresques de l'*Apocalypse* que l'on y découvre date pour l'essentiel du XIXe siècle, après que l'endroit eut été ravagé par un incendie.

Château de Bran

4 Perché sur un promontoire rocheux de Transylvanie, hérissé de tourelles et de fortifications, le château de Bran (p. 93) surplombe un défilé sauvage enveloppé de brume et densément boisé. Si son aspect impressionne, ne vous attendez pas au grand frisson : ses murs blancs et sa cour fleurie de géraniums n'ont rien de lugubre ! Selon la légende, Vlad Ţepeş (qui aurait inspiré à Bram Stoker son personnage de Dracula) y aurait brièvement séjourné : suivez sa trace dans un labyrinthe de cours et de passages dérobés.

Monastères peints de la Bucovine

5 Isolés sur le versant est des Carpates et classés par l'Unesco, les monastères peints de la Bucovine (p. 206) illustrent la tradition orthodoxe mâtinée de latinité propre à la Roumanie. Alliant minutie du détail et richesse des couleurs, les fresques donnent vie aussi bien à des épisodes de la Bible qu'au siège de Constantinople au XVe siècle. On doit pour bonne part ces monastères au prince moldave Étienne le Grand (Ştefan cel Mare), héros national canonisé.

Ci-contre : monastère de Voroneţ (p. 207)

4

5

Veliko Tărnovo

6 À Veliko Tărnovo (p. 372), cité des tsars et capitale médiévale, le souvenir des hauts faits de jadis demeure vivace. Qu'il s'agisse de la forteresse, des monuments soviétiques, des ruelles pavées ou de l'artisanat traditionnel, tout évoque le passé. Mais Veliko Tărnovo accueille aussi la deuxième université du pays, et une dynamique communauté d'expatriés. Bon point de chute pour partir en randonnée ou à VTT, elle se prête également à des excursions vers la gorge d'Emen.

Ci-dessous : forteresse de Tsarevets (p. 373)

Vins bulgares

7 La tradition des vins bulgares, qui remonte à l'époque des Thraces, a fait bien des heureux au fil des siècles, depuis les auteurs romains jusqu'à Winston Churchill. Dans le sud-ouest du pays, Melnik (p. 343), un village aux charmantes maisons traditionnelles du XIXe siècle situé à proximité de formations naturelles de grès surnommées "pyramides", est réputé pour son rouge. Pas moins de cinq régions viticoles s'étendent du Danube à la mer Noire en passant par la plaine de Thrace.

6

PAYA MONA / SHUTTERSTOCK ©

POROJNICU STELIAN / SHUTTERSTOCK ©

SCOTT WONG / SHUTTERSTOCK ©

Faune du delta du Danube

8 Après une course de quelque 2 800 km à travers le continent européen, le puissant Danube traverse une immense étendue de zone humide sauvage dans l'est de la Roumanie (le delta), puis se jette dans la mer Noire. Placée sous la protection environnementale internationale de la Réserve de biosphère du delta du Danube, cette région (p. 216) est un refuge pour toutes sortes de poissons et d'oiseaux. On peut y observer des rolliers d'Europe, des pygargues à queue blanche, de grandes aigrettes et des guêpiers. Ci-dessus : pélican blanc

Églises en bois du Maramureş

9 Émergeant au milieu des arbres, les étonnantes églises en bois du Maramureş (p. 168), dans le nord de la Roumanie, sont d'une beauté austère, avec leurs toits en bardeaux et leurs flèches, d'influence gothique, battues par les intempéries. Elles renferment de magnifiques fresques bibliques, dont certaines remontent au XIVe siècle. Aujourd'hui encore, les villageois revêtent leur costume traditionnel pour se rendre à l'office du dimanche.

Ci-dessus : monastère de Bârsana (p. 181)

Tombeaux thraces

10 Entre Shipka et Kazanlăk (Bulgarie), la “vallée des Rois thraces” est constellée de tombeaux ; de nouveaux sont mis au jour chaque année. Celui de Sveshtari (p. 442) est l'un des mieux conservés. Classé par l'Unesco et datant de l'an 300 av. J.-C., il compte trois chambres et recèle de ravissantes œuvres d'art et bas-reliefs, dont 10 effigies féminines. Vous devrez obligatoirement être motorisé pour y accéder, mais cela en vaut la peine.

Ci-dessous : tombeau thrace de Sveshtari

Cluj-Napoca

11 Entre cafés bohème, excellents restaurants, festivals de musique, bars et discothèques, la deuxième plus grande ville de Roumanie (p. 138) est bel et bien sortie de sa torpeur – ses nombreux étudiants participent de son dynamisme et de sa vie nocturne. Elle est également devenue le haut lieu de l'art contemporain dans le pays. Le développement des liaisons aériennes attire un nombre croissant de voyageurs. Beaucoup filent d'emblée vers Braşov, Sibiu ou Sighişoara ; ils gagneraient pourtant à s'attarder à Cluj.

TAKASHI IMAGES / SHUTTERSTOCK ©

MARIIA GOLOVIANKO / SHUTTERSTOCK ©

GASPAR JANOS / SHUTTERSTOCK ©

SIMEONDONOV / GETTY IMAGES ©

AIVITA ARIKA / SHUTTERSTOCK ©

Trekking dans les Carpates

12 Hantés par les ours, les loups, les lynx et les sangliers, les denses forêts primitives et les plateaux accidentés des Carpates semblent tout droit sortis d'un conte de Grimm. On y trouve des chemins de randonnée bien balisés et un réseau de refuges, que l'on peut rejoindre aussi bien depuis la Transylvanie que depuis la Moldavie. Avec quelque 80 lacs glaciaires et des sommets s'élevant au-dessus de 2 000 m, les monts Retezat (p. 135), dans les Carpates du Sud, sont particulièrement spectaculaires.

Ci-dessus : randonneurs dans les monts Bucegi (p. 82)

Randonnée dans la Stara Planina

13 Longue de 550 km, la chaîne de la Stara Planina (ou Grand Balkan ; p. 391) traverse la Bulgarie. Chaussez vos chaussures de marche pour explorer les prairies autour de Dryanovo (p. 384) ou pour rejoindre de paisibles monastères, comme celui de Sokolski (p. 386).

Les plus aguerris graviront le point culminant, le mont Botev (p. 391). Et vous pourrez aussi randonner pendant plusieurs jours, en quête de solitude – quelque 80 *hija* (refuges) jalonnent la Stara Planina. Attention : la météo est changeante !

Ci-dessus : un refuge

Villages saxons et églises fortifiées

14 Au XIIe siècle, des Saxons, venus de l'actuelle Allemagne, furent invités à s'installer dans des zones de la Transylvanie roumaine pour protéger le futur royaume hongrois des menaces tatare et turque. La kyrielle d'églises fortifiées, de tours de guet et de murs en pierre qui parsèment le paysage entre Sighişoara et Sibiu en est le legs architectural. L'église fortifiée de Biertan (p. 106) attire le plus grand nombre de visiteurs, mais Viscri, Mălâncrav et Alma valent aussi le détour.

Ci-dessus : Biertan (p. 106)

15

NATALIYA NAZAROVA / SHUTTERSTOCK ©

16

NATALIYA NAZAROVA / SHUTTERSTOCK ©

17

CALIN STAN / SHUTTERSTOCK ©

Plovdiv

15 Avec une vieille ville charmante, un quartier artistique en pleine renaissance et une vie nocturne assez trépidante, la deuxième ville de Bulgarie (p. 346) n'a jamais paru aussi belle. Cette cité aux sept collines, dont le centre est jalonné d'édifices datant du Renouveau national bulgare, possède une agréable rue commerçante qui croise un stade romain antique et une mosquée du XVe siècle. Elle a joliment profité des efforts déployés pour en faire la Capitale européenne de la culture 2019, et son agenda est plein à craquer de concerts et de manifestations artistiques.

Ski dans le Pirin

16 Avec plus de 100 sommets au-dessus de 2 000 m, le massif du Pirin (p. 336) est une terre de géants. En été, les randonneurs affluent vers son parc national. Ses longs hivers et à sa neige duveteuse en font la meilleure destination de ski et de snowboard de Bulgarie. Blottie au pied du mont Vihren (2 915 m), Bansko est la station la plus prisée des Balkans. Ses 75 km de pistes, dont certaines partent à 2 600 m, offrent des descentes pour tous les niveaux. La vie festive n'est pas en reste avec, pour point d'orgue, l'Horizon Festival (p. 341).

Ci-dessus : skieurs à Bansko (p. 338)

Road-trip sur la Transfăgărăşan

17 Lors de son aménagement, dans les années 1970, cette route de haute altitude (p. 110) dans le sud de la Transylvanie était tournée en dérision comme un délire mégalomane du régime de Ceauşescu. Aujourd'hui, au-delà du regard porté sur le regard du dictateur, elle est désignée comme l'une des plus formidables routes du monde. De fait, l'expérience au volant est inoubliable – adrénaline garantie ! La Transfăgărăşan a pour joyau le lac glaciaire Bâlea, lisse comme un miroir dans son écrin de rochers, et parfois enveloppé de nuages.

Roumanie

AIVITA ARIKA / SHUTTERSTOCK ©

Sighişoara (p. 99)

Bienvenue en Roumanie

Églises fortifiées et monastères peints parsèment un paysage de montagnes rocailleuses et de collines ondulantes. Les anciennes colonies saxonnes comme Sibiu et Brașov enchantent les visiteurs, tandis que Bucarest n'est que pure énergie.

Nature et faune sauvage

Les Carpates dessinent un grand arc au centre du pays, une étendue de pics rocheux entourés de pinèdes et d'arbres à feuilles caduques, surplombant des prés d'un vert éclatant et des sentiers jalonnés de refuges. Le rude relief a limité l'habitat humain, et les bois fourmillent de cerfs, d'élans et d'ours. Deuxième plus long fleuve d'Europe, le Danube délimite la frontière sud de la Roumanie avant d'obliquer vers le nord et de se déverser dans la mer Noire. Son delta, qui englobe d'immenses marécages et roselières, offre un refuge à 300 espèces d'oiseaux et 160 variétés de poissons.

Châteaux et villes médiévales

En Transylvanie, où Bram Stoker établit Dracula, des châteaux stupéfiants coiffent des collines rocheuses. Outre l'étrange château de Bran, allez admirer le château des Corvin, du XIVe siècle, à Hunedoara, ou le château de Peleș, du XIXe siècle, somptueuse demeure du roi Carol Ier. Dans les villes médiévales comme Brașov, Sighișoara et Sibiu, les ruelles pavées sont bordées de cafés chics, tandis que dans l'animation de Cluj-Napoca, la cacophonie nocturne résonne contre les façades gothiques et baroques. Les villages saxons de Transylvanie abritent des églises fortifiées vieilles d'un demi-millénaire.

Traditions

Depuis des siècles, la culture paysanne imprègne une grande partie de la Roumanie. Le relief et le manque de routes favorisèrent l'émergence de villages vivant en autarcie, où les artisanats comme la boulangerie, la poterie, le tannage et le tissage furent élevés au rang d'art. Les musées des arts et traditions populaires, comme les musées en plein air et les villages-musées, sont incontournables. De nombreux hameaux isolés sont de véritables musées à ciel ouvert. C'est particulièrement vrai dans le Maramureș, terre des belles églises en bois, où l'on voit encore d'énormes meules de foin et des charrettes à cheval, et où l'on se croirait parfois au Moyen Âge.

Activités de plein air

Les sommets rocheux de Transylvanie et de Moldavie, qui peuvent être enneigés dès la mi-octobre, invitent à la conquête. Ailleurs dans le pays, les forêts, prairies et villages offrent des promenades moins aventureuses et non moins gratifiantes. L'immense delta du Danube, une zone humide exceptionnelle, se prête à la pêche, à la plaisance et, surtout, à l'observation des oiseaux au printemps. En été, les complexes hôteliers de la mer Noire se remplissent de touristes attirés par le soleil et la fête.

Pourquoi j'aime la Roumanie

Mark Baker, auteur

Quand je voyage, j'apprécie les contrastes. En Roumanie, des charrettes tirées par des chevaux se partagent l'autoroute avec des voitures filant à vive allure ; et, dans les villes, de majestueux palais en ruines côtoient des immeubles de bureaux rutilants. Il n'y a jamais de temps mort. À Bucarest, les lézardes des vieilles façades laissent entrevoir de jeunes pousses de créativité. C'est une ville de jardins cachés et de cafés originaux. Plus loin, les montagnes et les campagnes sont calmes, inexplorées et authentiques. La tranquillité et la fraîcheur permettent à l'esprit d'y vagabonder librement.

Pour en savoir plus sur nos auteurs, reportez-vous p. 520.

Ci-dessus : village des Carpates

Roumanie

Oujhorod
UKRAINE
Livada
Sighetu
Marmaţiei
Satu
Mare
Debrecen
Baia Mare
Moisei
Col
de Prislop
Karcag
Borş
Oradea
Băile Felix
Zimbor
Dej
Bistriţa
HONGRIE
Cluj-
Napoca
Reghin
Chişineu-
Criş
Beiuş
Monts
Apuseni
Turda
Ineu
Arieşeni
Gârda de Sus
Târgu
Mureş
Szeged
Albac
Région viticole
du plateau
de Târnave
Arad
Aiud
Nădlac
Sighişoara
Lipova
Mureş
Blaj
Alba Iulia
Mediaş
Biertan
Jimbolia
Sebeş
Timişoara
Deva
Sibiu
Făgăraş
Orăştie
Lugoj
Hunedoara
Ucea
Cindrel
Voiteg
Caransebeş
Petrila
Monts Retezat
Petroşani
Reşiţa
Lupeni
Monts Făgăraş
Parc
national
des Retezat
Curtea
De Argeş
Moraviţa
Râmnicu
Vâlcea
Anina
Târgu Jiu
BELGRADE
Dunav
(Danube)
Chaîne des Carpates
Băile Herculane
Piteşti
Orşova
Drobeta-
Turnu
Severin
Drăgăşani
Scorniceşti
Filiaşi
Slatina
Craiova
SERBIE
Roşiori
de Vede
Caracal
Calafat
Kraljevo
Turnu
Măgurele
Bechet
Corabia
Dunav (Danube)
Niš
Pleven

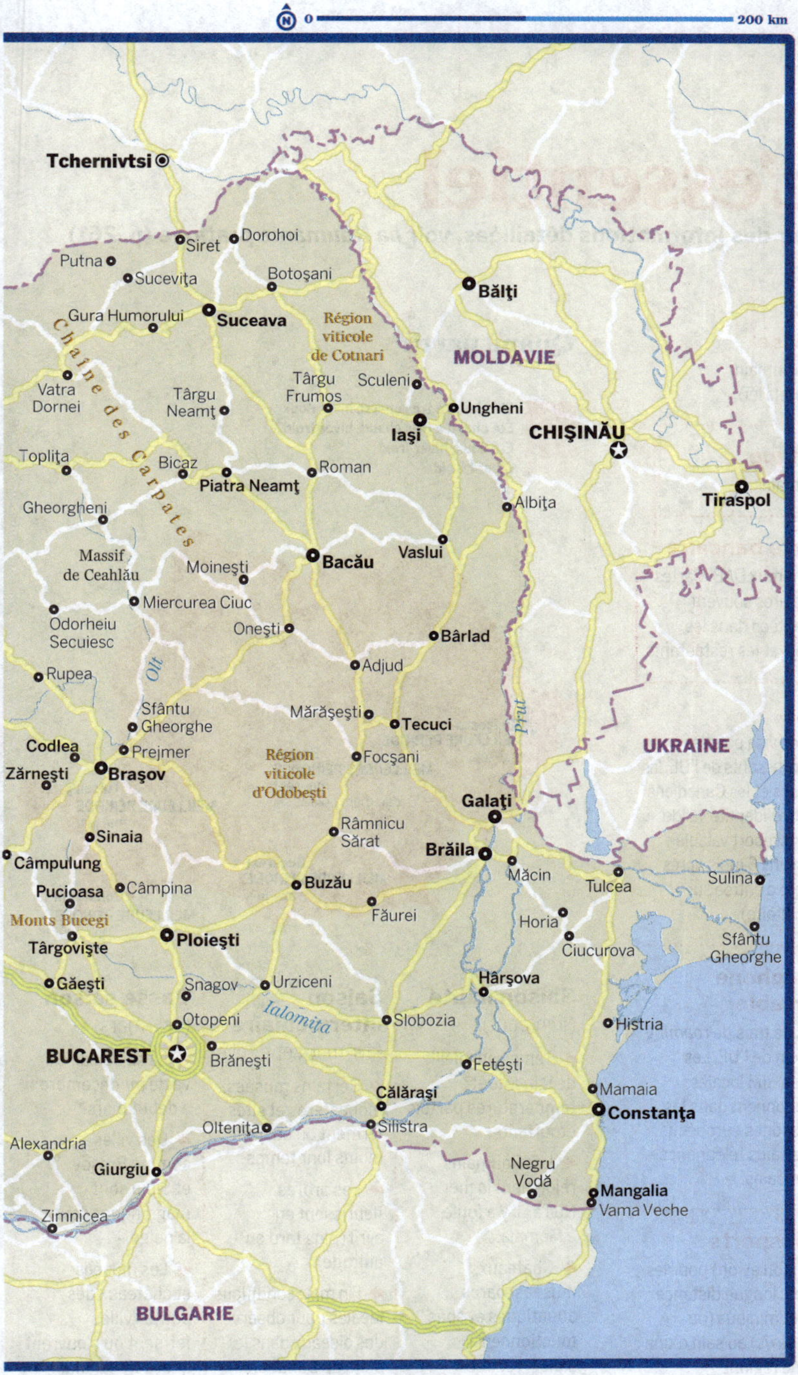

0
200 km
Tchernivtsi
Siret
Dorohoi
Putna
Sucevița
Botoșani
Gura Humorului
Suceava
Région viticole de Cotnari
Bălți
MOLDAVIE
Chaîne des Carpates
Vatra Dornei
Târgu Neamț
Târgu Frumos
Sculeni
Ungheni
Iași
CHIȘINĂU
Toplița
Bicaz
Piatra Neamț
Roman
Tiraspol
Albița
Gheorgheni
Vaslui
Bacău
Massif de Ceahlău
Moinești
Miercurea Ciuc
Odorheiu Secuiesc
Onești
Bârlad
Olt
Adjud
Rupea
Sfântu Gheorghe
Mărășești
Tecuci
Prut
Codlea
Prejmer
Région viticole d'Odobești
Focșani
UKRAINE
Zărnești
Brașov
Galați
Râmnicu Sărat
Sinaia
Brăila
Câmpulung
Măcin
Tulcea
Sulina
Pucioasa
Câmpina
Buzău
Făurei
Monts Bucegi
Horia
Sfântu Gheorghe
Târgoviște
Ploiești
Ciucurova
Găești
Snagov
Urziceni
Hârșova
Ialomița
Otopeni
Slobozia
Histria
BUCAREST
Brănești
Fetești
Călărași
Mamaia
Constanța
Oltenița
Silistra
Alexandria
Giurgiu
Negru Vodă
Mangalia
Vama Veche
Zimnicea
BULGARIE

L'essentiel

Pour des informations détaillées, voir *La Roumanie pratique* (p. 261)

Devise
Leu roumain (pluriel : lei)

Langue
Roumain

Carte bancaire
Nombreux DAB. Cartes bancaires souvent acceptées dans les hôtels et les restaurants.

Visa
Pas de visa pour les ressortissants de l'UE, les Suisses et les Canadiens (carte d'identité valide ou passeport valable au moins 6 mois après la date d'entrée sur le territoire).

Téléphone portable
Plus de frais de *roaming* au sein de l'UE. Les cartes SIM locales fonctionnent dans les téléphones européens et certains téléphones américains.

Transports
Train (ou avion) pour les trajets longue distance ; bus et minibus (ou *maxitaxis*) au sein d'une même région.

Quand partir

Saison haute
(juin-août)

- Temps ensoleillé de juin à août ; températures parfois étouffantes.
- Les Roumains rejoignent la mer Noire ; il y a foule à Mamaia.
- Châteaux, musées, parcs aquatiques et spas fonctionnent à plein régime.

Saison intermédiaire
(avr-mai, sept-oct)

- Certains musées, monastères et sites ferment ou ouvrent moins longtemps.
- Les arbres fleurissent en avril (plus tard en altitude).
- Fin mai : conditions idéales pour observer des oiseaux dans le delta du Danube.

Basse saison
(nov-mars)

- La saison de ski va de mi-décembre à début mars.
- Des villes comme Braşov et Sibiu sont magnifiques sous la neige.
- Les musées et châteaux des petites villes ferment ou n'ouvrent que le week-end.

Budget quotidien

Moins de 130 lei

- Dortoir en auberge de jeunesse ou pension : 50 lei/pers
- Repas sur des étals de rue ou courses en magasin : 40 lei
- Ticket de train/bus : 30 lei
- Entrée dans un musée : 10 lei

130-360 lei

- Double dans une pension ou un hôtel de catégorie moyenne : 120 lei/pers
- Repas dans un bon restaurant : 60 lei
- Ticket de train/bus : 30 lei
- Entrée dans un musée : 30 lei

Plus de 360 lei

- Double dans un hôtel haut de gamme : 200 lei/pers
- Déjeuner/dîner dans un restaurant haut de gamme : 80 lei
- Course en taxi : 50 lei
- Entrée dans un musée : 30 lei

Sites Web

Office du tourisme de Roumanie (www.guideroumanie.com). Site officiel.

Bucharest Life (www.bucharestlife.net). Nombreuses infos et actualités.

Tourisme rural (www.ruralturism.ro). Gîtes ruraux dans toute la Roumanie.

Sapte Seri (www.sapteseri.ro). Recense événements culturels et lieux où sortir.

Institut culturel roumain (www.institut-roumain.org). À Paris.

Lonely Planet (www.lonelyplanet.fr). Infos sur la destination, forum de voyageurs, réservations (hôtels et transports).

Taux de change

Zone euro	1 €	4,55 lei
Suisse	1 FS	4,15 lei
Canada	1 $C	3,06 lei
Bulgarie	1 lv	2,32 lei

Pour des taux de change actualisés, rendez-vous sur : www.xe.com/fr.

Numéros utiles

Indicatif de la Roumanie	☎40
Code d'accès international	☎00
Ambulance et autres services d'urgence	☎112

Heures d'ouverture

Les centres commerciaux ouvrent plus longtemps que les autres magasins, ainsi que les samedis et dimanches, de 9h à 20h. De nombreux musées sont fermés le lundi et adoptent des horaires réduits hors saison.

Banques 9h-17h lun-ven ; 9h-13h sam (horaires variables)

Magasins 9h-18h lun-ven ; 9h-14h sam

Musées 10h-18h mar-ven ; 10h-16h sam-dim

Postes 8h-19h lun-ven ; 8h-13h sam (dans les villes)

Restaurants 9h-23h lun-ven ; 10h-23h sam-dim

Arriver en Roumanie

Aéroport international Henri Coandă (Bucarest). Le bus express n°783 va jusqu'au centre-ville (40 min, 7 lei) ; en taxi, comptez 50-60 lei (30-40 min) ; le trajet en train jusqu'à la Gara de Nord (30 min) coûte 10 lei.

Aéroport international de Cluj-Napoca Pour rejoindre le centre-ville, prendre le bus n°5 ou n°8 (30 min, 2,50 lei) ou un taxi (25 min, 50 lei).

Aéroport international Traian Vuia (Timişoara). Le bus express E4 (30 min, 2,50 lei) et des taxis (25 min, 50 lei) desservent le centre-ville.

Désagréments et dangers

La Roumanie est une destination sûre – où il convient, comme partout, de rester sur ses gardes dans certaines situations.

À Bucarest, notamment, méfiez-vous des prix gonflés pour les touristes dans les restaurants et des taxis (prenez conseil à votre hôtel). En dehors de la capitale et loin des endroits touristiques comme Braşov, vous rencontrerez peu ce type de désagrément.

Gare aux ours dans les régions montagneuses, où la plus grande prudence est recommandée. Prenez conseil auprès des habitants.

Certains chiens errants peuvent avoir un comportement agressif. Gardez-vous de les caresser et efforcez-vous de les éviter.

Avant le départ, pensez à vous enregistrer sur le portail Ariane du ministère des Affaires étrangères (voir l'encadré p. 263).

Pour plus de détails sur les transports, voir p. 271.

Envie de…

Culture folklorique

Musée Astra de la Civilisation populaire traditionnelle À Sibiu, ce musée en plein air regroupe quelque 300 bâtiments issus de tout le pays, dans un parc ravissant. (p. 112)

Village-Musée national L'architecture des campagnes roumaines est bien présentée dans ce musée en plein air en plein cœur de Bucarest. (p. 44)

Musée ethnographique Dans une aile du palais de la Culture (magnifiquement rénové) de Iaşi, cette collection d'artisanat populaire figure parmi les plus complètes du pays. (p. 189)

Microrégion de Huedin Non loin des monts Apuseni, ce paradis bucolique est un bastion de la vie pastorale en Transylvanie, vénéré des folkloristes hongrois. (p. 146)

Maramureş Cette région reculée au nord de la Transylvanie paraît par bien des aspects comme figée dans le temps. (p. 168)

Châteaux et forteresses

Église fortifiée Vieille de 900 ans, l'église chaulée de Viscri est une prouesse d'ingénierie médiévale. (p. 107)

Forteresse Vidéos amusantes, expositions avec écrans tactiles : la puissante forteresse abandonnée de Suceava (XIVe siècle) a bénéficié d'un relooking high-tech. (p.202)

Château de Bran Ce robuste château fort était à l'origine une tour de guet, d'où les chevaliers teutoniques dominaient un col stratégique entre la Transylvanie et la Valachie. (p. 93)

Château de Peleş L'ancienne résidence du roi Carol Ier. (p. 77)

Citadelle de Poienari Gravissez les 1 480 marches de cette forteresse, camp de base du redoutable prince valaque Vlad Ţepeş, qui a inspiré le personnage de Dracula. (p. 69)

Villes et villages médiévaux

Sighişoara Avec la splendide tour de l'horloge (XIVe siècle) qui domine sa citadelle, voici la ville saxonne la plus pittoresque de Transylvanie. (p. 99)

Curtea de Argeş Cette ancienne capitale valaque a pour joyau les vastes ruines d'une cour princière, englobant une église vieille de 700 ans, intacte et décorée de fresques. (p. 68)

Sibiel Les forêts alentour ont presque avalé ce joli village saxon qui évoque *Le Petit Chaperon rouge*. Les derniers hivers, beaucoup de loups y ont été aperçus. (p. 118)

Ieud Ce village, l'une des nombreuses localités historiques du Maramureş, possède deux églises en bois et moult portes en bois traditionnelles. (p. 182)

Măgura Un minuscule village proche de Braşov, avec les époustouflants sommets des monts Piatra Craiului en arrière-plan. (p. 98)

Pleine nature

Sfântu Gheorghe Un jour pour se détendre sur une plage aux eaux cristallines et le lendemain pour partir observer des pélicans rares au bout du delta du Danube ! (p. 120)

Parc naturel des monts Apuseni Une zone protégée au nord-ouest du pays, reconnaissable à ses étonnantes formations calcaires, où se nichent les grottes les plus remarquables de Roumanie. (p. 147)

Parc national des Portes de Fer Le Danube y coule dans une gorge spectaculaire et dangereusement étroite, le long de la frontière sud avec la Serbie. (p. 74)

Monts Făgăraş Les montagnes les plus hautes et les plus majestueuses du pays ; au moins six pics atteignent les 2 500 m. (p. 107)

Intérieur du palais du Parlement (p. 35)

Environs de Braşov Partez pister les animaux sauvages (loups, lynx, ours...) à l'occasion d'un circuit guidé dans les forêts et collines des environs de Braşov. (p. 93)

Vie nocturne

Vieille ville de Bucarest Les minuscules ruelles cernant l'ancienne cour princière accueillent une multitude de bars, pubs et clubs. (p. 38)

Mamaia La plus populaire des stations balnéaires roumaines de la mer Noire possède les meilleures discothèques de plage du pays. (p. 229)

Timişoara Des fêtes mémorables ont lieu dans cette ville, qui accueille la plus grande université de l'ouest du pays. (p. 153)

Cluj-Napoca Dans cette autre ville universitaire rivalisant avec Timişoara, des pubs et discothèques surgissent à chaque coin de rue ! (p. 138)

Vama Veche Pour les Roumains, la fête sur la mer Noire est synonyme de nuit blanche un week-end d'août sur une plage de Vama Veche. (p. 231)

Histoire

Palais du Parlement Incontournable, cette création démesurée de l'ancien dictateur Nicolae Ceauşescu témoigne de l'architecture austère de la période communiste. (p. 35)

Caserne militaire La modeste caserne où furent exécutés les Ceauşescu le jour de Noël 1989 a été reconvertie en musée. (p. 65)

Ancienne résidence des Ceauşescu La villa où vécurent les Ceauşescu pendant deux décennies est tout à la fois grandiose et terriblement kitsch. (p.45)

Musée de la Révolution de 1989 C'est à Timişoara que débuta la révolution de décembre 1989. Cet excellent musée revient sur ces événements. (p. 153)

Musée d'Art néolithique cucuteni Ce joyau de Piatra Neamţ est dévolu à la culture néolithique du peuple cucuteni. Il contient d'admirables sculptures de déesses. (p. 197)

Musée national d'Histoire et d'Archéologie À Constanţa, une extraordinaire collection de vases, bijoux et statues des cultures grecque et romaine antiques. (p. 224)

Musée des Portes de Fer Son fleuron : un modèle réduit du pont romain construit au-dessus du Danube en l'an 103. (p. 73)

Mois par mois

LE TOP 5

Festival international de théâtre, juin

Festival international du film de Transylvanie, juin

Festival des arts médiévaux, juillet

Festival Untold, août

Festival musical George Enescu, septembre

Janvier

La neige et la glace recouvrent le pays pendant le mois le plus froid de l'année. Fuyez la neige fondue dans les villes et rejoignez les montagnes, où les stations de sports d'hiver sont en effervescence.

Festival des sports d'hiver

Organisé à Câmpulung Moldovenesc, en Moldavie, le dernier dimanche de janvier. Un excellent prétexte pour faire la fête !

Février

Les stations de ski font le plein pendant la semaine des vacances d'hiver. Ailleurs, les musées sont fermés ou n'ouvrent que le week-end.

Festival des sources enchantées

Le festival de musique folklorique de Târgu Jiu se tient le troisième week-end du mois.

Mars

La fête de Mărţişor (1er mars), qui marque chaque année le début du printemps, ouvre dans la joie ce mois habituellement froid, sombre et humide.

Festival de blues de Sighişoara

Ce festival très réputé (www.blues-festival.ro) a lieu chaque année le dernier week-end de mars.

Avril

Le plus joli mois de l'année, marqué par l'arrivée des fleurs printanières. Pâques est le point culminant du calendrier religieux orthodoxe ; on trouve alors des festivités (et des œufs peints) dans tout le pays.

Festival international du film de Bucarest

Pour ce festival annuel (www.b-iff.ro), le cinéma mondial s'installe à Bucarest pendant 10 jours en avril.

Saint-Georges

Musique traditionnelle, cuisine de rue et concerts en soirée : à Sfântu Gheorghe (Transylvanie ; p. 222) à la mi-août, on rend honneur au saint patron de la ville.

Mai

La température monte un peu, non sans quelques averses. Les Roumains passent traditionnellement le jour de la fête du Travail (1er mai) à la plage, même s'il fait encore trop froid pour se baigner. La saison d'observation des oiseaux commence dans le delta du Danube.

Festival de jazz de Sibiu

La deuxième semaine de mai, le jazz est à l'honneur dans cette ville.

En haut L'Athénée roumain (p. 39) accueille le festival musical George Enescu
En bas Festival Untold, Cluj-Napoca (p. 138)

Juin

L'arrivée de l'été est synonyme de journées chaudes et d'un bon ensoleillement. Les stations balnéaires de la mer Noire se remplissent et les zones de haute altitude se couvrent de fleurs sauvages.

Festival international de théâtre

Principal événement roumain pour le spectacle vivant, ce festival (www.sibfest.ro) se tient à Sibiu sur une semaine à la mi-juin.

Festival international du film de Transylvanie

Investit une dizaine de sites dans Cluj-Napoca (p. 138).

Juillet

Le soleil estival se fait brûlant. Bucarest et d'autres grandes villes peuvent devenir insupportables, quand les températures atteignent 40°C. Les citadins vont se rafraîchir au bord de la mer Noire.

Electric Castle

Électro, house, métal et reggae : un festival pop et rock de 4 jours, avec pour décor le château de Bánffy (p. 148), près de Cluj-Napoca.

Festival des arts médiévaux

Musique, danse et artisanat populaire sont à l'honneur à Sighişoara, de la mi-juillet à la fin juillet pour ce festival annuel (www.sighisoaramedievala.ro).

Août

C'est le mois idéal pour visiter la Roumanie si vous supportez la chaleur. Les longues journées ensoleillées attirent les foules vers les plages et les montagnes. Mieux vaut réserver aux alentours du 15 août, férié.

Hora de la Prislop

Le deuxième dimanche d'août, au col de Prislop (Maramureş), ce festival de musique traditionnelle célèbre la fin de la transhumance des moutons.

Festival Untold

En août, les gens affluent par milliers à Cluj-Napoca (p. 138) pour ce qui est présenté comme "le plus grand festival de Roumanie". Rock et musique indé à l'honneur.

Septembre

Un mois exceptionnel. Les journées sont longues, chaudes et ensoleillées. Avec le début de la saison des champignons, les citadins partent dans les bois en quête du spécimen parfait.

Festival musical George Enescu

Ce festival très réputé (www.festivalenescu.ro) se déroule au mois de septembre, dans le gracieux Athénée roumain de Bucarest (p. 39).

Festival de musique balkanique

Sur un long week-end à la mi-septembre (www.balkanikfestival.ro), Bucarest accueille de la musique du monde survoltée aux accents roms et balkaniques.

Festival d'opéra de Sibiu

Ce festival (www.filarmonicasibiu.ro) attire des musiciens et des chanteurs du monde entier à Sibiu.

Octobre

Le calendrier culturel déborde d'événements ; les villes proposent une foule de concerts et de pièces de théâtre.

Festival international du film Astra

De mi-octobre à fin octobre, ce festival de Sibiu braque les projecteurs sur les meilleurs documentaires de la région.

Festival international de théâtre pour enfants

Le théâtre Ion Creangă de Bucarest accueille ce festival, qui attire des troupes du monde entier.

Décembre

Le 1er décembre est un jour férié. Le 15 décembre, le soleil disparaît dès 16h30. Noël apporte un peu de joie avec ses fêtes, ses festivals et ses marchés.

Festival d'hiver

Musique, masques et défilé de bœufs hauts en couleur : le temps fort annuel incontesté de Sighetu Marmaţiei a lieu deux jours après Noël.

Itinéraires

10 JOURS Châteaux et villes de Transylvanie

Riche de sommets rocheux, de châteaux envoûtants et de villes chargées d'histoire, la Transylvanie est la plus connue des régions roumaines, et sans doute la plus belle. Cet itinéraire classique débute à Bucarest, où atterrissent la plupart des vols internationaux.

Louez une voiture à **Bucarest** ou prenez un train vers le nord, direction les montagnes, et faites halte une ou deux nuits à **Sinaia** pour visiter le château de Peleş. Prenez le téléphérique pour partir randonner dans les **monts Bucegi**.

Continuez en voiture ou en bus, pour aller passer quelques jours à **Braşov**, une ville animée au joli centre pavé. De là, prévoyez une excursion au fameux **château de Bran**.

Si vous êtes motorisé, passez une nuit dans le village saxon de **Viscri**, avant de poursuivre vers **Sighişoara** : sa spectaculaire citadelle, qui a vu naître Vlad Ţepeş, ne manque pas d'attraits pour les voyageurs.

Dirigez-vous ensuite vers le sud-ouest et attardez-vous une ou deux nuits à **Sibiu**, un haut lieu culturel. Si vous avez une voiture (et que c'est l'été), roulez vers le sud sur la route **Transfăgărăşan**, époustouflante. Au sud du col, arrêtez-vous au "vrai château de Dracula", la **citadelle de Poienari**, avant de regagner Bucarest.

2 SEMAINES — Les classiques roumains

En Roumanie, les nombreux obstacles géographiques (comme les cols de haute montagne) compliquent les déplacements. Tout en se concentrant sur la Transylvanie (la région la plus visitée), cet itinéraire inclut les régions voisines et la capitale, Bucarest, pour tirer le meilleur parti de votre temps.

Restez deux jours à **Bucarest**, entre palais du Parlement, musées et restaurants, puis prenez le train ou la voiture pour passer au moins une ou deux nuits à **Braşov**, d'où vous irez visiter le **château de Bran** et le village saxon de **Viscri**.

Puis direction **Sighişoara** et sa citadelle historique. Faites-y étape pour la nuit, puis continuez vers le sud jusqu'à **Sibiu**, un ancien bastion saxon remarquable.

Ensuite, cap au nord jusqu'à **Cluj-Napoca**, une grande ville universitaire avec des cafés et discothèques fantastiques.

Poursuivez vers le nord jusqu'à la ville de **Baia Mare** ou **Sighetu Marmaţiei**, d'où vous pourrez entreprendre l'exploration de la région sauvage du Maramureş. Faites un tour au Cimetière joyeux de **Săpânţa**, et admirez les jolies églises en bois de **Budeşti**, **Surdeşti** et **Ieud**.

1 SEMAINE — Delta du Danube et monastères peints

L'est de la Roumanie est la région la moins visitée. Elle n'en compte pas moins des curiosités naturelles et culturelles majeures. Profitez de la sérénité du delta du Danube, qui fait le bonheur des amoureux des oiseaux. Au nord-ouest de cette immense zone humide protégée, les monastères peints de la Bucovine sont de vraies merveilles.

Ce périple débute par une nuit à **Tulcea**, porte d'entrée vers le delta du Danube, que l'on peut sillonner en bateau pendant une journée. Si vous avez du temps, oubliez Tulcea et prenez plutôt un ferry pour **Sfântu Gheorghe**, reculé et pittoresque.

Après vos sorties en bateau et d'ornithologie, rejoignez Tulcea pour prendre le bus ou roulez vers le nord jusqu'à **Iaşi**, épicentre culturel et plus grande ville de Moldavie, pour une journée de visites. De là, allez visiter les monastères d'**Agapia**, de **Văratec** et de **Neamţ**.

Suceava est à un saut de puce : ce chef-lieu est doté de bons hôtels, et des agences y proposent des excursions vers des monastères peints – ceux de **Voroneţ**, **Arbore** et **Suceviţa** sont incontournables.

Les régions en un clin d'œil

Bucarest

Musées
Loisirs
Gastronomie

Musées d'exception

Bucarest compte les meilleurs musées d'art, d'histoire et de sciences naturelles du pays. Les amateurs d'art folklorique visiteront le pittoresque musée du Paysan et le grandiose musée en plein air consacré aux villages roumains.

La culture, avec un grand et un petit "c"

Le riche calendrier culturel de la capitale (particulièrement dans le domaine de la musique classique) court de septembre au printemps. En outre, tous les soirs de l'année, de petits clubs proposent un vaste choix de concerts de jazz, de rock, de musique indé ou de blues.

La capitale culinaire

Bucarest est (aussi) la capitale culinaire de la Roumanie. La rencontre entre la cuisine traditionnelle, les produits bio et les circuits courts donne des résultats exquis.

p. 34

Valachie

Histoire
Nature
Viticulture

Racines

La Roumanie trouve ses racines dans l'ancienne principauté de Valachie, autrefois sous la férule du redoutable Vlad Ţepeş. Les cours princières de Curtea de Argeş et Târgovişte en sont des témoins.

Le Danube

Le Danube marque la frontière sud de la Valachie. À l'ouest, en dessous de Drobeta-Turnu Severin, ses méandres traversent les "Portes de Fer", une suite de gorges spectaculaires.

Côté vignes

Certains des meilleurs vignobles roumains sont en Valachie. À commencer par ceux de Dealu Mare, au nord de Târgovişte, et de Drăgăşani, à l'ouest – une nouvelle région prometteuse.

p. 60

Transylvanie

Châteaux
Montagnes
Villages

Comtes en cape noire

Qui s'étonnerait que Bram Stoker se soit inspiré de la Transylvanie pour décrire ses châteaux ? Celui de Bran est un trésor national, mais ne négligez pas celui des Corvin, à Hunedoara, ou Râşnov, près de Braşov.

Randonnées

Les frontières naturelles de la Transylvanie sont dessinées par un chapelet en arc de cercle de pics de 2 500 m d'altitude. Les monts Bucegi sont accessibles en téléphérique depuis Sinaia.

Forteresses perdues

En Transylvanie, les villages reculés du XVIIe siècle aux églises fortifiées, bordés de sommets majestueux, sont la norme. Visitez Viscri, Biertan et Măgura.

p. 76

Crişana et Banat

Architecture
Randonnée et spéléologie
Sorties

Art nouveau

L'architecture de Budapest et de Vienne a fortement influencé les villes de l'ouest de la Roumanie telles que Timişoara et Oradea. Dans cette dernière, les superbes éléments Art nouveau sont omniprésents.

Réserve naturelle des monts Apuseni

Souvent ignorés au profit de sommets plus élevés, les monts Apuseni, au sud-est d'Oradea, offrent des kilomètres de sentiers sauvages et isolés et des dizaines de grottes à explorer.

Opéra et théâtre

La ville étudiante de Timişoara prend les arts de la scène au sérieux.
De plus, elle ne manque pas de bars et clubs ouverts jusqu'à l'aube !

p. 151

Maramureş

Vie de village
Musique folklorique
Églises en bois

Retour aux sources

Le Maramureş évoque un vaste musée en plein air de la vie paysanne. L'artisanat continue de prospérer – la fabrication d'eau-de-vie de prunes aussi.

Les racines du folklore

Une grande partie de la musique folklorique roumaine trouve ses origines dans le Maramureş, où danses et chants traditionnels sont à l'honneur toute l'année dans des festivals comme celui de la Hora de la Prislop, en août.

Sombres clochers

Les simples églises de bois des villages comme Budeşti, Bârsana et Ieud témoignent de la piété des villageois et de leur immense talent en sculpture. Essayez d'assister à une messe.

p. 168

Moldavie et monastères de la Bucovine

Monastères
Histoire
Gastronomie

Édifices et art sacrés

Les monastères peints de la Bucovine (XVe-XVIe siècles) sont des chefs-d'œuvre. Par leurs couleurs et leur style, ils sont en harmonie avec le paysage environnant.

Conquête médiévale

Les forteresses de Suceava et Târgu Neamţ rappellent de grandes victoires du prince moldave Étienne le Grand (Ştefan cel Mare) contre les Ottomans au XVe siècle.

Spécialités

La Moldavie est renommée pour ses mets traditionnels. La *mămăligă* (bouillie de semoule de maïs) fait sa fierté et la *ciorbă Rădăuţi* (soupe de poulet à l'ail et au vinaigre) n'a pas sa pareille.

p. 185

Delta du Danube et côte de la mer Noire

Vie sauvage
Plages
Histoire antique

Pélicans et cormorans

La zone humide protégée du delta du Danube se prête à la plaisance, à la randonnée, à la pêche et à l'observation des oiseaux.

Bains de soleil et clairs de lune

Le littoral est ponctué de plages, du delta du Danube à la frontière bulgare. La plage de Sfântu Gheorghe et le célèbre lieu de fête Vama Veche sont parmi nos coups de cœur.

Grecs et Romains

La côte de la mer Noire fut habitée par les Grecs dès le VIIIe siècle av. J.-C., avant l'arrivée des Romains. Les musées de Tulcea, Histria et Constanţa sont riches en trésors antiques.

p. 214

Sur la route

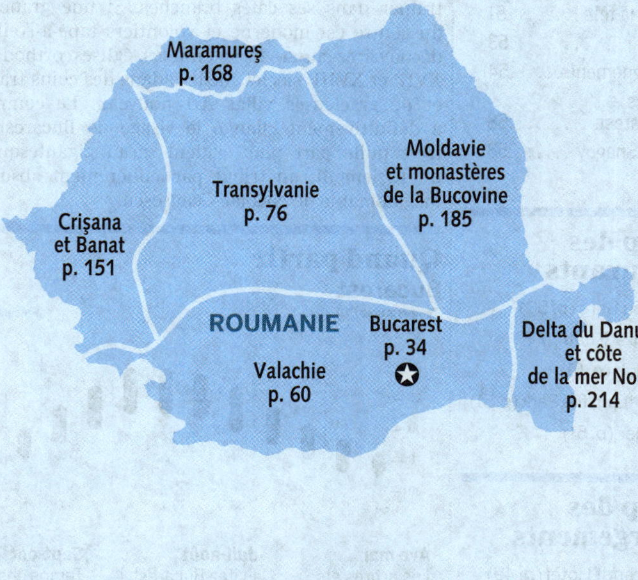
Maramureş
p. 168
Moldavie
et monastères
de la Bucovine
p. 185
Transylvanie
p. 76
Crişana
et Banat
p. 151
ROUMANIE
Bucarest
p. 34
Delta du Danube
et côte
de la mer Noire
p. 214
Valachie
p. 60

Bucarest

1 900 000 HABITANTS

Dans ce chapitre ➡

Le top des restaurants

- Caru' cu Bere (p. 50)
- Lacrimi și Sfinți (p. 51)
- Shift Pub (p. 51)
- Gargantua in the Park (p. 51)
- Modelier (p. 51)

Le top des hébergements

- Rembrandt Hotel (p. 49)
- Vila Arte (p. 50)
- Little Bucharest Old Town Hostel (p. 49)
- Hotel Opera (p. 49)
- Hotel Amzei (p. 49)

Pourquoi y aller

La capitale roumaine est une ville dynamique, énergique et plutôt à la page. Ici, les vestiges du communisme côtoient un capitalisme débridé, et l'Europe occidentale assagie rencontre la passion des Balkans et du Moyen-Orient. Beaucoup de voyageurs n'accordent qu'un ou deux jours à Bucarest (București) avant de partir en Transylvanie. Ce n'est pas lui faire justice. Prévoyez davantage de temps pour visiter ses agréables musées, arpenter ses parcs et traîner dans ses cafés branchés. Si une grande partie du centre est moderne et volontiers tape-à-l'œil, vous y découvrirez aussi de splendides églises orthodoxes des XVIIe et XVIIIe siècles nichées dans des coins tranquilles, et de gracieuses villas Art nouveau. Le communisme a définitivement changé le visage de Bucarest, ce qui n'est nulle part plus évident qu'au gigantesque palais du Parlement, un tribut particulièrement absurde à la mégalomanie de Nicolae Ceaușescu.

Quand partir

Bucarest

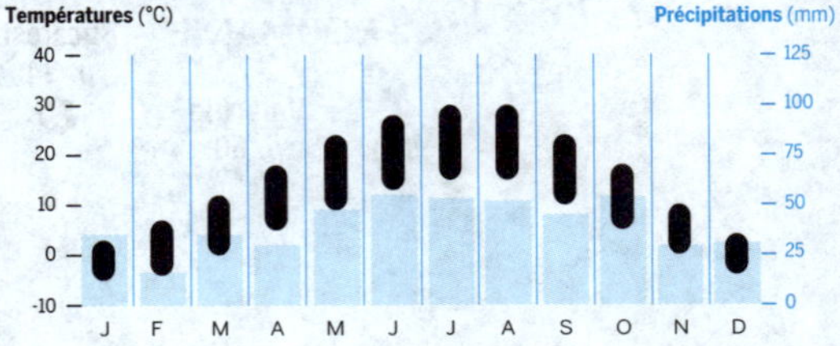

Avr-mai
Les arbres et fleurs qui éclosent redonnent des couleurs aux parcs de la ville.

Juil-août
Évitez Bucarest en plein été : la chaleur peut être étouffante.

Sept-oct
Temps ensoleillé et plus doux, encore assez chaud pour lézarder en terrasse.

Histoire

La ville, qui s'étend dans les plaines valaques entre les contreforts des Carpates et le Danube, fut habitée par des Géto-Daces dès 70 av. J.-C. En 1459, elle abritait une résidence princière et une citadelle militaire, construites sous l'autorité du prince valaque Vlad Ţepeş. À la fin du XVIIe siècle, Bucarest, alors capitale de la Valachie, comptait parmi les centres les plus prospères d'Europe du Sud-Est. En raison de sa situation sur la route commerciale entre l'Orient et l'Occident, elle devint la capitale des Principautés roumaines unies en 1861.

Bucarest connut son âge d'or au début du XXe siècle, avec l'édification de grands bâtiments néoclassiques et le tracé de beaux parcs à la française. À la fin des années 1930, on la surnommait le "Petit Paris" ou le "Paris de l'Est".

Les bombardements alliés de la Seconde Guerre mondiale et un tremblement de terre majeur en 1940 détruisirent une bonne partie de la ville. En 1977, un autre séisme fit 1 391 victimes et rasa d'innombrables bâtiments. La refonte massive de Bucarest dans les années 1980 par le dictateur Nicolae Ceauşescu, qui culmina avec l'érection du palais du Parlement (parfois encore appelé "maison du peuple"), pour lequel une grande partie du centre-ville fut rasée, acheva d'enterrer l'élégant passé de la capitale roumaine.

La violente révolution de 1989 dévasta la ville, à la fois physiquement et psychologiquement. De nombreux bâtiments portent encore des impacts de balles, témoignage de ces jours de chaos où le soulèvement anticommuniste prit des airs de guerre civile. Moins d'un an plus tard, en juin 1990, des mineurs envahirent la capitale afin d'aider le gouvernement à réprimer des étudiants contestataires ; leur violence rouvrit des plaies à peine cicatrisées.

Plus d'un quart de siècle après, son passé sanglant récent hante encore Bucarest, qui montre toutefois des signes de reprise. Le centre historique, et en particulier le secteur autour de la Strada Lipscani, a été rénové. Quant aux quartiers alentour, s'ils sont encore délabrés par endroits, ils s'embellissent d'année en année.

À voir

Bucarest fourmille de musées et de curiosités, tous à des prix plutôt abordables. Attention : nombre d'entre eux sont fermés le lundi (ainsi que le mardi pour certains) ; programmez votre visite en conséquence. L'artère principale, la Calea Victoriei, offre une belle balade : elle mène aux innombrables cafés, bars et discothèques du centre historique en reliant les deux places principales de la ville, la Piaţa Victoriei au nord et la Piaţa Revoluţiei au centre.

Quartier du palais du Parlement

Palais du Parlement MONUMENT HISTORIQUE
(Palatul Parlamentului, Casa Poporului ; carte p. 40 ; réservation 0733-558 102 ; www.cic.cdep.ro ; B-dul Naţiunile Unite ; tarif plein/étudiant visites complètes 55/28 lei, visites standards 35/18 lei, photos 30 lei ; 9h-17h mars-oct, 9h-16h nov-fév ; M Izvor). Création la plus tristement célèbre de l'ancien dictateur Nicolae Ceauşescu, ce palais est le deuxième plus grand bâtiment administratif du monde, après le Pentagone. Démarré en 1984 (et encore inachevé), il comporte plus de 3 000 salles sur 330 000 m², et est accessible uniquement sur visite guidée (à réserver). L'entrée se trouve sur le B-dul Naţiunile Unite, au nord du bâtiment (pour la trouver, placez-vous devant le palais sur le B-dul Unirii et contournez-le par la droite). N'oubliez pas votre passeport.

Il existe plusieurs types de visites, dont la "standard", incluant les salles et couloirs principaux, et la "complète", qui comprend en plus la terrasse et le sous-sol. Comptez environ 45 minutes pour la visite standard, et 15 minutes supplémentaires pour voir la terrasse et le sous-sol. De nos jours, le bâtiment accueille le Parlement de Roumanie et des bureaux annexes (peu d'entre eux sont encore en service).

Musée national d'Art contemporain MUSÉE
(Muzeul Naţionale Arta Contemporana ; 021-318 9137 ; www.mnac.ro ; Calea 13 Sepembrie 1 ; tarif plein/étudiant 10/2,50 lei ; 10h-18h mer-dim ; M Izvor). Le palais du Parlement abrite cette superbe institution proposant des expositions temporaires d'installations éclectiques et d'art vidéo. Consultez le site Web pour connaître la programmation. Le musée est situé du côté sud-ouest du bâtiment (à l'opposé de l'entrée destinée aux visites standards ou complète du palais du Parlement) ; repérez l'entrée E4.

À ne pas manquer

1 Le **palais du Parlement** (p. 35), demeure de l'ancien dictateur Nicolae Ceauşescu, pour prendre la mesure de sa folie des grandeurs

2 Une photo de la **statue de l'empereur Trajan** (p. 38), la plus insolite de Bucarest : un empereur romain nu avec un loup de Dacie dans les bras

3 La quiétude étonnante du **jardin Cişmigiu** (p. 43), véritable invitation à la détente dans le centre de Bucarest

4 Le **musée du Paysan roumain** (p. 44), étrange et amusant

5 La cuisine traditionnelle, la bière maison et les spectacles de cancan improvisés au **Caru' cu Bere** (p. 50)

6 L'**ancienne résidence des Ceauşescu** (p. 45), villa de luxe où ces derniers élurent domicile pendant plus de deux décennies

7 Une soirée à la **Grădina Verona** (p. 52), pour prendre un verre et discuter en plein air dans l'un des beaux jardins de la ville

8 L'**Athénée roumain** (p. 39), pour vivre la sérénité de la musique classique en accord avec l'architecture classique

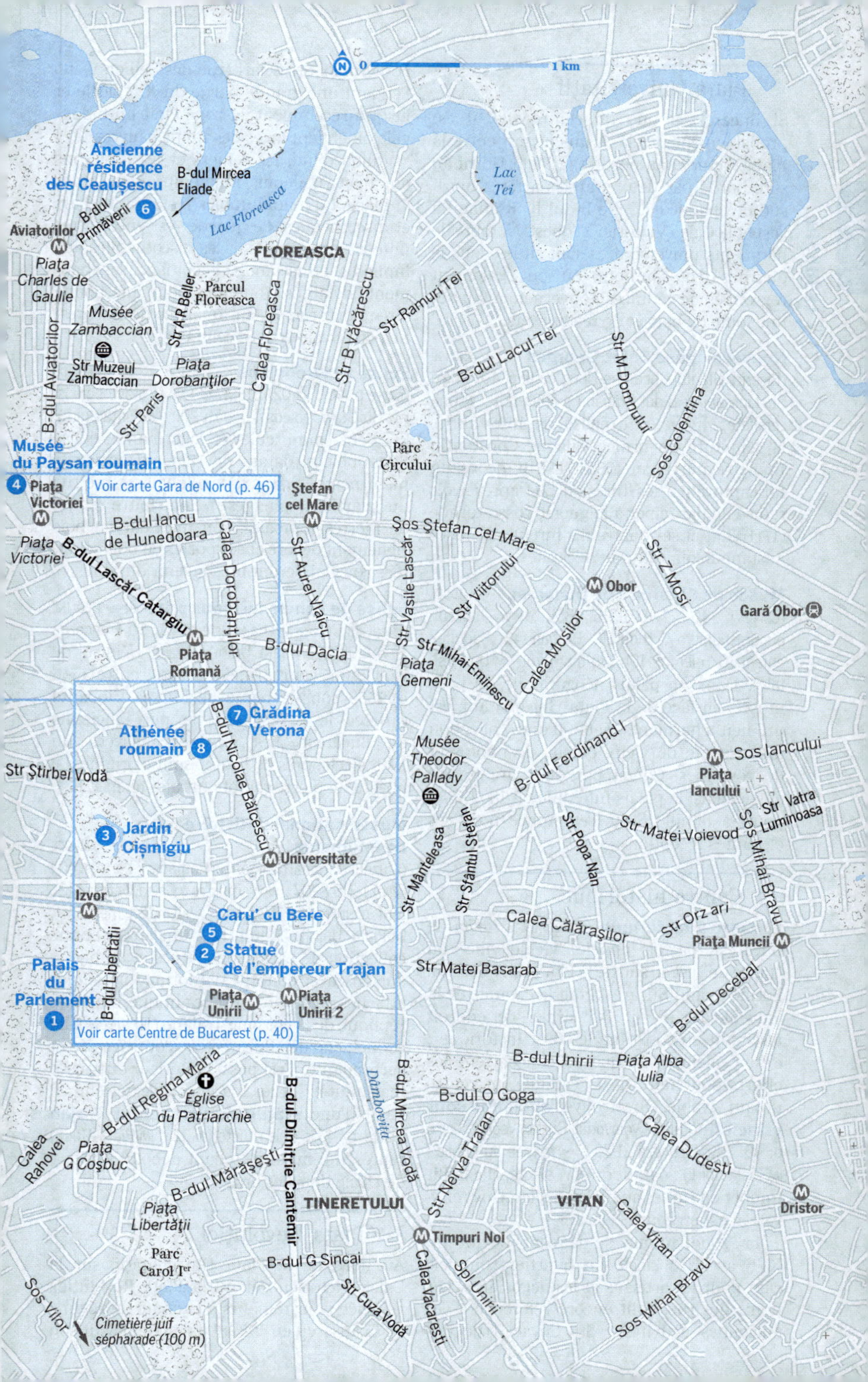

0
1 km
Ancienne résidence des Ceauşescu
6
B-dul Mircea Eliade
Lac Floreasca
Lac Tei
B-dul Primăverii
Aviatorilor
Piaţa Charles de Gaulle
FLOREASCA
Parcul Floreasca
Musée Zambaccian
Str A R Beller
Calea Floreasca
Str B Văcărescu
Str Ramuri Tei
B-dul Lacul Tei
Str M Domnului
Str Muzeul Zambaccian
Piaţa Dorobanţilor
Str Paris
B-dul Aviatorilor
Sos Colentina
Parc Circului
Musée du Paysan roumain
4
Piaţa Victoriei
Voir carte Gara de Nord (p. 46)
Ştefan cel Mare
B-dul Iancu de Hunedoara
Piaţa Victoriei
B-dul Lascăr Catargiu
Calea Dorobanţilor
Str Aurel Vlaicu
Şos Ştefan cel Mare
Str Vasile Lascăr
Str Viitorului
Obor
Str Z Mosi
Gară Obor
Piaţa Romană
B-dul Dacia
Str Mihai Eminescu
Piaţa Gemeni
Calea Mosilor
7
Grădina Verona
Athénée roumain
8
B-dul Nicolae Bălcescu
Musée Theodor Pallady
B-dul Ferdinand I
Sos Iancului
Piaţa Iancului
Str Ştirbei Vodă
3
Jardin Cişmigiu
Str Popa Nan
Str Matei Voievod
Str Vatra Luminoasa
Sos Mihai Bravu
Universitate
Str Mântuleasa
Str Sfântul Ştefan
Izvor
Caru' cu Bere
5
2
Statue de l'empereur Trajan
Calea Călăraşilor
Str Orz ari
Piaţa Muncii
Palais du Parlement
B-dul Libertăţii
Str Matei Basarab
B-dul Decebal
Piaţa Unirii
Piaţa Unirii 2
1
Voir carte Centre de Bucarest (p. 40)
B-dul Unirii
Piaţa Alba Iulia
B-dul Regina Maria
Église du Patriarchie
B-dul Dimitrie Cantemir
Dâmboviţa
B-dul Mircea Vodă
B-dul O Goga
Calea Dudesti
Calea Rahovei
Piaţa G Coşbuc
B-dul Mărăşeşti
Str Nerva Traian
Piaţa Libertăţii
TINERETULUI
VITAN
Calea Vitan
Dristor
Timpuri Noi
Parc Carol Ier
B-dul G Sincai
Calea Vacaresti
Spl Unirii
Str Cuza Vodă
Sos Mihai Bravu
Sos Vilor
Cimetière juif sépharade (100 m)

Piaţa Universităţii

Si Bucarest a un vrai centre-ville, il est probablement par là, à mi-chemin entre la Piaţa Victoriei au nord et la Piaţa Unirii au sud, bordé par deux grandes artères nord-sud de chaque côté : le B-dul IC Brătianu à l'est et la Calea Victoriei à l'ouest. Nombre de bâtiments universitaires sont situés dans le quartier (d'où son nom), où sont également regroupés des édifices gouvernementaux et une foule de bars et de restaurants.

Nouvelle église Saint-Georges ÉGLISE

(Biserica Sfântul Gheorghe-Nou ; carte p. 40 ; angle Str Lipscani et B-dul Brătianu ; 8h-18h ; M Universitate). GRATUIT Cette église de 1699 abrite la sépulture du prince valaque Constantin Brâncoveanu (règne 1688-1714). Brâncoveanu fut capturé par les Turcs en 1714 après avoir refusé de participer à la guerre russo-turque (1711). Lui et ses quatre fils furent emmenés à Istanbul, où ils furent décapités.

Musée de l'Histoire de Bucarest MUSÉE

(carte p. 40 ; 021-315 6858 ; www.muzeulbucurestiului.ro ; B-dul IC Brătianu 2 ; adulte/enfant 10/5 lei ; 10h-18h mar-dim ; M Universitate). Dans un palais néogothique, ce petit musée, en face de la Piaţa Universităţii, est un lieu charmant, riche d'une collection intéressante de vieux objets, de photos et de costumes. Conçu par deux architectes autrichiens, le palais fut édifié en 1832-1834 pour la famille Şuţu, renommée pour ses élégantes réceptions.

Centre historique

Le **centre historique** (*Centrul istoric*) de Bucarest, parfois appelé "vieille ville" ou "Lipscani", est au sud de la Piaţa Universităţii. Formé quand Bucarest était la capitale de la Valachie aux XVe et XVIe siècles, cet endroit fascinant en constitue le cœur historique ; c'est également là que se concentrent les efforts pour faire de la capitale un centre urbain vivable. On y trouve l'**ancienne cour princière** (Palatul Voievodal, Curtea Veche ; carte p. 40 ; Str Franceză 21-23 ; fermée au public ; M Piaţa Unirii) : datant du XVe siècle, elle faillit tomber en ruines au fil des siècles. Une rénovation est en cours.

La zone autour de la cour devint du XVIe au XIXe siècle un quartier commerçant pour les artisans et les négociants. Les noms des rues font encore référence à ces anciennes activités : Str Covaci (rue des Forgerons), Str Şelari (rue des Selliers), etc. Pendant une grande partie du XXe siècle et jusqu'à récemment, la zone était un bidonville où étaient logés des Roms pauvres.

Aujourd'hui, les selliers et les forgerons ont disparu depuis longtemps pour céder la place à d'innombrables restaurants, bars et discothèques. Le quartier est encore très miteux par endroits et les discothèques aux lumières étincelantes y côtoient les bâtiments délabrés. Toutefois, pour une bonne virée nocturne, aucun quartier de Bucarest ne peut rivaliser avec celui-ci !

Église Stavropoleos ÉGLISE

(carte p. 40 ; 021-313 4747 ; www.stavropoleos.ro ; Str Stavropoleos 4 ; 7h-20h ; M Piaţa Unirii). GRATUIT La minuscule et charmante église Stavropoleos, datant de 1724, est curieusement perchée dans la vieille ville à une rue du quartier le plus festif. Son cloître rempli de pierres tombales, son intérieur en bois richement décoré et ses portes en bois sculptées vous laisseront un souvenir durable.

Église de l'ancienne cour princière ÉGLISE

(Biserica Curtea Veche ; carte p. 40 ; Str Franceză ; 7h-20h ; M Piaţa Unirii). GRATUIT L'église de l'ancienne cour princière, bâtie entre 1546 et 1559 sous le règne de Mircea Ciobanul (Mircea le Berger), est la plus ancienne de Bucarest. Les fresques délavées du XVIe siècle, près de l'autel, sont d'origine. Le portail de pierre sculpté fut ajouté en 1715.

Musée national d'Histoire de Roumanie MUSÉE

(Muzeul Naţional de Istorie a Romaniei ; carte p. 40 ; 021-315 8207 ; www.mnir.ro ; Calea Victoriei 12 ; tarif plein/réduit 27/7 lei ; 10h-18h mer-dim ; M Piaţa Unirii). Renferme une très bonne collection de cartes, de statues et de bijoux anciens, avec quantité d'informations sur les attaches du pays à la Rome antique, dont une réplique de la colonne Trajane (IIe siècle). La coqueluche des Bucarestois, controversée et surprenante, n'est pas à l'intérieur du musée mais plutôt sur les marches à l'extérieur : il s'agit d'une **statue de l'empereur Trajan** (carte p. 40 ; Calea Victoriei 12 ; M Piaţa Unirii) représenté nu et se tenant debout, un loup de Dacie dans les bras.

Piaţa Revoluţiei

Au nord de la Piaţa Universităţii, sur la Calea Victoriei, s'étend la Piaţa Revoluţiei, associée pour toujours à la chute du régime de Ceauşescu en 1989. Le dictateur y fit son

BUCAREST EN…

Un jour

Si vous n'avez qu'une seule journée, commencez tôt par une visite guidée du **palais du Parlement**. Partez ensuite vous promener sur la **Calea Victoriei**. Faites halte dans l'un des grands musées, comme le **musée d'Art national**, et admirez le **mémorial de la Renaissance**, érigé en souvenir de la révolution de 1989. Prenez ensuite une bière dans le **jardin Cişmigiu**, avant de passer la soirée dans le centre historique.

Trois jours

Le deuxième jour, cap sur le verdoyant secteur nord de la capitale. Visitez le **parc Herăstrău**, l'**ancienne résidence des Ceauşescu** et le **Village-Musée national**, en plein air. Marchez sur la jolie Şos Kiseleff pour aller visiter le **musée du Paysan roumain** ou le **muséum d'Histoire naturelle Grigore Antipa**. Le dernier jour, direction le **lac de Snagov**, où se dresse l'ultime demeure de Vlad Ţepeş (qui a inspiré le personnage de Dracula).

dernier discours, tristement célèbre, depuis le balcon de l'**ancien siège du Comité central du parti communiste** (carte p. 40 ; www.mai.gov.ro ; Piaţa Revoluţiei 1 ; fermé au public ; Ⓜ Universitate) – aujourd'hui le ministère de l'Intérieur –, le 21 décembre 1989. Sous les cris de "À bas Ceauşescu !", il s'enfuit du toit en hélicoptère, pendant qu'on tirait sur la foule. Il y eut de nombreux morts.

Sur la Calea Victoriei, en face du bâtiment, se dresse le **mémorial de la Renaissance** (Memorialul Renaşterii ; carte p. 40 ; Calea Victoriei, Piaţa Revoluţiei ; 24h/24 ; Ⓜ Universitate), une obélisque blanche transperçant une couronne tressée. Moqué lors de son érection en 2005, c'est aujourd'hui l'un des monuments les plus photographiés de Bucarest et les habitants s'y sont habitués.

♥ Athénée roumain — MONUMENT HISTORIQUE

(Ateneul Român ; carte p. 40 ; billetterie 021-315 6875 ; www.fge.org.ro ; Str Benjamin Franklin 1-3 ; billets 20-65 lei ; billetterie 12h-19h mar-ven, 16h-19h sam, 10h-11h dim ; Ⓜ Universitate, Piaţa Romană). Charmant édifice circulaire bâti en 1888, l'Athénée roumain constitue le cœur de la tradition musicale classique roumaine. Un appel de fonds à grande échelle le sauva du désastre quand son propriétaire d'origine fut ruiné, à la fin du XIXe siècle.

Dans le grand hall du 1er étage, une fresque représente des épisodes de l'histoire roumaine. La coupole s'élève à 41 m, tandis que le péristyle est décoré de mosaïques représentant cinq souverains roumains, dont le prince moldave Vasile Lupu (règne 1512-1521), le Valaque Matei Basarab (règne 1632-1654) et le roi Carol Ier (règne 1881-1914). Le compositeur George Enescu (1881-1955) y fit ses débuts en 1898 et y joua cinq ans plus tard son chef-d'œuvre, la *Rhapsodie roumaine*.

Aujourd'hui, l'Athénée roumain accueille l'orchestre philharmonique George Enescu, qui propose une vaste gamme de concerts de musique classique de septembre à mai, ainsi que plusieurs représentations musicales d'une seule date toute l'année. Les billets sont en vente à la billetterie de la salle, dès le mardi de la semaine où a lieu le concert. L'édifice ouvre habituellement uniquement pour les concerts, mais l'on peut souvent jeter un coup d'œil à l'intérieur.

Musée d'Art national — MUSÉE

(Muzeul Naţional de Artă ; carte p. 40 ; renseignements 021-313 3030 ; www.mnar.arts.ro ; Calea Victoriei 49-53 ; 15 lei ; 11h-19h mer-dim ; Ⓜ Universitate). Cet énorme musée aux multiples sections (toutes décrites en anglais ; audioguide en français pour certaines galeries) logé dans le Palais royal (XIXe siècle) accueille deux galeries permanentes : l'une sur l'art roumain et l'autre sur les maîtres européens. La galerie roumaine laisse une large place à l'art antique et médiéval. Quant à la galerie européenne, elle compte quelque 12 000 œuvres agencées par pays.

Le Palais royal lui-même est splendide. Construit entre 1812 et 1815 par le prince Dinicu Golescu, il devint la résidence royale officielle en 1834, sous le règne du prince Alexandru Ghica (règne 1834-1842). Sa façade date des années 1930. Les occasionnelles visites publiques des chambres du bâtiment habituellement interdites d'accès aux visiteurs sont annoncées sur le site Web.

Centre de Bucarest

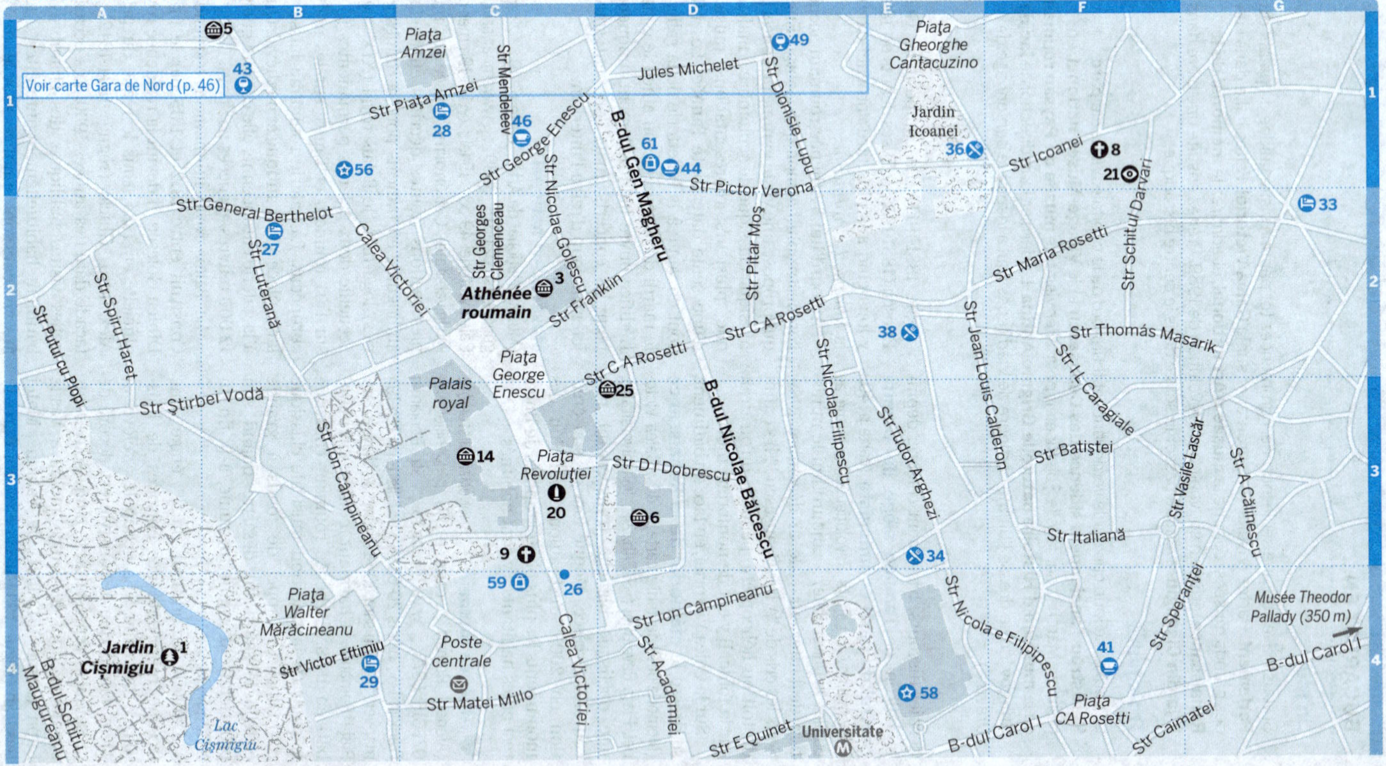

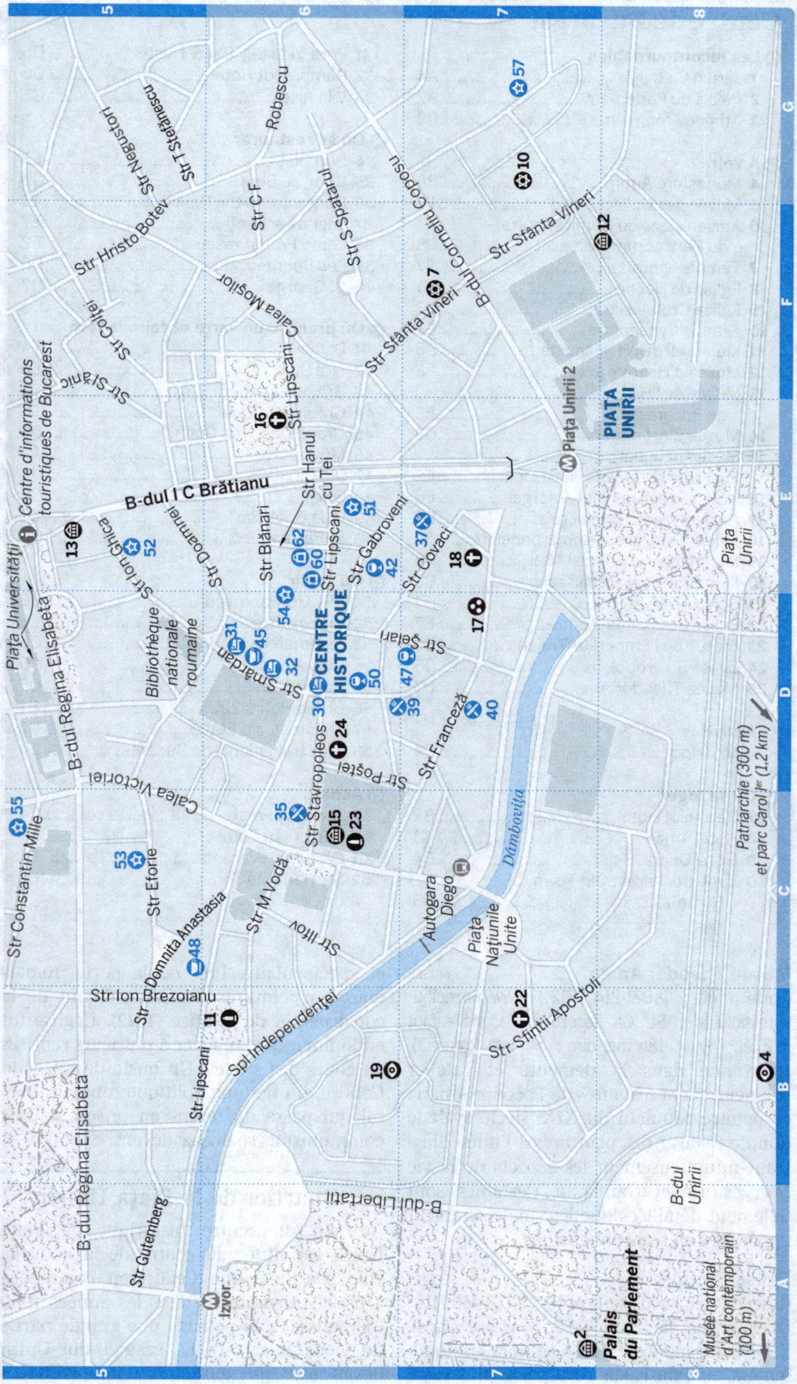

Str Constantin Mille
55
53
Str Eforie
Calea Victoriei
B-dul Regina Elisabeta
Piața Universității
Centre d'informations touristiques de Bucarest
13
B-dul I C Brătianu
Str Ion Ghica
52
Bibliothèque nationale roumaine
Str Doamnei
Str Smârdan
31
45
32
30
CENTRE HISTORIQUE
Str Stavropoleos
35
15
23
24
Str Poștei
Str Blănari
54
62
60
Str Lipscani
Str Hanul cu Tei
51
Str Gabroveni
42
50
39
47
Str Șelari
37
Str Covaci
18
17
Str Franceză
40
Dâmbovița
Autogara Diego
Piața Națiunile Unite
Str M Vodă
Str Iliov
Str Domnița Anastasia
48
Str Ion Brezoianu
11
Str Lipscani
Spl Independenței
19
22
Str Sfinții Apostoli
4
B-dul Regina Elisabeta
Str Gutemberg
Izvor
B-dul Libertății
B-dul Unirii
Palais du Parlement
2
Musée national d'Art contemporain (100 m)
Patriarchie (300 m) et parc Carol Ier (1,2 km)
Piața Unirii
Piața Unirii 2
PIAȚA UNIRII
12
Str Sfânta Vineri
7
B-dul Corneliu Coposu
10
57
Str Colței
Str Stavropoleos
Str Sfântul Nicolae
Str Hristo Botev
Str Negustori
Str T Ștefănescu
Str C F Robescu
Str S Spătarul
Calea Moșilor
16

Centre de Bucarest

Les incontournables
1 Jardin Cişmigiu A4
2 Palais du Parlement A7
3 Athénée roumain C2

À voir
4 Monastère Antim B8
5 Musée des Collections d'art B1
6 Ancien siège du Comité central du Parti communiste D3
7 Temple choral F7
8 Église de l'Icône F1
9 Église Creţulescu C3
10 Grande Synagogue G7
11 Mémorial de l'Holocauste B6
12 Musée d'Histoire juive F8
13 Musée de l'Histoire de Bucarest E5
14 Musée d'Art national C3
15 Musée national d'Histoire de Roumanie C6
16 Nouvelle église Saint-Georges E6
17 Ancienne cour princière D7
18 Église de l'ancienne cour princière E7
19 Monastère du prince Mihai B6
20 Mémorial de la Renaissance C3
21 Schitul Dârvari F1
22 Église des Saints-Apôtres B7
23 Statue de l'Empereur Trajan C6
24 Église Stavropoleos D6
25 Musée Theodor Aman D3

Activités
26 Mr Tripp C4

Où se loger
27 Berthelot Hotel B2
28 Hotel Amzei C1
29 Hotel Opera B4
30 Little Bucharest Old Town Hostel D6
31 Pura Vida Sky Bar & Hostel D6
32 Rembrandt Hotel D6
33 Vila Arte G2

Où se restaurer
34 Burebista E3
35 Caru' cu Bere C6
36 Gargantua in the Park E1
37 Lacrimi și Sfinţi E7
38 Lente Praporgescu E2
39 Les Bourgeois D6
40 St George D7

Où prendre un verre et faire la fête
41 Dianei 4 .... F4
42 Fire Club E6
43 Grădina Eden B1
44 Grădina Verona D1
45 Grand Cafe Van Gogh D6
46 M60 .... C1
47 Old City D7
48 Origo C5
49 Piua Book Bar D1
50 St Patrick D6

Où sortir
51 ARCUB Gabroveni E6
52 Cinema Pro E5
53 Cinemateca Eforie C5
54 Club A D6
55 Control C5
56 Green Hours 22 .... B1
57 Théâtre juif d'État G7
58 Théâtre national de Bucarest E4

Achats
59 Anthony Frost C4
60 Cărtureşti Carusel E6
61 Cărtureşti Verona D1
62 Str Hanul cu Tei E6

Musée Theodor Aman MUSÉE
(carte p. 40 ; ☎021-314 5812 ; www.muzeulbucurestiului.ro ; Str CA Rosetti 8 ; adulte/enfant 5/2 lei ; ⏲10h-18h mer-dim ; Ⓜ Piaţa Romană). Bienvenue dans la demeure et l'atelier soigneusement restaurés de Theodor Aman : ce peintre roumain du XIXe siècle avait le don de réaliser des peintures à l'huile illustrant minutieusement les aspects de la vie bucarestoise et roumaine. Certaines sont tellement détaillées que les sujets semblent apparaître en trois dimensions.

Église Creţulescu ÉGLISE
(Biserica Creţulescu ; carte p. 40 ; ☎021-410 7116 ; Calea Victoriei 45-47 ; ⏲7h-20h ; Ⓜ Universitate). GRATUIT Cette modeste église se tient tranquillement près du Palais royal, bien plus vaste et spectaculaire. Près de la porte, remarquez les peintures d'origine, datant de la construction de l'édifice (1722). L'église fut endommagée et rénovée à plusieurs reprises au cours des siècles. Un buste de Corneliu Coposu, un homme politique roumain libéral qui passa du temps en prison sous le communisme, se dresse devant.

Quartier de la Piaţa Unirii

Au sud du centre historique, la Piaţa Unirii est située au centre de la nouvelle ville socialiste que Ceauşescu commença à bâtir sérieusement dans les années 1980 (démolissant au passage une grande partie du vieux Bucarest). Le vaste B-dul Unirii devait être un genre de Champs-Élysées communiste. Il ne fut jamais achevé, mais son envergure donne une idée de l'ampleur du projet. Ironiquement, ses principales attractions sont une poignée de magnifiques églises historiques qui ont miraculeusement survécu aux projets de démolition.

Monastère du prince Mihai MONASTÈRE
(Mănăstirea Mihai Vodă ; carte p. 40 ; Str Sapienţei 4 ; 8h-19h ; M Izvor). GRATUIT Ancien symbole de Bucarest, ce monastère fut érigé entre 1589 et 1591 sur ordre de Mihai Viteazul (règne 1593-1601). Ceauşescu le fit déplacer de 279 m vers l'est en 1985 sur ce terrain vague, entre deux blocs d'immeubles résidentiels.

Monastère Antim MONASTÈRE
(Mănăstirea Antim ; carte p. 40 ; Str Antim 29 ; 7h-20h ; M Piaţa Unirii). GRATUIT Le magnifique ensemble architectural fortifié construit en 1715 par le métropolite Antim Ivireanu est aujourd'hui dissimulé par des immeubles de l'ère communiste.

Église des Saints Apôtres ÉGLISE
(Biserica Sfinţii Apostoli ; carte p. 40 ; Str Sfintii Apostoli 33a ; 7h-20h ; M Piaţa Unirii). GRATUIT Cette minuscule église au nord du B-dul Unirii (à l'ouest de la Piaţa Unirii) a survécu aux projets de démolition de Ceauşescu dans les années 1980. Édifiée en 1636, elle n'a pas bougé, tandis que le parc qui l'entourait cédait la place à des immeubles d'habitation. Envahis par la végétation, les bâtiments sont à l'abandon.

Patriarchie ÉGLISE
(Catedrala Patriahală ; Str Dealul Mitropoliei ; 7h-20h ; M Piaţa Unirii). GRATUIT Du centre de la Piaţa Unirii, cherchez au sud-ouest la Patriarchie, centre de la foi orthodoxe roumaine, édifiée entre 1656 et 1658. Elle domine fièrement les blocs d'habitations autrefois grandioses du B-dul Unirii, conçus pour "cacher" les églises bucarestoises. Au XVe siècle, le site était occupé par une petite église en bois entourée de vignobles. À l'intérieur, aucun tableau n'a subsisté, à l'exception d'une icône représentant Constantin et Hélène, les saints patrons de la cathédrale.

Quartier de la Piaţa Victoriei

La Piaţa Victoriei est un grand carrefour de circulation marquant la limite nord du centre-ville. Sa station de métro est un bon point de départ pour des balades au nord sur Şos Kiseleff ou au sud dans le centre.

Musée George Enescu MUSÉE
(Muzeul George Enescu ; carte p. 46 ; 021-318 1450 ; www.georgeenescu.ro ; Calea Victoriei 141 ; adulte/enfant 6/3 lei ; 10h-17h mar-dim ; M Piaţa Victoriei). À quelques pâtés de maisons au sud de la Piaţa Victoriei, ce musée rend hommage au compositeur roumain George Enescu (1881-1955). Son véritable attrait est le charmant bâtiment qui l'abrite : le palais Cantacuzino, de style Art nouveau.

Musée des Collections d'art MUSÉE
(carte p. 40 ; 021-212 1749 ; www.mnar.arts.ro ; Calea Victoriei 111 ; adulte/enfant 7/3,50 lei ; 11h-19h sam-mer ; M Piaţa Romană). Voici un mélange hétéroclite de plusieurs collections privées, mettant l'accent sur l'art folklorique et religieux, et sur la peinture roumaine entre le XIXe et le début du XXe siècle. Le musée des Collections d'art fait aujourd'hui partie du musée d'Art national (p. 39).

Şoseaua Kiseleff

Şos Kiseleff (métro Piaţa Victoriei), une grande artère où se dressent les plus jolies villas et quelques-uns des meilleurs musées de Bucarest, s'étire au nord de la Piaţa Victoriei et jusqu'au parc Herăstrău. Son point de repère principal est l'**arc de triomphe** qui se dresse en son milieu. Cet arc de 27 m de haut, copié sur celui de Paris, fut érigé en 1935 pour commémorer la réunification de 1918.

♥ Muséum d'Histoire naturelle Grigore Antipa MUSÉE
(Muzeul de Istorie Naturală Grigore Antipa ; carte p. 46 ; 021-312 8826 ; www.antipa.ro ; Şos Kiseleff 1 ; tarif plein/étudiant 20/5 lei ; 10h-20h mer-dim ; ; M Piaţa Victoriei). Ce musée, l'un des rares sites de la ville conçus pour les enfants, a été totalement rénové. On y trouve des présentations vidéo, des jeux et des activités interactives. Nombreuses explications en anglais. Audioguide en français disponible.

À NE PAS MANQUER

LE JARDIN CIŞMIGIU

Chéri des habitants, le **jardin Cişmigiu** (carte p. 40 ; 24h/24 ; M Universitate) GRATUIT, à l'ouest de la Calea Victoriei, compte des allées ombragées, un lac, des cafés et quantité de bancs pour se reposer. De mai à septembre, on peut louer des pédalos sur le petit étang.

LE BUCAREST JUIF

Autrefois florissant, le quartier juif de Bucarest englobait de nombreuses rues anciennes autour de la Piaţa Unirii. Si une grande partie a été rasée dans les années 1980 pour céder la place aux projets de redéveloppement urbain de Ceauşescu, il reste quelques vestiges épars de cette communauté jadis très vivante. (Attention : pour des raisons de sécurité, vous devrez présenter une pièce d'identité pour pénétrer dans les synagogues).

La **Grande Synagogue** (carte p. 40 ; 0734-708 970 ; Str Adamache 11 ; 9h-15h lun-jeu, 9h-13h ven et dim ; M Piaţa Unirii) GRATUIT pourra constituer votre première halte. Cette importante synagogue fut fondée au milieu du XIXe siècle par des juifs polonais. Difficile à trouver, elle mérite pourtant le détour. Vous pourrez admirer l'intérieur restauré avec soin et visiter la plus grande exposition consacrée à la vie des juifs et l'Holocauste en Roumanie. De modestes affichages relatent l'histoire des 200 000 juives et juifs roumains déportés vers des camps en Transnistrie et en Ukraine, et des plus de 100 000 juives et juifs de Transylvanie qui périrent à Auschwitz-Birkenau.

À proximité, le **musée d'Histoire juive** (Muzeul de Istorie al Comunitaţilor Evreieşti din România ; carte p. 40 ; 021-311 0870 ; Str Mămulari 3 ; 9h-15h lun-jeu, 9h-13h ven et dim ; M Piaţa Unirii) GRATUIT est installé dans une autre synagogue colorée datant de 1836 (et reconstruite en 1910). Ses expositions retracent dans les grandes lignes la participation des juifs à l'histoire de la Roumanie. Construit en 1857 et non loin de là également, le **temple choral** (carte p. 40 ; 021-313 1782 ; Str Sfânta Vineri 9-11 ; adulte/enfant 10/5 lei ; 9h-15h lun-jeu, 9h-13h ven et dim ; M Piaţa Unirii) est la principale synagogue en activité de Bucarest. Il possède un intérieur remarquable. Un mémorial aux victimes de l'Holocauste, érigé en 1991, se tient devant le temple.

Au sud du secteur de la Piaţa Unirii, l'**ancien cimetière juif sépharade** (Cimitirul Evreiesc de rit Sefard ; Calea Şerban Vodă ; 12h-coucher du soleil ; M Eroii Revoluţiei) GRATUIT fait face au **cimetière Bellu** (métro Eroii Revoluţiei). Deux rangées de tombes datées du 21 au 23 janvier 1941 rappellent le pogrom de la garde de Fer contre la communauté juive, lors duquel au moins 170 personnes furent assassinées.

Au nord de la Piaţa Unirii se dresse le **mémorial** (carte p. 40 ; Str Ion Brezoianu ; 24h/24 ; M Izvor) GRATUIT national officiel aux juifs et Roms roumains morts pendant l'Holocauste. Ce monument, dévoilé en 2009, fut considéré comme la première étape dans la reconnaissance officielle du rôle de la Roumanie dans l'anéantissement des juifs d'Europe.

Musée du Paysan roumain — MUSÉE

(Muzeul Tăranului Român ; carte p. 46 ; 021-317 9661 ; www.muzeultaranuluiroman.ro ; Şos Kiseleff 3 ; adulte/enfant 8/2 lei ; 10h-18h mar-dim ; M Piaţa Victoriei). La collection de bric-à-brac paysan, de costumes, d'icônes et de maisons partiellement restaurées de cette institution en fait l'un des musées les plus appréciés de la ville. De judicieux petits cartons en anglais affichés dans chaque salle vous donneront une idée du contenu (audioguide en français également disponible). Une église du XVIIIe siècle se dresse sur le terrain à l'arrière, où vous trouverez aussi un excellent magasin de souvenirs doublé d'un restaurant.

Ne manquez pas la bouleversante exposition sur le communisme, centrée sur le programme de collectivisation des terres de l'ère Ceauşescu, qui anéantit presque totalement le style de vie traditionnel.

Village-Musée national — MUSÉE EN PLEIN AIR

(Muzeul Naţional al Satului ; 021-317 9103 ; www.muzeul-satului.ro ; Şos Kiseleff 28-30 ; adulte/enfant 10/2,50 lei ; 9h-19h mar-dim, 9h-17h lun ; ; M Piaţa Victoriei). Sur les rives du lac Herăstrău, ce formidable musée en plein air fut fondé en 1936 par décret royal. Il regroupe de multiples fermes, églises et moulins à vent, issus des campagnes roumaines. Il constitue un excellent choix avec des enfants.

Musée national de Géologie — MUSÉE

(Muzeul National de Geologie ; carte p. 46 ; 031-438 1744 ; www.geology.ro ; Şos Kiseleff 2 ; adulte/enfant 8/4 lei ; 10h-18h mar-dim ; M Piaţa Victoriei). Cet autre très bon musée présente les diverses formations géologiques roumaines – les commentaires en anglais vous donneront une idée générale de l'ensemble. L'impressionnant bâtiment du début du XXe siècle fut construit à l'origine pour accueillir la Société géologique royale.

Quartier du parc Herăstrău

Ancienne résidence des Ceauşescu
BÂTIMENT HISTORIQUE

(Primăverii Palace ; 021-318 0989 ; www.casa-ceausescu.ro ; B-dul Primăverii 50 ; visites guidées adulte/enfant 45/30 lei, en français sur demande ; 10h-18h mer-dim ; M Aviatorilor). Cette villa restaurée est l'ancienne résidence principale de Nicolae et Elena Ceauşescu, qui y vécurent environ deux décennies jusqu'à leur mort, en 1989. Tout y a retrouvé son lustre d'autrefois – y compris la chambre à coucher du couple et les appartements privés de leurs trois enfants. Ne manquez pas le cinéma au sous-sol, l'opulente chambre privée d'Elena, le jardin et la piscine à l'arrière. Mieux vaut réserver une visite, par téléphone ou sur le site Web.

L'ensemble, qui suscite une certaine forme de fascination, apparaît aussi déprimant. Les meubles ouvragés, imitations locales de styles variés (du style Louis XIV à l'Art déco), paraissent vains et vieillots.

Parc Herăstrău
PARC

(Parcul Herăstrău ; www.herastrauparc.ro ; 24h/24 ; M Aviatorilor). GRATUIT Cette vaste étendue de 200 ha au nord de la Piaţa Victoriei, avec un grand lac en son centre, est (sans doute) le plus beau parc de Bucarest : elle fourmille de cafés en plein air et de bateaux de location, et l'on peut y flâner à l'ombre à loisir. Les soirs d'été, certaines des meilleures discothèques de la ville se déplacent sur la rive du lac, transformant le parc en un lieu de fête nocturne. L'une des entrées principales du parc se trouve à une courte distance à pied du métro Aviatorilor.

Musée Zambaccian
MUSÉE

(Muzeul Zambaccian ; 021-230 1920 ; www.mnar.arts.ro ; Str Muzeul Zambaccian 21a ; tarif plein/étudiant 7/3,50 lei ; 10h-18h sam-mer ; M Aviatorilor). Difficile à dénicher, ce petit musée occupe une villa restaurée entre le B-dul Aviatorilor et la Calea Dorobanţilor (au nord de la Piaţa Dorobanţilor). Sa petite collection comporte essentiellement des peintures roumaines du début du XXe siècle, ainsi qu'un Matisse, un Cézanne et quelques Renoir, acquis par l'homme d'affaires arménien Krikor Zambaccian.

Est de Bucarest

Si le centre historique attire actuellement tous les regards, les rues pavées à l'est de la Piaţa Romană et de la Piaţa Universităţii sont parmi les plus pittoresques de Bucarest. Grâce à des travaux entrepris ces dernières années dans le quartier, des villas joliment restaurées et des parcs soignés apparaissent entre des bâtiments délabrés.

Schitul Dârvari
MONASTÈRE

(monastère des Dârvari ; carte p. 40 ; 021-212 3247 ; www.schituldarvari.ro ; Str Schitul Darvari 3 ; 7h30-19h ; M Piaţa Romană). GRATUIT Ce joli monastère du milieu du XIXe siècle ceint d'un luxuriant jardin clos était jadis la propriété de la famille Dârvari.

Musée Theodor Pallady
MUSÉE

(Muzeul Theodor Pallady ; 021-211 4979 ; www.mnar.arts.ro ; Str Spătarului 22 ; tarif plein/étudiant 5/2,50 lei ; 10h-18h mer-dim ; M Universitate). Le musée Theodor Pallady est aménagé dans l'exquise Casa Melik du XVIIIe siècle, une ancienne maison de marchands. Il présente

LA DERNIÈRE DEMEURE DES CEAUŞESCU

À environ 3 km à l'ouest du palais du Parlement (prendre le bus n°385 devant la billetterie du Parlement sur le B-dul Naţiunile Unite), dans le **cimetière civil Ghencea** (Cimitirul Civil Ghencea ; B-dul Ghencea ; 8h-20h ; 385) GRATUIT, vous pourrez rechercher le lieu de sépulture de Nicolae Ceauşescu et de sa femme Elena, tous deux exécutés le jour de Noël 1989.

À l'origine, Nicolae et Elena Ceauşescu furent enterrés en secret dans des tombes à part, peu après le soulèvement anticommuniste de 1989. En 2010, leurs corps furent inhumés à nouveau, sous une plaque commune et dans le calme, à la suite de leur exhumation et de tests ADN. Ces tests furent réalisés à la demande de membres de leur famille, afin de faire taire les rumeurs selon lesquelles les exécutions auraient été simulées, et que le couple tristement célèbre aurait en réalité survécu à la révolution.

Même morts, les Ceauşescu demeurent encore largement mal-aimés, bien que des Roumains nostalgiques fassent une halte au cimetière pour déposer des fleurs ou des bougies. Leur fils Nicu, mort en 1996, repose à proximité.

Gara de Nord

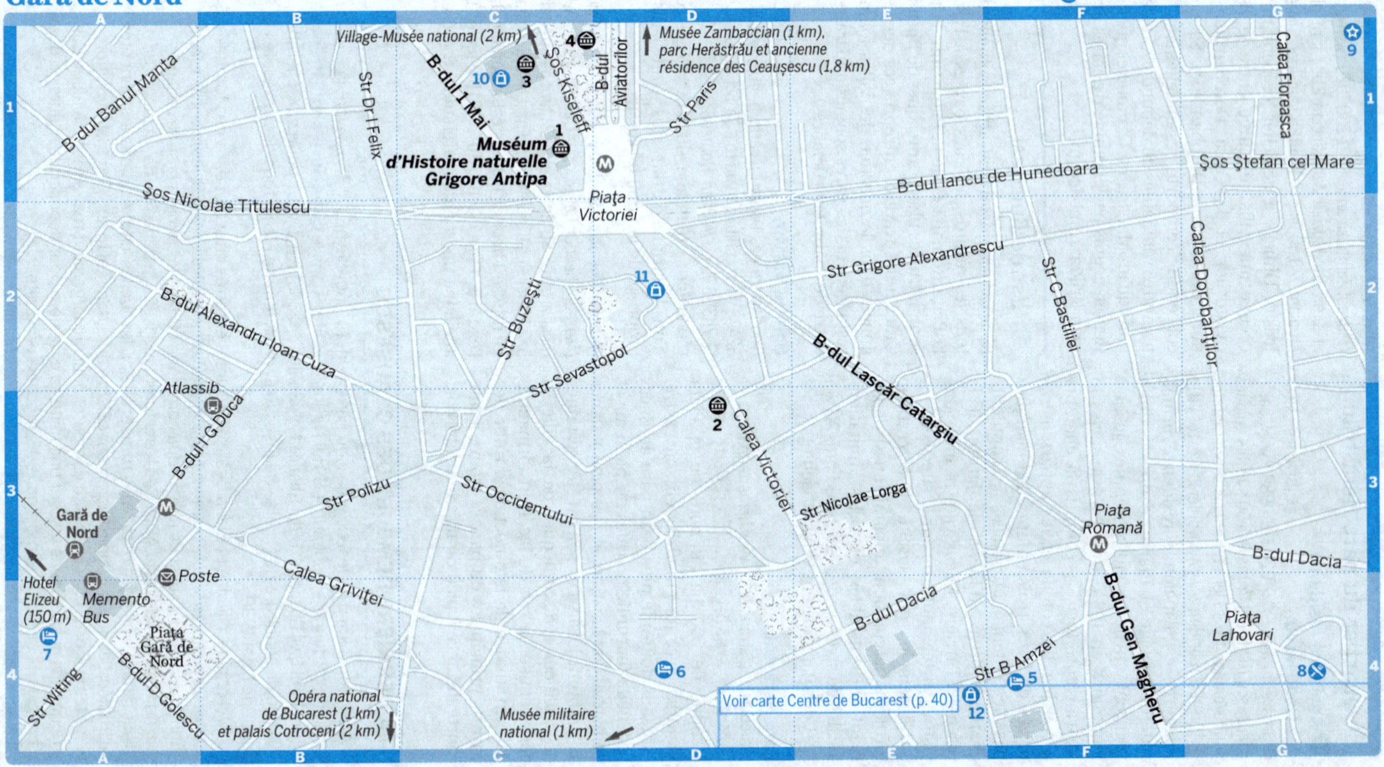
0
400 m
Village-Musée national (2 km)
Musée Zambaccian (1 km), parc Herăstrău et ancienne résidence des Ceaușescu (1,8 km)
B-dul Banul Manta
Str Dr I Felix
B-dul 1 Mai
10
3
4
Șos Kiseleff
B-dul Aviatorilor
Str Paris
Calea Floreasca
9
1
Muséum d'Histoire naturelle Grigore Antipa
Șos Ștefan cel Mare
B-dul Iancu de Hunedoara
Șos Nicolae Titulescu
Piața Victoriei
Str Grigore Alexandrescu
Str C Bastiliei
Calea Dorobanților
11
B-dul Alexandru Ioan Cuza
Str Buzești
Str Sevastopol
B-dul Lascăr Catargiu
Atlassib
B-dul I G Duca
2
Calea Victoriei
Str Polizu
Str Occidentului
Str Nicolae Lorga
Gară de Nord
Piața Romană
B-dul Dacia
Poste
Calea Griviței
Hotel Elizeu (150 m)
Memento Bus
7
Piața Gară de Nord
B-dul Dacia
B-dul Gen Magheru
Piața Lahovari
Str Witing
B-dul D Golescu
6
Str B Amzei
5
8
Opéra national de Bucarest (1 km) et palais Cotroceni (2 km)
Musée militaire national (1 km)
Voir carte Centre de Bucarest (p. 40)
12

Gara de Nord

Les incontournables
1 Muséum d'Histoire naturelle Grigore Antipa........C1

À voir
2 Musée George Enescu........D3
3 Musée du Paysan roumain........C1
4 Musée national de Géologie........C1

Où se loger
5 Midland Youth Hostel........F4
6 Puzzle Hostel........D4
7 Vila 11........A4

Où se restaurer
8 Shift Pub........G4

Où sortir
9 Stade Dinamo........G1

Achats
10 Boutique de souvenirs du musée du Paysan roumain........C1
11 Vinexpert........D2
12 Kyralina........E4

la collection privée de la famille Raut et fait aujourd'hui partie du musée d'Art national (p. 39).

Église de l'Icône ÉGLISE
(Biserica Icoanei ; carte p. 40 ; ☎0766-055 565 ; www.bisericaicoanei.ro ; Str Icoanei 12 ; ⏲8h-19h ; Ⓜ Piaţa Romană). GRATUIT Cette église (l'une des plus connues de la ville) doit son nom à une icône de la Vierge Marie, donnée en cadeau par Constantin Brâncoveanu. L'église en briques d'origine fut construite entre 1745 et 1750 par un moine, Mihail Băbeanu. Des séismes en détruisirent la plus grande partie, et ce que l'on en voit aujourd'hui date du XIXe siècle.

Ouest de Bucarest

Palais Cotroceni MUSÉE
(☎021-317 3107 ; www.muzeulcotroceni.ro ; B-dul Geniului 1 ; tarif plein/réduit visites guidées en français ou en anglais comprises 50/25 lei ; ⏲sur rdv uniquement 9h30-17h30 mar-dim ; Ⓜ Eroilor). Cet élégant palais de la fin du XIXe siècle est la résidence officielle du président de la Roumanie. De nombreuses salles sont ouvertes aux visiteurs, qui doivent réserver par téléphone ou par e-mail (visite guidée obligatoire). Ce palais tient une place importante dans l'histoire du pays, puisqu'il s'agit de l'ancienne demeure de la reine Marie, l'épouse anglaise de Ferdinand Ier. Apportez votre pièce d'identité.

Musée national militaire MUSÉE
(Muzeul Militar Naţional ; ☎021-319 5904 ; smg.mapn.ro/muzeumilitar ; Str Mircea Vulcănescu 125-127 ; tarif plein/étudiant 11/3 lei ; ⏲9h-16h mer-dim ; Ⓜ Eroilor). Ce musée fait aussi office de musée d'Histoire roumaine, grâce à une présentation chronologique des guerres que livra le pays. Des bustes de héros nationaux sont disposés en façade. Dans l'entrée, une peinture murale de 1988 célèbre le palais du Parlement. Derrière le musée, un beau hangar abrite un avion de l'aviateur Aurel Vlaicu, datant de 1911.

Sud de Bucarest

À peu près dépourvue d'attractions touristiques, la zone au sud de la Piaţa Unirii englobe en revanche de jolis parcs et des cimetières importants.

Cimetière Bellu CIMETIÈRE
(Cimitirul Bellu ; ☎021-636 3571 ; Şoseaua Olteniţei 3-5 ; ⏲10h-20h ; Ⓜ Eroii Revoluţiei). GRATUIT Le plus prestigieux cimetière de la ville renferme les tombes d'auteurs roumains célèbres. À l'entrée, une carte indique les emplacements des tombes. Des Roumains viennent se recueillir sur celles du poète Mihai Eminescu (1850-1889) et du dramaturge Ion Luca Caragiale (1852-1912), séparées par le caveau de Traian Savulescu ; repérez la Figura 9 (sur la droite après l'entrée).

Cimetière des Héros-Martyrs de la révolution de décembre 1989 CIMETIÈRE
(Cimitirul Eroii Martiri ai Revoluţiei din Decembrie 1989 ; ☎021-336 5812 ; www.bisericaeroilor.ro ; Calea Şerban Vodă 237 ; ⏲lever-coucher du soleil ; Ⓜ Eroii Revoluţiei). Depuis l'extrémité sud du **parc Carol Ier** (⏲24h/24 ; Ⓜ Tineretului) GRATUIT, près du métro Eroii Revoluţiei, la rue tourne en direction de l'ouest devant ce cimetière où reposent bon nombre des 1 000 victimes de la révolution de 1989.

Activités

Ville très urbanisée, Bucarest invite avant tout à marcher pour partir à la découverte des monuments. Par beau temps, on peut louer des bateaux ou des pédalos sur les lacs de plusieurs parcs, et notamment dans le **jardin Cişmigiu** et le **parc Herăstrău**. Des sorties de 30 minutes sont proposées sur le lac du parc Herăstrău pour 10 lei. Bucarest est dangereuse pour les cyclistes et nous vous déconseillons de circuler à vélo. Vous pourrez néanmoins en louer au parc Herăstrău auprès d'**I'Velo** (☎021-310 6397 ; www.ivelo.ro ; parc Herăstrău ; 5/20 lei par heure/jour ; ⏲9h-18h mai-oct ; Ⓜ Aviatorilor).

Circuits organisés

Bucharest City Tour BUS

(☎021-307 4212 ; bucharestcitytour.ratb.ro ; adulte/enfant 25/10 lei/24 heures ; ⏲10h-22h). La RATB propose un bus touristique à impériale pratique pour voir les principaux sites, et offrant une alternative au métro et aux bus pour vos déplacements. Un bus passe toutes les 20 minutes sur le principal axe nord-sud de la Piaţa Unirii au Village-Musée national. Achetez vos billets à bord.

Cultural Travel & Tours VISITES

(☎021-336 3163 ; www.cttours.ro). Plusieurs visites de la ville, d'une demi-journée ou d'une journée, et des excursions à Snagov (150-300 lei/pers). Propose également des excursions à thème plus longues dans le pays. Offre complète sur le site Web.

Mr Tripp VISITES

(carte p. 40 ; ☎0745-752 753 ; www.mrtripp.tours ; Calea Victoriei 68-70 ; ⏲10h-20h lun-sam, 10h-17h dim ; Ⓜ Universitate). Visites guidées d'une journée dans Bucarest et les sites alentour – incluant le monastère de Snagov et le delta du Danube. Compter au minimum 180 lei par personne. Réservations par téléphone, ou directement auprès du bureau central de réservation et d'informations de l'agence.

RoCultours/CTI VISITES

(☎0723-160 925). Une agence fiable, offrant de nombreuses visites culturelles dans le pays et des itinéraires personnalisés recensés sur son site Web. La durée varie, d'une journée en Transylvanie à un circuit de 11 jours, incluant des excursions aux monastères peints de la Bucovine et dans le delta du Danube. Offre actualisée sur le site Web. Réservation par e-mail ou téléphone.

Fêtes et festivals

Festival international du film de Bucarest CINÉMA

(www.b-iff.ro ; ⏲avr). L'unique festival cinématographique de Bucarest met à l'honneur des films d'art et d'essai de réalisatrices et réalisateurs qui montent.

Bucharest Pride LGBT

(www.bucharestpride.ro ; ⏲juin). La Gay Pride annuelle de Bucarest. Événements, films et soirées dansantes dans la ville.

Festival Balkanik MUSIQUE

(www.balkanikfestival.ro ; ⏲sept). Sur plusieurs jours début septembre, ce festival en plein air de musique du monde attire depuis les quatre coins de l'Europe des grands noms de la musique et du chant.

Festival George Enescu MUSIQUE

(www.festivalenescu.ro ; ⏲sept). Ce prestigieux festival de musique classique attire certains des meilleurs orchestres et artistes du monde entier à l'Athénée roumain (p. 39).

BUCAREST POUR LES ENFANTS

Bucarest n'est pas une destination particulièrement adaptée aux enfants, et moins encore aux plus jeunes. Les sites sont souvent très éloignés les uns des autres, et les visites impliquent de marcher sur d'assez longues distances et de devoir gravir ou descendre pas mal d'escaliers dans le métro.

Pour autant, les enfants de tous âges resteront bouche bée face au gigantisme du **palais du Parlement** (p. 35). Le **Village-Musée national** (p. 44) et le **muséum d'Histoire naturelle Grigore Antipa** (p. 43) sont les plus appréciés par les jeunes visiteurs. Le **musée de Géologie** (p. 44) plaît aux plus grands, surtout aux scientifiques en herbe. D'autres s'intéressent au hangar du **Musée militaire national** (p. 47), avec ses parachutes, ses avions et ses chars.

Dans les parcs de la ville, et notamment dans le **jardin Cişmigiu** (p. 43), le **parc Herăstrău** (p. 45) et le **parc de la Jeunesse**, les aires de jeu abondent ; on peut aussi louer des barques et des pédalos sur de nombreux plans d'eau. Plus loin, le parc aquatique **Therme Bucureşti** (☎031-108 8888 ; www.therme.ro ; DN1, Baloteşti ; adulte/enfant à "Galaxy" 54/40 lei par jour ; ⏲9h30-21h30 lun-jeu, 8h-0h ven-dim ; ♿ ; 🚌126, 168, 68, 381, 783) a de quoi plaire aux enfants et à leurs parents, avec un grand nombre de piscines et de toboggans (ainsi que des spas et des bains aromathérapiques).

Festival international de théâtre pour enfants THÉÂTRE
(www.teatruliioncreanga.ro ; ⏲oct). Le théâtre Ion Creangă accueille le festival international pour enfants (www.fitc.ro) qui attire des troupes du monde entier.

Où se loger

Les hôtels de Bucarest visent surtout les voyageurs d'affaires, et les prix y sont plus élevés que dans le reste du pays. Vous augmenterez vos chances d'obtenir un tarif attractif en réservant. Les réductions peuvent atteindre 50% en juillet-août, une période considérée comme la basse saison. Les auberges de jeunesse continuent de s'améliorer et la capitale offre désormais un choix intéressant d'hébergements bon marché.

Centre historique

Little Bucharest Old Town Hostel AUBERGE DE JEUNESSE $
(carte p. 40 ; ☎0786-329 136 ; www.littlebucharest.ro ; Str Smârdan 15 ; dort 50-60 lei, ch 250 lei ; Ⓜ Piaţa Unirii). Extrêmement propre, avec des murs blancs et bien tenue, cette auberge de jeunesse, la plus centrale de Bucarest, bénéficie de l'animation du centre historique. Les dortoirs de 6 à 12 lits se répartissent sur 2 étages. Des doubles privatives sont également disponibles. Ouvert aux voyageurs et habitué aux jeunes, le personnel vous conseillera sur les visites et les sorties. Réservations sur le site Web ou par e-mail.

Pura Vida Sky Bar & Hostel AUBERGE DE JEUNESSE $
(carte p. 40 ; ☎0786-329 134 ; www.sky.puravidahostels.ro ; Str Smârdan 7 ; dort 50-60 lei ; Ⓜ Universitate). Une auberge de jeunesse chic, à la lisière du centre historique, avec des dortoirs de 4, 6 ou 8 lits superposés (en pin, comme on en trouve partout) et des murs rehaussés de notes colorées. Son principal atout : le bar sur le toit-terrasse, avec une vue sublime sur le centre. Même si vous n'y séjournez pas, allez y prendre un verre !

Rembrandt Hotel HÔTEL $$
(carte p. 40 ; ☎021-313 9315 ; www.rembrandt.ro ; Str Smârdan 11 ; s/d tourisme 180/230 lei, standard 260/300 lei, business 350/380 lei ; Ⓜ Universitate). Voici un établissement vivement recommandé. Plus haut de gamme que ne le laisse supposer son classement trois étoiles, cet hôtel du centre historique tenu par une équipe hollandaise fait face au monument de la Banque nationale, facilement reconnaissable. Parquet en bois ciré, têtes de lit en bois et lecteur DVD dans les 16 chambres, réparties en 3 catégories : tourisme, standard et business (elles se différencient surtout par la taille). Réservez tôt.

Hotel Opera HÔTEL $$$
(carte p. 40 ; ☎021-312 4855 ; www.hotelopera.ro ; Str Ion Brezoianu 37 ; s/d 400/500 lei ; Ⓟ ; Ⓜ Universitate). Œuvres d'art historiques sur les murs, porcelaine et objets décoratifs en laiton dans les chambres : à l'angle d'une rue adjacente, cet hôtel de 33 chambres vaguement Art déco joue sur le thème du début du XXe siècle. Les chambres sont de deux types : standard ou *executive* – elles ne présentent pas de grandes différences et les secondes sont légèrement plus chères. Renseignez-vous sur les tarifs du week-end (plus bas), proposés presque toute l'année.

Hotel Amzei HÔTEL $$$
(carte p. 40 ; ☎021-313 9400 ; www.hotelamzei.ro ; Piaţa Amzei 8 ; s/d 450/550 lei ; Ⓜ Piaţa Romană). Choisissez parmi les 22 chambres réparties sur 4 niveaux, dans une villa reconstruite avec goût près de la Calea Victoriei. Atrium en fer forgé raffiné dans le hall. Les chambres, contemporaines, sont plus sobres.

En dehors du centre historique

Ne faites pas un trait sur les adresses situées en dehors du cœur historique : les meilleurs hébergements de la ville (auberges de jeunesse comprises) sont pour beaucoup installés juste au-delà du centre.

Midland Youth Hostel AUBERGE DE JEUNESSE $
(carte p. 46 ; ☎021-314 5323 ; www.themidlandhostel.com ; Str Biserica Amzei 22 ; dort 40-60 lei ; Ⓜ Piaţa Romană). Une auberge de jeunesse branchée et centrale, non loin de l'animation de la Piaţa Amzei. Dortoirs de 4, 8 ou 12 lits ; cuisine commune.

Doors AUBERGE DE JEUNESSE $
(☎021-336 2127 ; www.doorshostel.com ; Str Olimpului 13 ; dort 45-60 lei, d 150 lei ; Ⓜ Piaţa Unirii). Cette auberge de jeunesse, l'une des meilleures de Bucarest, propose des dortoirs de 4, 6 et 8 lits, ainsi qu'une double privative. Dans un secteur calme et résidentiel, à 15 minutes à pied au sud-ouest de la Piaţa Unirii, avec un joli jardin aménagé comme un salon de thé marocain. Bon accueil.

LOUER UN APPARTEMENT POUR UN COURT SÉJOUR

Louer un appartement peut constituer une bonne solution si vous séjournez plus de 3 jours à Bucarest. Les prix sont généralement moins élevés que dans les hôtels et vous bénéficierez d'une cuisine et d'un lave-linge. Il vous faudra souvent payer en espèces, d'avance (parfois en euros) ; assurez-vous de bien avoir vu votre location avant d'acquitter votre loyer. Plus votre séjour sera long, plus il vous sera facile de négocier le prix. **Cert Accommodation** (☎0720-772 772 ; www.cert-accommodation.ro ; app 250-500 lei) et **RoCazare** (☎0721-430 000 ; www.rocazare.ro ; app à partir de 225 lei) sont deux agences de location réputées.

♥ Vila Arte BOUTIQUE-HÔTEL $$$
(carte p. 40 ; ☎021-210 1035 ; www.vilaarte.ro ; Str Vasile Lascăr 78 ; s/d 260/320 lei ; ; Piața Romană, 5, 21). Cette villa rénovée est devenue un superbe boutique-hôtel rempli d'œuvres d'art originales. Le service est de grande qualité – le personnel, affable, réserve un accueil personnalisé à chaque client. La chambre "ottomane" décline un thème turc, avec tissu d'un rouge profond et tapis.

Berthelot Hotel HÔTEL $$$
(carte p. 40 ; ☎031-425 5860 ; www.hotelberthelot.ro ; Str General Berthelot 9 ; s/d 360/450 lei ; ; Piața Romană). Un boutique-hôtel moderne aux chambres claires, propres et climatisées avec écrans LCD. Situé à proximité de la Calea Victoriei, il se dresse au cœur du quartier branché et commerçant de la ville. Consultez le site Web pour bénéficier de tarifs réduits, dignes de la catégorie petits budgets.

Quartier de la Gara de Nord

Si le quartier de la Gara de Nord n'est pas le plus séduisant, il n'en compte pas moins plusieurs hôtels corrects.

Puzzle Hostel AUBERGE DE JEUNESSE $
(carte p. 46 ; ☎0733-128 887 ; www.puzzlehostel.ro ; Calea Griviței 32 ; dort 30-40 lei, d à partir de 120 lei ; ; Gara de Nord). Une adresse bon marché, propre et facilement accessible depuis la gare ferroviaire. En bref : l'une des meilleures auberges de jeunesse de la ville. Choisissez entre les dortoirs avec lits superposés (6, 8 ou 16 lits ; matelas haut de gamme) et les doubles d'un bon rapport qualité/prix. Pour le reste : des équipements typiques des auberges de jeunesse, avec un salon pour boire un verre en début de soirée !

Vila 11 PENSION $
(carte p. 46 ; ☎0722-495 900 ; www.vila11bucharest.com ; Str Institutul Medico Militar 11 ; dort 45 lei, s/d 90/120 lei ; ; Gara de Nord). Cette *pensiunea* douillette, tenue par des expatriés accueillants, se trouve dans une petite rue à quelques minutes à pied de la gare ferroviaire principale. Elle offre des dortoirs à 6 lits d'un bon rapport qualité/prix, et des chambres simples ou doubles (certaines avec sdb). Optez pour une chambre au dernier étage, avec une jolie vue et la climatisation – gare à l'escalier étroit.

Hotel Elizeu HÔTEL $$
(☎021-319 1734 ; www.hotelelizeu.ro ; Str Elizeu 11-13 ; s/d 160/240 lei ; ; Gara de Nord). On peut facilement rejoindre à pied la gare ferroviaire depuis cet hôtel de 54 chambres, confortable et moderne. Chambres calmes, minibar et buffet de petit-déjeuner correct (compris).

Où se restaurer

Bucarest possède le paysage culinaire le plus varié du pays. Outre d'excellentes tables roumaines, de très bons restaurants italiens, moyen-orientaux et de cuisine internationale contemporaine viennent compléter l'offre. Si les restaurants sont légion dans le centre historique, les meilleures adresses sont généralement dispersées dans des quartiers à proximité du centre. En dehors d'une poignée d'établissements gastronomiques et onéreux, le code vestimentaire est principalement décontracté.

Centre historique

♥ Caru' cu Bere ROUMAIN $$
(carte p. 40 ; ☎021-313 7560 ; www.carucubere.ro ; Str Stavropoleos 3-5 ; plats 20-45 lei ; 8h-0h dim-jeu, 8h-2h ven-sam ; ; Piața Unirii). Malgré une ambiance assurément touristique (serveuses "paysannes" ; spectacles de chant et de danse traditionnels), le plus ancien bar à bière de Bucarest continue d'attirer de nombreux habitants. Le cadre Belle

Époque et les vitraux sont éblouissants, tout comme la cuisine roumaine classique. Réservation recommandée le soir.

Les Bourgeois BISTROT $$

(carte p. 40 ; ✆ 0720-132 994 ; www.lesbourgeois.ro ; Str Smârdan 20 ; plats 20-65 lei ; ⏲ 9h-2h ; 📶 ; Ⓜ Piaţa Unirii). Cet établissement inspiré des bistrots français offre un éventail appétissant de salades, ainsi que des plats de poulet, de poisson et de bœuf. Les côtelettes d'agneau ne vous décevront pas. Petit-déjeuner avec œufs et bacon (29 lei). La terrasse occupe un coin animé du centre historique.

St George HONGROIS $$

(carte p. 40 ; ✆ 0787-605 900 ; www.saint-george.ro ; Str Franceză 44 ; plats 20-45 lei ; ⏲ 10h30-0h ; 📶 ; Ⓜ Piaţa Unirii). Spécialités hongroises et transylvaniennes au menu de ce restaurant festif et réputé, sur une artère animée de la vieille ville. Les plats (le plus souvent de savoureux ragoûts et plats de porc) sont généralement très copieux, et le tout peut être arrosé d'un très bon vin. Grande terrasse à l'avant.

♥ **Lacrimi şi Sfinţi** ROUMAIN $$$

(carte p. 40 ; ✆ 0725-558 286 ; www.lacrimisisfinti.com ; Str Şepcari 16 ; plats 30-50 lei ; ⏲ 12h30-2h mar-dim, 18h-2h lun ; 📶 ; Ⓜ Piaţa Unirii). Véritable vedette du centre historique, ce restaurant associe recettes roumaines à l'ancienne et tendances modernes – le tout avec des ingrédients frais, bio et issus de circuits courts. Le résultat ? Des plats authentiques et substantiels. L'intérieur, simple, affiche un style rustique revisité, à la mode contemporaine – les boiseries et les éléments décoratifs proviennent d'anciennes fermes. Réservez.

En dehors du centre historique

♥ **Modelier** BURGERS $

(✆ 0799-630 693 ; www.facebook.com/modelierbar ; Str Duzilor 12 ; burgers 18-25 lei ; ⏲ 13h-2h ; 🚌 70, 79). Dans un quartier résidentiel à l'est du centre, cet établissement mi-restaurant mi-centre culturel attire les *hipsters*. Au programme : burgers artisanaux, excellentes frites et énormes carafes de limonade maison ; DJ et soirées cinéma pour les chaudes soirées estivales.

♥ **Shift Pub** INTERNATIONAL $$

(carte p. 46 ; ✆ 021-211 2272 ; www.shiftpub.ro ; Str General Eremia Grigorescu 17 ; plats 25-40 lei ; ⏲ 12h-2h ; Ⓜ Piaţa Romană). Une très bonne adresse pour des salades et des burgers, et pour les nombreux plats de bœuf et de porc, rehaussés de touches asiatiques, moyen-orientales ou mexicaines. Venez un peu avant l'heure du repas pour obtenir l'une des tables convoitées du jardin arboré.

Lente Praporgescu INTERNATIONAL $$

(carte p. 40 ; ✆ 021-310 7424 ; www.lente.ro ; Str Gen Praporgescu 31 ; plats 25-40 lei ; ⏲ 11h30-1h ; 📶 ; Ⓜ Piaţa Romană). Le plus grand des 3 restaurants "Lente" répartis dans le centre-ville. Le concept est le même partout : des soupes et salades créatives, une décoration éclectique (chaises dépareillées et vieux livres), et une ambiance décontractée et légèrement alternative. Une adresse fantastique pour le déjeuner ou un dîner informel. Terrasse verdoyante, appréciable par forte chaleur.

♥ **Gargantua in the Park** ITALIEN $$$

(carte p. 40 ; ✆ 0726-555 688 ; www.restaurantgargantua.ro ; Str Jean-Louis Calderon 69 ; plats 30-55 lei ; ⏲ 9h-0h ; Ⓜ Piaţa Romană). Le cadre paisible, au bout du parc Icoanei, en fait un lieu idéal où savourer des plats italiens et internationaux bien préparés : pizzas et pâtes, mais aussi délicieuses côtelettes d'agneau, steaks, poissons et fruits de mer. Les vins proviennent des meilleurs producteurs de la région. Par une chaude soirée, profitez de la terrasse !

Burebista ROUMAIN $$$

(carte p. 40 ; ✆ 0756-717 649 ; www.restaurantvanatoresc.ro ; Str Batiştei 14 ; plats 40-60 lei ; ⏲ 12h-0h ; Ⓜ Universitate). Tout a l'air un peu forcé, dans ce restaurant de grillades traditionnel, où le personnel est vêtu de costumes du XIXe siècle. Mais la cuisine n'en est pas moins excellente, et la terrasse est agréable pour prendre une bière ou manger.

Où prendre un verre et faire la fête

Il faudrait plus d'un mois pour faire le tour des bars (et des discothèques) du centre historique ! En été, guettez les terrasses, habituellement à l'écart sous une voûte arborée.

Centre historique

Old City BAR

(carte p. 40 ; ✆ 0729-377 774 ; www.oldcity-bucharest.ro ; Str Şelari 14 ; ⏲ 10h-4h ; 📶 ; Ⓜ Piaţa Unirii). Ce bar, l'un de nos favoris dans la vieille ville, attire une vaste clientèle, surtout le week-end, avec ses soirées dansantes et thématiques. L'espace bar est vaste et très beau ; grand nombre de places assises sur le trottoir par beau temps.

Fire Club BAR

(carte p. 40 ; ☎ 0732-166 604 ; www.fire.ro ; Str Gabroveni 12 ; ⏰ 10h-16h dim-jeu, 10h-6h ven-sam ; Wi-Fi ; Ⓜ Piaţa Unirii). Très fréquenté, ce bar d'étudiants-club de rock est bien moins tape-à-l'œil et plus décontracté que d'autres établissements du centre historique.

St Patrick PUB

(carte p. 40 ; ☎ 021-313 0336 ; www.stpatrick.ro ; Str Smârdan 23-25 ; ⏰ 11h-2h ; Wi-Fi ; Ⓜ Piaţa Unirii). Attablez-vous dans la Str Smârdan, très animée, pour déguster une bière ou un cidre dans ce pub populaire cultivant son look irlandais (boiseries sombres, plafond vert). Bons classiques d'Outre-Manche comme le *steak and kidney pie* (tourte au bœuf et aux rognons, 24 lei) et l'*Irish breakfast* (29 lei).

Grand Cafe Van Gogh CAFÉ

(carte p. 40 ; ☎ 031-107 6371 ; www.vangogh.ro ; Str Smârdan 9 ; ⏰ 8h30-0h lun-ven, 10h-0h sam-dim ; Wi-Fi ; Ⓜ Universitate). Dans cet établissement animé, bien situé à l'entrée de la vieille ville, le café est très bon – et les autres boissons aussi ! Également : repas sur le pouce (burgers, etc.) ; petits-déjeuners et formules déjeuner.

En dehors du centre historique

♥ **Grădina Verona** CAFÉ

(carte p. 40 ; ☎ 0732-003 060 ; www.facebook.com/GradinaVerona ; Str Pictor Verona 13-15 ; ⏰ 9h-0h mai-sept ; Wi-Fi ; Ⓜ Piaţa Romană). Dans un jardin verdoyant caché derrière la librairie Cărtureşti, d'excellents expressos et de curieuses infusions glacées, aux fleurs de pivoine, à la mangue, au citron vert, etc.

M60 CAFÉ

(carte p. 40 ; ☎ 031-410 0010 ; www.facebook.com/m60cafeamzei/ ; Str Mendeleev 2 ; ⏰ 10h-1h ; Wi-Fi ; Ⓜ Piaţa Romană). Une adresse de choix pour prendre son café du matin, déjeuner (salades et plats veggies) ou boire un verre en soirée. Le M60, inclassable, se transforme au cours de la journée. Dès son ouverture, les Bucarestois ont pris goût à son design scandinave épuré et minimaliste.

Origo CAFÉ

(carte p. 40 ; ☎ 0757-086 689 ; origocoffee.ro ; Str Lipscani 9 ; ⏰ 7h30-20h lun, 7h30-0h mar-ven, 9h-0h sam-dim ; Wi-Fi ; Ⓜ Piaţa Unirii). Avec le meilleur café préparé dans la ville, l'Origo invite à prendre le temps de bien démarrer la journée. Cafés torréfiés spéciaux à foison, et boissons de toutes sortes. La dizaine de tables sur le trottoir est bien agréable quand il fait beau.

Grădina Eden BAR

(carte p. 40 ; www.facebook.com/gradinaeden107 ; Calea Victoriei 107, Palatul Ştirbey ; ⏰ 16h-0h mai-sept ; Ⓜ Piaţa Romană). Un ravissant bar-jardin d'été dissimulé derrière le palais Ştirbey délabré. Pour y accéder, franchissez la porte du palais et suivez le trottoir abîmé qui longe le côté droit de l'édifice. Le jardin est en retrait derrière des arbres, au fond. Faites la queue au bar pour une bière, du vin ou de la limonade fraîche, puis trouvez une table. Ensuite : place à la détente !

Dianei 4 CAFÉ

(carte p. 40 ; ☎ 0745-208 186 ; www.dianei4.translucid.ro ; Str Dianei 4 ; ⏰ 10h-23h ; Ⓜ Universitate). Un café-bar-jardin réputé, juste à côté du B-dul Carol 1. Sur la carte : un choix d'expressos bien préparés et des petits-déjeuners (environ 20 lei) jusqu'à midi, et des salades et des sandwichs toute la journée. On se croirait dans un squat bien tenu dans le jardin, qui offre une ambiance alternative appréciable.

Seneca Anticafe CAFÉ

(☎ 0720-331 100 ; www.senecanticafe.ro ; Str Arhitect Ion Mincu 1 ; 8 lei/heure ; ⏰ 9h-22h ; Wi-Fi ; 🚌 24, 42, 45). Dans ce lieu hybride, moitié café moitié espace de *coworking*, on paie 8 lei de l'heure pour du café à volonté, le Wi-Fi et un bureau pour travailler. Mais le Seneca Anticafe est également une librairie et un centre culturel, employant un personnel aimable et accueillant. En bref : une adresse idéale pour prendre un café en travaillant un peu.

Piua Book Bar BAR

(carte p. 40 ; ☎ 031-108 1011 ; Str Dionisie Lupu 76 ; ⏰ 12h-0h lun-ven, 15h-0h sam-dim ; Ⓜ Piaţa Romană). Mi-librairie d'occasion mi-bar à cocktails ultrabranché, mais aussi salle de concerts à l'occasion : le Piua mélange les genres. Le parquet ciré et les escaliers branlants grincent lorsque l'on se déplace de pièce en pièce dans cet ancien hôtel particulier rénové, qui renferme quantité de vieilles chaises et fauteuils poires sur lesquels paresser.

☆ Où sortir

Bucarest a de quoi combler les amateurs de concerts, de pièces de théâtre, de rock et de jazz. Consultez le programme dans l'hebdomadaire *Şapte Seri* (www.sapteseri.ro). Autre bonne source : le site www.iconcert.ro. Pour acheter des billets en ligne, consultez les sites Web des principales billetteries : www.myticket.ro et www.eventim.ro.

Cinémas

La plupart des films sont projetés en VO. Consultez les programmes sur www.cinemagia.ro.

Cinemateca Eforie CINÉMA
(carte p. 40 ; ☎021-313 0483 ; Str Eforie 2 ; 12 lei ; Ⓜ Piaţa Unirii). Projette un mélange éclectique et souvent amusant de films d'art et essai.

Cinema Pro CINÉMA
(carte p. 40 ; ☎031-824 1360 ; www.cinemapro.ro ; Str Ion Ghica 3 ; 10-16 lei ; Ⓜ Universitate). Films roumains et internationaux.

Musique classique

Cœur de la tradition musicale classique roumaine, l'Athénée roumain (voir la rubrique *À voir*, p. 39) accueille l'orchestre philharmonique George Enescu. Il propose un large éventail de concerts classiques de septembre à mai, ainsi que plusieurs représentations et spectacles musicaux tout au long de l'année. Les billets sont en vente à la billetterie de la salle.

Opéra national de Bucarest OPÉRA
(Opera Naţională Bucureşti ; ☎billetterie 021-310 2661 ; www.operanb.ro ; B-dul Mihail Kogălniceanu 70-72 ; billets 10-70 lei ; ⏲billetterie 9h-13h et 15h-19h ; Ⓜ Eroilor). Principale salle de la ville pour les opéras et les ballets classiques. Achetez vos billets en ligne ou sur place.

Discothèques et concerts

L'entrée (5-25 lei) comprend parfois une consommation.

Control MUSIQUE LIVE
(carte p. 40 ; ☎0733-927 861 ; www.control-club.ro ; Str Constantin Mille 4 ; ⏲12h-16h ; 📶 ; Ⓜ Universitate). Chouchou des fêtards amateurs de musiques alternatives, turbo-folk, indé et garage. Concerts ou DJ selon les soirs.

Club A MUSIQUE LIVE
(carte p. 40 ; ☎réservations 0744-517 858 ; www.cluba.ro ; Str Blănari 14 ; ⏲21h-5h jeu-dim ; Ⓜ Piaţa Unirii). Tenu par des étudiants, ce club underground est une institution. Des concerts sont organisés presque tous les week-ends – rock, pop, blues, musique alternative…

Green Hours 22 MUSIQUE LIVE
(carte p. 40 ; ☎bar 0751-772 275 ; www.greenhours.ro ; Calea Victoriei 120 ; ⏲9h-16h ; Ⓜ Piaţa Română). Cette boîte de jazz à l'ancienne en sous-sol propose une programmation pêchue de jazz et de théâtre expérimental presque chaque soir en semaine (consultez le site Web ; réservation par e-mail). Elle accueille un festival de jazz international en mai-juin. Son bar et sa terrasse verdoyante sont prisés.

Sports

Bucarest compte plusieurs clubs de foot, dont le Steaua Bucureşti et le Dinamo Bucureşti, les deux principaux, tous deux en *Liga I* (Ligue 1). La saison se déroule de fin juillet à mai. Il est assez facile d'assister à une rencontre : les matchs affichent rarement complet, à moins d'opposer des clubs stars. Le Steaua dispute ses matchs au **stade national** (Arena Naţională, FC Steaua ; ☎021-410 2082, billets 0752-120 171 ; www.steauafc.com ; B-dul Basarabia 37-39 ; billets 20-100 lei ; ⏲billetterie 10h-17h lun-ven ; 🚌40, 56), tandis que le Dinamo joue habituellement au **stade Dinamo** (carte p. 46 ; www.fcdinamo.ro ; Şos Ştefan cel Mare 7-9 ; billets 10-35 lei ; ⏲billetterie 12h-19h jours de match ; Ⓜ Ştefan cel Mare). Achetez vos places à l'avance aux billetteries des stades ou sur place avant les matchs. La plupart des matchs internationaux, y compris ceux de l'équipe roumaine nationale, ont lieu à l'Arena Naţional.

Théâtre

Les théâtres de Bucarest proposent des pièces dans plusieurs langues (bien sûr, le plus souvent en roumain). Les billets dépassent rarement 40 lei. Les théâtres ferment en été.

À NE PAS MANQUER

LE CENTRE CULTUREL ARCUB

Situé dans l'ancienne Gabroveni Inn rénovée, **ARCUB** (carte p. 40 ; ☎0732-669 928 ; www.arcub.ro ; Str Lipscani 84-90 ; ⏲billetterie 15h-20h mar-ven, 18h-20h sam-dim ; Ⓜ Piaţa Unirii) est un centre culturel pluridisciplinaire programmant régulièrement des expositions d'art, des événements, des spectacles et des projections de films de temps à autre. Sur son site Web, vous pourrez voir si quelque chose d'intéressant a lieu durant votre séjour. Les billets sont en vente à la billetterie de l'établissement.

Théâtre national de Bucarest THÉÂTRE

(Teatrul Naţional Bucureşti ; carte p. 40 ; ☎ billetterie 021-314 7171, théâtre 021-313 9175 ; www.tnb.ro ; B-dul Nicolae Bălcescu 2 ; ⏲ billetterie 10h-16h lun, 10h-19h mar-dim ; Ⓜ Universitate). La salle la plus prestigieuse du pays. Le bâtiment, un mastodonte typique des années 1970, a bénéficié d'un ravalement bien mérité, et son intérieur est très bien équipé. La plupart des pièces sont en roumain. Consultez le site Internet pour connaître le programme, et achetez vos places en ligne ou à la billetterie.

Théâtre juif d'État THÉÂTRE

(Teatrul Evreiesc de Stat ; carte p. 40 ; ☎ réservation 0721-313 736 ; www.teatrul-evreiesc.ro ; Str Iuliu Barasch 15 ; billets 12-30 lei ; ⏲ billetterie 10h-12h lun-jeu ; Ⓜ Piaţa Unirii). Pièces en roumain et en yiddish.

Achats

Kyralina LIVRES EN FRANÇAIS

(carte p. 46 ; ☎ 021-367 28 67 ; www.kyralina.ro ; Str Biserica Amzei 10 ; ⏲ 10h-20h lun-sam, 12h-18h dim, 10h-14h dim ; Ⓜ Piaţa Romană). L'unique librairie française de Roumanie offre une belle sélection d'ouvrages de littérature française ou étrangère, d'essais et de BD. Elle possède un espace lecture et de jeu pour les enfants.

Anthony Frost LIVRES EN ANGLAIS

(carte p. 40 ; ☎ 021-311 5136 ; www.anthonyfrost.ro ; Calea Victoriei 45 ; ⏲ 10h-20h lun-ven, 10h-19h sam, 10h-14h dim ; Ⓜ Universitate). Une excellente librairie anglophone, située dans un petit passage près de l'église Creţulescu.

Vinexpert VIN

(carte p. 46 ; ☎ 0744-481 307 ; www.vinexpert.ro ; Calea Victoriei 155 ; ⏲ 8h-0h lun-ven, 11h-0h sam, 12h-22h dim ; Ⓜ Piaţa Victoriei). Un joli caviste bien approvisionné, avec un éventail complet de vins roumains et étrangers. Le personnel, connaisseur, vous aidera à faire votre choix. Vous pourrez aussi commander un verre de vin, à marier avec de très bonnes assiettes de fromage lors des dégustations.

Cărtureşti Verona LIVRES

(carte p. 40 ; ☎ 0728 828 916 ; www.carturesti.ro ; Str Pictor Verona 13-15, angle B-dul Nicolae Bălcescu ; ⏲ 10h-22h ; Ⓜ Piaţa Romană). Cette librairie-magasin de musique-salon de thé dotée d'une cour arborée est incontournable. Elle réunit une incroyable collection de livres de design, d'art et d'architecture, ainsi que des CD et des DVD soigneusement sélectionnés.

Târgul Vitan-Bârzeşti MARCHÉ

(Şos Vitan-Bârzeşti, angle Splaiul Unirii ; ⏲ 8h-16h dim ; 🚌 123). Cet immense marché aux puces se tient au sud-est du centre les dimanches jusqu'à 16h. En venant tôt, vous ferez les meilleures affaires (bijoux anciens, livres, babioles...). Même quand on n'est pas d'humeur acheteuse, l'énergie du lieu est contagieuse.

Ethic Wine VIN

(☎ 021-367 2283 ; www.ethicwine.ro ; Str Banul Antonache 55 ; ⏲ 13h-21h lun, 10h-21h mar-sam, 10h-14h dim ; 🚌 135). Cet impressionnant caviste dispose d'une salle de dégustation, avec les meilleurs vins roumains et un choix soigneusement trié de producteurs étrangers. Repérez les crus de Bauer, Avincis et Prince Ştirbey de Drăgăşani, et Château Vartely (de Moldavie).

Cărtureşti Carusel LIVRES

(carte p. 40 ; ☎ 0728-828 922 ; www.carturesti.ro ; Str Lipscani 55 ; ⏲ 10h-0h ; Ⓜ Piaţa Unirii). Dans le centre historique, cet établissement de la chaîne de magasins de livres et souvenirs Cărtureşti occupe un somptueux grand magasin du début du XXe siècle restauré. Livres sur plusieurs niveaux.

Str Hanul cu Tei CADEAUX ET SOUVENIRS

(carte p. 40 ; ⏲ 10h-20h ; Ⓜ Piaţa Unirii). Dans le centre historique, ce passage secret consiste en une petite cour avec quelques galeries d'art, ainsi que des magasins d'antiquités et de fournitures d'art. Accès par le n°5 de la Str Blănari ou le n°63 de la Str Lipscani.

Renseignements

ACCÈS INTERNET

Best Cafe (☎ 021-312 4816 ; www.best-cafe.ro ; B-dul Mihail Kogălniceanu 19 ; 5 lei/h ; ⏲ 24h/24 ; 📶 ; Ⓜ Izvor)

Seneca Anticafe (p. 52)

ARGENT

Les agences bancaires et les DAB ne manquent pas dans le centre de Bucarest. Les cartes étant largement acceptées, vous n'aurez pas à retirer de grandes sommes d'argent liquide.

La plupart des banques possèdent un service de change et délivrent des avances sur les cartes de crédit. N'oubliez pas votre passeport, que vous devrez présenter. La plupart des banques ouvrent uniquement du lundi au vendredi, et parfois quelques heures le samedi matin.

En dehors des heures d'ouverture des banques, vous pourrez changer vos devises dans les bureaux de change (*casa de schimb*). Plusieurs bordent le B-dul Gen Gheorghe Magheru, au nord de la Piaţa Universităţii. Leurs taux sont souvent comparables à ceux des banques (voire plus bas), mais les commissions sont généralement plus élevées. Avant de tendre vos billets, indiquez à la personne à la caisse le montant et la devise que vous voulez changer et demandez-lui d'écrire le montant correspondant en lei. Il vous faudra normalement montrer votre passeport.

MÉDIAS

Les kiosques à journaux des grands hôtels vendent la presse internationale.

Bucharest In Your Pocket (www.inyourpocket.com). Guide bimensuel sur Bucarest (il est payant mais souvent mis gracieusement à disposition dans les grands hôtels), avec un listing critique des spectacles, hôtels et restaurants.

Nine O'Clock (www.nineoclock.ro). Un site d'infos avec des rubriques consacrées à la politique, à l'économie et à la culture.

Şapte Seri (www.sapteseri.ro). Hebdomadaire et site Web avec un agenda des sorties, disponible dans les bars et clubs de la ville.

OFFICES DU TOURISME

Centre d'informations touristiques de Bucarest (carte p. 40 ; ☎021-305 5500, poste 1003 ; www.seebucharest.ro ; Piaţa Universităţii ; ⏲10h-17h lun-ven, 10h-14h sam-dim ; Ⓜ Universitate). Même si ce petit office du tourisme est mal approvisionné, vous ne trouverez pas mieux à Bucarest. Les renseignements n'y sont pas pléthoriques, mais le personnel anglophone répond aux questions de base. Il pourra aussi vous faire des suggestions et vous aider à vous orienter.

Mr Tripp (voir aussi p. 48). Cette agence de voyages privée sert d'office du tourisme officieux. Elle vous fournira des plans gratuits et vous conseillera, même si vous ne réservez pas l'une de ses visites.

POSTE

Poste (carte p. 46 ; www.posta-romana.ro ; Str Gării de Nord 6-8 ; ⏲7h30-20h lun-ven ; Ⓜ Gara de Nord)

Poste centrale (carte p. 40 ; ☎021-315 9030 ; www.posta-romana.ro ; Str Matei Millo 10 ; ⏲7h30-20h lun-ven ; Ⓜ Universitate)

SERVICES MÉDICAUX

Les pharmacies abondent dans le centre. Nous conseillons vivement la chaîne Sensi-Blu, qui compte de nombreux établissements, notamment sur la **Calea Victoriei** (☎021-303 0267 ; www.sensiblu.com ; Calea Victoriei 12a ; ⏲8h-22h lun-ven, 9h-21h sam-dim ; Ⓜ Universitate)

Emergency Clinic Hospital (☎021-599 2300 ; www.scub.ro ; Calea Floreasca 8 ; ⏲24h/24 ; Ⓜ Ştefan cel Mare). Le meilleur service d'urgences de la ville et du pays. La première étape pour tout problème médical sérieux.

Medicover (☎021-310 1599 ; www.medicover.ro ; Calea Plevnei 96 ; ⏲8h-20h30 lun-ven, 8h-14h sam ; Ⓜ Eroilor). Clinique privée de qualité, aux tarifs élevés.

Prodentcare (☎0724-873 551 ; www.prodentcare.ro ; Calea Rahovei 251-253 ; ⏲24h/24 ; 🚌23, 32). Soins dentaires.

URGENCES

Ambulance, pompiers et police (☎112). Certains opérateurs ont des notions d'anglais.

ℹ Depuis/vers Bucarest

Bucarest est la principale porte d'entrée aérienne du pays, et les plus grands transporteurs aériens européens et mondiaux y assurent des vols depuis toute l'Europe et les grandes villes du Moyen-Orient. C'est aussi la principale plaque tournante ferroviaire et routière de Roumanie.

AVION

Tous les vols internationaux et intérieurs empruntent l'**aéroport international Henri Coandă** (OTP, Otopeni ; ☎arrivées 021-204 1220, départs 021-204 1210 ; www.bucharestairports.ro ; Şos Bucureşti-Ploieşti ; 🚌783), souvent appelé officieusement par son ancien nom, "Otopeni'". Henri Coandă est à 17 km au nord de Bucarest sur la route de Braşov. Les terminaux des départs et des arrivées sont distincts (les arrivées sont au nord). Cet aéroport moderne est pourvu de restaurants, de kiosques à journaux, de bureaux de change et de DAB. Des guichets d'informations sont ouverts 24h/24 dans les deux terminaux.

L'aéroport est le hub du transporteur national **Tarom** (☎centre d'appels 021-204 6464, bureaux 021-316 0220 ; www.tarom.ro ; Spl Independenţei 17, centre-ville ; ⏲9h-17h lun-ven ; Ⓜ Piaţa Unirii), qui dessert les principales villes roumaines, ainsi que les capitales et les grandes villes d'Europe et du Moyen-Orient.

BUS

Liaisons intérieures

Quelques compagnies de bus, grandes ou petites, dominent le marché pour les trajets au départ de Bucarest et vers des villes de Roumanie. Parmi les plus fiables et les moins chères, le transporteur à bas prix **Memento Bus** (carte p. 46 ; ☎0317-105 518 ; www.mementobus.com ; Gara de Nord ; ⏲9h-19h ; Ⓜ Gara de Nord) circule entre les grandes villes pour seulement 5 lei par trajet.

Commencez par consulter les sites Web www.autogari.ro et www.cditransport.ro, qui publient des horaires à jour et sont assez compréhensibles – même si le second est uniquement en roumain. Vérifiez ensuite par téléphone que le bus choisi circule bien le jour indiqué. Vous pouvez demander l'aide de votre hôtel ou réserver auprès d'une agence de voyages.

Bucarest compte plusieurs gares routières et il est difficile de comprendre quelle gare dessert quelle destination. Même les habitants ont du mal à s'y retrouver ! En achetant votre billet, demandez toujours d'où part votre bus.

Vous trouverez ci-dessous quelques-unes des principales gares routières. Certaines se résument à un terrain vague :

Autogara Diego (carte p. 40 ; ☎ 021-311 1283 ; Spl Independenţiei 2 ; Ⓜ Piaţa Unirii). Près de l'intersection avec la Calea Victoriei. Dessert Iaşi, Piatra Neamţ et Suceava, ainsi que plusieurs destinations internationales.

Autogara Filaret (☎ bus vers la Bulgarie 021-335 3290, vers la Grèce 021-336 6780, intérieurs 021-336 0692 ; www.acfilaret.ro ; Piaţa Gării Filaret 1 ; 🚌 7, 47). À 3 km au sud de la Piaţa Universităţii ; prendre les bus n°7 et n°232 depuis la Piaţa Unirii. Liaisons quotidiennes vers plusieurs villes de Roumanie ainsi que vers des localités grecques. Les bus depuis/vers Sofia empruntent également cette gare.

Autogara Militari (☎ 0725-939 939 ; www.autogari.ro ; Str Valea Cascadelor 1 ; Ⓜ Păcii). À 8 km à l'ouest du centre, au métro Păcii. Dessert notamment Curtea de Argeş, Târgu Jiu et Timişoara.

CDI (☎ 0722-418 886, réservations 0723-187 789 ; www.cditransport.ro ; Str Ritmului 35 ; 🚌 69, 85). À 3 km à l'est de la Piaţa Romană et à 4 pâtés de maisons au nord du métro Piaţa Iancului. Services réguliers pour Braşov, Tulcea, Piteşti et Craiova, entre autres.

Liaisons internationales

Bucarest est un carrefour où convergent des lignes depuis/vers l'Europe de l'Ouest, l'Europe de l'Est et la Turquie.

Atlassib (p. 273). Grande compagnie roumaine de bus longue distance.

Etap Grup (www.etapgroup.com). Basée à Sofia (Bulgarie) ; liaisons quotidiennes entre Bucarest et Sofia (environ 130 lei/pers aller, 7-8 heures). À Bucarest, les bus partent de l'Autogara Filaret.

Murat Turism & Transport (p. 273). Départs quotidiens (sauf le samedi) à destination d'Istanbul (160 lei/pers aller, 11 heures).

TRAIN

C'est de la **Gara de Nord** (p. 273) que partent la plupart des trains nationaux et internationaux. Elle est accessible en métro depuis le centre-ville.

Achetez vos billets aux guichets de la gare. Si vous voyagez avec un pass InterRail ou Eurail, il est obligatoire de réserver votre place.

Les horaires des trains sont consultables sur www.cfr.ro et sur le site allemand www.bahn.de (sur celui-ci, utilisez le nom allemand des villes et des gares – par exemple, "Bukarest Nord" pour Bucarest Gara de Nord).

La consigne est au niveau principal de la Gara de Nord, dans le long couloir près du comptoir d'informations. En vous éloignant des voies ferrées, vous la trouverez sur votre droite.

Chaque jour, il y a 2 trains pour la gare Keleti de Budapest (13-15 heures), et un pour Sofia (9-11 heures), Belgrade (12 heures), Chişinău (13 heures) et Kiev (26 heures).

Le tableau ci-contre répertorie quelques trains rapides IC (Inter-City) au départ de Bucarest.

VOITURE ET MOTO

Conduire à Budapest relève de la folie, et vous abandonnerez votre voiture au bout de quelques minutes pour prendre les transports en commun. Si vous voyagez en voiture, mieux vaut vous garer près d'une station de métro de la périphérie et rejoindre le centre-ville par les transports publics.

En théorie, les tarifs horaires de stationnement s'appliquent dans le centre, en particulier près de la Piaţa Victoriei et de la Piaţa Universităţii – cherchez les surveillants en uniforme jaune et bleu, ou les horodateurs. Dans de nombreux endroits, on peut se garer sur le trottoir. L'essence coûte environ 5 lei/litre.

À Bucarest, les tarifs de location de voiture sont parmi les moins chers du pays. Les principales agences disposent d'un comptoir dans le terminal des arrivées de l'aéroport international Henri Coandă. La plupart des grandes compagnies ont une agence en ville.

Autonom (☎ aéroport 021-232 4325, réservations 24h/24 0742-215 361 ; www.autonom.com ; aéroport international Henri Coandă ; à partir de 150 lei/jour) offre les tarifs les plus bas, avec une Logan à environ 150 lei/jour (kilométrage illimité et assurance compris, 2 jours minimum) ; les tarifs sont moindres pour une location de plus d'une semaine. Les compagnies internationales sont généralement plus chères, à partir de 220 lei/jour en fonction de la marque et de la durée de location.

Avis (☎ 0722-636 595 ; www.avis.ro ; aéroport international Henri Coandă ; 🕒 7h-23h)

Budget (☎ 021-204 1667 ; www.budgetro.ro ; aéroport international Henri Coandă ; 🕒 7h-23h)

Europcar (☎ 021-310 1797 ; www.europcar.ro ; aéroport international Henri Coandă ; 🕒 8h-20h)

Hertz (☎ 021-204 1278 ; www.hertz.com.ro ; aéroport international Henri Coandă ; 🕒 8h-22h)

TRAINS INTER-CITY (IC) AU DÉPART DE BUCAREST

DESTINATION	TARIF	DURÉE	FRÉQUENCE
Braşov	50 lei	2 heures 30	départs fréquents
Cluj-Napoca	92 lei	7 heures 30	4/jour
Constanţa	60 lei	2-4 heures	3/jour
Craiova	60 lei	3 heures	5/jour
Iaşi	90 lei	7 heures	3/jour
Sibiu	85 lei	6 heures	2/jour
Sighişoara	70 lei	5 heures	3/jour
Suceava	90 lei	7 heures	3/jour
Timişoara	101 lei	9 heures	3/jour

Comment circuler

DEPUIS/VERS L'AÉROPORT

Bus

Depuis le centre, le bus express n°783 part toutes les 15 min (toutes les 30 min le week-end), de 6h à 23h, du côté sud de la Piaţa Unirii et de la Piaţa Victoriei ; il marque des arrêts entre les places. Le trajet jusqu'à l'aéroport international Henri Coandă dure de 45 minutes à 1 heure, selon la circulation. Le bus s'arrête devant le terminal des départs, puis continue vers celui des arrivées.

Pour prendre le bus, achetez une carte Activ (3,70 lei) à n'importe quel guichet RATB (près d'un arrêt), puis créditez-la. Un trajet simple en bus express coûte 7 lei. La carte doit être compostée à la montée.

Pour rejoindre le centre depuis l'aéroport international Henri Coandă, prenez le bus n°783 depuis la rampe devant le hall des arrivées ; là encore, il vous faudra avoir et créditer une carte Activ (en vente dans un kiosque à l'intérieur du terminal).

Taxi

La course en taxi du centre-ville à l'aéroport international ne devrait pas dépasser 50 lei. Pour trouver un taxi, dirigez-vous dans l'aéroport vers la rangée de distributeurs à écrans tactiles recensant les différentes compagnies et leurs tarifs. Optez pour une compagnie affichant des prix compris entre 1,39 et 1,69 leu le kilomètre. Le distributeur vous délivrera un ticket indiquant clairement le numéro du taxi.

TRANSPORTS EN COMMUN

Le réseau de métro, bus, trolleybus et tram de Bucarest est géré par la **RATB** (Regia Autonomă de Transport Bucureşti ; ☎ 021-9391 ; www.ratb.ro). Les véhicules circulent de 4h30 à 23h30 environ.

Les billets ne s'utilisent pas de la même manière pour les transports de rue (bus, tram et trolleybus) et le réseau métropolitain. Pour prendre le bus, le tram ou le trolleybus, il faut d'abord acheter une carte Activ (3,70 lei) à n'importe quel kiosque RATB dans la rue ; vous devrez ensuite créditer cette carte, qui sera débitée à la montée. Chaque trajet coûte 1,30 leu ; le crédit minimal est de 5 lei. Les moins de 7 ans voyagent gratuitement. Vous devrez composter votre carte Activ en montant dans le tram ou le bus. Voyager sans carte Activ est passible d'une amende de 50 lei, à régler sur-le-champ. Les cartes peuvent être rechargées dès que nécessaire à n'importe quel kiosque RATB.

Les stations de métro sont repérées par un grand "M". Pour prendre le métro, achetez un billet à bande magnétique aux billetteries automatiques ou au guichet à l'entrée des stations (prévoyez des petites coupures). Les tickets valables pour 2 trajets coûtent 5 lei. Un ticket de 10 trajets coûte 20 lei. Le métro permet de se déplacer rapidement sur l'axe nord-sud, de la Piaţa Victoriei à la Piaţa Unirii, en passant par les stations bien pratiques Piaţa Romană et Universităţü. Le métro est aussi pratique pour circuler entre la Gara de Nord et le centre-ville.

TAXI

La présence de chauffeurs de taxi malhonnêtes pose malheureusement problème. Choisissez toujours un taxi avec compteur. Évitez ceux qui attendent devant la Gara de Nord, sur la Piaţa Unirii, à l'hôtel InterContinental et devant le terminal des arrivées de l'aéroport.

Les chauffeurs sont tenus d'afficher leurs tarifs sur les portières avant et arrière. Lors de nos recherches, un taxi honnête facturait 1,39-1,69 leu/km. Évitez ceux qui demandent plus.

Mieux vaut réserver un taxi par téléphone (ou demander dans un hôtel ou un restaurant que l'on s'en charge pour vous). Parmi les compagnies réputées, citons **Cobalcescu** (☎ 021-9451 ; www.autocobalcescu.ro), **CrisTaxi** (☎ 021-9466 ; www.cristaxi.ro) et **Meridian** (☎ en anglais 021-9888, général 021-9444 ; www.meridiantaxi.ro).

ENVIRONS DE BUCAREST

Lac de Snagov

Le sinueux lac de Snagov, à 40 km au nord de Bucarest, est la principale destination de villégiature des habitants de la capitale le week-end. Le cadre semi-rural est charmant, et les occasions de nager, faire du bateau, pêcher et prendre le soleil ne manquent pas. En fin de semaine, le site peut être envahi par les Bucarestois assoiffés de nature ; le reste du temps, il est plus tranquille. Les complexes hôteliers bordent les deux rives du lac à l'est et à l'ouest. Les adresses sur la rive ouest, dans une zone protégée de l'autre côté du lac en venant du village de Snagov, offrent un cadre plus sélect et isolé.

Snagov est aussi réputé pour sa petite île, tout au nord, où se dresse un joli monastère censé renfermer la sépulture de Vlad Ţepeş, prince valaque à la brutalité légendaire qui inspira le Dracula de Bram Stoker.

À voir

Monastère de Snagov MONASTÈRE

(Mănăstirea Snagov ; 0724-768 949 ; www.snagov.ro ; Strada Mănăstirea Vlad Ţepeş, île de Snagov ; adulte/enfant 15/10 lei ; 7h30-18h). À l'extrémité nord du lac de Snagov, la minuscule île de Snagov accueille cette petite église en pierre du XVe siècle, qui serait l'ultime demeure de Vlad Ţepeş (Vlad l'Empaleur).

L'île est reliée au continent par un pont. Elle est également accessible en bateau depuis le village de Snagov ou les complexes hôteliers sur le rivage. Un trajet aller-retour coûte environ 100 lei.

La sépulture présumée de Vlad Ţepeş se trouve à l'intérieur de l'église, au centre, vers l'arrière. La tombe et le portrait de Vlad sont d'ailleurs les principaux points d'intérêt de ce petit édifice. Le doute persiste sur l'identité du corps enterré, comme sur de nombreux aspects de l'histoire du personnage. Vlad Ţepeş mourut en 1476 au cours d'une bataille contre les Turcs près de Bucarest. Sa tête fut coupée et rapportée à Constantinople pour être exhibée au bout d'une pique. Nul ne sait avec certitude ce qu'il advint ensuite de son corps. Qu'il repose ou non ici, Vlad Ţepeş était apparemment fortement lié à Snagov. En 1456, il fit édifier des fortifications autour du monastère. Il fit aussi construire un pont entre l'île et la rive du lac, un clocher, une nouvelle église, un passage secret et une prison avec une salle de torture. Les vestiges de cette prison sont visibles derrière l'église.

Une église se dresserait sur l'île depuis au moins le XIe siècle, lorsque Mircea cel Bătrân y fit ériger une structure en bois. Le monastère fut ajouté à la fin du XIVe siècle, pendant le règne du roi Dan Ier (1383-1386) ; en 1453, l'église de bois fut remplacée par un édifice en pierre qui plus tard coula au fond du lac. Le bâtiment actuel est postérieur.

Palais de Snagov MONUMENT HISTORIQUE

(021-320 8954 ; www.palatulsnagov.ro ; Snagov ; fermé au public). Une impressionnante villa se dresse sur la rive ouest du lac de Snagov : le palais de Snagov fut érigé dans les années 1930 par le prince Nicolae, frère du roi Carol II, dans le style néo-Renaissance. Sous Ceauşescu, il servait de lieu de réunion des hauts responsables du gouvernement. Aujourd'hui, il loge les hôtes officiels et accueille des soirées privées.

Où se loger et se restaurer

La plupart des visiteurs viennent à la journée. Il n'en existe pas moins 2 ou 3 hébergements agréables.

Dolce Vita HÔTEL $$

(bateau 0723-580 780 ; www.dolcevitasnagov.ro ; parc de Snagov ; ch 200 lei). Cet hôtel-restaurant est installé en face du village de Snagov, sur la rive ouest du lac, à la lisière d'une réserve naturelle. Il loue des chambres simples et propose des dîners en terrasse au bord du lac (plats 20-30 lei). Rejoignez en voiture ou en minibus le village de Snagov, puis téléphonez pour qu'on vienne vous chercher en bateau.

Complex Astoria BUNGALOWS $$

(0744-372 640 ; Şos Snagovului ; ch 3/4 étoiles 160/190 lei ; P). À l'est de Snagov, à l'extrémité nord du lac, ce complexe boisé de 9 ha loue des villas 3 ou 4 étoiles, et des emplacements pour planter une tente. Le week-end, les Bucarestois y viennent en masse et le site est vite bondé ; il est plus tranquille en semaine. Piscine (20 lei), courts de tennis, location de bateau et restaurants sur place.

Pour accéder au complexe, traversez le village de Snagov et continuez sur 3 km en direction du nord-est (le complexe est indiqué "Baza Turistică Snagov").

Hanul Vlasiei ROUMAIN $$

(0732-022 888 ; Str Hanul Vlasiei 1 ; plats 25-40 lei ; 11h-22h). Du côté ouest du lac,

Environs de Bucarest

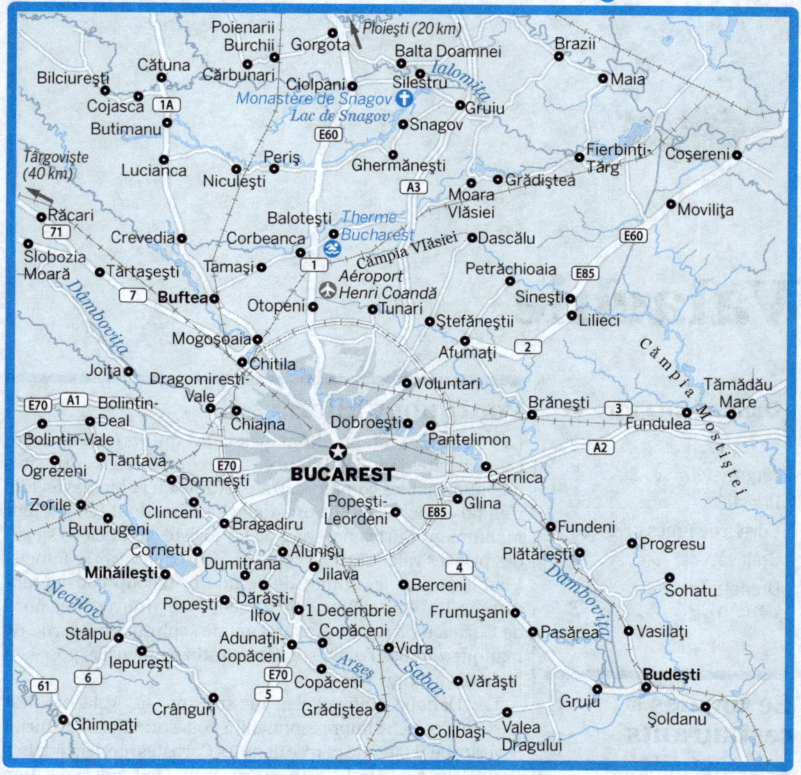

en face du village de Snagov, ce restaurant haut de gamme est, grâce à sa terrasse, l'un des établissements les plus agréables de la région. L'intérieur, un tantinet étouffant, est très prisé pour les mariages. La carte met à l'honneur les grillades et la cuisine traditionnelle roumaine.

El Capitan BAR

(☎0756-385 638 ; parc de Snagov ; ⏲14h-21h lun-jeu, 11h-0h ven-dim). Au sud du Dolce Vita, du côté ouest du lac face au village de Snagov, ce café avec terrasse doublé d'un bar à cocktails haut de gamme attire une clientèle de plaisanciers aisés. Vous pourrez vous détendre sur les canapés au bord de l'eau et admirer la vue.

ℹ Renseignements

Snagov Tur (☎021-323 9905 ; www.snagov.ro ; Str Snagov 78 ; ⏲9h-17h lun-ven) délivre des renseignements sur le lac, et organise des circuits pédestres et cyclistes guidés. Offre actualisée sur le site Web.

ℹ Depuis/vers Snagov

Bien qu'il ne soit qu'à 40 km de Bucarest, le village de Snagov n'est pas facilement accessible sans un véhicule privé. Le mieux consiste à prendre un *maxitaxi* (6 lei, 45 min) depuis la Piaţa Presei Libera, dans le nord de Bucarest ; il vous déposera au centre du village de Snagov. Le Complex Astoria, d'où partent des excursions en bateau au monastère de Snagov, est 3 km plus loin au nord-est. Pour traverser le lac depuis le village de Snagowv, tentez de négocier pour monter à bord d'un bateau privé (environ 15 lei la traversée) ou appelez le Dolce Vita, qui vous enverra quelqu'un (passage gratuit pour sa clientèle).

Pour accéder à Snagov en voiture depuis Bucarest, suivez les panneaux menant à l'aéroport et continuez vers le nord sur l'E60 jusqu'à l'embranchement vers Snagov, qui s'étend à 11 km de la grande route.

Valachie

Dans ce chapitre ➡

Le top des restaurants

- Epoca (p. 73)
- Domnesc (p. 70)
- Hanul Domnesc (p. 72)
- Taverna Dionysos (p. 64)
- La Tuciuri (p. 68)

Le top des hébergements

- Pensiunea Ruxi (p. 69)
- Hotel Corona (p. 74)
- Pensiunea Casa Simoni (p. 63)
- La Strada (p. 67)
- Hotel Europa (p. 72)

Pourquoi y aller

La Valachie (Ţara Românească), qui s'étend entre les Carpates et le Danube, ne compte pas de sites incontournables comme la Transylvanie ou la Moldavie. Elle n'en possède pas moins une riche histoire, dont témoignent notamment Curtea de Argeş et Târgovişte, les anciens sièges des princes valaques. C'est sur ces terres que vivait le fameux Vlad Ţepeş, et les ruines de ce que beaucoup considèrent comme le "vrai château de Dracula" se trouvent au nord de Curtea de Argeş. Les amateurs de sculpture moderne ne manqueront pas l'œuvre de Constantin Brancusi exposée en plein air à Târgu Jiu.

Le Danube, qui coule au sud de la Valachie, est particulièrement impressionnant à l'ouest de Drobeta-Turnu Severin, où il fait une percée dans les Carpates aux légendaires Portes de Fer. Drobeta-Turnu Severin était autrefois une colonie romaine florissante ; on peut y admirer les vestiges du pont de l'empereur Trajan (an 103) qui enjambait le Danube.

Quand partir

Ploieşti

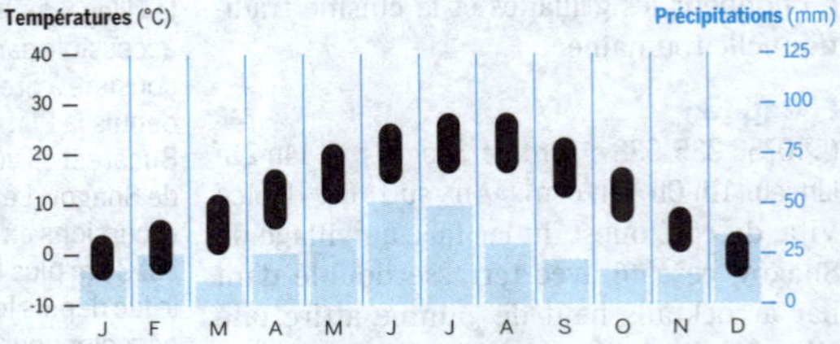

Mai Les fleurs couvrent les hautes terres montagneuses au nord de Curtea de Argeş.

Juin-août Les après-midi chauds invitent à une croisière sur le Danube, près du parc national des Portes de Fer.

Sept-oct Les centres culturels régionaux, comme Craiova, se réveillent après le sommeil estival.

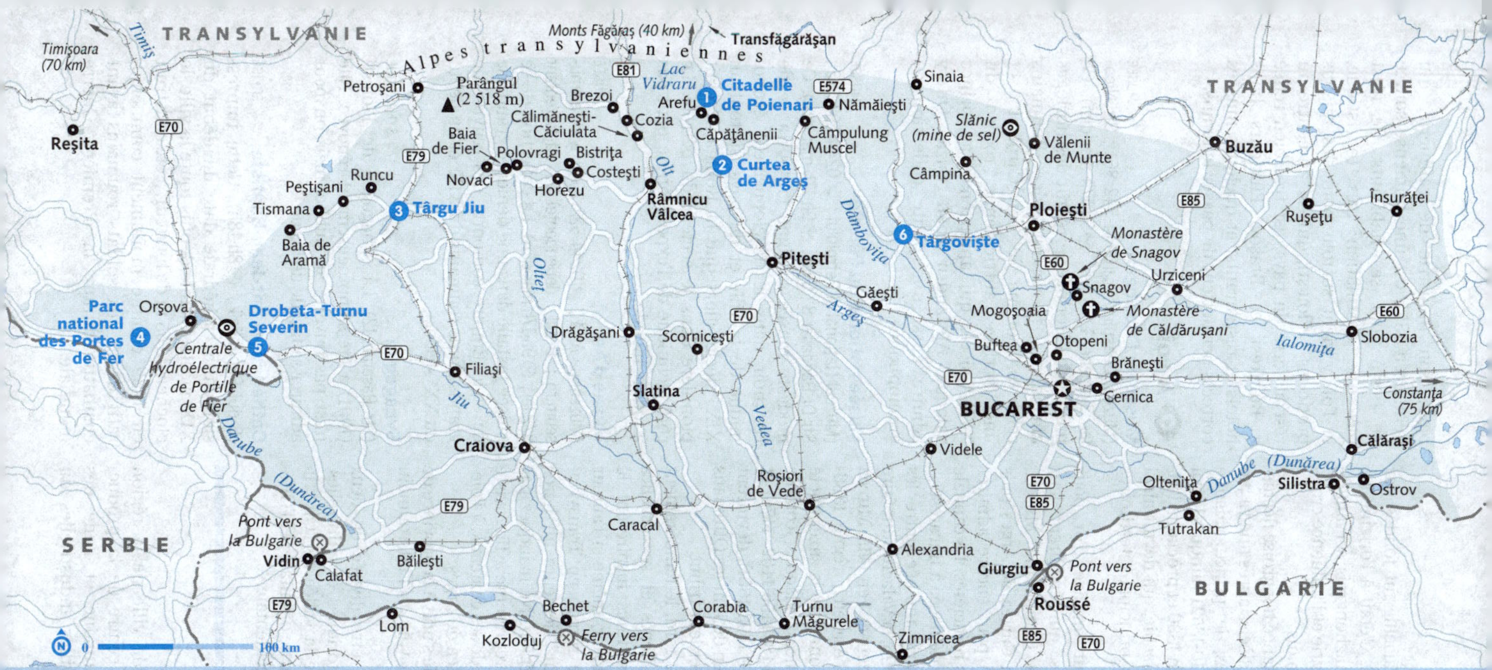

À ne pas manquer

1 L'ascension des 1 480 marches menant à la **citadelle de Poienari** (p. 69), le "vrai" château de Dracula, alias Vlad Ţepeş

2 Les superbes fresques du XIVe siècle de l'église Saint-Nicolas, dans la **cour princière** (p. 69) de Curtea de Argeş

3 La perfection des sculptures de Constantin Brancusi, comme la **Colonne sans fin** (p. 72), exposée à Târgu Jiu, près du lieu de sa naissance

4 La spectaculaire beauté du Danube surgissant des Carpates, à l'ouest de Drobeta-Turnu Severin, dans le **parc national des Portes de Fer** (p. 74)

5 Au **musée des Portes de Fer** (p. 73), les ruines d'un pont romain qui enjambait le Danube à cet endroit il y a près de 2 000 ans

6 Une tranche d'histoire contemporaine dans la petite caserne de **Târgovişte** (p. 65), où Nicolae Ceauşescu et son épouse ont vécu leurs derniers jours

Histoire

La principauté de Valachie fut fondée par Radu Negru en 1290. C'était à l'origine un État vassal du royaume hongrois, servant de tampon entre la Hongrie et l'influence croissante des Turcs ottomans.

Tandis que la puissance hongroise fléchissait aux XIIIe et XIVe siècles après une vague d'invasions mongoles, le prince valaque Basarab Ier (règne 1310-1352) vainquit le roi hongrois Charles Ier en 1330 et proclama l'indépendance de la Valachie, qui devint ainsi le premier des trois principaux territoires roumains à l'obtenir.

Le XIVe siècle fut un âge d'or pour les princes valaques, qui établirent leur première capitale à Câmpulung Muscel, avant de l'installer à Curtea de Argeş puis à Târgovişte, où l'on peut encore admirer les vestiges des cours princières. La capitale valaque finit par être déplacée à Bucarest.

Une fois la Bulgarie tombée entre les mains des Turcs en 1396, la Valachie dut faire face à une nouvelle menace ; en 1415, Mircea cel Bătrân (Mircea l'Ancien ; règne 1386-1418) fut forcé de reconnaître la suzeraineté turque. D'autres princes valaques, comme Vlad Ţepeş (règne 1448, 1456-1462, 1476) et Mihai Viteazul (règne 1593-1601), devinrent des héros nationaux en défiant les Ottomans et en refusant de payer leur tribut.

Quatre siècles plus tard, le tempérament légendaire de Vlad Ţepeş et ses cruelles méthodes contre les Turcs inspirèrent le *Dracula* de Bram Stoker, même si l'auteur situa l'action de son roman en Transylvanie. "Vlad l'Empaleur" demeure un héros incontesté dans la région. Ne manquez pas le grand buste qui le représente à Târgovişte et les vestiges de l'un de ses châteaux, à Poienari, au nord de Curtea de Argeş.

En 1859, la Valachie s'unit à la province de Moldavie, ouvrant la voie à l'État roumain moderne.

La Valachie peut être divisée en deux grandes régions historiques et culturelles, de part et d'autre de la vallée de l'Olt : la Munténie, dans sa partie orientale ; et l'Olténie, dans sa partie occidentale.

Ploieşti

209 945 HABITANTS

Ploieşti, la principale ville de la région de Prahova, est le centre de la production pétrolière roumaine et l'une des plus importantes villes industrielles du pays. Son industrie de raffinerie, qui débuta en 1857, est une immense source de fierté pour ses habitants. Ce n'est pas une destination très touristique, et l'on y vient surtout pour des raisons pratiques – Ploieşti, qui est au centre du réseau ferré du pays, est très bien reliée à Bucarest et Braşov. Plusieurs bons hôtels et restaurants, et quelques musées corrects permettent de passer le temps.

À voir

Musée de l'Horlogerie MUSÉE

(Muzeul Ceasului ; ☎0244-542 861 ; Str Nicolae Simachei 1 ; 8 lei ; 9h-17h mar-dim). Ce musée de l'Horlogerie réunit des horloges anciennes provenant de Roumains célèbres, comme le roi Carol Ier, et une horloge autrichienne rococo du XVIIIe siècle qui appartenait au prince valaque Alexandru Ioan Cuza. On y admire aussi une petite collection de gramophones.

Musée national du Pétrole MUSÉE

(Muzeul Naţional al Petrolului ; ☎0244-597 585 ; Str Dr Bagdasar 8 ; 5 lei ; 9h-17h mar-dim). Ce modeste musée souligne l'importance de l'or noir dans le développement économique de la ville et du pays, surtout au XIXe siècle, alors que la Roumanie était pionnière dans le secteur du pétrole. Le côté technique de l'exposition ne plaît pas à tout le monde.

Musée d'Art MUSÉE

(Muzeul de Artă ; ☎0244-522 264 ; www.artmuseum.ro ; B-dul Independenţei 1 ; adulte/enfant 8/2 lei ; 9h-17h mar-dim). La collection de ce musée installé dans une demeure grandiose de style Empire comporte des œuvres de grands noms roumains du XIXe et du début du XXe siècle.

Synagogue SYNAGOGUE

(Str Basarab 12). La synagogue de Ploieşti (1901) a été somptueusement rénovée. Elle n'est pas ouverte au public, mais on peut admirer sa façade de la rue.

Cathédrale Saint-Jean-Baptiste ÉGLISE

(B-dul Republicii ; 8h-18h). Cette impressionnante cathédrale date du début du XIXe siècle. Visible depuis toute la ville, le clocher, de 55 m de hauteur, a été construit en 1939 comme monument commémoratif dédié aux soldats roumains ayant combattu durant la Première Guerre mondiale.

Ploieşti

Où se loger

Ploieşti, qui s'adresse principalement aux voyageurs d'affaires, possède plusieurs hôtels trois et quatre étoiles corrects. Des pensions moins onéreuses sont regroupées au nord de la ville, dans le B-dul Republicii, à 3 km au nord du centre et à 4 km au nord de la gare ferroviaire du Sud.

♥ Pensiunea Casa Simoni PENSION $

(☎0745-010 310 ; www.pensiunea-casa-simoni.ro ; B-dul Republicii 224 ; s/d 120/140 lei ; 🚭❄@). Cette pension familiale superbement tenue offre l'un des meilleurs rapports qualité/prix de la ville. Propres et spacieuses, les chambres ont une terrasse donnant sur l'avant. Seule ombre au tableau : la Casa Simoni se trouve à 4 km au nord du centre et à 200 m en retrait de la route, sur une voie sans nom (cherchez l'enseigne) – et ce, malgré son adresse officielle, sur le B-dul Republicii.

Hotel Nord HÔTEL $$

(☎0244-516 774 ; www.nordhotelploiesti.com ; Sos Vestului 31 ; s 130-200 lei, d 160-240 lei ; P🚭❄📶). Il n'y a rien de très original dans cet hôtel à 2 km au nord-ouest du centre, mais les chambres, 2 ou 3 étoiles, sont propres et avantageuses – les plus chères sont climatisées.

Ploieşti

À voir

1	Musée d'Art	C3
2	Cathédrale Saint-Jean-Baptiste	A1
3	Musée de l'Horlogerie	C3
4	Musée national du Pétrole	C2
5	Synagogue	C1

Où se loger

6	Hotel Central	B2
7	Hotel Prahova Plaza	C2

Où se restaurer

8	Bulevard	C3
9	Marché central	B1
10	Sport Pub Doroftei	B2

Où prendre un verre et faire la fête

11	Dublin Pub	B2

Hotel Central HÔTEL $$$

(☎0244-526 641 ; www.thr.ro ; B-dul Republicii 1 ; s 20-360 lei, d 320-420 lei ; P🚭❄@📶). Un hôtel magnifiquement restauré, en plein cœur de la ville, doté de chambres 3 ou 4 étoiles – sans grande différence en termes de qualité. Certaines, parmi les moins onéreuses, n'ont pas la climatisation.

Hotel Prahova Plaza HÔTEL $$$
(0244-526 850 ; www.hotelprahova.ro ; Str C-tin Dobrogeanu Gherea 11 ; ch 350-400 lei ; P). Ce mastodonte de l'ère communiste entièrement rénové est devenu l'un des plus beaux hôtels d'affaires de la ville – avec des prix en conséquence. Choisissez parmi des chambres "économiques" ou "deluxe" – les secondes sont plus vastes, avec un mobilier plus récent. Parfaitement situé, à quelques minutes à pied de la place centrale.

Où se restaurer et prendre un verre

Avant un voyage en train, faites le plein de fruits, de pain et de fromage à l'immense **marché central** (Halele Centrale ; B-dul Unirii ; 7h-19h lun-ven, 7h-14h sam).

Taverna Dionysos GREC $$
(0244-338 835 ; Str Anul 1907 2 ; plats 30-40 lei ; 10h30-23h). Cet établissement très prisé sert une cuisine grecque authentique et excellente (savoureuses grillades, poisson frais, etc.), dans une atmosphère festive. L'été, installez-vous en terrasse.

Bulevard ROUMAIN $$
(0723-617 654 ; Str Goleşti 25 ; plats 25-40 lei ; 8h-23h lun-ven, 10h-2h sam-dim). Dans ce ravissant restaurant à proximité du musée de l'Horlogerie et des autres sites principaux, la carte fait la part belle à la cuisine roumaine, et affiche également une longue liste de viandes et de poissons grillés. Salle à manger chic et belle terrasse estivale.

Sport Pub Doroftei CUISINE DE PUB $$
(0244-544 112 ; www.facebook.com/pages/Doroftei-Pub/191193390917730 ; Piaţa Victoriei 4 ; plats 20-30 lei ; 11h-1h). Ne soyez pas rebuté par son nom : ce "pub sportif" propose des plats de qualité et possède une terrasse donnant sur la Piaţa Victoriei à l'étage. Certes, après le dîner, il devient... un pub sportif !

Dublin Pub PUB
(0726-352 089 ; B-dul Republicii 19 ; 10h-23h30). Un endroit apprécié pour boire une bière, écouter un concert ou assister à un spectacle de *stand-up*. En plein centre, accessible à pied depuis l'Hotel Central.

Renseignements

Il n'existe pas d'office du tourisme à Ploieşti.

Vous trouverez en revanche des banques et des DAB dans le centre, notamment sur l'artère principale, le B-dul Republicii, et sur la Piaţa Victoriei.

Banca Transilvania (www.bancatransilvania.ro ; B-dul Republicii 15 ; lun-ven 9h-17h). Banque avec DAB, près du centre.

Poste (Piaţa Victoriei 10 ; 7h-13h et 13h30-20h lun-ven, 8h-13h sam). La poste centrale est située sur la Piaţa Victoriei, au sud de l'Hotel Central en passant par le B-dul Republicii.

Depuis/vers Ploieşti

BUS

Ploieşti compte plusieurs gares routières. La principale est la **gare routière sud** (Autogara Sud ; 0244-522 230 ; www.autogari.ro ; Str Depoului 9-11), à 200 m de la gare ferroviaire du Sud. Là, des bus partent pour Bucarest (16 lei, 1 heure, plusieurs/jour), Câmpina (6 lei, 30 min, 8/jour) et Târgovişte (10 lei, 1 heure 30, 7/jour). Pour d'autres destinations, consultez le site Web www.autogari.ro.

VAUT LE DÉTOUR

LE MUSÉE NICOLAE GRIGORESCU À CÂMPINA

Si vous avez visité les musées d'art de Bucarest, Constanţa ou Ploieşti, vous avez sûrement pris goût à l'œuvre de Nicolae Grigorescu (1838-1907), peintre du XIXe siècle trop souvent méconnu en dehors de la Roumanie. Réputé dans son pays pour ses magnifiques paysages, cet artiste a produit une œuvre allant des portraits aux reportages (il fut peintre de guerre pendant la guerre d'Indépendance roumaine). Il étudia à Paris auprès de Pierre Auguste Renoir et est considéré comme le fondateur de l'école roumaine moderne.

Le **musée Nicolae Grigorescu** (Muzeul Nicolae Grigorescu ; 0244-335 598 ; grigorescu.artmuseum.ro ; B-dul Carol I 166, Câmpina ; adulte/enfant 8/2 lei ; 9h-17h mar-dim) rend un modeste hommage à la vie du peintre. Sa collection occupe 2 niveaux de la maison de bois traditionnelle où il vécut les sept dernières années de sa vie.

De la gare routière sud, à Ploieşti, des bus partent chaque jour en direction de Câmpina, à 32 km au nord de la ville. Il y a aussi plusieurs trains quotidiens depuis la gare de l'Ouest.

TRAIN

La ville compte deux gares ferroviaires principales : demandez bien d'où part votre train. Beaucoup de lignes intérieures, notamment depuis/vers la Bucovine et la Moldavie, empruntent la **gare du Sud** (Gara de Sud ; ☎ 0244-594 799 ; www.cfr.ro ; Strada Depoului). Pour vous rendre en Transylvanie et pour des destinations internationales comme Budapest et Vienne, allez à la **gare de l'Ouest** (Gara de Vest ; ☎ 0244-557 191 ; www.cfr.ro ; Str Domnişori 95). Les trains de Bucarest passent par l'une ou l'autre gare ; consultez les horaires.

Des trains rapides Inter-City desservent Bucarest (20 lei, 45 min, 15/jour), Braşov (35 lei, 2 heures, 10/jour) et Cluj-Napoca (100 lei, 8 heures, 2/jour).

Târgovişte

79 600 HABITANTS

La petite ville de Târgovişte, à 50 km au nord-ouest de Bucarest, a joué un rôle immense dans l'histoire roumaine. Elle fut capitale royale de la Valachie de 1418 au milieu du XVIe siècle, époque à laquelle la capitale fut transférée à Bucarest. Les ruines de l'ancienne cour royale constituent de nos jours l'attraction principale de la ville. Au XVe siècle, Vlad Ţepeş y avait sa cour princière. Plus récemment, la ville fit les gros titres dans le monde entier le 25 décembre 1989 : c'est en effet ici que le dictateur Nicolae Ceauşescu et son épouse Elena furent exécutés.

À voir

♥ Caserne — MUSÉE

(B-dul Carol I 48 ; adulte/enfant 7/3,50 lei ; 9h-17h mar-dim). Ce petit musée austère, juste à côté de la gare ferroviaire, abrite la caserne où Nicolae et Elena Ceauşescu furent jugés et exécutés par un peloton le jour de Noël 1989. Trois salles se visitent ; vous pourrez ainsi voir la pièce où se tint le procès et là où le couple passa ses dernières nuits. Dehors, à l'arrière, les visiteurs pourront voir le mur devant lequel les Ceauşescu se tenaient au moment de leur exécution. Le cadre dépouillé accentue l'atmosphère dramatique du lieu. Vous trouverez des explications en anglais.

Avant d'entrer, prenez un moment pour consulter le panneau situé à l'extérieur, qui explique en détail la succession des événements terrifiants et tragiques de décembre 1989 qui menèrent à la chute des Ceauşescu. C'est par hasard que Târgovişte devint le lieu d'exécution du dictateur : lorsque les Ceauşescu fuirent, ils furent arrêtés non loin et amenés à Târgovişte qui possédait une caserne fortifiée.

Cour princière — MUSÉE ET RUINES

(Curtea Domnească ; ☎ 0245-613 946 ; www.muzee-dambovitene.ro ; Calea Domnească 181 ; adulte/enfant 10/5 lei ; 9h-19h mar-dim). La cour princière, construite au XIVe siècle pour Mircea cel Bătrân (Mircea l'Ancien), servit de résidence officielle aux princes de Valachie, dont Vlad Ţepeş, jusqu'au règne de Constantin Brâncoveanu (règne 1688-1714). La plus grande partie est en ruines, mais la tour du Crépuscule (Turnul Chindiei), haute de 27 m et symbole de la ville, abrite une exposition.

Au nord de la tour, un parc charmant invite à la promenade. Chaque prince valaque y a son buste, excepté Vlad Ţepeş, qui s'est vu octroyer une spectaculaire statue en pied au milieu du parc.

Zoo — ZOO

(Grădina Zoologică ; ☎ 0245-616 558 ; www.zootargoviste.ro ; Zona Calea Domnească, Parcul Chindia ; adulte/enfant 7/4 lei ; 9h-19h mar-dim mai-sept, 10h-16h mar-dim oct-avr). Le petit zoo de Târgovişte, dans le parc au nord de la cour princière, accueille des félins, un hippopotame, de nombreux singes et plein d'autres animaux. Il montre des signes d'usure flagrants, mais les animaux, que l'on peut approcher de près, au grand bonheur des petits, semblent bien soignés.

Église de Târgu — ÉGLISE

(Biserica Târgului ; Str Ion Rădulescu ; 8h-18h). Près des restaurants de la Str Alexandru Ioan Cuza se dresse la magnifique église de Târgu, partiellement couverte de fresques. Construite en 1654, peinte aux XVIIe et XVIIIe siècles, elle fut détruite lors d'un séisme en 1940. Sa restauration, entamée dès 1941, se poursuivit dans les années 1970 ; les travaux étaient toujours en cours lors de la rédaction de ce guide. Elle est particulièrement jolie le soir, lorsqu'elle est illuminée.

Cathédrale — ÉGLISE

(Catedrala Metropolitana ; B-dul Mircea cel Bătrân ; 8h-19h). GRATUIT Principal édifice religieux de Târgovişte, la cathédrale se dresse en plein centre du Parcul Mitropoliei. Construite en briques rouges dans le style byzantin, elle date du début du XXe siècle.

Musée de l'Imprimerie et des Vieux Livres roumains — MUSÉE

(Muzeul Tiparului şi al Cărţii Româneşti Vechi ; ☎ 0245-613 946 ; www.muzee-dambovitene.ro ; Str Calea Domnească 181 ; 5 lei ; 9h-17h mar-dim). Installé dans un palais du XVIIe siècle érigé par Constantin Brâncoveanu pour sa fille

Safta, ce musée est empli de livres originaux datant des débuts de l'imprimerie en Roumanie et de manuscrits d'auteurs roumains des XVIIe et XVIIIe siècles.

Où se loger

Malgré quelques hôtels corrects, Târgovişte manque de bons hébergements.

Pensiunea Chindia PENSION $

(0726-355 514 ; www.cazaretargoviste.ro ; Calea Domenască 200 ; s/d/tr 70/80/120 lei ; P). Une pension d'un bon rapport qualité/prix, en face de l'entrée de la cour princière.

Hotel Dâmboviţa HÔTEL $$

(0245-213 370 ; www.hoteldambovita.ro ; B-dul Libertăţii 1 ; s/d 130/170 lei ; P @). Si vous séjournez à Târgovişte, choisissez cet hôtel, le plus agréable de la ville. Le haut bâtiment moderne ne paie pas de mine, mais les chambres sont propres et calmes ; certaines ont des balcons donnant sur le parc principal. Petit-déjeuner (inclus) à la carte, pour changer des buffets sans originalité.

Où se restaurer

La plupart des bons restaurants et une dizaine de cafés et bars sont installés le long de la Str Alexandru Ioan Cuza, dans le centre historique.

Bistro Alexo PIZZERIA $

(0732-125 396 ; Calea Domenască 179 ; pizzas 16-20 lei ; 9h-23h ;). L'agréable jardin invite à prendre une pizza ou un café avant ou après la visite de la cour princière, toute proche. Les salades sont énormes : une seule suffit pour toute la tablée. Bon expresso.

Queen's Corner ROUMAIN $$

(Belvedere ; Str Alexandru Ioan Cuza 22a ; plats 25-40 lei ; 11h-0h ;). Choisissez une table à la terrasse de l'étage donnant sur la rue piétonne pour déguster d'excellents plats roumains et internationaux – grillades et steaks cuits à merveille, et très bonnes pizzas cuites au four à bois. La carte des vins est la meilleure de la ville. Service parfois lent.

San Marco ITALIEN $$

(0723-363 635 ; Str Alexandru Ioan Cuza 22 ; plats 25-40 lei ; 10h-23h ;). Voici sans doute le restaurant le plus attrayant de la rue piétonne. Les pâtes, risottos, pizzas et salades y sont à l'honneur. Carte des vins très correcte. Tables en terrasse et dans la salle chaleureuse.

Renseignements

En l'absence d'un office du tourisme, l'Hotel Dâmboviţa fournit des plans de la ville.

Arena Internet (B-dul Independenţiei 2-4 ; 2,50 lei/h ; 7h-22h ;)

Banca Comercială Română (BCR ; B-dul Independenţiei 6 ; 9h-17h lun-ven). Banque avec plusieurs DAB. Dans le centre, à l'extrémité est du parc central.

Poste centrale (Str Dr Marinoiu 2 ; 7h30-20h lun-ven, 8h-13h sam)

Depuis/vers Târgovişte

BUS

Târgovişte compte plusieurs gares. La principale **gare routière** (Autogara ; www.autogari.ro ; Str Gării) est à 2 km au sud du centre-ville et à 200 m au nord-ouest de la gare ferroviaire. C'est de là que partent les bus pour Bucarest (15 lei, 2 heures, 5/jour).

Les bus pour Ploieşti (10 lei, 1 heure, plusieurs/jour) partent d'un petit arrêt devant Str Tudor Vladimirescu 86, à environ 200 m au sud du Parcul Mitropoliei.

Les bus pour Braşov (27 lei, 3 heures, 5/jour) empruntent un arrêt du B-dul Eroilor 38, à 1 km au nord de la cour princière.

Pour d'autres destinations, consultez le site Web www.autogari.ro.

TRAIN

La paisible **gare ferroviaire** (Gara Târgovişte ; www.cfr.ro ; Piaţa Gării) est à 2 km au sud du centre-ville, au bout du B-dul Carol I. Des trains partent toute la journée pour Bucarest Nord (10 lei, 2 heures, 4/jour). Pour les autres destinations, mieux vaut prendre le bus.

Piteşti

164 380 HABITANTS

Piteşti est une agréable ville de taille moyenne, dotée d'un joli centre piétonnier bordé de cafés, de bars et d'une poignée d'hôtels corrects. Si vous envisagez de séjourner dans la région, cela vaut la peine d'y poser vos bagages, pas tant pour les sites (qui n'ont rien d'exceptionnel) que pour l'ambiance animée.

À voir

Le **parc Trivale**, une vaste étendue de verdure qui s'étend à l'ouest du centre, fait la fierté de la ville.

Musée d'Art MUSÉE

(galerie d'art "Rudolf Schweitzer Cumpăna" ; 0248-212 561 ; www.muzeul-judetean-arges.

ro ; B-dul Republicii 33 ; adulte/enfant 5/2 lei ; ⌚9h-17h mer-dim). Ce musée central présente le meilleur de l'art roumain moderne. Il possède notamment des œuvres de Nicolae Grigorescu, Nicolae Tonitza et d'autres génies de la fin du XIXe et du début du XXe siècle.

Église princière ÉGLISE
(Biserica Domnească ; www.bisericadomneascapitesti.ro ; Str Victoriei ; ⌚8h-18h). L'église Saint-Georges (Biserica Sfântul Gheorghe), surnommée "église princière", fut érigée pour le prince Constantin Şerban et son épouse, la princesse Bălasa, entre 1654 et 1658. Elle se trouve à l'extrémité sud de la Str Victoriei, à 200 m au sud de l'Hotel Argeş.

Mémorial de la prison de Piteşti MONUMENT
(Str Negru Vodă 32 ; ⌚24h/24). Un modeste mémorial indique le lieu où se dressait autrefois la tristement célèbre prison de la ville, et où d'abominables expériences sur le contrôle des cerveaux furent menées à la fin des années 1940 et au début des années 1950. Une colonne recouverte de carreaux se dresse sur le site. À proximité, une carte indique l'emplacement des autres sites de détention et d'extermination de Roumanie. Le mémorial se trouve à 15 minutes de marche du centre – suivez vers le nord la Str Victoriei, qui devient la Str Negru Vodă.

Où se loger

Piteşti attire bien plus de voyageurs d'affaires que de vacanciers – ce dont témoignent les tarifs hôteliers ! Sachez que les prix sont souvent moins élevés dans les pensions que dans les hôtels.

La Storia PENSION $
(☎0723-889 819 ; Str Plevnei 8 ; ch 120 lei ; wifi). Voici une véritable aubaine pour les voyageurs au budget serré. La Storia loue 10 chambres propres et meublées simplement, dans un emplacement central. Le rapport qualité/prix est excellent. Paisible jardin à l'arrière, pour prendre un café ou un repas léger.

♥ **La Strada** BOUTIQUE-HÔTEL $$
(☎0732-763 107 ; www.lastradapitesti.ro ; B-dul Republicii 63 ; s/d 220/260 lei ; P ⊖ ❄ @). Les visiteurs qui ont baroudé dans la campagne et aspirent à trouver un peu de confort seront conquis par cet hôtel, sa situation de premier choix et son mobilier contemporain – même s'il est certes un peu plus onéreux que les établissements similaires de la région. Il occupe une maison du XIXe siècle joliment rénovée, à quelques minutes à pied du centre. De bons plats roumains et internationaux sont servis sur la terrasse du restaurant, à l'arrière.

VAUT LE DÉTOUR

DÉGUSTATION DE VINS À DRĂGĂŞANI

Peu de visiteurs s'intéresseraient à la ville de Drăgăşani, à mi-chemin entre Piteşti et Craiova, si on n'y trouvait pas quelques-uns des domaines viticoles les plus innovants du pays. Plusieurs proposent des forfaits dégustation, incluant généralement des en-cas.

Les qualités viticoles de la région, au climat ensoleillé et aux collines de faible altitude érodées au fil des ans par l'Olt, sont appréciées depuis plusieurs siècles. La période communiste ne fut toutefois pas tendre avec Drăgăşani. La majorité des familles perdirent leurs domaines et la qualité en pâtit.

Aujourd'hui, la région revient sur le devant de la scène. Une demi-douzaine de jeunes viticulteurs appliquent des méthodes de vinification modernes aux vignes locales. Parmi les meilleurs, citons **Avincis** (☎0350-522 003 ; www.avincis.ro ; Str Valea Caselor 1a ; dégustation sans en-cas à partir de 45 lei/pers ; ⌚sur rdv), **Crama Bauer** (☎0757-098 940 ; www.cramabauer.com ; Str Dealul Olt ; dégustation avec/sans en-cas à partir de 210/65 lei/pers ; ⌚sur rdv) et **Prince Ştirbey** (☎0751-252 272 ; www.stirbey.com ; Str Dealul Olt ; dégustation avec/sans en-cas à partir de 185/65 lei/pers).

La ville ne compte que quelques hôtels, mais Avincis loue des chambres, et les autres producteurs pourront vous aider à trouver un hébergement. L'**Hotel KMZ** (☎0250-814 093 ; www.kmz.ro ; Str Regele Carol 16 ; s/d 130/170 lei ; P ❄ wifi) est un formidable boutique-hôtel.

Des bus partent tous les jours pour Craiova (14 lei, 1 heure) et au moins 2 bus circulent depuis/vers Piteşti (20 lei, 2 heures). Deux trains directs relient quotidiennement Drăgăşani et Bucarest (40 lei, 2 heures 30).

Hotel Argeş HÔTEL $$

(☎0248-223 399 ; www.hotelarges.ro ; Piaţa Muntenia 3 ; s/d 180/220 lei ; P ❄ @). Des chambres extrêmement propres dotées de draps de qualité, des tapis épais, des sdb étincelantes et une réception chaleureuse : voici l'un des meilleurs 3-étoiles du pays et la meilleure affaire de la ville. En plein centre, à deux pas des bons cafés et restaurants.

Où se restaurer

La Tuciuri ROUMAIN $$

(☎0348-415 343 ; Str Primăverii 11 ; plats 25-40 lei ; 8h-4h). Véritable merveille, ce restaurant roumain traditionnel et pittoresque, décoré de costumes paysans, de tissus et de meubles en bois sculptés et colorés, sert des mets de choix : les grillades sont la spécialité, et le chef prépare un très bon *mititei* (viande de porc et de bœuf hachée et grillée). Vous pourrez y faire la fête jusqu'aux petites heures du jour. Concerts certains soirs.

Garden Pub ROUMAIN $$

(☎0733-956 280 ; www.gardenpub.ro ; Str Victoriei 16 ; plats 20-40 lei ; 10h-5h ;). Ce restaurant et pub à juste titre populaire attire une clientèle variée, des voyageurs d'affaires aux étudiants séduits par l'excellente soupe, les salades et les grillades de viande et de poisson. Terrasses sur la rue et le toit ; intérieur de bois sombre pour les soirées fraîches. Réservez.

Où prendre un verre et faire la fête

Guinness Pub PUB

(☎0726-375 619 ; www.guinnesspub.ro ; Str Victoriei 30 ; plats 15-25 lei ; 8h30-0h dim-jeu, 8h30-4h ven-sam ;). Ce pub divertissant, animé presque tous les soirs, propose une carte bien fournie en plats roumains et en grillades. Il se trouve à l'extrémité nord de la partie piétonne de la Str Victoriei.

Cornel Pub & Grill PUB

(☎0727-362 426 ; Str Armand Călinescu 36 ; 10h-2h lun-jeu, 10h-5h ven-sam, 11h-2h dim ;). À une courte marche à l'ouest du centre, ce pub et café décontracté est le lieu idéal pour boire une bière et prendre un repas léger. Terrasse à l'avant et bar couvert à l'arrière. Cerise sur le gâteau : il ferme tard.

Renseignements

Piteşti ne possède pas d'office du tourisme, mais certains hôtels vendent un petit livret en plusieurs langues, *Turism in Argeş* (20 lei), qui renferme un plan de la ville pratique.

BRD (☎0248-211 687 ; www.brd.ro ; Str Victoriei 89 ; 9h-17h lun-ven). Banque et DAB 24h/24.

Poste centrale (Str Victoriei ; 9h-19h lun-ven, 9h-12h sam). Un peu difficile à trouver. Suivez la Str Victoriei vers le sud-est sur environ 30 m après l'église princière : le bâtiment de la poste est sur la droite – guichets au 1er étage.

Depuis/vers Piteşti

BUS

Piteşti compte plusieurs gares routières. La majorité des bus, y compris plusieurs bus et *maxitaxis* pour Bucarest (25 lei, 2 heures), partent au fil de la journée de la **gare routière Sud Targ Vale** (Autogară Sud ; ☎0248-636 302 ; www.autogari.ro ; Str Targul din Vale 54), à 400 m au sud du centre. Les minibus pour Curtea de Argeş (8 lei, 45 min) et d'autres destinations au nord partent souvent de la **gare routière Nord** (Autogară Nord, Girexim ; ☎0248-282 201 ; Str George Cosbuc 12), à environ 4 km au nord du centre. Pour d'autres destinations, consultez le site www.autogari.ro.

TRAIN

La principale gare ferroviaire est la **gare Sud** (Piteşti Sud ; ☎0248-627 908, renseignements lignes intérieures 021-9521 ; www.cfr.ro ; B-dul Republicii). Chaque jour, plusieurs trains directs desservent Bucarest (30 lei, 2 heures) et Craiova (35 lei, 2 heures).

Curtea de Argeş

26 133 HABITANTS

La charmante et modeste Curtea de Argeş recèle des trésors captivants, vestiges de l'époque où elle était la capitale valaque, au XIVe siècle. L'église Saint-Nicolas, dans l'ancienne cour princière, est un site incontournable et l'un des plus anciens monuments roumains préservés dans sa forme originale. La cathédrale, sculptée dans de la pierre blanche, est unique pour les tombeaux royaux qu'elle renferme et son architecture ouvragée. En outre, la ville constitue une porte sur le massif de Făgăraş et n'est pas loin en bus du château de Vlad Ţepeş, la citadelle de Poienari.

À voir

Les principaux sites sont concentrés au nord du centre-ville, sur une grande partie du B-dul Basarabilor. La cour princière est à l'extrémité sud du B-dul Basarabilor, et le complexe monastique à 2 km au nord.

Cour princière ÉGLISE, RUINES

(☎0248-721 446 ; Str Negru Vodă 2 ; adulte/enfant 6/3 lei ; ⏲9h-17h). Curtea de Argeş était autrefois la capitale de la Valachie. Ces ruines des XIIIe et XIVe siècles marquent le lieu où se dressait la cour. Le site principal est l'église Saint-Nicolas, qui date de l'époque de Basarab Ier (1310-1352). Beaucoup de ses fresques sont d'origine et méritent d'être observées de près. Dans la salle principale à droite, juste sous la fenêtre supérieure, admirez une peinture rare de Marie enceinte, datant de 1370.

L'église abrite 21 tombeaux, notamment celui du roi Vladislav Ier Vlaicu (mort en 1377). Le tombeau, sans inscription, qui se trouve au milieu de la salle principale, est antérieur à l'église d'environ un siècle ; il a été mis au jour lors de fouilles archéologiques réalisées dans le secteur.

Cathédrale et monastère de Curtea de Argeş MONASTÈRE

(Mănăstirea Curtea de Argeş ; ☎0248-721 735 ; B-dul Basarabilor 1 ; adulte/enfant 2/1 lei ; ⏲8h-20h). Cet ensemble architectural comprenant une cathédrale et un monastère est considéré comme l'un des sites religieux majeurs du pays. L'église, dont le marbre et les carreaux viennent de Constantinople, fut construite par le roi valaque Neagoe Basarab V (règne 1512-1521). L'édifice actuel date de 1875, lorsque l'architecte français André Lecomte du Noüy fut désigné pour sauver le site, qui tombait en ruines.

Le monastère est un important mausolée royal. Les tombeaux de marbre blanc du roi Carol Ier (1839-1914) et de son épouse Élisabeth (1853-1916) sont à droite dans l'entrée de l'église. À gauche, vous verrez les sépultures du roi Ferdinand Ier (1865-1927) et de la reine Marie (1875-1938). Neagoe Basarab et son épouse sont également ensevelis ici.

Où se loger

Curtea de Argeş est très fréquentée et de nombreuses fêtes religieuses y sont célébrées au fil de l'année. Elles ne manquent jamais d'attirer des centaines de visiteurs. Réservez votre hébergement, surtout en été.

Pensiunea Ruxi PENSION $

(☎0727-827 675 ; www.pensiunea-ruxi.ro ; Str Negru Vodă 104 ; s/d 90/100 lei ; P ⊖ @ ᯤ). Des chambres récentes et confortables, et une ambiance chaleureuse – la famille se pliera en quatre pour prendre soin de vous. Seul inconvénient : l'emplacement, dans le centre, à 1 km de la cour princière et à 2 km du complexe monastique. À parcourir à pied ou en minibus.

LE "VRAI" CHÂTEAU DE DRACULA

Au nord de Curtea de Argeş, la population décroît dans les villages éparpillés, à mesure que la route s'approche des Carpates. Le monument phare de la région est la **citadelle de Poienari** (Cetatea Poienari ; Poienari ; adulte/enfant 5/2 lei ; ⏲9h-18h juin-sept, 9h-17h mai et oct ; P), l'un des rares châteaux de Roumanie à avoir un lien réel avec le célèbre prince valaque Vlad Ţepeş (1431-1476), tristement surnommé "Vlad l'Empaleur", qui inspira à Bram Stoker le personnage de Dracula.

La citadelle de Poienari était autrefois une puissante forteresse gardant l'entrée d'un col stratégique reliant la Valachie à la Transylvanie. Sa position avantageuse fut reconnue dès le XIIIe siècle, lorsque les dirigeants valaques construisirent une tour pour surveiller le col. Deux siècles plus tard, Vlad Ţepeş agrandit le château qu'il utilisa comme forteresse et comme prison. Selon la légende, les travaux furent accomplis par des prisonniers turcs.

Il ne reste plus grand-chose du château, mais il vaut tout de même la peine de venir de Curtea de Argeş pour contempler le cadre spectaculaire et gravir les 1 480 marches menant au sommet. La citadelle est située au début de la haute **route Transfăgărăşan** ; c'est une étape toute trouvée si vous envisagez de traverser les montagnes à cet endroit.

Pour passer une nuit dans les environs, la **Pensiunea Dracula** (☎0745-473 381 ; www.pensiuneadracula.ro ; Căpăţânenii 190 ; ch à partir de 140 lei ; P ᯤ), dont les propriétaires se sont inspirés de la légende de Dracula, est propre et bien tenue. Autre bonne adresse, la **Pensiunea La Cetate** (☎0744-424 845 ; www.cabanalacetate.ro ; Str Mihail Kogalniceanu 1, Poienari ; ch 110 lei ; P ❄ ᯤ) est à 100 m des marches menant à la citadelle. Elle dispose d'une terrasse, où sont servis le déjeuner et le dîner.

Le meilleur moyen de rejoindre la citadelle de Poienari depuis Curtea de Argeş consiste à prendre un *maxitaxi* (5 lei, 40 min) en direction d'Arefu.

Pensiunea Casa Domneasca PENSION $$
(☎0248-721 070 ; www.casa-domneasca.ro ; Str Plopiş 3 ; s 170-220 lei, d 190-240 lei ; P). Une belle pension 4 étoiles dotée d'une élégante réception et de chambres que l'on croirait tout droit sorties d'un magazine. Petit-déjeuner compris ; accès au sauna et à la piscine en sus pour les chambres les moins chères. Tournez à droite à la statue de Basarab Ier près de la cour princière et montez sur 100 m.

Hotel Posada HÔTEL $$
(☎0248-721 451 ; www.hotelposada.ro ; B-dul Basarabilor 27-29 ; s/d 130/180 lei ; P). Un trois-étoiles joliment rénové dans un quartier tranquille tout au nord du B-dul Basarabilor, à côté du complexe monastique. Demandez une chambre donnant sur le devant pour pouvoir contempler le coucher du soleil sur les montagnes !

Où se restaurer

Domnesc ROUMAIN $$
(☎0727-364 716 ; www.restaurantuldomnesc.ro ; B-dul Basarabilor 106 ; plats 20-40 lei ; 7h-0h ;). Ce ravissant restaurant doté d'une grande terrasse prépare des plats traditionnels, dont des spécialités de l'Argeş, présentés avec soin. Au menu : soupes aigres (*ciorbă*), grillades, saucisses maison, copieuses portions de polenta (*mămăligă*)... Musique folklorique et danses le jeudi soir. À 20 m au nord de la cour princière.

Curtea Veche ROUMAIN $$
(☎0745-994 345 ; www.curteavechekm0.ro ; B-dul Basarabilor 121 ; plats 20-45 lei ; 9h-23h). Dans une villa restaurée avec goût, dotée d'un vaste porche et d'une terrasse aux coussins moelleux, la carte fait la part belle aux classiques roumains, comme la *tochitura argeseana* : ragoût de porc, poivrons, oignons et œufs sur de la *mămăligă*. Bonnes pizzas. À 30 m au nord de la cour princière.

Renseignements

À défaut d'office du tourisme officiel, l'agence de voyages privée **Turism Posada** (☎0248-721 451 ; www.posada.ro ; B-dul Basarabilor 27-29 ; 9h-17h lun-ven), installée dans l'Hotel Posada, fournit quelques renseignements.

Poste (☎0248-721 132 ; Str Despina Doamna 43 ; 7h-20h lun-ven)

Raiffeisen Bank (B-dul Basarabilor 31 ; 8h30-18h30 lun-ven). L'un des DAB bordant le B-dul Basarabilor. Près de l'Hotel Posada, à 100 m au sud du complexe monastique.

Depuis/vers Curtea de Argeş

La principale gare routière est située près du centre-ville, dans une petite rue à 200 m à l'ouest de la Pensiunea Ruxi. Des bus desservent Bucarest (30 lei, 2-3 heures, 4/jour) et Braşov (31 lei, 4 heures, 1/jour), et des minibus partent fréquemment pour Arefu (5 lei, 40 min). D'autres desservent Piteşti (5,50 lei, 30 min) au départ d'un arrêt de *maxitaxis* officieux en face de l'entrée de la cour princière.

Les liaisons ferroviaires, de plus en plus rares, ne sont pas recommandées.

Craiova

293 500 HABITANTS

La ville universitaire de Craiova, fondée sur le site de l'ancienne place forte dace et romaine de Pelendava, est un centre commercial régional et un nœud des transports. Tous les trains longue distance entre Timişoara et Bucarest s'y arrêtent ; c'est donc une halte intéressante pour interrompre un long voyage. La ville moderne s'est nettement améliorée ces dernières années, et le centre historique, bordé à l'une de ses extrémités par une jolie préfecture, se prête à la promenade.

À voir

Craiova compte une poignée de musées intéressants, notamment un musée d'art qui abrite plusieurs œuvres de Constantin Brancusi (Brâncuşi). Plusieurs églises valent aussi le détour.

Musée d'Art MUSÉE
(Muzeul de Artă ; ☎0251-412 342 ; www.muzeuldeartacraiova.ro ; Calea Unirii 15 ; tarif plein/étudiant 10/8 lei ; 10h-17h mar-dim). Ce musée est la seule curiosité incontournable de Craiova, à la fois pour ses œuvres, qui comprennent une petite collection de six sculptures de Brancusi (voir aussi l'encadré p. 72), et pour le bâtiment qu'il occupe. Datant du début du XXe siècle, le palais Jean Mihail appartenait autrefois à la famille industrielle la plus riche du pays. Au fil des années, des rois roumains et l'ancien dirigeant yougoslave Tito y furent reçus ; le président polonais en exil Ignacy Mościcki y vécut en 1939.

Musée ethnographique MUSÉE
(Muzeul Olteniei Secţia de Etnografie ; ☎0351-444 030 ; www.muzeulolteniei.ro ; Str Matei Basarab 16 ; adulte/enfant 5/2,50 lei ; 9h-17h mar-dim). Une exposition intéressante, très instructive et bien organisée consacrée aux traditions

Craiova

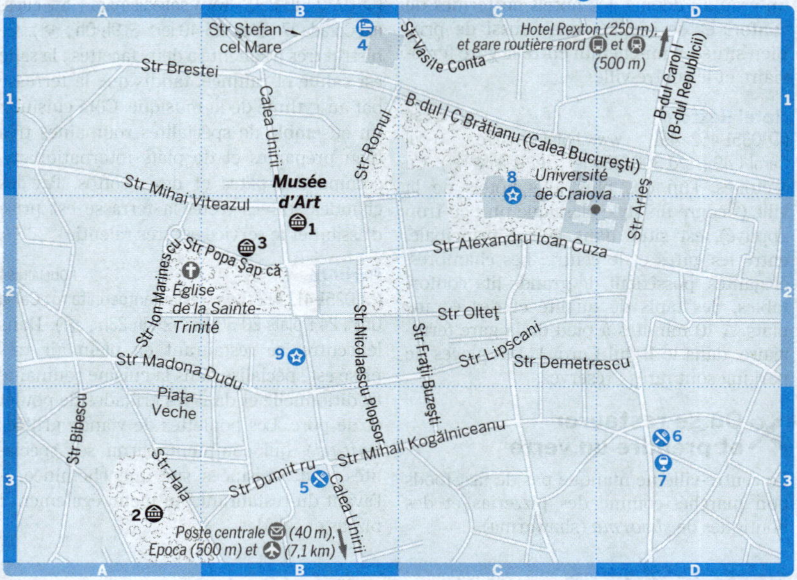

populaires de l'Olténie commence en bas par une présentation de la fabrication du pain, et se poursuit avec la poterie, la tannerie, les vêtements, le tissage et l'art folklorique. Les panneaux en anglais sont rares, mais vous rencontrerez peut-être quelqu'un sur place pour vous guider dans votre visite. Dans la Casa Băniei, une maison du XVIIe siècle.

Musée des Sciences naturelles MUSÉE
(0251-411 906 ; www.muzeuloolteniei.ro ; Str Popa Şapcă 8 ; adulte/enfant 5/2,50 lei ; 9h-17h mar-dim). Une petite collection dédiée aux sciences naturelles, sur 2 étages. Les vedettes sont les fossiles du rez-de-chaussée, notamment les immenses défenses de mammouth. À l'étage, des animaux naturalisés illustrent la diversité de la faune du pays et les zones climatiques. Très peu de panneaux en anglais.

Craiova

Les incontournables
1 Musée d'Art B2

À voir
2 Musée ethnographique A3
3 Musée des Sciences naturelles B2

Où se loger
4 Casa David B1

Où se restaurer
5 Perinița B3
6 Sofia Bistro D3

Où prendre un verre et faire la fête
7 Chicago D3

Où sortir
8 Théâtre national Marin Sorescu C1
9 Filarmonica Oltenia B2

Où se loger

Le choix se résume à quelques hôtels de catégorie moyenne et supérieure, accueillant principalement des voyageurs d'affaires.

Hotel Meliss HÔTEL $$
(0351-804 438 ; www.hotelmeliss.ro ; B-dul Carol I 104 ; s/d 200/240 lei ; P). Cette adresse 3 étoiles, confortable et moderne, fait bien les choses. Les chambres, dépouillées, propres et calmes, possèdent pour certaines une terrasse particulière. La direction est sympathique. Spa et centre de remise en forme. À 200 m au sud des gares ferroviaire et routière, dans la rue qui mène au centre.

Casa David HÔTEL $$
(0251-410 205 ; www.casadavid.ro ; Str Ştefan cel Mare 18a ; s/d 220/240 lei ; P). Une

petite *pensiunea* 4 étoiles, qui se place un cran au-dessus des hôtels en termes de confort et de qualité, mais aussi de prix. Bien située, à mi-chemin entre la gare ferroviaire et le centre-ville.

Hotel Rexton HÔTEL $$$
(☎0351-462 451 ; www.hotelrexton.ro ; B-dul Carol I 49 ; s/d 300/350 lei ; P ⊖ ❄ @ ᯤ). Ce 4-étoiles, l'un des plus jolis hôtels de la ville (malgré un style classique un peu trop appuyé), est situé dans la rue principale, entre les gares et le centre. Les chambres, élégantes, possèdent de grands lits confortables, des tapis de qualité et des écrans plats. À 10 minutes à pied de la gare ferroviaire, dans le B-dul Carol I. Les places de parking sont rares : réservez.

Où se restaurer et prendre un verre

Le centre-ville ne manque pas de fast-foods bon marché, comme des pizzerias et des boutiques de *shoarma* (shawarma).

Sofia Bistro INTERNATIONAL $$
(☎0730-519 250 ; www.sofiabistro.ro ; Str Eugeniu Carada 17 ; plats 25-40 lei ; ⊙9h-0h ; ᯤ). Ce bistrot très fréquenté a deux facettes : la salle est calme et raffinée, tandis que la terrasse bat au rythme de la musique. Côté cuisine : un ensemble de spécialités roumaines très bien préparées et de plats internationaux, comme des pâtes et des risottos. Par les chaudes soirées d'été, la terrasse est prise d'assaut et le service est très ralenti.

Perinița ROUMAIN $$
(☎0251-412 412 ; www.restaurantperinita.ro ; Calea Unirii 24 ; plats 20-30 lei ; ⊙11h-23h ; ᯤ). Dans le centre, ce restaurant en plein air très prisé est spécialisé dans la cuisine roumaine traditionnelle et dans les grillades de poulet et de porc. Les boulettes de viande grillées (*mititei*), qui comptent parmi ses spécialités, sont cuisinées sur une cheminée, à l'avant du restaurant. Au menu également : pizzas et salades.

VAUT LE DÉTOUR

LES ŒUVRES DE CONSTANTIN BRANCUSI IN SITU À TÂRGU JIU

La ville minière de Târgu Jiu, postée au bord de la Jiu, dans les contreforts des Carpates, offre un cadre improbable aux sculptures de Constantin Brancusi (1876-1957), sculpteur roumain de l'École de Paris. Né près de Târgu Jiu, Brancusi passa ses jeunes années dans cette ville et à Craiova, avant d'intégrer l'École nationale des beaux-arts de Bucarest, puis de s'installer à Paris en 1904. Par son travail, sa recherche de la forme pure et parfaite dans l'abstraction, Brancusi a bouleversé la conception de la sculpture.

En 1935, alors qu'il jouissait déjà d'une renommée internationale, Brancusi reçut une commande de son pays d'origine pour une série d'œuvres publiques en l'honneur des soldats roumains qui se battirent contre les Allemands durant la Première Guerre mondiale. Toujours intactes, elles offrent aujourd'hui une chance unique d'admirer le travail du maître en plein air.

Les quatre sculptures principales sont exposées dans la Calea Eroilor (avenue des Héros), la rue principale du centre-ville. Trois des œuvres, la **Porte du baiser**, la **Table du silence** et l'**Allée des chaises**, sont regroupées dans le centre du parc ; une quatrième, la **Colonne sans fin** (Calea Eroilor ; ⊙lever-coucher du soleil) GRATUIT, se dresse au bout de la Calea Eroilor, à environ 1 km à l'est.

Ensemble, les quatre sculptures marquent sans doute le point culminant de la carrière de Brancusi (à la fin des années 1930), entre véritable maîtrise des proportions, simplicité et symbolisme. Aujourd'hui, les pièces de Brancusi peuvent atteindre 30 millions d'euros aux enchères, et les œuvres sont ici gardées en permanence.

Si vous souhaitez passer la nuit sur place, l'**Hotel Europa** (☎0253-211 810 ; www.hotelrestauranteuropa.ro ; Calea Eroilor 22 ; s/d 160/200 lei ; P ⊖ ❄ @) est un bel établissement historique situé dans le centre-ville et à courte distance à pied des sculptures. Le **Hanul Domnesc** (☎0755-097 717 ; Str Victoriei 116 ; plats 20-30 lei ; ⊙11h-23h) est un bon restaurant traditionnel roumain.

Des bus et des *maxitaxis* relient la ville à Timişoara (40 lei, 3/jour) et à Drobeta-Turnu Severin (2/jour) notamment. Des trains assurent la liaison avec Bucarest (70 lei, 5 heures, 3/jour) via Craiova.

Epoca GRILL $$$

(0372-999 000 ; www.epocarestaurant.ro ; Str Alexandru Macedonski 51 ; plats 40-115 lei ; 9h-0h lun-ven ;). Ce luxueux restaurant est incontournable pour les amateurs de bœuf (importé) haut de gamme. La carte affiche principalement des grillades et des côtelettes, en provenance d'Argentine et des États-Unis, servies sur des grils qui vous permettent de les cuire à votre convenance. Magnifique jardin à l'arrière.

Chicago BAR

(0753-060 093 ; Str Eugeniu Carada 12 ; 9h-0h dim-mer, 9h-2h jeu-sam ;). Le jardin ombragé à l'avant et la terrasse sur le toit : tels sont les deux grands atouts de ce café et bar à cocktails populaire. Sur la carte : des limonades fraîches, de bons cafés et une longue liste de cocktails – de quoi attirer de nombreux étudiants. Petite carte de plats de brasserie, principalement des salades et des burgers.

Où sortir

Vous trouverez une liste complète des événements sur www.craiova.ro/evenimente.

Filarmonica Oltenia MUSIQUE CLASSIQUE

(0351-414 697 ; www.filarmonica-oltenia.ro ; Calea Unirii 16 ; billetterie 10h-14h lun, mar et jeu, 13h-17h mer, 10h-14h et 18h-21h ven). Concerts classiques par l'orchestre philharmonique d'Olténie. Achetez vos places à la billetterie.

Théâtre national Marin Sorescu THÉÂTRE

(billetterie 0251-413 677 ; www.tncms.ro ; Str Alexandru Ioan Cuza 11 ; billetterie 9h-16h lun, 9h-16h et 16h30-18h30 mar-ven, 10h-13h et 16h30-18h30 sam-dim). Depuis des années, la principale salle de théâtre de Craiova jouit d'une réputation internationale d'excellence. Les pièces sont en roumain, bien qu'à l'occasion des troupes étrangères s'y produisent. Les places sont en vente à la billetterie.

Renseignements

Il n'y a pas d'office du tourisme, et les agences de voyages locales s'appliquent davantage à organiser des circuits pour les Roumains qu'à aider les visiteurs à se repérer dans la ville.

BRD (0251-412 282 ; Str Mihai Viteazul 2 ; 9h-17h lun-ven, 10h-15h sam). Banque et DAB dans le centre.

Poste centrale (www.posta-romana.ro ; Calea Unirii 54 ; 7h-20h lun-ven, 8h-13h sam)

Depuis/vers Craiova

BUS

La **principale gare routière** (Autogara ; 0251-411 187 ; www.autogari.ro ; B-dul Carol I 1), à 50 m à gauche en sortant de la gare ferroviaire, paraît à première vue totalement anarchique… alors qu'elle est en réalité parfaitement organisée ! Des bus et des *maxitaxis* en partent régulièrement pour Bucarest (environ 50 lei, 5 heures, toutes les heures). Des bus réguliers desservent aussi Timişoara (50 lei, 7 heures, 4/jour), Drobeta-Turnu Severin (20 lei, 2 heures, plusieurs/jour) et d'autres villes roumaines.

TRAIN

Tous les trains rapides entre Bucarest et Timişoara s'arrêtent à la **gare ferroviaire** de Craiova (Gara Craiova ; www.cfr.ro ; B-dul Carol I, Piața Constantin Brâncuși ; 1). Ils desservent Bucarest (60 lei, 3 heures, 12/jour), Timişoara (70 lei, 6 heures, 7/jour), Drobeta-Turnu Severin (35 lei, 2 heures) et Târgu Jiu (35 lei, 2 heures).

Drobeta-Turnu Severin

20 500 HABITANTS

Drobeta-Turnu Severin, souvent abrégée en "Severin", s'étend au bord du Danube, à la limite de la Serbie. Si la ville moderne date du XIXe siècle, son histoire remonte à 2 000 ans, époque où elle était une colonie romaine de quelque 40 000 âmes. Elle est surtout connue pour être la base du pont colossal érigé par l'empereur romain Trajan sur le Danube. On peut en voir les vestiges, ainsi que ceux d'une ville romaine.

À voir

Le centre-ville est délimité par le parc central, à l'angle du B-dul Carol I et de la Str Bibicescu. Des spectacles sont organisés à la gigantesque **fontaine** tous les soirs à 21h en été.

Vous pourrez sortir de la ville pour visiter la **centrale hydroélectrique de Porţile de Fier**. Ce projet roumain et yougoslave fut conçu en 1960 et achevé 12 ans plus tard. Un petit **musée** (Muzeul Porţile de Fier I ; E70 ; adulte/enfant 5/2 lei ; 8h-16h mar-dim), à l'intérieur, donne une bonne idée de l'échelle de la centrale. Des visites guidées (en roumain uniquement) descendent sur 5 niveaux jusqu'aux turbines. Le musée est sur l'E70, à 10 km à l'ouest de Drobeta-Turnu Severin.

Musée des Portes de Fer MUSÉE

(Muzeul Porţilor de Fier ; 0252-312 177 ; Str Independenţiei 2 ; tarif plein/étudiant 5/2 lei ; 8h-16h mar-dim). Si le musée abrite un département ethnographique et de sciences naturelles, ainsi qu'un aquarium où évoluent des espèces du Danube, son attraction principale est une maquette du pont romain construit sur le fleuve en l'an 103 par l'architecte grec Apollodore de Damas sur ordre de l'empereur Trajan (règne 98-117). Le pont se tenait juste sous le site du musée actuel, et les ruines de deux piliers (*ruinele podului lui Traian*) sont encore visibles au bord du Danube.

Avec plus de 1 100 m de long et 15 m de large, ce pont constituait pour l'époque une véritable prouesse d'ingénierie. À côté, remarquez les rochers, et les ruines d'anciens thermes et d'une colonie romaine qui était installée sur les rives. Le musée se trouve à l'extrémité est du B-dul Carol I.

Château d'eau ÉDIFICE HISTORIQUE
(Castelul de Apă ; angle Str Crisan et Str Dr Saidac ; ⏲9h-21h). GRATUIT L'édifice le plus impressionnant de Severin est cet immense château d'eau datant de 1910 ; ce fut l'un des premiers bâtiments du pays pour lequel du fer fut utilisé dans la construction. Gravissez les 159 marches pour contempler le magnifique panorama du Danube (ou prenez l'ascenseur). À six rues au nord du B-dul Carol I, en suivant la Str Bibicescu.

Forteresse médiévale de Severin RUINES
(Str Portului ; ⏲lever-coucher du soleil). GRATUIT Juste au-dessus du port et en dessous de l'Hotel Continental, ces ruines restaurées marquent l'emplacement de l'ancienne forteresse de Severin. Datant du XIe siècle, elle marquait la frontière entre le royaume hongrois et l'Empire bulgare. Elle fut démolie au XVIe siècle sur l'ordre des Ottomans qui régnaient alors. Il ne reste plus grand-chose à voir, à l'exception d'une très haute tour et des épais remparts de cette redoute légendaire.

Où se loger

Plusieurs *pensiunes,* motels et restaurants bordent l'E70, signalée comme la Str Tudor Vladimirescu, à 2 km au nord du centre-ville.

♥ Hotel Corona HÔTEL $$
(☎0743-128 658 ; www.hotelcorona.ro ; Str Tudor Vladimirescu 106a ; s/d 150/180 lei ; P ⊖ ❄ @ ≋). Un hôtel propre, élégant et bien tenu, au milieu d'une rangée de magasins quelconques sur l'E70, suffisamment en retrait de la circulation pour ne pas pâtir du bruit. Les chambres, claires, sont meublées dans un style contemporain. La réception est accueillante et le restaurant (qui manque

VAUT LE DÉTOUR

ORŞOVA ET LE PARC NATIONAL DES PORTES DE FER

Au sud et à l'ouest de Drobeta-Turnu Severin, juste sous la ville d'Orşova, le Danube entame une série de virages entre de hauts rochers qui tourmentent les marins depuis des temps immémoriaux.

La zone est protégée par les 1 150 km² du **parc national des Portes de Fer** (www.portiledefier.ro). Une autre zone protégée, le parc national de Djerdap, s'étend de l'autre côté du fleuve, en Serbie. Le parc national des Portes de Fer englobe des kilomètres de rives intactes et sauvages ; il est également connu pour la gigantesque tête sculptée dans une paroi rocheuse, représentant le roi dace Décébal (règne 87-106).

Il existe plusieurs moyens d'accéder au parc. La plupart des visiteurs prennent un **bateau** (Plimbări cu barca ; ☎0766-522 815, 0722-502 216 ; Orşova Port ; 50 lei/pers ; ⏲9h-17h mai-début oct) sur le Danube. Plusieurs opérateurs privés sont présents sur le port d'Orşova, de fin mai à début octobre, en fonction du temps.

Drobeta-Turnu Severin possède le meilleur choix d'hébergements ; il y a aussi quelques hôtels à Orşova. La **Pensiunea Oliver** (☎0726-382 246 ; www.pensiuneaoliver.ro ; B-dul 1 Decembrie 1918 16a, Orșova ; d/tr 150/180 lei ; P ❄ @ ≋) est une petite pension jouissant d'un excellent emplacement, sur le port.

Il existe 2 ou 3 restaurants corrects à Orşova. Le **Pescăruș Orşova** (☎0726-434 478 ; Str Insula Pescăruş 1, Orşova ; plats 25-35 lei ; ⏲9h-0h mar-dim) est la meilleure option à proximité du port. Ce restaurant de poissons bénéficie d'une vue superbe depuis sa terrasse au bord de l'eau.

Des minibus desservent régulièrement Orşova depuis Drobeta-Turnu Severin (3 lei, 30 min, toutes les heures) ; on compte aussi au moins un train/jour (5 lei, 30 min), mais sachez que la gare ferroviaire d'Orşova est à 2 km à pied du centre-ville.

d'ambiance) sert une très bonne cuisine. À 1 km au nord-est du centre-ville.

Hotel Continental HÔTEL $$

(☎0372-528 828, réservations 0372-121 721 ; www.continentalhotels.ro ; B-dul Carol I 2 ; s/d à partir de 180/200 lei ; P ⊜ ❄ @ ≋). Cette tour des années 1970 à l'allure délabrée est bien plus jolie de l'intérieur, et elle est idéalement située sur une corniche au-dessus du fleuve et non loin à pied des attractions. Choisissez entre les chambres standards et *deluxe* – ces dernières offrent une vue sur le fleuve et sont équipées de meubles plus récents. Une carte des environs est distribuée à la réception.

Où se restaurer et prendre un verre

Outre les restaurants qui bordent l'E70, il existe un **marché** (Piaţa Mircea ; angle Str Horia et Str Dr Saidac ; ⏲6h-21h lun-ven, 7h-14h sam-dim) à l'est du centre, où l'on peut se procurer des fruits et légumes frais, du pain et du fromage.

♥ **Trattoria Il Calcio** ITALIEN $$

(☎0753-118 070 ; www.trattoriailcalcio.ro ; B-dul Tudor Vladimirescu 143 ; plats 20-30 lei ; ⏲11h-0h ; ≋). La succursale locale d'une chaîne roumaine de restaurants italiens, se distinguant par une cuisine et un service excellents. Dans le nouveau quartier de la ville, sur l'E70 en direction de Craiova, à 1 km au nord du B-dul Carol I, en suivant la Str Eminescu.

Taverna Sârbului BALKANS $$$

(☎0727-353 353 ; www.tavernasarbului.ro ; E70 ; plats 30-50 lei ; ⏲9h-0h ; ≋). À 5 km à l'ouest de Drobeta-Turnu Severin, au bord de la route principale en direction d'Orşova, ce restaurant aux influences serbes jouit d'une vue magnifique sur le Danube et propose une longue liste de spécialités roumaines et des Balkans, des grillades, des ragoûts et des salades. Il se trouve à 10 minutes en voiture du centre-ville ; en taxi, comptez environ 15 lei l'aller.

16,50 BAR

(☎0774-431 991 ; www.1650.ro ; Str Traian 50 ; ⏲11h-2h). Le summum de la branchitude pour une ville aussi tranquille : pizzas et autres plats corrects, jardin agrémenté de banquettes en fer forgé et de chaises ornées de gros oreillers blancs. Le soir, il se transforme en club *lounge*. À trois rues au nord du B-dul Carol I, à l'ouest de l'Hotel Continental.

ℹ Renseignements

Pas d'office du tourisme ici, mais de grands plans de la ville un peu partout, surtout sur le B-dul Carol I. La réception de l'Hotel Continental distribue des plans de la ville à sa clientèle.

BRD (☎0252-316 074 ; B-dul Carol I 55, angle Str Rahovei ; ⏲9h-19h lun-ven). L'une des nombreuses banques avec DAB de la ville, à 2 rues à l'est de l'Hotel Continental, en retrait du B-dul Carol I.

Poste (Str Decebal 41 ; ⏲7h-20h lun-ven, 8h-13h sam). La poste est installée à une rue au nord du B-dul Carol I, à 50 m de l'Hotel Continental.

ℹ Depuis/vers Drobeta-Turnu Severin

BUS

Comme bien des villes roumaines, Drobeta-Turnu Severin possède plusieurs gares routières. De nombreux bus et minibus longue distance ne desservent que des arrêts signalés le long de l'E70. Renseignez-vous auprès de votre hôtel ou consultez le site Web www.autogari.ro. Des bus et minibus desservent toute la région, avec des départs fréquents, notamment pour Orşova (3 lei, 30 min) et Timişoara (40 lei, 4 heures).

TRAIN

La **gare ferroviaire** (Gara ; www.cfr.ro ; B-dul Dunărea) se trouve au bord du Danube, tout à l'ouest du port, à environ 2 km du centre-ville. En arrivant à la gare, gravissez les marches et prenez à droite (direction est) sur le B-dul Carol I pour atteindre le centre ou prenez un taxi (environ 8 lei). La ville est bien desservie par les trains, à la fois pour Bucarest (environ 70 lei, 5 heures, 5/jour) et Timişoara (60 lei, 4 heures, 4/jour). Les trains en direction de Bucarest s'arrêtent à Craiova (35 lei, 2-3 heures). Un ou deux trains par jour vont à Orşova (5 lei, 25 min).

Transylvanie

Dans ce chapitre ➡

Pourquoi y aller

Les vallées boisées et les châteaux de la Transylvanie imprègnent l'imaginaire collectif. Ainsi, avant même d'arriver, la plupart des voyageurs se représentent-ils déjà une terre de légendes et des Carpates enveloppées de brouillard.

Pour explorer ces paysages saisissants, partez randonner dans le parc national Piatra Craiului ou dans les monts Bucegi (voire dans les monts Apuseni, plus rudes) ; ou admirez la blancheur hivernale dans les stations de ski de Poiana Braşov et de Predeal. Mais appréciez aussi les fantaisies médiévales, entre tours de guet et ruelles pavées, à Braşov et Sighişoara, et perdez-vous à loisir dans les châteaux transylvaniens – Bran, Peleş ou Hunedoara, un fleuron gothique.

La campagne traduit la diversité des cultures de la région, entre communautés Roms, hameaux du pays sicule de langue hongroise et villages saxons. Vous l'aurez compris : la Transylvanie ne séduit pas que les ados passionnés de vampires.

Le top des restaurants

- Szentgyörgy Pince (p. 121)
- Kulinarium (p. 114)
- Crama Veche (p. 150)
- Basa Fogadó (p. 124)
- Sergiana (p. 91)
- Roata (p. 142)

Le top des hébergements

- Villa Hermani (p. 98)
- Youthink Hostel (p. 140)
- Casa Luxemburg (p. 114)
- Lol & Lola (p. 141)
- Select City Center (p. 90)
- Casa Georgius Krauss (p. 103)

Quand partir

Braşov

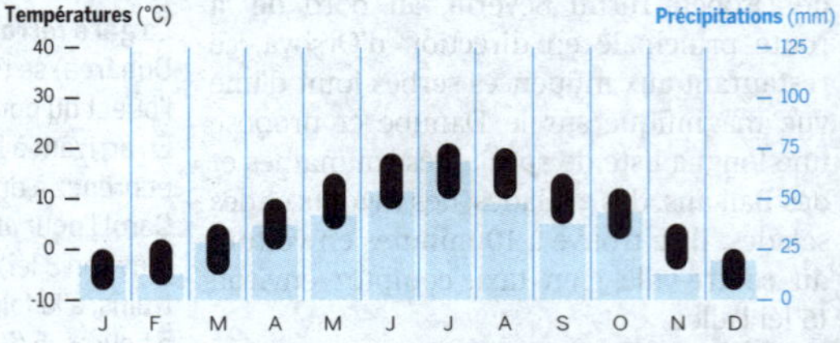

Mai Temps doux, prairies en fleurs ; randonnées dans le parc national Piatra Craiului et les monts Bucegi.

Juin-sept Haute saison pour les randonnées, et dans les villes médiévales comme Braşov et Sighişoara.

Déc-mars Renseignez-vous sur l'enneigement et... tout schuss sur les pistes de ski de Poiana Braşov !

Histoire

Les Daces, qui vécurent dans la région il y a plus de deux millénaires, sont encore aujourd'hui une source de fierté. La Transylvanie conserve de beaux vestiges de cette civilisation : objets en métal ouvragés, mais aussi ruines de forteresses et de temples, comme au site archéologique de Sarmizegetusa Regia. Tandis que l'Empire romain s'étendait sur les Balkans, la civilisation dace s'éteignit peu à peu. Lorsque les Romains se retirèrent, en 271, s'ensuivirent des siècles d'échauffourées, où se distinguèrent aussi bien les Huns, que les Slaves, les Wisigoths et d'autres peuples.

Pendant mille ans, jusqu'à la Première Guerre mondiale, la Transylvanie fut rattachée à la Hongrie. Au Xe siècle, sous l'ordre d'Étienne Ier de Hongrie, les Sicules (ou Szeklers), une tribu magyare, s'implantèrent dans une région appelée Erdély, littéralement "au-delà des forêts" en hongrois (tout comme Transylvanie, du latin *trans-silvam*). Au XIIe siècle, des Saxons vinrent aider à défendre les frontières orientales de la Hongrie. Les sept villes qu'ils fondèrent – Bistriţa (Bistritz), Braşov (Kronstadt), Cluj-Napoca (Klausenburg), Mediaş (Mediasch), Sebeş (Mühlbach), Sibiu (Hermannstadt) et Sighişoara (Schässburg) – valurent à la contrée son nom allemand, Siebenbürgen ("Sept Bourgs").

La Transylvanie médiévale était dirigée par un prince, vassal de la Couronne hongroise ; les natifs roumains avaient rang de serfs. Après la défaite de la Hongrie face à l'Empire ottoman, en 1526, la région prêta allégeance au sultan de la Sublime Porte, ce qui lui valut une autonomie partielle. En 1687, l'Empire ottoman céda la Transylvanie aux Habsbourg. À partir de 1867, la Transylvanie fut annexée par l'Autriche-Hongrie. En 1918, après la défaite de celle-ci lors de la Première Guerre mondiale, les représentants roumains réunis à Alba Iulia demandèrent le rattachement de la Transylvanie à leur nation. La Hongrie n'accepta pas cette unification et, entre 1940 et 1944, récupéra une grande partie de la région. Après-guerre, les communistes roumains s'efforcèrent d'étouffer le sentiment nationaliste hongrois. Les décennies suivantes ont vu la rancœur se dissiper et les relations entre la Roumanie et ses voisins occidentaux s'apaiser.

VALLÉE DE LA PRAHOVA

La Valachie devient Transylvanie dans cette étroite vallée au pied des monts Bucegi, couverts de sapins. Sinaia, villégiature royale il y a un siècle, est la plus jolie ville ; mais l'attrait principal réside bien plus haut, sur le plateau sillonné de chemins de randonnée et le long des pentes zébrées de pistes de ski. Il est possible, à l'occasion d'une excursion d'une journée depuis Braşov, de grimper en téléphérique pour faire une brève promenade. Mieux vaut cependant passer une ou deux nuits sur place, pour réellement apprécier l'endroit.

Sinaia

11 600 HABITANTS

Nichée dans une vallée étroite plantée de sapins, et adossée aux imposants rochers des monts Bucegi, Sinaia attire les randonneurs en été et les skieurs en hiver. On y trouve un cadre spectaculaire pour partir marcher à la journée – ou plusieurs jours, en tirant parti du réseau de refuges.

Des maisons de bois pastel contrastent ici avec le style "meringue" des bâtiments du XIXe siècle. Ancienne résidence d'été du premier roi de Roumanie, Carol Ier, le château de Peleş est tout en passages secrets, tourelles féeriques, galeries vertigineuses et statues classiques.

Sinaia est administrativement rattachée à la Valachie, mais on y accède plus facilement depuis la Transylvanie.

À voir

Château de Peleş CHÂTEAU

(www.peles.ro ; visite guidée tarif plein/retraité/enfant 20/10/5 lei ; 9h-17h mar-dim). Depuis plus de 40 ans, des contingents d'ouvriers du bâtiment, d'artistes et de sculpteurs sur bois ont redonné vie au château Peleş. Ce chef-d'œuvre néo-Renaissance fut commandé par Carol Ier ; sa première pierre fut posée en 1875. Aujourd'hui, cette ancienne résidence royale d'été connaît une belle affluence touristique. Vous devrez obligatoirement vous joindre à une visite guidée (40 min) et ne pourrez prendre des photos à l'intérieur que moyennant un supplément – excessif – de 32 lei. Dans le château, tout, jusqu'au moindre recoin, n'est que tapis de soie, verre de Murano, noyer sculpté ou marbre poli.

À ne pas manquer

1 Les petites rues pavées et la ville médiévale de **Sighişoara** (p. 99)

2 Les citadelles intemporelles entourées de vertes prairies des **villages saxons fortifiés** (p. 105), tels que Biertan et Viscri

3 Une rencontre avec des plantigrades, placides ou convalescents, au **sanctuaire des ours Libearty** (p. 96)

4 Les **monts Apuseni** (p. 147), à explorer à pied ou à vélo

5 L'inquiétant **château de Bran** (p. 93) et les remparts de Râşnov, la forteresse voisine

6 Les tours gothiques du **château des Corvin** (p. 136), tout droit sorti d'un singulier conte de fées

7 La citadelle **Alba Carolina** (p. 131) en forme d'étoile, la plus grande de Roumanie

8 La **vallée de Bârgău** (p. 149), dont les paysages dépassent en splendeur les descriptions de Bram Stoker

9 Le charme brut de **Cluj-Napoca** (p. 138), riche en festivals et en vie artistique

10 Les édifices baroques et les cafés de **Sibiu** (p. 110)

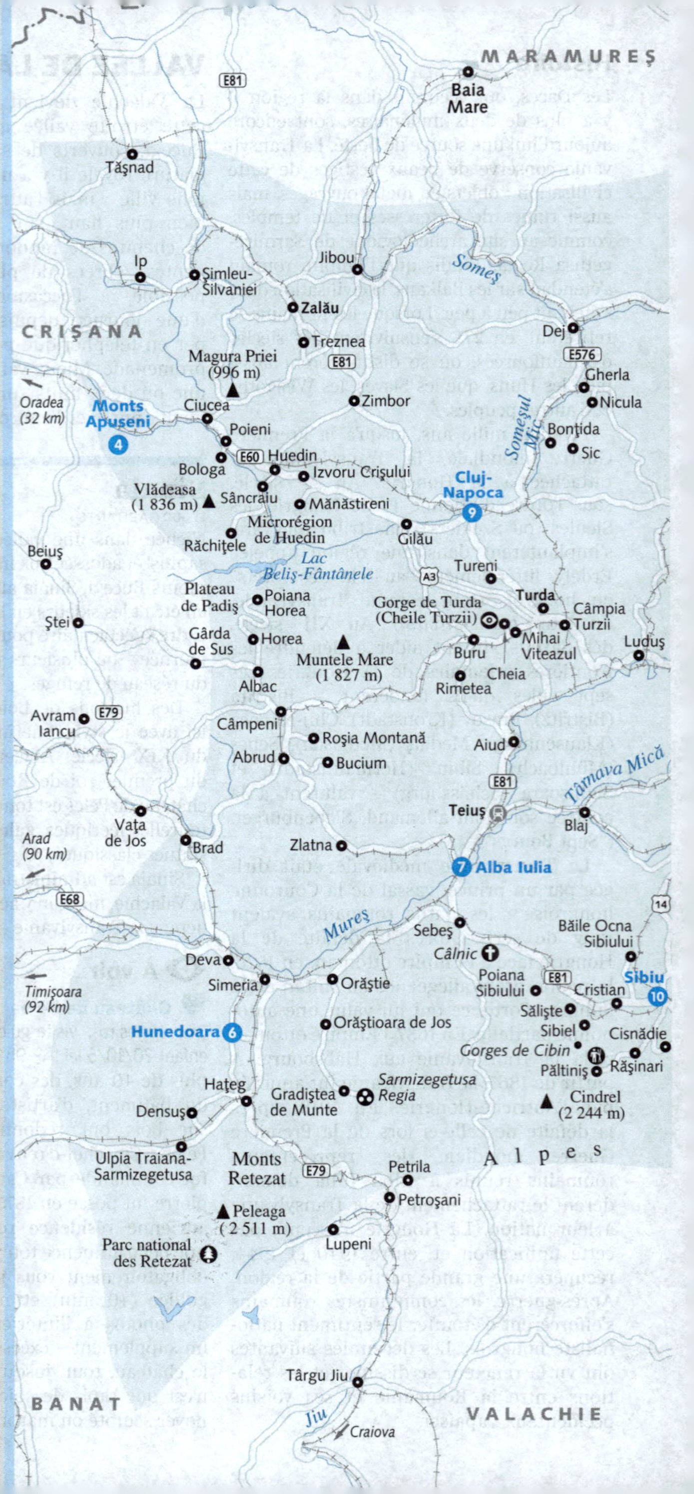

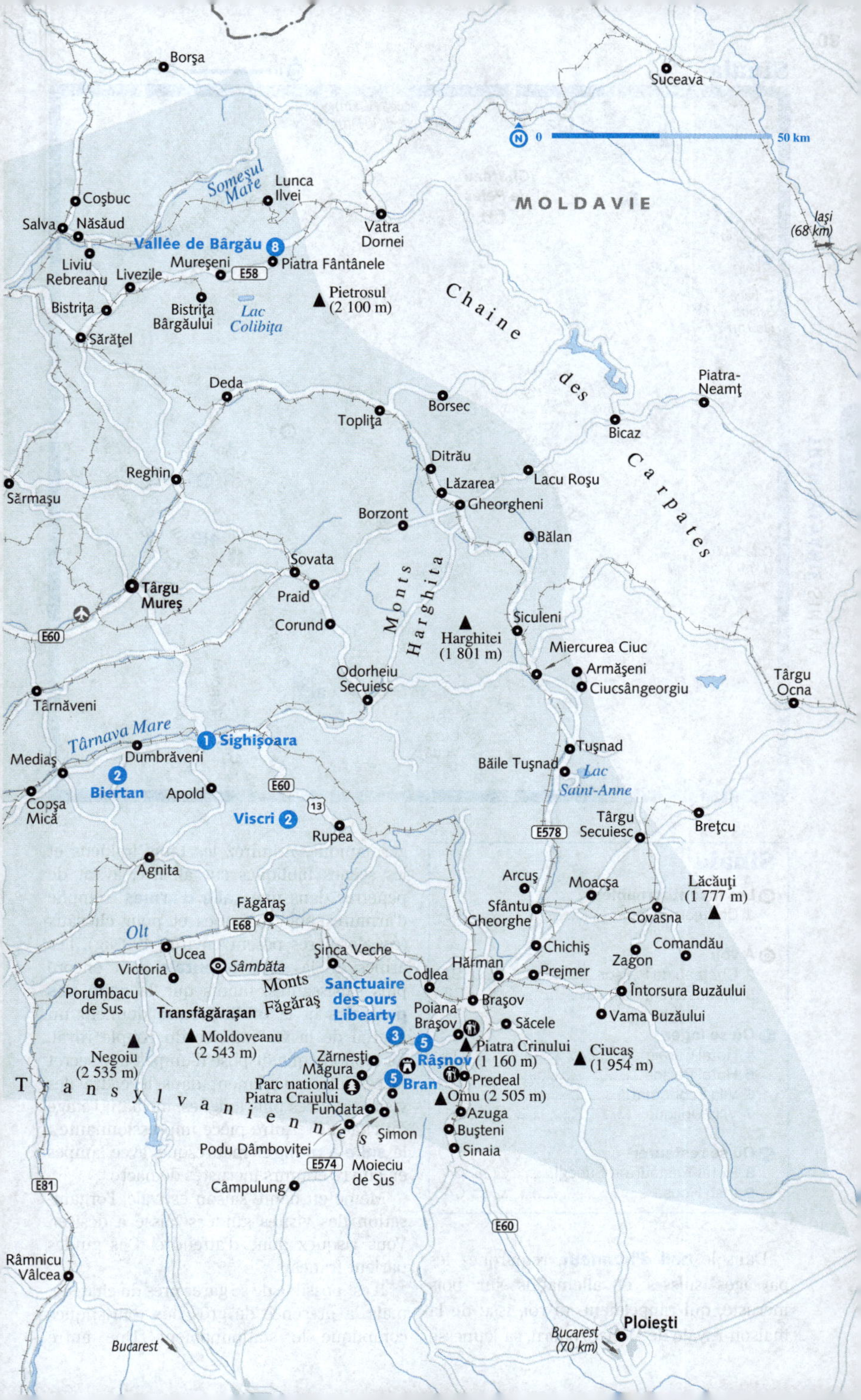

Borşa
Suceava
0
50 km
Someşul Mare
Lunca Ilvei
Coşbuc
Salva
Năsăud
Vatra Dornei
MOLDAVIE
Iaşi (68 km)
Vallée de Bârgău 8
Liviu Rebreanu
Mureşeni
Piatra Fântânele
E58
Livezile
Bistriţa
Bistriţa Bârgăului
Lac Colibiţa
Pietrosul (2 100 m)
Chaine des Carpates
Sărăţel
Piatra-Neamţ
Deda
Borsec
Topliţa
Bicaz
Ditrău
Lacu Roşu
Reghin
Lăzarea
Gheorgheni
Sărmaşu
Borzont
Bălan
Sovata
Monts Harghita
Târgu Mureş
Praid
Corund
Siculeni
Harghitei (1 801 m)
E60
Miercurea Ciuc
Armăşeni
Odorheiu Secuiesc
Ciucsângeorgiu
Târgu Ocna
Târnăveni
Târnava Mare
1 Sighişoara
Tuşnad
Dumbrăveni
Băile Tuşnad
Lac Saint-Anne
Mediaş
2 Biertan
Apold
E60
Copşa Mică
13
Viscri 2
Rupea
Târgu Secuiesc
Breţcu
E578
Agnita
Arcuş
Moacşa
Lăcăuţi (1 777 m)
Făgăraş
Sfântu Gheorghe
Covasna
E68
Olt
Ucea
Chichiş
Comandău
Şinca Veche
Zagon
Victoria
Sâmbăta
Hărman
Prejmer
Codlea
Monts Făgăraş
Sanctuaire des ours Libearty
Porumbacu de Sus
Întorsura Buzăului
Braşov
Transfăgăraşan
Poiana Braşov
Săcele
Vama Buzăului
3
5 Râşnov
Moldoveanu (2 543 m)
Piatra Crinului (1 160 m)
Negoiu (2 535 m)
Zărneşti
Ciucaş (1 954 m)
Măgura
Predeal
Transylvaniennes
Parc national Piatra Craiului
5 Bran
Omu (2 505 m)
Fundata
Azuga
Şimon
Buşteni
Podu Dâmboviţei
Sinaia
E574
Moieciu de Sus
Câmpulung
E81
E60
Râmnicu Vâlcea
Ploieşti
Bucarest (70 km)
Bucarest

Sinaia

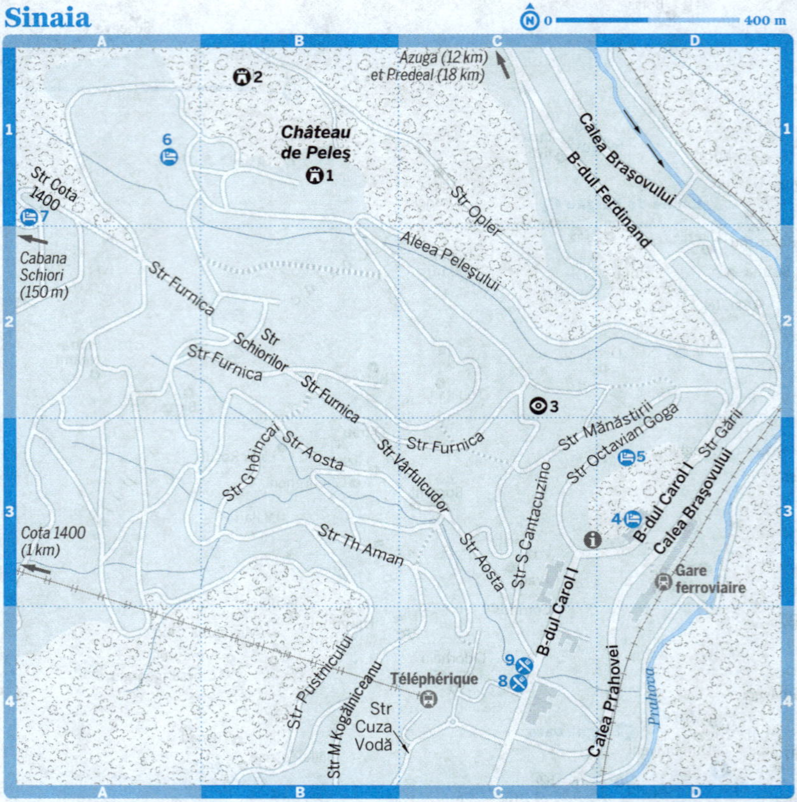

Sinaia

Les incontournables

1 Château de Peleş....................B1

À voir

2 Château de Pelişor....................B1
3 Monastère de Sinaia....................C2

Où se loger

4 Hotel Caraiman....................D3
5 Hotel Palace....................D3
6 Vila Economat....................A1
7 Villa Oblique....................A1

Où se restaurer

8 Hotel-Restaurant Bucegi....................C4
9 Irish House....................C4

Dans le **hall d'honneur**, remarquez les paysages suisses et allemands sur bois incrusté, qui rappelaient au roi, issu de la maison royale de Hohenzollern, sa jeunesse germanique. Admirez les tapis irakiens et les scènes bibliques sur albâtre, avant de pénétrer dans une **salle d'armes**, remplie d'armures pour hommes et pour chevaux (ces dernières pèsent environ 100 kg). Les armes de la **salle orientale** sont encore plus saisissantes, tandis que la **salle des portraits** et la **bibliothèque** donnent un aperçu de la vie raffinée du couple royal. La bibliothèque dispose d'un passage secret (accessible uniquement dans le cadre des visites guidées plus longues, incluant l'étage du château). Autre pièce impressionnante : la **salle à manger** mauresque, avec lampes en cuivre et murs incrustés de nacre.

Même en haute saison estivale, l'organisation des visites guidées laisse à désirer. Vous risquez donc d'attendre. Des guides parlent français.

Il est possible de se garer près du château, mais la présence de gros bus touristiques complique le stationnement. Une autre solution consiste à monter jusqu'au château à pied depuis le centre de Sinaia (30 min).

Château de Pelişor CHÂTEAU
(visites guidées obligatoires tarif plein/étudiant/enfant 20/10/5 lei ; ⌚9h15-16h15 jeu-dim, 11h15-16h15 mer). N'aimant guère le château de Peleş, le neveu de Carol Ier, Ferdinand (1865-1927), fit construire, à peine 100 m plus haut, celui de Pelişor. La reine Marie, épouse de Ferdinand, officia comme architecte d'intérieur de ce petit palais Art nouveau, le garnissant de meubles rapportés de Vienne. Il se visite dans le cadre d'un parcours guidé de 45 minutes.

La reine Marie est morte dans la **salle dorée**, dont les murs sont entièrement recouverts de feuilles d'or.

Monastère de Sinaia MONASTÈRE
(Str Mănăstirii ; 5 lei ; ⌚10h-16h lun-sam). Au XIXe siècle, l'église et les cellules de ce monastère, fondé en 1695, ne suffisaient plus à une communauté religieuse en pleine croissance. Il lui fut donc ajouté, en 1846, plusieurs bâtiments. Se détachant sur fond de montagnes boisées, l'église principale abonde en décorations florales sculptées.

Activités

Ski et randonnée : telles sont les deux principales activités dans les monts Bucegi, qui comptent une bonne variété de pistes pour tous les niveaux et des sentiers de randonnée tout aussi intéressants.

Vous pourrez prendre la **Telecabina Sinaia** (www.teleferic.ro/sinaia ; Str Cuza Vodă ; aller-retour adulte/enfant 25/14 lei, avec vélo 70 lei ; ⌚8h30-17h30 en été, 8h30-16h30 en hiver, fermé parfois le lundi matin) jusqu'à Cota 1400, un endroit festif avec location de luges, stands de grillades et télésiège. De là, on peut emprunter le deuxième téléphérique, la **Telecabina Cota 1400-2000** (www.teleferic.ro/sinaia ; aller adulte/enfant 35/17 lei, avec vélo 70 lei ; ⌚8h30-18h en été, 8h30-17h en hiver, fermé parfois le lundi matin). Entre la fin du mois de décembre et la mi-mars, on accède à 20 km de pistes de ski de fond, ainsi qu'à une dizaine de pistes adaptées aux skieurs intermédiaires (pistes rouges), avec quelques noires pour les plus confirmés et des bleues pour les débutants.

L'été, les sentiers (une bonne trentaine) font le bonheur des randonneurs.

Où se loger

Avec un choix d'hôtels allant des établissements de catégorie moyenne aux adresses plus luxueuses cherchant à évoquer (avec plus ou moins de succès) la grandeur du château de Peleş, Sinaia ne manque pas d'hébergements de charme. Les voyageurs à petit budget apprécieront les nombreux refuges et pensions.

Hotel Caraiman HÔTEL $$
(☎0244-312 051 ; palacesinaia.ro/caraiman ; B-dul Carol I, 4 ; s/d/ste 165/212/270 lei ; P 📶). Bâti en 1880, cet hôtel d'aspect austère, mais accueillant, a un charme fou – certes amoindri par l'affluence de groupes en voyage organisé. Le service pourrait être plus attentif et le ménage, plus soigné. Mais on admire les vitraux, les lustres et l'escalier ancien, qu'empruntait naguère le gotha transylvanien.

Hotel Palace HÔTEL $$
(☎0244-312 052 ; www.palacesinaia.ro ; Str O Goga 4 ; s 175 lei, d 212-270 lei ; P 📶). Si vous rêvez d'un séjour luxueux après la visite du château de Peleş, l'hôtel Palace, construit en 1911, sera votre villégiature royale. Les chambres, dignes d'un prince, associent haut plafond, tissus de qualité et lits moelleux. Le prix des chambres varie selon leur taille et la vue. Dans la mesure du possible, préférez celles avec balcon et vue sur le parc.

Villa Oblique HÔTEL-SPA $$$
(☎0344-883 992 ; www.villaoblique.ro ; Str Cota 1400, 3A ; d à partir de 85 € ; P 📶). Offrez-vous un séjour intimiste dans cet hôtel-spa, à 700 m à l'ouest du château de Peleş. L'établissement dispose d'un sauna et d'un Jacuzzi, où vous pourrez vous détendre avant de vous retirer dans une chambre luxueuse – rideaux amples, haut plafond, tête de lit molletonnée. En été, vous pourrez faire des grillades sur la terrasse ; en hiver, un local à skis est disponible.

Vila Economat HÔTEL $$$
(☎0725-310 700, 0244-311 151 ; Aleea Peleşului 2 ; d à partir de 290 lei ; P 📶). Cet hôtel, aux chambres impeccables et stylées, semble droit sorti d'un conte. Et difficile de faire mieux en termes d'emplacement : l'établissement, qui jouxte le château Peleş, occupe les anciens bureaux de la garde royale. Le buffet petit-déjeuner est excellent.

Où se restaurer

Hotel-Restaurant Bucegi EUROPE DE L'EST $$
(☎ 0244-312 217 ; www.hotelbucegisinaia.ro ; B-dul Carol I, 22 ; plats 25-40 lei ; ⏲ 12h-22h). Ambiance subtilement montagnarde pour ce restaurant, qui offre la carte la plus intéressante de Sinaia : filet de poisson-chat, cuisses de grenouilles, pastrami d'ours... Si le chevreuil ou la soupe de tripes vous semblent trop indigestes, rabattez-vous sur le bouillon de betteraves ukrainien ou la salade croquante bulgare.

Irish House INTERNATIONAL $$
(www.irishhouse.ro ; B-dul Carol I 80 ; plats 15-25 lei ; ⏲ 8h-0h). Cet établissement central, prisé des familles et des skieurs, est très fréquenté. Le service est un peu lent, mais les cafés sont crémeux à souhait. Au menu : pancakes, pizzas et schnitzels (escalopes panées) poulet-fromage.

Renseignements

Centre d'informations touristiques (☎ 0244-315 656 ; www.info-sinaia.ro ; B-dul Carol I, 47 ; ⏲ 9h-17h lun-ven). Préalable incontournable à tout périple, ce petit bureau fournit des cartes gratuites des environs et dispense d'excellents conseils sur les randonnées, ainsi que des informations sur les événements à venir.

Depuis/vers Sinaia

Sinaia et Predeal sont les villes les mieux desservies de la vallée de la Prahova : elles sont situées sur la ligne ferroviaire Bucarest-Braşov et des trains circulent presque toutes les heures dans les deux sens. Il y a également des bus (moins fréquents) pour Bucarest et Braşov. Toutes les 30 minutes, un bus fait la navette entre Sinaia et Predeal (6-8 lei ; 40 min) ; il marque un arrêt à Buşteni.

Comment circuler

Une fois dans la région, la meilleure façon d'accéder aux monts Bucegi est de prendre le téléphérique. Montez à bord de la Telecabina Sinaia pour rejoindre Cota 1400, d'où l'on peut aller encore plus haut avec la Telecabina Cota 1400-2000 (des sentiers de randonnée partent de chacune des stations de téléphérique). Depuis Buşteni, le téléphérique mène jusqu'à la Cabana Babele, un autre excellent point de départ pour des excursions à pied.

Monts Bucegi

Les paysages intacts des monts Bucegi, qui culminent à 2 505 m d'altitude, sont prisés des randonneurs. Cette nature sauvage à l'état pur ne va pas sans son lot de périls, entre importante population d'ours et sentiers mal signalisés. Il existe un maillage correct de refuges où s'abriter, manger ou dormir. Toutefois, ce terrain d'aventures en altitude demande de la préparation. La meilleure saison pour les randonnées s'étend de juin à septembre (attention toutefois : les orages sont fréquents). Les hivers sont rigoureux ; les avalanches représentent un grand danger à la fonte des neiges.

Où se loger

Le camping n'est permis dans les Bucegi qu'en des points clairement indiqués. Il est toutefois déconseillé, en raison de la présence d'ours dans les montagnes. Les refuges fournissent des couvertures. Il est parfois difficile de réserver un lit, mais on vous fera toujours de la place.

Cabana Zănoaga REFUGE $
(☎ 0741-588 724, 0786-781 672 ; www.cabana-zanoaga.ro ; dort/d/tr 40/100/150 lei ; P ❄ 📶). Des chambres simples pour les randonneurs, à 20 minutes à pied du lac Bolboci.

Cabana Gura Diham REFUGE $
(☎ 0731-354 100, 0244-321 108 ; www.gura-diham.ro ; d 110 lei ; 📶). Depuis 1910, il y a toujours eu ici une auberge, sous une forme ou une autre. On trouve aujourd'hui un chalet moderne et entièrement rénové, avec un restaurant. Les chambres sont simples. Côté restauration, les plats tiennent au corps : rôti d'agneau, soupe en bol de pain. Beau choix d'eaux-de-vie également.

Hotel Peştera HÔTEL $$
(☎ 0372-733 321 ; www.hotelpestera.ro ; d à partir de 220 lei ; P). Cet hôtel à 1 600 m d'altitude loue des chambres confortables et modernes avec coffre-fort, minibar et balcon face aux montagnes.

Cabana Schiori B&B $$
(☎ 0244-313 655 ; www.cabana-schiori.ro ; Str Drumul Cotei 7 ; d/ste à partir de 190/225 lei ; P 📶). À 3 km du centre de Sinaia, ce refuge propose des chambres simples et douillettes, à l'équipement moderne (écran plat, frigo et jolie sdb) ; les meilleures ont un balcon avec vue sur les montagnes. L'établissement

Monts Bucegi

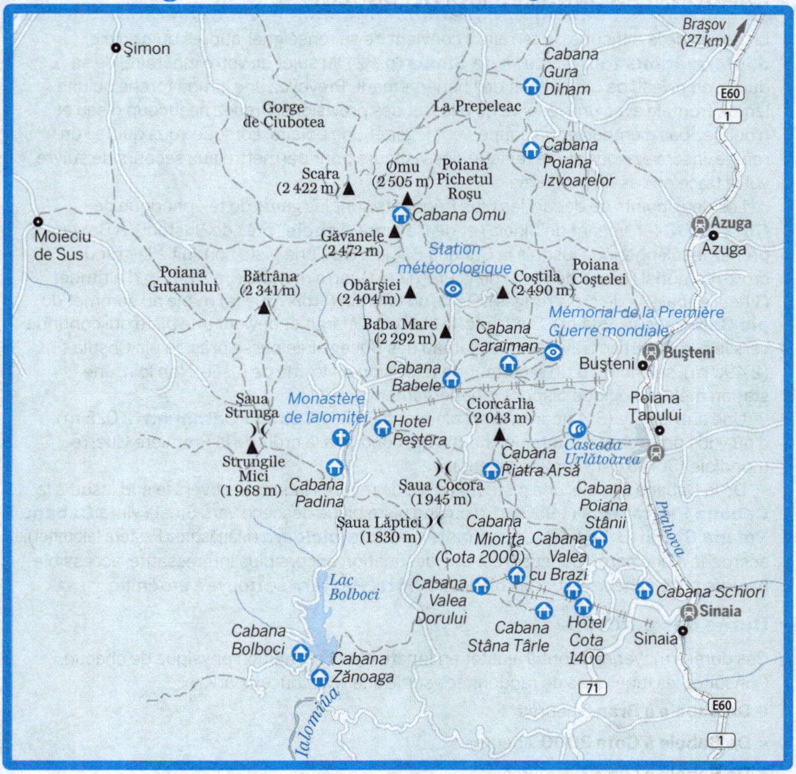

compte un restaurant chic où sont servis des schnitzels, de la truite grillée et (gardez de la place) des *papanasi* (beignets).

Cabana Stâna Târle CHALET **$$$**
(☎0731-131 953 ; www.stanatarle.ro ; Cota 1400 ; d 85 € ; 📶). Cheminées, murs de pierre, poutres apparentes et même un petit spa (10 €) : ce refuge affiche une touche luxe à 1 578 m d'altitude. N'hésitez pas à demander aux charmants propriétaires des conseils sur l'escalade et le VTT.

Où se restaurer

La plupart des refuges servent du café – ou une sorte de café ! Si vous partez en randonnée, prenez des provisions.

Depuis/vers les monts Bucegi

De Sinaia, le plus simple pour accéder aux monts Bucegi consiste à prendre la Telecabina Sinaia, qui relie le centre-ville à Cota 1400, d'où la Telecabina Cota 1400-2000 va jusqu'au sommet. (Le nom des stations correspond à leur altitude.) Depuis le centre-ville, le téléphérique, qui peut embarquer 30 personnes, part toutes les 30 minutes. La course en taxi de la gare ferroviaire à Cota 1400 peut se négocier ; comptez environ 50 lei pour la voiture.

Les routes montent en serpentant depuis la route 71, au sud des montagnes, jusqu'à la Cabana Babele. Une grande partie des routes menant à la Cabana Piatra Arsă a été passablement goudronnée ; les autres sont plus difficilement praticables avec une voiture ordinaire.

Predeal

5 615 HABITANTS

Depuis plus d'un siècle, les pentes de la station de ski de Predeal connaissent une belle activité. Le domaine skiable de cette petite ville de montagne démarre à plus haute altitude que celui des stations voisines, Poiana Braşov et Sinaia ; il est en revanche moins étendu. La bourgade

RANDONNÉES DANS LES MONTS BUCEGI

En raison de la difficulté du terrain, il convient de se renseigner auprès du **centre d'informations touristiques de Sinaia** (p. 82) au sujet de votre itinéraire, de sa durée, du niveau de difficulté et de l'hébergement. Prévoyez une lampe torche ou une lampe frontale avec une réserve de piles, et des provisions. Prenez beaucoup d'eau et n'oubliez pas d'emporter un coupe-vent léger et une polaire. Lorsque vous quittez un refuge, inscrivez-vous sur le registre des visiteurs pour permettre aux secours de suivre votre trace en cas de problème.

Les deux points de départ les plus fréquents sont les gares de téléphérique de **Cota 2000** (en venant de Sinaia) et de **Cabana Babele** (près de Buşteni). À Buşteni, prenez le téléphérique jusqu'à la Cabana Babele, d'où une piste conduit à la grande croix-mémorial (haute de 15 m) de la Première Guerre mondiale, à 2 291 m d'altitude (1 heure ; balisée de croix rouges). De là, un chemin (croix rouges) mène au sommet du **pic Caraiman** (2 384 m). Sur le pic, le chemin s'élargit et devient une piste qui continue vers le **pic Omul** en traversant le plateau des Bucegi. Elle passe près du pic Coştila (2 490 m), surmonté d'un émetteur de télévision en forme de fusée. Non loin, une station météorologique dispose d'hébergements.

Une autre piste (3-4 heures, croix bleues) rejoint la **Cabana Caraiman** (2 025 m), d'où vous pourrez emprunter le chemin qui conduit à la croix de la Première Guerre mondiale (30-45 min, cercles rouges).

De la Cabana Babele, une piste marquée de rayures jaunes part vers le sud jusqu'à la **Cabana Piatra Arsă** (1 950 m), d'où une piste bleue descend vers Sinaia via la **Cabana Poiana Stânii** (3 heures). Le **monastère d'Ialomicioara** (Mănăstirea Peştera Ialomiţei), accroché à une paroi rocheuse, est une destination encore plus intéressante, accessible par une piste (1 heure 30, croix bleues). L'**hôtel Peştera** se trouve à proximité.

Durée des parcours

Ces durées moyennes sont à ajuster en fonction de la condition physique de chacun. Consultez les itinéraires de randonnées sur le site www.bucegipark.ro.

- **De Babele à Bran** 9 heures
- **De Babele à Cota 2000** 7 heures
- **De Babele à Omu** 2-3 heures
- **De Cota 2000 à Omu** 4-5 heures
- **De Cota 2000 à Bran** 14-16 heures
- **D'Omu à Bran** 8 heures

est ponctuée de chalets et d'hôtels trois étoiles, et l'on y trouve également des églises modernes, ainsi qu'une gare ferroviaire qui se distingue par son architecture originale. Mais on vient avant tout pour la majesté des montagnes alentour. Predeal constitue une base pratique pour les amateurs d'activités de plein air, avec des magasins de location de matériel de sport et des écoles de ski. En été, les randonneurs prennent le relais. On peut marcher à la journée en prenant des sentiers qui partent du village.

Activités

Predeal est le point de départ de superbes randonnées. Procurez-vous une carte au centre d'informations touristiques.

École de ski Carinthia SKI

(☎0723-931 259 ; www.tabere-carinthia.ro ; Str Liviu Rebreanu 2 ; tarif/heure de cours pour groupes de 1/2/3 pers 80/70/60 lei ; 👪). Cette école de sports d'hiver dispense des conseils d'experts aux skieurs et snowboardeurs de tout niveau. Réservez. Carinthia organise également, pour les enfants, des séjours de formation aux sports d'hiver.

Location de skis et de snowboards.

Station de ski Predeal SKI

(forfait journée adulte/enfant 140/72 lei ; ⏲remontées 8h30-17h déc-mars). Avec un dénivelé de 480 m, plus de la moitié du domaine skiable de Predeal (8,5 km de pistes) convient aux skieurs et snowboardeurs de niveau intermédiaire. Il y a environ 2 km de pistes pour débutants (pistes bleues) et 2 km pour les plus confirmés (pistes noires).

Où se loger

Les établissements trois et quatre étoiles se multiplient le long de la route menant au téléski ; les pensions simples (qui vous aideront souvent à louer du matériel de ski et à trouver un guide de randonnée) restent toutefois plus fréquentes. Quelques hôtels luxueux sont regroupés dans le secteur de Trei Brazi, à 6 km au nord-ouest.

Vila Şoimul PENSION $

(☎0368-104 260, 0745-150 995 ; www.vilasoimul.ro ; Str Şoimului 4 ; d/tr 90/120 lei ; P 📶). Cette pension de 18 chambres, bardée de rondins et dotée d'un excellent espace cuisine, est vivement recommandée. Murs blancs, linge frais, mini-réfrigérateurs et local à skis disponibles. En amont d'une rue derrière l'église blanche, à l'opposé de la rue principale menant à la gare ferroviaire.

Comme dans beaucoup d'établissements, les prix chutent de 10% pendant la basse saison hivernale (novembre-décembre). Séjour de deux nuitées minimum le week-end.

Fulg de Nea HÔTEL $

(☎0741-259 565, 0268-455 463 ; www.cabanafulgdenea.ro ; Str Teleferic 1 ; d/tr/qua 150/175/210 lei ; P 📶). Un agréable hôtel trois étoiles aux chambres basiques, avec un sympathique restaurant sur le thème du ski. Juste à côté des remontées mécaniques.

Renseignements

Salvamont (☎0725-826 668, 0-SALVAMONT). Numéro d'urgence pour le sauvetage en montagne.

Centre d'informations touristiques (☎0268-455 330 ; www.predeal.ro ; Str Intrarea Gării 1 ; ⏲10h-18h). Devant la gare ferroviaire ; bons renseignements sur les randonnées et les conditions météo ; fournit des cartes.

Depuis/vers Predeal

La **gare ferroviaire** (B-dul Mihail Săulescu) et l'arrêt des bus/*maxitaxis* sont situés dans l'artère principale, le B-dul Mihail Săulescu, qui s'élance en direction de Braşov, au nord, et de Sinaia et Bucarest, au sud. Les remontées mécaniques sont à 10 minutes de marche au sud-est.

Predeal se trouve sur la principale ligne Cluj-Napoca–Braşov–Bucarest et vous n'aurez pas à attendre longtemps pour trouver un train à destination de Braşov (13 lei, 40 min, 20/jour) ou de Bucarest (18-40 lei, 2-3 heures, 19/jour). Sur le parking de la gare ferroviaire, on trouve environ toutes les demi-heures des bus et des *maxitaxis* pour Braşov (6-8 lei, 30-50 min) et Sinaia (6-8 lei, 40 min). Des bus moins fréquents desservent Bucarest (38 lei, 3 heures, 4/jour).

BRAŞOV

275 000 HABITANTS

Entre clochers gothiques, portes médiévales, monuments soviétiques et énorme enseigne "Braşov" aux grandes lettres blanches à la mode d'Hollywood (sur le mont Tâmpa, que l'on aperçoit depuis la Piaţa Sfatului, la place principale bordée par des cafés), Braşov a bien des visages ! Mais elle conserve avant tout l'image d'une cité plaisante, jalonnée d'édifices baroques, d'églises et de bon nombre de tours de guet médiévales encore debout.

D'après la légende, c'est à Braşov que serait réapparu le Joueur de flûte de Hamelin. De fait, cette ville aux rues pastel est associée à bien des récits. Ainsi, les habitants se plaisent-ils à raconter des histoires sur les amourettes de Vlad Ţepeş (dit "l'Empaleur"), sur une aristocrate qui échappa au tombeau ou encore sur le jour où un ours vint se balader sur la place de la ville (au moins cette dernière est-elle vérifiée).

L'un des plus grands photographes du XXe siècle, Gyula Halász (1899-1984), était originaire de Braşov. En utilisant son lieu de naissance, il se forgea dès 1923 le pseudonyme de Brassaï, qui signifie "de Brasso". Il vécut la plus grande partie de sa vie à Paris, qu'il immortalisa dans nombre de ses clichés.

Braşov constitue un bon point de chute pour ceux qui souhaitent skier à Poiana Braşov, randonner dans le parc national Piatra Craiului, à 30 km à l'ouest, ou visiter les châteaux de Bran et de Râşnov.

Histoire

Les premiers peuplements, sporadiques, remonteraient aux alentours de 100 av. J.-C. La ville actuelle fut fondée en 1211 par des chevaliers teutoniques, sur un ancien site dace ; la couronne de son blason renvoie à son ancien nom latin, Corona. Braşov devint bientôt une colonie marchande allemande appelée Kronstadt (Brassó en hongrois). Les Saxons y construisirent des églises et des demeures ornementées, protégées par d'épais remparts toujours debout. Les Roumains vivaient alors à Schei, au sud-ouest, en dehors de la ville fortifiée.

Braşov

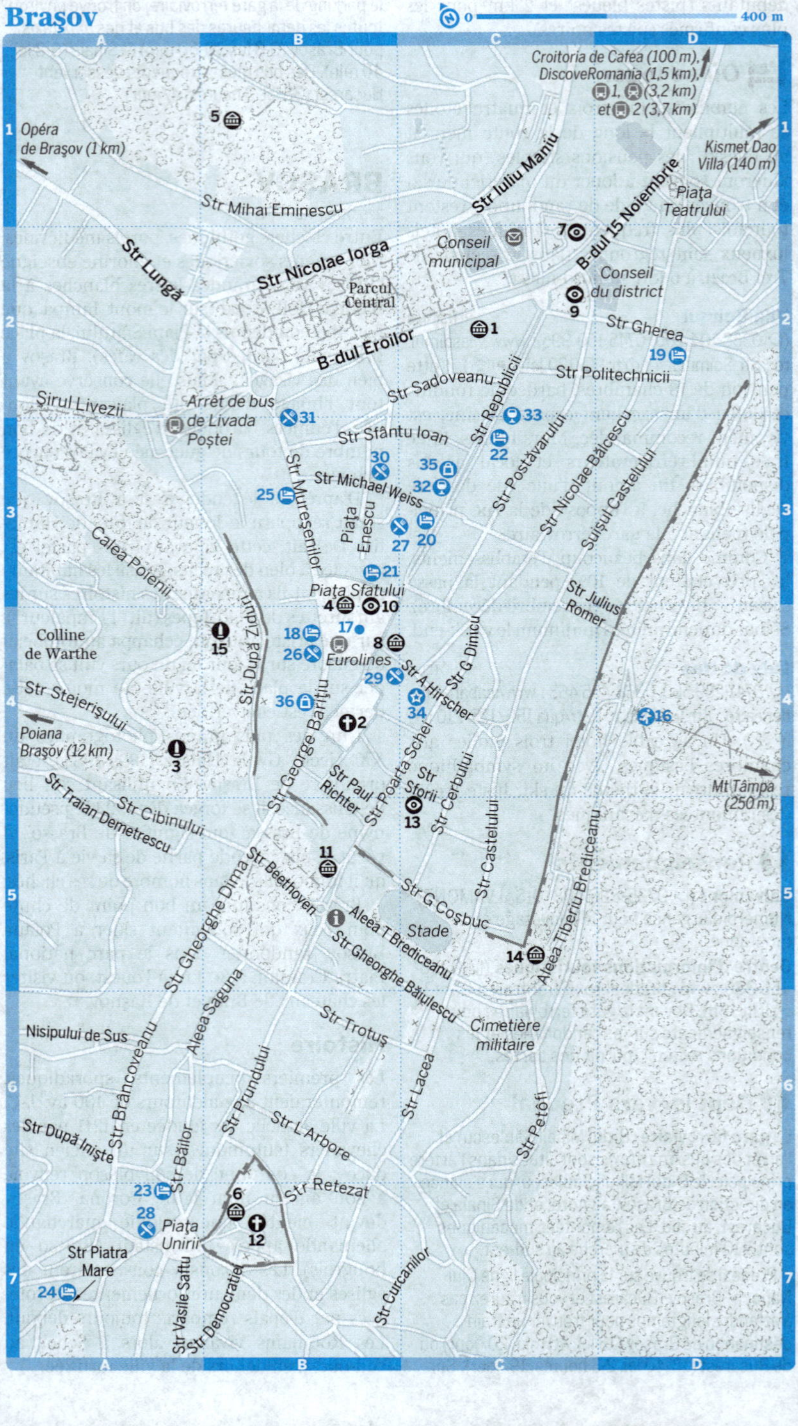

TRANSYLVANIE BRAŞOV

Braşov

À voir

À une époque bien plus récente, l'une des premières manifestations publiques contre la dictature de Ceauşescu eut lieu à Braşov en 1987. Des milliers d'ouvriers mécontents envahirent les rues pour réclamer des denrées de base. Le *conducător* envoya l'armée écraser la révolte, mais celle-ci ouvrit la voie, dans le pays, à une vague de mécontentement qui finit, deux ans plus tard, par emporter le dictateur.

À voir

Centre de Braşov

Église noire ÉGLISE

(Biserica Neagră ; ☎ 0268-511 824 ; www.honterusgemeinde.ro ; Curtea Johannes Honterus 2 ; tarif plein/étudiant/enfant 9/6/3 lei ; ⏲10h-19h mar-sam et 12h-19h dim avr-oct, 10h-15h mar-sam et 12h-15h dim nov-mars). La plus grande église gothique de Roumanie domine la vieille ville de Braşov. Érigée entre 1385 et 1477, cette église allemande, désormais consacrée au culte luthérien, doit son nom à son aspect calciné, hérité du grand incendie de la ville, en 1689. La restauration de l'édifice s'étala sur un siècle. Aujourd'hui, le clocher culmine à 65 m. Des récitals d'orgue ont lieu 3 fois par semaine en juillet et août, généralement à 18h les mardis, jeudis et samedis.

Des tapis anatoliens datés du XVIe au XIXe siècle ornent l'intérieur sobre ; ils étaient naguère placés sur les bancs réservés aux donateurs. Certaines colonnes portent encore les marques des projectiles tirés ici pendant les événements de 1989. Remarquez aussi les stèles funéraires décorées et l'orgue à 4 000 tuyaux (1839).

Observez les éraflures à l'extérieur de l'église : on raconte que les soldats d'autrefois venaient y affûter leurs épées, peut-être par croyance.

Piaţa Sfatului PLACE

Cette vaste place couverte de cafés était autrefois le cœur du Braşov médiéval. Au centre se tient la **maison du Conseil** (Casa Sfatului), de 1420, que surmonte une **tour du héraut** où se réunissaient les conseillers municipaux. À midi, des musiciens en costume traditionnel apparaissent en haut de la tour, telles les figurines d'une horloge suisse.

Musée d'Histoire de Braşov MUSÉE

(www.brasovistorie.ro ; Piaţa Sfatului ; tarif plein/étudiant 7/1,50 lei ; ⏲10h-18h mar-dim). L'ancienne mairie abrite, sur 2 niveaux, ce musée où sont présentés, sous divers aspects (mais essentiellement en roumain), l'histoire de la région depuis l'époque romaine ainsi que l'art militaire médiéval et les guildes saxonnes.

Maison Hirscher MONUMENT HISTORIQUE
(Str Apollonia Hirscher). La maison Hirscher, de style Renaissance (achevée en 1545), fut un temps le plus grand édifice de Braşov. Elle fut commanditée par Apollonia Hirscher, veuve du maire Lucas Hirscher, afin de permettre aux négociants d'y mettre leurs affaires à l'abri de la pluie.

Strada Sforii SITE HISTORIQUE
(www.stradasforii.ro). Ancienne voie d'accès pour les pompiers, cette ruelle pavée n'est large que de 1,20 m. On raconte, pour amuser la galerie, que Vlad Ţepeş y vola un baiser à sa future épouse. Les amants d'aujourd'hui, qui aiment à s'y faufiler, ne lui donneraient pas tort.

Est du centre

Mont Tâmpa MONTAGNE
(Muntele Tâmpa). Culminant à 940 m et visible depuis Braşov, le mont Tâmpa est aujourd'hui orné d'une grande enseigne "Braşov" à la mode d'Hollywood. Difficile d'imaginer que c'est sur cette hauteur que Vlad Ţepeş fit empaler, en une sinistre occasion, quelque 40 nobles. Vous pourrez prendre le **téléphérique** (telecabina ; ☎0268-478 657 ; Aleea Tiberiu Brediceanu ; adulte aller/aller-retour 10/16 lei, enfant aller/aller-retour 6/9 lei ; ⏲9h30-17h mar-dim, 12h-18h lun) ou montez à pied (environ 1 heure) pour rejoindre la plateforme, d'où la vue sur la ville est magnifique. Au sommet, est installé un café quelconque.

Nord du Centre

Au nord de la Piaţa Sfatului, la Str Republicii, piétonne, offre un répit à la circulation qui encombre la vieille ville. À son extrémité nord se dresse la croix en bois du **mémorial aux victimes de la Révolution de 1989** (angle Str Republicii et B-dul 15 de Noiembrie). De l'autre côté du B-dul 15 de Noiembrie se tient le **cimetière des Héros** (B-dul 15 de Noiembrie), une stèle qui répertorie 69 victimes locales.

À une rue à l'ouest du mémorial, le **musée d'Art** (Muzeul de Artă ; ☎ 0268-477 286 ; www.muzeulartabv.ro ; B-dul Eroilor 21 ; adulte/enfant 5/1 lei ; ⏲ 10h-18h mar-dim) jouxte le **Musée ethnographique** (☎ 0268-476 243 ; www.etnobrasov.ro ; B-dul Eroilor 21A ; adulte/enfant 5/2 lei ; ⏲10h-18h mar-dim été, 9h-17h mar-dim hiver). Le premier présente une collection de peintures et d'arts décoratifs roumains. Le second met à disposition des fiches plastifiées en plusieurs langues, où il est expliqué de quelle manière le chanvre et les poils de chèvres entraient dans la confection des habits rouge et blanc traditionnels de Transylvanie.

Citadelle MONUMENT HISTORIQUE
(Cetatea ; Dealul Cetatii ; ⏲11h-0h). GRATUIT En 1524, une nouvelle citadelle en bois fut construite au sommet de la colline de la Citadelle, juste au nord de la ville. Les ruines des murs en pierre que l'on trouve aujourd'hui datent des XVIe et XVIIe siècles. L'ascension est raide depuis la vieille ville, mais l'on est récompensé par un beau coucher du soleil sur Braşov.

Le long des remparts

La vieille ville de Braşov était ceinte d'un imposant rempart haut de 12 m et long de plus de 3 km, dont les murs et les tours de défenses furent construits par étapes entre 1400 et 1650, en prévision des attaques des Turcs. La partie la plus visitée est la section ouest, qui longe un cours d'eau et la Str După Ziduri ; cette rue piétonne rejoint au nord le B-dul Eroilor. Un point d'accès pratique donne à 200 m au sud de l'Église noire.

Sept bastions furent également construits aux endroits les plus exposés ; chacun fut confié à une guilde, dont les membres sonnaient le tocsin en cas de danger. Au-dessus, deux tours se dressent à flanc de colline : la **Tour noire** (Turnul Negru) et la **Tour blanche** (Turnul Alb), toutes deux plutôt blanches en réalité ; de leur sommet, on profite d'une belle vue sur la ville, en particulier au coucher du soleil.

Au coin sud-est de l'enceinte, après la **porte Schei** (Str Poarta Schei), le bastion des Tisserands date du XVIe siècle. Le **musée du Bastion des Tisserands** (Muzeul Bastionul Ţesătorilor ; Str George Coşbuc 9 ; adulte/enfant 7/4 lei ; ⏲ 10h-18h mar-dim), du XVe siècle, possède de modestes collections (seulement en allemand et en roumain). Admirez la maquette de la ville au XVIIe siècle, réalisée par un professeur allemand en 1896.

Quartier Schei

Au temps de la Kronstadt saxonne, les Roumains ne pouvaient pénétrer dans la cité fortifiée et vivaient dans le quartier Schei, au sud-ouest. De la ville, on y entrait par la **porte Schei**.

BONS BAISERS DE BRAŞOV

Entre 1950 et 1960, quand la Roumanie se considérait toujours comme l'alliée de Moscou, Braşov fut appelée "Oraşul Stalin" (ville de Staline). Certains racontent que le nom du dictateur soviétique fut inscrit sur le versant du mont Tâmpa, une anecdote toutefois battue en brèche par de nombreux historiens. Du reste, Staline chercha à imposer bien plus que son nom : à cette époque, des milliers de paysans et d'ouvriers agricoles furent arrachés des campagnes et envoyés en ville pour participer à l'industrialisation forcée.

Cathédrale Saint-Nicolas ÉGLISE

(Biserica Sfântul Nicolae ; Piaţa Unirii 1 ; 7h-19h). Cette cathédrale, dont les flèches gothiques se détachent sur fond de collines boisées, est un vrai régal pour les yeux. Édifiée en bois en 1292, elle fut remplacée par une église en pierre de style gothique en 1495 et, plus tard, embellie dans le style baroque. Autrefois protégée par des remparts, elle jouxte aujourd'hui un petit cimetière. À l'intérieur, des peintures murales des derniers souverains de Roumanie, qui avaient été recouvertes de plâtre pour les protéger des communistes, ont été dégagées en 2004.

Musée de la Première École roumaine MUSÉE

(Prima Şcoala Românească ; www.primascoalaromaneasca.ro ; Piaţa Unirii 2-3 ; tarif plein/étudiant/enfant 10/5/5 lei ; 10h-17h mar-dim). Ce vénérable musée non loin de la cathédrale Saint-Nicolas aborde l'éducation en Roumanie à travers les âges. Il s'agit d'une ancienne école, qui accueillit des élèves dès la fin du XVIe siècle. On y trouve des reconstitutions de salles de classe, ainsi qu'une bibliothèque de plus de 4 000 ouvrages anciens.

Activités

Les possibilités de randonnée sont innombrables, sur le mont Tâmpa, à Poiana Braşov, à Zărneşti ou dans les monts Bucegi. Procurez-vous des cartes chez **Himalaya** (www.himalaya.ro ; Str Republicii 23 ; 10h-19h30 lun-ven, 10h-16h sam, 11h-14h dim) ou adressez-vous à une agence de voyages. En saisons, vous pourrez prévoir une journée de ski à Poiana Braşov, Predeal ou Sinaia.

Transylvanian Wolf CIRCUITS ORGANISÉS

(0744-319 708 ; transylvanianwolf.ro ; toute l'année). Cette entreprise familiale de circuits en pleine nature, dirigée par Dan Marin, un guide roumain réputé, propose de suivre la trace d'animaux tels que le loup, l'ours et le lynx (40 €/pers, 2 pers minimum). Aventures garanties, rencontre avec des animaux aléatoire. Sinon, optez pour une excursion à l'abri d'observation des ours (55 €/pers, 2 heures, transport compris), au cours de laquelle vous aurez de fortes chances d'apercevoir des plantigrades.

Transylvanian Wolf loue aussi des chambres confortables dans sa pension familiale de Zărneşti, avec repas traditionnels préparés à partir de produits bio.

Roving România CIRCUITS ORGANISÉS

(0724-348 272, 0744-212 065 ; www.roving-romania.co.uk ; avr-début déc). Les excursions sur mesure de Roving România permettent à de petits groupes de découvrir les splendeurs naturelles de la Transylvanie et de faire l'expérience authentique de la vie dans les villages. Membre fondateur de l'Association d'écotourisme de Roumanie, Colin organise des excursions respectueuses de l'environnement, à la découverte de la faune et de la flore, avec observation des oiseaux notamment. Également : immersion dans des campements de bergers et dans les communautés Roms. À partir de 130 € par groupe et par jour, plus frais annexes.

DiscoveRomania CIRCUITS ORGANISÉS

(0722-746 262 ; www.discoveromania.ro ; Str Mihai Viteazul 17 ; 10h-15h lun-ven). Ce voyagiste propose des excursions en petits groupes sur mesure à travers la Transylvanie. Il vous conduira par exemple en randonnée d'un monastère à l'autre, ou à la rencontre des communautés Roms. L'accent est mis sur la culture locale et la nature. DiscoveRomania propose aussi des sorties d'observation des oiseaux dans le delta du Danube.

Walkabout Tour VISITES GUIDÉES

(www.brasov.walkaboutfreetours.com ; 15h tlj). GRATUIT Circuit guidé en anglais de 2 heures dans Braşov, conduit par un jeune guide fringant qui combine l'histoire locale au mythe de Dracula et aux légendes urbaines. Des étapes essentielles, telles que l'église noire et le quartier Schei, y sont abordées avec une bonne dose d'humour. Parfait si on manque de temps. Rendez-vous à la fontaine de la Piaţa Sfatului.

Où se loger

Braşov offre un excellent choix d'hôtels accueillants, d'appartements bien équipés et de pensions familiales chaleureuses. Les grands hôtels sont plus imprévisibles : ils sont bien souvent beaucoup plus impersonnels que bien des hébergements tout simples que l'on trouve dans la ville.

Rolling Stone Hostel AUBERGE DE JEUNESSE $
(0268-513 965 ; www.rollingstone.ro ; Str Piatra Mare 2A ; dort/ch 10/30 € ; P@). Tenu par un personnel enthousiaste, le Rolling Stone propose des dortoirs propres de 6 à 10 lits. La plupart, hauts de plafond, sont bien aménagés, avec casiers et lampes de lecture individuels. Les chambres doubles sont confortables. Il est aussi possible de dormir dans le grenier : poutres apparentes et ambiance clandestine garanties. Cartes et excellents conseils sur les environs fournis dès l'arrivée.

Centrum House Hostel AUBERGE DE JEUNESSE $
(0727-793 169 ; www.hostelbrasov.eu ; Str Republicii 58 ; dort/ch à partir de 11/33 € ;). Cette énorme auberge de jeunesse est remarquablement lumineuse ! Les parties communes, agréables, comprennent une cuisine à partager et tout le nécessaire (casiers). Il y a ici toujours moyen de se faire des amis, entre les soirées pâtisserie, les projections de films et les tournées des bars. En plus des dortoirs de 8 à 14 lits, on peut aussi s'installer dans le grenier – un espace qu'on aime ou qu'on déteste, décoré de chapeaux de feutre… et de panneaux isolants argentés.

Une place dans le dortoir pour femme de 4 lits coûte 12 €. Bière offerte à l'arrivée.

Kismet Dao Villa AUBERGE DE JEUNESSE $
(0268-514 296 ; www.kismetdao.ro ; Str Neagoe Basarab 8 ; dort/d avec sdb commune 10/27 € ; P@). Les murs recouverts de vigne de la Kismet Dao Villa font bien plus qu'ajouter à son charme : le vin chaud servi, l'hiver venu, dans cette sympathique auberge, est tiré de leurs fruits. L'endroit ne manque ni de caractère, ni d'esprit communautaire. Il compte 6 dortoirs, 3 chambres privatives et une salle de jeux. Un verre est offert pour chaque nuit passée.

Select City Center APPARTEMENTS $$
(0742-224 028 ; www.select-apartments-brasov.ro ; Str Mureşenilor 17 ; studio 30 €, app 40-50 € ;). À moins de 5 minutes à pied de la Piaţa Sfatului, ces appartements, tous décorés différemment, dévoilent une facette plus chic de Braşov – jolies sdb, cuisines modernes et salons spacieux. Les appartements cultivent des ambiances différentes : cheminée et canapés en cuir dans l'un, beaucoup de lumière et des arcs voûtés dans un autre.

Petit-déjeuner en supplément. Le gérant, serviable, pourra vous proposer une solution pour le parking (à partir de 3 €/jour).

Bella Muzica HÔTEL $$
(0268-477 956 ; www.bellamuzica.ro ; Piaţa Sfatului 19 ; s/d/app à partir de 220/270/540 lei ;). Cet hôtel, qui occupe un bâtiment vieux de 400 ans, en impose, avec ses poutres, ses briques apparentes, ses hauts plafonds et ses quelques meubles anciens. Quant à l'emplacement, difficile de faire mieux : il donne sur la place principale.

Casa Reims B&B $$
(0368-467 325 ; www.casareims.ro ; Str Castelului 85 ; s/d à partir de 48/56 € ; P). Les tons pastel et acidulés se mêlent harmonieusement à la brique nue et aux poutres de ce B&B de charme. Le service attentionné, assuré par des propriétaires accueillants, ajoute au sentiment d'un séjour d'exception. La plupart des chambres ont vue sur le mont Tâmpa.

Casa Wagner HÔTEL $$
(0268-411 253 ; www.casa-wagner.com ; Piaţa Sfatului 5 ; d à partir de 245 lei ;). Cette ancienne banque allemande du XVe siècle, au cœur de la ville, a été transformée en un luxueux boutique-hôtel de 24 chambres bien équipées. Murs de briques apparentes, meubles de goût, sdb modernes et service aimable : une excellente adresse.

Pensiunea Curtea Braşoveană HÔTEL $$
(0268-472 336 ; www.curteabrasoveana.ro ; Str Băilor 16 ; s/d 50/60 € ; @). Cet hôtel sur cour, logé dans une bâtisse centenaire, compte 9 chambres doubles confortables et 4 suites ; certaines sont mansardées. Chacune dispose d'une sdb moderne et épurée. Un sauna couronne l'ensemble. Service soigné.

Casa Rozelor BOUTIQUE-HÔTEL $$$
(0268-475 212 ; www.casarozelor.ro ; Str Michael Weiss 20 ; s/d 68-84 € ;). Une oasis cachée constituée de 5 beaux appartements, certains avec des mezzanines desservies par des escaliers en colimaçon. Tous sont différents, mais tous allient chic contemporain et

objets anciens. Climatisation dans certaines chambres. Places de parking dans la rue.

Où se restaurer

La Piaţa Sfatului est idéale pour prendre un café ou petit-déjeuner, tandis que la Str Republicii est un endroit de choix pour une glace ! Braşov ravira les gastronomes, qui trouveront quelques restaurants raffinés pour compléter les nombreux cafés-restaurants rustiques et sympathiques.

Bistro de l'Arte BISTROT $$
(0720-535 566 ; www.bistrodelarte.ro ; Piaţa Enescu 11 ; plats 15-35 lei ; 9h-0h lun-sam, 12h-0h dim ;). Niché dans une charmante petite rue, ce bistrot bohème se repère facilement grâce à son râtelier à vélo en forme de grand-bi. L'atmosphère et la décoration sont à l'avenant, et on peut même y petit-déjeuner au champagne (56 lei) ! La carte allie les saveurs françaises, italiennes et autres : bruschettas, fondues, gâteaux à la crème d'inspiration allemande et une sélection de cocktails tendance.

Sergiana ROUMAIN $$
(0268-419 775 ; www.sergianagrup.ro ; Str Mureşenilor 28 ; plats 25-40 lei ; 11h-23h). Entre soupes fumantes servies dans du pain évidé, ragoût au paprika et polenta avec de généreuses portions de fromage et de crème aigre, les repas chez Sergiana sont roboratifs à souhait. En sous-sol, la salle à manger en brique et bois apparents est à la fois animée et décontractée. La bière allemande y délie les langues !

Bella Muzica ROUMAIN, MEXICAIN $$
(0268-477 946 ; www.bellamuzica.ro ; Str George Bariţiu 2 ; plats 20-30 lei ; 12h-23h). Cette table intimiste occupe une cave voûtée où scintillent des bougies. Au menu : ragoût au paprika, goulasch et autres spécialités locales, ainsi que des plats mexicains très bien préparés (fajitas).

Casa Românească ROUMAIN $$
(Piaţa Unirii ; plats 15-30 lei). Une cuisine roumaine paysanne, extrêmement copieuse, servie avec aplomb dans une taverne sombre dominée par un trophée de cerf. Le poulet salé, le mouton fumé et le *sarmale* (chou farci) avec polenta et crème aigre méritent une mention.

Keller Steak House GRILLADES $$$
(0268-472 278 ; www.kellersteakhouse.ro ; Str Apollonia Hirscher 2 ; plats 60-90 lei ; 11h-23h ;). Steaks saignants et délicieux vins rouges sont servis avec faste sous la voûte en briques apparentes de ce grill haut de gamme. La viande est d'excellente qualité et les desserts, exquis. La bonne cave compte son lot d'eaux-de-vie. Si le steak d'aloyau au roquefort ne vous dit rien, laissez-vous tenter par les plats de poisson d'inspiration méditerranéenne, par les quelques spécialités veggies ou par les pâtes.

Prato ITALIEN $$$
(0720-444 422 ; www.prato.ro ; Str Michael Weiss 11 ; pizzas 30 lei, plats 40-60 lei). Au menu de cet établissement élégant (et fort prisé) : pizzas, risotto aux fruits de mer et à la roquette, raviolis au fromage et steaks grillés à la perfection. Les pâtes sont faites maison, à partir de farine importée d'Italie, pays dont s'inspire également la carte des cocktails.

Où prendre un verre et faire la fête

La nuit, Braşov a un côté bohème avec ses cafés et ses bars *arty*, et son agenda de concerts chargé. Les pubs et les clubs ne manquent pas non plus d'animation. Consultez la liste des événements culturels sur Zile şi Nopţi (www.zilesinopti.ro/brasov).

Croitoria de Cafea CAFÉ
(0770-263 333 ; Str Iuliu Maniu 17 ; 8h-19h lun-ven, 9h30-18h sam, 9h30-16h dim). Venez siroter le meilleur café de la ville dans ce petit local, avec quelques tabourets en bois et de gros sacs de grains torréfiés.

Deane's Irish Pub PUB
(Str Republicii 19 ; 10h-3h). Ce pub irlandais souterrain, avec son bar du début du XXe siècle, ses box sombres et sa musique vintage, est le paradis des amateurs de Guinness. Concerts certains soirs.

Festival 39 BAR
(0743-339 909 ; www.festival39.com ; Str Republicii 62 ; 7h-0h). Du jazz résonne dans ce bar-restaurant rétro, pépite Art déco tout en vitraux, haut plafond, fer forgé, lustres et banquettes en cuir. On se plaît à siroter une pinte de bière ou un bon chocolat chaud.

Où sortir

Filarmonica de Braşov MUSIQUE CLASSIQUE
(www.filarmonicabrasov.ro ; Str Apollonia Hirscher 10 ; billets concert adulte/enfant à partir de 20/10 lei). Le très respecté Orchestre philharmonique de Braşov, créé en 1878, donne des

concerts tout au long de l'année. Les places peuvent s'acheter à l'avance à la billetterie (B-dul 15 Noiembrie 50 ; 12h-15h lun-mer, 16h-18h mar-jeu).

Théâtre de marionnettes THÉÂTRE
(Teatrul Arlechino ; ☎ 0268-475 243, billets 0735-870 773 ; www.teatrularlechino.ro ; Str Apollonia Hirscher 10). Spectacles de marionnettes pour les enfants. Réservation par téléphone ou à la billetterie (13h30-16h mar-mer, jusqu'à 18h jeu, 9h30-13h30 sam-dim).

Opéra de Braşov OPÉRA
(☎ 0268-415 990 ; www.opera-brasov.ro ; Str Bisericii Române 51 ; billets tarif plein/étudiant à partir de 20/10 lei). Des pièces classiques d'opéra et quelques productions à destination des enfants, dans cette salle fondée en 1953.

Achats

Transylvania Folk Art SOUVENIRS
(Str George Bariţiu ; ⌚ 9h30-20h). Cette boutique d'artisanat, en face de l'église noire, mérite la visite. On y trouve notamment des œufs décorés, des chemises en lin tissé et d'autres souvenirs traditionnels de Transylvanie.

Renseignements

On trouve de nombreux DAB et banques dans la Str Republicii et le B-dul Eroilor.

Raiffeisen Bank (Piaţa Sfatului 18 ; ⌚ 9h-17h30 lun-ven). Banque et DAB sur la place principale.

Centre d'informations touristiques (www.brasovtourism.eu ; Str Prundului 1 ; ⌚ 9h-17h lun-ven). Le personnel, cordial, fournit des cartes et dispense des conseils sur la région.

Consulter le site www.brasovtravelguide.ro pour des informations générales.

Depuis/vers Braşov

BUS

Pour rejoindre des destinations proches de Braşov comme Bran, Râşnov, Sinaia et Sfântu Gheorghe, prenez un *maxitaxi* ou un microbus. La gare routière la plus accessible, l'**Autogara 1** (☎ 0268-427 267 ; www.autogari.ro ; B-dul Gării 1), jouxte la gare ferroviaire.

De 6h à 19h30, des *maxitaxis* partent toutes les demi-heures pour Bucarest (à partir de 35 lei, 2 heures 30-3 heures 30) ; ils font halte à Buşteni et Sinaia. Près de 12 bus et *maxitaxis* desservent Sibiu (30 lei, 2 heures 30) via Făgăraş ; 3 se rendent tous les jours à Sighişoara (30 lei) et continuent jusqu'à Târgu Mureş (35 lei, 3 heures 30-4 heures). Des bus moins fréquents desservent Cluj-Napoca (65 lei, 5 heures-5 heures 30, 3/jour), Constanţa (70 lei, 5 heures 30, 2/jour) et Iaşi (70 lei, 6-8 heures, 3/jour). Depuis un parking situé de l'autre côté de la gare routière Autogara 1, des bus partent toutes les 30 minutes pour Sfântu Gheorghe (8 lei, 45 min). Quelques bus se rendent régulièrement à Prejmer (4 lei, 30 min), certains au départ de l'Autogara 1, d'autres à partir du croisement des rues Str Andreescu et Str Lunga ; plus de détails sur le site www.autogari.ro.

L'**Autogara 2** (☎ 0268-426 332 ; www.autogari.ro ; Str Avram Iancu 114), à 1 km au nord-ouest de la gare ferroviaire, accueille des bus signalés "Moieciu-Bran" qui partent toutes les demi-heures pour Râşnov (4 lei, 25 min) et Bran (7 lei, 40 min), de 6h30 à 21h environ. Du centre-ville, prenez le bus n°12 qui s'arrête au rond-point juste au nord de la gare. Une douzaine de bus partent chaque jour pour Zărneşti (5-10 lei, 40 min-1 heure).

En ville, **Livada Poştei** (B-dul Eroilor 31), à l'extrémité ouest du B-dul Eroilor, est le principal arrêt de bus. De là, le bus n°20 part toutes les demi-heures pour Poiana Braşov (5 lei, 20 min). Achetez votre billet au préalable dans le kiosque qui fait face à la Maison de la culture des étudiants.

Eurolines (☎ 0268-474 008 ; www.eurolines.ro ; Piaţa Sfatului 18 ; ⌚ 9h-20h lun-ven, 10h-14h sam) dessert de nombreuses lignes internationales.

TRAIN

La **gare ferroviaire** (Gara Braşov ; ☎ 0268-410 233 ; www.cfrcalatori.ro ; B-dul Gării 5) est à 2 km au nord-est du centre-ville. Vous y trouverez un service de consignes à bagages.

Les prix des trains internationaux varient énormément selon l'heure de départ et le type de place (siège ou couchette). Il y a chaque jour

TRAINS AU DÉPART DE BRAŞOV

DESTINATION	TARIF	DURÉE	FRÉQUENCE
Bucarest	49 lei	2 heures 30	10/jour
Cluj-Napoca	73-80 lei	7 heures	5/jour
Iaşi	92 lei	8 heures 30	1/jour
Sfântu Gheorghe	5-15 lei	30 min	15/jour
Sibiu	20-45 lei	2 heures 15-4 heures	6/jour
Sighişoara	18-40 lei	2-3 heures 30	7/jour

3 trains pour Budapest (13-16 heures), un pour Vienne (17 heures) et un pour Prague (21 heures).

Comment circuler

Le minibus n°51, qui part de la gare ferroviaire (à côté de l'Autogara 1), passe par le centre-ville et s'arrête à la Piaţa Unirii, au sud du centre. De l'Autogara 2, prenez le bus n°12 à l'arrêt "Stadion Tineretului", à proximité de la Str Stadionului (juste au nord de la gare routière). Lors de nos recherches, un ticket à l'unité coûtait 1,50 leu, contre 5 lei pour un ticket journalier. Les tickets doivent être validés à bord des bus.

On peut se déplacer à pied dans le centre, ou se faire plaisir en louant un vélo dans le centre-ville, auprès de **l'Velo** (www.ivelo.ro ; Piaţa Sfatului ; par heure/jour 4/15 lei ; 11h-22h lun-ven, 10h-22h sam-dim juil-août, 11h-20h lun-ven, 10h-20h sam-dim mars-avr, 11h-21h mer-ven, 10h-21h sam-dim mai, sept, oct).

Autonom (0268-415 250 ; www.autonom.com), qui affiche généralement les meilleurs prix pour la location d'une voiture (à partir de 155 lei/jour, avec des réductions significatives pour une location prolongée), livre gratuitement le véhicule dans Braşov. **Sixt** (021-9400 ; www.sixt.ro ; Str Apollonia Hirscher 14) possède également une agence dans le centre.

Les taxis attendent à l'extérieur de la gare ferroviaire. **Martax** (0268-313 040) et **Tod** (0268-321 111) comptent parmi les compagnies fiables.

ENVIRONS DE BRAŞOV

Une fois explorés Braşov et son centre historique, il reste maintes choses à voir dans les collines alentour. Le château de Bran, que les touristes se plaisent à associer à un certain vampire de fiction, est incontournable. La citadelle de Râşnov et le sanctuaire des ours Libearty (près de Zărneşti) offrent également de belles excursions à la journée depuis Braşov. Pensez aussi à vous dégourdir les jambes dans le superbe parc national Piatra Craiului ou dans la station de ski de Poiana Braşov.

Bran

5 345 HABITANTS

L'excursion la plus populaire – qui se fait habituellement depuis Braşov dans la journée – est la visite du "château de Dracula", à Bran. Perché sur son promontoire rocheux, ce château, tout mémorable qu'il soit, n'est pas vraiment lié au personnage de Bram Stoker, qui situait la tanière du vampire au col de Borgo. Quant au terrible Vlad Ţepeş, il y aurait tout au plus été détenu. Les marchands de souvenirs n'en feront pas moins leur possible pour vous donner à croire le contraire.

Mais on oublie bien vite ces broutilles, à lever enfin les yeux sur les tourelles de cette forteresse protégée à l'est par les monts Bucegi et à l'ouest par le massif Piatra Craiului. Du reste, son musée rend avant tout hommage aux membres de la famille royale de Roumanie, et la dignité dont sont empreints les lieux est à des années-lumière de la frénésie kitsch (non dénuée d'une certaine drôlerie) des vendeurs de frissons en contrebas.

À voir

Château de Bran CHÂTEAU
(0268-237 700 ; www.bran-castle.com ; Str General Traian Moşoiu 24 ; tarif plein/étudiant/enfant 35/20/7 lei ; 9h-18h mar-dim, 12h-18h lun avr-sept ; 9h-16h mar-dim, 12h-16h lun oct-mars). Dominant la plaine et adossé aux montagnes, le château de Bran, haut de 60 m, ne manque pas d'allure. Les entorses à l'historicité nées de l'appellation abusive de château de Dracula sont bien vite oubliées sitôt que débute la visite. Du sommet de ses tours à toit conique, on contemple la forêt, avant de descendre explorer les multiples recoins de l'édifice, amplement rénové.

Profitant de l'emplacement stratégique de Bran, des chevaliers teutoniques y firent construire une citadelle en bois au XIIIe siècle, qui fut détruite lors de l'incursion mongole de 1242. La crainte d'autres invasions (et la nécessaire collecte des taxes) conduisit, en 1382, les Saxons de Braşov à bâtir une nouvelle place forte au même endroit – un chantier qui s'inscrivit dans la vague de construction castrale du XIVe siècle. Passé dans le giron habsbourgeois, le château de Bran s'étiola au cours du XVIIIe siècle. En 1920, il devint la propriété de la Maison royale roumaine, et fut particulièrement cher à la reine Marie, qui le remeubla et en fit l'une de ses résidences de prédilection. À la suite de l'abdication forcée de Michel Ier, en 1947, il passa sous le contrôle de l'État, qui en fit un musée, en 1957. Il l'est d'ailleurs resté, même après sa rétrocession, en 2006, à un descendant des Habsbourg, petit-fils de la reine Marie.

Vous en apprendrez bien davantage ici sur cette dernière que sur Dracula. En effet, une seule salle, organisée sans grande inspiration, traite des vampires et de leurs usages. Vlad Ţepeş et l'écrivain Bram Stoker s'y retrouvent d'ailleurs inexplicablement logés à la même enseigne.

L'une des chambres les plus raffinées du château, avec meubles ornés et cheminée en céramique, était celle de l'époux de la reine Marie, le roi Ferdinand.

Pendant Halloween, le château affiche un programme de circonstance ; consultez le site Web pour en savoir plus. Un **festival de jazz** y est également organisé à la fin de l'été (www.bran-castle.com ; ⏲fin août).

Musée du village de Bran MUSÉE
(Muzeul Satului Brănean ; tarif plein/étudiant 8/2 lei ; ⏲9h-18h mar-dim et 12h-18h lun été, 9h-16h mar-dim hiver). À l'est du château de Bran, ce musée présente des objets originaux et comprend une exposition en plein air consacrée aux différentes traditions architecturales de la région.

Où se loger et se restaurer

Bran compte un nombre croissant de villas et de *pensiunes* (pensions) ouvertes à la location, bien que la plupart des visiteurs viennent de Braşov pour la journée. Vous pourrez consulter la liste des gîtes et des chambres d'hôtes sur le site www.ruraltourism.ro.

Vampire Camping CAMPING $
(☎0268-238 430 ; www.vampirecamping.com ; Str Cavaler Ioan de Puscariu 68 ; par adulte/enfant/tente 4,50/2/3 € ; ⏲avr-oct ; P). À 1,5 km au nord du château de Bran, ce camping lambda n'a d'inquiétant que son nom. Pizzeria en haute saison estivale, location de vélos, blanchisserie (4 € par lessive) et Wi-Fi près de la réception.

The GuestHouse PENSION $$
(☎0744-306 062 ; www.guesthouse.ro ; Str General Traian Moşoiu 7 ; d 135-165 lei, tr 170 lei ; P Wi-Fi). Six chambres impeccables, mêlant équipements modernes et touches plus rustiques (poutres apparentes), et une vue fabuleuse sur le château de Bran. Il s'agit d'un établissement propre, accueillant et pratique pour les familles (aire de jeux, salon et salle à manger communs).

Hanul Bran HÔTEL $$
(☎0268-236 556 ; www.hanulbran.ro ; Str General Traian Moşoiu 4 ; s/d/app 35/40/65 € ; P Wi-Fi). Cet hôtel confortable, aux chambres certes un peu démodées, est à 10 minutes à pied seulement du château de Bran. Son restaurant transylvanien, aménagé sous une jolie enfilade d'arcades, paraît hors du temps.

Popasul Reginei PENSION $$
(☎0268-236 834 ; www.popasulreginei.ro ; Str Aurel Stoian 398 ; d/tr/ste 156/178/312 lei ; P Wi-Fi piscine). Pile de l'autre côté du parc, en descendant la rue du château de Bran, cette pension compte 7 chambres douillettes, épargnées du vacarme touristique, et un restaurant convenable de cuisine roumaine traditionnelle.

La petite piscine n'est accessible qu'en été.

Depuis/vers Bran

Bran se visite aisément à la journée depuis Braşov. Des bus signalés "Bran-Moeciu" (7 lei, 45 min) partent toutes les demi-heures de l'Autogara 2 ; ils marquent un arrêt à Râşnov.

Depuis Zărneşti (5 lei, 40 min), il faut passer par Moieciu de Jos. Il y a un bus par jour pour Piteşti (30 lei, 3 heures 30).

Poiana Braşov

400 HABITANTS

Une virée dans les petites montagnes enneigées de la station de Poiana Braşov (12 km depuis Braşov) a tout pour plaire. Toutefois, si l'on aime sillonner à ski ses 20 km de larges pistes ponctuées de sapins, les vrais mordus de glisse n'y trouveront guère leur compte plus de 2 jours.

Les habitants font grand battage de la visite de Jude Law et Nicole Kidman, lors du tournage de *Retour à Cold Mountain* (2003). Mais tout ce que l'on a ici, c'est une honnête petite station de sports d'hiver, agréablement animée et parfaite pour les familles. Poiana Braşov est calme en dehors de la saison hivernale qui s'étend de décembre à mars. Le reste de l'année, elle n'attire guère que quelques randonneurs.

À voir

Église Sf Ioan Botezătorul ÉGLISE
(Sf Ioan Botezătorul ; Str Poiana Soarelui ; ⏲horaires variables). Sur fond de montagnes, l'église Saint-Jean-Baptiste, bâtie entièrement en bois dans le style marmatien, se reconnaît à son toit en chapeau de sorcière.

Activités

Randonnée

Le massif de Postăvaru, entre la vallée de Cheia, la vallée Timişului et Poiana Braşov, est sillonné de dizaines de chemins de randonnée présentant des niveaux de difficulté variés. Avant de partir, informez votre hôtel de votre itinéraire ; prévoyez plusieurs couches de vêtements et emportez de l'eau.

Une boucle de 2 heures au départ de Poiana Braşov commence à Poiana Ursului ; elle suit le balisage (cercles bleus) en passant par Poiana Drester, avant de descendre jusqu'à Pârtia Bradul.

De Poiana Braşov, vous pourrez aussi marcher jusqu'à la Cabana Postăvaru (2 heures-2 heures 30, balisage avec des croix rouges), d'où la vue sur les montagnes est de toute beauté. Depuis la *cabana*, suivez ensuite le sentier marqué par des traits jaunes jusqu'à Pietrele lui Solomon (3 heures). Autre possibilité : descendre jusqu'à Timişu de Jos, en 3-4 heures. De la *cabana*, le chemin est balisé par des traits bleus, puis par des croix bleues. À la bifurcation, au lieu d'emprunter le chemin à croix bleues, si vous continuez sur le chemin à rayures bleues, vous rejoindrez Braşov, par-delà le mont Tâmpa ; ce parcours (1 heure 30-2 heures) suit l'ancienne route de Braşov. Toutes ces randonnées sont de difficulté moyenne.

De Poiana Braşov, vous pourrez également marcher jusqu'à Râşnov (3 heures, croix jaunes, puis à gauche sur la route jusqu'au chemin balisé de traits bleus) ou entreprendre la randonnée plus ardue jusqu'à Predeal (5-7 heures, traits jaunes).

Ski

La saison de ski dure de décembre à mars, parfois plus longtemps. La petite station de Poiana Braşov est idéale pour les familles – car elle est surtout adaptée aux skieurs et snowboardeurs débutants et intermédiaires.

La station offre 20 km de pistes, avec un dénivelé de 775 m. Elle possède un jardin des neiges pour les enfants, 3 pistes rouges (niveau intermédiaire), ainsi que quelques pistes noires (difficiles). Le tout desservi par 2 téléphériques, 2 télésièges et 5 remonte-pentes. Les forfaits coûtent 140/180 lei par adulte/enfant. Le téléphérique principal, à 15 minutes de marche au sud-ouest de l'arrêt de bus (après l'église Sf Ioan Botezătorul), fonctionne toute l'année. L'autre donne à côté de l'**AnaHotel Sport**.

Des hôtels pourront se charger de vous réserver des cours et de louer du matériel. Le **Club Rossignol** (☎0722-794 162 ; www.clubrossignol.ro), en face du téléphérique principal, loue des skis et des snowboards pour 45 lei la journée.

Où se loger et se restaurer

Le choix est assez varié, entre pensions alpines, établissements de milieu de gamme et hôtels-*resorts* de luxe. Vous aurez aussi la possibilité de loger à Braşov. Les prix des chambres varient suivant la demande ; on note une sensible augmentation pendant la haute saison (décembre à mi-mars) et une baisse de 25% ou plus en d'autres périodes.

Hotel Crisalpin HÔTEL $$
(☎0757-050 833 ; www.hotelcrisalpin.ro ; Str Poiana Ursului ; d/ste à partir de 220/265 lei ; P 📶). À moins de 500 m des remontées mécaniques, les chambres de cet accueillant hôtel trois étoiles possèdent des lits confortables,

VAUT LE DÉTOUR

LA FORTERESSE DE RÂŞNOV

La **forteresse de Râşnov** (Cetatea Râşnov ; adulte/enfant 12/6 lei ; 9h-18h), qui se découvre généralement depuis Braşov à l'occasion d'une escapade d'une journée incluant également la visite du château de Bran, est peut-être la plus envoûtante des deux places fortes. Cette citadelle médiévale, érigée par les chevaliers teutoniques pour contenir les invasions tatares et turques, se dresse sur une colline à 19 km au sud-ouest de Braşov par la route. Les visiteurs peuvent flâner entre ses tours robustes (et ses stands de souvenirs et d'artisanat), et admirer la vue sur les collines ondoyantes depuis le sommet de la forteresse. Vous pourrez y monter à pied depuis le village ou en prenant l'**ascenseur** (angle Str Ion Luca Caragiale et Str Cetăţii ; adulte/enfant 12/6 lei ; 8h30-16h30 lun-ven, 9h-16h sam-dim).

Une colonie dace installée sur cette colline au Ier siècle av. J.-C. fut abandonnée après la conquête romaine. Les remparts épais de la forteresse furent érigés et renforcés entre le XIVe et le XVIIe siècle ; ils passèrent successivement sous la domination des Hongrois et des Saxons. Au XVIIIe siècle, la place perdit son rôle militaire.

Des audioguides (10 lei) vous donneront davantage de détails sur son histoire ; des kiosques d'informations sont installés à l'intérieur et à l'extérieur de la citadelle (ils suivent les mêmes horaires que le site).

Depuis Braşov, des bus fréquents à destination de Bran desservent Râşnov (4 lei, 25 min).

des réfrigérateurs et le chauffage au sol. Demandez de préférence une chambre avec balcon et vue sur les montagnes. Sauna et local à skis sur place.

Vila Zorile CHALET $$

(☎0268-262 286 ; www.vila-zorile.ro ; Str Poiana Ruia 6 ; d/ste à partir de 220/270 lei ; P). Jude Law et Nicole Kidman ont séjourné dans ce chalet douillet lors du tournage de *Retour à Cold Mountain*. Certaines chambres doubles ne sont pas très grandes, mais tout est décoré avec une élégance rustique toute montagnarde : bois poli, tapis décoratifs et couleurs apaisantes.

Poiana Ursului CHALET $$

(☎0268-262 216 ; www.poianaursului.ro ; Str Poiana Ursului 1 ; s/d/app à partir de 40/45/70 € ; P). Cette agréable pension, à 10 min à pied des remontées mécaniques, compte 42 chambres et suites aux couleurs éclatantes.

AnaHotel Sport HÔTEL $$$

(☎0268-407 330 ; www.anahotels.ro/sporthotel ; Str Valea Dragă ; d à partir de 420 lei ; P). Voici un élégant *resort* quatre étoiles aux chambres modernes et aux balcons fleuris, pour un séjour de luxe "tout en un" à Poiana Braşov. Le personnel multilingue peut se charger de réserver des forfaits de skis, du matériel et même des massages. Somptueuses piscines intérieure et extérieure (en été uniquement), salle de sport et local à skis.

Renseignements

Les sites www.poiana-brasov.ro et www.poianabrasovinfoturist.ro sont des sources de renseignements utiles sur Poiana Braşov. On peut trouver et réserver des hôtels sur le premier ; le second propose des itinéraires de randonnées à pied, à vélo et à ski.

Depuis/vers Poiana Braşov

À Braşov, le bus n°20 part pour Poiana Braşov (5 lei, 20 min) toutes les 30 minutes de l'arrêt Livada Poştei, à l'extrémité ouest du B-dul Eroilor. Une carte de 10 trajets coûte 20 lei.

Zărneşti

21 680 HABITANTS

Nichée à la lisière est du beau parc national Piatra Craiului, Zărneşti n'a point d'attraits. C'est une bonne base pour des excursions à la journée dans le parc, et elle permet de prendre un peu de repos avant d'entamer une longue randonnée. Pour le reste, il n'y a guère de raisons de s'attarder. Certes, le sanctuaire des ours Libearty n'est qu'à 7 km à l'est, mais il est tout aussi commode d'y accéder depuis Braşov ou Bran (vous trouverez d'ailleurs plus facilement des navettes et des visites guidées dans ces deux villes qu'à Zărneşti).

À voir

Sanctuaire des ours Libearty RÉSERVE NATURELLE

(www.ampbears.ro/fr/sanctuaire-des-ours ; Zărneşti ; adulte/enfant 40/10 lei ; visites guidées 9h, 10h et 11h mar-dim avr-oct, 10h, 11h et 12h mar-dim nov-mars). Si vous n'avez pas l'occasion d'observer, depuis un affût aménagé, des plantigrades dans leur milieu naturel, rendez-vous au sanctuaire Libearty. Ce parc de 69 ha est un refuge pour des ours qui vivaient auparavant en captivité et qui ont, pour la plupart, souffert de terribles conditions de réclusion (voire de sévices) dans des zoos, des cirques ou chez des particuliers. Les visites se font avec un guide, et les animaux s'approchent parfois du grillage pour se régaler des abats que leur lance le personnel. Le sanctuaire est situé à 7 km de Zărneşti.

Depuis 2005, la loi roumaine interdit de garder des ours sauvages en captivité. La grande majorité des pensionnaires du sanctuaire viennent de Roumanie, mais certains ont été récupérés en Albanie et même au Texas. Le géant du sanctuaire, un colosse de 400 kg, vient d'Arménie. Ces grands mammifères ne manquent pas de faire sensation, mais beaucoup gardent les stigmates de leur calvaire passé ; certains ne cessent de tourner en rond en dépit du grand espace disponible. Peut-être apercevrez-vous également de petits cervidés, ou quelques-uns des neuf loups qui ont trouvé refuge dans le sanctuaire.

De nombreuses auberges de jeunesse et chambres d'hôtes proposent une excursion au refuge, souvent combinée avec la visite du château de Bran ; sinon, comptez 45 minutes en voiture depuis Braşov (le parcours s'achève par une route cahoteuse et dangereuse). En dehors de la haute saison, mieux vaut appeler le sanctuaire au préalable, car il faut un minimum de 10 personnes pour garantir une visite.

Où se loger

Quelques pensions au centre de Zărneşti louent des chambres convenables pour une nuit, si d'aventure vous souhaitez

LE PARC NATIONAL PIATRA CRAIULUI

Le parc national Piatra Craiului est à couper le souffle, avec sa chaîne longue de 25 km composée de crêtes calcaires, de forêts d'épicéas et de lacs glaciaires. Classé réserve naturelle depuis 1938, il abrite des loups, des ours, des cerfs, des aigles, des hiboux grands-ducs et 17 espèces de chauves-souris dans ses bois et sur ses rochers escarpés.

Le parc compte quelque 40 sentiers balisés, permettant de nombreuses randonnées d'une journée au départ de Zărneşti, à 2 km de l'extrémité nord-est du parc. Les billets d'entrée (forfait semaine/saison 10/20 lei) sont disponibles dans des kiosques à Zărneşti et au **bureau du parc**.

Avant de commencer une randonnée, vérifiez les conditions météo et demandez au centre d'informations touristiques quels sont les itinéraires les plus adaptés à la saison. En mai-juin et septembre, il pleut beaucoup. Des orages peuvent aussi éclater pendant la période estivale. En hiver, la plupart des montagnes ne sont pas accessibles et les avalanches sont fréquentes.

Pour explorer le parc, vous trouverez au départ de Zărneşti plusieurs boucles à parcourir en une journée. Un circuit de 3 heures adapté à tous les niveaux longe les **gorges de Zărneşti** ; garez-vous à Culmea Prăpăstiilor. Sinon, vous pourrez aussi partir à pied de Zărneşti, ce qui ajoute 2 heures de marche à l'aller et au retour (durée totale de la randonnée : 7 heures).

Une randonnée plus difficile à faire sur la journée commence au sud de Zărneşti, après la **Cabana Gura Râului** (croix rouges). L'itinéraire dévie ensuite vers le nord-ouest (traits jaunes verticaux) en direction de la **Cabana Curmătura** (☎0745-454 184 ; www.cabana-curmatura.ro ; dort 30 lei), avant de revenir par le même chemin jusqu'à Zărneşti. Il faut environ 6 heures en tout. Une autre boucle, très difficile, bifurque vers l'est par un chemin balisé par des points bleus jusqu'au sommet de la **Piatra Mică** (un pic éprouvant de 1 816 m, équipé de chaînes) ; renseignez-vous auprès des habitants sur les conditions météo et l'état du sentier avant d'entamer cette randonnée.

Plusieurs chemins convergent derrière la Cabana Curmătura, d'où vous pourrez suivre un sentier marqué par des traits bleus qui fait une boucle vers l'ouest et le nord jusqu'au pic de l'**ermitage de Colţul Chiliilor** (1 125 m, 2 heures aller-retour). Ce sentier, qui revient jusqu'à la lisière nord-ouest de Zărneşti, est relativement plat ; il se parcourt en 2 heures environ.

Les marcheurs plus aguerris et maîtrisant l'escalade s'attaqueront aux itinéraires plus difficiles du versant ouest de la chaîne. Il est fortement conseillé de partir avec un guide qui connaît la région (prenez conseil au bureau du parc). Du nord-ouest de Zărneşti, une route balisée par des traits rouges monte sur 11 km jusqu'à la **Cabana Plaiu Foii** (☎0726-380 323 ; www.cabanaplaiulfoii.ro ; d 140 lei). Du refuge, mettez-vous en route tôt le matin sur le chemin, très difficile (traits rouges, 4 heures aller), qui grimpe des falaises de calcaire jusqu'à **La Lanturi** (ou "jusqu'aux chaînes", car vous devrez utiliser les câbles permanents pour franchir certaines parois de la gorge étroite). À proximité, une ascension ardue conduit au sommet du **La Om** (2 237 m), le point culminant du parc. Il faut compter en général 2 jours pour les itinéraires le long de cette crête, réservés aux seuls experts.

vous reposer avant une longue randonnée. Toutefois, envisagez plutôt de dormir à Măgura, qui compte des hôtels au sein même du parc national.

Cabana Gura Raului AUBERGE DE JEUNESSE $
(☎0744-307 978 ; cabanaguraraului.ro ; Str Râului 86 ; ch 65-80 lei). Cette auberge de jeunesse toute simple, avec des dortoirs confortables à 2 ou 4 lits, est idéalement placée (au pied du parc national Piatra Craiului) pour commencer une randonnée tôt le matin. Petit-déjeuner en supplément.

ℹ Renseignements

Bureau du parc national Piatra Craiului
(☎0268-223 165 ; www.pcrai.ro ; Str Topliţei 150 ; ⌚8h-16h30 lun-jeu, 8h-14h ven). Cet excellent bureau d'informations occupe un bâtiment évoquant une chaîne de montagnes. Vous pourrez y acheter des cartes (20 lei) et réserver les services d'un guide de montagne (une semaine à l'avance ; 225 lei/jour).

Centre d'informations touristiques (Str Tiberiu Spârchez ; ⏲10h-16h mar-jeu et sam, 10h-14h ven et dim). Utile ; au niveau du rond-point ; ouvert toute l'année.

Depuis/vers Zărneşti

Les bus s'arrêtent au niveau d'un rond-point à proximité de la poste, à une centaine de mètres de la mairie et du centre, le long de la Str Metropolit Ion Meţianu. La gare ferroviaire est située à environ 1 km à l'est de l'hôtel de ville.

Des trains relient Zărneşti à Braşov (5 lei, 40 min, 9/jour). De nombreux bus desservent aussi l'Autogara 2 de Braşov, mais le trajet est plus long (1 heure). Chaque jour, 5 ou 6 bus partent pour Bran (4 lei, 40 min). Pour aller à Măgura, il faut se faire accompagner, prendre un taxi (☎0742-223 111, 0726-223 111) pour environ 50 lei, ou marcher.

Hărman et Prejmer

Pour en apprendre davantage sur le passé saxon de la Transylvanie, partez à la découverte des églises fortifiées de Hărman et de Prejmer. À 12 km au nord de Braşov, Hărman (ou Honigberg, littéralement "château de miel", sous son nom saxon médiéval) possède une immense place forte du XVIe siècle. Prejmer (anciennement Tartlau) se trouve 7 km plus loin, vers le nord. Sa citadelle du XVe siècle, qui comprend une splendide église gothique, s'enorgueillit du mur de défense le plus épais de toutes les églises fortifiées saxonnes de Transylvanie. Ces deux sites inscrits au Patrimoine mondial se visitent en une journée depuis Braşov.

À voir

Église fortifiée de Hărman ÉGLISE, FORTERESSE
(www.harmaninfo.com ; Hărman ; adulte/enfant 10/5 lei ; ⏲9h-12h et 13h-17h lun-sam, à partir de 10h dim). De loin, l'église fortifiée de Hărman se reconnaît à sa tour blanche à plusieurs niveaux. À l'intérieur de sa robuste enceinte, l'**église St Nikolaus**, une basilique à trois nefs, a conservé son style roman de 1240 – bien qu'elle ait depuis été reconstruite. Son clocher, érigé aux alentours de 1300, s'élève à 56 m. Prenez garde en grimpant l'étroit escalier en colimaçon de la tour (et bouchez-vous les oreilles si vous atteignez le sommet au moment où le carillon retentit – il sonne toutes les heures).

L'église principale comprend un autel baroque élaboré et des bancs destinés aux femmes, installés en 1753. Ces derniers sont

VAUT LE DÉTOUR

MĂGURA ET PEŞTERA

Les villages de **Măgura** et **Peştera** somnolent à la lisière nord-est du parc national Piatra Craiului (p. 97). Dans ce lieu idyllique adossé au mont Craiului, les prairies sont ponctuées de maisonnettes. Seul le croassement des corbeaux se fait entendre (outre les aboiements des chiens de bergers occupés à poursuivre les voitures). Ces deux petits villages constituent de superbes points de départ pour la découverte du parc national ou pour une excursion sur les traces des ours.

Les premiers habitants vivaient dans des huttes de terre creusées dans le sol, appelées *coliba* – c'est également le nom de la région. Ici, les champs sont encore fauchés à la main. Peştera se trouve juste en dehors du parc, tandis que Măgura est uniquement accessible par une route non goudronnée et escarpée, ce qui lui confère un côté sauvage et hors du temps.

L'agence **Carpathian Nature Tours** (☎0745-512 096 ; www.cntours.eu ; Villa Hermani), basée à Măgura, organise des excursions d'observation des ours, des oiseaux de proie et de bien d'autres espèces. Elle est spécialisée dans les immersions dans la nature, ainsi que dans les randonnées et les excursions culturelles. L'observation, depuis des affûts, des plantigrades est particulièrement prisée – départ de Măgura en minibus (1 heure de route) pour rejoindre un secteur protégé.

Pour la randonnée, la meilleure saison s'étend de mai à septembre, ou de juin à août pour la haute montagne. Il peut neiger dès le mois d'octobre dans certaines zones.

La **Villa Hermani** (☎0740-022 384 ; www.cntours.eu ; Măgura ; demi-pension par pers s/d 58/43 € ; P ❄ 📶) offre un excellent point de chute pour partir explorer le parc national ; réservez tôt. Peştera offre un plus grand choix de B&B et d'hôtels.

Măgura et Peştera sont à 17 km en voiture de Bran et à 7 km de Zărneşti. Les routes sont sinueuses et les villages ne sont pas desservis par les bus. Vous devrez être motorisé.

à dessein exempts de dossier. En effet, les tenues corsetées des dames d'alors ne leur permettaient pas de se pencher en arrière.

Un petit musée, dans une annexe, présente du mobilier ancien et des broderies. Pensez à gravir les marches jusqu'à la chapelle, qui recèle une magnifique peinture murale du XVe siècle représentant le paradis et l'enfer.

Église fortifiée de Prejmer ÉGLISE, FORTERESSE
(Prejmer ; 10 lei ; ⏲9h-18h lun-ven, jusqu'à 17h sam, 11h-17h dim mai-oct, 9h-16h lun-sam, 11h-16h dim nov-avr). Si l'on devait choisir une forteresse où attendre la fin d'un siège, ce serait celle de Prejmer. Superbement préservée, elle possède en effet les remparts les plus impressionnants de Transylvanie, épais de 4,50 m environ ! Elle fut fondée au début du XIIIe siècle par des chevaliers teutoniques et transformée au XVe siècle en l'actuel ouvrage fortifié. Elle renferme une église gothique et comporte 270 remises, qui étaient autrefois remplies de vivres.

Où se loger et se restaurer

Si l'on trouve, à Hărman et Prejmer, quelques pensions tranquilles et économiques, mieux vaut toutefois loger à Braşov (à 12 km au sud de Hărman).

Le choix est limité en matière de restauration. À Prejmer, il y a quelques cafés et restaurants sur la Strada Mare (au sud de l'église). Hărman possède une poignée de restaurants le long de la Strada Ştefan cel Mare – dont une bonne pizzeria.

Althaus PIZZERIA $$
(☎0268-367 850 ; Str Ştefan cel Mare 295, Hărman ; plats 20 lei ; ⏲12h-23h). Pour de bonnes pizzas à pâte fine, à quelques pas de l'église fortifiée. Jardin ombragé.

Depuis/vers Hărman et Prejmer

En vous déplaçant en bus depuis Braşov, vous pourrez facilement visiter Prejmer et Hărman dans la journée. Allez d'abord à Prejmer, en partant d'un arrêt à proximité de l'Autogara 1 de Braşov (4 lei, 20 min, départs fréquents). Puis prenez le bus à destination de Braşov et descendez à Hărman (3,50 lei, 20 min, 4/jour). L'église de Hărman est à 20 minutes à pied de la grand-route.

Si vous ne visitez que Hărman, il y a des bus fréquents au départ de Braşov (2,50 lei, 15 min).

PAYS SAXON

Les villages immortels du pays saxon se déploient au nord des Carpates. Pour bien des voyageurs, cette région aux champs dorés et aux églises fortifiées est la "Transylvanie authentique". De fait, vous n'oublierez pas de sitôt les routes non goudronnées, surtout si vous les empruntez pour rejoindre quelque château hanté ou une citadelle. Vous passerez devant des maisons bleu et blanc, et croiserez parfois des charrettes tirées par des chevaux, même si l'on en rencontre de moins en moins.

La destination la plus populaire (en particulier pour le tourisme vampirique) est Sighişoara. Sibiu, plus calme, attire les foules avec ses festivals et ses bonnes tables. Les excursions les plus marquantes s'articulent autour des villages saxons fortifiés, comme Viscri et Alma Vii, réputés pour leur artisanat, leur cuisine transylvanienne et leurs chambres d'hôtes aménagées dans d'authentiques demeures saxonnes.

Sighişoara

28 100 HABITANTS

Sighişoara a fière allure, avec ses édifices aux couleurs pastel, ses petites rues pavées et ses tours médiévales. À l'abri de ses remparts, d'anciennes maisons de marchands abritent de nos jours des cafés, des hôtels et des boutiques d'artisanat. La vieille ville, classée par l'Unesco, est liée à l'histoire de Vlad Ţepeş, prince de Valachie (tristement) illustre, qui serait né dans une maison qui se visite encore. Révéré par de nombreux Roumains pour avoir longtemps contenu les menées ottomanes, Ţepeş (son nom signifie "empaleur") est connu pour sa cruauté et sa férocité. Il est aussi volontiers assimilé au personnage romanesque de Dracula, ce qui alimente toute une industrie des souvenirs à thème vampirique (reportez-vous également au chapitre *Le mythe de Dracula*, p. 246).

Mais n'ayez crainte : nulle créature assoiffée de sang ne hante les rues de Sighişoara. Aussi, prenez le temps de vous perdre dans les rues, marchez jusqu'à l'église perchée en hauteur et sirotez un café dans des établissements vieux de 500 ans. Splendide en soi, la ville permet aussi de partir explorer les villages saxons, comme Viscri et Biertan.

Pays saxon

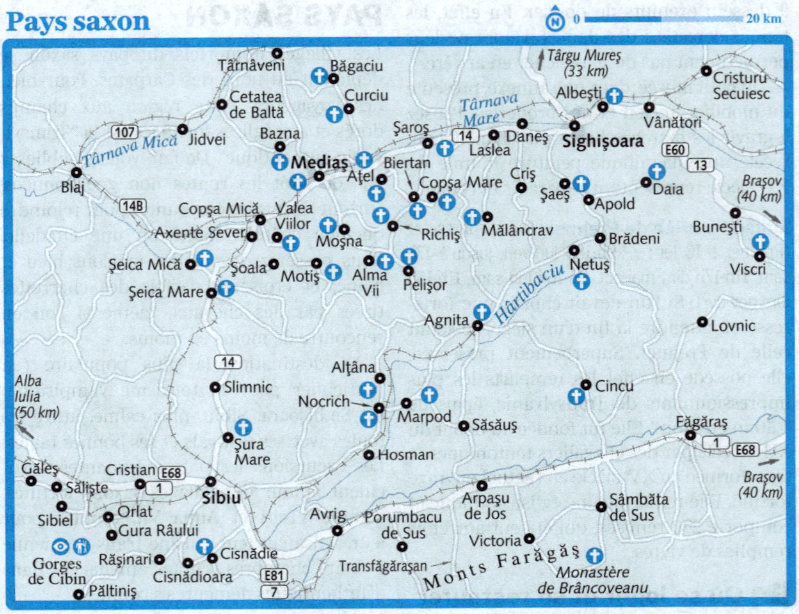

À voir

Citadelle FORTERESSE

La citadelle de Sighişoara, protégée par des remparts et des tours de guet, est inscrite au Patrimoine mondial. À y flâner, on se croirait aujourd'hui plongé dans un conte pour enfants. Alors qu'elle avait autrefois une vocation purement défensive (en témoignent ses meurtrières).

Entre le XIVe et le XVIe siècle, les 14 tours et 5 bastions de la ville étaient chacun commandé par une guilde différente.

La **tour des Bottiers** (Turnul Cizmarilor ; Str Zidul Cetăţii ; ⏲ fermée au public), du XVIe siècle, constituait le principal point de défense tourné vers le nord. Juste au sud, la **tour des Tailleurs** (Turnul Croitorilor ; Str Zidul Cetăţii ; ⏲ fermée au public) fut construite pour protéger l'entrée à l'arrière de la citadelle. Comme la plupart des édifices de la ville, elle fut détruite par un grand incendie en 1676 et rebâtie par la suite. Côté est s'élève la **tour des Forgerons** (Turnul Fierarilor ; Piaţa Muzeului ; ⏲ fermée au public), au toit pointu, qui date de 1631. Enfin, au sud, la **tour des Ferblantiers**, qui est plus large dans sa partie haute, est facilement reconnaissable entre toutes de par sa hauteur (25 m) et sa partie supérieure octogonale. En 1704, un siège y laissa des marques encore visibles de nos jours.

Tour de l'horloge MUSÉE

(Turnul cu Ceas ; Piaţa Muzeului 1 ; adulte/enfant 14/3,50 lei ; ⏲9h-18h30 mar-ven, 10h-17h30 sam-dim). La tour de l'horloge de Sighişoara, couverte de tuiles dorées et colorées, fut érigée au XIVe siècle, puis agrandie deux siècles plus tard. Aujourd'hui encore, c'est sans doute l'édifice le plus caractéristique de la ville. De son sommet, on jouit d'une vue inégalée sur la ville. Elle mérite une visite, tout comme son musée, où sont exposés une collection éparse de vases, de diverses faux et de pierres tombales, ainsi qu'un modèle réduit de la ville fortifiée (renseignements disponibles en anglais).

Casa Vlad Dracul MONUMENT HISTORIQUE

(www.casavladdracul.ro ; Str Cositorarilor 5 ; 5 lei ; ⏲10h-22h). Vlad Ţepeş naquit dans cette maison en 1431 et y vécut jusqu'à l'âge de 4 ans. Le lieu est désormais occupé par un restaurant correct (p. 104). Moyennant un modique droit d'entrée, le personnel vous montrera (en jouant sur un effroi de pure forme) l'ancienne chambre du célèbre prince. Ne vous faites toutefois pas d'illusions : ce bâtiment, certes vieux de plusieurs siècles, a été totalement remanié depuis l'époque de Vlad Ţepeş.

Église du monastère dominicain ÉGLISE
(Biserica Mănăstirii ; Piaţa Muzeului ; 5 lei ; 10h-17h). Cette église, de style gothique tardif à l'extérieur, cache un trésor de raffinement baroque. Citée pour la première fois en 1298, elle fut reconstruite entre 1482 et 1515, puis à la suite du grand incendie de Sighişoara en 1676. Les fonts baptismaux en bronze datent de 1440, tandis que la plupart des autres aménagements sont baroques, y compris l'autel. Le monument abrite également une impressionnante collection de tapis anatoliens datant des XVIe et XVIIe siècles.

Les messes de la communauté saxonne y sont toujours célébrées de nos jours.

Piaţa Cetăţii PLACE
Au cœur de la vieille ville, cette petite place accueillait autrefois des marchés et des foires artisanales ; c'est également ici que se déroulaient les exécutions publiques.

Escalier couvert MONUMENT HISTORIQUE
(Scara Şcolarilor ; Str Şcolii). À partir de la Piaţa Cetăţii, suivez la Str Şcolii en direction du sud, pour rejoindre cet escalier couvert de 176 marches. Depuis 1642, il permet de remonter toute la colline comme si l'on cheminait sous un tunnel. La lumière passe par petites touches à travers le toit ; des musiciens de rue jouent souvent tout en haut, ce qui fait de l'ascension une charmante promenade.

Église de la Colline ÉGLISE
(Biserica din Deal ; 5 lei ; 10h-17h). Gravissez l'escalier couvert jusqu'à "la colline de l'école" (418 m), pour admirer cette belle église de style gothique tardif à trois nefs, qui était à l'origine une basilique romane du XIIIe siècle. Au cours des XIVe et XVe siècles, elle fut remaniée dans son style actuel. À l'intérieur, remarquez les traces des fresques du XVe siècle, les meubles de la Renaissance et l'impressionnant retable gothique (1520).

Réserve de chênes anciens de Breite FORÊT
(0265-506 024 ; www.rezervatia-breite.ro). GRATUIT
À 2 km de la ville, loin de la cohue, cette réserve enchanteresse s'étend sur 133 ha. Elle abrite des chênes vieux de 800 ans, dont la circonférence est comprise entre 4 et 6 m.

Statue de Vlad Ţepeş MONUMENT
Derrière l'église du monastère dominicain trône la statue de Vlad Ţepeş, reconnaissable à sa moustache caractéristique.

Activités

En été, vous pourrez louer des vélos à la Pensiune Cristina & Pavel (p. 103).

À 17 km de la ville, **Cross-Country Farm** (0369-086 012 ; www.cross-country.ro ; balade 80 lei/heure) propose des balades à cheval à la découverte de villages traditionnels, et des cours de calèche pour débutants (à partir de 100 lei).

Circuits organisés

Eye Tours CIRCUIT CULTUREL
(0747-375 715 ; www.facebook.com/Eyetours-Transylvania-140617032968093 ; circuit 3 jours à partir de 70 €). Géré par un Néerlandais tombé amoureux de la Roumanie, Eye Tours est spécialisé dans les circuits sur mesure de plusieurs jours en pays saxon, avec randonnées mais aussi rencontre de bergers, de charbonniers... L'aimable propriétaire, Marco Nawjin, loue également des chambres. Contactez-le via Facebook quelques jours à l'avance.

Wanderlust Tour CIRCUIT CULTUREL
(0765-156 653, 0728-216 212 ; www.wanderlust-tour.ro). Wanderlust propose des excursions d'une journée dans les villages saxons et des balades à vélo. On peut aussi goûter à la vie rurale et rencontrer des charbonniers et des fabricants de fromages traditionnels. Les visites se font en roumain, anglais ou allemand. Wanderlust loue des vélos et propose un service de navette.

Fêtes et festivals

Festival international du film de Vampire et des arts ARTS, CINÉMA
(www.ivfaf.com ; fin mai). Enfilez votre plus belle cape pour ce festival étalé sur 4 jours. Son programme varié alterne projections de films d'horreur, lectures et spectacles de circonstance.

Festival des arts et des artisanats médiévaux CULTUREL
(www.sighisoaramedievala.ro ; juil). Pendant 3 jours, Sighişoara replonge dans son histoire médiévale à travers des reconstitutions en costume d'époque, des défilés et des concerts dans la citadelle où vous pourrez aussi boire de la bière et manger sur le pouce.

Où se loger

Sighişoara possède des hébergements charmants, pour tous les budgets, des auberges de jeunesse aménagées dans des

Sighişoara

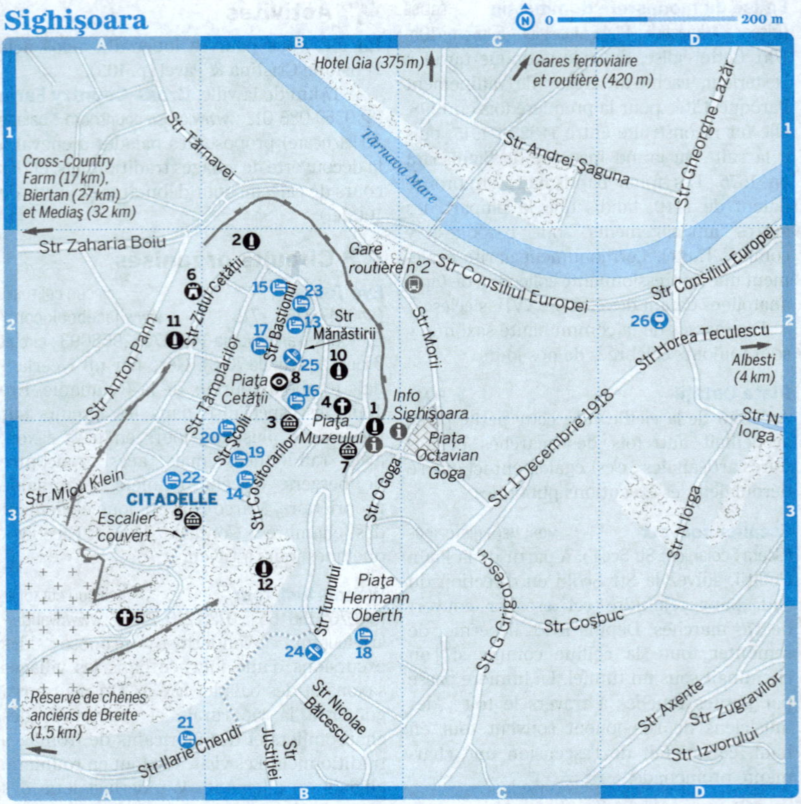

Sighişoara

À voir

1 Tour des Forgerons B3
2 Tour des Bottiers B2
3 Casa Vlad Dracul B3
4 Église du monastère dominicain B2
5 Église de la Colline A4
6 Citadelle A2
7 Tour de l'Horloge B3
8 Piaţa Cetăţii B2
9 Escalier couvert A3
10 Statue de Vlad Ţepeş B2
11 Tour des Tailleurs A2
12 Tour des Ferblantiers B3

Où se loger

13 Burg Hostel B2
14 Casa Barocă B3
15 Casa Georgius Krauss B2
16 Casa Saseasca B2
17 Casa Wagner B2
18 Central Park B4
19 Fronius Residence B3
20 Hotel Sighişoara B3
21 Hotel-Restaurant Claudiu A4
22 Pensiune Cristina & Pavel A3
23 Pensiunea Legenda B2

Où se restaurer

24 Altepost B4
25 Café International B2
Casa Vlad Dracul .... (voir 3)
Central Park .... (voir 18)
Hotel-Restaurant Sighişoara .... (voir 20)

Où prendre un verre et faire la fête

26 Aristocrat D2

Achats

Arts & Crafts .... (voir 3)

bâtiments médiévaux aux boutique-hôtels dans d'anciennes demeures de marchands mansardées. Séjourner dans une vieille bâtisse grinçante fait partie des nombreux plaisirs offerts à Sighişoara. Réservez tôt pour l'été. Les prix grimpent souvent le week-end.

Pensiune Cristina & Pavel PENSION $

(0744-159 667, 0744-119 211 ; www.pensiuneafaur.ro ; Str Cojocarilor 1 ; dort/d/tr 50/140/180 lei ; P). Havre de paix en dehors de la citadelle, cet établissement douillet est tenu par une accueillante famille. Les dortoirs sont bien entretenus et pourvus de casiers ; les chambres privatives sont confortables. Thé et café gratuits dans la cuisine commune. Petit-déjeuner à 20 lei.

Casa Saseasca PENSION $

(0265-772 400 ; www.casasaseasca.com ; Piaţa Cetăţii 12 ; s/d à partir de 140/154 lei ;). La Casa Saseasca loue 9 chambres au mobilier peint selon la tradition saxonne, avec vue sur la place voisine. Jolie cour à l'arrière et restaurant avec terrasse à l'avant. Excellent rapport qualité/prix. Le petit-déjeuner n'est pas compris.

Burg Hostel AUBERGE DE JEUNESSE $

(0265-778 489 ; www.burghostel.ro ; Str Bastionului 4-6 ; dort 45 lei, s/d 90/110 lei, sans sdb 85/100 lei ;). Si bon marché qu'elle soit, cette auberge de jeunesse n'en a pas moins beaucoup de charme. Avec des dortoirs spacieux (dotés d'aménagements pratiques, comme les prises près des lits), elle compte également une cour avec café. Les parties communes, aménagées sous des voûtes de briques, sont décorées de lustres fabriqués à partir d'anciennes roues de charrettes, de lampes en céramique et d'autres touches rustiques. Le personnel est accueillant. Le petit-déjeuner n'est pas compris, mais on peut se restaurer au café.

Hotel Gia HÔTEL $

(0722-490 003 ; www.hotelgia.ro ; Str Libertăţii 41 ; s/d/tr 90/110/140 lei ; P @). Des chambres chics et spacieuses, avec satin et motifs floraux, lits confortables et petits réfrigérateurs. À moins de 100 m de la gare ferroviaire, l'hôtel Gia convient parfaitement pour des arrivées tardives ou des départs matinaux.

Hotel Sighişoara HÔTEL $$

(0265-771 000 ; www.sighisoarahotels.ro ; Str Şcolii 4-6 ; d/ste à partir de 205/340 lei ; P). Sighişoara a perdu de nombreux édifices importants lors du grand incendie survenu au XVIIe siècle. Cette maison, qui date de 1502, y a réchappé. Avec ses vitraux et ses fresques anciennes, l'établissement conserve de belles traces de son passé. Les 32 chambres sont toutefois modernes (avec sdb) ; et il y a aussi un spa avec sauna et Jacuzzi, et un **restaurant** (plats 25 lei).

Pensiunea Legenda PENSION $$

(0748-694 368 ; www.legenda.ro ; Str Bastionului 8 ; ch 26-39 € ;). Les propriétaires de cette pension historique murmurent que Vlad Ţepeş conta un jour, en ces murs, fleurette à une belle. L'établissement comprend 5 chambres aux lits douillets, dont certaines agrémentées de clins d'œil horrifiques (lustres noirs, portes de cachot…). Le petit-déjeuner n'est pas compris.

Casa Wagner HÔTEL $$

(0744-388 321, 0265-506 014 ; www.casa-wagner.com ; Piaţa Cetăţii 7 ; ch 178-288 € ;). Un agréable hôtel du XVIe siècle, avec 32 chambres, distribuées dans 3 bâtiments. Murs aux tons pastel, meubles anciens et beaux tapis. Les chambres sous le toit, plus petites, n'en sont pas moins douillettes.

♥ Casa Barocă PENSION $$$

(0742-512 711, 0365-424 929 ; casa-baroca.ro ; Str Cositorarilor 9 ; ch 120-160 € ;). On rejoint la petite Casa Barocă après avoir emprunté des venelles pavées et gravi un escalier grinçant. Les 3 chambres de cette pension jouent joliment de leur ancienneté, avec leurs poutres d'origine et leurs décorations gothiques (mobilier sombre et bougeoirs argentés). Belles sdb modernes.

♥ Fronius Residence PENSION $$$

(0265-779 173 ; www.fronius-residence.ro ; Str Şcolii 13 ; d 70-120 € ; P). Les murs de cette demeure, vieille de 400 ans, sont ornés de copies d'armes médiévales. Les chambres, assez belles, ont pour certaines un plafond à croisée d'ogives. Sis au cœur de la citadelle, l'établissement joue sur la majesté et la nostalgie, avec ses fauteuils anciens, ses candélabres et ses vieux clichés de Sighişoara. Le prix des chambres varie en fonction de la taille et des équipements.

Renseignez-vous au sujet du parking, limité à 5 places.

♥ Casa Georgius Krauss BOUTIQUE-HÔTEL $$$

(0365-730 840 ; www.casakrauss.com ; Str Bastionului 11 ; ch 243-450 lei ; P). Cet éblouissant boutique-hôtel occupe une vieille maison bourgeoise, au nord de la citadelle. Sa restauration a laissé en l'état certains détails anciens (plafond en bois à longues poutres). Les sdb sont modernes et les draps des lits, luxueux. La chambre n°2, dite "Krauss", renferme des peintures d'époque, des armoires et un lit à baldaquin.

Les autres chambres, un peu plus petites, sont toutes joliment meublées et pourvues d'éléments distinctifs (avec, par exemple, une cheminée dans la chambre n°1 et un lit intégré aux combles dans la chambre n°9).

Le personnel est aussi accueillant qu'arrangeant. Le restaurant de l'établissement, de qualité, propose une très belle carte des vins. Le prix des chambres varie en fonction de la taille ; certaines ont la climatisation.

Central Park HÔTEL $$$

(0365-730 006 ; www.hotelcentralpark.ro ; Piaţa Hermann Oberth 25 ; s/d/ste 77/90/110 € ; P ❄ @ wifi). Œuvres d'art accrochées aux murs, couloirs décorés d'objets anciens et lustres du grand escalier : cet hôtel se distingue par son opulence. Les chambres restituent cette veine aristocratique, avec bureaux, draps de belle facture, ornements de velours, TV et coffres-forts. À 5 minutes à pied de la citadelle.

Hotel-restaurant Claudiu HÔTEL $$$

(0744-823 101, 0265-779 882 ; www.hotel-claudiu.com ; Str Ilarie Chendi 28 ; ch 315-360 lei ; P wifi). Pour rejoindre cette pension intimiste aux tons pêche, aménagée dans une demeure de 1639 et gérée avec soin, il vous faudra traverser un porche voûté depuis la grande Str Chendi. Les chambres, très calmes, sont bien tenues et modernes.

Où se restaurer et prendre un verre

Sighişoara est une ville très touristique, qui affiche une belle variété d'établissements, des restaurants saxons et roumains aménagés dans des bâtiments historiques, aux cafés hors de prix. Dans tous les cas, prévoyez d'attendre pour dîner un soir d'été.

Café International CAFÉ $

(House on the Rock ; Piaţa Cetăţii 8 ; plats 13 lei ; 8h30-19h30 lun-sam juin-sept, 9h-18h lun-sam oct-mai ; wifi). Ce charmant café tenu en famille vend des tartes, cookies, quiches et sandwichs. À l'intérieur, la décoration est chic et rustique. À l'extérieur, les tables et les chaises sont disposées à même le pavé. Des douceurs maison (*carrot cake*, cheesecake, tartes aux fruits...) vous donneront l'allant nécessaire pour gravir la colline et visiter l'église !

Central Park INTERNATIONAL $$

(0365-730 006 ; www.hotelcentralpark.ro ; Central Park Hotel, Piaţa Hermann Oberth 25 ; plats 25-40 lei ; 11h-23h ; P wifi). Même si vous ne séjournez pas sur place, il est possible de manger au Central Park. Il s'agit de l'une des meilleures tables de Sighişoara. Au programme : des spécialités roumaines et internationales, et une carte des vins savamment élaborée, réunissant les plus grands crus du pays. Mettez-vous sur votre 31 pour vous attabler dans la salle somptueuse ou jetez votre dévolu sur la terrasse.

Altepost ROUMAIN $$

(0365-430 270 ; Piaţa Hermann Oberth 38 ; plats 25 lei ; 10h-0h). Dans un bel immeuble de 1851, cette pension-restaurant sert des portions roboratives de cuisine saxonne et roumaine, entre soupes épicées, *spätzle* (pâtes allemandes), poulet au paprika et chou farci. Prenez une table sous la voûte de briques ou sur la terrasse.

Casa Vlad Dracul ROUMAIN $$

(0265-771 596 ; www.casavladdracul.ro ; Str Cositorarilor 5 ; plats 24-35 lei ; 11h-23h ;). On ne comprendra jamais vraiment le lien entre Dracula et les soupes à la tomate, les médaillons de viande aux pommes de terre et la roulade de poulet. Mais la maison qui vit naître Vlad aurait malgré tout pu tourner plus mal que ce restaurant pittoresque, tout en boiseries. Le menu, d'inspiration roumaine et saxonne, avec un choix de grillades, est semé de références à Dracula. Vos enfants vont adorer.

Moyennant 5 lei de plus, on peut accéder à la chambre où naquit le fameux prince.

Aristocrat DISCOTHÈQUE

(www.club-aristocrat.ro ; Str 1 Decembrie 1918, 57 ; 22h-tard). Dans cet ancien théâtre reconverti en café-boîte de nuit, venez siroter des cocktails ou boire des cafés alcoolisés. Il s'adresse à tous et programme également des concerts, des soirées à thème et des sets de DJ.

Achats

♥ Artisanat ART ET ARTISANAT
(www.thespoonman.ro ; Str Cositorarilor 5 ; ⏲10h-18h). Cette merveilleuse boutique d'artisanat établie dans la Casa Vlad Dracul est née de l'idée originale de Mark Tudose, qui se surnomme lui-même "l'homme cuillère". Usant de méthodes traditionnelles de sculpture sur bois, il crée des cuillères transylvaniennes (chacune liée à une légende locale). La boutique vend également des icônes sur verre, des statues d'argile, des œufs décorés et bien d'autres choses. En plus de constituer une agréable visite, on peut y trouver un souvenir culturel qui a du sens.

Renseignements

BRD (Str 1 Decembrie 1918, 20 ; ⏲9h-17h lun-ven). L'une des banques (avec DAB 24h/24) de la Str 1 Decembrie 1918.

Farmacia Genţiana (Piaţa Hermann Oberth 45 ; ⏲7h30-20h lun-ven, à partir de 8h sam-dim). Pharmacie au pied de la citadelle.

Info Sighişoara (☎0744-372 073 ; www.infosighisoara.ro ; Str O Goga 8 ; ⏲10h-18h mar-sam). Ce service privé d'hébergement pourra vous aider à trouver une chambre.

Centre d'informations touristiques (☎0788-115 511 ; Piaţa Muzeului 6 ; ⏲9h-17h). Attenant à la tour de l'horloge. Son personnel, cordial et multilingue, fournit des cartes et des renseignements sur les transports.

Depuis/vers Sighişoara

Des trains directs relient la **gare ferroviaire de Sighişoara** (☎0265-771 130 ; www.cfrcalatori.ro ; Str Libertăţii 51) à Braşov (18-40 lei, 2 heures 30-3 heures 30, 6/jour), Bucarest (67 lei, 5 heures-5 heures 30, 3/jour ; davantage de trains depuis Braşov), Cluj-Napoca (30-60 lei, 4 heures 30-6 heures, 4/jour ; davantage de trains depuis Teiuş) et Sibiu (13 lei, 2 heures 30-3 heures, 2/jour ; davantage de trains depuis Mediaş).

Pour se rendre à Oradea, il faut changer de train à Cluj-Napoca. Pour Alba Iulia, allez jusqu'à Teiuş et prenez une correspondance.

La gare possède une consigne (7 lei/jour ; ⏲24h/24).

À côté de la gare ferroviaire, la **gare routière principale** (Autogara Sighişoara ; ☎0265-771 260 ; www.autogari.ro ; Str Libertăţii 53) accueille des bus de tailles et de couleurs diverses pour Braşov (18-25 lei, 2 heures 30, 3/jour), Făgăraş (19 lei, 2 heures 30, 1/jour) et Sibiu (20 lei, 2 heures 30, 4/jour). Des *maxitaxis* à destination de Târgu Mureş (18 lei, 1 heure 30) passent toutes les heures. Des services réguliers desservent Daneş (4 lei, 20 min). Par ailleurs, quelques bus internationaux partent de la gare routière n°2 (Autogara 2 ; Str Morii 21).

Comment circuler

Vous trouverez des places de parking payantes dans la Str 1 Decembrie 1918. Il faut payer aux machines aux horodateurs (tarif heure/jour 1,50/5 lei).

Des taxis attendent à l'entrée principale de la citadelle ; comptez environ 2,40 lei par kilomètre. Les hôtels et les pensions peuvent négocier avec des taxis honnêtes un aller-retour à Biertan autour de 120 lei.

Rent-a-Car Sighişoara (☎0744-759 433, 0748-220 940 ; www.rent-a-car-sighisoara.com.ro ; angle Str 1 Decembrie 1918 et Piaţa O Goga ; à partir de 90 lei/jour ; ⏲9h-17h lun-ven). Cette agence de location réputée amène la voiture à l'adresse de votre choix.

Villages saxons fortifiés

Isolés et romantiques à souhait, les villages du pays saxon se prêtent à une belle immersion dans le passé de la Transylvanie. Essaimés entre Sighişoara et Sibiu, et livrés à un relatif abandon, ils sont hérissés d'églises, de tours de guet et de remparts. Ces constructions imposantes remontent à la fin de l'époque médiévale ; elles furent érigées en nombre, tandis que grandissait la menace turque.

Bien que les Saxons aient été chassés de la région au sortir de la Seconde Guerre mondiale, quelque chose demeure de leur présence, que l'on décèle non seulement dans les églises, mais aussi lorsque l'on croise les quelques rares habitants qui parlent allemand. Aujourd'hui, ces villages vivent à leur propre rythme, marqué de langueur, et il n'est pas rare d'y voir des carrioles tirées par des chevaux ou de devoir patienter, au volant, derrière un troupeau de moutons.

Le plus gros de l'affluence touristique porte sur Biertan et Viscri. Mais les villages de Mălâncrav et Alma Vii, qui ont aussi leur charme, méritent également la visite.

Histoire

En 1123, le roi hongrois Géza II incita les Saxons, notamment ceux de Franconie en Allemagne occidentale, à s'installer dans cette région. Aux XVe et XVIe siècles, en raison d'une menace croissante d'attaques turques, les bourgs et les églises furent entourés d'épais remparts. Les tours défensives des églises servaient de postes de guet, et les entrées des villes étaient protégées d'une herse que l'on pouvait baisser rapidement.

Après la Seconde Guerre mondiale, les Saxons de Transylvanie entamèrent leur exode vers l'Allemagne et l'Autriche. La révolution de 1990 fut suivie d'une émigration encore plus massive. Laissés à l'abandon, nombre de leurs jolis villages furent bientôt occupés par des Roms.

Ces nouveaux habitants ne se sentent guère liés à l'héritage saxon. Le Mihai Eminescu Trust (www.mihaieminescutrust.org) tente d'y remédier et de promouvoir une forme de fierté pour l'histoire de la région, au travers de projets participatifs de restauration et d'initiatives en faveur du tourisme.

Biertan

2 500 HABITANTS

L'église fortifiée de Biertan domine gracieusement un petit groupe de maisons saxonnes. Les demeures pastel et les hôtels au charme médiéval attirent les visiteurs depuis Sighişoara (30 km) et Sibiu (80 km).

À voir

Église fortifiée ÉGLISE
(adulte/enfant 8/4 lei ; 9h-17h lun-sam avr-oct). De style gothique tardif et pourvue de trois nefs, l'église de Biertan, au nombre des plus impressionnantes de Transylvanie, est encadrée de remparts concentriques et de tours. Bâtie entre 1493 et 1522, elle abrite des éléments Renaissance superbement conservés, une chaire sculptée et une porte ornée de mosaïques. L'église et ses fortifications sont classées au patrimoine de l'Unesco, tout comme le cœur médiéval de Biertan.

À côté de l'autel, la sacristie renfermait jadis un trésor derrière une porte monumentale, à la serrure extraordinaire. Cette dernière commande 19 verrous au moyen d'une seule clé. Cet ingénieux mécanisme fit grand bruit à l'Exposition universelle de Paris en 1900.

L'ensemble architectural englobe d'autres bâtiments intéressants, dont un petit bastion qui tient un rôle important dans les coutumes locales : les couples désireux de se séparer y étaient autrefois enfermés pendant deux semaines, dans une tentative pour résoudre leurs différends. Il n'y avait qu'un lit, une table et un couvert. On prétend qu'en 300 ans environ, un seul couple aurait décidé, au sortir du bastion, de se séparer pour de bon.

Fêtes et festivals

On ne saurait imaginer meilleur site que la forteresse de Biertan pour le **festival de cinéma Lună Plină** (www.lunaplinafestival.ro ; fin août), consacré aux œuvres fantastiques et d'horreur. Des projections de films internationaux et roumains sont organisées en différents lieux. Pour cette période, réservez tôt votre hébergement.

Où se loger et se restaurer

Le village compte une dizaine de pensions familiales. Il est conseillé de réserver par téléphone.

Pensiunea Thomas APPARTEMENTS $$
(0742-024 065 ; Str 1 Decembrie ; app 90 €). Deux appartements de 100 m² dans une maison saxonne rénovée, avec vue sur la forteresse, décoration raffinée et draps impeccables. Chacun peut accueillir jusqu'à 6 personnes (2 chambres, plus un canapé-lit).

Unglerus Medieval Resort PENSION $$
(0742-024 065 ; www.biertan.ro ; Str 1 Decembrie, 1 ; d/app 40/65 € ;). Les têtes de lit en cuivre, les poutres apparentes (dans certaines chambres) et le mobilier ancien font de cette pension un établissement raffiné et chaleureux où passer la nuit. Réservation conseillée.

Unglerus Medieval Restaurant ROUMAIN $$$
(0742-024 065 ; www.biertan.ro/restaurant/unglerus-restaurant.htm ; Str 1 Decembrie, 1 ; plats 30-65 lei ; 10h-22h). Voisin de la pension du même nom, ce restaurant joue sur le registre médiéval, avec chaises à haut dossier, poutres, boiseries massives et évocation de la chevalerie. Au menu : goulasch satisfaisant servi avec de la polenta, spaghettis, soupe de porc à l'estragon, et truite frite. C'est toutefois la carte des vins qui sort du lot !

Depuis/vers Biertan

Il est préférable d'être motorisé pour visiter Biertan. Toutefois, 4 à 6 bus relient chaque jour Biertan et Mediaş (10-12 lei, 45 min), que l'on rejoint facilement en train depuis Sighişoara. En taxi, entre Sighişoara et Biertan, comptez environ 60 lei aller.

Viscri

400 HABITANTS

Viscri, avec son cadre de prairies et son cœur médiéval fortifié, incarne à merveille la Transylvanie rurale. De petites rues pavées, bordées de maisons aux façades bleues, s'étirent autour de son église fortifiée. Ici, résonnent encore le cliquetis des charrues tirées par des chevaux et le fracas de la forge.

Si sa population saxonne se réduit désormais à une dizaine d'âmes, Viscri reste l'un des villages saxons les mieux préservés de Roumanie. Des travaux de rénovation, menés à l'initiative de la fondation Mihai Eminescu, ont abouti à la transformation de certains bâtiments traditionnels en pensions et à la promotion par l'exemple des techniques d'artisanat local, telles que la conception du feutre cousu main.

À voir et à faire

Gerhild Gross (☎0742-077 506) propose des balades de 1 heure 30 en calèche (60 lei), qui donnent l'occasion de rencontrer des bergers et des forgerons au travail. En sa compagnie, vous pourrez également rendre visite à des femmes qui fabriquent des chapeaux et des chaussons en feutre. On vous incitera à l'achat, mais sans insistance. Du reste, les articles faits main parlent d'eux-mêmes.

Église fortifiée MUSÉE

(tarif plein/étudiant/enfant 8/4 lei/gratuit ; 10h-13h et 14h-19h mi-juin à mi-sept, 10h-13h et 14h-18h avr à mi-juin et mi-sept à mi-oct). L'église fortifiée de Viscri, prouesse d'ingénierie médiévale, a été splendidement restaurée. Elle est blanchie à la chaux et son toit est garni de tuiles. Dans ses dépendances, sont exposés des meubles décorés, des outils agricoles, ainsi que des objets en céramique. Il est possible de grimper en haut d'une tour pour admirer la vue sur les terres alentour. L'église, de 1724, est la véritable pièce maîtresse de la forteresse. Admirez les boiseries sculptées d'époque, les toiles et le lustre baroque. Mais gare aux lattes du plancher !

Fondées par des bâtisseurs sicules au début du XIIe siècle, les fortifications de Viscri furent saisies par les colonies saxonnes en 1185. Les remparts furent renforcés, et des tours furent construites entre le XIVe et le XVIe siècle.

Où se loger

Viscri 125 PENSION $$$

(☎0723-579 489 ; www.viscri125.ro ; s/d/chalet avec petit-déj à partir de 70/90/100 € ; P). Dans la rue principale de Viscri, ce corps de ferme magnifiquement rénové abrite désormais des chambres simples et élégantes, avec poutres apparentes et touches saxonnes (tapis et peintures florales). Le repas du midi et le dîner sont servis dans une ambiance conviviale (15/18 € par pers ; sur réservation). Les tarifs augmentent de 10% le week-end.

Renseignements

Mihai Eminescu Trust (MET ; ☎0265-506 024 ; www.mihaieminescutrust.org). Ce bureau vous renseignera sur les projets de rénovation menés à Viscri, sur les pensions locales et sur les possibilités d'hébergement.

Depuis/vers Viscri

Pour se rendre à Viscri, il faut être motorisé. Le village se trouve à 45 km au sud-est de Sighişoara par la route 13 et l'E60, et à 80 km au nord de Braşov par l'E60. Lors de notre passage, les routes gravillonnées de Viscri étaient en mauvais état à partir du croisement avec l'E60 ; préparez-vous à esquiver des nids-de-poule.

Monts Făgăraş

La route Transfăgărăşan, qui sillonne les monts Făgăraş, est ponctuée des paysages les plus mémorables de Transylvanie. Il faut tenir son volant d'une main de fer pour aborder la succession de virages serrés. La route n'est ouverte à la circulation qu'entre juin et début octobre. Renseignez-vous sur les conditions météo avant de partir.

Făgăraş et Victoria, les points d'accès au nord de la chaîne, ne sont pas dans les montagnes et sont dénués de charme alpin. Pour autant, la citadelle monumentale de la ville de Făgăraş, ainsi que la mystérieuse grotte et le monastère de Şinca Veche, méritent de pousser au-delà de la Transfăgărăşan.

LE PRINCE DE GALLES ET LA TRANSYLVANIE

La Transylvanie a un allié inattendu : le prince Charles de Galles, qui revendique malicieusement un lien de parenté lointain avec Vlad Ţepeş. Depuis sa première visite, en 1998, il fait campagne pour protéger les campagnes de la Transylvanie et l'architecture saxonne. Cette reconnaissance royale de la région conduit maints Britanniques à suivre les pas du prince, qui a acheté une maison à Viscri en 2006 et une seconde dans le village de Zalanpatak en 2010. Plus d'infos sur ce royal soutien sur le site zalan.transylvaniancastle.com.

Făgăraş

Făgăraş (feu-gueu-*rach*), à 25 km à l'est du début de la Transfăgărăşan, recèle davantage de services que les autres localités au nord du massif. En son centre (très calme), on trouve des banques et des magasins sur la Piaţa Republicii.

À voir

Citadelle de Făgăraş CHÂTEAU
(Cetatea Făgăraşului ; Str Mihai Viteazul 1, Făgăraş (ville) ; tarif plein/étudiant/moins de 7 ans 15/7 lei/gratuit ; 8h-19h mar-ven, 10h-18h sam-dim juin-sept, 8h-17h mar-ven, 9h-17h sam-dim oct-mars). Encerclée de douves bordées de saules pleureurs, la citadelle de Făgăraş, ouvrage défensif typique du Moyen Âge transylvanien, a été formidablement bien conservée. La partie la plus ancienne est la **Tour rouge** (beige, en réalité), aux murs épais de 3 m. Le billet d'entrée donne accès au **musée Valer Literat** (0268-211 862 ; www.muzeufagaras.ro ; Făgăraş Citadel, Str Mihai Viteazul 1), où sont exposés des meubles saxons finement ornés et de splendides objets en verre provenant du village de Porumbacu de Sus.

Construite à l'emplacement d'une forteresse en bois rasée par les Tatars, la citadelle commença à prendre forme en 1310. Elle gagna bientôt en renommée et devint la plus puissante en Transylvanie. En certains points, elle est protégée par deux murs parallèles, formant une barrière de 8 m d'épaisseur. En explorant le site, vous verrez aussi un bastion d'artillerie et un échafaud (avec corde et nœud coulant).

N'oubliez pas de visiter la **Tour noire** (elle aussi, beige) qui appartint aux princes valaques du XIVe siècle, Mircea cel Bătrân et Vlad Ţepeş, avant que le prince Étienne Báthory termine la construction, au XVIe siècle.

À NE PAS MANQUER

MONASTÈRE ET GROTTE DE ŞINCA VECHE

Şinca Veche (www.sincaveche.ro ; Şinca Veche ; 8h-20h en été, 9h-18h en hiver) GRATUIT baignent dans un certain mystère et une ambiance de recueillement. La lumière naturelle pénètre dans cette grotte-sanctuaire par une brèche au plafond ; les fidèles, qui lui prêtent des vertus curatives, viennent s'y exposer ; ils prient aussi en faveur de la fertilité ou de la santé. Non loin de la grotte, à pied, se dresse un monastère. Vous pourrez visiter les annexes et l'église ; couvrez votre corps et respectez le calme.

La grotte et le monastère sont situés à 1 km au sud du village de Şinca Veche – lui-même à 30 km au sud-est de Făgăraş (prendre l'E62).

Sâmbăta

Sâmbăta est particulièrement appréciée des touristes, séduits par les prairies avec les montagnes en toile de fond, et l'impressionnant monastère. Cette localité est située au sud de l'E68, qui relie Sibiu à Făgăraş ; prenez la sortie **Sâmbăta de Jos** et suivez, à travers champs, la route qui traverse un paysage de toute beauté, avec les monts Făgăraş en arrière-plan. Vous atteindrez d'abord le village de **Sâmbăta de Sus** (6 km). Plus loin, à 7 km au sud, s'étend le monastère de Brâncoveanu (l'un des plus prospères de Roumanie), autour duquel sont installés des *pensiunes* et des cafés.

À voir

Monastère de Brâncoveanu MONASTÈRE
(0730-556 342 ; www.manastireabrancoveanu.ro ; Sâmbăta de Sus ; 8h-18h). GRATUIT Avec ses colonnes sculptées, ses fresques apocalyptiques et ses jardins soignés, le monastère de Brâncoveanu semble aussi imperméable aux années que les montagnes alentour. Il porte le nom de son fondateur, Constantin Brâncoveanu (1688-1714), prince de Valachie. Une dizaine de moines y vivent encore, et ponctuent leurs journées de prières dans l'étincelante église orthodoxe. Ils réalisent également des icônes sur verre qui font la renommée de Sâmbăta. Vous pourrez demander à visiter le musée des Icônes sur verre pour en voir de splendides exemples.

Depuis sa fondation, en 1696, le monastère de Brâncoveanu est l'épicentre spirituel des monts Făgăraş. Des travaux de restauration, menés entre 1929 et 1936, permirent d'arranger le clocher et d'ajouter des colonnades de pierre. C'est un lieu cher aux touristes roumains – beaucoup veillent, avant de repartir, à remplir un flacon d'eau bénite.

Castelul de Lut Valea Zanelor ARCHITECTURE
(0721-298 207 ; www.valeazanelor.ro ; Porumbacu de Sus ; 5 lei ; 10h-19h). Castelul de Lut évoque un peu un village de gnome, tout en

Monts Făgăraş

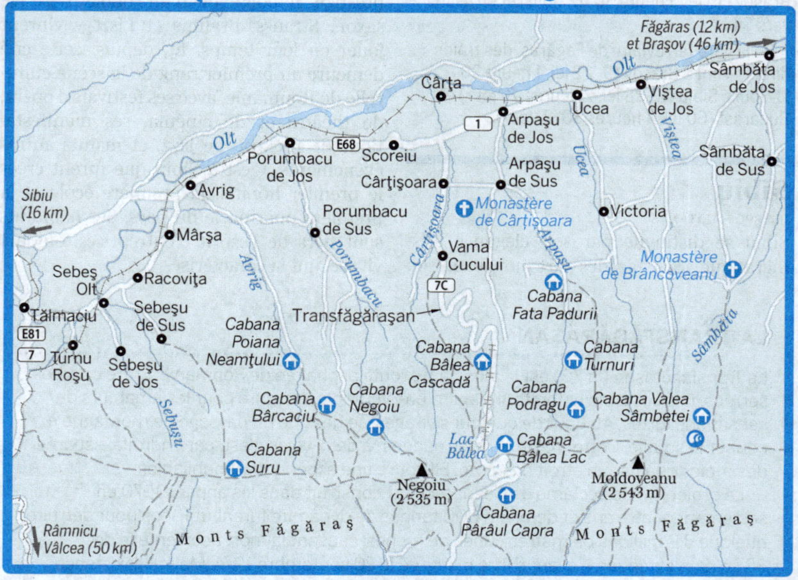

courbes et toits à bardeaux. Ce regroupement de maisons de glaise et de sable est l'incarnation de la fantaisie à l'état pur. Ce "château de glaise de la vallée des fées" (tel est son nom) a été construit au milieu de la commune en ruines de Porumbacu de Sus, à 26 km à l'ouest de Sâmbăta. Il faut une voiture pour s'y rendre.

Où se loger

Les pensions ne manquent pas à Sâmbăta. De charmants établissements entourent le lac Bâlea, où s'achève la Transfăgărăşan. Vous pourrez aussi passer la nuit à Făgăraş, l'unique localité de la région dotée de services et de transports publics. Toutefois, ses *pensiunes*, médiocres, ne vous retiendront pas.

On trouve des cafés et des snacks ou fast-foods à Făgăraş et, dans une moindre mesure, à Sâmbăta. On ne peut toutefois pas vraiment se fier aux restaurants (surtout en dehors de la saison estivale). Mieux vaut faire des provisions, surtout pour les voyages en voiture et les randonnées.

Casa Marta PENSION $$
(☎0760-454 533, 0764-141 414 ; sscumpika88@yahoo.com ; Sâmbăta de Sus ; ch 225 lei ; P). Distante de quelque 250 m du monastère de Brâncoveanu, cette agréable pension a un petit côté années 1970. TV satellite, sdb convenables et jardin paisible.

Cabana Bâlea Cascadă HÔTEL $$
(☎0724-244 463 ; www.balea-turism.ro ; s/d/tr 130/160/195 lei ; P wifi). Cet hôtel, qui jouxte le téléphérique du lac Bâlea, loue des chambres spacieuses, meublées avec simplicité. Il profite d'une belle vue sur les montagnes.

Cabana Bâlea Lac ROUMAIN $$
(☎0745-072 602 ; www.balealac.ro ; plats 15-35 lei ; ✎). Sur une avancée donnant sur le lac Bâlea, ce chalet-restaurant propose une cuisine de saison – soupes, ragoûts aux champignons, plateaux de fromage… Une bonne adresse pour s'attabler après une virée palpitante le long de la Transfăgărăşan.

Depuis/vers Sâmbăta

La voiture règne sans partage sur les monts Făgăraş, qui ont pour grands attraits la Transfăgărăşan et le village de Sâmbăta, assez mal desservi. Mieux vaut donc être motorisé ! Vous pourrez louer un véhicule à Sibiu ou Braşov (www.autonom.ro).

Le principal nœud de transports publics est le bourg de Făgăraş, à 13 km à l'est de la bifurcation pour Sâmbăta et à 25 km à l'est du départ de la Transfăgărăşan. Des bus et des *maxitaxis* passent par Făgăraş, en venant de Braşov (15 lei, 1 heure 30, 12/jour) et en allant vers Sibiu.

De la gare ferroviaire de Făgăraş, des trains directs vont à Braşov (9- 22 lei, 1 heure 30, 11/jour), Sibiu (12-28 lei, 2 heures, 8/jour) et Bucarest (60 lei, 4 heures 30, 2/jour).

Sibiu

154 890 HABITANTS

Sibiu se distingue par son élégance aristocratique. Ses façades Art nouveau, son église estampée d'or ou ses demeures de prestige témoignent d'un noble héritage saxon. Strauss, Brahms et Liszt y vinrent jouer en leur temps. Et, depuis, cette cité demeure au premier rang de la scène culturelle de Roumanie, avec ses festivals d'opéra, de théâtre et de cinéma, ses manifestations de rock ou de jazz, et maints autres événements. C'est à Sibiu que furent créés le premier hôpital, la première école et la première pharmacie du pays. Ses habitants sont fiers de l'esprit d'entreprise, toujours vivace, qui la caractérise.

LA TRANSFĂGĂRĂŞAN

La Transfăgărăşan (la 7C) est la plus haute route asphaltée de Roumanie. Entre courbes serrées, falaises à pic et forêts, il s'agit d'une véritable aventure pour les amateurs de sensations fortes. Au bout de quelques virages, se dessine un paysage de montagne à couper le souffle. Cette "route vers les nuages" à deux voies n'est, par endroits, séparée des à-pics que par un étroit bas-côté. Elle offre une expérience inoubliable.

Le projet le plus acclamé de Ceauşescu fut construit dans les années 1970 en seulement quatre ans et demi – 6 000 tonnes de dynamite furent utilisées pour détruire quelque 3,8 millions de mètres cubes de roches, causant la mort accidentelle de 38 soldats exténués – avant d'être inauguré le 20 septembre 1974. Malgré l'existence d'autres itinéraires nord-sud plus commodes à l'est et à l'ouest, il préféra, pour prévenir d'hypothétiques invasions, placer la route traversant les Carpates le long de la frontière traditionnelle entre la Valachie et la Transylvanie.

Le parcours La plupart des automobilistes l'empruntent depuis son extrémité nord, d'où un trajet de 35 km conduit de l'A1 à l'ensorcelant lac glaciaire Bâlea (2 034 m). Aucun transport public ne dessert cet itinéraire fermé, en gros, d'octobre à mai. Il est interdit de conduire la nuit.

Partant de la nationale 1 au nord, le parcours devient intéressant au Km 12, quand la route se fait abrupte et qu'une série de lacets traverse une forêt luxuriante. Au fil de la montée, les arbres sont plus rares et remplacés par des façades rocheuses. On atteint une cascade au Km 22. La vue panoramique est époustouflante : des montagnes à 360° et l'entaille blanche de la cascade se détachant au loin, tel un éclair dans le ciel gris. Vous trouverez des stands de souvenirs, un restaurant et la **Cabana Bâlea Cascadă** (p. 109) ainsi que la **Telecabina Bâlea** (aller simple adulte/enfant 30/15 lei ; ⏲9h-17h), un téléphérique qui monte jusqu'au lac Bâlea. Sinon, vous pouvez suivre le sentier balisé (pointillés bleus) qui offre de belles vues (2 heures 30-3 heures). Des lacets frôlant les précipices et dévoilant des paysages vertigineux conduisent au lac Bâlea, à 13 km.

Au sommet Le lac Bâlea, scintillant comme un miroir parmi les rochers, est parfois totalement couvert par des nuages qui descendent du pic en surplomb. C'est là que se trouve la **Cabana Bâlea** (p. 109), un chalet-restaurant qui propose une cuisine de saison (soupes, plateaux de fromages, ragoûts de champignons). En cas de neige, vous devrez vous garer à la Cabana Bâlea Cascadă et prendre le téléphérique. Souvenez-vous que les températures peuvent être très basses, même quand il fait chaud au pied de la montagne. Prévoyez une petite laine.

Les amateurs de road-trip pourront continuer sur 118 km vers le sud jusqu'à Piteşti, en passant par Curtea de Argeş. Après un tunnel long de 887 m qui traverse la roche sous la crête de Palţinu, la route descend le versant sud, moins impressionnant, le long de la vallée de l'Arges. Elle pénètre de nouveau dans une forêt, puis elle longe soudain les rives du beau lac Vidraru et traverse un barrage cintré haut de 165 m (construit en 1968). De l'autre côté du lac, près de la route, se dresse la **citadelle de Poienari** (p. 69), le "vrai" château de Dracula (ou, plutôt, celui où régnait Vlad Tepeş).

Par-delà ses charmes architecturaux les plus évidents, la ville a aussi un côté bohème, et ses rues sont hantées d'artistes et de musiciens. Certains cafés et bars occupent des caves aux murs de briques ou des greniers aménagés. À vous de partir en quête de l'âme de Sibiu, entre raffinement et créativité.

Histoire

Fondée au XIIe siècle sur le site de l'ancien village romain Cibinium, à l'apogée de l'influence saxonne, la ville comptait 19 guildes, logées entre d'épais remparts ponctués de 39 tours et de 4 bastions. Sous les Habsbourg, de 1692 à 1791, puis de 1849 à 1867, Sibiu (Hermannstadt en allemand) fut le siège des gouverneurs autrichiens de Transylvanie, et son architecture doit beaucoup à son histoire. En 2000, Klaus Iohannis, du Forum démocratique allemand, en fut élu maire. Il demeura extrêmement populaire jusqu'au moment où il fut porté à la présidence du pays, en 2014.

À voir

Église évangélique Sainte-Marie ÉGLISE
(Catedrala Evanghelică Sfânta Maria ; Piaţa Huet ; adulte/enfant 5/2 lei, avec la tour 8/3 lei ; 9h-20h lun-sam, 10h30-20h dim). La pièce maîtresse gothique de Sibiu domine la vieille ville de ses 73 m de hauteur. L'intérieur, magnifique, avec ses arcs brisés surmontés de motifs sculptés et ses tombes du XVIIe siècle, abrite le plus grand orgue de Roumanie, le tout sous un magnifique plafond voûté. Construite par étapes à partir du milieu du XVe siècle et jusqu'à 1520, l'église a été fondée à l'emplacement d'un ancien sanctuaire du XIIe siècle. Les quatre tourelles de sa tour manifestaient autrefois le droit de la ville à réduire les criminels à la peine de mort.

La tombe de Mihnea Vodă cel Rău (prince Mihnea "Le Mauvais"), fils de Vlad Ţepeş, jouxte l'orgue. Le prince fut assassiné devant l'église en 1510.

Palais Brukenthal MUSÉE
(Galerie d'art européen ; 0269-217 691 ; www.brukenthalmuseum.ro/europeana ; Piaţa Mare 5 ; tarif plein/étudiant 20/5 lei ; 10h-18h mar-dim en été, mar fermé en hiver). Le palais Brukenthal mérite une visite, tant pour son splendide mobilier d'époque que pour les œuvres exposées. Sous le lustre de la salle de musique, admirez les frises colorées et les instruments du XVIIIe siècle avant de parcourir les autres pièces, où sont présentés des portraits du XVIIe siècle, des méridiennes en satin et des coffrets de bijoux anciens. Le lieu est somptueusement conservé.

Musée d'Histoire MUSÉE
(Casa Altemberger ; www.brukenthalmuseum.ro/istorie ; Str Mitropoliei 2 ; adulte/enfant 20/5 lei ; 10h-18h mar-dim avr-oct, 10h-18h mer-dim nov-mars). La visite de ce musée s'ouvre, dans la pénombre, sur des saynètes reproduisant l'habitat préhistorique et des dioramas sur la vie des Daces. Passé les couloirs obscurs, on atteint des expositions consacrées aux guildes saxonnes et à l'artisanat local (admirez notamment les prodigieux articles en verre de Porumbacu de Sus, fabriqués au XIXe siècle). La rigueur saxonne est bien mise en valeur : ainsi pouvait-on recevoir une amende pour ne pas avoir correctement confectionné une boîte à gâteaux en cuivre.

Musée de la Pharmacie MUSÉE
(www.brukenthalmuseum.ro ; Piaţa Mică 26 ; tarif plein/étudiant 10/2,50 lei ; 10h-18h mar-dim avr-oct, 10h-18h mer-dim nov-mars). La première échoppe d'apothicaire dont on a conservé la trace à Sibiu accueille désormais un musée qui plonge les visiteurs dans la longue histoire de la pharmacopée. Plus de 6 600 objets sont exposés dans les 3 salles de ce bâtiment de 1568 – microscopes, mortiers et pilons, comprimés, poudres, trousses chirurgicales et moules à suppositoires...

Pont des Mensonges PONT
(Podul Minciunilor). Ce pont en fer, construit en 1859, est surnommé le "pont des Mensonges", car il est supposé grincer si quelqu'un ment tandis qu'il le traverse. L'origine de ce nom est fonction du narrateur : on vous évoquera aussi bien la duplicité de marchands que la candeur (vraie ou fausse) de jeunes amants venus ici se jurer une éternelle affection.

Cathédrale catholique ÉGLISE
(Piaţa Mare ; 9h-18h). L'intérieur de cette église baroque, bâtie entre 1726 et 1738, est sublimé par les ors et les fresques.

Musée Franz Binder d'Ethnologie du monde MUSÉE
(www.franzbinder.sibiu.ro ; Piaţa Mică 11 ; adulte/enfant 20/10 lei ; 10h-18h mar-dim juin-sept, 9h-17h mar-dim oct-mai). Ce musée, qui porte le nom d'un collectionneur de Sibiu du XIXe siècle, était en cours de rénovation lors de notre passage. Une poignée d'instruments de musique et une momie s'y

trouvaient exposés. La réouverture de sa grande collection d'objets d'art semblait imminente.

Banca Agricolă MONUMENT HISTORIQUE
(Piaţa Mare 2). Ce superbe édifice Art nouveau de la Piaţa Mare, bâti au début du XXe siècle, abrite aujourd'hui l'hôtel de ville et le centre d'informations touristiques.

Musée de la Civilisation populaire traditionnelle ASTRA MUSÉE
(Muzeul Civilizaţiei Populare Tradiţionale ASTRA ; ☎0269-202 447 ; www.muzeulastra.ro ; Str Pădurea Dumbrava 16-20 ; adulte/enfant 17/3,50 lei ; ⏲8h-20h mai-sept, 9h-17h oct-avr). À 5 km du centre de Sibiu, ce musée ethnographique en plein air, le plus grand d'Europe, compte 400 monuments d'architecture populaire, parmi lesquels des églises, des moulins et des maisons traditionnelles. En été, des foires, ateliers de danse et concerts y sont organisés. Consultez l'agenda des événements sur le site. Le musée comprend une jolie boutique de souvenirs et un restaurant au bord d'un cours d'eau. Pour y accéder, prenez le bus n°13 depuis la gare ferroviaire de Sibiu.

Activités

Carpathian Travel Centre CIRCUITS CULTURELS
(☎0740-843 678 ; www.carpathian-travel-center.com ; Piaţa Mare 12 ; ⏲9h-18h lun-ven, 9h-13h sam mai-oct). Visites de la ville et circuits à pied et à vélo dans la campagne environnante.

Fêtes et festivals

Festival de jazz de Sibiu MUSIQUE
(www.sibiujazz.ro ; ⏲mai). Sibiu est sans doute la capitale roumaine du jazz. Pendant ce festival d'été, la ville résonne de notes endiablées, émanant de parades en plein air, de jam-sessions et de concerts dans des petites salles.

Sibiu

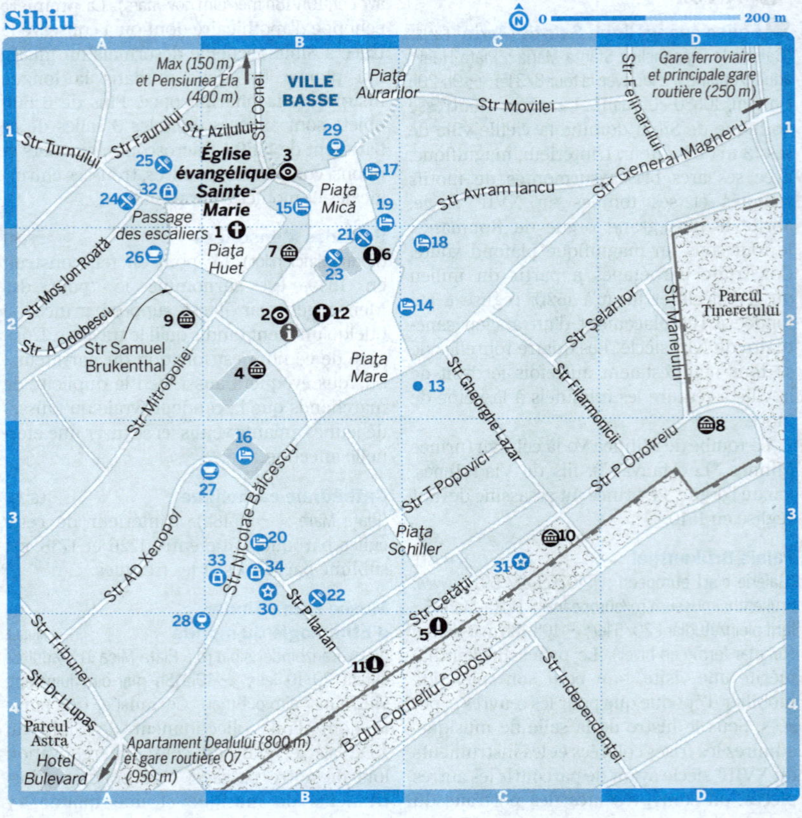

Festival international de théâtre THÉÂTRE (www.sibfest.ro ; juin). Le plus grand événement autour des arts de la scène en Roumanie implique 70 pays et dure 10 jours.

Festival d'opéra de Sibiu ARTS DE LA SCÈNE (www.filarmonicasibiu.ro ; mi-sept). Accueille des troupes internationales.

Festival international du film Astra CINÉMA (0269-202 430 ; www.astrafilm.ro ; mi-oct). Depuis 1993, ce festival de cinéma fait la part belle aux réalisateurs de documentaires d'Europe de l'Est et de Roumanie.

Où se loger

Sibiu offre une belle variété de chambres, qu'il s'agisse de pensions de charme aménagées dans des demeures médiévales, d'hôtels de luxe ou d'élégantes auberges de jeunesse. En retrait des principales places de la ville, des pensions simples et accueillantes ponctuent les rues résidentielles. Réservez tôt pour les week-ends d'été et les périodes de festival.

PanGeea AUBERGE DE JEUNESSE $ (0369-801 232 ; www.sibiuhostel.ro ; Str Avram Iancu 4 ; dort 6/8 lits 50/48 lei, d 120 lei ;). Unique en son genre, cette auberge de jeunesse allie ornements psychédéliques et mobilier ancien. Les dortoirs de 6 à 8 lits sont confortables et les commodités (cuisine commune, lessive gratuite et Wi-Fi) fonctionnent sans accroc.

Faites un tour au Geea Caffe (p. 115), un bar haut en couleur.

Welt Kultur AUBERGE DE JEUNESSE $ (0269-700 704 ; www.weltkultur.ro ; Str Nicolea Bălcescu 13 ; dort 45-53 lei, d à partir de 137 lei ;). Presque trop chic pour être qualifié d'auberge de jeunesse, le Welt Kultur possède de beaux lits superposés en fer forgé dans des dortoirs impeccables de 4, 6 à 8 couchages (un dortoir est réservé aux femmes). Les chambres doubles sont sobres et tout aussi confortables que celles des établissements de milieu de gamme à Sibiu. Les meilleures (tant en termes de luminosité que de vue) donnent sur la rue. Casiers disponibles et salon agréable.

Old Town Hostel AUBERGE DE JEUNESSE $ (0269-216 445 ; www.hostelsibiu.ro ; Piaţa Mică 26 ; dort/d 50/150 lei ;). Bien qu'aménagés dans un bâtiment vieux de 450 ans, les dortoirs et les chambres de l'Old Town sont modernes. Donnant sur la place, ils pourraient être loués bien plus cher. On y a droit à un verre de bienvenue ; et on profite du thé et du café gratuits, et d'une buanderie.

Sibiu

Les incontournables
1 Église évangélique Sainte-Marie B2

À voir
2 Banca Agricolă B2
3 Pont des Mensonges B1
4 Palais Brukenthal B2
5 Tour des Charpentiers C4
6 Tour du Conseil B2
7 Musée Franz Binder d'Ethnologie du monde B2
8 Bastion Haller D3
9 Musée d'Histoire A2
10 Muséum d'Histoire naturelle C3
Musée de la Pharmacie ..... (voir 17)
11 Tour des Potiers B4
12 Cathédrale catholique B2

Activités
13 Carpathian Travel Centre C2

Où se loger
14 Am Ring C2
15 Casa Luxemburg B1
16 Hotel Împăratul Romanilor B3
17 Old Town Hostel B1
18 PanGeea C2
19 The Council B1
20 Welt Kultur B3

Où se restaurer
21 Crama Sibiană B2
22 Crama Sibiul Vechi B3
23 Kulinarium B2
24 Pasaj A1
25 Weinkeller A1

Où prendre un verre et faire la fête
26 Cafe Wien A2
27 Espressee B3
Geea Caffe ..... (voir 18)
28 Imperium Club A4
29 Music Pub B1

Où sortir
30 Agenţia de Teatrală B3
31 Philharmonique d'État C3

Achats
32 Gossip Tree A1
33 Librăria Humanitas B3
34 Marché de souvenirs B3

Le personnel, enjoué, pourra également vous aider à louer un vélo ou une voiture. Petit-déjeuner en supplément (5 lei).

Pensiunea Ela PENSION $

(☎0269-215 197 ; www.ela-hotels.ro ; Str Nouă 43 ; s/d/tr 110/130/180 lei ; 📶). Cette pension douillette tenue par la sympathique Ela occupe un édifice du XVIIe siècle, dans une rue calme. Elle comprend 8 chambres simples, au charme rétro discret. La cour, avec ses fleurs et ses roues de chariot, participe de l'ambiance rustique. Il y a des chambres plus grandes pour les familles et une aire de jeux destinée aux enfants.

The Council BOUTIQUE-HÔTEL $$

(☎0369-452 524 ; www.thecouncil.ro ; Piaţa Mică 31 ; s/d/app à partir de 50/55/109 € ; ❄📶). Au cœur de la vieille ville, cet hôtel opulent occupe une résidence du XIVe siècle. Ses chambres, splendides, sont toutes décorées différemment, et équipées de bureaux et de coffres-forts.

Am Ring HÔTEL $$

(☎0269-206 499 ; www.amringhotel.ro ; Piaţa Mare 14 ; s/d/ste 250/290/390 lei ; ❄📶). L'Am Ring, l'établissement le plus luxueux de Sibiu, joue sur son emplacement central et sa décoration éclectique. Il affiche une élégance à l'ancienne, avec du beau mobilier, des poutres apparentes et un restaurant dans une cave voûtée aux briques apparentes.

Apartament Dealului APPARTEMENTS $$

(☎0741-179 800 ; Str Dealului 21 ; app 1/2 lits à partir de 160/180 lei ; P❄📶). Ces appartements modernes, pour certains plutôt simples, possèdent des cuisines et sdb impeccables. À 700 m au sud de la vieille ville de Sibiu. Bonus appréciable : l'excellent petit-déjeuner (œufs, charcuterie, pain et confiture), servi dans les appartements.

♥ **Casa Luxemburg** HÔTEL $$$

(☎0269-216 854 ; www.casaluxemburg.ro ; Piaţa Mică 16 ; s/d/tr à partir de 290/320/370 lei ; 📶). Cet hôtel du centre-ville loue des chambres au design classique ornées de toiles d'inspiration saxonnes et meublées de pin. Le personnel, très arrangeant, peut se charger de réserver des vélos ou une voiture – il vous conseillera au sujet du stationnement.

Hotel Împăratul Romanilor HÔTEL $$$

(☎0269-216 500 ; www.imparatulromanilor.ro ; Str Nicolae Bălcescu 2-4 ; s/d/ste à partir de 240/315/365 lei ; P📶🏊). Une centaine de chambres luxueuses sont distribuées dans cet immeuble de 1895 (certaines semblent un peu fanées). Sauna, salle de sport et piscine intérieure sur place.

Où se restaurer

Les gourmands auront bien des raisons de s'attarder à Sibiu, entre adresses de cuisine traditionnelle roumaine et restaurants italiens authentiques. Si les établissements de la place principale sont souvent bondés, certaines des meilleures tables sont à quelques rues ou à une volée de marches du centre.

♥ **Kulinarium** ROUMAIN, EUROPÉEN $$

(☎0721-506 070 ; www.kulinarium.ro ; Piaţa Mică 12 ; plats 25-35 lei ; ⏲12h-0h). Dans ce restaurant à l'ambiance intimiste et décontractée, des ingrédients de saison sont employés pour préparer des plats bien présentés, mâtinés d'influences françaises ou italiennes. L'intérieur est assez simple, avec mur de pierre nue peint en blanc et abat-jour suspendus. Au menu : saucisses autrichiennes fumées, soupe aux épinards et aux œufs de caille, salade de bœuf, truite servie avec de la polenta ou plats de pâtes savamment élaborés.

♥ **Crama Sibiul Vechi** ROUMAIN $$

(☎0269-210 461 ; www.sibiulvechi.ro ; Str P Ilarian ; plats 25-30 lei ; ⏲11h-22h). Le restaurant le plus rustique de Sibiu est aménagé dans une vieille cave à vin. Ses spécialités roumaines, comme les croquettes de fromage, les boulettes de viande et le ragoût paysan à la polenta, méritent le détour. Mieux vaut arriver à l'avance ou réserver, car l'établissement est très couru.

Max ITALIEN $$

(☎0269-233 003 ; www.max-restaurant.ro ; Str Ocnei 22 ; plats 20-35 lei ; ⏲12h-0h). Les habitants adorent la cuisine italienne servie dans cette maison restaurée du XIVe siècle aux volets de bois, sise dans une rue calme au nord de la ville. Le patron, un Italien, propose, entre autres spécialités, du poulet farci aux cèpes, d'authentiques *tagliatelle al ragù* et des gnocchis au gorgonzola.

Crama Sibiană ROUMAIN $$

(☎0729-614 260 ; Piaţa Mică 31 ; plats 26-30 lei ; ⏲12h-0h). Avec sa terrasse donnant sur la Piaţa Mică, ses côtelettes bien assaisonnées et ses *sarmale* (rouleaux de chou) farcis à la viande et recouverts de canard et de crème aigre, cette adresse mérite sa popularité. La

À NE PAS MANQUER

LES REMPARTS DE SIBIU

Au sud de la Piaţa Mare, la Str Cetăţii longe une section des remparts érigés au XVIe siècle. Comme à Braşov, diverses guildes protégeaient les 39 tours. Remontez la Str Cetăţii vers le nord et passez devant la **tour des Potiers** (Turnul Olarilor ; Str Cetăţii) et la **tour des Charpentiers** (Turnul Dulgherilor ; Str Cetăţii) pour atteindre le **Muséum d'histoire naturelle** (☎0269-436 545 ; www.brukenthalmuseum.ro/naturale_en ; Str Cetăţii 1 ; adulte/enfant 13/3,25 lei ; ⏲10h-18h mar-dim en été, fermé mar en hiver), qui présente une collection d'animaux empaillés datant de 1849 et organise souvent des expositions temporaires. Plus au nord, la rue fait le tour du **bastion Haller** (Str Onofreiu). Lors d'une épidémie de peste, des trous furent percés dans les remparts afin d'évacuer les morts plus rapidement et le bastion fut surnommé la "porte des cadavres".

Au centre de la vieille ville, dominant la Piaţa Mică, se dresse la **tour du Conseil** (Turnul Sfatului ; Piaţa Mică ; 2 lei ; ⏲10h-20h). Érigée au XIIIe siècle, elle fut fortifiée au XVIe siècle.

qualité de la cuisine compense la lenteur du service.

Weinkeller ROUMAIN $$
(☎0269-210 319 ; www.weinkeller.ro ; Str Turnului 2 ; plats 20-30 lei ; ⏲12h-0h). Ce restaurant romantique, qui se double d'une cave à vin, allie spécialités roumaines (feuilles de chou farcies) et plats d'influence hongroise (*Tafelspitz* – bœuf bouilli – et goulasch). Ce pourrait bien être le meilleur endroit pour un rendez-vous galant à Sibiu !

Pasaj BISTROT $$
(☎0369-437 687 ; Str Turnului 3A ; plats 20-25 lei ; ⏲11h-23h lun-ven, à partir de 12h sam-dim ; 📶 🗷). Au pied du Pasajul Scărilor – l'escalier qui relie la partie haute de la ville à la partie basse –, ce restaurant intimiste au service attentif sert d'excellentes pizzas, ainsi que des soupes roumaines et des salades. Les tables en fer forgé sur la terrasse sont tout aussi agréables.

Où prendre un verre et faire la fête

La Piaţa Mică et la Str Nicolae Bălcescu sont d'excellents points de départ pour bien démarrer la soirée. Sachez que les terrasses se vident en général à partir de minuit, même le week-end. Si vous souhaitez prolonger la fête, recherchez plutôt les caves à vin ou les cafés nichés en hauteur.

Music Pub BAR
(☎0369-448 326 ; www.musicpubsibiu.ro ; Piaţa Mică 23 ; ⏲8h-3h lun-ven, à partir de 10h sam-dim). Passé les graffitis du couloir, on s'étonne de découvrir un bar à vins et une terrasse couverte. Le Music Pub est l'un des endroits les plus festifs de la ville. Au programme ici : suspensions design, bougies, musique rock et tubes *dance* des années 1990. Service à la table (personnel sympathique) ; concerts occasionnels. Une très bonne soirée garantie.

Espressee CAFÉ
(Str Alexandru Dimitrie Xenopol 1 ; ⏲8h-0h lun-ven, à partir de 10h sam-dim). Un soin infini est apporté à la préparation des boissons dans ce café haut de gamme. Notre péché mignon : le café glacé, véritable collation en soi. Nous recommandons également les "Snickers", saupoudrés de cacahuètes, de sirop de caramel et de crème chantilly.

Geea Caffe BAR
(Str Avram Iancu 4 ; ⏲17h-0h mer-lun). À côté de l'auberge de jeunesse PanGeea (p. 113), ce bar éclectique, décoré de crânes d'animaux et de toiles hallucinantes (peintes par le mari de la patronne, artiste à ses heures), est parfait pour un cocktail. Il attire de nombreux voyageurs.

Cafe Wien CAFÉ
(☎0269-223 223 ; www.cafewien.ro ; Piaţa Huet 4 ; ⏲10h-2h lun, 9h-2h mar-dim ; 📶). On ne saurait trouver meilleure tradition viennoise que celle du *Kaffee und Kuchen* (café et gâteau). Dans cet esprit, le Cafe Wien se prête à merveille à la dégustation d'un strudel ou d'un *Sachertorte* (gâteau au chocolat).

Imperium Club BAR
(Str Nicolae Bălcescu 24 ; ⏲9h-3h). Les fidèles se pressent dans cet agréable établissement aux plafonds voûtés, pourvu de box aux lumières tamisées. Excellents cocktails (15-18 lei). Concerts occasionnels et retransmissions d'événements sportifs.

Où sortir

Agenţia de Teatrală BILLETTERIE

(Str Nicolae Bălcescu 17 ; 11h-18h lun-ven, 11h-15h sam). Point de vente de tickets de concerts et d'autres événements.

Philharmonique d'État MUSIQUE CLASSIQUE

(www.filarmonicasibiu.ro ; Str Cetăţii 3-5 ; billets 16-30 lei ; billetterie 12h-16h lun-ven). L'orchestre philharmonique, fondé en 1949, contribue à faire de Sibiu le premier centre culturel de Transylvanie. C'est la salle de concerts principale du festival d'opéra (p. 113).

Achats

Gossip Tree VÊTEMENTS

(0742-985 489 ; www.facebook.com/GossipTreeBoutique ; Str Turnului 2 ; 10h-20h lun-ven, 11h-19h sam). Oreilles de chats cousues main, chaussures peintes et sacs conçus à partir de disquettes... l'imagination de plus de 40 créateurs roumains est mise au service de cette petite boutique d'accessoires inventifs et de vêtements comme vous n'en trouverez nulle part ailleurs.

Librăria Humanitas LIVRES

(Str Nicolae Bălcescu 16 ; 10h-20h lun-sam, 11h-17h dim). Pour acheter des cartes (notamment de randonnée) ou prendre un verre dans le café voûté.

Marché de souvenirs ARTISANAT

(angle Str Papiu-Ilarian et Str Nicolae Bălcescu ; horaires variables). Les week-ends et en haute saison estivale, ce petit marché de souvenirs éphémère vend des bijoux, des magnets et d'autres babioles.

Renseignements

Vous trouverez des DAB dans tout le centre et dans la plupart des hôtels. La **Banca Comercială Română** (Str Nicolae Bălcescu 1 ; 9h-17h30 lun-ven) est l'une des nombreuses banques avec DAB de la Str Nicolae Bălcescu.

Farmasib (0269-217 897 ; Str Nicolae Bălcescu 53 ; 7h-22h lun-ven, à partir de 8h sam-dim). Produits de toilette et médicaments en vente libre.

Centre d'informations touristiques (0269-208 913 ; www.turism.sibiu.ro ; Piaţa Mare 2 ; 9h-20h lun-ven, 9h-18h sam-dim mai-sept, 9h-17h lun-ven, 9h-13h sam-dim oct-avr). Dans l'hôtel de ville ; le personnel fournit des cartes gratuites et des conseils sur les transports locaux.

Depuis/vers Sibiu

AVION

L'**aéroport international de Sibiu** (SBZ ; 0269-253 135 ; www.sibiuairport.ro ; Şoseaua Alba Iulia 73) est situé 5 km à l'ouest du centre-ville.

Austrian Airlines (0256-490 397 ; www.austrian.com). Vols quotidiens pour Vienne.

Blue Air (UK +44 (0)151 230 1590 ; www.blueair-web.com). Vols directs pour Stuttgart, 3 jours/semaine.

Tarom (centre d'appel 021-204 6464 ; www.tarom.ro ; centre d'appel 8h-20h lun-ven, 9h-14h sam). Vols directs pour Munich et Vienne.

WizzAir (appel surtaxé 0903-760 105 ; www.wizzair.com). Cette compagnie low cost relie Sibiu à de grandes villes européennes.

BUS

La **gare routière principale** (Autogara Sibiu ; 0269-217 757 ; www.autogari.ro ; Piaţa 1 Decembrie 1918) se trouve à l'opposé de la gare ferroviaire. L'autre **gare routière, Q7** (Autogara Q7 ; 0269-232 826 ; Str Şcoala de Înot), est située au sud-ouest du centre de Sibiu. Des bus et des *maxitaxis* desservent diverses destinations. Demandez sur place ou consultez le site www.autogari.ro pour voir de quelle gare part votre bus (cliquer sur *vezi detalii* après avoir fait une recherche).

Destinations desservies : Alba Iulia (20 lei, 1 heure-1 heure 30, toutes les 30 min environ), Braşov (28 lei, 2 heures 30-3 heures, 12/jour), Bucarest (50-55 lei, 4 heures 30, 10/jour), Cluj-Napoca (35 lei, 3 heures 30-4 heures 30, 17/jour), Deva (30 lei, 2 heures-2 heures 30, 8/jour), Timişoara (60-65 lei, 4 heures 30-6 heures, 7/jour) et Târgu Mureş (20-28 lei, 2 heures 30-3 heures 30, 6/jour).

Les *maxitaxis* pour Cisnădie (7 lei, 25 min) démarrent toutes les 30 minutes de la gare routière principale. Un autre microbus part vers l'ouest 5 fois par jour ; il fait halte à Săliște (9 lei, 1 heure), à 4 km de Sibiel, avant de rejoindre Jina (14 lei, 2 heures 30).

Eurolines (www.eurolines.ro) dessert de nombreuses destinations européennes au départ de Sibiu.

TRAIN

De la **gare ferroviaire de Sibiu** (Gara Sibiu ; 0269-211 139 ; www.cfrcalatori.ro ; Piaţa 1 Decembrie 1918, 6), il y a des trains directs pour Braşov (40 lei, 3 heures, 9/jour), Bucarest (61 lei, 6 heures, 4/jour ; davantage de trains via Braşov) et Timişoara (61 lei, 6 heures 30, 2/jour ; davantage de trains via Arad).

Il n'existe pas de trains directs pour Cluj-Napoca (56 lei, 5 heures, 12/jour) et Sighişoara (9-17 lei, 3 heures, 6/jour). Vous devrez changer à Copşa Mică ou Vinţu de Jos pour la première ; et à Copşa Mică ou Mediaş pour la seconde. Deux trains directs desservent Alba Iulia (11-26 lei, 2 heures 30) ; sinon, changez à Vinţu de Jos.

La gare possède des consignes (6 lei/jour ; 24h/24).

Comment circuler

Le trolleybus n°1 relie la gare ferroviaire au centre – ils ne sont toutefois séparés que par 500 m à pied, le long de la Str General Magheru. Le bus n°11 va du centre de Sibiu à l'aéroport.

Pour louer une voiture, les tarifs les plus intéressants sont proposés par **Autonom** (☎ 0749-151 037 ; www.autonom.com ; Str Nicolae Bălcescu 1-3), à partir de 39 € par jour (ou à partir de 28 €/jour pour des locations plus longues). Cette société possède également un guichet à l'aéroport de Sibiu.

Vous trouverez une station de taxis à l'extrémité ouest de la Str Nicolae Bălcescu. Pour réserver un taxi, composez le ☎ 0269-953 à partir d'un fixe ou le ☎ 0724-333 953.

Environs de Sibiu

Sibiu exerce un pouvoir d'attraction tel que nombre de visiteurs ne prennent même pas le temps d'en explorer les alentours. Or, à quelques kilomètres à peine au sud de la ville, on troque le vacarme urbain pour les charmes d'une Transylvanie intemporelle. Les villages du territoire de Mărginimea Sibiului (un nom qui signifie "les confins de Sibiu") vivent toujours au rythme de l'agriculture traditionnelle – attention, sur la route, aux chevaux et aux charrettes – tandis que l'artisanat, notamment du bois et des icônes peintes, y demeure florissant.

Les icônes sur verre de Sibiel sont de beaux exemples d'objets produits dans la région ; les musées ethnographiques des environs présentent par ailleurs des broderies et des sculptures sur bois. Les randonneurs trouveront aussi leur bonheur le long des nombreux sentiers qui s'élancent depuis Păltiniş.

Cisnădie et Răşinari

Cisnădie mérite le détour pour son **église fortifiée** (Biserica Evanghelică Fortificată ; www.ekh.ro ; tarif plein/étudiant 7/4 lei ; ⏲ 10h-13h et 14h-18h lun-sam, à partir de 11h dim) du XVe siècle. Un **musée du Communisme** est aménagé au 1er étage des remparts de la citadelle. Il offre un rappel mordant du régime communiste liberticide (on y trouve des explications en anglais). Pour rejoindre Cisnădie depuis Sibiu, suivez sur 11 km la route 106C en direction du sud.

Presque à la lisière des monts Cindrel et à 12 km au sud de Sibiu, Răşinari, aux façades fanées, renferme un petit **Musée ethnographique** (Str Octavian Goga 152, Răşinari ; 4 lei ; ⏲ 9h-16h mar-sam, 9h-14h dim) – à l'ouest du centre, suivez le panneau marron, puis prenez la première à gauche.

Depuis Cisnădie, dirigez-vous vers l'ouest puis vers le nord en suivant la route 106D sur 8 km, jusqu'au croisement pour Răşinari, qui se trouve alors à 5 km environ, en direction du sud-ouest.

Où se loger et se restaurer

Ne cherchez rien de luxueux ici : les pensions de Cisnădie et de Răşinari, tout comme celles établies le long des routes qui les séparent, sont simples, mais tenues par des familles, ce qui participe de leur attrait. Le site www.ruraltourism.ro recense de nombreuses options. Des adresses plus chics et de bonnes auberges de jeunesse vous attendent à Sibiu.

Pensiunea Sub Cetate PENSION $
(☎ 0740-220 035 ; www.sub-cetate.ro ; n° 252, Cisnădioara ; s/d/tr 100/120/160 lei ; P 📶). Son mobilier de style saxon, aux jolis motifs floraux, ajoute une touche traditionnelle à cette pension aussi simple qu'accueillante. Le restaurant (fermé le lundi) sert de bons petits plats transylvaniens (rouleaux de chou farci ou ragoût de porc). Entre Cisnădie et Răşinari. Le petit-déjeuner coûte 22 lei.

Trattoria dei Fiori PIZZERIA $
(www.trattoriadeifiori.ro ; Str Măgurii 57, Cisnădie ; pizza 10-16 lei ; ⏲ 10h-22h lun-ven, à partir de 12h sam-dim). Cette petite pizzeria d'un excellent rapport qualité/prix sert également des feuilletés, et le tout avec le sourire.

Păltiniş

Cette modeste station de sports d'hiver, à 35 km au sud-ouest de Sibiu, se prête parfaitement à un court séjour de ski ou à des randonnées. Établie en 1895, c'est la plus vieille de Roumanie. Le domaine skiable n'est pas très grand, mais les installations sportives sont modernes, et on trouve en outre des hôtels-spas bien équipés. En été, les randonneurs prennent d'assaut les itinéraires spectaculaires dans les monts Cindrel.

Activités

La station de ski **Arena Platoş Pătiniş** (www.arenaplatos.ro ; forfait journée adulte/enfant 58/38 lei ; déc-avr) compte 6 pistes, un jardin des neiges et une petite piste pour débutants de 50 m, à 3 km au nord de Păltiniş. Le télésiège principal, le **Statie Telescaun** (www.telescaunpaltinis.ro ; ticket aller-retour 10 lei ; 9h-18h), fonctionne toute l'année. Il donne accès au domaine skiable et à des sentiers de randonnée offrant une vue magnifique sur les monts Cindrel.

Où se loger et se restaurer

Les chambres de Păltiniş visent principalement une clientèle de catégorie moyenne (et supérieure), de randonneurs et de skieurs. Toutefois, il y a également quelques pensions familiales bon marché et sans fioritures. Réservez pour venir pendant la saison de ski, entre décembre et mars.

Hotel Cindrel HÔTEL $$
(0269-574 056 ; www.hotelcindrel.ro ; Str Cindrel ; d à partir de 216 lei ; P). Piscine, spa, tables de billard : à 500 m des remontées, le Cindrel ne manque de rien pour les jours de mauvais temps. Et si les chambres standards semblent un brin petites, les supérieures (à partir de 279 lei) sont immenses. Local à skis disponible.

Curmătura Ştezii PENSION $$
(0269-557 310 ; www.curmaturastezii.ro ; DJ 106A, KM16 ; s/d/tr 140/160/210 lei ; P). Sur la route qui relie Păltiniş à Răşinari (à 3 km de cette dernière), cette pension moderne aux faux airs de chalet possède un agréable restaurant. Les chambres, aux meubles massifs, sont bien tenues. Si vous les prévenez, les gérants se chargeront de réserver des vélos ou des balades à cheval.

Cabana Păltiniş B&B $$
(0745-279 789 ; www.cabana-paltinis.ro ; ch à partir de 150 lei ; P). Une pension branchée, avec un bar à vins.

Hohe Rinne HÔTEL-SPA $$$
(0269-215 000 ; www.hoherinne.ro ; Str Principala 1 ; s/d à partir de 67/70 €, ch supérieures à partir de 96 € ; P). Cet hôtel, qui porte l'ancien nom allemand de Păltiniş et ressemble à un gigantesque chalet, loue 88 chambres modernes, avec bureaux, coffres-forts et minibars. Il donne sur la route principale et permet d'accéder facilement aux sentiers de randonnée. Spa avec petite piscine, chambre saline, Jacuzzi et trois types de saunas (tarif semaine/week-end 69/88 lei).

Renseignements

Le **centre d'informations touristiques** (0269-223 860 ; centre Păltiniş ; 8h-17h) vous renseignera sur la station et les sentiers de randonnée, et fournit des cartes.

Depuis/vers Păltiniş

Păltiniş se trouve à 35 km au sud-ouest de Sibiu, le long de la route 106A. Le bus n°22 relie Păltiniş à Sibiu (9 lei, 1 heure, 3-4/jour).

Sibiel et ses environs

Nichée dans un écrin sylvestre, Sibiel a l'étrange beauté des villages des contes de fées. Sa rue principale, véritable arc-en-ciel de maisons bien préservées, abrite une église blanche du XVIIIe siècle. Le site principal, le musée des Icônes sur verre, conserve une remarquable collection de peintures religieuses. Sibiel constitue un agréable détour sur un trajet entre Sibiu et Alba Iulia.

Depuis Sibiel, vous pourrez vous rendre à **Sălişte** (6 km au nord), un village pittoresque à la tradition pastorale. À environ 2 km à l'ouest de Sălişte, adossé à une colline, **Galeş** vaut la visite pour son panorama et ses maisons saxonnes.

À voir

Musée des Icônes Zosim Oancea MUSÉE
(0269-552 536 ; Str Bisericii 329 ; tarif plein/étudiant 5/3 lei ; 8h-13h30 et 14h-20h mai-sept, 7h-13h30 et 14h-19h oct-avr). Ce musée qui porte le nom du prêtre qui rassembla les icônes est un authentique trésor caché. Contrairement aux icônes sur bois sombres que vous apercevrez partout ailleurs en Roumanie, ces images religieuses ont été réalisées au moyen d'une méthode vieille de 300 ans : en peignant la face arrière du verre et en y collant les feuilles d'or à l'aide de blanc d'œuf et d'ail. Parmi les 700 icônes, de style naïf, exposées sur 2 étages, on reconnaît saint George, la Vierge Marie en déploration du Christ et des scènes allégoriques tirées de la Bible.

Le musée se trouve derrière l'église **Sfânta Treime** (8h-13h30 et 14h-20h mai-sept, 7h-13h30 et 14h-19h oct-avr) qui date du XIXe siècle et qui recèle des fresques raffinées.

Où se loger et se restaurer

Sibiel possède des *pensiunes* rustiques, familiales et bon marché. D'autres établissements du même type émaillent la route principale, en direction de Sălişte et Galeş.

La plupart des restaurants (de cuisine traditionnelle) sont rattachés à une pension.

Pensiunea Mioritică PENSION $

(☎0269-552 640, 0740-175 287 ; coldeasv@yahoo.com ; Str Râului 197A ; ch/ste 80/140 lei ; P 📶). La Mioritica occupe un jardin bourdonnant d'abeilles au bord d'un ruisseau, avec des recoins tranquilles parmi les fleurs, et même un petit musée sur le communisme aménagé par le propriétaire. Il y a une salle confortable pour le petit-déjeuner et les chambres sont agrémentées de terrasses couvertes, d'où l'on peut admirer la forêt. Depuis le centre du village, suivez le ruisseau sur environ 700 m en direction de l'ouest.

Depuis/vers Sibiel

La gare ferroviaire de Sibiel, à 2 km à l'est de la ville, est reliée à Sibiu (4 lei, 30 min, 5/jour). Il est toutefois plus facile d'être motorisé pour visiter ce secteur.

PAYS SICULE

L'ambiance, le mode de vie, les noms de lieux, les panneaux de signalisation : tout, dans le pays sicule (Ţara Secuilor en roumain, Székelyföld en hongrois), évoque l'influence magyare – les Sicules, d'origine hongroise, perpétuent leurs traditions et communiquent principalement en hongrois. Après le parfum saxon des toutes proches Braşov et Sighişoara, on sent ici d'emblée le changement.

Arrêtez-vous d'abord à Târgu Mureş (Marosvásárhely en hongrois), pôle culturel où la population est composée, à parts égales, de locuteurs roumains et hongrois. Plus à l'est, la communauté magyarophone est majoritaire à Odorheiu Secuiesc (Székelyudvarhely) et à Miercurea Ciuc (Csíkszereda). Des eaux riches en minéraux alimentent des activités liées au thermalisme, comme à la "mer rouge" de Sovata et au beau spa de Băile Tuşnad. Pour vous immerger dans la culture sicule, visitez les jolis musées de Sfântu Gheorghe et d'Odorheiu.

Histoire

Les origines des Sicules restent un sujet de controverse. Selon certains, ils descendraient des Huns, qui arrivèrent en Transylvanie au Ve siècle et adoptèrent la langue hongroise. Pour d'autres, ce sont des Magyars, qui accompagnèrent les troupes d'Attila lors de ses campagnes dans le bassin des Carpates et s'y installèrent. Au Moyen Âge, trois "ethnies" étaient reconnues en Transylvanie : les Sicules, les Saxons et la noblesse roumaine.

Au XVIIIe siècle, des milliers de jeunes Sicules furent enrôlés de force dans l'armée autrichienne. La résistance dans toute la région aboutit au massacre de Madéfalva en 1764, après lequel des milliers de Sicules se réfugièrent en Moldavie roumaine. Bien plus tard, après le rattachement de la Transylvanie à la Roumanie en 1918, quelque 200 000 Hongrois, dont un quart de Sicules, s'enfuirent en Hongrie.

Des tensions perdurent entre les Roumains et les Hongrois, qui ont combattu dans des camps opposés lors des deux guerres mondiales. Il suffit de mentionner le pays sicule ou de faire allusion aux "Hongrois qui n'apprennent pas le roumain" pour susciter des commentaires enflammés dans certaines parties de la Roumanie – même chose si l'on évoque le traitement des Hongrois par la Roumanie au XXe siècle en pays sicule.

Aujourd'hui, maints touristes hongrois visitent la région pour y découvrir d'anciennes traditions pastorales, disparues dans leur pays natal. Par ailleurs, les protestations en faveur de l'autonomie du pays sicule se multiplient. En 2013, quelque 100 000 manifestants ont formé une chaîne humaine à travers la Transylvanie et des milliers de personnes se sont rassemblées à Budapest pour marquer leur solidarité. Des rassemblements ont souvent lieu le 10 mars, proclamé Journée de la liberté sicule.

Sfântu Gheorghe

56 000 HABITANTS

Même si elle n'a rien d'éblouissant, Sfântu Gheorghe – ou Sepsiszentgyörgy, car sa population est majoritairement hongroise – n'en constitue pas moins un détour intéressant pour se plonger dans la culture sicule. À 32 km au nord de Braşov, cette ville du *judeţ* de Covasna compte un excellent musée d'histoire et de traditions sicules, un parc bordé d'édifices d'époque Habsbourg et de charmants cafés.

À voir

La partie la plus intéressante de la ville s'étend à proximité du **Parcul Elisabeta**. Juste au nord, on trouve la **Piaţa Libertăţii**, où trône une statue équestre de Mihai Viteazul (Michel Ier le Brave). Du côté ouest du parc, dans la Stra Gábor Áron, vous reconnaîtrez, à la **plaque** qui s'y trouve apposée, le bâtiment où Gábor Áron et d'autres révolutionnaires organisèrent la résistance contre le pouvoir autrichien (1848-1849).

Depuis le parc, promenez-vous vers l'est, le long de la Str Gróf Mikó Imre, pour arriver (au bout d'environ 500 m) à l'**église réformée fortifiée** (Fortificată Reformată). Son cimetière est ponctué de beaux exemples de croix en bois sicules et de poteaux sculptés.

Musée national sicule MUSÉE
(Székely Nemzeti Múzeum ; ✆0267-312 442 ; www.sznm.ro ; Str Kós Károly 10 ; adulte/enfant 10/5 lei ; ⏲9h-17h mar-dim juin-août, 9h-16h mar-ven, 9h-14h sam-dim sept-mai). À 200 m du Parcul Elisabeta, ce grand musée accueille des expositions permanentes sur l'histoire naturelle, l'histoire locale, l'artisanat et les costumes sicules, ainsi que sur des découvertes archéologiques faites dans la région. Sa bibliothèque renferme la plus ancienne Bible en hongrois encore conservée. Cet édifice, qui rappelle, par son aspect, une église fortifiée, a été conçu entre 1911 et 1912 par Kós Károly, éminent architecte hongrois. Son principal toit en pointe est couvert de tuiles colorées.

Les autres bâtiments du musée, antérieurs, datent de 1875.

Où se loger

D'agréables *pensiunes*, ainsi que quelques hôtels d'affaires trois étoiles, se trouvent à courte distance à pied du parc. Ils sont faciles à trouver.

Pensiunea Lucia PENSION $$
(✆0741-200 165 ; Str Kossuth Lajos 17 ; s/d 150/170 lei ; P ᯤ). Avec son mobilier à l'ancienne, cette pension accueillante affiche un cadre simple et douillet. Elle loue de grandes chambres propres, et le petit-déjeuner est un véritable festin, avec confitures maison et omelettes préparées sous vos yeux.

Ferdinand B&B PENSION $$
(✆0740-180 502 ; www.restatferdinand.ro ; Str Decembrie 1918, 10 ; s/d/qua 160/170/230 lei ; P ᯤ). Cette pension familiale, qui porte le prénom du propriétaire, possède des chambres modernes. L'excellent petit-déjeuner fait la part belle aux produits locaux. Au bout de la rue, dans une cour.

Où se restaurer

Sfântu Gheorghe compte des restaurants de cuisine hongroise d'un bon rapport qualité/prix et une poignée d'établissements simples de cuisine italienne ou européenne (mixte). Vous aurez davantage de choix sur la Piaţa Libertăţii et sur la portion de la Str 1 Decembrie 1918 la plus proche du parc.

Central BUFFET $
(✆0744-757 515 ; www.centralrestaurant.ro ; Str 1 Decembrie 1918, 8 ; plats 15 lei ; ⏲8h-0h lun-ven, à partir de 10h sam-dim). Petit-déjeuner, buffets du déjeuner à volonté (22,50 lei), salades,

LES HÔTELS THERMAUX DE COVASNA

L'eau de source de Covasna, surnommée la "station des mille printemps", a forcément quelque chose de spécial. Cette ville thermale à majorité hongroise est située à 30 km à l'est de Sfântu Gheorghe et à 45 km au sud-ouest de l'autre station thermale, Băile Tuşnad. Le centre ne présente pas beaucoup d'intérêt ; un quartier d'hôtels thermaux est dissimulé à l'extrémité est de la ville. Les visiteurs affluent pour s'immerger dans les sources minérales (et pour les traitements : chambres salines, massages et plus encore). L'**Hotel Clermont** (✆0267-342 123 ; www.clermonthotel.ro ; Str Mihai Eminescu 225A, Covasna ; d 68-79 €, ste à partir de 101 € ; P ❄ ≋) possède des chambres jaunes et dorées, des sdb impeccables, une piscine, un sauna et un bain à remous. Les traitements du spa incluent des soins de manucure et des massages (à partir de 28 lei). À proximité, l'**Hotel Mercur** (✆0367-800 594 ; www.hotelttscovasna.ro ; Str Mihai Eminescu 225, Covasna ; s/d/ste à partir de 290/330/500 lei ; P ❄ ᯤ ≋) est l'un des meilleurs hôtels-spas de Conasva. Les chambres, aux teintes beiges, apaisantes, sont complétées par des sdb en marbre ; les appartements sont luxueux. Côté traitements : électrothérapie, thérapie par la chaleur, piscine et sauna du centre de bien-être.

VAUT LE DÉTOUR

LES EAUX SALÉES DE BĂILE TUŞNAD

Băile Tuşnad, que l'on surnomme la "perle de Transylvanie", se cache parmi le massif volcanique des monts Harghita, à 32 km au sud de Miercurea Ciuc. Le petit **lac Ciucaş**, au cœur de la bourgade, est entouré de grands conifères et de spas.

La légende raconte qu'en 1842, les ulcères purulents d'un berger furent soignés grâce à l'eau de Băile Tuşnad. Quelques années plus tard, l'industrie thermale prit son envol : on commença à mettre en bouteille cette eau de source salée et naturellement tiède, et à l'utiliser pour soigner des troubles aussi variés que la pâleur, l'anxiété et les rhumatismes.

Wellness Tuşnad (☎0756-118 479 ; www.wellness-tusnad.ro ; forfait 3 heures adulte/enfant 30/15 lei, 30 min supplémentaires 5/3 lei ; ⊙10h-21h mar-dim, 14h-21h lun), au bord du lac, dispose de piscines, de chambres de sel, d'un sauna et d'un hammam.

En plus de sa source d'eau salée, Băile Tuşnad ne manque pas de sentiers de randonnée pour respirer l'air tonifiant et les senteurs de pin. C'est aussi une bonne base pour visiter le lac Sainte-Anne, à 24 km en direction du sud-ouest par la route. **InfoTur Stand** (☎0744-693 814 ; Str Oltului ; ⊙8h-16h lun-ven), en face de l'Hotel Tuşnad – impossible à rater –, distribue des plans et affiche, à l'extérieur, une liste de pensions.

crêpes... Une adresse pratique, dotée d'une offre copieuse et variée. Terrasse extérieure.

♥ **Szentgyörgy Pince** HONGROIS $$
(☎0267-352 666 ; www.szentgyorgypince.ro ; St Gábor Áron 14 ; plats 14-25 lei ; ⊙10h-0h ; ✎). Le plafond voûté et les murs de briques ornés de blasons donnent le ton dans ce restaurant de cuisine hongroise, logé dans une ancienne cave à vins. On ne lésine pas sur les portions des spécialités servies ici – goulasch de chevreuil, soupe transylvanienne au porc et bœuf Stroganov. Les végétariens ne seront pas en reste, avec des plats copieux comme les champignons au paprika servis avec de la polenta au fromage.

ℹ Renseignements

Centre d'informations touristiques (☎0267-316 474 ; www.sepsiszentgyorgy.ro ; Str 1 Decembrie 1918, 2 ; ⊙7h30-15h30 lun-mer, 7h30-17h jeu, 7h30-14h ven juil et août). Ouvert uniquement en été ; fournit des plans gratuits de la ville et la liste des pensions.

ℹ Depuis/vers Sfântu Gheorghe

La gare routière (Str Gării) se trouve à 50 m au nord de la gare ferroviaire. Des bus directs desservent Braşov (8 lei, 1 heure, toutes les 30 min), Miercurea Ciuc (12-15 lei, 1 heure-1 heure 30, 5/jour), Piatra Neamţ (40 lei, 5-6 heures, 2/jour) et Târgu Neamţ (50 lei, 6 heures, 1/jour).

Depuis la **gare ferroviaire** (☎0267-325 850 ; Str Gării), des trains vont chaque jour à Covasna (4,50 lei, 1 heure, 4/jour) et Braşov (5,50 lei, 30-45 min, 12/jour) ; ils s'arrêtent pratiquement tous à Hărman (4,50 lei, 30 min). Achetez vos billets à l'avance à l'**Agenţia de Voiaj CFR** (☎0267-311 680 ; Str Gróf Mikó Imre 13 ; ⊙8h-20h lun-sam).

Miercurea Ciuc

42 100 HABITANTS

Les trois grandes passions locales sont le hockey sur glace, les cafés hongrois et la bière du cru ! Mais malgré ce trio alléchant, Miercurea Ciuc (Csíkszereda en hongrois) est une cité plutôt banale. C'est une ville sérieuse et familiale, trop somnolente pour retenir un visiteur plus d'une journée. Prenez le temps d'apprécier ses cafés et de visiter le château, puis dirigez-vous ensuite vers Târgu Mureş ou Braşov.

À voir

Le **palais de Justice** (Str G Doja 6) et **l'hôtel de ville** (Piaţa Cetăţii 1) Art nouveau (1884-1898), tous deux éclectiques, et le **Monument à l'armée soviétique** entourent la Piaţa Cetăţii. Miercurea Ciuc est attachée à son sport favori : une héroïque **statue au hockey** (Str Nicolae Bălcescu) se dresse devant la patinoire municipale, à 200 m au nord-ouest de la Piaţa Cetăţii.

Brasserie Csiki Sör BRASSERIE
(☎0755-030 895 ; www.csikisor.com/gyarlatogatas ; Sânsimion ; visite guidée et dégustation de 2 bières/bière à volonté 25/55 lei). Découvrez les secrets de la brasserie de Miercurea Ciuc dans son usine à 12 km au sud de la ville, à l'occasion de dégustations de bières, comprenant des collations hongroises traditionnelles. Après quelques gorgées, vous

aussi vous chanterez les louanges de l'eau de source et du houblon de qualité des monts Harghita ! Les visites guidées se font en fonction de la demande. Il faut réserver plusieurs jours à l'avance, par téléphone ou sur le site.

Château de Mikó CHÂTEAU

(Csíki Székely Múzeum ; www.csszm.ro ; Piaţa Cetăţii ; tarif plein/étudiant/moins de 7 ans 10/7 lei/gratuit ; 9h-18h mar-dim mai-oct, 9h-17h sept-avr). Ce château est le site principal de la ville – il est d'ailleurs représenté sur le logo de la bière Ciuc. Il abrite de nos jours l'impressionnant musée sicule de Csíki, qui présente des expositions temporaires, principalement consacrées à l'art hongrois.

Bâti entre 1623 et 1630, il fut réduit en cendres par les Tatars en 1661 et reconstruit en 1716. Il joua ensuite un rôle dans la défense de l'Empire austro-hongrois en accueillant le premier régiment d'infanterie sicule en 1849.

Miercurea Ciuc

Monastère franciscain ÉGLISE

(Str Szék 148). À 2 km au nord-est du centre dans le faubourg de Şumuleu (Csíksomlyó en hongrois), le beau monastère franciscain fut bâti en 1442 par Iancu de Hunedoara (János Hunyadi), gouverneur de Hongrie de 1446 à 1452, pour commémorer sa victoire contre les Turcs à Marosszentimre.

Il accueille le **pèlerinage de la Pentecôte** (fin mai-début juin), qui constitue la principale manifestation touristique de la ville. Quelque 300 000 Sicules s'y rassemblent alors pour célébrer leur fraternité.

Où se loger

Miercurea Ciuc compte quelques établissements bon marché et de catégorie moyenne. Les pensions tendent à être vétustes ; les appartements sont souvent plus modernes.

Hilcon Family Apartments APPARTEMENTS $

(www.apartments.hilcon.ro ; Str Salciei ; ste à partir de 65 lei ; P Wi-Fi). Les blocs d'immeubles rayés de la zone résidentielle de Miercurea Ciuc ont beau paraître sans fin, les appartements Hilcon, que l'on y trouve, n'en sont pas moins très agréables. Ces "studios", simples et commodes, comprennent une cuisine (à partager). Le mobilier est assez limité, mais la présence d'une machine à laver et le bon débit du Wi-Fi sont appréciables, tout comme le dynamisme des hôtes. Réservation uniquement sur le site.

Hotel Korona HÔTEL $

(0266-310 993 ; www.korona.panzio.ro ; Str Márton Áron 40 ; ch à partir de 140 lei ; P Wi-Fi). Ce gracieux bâtiment de l'époque des Habsbourg, orné de stucs et de vieilles lanternes de voiture, compte 16 chambres fonctionnelles avec sdb.

Où se restaurer

Les restaurants, cafés et bars se concentrent dans la Str Petőfi Sándor, la promenade piétonne.

Miercurea Ciuc

À voir

1	Hôtel de ville	B3
2	Statue au hockey	A3
3	Château de Mikó	A3
4	Palais de justice	B4
5	Monument à l'armée soviétique	B3

Où se restaurer

6	La Jupânu	B4
7	Novák	B2

La Jupânu ROUMAIN $
(www.lajupanu.ro ; Str Zöld Péter 1 ; plats 12-20 lei ; ⌚8h-0h lun-ven, 10h-0h sam, 12h-0h dim). Assis sur les bancs de ce restaurant traditionnel cher aux bons vivants, on se régale d'une cuisine recommandée par la clientèle locale (escalopes de porc panées, blancs de poulet…).

Novák CAFÉ
(Str Petőfi Sándor ; ⌚7h-22h lun-ven, 8h-22h sam, 9h-22h dim). Venez déguster café et gâteaux – forêt-noire crémeuse, *Sachertorte*, macarons – tout en observant les allées et venues dans la rue piétonne de Miercurea Ciuc.

Renseignements

Banca Comercială Română (Str Kossuth Lajos 17 ; ⌚9h30-17h lun-ven). Une des nombreuses banques avec DAB de la Str Kossuth Lajos.

Centre d'informations touristiques (☎0266-317 007 ; www.szereda.ro ; 1er ét., hôtel de ville, Piaţa Cetăţii 1 ; ⌚8h-16h lun-ven en été). Bureau saisonnier bien caché, au 1er étage de l'hôtel de ville.

Depuis/vers Miercurea Ciuc

Depuis la **gare ferroviaire** (☎0266-315 102 ; Str Braşovului 1), des trains desservent Braşov (30 lei, 2 heures-2 heures 30, 10/jour, quelques trains de nuit), la plupart via Sfântu Gheorghe (22 lei, 1 heure 30) ; 3 continuent jusqu'à Bucarest (67 lei, 5 heures 30). Chaque jour, 11 trains partent pour Gheorgheni (18 lei, 1 heure 30) et l'un va à Iaşi (80 lei, 7 heures).

La **gare routière** (Str Braşovului) se trouve à 50 m au nord de la gare ferroviaire. Des bus desservent Braşov (20 lei, 2 heures, 3/jour), Gheorgheni (12 lei, 1 heure 30-2 heures, 6/jour), Sfântu Gheorghe (15 lei, 1 heure 30, 5/jour), Odorheiu Secuiesc (12 lei, 1 heure, 9/jour) et Budapest (130 lei, 11 heures 30, 1/jour).

Gheorgheni

20 020 HABITANTS

S'il est plaisant de découvrir l'héritage hongrois de Gheorgheni et les quelques apports arméniens de son histoire, cette ville alanguie constitue avant tout une base de choix pour partir explorer l'exceptionnelle campagne environnante, avec ses immenses forêts sillonnées de routes (comme la 13B, en direction de Sovata), ses restaurants blottis dans des villages et, à 25 km à l'est, le **Lacu Roşu** (lac rouge), bordé par la forêt.

À voir

Vous remarquerez que des panneaux dans les rues de Gheorgheni comportent des transcriptions en ancien alphabet runique hongrois. Cette forme d'écriture est si ancienne que les linguistes ne peuvent pas en dater ni en situer avec certitude l'origine. Certains habitants, fiers de leur héritage sicule, augurent d'un proche retour de cet alphabet. La ville a abrité une communauté arménienne assez considérable au XVIIIe siècle, comme en témoigne son **église arménienne** (dans la Str Biserica Armeană).

Château Lăzarea CHÂTEAU
(Lázár Kastély ; Lăzarea). À 6 km au nord-ouest de Gheorgheni, sur la route qui mène à Topliţa, le village de Lăzarea (Gyergyószárhegy en hongrois), à majorité magyarophone, est dominé par un château du XVIe siècle aux murs couverts de sculptures singulières. C'est dans cette citadelle de style Renaissance que grandit Gábor Bethlen, avant de devenir prince de Transylvanie (règne 1613-1629). Lors de notre passage, les portes étaient fermées jusqu'à nouvel ordre dans l'attente de travaux de rénovation.

Où se loger et se restaurer

On trouve à Gheorgheni des pensions à petit prix, pour la plupart dénuées de charme. Pour goûter à la vie dans la campagne sicule, et si vous êtes motorisé, vous pourrez vous rendre dans les villages environnants de Borsec, Lăzarea et Borzont, qui possèdent tous des *pensiunes*.

Astoria HÔTEL $
(☎0266-365 600 ; www.astoria-hotel.ro ; Str Două Poduri 2 ; s/d 100/150 lei ; P 📶). L'établissement le plus confortable de Gheorgheni occupe un bâtiment pourvu d'une tourelle dans une rue calme attenante à la Str Márton Áron. Les chambres, aux tons jaunes, sont modernes et bien entretenues, quoique un peu vides. L'aimable personnel peut s'occuper de réserver des balades à cheval dans la campagne.

Lázár Panzió PENSION $
(☎0266-362 042 ; www.lazarpanzio.ro ; Str Băii 3 ; s/d/tr 78/98/128 lei ; P 📶). À 30 m de la Piaţa Libertăţii, cette pension-restaurant tenue en famille depuis les années 1930 loue des chambres pratiques et tout confort. Draps frais, lampes de lecture et petites télévisions. Petit-déjeuner en supplément (10 lei).

Basa Fogadó HONGROIS $$
(☎ 0745-399 286 ; www.basafogado.com ; Str Principala 131, Borzont ; plats 20 lei ; ⏲ 8h-23h ; 📶). Sur l'axe Gheorgheni-Sovata, impossible de rater, en bord de route, le couteau et la fourchette annonçant cette taverne rustique et accueillante de 1897. Située à 15 km à l'ouest de Gheorgheni, elle mérite le détour. Au menu ici : ragoût de poulet, porc à l'ail enroulé de bacon et soupe aux petits pois.

Erdélyi Gondűző HONGROIS $$
(☎ 0752-048 874 ; www.erdelyi-gonduzo.ro ; 12C Km 6,5 ; plats 20 lei ; ⏲ 10h-21h30). Sur la route du Lacu Roşu, dégustez des saucisses rôties, de la truite grillée ou du fromage frit – voire les trois ! – dans ce bon restaurant qui fait également pension. À 7 km à l'est de Gheorgheni.

Renseignements

Centre d'informations touristiques (☎ 0730-710 965 ; www.visitgheorgheni.ro ; Piaţa Libertăţii 22 ; ⏲ 8h-16h lun-ven). Les employés, extrêmement serviables, fournissent des cartes et dispensent des conseils sur les activités de plein air.

Depuis/vers Gheorgheni

La gare routière (☎ 0266-363 999 ; Str Gării) et la gare ferroviaire (Str Gării) se trouvent à 1,5 km à l'ouest du centre.

Chaque jour, des bus directs desservent Braşov (30 lei, 2 heures 30, 3/jour) et Odorheiu Secuiesc (30 lei, 2 heures 30-3 heures, 2/jour). Il y a aussi des bus pour Târgu Mureş (25-30 lei, 2-4 heures, 7/jour), qui continuent ensuite vers Cluj-Napoca (35 lei, 4 heures 30-6 heures 30), ainsi que des services à destination du Lacu Roşu (5 lei, 30 min, 5-7/jour).

Par le train, il existe des services quotidiens pour Braşov (45 lei, 3 heures-3 heures 30, 7/jour), Baia Mare (73 lei, 7 heures, 1/jour) et Bucarest Nord (73 lei, 6 heures, 3/jour).

Odorheiu Secuiesc

36 530 HABITANTS

Avec ses édifices baroques, ses galeries et ses cafés raffinés, Odorheiu Secuiesc est un lieu agréable pour se frotter à la culture hongroise – et, tout simplement, un détour bien sympathique depuis Sighişoara et l'est du pays. Près de 96% des habitants se considèrent comme hongrois, ce qui se reflète dans la langue et dans la cuisine : les panneaux sont bilingues ; et on savoure des gâteaux aux graines de pavot et du *gulyás* (goulasch) à foison.

La plupart des habitants nomment la ville Székelyudvarhely, ce qui n'est malheureusement pas plus facile à prononcer pour les étrangers que son nom roumain.

Histoire

Les traces d'occupation de la portion sud-est du bassin transylvanien remontent à l'âge de la pierre. Pourtant, la ville n'est mentionnée pour la première fois qu'en 1333, sous le nom d'"Uduorhel". Elle devint une cité marchande et se vit accorder en 1557 des privilèges par la reine Isabella (régente de la Transylvanie), ce qui lui permit de prospérer. Le prince transylvanien Gábor Bethlen réaffirma son statut et ses droits en 1615. De nombreux bâtiments restaurés furent érigés entre le XVIe et le XVIIIe siècle, qui marquèrent une époque florissante pour Odorheiu Secuiesc.

À voir

Si vous disposez de peu de temps, une balade sur la Piaţa Primăriei vous permettra d'admirer les fleurons de l'architecture locale, et notamment l'**hôtel de ville** (1895-1896) et l'**église hongroise réformée** (Református Templom) baroque, du XVIIIe siècle.

Musée Haáz Rezső MUSÉE
(www.hrmuzeum.ro ; Str Bethlen Gábor 2 ; adulte/enfant 5/2,50 lei ; ⏲ 9h-18h mar-ven, à partir de 10h sam-dim avr-sept, 9h-17h mar-ven, 10h-14h sam-dim oct, 9h-16h mar-ven nov-mars). La noble demeure abritant le musée, qui fut érigée en 1900, semble un peu perdue au bord de la bruyante route principale traversant la ville. Sa collection, composée essentiellement d'œuvres du XXe siècle (dont des toiles représentant la campagne hongroise et roumaine, ainsi que d'admirables sculptures), n'en est pas moins particulièrement intéressante.

Chapelle de Jésus ÉGLISE
(Jézus Kápolna ; Str Bethlen Gábor ; adulte/enfant 2,50 lei/gratuit ; ⏲ 9h-16h mar-ven, 10h-14h sam-dim). À environ 2 km au sud de la ville, c'est par une impressionnante porte en bois sculpté que l'on pénètre dans cette petite chapelle conique entourée d'un mur en pierre. Selon les estimations, sa construction remonte au XVIe siècle. Il s'agit du seul édifice médiéval d'Odorheiu encore debout.

Il est possible de visiter cette église en dehors des heures d'ouverture en appelant le numéro de téléphone affiché à l'extérieur.

Citadelle RUINES

Vous pourrez observer les murs en ruines de la citadelle médiévale d'Odorheiu Secuiesc depuis la Str Eötvös József.

Où se loger

Il existe quelques pensions à petits prix et de catégorie moyenne disséminées dans le centre-ville. Elles visent principalement les voyageurs d'affaires et les touristes (peu nombreux) qui restent plusieurs nuits. On trouve aussi de nombreuses pensions bon marché au nord du centre-ville, le long de la route 13A.

Petőfi Panzió PENSION $

(☎0756-093 926 ; www.petofipanzio.ro ; Str Petőfi Sándor 2 ; s/d 90/140 lei ; P). Cette pension populaire loue des petites chambres dans un endroit calme, à l'écart de la place et des rues principales. Sauna, Jacuzzi et restaurant hongrois sur place.

Korona Panzió HÔTEL $

(☎0266-216 946 ; www.koronapanzio.ro ; Piaţa Primăriei 12 ; s/d/tr 18/26/39 € ; @). Non loin de la plus jolie partie de la place principale, le Korona s'enorgueillit d'une situation de choix. Il faut passer sous un porche voûté pour accéder à sa cour. Les chambres sont simples, avec des meubles en pin ; mais le *beer garden* fleuri, le restaurant et le solarium gratuit ajoutent à l'attrait de l'endroit. Petit-déjeuner en supplément (4 €).

Où se restaurer et prendre un verre

Les salons de thé hongrois tiennent une place de choix sur la scène culinaire d'Odorheiu. Vous pourrez vous restaurer et prendre un verre sur la Piaţa Primăriei et dans les rues adjacentes. Et il y a des fast-foods et des supermarchés dans la Str Bethlen Gábor.

Gondüző ROUMAIN $$

(☎0266-218 372 ; www.gonduzo.ro ; Str Sântimbru 18 ; plats 20-40 lei ; 10h-0h). Cet hôtel-restaurant haut de gamme propose des plats roumains élaborés : truite farcie aux girolles, canard avec pommes de terre et chou, pieds de porc à la crème... ou soupes et salades, pour ceux qui préfèrent manger léger.

GPont CAFÉ

(www.gpont.ro ; Str Sântimbru 8 ; 8h-tard lun-sam, 9h-0h dim ;). Ce café bohème aux murs en briques apparentes, qui sert du très bon café, programme des concerts de jazz et des rencontres littéraires. Engoncé dans un fauteuil en cuir, laissez votre regard s'attarder sur les photos anciennes – avec, en bruit de fond, de la musique d'ambiance et les échos des conversations.

Renseignements

Des DAB et des banques sont installés sur la Str Kossuth Lajos et autour de la Piaţa Primăriei.

Tourinfo (☎0266-217 427 ; www.tourinfo.ro ; Str Bethlen Gábor 43 ; 8h-20h lun-ven en été). Point d'informations touristiques saisonnier, avec cartes et brochures.

Depuis/vers Odorheiu Secuiesc

De la **gare routière** (☎0266-212 034 ; Str Târgului), à 400 m au sud-ouest de la **gare ferroviaire** (Str Bethlen Gábor), on trouve des bus pour Sovata (12 lei, 1 heure 15, 6/jour), Miercurea Ciuc (12 lei, 1 heure, 3-5/jour) et Târgu Mureş (22 lei, 2 heures-3 heures 30, 10/jour). Pour aller à Sibiu ou Cluj-Napoca, il faut passer par Târgu Mureş.

Quelques compagnies desservent la Hongrie ; **Csavargó** (☎0266-249 253 ; www.csavargo.ro) et **Scorpion Trans** (☎0266-218 495 ; www.scorpiontrans.eu) possèdent une billetterie à la gare routière. Des bus desservent Budapest (120-130 lei, 11 heures, 1/jour) et Pécs (160 lei, 15 heures, 1/jour).

Il y a chaque jour des trains pour Sighişoara (7 lei, 1 heure 30, 3/jour).

D'Odorheiu Secuiesc à Târgu Mureş

Praid

À 8 km au nord de Corund sur la route de Sovata, la **mine de sel de Praid** (Salina Praid ; ☎0266-240 200 ; www.salinapraid.ro ; Str Minei 44, Praid ; adulte/enfant 25/15 lei ; 8h-14h50 lun-sam, 10h-13h dim) est un étrange monde souterrain avec des sculptures, des balançoires, des toboggans et un café. Des patients viennent y effectuer de longs séjours à 120 m sous terre pour soigner bronchites et autres maladies respiratoires. Un bus descend par de sombres tunnels : un trajet presque apocalyptique ! Un bassin d'eau salée s'étend à 200 m à l'ouest de l'entrée de la mine. Chaque jour, 7 bus relient Praid à Sovata (4 lei, 20 min).

Sovata

10 385 HABITANTS

Depuis le XIXe siècle, les baigneurs viennent soulager leurs corps endoloris dans le lac de l'Ours. À 35 km au nord d'Odorheiu Secuiesc, les eaux chaudes et salées de ce lieu magnifique bordé par la forêt sont reconnues pour leurs propriétés curatives. Quelques hôtels de luxe qui profitent de la popularité toujours croissante de Sovata dénaturent hélas le paysage. Dans l'ensemble, cette ville thermale joue sur une forme de nostalgie, avec ses villas ternies. Chaque été, des baigneurs arpentent lentement les terrasses en bois au bord du lac.

Où se loger

Vila Sara PENSION $

(☎0265-570 159 ; www.vilasara.ro ; Str Trandafirilor 86 ; ch à partir de 126 lei ; P). Ce chalet en bois richement décoré qui se dresse face à une chapelle orthodoxe noire comprend 10 chambres simples au sol en marbre et au mobilier en pin (certaines sont pourvues d'un balcon), ainsi qu'un salon avec cheminée. Le petit-déjeuner n'est pas compris.

Danubius Health Spa Sovata HÔTEL $$$

(☎0265-570 151 ; www.danubiushotels.com ; Str Trandafirilor 82 ; d à partir de 86 € ; P). Pour profiter de votre passage au lac de l'Ours dans des conditions optimales, un séjour dans cet hôtel quatre étoiles s'impose ! Au programme : piscine, sauna, hammam et un vaste choix de soins (enveloppement à la boue, massages...). Les chambres possèdent tout le confort attendu dans une chaîne hôtelière prestigieuse ; lits extrêmement douillets et vue sur la forêt ou sur le lac.

Renseignements

Salt Lake Travel Tourist Office (☎0265-577 421 ; www.sovatatravel.ro ; Str Bradului 2A ; 10h-20h lun-sam et 10h-16h dim juil-août, 9h-17h lun-ven sept-juin, plus 10h-16h sam juin). Cette petite agence peut se charger de réserver des soins ; elle vous aidera pour les transports et délivre des informations sur la région.

Depuis/vers Sovata

Des bus assurent la liaison avec Odorheiu Secuiesc (12 lei, 1 heure-1 heure 30, 5/jour), Târgu Mureş (14 lei, 2 heures, toutes les heures) et Gheorgheni (15 lei, 1 heure 30, 1/jour).

Târgu Mureş

142 000 HABITANTS

Trop souvent négligée, Târgu Mureş est une ville pleine de vie, qui constitue un point de chute parfait pour partir à la découverte du pays sicule. Sa population est composée à parts égales de locuteurs roumains et hongrois. Tout le monde converge ici vers la belle Piaţa Trandafirilor, ornée de statues, où sont regroupés deux cathédrales et un palais de la Culture, unique en Roumanie pour le faste de sa décoration. Târgu Mureş est située en plein cœur de la Transylvanie : il est donc facile de l'intégrer à son itinéraire – et vous ne le regretterez pas.

Histoire

Târgu Mureş (Marosvásárhely en hongrois, Neumarkt en allemand) fut mentionnée pour la première fois en tant que bourg marchand sous le nom de "Novum Forum Sicolorum" en 1322. Elle devint ensuite une grande garnison, puis un centre culturel et académique. En 1658, elle fut attaquée par les Turcs, qui capturèrent 3 000 habitants et les déportèrent à Constantinople pour en faire des esclaves.

Sous le régime de Ceauşescu, Târgu Mureş était une "ville fermée" : afin d'affaiblir la communauté hongroise, seuls les Roumains avaient alors le droit de s'installer.

En 1990, Târgu Mureş fut le théâtre d'affrontements sanglants (lors du "mois de mars noir") entre les étudiants hongrois, qui manifestaient pour la création d'une faculté de langue hongroise à l'université, et les Roumains, qui prirent d'assaut les bureaux du parti politique hongrois local ; des victimes furent à déplorer dans les deux camps. Des manifestants roumains tentèrent même d'arracher les yeux du dramaturge András Sütő (1927-2006), qui en resta borgne. Selon le rapport de Human Rights Watch de 1990, la violence éclata à la suite de rumeurs affirmant que des paysans roumains armés étaient amenés des villages alentour pour épauler les manifestants roumains.

Si les blessures du passé n'ont pas entièrement cicatrisé, les manifestations organisées depuis les années 2000 sont pacifiques. À Târgu Mureş, des protestations en faveur de l'autonomie du pays sicule sont généralement organisées le 10 mars pour la Journée de la liberté sicule.

Târgu Mureş

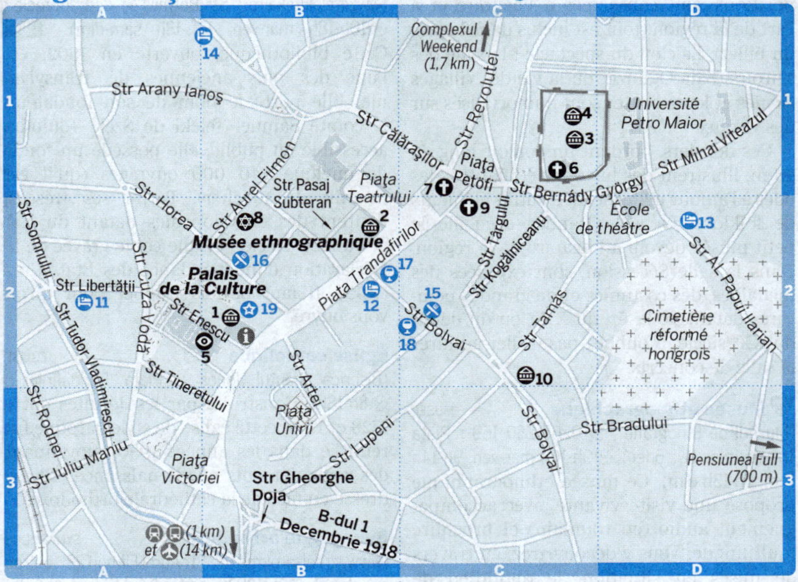

Târgu Mureş

Les incontournables
- 1 Palais de la Culture B2
- 2 Musée ethnographique B2

À voir
- 3 Citadelle C1
- 4 Musée de la Ville C1
- 5 Conseil du département B2
- 6 Église fortifiée C1
- 7 Cathédrale orthodoxe C1
- 8 Synagogue orthodoxe B2
- 9 Église catholique C2
- 10 Bibliothèque Teleki Bolyai C2

Où se loger
- 11 Atlantic Hotel A2
- 12 Hotel Concordia B2
- 13 Pension Ana Maria D2
- 14 Pensiunea Tempo B1

Où se restaurer
- 15 Donuterie C2
- 16 Emma B2
- Laci Csárda .... (voir 14)

Où prendre un verre et faire la fête
- 17 Old City Pub B2
- 18 Piaf C2

Où sortir
- 19 Agenţie de Bilete B2
- Philharmonique d'État .... (voir 1)

À voir

Piaţa Trandafirilor et ses environs

L'effervescente Piaţa Trandafirilor (la place centrale) est jalonnée de statues, de cafés avec terrasses et de restaurants. Il y a aussi un cinéma et un théâtre, et deux monuments à ne rater sous aucun prétexte : le palais de la Culture et le Musée ethnographique. Deux églises bien différentes se dressent à son extrémité nord-est.

Palais de la Culture MUSÉE

(Palatul Culturii ; ☎0265-267 629 ; www.palatulculturiimures.ro ; Str Enescu 2 ; 12 lei ; 9h-18h mar-dim en été, 9h-16h en hiver). Ce bâtiment de style Sécession, au toit de céramique ostentatoire et à l'intérieur coloré, est unique en Transylvanie. Construit entre 1911 et 1913, le palais de la Culture recèle des bustes, des portraits sur verre de compositeurs, des chandeliers étincelants, des escaliers en marbre de Carrare et des miroirs importés de Venise, et comprend une salle de concerts somptueusement décorée. Des salles d'expositions sont consacrées à l'histoire et à l'art de la région (tout est inclus dans le prix du billet). Le clou du spectacle : la salle des Miroirs (Sala Oglinzi), où la vie des villages sicules et leurs contes sont immortalisés sur des vitraux.

Ces derniers, bordant un couloir long de 45 m, illustrent des histoires édifiantes, des odes à l'amour maternel et d'autres éléments de folklore. La salle Dandea accueille le petit musée dévolu à l'histoire de la région. Dans la salle Sécession, sont exposées des médailles, des costumes et de grandes peintures datant de la fin du XIXe ou du début du XXe siècle. N'oubliez pas d'aller admirer la salle de concerts.

Musée ethnographique MUSÉE

(Muzeul de Etnografie ; 0265-250 169 ; Piaţa Trandafirilor 11 ; 6 lei ; 9h-16h mar-ven, 9h-14h sam, 9h-13h dim). Ce musée ethnographique propose une visite vivante, avec accompagnement audio (en roumain) et brochure multilingue. Vous y découvrirez, au travers de mises en situation, le quotidien de la Transylvanie rurale d'autrefois. Une grande importance est donnée aux détails d'époque, avec de nombreux éléments relatifs à la vie quotidienne. On croirait que des habitants d'alors viennent tout juste de quitter la pièce.

Conseil du département BÂTIMENT CULTUREL

(Prefectura ; Piaţa Victoriei 1). À côté du palais de la Culture, le bâtiment du Conseil départemental (1905-1907), également de style Sécession, se distingue par ses toits en céramique vert et orange, et par sa tour de guet, haute de 60 m, qui lui vaut d'être le monument le plus photographié de Târgu Mureş. Vous pourrez jeter un coup d'œil à l'intérieur et admirer les plafonds peints et les vitraux, qui donnent sur un bel escalier majestueux. Le palais de la Culture séduit toutefois davantage les voyageurs avides de splendeurs architecturales.

Cathédrale orthodoxe ÉGLISE

(Piaţa Trandafirilor ; 8h-18h). L'imposante cathédrale orthodoxe (1925-1934) fut conçue pour faire forte impression ; elle renferme des peintures d'influence byzantine et des icônes dorées, ainsi qu'une peinture murale constituant un véritable manifeste politique en pays sicule, représentant Jésus en "paysan roumain" fouetté par des nobles en costumes hongrois.

Bibliothèque Teleki-Bolyai MUSÉE

(www.telekiteka.ro ; Str Bolyai 17 ; don apprécié ; 10h-18h mar-ven, 10h-13h sam-dim). GRATUIT Cette bibliothèque, ouverte en 1802, est l'une des plus anciennes de Transylvanie. Elle porte le nom de son fondateur, le comte Sámuel Teleki de Szék. Toujours accessible au public, elle possède un fonds de quelque 240 000 ouvrages (qu'il est interdit de toucher). Parmi ses trésors, figurent des encyclopédies datant du XVe et du XIXe siècles, et une copie gravée de la Déclaration d'indépendance des États-Unis (1819). Il faut parfois frapper pour qu'on vous ouvre.

Église catholique ÉGLISE

(Biserica Sfântul Jonos ; Piaţa Trandafirilor ; 8h-18h). Construite par les Jésuites entre 1728 et 1764, cette église de style baroque fut rénovée dans les années 1930, moyennant des remaniements néo-Renaissance. Elle se dresse en face de la cathédrale orthodoxe.

Synagogue orthodoxe SYNAGOGUE

(www.izraelsarokms.ro ; Str Aurel Filmon 23 ; entrée sur don ; 9h-12h30 lun-ven). À un pâté de maisons à l'ouest du Musée ethnographique, cette synagogue ornée et bien conservée date de 1899-1900. Avant la Seconde Guerre mondiale, plus de 6 000 juifs vivaient à Târgu Mureş. Une étude menée dans les années 2000 révéla qu'ils n'étaient plus que 200.

Citadelle et ses environs

L'immense citadelle s'étend à un pâté de maisons au nord-est de la Piaţa Trandafirilor.

Citadelle MONUMENT HISTORIQUE

(Cetatea Medievală ; www.cetatespum.ro ; B-dul Cetăţii ; 8h-21h mar-dim). GRATUIT Les visiteurs peuvent se promener librement entre les murs de la citadelle de Târgu Mureş, qui date de 1492 et comprend une église fortifiée, un **musée de la Ville** (Citadel, B-dul Cetăţii ; tarif plein/étudiant 4/1 lei ; 9h-16h mar-ven, 10h-14h sam-dim) et un jardin, tout indiqué pour une promenade dans l'après-midi.

Église fortifiée ÉGLISE

(Citadel, B-dul Cetăţii ; horaires variables). Cette église de style gothique tardif (souvent fermée) est la plus ancienne de Târgu Mureş. Sa construction débuta au milieu du XIVe siècle et fut achevée un siècle plus tard.

Complexul Weekend PISCINE

(angle Str Luntraşilor et Str Plutelor ; adulte/enfant 6/3 lei ; 8h-19h mar-dim mai-août). En plein été, quand le thermomètre atteint 40°C, ce complexe, à 2,5 km au nord du centre, est un havre de fraîcheur, avec ses deux piscines géantes, quelques bassins pour les petits et un terrain de beach-volley.

Où se loger

L'offre hôtelière est en constante évolution à Târgu Mureş. Pour autant, il existe plusieurs établissements excellents et bien établis. De plus en plus d'habitants louent par ailleurs des appartements sur des sites de réservation en ligne. On trouve facilement des hôtels haut de gamme et des boutique-hôtels aux abords de la Piaţa Trandafirilor. Ce sont toutefois les pensions des rues résidentielles de la ville, à environ 1 ou 2 km du centre, qui offrent le meilleur rapport qualité/prix.

Pension Ana Maria PENSION $

(0265-264 401 ; Str Papiu Ilarian 17 ; d/tr à partir de 30/35 € ; P). Dans cet hôtel tenu en famille depuis 20 ans, les chambres ont été aménagées avec des meubles austro-hongrois traditionnels. Certaines ont même des auvents de bois au-dessus des lits. Le petit-déjeuner est très généreux.

♥ **Atlantic Hotel** HÔTEL $$

(0265-268 381 ; www.atlantichotel.ro ; Str Libertăţii 15 ; ch/app à partir de 43/58 €, avec Jacuzzi 85 € ; P). Cet établissement frappe d'emblée, avec ses ramures de cerfs et son entrée en marbre. Il s'agit d'une véritable oasis en plein cœur de la ville, et ses vastes chambres sont garnies de mobilier en bois massif et d'objets décoratifs. Des plantes ont été disposées dans les parties communes. Le personnel sait très bien doser convivialité et courtoisie.

Pensiunea Full PENSION $$

(0265-311 030 ; www.pensiuneafull.ro ; Str Corneşti 61 ; s/d 130/160 lei ; P). À 1,5 km à l'est de Piaţa Trandafirilor, cette pension bien gérée est l'endroit rêvé pour s'extraire du vacarme du centre. Sa décoration évoque vaguement les années 1970 ; les chambres sont pourvues de frigos et de coffres-forts, et les sdb sont impeccables. Il y a aussi une piscine, des chaises longues et une pelouse pour se détendre.

Pensiunea Tempo PENSION $$

(0265-213 552 ; www.tempo.ro ; Str Morii 27 ; s 160-205 lei, d 175-220 lei ; P). Cette pension aux faux airs de motel, dotée d'une cour décorée de pots de fleurs, est l'une des meilleures de Târgu Mureş. Les chambres standards sont propres et confortables ; les supérieures, qui renferment quelques meubles de style saxon, sont plus grandes (et plus chères). Le bonus : l'établissement est parfaitement situé pour aller manger au restaurant Laci Csárda, juste à côté.

Hotel Concordia BOUTIQUE-HÔTEL $$

(0265-260 602 ; www.hotelconcordia.ro/hotel.html ; Piaţa Trandafirilor 45 ; s/d/ste 56/64/75 € ; P). Avec ses meubles rétro et ses touches bohèmes, l'hôtel Concordia, sur la place principale, semble être inspiré du Soho londonien des années 1980. Les chambres arborent des chaises zébrées et des tapis bordeaux. Il y a aussi une piscine et un petit spa (inclus dans le prix).

Où se restaurer

Rejoignez les rues voisines de la Piaţa Trandafirilor – où l'on trouve aussi de nombreux cafés et restaurants – et vous ne manquerez pas de dénicher un endroit à votre goût. Reflétant la mixité de la population, on trouve à Târgu Mureş un mélange de cuisine hongroise et roumaine, ainsi que d'inévitables pizzerias et des bistrots.

♥ **Laci Csárda** ROUMAIN $$

(0265-213 552 ; www.tempo.ro/restaurant-laci-csarda ; Str Morii 27 ; plats 20-30 lei ; 10h-0h). Ce restaurant, qui ressemble à une église en bois et possède une terrasse couverte, sert de belles portions d'une cuisine rustique et roborative : du chou farci *koloszvari* (avec du porc et du riz), des champignons au paprika et du ragoût de bœuf à la polenta.

Emma ROUMAIN $$

(Str Horea 6 ; plats 11-25 lei ; 8h-23h lun-ven, 10h-23h sam, 11h-23h dim). Copieux schnitzels, poulet au paprika et chili veggie au menu de ce restaurant, qui figure parmi nos préférés pour le midi. Les nappes en dentelles et l'intérieur douillet sont en accord parfait avec la cuisine maison. Plats du jour à 13 lei.

Donuterie DESSERTS

(www.donuterie.ro ; Str Bolyai 3 ; donut 2,50 lei ; 9h30-18h30 lun-ven). Les fameux beignets sous toutes leurs formes : colorés, chocolatés ou encore saupoudrés d'Oreo.

Où prendre un verre et faire la fête

Piaf BAR À COCKTAILS
(www.piafcafe.ro ; Str Bolyai 10 ; ⏲8h-3h jeu-sam, 8h-1h lun-mer). Son mur festonné de bouteilles nous met sur la piste de la spécialité du Piaf : la mixologie. On y savoure toutes sortes de cocktails sans alcools, infusés de saveurs exotiques, telles que la noix de coco ou le nerprun. Entre objets d'art modernes, fauteuils colorés, toiles sensuelles et murs de briques apparentes, c'est l'un des meilleurs endroits où prendre un verre en ville.

Old City Pub BAR
(Piaţa Trandafirilor 43 ; ⏲9h-1h dim-mer, jusqu'à tard jeu-sam). Près de la place, sous un porche, ce café/pub a la faveur des habitants, qui apprécient son ambiance chic et confortable, et les occasionnelles soirées karaoké, quizz et bien plus encore. Bons cocktails ; jolie sélection de plats (salades, spaghettis, desserts d'inspiration française...).

Où sortir

Dans le beau palais de la Culture (p. 12), l'**Agenţie de Bilete** (⏲12h-17h30 lun-ven) vend des places pour des spectacles variés, dont des opéras et les concerts de **l'orchestre philharmonique d'État** (Filarmonica de Stat ; ☎billets 0265-261 420 ; www.filarmonicams.ro ; Str George Enescu 2 ; places à partir de 20 lei).

Renseignements

Les DAB ne manquent pas dans le centre. Il y en a notamment un à la **Banca Carpaţi** (Str Poştei 1 ; ⏲ 8h30-17h lun-ven).

Centre d'informations touristiques (☎0365-404 934 ; www.cjmures.ro/turism ; angle Piaţa Trandafirilor et Str Enescu ; ⏲8h-16h lun-jeu, jusqu'à 15h ven). Dans le palais de la Culture, ce centre très bien géré offre des plans gratuits et des renseignements sur la région, ainsi que des conseils sur l'hébergement et les transports.

Depuis/vers Târgu Mureş

AVION

L'**aéroport de Târgu Mureş** (☎0265-328 259 ; www.aeroportultransilvania.ro ; Str Ludus Km 14,5) se trouve à 14 km au sud-ouest de la ville (sur la route de Cluj-Napoca). Prenez un bus devant le théâtre (les bus pour l'aéroport sont généralement programmés en fonction des vols principaux).

Lors de nos recherches, **Wizz Air** (www.wizzair.com) proposait des vols réguliers depuis/vers l'aéroport de Paris-Beauvais, entre autres destinations à l'étranger.

BUS

La **gare routière** (☎0265-237 774 ; Str Gheorghe Doja 143) est desservie par des bus et des *maxitaxis*. Consultez le tableau ci-dessous.

TRAIN

De la **gare ferroviaire** (☎0265-236 284 ; Piaţa Gării), il y a chaque jour un train direct pour : Bucarest (90 lei, 8 heures 30), Cluj-Napoca (26-60 lei, 5 heures), Sibiu (30 lei, 6 heures) et Timişoara (66 lei, 7 heures 30). D'autres destinations impliquent de prendre une correspondance.

Comment circuler

Il est facile de circuler à pied dans le centre-ville. Le bus n°18 relie la Piaţa Teatrul et la Piaţa Trandafirilor à la gare routière ; le bus n°5 dessert la gare ferroviaire (2 lei). Un taxi depuis/vers l'aéroport revient à 40 lei environ. On trouve facilement des taxis en ville ; comptez 2-2,50 lei le kilomètre.

BUS AU DÉPART DE TÂRGU MUREŞ

DESTINATION	TARIF	DURÉE	FRÉQUENCE
Bistriţa	22 lei	2 heures 30-4 heures	3/jour
Braşov	35 lei	3-4 heures	3/jour
Bucarest	60 lei	7 heures	2/jour
Budapest	100 lei	9 heures	3/jour
Cluj-Napoca	25 lei	2 heures 30-2 heures	13/jour
Sibiu	20-30 lei	2 heures 30-3 heures 30	6/jour
Sighişoara	13 lei	1 heure 30	presque toutes les heures
Sovata	14 lei	1 heure 30-2 heures	toutes les heures au minimum

SUD-OUEST DE LA TRANSYLVANIE

L'histoire du sud-ouest de la Transylvanie s'est construite, au Moyen Âge, sur l'alliance de la richesse et du pouvoir à l'état brut. La région qui s'étend entre les monts Retezat et le massif des Apuseni, à l'ouest de la nationale Cluj-Napoca-Sibiu, est parsemée de citadelles, parmi lesquelles figurent notamment le château des Corvin, les fortifications de Câlnic et la forteresse en ruines de Deva. La citadelle d'Alba Iulia englobe des monuments et églises remarquables, et la salle où fut signée l'union de la Roumanie et de la Transylvanie en 1918.

Au regard de la frise chronologique du sud-ouest de la Transylvanie, ces châteaux sembleraient presque récents. Les collines aurifères de la région sont exploitées depuis près de 2 000 ans (comme en témoigne le musée de l'Or de Brad) ; quant aux Daces, on retrouve leur trace sur le site archéologique de Sarmizegetusa. Témoins de la brièveté de toute chose humaine, les monts Retezat sont parcourus de sentiers de randonnées, par lesquels on rejoint des lacs glaciaires.

Alba Iulia

63 530 HABITANTS

Magnifiquement préservée, la citadelle en étoile d'Alba Iulia, la plus grande de Roumanie, est souvent ignorée. Elle englobe pourtant des édifices remarquables. Elle a été rénovée ces dernières années, et on y trouve désormais des renseignements multilingues à destination des visiteurs. C'est ici que fut signé l'accord d'unification de la Transylvanie à la Roumanie en 1918 – d'où l'attention portée à la ville en 2018, pour le centenaire de cet événement historique.

Autour de la citadelle, la ville est vaste, animée et encore marquée par le goût du béton de l'époque soviétique. C'est une étape agréable entre Sibiu et les châteaux de Deva et de Hunedoara, ou sur la route de Cluj-Napoca et des monts Apuseni.

Histoire

C'est donc ici que la nation annonça l'union de la Transylvanie et de la Roumanie en 1599 et en 1918, des dates très importantes pour les Roumains. Alba Iulia fut la capitale de la Dacie supérieure (elle s'appelait alors Apulum), puis le plus grand centre de la province dace à l'époque de l'Empire romain. De 1542 à 1690, elle fut la capitale de la principauté de Transylvanie. Alba Iulia organise d'importantes célébrations à l'occasion de la fête nationale, le 1er décembre.

À voir

Prévoyez une promenade dans la citadelle à l'heure de la **relève de la garde** (Str Mihai Viteazul ; 12h), pour voir les gardes à cheval et en uniforme trotter entre les vieilles portes, au son des roulements de tambour et des trompettes.

Citadelle Alba Carolina FORTERESSE

GRATUIT À l'intérieur de cette citadelle au plan en étoile, emblématique de la ville, on trouve des musées, des églises et la salle de l'Unification. Construite à l'origine au XIIIe siècle, la forteresse actuelle remonte pour l'essentiel au XVIIIe siècle. Si vous disposez de peu de temps, concentrez-vous sur la cathédrale du couronnement et le musée de l'Unification. Dans l'idéal, il faudrait lui consacrer une journée entière, entre musées, pauses photos devant les grandes portes et détente dans les cafés. L'accès à la citadelle est gratuit ; les musées sont payants.

La Str Mihai Viteazul monte de la ville basse à la **première porte** de la forteresse, décorée de sculptures inspirées de la mythologie grecque. De là, une route pavée conduit à la **troisième porte**, que domine une statue équestre de Charles VI du Saint Empire. Au-dessus de la porte se trouve la **cellule de Horea** (Celula lui Horea), reproduction de l'endroit où Horea, chef de la grande jacquerie de 1784, fut enfermé jusqu'à sa mort. Horea et son camarade révolutionnaire Cloşca moururent sous le supplice de la roue sur la **colline Furcilor** (Dealul Furcilor) en 1785. Crişan, le troisième meneur de la jacquerie, se tua en prison pour échapper à semblable châtiment. Non loin de là, se dresse une colonne en granite, le **mémorial du soulèvement** (Str Mihai Viteazul), érigée en 1937 pour commémorer ces tragiques événements, et depuis laquelle la vue sur les collines environnantes est superbe.

Juste avant la troisième porte, un chemin conduit vers le sud à l'**église de Michel le Brave** (Biserica Memorială Sfânta Treime ; www.biserica-mihai-viteazul.ro ; Str Mitropolit Simion Stefan 5 ; 8h-19h), 500 m plus loin. Cette église en bois, déplacée du Maramureş en 1992, se dresse sur le site d'une ancienne cathédrale métropolitaine, érigée par Mihai Viteazul en 1597 et détruite par les Habsbourg en 1714.

Alba Iulia

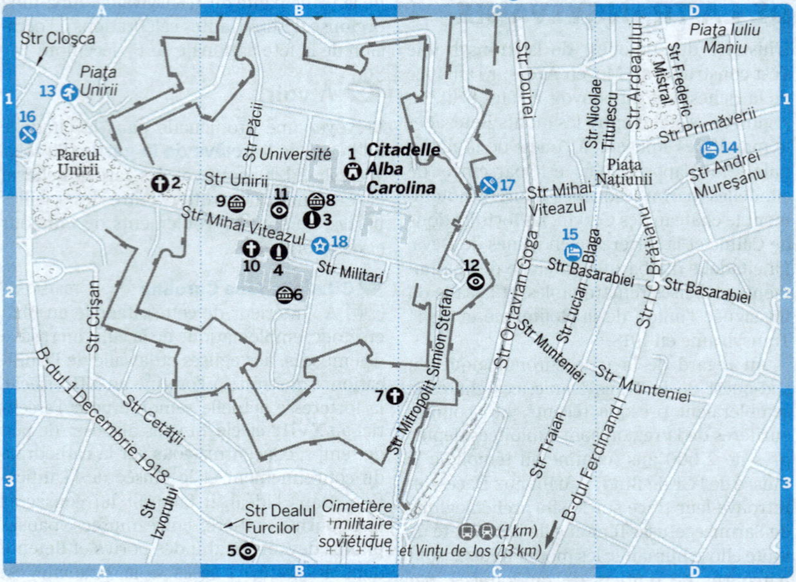

Alba Iulia

Les incontournables
1 Citadelle Alba Carolina B1

À voir
2 Cathédrale orthodoxe A1
3 Monument Costozza B2
4 Statue équestre de Mihai Viteazul B2
5 Colline des Furcilor B3
6 Ancien palais princier B2
7 Église de Michel le Brave B3
8 Muzeul Principia B2
9 Musée de l'Union nationale B2
10 Cathédrale Saint-Michel B2
11 Salle de l'Union B2
12 Mémorial du soulèvement C2

Activités
13 l'Velo A1

Où se loger
Hotel Medieval .... (voir 6)
14 Hotel Parc D1
15 Villa Preciosa C2

Où se restaurer
16 Gavroche A1
17 Pub 13 .... C1

Où sortir
18 Relève de la garde B2

Après les portes, à 200 m à l'ouest, remarquez le **monument Costozza**, un obélisque dressé en 1906 en hommage aux soldats et officiers du 50e régiment d'infanterie d'Alba Iulia, tués lors de la bataille de Custoza, en 1866, alors qu'ils se battaient dans les rangs de l'armée des Habsbourg contre l'Italie. À proximité se trouve le **Muzeul Principia** (0258-813 300 ; www.castrul-apulum.ro ; Str Unirii ; adulte/enfant 10/6,50 lei ; 10h-21h mar-dim), sur le site où fut mis au jour le plus grand fort de la Dacie romaine. Vous pourrez contempler les murs et l'ancien hypocauste (système de chauffage) à l'intérieur.

À l'ouest, la **salle de l'Unification** (Sala Unirii ; Str Muzeului) GRATUIT fut construite en 1900. C'est là que fut signé le rattachement de la Transylvanie à la Roumanie le 1er décembre 1918. Au sud de cette salle se dresse une grande statue équestre de **Mihai Viteazul** (Michel le Brave), souverain de la Valachie, puis de la Transylvanie et de la Moldavie à la fin du XVIe siècle. Cette union prit fin après son assassinat en 1601. Derrière la statue, la **cour princière** (fermée au public), l'ancienne résidence de Jean Sigismond de Transylvanie (Jean II de Hongrie), fut bâtie en plusieurs étapes à partir du XVIe siècle. Mihai Viteazul y résida aussi brièvement.

Juste à l'ouest, se dresse la **cathédrale Saint-Michel** (9h-18h), le lieu de culte catholique le plus révéré du pays, et le plus long (89 m). De nombreux membres de la famille royale y sont inhumés, notamment la reine Isabelle et son fils (le premier prince de Transylvanie). Elle recèle un orgue à 2 209 tuyaux encadré de décorations gothiques et baroques.

De l'autre côté de la rue est aménagé l'impressionnant **musée de l'Unification** (Muzeul Unirii ; 0258-813 300 ; Str Mihai Viteazul 12 ; adulte/enfant 8/4 lei ; 10h-19h mar-dim en été, jusqu'à 17h mar-dim en hiver), qui célèbre la signature du rattachement de la Transylvanie à la Roumanie. Près de l'entrée ouest de la citadelle, la remarquable **cathédrale du Couronnement** (Str Mihai Viteazul 16 ; horaires variables) fut érigée entre 1921 et 1922 en forme de croix grecque circonscrite. Un clocher haut de 58 m marque l'entrée principale.

Activités

Entre les quartiers de Miceşti et de Pâclişa, un sentier de 5 km à travers la forêt, destiné aussi bien aux cyclistes (le vélo est plus pratique) qu'aux marcheurs, dévoile une belle vue sur les collines. Vous pourrez louer un vélo chez **l'Velo** (Parcul Unirii ; par heure/jour 4/15 lei ; avr-oct).

Où se loger

Alba Iulia comprend aussi bien de somptueuses pensions et des hôtels à thème, que des adresses plus simples. On trouve facilement des hébergements pour tous les budgets à une distance raisonnable de la citadelle.

Villa Preciosa BOUTIQUE-HÔTEL $$
(0258-814 033 ; www.preciosa.ro ; Str Lucian Blaga 10 ; s/d à partir de 150/220 lei ; P). Les colonnes à l'extérieur donnent le ton : cette adresse raffinée et romantique à souhait offre le plus bel hébergement d'Alba Iulia, avec des chambres impeccables, agrémentées de nombreux coussins. Dans une petite rue résidentielle à 10 minutes à pied de la citadelle.

Choix de cuisine européenne et excellente carte des vins dans le restaurant.

Hotel Parc HÔTEL $$
(0258-816 642 ; www.hotelparc.ro ; Str Primăverii 4 ; s/d/app 240/260/360 lei ; P). Un établissement chic, évoquant un peu les paquebots de luxe des années 1970, avec touches Art déco, hall à paillettes et salle à manger d'un pourpre éclatant. Belles chambres. Piscine chauffée ; deux saunas.

Hotel Medieval HÔTEL $$$
(0374-079 990 ; www.hotel-medieval.ro ; Str Militari 13 ; d/app à partir de 110/170 € ; P). Aménagé dans une ancienne caserne du XVIIIe siècle à l'intérieur de la citadelle, ce bel hôtel cinq étoiles renferme des meubles en bois sculpté, des objets anciens et des sdb modernes avec baignoire sur pieds.

Où se restaurer et prendre un verre

Les restaurants d'Alba Iulia se sont surpassés au cours des dernières années, et l'on peut aussi bien se régaler d'une cuisine rustique servie dans un lieu de style médiéval, que jeter son dévolu sur une brasserie d'inspiration française ou une trattoria italienne. Dans la citadelle, les établissements, plus touristiques, restent satisfaisants. On trouve quelques restaurants dans les autres secteurs de la ville – attention : en dehors de la saison estivale, les horaires sont aléatoires.

Pub 13 ROUMAIN $$
(0728-444 415 ; www.pub13.ro ; Aleea Capistrano, 3e porte, Citadelle ; plats 20 lei ; 12h-0h). Si l'idée de déguster un steak face à une armure ou de planter votre fourchette dans de la polenta au fromage en dessous de blasons suspendus à des murs en briques vous enchante, ce restaurant médiéval est fait pour vous. Loin d'être un médiocre établissement à thème, le Pub 13 est niché dans les murs de la citadelle, orné de souvenirs historiques et éclairé par des chandeliers.

Gavroche EUROPÉEN $$
(0358-401 203 ; www.restaurantgavroche.ro ; B-dul 1 Decembrie 1918 ; plats 16-25 lei ; 8h-0h lun-jeu, 9h-1h ven-dim). Quoique d'inspiration française, le Gavroche sert également des hamburgers, des curries, du fromage frit, d'excellents plats de pâtes, ainsi que des recettes plus gastronomiques, comme le canard à la griotte et le porc glacé à la moutarde (30-35 lei).

Depuis/vers Alba Iulia

Des bus directs et des *maxitaxis* partent de la **gare routière** (0258-812 967 ; Str Iaşilor 94) d'Alba Iulia pour Bucarest (60 lei, 6 heures, 6-8/jour), Cluj-Napoca (20 lei, 2 heures, toutes les heures), Deva (18-20 lei, 1 heure 30, 10/jour), Sibiu (15 lei, 1 heure 30, toutes les heures), Târgu Mureş (32-35 lei, 2 heures 30, 3/jour) et Timişoara (44 lei, 4 heures 30, 4/jour).

Depuis la **gare ferroviaire** (Str Maramureşului), des trains desservent chaque jour Cluj-Napoca (35 lei, 2 heures 30, 5/jour), Deva (9-22 lei, 2 heures, 4/jour), Timişoara (67 lei, 5 heures, 3/jour) et Sibiu (12 lei, 2 heures 30, 2/jour). Il y a un train quotidien pour Bucarest (9 lei, 11 heures) – vous aurez davantage de choix en passant par Deva et Simeria.

Comment circuler

Les bus nos 103 et 104 relient la gare ferroviaire à la citadelle (billet simple 2,50 lei ; billets en vente aux bornes ; validation dans les bus). Alba Iulia est facile à explorer à pied.

Deva

61 125 HABITANTS

Deva est couronnée par une citadelle du XIIIe siècle – et un grand panneau à la mode hollywoodienne. À part pour déguster une pizza ou pour faire un tour dans sa poignée de musées, les raisons de s'y attarder ne sont pas nombreuses. Ceci dit, si vous allez au château des Corvin, il vaut mille fois mieux s'arrêter à Deva que dans l'immense et industrielle Hunedoara.

À voir

Citadelle de Deva FORTERESSE
(Cetatea Deva). GRATUIT À 300 m de la ville, la citadelle domine Deva depuis une colline rocheuse. Une montée escarpée conduit derrière le Parcul Cetăţii à l'ouest du B-dul 1 Decembrie 1918. Vous pourrez aussi prendre le **funiculaire** (☎0254-220 288 ; adulte aller-retour/aller 10/6 lei, enfant aller-retour/aller 5/3 lei ; ⏲9h-21h mai-sept, 8h-20h oct-avr) – mais accrochez-vous bien. Au sommet, vous découvrirez de nombreux murs de pierre et une vue panoramique sur les collines environnantes. Il n'existe pas d'horaires spécifiques pour accéder au site.

La construction de la forteresse en pierre débuta au milieu du XIIIe siècle. En 1453, Iancu de Hunedoara l'agrandit. Dávid Ferenc (1510-1579), le fondateur de l'Église unitarienne, y fut emprisonné jusqu'à sa mort. En 1784, pendant la jacquerie dirigée par Horea, Crişan et Cloşca, la forteresse servit de refuge aux nobles redoutant d'être tués par les paysans révoltés. En 1849, des nationalistes hongrois attaquèrent des généraux autrichiens retranchés dans le fort. Le siège, qui dura quatre semaines, s'acheva par l'explosion de la poudrière, qui ravagea la citadelle.

Où se loger et se restaurer

On trouve des hôtels pour les petits budgets et de catégorie moyenne disséminés dans la ville. Toutefois, rares sont ceux qui vous donneront envie de vous attarder plus d'une nuit.

Pensiunea Sub Cetate PENSION $
(☎0254-212 535 ; devacazare.ro ; B-dul 1 Decembrie 1918, 37B ; s/d 100/120 lei ; P ❄ wifi). Dans une petite rue résidentielle arborée, cette pension très accueillante loue des chambres propres et douillettes, certaines avec balcon.

Hotel Sarmis HÔTEL $$
(☎0254-214 731 ; www.unita-turism.ro ; Str Mareşal Averescu 7 ; s/d/app 163/220/356 lei ; P wifi). Ce colosse vert pastel et blanc compte 118 chambres aux meubles de bois sombre avec sdb. Prix raisonnables. Petit-déjeuner en supplément (16 lei).

Restaurant Castelo INTERNATIONAL $
(angle B-dul 1 Decembrie et Str Aurel Vlaicu ; plats 15 lei ; ⏲9h-0h). La décoration de ce restaurant proche du parc mériterait d'être rafraîchie. Pour le reste : honorables schnitzels, sandwichs et grillades.

Renseignements

Centre d'informations touristiques (Str Stadion ; ⏲9h-21h en été). À côté du funiculaire qui monte au château, ce kiosque propose des cartes. Le personnel parle anglais.

Raiffeisen Bank (B-dul Iuliu Maniu ; ⏲9h-13h et 13h30-17h30 lun-ven). À proximité de la gare ferroviaire.

Depuis/vers Deva

BUS

La **gare routière** (Calea Zarandului) déborde sur le parking devant la gare ferroviaire. De nombreux bus et microbus desservent Hunedoara (7-10 lei, 40 min). Des bus partent aussi pour Timişoara (28-35 lei, 3 heures 30, 8/jour) et Sibiu (20-30 lei, 2 heures 30, 6/jour).

Les bus et les *maxitaxis* à destination de Cluj-Napoca (40 lei, 3 heures-3 heures 30, 9/jour) et Târgu Mureş (40 lei, 3 heures 30-4 heures, 2/jour) partent devant la gare ferroviaire.

De nombreux services de bus privés desservent Budapest (25-50 €, 7 heures).

TRAIN

Trains directs pour Bucarest (92 lei, 8-9 heures 30, 2/jour), Sibiu (35 lei, 3-4 heures 30, 2-3/jour) et Timişoara (50-60 lei,

Deva

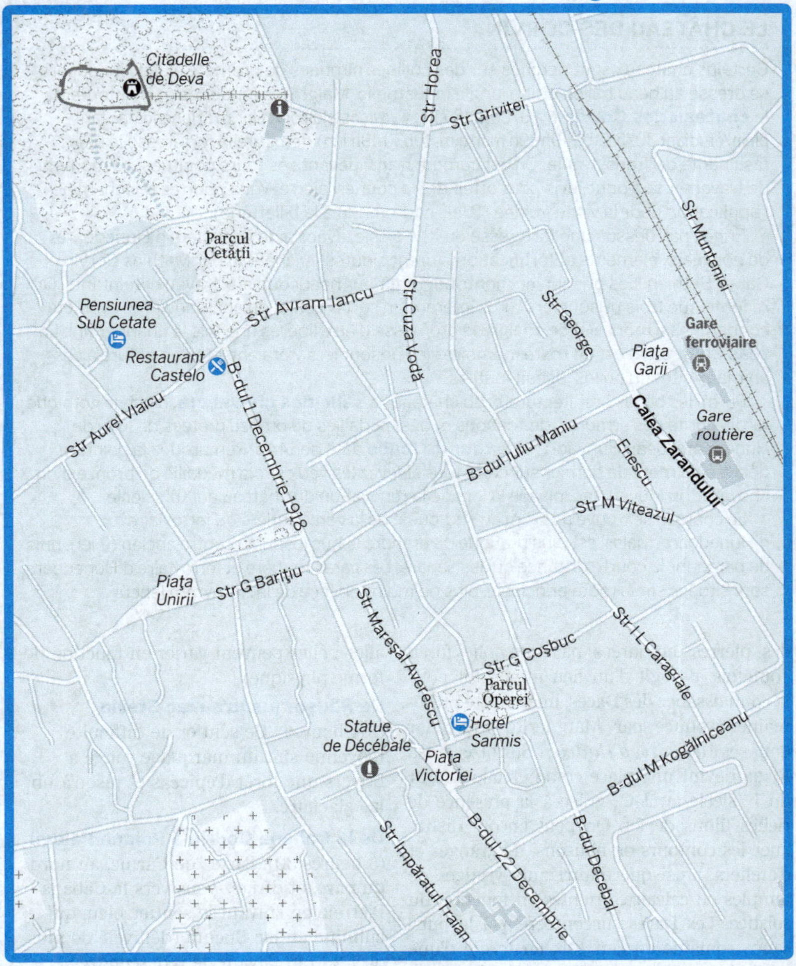

3 heures 15, 4/jour) ; 3 trains de nuit jusqu'à Cluj-Napoca (25-53 lei, 4 heures 30-5 heures).

Monts Retezat

Avec 80 lacs glaciaires et des pics s'élevant au-dessus de 2 000 m, les monts Retezat forment un pan spectaculaire des Carpates du Sud. Le **parc national des Retezat** (www.retezat.ro), la plus ancienne réserve de Roumanie, est un lieu d'exception pour sa faune, sa flore et ses splendides itinéraires de marche. **Haţeg**, au nord du parc, est l'endroit idéal pour recharger les batteries avant de démarrer une randonnée. C'est aussi une bonne base pour partir explorer la région. Si vous êtes motorisé, n'hésitez pas à faire quelques sympathiques détours, pour découvrir une petite réserve de bisons, des monastères et des forteresses, ainsi que le site dace de Sarmizegetusa Regia.

À voir

Sarmizegetusa Regia SITE ARCHÉOLOGIQUE
(adulte/enfant 5/3 lei ; 9h-20h mai-sept, 9h-18h mars-avr et oct-nov, fermé déc-fév). Sarmizegetusa Regia est un site archéologique majeur en Roumanie. Seules subsistent aujourd'hui

VAUT LE DÉTOUR

LE CHÂTEAU DES CORVIN

Certains châteaux sont perchés sur des collines nimbées de brume. Celui d'Hunedoara se dresse au beau milieu d'une jungle industrielle. Malgré les fonderies qui l'entourent, le **château des Corvin** (☎0786-048 718 ; www.castelulcorvinilor.ro ; Hunedoara ; tarif plein/étudiant 30/5 lei ; ⏲9h-19h mar-dim, 10h30-19h lun) demeure la forteresse la plus fascinante de Transylvanie. On est comme transi devant ses tours pointues, au moment de traverser son pont-levis pour atteindre la cour en pierre. Vous pourrez télécharger l'application pour la visite guidée (8 lei ; code vendu à la billetterie).

Érigés par-dessus une forteresse du XIVe siècle, avec l'aide financière d'Hunedoara, de nouveaux éléments et fortifications furent ajoutés au château par Mathias Corvin et Gábor Bethlen. Les prisonniers contribuèrent pour beaucoup aux travaux éreintants. On raconte que trois prisonniers turcs jetèrent un sort au puits du château après avoir été condamnés à mort – et ce, malgré la promesse d'être libérés une fois le chantier fini. La **fosse aux ours** est de triste mémoire : les prisonniers y étaient jetés en pâture à ces animaux sitôt qu'on les jugeait inutiles.

Parmi les bijoux architecturaux du château, la **salle des chevaliers**, de style gothique tardif, abrite des armures, des canons et des médailles de bronze prêtées de Ioan de Hunedoara (Jean Hunyadi) ; et la **tour de Mace** date de 1440. Remarquez la peinture délavée au motif de damier sur cette tour et levez les yeux sur la médaille de bronze d'un chevalier du Moyen Âge, placée là lors de la rénovation du château au XIXe siècle.

Le château se trouve à 1,5 km au sud-ouest de la gare routière ou ferroviaire d'Hunedoara, mais il est plus pratique de prendre le bus jusqu'au centre ancien (2 lei), puis de parcourir la courte distance qui les sépare. Les gares routière et ferroviaire d'Hunedoara sont situées sur la route principale, plus ou moins en face de la Str Avram Iancu.

des pierres, entourées par une jolie forêt. Toutefois, il s'agit d'un lieu important pour la connaissance des Daces, une société préromaine évoquée par Marguerite Yourcenar dans ses *Mémoires d'Hadrien*. Sarmizegetusa Regia devint une place commerciale autour du Ier siècle av. J.-C., grâce à la présence de riches filons de fer. On peut encore distinguer les contours de maisons, de granges et d'ateliers, ainsi que d'intrigants vestiges de temples en calcaire, orientés en fonction du solstice. Les Daces succombèrent à la puissance romaine en l'an 106, au terme d'une implacable campagne.

Activités

Les marcheurs ont l'embarras du choix, avec 516 km de sentiers balisés, permettant de longues randonnées, de 5 heures ou plus. D'excellents itinéraires relient Râuşor, au nord-ouest du parc, à la Cabana Pietrele et à d'autres sites dans les profondeurs du parc. On peut également partir de la Cabana Gura Zlata. Le **centre de l'administration du parc des Retezat** (☎0254-779 969 ; www.retezat.ro ; Nucşoara 284 ; ⏲8h-16h lun-jeu, 8h-14h ven) est un passage obligé pour les randonneurs.

Voici quelques itinéraires recommandés (les durées indiquées valent pour le trajet aller ; elles peuvent varier en fonction de la forme physique) :

De Râuşor jusqu'au lac Ştevia (3-4 heures). Ce sentier de difficulté moyenne suit un marquage rouge à travers une forêt d'épicéas et jusqu'à un lac glaciaire.

De la Cabana Codrin à Poiana Pelegii (5 heures 30). Partez de Cârnic, au nord du parc, et dirigez-vous vers la Cabana Pietrele en suivant le sentier bleu, qui culmine au lac Bucura (dénivelé de plus de 1 200 m), avant de redescendre vers Poiana Pelegii.

De la Cabana Pietrele jusqu'au lac Bucura (6 heures 30). Cet itinéraire difficile hisse les randonneurs jusqu'à Bucura, le plus grand lac glaciaire des monts Retezat, perché à 2 041 m d'altitude. On peut aussi atteindre le lac par une randonnée de 7 heures depuis la Cabana Gura Zlata.

Où se loger

Vous aurez le choix entre des refuges rudimentaires destinés aux marcheurs dans le parc et des pensions simples en périphérie. Les établissements des monts Retezat ne se distinguent ni par leur luxe, ni par leur charme, mais ils s'inscrivent dans un paysage de toute beauté. Si vous êtes motorisé et souhaitez avoir accès à des restaurants, supermarchés et autres services de base, vous pourrez loger à Haţeg.

Vila Silva PENSION $

(☎ 0760-938 844 ; www.silva.cazareinhateg.ro ; Str Carpaţi 3, Haţeg ; s/d 100/125 lei ; P 📶 ❄). Cette pension mansardée en périphérie de Haţeg loue des chambres aux murs blancs, rehaussés de touches de couleur. Meublée avec simplicité, elle constitue un point de chute pratique pour ceux qui préfèrent dormir en ville plutôt que dans la nature.

Cabana Codrin REFUGE $

(☎ 0742-793 620 ; www.codrin.ro ; Cârnic ; d avec sdb partagée 80 lei, camping 5 lei/pers, demi-pension 45 lei/pers ; P). Des chalets et chambres d'hôtes simples, sur la route entre Nucşoara et la lisière du parc national des Retezat.

Pensiunea Iris PENSION $

(☎ 0744-605 262 ; geraico.ro/pensiunea-iris-bradatel ; Valea Riului Mare ; d/tr à partir de 90/120 lei ; ⏱ mai-sept ; P). Si vous vous déplacez en voiture et souhaitez pouvoir découvrir le parc national sans avoir à dormir dans des refuges, vous pourrez opter pour les chambres de la Pensiunea Iris, un peu plus confortables.

ℹ Renseignements

Procurez-vous des cartes au bureau du parc. La carte *Retezat Mountains* (1/50 000) publiée par Bel Alpin est en vente en ligne sur de nombreux sites Web.

Centre de l'administration du parc des Retezat (p. 136). Ce centre d'informations officiel (et utile) vend des cartes de randonnée et délivre des conseils sur les itinéraires. Sur la route entre Mălăieşti et Nucşoara.

Point d'informations touristiques (☎ 0254-770 273 ; www.en.hateg-turism.ro ; angle Str Horea et Str Florilor, Haţeg ; ⏱ 9h-17h en été, à partir de 10h en hiver). À Haţeg, renseigne sur les transports publics, l'hébergement et les activités culturelles.

ℹ Depuis/vers les monts Retezat

Pour explorer les monts Retezat, mieux vaut être motorisé et un randonneur (assez) aguerri. Par la route, le point d'accès nord du parc, Haţeg, est sur l'E79, au sud de Deva et d'Hunedoara. La gare ferroviaire de Subcetate, à 4 km à l'est de Haţeg, est desservie tous les jours par des trains directs depuis Cluj-Napoca (60 lei, 4 heures 30).

Monts Retezat

N 0 5 km

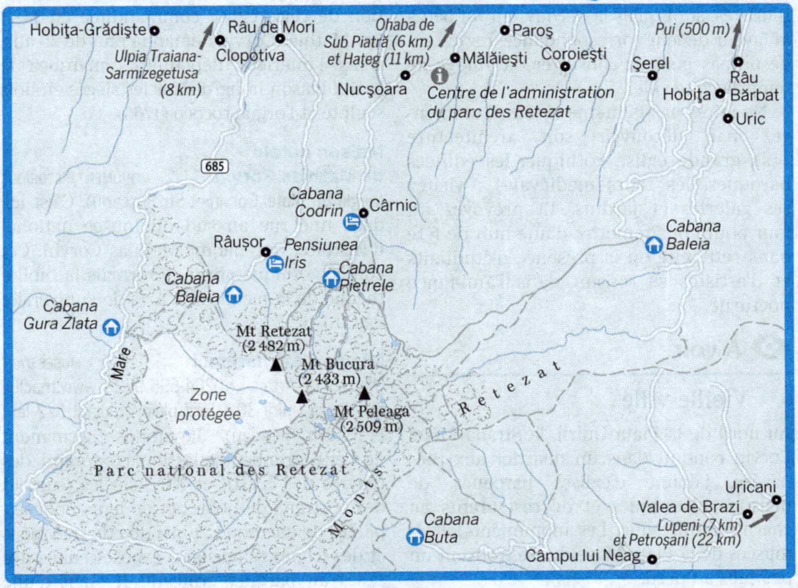

NORD DE LA TRANSYLVANIE

Des paysages de montagne bruts, une pincée de Bram Stoker et du chic urbain, voilà ce qui pousse les voyageurs à s'attarder dans le nord de la Transylvanie. Au sud de Maramureş, figure le cœur de la région : Cluj-Napoca, largement sous-estimée, et pourtant riche en bars et galeries. Vers l'ouest, les monts Apuseni, difficiles à arpenter, dominent.

Au nord de Cluj, par-delà les vestiges du château de Bánffy, s'étend le terreau d'imagination de Bram Stoker : Bistriţa et la vallée de Bârgău, lieux fondamentaux de *Dracula*, désormais associés à des hôtels à thème. On apprécie souvent davantage les festivals Untold et Electric Castle, qui font de la région un haut lieu de la scène musicale.

Cluj-Napoca

324 500 HABITANTS

Cluj-Napoca, la deuxième plus grande ville de Roumanie, se distingue par sa vie festive et son animation nocturne. Reliée par avion à un nombre croissant de villes européennes, elle accueille un flux grandissant de voyageurs, en transit pour les monts Apuseni, le Maramureş ou les villes plus populaires du sud de la Transylvanie. Beaucoup de ces touristes, sitôt qu'ils la découvrent un peu à la faveur de leur correspondance, regrettent de ne pas pouvoir consacrer davantage de temps à cette ville.

Ne faites pas la même erreur. Commencez par découvrir son architecture – sa grande église gothique, les édifices baroques, les tours médiévales ; visitez ses galeries et jardins. Et prévoyez un jour pour vous remettre d'une nuit de fête dans cette cité où la présence d'étudiants et d'artistes se ressent dans l'ambiance nocturne.

À voir

Vieille ville

Au nord de la Piaţa Unirii, la Strada Matei Corvin conduit dans un quartier aux rues pavées, jalonné d'églises baroques, de maisons historiques et de restaurants au charme pittoresque. Les monuments et les musées de la Piaţa Muzeului se trouvent un peu plus au nord.

Église Saint-Michel ÉGLISE

(Biserica Sfantul Mihail ; ☎0264-592 089 ; Piaţa Unirii ; ⏲8h-18h). Cette église érigée entre le XIVe et le XVe siècle est le chef-d'œuvre de la Piaţa Unirii, ainsi que la deuxième plus grande église gothique de Roumanie (après l'église noire de Braşov). Sa tour néogothique (1859) culmine à 80 m de hauteur ; observez aussi les détails gothiques d'origine, comme le portail d'entrée datant de 1444. À l'intérieur, contemplez les imposantes croisées d'ogives et les fresques aux couleurs passées.

Statue de Mathias Corvin STATUE

(Piaţa Unirii). Sous le feu des projecteurs, devant l'église Saint-Michel, l'immense statue équestre de Mathias Corvin, roi de Hongrie du XVe siècle, fut érigée en 1902.

Musée de la Pharmacie MUSÉE

(Piaţa Unirii 28 ; adulte/enfant 6/3 lei ; ⏲10h-16h lun-mer et ven, 12h-18h jeu). La plus ancienne pharmacie de Cluj-Napoca recèle une collection médicale intrigante et disparate. Y sont exposés, entre autres, des "yeux de crabes" et des crânes. La plus jolie salle : celle dite *Oficina*, très soignée, avec filigrane sombre sur les murs.

Située au coin nord de la place, en direction de la Str Regele Ferdinand I.

Église réformée hongroise ÉGLISE

(Str Mihail Kogălniceanu ; ⏲9h-17h). La construction de cette église commanditée en 1486 par Mathias Corvin demanda plus de 20 ans. Dans l'intérieur dépouillé, remarquez le grand blason hongrois sur les sièges en bois sculpté et l'orgue rococo (1765).

Maison natale de Mathias Corvin MONUMENT HISTORIQUE

(angle Str Matei Corvin et Str Puşcariu). C'est ici, dans une rue au sud du musée national d'Histoire, que naquit Mathias Corvin. Cet édifice gothique abrite désormais la bibliothèque de la faculté des Arts de l'université de Cluj.

Musée d'Art national MUSÉE D'ART

(Muzeul de Arta ; ☎0264-596 952 ; www.macluj.ro ; Piaţa Unirii 30 ; tarif plein/étudiant 8/2 lei ; ⏲10h-17h mer-dim). Le fonds permanent de cette grande institution comprend des œuvres des XVIIIe et XIXe siècles (surtout des portraits de nobles et de leurs épouses, parées de perruques, ainsi que des paysages et des icônes religieuses) exposées dans des salles au parquet grinçant. Il s'agit d'une collection sympathique, sinon incontournable, qui vaut également le détour pour le cadre majestueux du palais baroque Bánffy, où séjourna l'empereur François-Joseph Ier d'Autriche.

Musée national d'Histoire de Transylvanie MUSÉE

(Str Constantin Daicoviciu 1 ; adulte/enfant 6/3 lei ; 12h-18h mer, 10h-16h mar et jeu-dim). Ce musée consacré à l'histoire de la région conserve notamment des artefacts daces provenant du site archéologique de Sarmizegetusa Regia : soufflets à bouche en verre, outils de forgeron, urnes reconstruites et bracelets en argent. Il y a peu d'informations en anglais, mais des jeux de réalité virtuelle permettent aux enfants de s'immerger dans d'anciennes habitations roumaines (quand cela fonctionne). Le musée est situé à l'étage.

Musée ethnographique de Transylvanie MUSÉE

(Muzeul Etnografic al Transilvaniei ; www.muzeul-etnografic.ro ; Str Memorandumului 21 ; tarif plein/étudiant/enfant 6/3 lei/gratuit ; 10h-18h mer-dim). Au dernier étage d'un édifice néogothique du XVIe siècle rénové, une exposition bien conçue est consacrée à la vie rurale en Roumanie au fil des siècles. Vous verrez notamment des presses à cire d'abeille, des cuves à petit-lait et des objets colorés en céramique.

Quartier étudiant

Ce quartier prisé des étudiants et des intellectuels s'étend au sud-ouest du centre, le long de la Strada Universităţii et dans les petites rues qui partent vers l'ouest. Au programme : antres littéraires, cafés et bars bohème en plein air. Sans surprise, ce secteur est plus calme en été.

Jardins botaniques Alexandru Borza PARC

(Str Republicii 42 ; adulte/enfant 10/5 lei ; 8h-20h en été, 9h-18h en hiver, musée 8h-15h lun-ven). Voici un lieu délicieux pour se détendre, avec rocailles, statues néoclassiques dressées au milieu des roses et jardin japonisant avec un pont enjambant un bassin. Au cœur du parc, le Musée botanique (Muzeul Botanic) réunit des curiosités végétales (fruits en bouteilles, fougères fossilisées...).

Cimetière hongrois CIMETIÈRE

(Házsongárdi Temető ; Str Matei Basarab ; lever-coucher du soleil). Ce vaste cimetière créé au XVIe siècle offre une balade mémorable parmi les monuments funéraires de poètes et compositeurs transylvaniens, sous le croassement des corbeaux perchés dans les arbres alentour. On y accède plus facilement par la Str Avram Iancu (au sud de la place principale), en bas de la colline.

En dehors du centre-ville

Parc ethnographique Romulus Vuia MUSÉE, PARC

(www.muzeul-etnografic.ro ; Aleea Muzeului Etnografic ; adulte/enfant 6/3 lei ; 10h-18h en été, 9h-16h en hiver). Des édifices traditionnels de toute la Roumanie sont fidèlement reproduits dans ce musée en plein air, à 5 km au nord et à l'ouest du centre de Cluj. Le plus impressionnant : l'église Cizer – demandez au gardien de vous ouvrir pour admirer les fresques qui recouvrent l'intérieur en bois.

Fabrica de Pensule CENTRE D'ART

(fabrique de pinceaux ; 0727-169 569 ; www.fabricadepensule.ro ; Str Henri Barbusse 59-61 ; visites guidées 16h-20h lun-ven). GRATUIT Ce lieu de création vivant fourmille d'œuvres récentes d'artistes locaux ou étrangers, qui ont transformé en atelier une ancienne fabrique de pinceaux. Vous pourrez le découvrir à l'occasion d'une visite guidée gratuite – et verrez alors, selon la période, aussi bien des photos urbaines que des céramiques d'Islande. Que vous soyez ou non séduit, cette communauté ne laisse personne indifférent !

Activités

Cluj-Napoca est bien située pour les amateurs de spéléologie et de randonnées à VTT, du fait de la proximité de multiples grottes et sentiers dans les monts Apuseni, au sud-ouest. En plus des agences classiques, le Retro Hostel (p. 141) organise des excursions (longues ou courtes) à la mine de sel de Turda, à Sibiu, dans les monts Apuseni, etc.

Green Mountain Holidays RANDONNÉE

(0744-637 227 ; www.greenmountainholidays.ro). Cette formidable agence spécialisée dans l'écotourisme est recommandée pour ses semaines riches en activités de plein air. Consultez le site Web pour connaître les activités proposées : spéléologie, randonnée, circuits à vélo dans les monts Apuseni... Services du guide, transport, repas et hébergement compris.

Centre de Cluj-Napoca

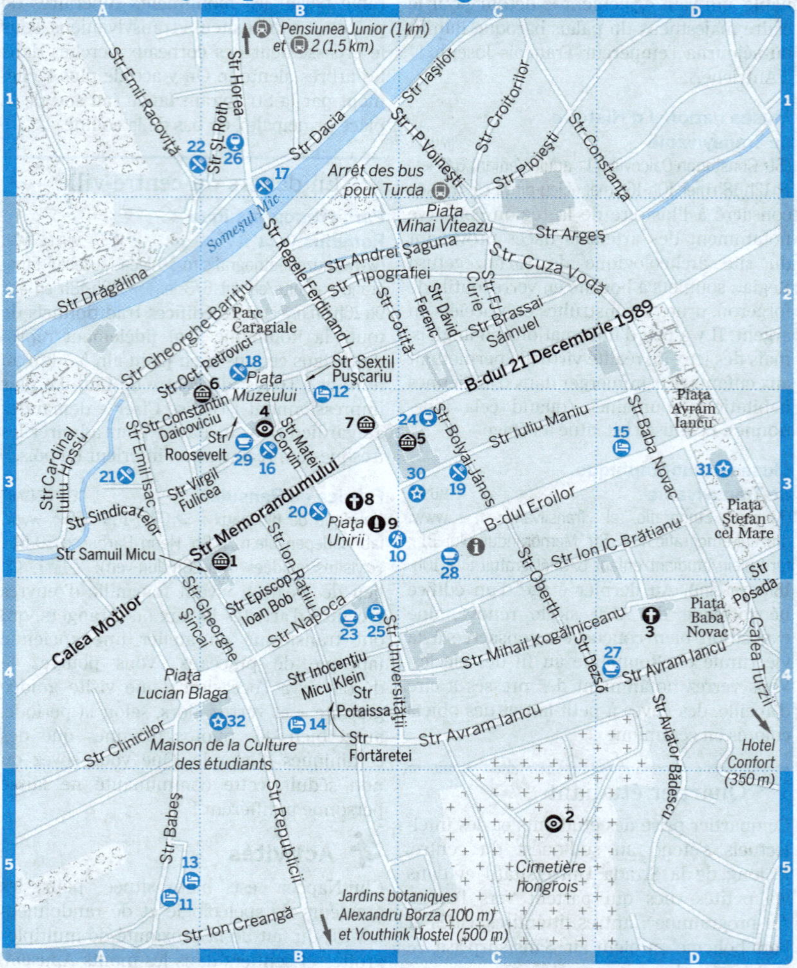

Cluj Guided Tours À PIED
(www.facebook.com/clujguidedtours ; Piața Unirii ; 18h tous les jours mai-oct). GRATUIT Cette visite guidée de Cluj en anglais (2 heures) au départ de la statue de Mathias Corvin passe par les principaux monuments de la vieille ville. Un pourboire sera apprécié.

Fêtes et festivals

Festival international du film de Transylvanie FILM
(www.tiff.ro ; début/mi-juin). Pour célébrer le septième art, des projections de films internationaux et roumains sont organisées dans une dizaine de lieux de Cluj-Napoca (grands cinémas ou jardins enchanteurs). Consultez le programme sur le site ou achetez la carte TIFF (300 lei) pour voir jusqu'à 35 films.

Festival Untold MUSIQUE
(www.untold.com ; début août). Depuis ses débuts, en 2015, le plus grand festival de musique de Roumanie s'attire les louanges. Pour l'occasion, un mix explosif de musique dubstep, house et EDM s'empare de la scène pour 4 jours d'euphorie. Réservez tôt vos billets et votre hébergement – ce festival,

Centre de Cluj-Napoca

prisé localement, séduit aussi de plus en plus d'étrangers.

Où se loger

Ces dernières années, d'excellentes auberges de jeunesse ont fait souffler un vent nouveau sur le secteur des hébergements pour les petits budgets à Cluj-Napoca. Vous trouverez aussi des pensions confortables et deux ou trois boutique-hôtels qui sortent du lot. Seuls quelques hôtels, mornes et tournés vers une clientèle de voyageurs d'affaires, sont à éviter. La Strada Republicii, qui longe les jardins botaniques, compte de nombreuses pensions gérées par des familles.

Youthink Hostel AUBERGE DE JEUNESSE $
(0745-202 911 ; www.youthinkhostel.com ; Str Republicii 74 ; dort/d 15/35 € ; P). Cette maison de 1920, restée à l'abandon pendant une dizaine d'années, a été transformée depuis en une auberge de jeunesse aux allures de retraite écotouristique. Les poutres, les cheminées et le parquet témoignent de sa splendeur passée. Les dortoirs de 7 ou 8 lits sont propres et modernes. C'est un lieu tout à la fois enjoué et respectueux de l'environnement.

Zen Hostel AUBERGE DE JEUNESSE $
(www.zenboutiquehostel.ro ; B-dul Eroilor 47 ; dort/d à partir de 60/160 lei ; @). Les vitraux étincelants et les hamacs pendus au plafond donnent le ton. Dans ce havre de paix situé au bout du B-dul Eroilor (vers l'est), vous trouverez tout le nécessaire : casiers, cartes, blanchisserie (15 lei), cuisine. Sans oublier une petite bibliothèque et de nombreux coins détente. Petit-déjeuner en supplément.

Retro Hostel AUBERGE DE JEUNESSE $
(0264-450 452 ; www.retro.ro ; Str Potaissa 13 ; avec petit-déj dort/s/d sans sdb 55/100/150 lei, s/d 120/170 lei ; @). Voici un charmant mélange de modernité et de nostalgie, avec des peintures murales représentant des paysannes en fichu et une belle cave ancienne en briques apparentes. Les dortoirs et les chambres privatives, soignés, font la part belle à la couleur bleue. Attention : certains dortoirs ne conviennent pas aux personnes de grande taille. Le petit-déjeuner maison, compris dans le tarif, est une merveille.

Lol & Lola BOUTIQUE-HÔTEL $$
(0264-450 498 ; www.loletlolahotel.ro ; Str Neagră 9 ; s/d 67/79 € ; P). Cet hôtel agréable et un brin loufoque affiche un joli choix de chambres toutes décorées individuellement, avec des thèmes variés : Hollywood, danse classique ou rock'n'roll, avec des vinyles et des guitares. Un établissement très moderne, au service aimable.

Pensiunea Junior PENSION $$
(0264-432 028 ; www.pensiune-junior.ro ; Str Căii Ferate 12 ; d 160 lei ; P). Bien supérieure aux

hébergements que l'on trouve habituellement à proximité des gares, cette pension possède des chambres doubles modernes avec décoration florale et sdb impeccables. Elle mérite davantage qu'une seule nuit précédant un départ matinal (la gare n'est qu'à 300 m) !

Hotel Confort HÔTEL $$
(☎0264-598 410 ; www.hotelconfort.ro ; Calea Turzii 48 ; s/d/ste 200/220/255 lei ; P❄📶). Cet hôtel chic abrite d'immenses chambres avec parquet et tapis pelucheux, décorées de fleurs et de tableaux. Quatre disposent d'un balcon ; la plupart ont de grandes fenêtres et d'amples rideaux. L'emplacement est pratique pour les personnes motorisées – sinon, il est à 15 minutes à pied du centre de Cluj. Parking gratuit pour une durée limitée ; renseignez-vous au préalable. Petit-déjeuner en supplément (12 lei).

Fullton Hotel HÔTEL $$
(☎0729-999 444 ; www.fullton.ro ; Str Sextil Puşcariu 10 ; s 195-235 lei, d 215-250 lei ; ❄📶). Cet hôtel gris et vert à l'ancienne jouit d'un emplacement idéal dans la vieille ville. Le prix plus élevé des chambres "mansarde" et "baldaquin" se justifie car elles disposent respectivement de poutres apparentes et d'un grand lit à baldaquin.

Capitolina City Chic BOUTIQUE-HÔTEL $$$
(☎0264-450 490 ; www.hotel-capitolina.ro ; Str Victor Babeş 35 ; d 86-97 € ; P❄📶). De jolies touches design (lustres, grands rideaux et citations littéraires) confèrent une ambiance bien sympathique à ce boutique-hôtel situé à 400 m des jardins botaniques. Les chambres, toutes décorées différemment, sont très lumineuses, colorées et modernes, avec des sdb impeccables en marbre ; les plus grandes ont des canapés confortables.

Où se restaurer

Cluj possède des restaurants pour tous les goûts : petits cafés, restaurants hongrois conviviaux, bistrots soignés et tables végétariennes. Vous aurez l'embarras du choix sur la Piaţa Unirii et dans la vieille ville.

Goûtez au *varză a la Cluj*, un plat typique et réconfortant composé de couches de feuilles de chou, de porc haché et de crème aigre.

Bistro Viena DESSERTS, AUTRICHIEN $
(☎0757-082 590 ; www.bistroviena.ro ; Str Matei Corvin 3 ; desserts 10 lei ; ⏲9h-0h lun-jeu, jusqu'à 1h ven et sam, 10h-13h dim). Ce café doté d'une terrasse propose des douceurs autrichiennes. Les desserts sont irrésistibles : *Sachertorte*, strudels et chaussons au pavot. Également à la carte : des cocktails rafraîchissants (13 lei), si le café ne vous tente pas. Juste à côté du restaurant Matei Corvin.

♥ **Roata** ROUMAIN $$
(☎0264-592 022 ; www.restaurant-roata.ro ; Str Alexandru Ciurea 6 ; plats 20-28 lei ; ⏲12h-23h ; ✍). Une cuisine de Transylvanie à la mode de grand-mère, dans une partie de Cluj guère fréquentée par les touristes. Installez-vous sous la pergola recouverte de vigne et régalez-vous de travers de porc grillés ou de brochet aux câpres. Vous pourrez aussi choisir le grand jeu, avec le "plateau transylvanien" pour deux (52 lei), chargé de saucisses maison, de boulettes de viande, de fromage de brebis et de ragoût d'aubergine.

Nuka Bistro HAMBURGERS $$
(☎0742-687 769 ; Piaţa Unirii 16 ; plats 21-28 lei ; ⏲8h-tard). Les hamburgers servis dans ce bistrot moderne ont pour noms Vlad, Monroe ou JFK (celui du comte est à base de chili, tandis que celui de Marilyn comporte de l'oignon caramélisé). Une carte européenne est également disponible avec de bons petits-déjeuners, des fruits de mer et des gâteaux. L'un des nombreux établissements élégants de la partie ouest de la Piaţa Unirii.

Samsara VÉGÉTARIEN $$
(☎0736-073 073 ; www.samsara.ro ; Str Ştefan Ludwig Roth 5 ; plats 21-26 lei ; ⏲11h-23h ; ✍). Au programme ici : une cuisine saine et veggie, et une terrasse conviviale dans le jardin. Vous pourrez grignoter des sushis au riz brun et des gâteaux crus accompagnés d'un smoothie vert, antidotes par excellence à la cuisine roumaine, riche et abondante. Plats végans également.

Camino INTERNATIONAL $$
(☎0749-200 117 ; Piaţa Muzeului 4 ; plats 20-30 lei ; ⏲9h-0h ; 📶). Un restaurant bohème orné de lustres et de tapis usés, non dénué de charme. La terrasse s'étend sur la monumentale Piaţa Muzeului. Au menu : des plats italiens, espagnols et indiens. Un endroit idéal pour lire son livre en solo en dégustant une limonade ou pour grignoter des tapas en plein air à deux.

Restaurant Matei Corvin ROUMAIN $$
(☎0264-597 496 ; Str Matei Corvin 3 ; plats 16-42 lei ; ⏲12h-23h lun-sam). Prenez place à l'une des tables de la petite rue piétonne pavée et délectez-vous de plats

transylvaniens tels que le poulet au paprika servi avec de la *mămăligă (polenta), et une salade généreuse et croquante.*

Bricks – (M)eating Point GRILL $$$
(☎0364-730 615 ; www.bricksrestaurant.ro ; Str Horea 2 ; plats 33-58 lei ; ⏲11h-23h ; ❄📶). Notes de jazz et cocktails dans ce grill chic surplombant la rivière qui propose des pâtes, des hamburgers et des grillades, ainsi que des plats végétariens et des desserts bien garnis (pancakes au fromage frais). Les plats du jour (15 lei) offrent le meilleur rapport qualité/prix.

Mátyás Étterem HONGROIS $$$
(☎0264-406 523 ; www.hotelagape.ro ; Str Iuliu Maniu 6 ; plats 25-50 lei ; ⏲12h-23h). Dans l'Hôtel Agape, ce restaurant propose des plats hongrois revisités, comme le goulasch servi dans une marmite et du ragoût à la confiture de cynorhodon (fruit de l'églantier), sans oublier des cheesecakes, des pancakes et une très bonne carte de vins régionaux.

Où prendre un verre

Les clubs de Cluj-Napoca n'ont rien à envier à ceux de Bucarest. Il y a certes moins d'établissements ici, mais la qualité est au rendez-vous, avec des bars et salles de concerts tournés vers la culture, la musique et les bonnes conversations ; les boîtes de nuit simples misent sur l'amusement, et vous n'aurez pas à faire trop de frais pour votre tenue vestimentaire. Les cafés et les bars nichés dans des caves ou dans des édifices historiques rénovés ne manquent pas de charme. Les meilleurs bars sont situés dans le quartier étudiant, sur le B-dul Eroilor et la Piaţa Unirii.

Insomnia BAR, JARDIN
(www.insomniacafe.ro ; Str Universităţii 2 ; ⏲9h-1h lun-ven, 11h-1h sam-dim). Ce bar en plein air occupe une cour étroite, à côté d'un café loufoque à la décoration bohème. C'est l'une des nombreuses adresses fréquentées par la communauté *arty* (qui doit bien représenter la moitié de la population de Cluj) dans le quartier étudiant.

Roots CAFÉ
(B-dul Eroilor 4 ; ⏲7h30-23h30 lun-ven, 9h-23h30 sam, 9h-17h dim). Vu la concurrence (très rude), il serait bien difficile de désigner la meilleure bière de Cluj. Mais s'agissant du café, celui du Roots est bien numéro un. Les cafés crème sont ici délicieux. Bon accueil.

Joben Bistro CAFÉ
(www.jobenbistro.ro ; Str Avram Iancu 29 ; ⏲8h-2h lun-jeu, 12h-2h ven-dim ; 📶). Ce café rétrofuturiste ravira les amateurs d'objets de l'époque victorienne. La décoration est fantaisiste : crânes stylisés, têtes de chevreuils empaillées et tuyaux en cuivre sur les murs en brique ; c'est un endroit décontracté, parfait pour siroter une limonade à la lavande ou un chocolat chaud alcoolisé.

Irish & Music Pub BAR
(☎0729-947 133 ; www.irishmusicpub.ro ; Str Horea 5 ; ⏲10h-4h lun-sam, 16h-4h dim). Ne soyez pas rebuté par l'idée du sempiternel "pub irlandais" : ce lieu souterrain aux murs de briques a beaucoup de charme. Sandwichs à la viande et snacks veggies pour les petites faims.

Delirio Gay Club GAY ET LESBIEN
(www.delirio.ro ; B-dul 21 Decembrie 1989, 8 ; ⏲18h-23h dim-mer, 18h-5h jeu, 23h-5h ven et sam). Le seul club LGBT de Cluj est un simple bar les soirs de la semaine. Le week-end, on y fait la fête jusqu'à tard en buvant de la vodka, et légèrement vêtu. Il est fermé aux hommes entre 23h et 5h le jeudi soir, pour une soirée réservée aux femmes.

Caffe Meron CAFÉ
(www.caffemeron.com ; Str Napoca 3 ; ⏲8h-22h). Cet établissement est presque un peu trop tendance, avec ses tables soignées et la musique trance en arrière-plan. Mais son café n'en est pas moins excellent !

Tabiet Cafe CAFÉ, BAR
(Str Virgil Fulicea 2 ; ⏲7h-22h lun-ven, 9h-22h sam, 10h-22h dim). Vous pourrez siroter du bon café et des cocktails superbes dans ce bar douillet aux murs de pierre ou sur la terrasse qui donne sur les rues pavées de la vieille ville. On y sert aussi des *piadina* (galettes garnies) et des plats d'inspiration italienne.

☆ Où sortir

Les bimensuels gratuits en roumain *Zile şi Nopţi* (www.zilesinopti.ro/cluj-napoca) et *24-Fun*, distribués dans les bars et les cafés, publient la liste des manifestations.

Flying Circus SALLE DE CONCERTS, DISCOTHÈQUE
(www.flyingcircus.ro ; Str Iuliu Maniu 2 ; entrée avant/après 1h 7/10 lei ; ⏲17h-jusqu'à l'aube). Arrivez autour de minuit, quand s'anime ce club d'étudiants, où l'on vient davantage pour la musique que pour prendre la pose. Vérifiez le thème de la soirée au préalable :

les concerts proposés vont du doom metal au drum and bass. Un shot d'alcool est généralement inclus dans le prix du billet.

Théâtre national THÉÂTRE
(Teatrul Naţional Lucian Blaga ; www.teatrulnationalcluj.ro ; Piaţa Ştefan cel Mare 2-4 ; billets à partir 20 lei). De Molière à Shakespeare en passant par des drames contemporains, les spectacles en roumain du théâtre national sont les meilleurs de la ville. Vous pouvez réserver vos places à la **billetterie** (☎billets 0264-595 363 ; Piaţa Ştefan cel Mare 14 ; ⊙11h-14h et 15h-17h mar-dim et 1 heure avant les spectacles) voisine.

Le théâtre fut dessiné au XIXe siècle par les célèbres architectes de l'empire des Habsbourg, Fellner et Helmer.

Philharmonique d'État MUSIQUE CLASSIQUE
(Filarmonica de Stat ; ☎billetterie 0264-430 060 ; www.filarmonicatransilvania.ro ; Piaţa Lucian Blaga 1-3 ; concerts tarif plein/étudiant à partir de 25/13 lei). Allez écouter des chœurs, des quartets et des orchestres.

Renseignements

On trouve de nombreux DAB et quantité de banques changeant les devises. La **Banca Comercială Română** (Str Gheorghe Bariţiu 10-12 ; ⊙9h-17h30 lun-ven) est l'une des nombreuses banques avec DAB dans la très animée Str Gheorghe Bariţiu.

Bureau d'informations touristiques (☎0264-452 244 ; www.visitcluj.ro ; B-dul Eroilor 6 ; ⊙8h30-20h lun-ven, 10h-18h sam-dim). Ce bureau très accueillant fournit des cartes gratuites, de bons conseils sur les randonnées et un tas de renseignements sur les transports, l'hébergement, les événements, etc.

Depuis/vers Cluj-Napoca

AVION

L'**aéroport international de Cluj** (CLJ ; ☎0264-416 702, 0264-307 500 ; www.airportcluj.ro ; Str Traian Vuia 149) est situé 7 km à l'est de la vieille ville. Les bus nos 5 et 8 relient l'aéroport au centre-ville (Piaţa Mihai Viteazul), toutes les 10-20 minutes entre 5h et 22h. Le trajet dure 30 minutes. L'aéroport est desservi par de nombreuses compagnies aériennes.

Austrian Airlines (www.austrian.com). Vols entre Cluj et Vienne.

Lufthansa (www.lufthansa.com). Deux vols quotidiens pour Munich.

Tarom (www.tarom.ro). Vols domestiques entre Cluj et Bucarest.

Turkish Airlines (www.turkishairlines.com). Relie Cluj à Istanbul.

Wizz Air (www.wizzair.com). Cette compagnie low cost dessert notamment l'aéroport de Paris-Beauvais.

BUS

Les bus domestiques et internationaux partent généralement de la **gare routière n°2** (Autogara 2, Autogara Beta ; ☎0264-455 249 ; www.autogarabeta-cluj.ro ; Str Giordano Bruno 1-3). Elle se trouve à 350 m au nord-ouest de la gare ferroviaire (prenez la passerelle).

Les bus pour Turda circulent au départ d'un arrêt de la Piaţa Mihai Viteazu et de l'Autogara 2 (7 lei, 45 min, toutes les 30 min).

TRAIN

Depuis la **gare ferroviaire** (www.cfrcalatori.ro ; Str Căii Ferate), vous pourrez rejoindre les destinations indiquées dans le tableau ci-contre ; sauf mention contraire, il s'agit de trains directs. L'**Agenţia de Voiaj CFR** (☎0264-432 001 ; Piaţa Mihai Viteazul 20 ; ⊙8h30-20h lun-ven) vend à l'avance des billets pour les trains nationaux et internationaux. Une consigne est disponible en gare.

Turda

55 800 HABITANTS

On vient ici pour la mine de sel, et on y reste pour le domaine de randonnée dans les gorges. La ville et sa place principale piétonne aux façades datant de l'époque des Habsbourg sont assez charmantes pour justifier une halte.

À l'époque où le sel servait de monnaie, l'industrie minière de Turda (qui remonte

BUS AU DÉPART DE CLUJ-NAPOCA

DESTINATION	TARIF	DURÉE	FRÉQUENCE
Baia Mare	35-53 lei	3 heures	12/jour
Bistriţa	20 lei	2 heures 45	8/jour
Braşov	35-65 lei	4 heures 45-5 heures 30	4/jour
Bucarest	70-90 lei	9 heures	6/jour
Sibiu	30-35 lei	3 heures 15-4 heures	presque toutes les heures

TRAINS AU DÉPART DE CLUJ-NAPOCA

DESTINATION	TARIF	DURÉE	FRÉQUENCE
Bistriţa	16 lei	3 heures	2/jour (plus de trains via Sărăţel)
Braşov	62-75 lei	6-8 heures	6/jour
Bucarest	78-87 lei	10-11 heures	5/jour
Budapest	140 lei	5 heures	2/jour
Huedin	6-15 lei	45 min-1 heure 15	20/jour
Iaşi	78 lei	9 heures 30	4/jour
Oradea	38 lei	2 heures 30-4 heures	14/jour
Sibiu	46 lei	4 heures	1/jour (plus de trains via Vinţu De Jos)
Sighişoara	52 lei	4 heures 30	4/jour (plus de trains via Teiuş)
Suceava	63 lei	7 heures	4/jour
Târgu Mureş	12-23 lei	2 heures 45	1/jour (plus de trains via Aiud ou Războieni)
Timişoara	63 lei	5 heures 30-7 heures 30	4/jour (plus de trains via Teiuş)
Zalău	33-38 lei	4 heures	1/jour (plus de trains via Jibou)

au XIIIe siècle) en fit une cité influente. La mine principale, fermée en 1932, est devenue une curiosité prisée des voyageurs. Les services et les principaux restaurants et hébergements sont regroupés dans la rue centrale, la Str Republicii.

À voir

Mine de sel MINE

(Salina Turda ; ☎0364-260 940 ; www.salinaturda.eu ; Str Aleea Durgaului 7 ; adulte/enfant 20/10 lei, parking/voiture 5 lei ; ⏲9h-17h, dernier accès à 16h ; P). Les prairies et les petites collines de calcaire autour de Turda dissimulent un monde souterrain secret : une mine de sel d'aspect irréel. Après avoir marché le long de 900 m de couloirs zébrés de sel et de poussière, vous découvrirez une chapelle renfermant un Jésus et une Marie enveloppés dans une croûte de sel ; les mineurs venaient y prier avant de commencer le travail. En voyant l'énorme dispositif d'extraction qui date de 1881, on comprend le motif de leurs inquiétudes... On rejoint ensuite la salle la plus spectaculaire de la mine. Il y fait froid toute l'année, entre 10 et 12°C ; enfilez plusieurs couches.

Où se loger et se restaurer

Turda offre un choix d'hôtels de catégorie moyenne. Certains, dotés d'un spa, jouent sur les vertus du sel. La plupart des voyageurs viennent toutefois pour la journée de Cluj-Napoca, à 30 km au nord.

♥ Hunter Prince Castel & Dracula HÔTEL $$

(Castelul Printul Vanator ; ☎0264-316 850 ; www.huntercastle.ro ; Str Şuluţiu 4-6 ; s/d/ste à partir de 204/247/294 lei ; P ❄ wifi). Alliant trophées de chasse et portraits de Vlad Tepes, cet hôtel partage son inspiration entre les thèmes vampirique et cynégétique. On ne saurait résister à un séjour sous ses tourelles. Les chambres doubles, pourvues de lits en fer forgé, sont confortables ; et les suites sont remarquables, avec des armoires sculptées et un travail de la pierre façon mosaïque.

Alegria Centrale PIZZERIA $

(☎0364-888 444 ; www.pizzaalegria.ro ; Piaţa Republicii ; plats 15 lei ; ⏲8h-0h). Idéale pour une pause-café, une pizza ou une salade, en salle ou en terrasse sur la Piaţa.

Depuis/vers Turda

Du centre, des *maxitaxis* partent fréquemment pour la Piaţa Mihai Viteazul à Cluj-Napoca (7 lei, 40 min). De la gare routière de la Piaţa Română, à 10 minutes de marche au sud de la Piaţa Republicii, des bus desservent Alba Iulia (15 lei, 1 heure 30-2 heures, toutes les heures), Sibiu (28 lei, 3 heures, presque toutes les heures) et Bucarest (70-80 lei, 8 heures, 6-7/jour).

Si vous arrivez en voiture, sachez que stationner dans les rues principales de Turda revient à 1 leu/30 minutes. Les machines et les panneaux fournissent un numéro pour payer par SMS (vous devez disposer d'une carte SIM roumaine).

VAUT LE DÉTOUR

LA GORGE DE TURDA

À 7 ou 8 km à l'ouest de Turda à vol d'oiseau, vous pourrez parcourir la **gorge de Turda** (Cheile Turzii ; www.turism-cheile-turzii.ro ; mai-sept adulte/enfant 4/2 lei) à l'occasion d'une magnifique – et éprouvante – randonnée d'une demi-journée. La gorge est longue de 3 km et ses parois, hautes de 300 m, sont taillées dans le calcaire érodé. Il faut environ 1 heure 30 pour la parcourir dans toute sa longueur (comptez le même temps au retour).

Pour rejoindre la gorge, prenez un bus de Turda au centre de Cheia (4 lei, 30 min). De là, une marche facile de 5 km conduit à la gorge (suivez les panneaux "*cheile turzii*"). Cette route est praticable en voiture, mais renseignez-vous sur son état au préalable. Ne vous y engagez pas en cas d'intempérie.

La température est plus fraîche dans la gorge ; il est conseillé de s'habiller en conséquence et de porter des chaussures à bonne adhérence. Vous devrez vous acquitter d'un droit d'entrée au premier pont (seulement en haute saison).

Microrégion de Huedin

Des traditions séculaires perdurent dans cette région paisible, toute en collines de calcaire et terres cultivées, non loin de la nationale qui relie Cluj à Oradea. Essaimés autour de Huedin, le chef-lieu, et au nord des monts Apuseni, 42 villages composent la microrégion de Huedin (ou Kalotaszeg), qui invite à de belles virées en voiture et à des randonnées.

Le Kalotaszeg est cher aux folkloristes hongrois en tant que bastion de la culture pastorale magyare de Transylvanie. Pour une immersion totale, séjournez une nuit dans un village hors du temps, tel que Sâncraiu, régalez-vous de pâtisseries hongroises et apprenez-en plus sur le travail du bois et les broderies au contact des artisans du coin.

Huedin (Bánffyhunyad en hongrois), à 52 km à l'ouest de Cluj-Napoca, est une bourgade sans charme qui possède toutefois des services de base. Il est recommandé de s'y arrêter pour faire le plein de provisions, d'essence ou de crédit téléphonique.

À voir

Explorer la région autour de Huedin apporte un éclairage passionnant sur la culture magyare de Transylvanie.

En conduisant vers l'ouest depuis Cluj-Napoca, en direction de Huedin, vous passerez par le "village des souvenirs" d'**Izvoru Crişului** (Körösfő pour les Hongrois). Dans les échoppes alignées sur la route principale qui traverse l'agglomération, sont vendus des objets traditionnels en céramique, des vêtements pour femme et homme en lin, ainsi que des bijoux en perles (à partir de 15 lei), des paniers, des nappes brodées (800 lei et plus), et de nombreux autres souvenirs et jouets à des prix raisonnables.

Continuez vers l'ouest pendant 7 km jusqu'à Huedin, puis prenez la route 1R vers le sud sur 5 km jusqu'à **Sâncraiu**. **Davincze Tours** (☎0745-637 352, 0264-257 580 ; www.kalotaszeg-davincze.ro ; No 291, Sâncraiu) offre les services de guides de randonnée (55 €/jour) et des balades en calèche (20 €/heure) dans les collines. L'authentique expérience culturelle et culinaire proposée vaut vraiment le détour.

À 12 km au sud-ouest de Sâncraiu, **Mănăstireni** (Magyargyerömonostor en hongrois) est un village pittoresque, remarquable pour son église du XIIIe siècle. Pendant la révolution de 1848, 200 Hongrois périrent lors de la bataille de Mănăstireni – remarquez les marques laissées par les balles sur l'église. À 23 km au sud, un village a été submergé sous le lac Beliş-Fântânele. Lorsque le niveau de l'eau est bas, on aperçoit le clocher de l'église.

Où se loger et se restaurer

Huedin pourrait sembler un point de chute évident pour explorer la région. Les hébergements n'y sont toutefois guère séduisants, et on n'y trouve qu'un choix limité d'établissements éparpillés. Les *pensiunes* de Sâncraiu ou Răchiţele sont autrement plus confortables.

Püspök Panzió PENSION $

(☎0745-637 352 ; www.kalotaszeg-davincze.ro ; Sâncraiu ; s/d 15/20 € ; P 📶). Cette ancienne ferme charmante et colorée a été transformée en une accueillante pension. Ornée de décorations peintes à la main, elle possède des lits fermes, avec des draps blancs impeccables. Les chaises et des têtes de lits sont décorées de motifs bleus et rouges réalisés par un artisan local. Le petit-déjeuner coûte 3 € et un dîner traditionnel (7 €) est disponible sur demande. La pension est gérée avec brio par l'équipe de Davincze Tours (ci-contre).

Depuis/vers la microrégion de Huedin

Depuis Cluj-Napoca, Huedin est accessible en train (17 lei, 1 heure-1 heure 30, 12/jour), ainsi qu'en bus ou en *maxitaxi* (8-10 lei, 1-2 heures, 12/jour). Des taxis pourront ensuite vous déposer dans les villages (20-25 lei pour Sâncraiu). Vous verrez de nombreux autostoppeurs, que nous vous conseillons de ne pas imiter. La meilleure solution est de louer une voiture à Cluj.

Monts Apuseni

Au sud-ouest de Cluj-Napoca, les monts Apuseni se déploient dans des paysages à couper le souffle. Sous les silhouettes des montagnes s'étendent des forêts de pins, tandis que des dolines et des grottes se cachent sur les plateaux de karst. Le parc naturel des monts Apuseni recouvre environ 760 km² d'espace protégé, auquel on accède le mieux depuis Oradea. Au cœur du parc, le plateau de Padiş est prisé pour des excursions dans la nature depuis Cluj.

Activités

Les monts Apuseni sont sillonnés par des itinéraires de randonnée difficiles. Mieux vaut envisager de partir avec un guide. À Cluj, **Pan Travel** (☎0264-420 516 ; www.pantravel.ro ; Str Grozăvescu 13 ; ⏲9h-17h lun-ven) et Green Mountain Holidays (p. 139) proposent des guides et organisent des activités d'aventure, telles que la spéléologie et les randonnées à VTT.

Randonnée

Des randonnées intéressantes partent de la Cabana Padiş, indiquée à partir de la Str Principală qui traverse Padiş. Un circuit populaire conduit, en direction du sud-ouest et via Glăvoi, jusqu'à la fantastique **Cetăţile Ponorului** ou "grotte forteresse" (2 heures 30 aller, cercles bleus), ainsi nommée pour son entrée de 76 m évoquant le portail d'un monde souterrain magique. Cet itinéraire passe en grande partie par la route ; toutefois, le dernier tronçon dévale un sentier inégal sinuant dans la forêt. À mesure que le chemin tourne et vire le long de la pente raide, il faut se frayer un passage parmi les rochers et les racines et, pour les derniers 200 m, s'aider d'une échelle et de câbles pour parvenir à l'entrée de la grotte (les voyageurs sujets au vertige s'arrêteront avant).

La grotte, dont la galerie principale s'étire sur 2 km, renferme l'une des plus grandes rivières souterraines du pays, pleine de tourbillons et d'avens. Il est recommandé de

VAUT LE DÉTOUR

RĂCHIŢELE

Entourée de pâturages ondoyants, de fermes et de forêts denses, Răchiţele, au sud de Huedin, est la dernière commune avec pensions avant les monts Apuseni. À 6 km à l'ouest du village, par un chemin de terre cabossé, on atteint la **Cascada Vălul Miresei** (cascade du voile de la mariée), haute de 30 m. Elle tire son nom d'une triste légende locale, selon laquelle une mariée chuta un jour de la falaise, laissant son voile accroché sur les rochers.

Le long de la route, vous trouverez des *pensiunes* agréables, comme la **Pensiunea Susman** (☎0744-653 294, 0744-475 758 ; www.pensiuneasusman.home.ro ; Răchiţele ; d/tr/qua à partir de 70/80/100 lei ; P). À moins de 2 km de la cascade, ce joli chalet en bois assure un accueil chaleureux et loue des chambres simples avec vue sur la forêt. Sur les 8 chambres proposées, deux disposent d'une sdb partagée. Renseignez-vous auprès de l'aimable gérant sur les randonnées et l'escalade en été ; et sur l'escalade glaciaire et les balades en traîneau en hiver.

Depuis Cluj, pour profiter de ces beaux paysages, il est recommandé de se diriger vers l'ouest par la route principale en direction de Gilău (16 km à l'ouest de Cluj), puis vers le lac Beliş-Fântânele (60 km en tout). Vous trouverez des hébergements dans les environs des villages de Beliş et Mărişel.

VAUT LE DÉTOUR

LE CHÂTEAU BÁNFFY

À 30 km au nord-est de Cluj, le village de Bonţida a pour principal attrait le **château Bánffy** (Castelul Bánffy de la Bonţida ; www.heritagetraining-banffycastle.org ; Bonţida ; 3 lei ; 10h-20h mar-dim). Ce château du XVIIe siècle, aux jardins et vergers soignés, était autrefois surnommé le "Versailles de Transylvanie". C'est là que vivait la famille Bánffy, des aristocrates. À la place des belles fenêtres et des murs en stuc de jadis, on trouve aujourd'hui des briques et des pierres fissurées, dans l'attente d'une restauration. En été, le site accueille un festival de musique house et électronique, intitulé **Electric Castle** (www.electriccastle.ro ; Bonţida ; mi-juil).

Le château a souffert de la Seconde Guerre mondiale : la famille Bánffy, qui y résidait depuis toujours, fut obligée de fuir ; la magnifique bibliothèque et les archives furent perdues lorsque l'armée allemande mit le feu aux bâtiments principaux avant de battre en retraite. Des travaux de restauration, lents et minutieux, ont été lancés en 1999.

Depuis Cluj-Napoca, des bus vont à Bonţida (6 lei, 1 heure, 3/jour) et des trains desservent la gare ferroviaire située à 3 km au nord du château (4,50 lei, 45 min, 5/jour).

s'y rendre avec un guide et de se munir de bonnes bottes, d'un casque et d'une torche.

Pour une longue journée de marche, suivez la randonnée (balisée par des traits rouges puis par des cercles rouges) qui part de la Cabana Padiş vers le nord en direction d'une prairie située à **Poiana Vărăşoaia** (3-4 heures). De là, le sentier indiqué par des cercles rouges tourne vers l'est en direction de la **citadelle de Rădesei** (Cetăţile Rădesei, 2 heures), une autre cavité souterraine aux impressionnantes formations rocheuses (on y trouve des emplacements de camping). Ensuite, l'itinéraire contourne la **Someşul Cald**, une rivière dans une gorge profonde, et revient vers le refuge au sud.

Où se loger et se restaurer

Il existe à Padiş un hébergement simple en chalet, et vous trouverez des pensions pour les randonneurs dans le parc. Il est en outre possible de camper à Glăvoi, à 2 km au sud-ouest de Padiş. Des établissements ferment à certaines périodes ; renseignez-vous au préalable.

Vous pourrez prévoir de pique-niquer ou de manger dans votre pension. Mais attention : il s'agit d'une région sauvage, où les pensions-restaurants suivent des horaires irréguliers.

La 5 Casute CHALETS $
(0732-833 783 ; Padiş ; d 130 lei ; P Wi-Fi). Donnant sur la route principale qui traverse Padiş, les 5 cabanes en pin de ce complexe touristique sont simples et charmantes – lits confortables, télévision et vue sur les montagnes. Le Wi-Fi n'atteint pas toutes les cabanes. Paiement uniquement en espèces.

Cabana Cetaţile Ponorului CHALET $
(0740-007 814 ; www.padis.ro ; ch avec/sans sdb par pers 15,50/13,50 € ; P Wi-Fi). Les chambres doubles et quadruples de ce chalet accueillant sont parfaites pour se reposer au retour d'une excursion dans les grottes du parc naturel des Apuseni. Le personnel propose de préparer des pique-niques pour les randonnées. Situé à 1,7 km de Glăvoi, en descendant la colline, après l'intersection pour la grotte forteresse.

Renseignements

Centre des visiteurs du parc naturel des monts Apuseni (0372-702 242, 0748-126 924 ; www.parcapuseni.ro ; Sudrigiu 136 ; 8h-16h30 lun-jeu, 8h-14h ven). Un arrêt extrêmement utile si vous préférez visiter les monts Apuseni en solo plutôt qu'avec un guide ou une visite organisée. Le centre du parc vend des cartes (15 lei) et fournit des conseils sur les activités et l'hébergement.

Depuis/vers les monts Apuseni

Depuis Cluj-Napoca, on peut rejoindre Padiş en voiture par la route 108C qui part de Huedin, en passant par Rachiţele ; toutefois, cet axe était en mauvais état lors de notre passage. Renseignez-vous auprès des habitants – et, dans tous les cas, ne tentez pas de l'emprunter en voiture en cas d'intempéries. Vous préférerez sans doute l'autre itinéraire, plus long, qui permet d'atteindre le parc par l'ouest. La route 1R, au sud de Huedin, est beaucoup plus jolie, mais elle ne rentre pas suffisamment profondément dans le parc ; elle est en revanche jalonnée de nombreuses pensions.

Il n'existe pas de liaison directe par les transports publics depuis Cluj-Napoca. Prenez un bus de Cluj à Huedin (7-10 lei, 1 heure, 12/jour), d'où un service de minibus peu fréquent dessert Rachiţele ; vous pourrez ensuite marcher jusqu'au parc (des voyageurs font du stop).

Bistriţa

113 260 HABITANTS

Les aficionados de vampires seront déçus par Bistriţa. La ville, avec ses édifices Renaissance aux teintes pastel et ses églises chaulées, ne ressemble pas beaucoup à la Bistritz (son nom allemand) décrite par Bram Stoker dans *Dracula*. Dans le roman, Jonathan Harker séjourne en effet à Bistrita (dans sa version figurée !) avant de se rendre dans le repaire du comte, au col de Borgo (Bârgău), malgré les avertissements des locaux sur les horreurs qui l'attendent.

Les rues pavées bordées de cafés de la Bistriţa moderne conduisent à son chef-d'œuvre gothique du XIVe siècle, l'église évangélique. De nombreux bâtiments préservés datant de la Renaissance attestent de son passé marqué par des marchands saxons et des orfèvres de renom. Il s'agit d'un endroit tranquille, où il est plaisant de séjourner avant de partir pour le lac Colibiţa ou l'inquiétante vallée de Bârgău.

À voir

Depuis la Piaţa Unirii, marchez vers le sud le long de la Str Teodoroiu, au fil des allées étroites qui mènent au **Parcul Municipal**. Ce parc est traversé par de longs axes destinés aux cyclistes et aux piétons, comprend un bassin aux nénuphars où évoluent des poissons rouges géants. Flânez en direction du sud-ouest le long de la promenade boisée, au-delà du bâtiment couleur crème du **Centrul Cultural**. Vous arriverez ensuite à la **Turnul Dogarilor** (tour du Tonnelier ; Str Dogarilor), qui fait partie des fortifications du XIIIe siècle de la ville.

Musée du Comté MUSÉE

(Muzeul Judetean ; B-dul General Grigore Bălan 19 ; adulte/enfant 4/2 lei ; 10h-18h mar-dim avr-sept, 9h-17h mar-dim oct-mars). Saviez-vous que Bistriţa est le seul endroit de Transylvanie où le couvre-chef traditionnel des hommes comporte une couronne de plumes de paon ? À l'intérieur des anciens baraquements d'une garnison, ce musée aborde l'histoire locale à travers trois espaces d'exposition consacrés respectivement à l'histoire ancienne, avec des artefacts daces en bronze ; à l'histoire rurale, avec des outils agricoles et artisanaux ; et à l'art moderne.

Église évangélique ÉGLISE

(Biserica Evanghelică ; Piaţa Centrală ; tour adulte/enfant 10/5 lei ; 9h-17h lun-ven, 10h-18h sam, 12h-18h dim). Voici un édifice à ne manquer sous aucun prétexte ! Gravissez sa tour gothique (76 m) dominant la place principale pour admirer la vue sur la ville. La construction de l'église débuta au XIVe siècle ; en 1563, l'architecte italien Petrus Italus de Lugano lui conféra un style Renaissance et ajouta le portail.

Maison de l'Orfèvre MUSÉE, GALERIE

(Casa Argentului ; Str Dornei 5 ; 10h-18h mar-dim). GRATUIT Cette maison gothique et Renaissance restaurée appartenait autrefois au joaillier le plus réputé de la ville. Les expositions dévolues à l'art et à l'histoire locale valent le coup d'œil.

Où se loger

Bistriţa ne compte que quelques hôtels, de catégorie moyenne et pour les voyageurs à

VAUT LE DÉTOUR

DRACULA ET LA VALLÉE DE BÂRGĂU

Dans son roman gothique *Dracula*, Bram Stoker choisit d'installer le comte dans un repaire surplombant l'inquiétante forêt de la vallée de Bârgău, à 45 km à l'est de Bistriţa. Aujourd'hui, c'est un hôtel à thème qui se dresse à cet endroit, près du village Piatra Fântânele. Même si l'Hotel Castel Dracula fait piètre figure à côté de la tanière imaginaire de Dracula et de ses amies assoiffées de sang, l'endroit est intimidant, surtout lorsque la nuit tombe et que le vent se met à souffler à travers la vallée.

Cet hôtel attire maints visiteurs à la journée et pour la nuit. Beaucoup se prennent en photo à côté du buste de Stoker, à l'extérieur. Jetez un coup d'œil à l'intérieur ; les chouettes et les loups empaillés vous feront froid dans le dos. Et si vous n'avez pas de problèmes cardiaques, visitez la "tombe de Dracula".

À moins d'être motorisé, il est bien difficile de visiter la vallée de Bârgău. Sur demande, toutefois, les bus qui relient Bistriţa et Vatra Dornei (20 lei, 2 heures-2 heures 30, 2-4/jour) s'arrêtent à Piatra Fântânele.

BUS AU DÉPART DE BISTRIŢA

DESTINATION	TARIF	DURÉE	FRÉQUENCE
Alba Iulia	44 lei	4 heures	3/jour
Cluj-Napoca	20 lei	2 heures 30	9/jour
Oradea	50 lei	6 heures	2/jour
Suceava	45 lei	6 heures	3/jour
Târgu Mureş	25 lei	2 heures 30-4 heures	3/jour
Vatra Dornei	20 lei	2-3 heures	6/jour

petit budget. Deux ou trois se distinguent par leur charme et la qualité du service.

♥ **Coroana de Aur** HÔTEL $$
(☎0263-232 470 ; www.hotelcoroanadeaur.ro ; Piaţa Petru Rareş 4 ; s/d/app 185/210/330 lei ; P ❄ 📶). Cet établissement porte le nom de la pension où réside Jonathan Harker dans *Dracula*. Il s'agit toutefois davantage d'un hôtel d'affaires impeccable que d'une vieille auberge inquiétante. Sa jolie décoration couleur crème, ses lits fermes et ses sdb modernes et lumineuses en font une adresse agréable. Il y a bien quelques petits clins d'œil au vampire, mais on ne peut pas vraiment dire que la salle de conférences "Jonathan Harker" soit effrayante.

Hotel Bistriţa HÔTEL $$
(☎0263-231 154 ; www.hotel-bistrita.ro ; Piaţa Petru Rareş 2 ; s/d/app à partir de 130/175/350 lei ; P ❄ 📶). Protégé par une armée de pins, cet hôtel imposant évoque les années 1980. Les chambres, avec éclairage indirect, sont dotées de sdb propres, de coffres-forts et, pour certaines, de balcons. Bon accueil.

Où se restaurer

À Bistriţa, le choix de cafés et de restaurants va du fast-food aux adresses de cuisine roumaine sophistiquée. Les tables haut de gamme sont installées dans des hôtels ou des pensions. La Pietonalul Liviu Rebreanu, qui part vers l'est depuis la Piaţa Centrală, compte de nombreux cafés et établissements décontractés.

♥ **Crama Veche** ROUMAIN $$
(☎0730-011 812 ; www.crama-veche.ro ; angle Str Albert Berger et Str Dogarilor ; plats 22 lei ; ⏲12h-0h ; 📶). Festoyez comme un noble du Moyen Âge dans ce restaurant au sol en pierre, avec blasons de guildes aux murs et bougies qui scintillent sous les poutres basses. Au menu : du poulet au paprika, du ragoût de veau, des boulettes de viande et de la saucisse (au mètre). En réservant la veille, on vous servira du porcelet grillé. Un conseil : essayez de garder de la place pour les crêpes dégoulinantes de confiture ou pour les feuilletés aux fruits.

Restaurant du Coroana de Aur ROUMAIN $$
(☎0263-232 470 ; www.hotelcoroanadeaur.ro/restaurant-bistrita ; Piaţa Petru Rareş 4 ; plats 20-45 lei ; ⏲10h-23h). Le restaurant de l'hôtel Coroana de Aur, délibérément rétro, est la meilleure table de la ville. Des plats savoureux de gibier (cuissot de sanglier sauvage sauce grand veneur) et des classiques roumains, tels que la truite grillée, sont impeccablement préparés. Si vous désirez vous risquer sur le bizarre, sachez que le menu affiche aussi de la cervelle de porc aux œufs et aux oignons.

Renseignements

Centre d'informations touristiques
(☎0263-235 377 ; www.primariabistrita.ro ; Piaţa Centrala 13). Brochures, cartes, etc. Horaires imprévisibles.

Depuis/vers Bistriţa

BUS

Bistriţa possède une **gare routière** (☎0256-493 471) très fréquentée, reliée à de nombreuses villes de Transylvanie.

TRAIN

De la **gare ferroviaire** (☎0256-491 696), des trains assurent chaque jour la liaison avec Sibiu (à partir de 26 lei, 6 heures 30, 1/jour), Cluj (16 lei, 2 heures 30-3 heures 30, 5/jour), Vatra Dornei (21 lei, 5 heures, 1/jour) et Braşov (70 lei, 6 heures, 1 direct/jour, davantage de trains via Sărăţel).

Crişana et Banat

Dans ce chapitre ➡

Le top des restaurants

- Caruso (p. 158)
- Casa Bunicii (p. 157)
- Graf (p. 162)
- Don Restaurant (p. 166)
- Nora (p. 157)
- Picasso Restaurant (p. 167)

Le top des hébergements

- Picasso Boutique Hotel (p. 165)
- Hotel Elite (p. 161)
- Vila La Residenza (p. 157)
- Hostel Costel (p. 157)
- Hotel Arad (p. 165)
- Casa Noastră (p. 164)

Pourquoi y aller

L'ouest de la Roumanie, lié géographiquement et culturellement à la Hongrie et à la Serbie voisines, et historiquement à l'Empire austro-hongrois, possède une diversité de populations absente dans la majeure partie du pays. Timişoara, la capitale régionale, est réputée pour sa beauté et son animation. Historiquement, on se souviendra qu'elle fut la première ville du monde à se doter d'un éclairage public électrique (1884) et, surtout, que c'est ici que débuta le soulèvement contre le dictateur Nicolae Ceauşescu en 1989 – d'où son surnom de "première ville libre".

Les trois villes principales de la région, Timişoara, Oradea et Arad, offrent toutes de superbes exemples d'architecture Art nouveau (ou Sécession) – de plus en plus de bâtiments bénéficient d'une rénovation. En dehors de ces centres urbains, on découvrira aussi la station thermale de Băile Felix et la façade occidentale des monts Apuseni. Sillonnés par de nombreux sentiers de randonnée et ponctués de magnifiques grottes, ces monts méritent d'être découverts.

Quand partir

Timişoara

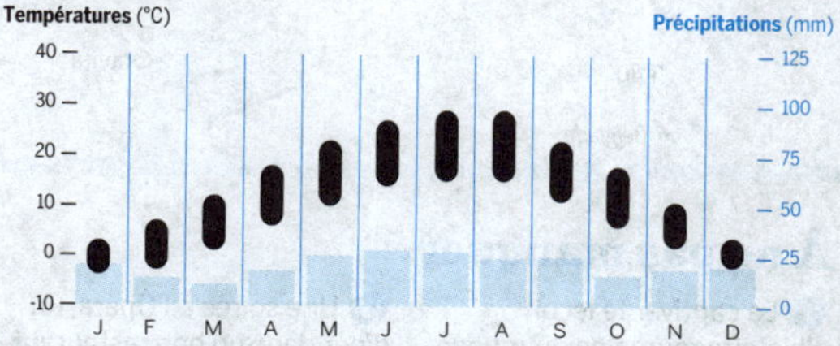

Avr-mai Les arbres en fleurs forment une belle toile de fond pour une excursion à Timişoara, Arad ou Oradea.

Juin-août Belles journées d'été, chaudes et ensoleillées, idéales pour randonner dans les monts Apuseni occidentaux.

Sept-oct À Timişoara, la scène culturelle s'éveille après la torpeur estivale.

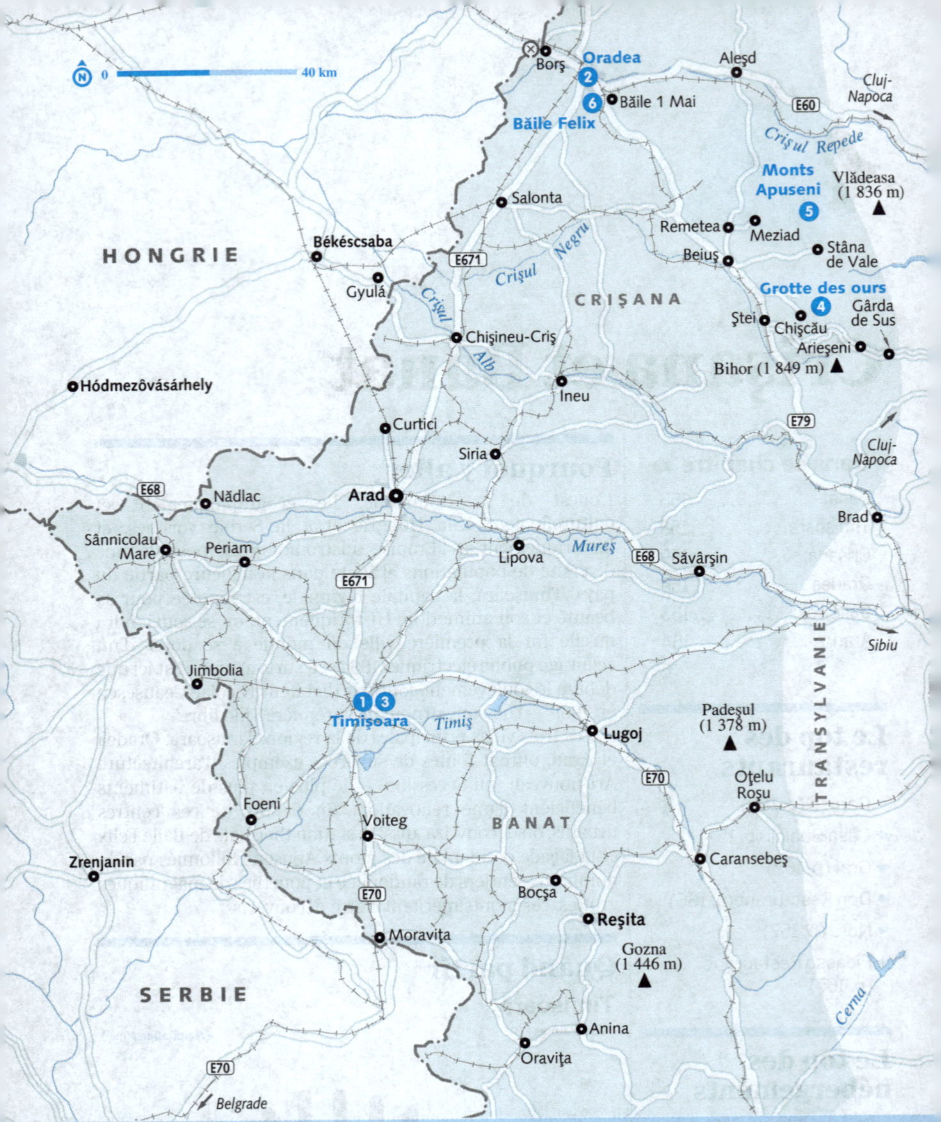

À ne pas manquer

1. La captivante leçon d'histoire roumaine du **musée de la Révolution de 1989** (p. 153), à Timişoara
2. Les impressionnants monuments Art nouveau d'**Oradea** (p. 159), rénovés peu à peu
3. Une soirée à l'Opéra, un dîner dans un bon restaurant, puis un dernier verre sur la Piaţa Victoriei ou la Piaţa Unirii à **Timişoara** (p. 153)
4. Les stalactites et stalagmites de la **grotte des Ours** (p. 163), un admirable univers calcaire souterrain
5. Une randonnée ou le simple panorama du flanc occidental des **monts Apuseni** (p. 163)
6. Les eaux thermales de la station de **Băile Felix** (p. 163)

Histoire

Les régions occidentales de la Crişana et du Banat jouent depuis toujours le rôle de marchepied entre l'Est et l'Ouest. Leur premier peuplement date du VIe siècle av. J.-C., et en 106 de notre ère elles furent intégrées à la région romaine de Dacie. Elles tombèrent vers la fin du IXe siècle sous le joug hongrois, qu'elles ne quittèrent qu'à la conquête ottomane, en 1552.

Les Turcs gouvernèrent la Crişana et le Banat pendant 150 ans ; ils en perdirent le contrôle au bénéfice des Habsbourg autrichiens en 1716, après leur défaite face au prince Eugène de Savoie. Deux ans plus tard, les deux régions faisaient officiellement partie de l'empire des Habsbourg, dirigé depuis Vienne.

L'Autriche ne tarda pas à les protéger d'un possible retour des Turcs en construisant des forteresses militaires perfectionnées, encore debout aujourd'hui, à Arad, Oradea et Timişoara. Pour consolider leur implantation dans le Banat, les Autrichiens ouvrirent la région au peuplement, et l'on trouve encore aujourd'hui des petites communautés éparses de Tchèques, de Croates, de Slovaques et autres. Les Allemands souabes, installés ici après l'expulsion des Turcs, sont pour la plupart repartis vivre en Allemagne.

La révolution anti-Habsbourg de 1848 fut vécue très âprement dans ces régions. Les Hongrois assoiffés d'indépendance se battirent pour intégrer la zone dans la Hongrie nouvelle, affrontant une résistance armée de la part des Autrichiens et, parfois, de bandes de combattants roumains. Les Autrichiens finirent par remporter la bataille, mais cédèrent les territoires à la Hongrie quand les deux pays décidèrent de former une monarchie duelle en 1867.

La Crişana et le Banat prospérèrent pendant le demi-siècle qui précéda la Première Guerre mondiale. La magnifique architecture Art nouveau et Sécession des plus grandes villes, et particulièrement d'Oradea, en sont la preuve. Après le conflit, le traité de Trianon ôta à la Hongrie de vastes pans de son ancien territoire, et notamment la Crişana et le Banat, qui furent octroyés à la Roumanie fraîchement indépendante.

BANAT

Timişoara

319 280 HABITANTS

La troisième plus grande ville roumaine (après Bucarest et Cluj-Napoca) est aussi l'une des plus attrayantes ; elle se déploie autour de belles places et de parcs et jardins luxuriants, qui lui valent d'être désignée la "ville des Roses". Ses habitants la surnomment quant à eux la "Primul Oraş Liber" (première ville libre), car c'est ici que les manifestations contre Ceauşescu dépassèrent les capacités de répression de la Securitate (police politique) en 1989, ce qui marqua un premier pas vers la chute du dictateur. Dotée des plus jolis hôtels et restaurants de l'ouest de la Roumanie, c'est une base idéale pour explorer le Banat.

Timişoara a été désignée Capitale européenne de la culture 2021.

À voir

Quartier de la Piaţa Unirii

La place de l'Union est la plus pittoresque de Timişoara ; sur les flancs est et ouest, la cathédrale catholique et l'église orthodoxe serbe se font face.

Musée de la Révolution de 1989 MUSÉE
(0256-294 936 ; www.memorialulrevolutiei.ro ; Strada Popa Sapcă 3-5 ; entrée sur don ; 8h-16h lun-ven, 10h-14h sam). L'exposition, en constante évolution, offre une source de renseignements inestimable sur la révolution de décembre 1989 qui débuta à Timişoara. Elle présente de la documentation, des affiches et des photos de ces journées décisives, et une vidéo (ne convenant pas aux jeunes enfants) de 20 minutes sous-titrée en anglais. Entrée par Str Oituz 2.

Synagogue de la Citadelle SYNAGOGUE
(Sinagoga din Cetate ; Str Mărăşeşti 6). Cet édifice fut érigé en 1865 par l'architecte viennois Ignatz Schuhmann. La synagogue était fermée pour travaux lors de notre passage, mais l'extérieur mérite aussi le coup d'œil.

Musée d'Art MUSÉE
(Muzeul de Artă Timişoara ; 0256-491 592 ; www.muzeuldeartatm.ro ; Piaţa Unirii 1 ; adulte 10 lei, enfant gratuit ; 10h-18h mar-dim). Ce musée

Centre de Timişoara

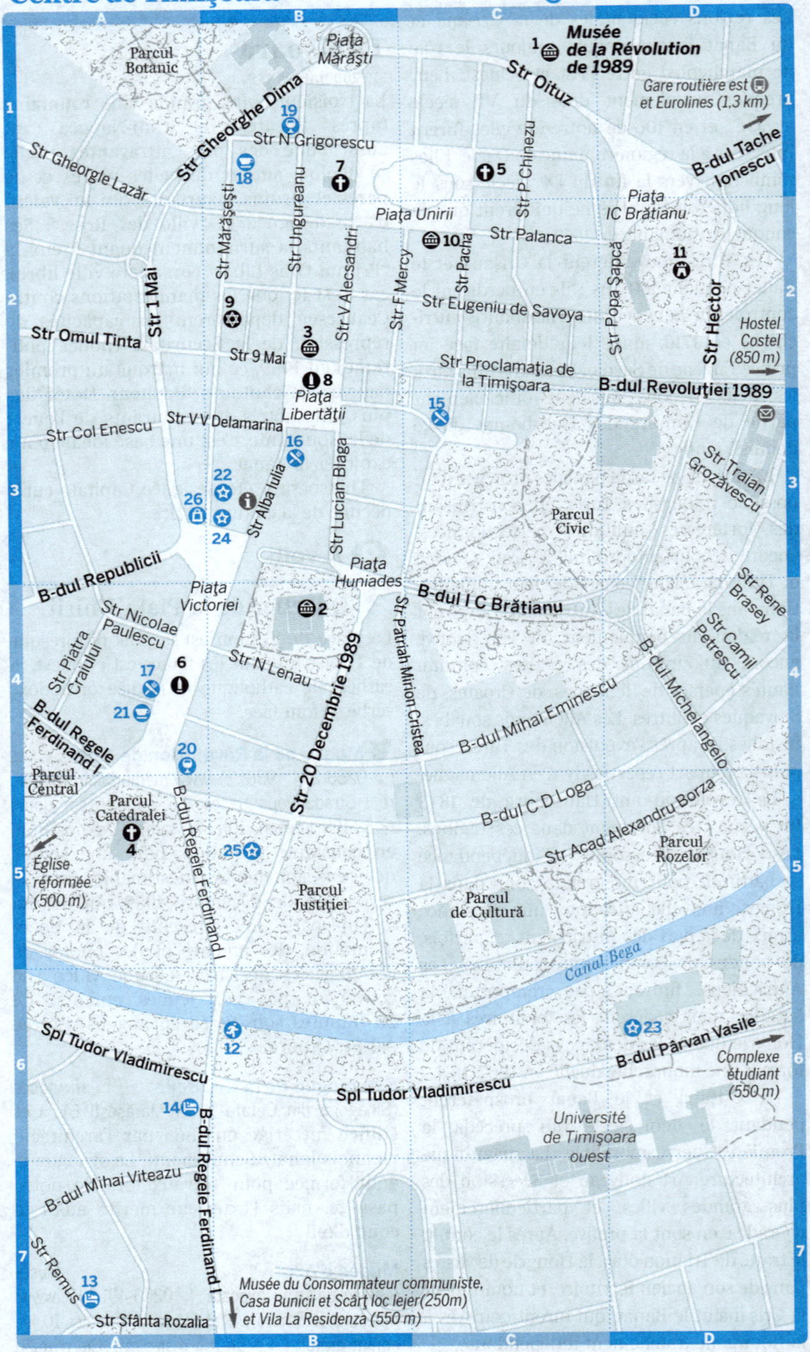

Centre de Timişoara

réunit une belle collection de peintures et d'autres œuvres d'art historiques ou contemporaines, et organise des expositions temporaires de grande qualité. Il se trouve dans l'**ancien palais de la préfecture** (Palatul Vechii Prefecturi ; 1754), dont l'intérieur vaut à lui seul le détour.

Cathédrale catholique ÉGLISE
(Catedrală Episcopală Romano-Catolică ; ☎0256-430 671 ; Piaţa Unirii 12 ; 8h-18h). La jolie cathédrale baroque de la ville a été bâtie au milieu du XVIIIe siècle du côté est de la Piaţa Unirii, après que l'Empire austro-hongrois eut soustrait la région à l'influence turque. La principale fresque de l'autel (1754) représentant saint Georges et le dragon est l'œuvre de Michael Angelo Unterberger, directeur de l'Académie des beaux-arts de Vienne lors de l'édification de la cathédrale.

Citadelle de Timişoara FORTERESSE
(Cetatea Timişoara ; Str Hector ; 24h/24). GRATUIT Située à quelques rues à l'est de la Piaţa Unirii, par la Str Palanca, cette citadelle autrichienne typique du XVIIIe siècle comprend trois anneaux de fortification et neuf bastions. En partie transformée, elle abrite désormais des boutiques et des cafés.

Église orthodoxe serbe ÉGLISE
(Biserica Ortodoxă Sârbă ; Str Ungureanu 12). Bordant la Piaţa Unirii, l'église orthodoxe serbe a été construite à peu près en même temps que son homologue catholique de l'autre côté de la place. L'artiste local Constantin Daniel en a peint l'intérieur.

Piaţa Libertăţii et ses environs

Entre la Piaţa Unirii et la Piaţa Victoriei, la place de la Liberté, ombragée, s'étend au cœur de la ville. On y trouve plusieurs édifices anciens et monuments intéressants, comme l'**ancien hôtel de ville**.

Statue de saint Jean Népomucène et de la Vierge Marie MONUMENT
Au centre de la Piaţa Libertăţii, cette statue fut réalisée en 1756 à Vienne et apportée en Roumanie à la mémoire des victimes de la peste de 1738-1739. L'histoire de l'infortuné Jean Népomucène, qui aurait été jeté du pont Charles de Prague sur ordre du roi pour avoir refusé de révéler les confessions de la reine, est gravée autour de la base.

Piaţa Victoriei et ses environs

La vaste place de la Victoire est une magnifique zone piétonne verdoyante, agrémentée de fontaines centrales et bordée de boutiques et de cafés. L'extrémité nord est marquée par le Théâtre national et Opéra, du XVIIIe siècle (p. 158), où des milliers de manifestants se rassemblèrent le 16 décembre 1989. Sur la façade de l'Opéra, on peut lire : "Toi qui passes devant cet édifice, accorde une pensée à la Roumanie libre." Vers le centre, la **colonne de Romulus et Remus** est une réplique de l'originale, offerte par Rome en 1906 en mémoire des origines latines de la Roumanie.

Cathédrale orthodoxe ÉGLISE
(Catedrala Ortodoxă Mitropolitană ; www.mitropolia-banatului.ro ; B-dul Regele Ferdinand I ; 6h-20h). Cette cathédrale orthodoxe, érigée entre 1936 et 1946, est unique par son architecture d'influence byzantine, évoquant celle des monastères de la Bucovine. Le sol rappelle les tapis traditionnels du Banat. Haut de 83 m, le dôme est le plus grand de Roumanie.

Musée d'Histoire du Banat MUSÉE
(Muzeul Banatului ; 0256-225 588 ; Piaţa Huniades 1). Ce musée, à l'intérieur du château des Huniades, date du XIVe siècle et de l'époque du roi hongrois Charles Robert, prince d'Anjou. Il était fermé pour travaux lors de nos recherches. L'extérieur mérite le détour.

Sud du centre

Le **canal Bega** se trouve au sud de la Piaţa Victoriei. Si ses rives sont par endroits peu reluisantes, les parcs qui s'étendent de part et d'autre se prêtent agréablement à la promenade.

Église réformée Tőkés ÉGLISE
(Biserica Reformată Tőkés ; Str Timotei Cipariu 1). C'est à l'église réformée Tőkés, où le pasteur Tőkés fit la critique de Ceauşescu, que débuta la révolution de 1989. Il est parfois possible d'y entrer et elle est généralement ouverte à l'heure de la messe.

Musée du Consommateur communiste MUSÉE
(Muzeul Consumatorului Comunist ; 0751-892 340 ; www.facebook.com/muzeuconsumatorcomunist ; Str Laszlo Szekely 1 ; don apprécié ; 9h-23h lun-ven, 11h-23h sam, 14h-23h dim). Regroupant dans trois salles et un hall quantité de biens de consommation produits en Roumanie avant 1989, ce musée situé au sud du centre comprend également un café très prisé. La plupart des jouets, ustensiles et périodiques exposés n'évoquent pas grand-chose au visiteur étranger, mais les anciens du pays y retrouvent avec nostalgie trace de leur passé.

Prenez le tram n°6 ou n°8.

Nord du centre

Village-Musée du Banat MUSÉE
(Muzeul Satului Banaţean ; 0256-491 339 ; www.muzeulsatuluibanatean.ro ; Str Avram Imbroane 1 ; 4,50 lei ; 10h-17h mar-dim). Plus de 30 maisons paysannes traditionnelles du XIXe siècle sont réunies dans cette exposition en plein air, créée en 1917. Prenez le tram n°1 (chiffre noir) de la gare du Nord.

Activités

On peut louer des **pédalos** (0771-675 881 ; 15 lei/heure ; 9h-16h lun-jeu, 10h-17h sam-dim mai-sept) pour barboter sur le canal Bega.

Circuits organisés

Plusieurs entreprises et particuliers proposent des visites guidées de la ville et de la région du Banat. Nous recommandons **Tymes Tours** (0722-525 734 ; www.tymestours.ro), **Alexandra Irimia** (0742-112 174 ; www.timisoaratourguide.com), **Ludovic Satmari** (0762-519 797 ; www.timisoaracitytours.com) et **Claudiu Preda** (0745-519 934 ; www.claudiupreda.eu).

Fêtes et festivals

La ville a un agenda culturel bien garni, dont le printemps et l'automne marquent les temps forts. Retrouvez le programme complet sur le site Web du **centre d'informations touristiques** (p. 159).

Festival européen des arts de la scène ARTS DE LA SCÈNE
(FEST-FDR ; www.tntimisoara.com ; mai). Neuf jours mettant à l'honneur le meilleur de la scène roumaine.

Hearts Folk Festival CULTUREL
(Festivalul Inimilor ; www.facebook.com/FestivalulInimilor ; juil). Ce festival folklorique, l'un des plus importants d'Europe, a lieu dans le parc des Roses pendant 4 jours en juillet.

Festival international de jazz MUSIQUE
(www.jazztm.ro ; juil). Un événement majeur, organisé sur 3 jours début juillet.

Plai MUSIQUE
(www.plai.ro ; sept). Ce festival très populaire, consacré aux musiques du monde entier, se déroule à la mi-septembre dans le Village-Musée du Banat (ci-dessus).

Où se loger

Une villa reconvertie en hôtel, des boutique-hôtels, des pensions chics, une auberge de jeunesse très confortable au bord du canal... Timişoara offre un large choix d'hébergements.

Hostel Costel AUBERGE DE JEUNESSE $

(0356-262 487 ; www.hostel-costel.ro ; Str Petru Sfetca 1 ; dort 50-60 lei, d 135 lei ;). Cette charmante villa Art nouveau des années 1920 est l'auberge de jeunesse la mieux tenue de la ville. Dans une ambiance décontractée et sympathique, elle loue 3 dortoirs de 6 à 10 lits, et une double. Beaucoup d'espace et de fraîcheur, une cuisine et un vaste jardin équipé de hamacs pour se détendre.

L'établissement est situé 1 km à l'est du centre, de l'autre côté du canal Bega, près du pont Decebal ; prenez le tram n°1.

Pension Casa Leone PENSION $$

(0256-292 621, 0723-329 612 ; www.casaleone.ro ; B-dul Eroilor de la Tisa 67 ; s/d/tr 140/160/225 lei ;). Voici une adorable pension de 10 chambres, toutes décorées différemment, avec un service exceptionnel. Le jardin est une véritable oasis de verdure et de fraîcheur en été. Prenez le tram n°8 à la gare ferroviaire, descendez à l'arrêt Deliblata et parcourez à pied un pâté de maisons en direction nord-est jusqu'au B-dul Eroilor (ou appelez pour qu'on vienne vous chercher).

Boutique Pensiunea Park PENSION $$

(0356-264 039, 0733-274 035 ; www.pensiuneapark.ro ; Str Remus 17 ; s/d/ste 200/250/295 lei ;). Tenue par une famille, cette petite "boutique-*pensiunea*" occupe une villa ancienne, dans une petite rue ombragée à 10 minutes à pied de la Piaţa Victoriei. Elle se distingue par une belle décoration d'époque dans les espaces communs (jolis lustres) ; les 10 chambres sont en revanche meublées modestement, avec des cadres de lits métalliques.

Petite terrasse à l'arrière pour le café du matin ; vélos mis à disposition gratuitement pour la clientèle.

Vila La Residenza HÔTEL $$$

(0256-401 080 ; www.laresidenza.ro ; Str Independenţei 14 ; s/d/ste 80/92/108 € ;). Avec sa salle de lecture et sa bibliothèque, et son jardin bien entretenu équipé d'une piscine, cette charmante villa reconvertie a de faux airs de manoir anglais. Les 15 chambres sont sobres et confortables. Destination de prédilection des célébrités de passage, c'est une adresse incontournable pour ceux qui ne regardent pas à la dépense.

À 2 km au sud du centre. Prenez le tram n°6.

Hotel Savoy HÔTEL $$$

(0256-249 900 ; www.hotelsavoytimisoara.ro ; Splalul Tudor Vladimirescu 2 ; s/d/ste 295/385/510 lei ;). Dans cette villa des années 1930 rénovée avec classe, les détails Art déco sont mis en valeur dans les 21 chambres de l'aile d'origine (notamment la 208 et la grande 303). Les 33 chambres de la partie récente se distinguent par des tons doux et d'élégants tapis blancs. Accessible à pied depuis le centre ou les rives du canal Bega.

Où se restaurer

Pour un verre ou un repas sur le pouce, les cafés agrémentés de belles terrasses ne manquent pas autour de la Piaţa Unirii et de la Piaţa Victoriei. Pour un repas bon marché, des kebabs ou une pizza, cap sur le **complexe étudiant** (Complexul Studentesc ; Str Socrate ; horaires variables), au sud du centre, par-delà le canal Bega.

Massimo Timişoara GLACIER $

(0256-200 606 ; www.facebook.com/massimotimisoara ; Piaţa Victoriei 8 ; 1/2/3 boules 3/4/5 lei ; 10h-23h). Bien sûr, ce restaurant italien situé sur la Piaţa Victoriei est très prisé, mais l'adresse vaut aussi pour sa *gelateria*, qui sert les meilleures glaces italiennes de Timişoara !

Casa Bunicii ROUMAIN $$

(0356-100 870 ; www.casa-bunicii.ro ; Str Virgil Onitiu 3 ; plats 20-50 lei ; 12h-0h ;). Cet établissement accueillant et familial, dont le nom signifie "chez grand-mère", sert une cuisine maison et des spécialités régionales du Banat, notamment des plats à base de *spätzle* (nouilles aux œufs). La soupe de canard aux raviolis chinois (10 lei) et le blanc de poulet grillé sauce aigre-douce aux cerises (20 lei) sont tous deux excellents. Cadre champêtre.

Nora ROUMAIN $$

(0256-218 204 ; www.restaurantnora.ro ; B-dul Dambovita 40 ; plats 15-29 lei ; 11h-23h). Réservez absolument si vous voulez une place en terrasse dans ce restaurant décontracté aux grillades réputées. À 2 km au sud-ouest du centre, il mérite la course en taxi (environ 10 lei).

Casa cu Flori ROUMAIN $$

(☎0721-180 011, 0256-435 080 ; www.casacu-flori.ro ; Str Alba Iulia 1 ; plats 23-55 lei ; ⏲8h-0h ; ❄). L'un des restaurants les plus réputés de la ville et à juste titre. Au programme ici : une cuisine roumaine de haute volée, un service raffiné et des prix modérés, dans une charmante salle au 1er étage. Quand il fait beau, le toit-terrasse fleuri s'ouvre à vous. Accueil chaleureux.

♥ **Caruso** INTERNATIONAL $$$

(☎0256-224 771 ; www.restaurantcaruso.ro ; Str Enrico Caruso 2 ; plats 56-115 lei ; ⏲12h-0h). Le Caruso sert une excellente cuisine internationale et roumaine contemporaine, revisitant les grands classiques. Foie gras au cacao ? Blanc de pigeon accompagné d'une souris en poire ? Ris de veau au bacon sauce aux morilles ? Le tout servi sur 2 niveaux à la déco minimaliste, agrémenté de nombreuses photos du célèbre ténor italien.

Excellente carte des vins, essentiellement vendus à la bouteille. Extraordinaire menu gastronomique de 10 plats et vins à 1 100 lei.

Où prendre un verre et faire la fête

L'été, la Piaţa Unirii et la Piaţa Victoriei sont bordées de terrasses de café. Procurez-vous un exemplaire gratuit de *Zile şi Nopţi* (Jours et Nuits) au centre d'informations touristiques.

Aethernativ CAFÉ

(☎0724-012 364 ; www.facebook.com/Aethernativ ; Str Mărăşeşti 14 ; ⏲10h-1h lun-ven, 12h-1h sam, 17h-1h dim). Un club artistique informel, café et bar, occupant la cour d'un bâtiment fatigué à deux pâtés de maisons à l'ouest de la Piaţa Unirii. L'ameublement est éclectique et l'ambiance, estudiantine, alternative et festive. Pas d'enseigne : trouvez l'adresse et poussez la porte. Il y a toujours foule.

Scârţ loc lejer CAFÉ

(☎0751-892 340 ; www.facebook.com/scartloclejer ; Str Laszlo Szekely 1 ; ⏲9h-23h lun-ven, 11h-23h sam, 14h-23h dim ; 📶). Dans cette villa ancienne reconvertie en café branché, des pochettes de disques sont épinglées aux murs et une agréable musique est diffusée en fond sonore. On trouve plusieurs salles confortables pour la détente ou la lecture et un jardin verdoyant, avec recoins ombragés et hamacs.

À 1 km au sud du centre. Prenez le tram n°6 ou le n°8.

Bierhaus BIÈRE

(☎0721-279 039 ; www.bierhaus.ro ; Str Emanoil Ungureanu 15 ; ⏲11h30-1h). Avec sa cabine de téléphone rouge toute britannique et ses vieilles photos en noir et blanc de Temeschburg (Timişoara en allemand), ce bar de style germanique a de quoi surprendre. C'est, dans tous les cas, une excellente adresse pour quelques bières (choix de 5 bières pression) en bonne compagnie !

Club 30 DISCOTHÈQUE

(☎0760-027 785, 0256-201 115 ; www.facebook.com/club30.timisoara ; Piaţa Victoriei 7 ; ⏲18h-3h jeu et dim, 22h-5h ven et sam). Ce rendez-vous incontournable de la vie nocturne ne donne aucun signe de fatigue, surtout lors des soirées rétro années 1980 et 1990. Concerts occasionnels – de jazz le jeudi et le samedi.

Opera CAFÉ

(☎0720-149 813 ; www.facebook.com/pages/Opera-Cafe/115891888493329 ; Piaţa Victoriei 6 ; ⏲8h-0h lun-ven, 9h-0h sam-dim ; 📶). L'un des nombreux cafés que compte cette vaste place. Comme les autres, il sert des boissons chaudes et froides, et des salades et sandwichs variés (10-19 lei). Ainsi que, sans conteste, les meilleurs gâteaux du secteur !

☆ Où sortir

La Căpiţe MUSIQUE LIVE

(☎0720-400 333 ; B-dul Pârvan Vasile ; ⏲10h-1h lun-ven, 10h-0h dim ; 📶). Ce *beer garden* au bord du fleuve face à l'université est un lieu de rencontre apprécié d'une clientèle festive les soirs d'été. Musique live ou soirées DJ. Avec un nom signifiant "meule de foin", on comprend mieux le foin disséminé dans l'établissement en guise de confortables sièges.

Théâtre national et Opéra THÉÂTRE, OPÉRA

(Teatrul Naţional şi Opera Română ; ☎opéra 0256-201 286, théâtre 0256-499 908 ; www.tntimisoara.com ; Str Mărăşeşti 2). Cette institution très réputée accueille des pièces de théâtre et des opéras. Les billets sont en vente (à partir de 40 lei environ) à la **billetterie** (☎0256-201 117 ; www.ort.ro ; Str Mărăşeşti 2 ; ⏲11h-19h mar-dim) ou par e-mail. La plupart des pièces sont en roumain.

Théâtre philharmonique d'État MUSIQUE CLASSIQUE

(Filarmonica Banatul Timişoara ; ☎0256-492 521 ; www.filarmonicabanatul.ro ; B-dul CD Loga 2 ; billets 10-30 lei ; ⏲billetterie 10h-14h lun, mer et ven, 14h-19h mar et jeu). Concerts classiques presque tous les soirs. Billets en vente à la billetterie du théâtre et 1 heure avant le spectacle.

Théâtre d'État allemand THÉÂTRE
(Teatrul German de Stat ; ☎0256-201 291 ; www.teatrulgerman.ro ; Str Mărăşeşti 2). Programme régulièrement des pièces de théâtre en allemand. Achetez vos places à la **billetterie** (☎0256-435 743 ; www.teatrulgerman.ro ; Str Alba Iulia 2 ; ⏲10h-15h et 17h-19h mar-ven, 10h-15h sam).

Achats

Galerie d'art contemporain Calina GALERIE
(www.calina.ro ; Str Mărăşeşti 1-3 ; ⏲10h-18h lun-ven, 11h-15h sam). Cette excellente galerie d'art contemporain expose les œuvres d'artistes roumains et étrangers.

Renseignements

Timişoara County Emergency Hospital (Spitalul Clinic Judeţean de Urgenţă Timişoara ; ☎0356-433 111 ; www.hosptm.ro ; B-dul Iosif Bulbuca 10). Hôpital moderne, à 2 km au sud du centre ; service d'urgences 24h/24.

Centre d'informations touristiques (Info Centru Turistic ; ☎0256-437 973 ; www.timisoara-info.ro ; Str Alba Iulia 2 ; ⏲9h-19h lun-ven, 10h-16h sam mai-sept, 9h-18h lun-ven, 10h-15h sam oct-avr). Cet excellent office du tourisme pourra vous aider à réserver vos billets de train ou un hébergement ; fournit cartes et renseignements sur la région.

Poste centrale (☎0256-491 999 ; B-dul Revoluţiei 1989 2 ; ⏲8h-19h lun-ven, 8h-12h sam)

UniCredit Bank (www.unicredit.ro ; Piaţa Victoriei 2 ; ⏲9h-16h lun-ven)

Depuis/vers Timişoara

AVION

L'**aéroport international Traian Vuia de Timişoara** (TSR ; ☎0256-386 089 ; aerotim.ro/en ; Str Aeroport 2, Ghiroda) est à 12 km au nord-est du centre. Il est bien relié à la majorité des grandes villes roumaines et européennes grâce aux compagnies low cost **WizzAir** (☎0903-760 105 ; www.wizzair.com) et **Ryanair** (☎+44 871 246 0002 ; www.ryanair.com/ro/en).

Le bus express E4 relie l'aéroport et le centre-ville (2,5 lei, 20 min).

BUS

Il manque une gare routière centrale à Timişoara pour regrouper les nombreuses lignes nationales. Les bus et les minibus, gérés par des entreprises privées, partent de plusieurs points dans la ville. Consultez le site Web www.autogari.ro. Quelques destinations : Arad (15 lei), Cluj-Napoca (75 lei) et Sibiu (65 lei).

Les liaisons internationales partent de la **gare de l'Est** (Gara de Est ; www.autogari.ro). Parmi les principales compagnies, figurent **Atlassib** (☎0256-226 486 ; bureau local 0757-112 370 ; www.atlassib.ro ; Calea Stan Vidrighin 12) et **Eurolines** (☎0372-766 478, 0256-288 132 ; www.eurolines.ro ; Str M Kogălniceanu 20). **Gea Tours** (☎0316-300 257 ; www.geatours.rs), basée à Belgrade, propose un service de minibus quotidien entre Timişoara et Belgrade (aller/aller-retour 15/30 €). Réservez en ligne.

TRAIN

Les trains partent de la **gare de Timişoara-Nord** (Gara Timişoara-Nord ; ☎0256-200 457 ; www.cfrcalatori.ro ; Str Gării 2), qui est en réalité située à l'ouest du centre. Des trains desservent quotidiennement Bucarest (112 lei, 9 heures, 2/jour), Cluj-Napoca (80 lei, 6 heures, 2/jour), Arad (18 lei, 1 heure, 4/jour) et Oradea (49 lei, 3 heures, 3/jour).

Agenţia de Voiaj CFR (☎0256-491 889 ; www.cfr.ro ; B-dul Republicii 10 ; ⏲10h-18h lun-ven). Vente de billets pour les trains nationaux et internationaux, et réservation de sièges.

CRIŞANA

Oradea

196 370 HABITANTS

Les amateurs d'Art nouveau et des styles architecturaux Sécession viennoise et hongroise de la fin du XIXe et début du XXe siècle ne manqueront pas de faire une halte à Oradea. Si bon nombre d'édifices élégants sont malheureusement tombés en décrépitude, les visiteurs à l'œil aiguisé détecteront les éléments lyriques typiques du style Sécession et les œuvres d'orfèvre ornant les bâtiments le long de l'allée piétonne principale, la Calea Republicii, et de l'autre côté de la rivière Crişul Repede, sur la Piaţa Unirii.

À voir

Le meilleur moyen de voir la ville consiste à arpenter la Calea Republicii, bordée de joyaux architecturaux, puis de traverser la rivière jusqu'à la superbe Piaţa Unirii.

Maison Darvas-La Roche MUSÉE
(Casa Darvas-La Roche ; www.oradea.travel ; Str Josif Vulcan 11 ; adulte/enfant 5/3 lei ; ⏲12h-19h mar-dim avr-oct, horaires réduits en hiver). Cette charmante demeure bourgeoise Sécession (1912), œuvre des frères József et László Vágó, architectes du magnifique **palais Moskovits d'Oradea** (Palatul Moskovits ; Calea Republicii 13),

Oradea

0 200 m

est désormais un musée consacré à la décoration intérieure et aux arts appliqués. Ne ratez pas le très beau vitrail et la superbe salle à manger. Le billet combiné (10 lei) donne également accès à la synagogue de Sion et la tour de l'hôtel de ville.

Tour de l'hôtel de ville TOUR

(Turnulk Primăriei ; www.oradea.travel ; Str Tudor Vladimirescu 2 ; adulte/enfant 5/3 lei ; ⌚12h-19h mar-dim avr-oct, horaires réduits en hiver). Haute de 50 m, cette tour, désormais ouverte au public, comprend 4 niveaux principaux, dont trois équipés de terrasses d'observation. Le billet combiné (10 lei) donne également accès à la synagogue de Sion et à la maison Darvas-La Roche.

Synagogue orthodoxe SYNAGOGUE

(Sinagoga Ortodoxă ; www.oradeajc.com ; Str Mihai Viteazul 4 ; fermée au public). Édifiée en 1890, la synagogue orthodoxe d'Oradea était à la veille de la Seconde Guerre mondiale le principal lieu de culte pour un tiers des résidents juifs de la ville. Restée intacte pendant le conflit, elle fut largement négligée par la suite ; une vaste rénovation était en phase d'achèvement lors de nos recherches.

Juste derrière et à gauche de la synagogue se dresse un petit **mémorial de l'Holocauste** à la mémoire des 30 000 juives et juifs d'Oradea qui en furent victimes. La plupart moururent dans le camp de concentration d'Auschwitz-Birkenau, en Pologne, en mai-juin 1944, après avoir été parqués dans un ghetto fermé et surpeuplé, autour de la synagogue.

Synagogue de Sion (Neolog) SYNAGOGUE

(Sinagoga Neologă ; www.oradeajc.com ; Str Independenţei 22 ; adulte/enfant 5/3 lei ; ⌚12h-19h mar-dim avr-oct, horaires réduits en hiver). Représentante de la branche réformée du judaïsme (et non orthodoxe), cette

Oradea

À voir

Où se loger

Où se restaurer

Où sortir

Achats

synagogue datant de 1878 et coiffée d'un dôme gracieux est l'un des éléments les plus frappants du paysage d'Oradea. L'entrée de 10 lei donne également accès à la tour de l'hôtel de ville et à la maison Darvas-La Roche.

Citadelle d'Oradea FORTERESSE
(Cetatea Oradea ; Piaţa Independenţei ; 9h-17h). GRATUIT Cette citadelle, érigée aux XVe et XVIe siècles, joua un rôle clé dans les conflits entre les Turcs, les Autrichiens et les Hongrois. Construite en forme de pentagone, elle est composée de cinq tours et d'épais murs de fortification, ornés de fresques sur leur partie intérieure. Des travaux de reconstruction sont toujours en cours, mais le site reste accessible aux visiteurs.

Sirul Canonicilor ARCHITECTURE
(Str Sirul Canonicilor). À l'est de la cathédrale catholique, les 57 arcades de style baroque furent construites entre 1750 et 1875. Une partie fut conçue par le grand architecte autrichien Franz Anton Hillebrandt.

Cathédrale catholique ÉGLISE
(Catedrală Romano-Catolică ; Sirul Canonicilor ; 9h-18h). À 2 km au nord du centre, cette cathédrale, érigée entre 1752 et 1780, est la plus grande église baroque de Roumanie. Des concerts d'orgue y sont organisés. Renseignez-vous sur place.

Circuits organisés

Apuseni Experience AVENTURE
(0747-962 482, 0745-602 301 ; www.apuseniexperience.ro). Ce prestataire basé à Oradea propose des randonnées à pied et à vélo de plusieurs jours dans les monts Apuseni et, en hiver, des sorties ski et raquettes.

Où se loger

Hotel Elite HÔTEL $$
(0359-332 211, 0259-414 924 ; www.hotelelite.ro ; Str IC Bratianu 26 ; s/d à partir de 55/65 € ; P). Ce bel hôtel bien tenu, doté de 38 chambres impeccables, a pour principal atout sa magnifique piscine chauffée (adaptée aux enfants). On passe ici la soirée à nager et à dîner sur la terrasse. Petit spa.

La piscine est ouverte aux personnes extérieures (30/40 lei en semaine/le week-end). Supplément de 10 lei pour le spa.

Hotel Stokker HÔTEL $$
(0359-444 994 ; www.facebook.com/StokkerHotel ; Parcul Petőfi 16 ; s/d/app 170/210/290 lei ; P). Cet établissement à 10 minutes à pied de la gare est particulièrement indiqué quand on arrive en train. Après une rénovation, il a changé de nom et loue désormais 17 chambres assez petites, impeccables et joliment décorées, pour certaines agrémentées d'un balcon surplombant le jardin et la fontaine. Le restaurant en extérieur est idéal pour dîner un soir d'été.

Hotel Qiu HÔTEL $$
(0733-666 555 ; www.qiu.ro ; Calea Republicii 15 ; ch sans petit-déj à partir de 40 € ;). Un hôtel moderne et superbement situé, en plein sur la Calea Republicii, dans le centre. Pas de réception ; on réserve sur Internet ou par téléphone. Le bâtiment, un palais Art nouveau, aurait bien besoin d'être rénové, mais les 5 chambres propres, calmes et confortables ont été refaites. Kitchenettes.

Où se restaurer

Butoilul de Aur BISTROT $
(0359-427 162 ; www.butoiuldeauroradea.ro ; Str Iosif Vulcan 1 ; plats 13-30 lei ; 9h-23h lun-ven, 9h-0h sam-dim). Le "Tonneau Doré" est un bistrot à la décoration chargée (coupole en vitrail, ornements en stuc peint) construit en 1892. Si le menu affiche des plats plus élaborés, la clientèle vient en général pour les pâtes et les pizzas (14-23 lei), les concerts du week-end et le cadre impressionnant.

Lactobar CAFÉ $
(☎0723-234187,0259-455154 ; www.facebook.com/Lactobar-Retro-Bistro-152884041477820 ; Calea Republicii 11 ; plats 12-23 lei ; ⏲9h-0h lun-ven, 10h-0h sam-dim ; 📶👪). Même si vous n'avez pas faim, faites une halte dans ce charmant "bistrot rétro" adapté aux enfants, signalé par une imposante statue de vache dans la rue principale. La décoration, remarquable et colorée, est constituée d'objets anciens et d'une sympathique Dacia orange. Le menu est moins épatant : burgers et sandwichs pour l'essentiel. On vient surtout pour l'ambiance.

Rosecas ROUMAIN $$
(☎0756-260 185 ; www.rosecas.ro ; Str Traian Moşoiu 17 ; plats 25-55 lei ; ⏲11h-23h lun-jeu, 11h-0h ven et sam, 11h-22h30 dim ; 📶). Cet établissement assez chic sert d'excellents plats roumains et hongrois : poulet au paprika, canard, délicieuses salades et soupe de poulet. L'été, installez-vous sur la petite terrasse en sandwich entre deux immeubles. En semaine, le menu du déjeuner est proposé au prix attractif de 18 lei.

Cyrano ROUMAIN $$
(☎0728-284 722 ; www.facebook.com/pages/Cyrano/101250046625819 ; Calea Republicii 7 ; plats 15-30 lei ; ⏲10h-23h lun-sam, 11h30-23h dim ; 📶). Les tables en terrasse sont très convoitées dans cet établissement populaire ! Le menu abonde en spécialités roumaines, comme l'incroyable et très nourrissant ragoût de bœuf à l'estragon dans un bol de pain (*ciorbă de viţe cu tarhon in chiflă* ; 13 lei).

♥ **Graf** INTERNATIONAL $$$
(☎0259-421 421 ; www.restaurantgraf.ro ; Str Barbu Stefanescu Delavrancea 3 ; plats 35-70 lei ; ⏲17h-23h lun-sam, 12h-15h dim ; 📶). Le plus agréable restaurant d'Oradea mérite bien une petite folie. Bœuf, poisson et porc grillés au feu de bois figurent au menu ; nous conservons un souvenir ému de la cuisse de canard caramélisée servie lors de notre passage ! Cheese-cake et glaces maison au dessert. Excellente carte des vins.

☆ Où sortir

L'hebdo *Zi de Zi* ("De Jour en Jour") couvre l'agenda culturel.

Théâtre d'État THÉÂTRE DE MARIONNETTES
(Teatrul de Stat Oradea ; ☎0259-440 742 ; twww.teatrulreginamaria.ro/trupa-arcadia ; Piaţa Ferdinand I 4-6 ; ⏲10h-19h lun-ven, 10h-13h sam-dim ; 👪). Ce théâtre achevé en 1900, également connu sous le nom de théâtre de la Reine Marie (Teatrul Regina Maria), est installé dans l'un des principaux bâtiments historiques d'Oradea. Les enfants apprécient les représentations de théâtre de marionnettes de la troupe d'Arcadia (Trupa Arcadia).

Philharmonique d'État MUSIQUE CLASSIQUE
(Filarmonica de Stat ; ☎0259-430.853 ; www.oradeaphilharmony.com ; Str Moscovei 5 ; billets 10-25 lei ; ⏲billetterie 11h-17h lun-ven). Les billets pour les spectacles au Philharmonique d'État (programme traditionnel de musique classique) s'achètent à l'avance à la billetterie du théâtre ou 1 heure avant le spectacle. L'extérieur était en cours de rénovation lors de nos recherches.

Achats

Humanitas LIVRES
(☎0259-472 955 ; www.humanitas.ro ; Calea Republicii 11 ; ⏲9h-20h lun-ven, 10h-19h sam, 10h-15h dim). Cette petite librairie vend des titres en langues étrangères.

ℹ Renseignements

Banca Transilvania (☎0259-410 932 ; Calea Republicii 5 ; ⏲9h-17h lun-ven)

Centre d'informations touristiques d'Oradea (☎0259-437 000 ; oradea.travel ; Piaţa Unirii ; ⏲9h-17h lun-ven). Dans l'hôtel de ville.

Poste (☎0259-435 040 ; Str Roman Ciorogariu 12 ; ⏲8h-19h lun-ven, 8h-13h sam)

ℹ Depuis/vers Oradea

BUS

Une petite **gare routière** (autogara ; ☎0259-418 998 ; www.autogari.ro/Oradea ; Str Războieni 81) est aménagée à 2 km au sud du centre. De nombreux *maxitaxis* et des bus réguliers desservent Băile Felix (3-5 lei, 10 min), Ştei (pour accéder à la grotte des Ours ; 14 lei, 1 heure 30) et Arieşeni (26 lei, 2 heures 30).

Vous trouverez une petite station de **maxitaxis** au nord de la gare ferroviaire. Elle est reliée à des villes du nord d'Oradea, comme Baia Mare (40 lei, 3 heures 45).

TRAIN

La **gare ferroviaire** (☎0259-414 970 ; www.cfr.ro ; Calea Republicii 114) se trouve à 2 km au nord du centre. Des trains rapides partent chaque jour d'Oradea pour Budapest (89 lei, 5 heures, 1/jour) ; il y a aussi un train de nuit lent pour Bucarest (112 lei, 12 heures), ainsi que des services à destination de Cluj-Napoca (45 lei, 3 heures, 6/jour), Braşov (102 lei, 9 heures, 2/jour) et Timişoara (49 lei, 3 heures, 3/jour).

VAUT LE DÉTOUR

SPÉLÉOLOGIE DANS LE PARC NATUREL DES MONTS APUSENI

Si les monts Apuseni s'étendent en majeure partie en Transylvanie, leur flanc occidental est facilement accessible depuis Oradea par la route 76. La région est réputée pour son impressionnant réseau de grottes : certaines sont ouvertes au grand public ; d'autres, plus techniques, sont réservées aux visites guidées.

La meilleure source de renseignements est le **centre des visiteurs du parc naturel des monts Apuseni** (☎0372-702 242, 0748-126 924 ; www.parcapuseni.ro ; Sudrigiu 136 ; ⏲8h-16h30 lun-jeu, 8h-14h ven), avant la grotte des Ours, près du village de Chişcău.

En venant d'Oradea par l'E79 (localement route 76), la première grande grotte est la **grotte de Meziad** (Peştera Meziad ; ☎0742-115 303 ; Meziad ; adulte/enfant 15/10 lei ; ⏲10h-18h juin-sept, 10h-17h mars-mai), à 24 km au nord-est de la ville de Beiuş. Elle arbore une ouverture béante et se divise en 3 niveaux, impliquant quelques ascensions assez traîtresses. Prévoyez de bonnes chaussures et une lampe torche car elle n'est pas éclairée.

La grotte de Meziad n'est pas facilement accessible par les transports en commun. De Beiuş, prenez un minibus local (4/jour, en semaine uniquement) et parcourez à pied les quatre derniers kilomètres. En voiture, depuis Beiuş, suivez les panneaux indiquant la grotte sur 12 km, via les villages de Remetea et Meziad.

La **grotte des Ours** (Peştera Urşilor ; ☎0744-638 244, 0359-411 083 ; www.pesteraursilor.ro ; Chişcău ; adulte/enfant 20/10 lei ; ⏲10h-17h mar-dim), à 82 km d'Oradea, l'une des plus jolies de Roumanie, mérite à elle seule le détour. Elle fut découverte par des carriers il y a 40 ans. Elle tient son nom des squelettes d'ours des cavernes disparus (*Ursus spelaeus*) découverts à l'intérieur. Ses magnifiques galeries s'étendent sur plus d'un kilomètre et sur 2 niveaux. Des visites guidées permettent d'y rester une heure.

De Sudrigiu, où se trouve le centre d'accueil des visiteurs du parc, prenez la route 763 en direction de l'est sur 15 km ; la grotte est indiquée et on peut se garer sur un parking à proximité. Sans voiture, la région autour de la grotte est compliquée à aborder. Les bus sont peu fréquents entre Beiuş, Chişcău et Ştei. Si vous voulez passer la nuit sur place, la **Pensiunea Laura** (☎0768-539 401 ; Chişcău 81a ; d/tr/ste 70/80/150 lei ; P ᯤ) offre 8 chambres et un restaurant charmant dans un chalet en bois.

La grotte la plus célèbre du parc naturel est la froide **grotte de Glace** (Peştera Gheţarul ; ☎0753-470 285 ; Scărişoara ; adulte/enfant 10/7 lei ; ⏲9h-18h lun-ven, 10h-17h sam-dim), qui renferme un immense glacier souterrain et englobe 7 500 m³ de glace remontant à l'ère glaciaire. Des visites pour 10 à 50 personnes sont organisées 6 ou 7 fois par jour. Elles durent 20 minutes et comprennent une descente très raide jusqu'à l'entrée, un petit coup d'œil à l'intérieur, puis la remontée.

On peut atteindre la grotte à pied depuis Gârda de Sus (9 km, 2 heures). Vous pouvez y accéder en voiture par une route pavée extrêmement étroite.

Agenţia de Voiaj CFR (☎0259-416 565 ; Str Roman Ciorogariu 4 ; ⏲8h-20h lun-ven). Vente de billets pour les trains nationaux et internationaux, réservation de sièges.

Băile Felix

Băile Felix, à 9 km au sud-est d'Oradea, est une oasis estivale dotée d'immenses piscines extérieures adaptées aux enfants, dont l'eau est chauffée par des sources thermales. Elle est assez près d'Oradea pour y passer juste la journée, et ses piscines offrent une fraîcheur bienvenue en cas de vague de chaleur. Comme toute station touristique, elle peut être bruyante et assez kitsch.

À voir et à faire

Strand Felix COMPLEXE AQUATIQUE

(www.bailefelix.net ; adulte/enfant 30/15 lei ; ⏲8h-19h lun, 8h-20h mar-ven, 7h-20h sam-dim mai-sept ; 👪). Le plus grand et le plus populaire des 2 complexes aquatiques de Băile Felix, au sud de la Str Apollo, près de l'arrêt de bus Staţia Băile Felix. Ses toboggans attirent les enfants et les familles.

Strand Apollo COMPLEXE AQUATIQUE

(www.bailefelix.net ; adulte/enfant 30/15 lei ; ⏲8h-19h lun, 8h-20h mar-ven, 7h-20h sam-dim). À l'extrême nord de Băile Felix, plus petit et plus calme que le Strand Felix. Entrée en face de l'arrêt de bus Staţia Băile Felix. Piscine à vagues.

Où se loger et se restaurer

Les chambres privées sont nombreuses ; si nos adresses affichent complet, il vous suffira de chercher les panneaux indiquant *camere* (chambres), *cazare* (hébergement) ou *pensiunea* (pension).

Casa Veronica PENSION $
(0723-008 367, 0259-318 481 ; www.casaveronica.ro ; Str Primăverii 9a ; d/tr/apt 100/120/160 lei ; P). Ce chalet moutarde bien tenu et en excellent état propose 8 chambres près de l'entrée des piscines. Bien adapté aux familles.

Termal Hotel HÔTEL $$$
(0359-089 930, 0259-318 214 ; www.hotel-termal.ro ; Str Victoria 24 ; demi-pension s/d 260/385 lei ; P). Ce bâtiment moderne abrite un agréable spa. Les 184 chambres, très propres, sont dotées de lits fermes et de balcons (demandez-en une avec vue sur la forêt).

Restaurant Union ROUMAIN $
(0259-317 005 ; www.pensiuneaunion.ro ; Str Primăverii 106a ; plats 13-20 lei ; 8h-0h). Offrez-vous un délicieux repas mêlant les saveurs roumaines et italiennes, avec une savoureuse soupe de haricots au jambon fumé par exemple. Menu du déjeuner à 14 lei.

Depuis/vers Băile Felix

Des *maxitaxis* partent soit toutes les 15 minutes, soit quand ils sont pleins, de la gare routière d'Oradea, en direction de Băile Felix (3-5 lei). De nombreux bus et *maxitaxis* allant au sud vers Ştei et les monts Apuseni s'arrêtent à Băile Felix.

Arad

160 000 HABITANTS

La ville frontalière d'Arad, à une cinquantaine de kilomètres de la Hongrie, est traversée par la grand-route et offre de nombreuses liaisons ferroviaires, nationales ou internationales. Elle compte peu de sites touristiques, mais constitue une étape pratique. Les amateurs d'architecture

VAUT LE DÉTOUR

LE PLEIN D'AIR PUR À ARIEŞENI ET GÂRDA DE SUS

Arieşeni et Gârda de Sus sont de pittoresques villages de montagne, à cheval sur l'Arieş et sur la route 75, dans une vallée étroite des monts Apuseni. Distants de 7 km, ils comptent de nombreuses pensions.

La plupart des visiteurs viennent pour se détendre, profiter de l'air de la montagne, randonner ou pratiquer la spéléologie dans le parc naturel des monts Apuseni dont les pics, s'élevant entre 1 600 et 1 800 m d'altitude, s'étirent vers le nord. Des sentiers partent des villages de Vârtop, Arieşeni et Gârda de Sus. Prenez une carte au **centre des visiteurs** (bureau d'Arieşeni ; 0358-402 537 ; www.parcapuseni.ro ; route 75, entre Arieşeni et Gârda de Sus ; 8h-16h30 lun-jeu, 8h-14h30 ven) ou achetez la carte *Apuseni Mountains* (au 1/150 000, 15 lei). Le site www.padis.ro délivre des renseignements en français.

Pour des longues randonnées, le refuge de montagne **Cabana Cetatile Ponorului** (0740-007 814 ; www.padis.ro/ro/cabana-cetăţile-ponorului ; dort 50-60 lei ;), au nord-ouest d'Arieşeni, est bien équipé et propose 65 places dans des dortoirs de 2, 4 et 6 lits. Il se trouve à 3-4 heures de marche de Vârtop (1 140 m), sur un sentier balisé en rouge.

Si vous vous déplacez en voiture, les pensions, hôtels et chambres privées (*camere*) ne manquent pas le long de la route 75. La **Casa Noastră** (0724-350 451, 0744-322 215 ; www.pensiunea-casa-noastra.ro ; Arieşeni ; s/d 120/150 lei ;), une pension tenue en famille, est la plus jolie des environs, avec sa douzaine de chambres lambrissées, son beau jardin traversé par un ruisseau chantant et sa charmante terrasse. Elle est située à 1 km à l'ouest du centre d'Arieşeni dans le village d'Izlaz, sur la route 75.

À l'ouest de Gârda de Sus, le **Mama Uţa** (0735-164 098 ; www.mamauta.ro ; Gârda de Sus 97 ; empl 15 lei, chalet 80-120 lei ;), très fréquenté en été, est doté de 14 chalets de bois. Le restaurant, l'un des meilleurs des environs, mérite le détour, même quand on ne séjourne pas sur place.

D'Arieşeni et de Gârda de Sus, les connexions en bus et *maxitaxi* vers Ştei, Beiuş, Oradea et Arad sont satisfaisantes. La principale gare routière est au centre du village d'Arieşeni.

d'inspiration viennoise de la fin du XIXe et du début du XXe siècle (styles néoclassique et Sécession) apprécieront de flâner le long du boulevard central et arboré, le B-dul Revoluţiei, qui court du nord au sud.

À voir

Hôtel de ville MONUMENT HISTORIQUE
(Primăria Arad ; www.primariaarad.ro ; B-dul Revoluţiei 75). L'hôtel de ville néoclassique, en U, est le bâtiment le plus impressionnant d'Arad. Haute de 54 m, l'horloge fut achetée à la Suisse en 1878.

Musée d'Archéologie et d'Histoire MUSÉE
(Muzeul de Arheologie şi Istorie ; ☎0257-281 847 ; www.museumarad.ro ; Piaţa George Enescu 1 ; 1 leu ; 9h-17h mar-dim). Installé dans le palais de la Culture, ce modeste musée est une bonne introduction pour quiconque s'intéresse aux origines complexes de la ville, notamment à ses 150 années d'occupation ottomane jusqu'en 1699, avant qu'elle ne serve de bastion militaire aux Habsbourg puis, en 1849, qu'elle devienne le centre du soulèvement hongrois – la révolution de 1989 est également bien couverte.

Synagogue SYNAGOGUE
(Sinagoga Neologă ; Str Truibunal Dobra 10, entrée Str Cozia 12). La synagogue d'Arad se dresse au sud-ouest de la Piaţa Avram Iancu. Érigée entre 1827 et 1834 dans un style mauresque, elle était fermée au public lors de notre passage. Environ 10 000 juifs habitaient à Arad avant la Seconde Guerre mondiale.

Citadelle Neolog FORTERESSE
(Cetatea Arad). La forteresse d'Arad, en forme d'étoile, fut construite sur ordre de l'impératrice Marie-Thérèse de Habsbourg entre 1763 et 1783. Bâtie sur le site d'une forteresse antérieure érigée en 1551 par les Turcs, c'était il y a peu encore une base militaire ; un projet est à l'étude pour y créer un musée.

Parc de la Réconciliation MONUMENT
(Parcul Reconcilieri). Ce parc, à trois pâtés de maisons à l'ouest de la Piaţa Avram Iancu, renferme deux étonnantes statues. Dans le centre, la statue de la Liberté fut érigée en 1890 pour honorer 13 généraux hongrois exécutés après le soulèvement hongrois de 1849. À côté, un arc de triomphe encore plus impressionnant fut dressé en 2004 pour commémorer la mort des combattants roumains tués lors de la même insurrection.

Activités

Parc aquatique Neptun (Strandul Neptun ; ☎0757-038 901 ; reconsarad.ro/strand.html ; adulte/enfant 13/7 lei ; 13h-22h lun, 8h-22h mar-dim mai-sept ;). Ce parc aquatique tentaculaire est particulièrement appréciable par une chaude journée d'été.

Où se loger

Il n'y a pas d'auberge de jeunesse et peu d'adresses bon marché à Arad. Renseignez-vous sur la location de chambres chez les particuliers (à partir de 80 lei) auprès du **centre d'informations touristiques**.

Hotel Arad HÔTEL $$
(☎0257-280 894 ; www.hotel-arad.com ; B-dul Decebal 9 ; s/d/ste 135/155/177 lei ; P). Dans un bâtiment de 1876, ce bel hôtel comporte 28 chambres immenses, avec une belle hauteur sous plafond et des éléments Art déco. Une excellente situation centrale, à deux minutes à pied du B-dul Revoluţiei.

Pensiunea Belanco BOUTIQUE-HÔTEL $$
(☎0747-880 965 ; www.belanco.ro ; Str Cocorilor 36 ; s 155 lei, d 190-220 lei ; P). Cet hôtel familial dispose de 16 chambres parfaitement proportionnées, avec climatisation et balcon (la n°8 est un bon choix). Charmante terrasse verdoyante à l'arrière pour le petit-déjeuner. Seul inconvénient : l'emplacement, dans un quartier industriel à 3 km au nord-ouest du centre. Prenez un taxi (10-15 lei) à la gare ferroviaire.

Picasso Boutique Hotel BOUTIQUE-HÔTEL $$$
(☎0357-424 484 ; www.facebook.com/Picasso-Ristorante-Boutique-Hotel-977020529007884/info ; B-dul Decebal 2 ; ch 50-100 € ; P). Voici l'un des plus jolis hôtels de l'ouest de la Roumanie, installé dans une charmante demeure du XIXe siècle et composé de 6 chambres dans des tons neutres, crème et chocolat, avec parquet massif et baignoire. Les toiles cubistes font écho au nom du lieu. Excellent restaurant.

Hotel Continental Forum HÔTEL $$$
(☎réservations 0372-121 721, 0372-578 800 ; www.continentalhotels.ro ; B-dul Revoluţiei 79-81 ; s/d 65/80 € ; P@). L'adresse haut de gamme d'Arad, qui répond à des critères de qualité internationaux, propose souvent des réductions hors saison. La plupart des 160 chambres sont agrémentées d'un balcon. Admirez l'imposante entrée avec un large

Arad

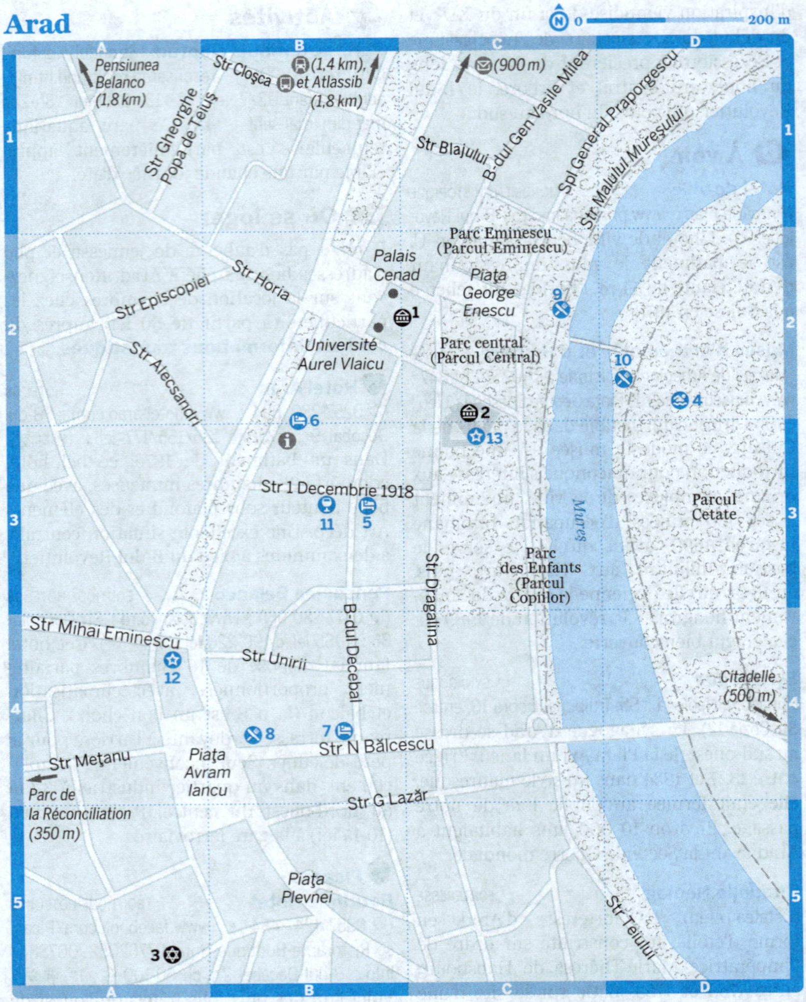

escalier en colimaçon et profitez du meilleur buffet de la ville à l'heure du petit-déjeuner.

Où se restaurer et prendre un verre

Perla Mureşului ROUMAIN $

(☎0745-876 744 ; Str Malulul Mureşului ; plats 15-30 lei ; ⏲9h-23h). Avec une terrasse au bord de l'eau, voici un excellent choix par une chaude soirée d'été – on apprécie la douce brise et la jolie vue sur la rivière. Cuisine roumaine traditionnelle au-dessus de la moyenne et ambiance festive.

♥ **Don Restaurant** ITALIEN $$

(☎0357-431 788 ; www.restaurant-don.ro ; Str Nicolae Bălcescu 1 ; plats 29-55 lei ; ⏲11h-23h30 ; 📶). Ce très élégant restaurant de quartier avec bois et briques apparentes sert de bons plats authentiques, comme la *zuppa di pesce* (soupe de poisson). Choix assez large de pâtes (20-28 lei) et pizzas végétariennes (17-25 lei).

Restaurant Ratio ROUMAIN $$

(☎0731-317 420, 0257-285 477 ; www.restaurantratio.ro ; plats 22-40 lei ; ⏲10h-0h). Ce restaurant aux faux airs de chalet est perché sur la rive gauche du Mureş, à

Arad

À voir

Activités

Où se loger

Où se restaurer

Où prendre un verre et faire la fête

Où sortir

proximité immédiate du pont piétonnier. Ses plats roumains et ses grillades sont satisfaisants, mais son principal atout reste son emplacement, avec vue sur la rivière.

Picasso Restaurant ITALIEN $$$
(0722-222 199 ; www.facebook.com/Picasso-Ristorante-Boutique-Hotel-977020529007884/info ; B-dul Decebal 2 ; plats 22-85 lei ; 10h-23h lun-sam). Ce restaurant d'hôtel doté d'une une belle salle circulaire, avec parquet massif et murs de couleur vive, se présente comme une "académie de cuisine italienne". Commencez par des spaghettis *vongole* (aux calamars) et enchaînez avec une viande de veau.

Euphoria Biergarten BIÈRE
(0745-393 333 ; biergarten-arad.euphoria.ro ; Str 1 Decembrie 1918 6 ; 8h-2h). Au menu ici : sandwichs, *fish and chips*, *pljeskavica* (sorte de hamburgers à base de bœuf et d'agneau ou de porc), pizzas (18-26 lei)... À déguster dans le pub, la salle à manger ou le charmant *beer garden* à l'arrière. On vient surtout dans ce grand établissement coloré pour la bière – il y en a six à la pression et le double à la bouteille.

Où sortir

Pour un agenda culturel assez complet, procurez-vous un exemplaire gratuit de *Zile şi Nopţi* (Jours et Nuits) au centre d'informations touristiques.

Théâtre Ioan-Slavici THÉÂTRE
(Teatrul Ioan Slavici ; 0257-280 016, billetterie 0257-281 554 ; www.teatrulclasic.ro ; B-dul Revoluţiei 103 ; billets 10-30 lei ; billetterie 10h-14h et 17h-19h mar-ven, 10h-12h et 17h-19h sam-dim). Réputé dans tout le pays, ce théâtre donne des pièces en roumain. On peut aussi assister à des concerts et d'autres spectacles musicaux.

Orchestre philharmonique MUSIQUE CLASSIQUE
(Filarmonica de Stat Arad ; billetterie 0257-281 554 ; www.filarmonicaarad.ro ; Piaţa George Enescu 1 ; billets à partir de 10 lei). Dans le palais de la Culture. Les billets sont en vente à la billetterie 2 heures avant le début du spectacle.

Renseignements

Centre d'informations touristiques (0728-116 412 ; romaniatourism.com/arad.html ; B-dul Revoluţiei 81 ; 9h-17h). Le personnel serviable fournit des brochures et des cartes gratuites, et dispense des conseils sur l'hébergement.

Banca Transilvania (0257-213 320 ; B-dul Revoluţiei 76 ; 9h-17h lun-ven, 9h30-12h30 sam)

Eurocomputer (B-dul Decebal 20 ; 4 lei/h ; 8h-23h lun-ven, 10h-23h dim ;). Cybercafé en sous-sol.

Poste (Str Caius Iacob 4 ; 7h-19h lun-ven)

Depuis/vers Arad

Le poste-frontière vers la Hongrie se trouve à 50 km à l'ouest d'Arad, à Nădlac.

BUS

La **gare routière** (Calea 6 Vânători 2-4) est séparée de la gare ferroviaire, à l'ouest, par le gigantesque centre commercial Galleria. C'est là qu'opère **Atlassib** (0747-045 337, 0257-338 000 ; www.atlassib.ro ; Calea 6 Vânători 2-4 ; 7h30-16h lun-sam), la principale compagnie de bus internationaux. Les principales destinations roumaines desservies sont Timişoara (environ 17 lei, 1 heure 30, toutes les heures) et Oradea (24 lei, 3 heures, 4/jour).

TRAIN

La **gare ferroviaire d'Arad** (0257-230 633 ; Piaţa Gării 8-9) est un important carrefour ferroviaire. Des trains rapides quotidiens desservent Budapest (115 lei, 4 heures), Bucarest (168 lei, 10 heures 30, 5/jour), Timişoara (18 lei, 1 heure, 4/jour), Cluj-Napoca (70 lei, 4 heures, 2/jour), ainsi que des destinations d'Europe de l'Ouest.

Maramureş

Dans ce chapitre ➡

Le top des restaurants

- Michael Pascale (p. 172)
- Village Hotel (p. 179)
- Butoiaşu' cu Bere (p. 172)
- Casa Iurca de Călineşti (p. 175)

Le top des hébergements

- Village Hotel (p. 179)
- Floare de Colţi (p. 172)
- Casa Iurca de Călineşti (p. 175)
- Casa Muntean (p. 180)
- Cobwobs Hostel (p. 175)

Pourquoi y aller

Le Maramureş est considéré comme la région la plus traditionnelle de Roumanie. Jalonné d'églises en bois aux flèches gothiques et de maisons villageoises aux portes finement sculptées, il donne l'impression de s'être figé il y a un siècle. Plus petit, il possède en outre des contours moins accidentés que la Transylvanie voisine. Avec ses pâturages peuplés de paysans aux costumes colorés, on le croirait tout droit sorti d'un conte de Grimm. Bienvenue au cœur de la Roumanie folklorique et médiévale, où continuent de prospérer les derniers vestiges de la culture paysanne européenne ! Le Maramureş médiéval perdure dans les vallées de la Mara et de l'Iza. Huit églises sont inscrites au patrimoine mondial de l'Unesco, parmi lesquelles celles du village de Deseşti, dans la vallée de la Mara, et d'Izei, dans la vallée de l'Iza. Elles ont été saluées non seulement pour leur architecture, mais aussi pour leurs admirables peintures intérieures.

Quand partir

Baia Mare

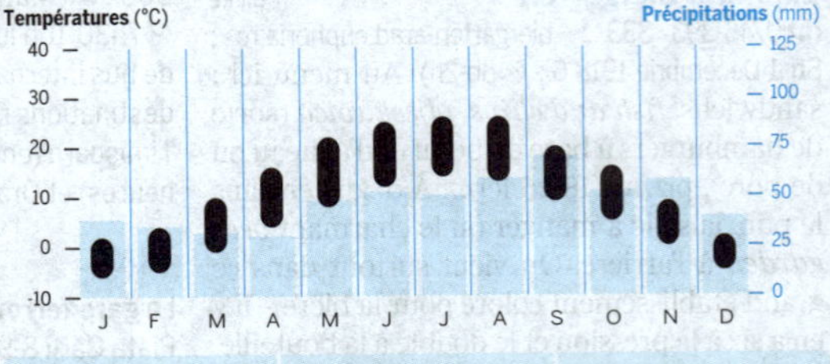

Mai et sept Il fait doux, les prés se couvrent de fleurs : l'idéal pour la randonnée.

Déc-mars La saison du ski : élancez-vous sur les pentes enneigées du Maramureş !

Juin-août L'été, profitez des balades à vélo et des baignades dans les Carpates.

À ne pas manquer

1 À **Vişeu de Sus** (p. 183), une balade à bord du train à vapeur forestier, le dernier d'Europe, dans la magnifique vallée de la Vaser

2 L'église en bois du village de **Budeşti** (p. 178), l'une des plus belles et des plus grandes du Maramureş

3 La forêt de croix de bois colorées du **Cimetière joyeux** (p. 181) de Săpânţa

4 Un voyage dans le temps à l'occasion d'un séjour chez l'habitant, dans les lieux reculés de la **vallée de l'Iza** (p. 180)

5 Les effrayantes visions de l'enfer dans l'église du village de **Poienile Izei** (p. 182)

6 Les traditions de **Breb** (p. 179), le village le plus folklorique du Maramureş.

7 Une randonnée dans les collines de **Borşa** (p. 184), une belle station de ski

Histoire

Séparé de la Transylvanie par le massif des Carpates, le Maramureş (dont Baia Mare est la capitale) fut mentionné pour la première fois en 1199. On pense qu'avant cette date, aux environs de 1000 av. J.-C., des tribus daces peuplaient déjà la région. Les habitants actuels disent d'ailleurs descendre de ces peuples. Lorsque l'empereur romain Trajan voulut conquérir le reste de la Roumanie en l'an 106 de notre ère, ses troupes ne parvinrent jamais à franchir les chaînes montagneuses protégeant les villages du Maramureş.

À partir du XIIIe siècle, la Hongrie imposa graduellement son autorité sur la région. Cette tutelle n'empêcha pas les invasions tatares, qui se poursuivirent jusqu'au XVIIIe siècle ; la dernière bataille se déroula au col de Prislop, en 1717. La construction d'innombrables églises en bois à cette époque marqua le retrait, cette fois définitif, des Tatars.

Englobé dans la Transylvanie au milieu du XVIe siècle, le Maramureş fut cédé à l'Empire autrichien en 1699. Il ne fut restitué (en partie) à la Roumanie qu'en 1918. Le reste rejoignit ce qui est aujourd'hui l'Ukraine. Entre 1940 et 1944, le Maramureş, comme le nord de la Transylvanie et certaines parties de la Moldavie, tomba aux mains du gouvernement hongrois allié de l'Allemagne nazie. Toute la population juive de Sighetu Marmaţiei et des villages environnants fut envoyée dans des camps de concentration en Pologne.

Baia Mare

136 480 HABITANTS

Baia Mare se trouve au pied des monts Gutâi. Si la première impression est peu engageante, dépassez les sinistres résidences de l'ère socialiste et vous découvrirez le joyau médiéval de la vieille ville. Son site vedette, la Piaţa Libertăţii, a été rénovée récemment et ses gais édifices colorés des XVIe et XVIIe siècles abritent moult bars et cafés chics.

Mentionnée pour la première fois en 1329, la ville s'enrichit aux XIVe et XVe siècles grâce à l'exploitation des mines d'or. Elle fut fortifiée en 1469 sous le règne du roi hongrois Mathias Ier. Elle prospéra pendant la période communiste, jusqu'à devenir le centre de la fonderie et des mines de métaux non ferreux du pays.

À voir

Village-Musée MUSÉE

(Muzeul Satului ; 0262-227 517 ; Str Bernard Shaw ; adulte/enfant 5/3 lei ; mar-dim 10h-18h, horaires réduits en hiver). Ce village-musée réunit 15 maisons en bois traditionnelles (ainsi que des portes, des granges et une porcherie) qui font la notoriété de la région. L'église Saint-Georges du XVIe siècle, déplacée de Budeşti, sert encore au culte.

Tour Étienne TOUR

(Turnul Ştefan ; Piaţa Cetăţii ; 8h-18h lun-ven, 12h-16h sam-dim, horaires réduits en hiver). GRATUIT Cette tour de style gothique domine de 40 m la Piaţa Cetăţii. Datant du XVe siècle, elle servait autrefois de beffroi à une église voisine détruite en 1847. L'horloge mécanique a été ajoutée en 1628 et la cloche à deux tons au début du XXe siècle. Grimpez les 136 marches en spirale pour accéder au sommet et à la vue panoramique de la ville. Admirez, au pied de la tour, la chapelle gothique et ses peintures murales.

Musée d'Ethnographie et d'Art populaire MUSÉE

(Muzeul de Etnografie şi Artă Populară ; 0262-276 895 ; www.etnografie-maramures.ro ; Str Dealul Florilor 1 ; adulte/enfant 5/3 lei ; 10h-18h mar-dim, horaires réduits en hiver). Au nord-ouest du stade, dans le parc municipal, une collection très complète répartie dans 4 grandes salles présente les arts traditionnels du Maramureş, du berceau à la tombe. Une exposition très intéressante est consacrée au commerce et à l'architecture. Ne ratez pas les calèches.

Musée d'Art du comté MUSÉE

(Muzeul Judeţean de Artă ; 0262-213 964 ; Str 1 Mai 8 ; adulte/enfant 7/3 lei ; 10h-16h30 mar-dim). Fondé en 1896 par le peintre hongrois Simon Hollósy et consacré à la célèbre colonie de peintres de Baia Mare (Centrul Artistic Baia Mare), ce musée présente sur 2 niveaux 400 œuvres d'artistes roumains et hongrois.

Tour des Bouchers CIRCUIT ORGANISÉ

(Bastionul Măcelarilor ; muzeubaiamare.ro/category/bastionul-macelarilor-baia-mare ; Piaţa Izvoarelor ; adulte/enfant 3/1 lei ; 10h-16h30 mar-dim). C'est dans cette tour circulaire, seul vestige des remparts du XVe siècle, que fut abattu le célèbre brigand Grigore Pintea Viteazul en 1703. Elle accueille désormais des expositions temporaires.

Baia Mare

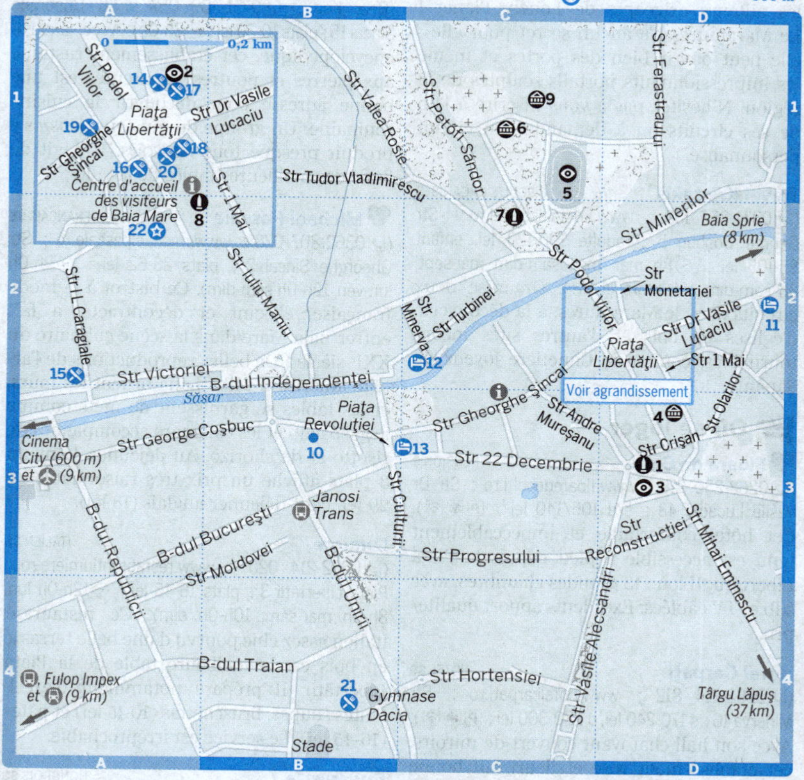

Baia Mare

À voir

1 Tour des Bouchers D3
2 Casa Iancu de Hunedoara A1
3 Marché central D3
4 Musée d'Art du comté D3
5 Stade municipal Dealul Florilor C1
6 Musée d'Ethnographie et d'Art populaire C1
7 Monument aux soldats roumains C2
8 Tour Étienne A2
9 Village-Musée C1

Activités

10 Travel Kristakis B3

Où se loger

11 Floare de Colţi D2
12 Hotel Carpaţi C2
13 Rivulus Hotel C3

Où se restaurer

14 Barbarossa A1
15 Budapesta A2
16 Butoiaşu'cu Bere A1
17 Hanu Igniş A1
18 Lumiere A1
19 Michael Pascale A1
20 Millennium A1
21 Rustic B4

Où sortir

Agenţia Teatrală .... (voir 22)
22 Teatrul Municipal Baia Mare A2

Activités

Plusieurs guides touristiques privés organisent des circuits dans la région, de quelques heures à quelques jours.

Rada Pavel CIRCUITS ORGANISÉS
(☎0753-780 800). Employée de longue date au centre d'informations touristiques du Maramureş à Baia Mare, Rada est une guide expérimentée qui en impressionne

plus d'un par ses connaissances – y compris les auteurs exigeants de Lonely Planet ! Le Maramureş n'a aucun secret pour elle ; elle peut ouvrir bien des portes et même les impressionnants portails sculptés de la région. N'hésitez pas à vous inscrire à l'un de ses circuits ou à demander un circuit personnalisé.

Travel Kristakis CIRCUITS ORGANISÉS
(☎0374-367 139 ; www.kristakistravel.ro ; Str George Coşbuc 5 ; adulte 100-120 lei, enfant 85-105 lei ; ⏲8h mar, mer, sam-dim mai-sept, 8h sam-dim oct, mars et avr). Organise deux circuits dans le Maramureş, à la découverte d'églises en bois et d'autres sites incontournables, comme le Cimetière joyeux de Săpânţa.

Où se loger

♥ **Floare de Colţi** PENSION $
(☎0262-250 216 ; www.floaredecolti.ro ; Str Dr Vasile Lucaciu 48 ; s/d 105/140 lei ; P❄📶). Cet hôtel confortable et impeccablement tenu est accessible à pied depuis la Piaţa Libertăţii. Il loue 13 grandes chambres, avec sdb et TV câblées. Excellent rapport qualité/prix.

Hotel Carpaţi HÔTEL $$
(☎0262-214 812 ; www.hotelcarpati.ro ; Str Minerva 16 ; s 170-240 lei, d 280-300 lei ; P❄📶). Avec son hall chatoyant couvert de miroirs, cet établissement rose et fleuri fait bonne figure sur la rive nord de la Săsar. Les 92 chambres, pimpantes et accueillantes, sont dotées d'écrans plats et de meubles rétro-kitsch.

Rivulus Hotel HÔTEL $$
(☎0262-216 302 ; www.hotelrivulus.ro ; Str Culturii 3 ; s/d 179/219 lei ; P❄📶). Cet hôtel donnant sur la Piaţa Revoluţiei possède un hall assez banal et 60 chambres dans la même lignée, confortables et au mobilier standard. On apprécie l'accueil chaleureux.

Où se restaurer

Hanu Igniş ROUMAIN $
(☎0362-405.503 ; Piaţa Libertăţii 16 ; plats 14-24 lei ; ⏲10h-0h). Assiettes colorées aux murs, nappes brodées, musique folklorique : difficile de trouver une *han* (auberge) roumaine plus authentique ! Côté restauration : *mămăligă* (polenta) et côtelettes (20 lei) ou "bourse du pasteur", un plat riche en viande de porc et en fromage (22 lei). De quoi vous rassasier !

♥ **Butoiaşu' cu Bere** ROUMAIN $$
(Beer Keg ; ☎0751-409 057 ; Str Gheorghe Şincai 15 ; plats 10-39 lei ; ⏲8h-0h). Avec sa carte encyclopédique, cet établissement rustique aux pierres et poutres apparentes est une bonne adresse pour découvrir la cuisine roumaine. Un groupe de musique *gipsy* s'y produit presque tous les soirs. Il s'agit de l'une des meilleures tables de la ville.

♥ **Michael Pascale** FRANÇAIS $$
(☎0362-807 078 ; www.michaelpascale.ro ; Str Gheorghe Şincai 2 ; plats 26-62 lei ; ⏲9h-0h lun-ven, 12h-0h sam-dim). Ce bistrot à la mode française, élégant et décontracté, a fait entrer Baia Mare dans la scène culinaire du XXIe siècle ! De belles reproductions de l'artiste américain Mike Lana ornent les murs, et les tables se garnissent de mets comme le gaspacho et les calamars accompagnés de risotto et de chorizo. Au déjeuner, le menu 3 plats affiche un prix très raisonnable de 29 lei. Petit-déjeuner anglais (18 lei).

Lumiere ITALIEN $$
(☎0262-214 020 ; www.restaurantlumiere.ro ; Piaţa Libertăţii 3 ; plats 16-45 lei ; ⏲12h-0h lun, 8h-0h mar-sam, 10h-0h dim). Ce restaurant italien assez chic pourvu d'une belle terrasse en bois est la meilleure table de la Piaţa Libertăţii. Il prépare notamment d'excellentes soupes, bruschettas (10-15 lei) et pâtes (16-45 lei). Le service est irréprochable.

Budapesta HONGROIS $$
(Str Victoriei 94 ; plats 20-50 lei ; ⏲8h-22h). Une excellente cuisine hongroise dans un cadre raffiné. Difficile à trouver, au 2e étage d'un complexe commercial à l'extrémité ouest de la Str Victoriei. Foie gras aux oignons croustillants, côtelettes d'agneau sauce romarin et plus encore.

Renseignements

Centre d'accueil des visiteurs de Baia Mare (☎0262-211 003 ; www.baiamare.ro ; Piaţa Libertăţii, tour Étienne ; ⏲8h-18h lun-ven, 12h-16h sam). Au pied de la tour Étienne, ce centre renseigne essentiellement sur Baia Mare et ses environs.

Centre d'informations touristiques du Maramureş (☎0262-206 113 ; www.visitmaramures.ro ; Str Gheorghe Şincai 46 ; ⏲9h-16h lun-jeu, 9h-14h ven). Ce remarquable service est dissimulé dans un bâtiment de l'ère communiste au toit vert-de-gris. Le personnel vous indiquera des chambres chez l'habitant et des itinéraires, vous conseillera des guides de randonnée et vous aidera pour les transports.

Depuis/vers Baia Mare

BUS

Au départ de la **gare routière** (☎0262-221 777 ; Str Gării 2), des services peu fréquents assurent la liaison avec les villages reculés. Des bus partent chaque jour vers Satu Mare (15 lei, 1 heure 15), Cluj-Napoca (30 lei, 3 heures) et Sighetu Marmaţiei via le col de Gutâi ou Cavnic (15 lei, 1 heure 30-2 heures).

Des *maxitaxis* partant de la gare routière circulent tous les jours (sauf le dimanche) jusqu'à Satu Mare (15 lei) et Bistriţa (25 lei).

Fulop Impex (☎0745-600 796 ; www.efitravel.ro) gère un service de bus (de jour et de nuit) pour Budapest depuis la gare routière de Baia Mare. Basé à Satu Mare, **Janosi Trans** (☎0261-758 620, 0749-268 676 ; www.janositrans.ro/en ; B-dul Unirii) assure également des liaisons vers Budapest, au départ du parking du McDonald (80-95 lei, environ 7 heures).

TRAIN

Les billets de train peuvent s'acheter à l'avance auprès de l'**Agenţia de Voiaj CFR** (☎0262-219 113 ; Str Victoriei 5-7). De la **gare ferroviaire** (☎0262-220 950 ; Str Gării 4), il y a chaque jour 4 trains pour Satu Mare (8 lei, 2 heures), 2 pour Bucarest via Braşov (à partir de 141 lei, 13 heures), 1 pour Cluj-Napoca (27 lei, 4 heures) et 1 pour Timişoara (80 lei, 6 heures 30). Lors de nos recherches, il n'existait pas de train direct pour Budapest et il fallait prendre un train tôt le matin (départ peu après 4h, arrivée à 8h50) jusqu'à la ville hongroise de Debrecen, qui était reliée à Budapest par des liaisons régulières (60 lei, 5 heures 30).

Environs de Baia Mare

Depuis Baia Mare, on peut faire de nombreuses excursions sans difficultés vers le sud-est et le sud-ouest, où l'on découvrira quelques-unes des plus belles églises en bois du pays. La plupart possèdent désormais un kiosque d'informations touristiques et ouvrent à des horaires réguliers, mais on trouve toujours sur certaines un numéro de téléphone à composer pour qu'on vienne vous ouvrir. La route nord-est mène à des sources naturelles en passant par des villages reculés.

Surdeşti et ses environs

En empruntant la route 184 entre Baia Sprie et **Surdeşti**, on arrive après 5 km au village de **Şişeşti**, où se trouve le **musée mémorial Vasile Lucaciu** (☎0262-298 024 ; Şişeşti ; don apprécié ; ⏲10h-12h et 14h-16h lun-ven). Nommé curé de la paroisse en 1885, Vasile Lucaciu (1835-1919) construisit dans le village une église censée reproduire la basilique Saint-Pierre de Rome. Désormais gréco-catholique, elle est indiquée à 2 km environ de la route principale.

L'**église** (5 lei ; ⏲10h-18h, horaires réduits en hiver) de **Surdeşti**, dont le clocher s'élève à 54 m, est l'une des plus belles du Maramureş. Inscrite au Patrimoine mondial, elle mérite le détour, notamment pour ses fabuleuses peintures de la Passion du Christ et de l'Apocalypse (remarquez le dragon à sept têtes) aux murs et au plafond. Indiquée "Biserică de Lemn" ("église en bois"), elle fut bâtie en 1767 pour servir de lieu de culte gréco-catholique. À 2 km au sud, **Plopiş** possède une **église** (☎0757-333 731 ; Plopiş ; 10 lei ; ⏲10h-16h mar-dim) de la fin du XVIIIe siècle classée par l'Unesco, surmontée d'une flèche élevée et ornée de peintures de la Passion du Christ, d'Adam et Ève, et des archanges Michel et Gabriel. Dans la ville de **Lăschia**, à 7 km au sud-est, un clocher bulbeux original coiffe l'**église** (Lăschia ; 2 lei ; ⏲10h-18h mar-dim, horaires réduits en hiver) de 1861.

De Baia Mare à Izvoare

Au nord de Baia Mare, une petite route sinueuse (route 183) conduit aux villages reculés de Firiza, Blidari et Valea Neagră, et aboutit 38 km plus loin à Izvoare, où jaillissent des sources naturelles.

La campagne montagneuse est ici émaillée de ravissants chalets et de fermes délabrées. La destination de randonnée la plus populaire de la région est le **pic d'Igniş** (1 307 m), également propice au parapente.

Cette route n'est pas desservie par les transports en commun ; si vous conduisez, vous devrez rebrousser chemin, car il n'existe pas de sortie vers la route 18 sur la route 183. Un **sentier de randonnée** (5-6 heures, balisage par des triangles rouges) relie Baia Mare à Izvoare ; il commence à 3 km au nord de Baia Mare, sur la route d'Izvoare.

Ţara Chioarului

La région de Ţara Chioarului (pays chioar), dans le sud-ouest du Maramureş, s'étend au sud de Baia Mare. Ses nombreux villages, pour la plupart dotés d'une église en bois traditionnelle, peuvent se visiter au fil d'un circuit en boucle. Comptez 2 heures en étant motorisé. L'itinéraire est difficilement envisageable par les transports publics.

À voir et à faire

De Baia Mare, suivez la grand-route (1C) en direction de Cluj-Napoca sur 17 km, jusqu'à Satulung. À 3 km au sud de Satulung, prenez la route non signalisée sur la gauche (en direction de l'est) jusqu'à Finteuşu Mare et continuez vers le village de **Posta**, à 5 km. Une petite église en bois de 1675 est perchée sur une colline, face à une église plus moderne.

À 9 km au sud de Şomcuţa Mare, **Valea Chioarului**, tout au sud de la région de Ţara Chioarului, possède une haute **église** (Valea Chioarului ; horaires variables) avec d'assez belles peintures intérieures, près de l'arrêt de bus, dans le centre. La clé est disponible au magasin situé en face.

De Şomcuţa Mare, à 5 km au sud de l'embranchement vers Posta, une route secondaire serpente jusqu'à **Remetea Chioarului**, à 8 km au nord-est. Là, la minuscule **église** (0757-617 349 ; Remetea Chioarului ; 10h-16h lun-ven, 14h-20h sam-dim), qui date de 1800, est la plus belle de la région – admirez les peintures et le plafond voûté.

Săcălăşeni, 7 km plus au nord, comprend une petite église érigée en 1442. Il s'agit de la plus ancienne du Maramureş. Pour y accéder, prenez en direction de l'est après l'église moderne qui domine le village.

Sighetu Marmaţiei

37 640 HABITANTS

La paresseuse “Sighet”, à quelques minutes de la frontière ukrainienne, compte quelques sites qu'une matinée suffit à découvrir et une jolie place bordée par une église. Mais la vraie raison de séjourner dans le Maramureş est son charme rural ; nul besoin donc de s'y attarder. Sighet marque depuis des siècles une frontière culturelle et géographique entre les territoires slaves, au nord, et la Hongrie et la Roumanie, au sud. Son nom vient de *seget*, un mot thrace et dace qui signifie forteresse.

Sighetu Marmaţiei, dont la première évocation écrite date de 1334, abrita une communauté juive importante jusqu'au printemps 1944, quand la plupart de ses membres furent déportés à Auschwitz-Birkenau. Après la guerre, les autorités soviétiques ouvrirent ici une prison tristement célèbre, où furent incarcérés des dissidents, des intellectuels et quiconque pouvait menacer le régime. Elle a aujourd'hui été reconvertie en musée.

À voir

De nombreuses églises, de toutes confessions, se dressent sur la Piaţa Libertăţii et à proximité. Il y a notamment l'**église orthodoxe ukrainienne**, de 1804, l'**église réformée hongroise**, dont certaines parties remontent au XIIe siècle, et l'**église catholique**, du XVIIIe siècle.

Village-Musée — MUSÉE

(Muzeul Satului ; 0262-314 229 ; www.muzeul-maramuresului.ro ; Str Dobăieş 40 ; adulte/enfant 4/2 lei ; 10h-18h mai-sept, 8h-16h oct-avr ;). Prévoyez 2 ou 3 heures pour visiter les incroyables constructions de ce village-musée en plein air, à environ 2,5 km au sud-est de Sighetu Marmaţiei. Les enfants raffolent des demeures en bois, des rues pavées et des “mini” villages.

Maison d'Elie Wiesel — MONUMENT HISTORIQUE

(Casa Memorială Elie Wiesel ; www.muzeulmaramuresului.ro ; Str Tudor Vladimirescu 1 ; adulte/enfant 4/2 lei ; 10h-18h mai-sept, 8h-16h oct-avr). Elie Wiesel (1928-2016), écrivain et philosophe américain d'expression française et de confession juive, prix Nobel de la paix en 1986, naquit et grandit dans cette maison à l'angle de la Str Dragoş Vodă et de la Str Tudor Vladimirescu, avant d'être déporté. Le musée relate sa vie, qu'il consacra en grande partie à la lutte pour la mémoire de l'Holocauste, et présente son œuvre, ainsi que l'histoire des juifs et de leur culture dans le Maramureş. Dans la Str Gheorghe Doja, un **monument** (Monumentul Holocaustului) rend hommage aux victimes de la Shoah.

Cimetière juif — CIMETIÈRE

(Cimitirul evreiesc ; Str Szilagyi Istvan). Organisez votre visite du cimetière auprès du **Centre communautaire juif** (0743-853 975, 0262-311 652 ; Str Bessarabia 8 ; 10h-16h mar-dim). Pour y accéder depuis la Str Gheorghe Şincai, dans le centre, prenez la Str Izei en direction du sud puis, deux pâtés de maison plus loin, tournez à droite sur la Str Szilagyi Istvan.

Musée ethnographique du Maramureş — MUSÉE

(www.muzeulmaramuresului.ro ; Piaţa Libertăţii 15 ; tarif plein/réduit 4/2 lei ; 10h-18h mai-sept, 8h-16h oct-avr). Outre la maison d'Elie Wiesel et le Village-Musée, le musée du Maramureş comprend ce troisième site, qui présente des costumes, tapis et masques de carnaval traditionnels.

MARAMUREŞ SIGHETU MARMAŢIEI

LA PRISON DE SIGHET OU LES SOUFFRANCES D'UNE NATION

En mai 1947, le régime communiste entama une période de terreur, durant laquelle furent massacrés, emprisonnés et torturés des milliers de Roumaines et de Roumains susceptibles de s'opposer aux nouveaux dirigeants. Tandis que nombre de personnalités d'avant-guerre étaient envoyées dans des camps de travail, les opposants les plus redoutés du régime étaient internés dans la prison de haute sécurité de Sighetu Marmaţiei.

Entre 1948 et 1952, environ 180 membres de l'élite intellectuelle et politique du pays y furent enfermés ; 51 périrent. La prison, qui occupe l'ancien palais de justice, fut fermée en 1974. Au début des années 1990, elle rouvrit en tant que **mémorial des victimes du communisme et de la résistance** (☎0262-319 424 ; www.memorialsighet.ro ; Str Corneliu Coposu 4 ; adulte/enfant 6/3 lei ; ⏲9h30-18h30 lun-dim, 9h30-16h mar-dim en hiver).

Des photographies et des objets accompagnés de courtes descriptions sont réunis sur 2 étages dans les salles de torture et les cellules. Vous trouverez aussi sur place une petite librairie et un magasin de souvenirs. Les émouvantes statues de bronze dans la cour, qui se protègent et portent la main à la bouche dans un geste d'horreur, sont dédiées à ceux qui ont péri. La plupart des victimes sont enterrées au **cimetière des pauvres** (Cimitirul Săracilor ; Str Avram Iancu), à 2,5 km à l'ouest du centre-ville.

Synagogue sépharade SYNAGOGUE

(☎0262-311 652, 0743-553 975 ; Str Bessarabia 10 ; ⏲9h-16h lun-ven, téléphonez en dehors de ces horaires). Construite dans le style de la Renaissance mauresque en 1904, la dernière synagogue de Sighet se trouve au nord de la Piaţa Libertăţii. On peut la visiter gratuitement, mais il est d'usage de faire un don (10 lei). Avant la Seconde Guerre mondiale, la communauté juive dépassait 10 000 personnes – soit 40% de la population totale de Sighet de l'époque. Aujourd'hui, les juifs sont environ 200.

La plupart des juifs ont péri à Auschwitz-Birkenau après y avoir été déportés en 1944, quand la Hongrie (qui gouvernait la région à cette époque) accepta de livrer la population juive à l'Allemagne nazie. Environ 38 000 y moururent ; la majorité des survivants choisirent d'émigrer.

Activités

Teofil Ivanciuc CIRCUITS ORGANISÉS

(☎0745-944 555 ; www.maramurestour.com ; circuit 1 journée 60-100 €). Teofil Ivanciuc, qui travaille notamment pour le *National Geographic*, vous emmènera dans les montagnes explorer des villages isolés, en voiture ou en calèche. On peut aussi séjourner chez lui, dans sa maison de bois traditionnelle, l'**Amizadil House** (☎0745-944 555 ; www.amizadil.com ; Str Mocăniţei 51a, Valea Cufundoasă ; s/d à partir de 30/40 €).

Où se loger

♥ **Cobwobs Hostel** PENSION $

(☎0740-635 673 ; www.facebook.com/cobwobshostel ; Str 22 Decembrie 1989 42 ; dort/d avec sdb commune 40/100 lei ; @🛜). Une accueillante pension dans une allée verdoyante, aménagée dans une agréable maison au jardin fleuri, planté de pommiers et de pruniers, où vivent des poulets bavards – de quoi oublier que l'on est en ville. Les doubles et les chambres familiales, spacieuses, présentent une décoration boisée et chaleureuse ; douches et sanitaires partagés. Trois dortoirs de 4 à 6 lits.

Tables pour lire à l'extérieur ; location de vélos (30 lei/jour). Lia, la propriétaire, est une mine de renseignements, en particulier sur les transports en commun.

Motel Buţi HÔTEL $

(☎0262-311 035 ; www.hotelbuti.ro ; Str Simion Bărniuţiu 6 ; s/d/tr/ste 120/140/180/220 lei ; ❄@🛜). Les 23 chambres sont un tantinet exiguës, mais vu le niveau de propreté, les écrans plats, les meubles très corrects et le linge frais, c'est une adresse très avantageuse. Bar et pizzeria au rez-de-chaussée.

♥ **Casa Iurca de Călineşti** HÔTEL $$

(☎0262-318 882 ; www.casaiurca.ro ; Str Dragoş Vodă 14 ; s/d 110/175 lei ; P❄🛜). Les 22 chambres et suites sont élégantes et fraîches, mais seules quelques-unes se trouvent dans la jolie villa ancienne, où le bois est très présent ; la plupart occupent l'annexe récente. Meubles de goût, sol carrelé, fauteuils en cuir, linge immaculé,

Sighetu Marmaţiei

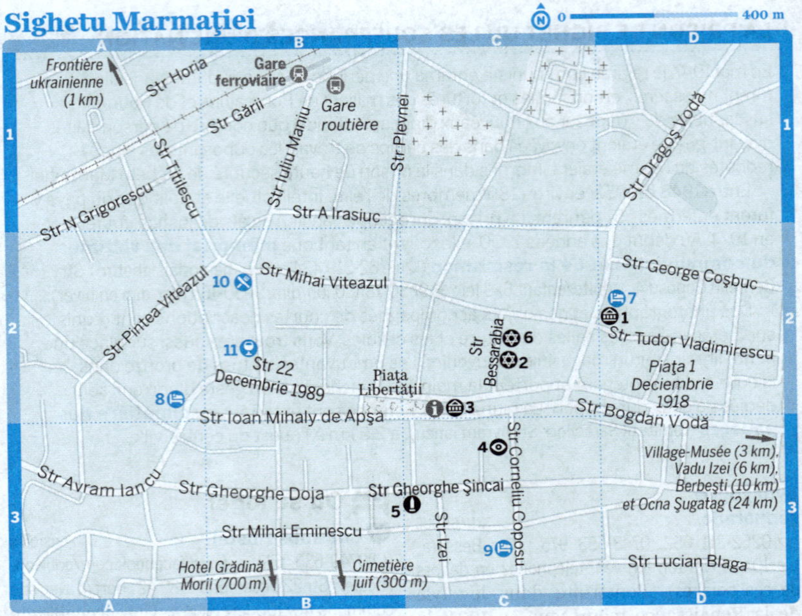

Sighetu Marmaţiei

À voir

1 Maison d'Elie Wiesel.......................D2
2 Centre communautaire juif...............C2
3 Musée ethnographique du Maramureş.......................C2
4 Musée-mémorial des Victimes du communisme et de la résistance.......................C3
5 Monument aux victimes de la Shoah....C3
6 Synagogue sépharade........................C2

Où se loger

7 Casa Iurca de Călineşti D2
8 Cobwobs Hostel.......................A2
9 Motel Buţi.......................C3

Où se restaurer

10 Casa Veche.......................B2
Restaurant Casa Iurca de Călineşti.......................(voir 7)

Où prendre un verre et faire la fête

11 Old Pub.......................B2

réfrigérateurs, ventilateurs : voici sans conteste la meilleure adresse de la ville.

Hotel Grădină Morii HÔTEL $$
(☎0372-721 210 ; www.hotelmarmatia.ro ; Str Mihai Eminescu 97 ; s 170-195 lei, d 250-300 lei ; P❄📶). Une rénovation de fond en comble a transformé l'ancien Hotel Marmaţia en un établissement confortable, rebaptisé "le Jardin du Moulin". Le beau bâtiment partiellement bardé de bois se trouve à proximité immédiate de la rivière Iza, au pied d'une colline et entouré de végétation. Les 49 chambres de style international sont confortables et le restaurant est excellent. Hall d'entrée très chic.

Où se restaurer et prendre un verre

♥ Casa Iurca de Călineşti ROUMAIN $$
(☎0371-056 449 ; www.casaiurca.ro ; Str Dragoş Vodă 14 ; plats 18-38 lei ; ⏲9h-23h ; 📶). Des tables sculptées sont disposées autour d'un barbecue dans une cour verdoyante et fleurie. Porc grillé, brochettes d'agneau et ragoût du Maramureş accompagné de *mămăligă* (28 lei). Au déjeuner, le menu 3 plats offre un excellent rapport qualité/prix (25 lei).

Casa Veche ROUMAIN $$
(☎0744-110 299 ; Str Iuliu Maniu 27 ; plats 15-36 lei ; ⏲7h-23h). Le restaurant le plus animé de la ville possède une sympathique terrasse pour le soir et une salle élégante et haute de plafond. La clientèle vient essentiellement pour les énormes pizzas, les steaks, les salades et les spécialités roumaines, comme la soupe transylvanienne au porc (4 lei) et le "ragoût du hors-la-loi" au bœuf (22 lei).

Old Pub PUB IRLANDAIS
(☎0262-314 231 ; www.facebook.com/oldpubsighet ; Str Iuliu Maniu 5 ; ⌚8h-22h lun-ven, 9h30-22h sam-dim). Ce pub irlandais n'est peut-être pas très festif, mais c'est une bonne adresse pour prendre une bière à l'extérieur.

ℹ Renseignements

Centre d'informations touristiques de Sighetu Marmaţiei (☎0371-347 133 ; www.turismsighet.ro ; Piaţa Libertăţii 26 ; ⌚9h-17h). Cet office du tourisme central et fort utile est situé à quelques marches en contrebas de la Piaţa Libertăţii ; renseignements d'ordre général, ainsi que sur les hébergements, les transports et les visites guidées.

ℹ Depuis/vers Sighetu Marmaţiei

BUS

La **gare routière** (Str Gării) fait face à la gare ferroviaire, au nord du centre-ville. Chaque jour, plusieurs bus locaux desservent Baia Mare (12 lei, 65 km, jusqu'à 5/jour), Satu Mare (25 lei, 106 km), Oradea (45 lei, 240 km) et Timişoara (70 lei, 408 km). On peut aussi rejoindre Borşa (15 lei), Budeşti (7 lei), Călineşti (7 lei), Vişeu de Sus (12 lei) et Săpânţa (5 lei), ainsi que Bârsana, Botiza, Ieud et Mara (7 lei).

Atlassib (☎0751-519 365 ; Str Bogdan Vodă 5 ; ⌚9h-13h30 et 14h30-17h lun-ven). Bus pour les principales villes roumaines.

Eurolines (☎0729-618 009 ; Str Bogdan Vodă ; ⌚9h-18h30 lun-ven, 10h-14h sam). À côté d'Atlassib et près de la Piaţa Libertăţii. Bus longue distance à travers l'Europe.

TRAIN

Des trains rapides assurent chaque jour la liaison avec Timişoara (100 lei, 12 heures), Bucarest (103 lei, 12 heures), Cluj-Napoca (43 lei, 6 heures) et Braşov (79 lei, 8 heures).

Vallée de la Mara

La vallée de la Mara (Valea Mara), ponctuée de collines d'origine volcanique, forme le cœur du Maramureş. Ses villages sont réputés pour leurs églises et leurs portails sculptés en bois.

Giuleşti et ses environs

En quittant Sighetu Marmaţiei vers le sud par la route 18, le premier hameau rencontré est celui de **Berbeşti**, qui s'enorgueillit d'un impressionnant *troiţă* (crucifix) tricentenaire, sculpté de symboles solaires et situé à son extrémité nord. Les voyageurs viennent prier devant la croix pour s'assurer sa protection durant leur périple.

Plus au sud, **Giuleşti**, le principal village de la vallée de la Mara, se distingue par ses maisons en bois délabrées, devant lesquelles des seaux, des pots et des plats en émail coloré signalent qu'une fille est à marier. C'est ici qu'en 1918, le révolutionnaire Ilie Lazăr fit venir des délégués de tout le Maramureş, pour signer l'accord d'unification de la Transylvanie avec la Roumanie. La modeste ferme d'Ilie Lazăr, construite en 1826, est devenue un **musée** (Casa Museum Ilie Lazăr ; Giuleşti ; adulte/enfant 4/2 lei ; ⌚sur rdv). Pendant la répression communiste du début des années 1950, Ilie Lazăr fut arrêté et enfermé dans la prison de Sighetu Marmaţiei.

Le village de **Deseşti** se trouve à quelques kilomètres au sud-ouest de Giuleşti, sur la route de Baia Mare. Bâtie en 1770, sa petite **église orthodoxe** fut frappée en 1925 par la foudre, qui détruisit la majeure partie des murs extérieurs et la flèche. Par chance, les peintures intérieures (à droite en entrant) ont été épargnées. Réalisées par Radu Munteanu vers 1780, elles représentent Sodome et Gomorrhe.

Près de l'église, un chêne vieux de 400 ans mesure près de 5 m de diamètre. Protégé, il est l'ultime témoin de l'immense chênaie qui couvrait autrefois la région avant que les habitants abattent les arbres pour construire leurs maisons.

Mara, à 2 km au sud de Deseşti, est connu pour ses portails de bois colorés (*porţi de lemn*). Si ces porches étaient associés autrefois à une fonction magique, ils sont plutôt le signe aujourd'hui d'une certaine aisance.

ℹ DEPUIS/VERS L'UKRAINE

Un petit pont pour les véhicules et les piétons enjambe la rivière Tisa au nord de Sighet et mène en Ukraine, permettant ainsi une excursion rapide dans le pays voisin. Les ressortissants de l'Union européenne, les Suisses et les Canadiens n'ont pas besoin de visa ; un passeport en cours de validité suffit. Pour trouver le point de passage (ouvert 24h/24) depuis le centre de Sighet, suivez la Str Nicolae Titulescu vers le nord sur environ 2 km.

Sat-Şugatag et ses environs

À 4 km au sud de Gileşti, Sat-Şugatag possède une **église** érigée en 1642, renommée pour son portail en bois finement sculpté et ses peintures intérieures du XVIIIe siècle (en assez mauvais état). La première mention de Sat-Şugatag date de 1360 : elle appartenait alors au voïvode Dragoş de Giuleşti, qui fut sans doute le premier prince de Moldavie.

La petite église de **Mănăstirea**, à 1 km à l'est de Sat-Şugatag, fut bâtie par des moines en 1633 sur une colline – elle se trouve aujourd'hui à 150 m d'une route non goudronnée et d'un pont instable. Le monastère fut fermé en 1787 sous le règne de l'empereur d'Autriche Joseph II. Les cellules d'origine, sur le côté nord de l'église, restent visibles par les fenêtres de l'église même quand celle-ci est fermée.

À 3 km au sud de Sat-Şugatag, **Hărniceşti** compte une splendide **église orthodoxe** de 1770. Un sentier traverse un cimetière et conduit à l'église, à flanc de colline.

À 4 km au sud-ouest du village thermal d'**Ocna Şugatag**, **Hoteni** est le théâtre de la fête traditionnelle de **Tânjaua de pe Mara**, organisée début mai pour célébrer le premier labour.

Budeşti et ses environs

En partant vers le sud depuis Sighetu Marmaţiei par la route principale, obliquez sur la gauche à Fereşti pour emprunter la route 186B, qui mène aux villages les moins accessibles du Maramureş. De Baia Mare, vous pouvez rejoindre cette région par la route 184, via Cavnic et le col de Neteda (1 058 m).

Le premier village rencontré, **Corneşti**, possède une petite église du XVIIIe siècle ornée de peintures de l'artiste local Hodor Toador. Vous la trouverez à 250 m à l'ouest de la route principale, après un pont particulièrement instable. **Călineşti**, 4 km plus au sud, compte deux églises, désignées comme l'église du Haut, ou Susani (*sus* signifie "haut"), et l'église du Bas, ou Josani (*jos* signifie "bas"). L'**église Susani** (☎0765-126 734, 0724-188 163), de 1683, se trouve du côté droit de la route, à la sortie du village, lorsqu'on arrive par le nord. L'**église Josani**, bâtie 20 ans plus tôt, est 1 km plus à l'est, sur la route de Bârsana.

De Călineşti, une route rejoint **Sârbi**, habité depuis 1402 et doté de deux églises en chêne. L'**église Josani**, la première à droite, date de 1665 ; elle abrite deux icônes signées Radu Munteanu. L'**église Susani**,

LE BOIS, OMNIPRÉSENT ET... OMNIPOTENT

Au XIVe siècle, lorsque les dirigeants hongrois interdisaient aux Roumains orthodoxes de construire des églises en pierre, les charpentiers du Maramureş utilisaient le bois pour exprimer la spiritualité de leur peuple. Les huit églises classées par l'Unesco que l'on peut voir aujourd'hui – à Bârsana (p. 181), Budeşti (ci-dessus), Deseşti (p. 177), Ieud (p. 182), Plopiş (p. 173), Poienile Izei (p. 182), Rogoz et Surdeşti (p. 173) – furent toutes construites aux XVIIIe et XIXe siècles, après la fin des invasions tatares en 1717. Les façades battues par les intempéries, surmontées d'austères flèches gothiques, ont pris une teinte d'un noir lugubre. À l'intérieur, vibrantes et confortables, elles accueillent les congrégations de villageois à la foi fervente entre des murs recouverts de fresques bibliques naïves et dépeignant la vie rurale traditionnelle. Si les habitations étaient traditionnellement en chêne dans les vallées de la Mara, du Cosău et de l'Iza, le pin était (et continue d'être) le bois de prédilection de Bârsana. Les toits, hauts et raides, sont souvent couverts de tuiles aux allures d'écaille de poisson ou, pour les plus anciens, de chaume.

Les grands portails en bois sculpté (*porţi de lemn*) témoignent du statut social et de la richesse des habitants ; autrefois, ils étaient réservés aux aristocrates et destinés à les protéger du mal. Ils constituaient une barrière symbolique entre l'intérieur, le monde protégé, et l'extérieur, qui incarnait l'inconnu et ses dangers ; on déposait, sous l'arche, de l'argent, de l'encens et de l'eau bénite afin de renforcer la protection contre les esprits malins. L'arbre de vie, le serpent (qui préserve du mal), les oiseaux (symboles de l'âme humaine) et un visage (pour protéger des esprits) comptent parmi les motifs les plus courants, comme le soleil et la corde enroulée (symboles de vie et de continuité).

On trouve les plus beaux portails en bois sculpté dans les villages de Giuleşti, Deseşti, Sârbi et Vadu Izei, et plus encore à Bârsana.

de 1667, est de l'autre côté du village, à 100 m de la route principale. En contrebas, plusieurs bâtiments employaient autrefois l'eau de la rivière Cosău : un moulin à farine, une distillerie et un moulin à foulon, qui était utilisé pour laver et préparer la laine avant sa transformation en vêtements et en couvertures.

Budeşti, 5 km plus au sud, est un bourg constitué de jolies maisonnettes aux portes de bois finement sculpté, auxquelles sont adossées les piles de bois pour l'hiver. On y trouve quelques boutiques et une pension. Le village s'enorgueillit de l'une des plus jolies et des plus grandes églises du Maramureş. L'**église Josani** (0764-206 302 ; 9h-13h et 14h-17h), bâtie en 1643, mesure 18 m sur 8, et comprend quatre tourelles autour du clocher principal. Son joyau est une peinture du XVIIIe siècle du Jugement dernier.

Où se loger et se restaurer

Il existe quantité de chambres et d'autres hébergements chez l'habitant. Repérez les panneaux *camere* (chambres) ou *cazare* (hébergement). Pour les pensions, consultez le site www.lapensiuni.ro.

Pensiunea Mara PENSION $

(0749-459 331 ; www.pensiuneamaradesesti.ro ; Deseşti 322 ; s/d à partir de 100/140 lei ; P). Au cœur du village de Deseşti, à proximité immédiate de la Mara et à moins d'un kilomètre de l'église en bois du village, cette pension comprend 5 chambres avec balcon, sdb privatives et TV satellite, ainsi qu'un restaurant. Le jardin est charmant.

Păstrăvăria Alex Happy Fish POISSON $

(0262-372 686, 0741-662 269 ; en retrait de la route 18, Mara ; plats à partir de 10 lei ; 24h/24). Véritable institution locale, cet établissement situé à proximité de la route 18, dans le pittoresque village de Mara, sert des truites ultrafraîches, tout droit sorties du lac. Il est entouré d'un domaine vallonné avec bassins, cascades et cabanons – où l'on peut presque manger à ciel ouvert. À 40 km au sud-ouest de Baia Mare, il mérite une halte.

Depuis/vers la Vallée de la Mara

Des bus irréguliers relient Baia Mare à certains villages isolés, et notamment à Mara, Călineşti et Budeşti (jusqu'à 5/jour, entre 6h et 19h).

Breb

À proximité immédiate de la route qui relie Budeşti à la route 18 entre Baia Mare et Sighetu Marmaţiei, Breb est un village isolé et rustique, avec de vieilles maisons de bois et une église du XVIe siècle. De nombreux artistes et artisans, comme le célèbre sculpteur Patru Pop, sont installés dans le village et ses environs. Ils accueillent volontiers les visiteurs souhaitant les voir à l'œuvre.

Où se loger et se restaurer

Breb possède un charmant établissement traditionnel avec chalets indépendants, une confortable pension et un camping.

Pensiunea Lucia PENSION $

(0262-374 584, 0752-527 485 ; www.pensiunea-lucia.com ; Breb 285 ; B&B/demi-pension 55/90 lei/pers ; P). Cette délicieuse adresse offre 2 chambres dans une maison traditionnelle, avec coussins brodés, tapis tissés à la main et plafond de bois. Une annexe récente renferme 2 chambres supplémentaires ; sdb à partager dans chaque bâtiment. Les repas servis sur place sont préparés avec des ingrédients bio, issus de la ferme familiale.

Écologiste convaincu, le propriétaire, Ion, est aussi guide pour des excursions.

Babou Maramureş AUBERGE DE JEUNESSE, CAMPING $

(0747-687 747 ; www.baboumaramures.com ; Breb 149 ; camping adulte/enfant 25/10 lei, dort 50 lei ; avr-oct ; P). Au milieu de prairies jalonnées de hamacs, avec vue sur l'Ukraine, cette auberge de jeunesse fait la part belle au pin ! Elle compte un dortoir de 4 couchettes, une cuisine et un espace commun, ainsi qu'un immense jardin pour planter sa tente (location possible : 75 lei). Un lieu impeccable et parfaitement tenu par des Néerlandais, Eveline et Matthijs.

♥ **Village Hotel** PENSION $$

(0725-141 545 ; www.villagehotelmaramures.com ; Breb ; d/lits jum/qua 35/40/45 €, cottage 50-75 $; P). Tenue par un charmant couple anglais, Penelope et Duncan, cette jolie propriété compte 3 chambres dans le bâtiment de ferme et 3 chalets traditionnels avec murs enduits de torchis, chambres ornées de poutres, tapis en peau de mouton, poêles à bois et cuisines immaculées.

Le petit-déjeuner est en self-service, et le lait frais est fourni chaque matin, avec du fromage et du pain ; le dîner (30 lei) est préparé au barbecue ou dans une ferme voisine. Le summum du chic rustique !

Intarissable sur la région, Duncan organise des treks, des visites d'ateliers d'artisans, et des excursions plus longues dans le Maramureş et en Transylvanie. Photographe professionnel, il est spécialisé dans les circuits photo (plus d'infos sur www.photographytoursromania.com).

Depuis/vers Breb

Une demi-douzaine de bus relient chaque jour Breb à Baia Mare (le dernier quitte Baia Mare à 17h) et 2 minibus réguliers assurent la liaison depuis/vers Sighetu Marmaţiei. Le Village Hotel de Breb peut vous conduire vers/depuis Sighetu Marmaţiei (15 €) et Baia Mare (30 €).

Săpânţa

Săpânţa, à 18 km au nord-ouest de Sighetu Marmaţiei, dégage un charme tout pastoral avec ses tapis de couleurs vives accrochés aux murs, ses champs ponctués de meules de foin à perte de vue et ses charrettes à cheval qui brinquebalent sur les routes. La principale attraction du village est le Cimetière joyeux (encadré page ci-contre), où des croix aux couleurs gaies ornent les tombes. Il attire des bus entiers de visiteurs, sous les yeux apparemment indifférents des villageois. Devant l'église, une poignée d'étals de souvenirs vend des nappes brodées, des bibelots sculptés et des tapis tissés.

À 500 m par une route de gravier, juste avant le centre du village, le **monastère de Săpânţa-Peri** (Mănăstirea Săpânţa-Peri) possède une église en bois qui serait la plus haute construction en bois d'Europe (75 m).

Où se loger et se restaurer

Pensiunea Ileana PENSION $
(☎0745-491 756, 0262-372 137 ; www.sapanta-maramures.ro/pensiuni/pensiuneaileana ; s/d 100/130 lei ; P). Avec ses 5 chambres traditionnelles lumineuses, aménagées autour de la cour et du jardin, cet établissement évoque le Maramureş d'autrefois. La propriétaire, Ileana, vous montrera son atelier de tissage. En face du Cimetière joyeux.

Casa Ana et Camping PENSION, CAMPING $
(☎0740-593 380 ; www.sapantamaramures.ro/pensiuni/camping-poieni-casa-ana ; tente/camping-car/d 30/40/100 lei ;). À 3 km au sud du village de Săpânţa, cette pension (4 chambres ; toilettes et douches collectives) et ce camping sont idéalement situés à côté d'un ruisseau. Il y a un restaurant dans le bâtiment principal. Les résidents peuvent utiliser le four en argile.

Depuis/vers Săpânţa

De Sighetu Marmaţiei, 2 ou 3 bus vont chaque jour à Săpânţa (un le matin et un l'après-midi, en semaine uniquement, 5 lei), sans horaire de retour fixe.

Vallée de l'Iza

La luxuriante vallée de l'Iza (Valea Izei) suit le cours de l'Iza vers le sud-est, de Sighetu Marmaţiei à Moisei. Elle est jalonnée de villages typiques du Maramureş, avec des portes en bois sculpté et de hautes églises de bois.

Vadu Izei

Vadu Izei se trouve au confluent de l'Iza et de la Mara, à 7 km au sud-est de Sighetu Marmaţiei. La maison en bois (1750) à côté de l'église fait partie du Village-Musée (p. 174) de Sighetu Marmaţiei.

Où se loger et se restaurer

Casa Muntean PENSION $
(☎0766-755 267 ; www.casamuntean.ro ; Vadu Izei 505 ; s/d sans sdb 40/80 lei ; @). Cinq chambres colorées (une seule avec sdb privative) égayées par des tapis aux couleurs vives, des plafonds de bois et des tentures, et équipées de la TV câblée. Supplément de 15/25 lei pour le petit-déjeuner/dîner. Florin, l'un des propriétaires, pourra vous faire visiter (à partir de 135 lei/pers) les églises en bois des environs ou le Cimetière joyeux (ci-contre).

Également : location de vélos (25 lei/jour) et promenades de 4 heures en charrette à cheval (100 lei/pers). On pourra venir vous chercher à la gare de Sighet.

Pensiunea Teodora Teleptean PENSION $
(☎0742-492 240 ; www.pensiuneateleptean.ro ; Vadu Izei 506 ; s/d 100/120 lei ; P). Dix vastes chambres avec sdb et TV, armoires anciennes et poutres, dans un joli bâtiment en bois sculpté. Spacieuse salle à manger pour le petit-déjeuner (15 lei) ou le dîner (30 lei).

Renseignements

Guide et peintre sur verre, **Ioan Borlean** (☎0742-749 608, 0728-316 425) fait presque

LE CIMETIÈRE JOYEUX DE SĂPÂNŢA

Le **Cimetière joyeux de Săpânţa** (Cimitirul Vesel ; 5 lei ; ⌚8h-18h) doit sa renommée à Ioan Stan Pătraş (1908-1977), un sculpteur sur bois qui, en 1935, commença à fabriquer des croix pour marquer les tombes du vieux cimetière. Il les peignit en bleu, couleur traditionnelle de l'espoir et de la liberté, et inscrivit au sommet des épitaphes humoristiques ou émouvantes à la mémoire des morts.

Les inscriptions et les dessins illustrent un métier ou une occupation – bergers soignant leurs moutons, mères cuisinant pour la famille, barbiers coupant les cheveux et tisserands penchés sur leur métier –, les qualités ou les penchants des défunts.

Pătraş a sculpté et peint sa croix, assortie de son portrait. Sa tombe fait face à l'entrée principale de la vieille église. Depuis sa mort, sa demeure et son atelier accueillent un petit **musée** (Casa Memorială Ioan Stan Pătraş ; Săpânţa 380 ; adulte/enfant 4/2 lei ; ⌚7h-20h), à 400 m à droite de l'entrée du cimetière. Un disciple poursuit désormais son œuvre.

officiellement fonction de préposé à l'information touristique ! Appelez-le si vous besoin d'aide.

Bârsana

De Vadu Izei, parcourez 13 km en passant par Onceşti pour rejoindre Bârsana, dont les premières traces remontent au XIVe siècle.

À voir

Monastère de Bârsana MONASTÈRE
(Mănăstirea Bârsana ; ☎0262-331 101 ; www.manastireabarsana.ro). Cet immense monastère orthodoxe en bois, installé en haut d'une colline, comprend dix bâtiments imposants, notamment une belle église érigée en 1993. Neuf nonnes et un prêtre y vivent. C'est un site de pèlerinage populaire au Maramureş. Visitez son petit **musée**, avec sa collection d'icônes datant du XVIe siècle.

Le dimanche, le service de 10h45 se tient parmi les collines et les fleurs sauvages ; chaque année, le 30 juin, le monastère célèbre les douze apôtres.

BârsanArt ARTISANAT
(☎0740-490 152, 0262-331 015 ; barsanart.ro ; Bârsana 524 ; ⌚9h-20h). Ce lieu, davantage atelier que galerie, est géré par Ioan Bârsan, sculpteur sur bois de talent, qui créé des objets de toutes sortes – ours grandeur nature ou portes d'entrée sculptées. À voir sans hésiter !

Église de Bârsana ÉGLISE
(☎0760-863 342, 0262-331 316 ; ⌚9h-16h lun-sam, 13h-18h dim). Cette église en bois de 1720 classée au Patrimoine mondial est ornée de peintures intérieures signées Hodor Toador et Ion Plohod, des artistes locaux renommés. Suivez le panneau au centre du village et grimpez la colline vers le nord, sur 700 m.

Où se loger

Bârsana possède deux pensions confortables et un grand camping.

Camping Bradova CAMPING $
(☎0746-993 061, 0262-331 200 ; camping-bradova.ro ; Bradova 803 ; tente/camping-car 30/40 lei, cottage à partir de 50 lei). Ce camping doté d'une impressionnante entrée en bois sculpté se trouve sur la colline non loin de l'église de Bârsana. Sa position dominante offre une vue spectaculaire sur la campagne environnante. Chalets sur pilotis pour 2 personnes ; restaurant sur place.

Pensiunea Fratii Pasca PENSION $
(☎0762-609 352 ; www.fratiipasca.ro ; Str Principala 1338a ; ch sans/avec sdb à partir de 60/70 lei ; P Wi-Fi). À 2 km de Bârsana, sur la route de Călineşti, cette pension en deux parties compte 13 chambres confortables aux meubles en bois flotté, avec sdb et TV ; linge propre, murs aux couleurs lumineuses. Petit-déjeuner (15 lei) et dîner (30 lei).

Botiza

De Şieu, prenez sur la droite la route 171A en direction du village de Botiza, un ravissant village doté d'excellentes chambres d'hôtes. Classée au Patrimoine mondial, la vieille **église** (☎0262-211 947 ; ⌚10h-16h mar-dim), bâtie à Vişeu de Jos en 1690 et déplacée ici deux siècles plus tard, est dominée par la gigantesque nouvelle église, construite en 1974 pour les fidèles orthodoxes.

Le service dominical (9h) marque encore le temps fort de la semaine. Le village entier semble alors se rendre à l'église pour participer aux activités religieuses, qui se poursuivent jusque dans l'après-midi.

SE LOGER DANS LA VALLÉE DE L'IZA

Botiza est particulièrement riche en chambres d'hôtes. Les sites Web www.lapensiuni.ro et www.ruraltourism.ro publient des listes d'hébergements. Repérez les panneaux *camere* (chambres) et *cazare* (hébergement). Attention : si vous êtes en voiture, appelez pour obtenir des indications précises. Si vous arrivez en bus ou en train à Sighetu Marmaţiei, demandez que l'on vienne vous chercher à la gare.

Où se loger

Casa Berbecaru PENSION $

(☎0723-775 848 ; www.ruralturism.ro/maram/pensmar/botiza/berbecaru%20victoria/html/berbecaruen.html ; Botiza 743 ; ch à partir de 80 lei). La chaleureuse Victoria, qui parle français, loue ici 4 chambres impeccables. Celles aménagées juste en face, dans une maison de bois du XIXe siècle, sont encore mieux. On y dort dans de douillettes cellules toutes simples, aux faux airs de cabines de bateau. En bas, les magnifiques tapis tissés de Victoria sont en vente à la boutique.

George Iurca PENSION $

(☎0722-942 140 ; iurcageorge@yahoo.com ; Botiza 742 ; ch à partir de 15 €/pers ; @). George, guide professionnel, est habilité à conduire des expéditions dans toute la Roumanie. Il loue des chambres propres et confortables, des VTT (25 lei/jour) et des véhicules (80-100 €/jour pour un groupe, avec guide-chauffeur). Sa maison est à deux portes à droite de la nouvelle église de Botiza.

Poienile Izei

De Botiza, une piste part vers le nord-ouest en direction de Poienile Izei, où une **église** (☎0744-811 899 ; adulte/enfant 4/2 lei ; ⏲9h-13h et 14h-18h lun-sam, 12h-16h dim) du début du XVIIe siècle abrite d'impressionnantes fresques sur l'enfer. Elles dépeignent d'horribles visions des tourments infligés aux pécheurs par les démons.

À 3 km au nord par une route de gravier, **Glod** est le village natal des frères Petreuş (Fratii Petreuş), un célèbre duo de chanteurs populaires du Maramureş.

Où se loger et se restaurer

La Domniţa PENSION $

(☎0724-175 757 ; domnita-ilies@yahoo.com ; Poienile Izei 138 ; d à partir de 50 lei). Cette jolie pension dirigée par un francophone, Ilies, propose dans le bâtiment principal 8 chambres (4 avec sdb) et un dortoir de 7 lits, et 5 chalets à l'arrière d'un grand jardin. Le restaurant, excellent, emploie des ingrédients cultivés sur place.

Les petit-déjeuner/déjeuner/dîner coûtent 15/20/25 lei.

Ieud

Dans ce village ardemment orthodoxe aux maisons traditionnelles, à 8 km en retrait de la route au sud de Şieu, les personnes âgées portent encore le costume traditionnel. C'est dans l'**église** (adulte/enfant 4/2 lei ; ⏲10h-16h mar-dim) en bois du XVIIe siècle que fut rédigé le premier document en langue roumaine (1391-1392). Il décrit le catéchisme et les lois religieuses du village, et est désormais conservé dans les archives de l'Académie roumaine à Bucarest.

À l'extrémité sud du village, l'autre **église** (adulte/enfant 2/1 lei ; ⏲10h-16h mar-dim) en bois, qui date de 1717, se distingue par son absence de porche, unique dans la région. Elle contient l'une des plus grandes collections d'icônes sur verre du Maramureş. Traversez le pont jusqu'au modeste **Musée ethnographique** (Muzeul Etnografic ; adulte/enfant 5/2 lei ; ⏲8h-12h et 13h-20h), installé dans deux chalets typiques du Maramureş.

Où se loger et se restaurer

Les deux hébergements servent à manger.

Pensiunea Ilea PENSION $

(☎0747-940 260 ; www.cazarelapensiune.ro/ieud/cazare-ieud/pensiunea-ilea-804 ; Ieud 333 ; ch avec petit-déj/demi-pension 15/20 €/pers ; P). Des chambres simples (2 avec sdb), dans une maison de bois (au pied de la colline, au bout d'un chemin), indiquée à 1 km de la ville. On peut venir vous chercher à Sighetu Marmaţiei (55 lei) ou Baia Mare (175 lei).

Pensiunea Chindris PENSION $

(☎0743-811 077, 0262-336 197 ; www.ruraltourism.ro/maram/pensmar/ieud/ChindrisVasile/html/chindrisro.html ; Ieud 201 ; ch avec petit-déj/demi-pension 17/28 €/pers ; P). Trois chambres avec sdb commune propres, accueillantes et centrales. Les propriétaires pourront vous guider dans la région. Repas à 28 lei.

À TOUTE VAPEUR

Géré par le **CFF Vişeu de Sus** (p. 184), le "chemin de fer de la vallée de la Vaser" ou "train à vapeur de la vallée des Carpates" servait autrefois pour l'exploitation du bois. Il circule sur 60 km de voies étroites – seuls 22 km sont accessibles au public. C'est sans doute le dernier train forestier à vapeur d'Europe. Inaugurée en 1932 pour servir d'alternative au transport des rondins par voie fluviale, la voie sinue au milieu des falaises boisées difficilement accessibles autrement. Sentir la fumée et entendre siffler le train à la cheminée noire et luisante crachant des volutes est une expérience unique.

Le train part à 9h, mais il vaut mieux arriver à la **gare** (☎0262-353 381 ; Str Cerbului 5) dès 8h30 (il n'y a que 210 places). En été, réservez par téléphone ou en ligne. Depuis qu'en 2008 les rails ont été endommagés par une inondation, le trajet se termine à Paltin, où 1 heure 30 de déjeuner est prévue au bord de la rivière. Des bancs sont installés dans une prairie, où hot-dogs et boissons vous sont proposés à la vente. De Paltin, les plus intrépides pourront s'aventurer plus haut dans les montagnes ou camper près de la loge du gardien (à Paltin) en lui demandant l'autorisation (arrangez-vous avec le bureau du CFF Vişeu de Sus pour prendre un train retour le lendemain).

La magie s'arrête entre 14h30 et 15h30 (selon la saison), au retour à la gare. Le chemin de fer circule tous les jours de mi-juin à fin septembre, avec parfois un ou deux trains supplémentaires à 9h30 et 10h en juillet et août. Il circule du jeudi au dimanche seulement entre avril et mi-juin et entre septembre et octobre.

Depuis/vers Ieud

Mieux vaut être motorisé pour découvrir la région. De Sighetu Marmaţiei, prenez la route principale (route 18) en direction du sud jusqu'à Baia Mare, puis obliquez sur la gauche à Vadu Izei, à 7 km au sud-est de Sighetu Marmaţiei, pour emprunter une route moins fréquentée (route 186) en direction de Bârsana. Trois minibus à destination de Vadu Izei, Bârsana, Poienile Izei, Botiza et Ieud circulent chaque jour sur cette route.

Vallées de la Vişeu et de la Vaser

De hautes montagnes boisées encadrent la belle vallée de la Vişeu (Valea Vişeu), qui suit le cours de la Vişeu vers le sud-est depuis Sighet. Tout aussi pittoresque, la vallée de la Vaser (Valea Vaser) a été creusée par la rivière du même nom. La Vaser et la Vişeu confluent à Vişeu de Sus.

Vişeu de Sus

15 050 HABITANTS

Vişeu de Sus est traversée par une rue principale, bordée par des banques, cafés et restaurants. Quelques ruelles convergent vers la gare ferroviaire, d'où part le fameux train à vapeur (voir l'encadré ci-dessus). Si vous allez vers les étendues sauvages du Maramureş, elle constitue une bonne étape pour faire le plein d'essence et de liquide. Vous y trouverez quelques hôtels corrects.

Activités

La plupart des voyageurs viennent à Vişeu de Sus pour faire un tour en train à vapeur dans les collines, le long de la voie étroite qui servait à l'origine au transport des grumes. C'est une expédition très agréable qui associe les joies de la balade ferroviaire à l'opportunité de faire une randonnée dans les hauteurs de la vallée de la Vaser.

Où se loger

Hotel Gabriela HÔTEL $

(☎0757-114 972, 0262-354 380 ; www.hotel-gabriela.ro ; Str Rândunelelor 1 ; s/d 120/140 lei ; P ⊖ ❄ 📶). À 2 km à l'est de Vişeu de Sus, cet établissement fiable et propre comprend 29 chambres modernes avec sdb, dotées de vérandas. Copieux petit-déjeuner. Bonnes pizzas dans le restaurant.

Pensiunea Stancuta PENSION $

(☎0745-096 481 ; www.pensiuneastancuta.ro ; Str Alexandru Ioan Cuza 56 ; ch 120 lei). À 1 km de la gare ferroviaire en venant du centre-ville, par-delà les voies, la Stancuta est très pratique pour attraper le train du matin. Les 5 chambres sont propres et accueillantes, avec une jolie vue sur les montagnes. Grand jardin champêtre et terrasse en bois.

Où se restaurer et prendre un verre

Pizzeria Andra PIZZERIA $

(☎0741-226 055 ; Str 22 Decembrie 1989 25 ; pizza 12-20 lei ; ⏲7h-0h). Avec ses sièges vert chartreuse et ses murs lambrissés, cet établissement a la faveur des habitants, qui viennent déguster pizzas, pâtes (11-17 lei), escalopes panées et bruschettas. Terrasse à l'arrière.

Café Maya CAFÉ

(www.facebook.com/MayaCaffeBar ; Str 22 Decembrie 1989 12 ; ⏲7h-22h). Une bonne adresse pour une halte cappuccino ou, le soir, un mojito ou un daïquiri.

Renseignements

CFF Vişeu de Sus (☎0744-686 716, 0262-353 381 ; www.cffviseu.com ; Str Cerbului 5 ; adulte 48-57 lei, enfant 33-39 lei ; ⏲8h-18h). Cette agence efficace qui gère le chemin de fer saura répondre à tous vos besoins. Les employés vous fourniront des cartes de randonnée, vous conseilleront sur les hôtels et les restaurants, vous aideront à trouver un guide…

Depuis/vers Vişeu de Sus

Des bus et des *maxitaxis* relient régulièrement la vallée de la Vişeu à Sighet et Baia Mare – ce qui est pratique quand on n'est pas motorisé. Chaque jour en semaine, 5 ou 6 liaisons sont assurées entre Vişeu de Sus et Borşa. Le samedi, il n'y a que 2 ou 3 bus.

Borşa

27 600 HABITANTS

La ville animée de **Borşa** a pour principal atout la proximité du **Complexul Turistic Borşa**, à 10 km à l'est, une station de ski posée au milieu d'un paysage de moyennes montagnes somptueux, jalonné de forêts d'un vert foncé et de ruisseaux. On y trouve des pistes pour débutants et skieurs de niveau intermédiaire (Ştiol 1 km, Poiana 2 km) ; c'est aussi le principal point de départ des randonnées dans les magnifiques **monts Rodna**, dont une partie forme la réserve naturelle de Pietrosul Rodnei (5 900 ha).

Activités

Peu de renseignements sont fournis sur les randonnées, mais les sentiers sont clairement balisés par des rayures rouges au départ du **télésiège du Complexul Turistic Borşa** (Str Brădet 10 ; aller/aller-retour 15/30 lei ; ⏲9h-17h). Il y a notamment un circuit de 2 heures (par beau temps) vers le **col de Prislop** (1 413 m) et une agréable balade de 1 heure 30 jusqu'à la **Cascada Cailor** ("cascade du fer à cheval"), haute de 90 m. Pour vous échauffer, empruntez le petit sentier qui court sous le télésiège.

Où se loger et se restaurer

Motel Rodna PENSION $

(☎0744-699 052, 0262-344 122 ; Str Libertaţii 37 ; d à partir de 80 lei ; P 📶). Cette pension de 18 chambres est sans doute le meilleur hébergement de Borşa. À environ 300 m à l'ouest du centre ; restaurant sur place.

Pensiunea Vila Focus CHALET $

(☎0721-290 239, 0262-344 038 ; Str Brădet 12 ; ch 120 lei ; P 📶). Dans le Complexul Turistic Borşa, cet établissement en pierre et bois, accessible par le télésiège, possède un bon restaurant et 11 chambres impeccables. Demandez-en une avec vue sur la montagne.

VAUT LE DÉTOUR

COL DE PRISLOP

Depuis le Complexul Turistic Borşa, une route étroite et sinueuse grimpe sur 10 km jusqu'au col de Prislop (1 413 m). Les randonneurs peuvent s'enfoncer au nord dans le massif du Maramureş ou se diriger vers le sud et les monts Rodna, pour entrer ensuite en Moldavie. Des triangles rouges, puis des bandes bleues balisent l'itinéraire menant au sommet du **col de Gargalau** (1 925 m, 2 heures). Là, deux possibilités : continuer vers l'est (en suivant les bandes rouges) jusqu'au **col de Rotunda**, puis vers le sud-est jusqu'à **Vatra Dornei** ; ou bien aller vers l'ouest jusqu'au point culminant du massif, avant de poursuivre vers **La Cruce** (4-5 heures). De là, la station météorologique installée au sommet du **mont Pietrosul** (2 305 m, balisage par bandes bleues) n'est qu'à 1 heure 30 de marche. Ce dernier itinéraire, magnifique, permet d'avoir un aperçu des paysages ukrainiens sans franchir la frontière. À ce point du parcours, le retour à Borşa est direct (2-3 heures).

Un conseil : ne vous éloignez pas trop des sentiers balisés sans boussole ni carte.

Moldavie et monastères de la Bucovine

Dans ce chapitre ➡

Le top des restaurants

- Cuib (p. 192)
- Restaurant Centru Vechi (p. 205)
- Q'usine (p. 213)
- Noir (p. 199)
- Antique (p. 211)

Le top des hébergements

- Hotel Select (p. 191)
- Hotel Lacu Roşu (p. 200)
- Irene's Hostel (p. 205)
- Eden (p. 196)
- Casa Bunicilor (p. 210)
- Gerald's Hotel (p. 211)

Pourquoi y aller

Moins visitée que d'autres régions, la Moldavie récompense les voyageurs qui s'y aventurent : avec de superbes monastères médiévaux et des paysages de montagnes adaptés à la randonnée, cette région singulière marie beautés naturelles et culturelles, et activités sportives. Elle se distingue en outre par un accueil incroyablement chaleureux. Tandis que les traditions sont encore bien enracinées dans l'arrière-pays, Iaşi se démarque par sa modernité et sa vie nocturne – qui doivent sans doute beaucoup à sa population estudiantine ! La Bucovine, au nord-ouest, s'enorgueillit de beaux monastères peints des XVe et XVIe siècles, inscrits au Patrimoine mondial. Véritables trésors nationaux, ils attestent d'une foi ardente et des talents artistiques qui ont marqué la région. On trouve partout des traces du prince moldave (et héros roumain) Étienne le Grand et de ses batailles épiques contre l'Empire ottoman ; des souvenirs particulièrement vivaces dans les imposantes forteresses de Suceava et Târgu Neamţ.

Quand partir

Iaşi

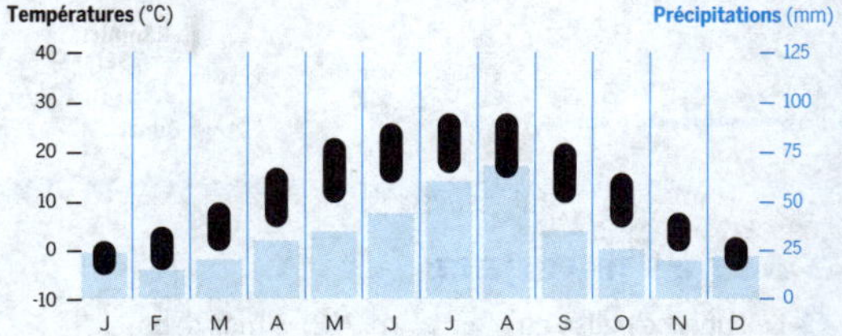

Avr-mai C'est le printemps : à Iaşi, les étudiants turbulents profitent des concerts dans une ville fleurie.

Juil-août Rien de tel qu'une randonnée dans les massifs de Ceahlău ou de Rarău pour échapper à la chaleur estivale.

Sept-oct Le temps est (enfin) venu de visiter les monastères peints de la Bucovine sans les foules !

À ne pas manquer

1 La superbe église du **monastère d'Arbore** (p. 206) et les monastères peints qui l'entourent

2 L'imposant **palais de la Culture** (p. 189) de Iaşi, désormais entièrement rénové

3 La belle formation calcaire des **rochers de la Princesse** (p. 212), situés dans les monts Rarău

4 La traversée spectaculaire et prenante des abruptes **gorges de Bicaz** (p. 200)

5 Les déesses sculptées du **musée d'Art néolithique cucuteni** (p. 197), à Piatra Neamţ

6 La beauté paisible du **monastère d'Agapia** (p. 195), l'un des édifices assez méconnus de Neamţ

7 La vue sur le lac de Bicaz depuis le point culminant de Moldavie, dans le **parc national de Ceahlău** (p. 200)

Histoire

Pendant la préhistoire, le territoire de l'actuelle Moldavie était au centre de la remarquable société néolithique des Cucuteni-Trypillia, qui prospéra de 6000 à 3500 av. J.-C. Les Cucuteni-Trypillia sont connus pour leurs belles poteries et leurs figurines représentant des déesses associées à la vie, à la mort et à la régénération ; des œuvres qui ont pour beaucoup traversé les siècles et sont désormais exposées au musée d'Art néolithique cucuteni de Piatra Neamţ.

Par la suite, la Moldavie fut le territoire de tribus thraces et daces pendant un millénaire avant notre ère, avant que les Romains ne l'occupent partiellement pendant plusieurs siècles. La Moldavie connut également plusieurs vagues d'immigration successives, notamment avec les Goths, les Huns, les Slaves et les Bulgares, qui traversèrent le territoire du IVe au Xe siècle.

La Moldavie acquit son identité propre entre les XIIIe et XVIe siècles. Elle émergea alors aux côtés de la principauté roumaine de Valachie en tant que zone de protection du royaume hongrois, face à la puissance grandissante de l'Empire ottoman. Une situation qui vit naître de nombreux héros moldaves, et en particulier Étienne le Grand (prince de 1457 à 1504).

Étienne le Grand et ses successeurs, notamment son fils illégitime Petru Rareş (règne 1527-1538), firent ériger des forteresses imprenables et des monastères. C'est ainsi que virent le jour les monastères peints de la Bucovine, qui demeurent au cœur de l'identité régionale. La principauté moldave d'Étienne le Grand s'étendait vers l'est jusqu'à l'actuelle République de Moldavie – aujourd'hui, le nom de Moldavie peut se référer à l'une ou l'autre de ces deux entités.

La Valachie comme la Moldavie finirent par tomber aux mains des Turcs ; avec la Transylvanie, à l'ouest, elles furent toutefois brièvement unifiées sous la férule d'Alba Iulia, sous le règne de Michel le Brave (Mihai Viteazul, 1593-1601).

En 1775, une partie du territoire moldave, la Bucovine, fut annexée par l'Autriche-Hongrie ; cela aboutit en 1812 à la perte de sa partie orientale – la Bessarabie (actuelle République de Moldavie) – au profit de la Russie. Après le conflit entre les Russes et les Turcs en 1828-1829, la Valachie et la Moldavie devinrent des protectorats russes, tout en restant dans l'Empire ottoman.

Avec le déclin de l'Empire ottoman au XIXe siècle, les dirigeants de Moldavie et de Valachie virent l'occasion de s'unir et de créer la Roumanie, ce qui finit par se concrétiser en 1861, sous le prince moldave Alexandre Jean Cuza. Plus tard, la défaite de l'empire austro-hongrois à la fin de la Première Guerre mondiale permit le retour de la Bucovine dans le giron roumain.

Pendant la Seconde Guerre mondiale, la Roumanie s'allia à l'Allemagne nazie en juin 1941. L'importante communauté juive de Moldavie fut exterminée lors d'un abominable pogrom perpétré dans la ville de Iaşi : 13 000 personnes furent assassinées et beaucoup furent déportées vers la Bessarabie, à l'est. La population juive de Moldavie fut réduite à quelques milliers de personnes.

MOLDAVIE

Abstraction faite des monastères peints de la Bucovine, la partie orientale de la Roumanie est assez peu touristique. C'est bien dommage pour les voyageurs, qui passent à côté de villes animées comme Iaşi, cité étudiante riche d'une architecture historique et sacrée, et d'une scène culturelle active.

De grands héros nationaux comme Étienne le Grand ont ici laissé leur empreinte, dans d'innombrables églises et forteresses, comme à Târgu Neamţ. Et si les nombreux monastères de la région n'offrent pas l'éclat de ceux de la Bucovine, ils se distinguent par une spiritualité plus profonde et encore vivace de nos jours. Les gorges de Bicaz et le massif de Ceahlău, à l'ouest, sont quant à eux des merveilles de la nature.

Iaşi

290 422 HABITANTS

Exubérante et cultivée, Iaşi (prononcer "Iash") sait tenir son rang de plus grande ville de Moldavie. Jadis surnommée "la ville aux cent églises", c'est un véritable festival à ciel ouvert de créations architecturales. Ainsi, les monastères, théâtres et autres bâtiments historiques côtoient des parcs botaniques, de grandes places et (pour le meilleur ou pour le pire) des structures en béton de l'époque communiste et des centres commerciaux flambant neufs.

Iaşi

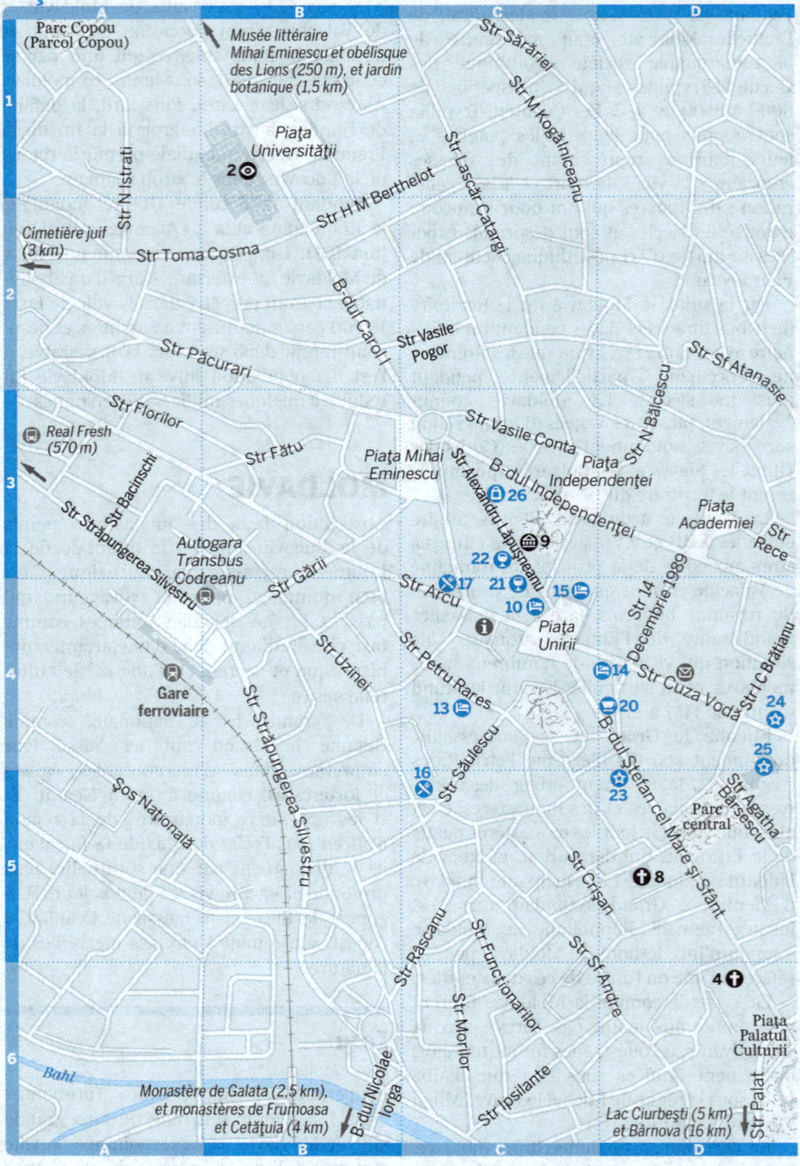

Les innombrables restaurants, bars et clubs de la ville vivent en grande partie, comme les magasins, grâce à l'importante population estudiantine, issue du monde entier, et qui fait de ce petit coin de Roumanie un endroit étonnamment cosmopolite.

À voir

Le système très élaboré de boulevards et de places de la ville est axé autour de la Piaţa Unirii, d'où s'élance le B-dul Ştefan cel Mare şi Sfânt pour rejoindre la Piaţa Moldova, au sud. Entre les deux places se dressent

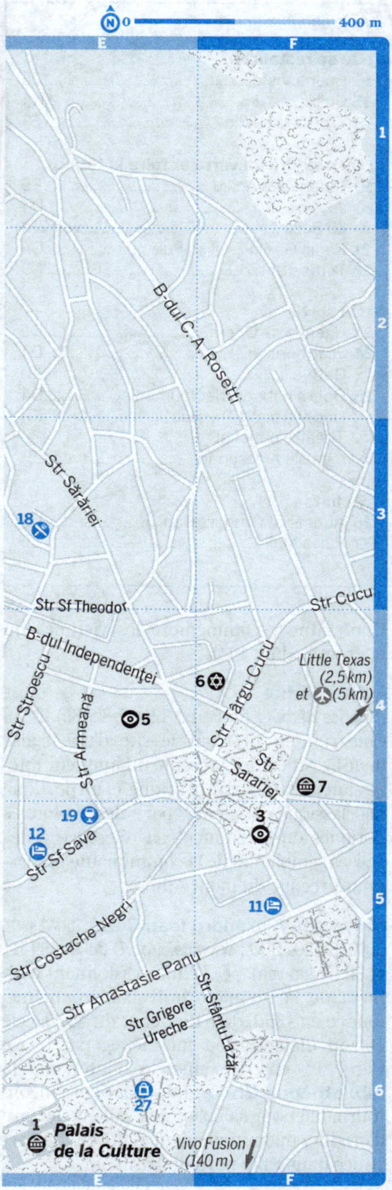

certains des grands bâtiments historiques de la ville, comme la cathédrale métropolitaine ou le palais de la Culture.

Palais de la Culture MUSÉE
(Palatul Culturii ; 0232-275 979 ; www.palatulculturii.ro ; Piaţa Ştefan cel Mare şi Sfânt 1 ; adulte/enfant entrée combinée 40/10 lei, tour seule 16/4 lei ; 10h-17h mar-dim). Principale attraction et emblème de Iaşi, ce grandiose palais néogothique domine l'horizon à la pointe sud du B-dul Ştefan cel Mare şi Sfânt. Alors qu'il semble tout droit sorti d'un conte de fées médiéval, il n'a qu'une petite centaine d'années : il fut en effet construit entre 1906 et 1925, sur les ruines de l'ancienne cour du prince Alexandru cel Bun (Alexandre Ier de Moldavie, XVe siècle). La tour et les quatre beaux musées se visitent également.

La restauration du palais compte parmi les projets les plus ambitieux que l'État roumain ait entrepris depuis 1989. Le bâtiment s'étend sur quelque 34 000 m² et la légende lui prête 365 chambres (une pour chaque jour de l'année), quoique le nombre réel soit plus probablement d'environ 300. Élément central du site, la tour présente sur trois de ses faces d'immenses horloges ornées de vitraux. Dès la majestueuse entrée, la passion toute néogothique de l'architecte pour le bestiaire médiéval est partout perceptible, avec notamment des dragons, des lions et des griffons.

Le palais abrite le **Musée ethnographique** (adulte/enfant 12/3 lei), le **musée d'Art** (tarif plein/étudiant 16/4 lei), le **musée d'Histoire** (adulte/enfant 16/4 lei) et le **musée des Sciences et des Techniques** (tarif plein/étudiant 12/3 lei). Il est possible d'acheter des billets séparés ou d'opter pour un billet combiné à prix avantageux pour les musées et le palais.

Monastère de Golia MONASTÈRE
(0232-216 693 ; Str Cuza Vodă 51). GRATUIT Ce monastère fortifié de la fin de la Renaissance est protégé par d'épais murs et une tour haute de 30 m, que l'on peut visiter (120 marches) et qui offre une vue dominante sur la ville. L'église du XVIIe siècle est remarquable pour ses fresques byzantines, ses portes richement sculptées et ses bastions, de 1667. L'ensemble architectural englobe également un musée consacré à l'écrivain Ion Creangă (1837-1889), bien connu pour ses nouvelles inspirées des traditions populaires moldaves, et qui résida ici.

Après plusieurs incendies et fermetures entre 1900 et 1947, le monastère a finalement été rénové en 1992 ; les travaux se poursuivent.

Jardin botanique JARDIN
(Grădină Botanică ; 0232-201 373 ; www.botanica.uaic.ro ; Dumbrava Rosie 7-9, Parcul Expoziţiei ;

Iaşi

Les incontournables
1 Palais de la Culture E6

À voir
2 Université Alexandru Ioan Cuza B1
Musée d'Art .... (voir 1)
3 Église Bărboi F5
4 Église des Trois Hiérarques D6
Musée ethnographique .... (voir 1)
5 Monastère de Golia E4
6 Grande Synagogue F4
7 Musée juif F4
Musée d'Histoire .... (voir 1)
8 Cathédrale métropolitaine moldave D5
Musée des Sciences et des Techniques .... (voir 1)
9 Musée de l'Union C3

Où se loger
10 Grand Hotel Traian C4
11 Hampton by Hilton F5
12 Hotel Eden E5
13 Hotel Majestic C4
14 Hotel Select D4
15 Hotel Unirea C4

Où se restaurer
16 Buena Vista C5
17 Cuib C4
18 Trattoria Lavric E3

Où prendre un verre et faire la fête
19 Cafeneaua Acaju E5
20 Jassyro D4
La Bază .... (voir 23)
21 Radio Ga Ga English Pub C4
22 Terasa Corso C3

Où sortir
23 Agenţia de Opera D5
24 Filarmonica D4
Gate .... (voir 23)
25 Opéra national de Roumanie D4
Underground The Pub .... (voir 23)
Théâtre national Vasile Alecsandri .... (voir 25)

Achats
26 Anticariat Grumazescu C3
27 Palas Mall E6

5 lei ; 9h-19h). Le jardin botanique de Iaşi est le plus ancien (1856) et le plus grand (100 ha) de Roumanie. Situé du côté ouest du Parcul Expoziţiei, il possède 21 km d'allées ombragées, 800 espèces de roses et d'orchidées, ainsi que des serres pleines de fleurs tropicales et de plantes carnivores. C'est un lieu de pique-nique et de promenade prisé et les enfants apprécieront ses vastes pelouses et son petit lac. Situé à environ 3 km au nord-ouest du centre, il est accessible en taxi (8 lei) ou à pied (20 min) par le B-dul Carol I.

Cathédrale métropolitaine moldave — ÉGLISE

(Mitropolia Moldovei ; 0232-215 300 ; www.mmb.ro ; B-dul Ştefan cel Mare şi Sfânt 16 ; 8h-18h). GRATUIT Bâtie entre 1833 et 1839, cette immense cathédrale fut dessinée par l'architecte Alexandru Orascu et décorée par le peintre Gheorghe Tattarescu. Les fidèles s'y rassemblent en nombre tous les ans en octobre pour voir les reliques de sainte Parascève, patronne de la Moldavie, qui y sont conservées depuis leur transfert en 1889 depuis l'église des Trois Hiérarques.

Grande Synagogue — SYNAGOGUE

(0232-313 711 ; Str Sinagogilor 7). Construite en 1671, cette synagogue est désormais entourée de barres d'immeubles. Lors de nos recherches, elle était fermée pour travaux. Une statue y commémore les victimes du pogrom de juin 1941.

Église Bărboi — ÉGLISE

(Biserica Bărboi ; Str Bărboi 12 ; 8h-18h). GRATUIT Construit en 1841 sur le site d'une église de 1615, cet édifice présente un intérieur intéressant mêlant pierre et brique, et un portique néoclassique soutenu par des colonnes doriques (apparemment en référence à des églises semblables de la communauté monastique grecque du mont Athos).

Université Alexandru Ioan Cuza — UNIVERSITÉ

(0232-201 000 ; www.uaic.ro ; B-dul Carol I 11 ; 9h-17h lun-ven). GRATUIT L'impressionnant bâtiment de la première université roumaine, fondée en 1860, date du début du XXe siècle et son inauguration fut menée par le roi Carol Ier en personne. À l'intérieur, la **bibliothèque Gheorghe Asachi** est incontournable pour sa splendide salle de lecture d'origine, magnifiquement rénovée. Elle est située dans l'aile nord du bâtiment.

Cimetière juif — CIMETIÈRE

(Cimitirul Evreiesc ; 0232-234 570 ; Aleea Cimitirul Evreiesc ; lever-coucher du soleil ; 43). Les victimes des pogroms perpétrés par la Garde de Fer furent enterrées dans quatre bunkers en béton sur la Dealul Munteni, une colline située 5 km à l'ouest du centre-ville, près de la Strada Păcurari. Un mémorial se dresse à cet endroit, ainsi qu'une seconde synagogue, très petite. Du centre-ville, la course en taxi revient à 10 lei environ.

Musée de l'Union MUSÉE

(Muzeul Unirii ; 0232-314 614 ; Str Alexandru Lăpuşneanu 14 ; tarif plein/étudiant 12/3 lei ; 10h-17h mar-dim). Ce petit palais néoclassique a été la demeure d'Alexandru Cuza durant trois ans (1859-1862), avant d'accueillir le roi Ferdinand lorsqu'il quitta Bucarest durant la Première Guerre mondiale. On peut y admirer le riche mobilier de la famille Cuza, ainsi que des tableaux et des effets personnels.

Église des Trois Hiérarches ÉGLISE

(Biserica Sfinţilor Trei Ierarhi ; B-dul Ştefan cel Mare şi Sfânt ; 9h30-12h et 13h-17h30). GRATUIT Fondée par le prince Vasile Lupu entre 1637 et 1639, restaurée entre 1882 et 1904, cette église est sans conteste l'une des plus belles de Iaşi. L'extérieur superbe, en pierre sculptée, révèle des influences turque, géorgienne et arménienne. Ce monument renferme également les tombes en marbre du prince Lupu et de sa famille (sur la gauche), ainsi que celles du prince Alexandru Ioan Cuza (sur la droite) et du prince moldave Dimitrie Cantemir.

Tous les 30 janvier, une chorale composée de moines y célèbre les trois saints hiérarques (Basile le Grand, Grégoire le Théologien et Jean Chrysostome).

Musée littéraire Mihai Eminescu MUSÉE

(0232-144 759 ; parc Copou ; adulte/enfant 10/3 lei ; 10h-17h mar-dim). Ce musée retrace la vie et les amours de l'éminent écrivain et poète Eminescu (1850-1889), et notamment sa passion amoureuse avec la poétesse Veronica Micle, alors qu'ils étaient tous deux mariés. Ils survécurent à leurs conjoints respectifs, mais ne se marièrent jamais en raison de la mauvaise santé du poète. Aujourd'hui, on peut voir leurs bustes se faisant face près du tilleul préféré d'Eminescu, dans l'allée Junimea.

Musée juif MUSÉE

(Comunitatea Evreiasca din Iasi ; 0742-515 290 ; Str Elena Doamna 15 ; 5 lei ; 10h-13h lun-ven). Dirigé par la petite communauté juive, ce petit musée assez difficile à trouver est la dernière source de documentation sur l'histoire juive de la ville. Attention, les horaires indiqués sont peu fiables. Pour vous y rendre, prenez à droite dans la Str Benjamin Fondane : le musée occupe la première maison sur la droite.

Parc Copou PARC

(Parcol Copou ; B-dul Carol I ; lever-coucher du soleil). C'est, dit-on, dans ce parc de 10 ha, conçu entre 1834 et 1848 sous le règne du prince Mihail Sturza, que le poète Mihai Eminescu écrivait, à l'ombre d'un tilleul. L'arbre se dresse derrière l'**obélisque des lions** (qui serait le plus ancien monument de la Roumanie moderne), haut de 13 m, en face de l'entrée principale. Un buste en bronze d'Eminescu est installé devant.

Où se loger

Les hôtels de Iaşi, qui s'adressent plutôt à une clientèle d'affaires, sont relativement onéreux. Il est toutefois possible de trouver des offres intéressantes.

Iaşi Apartment APPARTEMENTS $

(0746-067 979 ; www.iasi-apartment.com ; app à partir de 120 lei ;). Dans le centre-ville, des appartements avec cuisine, climatisation, Internet et la TV par câble. Demandez à en visiter plusieurs, car la qualité et l'emplacement diffèrent (mais les prix, presque pas !).

Hotel Select HÔTEL $$

(0232-210 715 ; www.selectgrup.ro ; Str 14 Decembrie 1989 2 ; s/d/ste 250/300/400 lei ;). Cet établissement ne manque pas de sérieux atouts : situation imbattable, propreté, chambres raffinées, sdb impeccables et bon accueil. Installé dans un manoir du XIXe siècle remis au goût du jour, il a conservé nombre de détails d'époque – notamment un escalier monumental. Le café-pâtisserie est très prisé, y compris par les personnes extérieures à l'hôtel.

Hotel Eden HÔTEL $$

(0332-144 486 ; www.hotels-eden.ro ; Str Sf Sava 1 ; s/d 160/170 lei ;). Excellente adresse trois étoiles, l'Eden jouit d'une position centrale et offre un bon restaurant. Les chambres sont spacieuses et certaines ont même un balcon. Petit-déjeuner en supplément (20 lei).

Grand Hotel Traian HÔTEL $$

(0232-266 666 ; www.grandhoteltraian.ro ; Piaţa Unirii 1 ; s 220-240 lei, d 260-280 lei ;). Situé en plein centre, l'élégant Traian a été conçu par Gustave Eiffel en personne. Ses chambres sont élégantes, avec des rideaux épais, des plafonds hauts, de grandes sdb et une ambiance rétro. Les *deluxe*, très légèrement plus chères que les standards, sont plus vastes et ont un balcon.

Hotel Majestic HÔTEL $$

(0232-255 557 ; www.hotel-majestic.ro ; Str Petru Rareş 7 ; s/d à partir de 175/220 lei ;). Rénovée et agrandie, cette ancienne pension du centre offre désormais de belles chambres, avec des meubles décorés, de beaux rideaux et du papier peint. L'hôtel est en outre doté d'une piscine intérieure, ce qui est rare à Iaşi. Réductions le week-end ; tarifs préférentiels au restaurant pour les hôtes.

Hotel Unirea HÔTEL $$$

(232-205 000 ; www.hotelunirea.ro ; Piaţa Unirii 5 ; s/d/ste 225/295/395 lei ;). Si plusieurs établissements de la place principale peuvent concourir au titre de meilleur hôtel de Iaşi, la piscine intérieure, le spa et le restaurant panoramique du 13e étage classent l'Unirea à part. Les chambres, lumineuses et de style "affaires", ont de bons lits et tout le confort voulu.

Hampton by Hilton HÔTEL D'AFFAIRES $$$

(0232-242 000 ; www.hamptoninn3.hilton.com ; Str Anastasie Panu 26 ; s/d/ste 300/400/500 lei ;). La chaîne internationale Hilton a transformé entièrement l'ancien Hotel Europa pour en faire l'un des principaux hôtels d'affaires de la ville. Installé dans une tour de 15 étages, l'établissement offre tous les équipements requis par une clientèle exigeante. À l'est de la Strada Anastasie Panu (au sud du centre-ville, facilement accessible à pied depuis le palais de la Culture).

Little Texas HÔTEL $$$

(0232-272 545 ; www.littletexas.ro ; Str Moara de Vant 31 ; s/d à partir de 250/275 lei ;). Sur la route de l'aéroport (à 10 min en voiture du centre), ce quatre-étoiles tenu par des Texans décline le thème de l'Amérique. Équipements de classe affaires et restaurant tex-mex. Navette pour l'aéroport offerte.

Où se restaurer

En matière de restauration aussi, Iaşi est influencée par sa population étudiante. On y trouve d'excellentes adresses de burgers et autres fast-foods, et un large choix de restaurants végétariens.

Cuib VÉGÉTARIEN $

(0747-485 053 ; Str Gavriil Musicescu 14 ; plats 15-25 lei ; 10h-23h ;). Une adresse pour les crudivores, les végans... et ceux qui aiment, tout simplement, prendre leur temps. Au menu de ce restaurant situé non loin de l'université et géré par une équipe étudiante : soupe de légumes crémeuse, poivrons farcis au tofu, etc. S'il fait beau, installez-vous dans le jardin verdoyant et n'oubliez pas de passer par la petite boutique, qui vend des articles de papeterie faits main, ainsi que des sacs à main.

Vivo Fusion BURGERS $

(0332-417 727 ; www.vivofoodbar.com ; Str Zimbrului 5 ; burgers 15-25 lei ; 12h-23h). D'excellents burgers, frites et salades dans ce beau fast-food au sud du palais de la Culture. Briques apparentes et vieilles bicyclettes accrochées au mur, accueil décontracté : autant d'indices qu'on est dans un établissement branché. Tarifs raisonnables vu la qualité. Idéal pour un repas sur le pouce.

La Castel INTERNATIONAL $$

(0749-225 220 ; www.lacastel.com ; Aleea M Sadoveanu 54, Copou ; plats 20-35 lei ; 12h-23h ;). Cet établissement aux vastes pelouses propose une carte aux influences française et bavaroise, un beau choix de vins et des desserts à se damner. Une aire de jeux est prévue pour les plus jeunes et il y a des concerts tous les soirs.

La Castel se trouve à 15 minutes en voiture de la ville. Vous pouvez également prendre le bus n°6 (20 min) depuis la Piaţa Unirii ou en face de l'université Alexandru Ioan Cuza, dans le quartier du parc Copou.

Buena Vista SUD-AMÉRICAIN $$

(0232-242 244 ; buena-vista.ro ; Str Petru Movila 43 ; plats 20-40 lei ; 12h-0h). S'il se présente comme un restaurant latino-américain, le Buena Vista prépare également des grands classiques roumains, comme la polenta (*mămăligă*), pour plaire à une clientèle essentiellement locale. Les spécialités de viande grillée sont servies dans de grands plats en acier et accompagnées de pommes de terre, riz ou semoule de maïs. Places en extérieur disponibles sur la terrasse du haut.

Trattoria Lavric ITALIEN $$

(0232-229 960 ; Str Sf Atanasie 21 ; plats 20-40 lei ; 11h-23h30). Le Lavric a longtemps compté parmi les restaurants roumains les plus élégants de la ville ; désormais dédié à la cuisine italienne, il a su maintenir la qualité dans un cadre élégant et romantique – briques apparentes, sol carrelé et nappes blanches. Assez difficile à trouver, dans une résidence rénovée au nord-est du centre-ville.

VAUT LE DÉTOUR

LES FAMEUX VINS BLANCS DE COTNARI

Les vignobles de **Cotnari** (☎0740-234 040, circuits 0741-117 751 ; www.cotnari.ro ; circuit sans/avec repas 10/55 €/pers), à 54 km au nord-ouest de Iaşi, sont les plus réputés de Roumanie ; leurs vins blancs doux sont exportés dans le monde entier.

Fondée en 1491, quand Étienne le Grand y construisit une petite église, la ville compta par la suite une université latine (1562). Mais c'est l'arrivée de moines français qui fit de Cotnari un puissant site viticole. Dès la fin du XIXe siècle, le vin produit à Cotnari marquait les expositions vinicoles internationales. Le Palais royal de Michel Ier, construit en 1947 et restauré en 1966, abrite de nos jours les bureaux de l'entreprise vinicole.

Parmi les vins les plus prisés, citons le *francuşa* (sec), le *cătălina* (demi-sec), et les vins de dessert doux à la robe dorée, le *grasă* et le *tămâioasă*.

L'entreprise propose différents circuits avec dégustation – parfois avec le repas. Les formules sans repas débutent en principe à 10h les lundis, mercredis et vendredis (sans réservation). Celles avec repas nécessitent la présence d'au moins 10 personnes et une réservation.

Il est assez facile de visiter Cotnari à la journée depuis Iaşi ; comptez un peu plus d'une heure en bus (en direction de Hârlău).

Où prendre un verre et faire la fête

Le bloc de béton le Cub (Le Cube ; B-dul Ştefan cel Mare şi Sfânt 8), initialement conçu pour accueillir un centre commercial, abrite désormais plusieurs bars étudiants. Repérez le grand cube incliné visible depuis la rue, puis empruntez l'escalier qui mène au niveau inférieur.

Cafeneaua Acaju BAR
(☎0727-255 514 ; www.facebook.com/AcajuCafenea ; Str Sf Sava 15 ; ⏲10h-1h). Facile à rater, mais difficile à oublier, ce bar branché et sans prétention près de l'angle de la Strada Armeană est à peine indiqué. Il compte parmi sa clientèle de nombreux musiciens et artistes de tous âges. Sur le bar, dans une petite boîte, sont vendus des bijoux bon marché faits main. C'est également un endroit plaisant pour prendre un café en journée.

Jassyro CAFÉ
(☎0747-771 771 ; www.jassyro.ro ; B-dul Ştefan cel Mare şi Sfânt 1c ; ⏲7h30-14h et 16h-19h30 lun-ven, 9h-17h sam-dim). Pourquoi commencer la journée par l'infâme café de votre hôtel, quand un torréfacteur vous attend avec ses différentes machines à café (à dépression, à piston, filtre, expresso) ? On peut même s'installer sur les marches à l'extérieur ou, plus confortablement, un peu plus loin sur un banc.

Terasa Corso PUB
(☎0728-920 092 ; www.corsoterasa.ro ; Str Alexandru Lăpuşneanu 11 ; ⏲9h-2h ; 📶). Un grand parterre avec une pelouse occupe le centre de ce vaste pub en forme d'amphithéâtre, doté de rangées de longues tables. Agréable pour un café en journée ou un verre le soir, l'établissement propose aussi à manger – savoureuses pizzas (plats 15-30 lei).

Radio Ga Ga English Pub PUB
(☎0232-274 037 ; www.facebook.com/radiogagaenglishpub ; Str Alexandru Lăpuşneanu 7 ; ⏲12h-0h). Très prisé d'une population étudiante, ce pub sert de la Guinness à la pression, ainsi qu'un large choix d'assez bons cocktails, cafés et vins. Prenez place sur la terrasse pavée et observez la foule qui descend la rue piétonne Str Lăpuşneanu.

La Bază CLUB
(☎0332-408 146 ; B-dul Ştefan cel Mare şi Sfânt 8, Cub ; ⏲16h-2h). Ce repaire indé et festif du Cub surprend avec ses murs verts, ses tentures safran au plafond et ses versions surréalistes de fresques monastiques roumaines. La bière bon marché, les concerts et les projections de films occasionnelles attirent une clientèle jeune.

Où sortir

Filarmonica MUSIQUE CLASSIQUE
(☎billets 0332-882 025 ; www.filarmonicais.ro ; Str Cuza Vodă 29 ; place 20 lei ; ⏲billetterie 10h-13h et 17h-19h lun-ven). La salle de l'orchestre philharmonique national de Iaşi est incontournable pour les amateurs de musique classique ; réduction de 50% pour les étudiants.

Underground The Pub CLUB
(0735-004 001 ; B-dul Ştefan cel Mare şi Sfânt 8, Cub ; soirées DJ 15 lei ; 21h-6h). Légèrement plus chic que les autres bars du Cub, l'Underground propose de bons concerts de musique alternative, ainsi que des soirées avec DJ. Accès par l'escalier qui descend depuis la billetterie Agenţia de Opera.

Théâtre national Vasile Alecsandri THÉÂTRE
(0232-267 763 ; www.teatrulnationaliasi.ro ; Str Agatha Bârsescu 18). Ce théâtre offre des représentations variées, allant des grands classiques aux créations expérimentales, en roumain pour la plupart. Il occupe le même bâtiment néobaroque que l'Opéra national de Roumanie, construit dans les années 1890 par deux célèbres architectes viennois, Fellner et Helmer.

Billets à partir de 30 lei, réduction de 50% pour les étudiants.

Opéra national de Roumanie OPÉRA
(Opera Naţională Română Iaşi ; billets 0332-888 448 ; www.operaiasi.ro ; Str Agatha Bârsescu 18 ; billetterie 10h-17h lun-ven, 10h-13h sam). Dans le même bâtiment que le théâtre national Vasile Alecsandri. La programmation annuelle couvre tous les classiques viennois, allemands, français et italiens. Le site Web présente un agenda en anglais ; les billets sont en vente à l'**Agenţia de Opera** (0232-255 999 ; B-dul Ştefan cel Mare şi Sfânt 8 ; 10h-17h lun-sam). Les spectacles commencent en général à 18h30.

Gate MUSIQUE LIVE
(B-dul Ştefan cel Mare şi Sfânt 8, Cub ; 12h-1h). Fans de métal, vous êtes chez vous ! Au programme de ce bar-club compact : speed metal, death metal et toutes autres sortes de musiques pour adeptes du *headbanging* ; concerts réguliers. Situé au sous-sol du Cub. Prenez l'escalier qui descend depuis la billetterie de l'Agenţia de Opera.

Achats

Palas Mall CENTRE COMMERCIAL
(0232-209 920 ; www.palasiasi.ro ; Str Palas 7a ; 8h-21h). Difficile de croire que la Moldavie connaît la crise en voyant ce croisement entre les boutiques duty free d'aéroport et un centre commercial géant à l'américaine.

Anticariat Grumazescu ANTIQUITÉS
(0232-225 566 ; www.facebook.com/AnticariatGrumazescu ; Str Alexandru Lăpuşneanu 24 ; 10h-17h30 lun-ven). Cette institution vend toutes sortes d'antiquités, des objets divers aux bijoux, en passant par des icônes rares et chères. Le magasin fournit des certificats de vente pour tout objet qui risquerait de soulever la curiosité de la douane.

Renseignements

Forte Cafe (B-dul Independenţei 27 ; 3 lei/heure ; 24h/24). Au fond d'un passage, en retrait de la rue.

Poste (Str Cuza Vodă 10 ; 9h-18h lun-ven, 9h-13h sam)

Hôpital universitaire Sfântu Spiridon (0232-240 822, ext 193 ; www.spitalspiridon.ro ; B-dul Independenţei 1). Le principal hôpital de la ville.

Centre d'informations touristiques (0232-261 990 ; www.turism-iasi.ro ; Piaţa Unirii 12 ; 8h-16h lun-ven). Personnel serviable ; plans de la ville et brochures sur les diverses activités.

Depuis/vers Iaşi

Iaşi, la plus grande ville de l'est du pays, est une plaque tournante des transports aériens, ferroviaires et routiers vers le reste de la Roumanie.

AVION

L'aéroport international de Iaşi (Aeroportul Internaţional Iaşi, IAS ; 0232-271 590 ; www.aeroport.ro ; Str Moara de Vant 34) est situé à 5 km à l'est du centre-ville. Les compagnies Tarom et Blue Air (www.blueairweb.com) assurent des vols vers Bucarest, Cluj-Napoca

BUS AU DÉPART DE IAŞI

DESTINATION	TARIF	DURÉE	FRÉQUENCE
Bucarest	80 lei	7 heures	6/jour
Chişinău	25 lei	5 heures	9/jour
Cluj-Napoca	90 lei	9 heures	4/jour
Piatra Neamţ	30 lei	3 heures	13/jour
Suceava	30 lei	2 heures	12/jour
Târgu Neamţ	20 lei	2 heures	8/jour

TRAINS AU DÉPART DE IAŞI

DESTINATION	TARIF	DURÉE	FRÉQUENCE
Braşov	92 lei	8 heures 30	1/jour
Bucarest	92 lei	7 heures	3-4 directs/jour
Chişinău	40 lei	2 heures	1/jour
Cluj-Napoca	92 lei	9 heures	1/jour
Suceava	22-40 lei	2 heures 30	plusieurs/jour
Târgu Neamţ, correspondance à Paşcani	26 lei	2 heures 30	plusieurs/jour
Timişoara, via Oradea	121 lei	16 heures	2/jour

et Timişoara, ainsi que des liaisons vers différentes destinations en Europe.

BUS

La gare routière la plus pratique pour les bus et *maxitaxis*, l'**Autogara Transbus Codreanu** (Autogara Vama Veche ; ☎0232-250 985 ; www.transbuscodreanu.ro ; Str Gării 22), voit partir d'innombrables bus pour tout le pays, ainsi que pour Chişinău, en République de Moldavie. Les horaires sont placardés à l'entrée de la gare et les billets s'achètent à bord.

La petite gare routière **Real Fresh** (Autogara Real Fresh ; ☎0232-240 000 ; www.autogari.ro ; Str Moara de Foc 15a) se trouve à 1 km au nord de la gare ferroviaire. Elle dessert essentiellement la région, mais accueille aussi quelques bus longue distance en provenance de l'étranger.

TRAIN

La plupart des trains passent par la **gare centrale** (Gara Centrală ; ☎réservations 0232-202 777 ; www.cfrcalatori.ro ; Piaţa Gării 2 ; 🚉2). On peut se procurer à l'avance des billets auprès de l'**Agenţia de Voiaj CFR** (www.cfrcalatori.ro ; Piaţa Unirii 10 ; ⏲7h30-20h30 lun-ven), dans le centre-ville. Une consigne à bagages accessible 24h/24 est installée près du parking.

Târgu Neamţ et ses environs

18 695 HABITANTS

La tranquille ville de Târgu Neamţ ("marché allemand") n'aurait sans doute pas sa place dans un guide de voyage sans sa proximité avec plusieurs monastères majeurs qui, s'ils n'ont pas l'éclat des monastères peints de la Bucovine, ne manquent pas d'intérêt historique et restent par ailleurs tous en activité – même si la spiritualité des lieux tend parfois à s'effacer devant l'afflux de bus touristiques. La citadelle de Târgu Neamţ, le seul site d'importance de la ville, est célèbre pour avoir repoussé pendant près de 300 ans les invasions successives.

À voir

Les monastères sont regroupés de 10 à 15 km au sud-ouest de la ville.

Citadelle — FORTERESSE

(Cetatea Neamţului ; ☎0744-702 415 ; Târgu Neamţ ; adulte/enfant 5/2 lei, photo 10 lei ; ⏲10h-18h mar-dim). Cette citadelle était déja considérée comme la plus belle de Moldavie, avant même d'être rénovée. Elle fut bâtie en 1359 par le prince moldave Petru I Muşat, qui lui choisit un emplacement imprenable. Attaqué par les Hongrois en 1395, puis par les Turcs en 1476, le château finit par tomber aux mains des forces polonaises en 1691. La citadelle est située à 2 km à l'ouest du centre-ville (suivez l'axe principal, le B-dul Ştefan cel Mare) et haut perchée ; vous devrez monter pendant 15 minutes à pied.

Monastère d'Agapia — MONASTÈRE

(Mănăstirea Agapia ; ☎0233-244 736 ; Agapia ; musée adulte/enfant 5/3 lei ; ⏲9h-19h mai-sept, 9h-16h oct-avr). Ce monastère accueille toujours 300 à 400 religieuses, réparties sur deux sites. Le monastère principal, Agapia din Vale, construit en 1644 par Gavril Coci (frère de Vasile Lupu), est installé à la pointe ouest du village d'Agapia. Il s'inscrit dans un cadre paisible et possède une façade impressionnante, mais on vient surtout y admirer les fresques intérieures (1858-1861) du maître roumain Nicolae Grigorescu. Un autre monastère, plus petit, Agapia din Deal (ou Agapia Veche), se trouve 1,6 km plus haut sur la route.

Le monastère principal comprend un petit musée où sont exposées des icônes des XVIe et XVIIe siècles, ainsi qu'une boutique proposant des icônes et d'autres objets religieux. Depuis Târgu Neamţ, prenez la direction du sud sur la route principale vers Piatra Neamţ, puis à droite au panneau indiquant Agapia. Le monastère est alors à 7 km.

Monastère de Sihla MONASTÈRE

(Schitu Sihla ; 9h-19h mai-sept, 9h-16h oct-avr). GRATUIT Le paisible monastère de Sihla, où vivent 30 moines, occupe un plateau boisé et isolé, accessible en voiture depuis le monastère d'Agapia, à environ 8 km au sud-ouest, par une route forestière en partie goudronnée. Sa situation géographique limite au minimum le nombre de visiteurs. Veillez à ne pas déranger les quelques *pustnici* (ermites) de la région, qui peuvent tomber à genoux pour prier en tout lieu et rester dans cette position plusieurs heures. À proximité se trouve la grotte de sainte Théodora de Shila, où la religieuse aurait vécu 60 ans, dormant sur une dalle de pierre. L'ermitage est éclairé à la bougie.

On peut également faire le trajet à pied (1 heure environ).

Monastère de Văratec MONASTÈRE

(Mănăstirea Văratec ; Văratec ; 9h-19h mai-sept, 9h-16h oct-avr). GRATUIT Le plus grand couvent du pays, qui fut fondé en 1785, héberge 400 à 500 religieuses. L'ensemble architectural abrite un musée de l'icône et une petite école de broderie. Blanchie en 1841, l'église principale, qui intègre des éléments néoclassiques, possède un intérieur somptueusement décoré, avec de nombreuses fresques ; un petit jardin botanique a été aménagé à côté. À 7 km au sud d'Agapia par la route.

Monastère de Neamţ MONASTÈRE

(Vânători-Neamţ ; 9h-19h mai-sept, 9h-16h oct-avr). GRATUIT Voici le plus ancien (XIVe siècle) et le plus grand monastère masculin de Roumanie. Fondé par Petru I Muşat, il faisait également office de citadelle. C'est à Étienne le Grand que l'on doit la grande église d'aujourd'hui, construite au XVe siècle – certaines des peintures datent de l'époque de Muşat. L'ensemble fortifié abrite un musée d'art médiéval et une maison-musée consacrée au romancier Mihail Sadoveanu (1880-1961). La bibliothèque, riche de 18 000 livres rares, est la plus grande que l'on puisse trouver dans un monastère en Roumanie.

Où se loger et se restaurer

Târgu Neamţ possède quelques hôtels et pensions. Le village d'Agapia, près du monastère du même nom, ne manque pas de pensions convenables.

Aristocratis PENSION $$

(0233-791 986 ; www.aristocratis.ro ; B-dul Ştefan cel Mare 245, Târgu Neamţ ; s/d 220/250 lei ; P). Cette élégante pension 4 étoiles (tarifs à l'avenant) possède des chambres impeccables, un excellent restaurant italien (ouvert aux personnes extérieures), un cadre champêtre très agréable, une piscine extérieure et une aire de jeux pour les enfants.

À 4 km à l'est de Târgu Neamţ, sur le B-dul Ştefan cel Mare.

Doina HÔTEL $$

(0233-790 270 ; www.hotel-doina.ro ; Str Mihail Kogălniceanu 6-8, Târgu Neamţ ; s/d 130/170 lei ; P). Cet hôtel moderne, rénové avec goût et situé dans le centre-ville de Târgu Neamţ, offre un excellent rapport qualité/prix et un emplacement idéal. Le restaurant est assez bon.

♥ Eden PENSION $$$

(0728-821 013 ; www.edentur.ro ; route DN15C, Agapia ; s/d 200/240 lei ; P@). Cette pension familiale, installée dans une ferme remise au goût du jour, offre les plus belles chambres à proximité des monastères de Neamţ. Son restaurant (ouvert à la clientèle extérieure) est excellent et son joli jardin ravit les enfants.

À la sortie du village d'Agapia, à 5 km au sud de Târgu Neamţ sur la route principale de Piatra Neamţ.

Venezia ITALIEN $$

(0757-512 259 ; Str Serafim Lungu, Târgu Neamţ ; plats 20-30 lei ; 9h-23h ; P). Cet établissement servant pizzas et grillades est le meilleur choix parmi l'offre très mince de Târgu Neamţ. Les pizzas sont excellentes, et le porc et le poulet grillés sont relevés d'une sauce maison. Terrasse couverte pour les beaux jours. Dans la petite rue qui part du centre d'informations touristiques en direction du sud.

Renseignements

Centre d'informations touristiques

(0233-790 154 ; B-dul Ştefan cel Mare 60, Târgu Neamţ ; 8h-16h lun-ven). Le sympathique personnel, particulièrement serviable et efficace, vous conseillera volontiers sur le déroulement de votre visite des monastères. Le plan de la ville (gratuit) inclut la totalité des monastères de Neamţ. Le centre d'informations est situé sur le boulevard, à proximité du centre-ville.

Depuis/vers Târgu Neamţ

Chaque jour, il y a au moins 4 bus pour Suceava (20 lei, 2 heures) et plusieurs *maxitaxis* pour Iaşi (13 lei, 2 heures). Des bus partent toutes les heures à destination de Piatra Neamţ (10 lei, 1 heure). Consultez les horaires sur le site www.autogari.ro.

Comment circuler

Il est possible d'accéder aux monastères par les transports publics. En revanche, vous ne pourrez pas les voir tous en une seule journée. Vous devrez pour ce faire louer une voiture ou participer à un circuit organisé.

Plusieurs bus font quotidiennement le trajet (15 km) entre Târgu Neamţ et le monastère de Neamţ, et entre Târgu Neamţ et le monastère d'Agapia. Une marche de 2 heures mène d'Agapia à Văratec, et l'on peut continuer par des chemins bien balisés jusqu'au monastère de Sihăstria. Vous pourrez aussi rallier Văratec depuis Târgu Neamţ en *maxitaxi* (10/jour).

Piatra Neamţ

104 605 HABITANTS

La sympathique Piatra Neamţ ("rocher allemand") s'étend dans trois directions le long d'une vallée encerclée de montagnes boisées. Troisième ville de Moldavie par la taille, elle est jalonnée de beaux musées et de bâtiments historiques (Étienne le Grand y avait établi une cour princière), et compte quelques-uns des meilleurs restaurants de la région. Vous trouverez des distributeurs automatiques, des épiceries et des pharmacies sur la Piaţa Ştefan cel Mare et le B-dul Decebal. Piatra Neamţ constitue un bon point de départ pour partir à la découverte des gorges de Bicaz et du massif de Ceahlău.

À voir

Musée d'Art néolithique cucuteni MUSÉE
(Muzeul de Artă Eneolitică Cucuteni ; 0233-226 471 ; maecpn.muzeu-neamt.ro ; Str Ştefan cel Mare 3 ; adulte/enfant 4/2 lei ; 10h-18h mar-dim). Ce musée, de loin le meilleur de la ville, est consacré à la culture néolithique des Cucuteni, qui vécurent dans la région entre 6000 et 3500 av. J.-C., et dont on conserve d'admirables céramiques présentées ici sur 3 niveaux. Admirez les statuettes zoomorphes et anthropomorphes, et notamment les sculptures de déesses associées à la vie, à la mort et la à régénération.

Exposition de la cour princière BÂTIMENT HISTORIQUE
(Expozitia Curtea Domnească ; 0233-217 496 ; www.viziteazaneamt.ro ; Str Ştefan cel Mare 4 ; adulte/enfant 4/2 lei ; 10h-18h mar-dim). Vous trouverez ici les vestiges de la cour princière d'Étienne le Grand (1497), dont l'ensemble architectural englobait autrefois tous les édifices voisins sur la place. L'exposition, présentée sous le lycée Petru Rareş (Liceul Petru Rareş), présente l'histoire du lieu et des découvertes archéologiques, telles que des armes ou des fragments de poteries et d'outils.

Musée d'Histoire et d'Archéologie MUSÉE
(0233-218 108 ; www.viziteazaneamt.ro ; Str Mihai Eminescu 10 ; adulte/enfant 4/2 lei ; 10h-18h mar-dim). Ce musée retrace l'histoire de la région depuis l'âge de la pierre et jusqu'à aujourd'hui, en passant par l'époque des princes moldaves. Bien présentée et complète, l'exposition manque en revanche d'explications traduites.

Synagogue Bal Shem Tov SYNAGOGUE
(0233-223 815 ; Str Dr Dimitrie Ernici ; circuit 5 lei/pers ; 8h-13h lun-ven ou sur rdv). Au nord de la cour princière, cette synagogue de 1766 fut édifiée sur les fondations d'une autre synagogue datant de 1490. L'intérieur, minuscule, est décoré d'objets juifs, de fresques restaurées et de tableaux. Les horaires indiqués sont parfois peu respectés ; téléphonez avant de vous déplacer.

Église Saint-Jean-Baptiste ÉGLISE
(Biserica Domneasca ; Piaţa Libertăţii 2 ; tour adulte/enfant 5/2 lei, église gratuit ; église 8h-19h, tour 10h-18h mar-dim). La ravissante et sombre église Saint-Jean-Baptiste, bâtie en 1498, faisait partie à l'origine de l'ensemble architetural de la cour princière d'Étienne le Grand. Indépendante de l'église, une tour haute de 19 m servait autrefois de clocher et de tour de guet. Elle est désormais ouverte au public (belle vue sur la ville).

Parc zoologique ZOO
(Parcul Zoologic Cozla ; www.viziteazaneamt.ro ; Piaţa Ştefan cel Mare ; adulte/enfant 4/2 lei ; 8h-20h). Au nord-ouest du centre-ville, sur la Strada Ştefan cel Mare, ce petit zoo est installé en terrasses sur le mont Cozla.

Activités

Ouvert toute l'année, le **telegondola** (téléphérique ; 0724-538 928 ; www.cozlaparc.ro ; aller-retour adulte/enfant 20/12 lei ; 10h-20h

Piatra Neamţ

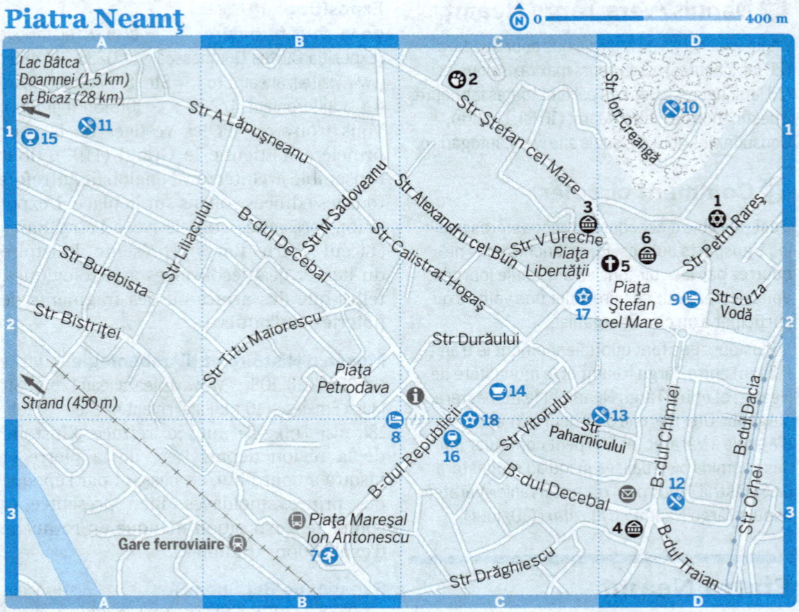

Piatra Neamţ

À voir
1 Synagogue Bal Shem Tov D1
2 Parc zoologique C1
3 Musée d'Art néolithique cucuteni C1
4 Musée d'Histoire et d'Archéologie D3
5 Église Saint-Jean-Baptiste D2
6 Exposition de la cour princière D2

Activités
7 Telegondola B3

Où se loger
8 Central Plaza Hotel B3
9 Hotel Ceahlău D2

Où se restaurer
10 Cercul Gospodinelor D1
11 Laguna A1
12 Noir D3
13 Times D2

Où prendre un verre et faire la fête
14 Casablanca C2
15 Chaplin's Pub A1
16 Temple Pub C3

Où sortir
17 Teatrul Tineretului C2
18 Tonique Club C3

lun-jeu, 10h-20h30 ven-dim) offre des départs réguliers pendant la journée – la station est située à proximité de la gare ferroviaire, au pied du mont Cozla (639 m). Les cabines de 8 personnes couvrent la distance de près de 2 km en 10 minutes environ. Optez pour un billet aller-retour ou préférez un aller simple pour redescendre à pied par le sentier balisé.

En été, le **Strand** (☎renseignements 0233-218 991 ; www.viziteazapiatraneamt.ro ; Alee Tineretului ; adulte/enfant lun-ven 7/5 lei, sam-dim 10/5 lei ; ⏲12h-20h lun, 8h-20h mar-dim juin-août) regroupe deux piscines, un bar de plage, un skatepark et d'autres activités de loisirs.

Où se loger

Pour une ville de cette taille, Piatra Neamţ est assez pauvre en hébergements.

Central Plaza Hotel HÔTEL $$

(☎0233-216 230 ; www.centralplazahotel.ro ; Piaţa Petrodava 1-3 ; s/d 200/220 lei ; P ⊖ ❄ @ ᯤ). Plus bel établissement de la ville, ce grand hôtel d'affaires du centre-ville, facilement accessible depuis les gares ferroviaire et routière, loue des chambres rénovées de fond en comble, lumineuses et impeccables. Restaurant et discothèque sur place.

Hotel Ceahlău HÔTEL $$

(☎0233-219 990 ; www.hotelceahlau.ro ; Piaţa Ştefan cel Mare 3 ; s/d/ste 140/190/260 lei ;). Ce grand trois-étoiles ancien possède des chambres légèrement démodées, bien que très convenables – certaines avec balcon et une vue magnifique. Le personnel ne brusque pas trop les retardataires à l'heure du petit-déjeuner et la carte affiche des prix raisonnables.

Où se restaurer

Times ROUMAIN $$

(☎0333-401 489 ; www.facebook.com/TheTimes-Restaurant ; Str Paharnicului 3 ; plats 20-35 lei ; 10h-23h ;). Dans un cadre plein de charme (un manoir du XIXe siècle rénové, dans un quartier verdoyant au nord de l'artère principale – le B-dul Decebal), cet établissement offre une carte variée : viande, fruits de mer et excellents plats de pâtes, sans oublier de bons desserts. Un jardin et une terrasse permettent de profiter des beaux jours.

Cercul Gospodinelor ROUMAIN $$

(☎0233-223 845 ; Str Ion Creangă ; plats 15-30 lei ; 10h-0h). En haut de la route du parc de Cozla, une bonne adresse, avec une belle vue et des concerts tous les soirs en été. Attention toutefois aux nombreux mariages et événements privés qui s'y tiennent et ralentissent le service.

Laguna PIZZERIA $$

(☎0233-232 121 ; B-dul Decebal 80 ; plats 15-30 lei ; 10h-23h ;). Même si cet établissement installé de longue date est réputé pour ses pizzas, on apprécie aussi ses viandes grillées, soupes et salades. Après 21h, on vient prendre un verre et jouer au billard.

Noir INTERNATIONAL $$$

(☎0233-211 886 ; www.restaurantnoir.ro ; Piaţa Mihail Kogalniceanu ; plats 25-50 lei ; 12h-23h ;). Des associations bien pensées (filet mignon de porc grillé aux pommes, travers de porc glacés aux pommes de terre sautées et salade de chou cru) sont au menu de ce restaurant. Et si le service laisse parfois à désirer, la qualité des plats fait oublier l'attente. Excellente carte des vins ; décoration intérieure sobre et contemporaine.

Où prendre un verre

Le centre-ville regorge de bars et de cafés à l'ancienne, servant glaces et pâtisseries maison. L'ambiance est globalement jeune et vivante.

Casablanca CAFÉ

(☎0233-213 214 ; www.cafecasablanca.ro ; B-dul Republicii 7 ; 8h-0h ;). Élégant café de style européen, le Casablanca affiche une déco discrète, avec papier peint à rayures et chaises assorties. La clientèle mêle jeunes juristes, personnalités de la télévision en visite et autres *people*, qui viennent pour le bon choix de cafés, vins et bières.

Chaplin's Pub PUB

(☎0749-061 414 ; www.facebook.com/chaplins-pubpiatraneamt ; Str Luceafarugui 22 ; 9h-tard ;). Fondé par Cristian Dobrea, un globe-trotteur invétéré, cet agréable pub séduit par son bois patiné, ses vieilles photos, ses tables et ses petits bars en alcôves éclairés par des bougies (une jolie touche intimiste). Il est très fréquenté le samedi, soir de concerts.

Temple Pub PUB

(☎0233-215 215 ; B-dul Republicii 15 ; 7h-tard ;). Ce grand bar éclectique à l'angle du B-dul Decebal associe en-cas grecs, grillades et bières – irlandaises notamment. Nombreuses tables en extérieur. Une adresse très prisée les soirs de week-end.

Où sortir

Teatrul Tineretului THÉÂTRE

(☎billets 233-211 036 ; www.teatrultineretuluint.ro ; Piaţa Ştefan cel Mare 1 ; billets 20 lei ; billetterie 11h-12h mar-ven, 16h-19h mar-dim). Malgré son nom, qui signifie "théâtre de la jeunesse", cet établissement actif et réputé s'adresse à un public de tous âges. Les productions sont généralement données en roumain. Horaires et programmation sur le site Web.

Tonique Club DISCOTHÈQUE

(☎0233-213 388 ; B-dul Republicii 18 ; 24h/24). Ce bar souterrain a un petit côté mystérieux, voire carrément étrange. Il y a quelques machines à sous dans un coin, et la clientèle est souvent constituée d'hommes musclés qui chantent des chansons à boire traditionnelles en roumain. Les "soirées club" du week-end sont plus animées.

Renseignements

Poste (B-dul Decebal 2 ; 8h-19h lun-ven, 9h-13h sam)

VAUT LE DÉTOUR

ESCAPADE DANS LES GORGES DE BICAZ

La nationale 12C qui traverse les **gorges de Bicaz** (*Cheile Bicazului*), à 20 km à l'ouest de Bicaz, compte parmi les routes les plus belles et les plus spectaculaires du pays. Les gorges serpentent le long d'une pente abrupte, coupant à travers des roches calcaires hautes de 300 m, auxquelles des pins s'accrochent de façon improbable.

Sur le bas-côté, des artisans vendent des objets (certains vraiment artisanaux, d'autres pas) sur des étals sous les rochers, là où la route est assez large pour permettre aux voitures de se garer. Les gorges de Bicaz font partie du **parc national de Hăşmaş-Gorges de Bicaz** (Parcul Naţional Hăşmaş-Cheile Bicazului).

À quelques kilomètres à l'ouest, la route pénètre dans le district transylvanien de Harghita et passe par le **Lacu Roşu** (lac Rouge), un joli plan d'eau, plus proche de l'étang que du lac, où l'on peut s'arrêter pour déjeuner et louer un **bateau** (Barcă ; route 12C, Lacu Roşu ; bateau à partir de 20 lei/30 min ; 10h-18h30 mai-oct) ou randonner. La route principale continue ensuite sur 20 km jusqu'à Gheorgheni, via le superbe col de Bucin. Notez qu'il est préférable de venir entre mai et octobre, et d'éviter l'hiver.

Les eaux troubles du lac cachent des souches d'arbres, qui sortent à la surface en formant des angles étranges. Une légende sympathique dit que le lac aurait été formé par le sang d'un groupe de pique-niqueurs, installés au pied de la montagne lorsqu'elle s'effondra (un glissement de terrain eut effectivement lieu en 1838, endiguant la Bicaz et inondant la vallée).

Malgré la situation isolée, on trouve ici quelques hébergements satisfaisants. L'**Hotel Lacu Roşu** (0374-473 728 ; www.hotellacurosu.ro ; Rte 12C, Str Principala 32 ; s/d 100/150 lei ; P) possède de grands lits douillets, avec des miroirs au niveau des têtes de lit. Son principal atout est toutefois son excellent restaurant. L'**Hotel Turist** (0266-380 042 ; www.lacurosu.hostvision.ro ; route 12C, Str Lacu Roşu 1 ; s/d 100/150 lei ; P) loue des chambres confortables, avec des salles de bains spacieuses.

De nombreux bus et minibus circulent entre Bicaz et Gheorgheni (13 lei, 1 heure 30) toute la journée. Ils passent par les gorges et s'arrêtent (à la demande) au Lacu Roşu. Vous pouvez repartir du Lacu Roşu en hélant les bus de passage sur la route principale, à proximité du lac. Les billets sont en vente à bord.

Centre d'informations touristiques (0233-271 591 ; www.cniptpiatraneamt.ro ; Piaţa Petrodava 1 ; 10h-17h lun-ven). Un bureau très utile, installé dans un kiosque en face du Central Plaza Hotel. Plans de la ville gratuits, et conseils sur les visites dans la ville et ses environs – dans la région de Bicaz et du massif de Ceahlău.

Depuis/vers Piatra Neamţ

BUS

De la **gare routière** (0233-211 210 ; www.autogari.ro ; Str Bistriţei 1), près de la gare ferroviaire, 11 bus et *maxitaxis* partent à destination de Târgu Neamţ (10 lei, 1 heure), avec des correspondances pour Agapia. D'autres bus desservent Gura Humorului (25 lei, 3/jour), Suceava (35 lei, 2 heures, 4/jour), Iaşi (32 lei, 2 heures 30, 6/jour), Braşov (45 lei, 6 heures, 1 ou 2/jour) et Bicaz (6 lei, 30 min, plusieurs/jour).

TRAIN

Les billets de train sont en vente à l'**Agenţia de Voiaj CFR** (0233-211 034 ; Piaţa Ştefan cel Mare 10 ; 9h30-17h lun-ven). Les trains à destination de Bucarest (73 lei, 7-8 heures, plusieurs/jour), Suceava (47 lei, 4 heures, plusieurs/jour) et Iaşi (47 lei, 4 heures, plusieurs/jour) impliquent en principe un changement à Bacău. Cinq trains environ desservent chaque jour Bicaz (5 lei, 45 min).

Parc national de Ceahlău

Le parc national de Ceahlău englobe le massif de Ceahlău, qui culmine à 1 907 m. Il s'étend sur 77 km², est sillonné par de nombreux sentiers de randonnée et offre des panoramas superbes des montagnes. Le massif, qui fait partie des Carpates orientales, s'élève majestueusement à l'ouest du grand lac artificiel de Bicaz (Lacu Izvorul Muntelui). Une photo prise au lever du jour des brumes du lac depuis le sommet aurait de quoi vous rendre célèbre ! L'accès se fait par les chemins qui partent de différents points d'Izvorul Muntelui, près de Bicaz, au sud-est, ou de Durău, au nord.

Activités

Sept randonnées balisées de difficulté variable mènent au pic depuis divers points du parc national. Elles sont détaillées (en anglais) sur le site Web du **centre d'informations touristiques de Bicaz**. Les sentiers qui passent par les points les plus hauts sont en principe fermés d'octobre à avril ; vous devrez payer un droit d'entrée pour accéder au parc (adulte 5 lei, enfant 2 lei). En cas de problème sur les sentiers, appelez les secours en montagne : **Salvamont** (☎0734-889 133, 0-SALVAMONT, 0244-311 922).

Le trajet le plus court part à proximité du village d'Izvorul Muntelui. Le sentier, balisé en bleu, mène près du sommet, vers la **Cabana Dochia**, en 4 heures environ (dénivelé : 950 m). Autre possibilité, un itinéraire balisé en rouge couvre le même dénivelé en 7 heures environ. Tous deux sont inoubliables.

De Durău (altitude 850 m), sur le flanc nord-ouest de la montagne, une piste abrupte (balisage rouge, 1 heure) va jusqu'à la **Cabana Fântânele**, à 1 220 m. De là, le sentier balisé en rouge continue vers la **Cabana Dochia** près du sommet, ou passe par un sentier qui mène à une autre piste balisée en rouge. Le dénivelé cumulé depuis Durău atteint pratiquement 1 000 m.

Fêtes et festivals

Festival folklorique de Ceahlău MUSIQUE
(www.ceahlaupark.ro ; ⏲août). Ce festival de musique et danse folkloriques est organisé tous les ans sur un long week-end début août, à Durău.

Où se loger et se restaurer

Cabana Izvorul Muntelui REFUGE DE MONTAGNE $
(☎0233-234 269, 0728-325 559 ; www.bicaz-turism.ro ; Izvorul Muntelui ; ch à partir de 70 lei). Ce chalet de montagne (797 m) installé sur le flanc est du massif de Ceahlău dispose de chambres doubles et de bungalows pour 4 personnes (à partir de 110 lei). Réservation obligatoire.

Cabana Fântânele REFUGE DE MONTAGNE $
(☎0744-186 360 ; Durău ; dort à partir de 30 lei, s 60 lei). Un chalet de montagne bien placé,

Monts Ceahlău

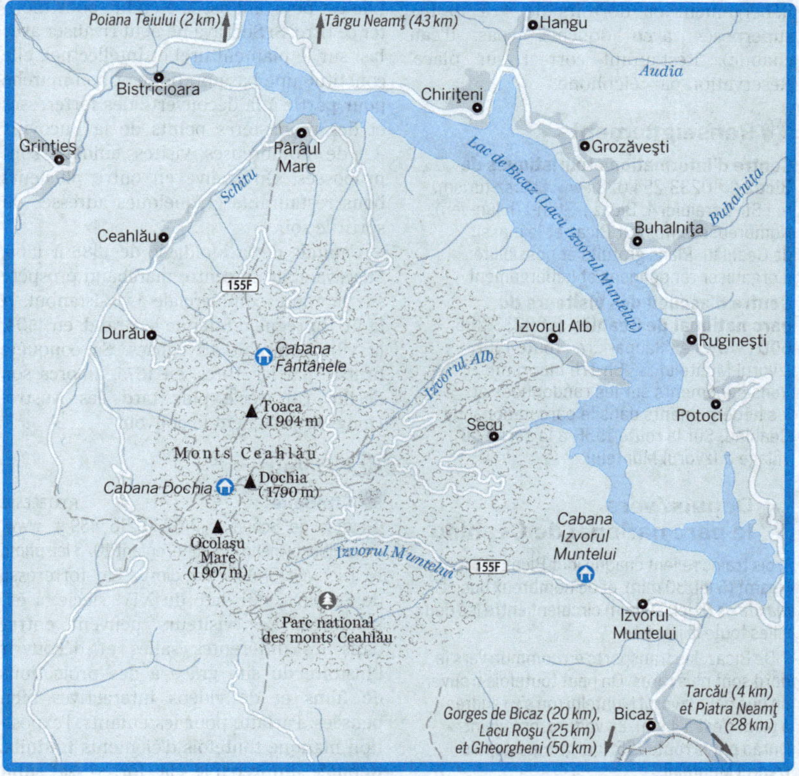

sur le flanc nord du massif de Ceahlău, à 1 220 m d'altitude, avec 80 lits répartis entre des dortoirs (couchages superposés) et des chambres simples. L'accès se fait par un sentier depuis Durău. Réservation par téléphone.

Pensiunea Igor PENSION $
(☎0233-256 503 ; Str Principala 268, Durău ; ch 85-110 lei). Une pension de 5 chambres doubles, avec sdb commune et cuisine (pas de petit-déjeuner).

Pensiunea Paulo PENSION $
(☎0722-769 400 ; www.pensiunea-paulo.ro ; Str Principala 266, Durău ; d avec/sans sdb 100/75 lei). Des chambres agréables et propres, avec sdb pour certaines. Un établissement apprécié de longue date.

Cabana Dochia REFUGE DE MONTAGNE $
(☎réservation 0730-603 801 ; www.cabana-dochia.ro ; dort 40-60 lei). À 1 750 m d'altitude, une halte idéale pour les randonneurs en chemin vers les hauteurs du massif de Ceahlău. Proche de l'arrivée, il offre un hébergement en dortoirs de 4 à 19 lits superposés avec douches (pas d'eau chaude). Restaurant correct sur place. Réservation par téléphone.

Renseignements

Centre d'informations touristiques de Bicaz (☎0233-254 028 ; www.bicaz-turism.ro ; Str Barajului 4, Bicaz ; ⏲9h-17h lun-ven). Nombreuses infos sur Bicaz et le massif de Ceahlău. Plans gratuits et possibilité d'organiser randonnées et hébergement.

Centre d'accueil des visiteurs du parc national de Ceahlău (☎0233-256 600 ; www.ceahlaupark.ro ; route 155F, Izvorul Muntelui ; ⏲9h-17h mar-dim). Renseignements sur les randonnées et les hébergements dans le parc national de Ceahlău. Sur la route 155F, à la sortie du village d'Izvorul Muntelui.

Depuis/vers le parc national de Ceahlău

Trois trains relient chaque jour Bicaz et Piatra Neamţ (5 lei, 30 min), et de nombreux bus et *maxitaxis* (6 lei, 30 min) circulent entre les deux villes toute la journée.

De Bicaz, les transports en commun vers le nord sont plus rares. On peut toutefois trouver un bus pour Izvorul Muntelui (ou s'y rendre à pied, c'est à 4 km). En voiture, on rejoint Durău par la route 155F qui grimpe depuis Izvorul Muntelui.

BUCOVINE

La bucolique Bucovine est jalonnée de maisons de villages aux toits inclinés et de ravissantes hêtraies (le nom "Bucovine" vient du mot allemand signifiant "hêtre"). Tout comme dans le Maramureş, vous rencontrerez ici des femmes âgées en robes traditionnelles colorées, des enfants intrépides montant des chevaux à cru et des habitants arpentant les forêts en quête de champignons géants. Il n'est pas toujours simple de se déplacer, tant les transports publics sont aussi rares que les gens parlant une langue étrangère. Mais il n'en est pas moins agréable de se promener dans les collines et de faire du vélo. Et puis il y a, bien sûr, les inoubliables monastères.

Suceava

92 121 HABITANTS

À en juger par son petit centre-ville, difficile de croire que Suceava est bien la deuxième ville de la Moldavie roumaine par la taille. Elle est pourtant assez étendue pour mériter ce titre. Si Suceava ne peut rivaliser avec Iaşi sur le plan culturel et intellectuel, elle constitue une base pratique et bon marché pour partir à la découverte des forteresses et des monastères peints de la Bucovine – de nombreuses visites guidées sont proposées. On trouve en outre plusieurs bons restaurants et quelques adresses où sortir le soir.

Capitale de la Moldavie de 1388 à 1565, Suceava était un centre marchand prospère sur la route commerciale Lviv-Istanbul. À la fin du règne d'Étienne le Grand, en 1504, la ville comptait 40 églises. Sa conquête brutale par les Turcs, en 1675, amorça son déclin. Un siècle plus tard, les Austro-Hongrois prenaient le pouvoir.

À voir

♥ **Citadelle** FORTERESSE
(Cetatea de Scaun ; ☎0230-216 439 ; www.muzeulbucovinei.ro ; adulte/enfant 10/3 lei, photo 10 lei ; ⏲10h-19h mar-dim). La forteresse de Suceava, qui date du XIVe siècle, a été restaurée. Les visiteurs peuvent entrer dans les différentes salles et découvrir l'histoire du site grâce à des projections de films et de vidéos interactives bien pensées. Parfaite pour les enfants, l'exposition manque toutefois d'éléments traduits. Réputée imprenable, la forteresse subit

Suceava

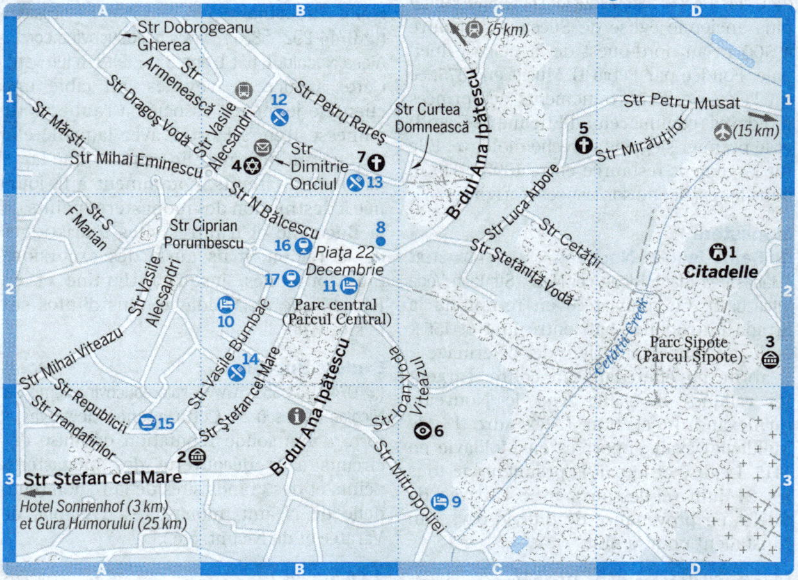

Suceava

Les incontournables

1 Citadelle D2

À voir

2 Musée d'Histoire de la Bucovine A3
3 Village-Musée de la Bucovine D2
4 Synagogue Gah B1
5 Église Mirăuţi C1
6 Monastère de Saint-Jean-le-Nouveau ... C3
7 Église Saint-Dimitri B1

Activités

8 Explore Bucovina B2
Hello Bucovina .... (voir 10)

Où se loger

9 Hotel Balada C3
10 Irene's Hostel B2
11 Union Apartment B2

Où se restaurer

12 Latino B1
13 Natanael B1
14 Restaurant Centru Vechi B2

Où prendre un verre et faire la fête

15 Apropos A3
16 Lounge B2
17 Oscar Wilde B2

de multiples assauts, notamment celui du sultan ottoman Mehmed II (le Conquérant) en 1475 – il avait conquis Constantinople (Istanbul) 22 ans plus tôt.

Appelée "forteresse de Muşat" (du nom de son fondateur Petru I Muşat), la citadelle comportait 8 tours carrées et était entourée de tranchées. Étienne le Grand l'agrandit et la protégea en faisant ériger des remparts épais de 4 m et hauts de 33 m, destinés à arrêter les flèches. Les Ottomans exaspérés finirent par la faire sauter en 1675 ; un siècle plus tard, des bâtisseurs venaient encore se servir dans les ruines pour construire des maisons.

Le monument est situé à 3 km à l'est du centre-ville par la route (12 lei en taxi). Autre possibilité : s'y rendre à pied (1 km) par un sentier pédestre balisé partant du côté opposé à Union Apartment (p. 205), à côté du McDonald. On rejoint le sommet en grimpant 250 marches.

Village-Musée de la Bucovine MUSÉE

(Muzeul Satului Bucovinean ; ☎0230-216 439 ; www.muzeulbucovinei.ro ; citadelle royale ; adulte/enfant 6/2 lei ; ⏲10h-18h mar-dim). À côté de la citadelle, ce petit musée réunit des édifices traditionnels de la Bucovine – avec mobilier, accessoires et outils d'origine.

Église Mirăuţi ÉGLISE

(☎0744-304 470 ; Str Mirăuţilor 17 ; ⏲8h-19h). La plus ancienne église de Suceava se trouve à 500 m au nord-ouest de la place principale. Fondée par Petru II Muşat en 1375, ce fut l'église des couronnements des princes moldaves (comme celui d'Étienne le Grand) et le premier siège de l'évêché moldave. Elle fut largement restaurée entre 1898 et 1901, dans le respect de son aspect d'origine.

Monastère de Saint-Jean-le-Nouveau MONASTÈRE

(Mănăstirea Sfântul Ioan cel Nou ; Str Ioan Voda Viteazul 2). Ce monastère en retrait de la Strada Mitropoliei, bâti entre 1514 et 1554, était un important lieu de pèlerinage : il abrite en effet dans un coffre d'argent les reliques de saint Jean le Nouveau, qu'Alexandru cel Bun (Alexandre Ier de Moldavie) avait apportées en Moldavie en 1415. L'église et le parvis prennent vie tous les 24 juin (ci-dessous), avec l'arrivée de fidèles en provenance de tout le pays, qui s'installent pour la nuit.

Musée d'Histoire de la Bucovine MUSÉE

(Muzeul Naţional al Bucovinei ; ☎0230-516 439 ; www.muzeulbucovinei.ro ; Str Ştefan cel Mare 33 ; adulte/enfant 10/3 lei ; ⏲10h-18h mar-dim). Ce musée, qui s'intéresse à l'histoire de la région de l'âge du bronze à l'ère moderne, met surtout en avant les grands dirigeants moldaves, comme Étienne le Grand – la reconstitution de la "salle du trône" de ce dernier fait un peu toc, mais les pièces de monnaie, les armures médiévales et les outils sont intéressants. Attardez-vous dans les sections consacrées aux deux guerres mondiales et à la période communiste.

Synagogue Gah SYNAGOGUE

(Str Dimitrie Onciul 7). Près de la poste, cet édifice de 1870 est la seule synagogue encore debout parmi les 18 que comptait autrefois Suceava. En principe fermée au public, elle est bien conservée et décorée, et est toujours fréquentée par la petite communauté juive de la ville. Appelez le (☎0230-213 084) pour convenir d'une visite.

Église Saint-Dimitri ÉGLISE

(Biserica Sf Dumitru ; ☎0745-672 429 ; www.sfantuldumitrusuceava.ro ; Str Curtea Domnească ; ⏲9h-18h). Cette impressionnante église postbyzantine (1535) fut fondée par le prince moldave Petru Rareş. Elle conserve des traces des fresques extérieures d'origine ; celles de l'intérieur ont été largement restaurées.

Circuits organisés

Hello Bucovina CIRCUITS

(☎0744-292 588 ; www.hellobucovina.com ; Aleea Nucului 1, bât 1, app 3 ; ⏲9h-17h lun-ven). Cette agence de voyages qui cible une clientèle jeune est associée à l'auberge de jeunesse Irene's Hostel, avec laquelle elle partage un bureau. Elle propose une large gamme de circuits, notamment à la journée à destination des monastères peints de la Bucovine et d'autres sites touristiques de la région, mais aussi des excursions plus lointaines, jusqu'en Ukraine et en République de Moldavie. Plus d'infos sur le site Web.

Explore Bucovina CIRCUITS

(☎0746 933 659 ; www.explorebucovina.com ; Str Nicolae Bălcescu 2). Cette agence de voyages forte d'une solide réputation organise des circuits à la découverte des monastères peints et des grands sites de la région (citadelle de Neamţ, monastères d'Agapia, de Văratec et de Neamţ, etc.).

AXA Travel CIRCUITS

(☎0741-477 047 ; www.axatravel.ro). Sebastian Traciu, un guide expérimenté surnommé "Gigi", est aux manettes de cette agence qui propose des excursions d'un à plusieurs jours incluant les monastères de la Bucovine, Târgu Neamţ, les gorges de Bicaz, le Lacu Roşu et le Maramureş. Les tarifs, variables selon le nombre de participants, démarrent à 160 lei/personne. L'agence propose également des excursions dans la campagne à cheval et du rafting.

Fêtes et festivals

Fête de Suceava FÊTE RELIGIEUSE

(⏲24 juin). Célébrée le 24 juin, en particulier au monastère de Saint-Jean-le-Nouveau, la Saint-Jean attire des pèlerins de toute la Roumanie. Une bonne occasion de faire la fête au rythme des concerts en plein air, avec bière et cuisine de rue.

Festival d'arts médiévaux CULTURE

(Festival de Artă Medievală Ştefan cel Mare ; ⏲août). Ce festival annuel, organisé mi-août à la citadelle, fait revivre la grande époque de Suceava, aux XIVe et XVe siècles.

Où se loger

Suceava possède les meilleures auberges de jeunesse de la région, ainsi que des hôtels à des prix raisonnables.

Irene's Hostel AUBERGE DE JEUNESSE $
(0744-29 25 88, 0721-280 100 ; Aleea Nucului 1, bât 1, app 3 ; dort à partir de 50 lei ; P @). Cette auberge de jeunesse sympathique et bien tenue possède une demi-douzaine de dortoirs de 3 ou 4 lits, une cuisine commune et un jardin au calme. On pourra aussi vous aider à organiser des circuits (page ci-contre) pour découvrir les monastères de la Bucovine et d'autres sites de la région. À quelques minutes à pied du parc du centre-ville.

Hotel Balada HÔTEL HISTORIQUE $$
(0330-100 026 ; www.hotel-balada.ro ; Str Mitropoliei 5 ; s/d 205/250 lei ; P @). Cet hôtel historique, rénové de fond en comble, offre désormais un rapport qualité/prix imbattable. Les chambres, à l'élégance contemporaine, ont conservé quelques détails d'époque – hauts plafonds et têtes de lit capitonnées. Des lustres en cristal éclairent l'entrée, les espaces communs et le restaurant, les murs sont lambrissés et les sols sont élégamment carrelés. À quelques minutes à pied du centre-ville.

Union Apartment APPARTEMENT $$
(0741-477 047 ; www.union-apartments.ro ; B-dul Ana Ipătescu 7 ; app à partir de 180-300 lei). Un appartement privatif de 2 chambres, avec un clic-clac dans le salon, avantageux pour ceux qui souhaitent se faire à manger. On pourra venir vous chercher à l'aéroport et organiser un circuit à destination des monastères peints par l'intermédiaire de l'agence AXA Travel.

Hotel Sonnenhof HÔTEL $$$
(0230-220 033 ; www.hotelsonnenhof.ro ; B-dul Sofia Vicoveanca 68 ; s/d à partir de 260/320 lei). Ce bel hôtel quatre étoiles conviendra aux voyageurs motorisés, dont le budget n'est pas limité. À 3 km de la ville, sur la route de Târgu Neamţ (12 lei en taxi), il loue des chambres de qualité parfaitement équipées et décorées dans des tons apaisants. Le **Restaurant Mozaik** (0230-220 099 ; plats 30-65 lei ; 10h-23h) a bonne réputation.

Où se restaurer

Natanael GLACIER $
(0230-533 033 ; www.natanael.ro ; Str Ştefan cel Mare 3 ; cônes 5-10 lei ; 8h30-18h lun-ven, 9h-14h sam). Ce glacier soutenu par une association chrétienne locale vend les meilleures glaces de la région – fabriquées à partir de ses propres produits laitiers, elles sont crémeuses à souhait.

Restaurant Centru Vechi INTERNATIONAL $$
(0749-222 202 ; www.centruvechisv.ro ; Str Vasile Bumbac 3 ; plats 20-35 lei ; 8h-0h). Ce grand restaurant apprécié des gens du coin sert de copieuses salades et grillades, ainsi que des bières et vins locaux. Commencez par une soupe de poulet à la crème (*ciorbă rădăuţeană*), puis poursuivez avec de succulentes côtes d'agneaux ou de porc rôties. Les soirs d'été, optez pour la grande terrasse.

Latino ITALIEN $$
(0730-920 920 ; www.restaurant-latino.ro ; Str Curtea Domnească 9 ; plats 20-45 lei, pizzas 20-30 lei ; 8h-23h). Pour les habitants, il s'agit du meilleur restaurant italien de Suceava ! Le service, pas toujours très rapide, est en revanche discret et attentif. Grand choix d'excellentes pizzas, pâtes et viandes grillées.

Où prendre un verre et faire la fête

Du jeudi au samedi soir, la plupart des bars se convertissent en "clubs" avec DJ, jeux de lumière, et tout le toutim.

Apropos CAFÉ
(0330-111 725 ; www.apropocafe.ro ; Str Republicii 10 ; 8h-23h lun-ven, 9h30-0h sam, 10h30-23h dim). Très apprécié pour la qualité de son café et de sa limonade maison, ce café offre un cadre moderne dans un emplacement central bien pratique. On y sert également des gâteaux, des en-cas et un petit-déjeuner (12-15 lei), qui comprend notamment d'excellents œufs bénédictine.

Oscar Wilde PUB
(0751-350 575, 0330-803 102 ; www.oscarwilde.ro ; Str Ştefan cel Mare 26 ; 8h-1h). Ce grand bar avec plancher en bois et terrasse extérieure sert aussi à manger (assez bon petit-déjeuner). Le week-end, il fait office de discothèque, quelque peu anarchique.

Lounge DISCOTHÈQUE
(0755-181 968 ; www.facebook.com/LoungeSuceavaOficial ; Str Ştefan cel Mare 9a ; 7h-0h lun-ven, 12h-4h sam, 12h-0h dim). Ce club et bar à cocktails fait office de café le jour. Son atout principal est son emplacement, en plein centre-ville. Soirées DJ et karaoké presque tous les week-ends.

Renseignements

Vous trouverez des DAB et des bureaux de change sur la Piaţa 22 Decembrie et dans la Str Ştefan cel Mare.

Infoturism (☎0230-551 241 ; www.turism-suceava.ro ; angle B-dul Ana Ipătescu et Str Mitropoliei 4 ; 8h-16h lun-ven). Cartes et renseignements sur les sites locaux.

Poste (☎0230-531 872 ; Str Dimitrie Onciul 6 ; 8h-19h lun-ven)

Depuis/vers Suceava

AVION

L'**aéroport international Ştefan cel Mare** (SCV ; ☎0230-340 400 ; www.aeroportsuceava.ro ; Salcea), à 15 km au nord-est de Suceava, voit passer peu de vols.

Tarom (☎0230-214 686 ; www.tarom.ro ; Str Nicolae Bălcescu 2 ; 10h-19h lun-ven, 9h-13h sam) propose des services quotidiens vers Bucarest.

BUS

La **gare routière centrale** (Autogara ; ☎0230-524 340 ; Str Vasile Alecsandri, angle Str Armenească) est à la pointe sud de la Str Armenească. Vous y trouverez notamment des liaisons en bus et *maxitaxi* à destination de :

Bucarest (90 lei, 8 heures, 4/jour)

Gura Humorului (8 lei, 1 heure, 13/jour)

Iaşi (30 lei, 3 heures, 12/jour). Les *maxitaxis* partent d'un parking situé derrière la gare routière, connu sous le nom d'Autogara Intertrans".

Piatra Neamţ (25 lei, 3 heures, 3/jour)

Rădăuţi (8 lei, 45 min, 13/jour)

Târgu Neamţ (15 lei, 2 heures, 3/jour).

Horaires consultables sur www.autogari.ro.

TRAIN

La Gara Suceava (alias Gara Burdujeni, Gara Sud ou Gara Principala) et la Gara Nord (alias Gara Iţcani), les deux gares principales de Suceava, sont toutes deux situées à environ 5 km au nord du centre-ville et sont facilement accessibles en bus ou en *maxitaxi* (7 lei). L'**Agenţia de Voiaj CFR** (www.cfrcalatori.ro ; Str Nicolae Bălcescu 8 ; 7h30-20h30 lun-ven) vend des places à l'avance. La plupart des trains partent et arrivent de la Gara Suceava.

Quelques liaisons desservies :

Bucarest (91 lei, 7 heures, 6/jour)

Cluj-Napoca (73 lei, 7 heures, 4/jour)

Gura Humorului (7 lei, 1 heure 10, 5/jour). Descendez à l'arrêt Gura Humorului Oraş.

Iaşi (40 lei, 2 heures, 9/jour)

Timişoara (121 lei, 14 heures, 2/jour)

Monastères de la Bucovine

Les monastères peints de la Bucovine comptent parmi les plus originaux de toute la chrétienté. Ils sont précieux pour leur grande beauté, mais également parce qu'ils témoignent d'une époque ancienne et revêtent une symbolique culturelle forte. Construits aux XVe et XVIe siècles, période où la Moldavie orthodoxe luttait contre les armées d'un Empire ottoman en pleine expansion, ils sont au nombre d'une demi-douzaine.

Les monastères sont exceptionnels par leurs fresques extérieures colorées, qui ont pour beaucoup survécu dans de bonnes conditions aux rudes hivers de la région. Elles étaient destinées à expliquer aux paroissiens, souvent analphabètes, les histoires bibliques les plus importantes. À l'intérieur, les monuments sont également riches en symboles sacrés et culturels.

À voir

Les églises et monastères possèdent pour la plupart des petits musées, installés à l'écart, dans l'enceinte des sites. En général, un droit d'entrée unique (adulte/enfant 5/2 lei) donne accès aux églises, jardins et musées. Un supplément pour les photos (10 lei en principe) permet de photographier les extérieurs, mais pas les intérieurs.

Quelques règles de bon sens s'imposent : les visiteurs doivent être habillés et se comporter "respectueusement" (shorts interdits pour les hommes, épaules et genoux couverts pour les femmes). Si vous portez une tenue courte, prenez l'une des capes suspendues à l'entrée.

♥ Monastère d'Arbore — ÉGLISE

(Mănăstirea Arbore ; ☎0740-154 213 ; www.manastireaarbore.ro ; route DN2K 732, Arbore ; tarif plein/étudiant 5/2 lei, photo 10 lei ; 8h-19h mai-sept, 8h-16h oct-avr). Pourtant classée au Patrimoine mondial, l'église sans clocher du village d'Arbore n'est visitée que par une minorité de visiteurs. D'où une ambiance singulière et assez intime. Ses dimensions réduites permettent en outre d'apprécier pleinement les peintures et les techniques utilisées. L'édifice fut fondé en 1503 par un gouverneur nommé Luca Arbore.

L'intérieur (où des travaux étaient en cours lors de nos recherches) est divisé en 3 parties : dans la plus proche de l'autel, admirez, sur le mur d'en face, la peinture

LES MONASTÈRES DE LA BUCOVINE

Si chaque monastère est unique, tous partagent des motifs communs. À l'intérieur des églises, par exemple, le mur au fond de l'autel représente le mécène ou l'architecte (et sa famille) dédiant l'église à Dieu. À l'extérieur, on retrouve la plupart du temps une représentation d'une échelle menant au paradis.

Les monuments se distinguent en outre par la manière dont les différentes fresques ont été préservées et, au fil du temps, les monastères ont été associés à une ou plusieurs couleurs et/ou à une ou des peintures spécifiques.

Monastère d'Arbore

Couleur emblématique : vert

Fresque célèbre : scènes de la Genèse sur le mur extérieur ouest

Monastère de Humor

Couleurs emblématiques : rouge et brun

Fresques célèbres : *L'Annonciation*, *La Vie de saint Nicolas*

Monastère de Voroneţ

Couleur emblématique : bleu

Fresque célèbre : *Le Jugement dernier*

Monastère de Moldoviţa

Couleur emblématique : jaune

Fresques célèbres : *Le Siège de Constantinople*, *La Vie de Jésus*

Monastère de Suceviţa

Couleur emblématique : vert

Fresques célèbres : *La Généalogie de Jésus*, *L'Échelle des vertus* et *L'Histoire de Moïse*

votive dans un état de conservation remarquable, représentant Arbore offrant l'église à Dieu. Le tombeau familial d'Arbore occupe une autre partie. Les peintures extérieures sur le mur ouest sont assez bien préservées, contrairement à celles des autres murs, qui n'ont pas survécu aux outrages du temps.

Monastère de Voroneţ MONASTÈRE
(Mănăstirea Voroneţ ; ☎0230-235 323 ; Str Voroneţ 166, Voroneţ ; adulte/enfant 5/2 lei, photo 10 lei ; ⏰8h-19h mai-sept, 8h-16h oct-avr). Construit en tout juste trois mois et trois semaines par Étienne le Grand à la suite d'une victoire clé contre les Turcs, ce monastère est connu dans le monde entier pour sa teinte bleue unique. Le "bleu de Voroneţ", créé notamment à partir de lapis-lazuli, est très présent dans ses fresques. La restauration des peintures de l'entrée menée au début des années 2010 a permis de prendre toute la mesure de leur caractère remarquable.

De par ses dimensions, son envergure et ses détails, la fresque du *Jugement dernier*, qui couvre l'intégralité de la façade ouest du monastère, est considérée comme la plus belle fresque de Bucovine. Tout en haut, des anges font rouler les signes du zodiaque pour indiquer la fin des temps. Au milieu, l'Humanité vient se soumettre au Jugement dernier. Sur la gauche, saint Paul accompagne les croyants tandis que, sur la droite, Moïse fait avancer les non-croyants. *Le Paradis et le jardin d'Éden* sont représentés en bas à gauche et *La Résurrection*, en bas à droite.

Sur le mur nord se déroule la *Genèse*, d'Adam et Ève à Caïn et Abel. Sur le mur sud, un arbre de Jessé illustre la généalogie des personnages bibliques. Les trois premiers rangs décrivent la vie et les miracles de saint Nicolas. Les deux rangs suivants dépeignent le martyre de saint Jean le Nouveau. La rangée inférieure montre, de gauche à droite, le saint patron du monastère, saint Georges combattant le dragon, saint Daniel l'Ermite (Daniil Sihastrul) avec le métropolite Grigorie, une icône de la Deisis et la procession de 1402 au cours de laquelle les reliques de saint Jean le Nouveau arrivèrent à Suceava.

Le narthex renferme le tombeau de Daniel l'Ermite, l'ascète qui encouragea Étienne le Grand à aller combattre les Turcs et devint par la suite le premier abbé du monastère.

CIRCUITS GUIDÉS

Les visites guidées constituent une solution pratique (et très instructive) pour découvrir les environs. Proposées par plusieurs agences de voyages de Suceava, elles incluent le transport et les repas. Câmpulung Moldovenesc est également un bon point de départ pour découvrir les monastères.

La grotte de Daniel (p. 210) est située près du monastère de Putna.

Le monastère est à 6 km de la ville de Gura Humorului.

Monastère de Suceviţa — MONASTÈRE

(☎0230-417 110 ; www.manastireasucevita.ro ; Suceviţa ; tarif plein/étudiant 5/2 lei, photo 10 lei ; ⏲8h-19h mai-sept, 8h-16h oct-avr). Ce monastère (1582-1601) est le plus grand et peut-être le plus beau de la Bucovine. Près de l'entrée principale, admirez la fresque extérieure de *L'Échelle des vertus*, avec ses 32 échelons menant au paradis. Elle exhorte les prêtres à avoir un comportement vertueux et à éviter ainsi le sort réservé aux religieux dépeints, qui tombent de l'échelle en raison de leurs péchés, tels que l'avarice ou l'orgueil. La chambre funéraire abrite les tombeaux des fondateurs, Simon et Jérémie Movilă.

Un arbre de Jessé symbolisant la continuité entre l'Ancien et le Nouveau Testament orne la façade sud. L'arbre part du corps de Jessé, flanqué d'un chapelet de philosophes grecs. À gauche, remarquez la Vierge en princesse byzantine, avec des anges qui tiennent un voile rouge au-dessus de sa tête. Sur l'arche sud du porche, des fresques dépeignent l'Apocalypse et la vision de saint Jean décrite dans l'Apocalypse.

Suceviţa fut le tout dernier monastère peint. Jérémie Movilă (mort en 1606) est représenté avec ses 7 enfants sur le mur ouest.

Monastère de Moldoviţa — MONASTÈRE

(Mănăstirea Moldoviţa ; Vatra Moldoviţei ; tarif plein/étudiant 5/2 lei, photo 10 lei ; ⏲8h-19h mai-sept, 8h-16h oct-avr). Le monastère de Moldoviţa, construit en 1532, comprend une enceinte fortifiée. L'église peinte qui se dresse en son centre a été en partie restaurée ; elle a conservé d'impressionnantes fresques de 1537. Le mur extérieur sud dépeint le siège de Constantinople en l'an 626, sous une attaque combinée des Perses et des Avars. Il est intéressant de noter que les assiégeants apparaissent tous vêtus comme des Turcs, afin de rappeler aux paroissiens leur ennemi du moment.

Le porche de l'église est orné d'une fresque du *Jugement dernier*. À l'intérieur, sur le mur qui fait face à l'iconostase sculptée, un portrait de Petru Rareş le représente offrant l'église au Christ. Le petit musée du monastère renferme le trône de ce prince.

Monastère de Humor — MONASTÈRE

(Mănăstirea Humorului ; Gura Humorului ; tarif plein/étudiant 5/2 lei, photo 10 lei ; ⏲8h-19h mai-sept, 8h-16h oct-avr). Fondé en 1530 par le logothète Theodor Bubuiog sur les conseils du prince moldave Petru Rareş, le monastère de Humor est entouré de remparts et doté d'une **tour de guet** de 3 niveaux en brique et bois. Les murs étroits qui encadrent la dernière volée de marches furent conçus afin que les soldats puissent se défendre contre leurs assaillants en les tuant un par un. Le rouge et le brun dominent dans les fresques extérieures, réalisées en 1535. Celles de la façade sud dépeignent la Vierge (à gauche), à qui est consacré le monastère, ainsi que la vie et les miracles de saint Nicolas (à droite).

La représentation du siège de Constantinople (1453) et la parabole du retour de l'Enfant prodigue, sur la droite du mur sud, ont souffert des outrages du temps. Saint Georges figure sur la façade nord et le *Jugement dernier*, sur le porche ; le banc sur lequel sont assis les 12 apôtres, les motifs qui ornent le tissu sur le trône du jugement et le long *bucium* (corne) utilisé pour annoncer la venue du Christ sont des éléments typiquement moldaves. Les trois images carrées en rouge, blanc et noir (en bas à droite) sont particulières à Humor ; elles représentent le feu, le froid et la nuit de l'enfer.

Le monastère de Humor se compose de 5 parties. Celle du milieu (chambre funéraire) dissimule une salle du Trésor (*tainiţa*) où l'on conservait les richesses du monastère. Sur le mur de droite, une peinture votive représente Theodor Bubuiog offrant au Christ (avec l'aide de la Vierge Marie) une réplique miniature du monastère, une scène commune dans la tradition artistique byzantine. Le tombeau de Bubuiog (1539) se trouve sur la droite. Celui de son épouse est à gauche, surmonté d'un portrait d'elle priant la Vierge.

Monastère de Putna — MONASTÈRE

(☎0230-414 055 ; www.putna.ro ; Putna ; tarif plein/étudiant 5/2 lei, photo 10 lei ; ⏲8h-19h

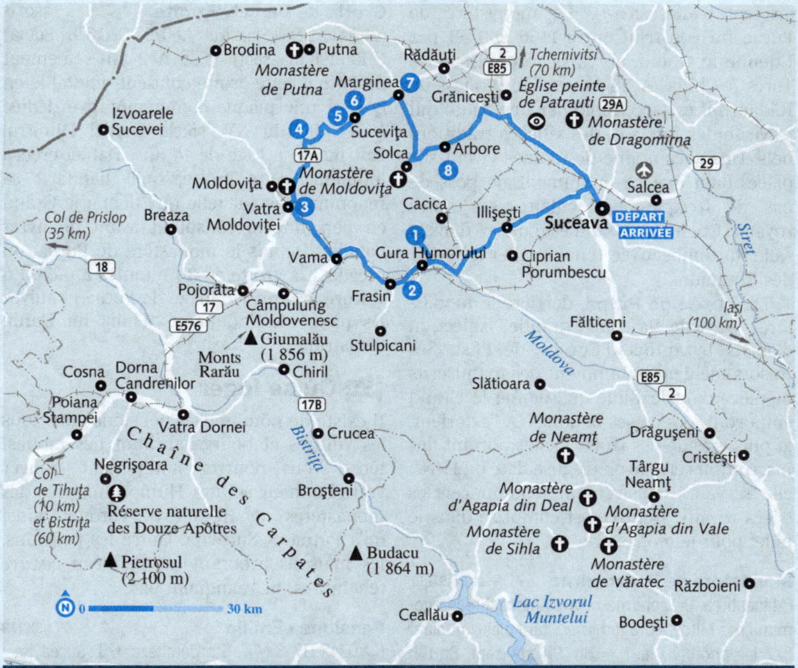

À la découverte **des monastères de la Bucovine**

DÉPART/ARRIVÉE SUCEAVA
DISTANCE 231 KM ; 8 HEURES

Les monastères peints de la Bucovine, où moines et religieuses perpétuent les traditions orthodoxes, forment le principal attrait culturel de la Moldavie. Il est possible de visiter les cinq plus beaux monastères en une seule journée, à l'occasion d'un circuit en solo ou organisé depuis Suceava. Pour prendre davantage votre temps ou visiter d'autres monastères comme ceux de Putna et de Dragomirna, une nuit dans une pension s'impose.

Depuis Suceava, prenez la route du sud-ouest sur 50 km (1 heure), vers le village de Gura Humorului et le 1 **monastère fortifié de Humor** (p. 208) – outre ses fresques élaborées, il offre une vue superbe.

Poursuivez sur 10 km (20 min) vers le sud jusqu'au 2 **monastère de Voroneţ** (p. 207), un site spectaculaire connu pour son bleu unique et sa fresque du *Jugement dernier*.

De là, prenez vers l'ouest puis vers le nord-ouest, et passez par Vatra Moldoviţei pour voir le 3 **monastère de Moldoviţa** (p. 208), connu pour ses fresques de *La Vie de Jésus* et du *Siège de Constantinople*.

Retournez à Vatra Moldoviţei et poursuivez vers le nord-est sur une route de montagne sinueuse culminant au 4 **col de Ciumârna** (1 100 m), où vous attendent une belle vue et des produits artisanaux.

Continuez 10 km vers le nord-est et arrêtez-vous chez 5 **Popas Turistic Bucovina** (p. 211) pour le repas. Les champignons des forêts locales y parfument les sauces traditionnelles des plats de porc ou de poulet, ainsi que les soupes.

Roulez 4 km vers le nord jusqu'au 6 **monastère de Suceviţa** (p. 208), pour admirer *L'Échelle des Vertus* et *La Généalogie de Jésus*.

Faites 6 km sur la route revenant à Suceava pour passer par Marginea, connu pour ses poteries noires, comme celles de chez 7 **AF Magopat Gheorghe** (p. 211), réalisées sur des tours traditionnels. Sur la route du retour vers Suceava, visitez le petit 8 **monastère d'Arbore** (p. 206), où l'on peut voir de près de belles fresques bien conservées.

mai-sept, 8h-16h oct-avr). Le monastère de Putna fut construit entre 1466 et 1481 par Étienne le Grand, après sa victoire sur les Turcs à Chilia. À 28 km au nord-ouest de Rădăuţi, il est accessible par une route qui traverse des forêts et des villages traditionnels. Une soixantaine de moines vivent sur place. Bien que ce monument ne possède pas de fresque spectaculaire, ses hôtes royaux (Étienne le Grand est enterré dans la salle du tombeau) le rendent cher au cœur des Roumains.

Le **musée de Putna**, derrière le monastère, possède la plus grande collection d'objets byzantins d'Europe de l'Est. Ses trésors incluent notamment des manuscrits médiévaux et la Bible qu'Étienne le Grand emportait lors de ses batailles. À l'extérieur, la plus grande des trois cloches portant des inscriptions en slavon d'église date de 1484 ; elle servait exclusivement à annoncer les décès royaux. L'entrée est comprise dans le billet pour le monastère.

Monastère de Dragomirna MONASTÈRE

(Mănăstirea Dragomirna ; www.manastireadragomirna.ro ; Mitocul Dragomirnei ; tarif plein/étudiant 5/2 lei, photo 10 lei ; 8h-19h mai-sept, 8h-16h oct-avr). À seulement 10 km au nord de Suceava, à Mitocul Dragomirnei, ce monastère où vivent 60 religieuses fut fondé entre 1602 et 1609 par l'évêque, érudit, artiste et calligraphe Anastasie Crimca. La tresse de trois cordes sculptées sur le côté principal de l'église (et présente partout à l'intérieur) représente la Sainte Trinité, ainsi que la brève unification des principautés de Moldavie, Valachie et Transylvanie en 1600.

Le **musée d'Art médiéval** de Dragomirna renferme des croix en cèdre ouvragées, montées sur un filigrane plaqué argent, ainsi qu'un grand nombre de textes sacrés. Une petite boutique vend les articles fabriqués par les religieuses – icônes en bois et en verre, fromages, etc. Le site est accessible en voiture ou en taxi depuis Suceava (30 lei).

Musée de l'Œuf MUSÉE

(0723-541 643 ; www.muzeuloualorluciacondrea.ro ; Str Stadionului 87, Vatra Moldoviţei ; adulte/enfant 5/3 lei ; 9h-20h). Ce petit musée privé expose les œufs peints par Lucia Condrea, artiste locale, mêlant des motifs religieux roumains à de fortes influences slaves, ukrainiennes et folkloriques. Au 2e niveau, des œufs peints du monde entier sont exposés dans plusieurs vitrines, ce qui permet de comparer les différents styles et couleurs.

Grotte de Daniel l'Ermite GROTTE

(Chilia lui Daniil Sihastrul ; 0753-020 678 ; Putna ; 10h-19h mai-sept). GRATUIT À 2 km seulement de Putna, cette grotte contient une table en bois et une plaque commémorative dédiée à l'ermite du XVe siècle Daniel Dimitru. Fait moine à l'âge de 16 ans, Daniel creusa lui-même cette grotte, qu'il habita ; sa renommée devint telle qu'Étienne le Grand en personne le consultait avant de livrer bataille. Depuis le monastère de Putna, on accède à la grotte en 30 minutes à pied. En voiture, quittez le village de Putna et suivez les panneaux indiquant "Chilia lui Daniil Sihastrul".

Où se loger

Il existe de nombreuses pensions dans tous les villages et bourgs abritant des monastères. Vous pourrez notamment trouver votre bonheur à Gura Humorului, près des monastères de Humor et Voroneţ, ainsi qu'à Putna et Suceviţa. Outre les pensions, les maisons arborant un panneau *cazare* (chambres) ne manquent pas.

Pensiunea Emilia PENSION $

(0743-117 827 ; Str Bercheza 173, Suceaviţa ; ch 80 lei/pers). La plus jolie pension de Suceviţa offre de charmantes chambres à 500 m au-dessus du village, en face du monastère.

Pensiunea Aga PENSION $

(0740-613 901 ; House 165, Putna ; ch avec sdb commune 70-90 lei). Face au monastère de Putna, la *pensiunea* Aga compte 10 chambres. Les meilleures sont celles de la maison principale. Petit-déjeuner à 15 lei.

Ieremia Movilă PENSION $

(0230-417 501 ; www.ieremiamovila.ro ; Str Suceviţa 459, Suceviţa ; s/d/tr 100/120/180 lei ; P). Cette adresse moderne abrite de belles chambres avec de bonnes sdb, des balcons et le Wi-Fi. Certaines ont vue sur le monastère. Restaurant correct sur place.

Casa Bunicilor PENSION $$

(0747-512 291 ; www.casabunicilor.com ; Str Chilia 22, Mănăstirea Humorului ; s/d 120/180 lei ; P). Un petit coin de paradis, à l'écart, au nord du monastère de Humor. On dort ici dans des maisons traditionnelles rénovées. Le restaurant est excellent et les enfants apprécieront les nombreux chevaux et les chèvres. Pour y accéder, quittez le monastère en direction du nord par la route principale ; 3 km plus loin, prenez à gauche au panneau indicateur.

Pensiunea Muşatinii PENSION $$
(☎0744-503 536 ; www.pensiuneamusatinii.ro ; Str Mănăstirii 513a, Putna ; s/d/app 120/160/220 lei ;). Ce grand établissement moderne installé derrière la gare ferroviaire offre les meilleures chambres du village. Sauna et restaurant sur place.

La Roata PENSION $$
(☎0230-230 400 ; www.la-roata.ro ; Str Wurzburg 21f, Gura Humorului ; s/d/app à partir de 160/200/290 lei ; P). Cet ensemble de pensions indépendantes est situé à 500 m à l'ouest du centre-ville de Gura Humorului. Vous y trouverez des chambres spacieuses, un restaurant et des équipements pour les plus jeunes – aire de jeux, table de ping-pong...

Hilde's Residence PENSION $$
(☎0230-233 484 ; www.lucy.ro ; Str Şipotului 2, Gura Humorului ; s/d/ste à partir de 200/240/300 lei ; P). Voici l'une des pensions les plus attrayantes et les plus onéreuses du village ! Établie de longue date, elle offre 9 chambres, toutes décorées différemment. L'établissement se trouve en retrait de la route principale, à Gura Humorului. Bon restaurant roumain sur place.

Casa Doamnei PENSION $$
(☎0752-111 859 ; www.casa-doamnei.ro ; Str Voroneţ 255, Gura Humorului ; s/d à partir de 120/160 lei, petit-déj 20 lei). Sur la route de Voroneţ (500 m après la voie ferrée, 3,5 km avant le monastère de Voroneţ), cette pension se distingue par son élégant mobilier en bois, ses balcons et ses belles sdb.

Pensiunea Crizantema PENSION $$
(☎0230-336 116 ; www.vilacrizantema.ro ; Str Mănăstirii 284a, Vatra Moldoviţei ; s/d demi-pension 150/190 lei ; P). Une pension rustique de 8 jolies chambres exiguës, certaines avec vue sur le monastère de Moldoviţa.

Où se restaurer

Les restaurants sont peu nombreux et espacés sur les routes reliant les différents monastères. L'offre est assez satisfaisante dans les villes de Rădăuţi et Gura Humorului. En règle générale, les hôtels et pensions acceptent de servir les personnes extérieures.

Popas Turistic Bucovina ROUMAIN $$
(☎0230-417 000 ; www.popas.ro ; Str Movileştilor 305, Suceviţa ; plats 18-35 lei ; 7h30-22h). Une bonne adresse, proche du monastère

VAUT LE DÉTOUR

RĂDĂUŢI ET MARGINEA

Dans la région, on peut également prévoir des escapades à Rădăuţi et Marginea. Rădăuţi s'enorgueillit de posséder la plus vieille église de Moldavie, dans le **monastère de Bogdana** (Mănăstirea Bogdana ; ☎0230-563 005 ; www.bogdana.ro ; Str Bogdana Vodă 4-6, Rădăuţi ; 8h-19h mai-sept, 8h-16h oct-avr) GRATUIT, fondé au milieu du XIVe siècle par le prince Bogdan Ier. C'est ici que reposent huit des plus anciens souverains moldaves et leurs familles, notamment Bogdan Ier, Latcu, Roman Muşat et Ştefan Ier.

Au centre de Rădăuţi, la Piaţa Unirii est dominée par une impressionnante **cathédrale** surmontée de plusieurs dômes. En face, le **musée des Techniques populaires de la Bucovine** (☎0230-562 565 ; Piaţa Unirii 63, Rădăuţi ; adulte/enfant 5/2 lei ; 8h-17h lun-ven, 8h-16h sam-dim) est le plus ancien musée ethnographique de Moldavie. Il présente plus d'un millier d'objets, notamment des poteries faites dans la région.

Le bourg de Marginea, à 9 km à l'ouest de Rădăuţi, est renommé pour ses poteries noires, dont la tradition remonte au néolithique. **AF Magopat Gheorghe** (atelier de poteries noires ; ☎0745-922 949 ; www.ceramicamarginea.ro ; maison 1265, Marginea ; 8h-18h lun-sam) en présente et en vend ; cet atelier offre en outre l'occasion de voir les derniers potiers traditionnels à l'œuvre.

On trouve par ailleurs d'excellentes pensions dans ce secteur, souvent bien indiquées et pour tous les budgets. À Rădăuţi, le **Gerald's Hotel** (☎0330-100 650 ; www.geraldshotel.com ; Str Piaţa Unirii 3, Rădăuţi ; s/d 380/420 lei ; P@) compte parmi les plus beaux hôtels de Moldavie. Il est doté de nombreux équipements – salle de sport, belles salles de bains avec mobilier en bois, bar, restaurant... C'est aussi à Rădăuţi qu'est installé l'**Antique** (☎0230-560 011 ; www.restaurant-antique.ro ; Al Primaverii 12, Rădăuţi ; plats 20-50 lei ; 9h-22h ;), l'un des meilleurs restaurants de la Bucovine.

de Suceviţa, pour découvrir la cuisine de la Bucovine autour d'un déjeuner préparé avec soin : chou farci à la polenta et papillotes de truite, notamment. Par beau temps, dînez à l'extérieur dans un cadre informel. On peut également séjourner dans l'une des quatre villas ou camper sur place.

Depuis/vers les monastères de la Bucovine

Au départ de Suceava, on peut rejoindre en train Gura Humorului (7 lei, 1 heure 10, 5/jour), près des monastères de Humor et Voroneţ. Il y a aussi des bus et des *maxitaxis* pour Gura Humorului (10 lei, 1 heure, 19/jour) et Rădăuţi (8 lei, 45 min, 13/jour). Pour rejoindre Putna, il y a chaque jour 5 bus en provenance de Rădăuţi (7 lei, 45 min).

De Câmpulung Moldovenesc, des *maxitaxis* réguliers à destination de Suceava (14 lei) passent par Gura Humorului (7 lei).

Comment circuler

Les liaisons assurées par les transports en commun ne sont pas régulières dans la région. Elles impliquent de prendre des correspondances, voire de revenir sur ses pas. De rares bus et *maxitaxis* desservent des bourgs et des villages. Consultez le site www.autogari.ro.

Monts Rarău

Les monts Rarău désignent un massif de moyenne montagne (culminant à 1 651 m), formant un spectaculaire affleurement des Carpates orientales, s'élevant au sud de Câmpulung Moldovenesc. Dépourvu de neige de mai à octobre, le massif est accessible par la route ou des sentiers ; les plus fréquentés sont ceux qui partent en direction du sud depuis Câmpulung ou du village voisin de Pojorâta, 5 km à l'ouest. Que l'on arrive à pied ou en voiture, on admirera de surprenantes formations rocheuses, comme les célèbres **rochers de la Princesse** (Pietrele Doamnei), et de superbes panoramas de profondes vallées d'un vert sombre.

Activités

La randonnée est sans conteste l'activité reine de la région. Une modeste station de ski est par ailleurs ouverte de décembre à mars, quand l'enneigement le permet. Si vous disposez d'un véhicule, il est possible d'approcher le sommet.

À pied

Les sentiers de randonnée balisés mènent au pic de la Cabana Rarău (p. 213) et, plus loin, jusqu'aux rochers de la Princesse au départ de Câmpulung et Pojorâta. La Cabana Rarău est également accessible à pied depuis le sud et le village de Chiril. De Câmpulung, comptez 4 à 5 heures à allure modérée pour gagner le sommet par l'un des deux principaux itinéraires balisés (cercle rouge pour l'un et triangle jaune pour l'autre).

De la Cabana Rarău, un chemin (30 min) conduit au pied des **rochers de la Princesse**. Sur le plus haut, des croix ont été plantées en mémoire des grimpeurs qui ont perdu la vie à cet endroit. La vue depuis le sommet est superbe. Un chemin, balisé de bandes et de triangles rouges, mène en 5 heures de la *cabană* à la **réserve forestière de Slătioara**. De là, un autre sentier (triangles rouges) conduit à la **réserve florale de Todirescu**.

En voiture

En voiture, le trajet qui mène au sommet de la Cabana Rarău (15 km, 30 min environ) passe par la superbe **route Transrarău** (route DJ175B) qui part de Pojorâta, 5 km à l'ouest de Câmpulung (suivez les panneaux qui indiquent "Rarău"). De la Cabana Rarău, on peut continuer 10 km

Monts Rarău

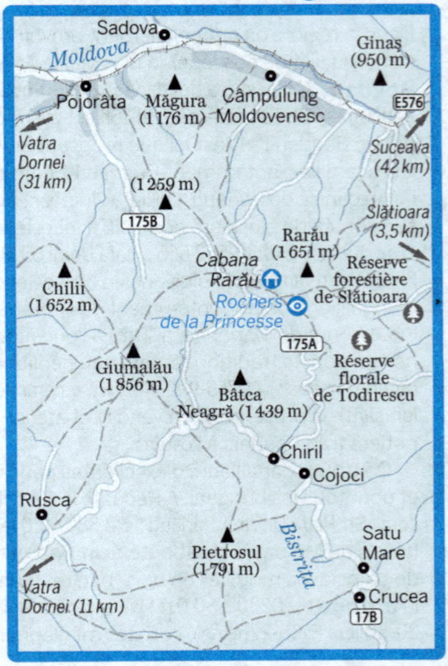

VAUT LE DÉTOUR

CÂMPULUNG MOLDOVENESC

Construite à 621 m d'altitude au XVe siècle, la tranquille Câmpulung Moldovenesc est connue pour l'exploitation forestière, ses foires... et les activités de plein air. C'est un point de départ idéal pour partir à la découverte des monastères peints ou en randonnée dans les monts Rarău, à 15 km au sud. En hiver, on y trouve une modeste station de ski, avec une courte piste de 800 m équipée d'un remonte-pente.

De nombreuses pensions jalonnent la route principale et le bourg. Il est conseillé de réserver pour les week-ends d'été, car la ville est alors pleine de randonneurs.

Dor de Bucovina (☎0723-523 083 ; www.puravidahostels.ro ; Str Simion Florea Marian 8 ; s/d 80/100 lei ; wifi) est une petite pension bien tenue dans une petite rue tranquille à 1 km à l'est du centre. L'**Eden Hotel** (☎0230-314 733 ; www.hotel-eden.ro ; Calea Bucovinei 148 ; s/d/ste 150/200/340 lei ; P clim wifi piscine), un complexe aux allures d'oasis, comprend différents types de chambres (style hôtel, chalet ou bungalow). Agréablement meublées, elles possèdent de grandes salles de bains avec baignoire balnéo.

On trouve 2 ou 3 restaurants corrects dans le centre-ville. Le **Q'usine** (☎0752-502 948 ; www.facebook.com/qusine2016 ; Str Dimitrie Cantemir 14 ; plats 25-40 lei ; ⏲11h30-23h30 ; wifi) offre même une sophistication inattendue. La décoration indus est adoucie par des poutres apparentes et des chaises Eames avec coussins. Au menu : steaks, agneau et canard. À deux pâtés de maisons au nord de la Strada 22 Decembrie.

Des *maxitaxis* circulent régulièrement toute la journée vers Suceava (14 lei) via Gura Humorului (7 lei), au départ d'une petite station sur l'artère principale, la Calea Bucovinei, à environ 100 m à l'est de la place centrale de la Strada 22 Decembrie. La petite gare ferroviaire est à 1 km à l'ouest du centre-ville. Chaque jour, des trains desservent Suceava (12 lei, 2 heures, plusieurs/jour), Iaşi (60 lei, 4 heures, 2/jour) et Bucarest (90 lei, 1 heure 30, 1/jour).

en direction du sud jusqu'au village de Chiril, avant de retourner vers Pojorâta ou de continuer vers Vatra Dornei, à 24 km à l'ouest. Selon les conditions météorologiques, la route est susceptible d'être fermée de fin octobre à avril.

Où se loger et se restaurer

Quelques refuges de montagne permettent d'effectuer l'ascension à son rythme. C'est à la Cabana Rarău que l'on trouve les meilleurs équipements. Pensez à réserver pour éviter toute mauvaise surprise. De nombreuses pensions et chambres d'hôtes sont également disponibles à Câmpulung Moldovenesc et Pojorâta.

Cabana Rarău REFUGE $

(☎0720-538 197 ; www.rarau-turism.ro/cazare_cabana.html ; d 100 lei). À 1 520 m d'altitude, ce refuge de montagne à l'extérieur peu avenant offre un intérieur confortable et rustique. Les chambres sont basiques, mais bien tenues.

Pastravaria Izvor ROUMAIN $$

(Transrarău/route DJ175B, Pojorâta ; plats 25-40 lei ; ⏲11h-21h). Ce restaurant traditionnel prépare d'excellents poissons de rivière et des spécialités roumaines et moldaves. Il est installé le long de la route Transrarău, en direction du sud (et de la Cabana Rarău), à environ 4 km du village de Pojorâta.

Depuis/vers les monts Rarău

Câmpulung Moldovenesc est le point d'accès naturel aux monts Rarău. Cette localité, située sur la route qui traverse les montagnes, est bien desservie par les bus et les *maxitaxis* en provenance de Suceava (14 lei), via Gura Humorului (7 lei). Câmpulung Moldovenesc est aussi accessible en train depuis Suceava (12 lei, 2 heures), Iaşi (60 lei, 4 heures) et Bucarest (90 lei, 9 heures).

Delta du Danube et côte de la mer Noire

Dans ce chapitre ➡

Le top des restaurants

- Ivan Pescar (p. 219)
- Sandalandala (p. 231)
- Irish Pub (p. 227)
- Chevalet (p. 229)
- Pizzico (p. 227)

Le top des hébergements

- Hotel Cherica (p. 226)
- Pura Vida (p. 231)
- Vila Petru & Marcela Stefanov (p. 222)
- Vila Caviar (p. 221)
- Hotel Europa (p. 230)

Pourquoi y aller

Tant d'un point de vue environnemental que culturel, les 194 km du littoral roumain de la mer Noire affichent une diversité remarquable. Au nord, le puissant Danube (Râul Dunărea) se jette dans la mer après un trajet de 2 800 km à travers le continent. Son embouchure, le delta du Danube, est un vaste marécage préservé, cher aussi bien aux férus d'oiseaux qu'aux amateurs de calme et d'isolement. L'ensemble compose un fantastique réseau de canaux, de lacs et de marais, ponctué çà et là de villages de pêcheurs et de grandes étendues de plages désertes.

Plus au sud, vers Constanţa et au-delà, les stations balnéaires qui jalonnent le littoral donnent à voir une tout autre faune. Où que vous vous rendiez, vous ne manquerez pas d'y déceler des traces de l'importante relation historique qui a lié le pays, d'abord à la Grèce et à la Rome antiques, puis, plus récemment, aux Turcs, Tatars et Lipovènes ("vieux-croyants" orthodoxes).

Quand partir

Tulcea

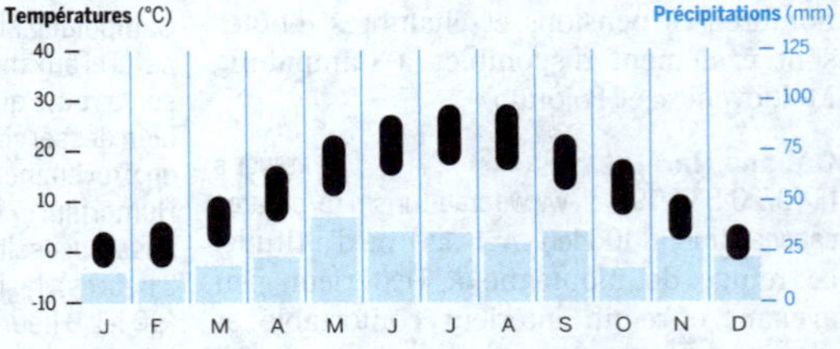

Mai-juin La fraîcheur matinale invite à faire du bateau dans les marécages du delta.

Juil-août C'est la saison haute à Mamaia et Vama Veche. Réservez tôt.

Sept-oct Les stations balnéaires ferment : cap sur les lieux culturels et festifs de Constanţa !

À ne pas manquer

1 Plage de Sfântu Gheorghe (p. 222). L'une des plus belles plages de Roumanie, avec un sable immaculé, des eaux limpides et une faible affluence.

2 Plage de Crush (p. 229). Hédonisme et soleil, sur l'une des plages à la mode de Mamaia.

3 Bains de boue (p. 230). Réputée thérapeutique, la boue d'Eforie Nord attire son lot de curistes.

4 Musée national d'Histoire et d'Archéologie d'Histria (p. 225). Un petit bout de la Grèce antique là où on ne s'y attend guère.

5 Plaja de Carta (p. 231). Contre-culture et bon vin, sur cette plage de Vama Veche.

6 Statue d'Ovide (p. 223). Une évocation de l'auteur des *Métamorphoses*, à la faveur d'une balade dans le quartier du vieux port de Constanța.

Histoire

Les archéologues ont découvert, le long de la côte de la mer Noire, des traces de présence humaine remontant à plusieurs millénaires. Les Grecs s'installèrent vers le VIIe siècle av. J.-C. Histria, la première de leurs colonies sur l'actuel territoire roumain, fut fondée en 657 av. J.-C.

Les Romains, arrivés vers le Ier siècle av. J.-C., conquirent la région côtière. À leurs yeux, la mer Noire était la limite extrême de leur Empire. Ce fut du reste à Tomis (aujourd'hui Constanţa) que l'empereur Auguste choisit d'exiler le poète Ovide (43 av. J.-C. - 17 apr. J.-C.), en l'an 8, pour des transgressions qui demeurent non éclaircies à ce jour.

En 1418, la zone côtière fut conquise par les Turcs, qui y restèrent durant plus de quatre siècles. Cette férule eut un impact profond, comme en atteste encore aujourd'hui la présence de grandes mosquées à Tulcea et Constanţa.

En 1878, le territoire fut rattaché à la Roumanie après la victoire de l'armée russo-roumaine sur un Empire ottoman alors en plein déclin. Sitôt que le drapeau roumain flotta sur la région, tout fut entrepris pour intégrer celle-ci sans délai au reste du pays.

DELTA DU DANUBE

Après être passé dans différents pays depuis l'Allemagne et avoir grossi de plusieurs affluents, le puissant Danube se jette dans la mer Noire, au sud de la frontière ukrainienne. Inscrit au Patrimoine mondial, le delta du Danube (delta Dunării) compte parmi les principaux attraits du pays. À Tulcea, le fleuve se divise en trois bras : celui de Chilia, celui de Sulina et celui de Sfântu Gheorghe. En résulte une zone marécageuse de 4 187 km² en perpétuelle évolution, ponctuée d'îlots de roseaux flottants et de bancs de sable, qui constitue une réserve pour quelque 300 espèces d'oiseaux et 160 races de poissons. Les roseaux, qui couvrent 1 563 km², forment l'une des plus vastes roselières du monde. Paradis des amoureux de la nature, des ornithologues et des pêcheurs, la région est également idéale pour prendre simplement un vrai bol d'air de quelques jours. Vous trouverez de belles plages isolées à Sulina et Sfântu Gheorghe, et les gourmands dégusteront les meilleurs poissons et fruits de mer de Roumanie, notamment sous forme de soupes.

Parcs nationaux

Le delta est en grande partie sous la protection de la **réserve de biosphère du**

Delta du Danube

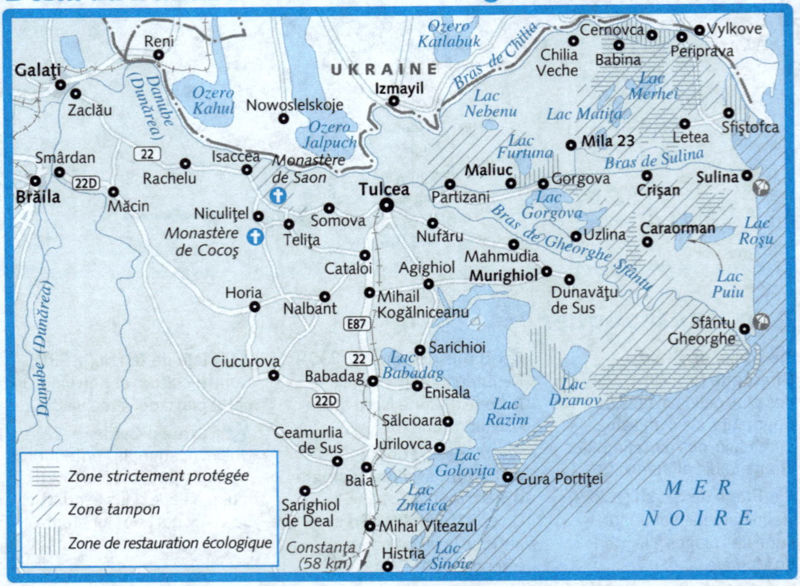

delta du Danube, dont le siège est basé à Tulcea – il existe des antennes à travers tout le delta, notamment à Sfântu Gheorghe. La région compte une vingtaine de zones strictement protégées (50 000 ha environ), interdites aux touristes ; c'est notamment le cas de la forêt de Leţea, vieille de 500 ans, où vit la plus grande colonie de pélicans d'Europe. La visite est limitée dans d'autres zones, et vous devrez dans tous les cas acheter un permis d'entrée (voir l'encadré p. 219). Le camping dans la réserve n'est autorisé que dans les terrains de camping officiels.

Comment circuler

Il n'y a pas de ligne ferroviaire dans le delta et les routes goudronnées sont peu nombreuses, si bien que le ferry constitue le principal mode de transport. Des ferries traditionnels et des hydroglisseurs, plus rapides (et onéreux), partent régulièrement en semaine du port principal de Tulcea vers différents points du delta. Le personnel du centre d'informations touristiques, très serviable, vous aidera à préparer votre séjour en fonction de sa durée et de votre budget.

Notez que le delta couvre une vaste superficie et que, selon l'endroit où vous souhaitez aller, il ne sera pas toujours possible de partir et de revenir le même jour. Prévoyez du temps pour une exploration plus tranquille. En été, les ferries peuvent être très fréquentés ; mieux vaut arriver au moins 1 heure avant le départ pour être sûr d'avoir un siège. Attention, les ferries circulent toute l'année, mais les services sont moins fiables en hiver.

Tulcea

93 050 HABITANTS

Important port du Danube, Tulcea (prononcer toul*tcha*) est la plus grande ville du delta et le principal point d'accès à la région. Elle est bien reliée au reste du pays par bus et minibus ; c'est également ici que passent les principaux ferries de passagers. Si votre temps est limité (1 à 3 jours), c'est la meilleure base pour partir explorer la région à l'occasion de sorties en bateau d'une journée. Si vous avez davantage de temps, vous ne ferez sans doute qu'y passer, en chemin vers des destinations plus avancées comme Sulina et Sfântu Gheorghe. La ville possède de nombreux hôtels et restaurants de qualité, ainsi que plusieurs musées intéressants – au cas où la météo vous jouerait des tours...

À voir

Les quelques bons musées de Tulcea sont pour la plupart regroupés à l'est du port. Le secteur situé derrière les musées est un quartier turc traditionnel. En suivant la Strada Independenţei, vous découvrirez le minaret de la **Moscheia Azizie** (mosquée Azizie ; Str Independenţei ; fermée au public), édifié en 1863.

Musée central de l'Écotourisme du delta du Danube — MUSÉE, AQUARIUM

(Centrul Muzeal Ecoturistic Delta Dunării ; 0240-515 866 ; www.icemtl.ro ; Str 14 Noiembrie 1 ; tarif plein/enfant 20/5 lei ; 10h-18h mar-dim). Ce musée-aquarium offre une bonne première approche de la flore et de la faune du delta. Vous y trouverez des animaux empaillés à l'étage principal et un petit aquarium passionnant au niveau inférieur, avec beaucoup d'explications en anglais. Les enfants l'adorent !

Musée d'Histoire et d'Archéologie — MUSÉE

(Muzeul de Istorie și Arheologie ; 0240-513 626 ; www.icemtl.ro ; Parcul Monumentul Independenţei, Str Gloriei ; tarif plein/enfant 6/3 lei ; 10h-18h mar-dim). Dans ce musée très intéressant aménagé sur 2 niveaux, l'étage supérieur est consacré aux objets romains, tandis que celui d'en dessous est dévolu aux trouvailles issues de civilisations préromaines – certaines datent d'il y a 6 000 ans. Sur le site de l'ancienne forteresse d'Aegyssus, à environ 1 km à l'est du centre-ville.

Musée d'Ethnographie et d'Art populaire — MUSÉE

(Muzeul de Etnografie și Artă Populară ; 0240-516 204 ; www.icemtl.ro ; Str 9 Mai 4 ; tarif plein/étudiant 6/3 lei ; 10h-18h mar-dim). Ce modeste musée présente bien toute la diversité ethnique et culturelle qu'a connue la région du delta au fil des siècles, ainsi que les nombreuses interactions qu'ont eues les Roumains avec les Turcs, les Russes, les Ukrainiens ou les Bulgares. Il y a quelques indications en anglais, et il est facile de comprendre le sens général sans aide linguistique.

Activités

Le bateau, la pêche et l'observation des oiseaux constituent les principales activités à Tulcea. De nombreux opérateurs privés sont installés dans le port, où ils affichent toutes sortes d'excursions sur des bateaux plus ou moins rapides, qui peuvent aussi être loués pour des demandes spéciales. Les prix varient en fonction de l'opérateur, de la durée de l'excursion, du type d'embarcation et du nombre de passagers. Les hôtels et le centre d'informations touristiques pourront vous aider à préparer vos excursions et à choisir un prestataire.

Escape EN BATEAU
(☎0743-609 626 ; www.deltaescapetravel.ro ; Tulcea Port ; circuits à partir de 130 lei/pers ; ⏲départ circuit 9h). Cette société privée vivement recommandée propose un choix d'excursions en bateau de 5, 7 et 9 heures, sur des bateaux lents ou rapides. La plupart des circuits partent à 9h tous les jours, de juin à septembre. Possibilité d'organiser des croisières sur mesure, par exemple de pêche ou d'observation des oiseaux.

Ibis Tours OBSERVATION
(☎0722-381 398, 0240-512 787 ; www.ibis-tours.ro ; Str Dimitrie Sturza 6 ; ⏲9h-18h lun-sam). Circuits à la découverte des animaux et des oiseaux dans le delta et la Dobroudja, guidés par des ornithologues professionnels.

Safca Delta Tours EN BATEAU
(☎0721-725 176, 0744-143 336 ; www.egretamica.ro ; Tulcea Port ; circuit à partir de 150 lei/pers). Cette petite entreprise tenue par un père et son fils organise toutes sortes d'excursions en bateau, auxquelles vous pourrez participer à titre individuel ou en formant un groupe (jusqu'à 8 personnes environ). Elle possède aussi bien des embarcations rapides qu'un bateau ponton, et propose notamment un circuit "lent" de 7 heures avec repas de poisson, ainsi qu'un circuit "hyper" à Sulina, avec halte sur la plage.

Où se loger

♥ **Hotel Select** HÔTEL $$
(☎0240-506 180 ; www.calypsosrl.ro ; Str Păcii 6 ; s/d 140/170 lei ; P❄@📶). Dans un immeuble sans âme, cet hôtel se distingue par son service aimable et son bon restaurant. Les chambres sont simples, d'un bon rapport qualité/prix, avec de grands lits confortables et des volets bien opaques aux fenêtres.

Hotel Delta HÔTEL $$
(☎0240-514 720 ; www.deltahotelro.com ; Str Isaccei 2 ; s/d 3 étoiles 220/280 lei, 4 étoiles 280/360 lei ; ❄📶). À l'est du port, cet hôtel, véritable institution de Tulcea, loue des chambres à 3 et 4 étoiles réparties entre 2 bâtiments. Les 3-étoiles, climatisées et dotées de balcons avec vue, offrent le meilleur rapport qualité/prix. L'aile 4 étoiles constitue l'hébergement le plus luxueux de la ville. Restaurant, bar et piscine intérieure. Magnifiquement situé.

Tulcea

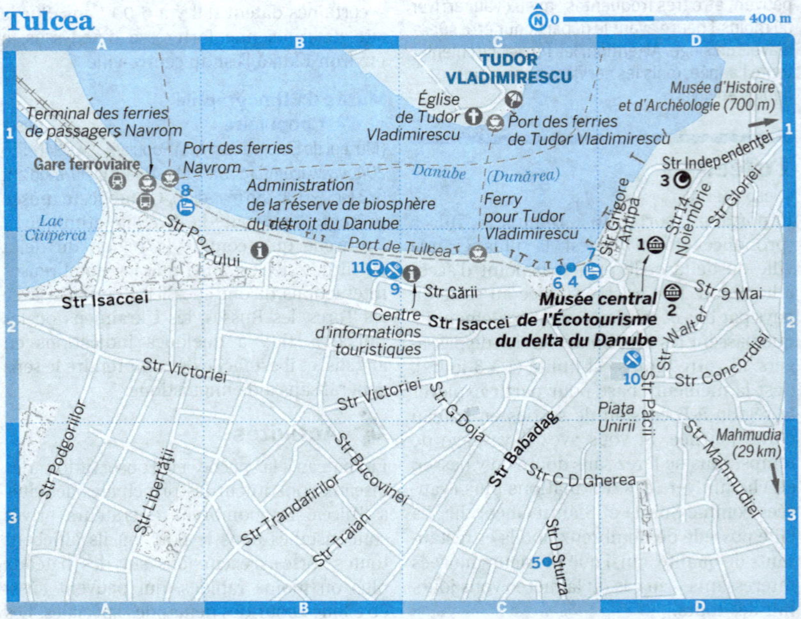

Hotel Esplanada HÔTEL $$$
(☎0240-516 607 ; www.hotelesplanada.ro ; Str Portului 1 ; s/d 280/360 lei ; P ⊖ ❄ ☎). Un hôtel luxueux, aux belles chambres meublées dans un style contemporain, et avec vue sur le Danube. Bon restaurant. Commodément situé près de la gare routière.

Où se restaurer et prendre un verre

Ivan Pescar POISSON $$
(☎0240-515 861 ; www.facebook.com/Ivan-Pescar-1456721501301741 ; Str Gării 28, Faleza Tulcea ; plats 25-40 lei ; ⏲12h-23h). Un excellent restaurant de poisson, tel qu'il en manquait sur le port de Tulcea. La délicieuse soupe traditionnelle, le poisson grillé, les ragoûts et autres mets tirent le meilleur de la pêche de rivière, agrémentée d'épices et servie avec de la polenta. La carte des vins est irréprochable et la limonade maison, parfaite. Une petite boutique vend des produits locaux (vin, miel et babioles).

Restaurant Select ROUMAIN $$
(☎0240-506 180 ; www.calypsosrl.ro ; Str Păcii 6 ; plats 20-35 lei ; ⏲9h-23h ; P ☎). Bien qu'établi à l'écart du port et de l'animation, cet hôtel-restaurant reste l'une des meilleures adresses de la ville. Le menu, varié, affiche toutes sortes de poissons et d'autres plats, ainsi que la spécialité locale, le *tochitura Dobrogeana* (sauté de viande à la sauce épicée).

PERMIS POUR LE DELTA DU DANUBE

Tous les visiteurs des zones protégées du delta doivent acheter un permis d'entrée, y compris s'ils prennent part à des excursions à pied ou en bateau depuis Tulcea, Sulina ou Sfântu Gheorghe. Disponible pour une journée (5 lei), une semaine (15 lei) ou un an (30 lei), il est délivré par l'administration de la réserve de biosphère du delta du Danube, à **Tulcea** (DDBRA ; ☎0240-518 924 ; www.ddbra.ro ; Str Portului 34A ; ⏲9h-16h lun-ven) ou à **Sfântu Gheorghe** (p. 222). Les bateaux sont régulièrement soumis à des inspections, et le défaut de permis est passible d'amende. Notez qu'il faut des permis séparés pour pêcher ou chasser.

Cheers Pub PUB
(☎0340-401 637 ; www.facebook.com/cheers.tulcea ; Str Gării 30 ; ⏲9h-0h). Ce pub au bord de l'eau est le plus animé des environs. Une clientèle locale de pêcheurs s'y mêle aux touristes débarqués, juste à côté, des ferries. Bières et café tiennent ici le haut du panier, mais on peut aussi faire taire une petite faim en commandant du pop-corn.

Renseignements

Très serviable, le personnel du **centre d'informations touristiques** (☎0240-519 130 ; www.cnipttulcea.ro ; Str Gării 26 ; ⏲8h-16h lun-ven) vous aidera à vous y retrouver dans les horaires de ferries et vous renseignera sur les agences de voyages, les hôtels et les restaurants.

Depuis/vers Tulcea

Minées par d'importantes réductions budgétaires, les liaisons en train ne valent guère d'être considérées.

BUS

La **gare routière** (☎0240-513 304 ; Str Portului 1) jouxte le principal terminal des ferries. Dix bus et *maxitaxis* vont chaque jour à Bucarest (45 lei, 5 heures) et il y a au moins 2 bus par jour à destination de Iaşi (85 lei, 5 heures). Des *maxitaxis* pour Constanţa (35 lei, 2 heures) partent toutes les 30 minutes de 5h30 à 20h.

Tulcea

Les incontournables
1 Musée central de l'Écotourisme du delta du Danube ... D2

À voir
2 Musée d'Ethnographie et d'Art populaire ... D2
3 Moscheia Azizie ... D1

Activités
4 Escape ... C2
5 Ibis Tours ... C3
6 Safca Delta Tours ... C2

Où se loger
7 Hotel Delta ... C2
8 Hotel Esplanada ... A1
Hotel Select ... (voir 10)

Où se restaurer
9 Ivan Pescar ... B2
10 Restaurant Select ... D2

Où prendre un verre et faire la fête
11 Cheers Pub ... B2

Sulina

3 500 HABITANTS

Le paisible port de pêche de Sulina est le point le plus oriental de la Roumanie (à 64 km à l'est de Tulcea). Clou de tout trajet sur le bras central du Danube, il possède de surcroît une plage tranquille (en journée) et une ravissante promenade en bord de canal. C'est aussi une excellente base pour partir en excursion, plus avant dans le delta ou sur la mer Noire. Pourtant habité toute l'année, Sulina voit la plupart de ses hôtels, restaurants et opérateurs fermer d'octobre à avril.

Activités

Les activités à Sulina se résument aux balades le long de la promenade principale (Str I), aux bains de soleil sur la plage située 4 km à l'est du centre-ville et aux circuits en bateau dans le delta.

Un vélo est pratique pour relier le centre-ville à la plage. En haute saison, **Rent a Bike** (0748-369 173 ; Str I, angle Str Mihail Kogălniceanu ; 10/20 lei pour 2 heures/1 jour ; 9h-20h juin-août) loue des bicyclettes sur la promenade en bord de canal.

Danube Delta Excursions CIRCUIT EN BATEAU
(Excursii în Delta Dunării ; 0744-821 365 ; Str I, angle Str Mihail Kogălniceanu ; 40-60 lei/pers). Plusieurs opérateurs privés établis sur la promenade proposent des circuits en bateau sur le delta jusqu'au golfe de Musura sur la mer Noire (2-4 heures). Réservez et achetez vos billets auprès du bureau installé face au centre commercial, près de l'intersection avec la Str Mihail Kogălniceanu.

Plage de Sulina PLAGE
(Plaja Sulina ; mai-sept). La plage de sable de Sulina est propre et idéale pour les enfants qui peuvent jouer, sur 100 m environ, dans une eau peu profonde. Ici, point de douches, mais deux petits restaurants avec toilettes. Le camping sauvage est envisageable. À 4 km à l'est du port des ferries. Accessible à pied, en taxi (8 lei) ou en minibus (2 lei).

Où se loger

Vous trouverez plusieurs offres de *cazare* (chambres) et de pensions ; des habitants viennent à la rencontre des visiteurs à l'arrivée du bateau et vous pourrez également vous renseigner sur place. Comptez environ 100 lei par chambre, sans les repas.

HORAIRES DES FERRIES

La compagnie publique **Navrom** (0240-511 553 ; www.navromdelta.ro ; Str Portului 26 ; billetterie 11h30-13h30) fait voguer des ferries traditionnels (*classic ships* sur les horaires), ainsi que des catamarans, plus rapides, vers les principales destinations du delta. Les ferries qui relient Tulcea à Sulina (64 km) partent presque chaque jour en saison haute (de mai à septembre), tandis que ceux desservant des destinations moins fréquentées du delta, notamment Sfântu Gheorghe (109 km), appareillent en principe tous les 2 jours. Vérifiez qu'un bateau est bien prévu le jour où vous comptez embarquer.

Les billets s'achètent obligatoirement le jour du départ. À Tulcea, il faut s'adresser au comptoir du terminal des ferries Navrom. Ailleurs, vous pourrez vous les procurer au moment du départ, à l'entrée du bateau. Essayez d'arriver un peu en avance pour être sûr de trouver une place.

Les heures de départ et de retour varient en fonction des saisons. Lors de nos recherches, les horaires d'été de Navrom étaient les suivants :

De Tulcea à Sulina (via Crişan) Départ des ferries classiques de Tulcea à 13h30 (46 lei, 4-5 heures) les lundis, mercredis, vendredis et samedis ; retour à 7h les mardis, jeudis, samedis et dimanches. Départ des ferries rapides de Tulcea à 13h30 (56 lei, 2-3 heures) les mardis, jeudis et dimanches ; retour à 7h les lundis, mercredis et vendredis.

De Tulcea à Sfântu Gheorghe (via Mahmudia) Départ des ferries classiques de Tulcea à 13h30 (48 lei, 5-6 heures) les mercredis, jeudis, vendredis et dimanches ; retour à 7h les lundis, jeudis, vendredis et samedis. Départ des ferries rapides de Tulcea à 13h30 (60 lei, 3 heures) les lundis et samedis ; retour à 7h les mardis et dimanches.

Outre ces ferries, des compagnies privées affrètent des bateaux-taxis pour relier Tulcea et les destinations prisées du delta. Pour la traversée vers Sulina, par exemple, comptez environ 60 lei/personne (1 heure 30).

Pensiunea Ana PENSION $

(☎0724-421 976 ; pensiuneana@yahoo.com ; Str IV 144 ; ch 120 lei ;). Voici une pension familiale de 4 chambres, dotée d'un jardin joliment ombragé. La vue depuis la rue n'est guère prometteuse, mais une fois passé la porte bleue, les choses s'améliorent. Pour trouver l'établissement, faites 200 m vers l'ouest depuis le port des ferries sur la promenade principale et restez sur la gauche dans la Str Mihail Kogălniceanu. L'établissement se trouve à quatre pâtés de maisons vers l'intérieur des terres.

♥ **Vila Caviar** PENSION $$

(☎0744-559 213 ; www.pensiuneacaviarsulina.ro ; Str IV 142 ; ch 180 lei ;). Cette pension familiale, propre et confortable, loue des chambres spacieuses avec parquet massif, armoires et bureaux. On peut prendre le café dans un petit jardin et se restaurer sur place, à condition d'en faire la demande au préalable. À quatre pâtés de maisons du bord de l'eau, tout près de la Str Mihail Kogălniceanu.

Hotel Casa Coral HÔTEL $$

(☎0742-974 016 ; www.casacoralsulina.ro ; Str I 195 ; ch 150 lei ;). Si ce trois-étoiles moderne manque de caractère, c'est sans conteste le plus bel hôtel du centre de Sulina. Pensez à réserver en été, car l'établissement affiche vite complet. L'hôtel se trouve sur la promenade principale, à 100 m à l'ouest du port des ferries.

Où se restaurer et prendre un verre

Perla ROUMAIN $$

(☎0754-200 300 ; www.perla-sulina.ro ; Str I 155 ; plats 20-35 lei ; ⏲10h-23h mai-sept ;). Ce bon restaurant doit à son emplacement un peu à l'écart, à l'ouest du centre, le fait de connaître une affluence limitée. On y savoure des spécialités traditionnelles roumaines : soupes (de poisson notamment) et poissons du delta, grillés ou en friture. Quelques tables en extérieur ont vue sur le canal.

Restaurant Marea Neagră ROUMAIN $$

(☎0240-543 130 ; Str I 178 ; plats 20-30 lei ;). Cette grande terrasse à ciel ouvert est prisée pour ses nombreuses spécialités à base de poisson – elle fait la part belle à l'esturgeon. Sur la promenade, au bord du canal, dans le voisinage immédiat du petit hôtel de ville.

Irish Stoker Pub PUB

(☎0744-696 842 ; Str I 181 ; ⏲15h-0h ;). Ce bar populaire de la promenade, au bord de l'eau, sert un café très correct et, chose relativement rare, de la bière Ciuc (non filtrée) à la pression (6 lei le verre). L'établissement se trouve à 300 m à l'ouest du port des ferries de passagers, juste à côté de l'hôtel de ville (Primăria).

Renseignements

Centre d'accueil des visiteurs de Sulina (Centrul de Informare Turistica Sulina ; Str I ; ⏲8h-15h lun-ven, 8h-11h sam et dim mai-oct). Ce centre fournit des renseignements de base sur le delta – à l'étage, une intéressante exposition est consacrée à la faune et à la flore. Sur la promenade, à la pointe ouest de la portion piétonnière, 700 m à l'ouest du port des ferries Navrom.

Farmacie (Str I, angle Str Mihail Kogălniceanu ; ⏲10h-18h lun-ven, 9h-13h sam-dim). Une pharmacie pratique, dans le centre commercial, à côté du supermarché et de la poste.

Depuis/vers Sulina

Des ferries et des hydroglisseurs circulent régulièrement entre Tulcea et Sulina. Le **port des ferries** (☎renseignements 0240-519 008 ; www.navromdelta.ro ; Str I) se trouve à l'extrémité est de la promenade principale, à environ 200 m à l'est du centre-ville.

Outre les ferries de la compagnie Navrom, d'autres opérateurs privés, moins importants, assurent des liaisons en bateau-taxi entre Sulina et Tulcea, qui incluent généralement une escale à Crişana (à mi-chemin). Réservez et comptez environ 60 lei/pers pour la traversée (1 heure 30). Deux compagnies, assez fiables, de bateaux-taxis, fonctionnent quotidiennement de mai à septembre : il s'agit d'**Eco Delta** (☎0742-529 011 ; www.delta-trip.ro ; Str 1 ; 60 lei/pers ; ⏲mai-sept), qui organise des départs à 10h et 15h, et de **Travel Delta Star** (☎0752-917 592 ; www.excursii-delta-dunarii.ro ; Str 1 ; ⏲mai-sept), dont les bateaux appareillent à 7h, 8h, 12h et 16h.

Lors de nos recherches, le seul moyen d'accéder à Sfântu Gheorghe (30 km au sud) était de louer une embarcation privée. N'hésitez pas à négocier le prix – en comptant au minimum 400 lei pour la traversée (1-3 heures, selon le type de bateau).

L'HISTOIRE DE SULINA

Riche d'une histoire plus complexe que la plupart des bourgs environnants, Sulina fut choisie au milieu du XIXe siècle pour être le centre de la Commission européenne du Danube, un organisme transnational (notion nouvelle pour l'époque) qui avait pour mission d'assurer la transformation des canaux du delta en réseau navigable.

Bientôt, la petite cité accueillit son lot de nouveaux résidents, roumains, mais aussi russes, grecs, turcs, britanniques, français, allemands... Le spectacle de cette diversité et les ressorts, tant comiques que dramatiques, liés à cette promiscuité, sont très bien racontés dans le roman de 1933 *Europolis*, de l'auteur roumain Eugeniu Botez (plus connu sous son nom de plume, Jean Bart). Si l'on en croit le livre, le bourg de Sulina était alors des plus libertins.

Malheureusement, la Seconde Guerre mondiale mit fin à cette belle vitalité. On peut encore visiter le **phare** (Farul Sulina ; www.icemtl.ro/sulina-en ; Str II-a 43 ; tarif plein/réduit 5/2,50 lei ; 10h-18h mar-dim), qui servait de quartier général à la commission – une plaque est restée accrochée sur l'une des façades du bâtiment. C'est étrangement au **cimetière de Sulina** (Cimitir ; DC5 ; lever-coucher du soleil) GRATUIT que l'on saisit le mieux ce que devait être le port maritime à son apogée, à voir les tombes de divers cultes et nationalités occupant un même espace, restreint et harmonieux. Vous remarquerez la rangée de tombes de marins britanniques du XIXe siècle, face à la petite chapelle.

Sfântu Gheorghe

1 000 HABITANTS

Recensé pour la première fois au milieu du XIVe siècle par un voyageur génois nommé Visconti, ce village en bord de mer à la pointe est du bras de Sfântu Gheorghe (à 109 km de Tulcea) est toujours resté un peu en marge, avec sa ravissante plage isolée et son centre, à la fois tranquille et exempt de toute frénésie marchande. C'est un excellent endroit pour se régaler de cuisine traditionnelle (notamment de soupe de poisson). Chaque été, au mois d'août, le village accueille l'Anonimul fest (www.festival-anonimul.ro), qui pourrait bien être le festival de cinéma le plus isolé du monde.

Activités

Il n'y a pas grand-chose à faire ici. Et c'est d'ailleurs ce qui fait le charme de Sfântu Gheorghe. Optez pour un bain de soleil sur la belle plage de sable fin ou pour un circuit en bateau dans le delta. Plusieurs propriétaires de bateaux proposent des excursions dans le delta ou la mer Noire. Négociez votre itinéraire et les prix à l'avance. L'hôtel Delta Marina organise aussi des excursions en bateau. Renseignez-vous à la réception pour plus de détails.

Delta Boat Trips CIRCUITS EN BATEAU
(0744-586 360 ; Portul ; croisière 50-60 lei/pers). Ce prestataire installé à l'ouest du terminal des ferries vend, comme certains de ses concurrents, des circuits de 2 à 6 heures dans le delta. Comptez un minimum de 50 lei/personne pour une sortie standard de 2 heures. Parmi les plus appréciés, un circuit permet de découvrir une colonie de pélicans dans l'embouchure du Danube.

Plage de Sfântu Gheorghe PLAGE
(Plaja Sfântu Gheorghe ; 9h-20h juin-août). Sable blanc, eau limpide, modeste fréquentation : tout invite à s'arrêter dans cette plage de toute beauté. Les équipements sont sommaires et il est conseillé d'arriver avec tout le nécessaire, repas compris. À 4 km à l'est du centre-ville : venez à pied ou avec les **transports Plaja** (Trocarici ; 0740-572 269 ; Str Principala –Str 1 ; 3 lei/pers).

Où se loger

Vous trouverez sur place plusieurs offres de *cazare* et de pensions. Vous pourrez trouver votre bonheur parmi les offres des habitants qui viennent à la rencontre des visiteurs à l'arrivée du bateau ou vous renseigner sur place. Le camping sauvage est autorisé sur la plage, mais il y a beaucoup de vent et cela suppose de faire 4 km à pied dans l'obscurité.

Vila Petru & Marcela Stefanov PENSION $
(0240-546 811, 0763-088 859 ; près de la Str Principala – Str I ; s/d demi-pension 120/150 lei). Cette *pensiunea* familiale loue des chambres propres et confortables à un jet de pierre du centre. Les prix incluent la demi-pension, avec des repas souvent composés d'une délicieuse soupe de poisson maison suivie d'un poisson grillé. Il n'y a pas de panneau

indiquant la rue : la pension se trouve à trois maisons au nord (du côté gauche) du *complex comercial* et du supermarché, juste après la Str Principala (Str I).

Delta Marina HÔTEL $$

(☎0240-546 946 ; www.deltamarina.ro ; Str Principala – Str I ; ch 150 lei ; ❄📶). Un petit hôtel moderne, à 200 m à l'ouest du port des ferries. Modestes par la taille, les 15 chambres possèdent une literie confortable, des sdb modernes et des minibars. Le restaurant en terrasse est l'un des rares établissements du centre où il est possible de manger assis (plats 20-25 lei).

Green Village RESORT $$$

(☎0731-818 511, 0241-487 090 ; www.greenvillage.ro ; Str Principala (Str 1) ; s/d 400/500 lei ; 🚭❄📶🏊). Le plus bel hébergement de Sfântu Gheorghe : un beau complexe 4 étoiles, dont les bungalows à toit de chaume s'inscrivent bien dans le paysage du delta. Restaurant ouvert à tous, piscine, spa et location de vélos (10 lei/heure). À 1,5 km à l'est du centre-ville (15 min à pied du port des ferries).

Où se restaurer et prendre un verre

Il y a peu de restaurants dans les environs. Mieux vaut donc opter pour la demi-pension ou la pension complète en réservant sa chambre d'hôtel ou de pension. L'hôtel Delta Marina possède un restaurant avec terrasse correct qui ouvre également à 7h pour le petit-déjeuner si nécessaire.

Bar Terasa CAFÉ

(Str Principala (Str I) ; ⏲8h-2h mai-sept ; 📶). L'unique terrasse du centre pour prendre un verre en soirée. Vers 21h, la pop qui passe en journée cède la place à de petits concerts.

Renseignements

Bureau de la réserve de biosphère du delta du Danube (☎0240-518 926 ; www.ddbra.ro ; Str la 39 ; permis par jour/semaine 5/15 lei ; ⏲7h-12h et 16h-19h mar-ven, 9h-13h sam-dim mai-oct). Une source de renseignements correcte sur le delta ; vend aussi des permis. Sur le port, à 50 m environ de l'entrée du port des ferries.

Depuis/vers Sfântu Gheorghe

Des ferries et des hydroglisseurs circulent régulièrement entre Tulcea et Sfântu Gheorghe. Le **port des ferries** (☎renseignements 0240-519 008 ; www.navromdelta.ro) se trouve à 100 m au sud-est du centre du village. L'accès à Sulina (30 km au nord) se fait exclusivement en bateau-taxi. N'hésitez pas à négocier les prix – comptez un minimum de 400 lei pour la traversée (1-3 heures, selon le type de bateau).

CÔTE DE LA MER NOIRE

Le littoral roumain de la mer Noire n'est pas très connu à l'international. De fait, les stations balnéaires de la Bulgarie voisine affichent de meilleures infrastructures et des prix plus attractifs. Pourtant, la côte roumaine ne manque pas d'attraits, notamment pour quiconque apprécie l'animation et les soirées de fête. Mamaia et Vama Veche, les deux grandes stations du pays, n'attirent pas la même population. La première est plus grande et plus tapageuse, avec d'imposants complexes hôteliers et des discothèques branchées, en particulier à sa pointe nord. "Vama" plaît davantage à une clientèle bohème, séduite par sa simplicité et ses modestes infrastructures.

Constanţa

283 000 HABITANTS

Constanţa est le plus grand et le plus important port roumain de la mer Noire ; en été, c'est aussi le principal point d'accès aux stations balnéaires. L'hébergement y est moins cher qu'à Mamaia et les *maxitaxis* couvrent le trajet en 15 minutes environ. Il peut donc être intéressant de loger ici, même si vous ne venez que pour les plages et les boîtes de Mamaia. La ville s'emploie à améliorer le quartier du port, longtemps négligé ; elle compte en outre de très bons musées et une belle promenade, ainsi que les meilleures tables de la région.

À voir

Centre-ville et Piaţa Ovidiu

Le centre-ville et les environs de la **Piaţa Ovidiu** (place d'Ovide) concentrent les plus importants musées de la ville. Ladite place est facile à trouver : depuis 1887, trône en effet en son centre une **statue d'Ovide** (Piaţa Ovidiu), œuvre d'Ettore Ferrari. Le fameux poète romain (43 av. J.-C.-an 17), contraint à l'exil par l'empereur Auguste en l'an 8 av. J.-C. pour des raisons assez obscures, détesta, à en croire ses contemporains, la vie si loin de Rome.

Côte de la mer Noire

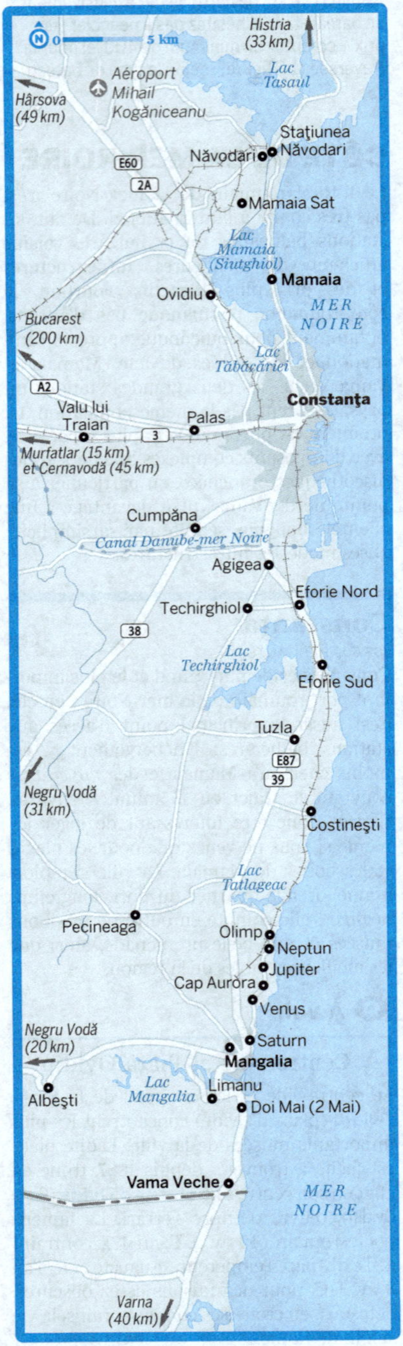

Musée national d'Histoire et d'Archéologie MUSÉE

(Muzeul de Istorie Nationala şi Arheologie Constanţa ; ☎0241-618 763 ; www.minac.ro ; Piaţa Ovidiu 12 ; adulte/enfant 13/5 lei ; ⏲9h-20h juin-sept, 9h-17h mar-dim oct-mai). Le principal musée de la ville est un peu décevant. Certes, l'extraordinaire collection de vases, bijoux et statues des périodes grecque et romaine (jusqu'à l'an 500) justifie le prix d'entrée, mais les étages supérieurs, consacrés à des périodes plus récentes et à l'histoire nationale roumaine, sont mal éclairés. De plus, ils s'adressent surtout aux visiteurs roumains.

Mosaïque romaine RUINES

(Edificiul Roman cu Mozaic ; Piaţa Ovidiu 12 ; adulte/enfant 10/5 lei ; ⏲9h-20h mar-dim juin-sept, 10h-18h oct-mai). Juste derrière et au sud du musée national d'Histoire et d'Archéologie, un bâtiment moderne abrite les vestiges d'un sol romain en mosaïque datant du IVe siècle, qui fut découvert dans les années 1960. Le site est proche de l'emplacement supposé du forum de l'antique Tomis. Autour de la mosaïque, des tombes de l'époque romaine portent des épitaphes émouvantes (traduites en anglais).

Mosquée Mahmoud II MOSQUÉE

(Moscheea Carol I ; Str Arhiepiscopiei 5 ; adulte/enfant 5/3 lei ; ⏲9h-17h). Cette impressionnante mosquée, siège du mufti, fut construite en 1910 sous les ordres de Carol Ier. C'est le haut lieu spirituel des quelque 50 000 musulmans qui habitent la région côtière. Son attrait principal est son grand tapis persan, censé être le plus grand tapis du pays. Il est possible de gravir les 140 marches du minaret.

Musée d'Art populaire MUSÉE

(Muzeul de Artă Populară ; ☎0241-616 133 ; B-dul Tomis 32 ; adulte/enfant 5/2,50 lei ; ⏲9h-19h30). Une collection vaste et impressionnante : costumes, outils, ustensiles domestiques et intérieurs traditionnels de toute la Roumanie.

Musée d'Histoire navale MUSÉE

(Muzeul Marinei Române ; ☎0241-619 035 ; Str Traian 53 ; adulte/enfant 10/5 lei ; ⏲10h-18h mer-dim). Une promenade fascinante, quoiqu'un peu confuse, à travers 2 000 ans d'histoire maritime sur la mer Noire. L'exposition commence par la période gréco-romaine, avec des maquettes détaillées de bateaux romains, et passe rapidement aux XIXe et XXe siècles. Le jardin est parsemé de vestiges d'hélices, de mines et de torpilles, livrés à la corrosion.

Front de mer et ses environs

L'un des attraits majeurs de la ville est sa paisible promenade qui serpente le long du front de mer avec, à la clé, une vue superbe sur les flots – et un casino.

Casino BÂTIMENT HISTORIQUE
(Faleza Casino Constanţa ; B-dul Elisabeta 1 ; fermé au public). Ce remarquable casino Art nouveau était fermé au public lors de nos recherches, dans l'attente d'une indispensable rénovation. Construit en 1910, à la demande du roi Carol Ier, il attirait jadis des vacanciers venus de toute l'Europe. Depuis la chute du communisme, l'établissement est laissé à l'abandon et n'a pas encore trouvé repreneur.

Aquarium AQUARIUM
(Acvariu ; 0241-481 461 ; www.delfinariu.ro ; Faleza Casino Constanţa, B-dul Elisabeta 1 ; adulte/enfant 20/10 lei ; 9h30-20h30 juin à mi-sept, 10h-18h mar-dim mi-sept à mai). Cet aquarium du front de mer présente les poissons de la mer Noire, avec notamment bon nombre d'esturgeons (une espèce menacée), ainsi que des poissons d'eau douce locaux.

En dehors du centre

Musée des Sciences naturelles MUSÉE
(Delphinarium/Delfinariu ; 0241-481 230 ; www.delfinariu.ro ; B-dul Mamaia 255 ; adulte/enfant 25/12 lei ; 9h-20h). Ce complexe tient davantage du zoo que du musée traditionnel. On y trouve des expositions sur la faune et la flore, mais aussi des oiseaux et d'autres animaux de la région de la mer Noire, ainsi qu'un delphinarium. Les spectacles quotidiens mettant en scène des dauphins suscitent de vives réactions des défenseurs des droits des animaux, qui mettent en avant le côté stressant et débilitant de ces dressages, encore aggravé par la présence du public.

Planetarium PLANÉTARIUM
(www.delfinariu.ro ; B-dul Mamaia 255 ; adulte/enfant 10/5 lei ; shows 10h, 11h30, 13h30, 15h30, 16h30). Voisin immédiat du musée des Sciences naturelles, le planétarium se prête, par temps de pluie, à une agréable sortie avec des enfants. Les projections de films en 3D, même commentées en roumain, ne manqueront pas d'émerveiller les plus jeunes par leurs effets spéciaux.

Activités

La petite plage de Constanţa, la **Plaja Modern**, se prête bien à la baignade. Elle donne à l'extrémité est de la Str Ştefan cel Mare (en bas des marches). C'est un endroit sympathique, dont les

VAUT LE DÉTOUR

HISTRIA, CITÉ GRECQUE ANTIQUE

À 65 km au nord de Constanţa, Histria, ou Istros, la plus ancienne ville de Roumanie, fut fondée en 657 av. J.-C. par des marchands grecs. Elle a vu se succéder le zénith, puis le crépuscule hellénique, l'apogée et la chute de l'Empire romain, suivis de l'ascension de Byzance.

Avec les siècles, Histria est devenue un port commercial de première importance, supplantant même celui de Constanţa. Par la suite, l'ensablement progressif de la baie et les attaques des Goths provoquèrent son déclin. Abandonnée au VIIe siècle, la ville fut "redécouverte" à la fin du XIXe et au début du XXe siècle.

Les vestiges trouvés sur place sont exposés au **complexe archéologique et musée d'Histria** (0241-618 763 ; www.histria-cheiledobrogei.ro ; Istria ; adulte/enfant 20/5 lei ; 9h-20h). Depuis l'entrée du site, des sentiers guident les visiteurs à travers les vestiges de la cité antique ; vous passerez ainsi à proximité de la grande tour située dans la partie ouest, où se trouvaient la majorité des bâtiments publics, les thermes et la basilique civile. La basilique catholique du VIe siècle, tout près, fut bâtie avec les pierres du théâtre romain. Sur les falaises de la partie orientale s'étend la zone sacrée (*zona sacră*), où les archéologues ont découvert les vestiges d'un temple grec, qui daterait du VIe siècle av. J.-C.

Centre de Constanţa

infrastructures ne sauraient toutefois rivaliser avec celles de la Mamaia, toute proche.

Partez en excursion à bord du **Condor** (Plimbari pe mare ; ✆0729-199 538, 0742-817 916 ; www.facebook.com/CondorsiTomis ; Marina, Portul Tomis ; 1 heure, 25 lei/pers, 6 pers minimum ; ⏲9h-22h mai-sept), pour un circuit personnalisé (6-12 pers) au départ du port touristique de Tomis, face au restaurant On Plonge.

Où se loger

En saison haute, ne soyez pas étonné si l'on vous démarche dès la gare ferroviaire pour des chambres privées. Si leurs prix sont habituellement raisonnables (60-100 lei) comparés à ceux des hôtels, sachez qu'il s'agit souvent d'hébergements quelconques, avec sdb partagée et intimité réduite. Le camping le plus proche se trouve au nord de Mamaia.

♥ **Hotel Cherica** BOUTIQUE-HÔTEL $$
(✆0756-617 174 ; www.cherica.ro ; Str Ştefan cel Mare 4 ; s/d 240/280 lei ; P ⊖ ❄ @ ᯤ). Cette belle demeure rénovée loue sur 3 niveaux des chambres spacieuses avec sdb privatives (et contemporaines), détails anciens (hautes fenêtres, murs lambrissés) et

Centre de Constanţa

À voir

1 Aquarium ... D4
2 Casino ... D4
3 Musée d'Art populaire ... B3
4 Mosquée Mahmoud II ... C4
5 Musée national d'Histoire et d'Archéologie ... C3
6 Musée d'Histoire navale ... A3
7 Mosaïque romaine ... C4
8 Statue d'Ovide ... C3

Activités

9 Bateau de croisière *Condor* ... D3
10 Plaja Modern ... B1

Où se loger

11 Hotel Cherica ... B2
12 Hotel Ferdinand ... B2
13 Villa Anticus ... C3

Où se restaurer

14 Irish Pub ... B2
15 Marco Polo ... A1
16 On Plonge ... D3
17 Pizzico ... C3

Où prendre un verre et faire la fête

18 Barissimo ... A2
19 Crazy ... A1

Où sortir

20 Théâtre national Oleg Danovski ... B2
21 Billetterie ... A2

moquettes épaisses. Tout à côté de la plage de Constanţa et à quelques minutes à pied du vieux port.

Hotel Maria HÔTEL $$
(☎0241-611 711 ; www.hotelmaria-ct.ro ; B-dul 1 Decembrie 1918, 2d ; s/d 160/200 lei ;). Dans cet établissement moderne, les chambres possèdent de grandes baies vitrées, des sdb impeccables et des bureaux. En face de la gare, de l'autre côté du parc, c'est un choix idéal pour quiconque arrive tard par le train ou doit en prendre un tôt.

Hotel Ferdinand HÔTEL $$
(☎0241-617 974 ; www.hotelferdinand.ro ; B-dul Ferdinand 12 ; s/d/ste 220/260/380 lei ;). Voici notre trois-étoiles favori à Constanţa. Admirablement tenu, il occupe une belle maison des années 1930, bien restaurée. Les chambres sont équipées de réfrigérateurs et de grands lits confortables ; et sa situation permet de rejoindre facilement à pied tout ce qu'il y a d'intéressant, plage comprise. Les *maxitaxis* pour Mamaia partent juste en face, de l'autre côté de la rue.

Villa Anticus BOUTIQUE-HÔTEL $$$
(☎0722-611 114 ; www.vilaanticus.ro ; B-dul Tomis 23 ; s 260 lei, d 290-360 lei ;). Sur la partie piétonne en bas du B-dul Tomis, cet établissement rénové avec soin est proche de la plage, du port et de la plupart des centres d'intérêt. Dans toutes les chambres, on trouve des matelas de très bonne facture, des produits d'hygiène corporelle et des serviettes de bain de qualité. Les chambres les plus chères sont plus spacieuses. Le quartier reste plus ou moins plaisant selon les endroits.

Où se restaurer

Constanţa compte d'excellents restaurants. Au menu ici : poisson frais sur le port et large choix d'autres établissements dans le centre-ville et ses environs.

♥ **Irish Pub** INTERNATIONAL $$
(☎0241-550 400 ; www.irishpub.ro ; Str Ştefan cel Mare 1 ; plats 20-40 lei ; 8h-0h ;). *The place to be* à Constanţa… d'autant qu'on y mange bien ! La carte affiche des plats de pub typiques – hamburgers, *fish and chips* –, mais aussi des viandes et poissons grillés. C'est également une bonne adresse pour prendre un verre. Réservation indispensable pour les repas.

♥ **Pizzico** INTERNATIONAL $$
(☎0746-013 004 ; www.pizzico.ro ; Piaţa Ovidiu 7 ; plats 15-40 lei ; 8h-2h30 ;). Le Pizzico a considérablement élargi sa carte ces dernières années : outre de très bonnes pizzas au feu de bois, il propose désormais d'excellentes grillades, des poissons, etc. Son emplacement, sur la Piaţa Ovidiu, en fait l'endroit idéal pour un déjeuner avant ou après une visite de musée.

On Plonge POISSON ET FRUITS DE MER $$
(☎0241-601 905 ; www.onplonge.ro ; Tomis Turist Port ; plats 15-40 lei ; 10h-23h30). Ce restaurant populaire sur le port est spécialisé dans le poisson frais tout juste déchargé du bateau. Il est très fréquenté les soirs d'été et le service en pâtit. Magnifique vue sur le port et la vieille ville.

Marco Polo ITALIEN $$$
(☎0241-617 357 ; Str Sarmizegetuza 2, angle Str Mircea cel Bătrân ; plats 30-50 lei ; ⊙12h-22h30 ; 📶). Les serveurs semblent bien empressés dans ce restaurant italien huppé ! Néanmoins, les portions sont généreuses et les pizzas, pâtes, poissons, viandes et plats végétariens sont délicieux. Tenue correcte conseillée.

Où prendre un verre et faire la fête

Les cafés font généralement office de bars à la tombée de la nuit. En été, l'animation se déplace vers Mamaia, et Constanţa peut prendre des airs de ville fantôme.

♥ **Barissimo** CAFÉ, BAR À COCKTAILS
(☎0736-366 101 ; www.barissimo.ro ; B-dul Ferdinand 32 ; ⊙8h-1h ; 📶). Le cadre, à l'esthétique industrielle un brin surannée, vaut le détour à lui seul, avec sa faïence colorée et ses piles de livres de poche au bar. C'est l'adresse idéale pour une pause ou un dernier verre en soirée – bon café et délicieux cocktails, dans une ambiance élégante et branchée. Au déjeuner, petite carte de salades, sandwichs et burgers.

Crazy CAFÉ, BAR
(☎0726-779 292 ; www.crazycafe.ro ; Str Mircea cel Bătrân 97a ; cocktails 20 lei ; ⊙9h-2h ; 📶). Cette adresse chic, située un peu à l'écart, invite à prendre un café ou un verre, à l'occasion d'un moment de détente l'après-midi ou d'une soirée de fête. Ses atouts principaux sont sa terrasse, ses bons cocktails et son étonnant bar, fabriqué à partir de branches d'arbre. Petits-déjeuners (15-21 lei) ; en-cas toute la journée.

☆ Où sortir

Phoenix Club MUSIQUE LIVE
(☎0730-617 787 ; www.club-phoenix.ro ; Str Capitan Dobrilă Eugeniu 1 ; ⊙19h-3h). Véritable institution locale, cette salle de concerts a accueilli depuis les années 1990 les plus grands groupes de rock et de hard rock, dont les noms sont inscrits sur ses murs. Elle ouvre presque tous les week-ends, pour une programmation toujours au top (détails sur le site Web).

Théâtre national Oleg Danovski OPÉRA, BALLET
(Teatrul Naţional de Operă şi Balet "Oleg Danovski" ; ☎billetterie 0241-481 460 ; www.tnobconstanta.ro ; Str Mircea cel Bătrân 97 ; places 15-30 lei ; ⊙billetterie 10h-17h lun-ven). Une adresse de choix pour les amateurs de danse et d'opéra. Les places sont en vente à la billetterie du théâtre ou à la **billetterie centrale** (☎0241-488 247 ; www.opera-balet-constanta.ro ; B-dul Tomis 97 ; ⊙10h-19h mer-ven, 16h-20h sam-dim).

ℹ Renseignements

Vous trouverez des banques et des DAB à profusion dans le centre-ville.

Hôpital des urgences du comté de Constanţa (Spitalul Clinic Judeţean de Urgenţă Constanţa ; ☎0241-662 222 ; www.spitalulconstanta.ro ; B-dul Tomis 145)

Forte-Games (☎0241-551 251 ; www.forte-games.ro ; B-dul Tomis 235 ; 6 lei/h ; ⊙24h/24). Cybercafé.

ℹ Depuis/vers Constanţa

BUS

Comme de nombreuses autres villes roumaines, Constanţa possède plusieurs gares routières. Les bus pour Bucarest (60 lei, 3-4 heures) et les stations balnéaires du Sud, comme Vama Veche (13,50 lei, 1 heure, plusieurs/jour), partent généralement de la gare ferroviaire. La plupart des autres bus passent par la grande **gare routière sud** (Autogara Sud ; ☎0241-665 289 ; B-dul Ferdinand), à 200 m environ au nord de la gare ferroviaire. Les bus pour Tulcea (35 lei, 2-3 heures) et des destinations plus au nord partent souvent d'ailleurs en ville. Consultez le site Web www.autogari.ro pour connaître les horaires et les points de départ.

Plusieurs bus et minibus assurent en journée la liaison avec Mamaia (30 min) ; dans le centre, vous trouverez un arrêt de bus sur le B-dul Ferdinand, en face de l'Hotel Ferdinand.

TRAIN

La **gare ferroviaire** (☎0241-614 960 ; www.cfrcalatori.ro ; B-dul Ferdinand 45) est située près de la gare routière sud, à 2 km au sud-ouest du centre-ville ; des bus desservent la gare depuis un arrêt central sur le B-dul Ferdinand. Chaque jour, il y a plusieurs trains rapides InterCity pour Bucarest (60 lei, 2-3 heures), ainsi que d'autres services pour diverses destinations, dont Suceava (100 lei, 8 heures), Iaşi (90 lei, 8 heures) et Timişoara (120 lei, 14 heures) via Arad. En été, plusieurs trains partent chaque jour de Constanţa vers Mangalia (8 lei, 1 heure 30) – ils desservent les gares situées entre les deux.

Mamaia

200 HABITANTS

Fine bande de sable au nord de Constanţa, Mamaia est la station balnéaire la plus prisée et la plus onéreuse de Roumanie. En saison, de début juin à début septembre, les 8 km de plage sont remplis de bout en bout de vacanciers venus de toute la Roumanie profiter des constructions en bord de mer. De nuit, l'ambiance tourne à la grande fête à ciel ouvert, avec d'innombrables clubs tous plus animés les uns que les autres et des fêtes de plage improvisées.

Activités

Les activités phares à Mamaia sont le bronzage et la baignade. L'extrémité sud de la **plage**, vers Constanţa, est la plus fréquentée et la moins attrayante. À mesure que l'on pousse vers le nord, les *resorts* se font plus sélects, le sable devient plus beau et l'eau est plus propre. Le front de mer est divisé en petites plages privées, qui appartiennent généralement à des hôtels ou sont sponsorisées par des sociétés ; l'entrée est gratuite, mais vous devrez souvent louer une chaise longue (15 lei/jour) ou un lit de plage (s/d 35/50 lei par jour).

Crush Beach PLAGE

(0767-488 944 ; www.facebook.com/ClubCrush.ro ; terminus nord du téléphérique ; accès libre, lit de plage s/d 35/50 lei ; 8h-23h juin-sept). Très prisée ; à côté du terminus nord du téléphérique (*telegondola*).

Aqua Magic PARC AQUATIQUE

(0241-831 176 ; www.aqua-magic.ro ; adulte/enfant 40/20 lei juin et sept, 70/30 lei juil-août ; 10h-18h juin et sept, 9h-19h juil-août). Cet amusant parc aquatique (à l'extrémité sud de la station de téléphérique) compte une profusion de bassins, de toboggans, etc. En été, il peut être bondé, et mieux vaut alors arriver tôt pour trouver une chaise correcte. Allez-y de préférence en semaine.

Bateaux pour l'île d'Ovide CIRCUIT EN BATEAU

(Insula Ovidiu ; 0241-550 550 ; B-dul Mamaia ; aller-retour 20 lei/pers, gratuit moins de 7 ans ; bateaux 10h-23h30). En été, des bateaux transportent les touristes sur le lac Siutghiol jusqu'à l'île d'Ovide (Insula Ovidiu), où l'on trouve un bon restaurant et où l'on dit que reposerait le célèbre poète latin. Les départs ont lieu toutes les 30 minutes du petit ponton donnant sur le lac (et non sur la plage), dans la partie nord de Mamaia.

Où se loger

Mamaia est jalonnée de complexes balnéaires visant davantage les voyages organisés que les visiteurs indépendants. Si vous connaissez vos dates à l'avance et envisagez de séjourner au moins 3 ou 4 jours sur place, essayez de réserver une formule par le biais d'une agence de voyages comme Mistral Tours. Vous ferez ainsi des économies conséquentes et vous échapperez à la corvée du porte-à-porte pour trouver une chambre libre. Une liste complète des hôtels de Mamaia est disponible sur le site www.turistinfo.ro.

Hotel Ovidiu HÔTEL $$

(0241-831 590 ; www.hotelovidiu.ro ; Aleea Falezei ; d/tr 250/350 lei ;). Ce deux-étoiles simple propose des chambres basiques et propres à des prix corrects, et pas grand-chose de plus. Demandez une chambre à l'étage pour une meilleure vue sur la mer. Au centre de la station, immédiatement au sud du départ du téléphérique.

Hotel Splendid HÔTEL $$$

(0341-412 541 ; www.splendidhotel.ro ; B-dul Mamaia, Mamaia Nord ; s/d 480/560 lei ; P@). Cet hôtel moderne de 5 niveaux est une option plus calme, du côté ouest de la route principale (à l'écart du front de mer, sur le lac Siutghiol). Les 31 chambres séduisent par leur propreté et le restaurant attenant est très correct. Le Splendid est situé à l'extrémité nord du *resort*.

Où se restaurer

Presque tous les hôtels ont leur propre restaurant et la promenade est ponctuée de self-services et d'étals de restauration rapide.

La Mama ROUMAIN $$

(0730-526 262 ; www.lamama.ro ; Faleza Casino Mamaia ; plats 20-35 lei ; 9h-2h mai-sept ;). Ce restaurant, qui fait partie d'une chaîne locale fiable, sert de copieuses portions de spécialités roumaines traditionnelles à des prix abordables (adaptés aux familles). Il est situé sur la promenade principale, à 200 m au sud de l'extrémité nord du téléphérique.

♥ **Chevalet** INTERNATIONAL $$$

(0721-421 501 ; www.restaurantchevalet.com ; Complex Enigma ; plats 50-80 lei ; 11h-23h ;). Le chef Nelu Păucă a fait ses armes

VAUT LE DÉTOUR

BAIN DE BOUE À EFORIE NORD

Eforie Nord, à 14 km au sud de Constanţa, est une station balnéaire sympathique et sans prétention, où les familles viennent profiter du soleil la journée et déguster des glaces le soir. La localité est également connue pour une autre raison : ses bains de boue. Le lac Techirghiol, accessible à pied depuis le centre-ville, est renommé pour son sapropèle, une boue noire et épaisse riche en matières organiques qui, appliquée sur la peau, serait bénéfique pour l'épiderme et les os, et aurait des vertus thérapeutiques sur les rhumatismes et autres affections.

La plupart des grands hôtels d'Eforie Nord proposent des forfaits bain de boue, mais la manière la plus simple (et la moins chère) d'y avoir accès est de se rendre aux **bains de boue publics** (Bai Reci ; tarif plein/étudiant 13/5 lei ; 7h-19h), à l'extrémité sud de la ville, non loin de la gare ferroviaire. Des vestiaires (non mixtes) mènent à des plages séparées où les gens, nus, s'enduisent de boue et se chauffent au soleil pour se faire sécher.

Eforie Nord étant très fréquentée en juillet-août, mieux vaut réserver son hôtel tôt. On trouve pléthore d'hébergements en ville. Pour les petits budgets, l'**Hotel Clas** (0725-528 296 ; www.hotel-clas.ro ; Str Armand Călinescu 8 ; ch 120-230 lei ; P ❄) est propre et bien tenu. Dans la catégorie moyenne, l'**Hotel Regal** (0241-741 069 ; www.hotelregaleforie.ro ; B-dul Ovidiu 20 ; d 235-270 lei ; P ❄) constitue une option correcte, proche de la plage. Pour la catégorie supérieure, direction l'**Hotel Europa** (0725-702 818 ; www.anahotels.ro ; Str Panselelor 23 ; s/d 240/450 lei ; P ❄ @), qui affiche un choix complet de soins à base de boue, ainsi qu'un beau bassin.

dans les cuisines du monde entier avant d'ouvrir ce restaurant romantique avec terrasse sur le lac. Parmi ses spécialités : steak tartare, cuisses de grenouilles et un appétissant choix de plats à base de bœuf, de porc ou de poisson. Pensez à réserver pour être sûr d'avoir une table donnant sur le lac.

Où prendre un verre et faire la fête

Mamaia est bien connue pour sa vie nocturne animée. En saison, les clubs ferment à Constanţa pour rouvrir en masse sur la côte, où ils emplissent la nuit de rythmes binaires, de 22h jusqu'au petit matin.

Crazy Beach CLUB
(0726-676 666 ; www.crazybeach.ro ; B-dul Mamaia Nord ; 8h-1h). Ce grand *lounge* et bar à cocktails à ciel ouvert situé à l'extrême nord de Mamaia (4 km environ après la station de téléphérique) est l'un des plus en vue de la ville. Pour y accéder, mieux vaut prendre un taxi (environ 10 lei depuis le centre de Mamaia). En journée, la plage de sable est à la fois calme et propre, et l'on peut s'y allonger sur un transat.

Renseignements

Mistral Tours (0728-281 676 ; www.mistraltours.ro ; 9h-17h lun-ven, 9h-13h sam). À l'extrémité sud de la ligne de téléphérique, cette agence de voyages très pratique devrait être votre premier arrêt en ville. Le personnel vous aidera à trouver un hébergement ou à préparer des excursions (notamment dans le delta du Danube et sur la côte bulgare). Mistral Tours vend également la carte de réduction Constanţa City Pass.

Depuis/vers Mamaia

Des *maxitaxis* (2 lei, 15 min) assurent des liaisons fréquentes entre le centre de Constanţa et Mamaia de juin à septembre. Les *maxitaxis* n[os]301 et 303 partent régulièrement de la gare ferroviaire de Constanţa. Vous pourrez les héler sur le B-dul Ferdinand, en face de l'Hotel Class et de l'Hotel Ferdinand.

Comment circuler

Une fois arrivé à Mamaia, empruntez à pied la promenade ou prenez le téléphérique (*telegondola*), qui circule entre la **station** (20 lei ; 9h-22h juin-oct) située à l'extrémité sud du *resort* et la **station nord** (20 lei ; 9h-22h juin-oct).

Vama Veche

280 HABITANTS

Le point le plus méridional de la côte roumaine de la mer Noire est au cœur de la fête ; on y croise aussi bien, autour d'une bière, des hippies vieillissants qu'une jeunesse branchée. "Vama" a su résister aux assauts des promoteurs immobiliers pour garder le caractère non conformiste qui était le sien dans les années 1980, lorsqu'il servait de refuge aux artistes, aux épicuriens et aux libres-penseurs. Affreusement bondé en juillet et août, il n'a rien d'une oasis de quiétude. Mais on aime y danser toute la nuit, et passer la journée à récupérer sur la plage.

Activités

Sans surprise, la baignade, le farniente et la fête sont les principales activités à Vama. Une piste cyclable de 5 km qui part de l'extrémité nord du village permet de rejoindre la localité en bord de mer de Doi Mai (2 Mai).

Plaja de Carta PLAGE

(lit de plage 20 lei ; 9h-20h juin-août). Moins fréquentée, cette plage à la pointe nord de Vama comprend une bibliothèque de prêt (en langue étrangère pour certains ouvrages). La partie nord accueille des nudistes – mais est néanmoins ouverte à tous.

Plaja de Amphora PLAGE

(0755-141 420 ; Str Falezei ; lit de plage 20 lei ; 9h-0h juin-sept). Voici sans doute la plus jolie plage de Vama, dont elle occupe l'extrémité sud. On peut y louer des lits de plage, des transats et des parasols. En soirée, on vient admirer les couchers de soleil, prendre un cocktail et danser.

Où se loger

Le succès grandissant de Vama fait qu'il n'est plus possible d'y arriver en juillet ou en août (et encore moins le week-end) en espérant trouver un hébergement de dernière minute. Réservez dès que possible. Le camping sauvage est envisageable aux deux extrémités de la plage (nord et sud). Les hôtels sont généralement ouverts de juin à septembre.

Pura Vida AUBERGE DE JEUNESSE $

(0786-055 288 ; www.puravidahostels.ro ; Str Falezei ; dort à partir de 50 lei, d à partir de 140 lei ; P). Cet établissement propre et bien tenu surplombe joliment la pointe nord de la plage de Vama. Il offre, sur 2 niveaux, quelques chambres doubles et des dortoirs. Belle terrasse, avec vue sur la plage, et bar pour se détendre. Les cartes bancaires ne sont pas acceptées.

Elga's Punk Rock Hotel HÔTEL $

(0241-858 070 ; www.punkrockhotel.com ; Str Mihail Kogălniceanu ; ch 80-100 lei ; P). Ce sympathique hôtel tenu en famille loue des chambres exiguës et ultrapropres, avec lit double ou lits jumeaux, dans deux catégories de prix : les chambres de catégorie A sont légèrement plus grandes et ont la climatisation ; celles de la catégorie B sont plus petites et équipées de ventilateurs. Cuisine à la disposition des clients.

Club d'Or HÔTEL $$

(0743-335 114 ; www.clubdor.ro ; Str Ion Creangă ; ch 180 lei ; P). Propre, calme et assez proche de la plage, le Club d'Or loue des chambres dans le style des motels, alignées autour d'une gigantesque piscine propre. À 100 m à l'ouest de la Strada Mihail Kogălniceanu (Rte E87), approximativement au centre du village.

BazArt AUBERGE DE JEUNESSE $$

(0722-889 087 ; www.bazarthostel.ro ; Str Ion Creangă, angle Str Tudor Vladimirescu ; d 100-180 lei, qua 280 lei ;). Dans l'artère principale de Vama Veche, cette adresse appréciée des étudiants offre tout un choix de chambres : doubles confortables avec sdb (et sèche-cheveux) ; chambres meilleur marché avec lits jumeaux ; dortoirs pour 4 personnes avec sdb commune et sans climatisation... À proximité des bars et des clubs. Location de **vélos** (10 lei/2h, 25 lei/jour ; 9h-coucher du soleil juin-sept).

Où se restaurer

On trouve des étals de restauration rapide et des supérettes dans la rue principale, Str Ion Creangă. Ouverts de fin mai à mi-septembre, les restaurants sont dans l'ensemble médiocres – à de rares exceptions près.

Sandalandala INTERNATIONAL $$

(0749-551 476 ; www.sandalandala.ro ; plats 25-40 lei ; 8h-23h juin-sept). Ce spacieux bar-restaurant, rattaché à un camping à l'extrémité nord de Vama et agrémenté d'une terrasse, constitue un véritable refuge pour échapper à l'agitation de Vama. Spécialisé dans les viandes grillées (cuites en extérieur), il offre en outre une bonne carte des vins, et sert le petit-déjeuner dès 8h.

Casa Double M ROUMAIN $$
(0749-057 557 ; www.casadoublem.ro ; Str Mihail Kogălniceanu 3A ; plats 20-40 lei ;). Cette auberge familiale donnant sur l'axe principal de Vama sublime la cuisine maison, entre plats roumains traditionnels, nombreux poissons et fruits de mer et accompagnements locaux, comme la polenta. La carte des vins est honorable et on peut aussi s'installer à l'extérieur. Très fréquentée en haute saison : réservez.

Cherhana POISSON $$
(Str Falezei ; plats 20-30 lei ; 10h-23h juin-sept). Cet établissement sans prétention avec gril et tables de pique-nique sur le front de mer attire les foules, notamment les campeurs. Le poisson frais est grillé sur place. À la lisière nord de Vama Veche.

Où prendre un verre et faire la fête

La réputation festive de Vama n'est plus à faire. Et même si la plupart des manifestations estivales sont programmées le week-end, le reste de la semaine est ponctué par des soirées de fête. La saison s'achève le dernier week-end d'août.

Expirat CLUB
(0733-974 782 ; Str Falezei 32 ; 24h/24). Dans la plus grande discothèque de Vama, en juillet et août, les soirées se prolongent jusqu'au petit matin le week-end. Les autres soirs, l'Expirat prend des allures de bar à cocktails plutôt calme. Belle vue sur la plage.

Stuf BAR DE PLAGE
(www.stufvamaveche.ro ; Plaja Vama Veche ; 9h-2h juin-sept). Voici la plus ancienne et la plus agréable des paillotes de plage. Vous la trouverez en descendant l'artère principale, Str Ion Creangă, jusqu'à la plage, puis en tournant à gauche.

Renseignements

Il n'y a pas d'office du tourisme, mais la localité est assez petite pour que l'on puisse s'y retrouver facilement. Vous trouverez ce dont vous aurez besoin (y compris un DAB et une pharmacie) dans l'artère principale qui part de la route E87 vers l'est jusqu'à la plage.

Depuis/vers Vama Veche

Aucun train ne dessert Vama Veche ; il vous faudra prendre un *maxitaxi* depuis Constanţa (environ 10 lei) ou un train jusqu'à Mangalia, puis un *maxitaxi* (8 km, 5 lei).

Comprendre la Roumanie

La Roumanie aujourd'hui

La Roumanie connaît une phase délicate. Engagée dans un vaste programme de restauration et de modernisation de ses villes soutenu par un développement du tourisme, elle doit parallèlement faire face à une crise politique majeure et au mécontentement de sa population, préoccupée par le recul de la lutte anticorruption, dont le pays avait fait une priorité ces dernières années.

À voir

4 mois, 3 semaines, 2 jours (Cristian Mungiu, 2007). Un drame sur l'avortement illégal, dans la nouvelle vague du cinéma roumain.

Mardi, après Noël (Radu Muntean, 2010). La lente dissolution d'un mariage, avec en toile de fond l'ambiance tendue des vacances.

Mère et fils (Călin Peter Netzer, 2013). Ou comment se servir du système pour faire absoudre un homme d'un crime.

À lire

Les Chardons du Baragan (Panaït Istrati ; 1928 ; Grasset, 2003). Le parcours d'un enfant à travers la Roumanie du début du XXe siècle.

Le Retour du hooligan. Une vie (Norman Manea ; Seuil, 2006). L'auteur revient sur les années noires de son pays.

La nostalgie (Mircea Cărtărescu ; P.O.L., 2017). Rêve et réalité s'entremêlent dans ces nouvelles sur la vie dans la Roumanie d'aujourd'hui.

À écouter

Band of Gypsies (Taraf de Haïdouks ; 2001). Magnifique voyage musical dans l'imaginaire tsigane.

Rhapsodies roumaines (George Enescu). Il existe de nombreux enregistrements de ces pièces inspirées de la musique populaire roumaine.

Un membre partiel de l'UE ?

Si la Roumanie est officiellement membre de l'Union européenne (UE) depuis 2007, elle ne bénéficie pas encore de tous les avantages liés à cette adhésion.

Première différence majeure : pour entrer dans le pays depuis un autre pays de l'UE, il faut se soumettre à des contrôles d'identité, puisqu'il n'est pas encore membre de l'espace Schengen. Lors des négociations d'adhésion de la Roumanie et de la Bulgarie, l'intégration dans l'espace Schengen avait été désignée comme une priorité. Mais dans les deux cas, Bruxelles a finalement différé sa décision. Pour l'heure, il n'est toujours pas possible de savoir quand la Roumanie obtiendra cet avantage tant attendu.

Autre grande différence : la Roumanie n'a pas adopté l'euro. Les raisons en sont complexes : à l'origine, elle ne satisfaisait pas aux exigences budgétaires réclamées par l'UE et ne répondait pas aux critères d'inflation nécessaires pour rejoindre la monnaie unique. Puis, à la suite de la crise économique de 2008, et face aux problèmes rencontrés par la Grèce, ni Bucarest ni Bruxelles ne semblaient avoir hâte d'imposer l'euro en Roumanie. Aujourd'hui, si les banques centrales ramènent encore de temps à autre le sujet sur le devant de la scène, l'entrée de la Roumanie dans la monnaie unique est sans cesse repoussée.

Le réveil de la société civile

Depuis la chute du communisme en 1989, la société roumaine a connu une évolution stupéfiante. La première décennie qui suivit la révolution fut d'abord marquée par une forme de statut quo, avec peu de changements dans l'attitude des citoyens. Les nouveaux cycles électoraux paraissaient rétablir au pouvoir les mêmes têtes qui étaient, le plus souvent, liées à l'ancien régime.

Mais on a depuis assisté à un tournant. Au début des années 2010, un accord entre une société minière canadienne et le gouvernement roumain, portant sur l'exploitation du plus gros gisement d'or d'Europe dans la région de Roşia Montană, en Transylvanie, a suscité un vif mécontentement de la population, qui s'est bien vite étendu à tout le pays. Après des années de lutte, les opposants au projet ont finalement obtenu gain de cause, en empêchant la création d'une gigantesque mine à ciel ouvert.

Puis, en 2015, le tragique incendie de la discothèque Colectiv à Bucarest, dans lequel plus de 60 personnes périrent, marqua une nouvelle étape. De grandes manifestations s'élevèrent contre la corruption généralisée, après qu'il fut révélé que les propriétaires de la discothèque avaient pu contourner les règles anti-incendie et de sécurité grâce au versement de pots-de-vin et au racket.

Dans ce contexte difficile, l'arsenal juridique et institutionnel créé pour lutter contre la corruption permit des avancées considérables. À tel point que les Roumains finissaient par dire en plaisantant qu'il y avait plus des dirigeants que de criminels endurcis derrière les barreaux, et que ses partenaires européens virent dans la Roumanie la championne de la lutte contre la corruption en Europe. Pour autant, le sujet reste sensible : début 2017, un décret gouvernemental destiné à assouplir certains pans de la répression a déclenché une nouvelle vague de protestations massives à Bucarest et dans d'autres villes, beaucoup soupçonnant le gouvernement d'avoir des raisons purement partisanes de libérer les politiciens corrompus. Ce mouvement a été suivi par une crise politique rocambolesque, qui a abouti à la chute du gouvernement social-démocrate en juin 2017.

Un pays beau comme un sou neuf

La Roumanie se refait une beauté. C'est Sibiu qui a ouvert le bal. Capitale européenne de la culture 2007, la ville saxonne a saisi cette occasion pour lustrer ses pavés et s'imposer comme une destination de choix.

D'autres villes lui ont emboîté le pas. Désignée Capitale européenne de la jeunesse 2015, Cluj-Napoca en a profité pour rénover, innover et se réinventer comme un haut lieu de la vie étudiante.

Partout dans le pays, les villes, petites ou grandes, brillent d'un nouvel éclat. En 2016, Iaşi a démonté les échafaudages de son palais de la Culture, resté longtemps inutilisé. Après huit ans et des travaux colossaux, l'ancien siège du pouvoir moldave a recouvré sa splendeur.

La fièvre rénovatrice a même gagné Bucarest, où de nouvelles pistes cyclables et des boutiques branchées ont donné un coup de jeune bienvenu à la Calea Victoriei, son artère centrale. Timişoara sera Capitale européenne de la culture en 2021, et son relooking se fait lui aussi à un rythme effréné.

NOMBRE D'HABITANTS : **19,9 MILLIONS**

SUPERFICIE : **238 391 KM²**

TAUX DE CROISSANCE DU PIB (2016) : **5%**

TAUX D'INFLATION (2015) : **-0,6%**

SALAIRE MENSUEL MOYEN (2016) : **2 108 LEI (467 €)**

Sur 100 personnes en Roumanie

89 sont roumaines
7 sont hongroises
3 sont roms
1 est d'une autre origine

Religions

(% de la population)

Population au km²

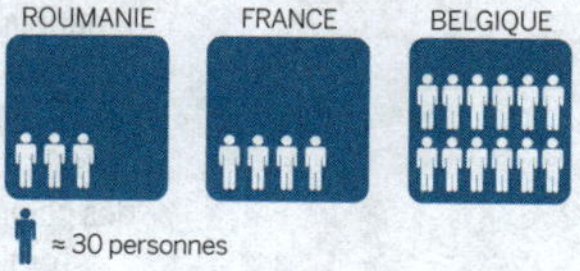

Histoire

Le nom de Roumanie ne s'appliqua à la Valachie et à la Moldavie roumaines qu'en 1859, la Transylvanie resta dans l'Empire austro-hongrois jusqu'en 1918 et le fameux Vlad Ţepeş était en fait un Magyar (Hongrois). Qu'est-ce donc alors que la Roumanie ? Connaître son passé, et comprendre les influences qui ont façonné une nation hors du commun est probablement la meilleure façon de résoudre cette énigme.

La Dacie romaine

Le territoire de la Roumanie actuelle fut peuplé de tribus dès le néolithique (6500 av. J.-C.). Parmi elles, le peuple des Cucuteni, dont on conserve d'admirables céramiques, connut son apogée entre 6000 et 3500 av. J.-C.

À partir du VIIe siècle av. J.-C., les Grecs installèrent des comptoirs commerciaux sur la mer Noire, à Callatis (Mangalia), Tomis (Constanţa) et Histria. Au Ier siècle av. J.-C., le roi Burebista fonda un puissant État dace afin de résister à la menace romaine. Le dernier souverain dace, Décébale (règne 87-106), consolida cet État mais ne put résister à la campagne militaire menée par l'empereur Trajan en 101-102. La Dacie devint alors une province romaine.

Le nom "Roumanie" proviendrait du latin *romanus* ("romain") ou, selon d'autres théories, du mot *rumân* ("paysan dépendant", "serf").

Les conquérants introduisirent leur culture et se mêlèrent aux autochtones pour former un peuple daco-romain, de langue latine. Mais le triomphe fut de courte durée. Confronté aux attaques des Goths en 271, l'empereur Aurélien (règne 270-275) décida le retrait des légions au sud du Danube. Si Rome gouverna le territoire moins de 175 ans, son empreinte perdura et la langue roumaine a conservé ses origines latines.

Les principautés médiévales

Des vagues de peuples migrants traversèrent le territoire entre le IVe et le Xe siècle. Goths, Huns, Avars, Slaves, Bulgares, Magyars… Tous laissèrent des traces dans la culture locale et dans la langue. Au Xe siècle, un système féodal morcelé, dirigé par une aristocratie militaire, se mit en place. À cette période, les Magyars essaimèrent jusqu'en Transylvanie. Au XIIIe siècle, la région était devenue une principauté autonome sous

CHRONOLOGIE

650 av. J.-C.

La présence des Daces dans la Transylvanie actuelle est mentionnée pour la première fois au sujet d'échanges commerciaux avec les Grecs, qui avaient des colonies à Callatis, Tomis (Constanţa) et Histria.

106

La Dacie devient une province romaine pour 175 ans, jusqu'à ce que les attaques des Goths (en 271) forcent l'empereur Aurélien à retirer les légions romaines au sud du Danube.

896

Les Magyars s'installent dans le bassin des Carpates et intègrent la Transylvanie au royaume de Hongrie.

ÉTIENNE LE GRAND

Pas une journée ne passe en Roumanie sans que l'on entende le nom de Ştefan cel Mare (Étienne le Grand), qui régna de 1457 à 1504. Le plus célèbre des princes moldaves a en effet donné son nom à des places, à des boulevards, à des rues, à des statues et à des monuments partout dans le pays. Étienne le Grand repoussa les invasions polonaises, hongroises et ottomanes, ce qui lui valut nombre d'admirateurs, notamment le pape Sixte IV, qui le nomma Athleta Christi (Champion du Christ). Et malgré ses vingt enfants illégitimes supposés, l'Église orthodoxe de Roumanie le canonisa pour ses actes héroïques et fit de lui saint Étienne le Grand.

S'il est souvent dans l'ombre de son cousin, le prince valaque Vlad Ţepeş (voir le chapitre *Le mythe de Dracula*, p. 246), le nombre de batailles qu'il a remportées (34, pour 2 défaites) est éloquent, tout comme celui des églises et monastères qu'il fit construire (44) – certains sont désormais inscrits au Patrimoine mondial. Étienne le Grand s'attacha à défendre les traditions et la culture roumaines, qu'il protégea des attaques de l'Empire ottoman. Sans lui, l'histoire de l'Europe aurait pu être changée.

la tutelle de la Couronne hongroise. À la suite de raids dévastateurs des Tatars en 1241 et en 1242, le roi Béla IV de Hongrie persuada des Saxons allemands de s'établir en Transylvanie, moyennant l'octroi de terres et des privilèges fiscaux. Il accorda également l'autonomie aux Sicules, un groupe ethnique hongrois arrivé dans la région en même temps que les Magyars, en échange de leur soutien militaire.

Au XIVe siècle, le prince Basarab Ier (règne 1310-1352) réunit diverses seigneuries du sud des Carpates pour créer la première principauté roumaine, la Valachie, ou Ţara Românească (Pays roumain). Les paysans (une majorité de Valaques) formaient l'essentiel de la population de ces principautés médiévales. En Valachie comme en Moldavie, ils étaient réduits à l'état de servage sur les terres appartenant aux boyards, une aristocratie terrienne héréditaire ; de rares paysans libres (*moşneni*) possédaient leurs propres terres. Les deux principautés étaient gouvernées par un prince, qui commandait l'armée. Les nobles étaient essentiellement des Hongrois. Après un soulèvement paysan en Transylvanie en 1437, les nobles Magyars formèrent une alliance politique avec les chefs sicules et saxons.

La Roumanie, un pays à la frontière de l'Europe (Les Belles Lettres, 2003), de Lucian Boia, est une étude passionnante. L'historien y explique en détail les singularités de ce pays.

L'expansion de l'Empire ottoman

Aux XIVe et XVe siècles, la Valachie et la Moldavie résistèrent à l'expansion ottomane. Mircea cel Bătrân (Mircea l'Ancien ; règne 1386-1418), Vlad Ţepeş (règne 1448, 1456-1462 et 1476 ; voir le chapitre *Le mythe de Dracula*, p. 246) et Ştefan cel Mare (Étienne le Grand ; règne 1457-1504)

1000
Des écrits byzantins, slaves, hongrois et orientaux mentionnent pour la première fois les Roumains sous le nom de Valaques.

1241
Après l'invasion et le pillage de la Transylvanie par les Mongols, le roi Béla IV de Hongrie offre des terres aux Saxons pour les attirer en Transylvanie et renforcer sa défense.

XIVe siècle
Le prince Basarab Ier crée la première principauté roumaine, la Valachie. La région est connue sous le nom de Ţara Românească (Pays roumain).

1431
Naissance de Vlad Ţepeş, qui passera la majeure partie des huit années de son règne à massacrer les envahisseurs turcs.

furent les grandes figures de cette lutte. Quand les Turcs conquirent la Hongrie au XVIe siècle, la Transylvanie devint un vassal de l'Empire ottoman. Elle garda son autonomie en payant un tribut au sultan, tout comme la Valachie et la Moldavie. En 1600, ces trois principautés s'unirent brièvement à Alba Iulia sous le règne de Mihai Viteazul (Michel le Brave ; règne 1593-1601), mais celui-ci fut battu peu de temps après par une armée née de l'alliance entre les nobles de Transylvanie et les Habsbourg, et décapité.

En 1687, à la suite de la défaite turque dans la bataille de Mohács, en Hongrie, la Transylvanie tomba aux mains des Habsbourg. Une grande partie de la Valachie et de la Moldavie, en revanche, resta sous domination ottomane, tout en conservant une autonomie partielle.

Les Roumains sont fiers de n'avoir jamais été entièrement conquis par les Turcs, tout en admettant que Bucarest ne se trouvait pas sur le chemin entre Constantinople et la principale cible des Ottomans, Vienne.

Le XVIIIe siècle marqua le début de la lutte pour l'émancipation de la Transylvanie. Les paysans roumains, qui constituaient 60% de la population, continuaient à être exclus de la vie politique. En 1784, trois serfs nommés Horea, Cloşca et Crişan prirent la tête d'un grand soulèvement, rapidement étouffé avec l'exécution de deux des instigateurs. La révolte n'en fut pas moins porteuse de progrès : en 1785, l'empereur Joseph II abolit le servage en Transylvanie.

En Valachie, la fin du XVIIe siècle fut synonyme de prospérité et de renaissance artistique et culturelle sous le règne de Constantin Brâncoveanu (1688-1714). En 1775, une partie du territoire situé au nord de la Moldavie, la Bucovine, fut annexée par l'Autriche-Hongrie. S'ensuivit en 1812 la perte du territoire oriental, la Bessarabie (devenue pour la majeure partie l'actuelle république de Moldavie) au profit de la Russie. Après la guerre russo-turque de 1828-1829, la Valachie et la Moldavie devinrent des protectorats russes, tout en restant dans l'Empire ottoman.

Un État

Au cours des années précédant 1848 (le "Printemps des peuples"), l'esprit révolutionnaire qui toucha la majeure partie de l'Europe imprégna la révolution hongroise en Transylvanie, menée par le poète hongrois Sándor Petőfi. Les révolutionnaires roumains réclamèrent leur émancipation politique, l'égalité et l'abolition du servage. Pour faire taire la révolte, les Habsbourg signèrent un accord avec les Roumains de Transylvanie, à qui ils promirent la reconnaissance de leur nation s'ils s'alliaient à eux face aux révolutionnaires hongrois. C'est ainsi que les Roumains de Transylvanie combattirent les Hongrois, réglant au passage des siècles de domination. Au final, l'intervention des Russes écrasa les volontés séparatistes hongroises et mit fin à une révolution qui commençait à prendre des allures de guerre civile.

La région passa par la suite sous le joug de l'Autriche-Hongrie et fut dirigée depuis Budapest. Ainsi commença la magyarisation des

1453

Chute de Constantinople. Les Ottomans empêchent le commerce sur la mer Noire, accentuant l'isolement de la Roumanie.

1467

Ştefan cel Mare (Étienne le Grand) bat l'armée hongroise (ce fut la dernière tentative de la Hongrie pour conquérir la Moldavie), puis vainc les Tatars à Lipnic avant d'envahir la Valachie (1471) pour repousser les Ottomans.

1475

Étienne le Grand remporte une bataille décisive contre les Ottomans, pourtant supérieurs en nombre, à Vaslui.

XVIe siècle

Les Turcs conquièrent la Hongrie. La Transylvanie devient la vassale de l'Empire ottoman.

populations. Le hongrois fut décrété langue officielle ; tout Roumain qui défiait le régime de Budapest était réprimé. L'Autriche-Hongrie allait diriger la région sans partage jusqu'à la Première Guerre mondiale.

Parallèlement, la Valachie et la Moldavie prospérèrent. En 1859, avec le soutien de la France, Alexandru Ioan Cuza (Alexandre-Jean Ier Cuza) accéda aux trônes de la Moldavie et de la Valachie. Il créa le 11 décembre 1861 un État national, les Principautés roumaines unies, qui prit le nom de Roumanie en 1862. Trop réformiste, Cuza abdiqua en 1866 sous la contrainte d'officiers mutins ; il fut remplacé par le prince prussien Charles de Hohenzollern-Sigmaringen, futur Carol Ier. Avec l'aide des Russes, la Roumanie proclama son indépendance en 1877. En 1881, elle devint une royauté : son premier souverain, Carol Ier, fut couronné le 22 mai de la même année.

La Première Guerre mondiale et la "Grande Roumanie"

Grâce à des manœuvres politiques, la Roumanie tira grand parti de la Première Guerre mondiale. Malgré l'alliance secrète avec l'Autriche-Hongrie conclue en 1883, elle commença par affirmer sa neutralité. Puis en 1916, sous la pression des Alliés, le gouvernement déclara la guerre à l'Autriche-Hongrie – son but : annexer la Transylvanie.

La défaite de l'Autriche-Hongrie ouvrit la voie à la formation de la Roumanie moderne. La Bessarabie, à l'est de la Prout, qui appartenait à la Moldavie jusqu'en 1812 – lorsqu'elle fut prise par les Russes –, lui fut rattachée, tout comme la Bucovine, aux mains des Austro-Hongrois depuis 1775. Une partie du Banat austro-hongrois fut également annexée, ainsi que la Transylvanie. À la fin du conflit, la Roumanie, connue désormais sous le nom de Grande Roumanie, avait plus que doublé en superficie (passant de 120 000 à 295 000 km²) et en population (de 7,5 à 16 millions d'habitants). L'acquisition des nouveaux territoires fut ratifiée par la Triple-Entente en 1920, lors du traité de Trianon.

Le compositeur roumain Georges Enescu fit ses débuts comme chef d'orchestre le 8 janvier 1923 au Carnegie Hall de New York.

Carol II et la Garde de Fer

Dans les années qui précédèrent la Seconde Guerre mondiale, la Roumanie, cherchant à assurer sa sécurité, contracta une alliance avec la France et l'Angleterre et rejoignit la Yougoslavie et la Tchécoslovaquie au sein de la Petite-Entente. Elle signa également un pacte balkanique avec la Yougoslavie, la Turquie et la Grèce, et instaura par la suite des relations diplomatiques avec l'URSS. Mais ces efforts furent compromis par la politique d'apaisement menée par les puissances occidentales face à Hitler, ainsi que par l'accession au trône roumain du roi Carol II, qui succéda à son père Ferdinand Ier et qui ne fit rien pour empêcher

1600
La Valachie, la Transylvanie et la Moldavie sont unies pendant quinze mois sous Mihai Viteazul (Michel le Brave).

1606
Le traité de Vienne accorde des droits religieux et constitutionnels aux Transylvaniens de langue hongroise, excluant ceux de langue roumaine.

1683
Le siège de Vienne par les Ottomans s'achève par la défaite de ces derniers. L'Empire des Habsbourg prend ensuite le contrôle de la Transylvanie.

1784
Soulèvement paysan ; Joseph II de Habsbourg abolit le servage en Transylvanie l'année suivante.

l'émergence de mouvements fascistes. Des partis d'extrême droite apparurent en Roumanie ; la Ligue de la défense nationale chrétienne, antisémite, donna ainsi naissance à la Légion de l'archange Saint-Michel en 1927. Cette faction fasciste née d'une scission, plus connue sous le nom de Garde de Fer et menée par Corneliu Codreanu, domina la scène politique roumaine dès 1935.

Face à la montée de l'extrémisme, Carol II durcit le régime en février 1938. Tous les partis furent dissous, tandis que des lois réduisaient de moitié l'électorat du pays. En 1939-1940, la Roumanie expérimenta pas moins de neuf gouvernements différents. En 1939, le roi s'attaqua à la Garde de Fer, qu'il avait pourtant soutenue jusqu'en 1937. Codreanu et treize autres légionnaires furent arrêtés, condamnés à dix ans de prison, puis assassinés. Pour venger la mort de leur chef, les membres de la Garde de Fer assassinèrent le Premier ministre, Armand Călinescu, ce qui entraîna le massacre par les forces royales de 252 militants extrémistes. Conformément aux vœux du roi, les corps furent pendus sur les places publiques. Il fallut attendre la chute des puissances de l'Axe, à la fin de la Seconde Guerre mondiale, pour que la Garde de Fer soit dissoute.

Un été inoubliable (1994), un film de Lucian Pintilie, se passe en 1925 dans une région de la Dobroudja, près de la frontière bulgare.

Après la défaite de la France en 1940, la Roumanie se retrouva isolée. En juin de la même année, la Grande Roumanie fut démembrée selon les dispositions du pacte germano-soviétique (Molotov-Ribbentrop) et l'URSS occupa de nouveau la Bessarabie. Le 30 août, sur ordre de l'Allemagne et de l'Italie, la Roumanie dut céder le nord de la Transylvanie à la Hongrie. En septembre 1940, le sud de la Dobroudja fut donné à la Bulgarie. La perte de ces territoires entraîna inévitablement d'importantes manifestations de protestation. Carol II appela alors à la rescousse le général Ion Antonescu, qu'il nomma Premier ministre. Celui-ci obligea le roi à abdiquer en faveur de son fils Michel, âgé de 19 ans, puis instaura une dictature, dont il devint le *conducător* (chef suprême).

L'alliance avec les nazis

En octobre 1940, les troupes allemandes entrèrent en Roumanie et, en juin 1941, Antonescu rejoignit Hitler dans sa guerre contre l'Union soviétique. L'une des conséquences les plus tragiques de cette alliance fut la déportation de plus de 200 000 juifs roumains, la plupart originaires de Bessarabie, et de 40 000 Roms, dans des camps de transit de Transnistrie, puis à Auschwitz. Après la guerre, Antonescu fut livré à l'URSS, qui le condamna à mort à l'issue d'un procès à grand spectacle.

Alors que l'armée soviétique approchait des frontières, la Roumanie changea de camp. Le 23 août 1944, elle fit capturer les 53 159 soldats allemands stationnés sur son territoire et déclara la guerre à l'Allemagne nazie. Elle sauva ainsi son indépendance et abrégea le conflit. Le 25 octobre, les armées roumaines et soviétiques expulsaient les forces

1812
Le traité de Bucarest, signé à la fin de la guerre russo-turque, octroie l'est de la Moldavie à la Russie et l'ouest à l'Empire ottoman.

1819-1834
Occupation de la Valachie et de la Moldavie par la Russie.

1864
Après le refus des Juifs roumains de le soutenir financièrement, Alexandru Ioan Cuza modifie son projet de Constitution afin d'interdire le vote à tous les non-chrétiens. Les juifs ne peuvent plus exercer le droit.

1881
Prince depuis 1866, Carol Ier est couronné premier roi de Roumanie.

hongroises et allemandes de Transylvanie, et replaçaient le territoire tant convoité sous contrôle roumain. Du côté roumain, les pertes humaines furent élevées : 500 000 hommes périrent en combattant avec les forces de l'Axe et 170 000 tombèrent après que la Roumanie eut rejoint les Alliés.

L'ère communiste

De tous les pays qui tentèrent au XXe siècle l'expérience communiste de l'industrialisation de masse, la Roumanie et la Russie étaient sans doute les moins bien préparées, tant leurs économies reposaient avant tout sur l'agriculture et le monde rural. Jusqu'en 1945, le Parti communiste roumain ne compta guère plus d'un millier de membres. Après-guerre, le soutien de Moscou l'aida à accroître son influence ; le nombre d'adhérents se chiffrait à 710 000 en 1947. La restitution de la Transylvanie, orchestrée par les Soviétiques, rehaussa considérablement le prestige des partis de gauche, qui remportèrent les élections parlementaires en novembre 1946. L'année suivante, le Premier ministre, Petru Groza, força le roi Michel à abdiquer (la légende veut qu'il ait menacé la Reine Mère d'une arme). La monarchie fut abolie et la république populaire de Roumanie fut proclamée. L'année 1948 marqua le début de la collectivisation. Dépossédés de leurs terres ancestrales, les paysans roumains furent contraints de vivre dans de grands ensembles urbains déshumanisants.

Il s'ensuivit une période de terreur durant laquelle les dirigeants d'avant-guerre, des intellectuels et des opposants présumés furent emprisonnés ou internés dans des camps de travail. Les prisons les plus tristement célèbres se trouvaient à Piteşti, Gherla, Sighetu Marmaţiei et Aiud. Les usines et les entreprises furent nationalisées et, en 1953, une orthographe slavisée fut introduite pour oblitérer les racines latines de la langue roumaine. Les noms des rues et des villes furent changés en faveur de personnalités soviétiques ; Braşov devint ainsi Oraşul Stalin ("la ville de Staline"). L'allégeance complète à Moscou se maintint jusqu'en 1958. Après 1960, le pays adopta une politique étrangère indépendante sous la férule de deux dirigeants communistes "nationaux", Gheorghe Gheorghiu-Dej et son protégé, Nicolae Ceauşescu (respectivement au pouvoir de 1952 à 1965 et de 1965 à 1989). En 1962, l'État contrôlait 77% des terres du pays.

Ceauşescu refusa d'apporter son soutien lors de l'"intervention" soviétique en Tchécoslovaquie en 1968. Sa condamnation publique de l'incursion lui valut un crédit de plus de 1 milliard de dollars de la part des États-Unis au cours de la décennie suivante. Lorsque la Roumanie condamna l'invasion soviétique en Afghanistan et participa aux Jeux olympiques de 1984 à Los Angeles malgré le boycott du bloc soviétique, Ceauşescu fut officiellement décoré par la reine Élisabeth II d'Angleterre.

Cinquante ans après son décès au Portugal, en 1953, la dépouille de Carol II a été transférée en Roumanie. Il repose désormais à Curtea de Argeş.

L'Athénée de Bucarest est un palace d'exception, qui abrita pendant la Seconde Guerre mondiale espions et informateurs. Pour un témoignage vécu de l'intérieur, lisez *Athénée Palace* (Éditions de Fallois, 2014), de la journaliste américaine R. G. Waldeck.

1897 — Publication de *Dracula* de Bram Stoker.

1916 — La Roumanie renonce à la neutralité et déclare la guerre à l'Autriche-Hongrie afin d'annexer la Transylvanie.

Février 1938 — Le roi Carol II proclame la monarchie absolue et dissout tous les partis politiques.

1940 — La Roumanie est contrainte de céder le nord de la Transylvanie à la Hongrie sur ordre de l'Allemagne nazie.

Ceauşescu et la grande désillusion

La dictature mégalomane et ultrarépressive de Nicolae Ceauşescu et de son épouse Elena fit peser sur la Roumanie une véritable chape de plomb pendant un quart de siècle. L'absence de liberté d'expression atteignit de tels sommets que la simple possession d'une machine à écrire pouvait être punie de mort ! Les programmes de télévision et de radio étaient entièrement voués au culte de la personnalité du "Génie des Carpates", et le conditionnement de la population commençait dès l'école. Dans les années 1980, soucieux d'éliminer une dette extérieure de 10 milliards de dollars et de faire bonne figure aux yeux du monde, Ceauşescu fit exporter des denrées alimentaires, y compris des produits de base, alors que son peuple était rationné. À l'exception des apparatchiks du Parti, les Roumains devaient faire des heures de queue pour se procurer des aliments de base comme du lait ou des pommes de terre, avant de rentrer chez eux dans des logements privés d'électricité par mesure d'économie.

La surveillance et l'enregistrement des conversations téléphoniques faisaient partie de l'arsenal liberticide, de même que l'application systématique du couvre-feu. Rien ne fut toutefois plus effrayant que la campagne destinée à augmenter la population active de 23 à 30 millions. En 1966, il fut décrété que le fœtus était la "propriété de la société tout entière". Les personnes sans enfant se virent alors imposer une taxe représentant jusqu'à 10% de leur salaire mensuel jusqu'à ce qu'elles procréent. D'une manière prévisible, le taux de natalité monta en flèche et se doubla d'une forte augmentation du taux de mortalité infantile, soit 83 pour 1 000. Les femmes de moins de 45 ans étaient rassemblées sur leur lieu de travail pour y subir des tests de grossesse (en présence d'agents de l'État surnommés la "police menstruelle"). Bien des Roumaines se réfugièrent en Hongrie, laissant derrière elles de nombreux orphelins affamés, souvent victimes de graves problèmes de développement. Dévoilée en 1990, l'histoire horrifia la communauté internationale.

Catherine Durandin, spécialiste de la Roumanie, a consacré de nombreux ouvrages à ce pays, et notamment : *Histoire des Roumains* (Fayard, 1995) ; *La Roumanie post 1989* (L'Harmattan, 2008) ; et *Bucarest : mémoires et promenades* (Éditions Hesse, 2001).

Arme maîtresse de Ceauşescu, la Securitate (police secrète) mettait le pays en coupe réglée, propageant la peur et la paranoïa, torturant et menaçant d'inscrire les citoyens sur sa tristement célèbre liste noire. Selon les estimations, elle aurait recruté jusqu'à 1 Roumain sur 30 dans les années 1980 – la méfiance régnait au sein même des familles. Pire encore, beaucoup de ses informateurs étaient des enfants. En mars 1987, Ceauşescu lança son "programme de systématisation du territoire" qui allait aboutir à la destruction de 8 000 villages (essentiellement en Transylvanie), dont les habitants (hongrois pour la plupart) furent contraints de déménager dans des immeubles hideux.

Juin 1941
Les habitants de Iaşi, nourris de théories extrémistes, perpètrent un abominable pogrom contre la population juive, qui fera des milliers de victimes.

1944
À la suite de tractations secrètes entre Staline, Churchill et Roosevelt, la Roumanie tombe à 90% dans la sphère d'influence de l'Union soviétique.

1947
Abolition de la monarchie et proclamation de la République populaire roumaine.

1968
La condamnation publique de "l'intervention" soviétique en Tchécoslovaquie par Nicolae Ceauşescu séduit l'Occident, qui le récompense par des aides économiques.

La révolution de 1989

Fin 1989, le monde assista à l'effondrement des régimes communistes les uns après les autres ; il apparut bientôt que la chute de la dictature roumaine n'était plus qu'une question de temps. Par certains aspects, la révolution roumaine fut menée avec une passion et une intensité toutes latines ; de tous les pays du bloc soviétique, seule la Roumanie connut un transfert de gouvernement qui se termina par la mort de son dirigeant. L'étincelle qui mit le feu aux poudres se produisit le 15 décembre, lorsque le père László Tőkés condamna publiquement le dictateur dans son église hongroise de Timişoara, incitant l'Église réformée de Roumanie à le destituer. Les tentatives de la police pour arrêter les paroissiens qui manifestaient échouèrent. En quelques jours, l'agitation gagna le pays, et 115 personnes furent tuées. Ceauşescu proclama la loi martiale dans le département de Timiş et envoya des troupes un peu partout dans le pays pour mater les révoltes éventuelles. Mais le 19 décembre, l'armée rejoignit les rangs des manifestants à Timişoara. On assista alors à un tournant.

Le 21 décembre à Bucarest, l'intervention de Ceauşescu à l'occasion d'un rassemblement de 100 000 personnes fut interrompue par des opposants qui huèrent le dictateur et le traitèrent d'assassin. Les manifestants se retirèrent sur le grand boulevard entre la Piaţa Universităţii et la Piaţa Romană ; quelques heures plus tard, ils furent la cible de tirs de la police et de voitures blindées. Arrosés de jets d'eau glacée, ils répliquèrent en érigeant des barricades sous les yeux des journalistes occidentaux logés dans l'hôtel InterContinental voisin. À 23h, la police lança l'assaut avec un tank pour détruire les barricades. À l'aube, la place avait été nettoyée des cadavres et des débris. Si les estimations varient, au moins 1 033 personnes furent tuées ce jour-là.

Le lendemain, des milliers de manifestants envahirent les rues et l'état d'urgence fut décrété. À midi, Ceauşescu, qui était réapparu au balcon du Comité central pour s'adresser une nouvelle fois à la foule, dut s'enfuir en hélicoptère par le toit du bâtiment. Arrêté avec son épouse Elena près de Târgovişte, il fut emmené dans une base militaire. Le 25 décembre, un tribunal improvisé condamna à mort le couple Ceauşescu, qui fut fusillé dans la foulée. La télévision diffusa des vidéos montrant les luxueux appartements de la famille Ceauşescu, des balances de cuisine en or massif dans la cuisine, et des rangées de chaussures cloutées de diamants dans la chambre d'Elena.

Si les événements qui constituent la "révolution" roumaine portent la marque d'une révolte populaire, des spécialistes avancent l'hypothèse d'un coup d'État : les membres du Parti communiste roumain, lassés d'être à la botte de Ceauşescu, avaient très vraisemblablement programmé son élimination depuis des mois. Des communistes prirent rapidement

Les Clowns, le dictateur et l'artiste (Seuil, 2009), de Norman Manea, est une diatribe cinglante contre la dictature roumaine dans les années 1980. L'écrivain, d'origine juive, fut déporté en 1941 dans un camp de concentration de Transnistrie, alors qu'il n'avait que 5 ans.

La Securitate fut supprimée fin 1989, après l'éviction de Ceauşescu. Elle a laissé dans son sillage un climat de paranoïa et de défiance.

1976
Nadia Comăneci, une gymnaste de 14 ans, remporte trois médailles d'or et un "10" aux Jeux olympiques d'été à Montréal. C'est le premier "10" accordé dans l'histoire olympique moderne.

1989
Après 25 années au pouvoir, Nicolae Ceauşescu et son épouse Elena sont exécutés le jour de Noël à Târgovişte.

Mai 1990
Le Front de salut national, dirigé par le communiste Ion Iliescu, remporte les premières élections démocratiques organisées en Roumanie depuis 1946.

Juin 1990
Le gouvernement Iliescu fait intervenir des mineurs contre des manifestants à Bucarest. La "minériade", telle qu'on l'appellera plus tard, causera la mort de sept personnes et en blessera des centaines d'autres.

le pouvoir après la chute de Ceauşescu, s'autoproclamant "Front de salut national". Il fallut attendre 2004 pour que la Roumanie élise un président n'ayant pas fait partie de l'ancienne oligarchie communiste.

Tentatives de démocratie

Les années qui suivirent la révolution furent instables ; l'avenir semblait incertain. Le Front de salut national (FSN) prit immédiatement le contrôle du pays. En mai 1990, il remporta les premières élections libres organisées depuis 1946. Ion Iliescu, membre du Parti communiste depuis l'âge de 14 ans, devint président. Des manifestations s'ensuivirent et Iliescu envoya 20 000 mineurs pour les réprimer violemment. Il fut néanmoins réélu en 1992 à la tête d'un gouvernement de coalition, sous la bannière du Parti de la démocratie sociale – un nouveau nom pour une même politique et des réformes économiques toujours inexistantes. En 1993, les aides de l'État en matière d'alimentation, de transports et d'énergie furent abandonnées, ce qui provoqua une hausse des prix et une forte augmentation du chômage.

En décembre 1989, le photographe français Gilles Saussier a couvert la révolution roumaine pour l'agence Gamma. Dans *Tableau de chasse* (Point du jour, 2010), il confronte ses photographies de l'époque avec des images prises à Timişoara au cours de plusieurs séjours, effectués depuis 2003. Revenant sur la révolution roumaine, il nous livre aussi sa réflexion sur le rapport des images à l'histoire.

Iliescu fut finalement battu aux élections présidentielles de 1996, laissant le peuple amer et encore plus pauvre. Emil Constantinescu, chef de la Convention démocratique roumaine (CDR), une alliance de la droite et du centre, prit les rênes de la présidence. Il fit de l'entrée de la Roumanie dans l'OTAN et dans l'Union européenne (UE) une priorité, au même titre que la réforme de l'économie, la lutte contre la corruption et l'amélioration des relations avec les pays voisins, en particulier la Hongrie.

Les scandales et la corruption entachèrent la campagne électorale de 2000. En mai, le Fonds national pour l'investissement (FNI) s'écroula. Des milliers d'investisseurs, en majorité des retraités qui avaient placé toutes leurs économies dans ce fonds d'État, descendirent dans la rue pour réclamer leur argent (47,4 millions de dollars, dilapidés depuis longtemps par le FNI). La police utilisa des bombes lacrymogènes pour disperser les manifestants à Bucarest.

Après le refus de Constantinescu de se présenter à l'élection présidentielle "mafieuse" de 2000, Iliescu reprit le flambeau. Son Parti social-démocrate (PSD) forma un gouvernement minoritaire, avec Adrian Nastase comme Premier ministre. Des accusations de fraudes électorales entachèrent les élections de 2004, qui furent gagnées au second tour par Traian Băsescu avec 51% des suffrages. Le dirigeant du Parti national libéral (PNL), Călin Popescu Tăriceanu, devint Premier ministre et prêta serment devant une nouvelle coalition qui excluait le PSD.

Le principal objectif du gouvernement, outre la résolution des nombreux problèmes intérieurs, était l'adhésion à des organisations internationales, et principalement à l'UE. En 2002, la Roumanie fut admise dans l'OTAN ; puis elle intégra finalement l'UE en 2007, en

1993

Le gouvernement supprime les subventions sur les produits alimentaires, le transport et l'énergie ; flambée des prix et hausse du chômage.

1994

Mort du célèbre dramaturge franco-roumain Eugène Ionesco, né en 1909. Il écrivit sa première pièce à l'approche de la quarantaine.

1997

La population des chiens errants à Bucarest se situe entre 150 000 et 200 000 individus, soit deux fois plus qu'à New York, qui est trois fois plus grande. Cinquante personnes sont mordues chaque jour.

2004

La Roumanie rejoint l'OTAN – une étape majeure avant l'adhésion à l'Union européenne (UE).

même temps que la Bulgarie. Des problèmes de crime organisé, de corruption et de sécurité alimentaire avaient jusqu'alors retardé cette adhésion. La Communauté européenne n'en avait pas moins largement soutenu la cause roumaine en accordant des aides importantes pour le développement des infrastructures et des entreprises, la protection de l'environnement et les services sociaux.

En décembre 2009, Băsescu nomma de nouveau Emil Boc comme Premier ministre, à la tête d'une coalition composée de démocrates libéraux de centre-droit et de l'UDMR. Boc démissionna en 2012 à la suite de manifestations et de la pression accrue de l'opposition appelant à des élections anticipées. Mihai Razvan Ungureanu lui succéda brièvement, puis ce fut le tour de Victor Ponta, le chef du Parti social-démocrate, qui forma une coalition avec le Parti national libéral.

À la suite de l'affrontement entre le président Băsescu et le Premier ministre Victor Ponta, l'UE a reporté l'entrée de la Roumanie dans l'espace Schengen.

Duel au sommet

La cohabitation entre le président Băsescu et le Premier ministre Ponta fut houleuse dès le début. Ponta finit par accuser Băsescu d'avoir violé la Constitution, mais aussi d'avoir fait pression sur les juges d'instruction qui le poursuivaient et d'avoir contrôlé abusivement les services secrets. Et Băsescu accusa quant à lui Ponta d'avoir fomenté une tentative de coup d'État. L'opposition entre les deux hommes atteignit son apogée en 2012, lorsque Ponta et ses alliés lancèrent un référendum national dans l'espoir d'obtenir la destitution de Băsescu. Mais le référendum ne put pas être validé, le nombre de votants n'ayant pas atteint les 50%.

Pour une vision décalée de la Roumanie, lisez le *Dictionnaire insolite de la Roumanie*, de Diane Chesnais (Cosmopole, 2017).

Ponta ne fut pas non plus épargné par les scandales : il fut même accusé de plagiat concernant sa thèse de doctorat. Băsescu parvint à conserver son poste jusqu'à la fin de son mandat, en 2014. Candidat pour lui succéder au poste de président, Ponta dut s'incliner de peu face au candidat du centre-droit Klaus Iohannis. Puis il fut finalement contraint de démissionner de son siège de Premier ministre en octobre 2015, à la suite de l'incendie de la discothèque Colectiv, à Bucarest, dans lequel périrent plus de 60 personnes.

Reportez-vous également au chapitre *La Roumanie aujourd'hui*, p. 234.

Iohannis, ancien maire de Sibiu d'origine allemande, fit campagne sur le thème populaire de l'anticorruption et remporta massivement le scrutin – il fut particulièrement soutenu par les jeunes électeurs. Dès son arrivée au pouvoir, il lança de nombreuses actions contre la corruption, qui aboutirent à l'emprisonnement de maires, juges et hommes d'affaires.

Mais la lutte contre la corruption est loin d'être terminée, comme l'ont prouvé les énormes manifestations de l'hiver 2017 contre Liviu Dragnea, chef du PSD et président de la chambre des députés, qui tenta de faire passer plusieurs ordonnances destinées à affaiblir la lutte anticorruption. Elles furent finalement annulées, essentiellement sous la pression de la rue, mais la situation reste fragile.

2007

Le 1er janvier, la Roumanie et la Bulgarie deviennent les 26e et 27e membres de l'UE.

2014

Les Roumains élisent au poste de président Klaus Iohannis, d'origine allemande, pour un mandat de cinq ans.

2016

À la suite d'une campagne anti-corruption, les électeurs ramènent le parti d'opposition, le Parti social-démocrate (PSD), au pouvoir lors des élections législatives.

Février 2017

Des manifestations monstres sont organisées dans tout le pays, contre le projet d'ordonnances visant à affaiblir la lutte anticorruption.

Le mythe de Dracula

Qu'on le veuille ou non, un voyage en Roumanie implique forcément de rencontrer Dracula : des tasses aux T-shirts, en passant par les menus "chauve-souris et hémoglobine", le sinistre personnage est bel et bien présent. Lui, ou son double historique. Car pour créer son comte des ténèbres, Bram Stoker s'est inspiré (en prenant certes beaucoup de liberté) de Vlad Ţepeş, célèbre prince valaque, resté dans l'histoire comme un guerrier particulièrement féroce.

Le personnage historique

Vlad Ţepeş, prince de Valachie au XVe siècle, est souvent assimilé au personnage de Dracula, le comte, vampire et personnage central du roman éponyme (1897) de l'écrivain anglo-irlandais Bram Stoker. Si les Roumains bénéficient de la manne touristique engendrée par cette confusion, certains s'inquiètent de voir un personnage important de leur histoire ainsi éclipsé par un vampire sanguinaire.

Vlad Ţepeş, né à Sighişoara (en face de la tour de l'horloge, selon la légende) en 1431, dirigea la Valachie en 1448, puis de 1456 à 1462, et en 1476. Sans doute cruel et sanguinaire, il n'a cependant jamais bu de sang ! Son père, Vlad II, fut appelé Vlad Dracul (du latin *draco*, "dragon") après avoir été fait chevalier de l'ordre du Dragon par Sigismond de Luxembourg en 1431. Le nom romain de Drăculea – littéralement, fils de Dracul – fut donné à Vlad Ţepeş par son père. Mais *dracul* signifie aussi "démon", interprétation que le roman de Stoker a popularisée.

Vlad Ţepeş fut incontestablement un dirigeant puissant, considéré par de nombreux Roumains comme un héros national et courageux défenseur de sa principauté. Impitoyable, il employait des méthodes cruelles – décapiter, ébouillanter, enterrer vivant... – et gagna son surnom de Ţepeş ("empaleur") en raison de sa prédilection pour le supplice du pal : on introduisait dans l'anus des victimes un pieu en bois de façon à ce qu'il ressorte sous les épaules sans avoir transpercé aucun organe vital. Cette méthode garantissait au moins 48 heures de souffrances atroces avant que la mort survienne. On raconte que Ţepeş avait l'habitude de prendre ses repas à l'extérieur afin d'observer l'agonie des prisonniers turcs et grecs. En 1459, il accusa les boyards (nobles) de Târgovişte du meurtre de son père et de son frère. Les plus vieux furent empalés tandis que les autres durent marcher 80 km jusqu'à Poienari, où on leur ordonna de construire une forteresse de 850 m de haut pour garder le défilé. On peut encore en visiter les ruines.

Notons que le pal était toutefois une torture relativement courante dans l'Europe médiévale. Étienne le Grand (Ştefan cel Mare), le cousin germain de Ţepeş, aurait ainsi fait empaler par le nombril, en diagonale et les uns au-dessus des autres, 2 300 prisonniers turcs en 1473.

Dans les pas de Vlad Ţepeş

Sighişoara, où il naquit.

Le château de Bran, où il aurait été détenu.

La citadelle de Poienari, sa forteresse en altitude.

Târgovişte, où il fit empaler des milliers de Turcs.

Le monastère de Snagov, où il repose.

Stoker avait sans doute lu *Transylvanian Superstitions* (1885, non traduit) d'Emily de Laszowska Gerard, qui expliquait en détail comment tuer les vampires.

Le vampire

Le Dracula de Bram Stoker est un vampire suceur de sang, un damné devant boire le sang des vivants pour conserver son immortalité. Qui aurait cru que cette longue histoire épistolaire cultivant l'hyperbole, qui raconte l'expédition d'un avocat rendant visite à un aristocrate mégalomane, allait créer pratiquement à elle seule tout un genre littéraire ? Les *Chroniques des vampires* d'Anne Rice et la saga *Twilight* de Stephenie Meyer n'auraient sans doute jamais vu le jour sans *Dracula*. Toute dimension victorienne mise à part, cette histoire épique et gothique de la fin du XIXe siècle est un modèle d'écriture de suspense, si magnifiquement ciselée parfois qu'elle laisse une trace indélébile dans l'esprit du lecteur – surtout les passages sinistres qui suivent le voyage du jeune Jonathan Harker et sa captivité en Transylvanie.

Ce livre, qui n'a jamais été épuisé, a inspiré d'innombrables adaptations cinématographiques.

Aux sources de l'inspiration

En Roumanie, où les vampires font partie intégrante du folklore local, la tradition voulait que le septième enfant d'une fratrie soit particulièrement susceptible d'être victime de la malédiction des suceurs de sang. Un pied bot ou un début de queue au bout de l'épine dorsale désignaient les petits vampires.

Au départ, Bram Stoker ne savait pas où situer son histoire de vampire. Il lui fallait aussi un nom pour son aristocrate assoiffé de sang. Un jour, il tomba sur un livre sur Vlad Ţepeş à la bibliothèque de Whitby (Yorkshire), et rencontra un Hongrois qui lui décrivit la Transylvanie (qui signifie "la terre au-delà des forêts"). Il n'en fallut pas plus pour que son histoire se mît en place. Stoker investit alors la salle de lecture de la bibliothèque du British Museum, pour tout apprendre sur la géographie et les traditions roumaines, et sur la mythologie des vampires.

Sur les traces de Dracula

Pour les fans de *Dracula*, la bonne nouvelle est que les chapitres du livre sur la Transylvanie sont tirés de données géographiques exactes ; on peut donc vraiment visiter les lieux où séjourne le héros, Jonathan Harker. Bien qu'il ait beaucoup voyagé, l'Irlandais Bram Stoker n'avait jamais mis les pieds en Europe de l'Est. Ses recherches fouillées furent faites à distance, dans des bibliothèques. Suivez cet itinéraire pour collecter le maximum d'indices sur la légende.

Pour remonter la piste du "véritable" Dracula, Vlad Ţepeş, direction la **citadelle de Poienari** (p. 69), isolée à la frontière entre la Transylvanie et la Valachie, où son épouse se suicida. Non loin de Braşov, où il se livra aussi au supplice du pal, se dresse le **château de Bran** (p. 93) ; Ţepeş y aurait fait un bref séjour. La jolie citadelle saxonne de Sighişoara, qui semble sortie tout droit d'un conte de fées, vit naître le futur prince valaque. Arrêtez-vous pour déjeuner à l'effrayant **restaurant Casa Vlad Dracul** (www.casavladdracul.ro ; Str Cositorarilor 5 ; 5 lei ; ⌚10h-22h).

Marchez ensuite sur les traces de Jonathan Harker jusqu'à Bistriţa (Bistritz dans le livre), la ville médiévale dans le nord de la Transylvanie qu'il visite la veille de la Saint-Georges, quand les habitants l'implorent de ne pas se rendre au château de Dracula. De là, vous n'êtes plus très loin en voiture du col boisé et solitaire de Tihuţa (le col de Borgo dans le livre). Perché au sommet du col, exactement à l'endroit décrit par Harker comme étant le château de Dracula, on découvre l'**Hotel Castel Dracula** (☎0266-264 010, 0266-264 020 ; www.hotelcasteldracula.ro ; Piatra Fântânele ; s/d/ste à partir de 155/170/300 lei ; P 👪). Il s'agit d'un hôtel vaguement gothique, avec tapis rouge sang et animaux empaillés, et une crypte propre à causer un infarctus ! Allez-y pour la vue. Pour le reste, tout dépend de votre imagination !

Les meilleurs films sur Dracula

Le Cauchemar de Dracula (Terence Fisher, 1958)

Les Maîtresses de Dracula (Terence Fisher, 1960)

Nosferatu, fantôme de la nuit (Werner Herzog, 1979)

Dracula (Francis Ford Coppola, 1992)

Plus de 200 films portant à l'écran le personnage de Dracula ont été tournés. L'acteur hongro-américain Béla Lugosi figurait à l'affiche du tout premier, *Dracula*, sorti en 1931.

Dans les années 1980, le manuscrit original de *Dracula* fut découvert dans une grange, dans le nord-ouest de la Pennsylvanie. Il appartient désormais à Paul Allen, cofondateur de Microsoft.

Environnement et activités de plein air

En Roumanie, les amateurs d'activités de plein air seront comblés ! Outre la randonnée et le VTT, on peut observer des oiseaux dans le delta du Danube, guetter les loups dans les Carpates, se terrer dans une cachette à l'affût d'un ours brun... Les occasions de pratiquer l'équitation, la spéléologie, l'escalade et le ski ne manquent pas non plus.

Randonnée

En Transylvanie et dans les coins reculés de Moldavie, le randonneur aura vite l'impression de s'échapper loin de la civilisation. Pour autant, on trouve des sentiers balisés (et des cartes randonnées) presque partout dans le pays, et de nombreux refuges (huttes ou chalets composés de dortoirs et d'un lieu où se restaurer et se désaltérer) sont installés dans les Carpathes.

Les sentiers de randonnée roumains, bien signalisés, sont accessibles à tous – à condition d'être en bonne condition physique et équipé d'une carte fiable. Les hôtels et les centres d'informations touristiques locaux pourront vous conseiller sur les meilleurs itinéraires et les transports pour accéder aux sentiers. On trouve parfois des cartes de randonnée dans les centres d'informations touristiques, même s'il est préférable de se rendre dans les grandes librairies.

La Roumanie est couverte à 60% par des terres agricoles. Un tiers du pays est constitué de montagnes, un deuxième tiers de collines et de plateaux, et le reste de plaines.

Pour des treks plus exigeants, ou pour découvrir et comprendre une région, son histoire et sa culture en profondeur, il est recommandé de suivre un circuit guidé proposé par une agence de voyages. De très bons prestataires partent de Braşov et Cluj-Napoca et vous trouverez d'autres guides compétents sur www.alpineguide.ro. Voici quelques sociétés réputées :

Carpathian Travel Centre (p. 112). Une agence basée à Sibiu, proposant des randonnées en Transylvanie.

Discover Eco-Romania (www.eco-romania.ro). Randonnées et marches en Transylvanie et dans le Maramureş, et large choix d'activités plus physiques (treks en immersion dans la nature).

DiscoveRomania (p. 89). Circuits pédestres à thème (Saxons de Transylvanie, Maramureş rural...).

Roving România (p. 89). Circuits pédestres et d'observation de la nature, circuits culturels (découverte de la culture rom).

Où randonner

Les Carpates (ou Alpes transylvaniennes) offrent d'inépuisables opportunités aux randonneurs. Les zones les plus populaires sont les monts Bucegi et Făgăraş, au sud et à l'ouest de Braşov. Les Bucegi sont couronnés par un plateau plat accessible par téléphérique depuis Sinaia.

Connus pour leurs formations karstiques et leurs grottes souterraines, les monts Apuseni, à l'ouest de Cluj-Napoca, figurent aussi sur le radar des aventuriers. Vous pourrez aussi opter pour le parc national des Retezat, au nord-ouest de Târgu Jiu et au sud de

Deva en Transylvanie ; les environs de Păltiniş, au sud de Sibiu ; et, en Moldavie, les monts moins visités de Rarău et Ceahlău, près des gorges de Bicaz.

Conseils pour les randonneurs

Voici quelques conseils de bon sens pour randonner sans danger :

- Restez sur les sentiers balisés – surtout dans les parcs nationaux.
- Munissez-vous d'une bonne carte ; ne finissez pas la randonnée de nuit (les cartes fiables indiquent généralement la durée des randonnées au verso).
- Ayez toujours des chaussures robustes et confortables ; prévoyez assez d'eau.
- Notez le numéro de téléphone du service de secours en montagne Salvamont (☎ 0725 826 668) et vérifiez la météo avant de partir.
- Ne partez jamais seul pour une randonnée difficile.

Vélo de route et VTT

La pratique du vélo de route et du VTT gagne peu à peu du terrain en Roumanie, même si les sentiers aménagés sont encore rares, tout comme les cartes, et les boutiques de location et de réparation. Les cyclistes doivent par ailleurs se méfier des conducteurs peu attentifs et des chiens errants.

Les villes étudiantes, telles que Timişoara, Cluj-Napoca, Iaşi et Bucarest, ont pris une longueur d'avance avec la création de quelques pistes cyclables (peu nombreuses). En outre, le territoire roumain offre de longues portions de route peu fréquentées, des sentiers forestiers à l'abandon, et de superbes panoramas qui viennent récompenser les efforts fournis. La région la plus propice à la pratique du VTT est le plateau des monts Bucegi. On peut louer des vélos à Sinaia (la ville en contrebas) et, en payant un supplément dans le téléphérique, vous pourrez monter pour la journée et redescendre à vélo.

Cycling Romania (www.cyclingromania.ro). Cette adresse recommandée organise des excursions de plusieurs jours à VTT (delta du Danube ou Transylvanie).

Hooked On Cycling (www.hookedoncycling.co.uk). Ce prestataire basé au Royaume-Uni suggère de nombreux circuits autoguidés à travers la Transylvanie.

Louer un vélo

Renseignez-vous auprès de votre hôtel ou du centre d'informations touristiques local pour trouver un vélo de location. Les tarifs sont variables, mais comptez un minimum de 5 lei/heure et 30 lei/jour.

i'Velo (www.ivelo.ro), l'association nationale de promotion des déplacements à vélo, propose des vélos à la location dans les grandes villes du pays, notamment à Bucarest, Braşov, Timişoara et Iaşi.

Équitation

Répartis sur tout le territoire, les centres équestres privés accueillent en principe les visiteurs. Commencez par vous rendre au centre d'informations touristiques le plus proche. Les tarifs varient, mais comptez environ 80 lei/heure pour une excursion avec guide. Les Carpates sont parcourues par un réseau de sentiers équestres serpentant au milieu de magnifiques paysages isolés.

Cross-Country Farm (p. 101). Équitation et hébergement rural, près de Sighişoara.

Equus Silvania (www.equus-silvania.com). Excursions équestres guidées, y compris en hiver ; hébergement à Şinca Nouă, non loin de Braşov.

Maggie's Ranch (www.maggiesranch.ro). Jolie pension et large choix d'excursions à cheval, notamment dans un ranch situé à l'est de Bran, en Transylvanie.

Merlelor (www.merlelor.com). Excursions dans les Carpates, séjour long en camping et offres thématiques haut de gamme (gastronomie et vin).

Spéléologie et escalade

On dénombre en Roumanie plus de 12 000 grottes (*peştera*), dont beaucoup sont ouvertes au public. À l'exception de quelques grands sites touristiques, les autres ne sont pas équipées pour accueillir des visiteurs : il faudra vous y rendre à pied, puis vous débrouiller pour vous y frayer un chemin. Ne partez pas sans vêtements chauds ni chaussures de marche.

Le **parc national des monts Apuseni** (www.parcapuseni.ro), à l'ouest de Cluj-Napoca, est composé de roches calcaires et comprend la plus grande concentration de grottes au km² du pays. On en trouve 1 500 au total, ainsi que le plus grand glacier souterrain de Roumanie, à Scărişoara. Les deux grottes les plus célèbres et les plus facilement accessibles sont la grotte de Glace (p. 163), l'une des cinq grottes glaciaires de Roumanie, et la grotte des Ours (Peştera Urşilor ; p. 163).

Apuseni Experience (p. 161). Ce prestataire basé à Oradea propose des treks dans les monts Apuseni et peut vous aider à préparer une sortie spéléo.

Green Mountain Holidays (p. 139). Très apprécié pour leurs circuits spéléo dans les monts Apuseni.

Vous trouverez des informations sur les stations de ski sur www.mountainguide.ro.

Pour l'escalade, les environs de Braşov sont particulièrement indiqués. Le site Internet de **Climb Europe** (www.climb-europe.com) référence les sites d'escalade et met en ligne les liens de cartes utiles. Les grimpeurs trouveront leur bonheur dans le parc national de Piatra Craiului, non loin de Bran. Les gorges de Bicaz, en Moldavie, représentent un véritable défi ; la région de Băile Herculane ne manque pas d'intérêt non plus.

Ski et snowboarding

La Roumanie est enfin reconnue comme une bonne destination pour les sports d'hiver : hébergements bon marché, poudreuse et pistes peu fréquentées y sont au rendez-vous. De nombreuses stations ont récemment investi dans des téléphériques ultramodernes et l'aménagement de nouvelles pistes. Celles-ci sont classées comme en France, suivant leur niveau de difficulté (bleu, rouge, noir). La saison

PRINCIPAUX PARCS NATIONAUX ET RÉSERVES NATURELLES

PARC NATIONAL/RÉSERVE	CARACTÉRISTIQUES	ACTIVITÉS	MEILLEURE PÉRIODE
Parc national des monts Apuseni	grottes, sangliers, cerfs, ours	randonnée, spéléologie	juin-sept
Réserve naturelle de Bucegi	forêts, flore abondante (edelweiss)	randonnée, VTT, ski	toute l'année
Parc national de Ceahlău	innombrables espèces de fleurs, faune exceptionnelle	randonnée	juin-sept
Réserve de biosphère du delta du Danube	plus grande zone marécageuse d'Europe, 5 000 espèces végétales et animales	croisières, pêche, ornithologie	mai-sept
Parc national des Portes de Fer (Porţile de Fier)	paysages d'exception, gorges spectaculaires	randonnée	mai-sept
Parc national de Piatra Craiului	loups, cerfs, ours bruns	randonnée, escalade	mai-oct
Parc national des Retezat	réserve de biosphère de l'Unesco, chèvres noires, ours, renards, cerfs, vautours moines	randonnée	mai-oct
Réserve florale de Todirescu	champs de tulipes, jacinthes des bois, chrysanthèmes	randonnée	juin-sept

court généralement de décembre à mars ; certaines pistes ouvrent à la mi-novembre et ne ferment qu'en avril.

Forfaits et équipement

Il n'est en principe pas nécessaire d'apporter votre équipement : les stations louent des skis et des planches de surf en bon état. Les remontées mécaniques et les forfaits affichent des tarifs variables selon la saison et le lieu. Vous trouverez des photos, des webcams et des renseignements concernant les stations et l'enneigement sur www.ski-in-romania.com.

Où skier

Les sports d'hiver se pratiquent pour l'essentiel en Transylvanie ; les stations de ski les plus prisées sont accessibles à la journée depuis Braşov. Très pratique car à 20 minutes en bus de Braşov, la station de Poiana Braşov a été récemment modernisée – mais elle convient surtout aux skieurs débutants ou de niveau intermédiaire. Les skieurs confirmés apprécieront davantage Sinaia, dans la vallée de la Prahova, dont les pistes, très larges au sommet, se transforment ensuite en couloirs et en half-pipes. On trouve également à proximité la station de Predeal. Au sud de Sibiu, la jolie Păltinis est équipée de petites remontées mécaniques.

En dehors de la Transylvanie, on peut également s'amuser sur des pistes du Maramureş, à Izvoare et à Borsa. Le versant sud des monts Apuseni est traversé par quelques petites pistes à Stâna de Vale et Gârda de Sus. En Moldavie, il est possible de skier à Câmpulung Moldovenesc.

Pour tout savoir sur les oiseaux observés en Roumanie, rendez-vous sur www.oiseaux.net.

Stations thermales

Consultez le site de l'**organisation nationale des spas** (www.romanian-spas.ro). **Contur Travel** (www.contur.ro) peut organiser un séjour dans un centre de cure ; son site Web (en français) est pratique et utile.

Quelques adresses recommandées :

Băile Tuşnad (p. 121 ; www.bailetusnad.ro). Cette vallée de Transylvanie, jalonnée de pensions, abrite des thermes dans les monts Harghita.

Covasna (p. 119). Surnommé le "centre aux 1 000 sources", dans le pays sicule (Transylvanie).

Bains de boue (p. 230). Le lac Techirghiol, près d'Eforie Nord sur la mer Noire, est réputé pour son sapropèle, une boue noire et épaisse, aux propriétés régénératives pour la peau et les os.

Sovata (p. 126). En Transylvanie, entre Târgu Mureş et Sighişoara ; célèbre pour ses bains curatifs dans un lac en forme d'ours.

Observation de la faune et de la flore

Le delta du Danube est l'un des principaux lieux de passage pour les oiseaux migrateurs qui vont de l'Arctique russe au delta du Nil. Les amateurs d'ornithologie pourront louer un bateau, s'inscrire pour un circuit ou partir en ferry sur l'un des trois canaux qui traversent les 3 446 km² de marécage. Presque toute la population mondiale de bernaches à cou roux (jusqu'à 70 000 individus) hiverne ici, tout comme 60% de la modeste population mondiale de cormorans pygmées. En été, on peut admirer des milliers de pélicans blancs et des oiseaux appartenant à plus de 300 espèces différentes.

D'autres circuits d'observation des oiseaux mènent dans les montagnes de Transylvanie et sur la côte méridionale de la mer Noire. La saison de migration du printemps s'étend de mars à mai, celle d'automne d'août à octobre. Les meilleures périodes sont mi-avril et octobre.

Ibis Tours (p. 218). Basée à Tulcea, cette agence de voyages propose des circuits sur le delta du Danube animés par des ornithologues.

Roving România (p. 89). À Braşov ; peut aider à organiser des circuits ornithologiques en Transylvanie et alentour.

La Roumanie est couverte de forêt à hauteur de 25% environ. Selon l'Association roumaine générale des chasseurs et des pêcheurs, 4 000 loups vivraient dans la profondeur des bois.

GARE À L'OURS !

Grâce à un dictateur mégalo (quand il était au pouvoir, Ceauşescu était le seul à avoir le droit de chasser), 60% des ours bruns d'Europe vivent aujourd'hui en Roumanie (soit environ 6 000 individus).

Vous aurez de bonnes chances d'en voir en randonnée ou lors d'une expédition d'observation. Cousins du grizzly, les ours roumains sont plus petits, mais ont la même bosse de muscle sur le dos ; ils peuvent courir à une vitesse de 45 km/h.

Des randonneurs ont été blessés et même tués par des ours surpris ces dernières années. Voici quelques conseils. Plantez votre tente dans un endroit ouvert pour qu'ils puissent vous voir, et entreposez votre nourriture à 4 m de hauteur au moins dans un arbre. Tout déchet et matériel sanitaire utilisé doit être conservé dans un sac fermé de façon étanche. Face à une ourse et à son bébé, ne bougez pas pour montrer que vous n'avez pas peur, et faites-vous paraître plus grand en agitant les bras. De même, quand vous marchez dans une forêt dense, parlez fort pour annoncer votre présence : les ours ne tiennent vraiment pas à vous rencontrer.

La Roumanie est une terre de choix pour observer la faune, en particulier les ours. S'ils représentent un réel danger pour les randonneurs en Transylvanie (chaque année amène son lot de marcheurs inattentifs blessés en pleine forêt), on peut les approcher de façon beaucoup plus sécurisée, en ayant bon espoir d'en observer un dans son habitat naturel, en participant à un circuit organisé. Plusieurs prestataires proposent leurs services et assurent une approche sans risque pour vous et l'animal. La plupart d'entre eux proposent également d'aller observer des loups et des lynx.

Transylvanian Wolf (p. 89). Cette agence sous la férule de Dan Marin, un excellent guide roumain, propose des randonnées sur la piste des loups, des ours et des lynx.

Carpathian Nature Tours (p. 98). Basé dans le village de Măgura, ce prestataire qui œuvre pour la protection des espèces organise notamment des circuits d'observation des ours.

Arts et culture traditionnelle

Les racines paysannes du pays ont donné naissance à une culture folklorique riche et à un bel artisanat traditionnel (tissage, poterie, travail du bois) emblématiques de l'identité nationale. La musique rom, qui reste très présente dans les campagnes, s'inscrit dans ce patrimoine ; elle s'enrichit désormais de nouvelles formes comme le manele, très apprécié de la jeunesse urbaine. À l'étranger, la culture et les arts roumains sont d'emblée associés aux sculptures de Constantin Brancusi, au XXe siècle, et, plus récemment, aux films de la "Nouvelle Vague roumaine".

Arts visuels

Peinture

La peinture médiévale roumaine trahit une forte influence byzantine. Visant à l'édification des paysans illettrés, elle prit la forme de fresques dépeignant des scènes bibliques sur les murs extérieurs des églises. Des peintures ornaient également les iconostases à l'intérieur des sanctuaires et des miniatures décoraient les manuscrits religieux.

Bâtis aux XVe et XVIe siècles, les monastères peints du sud de la Bucovine (p. 206) renferment les plus belles fresques de Roumanie. Ces œuvres, précieuses par leur composition, le sont peut-être davantage encore par leur application inventive des couleurs et des harmonies.

Les influences Renaissance, tempérées dans de nombreux endroits par le rayonnement culturel de l'Empire ottoman, restent apparentes ici et là dans les régions occidentales et même dans certaines parties de la Valachie, qui fut à l'origine un État vassal du royaume de Hongrie. Les fresques magnifiquement préservées des murs de l'église Saint-Nicolas (XIVe siècle) de Curtea de Argeş représentent une rare synthèse de thèmes byzantins, comme dans les portraits de saints réalistes et joufflus, plus caractéristiques pourtant de la Renaissance.

Au XIXe siècle, quand l'art entra dans sa phase moderne, la Roumanie resta à la traîne de l'Europe de l'Ouest. Puis le milieu et la fin du XIXe siècle virent émerger de véritables maîtres roumains, influencés par les styles français.

Le plus reconnu d'entre eux, Nicolae Grigorescu (1838-1907), s'imprégna des mouvements français, comme le réalisme et l'impressionnisme, qu'il adapta dans ses scènes célébrant les paysages roumains, la paysannerie et les soldats. Ses portraits abordent des thèmes inattendus, comme les femmes roms ou juives. Ce peintre prolifique est désormais représenté dans de nombreux musées du pays.

Sculpture

Depuis le néolithique et la culture de Cucuteni-Trypillia (6000 av. J.-C.), la sculpture a toujours occupé une place prépondérante sur le territoire de l'actuelle Roumanie. Quelques millénaires plus tard, les Grecs, puis les Romains, amenèrent avec eux les techniques de la sculpture classique jusqu'aux rivages de la mer Noire. On en trouve

Tristan Tzara (1896-1963), l'un des fondateurs du mouvement dada, était originaire de Roumanie, tout comme Victor Brauner (1903-1966), peintre dadaïste puis surréaliste.

Sacha Baron Cohen a choisi le village de Glod, au nord de Târgovişte, pour des scènes de *Borat* (2006) censées se dérouler au Kazakhstan, ce qui n'a pas été sans conséquences. Loin de savourer leur quart d'heure de gloire, des villageois filmés affirment avoir été exploités et humiliés.

de nombreux exemples dans les musées d'histoire et d'archéologie de Tulcea et Constanţa.

Au XIXe siècle, ère du réalisme, la sculpture servit la cause de héros nationaux par le biais d'œuvres surdimensionnées. Cette pratique rigide et didactique fut supplantée au début du XXe siècle par les travaux abstraits de Constantin Brancusi (1876-1957), sculpteur roumain de l'École de Paris (voir l'encadré p. 72), qui bouleversa la conception de la sculpture par sa recherche de la forme pure. En Roumanie, ses œuvres sont notamment exposées au musée d'Art de Craiova, ainsi qu'en plein air à Târgu Jiu, sa ville natale.

Ces dernières années, l'inauguration, en 2012, d'une œuvre controversée au musée national d'Histoire de Roumanie, à Bucarest, a fait grand bruit. La statue de bronze de Vasile Gorduz (1931-2008) montre l'empereur Trajan, totalement nu, portant maladroitement un loup, pour symboliser la synthèse entre les cultures dace et romaine. Malgré les critiques, il s'agit de l'œuvre la plus photographiée de la ville.

Le top de la musique tradition-nelle

Musique des Tziganes de Roumanie (Taraf de Haïdouks)

Bratsch de Roumanie (Anatol Ştefăneţ)

Onwards to Mars (Fanfare Ciocarlia)

Culture populaire

Les traditions roumaines restent particulièrement vivaces au Maramureş, dans certaines parties de la Transylvanie et en Olténie, dans l'ouest de la Valachie. Au fil des siècles, l'artisanat a profondément influencé la peinture, la sculpture et la musique roumaines.

Art et artisanat

La culture populaire continue de s'épanouir sous différentes formes d'artisanat traditionnel comme la poterie, le tissage et la sculpture. La poterie roumaine est d'une incroyable diversité. Les matériaux et les motifs varient en fonction de la région d'origine. Le Musée ethnographique (p. 70) de Craiova présente de très belles poteries régionales. On en voit aussi à Miercurea Ciuc et à Baia Mare.

De même, le tissage a traversé les âges ; dans les petites villes et les villages, on trouve encore un métier à tisser dans de nombreux foyers. Les broderies, les motifs et les matériaux diffèrent beaucoup d'une région à l'autre. Le tissage est utilisé pour le linge de lit, les serviettes, les rideaux et les tapis. Les tapis roumains traditionnels ont beaucoup de points communs avec ceux des Turcs ; on rencontre le plus souvent des kilims, des tapis tissés fins et oblongs.

C'est dans le Maramureş que se concentre le savoir-faire du travail du bois. Par le passé, les habitants ont utilisé les abondantes ressources forestières pour ériger de fabuleuses églises en bois. Traditionnellement, chaque famille exhibait ses talents sur les énormes portes en bois finement sculpté ornant les maisons. Le bois était souvent utilisé pour fabriquer des ustensiles de cuisine, et on trouve encore des cuillères sculptées dans le Maramureş, ainsi que dans certaines zones de la Transylvanie.

Gadjo Dilo (1998), de Tony Gatlif, l'histoire d'un jeune Français (interprété par Romain Duris) qui parcourt la Roumanie à la recherche d'une chanteuse inconnue, est un beau film sur l'univers des Tsiganes.

Musique traditionnelle et rom

La musique traditionnelle roumaine est encore très présente lors des fêtes familiales et nationales.

Parmi les instruments traditionnels figurent le *bucium* (cor des Alpes), le *cimpoi* (cornemuse), le *cobza* (luth) et le *nai* (flûte de Pan composée d'une vingtaine de tubes). Diverses sortes de flûtes sont également utilisées, comme l'ocarina (en céramique) et la *tilinca* (flûte sans trous pour les doigts).

La musique traditionnelle peut prendre plusieurs formes. Une *doina* est une chanson d'amour improvisée, illustrant un thème social ou romantique, et entonnée en solo en diverses occasions, que ce soit à la maison, au travail ou pour une veillée. L'Unesco l'a inscrite en 2009 au

LA NOUVELLE VAGUE ROUMAINE AU FESTIVAL DE CANNES

La Nouvelle Vague du cinéma roumain, qui s'est épanouie dans les années 1990, continue de prospérer. Elle suscite un grand intérêt dans les festivals internationaux, et notamment à Cannes. Les réalisateurs de cette vague, qui abordent des thèmes variés, ont en commun de tourner avec des budgets restreints, et d'adopter un esthétisme hyperréaliste et sobre.

L'un des premiers grands succès fut *La Mort de Dante Lazarescu*, de Cristi Puiu, en 2005. Ce long-métrage raconte l'histoire tragi-comique d'un vieil homme et de ses vains efforts pour se faire soigner à l'hôpital dans le système médical roumain dysfonctionnel. Il a été récompensé à Cannes dans la catégorie Un certain regard. En 2016, Cristi Puiu a obtenu trois nominations pour *Sieranevada*, un drame familial satirique et singulier.

En 2006, *Comment j'ai fêté la fin du monde*, de Cătălin Mitulescu, l'histoire d'un petit garçon qui décide d'organiser un attentat contre Ceauşescu à Bucarest en 1989, a été salué par le prix d'interprétation féminine (attribué à Dorotheea Petre), également dans la catégorie Un certain regard. Cette même année, le premier film de Corneliu Porumboiu, *12h08 à l'est de Bucarest*, qui met en scène trois personnages se disputant lors d'une émission télévisée pour savoir si la révolution s'est bien produite dans leur ville, a reçu la Caméra d'or. Corneliu a depuis été récompensé dans la catégorie Un certain regard pour *Le Trésor* (2015), une comédie accessible et enjouée.

En 2007, Cristian Mungiu a remporté la Palme d'or avec *4 mois, 3 semaines et 2 jours*, l'histoire dérangeante d'un avortement illégal dans la Roumanie communiste. Il a depuis été récompensé pour *Au-delà des collines* (2012), avec un double prix d'interprétation et un prix du scénario, et pour *Baccalauréat* (2016), avec un prix de la mise en scène.

Cristian Nemescu, disparu prématurément en 2006, a été primé dans la catégorie Un certain regard en 2007 pour *California Dreamin'*, sorti après sa mort.

Radu Muntean a été nominé plusieurs fois à Cannes et a été récompensé dans d'autres compétitions internationales. Son dernier film en date, *L'Étage du dessous*, est un drame inspiré d'un fait divers.

Andrei Ujică est l'auteur d'une trilogie consacrée à la fin du communisme. *L'Autobiographie de Nicolae Ceauşescu* raconte de façon très convaincante la descente dans la folie du dictateur, uniquement à l'aide d'un montage, fait à partir de nombreuses heures d'images officielles. Il a été présenté hors compétition à Cannes en 2010.

patrimoine mondial de l'Humanité sur la liste des éléments culturels immatériels. Autre forme, la *balada* (ballade) est une chanson narrative et sentimentale chantée en chœur.

Les couples dansent en cercle, en demi-cercle ou en ligne. Pour la *sârba*, hommes et femmes dansent rapidement, en cercle serré, en se tenant par les épaules. La *hora* est une autre ronde rapide. Pour le *brâu* (danse de la ceinture), les danseurs attrapent la ceinture de leur voisin et forment une chaîne.

De nombreux groupes modernes ont intégré avec succès des éléments folks à leurs compositions. L'une des formations les plus inspirées en la matière, Negură Bunget, un groupe de hard-rock originaire de Timişoara, allie le côté sombre de sa musique aux rythmes et aux instruments folkloriques. Très apprécié, l'ensemble rom Taraf de Haïdouks a réussi à percer à l'international dans les années 1990 et 2000.

Le manele, forme moderne alliant pop puissante et dance, est né de la musique rom et balkanique, et a conquis le pays tout entier dans les années 1990 et 2000. Les paroles, sans concession et teintées d'obscénité, s'adressent à un public à la fois jeune et défavorisé, et sont souvent mentionnées comme un pendant roumain du hip-hop. Écoutez des artistes comme Florin Salam et Nicolae Guţă, parfois surnommé le "père du manele".

Le scénariste et réalisateur français d'origine roumaine Radu Mihaileanu a fui la Roumanie de Ceauşescu au début des années 1980. Son dernier film en date, *L'Histoire de l'amour*, est sorti en 2016.

Culture et société

Cette "île de latinité" échouée à la pointe sud-est de l'Europe reste une énigme fascinante ; une culture traditionnelle secouée par une modernisation rapide, née de l'adhésion à l'Union européenne en 2007, et où persistent des stigmates de quarante années passées sous le joug communiste. S'il reste de nombreux problèmes sociaux à régler et des sujets épineux comme les droits des minorités et l'égalité sociale, les signes sont globalement encourageants. Ce peuple dynamique prouve que quoi qu'il arrive, on ne s'ennuie jamais en Roumanie !

Une île de latinité

Les Roumains sont souvent décrits comme "une île de Latins entourés d'une mer de Slaves". Cette description s'appuie sur une période plutôt courte de l'histoire roumaine remontant à deux mille ans, lorsque le pays fut occupé pendant 175 ans par les Romains. Mais en effet, les Roumains répondent parfois aux stéréotypes latins, ne serait-ce que, pour les hommes, par leur comportement macho (voir l'encadré ci-contre).

Une chose ne manquera pas de vous étonner : le caractère direct des Roumains et leur manière d'aller droit au but. Ne soyez pas surpris que l'on vous questionne sur votre salaire ou sur vos opinions sur des sujets variés, fréquemment tabous dans d'autres pays. Mais aussi qu'un parfait inconnu vous ouvre la porte et vous invite à séjourner chez lui, comme une revanche après tant et tant d'années de restrictions et de paranoïa, où le moindre contact avec un étranger pouvait être considéré comme un crime.

> Le roumain, parlé par environ 90% de la population, coexiste avec un certain nombre d'autres langues : hongrois, allemand, rom, ukrainien et russe, mais aussi, dans une moindre mesure, tchèque, slovaque, bulgare et serbe.

La naissance du bling-bling

À mesure que l'occidentalisation s'accélère, de plus en plus de Roumains se prennent de passion pour les marques clinquantes, qu'il s'agisse de téléphones portables, de voitures de luxe, de cosmétiques ou de vêtements. Une toute nouvelle classe est née : les *fitosi* (nouveaux riches), obsédés par les gadgets et l'apparence. La propension à toujours désirer ce qui se fait de mieux et de plus récent, qui avait quelque peu marqué le pas dans la foulée de la crise économique de 2008-2010, semble repartir à la hausse depuis quelques années.

Cette situation est bien sûr à relier à l'histoire du pays : après tant de décennies passées dans une société contrainte, frappée par les pénuries et l'absence de liberté, rien d'étonnant à ce que les habitants veuillent désormais profiter de la vie. Et que cela s'exprime aussi, ici comme ailleurs, par le désir de consommer.

Attention, sujets sensibles

Les tensions ethniques sous-jacentes entre les Roumains d'origine hongroise (qui forment le deuxième plus grand groupe ethnique du pays) et ceux "de souche" restent un sujet hautement sensible en Roumanie. Suivant la Charte européenne des langues régionales ou minoritaires, la Nation est censée reconnaître les droits des locuteurs hongrois ; ce qui ne se vérifie pas toujours dans les faits. Ainsi, les

ÊTRE UNE FEMME EN ROUMANIE

L'image de la femme renvoyée par les médias roumains peut sembler datée, tant sont monnaie courante les émissions télévisées aux plateaux traversés de filles dansant à moitié nues, et les journaux télévisés aux présentatrices maquillées comme des reines de beauté. Parallèlement, on constate un taux alarmant de maltraitance conjugale. Si les rôles et les mentalités évoluent, les hommes restent aux commandes et les femmes sont trop souvent censées être douces et soumises.

Des études révèlent qu'une femme sur cinq a déjà été victime de violence conjugale. Une première loi de prévention et de lutte contre les violences conjugales, adoptée en 2003 puis renforcée en 2012, définit les différents types d'abus, et notamment le viol conjugal et la maltraitance économique. En 2016, la ratification par la Roumanie de la convention du Conseil de l'Europe sur la prévention et la lutte contre les violences faites aux femmes et les violences conjugales a marqué une nouvelle avancée. Autant de signes encourageants, dans un contexte de développement économique, où l'on a pu assister à un rapide essor du nombre de femmes accédant à des postes de cadres dans le milieu professionnel.

autorités locales de Cluj-Napoca ont-elles été vivement critiquées après avoir refusé d'adopter la signalisation bilingue, en roumain et en hongrois, dans ses rues.

Ces tensions sont souvent attisées, voire déclenchées, par des groupuscules d'extrême droite comme Noua Dreaptă (Nouvelle Droite), qui affiche en Transylvanie des sentiments ouvertement anti-hongrois et homophobes (ils sont ainsi à l'origine de défilés anti-homosexuels pendant la Gay Pride de Bucarest).

Enfin, entendrez-vous sans doute des Roumains tenus pour modérés monologuer sans fin sur les Roms, à qui ils imputent la mauvaise image de leur pays aux yeux des étrangers.

Les viols sont encore trop rarement punis en Roumanie car les victimes, qui ont souvent peur de porter plainte, doivent fournir un certificat médical, ainsi que le témoignage d'un tiers.

L'Union européenne, entre gains et fuite des cerveaux

Depuis que la Roumanie a rejoint, en 2007, l'Union européenne (UE), le pays a connu des bouleversements dans tous les domaines. Les sondages témoignent d'un fort sentiment populaire en faveur de l'UE (environ 75%). Il reste qu'en privé, les Roumains reconnaissent à la situation quelques points négatifs, parmi lesquels une forme de "fuite des cerveaux", qui se traduit par l'émigration d'une partie de la jeunesse diplômée vers d'autres pays d'Europe, et en particulier vers l'Italie, l'Espagne et la Grande-Bretagne.

La Roumanie, qui reste par bien des aspects conservatrice en ce qui concerne les droits des personnes homosexuelles, a toutefois fait des progrès considérables au niveau du cadre législatif depuis le début des années 2000.

Selon des sources du FMI, un jeune Roumain sur cinq ne réside pas dans son pays d'origine. Et si l'adhésion à l'UE n'est pas seule en cause, le principe de libre circulation intracommunautaire a naturellement encouragé les jeunes à chercher un emploi ailleurs. Le phénomène touche également la main-d'œuvre qualifiée dans certains secteurs du bâtiment.

Quant aux aspects positifs, les gains, difficilement quantifiables, n'en sont pas moins indiscutables, à commencer par l'afflux de plusieurs milliards d'euros de fonds européens. Et si ces capitaux n'ont pas tous été investis de manière optimale, les Roumains n'en ont pas moins gagné en qualité de vie, dans des domaines aussi variés que l'air, l'eau, les routes et la protection sociale. Ils peuvent aussi voyager librement, étudier et travailler où bon leur semble. La devise, le leu, s'est stabilisée et les indicateurs économiques sont globalement satisfaisants.

La cuisine roumaine

Les plats roumains, préparés à partir d'ingrédients frais et bio, se distinguent par leur simplicité et leur saveur. La Roumanie est le pays de la cuisine "maison", qui fait la part belle au porc, souvent servi avec l'équivalent local de la polenta (*mămăligă*), des pommes de terre ou du chou. Les préparations s'inspirent de traditions paysannes, rehaussées d'emprunts aux cultures voisines, turque, hongroise, allemande et slave.

Pas de chichis

La cuisine roumaine joue davantage sur la satiété que sur l'ostentation. La *mămăligă*, une bouillie de semoule de maïs souvent appelée "polenta" sur les menus, est faite pour réchauffer et remplir l'estomac. Vous la trouverez dans les restaurants, les auberges et les maisons familiales de tout le pays – parfois fade ou pâteuse dans les restaurants, elle est délicieuse bien préparée et servie avec de la *smântâna* (crème aigre) fraîche.

La *mămăligă* se marie bien avec les *sarmale,* sorte de plat national hérité de l'époque ottomane, riche à souhait. Il s'agit de feuilles de chou ou de vigne, farcies à la viande ou au riz relevés ; la *mămăligă* qui l'accompagne est alors parfaite pour absorber le jus.

Les menus roumains vous ont mis l'eau à la bouche ? Pour prolonger le plaisir après le retour, procurez-vous l'ouvrage *Les 50 recettes de ma bounika Belina. Cuisine juive et roumaine* (L'Harmattan, 2014), d'Ileana Haber.

Soupes et ragoûts

Un repas roumain commence invariablement par une soupe, généralement "aigre", appelée *ciorbă.* Cette aigreur vient du citron, du vinaigre, du jus de chou ou du blé fermenté ajoutés à la recette. Les soupes aigres se présentent sous différentes formes – la plus appréciée est la *ciorbă de burtă,* une soupe de tripes aillée et légère. Goûtez aussi la *ciorbă de perişoare* (soupe épicée aux boulettes et légumes) et la *ciorbă de legume* (soupe de légumes au bouillon de viande).

La soupe de poisson (*ciorbă de peste*), servie dans le delta du Danube (et alentour), est un vrai délice. Différentes sortes de poissons frais entrent dans sa composition (truite, sandre, esturgeon, carpe et un poisson-chat géant de la mer Noire appelé *somn*), ainsi que des légumes frais, de l'ail et des épices, le tout mijoté dans une bouilloire en fonte.

La *tochitura,* autre grande spécialité roumaine, est un solide ragoût, réconfortant à souhait. Il en existe plusieurs variétés régionales, mais on y trouve en général du porc frit, parfois mélangé à d'autres viandes, dans une sauce tomate ou au vin relevée, le tout servi avec de la *mămăligă* et du fromage et – cerise sur le gâteau – surmonté d'un œuf au plat.

Les soupes sont souvent servies avec un piment, qui se mange petit à petit avec les cuillerées de soupe. On vous servira peut-être une assiette de sauce à l'ail crémeuse ou claire (*mujdei*). L'usage est d'en mélanger une cuillerée à la soupe.

Dans la rue

Les Roumains aiment à manger sur le pouce. Voici quelques en-cas courants :

- *covrigi* – bretzels chauds saupoudrés de sel, de sésame ou de graines de pavot
- *gogoşi* – beignets saupoudrés de sucre ou fourrés aux fruits
- *placinte* – pâtisseries chaudes salées ou sucrées, fourrées aux fruits, au fromage blanc ou à la viande

➜ *mici* ou *mititei* – sortes de petites saucisses de porc ou de bœuf haché, servies avec de la moutarde

➜ *shoarma* – comme un *chawarma*, mais généralement de poulet ou de porc, surmonté, par exemple, de chou et de sauce tomate

Cuisine veggie

Les chrétiens orthodoxes pratiquants ne mangent pas de viande le mercredi et le vendredi, et s'en passent également sur de plus longues périodes à l'occasion de grandes dates du calendrier religieux. Certains restaurants proposent un *meniu de post* (menu sans viande ni produit laitier). Il peut inclure de la *cartofi piure cu şniţele de soia* (purée de pommes de terre et escalope de soja panée), du *sarmale de post* (saucisse de chou), de la *zacuscă de vinete cu ciuperci* (sorte de ratatouille à l'aubergine et aux champignons) et du *tocăniţă de legume de post* (ragoût de légume végan).

Presque tous les restaurants proposent des salades sans ajout de protéines animales. La *salata de roşii* est une salade de tomate à la vinaigrette. Vous trouverez souvent de la *salată de castraveţi* (salade de concombre) et de la *salata asortată* (mixte), avec tomate et concombre.

En entrée, vous aurez droit à des *murături* (légumes marinés), des *ciuperci umplute* (champignons farcis) et des plats de pomme de terre, comme les *cartofi ţărăneşti* (pommes de terre "campagnardes"), qui accompagnent souvent la viande.

Pour les curieux

răcituri – gelée faite à base de sabots de porc

ciorbă de potroace – soupe d'entrailles de poulet

brânză în coajă de brad – fromage enveloppé dans une écorce d'arbre

Un peu de sucré

Gardez toujours un peu de place pour le dessert, plat de choix dans la cuisine roumaine. On vous proposera des strudels, des crêpes (*clătite*) et de la glace (*îngheţată*). Notre douceur préférée est le *papanaşi*, un beignet fourré au fromage blanc sucré, recouvert de confiture et de crème épaisse.

Boissons roumaines

Eau-de-vie

Les Roumains apprécient une bonne bière ou un verre de vin de temps à autre, mais quand ils passent aux choses sérieuses, rien ne bat leur eau-de-vie de fruits, la *ţuică*. Celle-ci se confectionne à partir de prunes (des études ont démontré que les trois quarts des prunes du pays finissaient en bouteille !), mais il peut arriver que des abricots et des poires soient également de la partie.

Les meilleurs crus sont faits maison, et presque tout le monde a un oncle ou un grand-père qui fabrique "la meilleure eau-de-vie de Roumanie". Vous verrez souvent de la *ţuică* vendue dans des bouteilles en plastique au bord des routes, bien calée entre des pommes et des pastèques.

Outre les principales régions viticoles, Drăgăşani, en Valachie, compte plusieurs nouveaux domaines prometteurs, comme la Casa Isărescui, Crama Bauer, Avincis et Prince Ştirbey. Repérez leurs étiquettes chez les bons cavistes.

COURS DE CUISINE

Pourquoi ne pas profiter de votre voyage en Roumanie pour vous initier à la cuisine locale ?

Mobile Cooking Romania (mobile-cooking-romania.com). Cette agence de voyages propose des circuits organisés gastronomiques, des cours de cuisine et des dîners avec des chefs et des sommeliers.

Société Gourmet (www.societegourmet.ro). Cette entreprise basée à Bucarest dispense des cours de cuisine thématiques, qui peuvent porter sur des spécialités étrangères, mais aussi sur la cuisine régionale. Elle propose régulièrement des week-ends "chasse aux truffes" en Transylvanie. Cours pour les enfants également.

DOUCEURS TRADITIONNELLES

Les célébrations et rituels roumains sont indissociablement liés à certains mets :

Toussaint (9 mars). De petits *mucenici* (martyrs) sont cuits ce jour-là ; dans la plus grande partie de la Roumanie, ce sont des morceaux de pâte non levée en forme de huit. En Moldavie, ils sont recouverts de miel et saupoudrés de noix ; en Valachie, ils sont bouillis avec du sucre et recouverts de noix broyées et de cannelle.

Pâques Le point culminant du calendrier orthodoxe. Le principal repas tourne autour de l'agneau. Le *stufat de miel* est particulièrement savoureux ; il s'agit d'un ragoût d'agneau aux oignons verts et à l'ail. La pâtisserie joue aussi un rôle important, particulièrement la *pască*, un gâteau au fromage pascal traditionnel, et la brioche appelée *cozonac*.

Noël Le porc est à l'honneur, avec une soupe au porc fumé en entrée, suivie de jambon ou de côtelettes. On mange aussi du *sarmale*. Côté douceurs, on déguste du *cozonac*, du gâteau aux noix et de la tarte à la citrouille. En Transylvanie, vous mangerez des *singeretta*, des saucisses confectionnées à partir de sang, de foie, de rognons et de graisse de porc.

Un verre de *ţuică* avant le repas est un excellent moyen de briser la glace, et les Roumains affirment qu'elle fait des merveilles pour ouvrir l'appétit. À moins de tenir extrêmement bien l'alcool, nous recommandons de ne pas dépasser un ou deux verres. Les crus maison peuvent en effet titrer entre 50 et 60% d'alcool.

La *palinca* (appelée *horinca* dans le Maramureş et *jinars* dans la région de Cluj-Napoca) est assez similaire, mais elle a été filtrée deux fois et peut se révéler... encore plus forte !

De bons crus

- *Feteascǎ neagrǎ de Cotnari (rouge légèrement doux)*
- *Grasǎ de Cotnari (blanc doux)*
- *Feteascǎ Regalǎ (pétillant)*
- *Murfatlar (rouges de qualité)*
- *Tǎmâioasǎ Româneascǎ (blanc doux)*
- *Crâmpoşie Selecţionatǎ (blanc sec)*

Vin et bière

Si le pays n'apparaît pas dans le classement des meilleurs producteurs de vin du monde, la Roumanie s'inscrit en revanche dans le Top 10 en termes de volumes et compte tout de même des crus de qualité.

Les domaines roumains produisent du rouge, du rosé et du blanc (*negru, roşu, alb*). Il existe cinq régions viticoles traditionnelles : le plateau de Târnave (région d'Alba Iulia ; blancs) ; Cotnari (dans la région de Iaşi, en Moldavie ; blancs) ; Murfatlar (près de la côte de la mer Noire ; blancs et rouges) ; Dealu Mare (département de Prahova ; rouges) ; et Odobeşti (sud de la Moldavie ; blancs et rouges). Depuis quelques années, la région de Drăgăşani, en Olténie, au nord-est de Craiova, s'impose aussi comme une nouvelle région viticole à suivre de près. On y produit des cépages rouges et blancs.

Au quotidien, les Roumains sont surtout des amateurs de bière. La qualité va de passable à plutôt bonne. La plupart des brasseries appartiennent à des marques internationales et il est parfois plus facile de trouver de la Tuborg ou de la Heineken dans un pub qu'une marque roumaine. Les meilleures bières roumaines sont la Ciuc, l'Ursus, la Silva et la Timişoreana – la favorite des habitants de Timişoara. Il s'agit de blondes pilsner et chacune a ses adeptes. Ursus et Silva produisent aussi des brunes réputées.

À Bucarest, faites un tour au restaurant Caru' cu Bere (p. 50). En plus de servir une remarquable cuisine roumaine traditionnelle, il brasse aussi sa propre bière. Et elle est délicieuse !

La Roumanie pratique

Carnet pratique

Alimentation

Reportez-vous au chapitre *La cuisine roumaine*, p. 258.

Ambassades et consulats

Représentations étrangères en Roumanie

Le site Web **Embassy Finder** (embassy-finder.com/fr) fournit une liste actualisée des ambassades et consulats à travers le monde.

En Roumanie, les ambassades étrangères sont installées à Bucarest. Plusieurs pays possèdent des consulats dans d'autres villes du pays.

France (☎021-303 1000 ; www.ambafrance-ro.org ; Str Biserica Amzei 13-15, Sect I)

Belgique (☎021-212 3680 ; www.diplomatie.be/bucharestfr ; B-dul Dacia 58, Sec II)

Suisse (☎021-206 1600 ; www.eda.admin.ch/bucarest ; Str Grigore Alexandrescu 16-20, 4e ét.)

Canada (☎021-307 5000 ; www.canadainternational.gc.ca/romania-roumanie ; Str Tuberozelor 1-3, Sect I)

Bulgarie (☎021-230 2150 ; Str Rabat 5)

Hongrie Consulat à Bucarest (☎021-230 0550 ; consulate.buc@kum.hu ; Str Stefan Negulescu 30) ; ambassade à Bucarest (☎021-312 0073 ; www.mfa.gov.hu/emb/bucarest ; Str Dimitrie Gerota 63-65) ; consulat à Cluj-Napoca (☎0264-596 300 ; www.mfa.gov.hu/cons/clujnapoca ; Piaţa Unirii 23)

Moldavie Consulat à Bucarest (☎021-410 9827 ; B-dul Eroilor 8) ; ambassade à Bucarest (☎021-230 0474 ; consulat.bucuresti@msa.md ; Aleea Alexandru 40)

Russie Bucarest (☎021-222 3170 ; Şoseaua Kiseleff 6) ; Constanţa (☎041-611 106 ; Str Tuberozelor 4)

Serbie Bucarest (☎021-211 9871, section consulaire 021-211 4980 ; ambiug@ines.ro ; Calea Dorobanţilor 34) ; Timişoara (☎0256-490 334 ; gktyug@mail.dnttm.ro ; Str Remus 4)

Ukraine (☎021-230 3671 ; www.ucraina.ro ; B-dul Aviatorilor 24)

> **TARIFS DES RESTAURANTS**
>
> Les prix suivants valent pour un plat principal :
>
> **€** moins de 20 lei
>
> **€€** de 20 à 40 lei
>
> **€€€** plus de 40 lei

Représentations roumaines à l'étranger

France Section consulaire de l'ambassade (☎01 47 05 27 55 ; paris.mae.ro/fr ; 5 rue de l'Exposition, 75007 Paris). Consulats généraux à Lyon, Marseille et Strasbourg.

Belgique Section consulaire de l'ambassade (☎02 347 5338 ; bruxelles.mae.ro/fr ; 105 rue Gabrielle, 1180 Bruxelles)

Suisse Section consulaire de l'ambassade (☎031 351 3639 ; bern.mae.ro/fr ; Kirchenfeldstrasse 78, 3005 Berne)

Canada Ambassade (☎0613 789 3709 ; ottawa.mae.ro/fr ; 655 Rideau St, Ottawa, Ontario, K1N 6A3)

Argent

Bien que la Roumanie soit membre de l'UE, elle n'a pas encore adopté l'euro.

La devise nationale est le leu roumain (lei au pluriel), désigné par le code RON dans les banques et les bureaux de change. Un leu est divisé en 100 bani. Il existe des billets de 1, 5, 10, 50, 100, 200 et 500 lei, et des pièces de 50 et 10 bani (ces dernières ne servent pratiquement pas).

➡ Le leu est une monnaie stable, qui a assez peu fluctué par rapport à l'euro et au dollar US ces dernières années.

➡ Les grands hôtels affichent parfois leurs tarifs en euros. Toutefois, votre carte de paiement sera débitée en lei, au taux de change moyen en vigueur.

➡ Tâchez de garder des petites coupures (1 leu et 5 lei) sous la main pour les magasins, les transports, les cafés et les pourboires. Il peut être difficile d'obtenir la monnaie sur les billets de 100 lei et plus, que les DAB délivrent souvent.

Cartes bancaires

Les cartes bancaires internationales (Visa et MasterCard notamment) sont couramment acceptées dans les hôtels, les restaurants et les commerces des grandes villes. À la campagne, vous devrez souvent payer en espèces.

- Vous pourrez utiliser votre carte American Express dans les grands hôtels et restaurants.
- Vous devrez composer votre code secret à 4 chiffres pour les transactions par carte bancaire.
- Il est indispensable de posséder une carte bancaire valide pour louer une voiture.
- La plupart des banques délivrent des espèces sur présentation d'une carte bancaire.

Distributeurs automatiques de billets (DAB)

Les nombreux DAB permettent de retirer des lei 24h/24 avec diverses cartes internationales – Visa et MasterCard notamment.

- Vous devrez composer votre code secret à 4 chiffres.
- Avant le départ, vous pouvez informer votre banque de votre destination, afin de vous assurer que votre carte ne sera pas bloquée.

Change

Pour changer de l'argent, préférez les banques. Vous paierez une petite commission, mais bénéficierez d'un taux correct.

Vous pourrez aussi vous adresser à un bureau privé (*casa de schimb*), mais gare aux commissions ! Demandez toujours combien de lei vous allez recevoir avant de remettre vos billets.

Vous devrez généralement présenter un passeport ou une carte d'identité pour changer de l'argent.

Ne changez jamais d'argent dans la rue ; les personnes qui le proposent sont presque toujours des escrocs.

LA ROUMANIE PRATIQUE

- **Journaux** Restez informé avec le *Nine O'Clock* (www.nineoclock.ro), un quotidien en ligne. On trouve la presse française chez certains marchands de journaux et dans des hôtels haut de gamme.
- **Radio** La radio publique roumaine est le principal diffuseur sur les bandes AM et FM.
- **Tabac** Même si la loi n'est pas toujours respectée, il est interdit de fumer dans tous les lieux publics fermés : hôtels, bars, clubs et restaurants.
- **TV** La télévision publique, la Televiziunea Română (TVR), possède six chaînes, plus des antennes régionales dans les grandes villes. Il existe également des chaînes privées, comme Pro TV et Antena 1. Les émissions sont en roumain ; les films sont souvent diffusés en VO sous-titrée.
- **Poids et mesures** Le système métrique est en usage en Roumanie.

Pourboires

Restaurants Laissez un pourboire équivalent à 10% de l'addition si vous êtes content du service.

Taxis Les chauffeurs ne s'attendent pas à un pourboire, mais cela se fait d'arrondir le prix au-dessus pour remercier d'un service spécial.

Hôtels Prévoyez 3 à 5 lei par nuit ou 20 lei par semaine pour le personnel de chambre si vous êtes content du service. Dans les hôtels de luxe, donnez 5 à 10 lei aux portiers et aux réceptionnistes pour une aide spéciale, si cela se justifie.

Services à la personne Chez le coiffeur et d'autres prestataires de services, laissez un pourboire d'environ 10%.

Assurance

Il est conseillé de souscrire une police d'assurance qui vous couvrira en cas d'annulation de votre voyage, de vol, de perte de vos affaires, de maladie ou encore d'accident.

- Lisez avec la plus grande attention les clauses en petits caractères : c'est là que se cachent les restrictions. Vérifiez notamment que les "sports à risques", comme la moto ou même la randonnée, ne sont pas exclus de votre contrat, ou encore que le rapatriement médical d'urgence, en ambulance ou en avion, est couvert.

AVANT DE PARTIR

Vous êtes ressortissant français ? Pensez à vous enregistrer sur le **portail Ariane** (pastel.diplomatie.gouv.fr/fildariane) du ministère des Affaires étrangères. Ce service gratuit vous permet de recevoir des alertes si la situation le justifie. Crise politique, catastrophe naturelle, attentat... recevez en temps réel des consignes de sécurité lors de votre voyage.

➡ Attention ! Avant de choisir une police d'assurance, vérifiez que vous ne bénéficiez pas déjà d'une assistance avec votre carte bancaire, votre mutuelle ou votre assurance automobile. C'est bien souvent le cas.

➡ Reportez-vous également à la rubrique *Santé* (p. 268) et au chapitre *Transports* (p. 271).

Cartes de réduction

La carte **Hostelling International** (HI) permet de bénéficier de réductions dans certaines auberges de jeunesse (elle n'est généralement pas obligatoire dans les établissements privés). Vous pourrez l'obtenir en adhérant à l'association des auberges de jeunesse de votre pays (en France, Fédération unie des auberges de jeunesse, www.fuaj.org) ou à la Fédération internationale des auberges de jeunesse (IYHF) – plus d'infos sur www.hihostels.com.

La **carte d'étudiant internationale ISIC** (plus d'infos sur isic.fr) donne droit à de nombreuses réductions en Roumanie. Vous trouverez la liste complète (en roumain) des réductions ISIC et de nombreux conseils utiles pour les étudiants voyageant en Roumanie sur le site www.isic.ro.

Douane

➡ La Roumanie ne fait pas partie des pays membres de l'espace Schengen.

➡ Les voyageurs sont autorisés à importer jusqu'à 10 000 € en devises fortes.

➡ Les biens dont la valeur dépasse 1 000 € doivent être déclarés à l'arrivée.

➡ En provenance d'un pays extérieur à l'UE, les étrangers peuvent importer hors taxe 4 l de vin, 2 l de spiritueux et 200 cigarettes. Pour plus d'informations, consultez le site des douanes roumaines, www.customs.ro.

Électricité

Type C
220 V/50 Hz

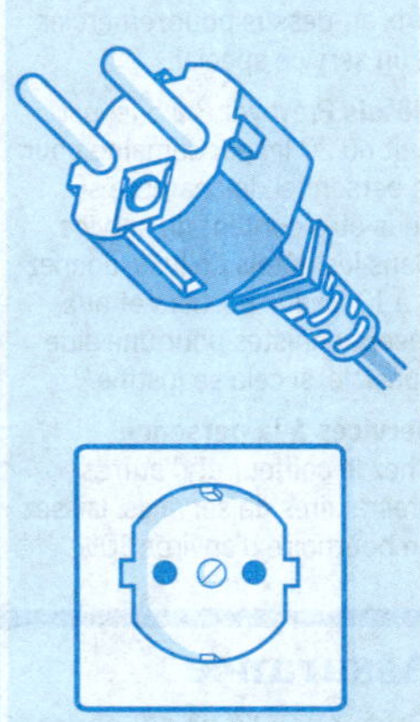

Type F
230 V/50 Hz

Enfants

Voyager avec des enfants en Roumanie ne pose aucun problème particulier. Bien au contraire : vos bambins y seront accueillis comme des rois ! Ils bénéficient de nombreux avantages dans les transports, l'hébergement et les loisirs. L'âge maximal pour profiter des réductions (ou de la gratuité) varie selon les endroits ; il n'est pas toujours appliqué de manière stricte.

On trouve facilement des fournitures de base pour les enfants dans les villes – pour les plus jeunes, il est toutefois conseillé de prévoir une réserve de votre lait habituel.

Le guide *Voyager avec ses enfants* de Lonely Planet contient des renseignements et conseils d'ordre général pour faciliter votre voyage avec des enfants, et une section spéciale consacrée à la Roumanie.

Formalités et visas

Bien que membre de l'UE, la Roumanie ne fait toujours pas partie de l'espace Schengen.

➡ Les ressortissants de l'Union européenne, les Suisses et les Canadiens n'ont pas besoin de visa pour pénétrer sur le territoire roumain. Ils devront présenter un passeport (valable au moins 6 mois après la date d'entrée sur le territoire) ou une carte d'identité en cours de validité.

➡ Au-delà de 90 jours, ils devront se faire enregistrer auprès de l'autorité pour les étrangers.

➡ Pour des renseignements complémentaires, consultez le site Web du ministère roumain des Affaires étrangères (www.mae.ro).

➡ Avant le départ, vérifiez que les modalités d'entrée sur le territoire n'ont pas changé.

REPAS AU RESTAURANT : MODE D'EMPLOI

Vous serez peut-être désarçonné dans certains établissements roumains, tant par la lenteur du service que par le manque d'intérêt affiché. Alors, voici quelques conseils pour passer un moment agréable :

- N'oubliez pas de saluer le personnel quand vous entrez. Un aimable "*Bună ziua*" (Bonjour) signalera votre présence et vous permettra de partir du bon pied.
- Ne vous attardez pas sur la carte. Si elle est affichée à l'extérieur, consultez-la avant d'entrer. Généralement, vous devrez d'abord commander les boissons – puis les plats, à l'arrivée des boissons.
- Prévoyez de la monnaie. Vous devrez demander l'addition, qui vous sera apportée dans un étui ou une pochette. Vous pourrez alors y glisser l'argent et partir. Payer avec un gros billet entraîne inévitablement une attente supplémentaire !
- Mais surtout : prenez le temps d'apprécier votre repas… vous êtes en vacances !

- Nous vous conseillons de scanner ou de photocopier vos documents importants (pages d'introduction de votre passeport, cartes bancaires, police d'assurance, billets de train/d'avion/de bus, permis de conduire, etc.). Conservez les copies à part des originaux, que vous remplacerez ainsi plus aisément en cas de perte ou de vol.

Handicapés

La Roumanie n'est pas bien équipée pour les handicapés, même si la situation s'est un peu améliorée ces dernières années.

- Seuls quelques hôtels et restaurants haut de gamme sont dotés de rampes d'accès. Les transports publics restent pratiquement inaccessibles aux personnes à mobilité réduite.
- La **fondation Motivation Romania** (☎021-448 0242 ; www.motivation.ro) œuvre activement pour permettre aux habitants dans le besoin d'accéder à un fauteuil roulant. Elle organise des activités sportives et des camps pour les personnes handicapées, avec pour objectif de les aider à mieux maîtriser l'usage du fauteuil.
- En France, l'**APF** (Association des paralysés de France ; Paris ☎01 53 80 92 97 ; www.apf.asso.fr ; 13 place de Rungis, 75013 Paris) et l'association **Handi Voyages** (handivoyages.free.fr) peuvent fournir des informations utiles sur les voyages accessibles. L'association **Ailleurs & Autrement** (www.ailleursetautrement.fr) organise des voyages adaptés aux personnes à mobilité réduite. Il existe également des agences de voyages spécialisées, parmi lesquelles **Access Tourisme Service** (☎02 38 74 28 40 ; www.access-tourisme.com ; 24 rue du 11-Novembre, 45130 Charsonville). **Yanous** (www.yanous.com) et **handicap.fr** (www.handicap.fr) constituent de bonnes sources d'informations.
- Si vous lisez l'anglais, vous pourrez télécharger le guide gratuit de Lonely Planet, *Accessible Travel*, à l'adresse suivante : lptravel.to/AccessibleTravel.

Hébergement

La Roumanie offre un vaste choix d'hébergements pour tous les budgets : hôtels, pensions, auberges de jeunesse, refuges, campings… Pour l'été, réservez dès que possible vos hébergements sur la côte de la mer Noire. Ailleurs, il n'est en principe pas nécessaire de réserver.

- **Auberges de jeunesse** On trouve dans les grandes villes comme Bucarest ou Cluj-Napoca des auberges de jeunesse modernes, ouvertes à tous indépendamment de l'âge, avec connexion à Internet et laverie.
- **Hôtels** Toute la gamme est représentée, tant au niveau de l'offre que des tarifs pratiqués : des modestes établissements familiaux aux boutique-hôtels et aux grandes chaînes internationales.
- **Pensions (pensiunes)** Ces petits établissements, d'un excellent rapport qualité/prix, sont pour certains assez luxueux.

Camping et refuges

On trouve en Roumanie une vaste gamme de campings (*popas turistic*), allant des propriétés bien entretenues dans un cadre pittoresque aux terrains douteux dotés de bungalows serrés. Des matelas sont généralement mis à disposition ; vous devrez parfois avoir un sac de couchage. Nous avons répertorié les meilleurs campings, en oubliant ceux qui ne remplissent pas les critères de base.

Le camping sauvage est une bonne solution sur le littoral de la mer Noire, notamment dans des localités comme Sfântu Gheorghe ou Vama Veche, qui attirent une clientèle jeune souhaitant échapper aux grandes stations balnéaires. Soyez discret et veillez à laisser votre emplacement parfaitement propre.

Dans la plupart des zones montagneuses, on trouve des refuges, cabanes ou chalets (*cabanas*), avec des dortoirs et parfois un restaurant. Les prix sont plus bas que dans les hôtels (environ 30-40 lei/lit) et il n'est pas nécessaire de réserver. Toutefois, mieux vaut arriver tôt si le bâtiment est bien situé (près d'un téléphérique, par exemple). La plupart de ces hébergements autorisent le camping sur leur terrain.

Auberges de jeunesse

Les auberges de jeunesse ne sont pas aussi développées en Roumanie que dans d'autres pays européens. Les grandes villes, comme Bucarest, Cluj-Napoca, Sibiu et Braşov, en comptent cependant plusieurs de bonne qualité. On y trouve généralement une cuisine commune, une laverie, des ordinateurs ou le Wi-Fi ; le personnel, fréquemment enthousiaste, répondra volontiers à vos questions en anglais – voire en français.

En dehors de ces villes, le concept d'auberge de jeunesse est tout à fait différent. Il s'agit souvent d'établissements ouverts uniquement de juin à août, et installés dans des résidences universitaires ou d'autres lieux institutionnels reconvertis en logements saisonniers.

TARIFS DES HÉBERGEMENTS

Les gammes de prix suivantes valent pour une chambre double avec salle de bains, petit-déjeuner inclus (les prix sont souvent plus élevés à Bucarest) :

€ moins de 150 lei

€€ de 150 à 300 lei

€€€ plus de 300 lei

Hôtels

Les hôtels roumains sont classés suivant un système d'étoiles, qui donne une idée approximative de ce à quoi s'attendre – les étoiles sont attribuées en fonction du service et des équipements, et non de l'emplacement et de l'apparence du bâtiment, par exemple.

- La catégorie supérieure (4 et 5 étoiles) garantit presque toujours un haut niveau de confort et de luxe comparable. Les cinq-étoiles possèdent généralement une piscine ou un sauna. Comptez 300 à 500 lei (plus à Bucarest) pour une chambre double dans un hôtel 4 ou 5 étoiles.
- Les trois-étoiles sont un bon compromis entre confort et prix. On n'y trouve pas forcément de piscine ou de salle de sport, mais il s'agit d'établissements bien tenus, avec des chambres de bonne taille, propres et climatisées, avec sdb attenante et Wi-Fi. Comptez de 200 à 250 lei/nuit pour une chambre double dans un trois-étoiles en dehors de la capitale, et entre 300 et 400 lei à Bucarest.

Les deux-étoiles et les établissements de la catégorie petits budgets ne valent guère que pour des motifs économiques. Attendez-vous à trouver du mobilier usé et des lits inconfortables. Comptez de 140 à 200 lei/nuit pour une chambre double dans un deux-étoiles.

Pensions et chambres chez l'habitant

Une pension (*pensiunea*, parfois appelée *guesthouse*) est une petite maison d'hôtes privée, offrant habituellement une chambre propre et confortable, avec petit-déjeuner. Certaines proposent la demi-pension ou la pension complète. Comptez de 100 à 120 lei par chambre simple/double.

Les chambres chez l'habitant constituent une catégorie un peu en dessous de la pension. Bon nombre de familles louent des chambres *(cazare)* pour arrondir leurs fins de mois. Elles affichent un écriteau *"cazare"* à leur fenêtre ou se tiennent avec celui-ci au bord des routes ou dans les gares.

Cette solution est plus intéressante à la campagne, où les maisons sont décorées dans un style traditionnel et où le séjour inclut souvent des repas copieux. Les hôtes peuvent en outre proposer des activités variées : rencontres avec des bergers, randonnées pédestres ou équestres, etc.

TROUVER UN HÉBERGEMENT EN LIGNE

Hostelling International Romania (www.hihostels-romania.ro). Site local de la Fédération internationale des auberges de jeunesse.

Lonely Planet (www.lonelyplanet.fr). Trouvez un hôtel en quelques clics dans la rubrique "Réservations".

Tourist Info (www.turistinfo.ro). Listes de chambres privées et de pensions classées région par région. En roumain, mais navigation aisée.

Rural Tourism (www.ruralturism.ro). Bonnes adresses de pensions et d'hébergements ruraux dans le pays.

Heure locale

- La Roumanie est à l'heure GMT + 2 heures. Quand il est midi à Bucarest, il est 11h à Paris et 5h du matin à Montréal.
- Le pays observe le passage à l'heure d'été : on avance d'une heure à 2h du matin le dernier dimanche de mars, et on recule d'une heure à 3h du matin le dernier dimanche d'octobre.
- Les horaires sont exprimés sur 24 heures pour les informations officielles comme les horaires de transport. Dans la vie de tous les jours, on utilise plutôt le système de l'horloge sur 12 heures.

Heures d'ouverture

Les centres commerciaux ouvrent plus longtemps que les autres magasins, ainsi que les samedis et dimanches, de 9h à 20h. De nombreux musées sont fermés le lundi et adoptent des horaires réduits hors saison.

Administrations 8h-17h lun-ven ; 9h-13h sam (variable)

Banques 9h-17h lun-ven ; 9h-13h sam (variable)

Commerces 9h-18h lun-ven ; 9h-14h sam

Musées 10h-18h mar-ven ; 10h-16h sam-dim

Postes 8h-19h lun-ven ; 8h-13h sam (grandes villes)

Restaurants 9h-23h lun-ven ; 10h-23h sam-dim

Homosexualité

L'attitude de nombreux Roumains envers l'homosexualité demeure conservatrice et relativement négative. Cependant, la Roumanie a fait des progrès considérables sur le plan législatif, en dépénalisant les relations entre personnes du même sexe et en adoptant des lois contre la discrimination.

- Il n'existe aucun statut légal pour les couples de même sexe.
- Même à Bucarest, la ville la plus ouverte du pays, les démonstrations d'affection entre personnes du même sexe sont rares.
- L'**association Accept** (www.acceptromania.ro), établie dans la capitale, défend les droits des gays et des lesbiennes au niveau national. Elle participe chaque année à l'organisation de la **Gay Pride de Bucarest** (www.bucharestpride.ro ; ⏲juin), marquée par 6 jours de films, conférences, fêtes et défilés.

Internet (accès)

Trouver un ordinateur

Il est désormais difficile de trouver un ordinateur pour accéder à Internet – de nombreux hôtels ne mettent plus de poste à disposition de leur clientèle.

- Certains grands hôtels sont dotés d'un "centre d'affaires", dont l'accès peut être payant.
- Avec le développement d'Internet dans les foyers, les cybercafés sont en voie de disparition.
- Si vous en trouvez un, vous devrez débourser entre 4 et 6 lei/heure.
- Tentez aussi votre chance dans les centres d'informations touristiques et les bibliothèques – certains proposent un terminal pour se connecter gratuitement.
- Dans ce guide, le symbole @ indique les hôtels qui mettent des ordinateurs à disposition de leur clientèle.

Wi-Fi

La Roumanie est bien connectée et la majorité des hôtels proposent un accès à Internet, souvent en Wi-Fi – c'est plus rare dans les pensions et maisons d'hôtes bon marché.

- De nombreux bars, cafés et restaurants offrent le Wi-Fi gratuit à leurs clients ; la puissance et la fiabilité du signal sont très variables.
- Dans ce guide, le symbole 📶 permet d'identifier les enseignes qui proposent un accès en Wi-Fi à leurs clients.

Jours fériés

Si vous voyagez pendant des périodes de fêtes ou aux alentours d'un jour férié, mieux vaut réserver, car certains hôtels affichent vite complet pour les destinations les plus prisées.

Nouvel An (1er et 2 janvier)

Lundi de Pâques orthodoxe (avril/mai)

Fête du Travail (1er mai)

Pentecôte (mai/juin, 50 jours après le dimanche de Pâques)

Assomption (15 août)

Saint-André (30 novembre)

Fête nationale (1er décembre)

Noël (25 et 26 décembre)

Offices du tourisme

Offices du tourisme à l'étranger

La Roumanie possède un petit réseau d'offices du tourisme à l'étranger. Toutefois, le site Web de l'**Office national du tourisme roumain** (www.romaniatourism.com) reste le meilleur point de départ pour obtenir des renseignements utiles et officiels. Il comprend notamment des sections consacrées aux manifestations culturelles, aux hébergements, ainsi que des suggestions de sites à visiter.

France (www.guideroumanie.com ; 7 rue Gaillon, 75002 Paris)

Belgique (☎02 502 46 42 ; 17A av. de La Toison d'or, 1050 Bruxelles)

Offices du tourisme en Roumanie

Le réseau national des centres d'informations touristiques s'est beaucoup amélioré ces dernières années. Presque toutes les grandes villes sont dotées de services compétents. En revanche, il est plus difficile d'obtenir des renseignements à la campagne.

Si vous arrivez dans une ville dépourvue de centre d'informations touristiques, vous serez plutôt livré à vous-même. Les librairies et les marchands de journaux vendent parfois des plans, mais n'attendez pas beaucoup d'aide des agences de voyages locales. Beaucoup sont davantage tournées vers les voyages lointains des Roumains que vers l'assistance aux visiteurs étrangers.

Poste

Quoique lents, les **services postaux roumains** (www.posta-romana.ro) sont fiables et vous pourrez sans problème leur confier une lettre ou un colis sans grande valeur. Les timbres s'achètent dans les bureaux de poste ; les lettres doivent être pesées pour déterminer le tarif d'affranchissement.

Pour la réception, comptez une semaine en Europe, et de 7 à 10 jours dans le reste du monde.

Problèmes juridiques

Comme partout dans le monde, les étrangers présents en Roumanie sont tenus de respecter les lois du pays. Si votre ambassade ou votre consulat sont les premiers interlocuteurs à contacter en cas d'urgence, gardez à l'esprit qu'ils ne pourront pas faire grand-chose pour vous – ils ne pourront pas passer outre la réglementation locale, commander une enquête en cas de crime ou d'infraction, fournir une assistance ou une représentation juridique en cas de poursuites civiles ou pénales, vous faire sortir de prison ou vous prêter de l'argent.

Le consulat peut émettre un passeport d'urgence, contacter des proches, vous conseiller sur le transfert de fonds, vous fournir une liste de médecins, d'avocats et d'interprètes locaux fiables, et vous rendre visite si vous êtes arrêté ou emprisonné.

La police roumaine pratique la tolérance zéro envers la consommation de stupéfiants (y compris de cannabis), et l'ébriété publique et manifeste.

Santé

La Roumanie est un pays relativement sûr, qui ne présente aucun risque sanitaire majeur.

INSTITUT CULTUREL ROUMAIN

À Paris, l'**Institut culturel roumain** (☎01 47 05 15 31 ; icr.ro ; 1 rue de l'Exposition, 75007 Paris) œuvre pour la promotion de la langue et de la culture roumaines en France. Cet institut organise (et participe à) toutes sortes de manifestations culturelles (expositions, concerts, colloques...). Il possède en outre une bibliothèque ouverte au public, dotée d'un riche fonds d'ouvrages en roumain et en français. Son site Web est une mine d'informations pour découvrir le pays. Il existe également un **Institut culturel roumain à Bruxelles** (☎023 44 41 45 ; icr.ro ; 107 rue Gabrielle, 1180 Bruxelles), lui aussi très actif.

Avant le départ

ASSURANCE

- Il est conseillé aux ressortissants de l'UE et aux Suisses de se procurer une carte européenne d'assurance maladie (CEAM ; à demander au moins 15 jours avant le départ) auprès de leur caisse d'assurance maladie. Gratuite, individuelle et nominative, elle permet de bénéficier d'une prise en charge pour les soins de santé d'urgence.
- Les ressortissants des autres pays devront sûrement avancer les frais médicaux et demander ensuite le remboursement.
- Veillez à conserver tous les documents fournis par l'hôpital et tout autre structure médicale. Vous devrez les présenter à votre compagnie d'assurances avec votre demande de remboursement.

VACCINATIONS

Il n'existe pas de vaccin obligatoire pour entrer en Roumanie. Toutefois, la vaccination contre l'hépatite A est conseillée. Les vaccins contre l'encéphalite à tiques, la rage et la typhoïde sont recommandés pour des séjours prolongés et/ou dans des conditions d'hygiène précaires.

En Roumanie

DISPONIBILITÉ ET COÛT DES SOINS MÉDICAUX

Toutes les grandes villes roumaines ont un hôpital ou une polyclinique qui traite les urgences. Dans les zones rurales, l'hôpital le plus proche peut être assez éloigné, mais les habitants savent généralement comment réagir en cas de besoin.

- Les hôpitaux et centres médicaux roumains peuvent paraître peu engageants vu de l'extérieur. Mais rassurez-vous : en cas de problème, vous serez pris en charge assez rapidement et avec professionnalisme.

➜ Si vous devez vous rendre à l'hôpital, munissez-vous de votre pièce d'identité, de votre carte bancaire et d'espèces et, le cas échéant, de votre CEAM – notez que, même avec celle-ci, vous devrez sans doute avancer certains frais (médicaments, bandages, béquilles...).

➜ Les soins sont généralement abordables selon les critères européens, surtout dans les hôpitaux publics. Les tarifs peuvent grimper dans les cliniques, où la qualité des soins est souvent meilleure.

Maladies infectieuses

ENCÉPHALITE À TIQUES

Les tiques sont courantes dans les prairies et les espaces ouverts en Roumanie. L'encéphalite à tiques est un virus rare mais grave, qui peut provoquer d'importantes lésions cérébrales et entraîner la mort dans les cas les plus sévères. Si vous pensez randonner et camper en pleine nature, vous pouvez envisager de vous faire vacciner.

RAGE

Les cas de rage sont rares, mais il s'agit d'une maladie à ne pas négliger étant donné le nombre de chiens errants en Roumanie. Si jamais vous vous faites mordre, consultez un médecin dans les 72 heures (la plupart des grands hôpitaux ont des consultations antirabiques).

Eau

L'eau du robinet est généralement potable en Roumanie. Toutefois, presque tout le monde boit de l'eau en bouteille.

Téléphone

➜ Pour téléphoner en Roumanie depuis l'étranger, composez le code d'accès international en vigueur dans votre pays (☎00 en France, en Belgique et en Suisse, ☎011 au Canada), suivi de l'indicatif 40, puis du numéro de votre correspondant, sans le 0 initial.

➜ De Roumanie, pour téléphoner dans un autre pays, faites le ☎00, puis l'indicatif du pays (☎33 pour la France, ☎32 pour la Belgique, ☎41 pour la Suisse, ☎1 pour le Canada), et le numéro de votre correspondant sans l'éventuel 0 initial.

Appels nationaux

La Roumanie possède un réseau moderne de téléphonie fixe et mobile.

➜ Les numéros de téléphone roumains sont composés de 10 chiffres : un zéro suivi d'un indicatif local puis du numéro.

➜ La formule diffère légèrement selon qu'il s'agit ou non d'un numéro à Bucarest.

➜ Pour Bucarest : 0 + indicatif local (21 ou 31) + 7 chiffres.

➜ En dehors de Bucarest : 0 + indicatif de la ville à 3 chiffres + 6 chiffres.

➜ Les numéros de téléphone mobile sont composés d'un préfixe à 3 chiffres commençant par 7. Ils comportent tous 10 chiffres au total : 0 + préfixe à 3 chiffres (7xx) + 6 chiffres.

Téléphone portable

Les téléphones mobiles roumains utilisent le réseau GSM 900/1800. Il s'agit de la norme en vigueur dans une bonne partie de l'Europe (notamment en France, en Belgique et en Suisse). En revanche, ce réseau n'est pas compatible avec la plupart des téléphones nord-américains (même si certains appareils multiréseaux fonctionnent partout). Renseignez-vous auprès de votre opérateur.

➜ Depuis juin 2017, il n'existe plus de frais de *roaming* (itinérance) au sein de l'Union européenne (les Suisses ne sont pas concernés par cette mesure).

➜ Si vous venez d'un pays extérieur à l'UE, l'utilisation de votre propre carte SIM en Roumanie peut entraîner des coûts de *roaming* élevés, surtout pour les appels prolongés ou les transferts de données. Contactez votre opérateur.

➜ Une solution moins onéreuse consiste à acheter une carte SIM roumaine prépayée, qui vous donnera un numéro local temporaire, et sur laquelle les appels, SMS et transferts de données seront décomptés au tarif local. Ces cartes ne fonctionnent que sur les appareils débloqués.

➜ Leurs tarifs débutent aux alentours de 20 lei et incluent souvent des minutes offertes. Elles sont proposées par les trois principaux opérateurs présents en Roumanie : **Vodafone** (www.vodafone.ro), **Telekom Romania** (www.telekom.ro) et **Orange** (www.orange.ro).

CONSEILS AUX VOYAGEURS

La plupart des gouvernements possèdent des sites Internet qui recensent les dangers possibles et les régions à éviter. Consultez notamment les sites suivants :

➜ **Ministère des Affaires étrangères français** (www.diplomatie.gouv.fr)

➜ **Ministère des Affaires étrangères de Belgique** (diplomatie.belgium.be)

➜ **Département fédéral des Affaires étrangères suisse** (www.dfae.admin.ch)

➜ **Ministère des Affaires étrangères du Canada** (www.voyage.gc.ca)

L'HISTOIRE VUE À TRAVERS LES BILLETS DE BANQUE

Les billets roumains portent l'effigie de grands hommes du pays.

1 leu : Nicolae Iorga (1871-1940). Le cofondateur du Parti national démocratique est connu pour avoir été l'une des rares voix à s'élever contre le fascisme à l'époque de la Seconde Guerre mondiale. Il fut torturé puis exécuté.

5 lei : George Enescu (1881-1955). Célèbre pour ses *Rhapsodies roumaines* (1903), le compositeur a quitté la Roumanie à l'arrivée au pouvoir des communistes.

10 lei : Nicolae Grigorescu (1838-1907). Considéré comme le plus grand peintre de Roumanie, il commença par copier des toiles de Rubens, avant de représenter des scènes traditionnelles de la Roumanie rurale.

50 lei : Aurel Vlaicu (1882-1913). Premier grand pilote roumain, il trouva la mort dans le crash du *Vlaicu II*, en 1913.

100 lei : Ion Luca Caragiale (1852-1912). Ce dramaturge de la fin du XIXe siècle est connu pour son œuvre acerbe et ironique prenant pour cible la Roumanie moderne.

200 lei : Lucian Blaga (1895-1961). Poète, auteur dramatique, essayiste, philosophe, professeur et diplomate.

500 lei : Mihai Eminescu (1850-1889). Le grand poète national roumain, qui se distingua par son lyrisme et son génie romantique, signa également des nouvelles et des contes populaires. Il mourut prématurément à 38 ans.

- Les cartes SIM prépayées s'achètent dans les magasins de tous les opérateurs et chez les vendeurs de téléphones indépendants. On peut les recharger dans les boutiques de téléphonie, les kiosques à journaux et certains distributeurs de billets.
- Certains smartphones (iPhone ou Android) peuvent être difficiles à débloquer : contactez votre opérateur avant votre départ, afin de trouver une option adaptée pour la durée de votre voyage.
- Même si vous n'utilisez pas votre smartphone comme téléphone, il pourra vous servir à vous connecter en Wi-Fi. Veillez alors à désactiver le mode "itinérance des données" pour éviter des coûts d'acheminement imprévus.

Cabines et cartes téléphoniques

- Les téléphones publics fonctionnent généralement avec des cartes téléphoniques, en vente dans les bureaux de poste, les kiosques à journaux et des centres d'informations touristiques, ainsi qu'à la réception de certains hôtels.
- Leurs prix démarrent à environ 10 lei.
- Il est possible d'appeler à l'étranger depuis une cabine téléphonique.

Toilettes

- Les toilettes publiques, rares, ne sont souvent pas très propres. Dans la mesure du possible, utilisez celles des restaurants et des hôtels.
- Elles sont indiquées par un panneau "*toaletă*" ou "WC".
- Les toilettes des femmes sont indiquées par un F (*femei*) et celles des hommes, par un B (*bărbaţi*).
- Vous devrez généralement payer 1 leu ou 2 lei dans les toilettes publiques.
- Certaines sont équipées de poubelles en plastique, destinées à recevoir le papier usagé.

Travailler en Roumanie

Pour travailler en Roumanie, vous devrez obtenir au préalable un permis de travail délivré par le **ministère du Travail et de la Protection sociale** (www.mmuncii.ro ; en roumain uniquement), sous réserve que votre demande soit appuyée par un employeur roumain. La procédure doit être lancée avant l'arrivée dans le pays. Notez que vous devrez en outre obtenir une autorisation pour prolonger votre séjour au-delà de 90 jours. Le site du **ministère des Affaires étrangères roumain** (www.mae.ro) fournit des renseignements en français sur les démarches à effectuer.

Vous pourrez également consulter des sites à destination des expatriés, comme **expat.com** (www.expat.com/fr) ou **Just Landed** (www.justlanded.com).

Transports

DEPUIS/VERS LA ROUMANIE

Se rendre en Roumanie ne pose aucun problème particulier. Bucarest est reliée à de nombreuses capitales et grandes villes européennes par voie aérienne ; des trains et des bus longue distance la desservent aussi fréquemment.

Trouvez un vol, un séjour ou un hôtel en quelques clics dans la rubrique "Réservations" de www.lonelyplanet.fr.

Entrer en Roumanie

Bien que membre de l'Union européenne (UE), la Roumanie ne fait pas partie de l'espace Schengen.

Les ressortissants de l'UE, les Suisses et les Canadiens n'ont pas besoin de visa pour pénétrer sur le territoire roumain. Ils devront présenter un passeport (valable au moins 6 mois après la date d'entrée sur le territoire) ou une carte d'identité en cours de validité.

Voie aérienne

Aéroports et compagnies aériennes

La plupart des vols internationaux atterrissent à l'**aéroport international Henri Coandă** (OTP, Otopeni ; ☎arrivées 021-204 1220, départs 021-204 1210 ; www.bucharestairports.ro ; Şos Bucureşti-Ploieşti ; 🚌783) de Bucarest. Plusieurs autres villes disposent d'aéroports reliés à des destinations européennes – même s'ils accueillent en général une majorité de vols intérieurs.

Aéroport international de Cluj (CLJ ; ☎0264-416 702, 0264-307 500 ; www.airportcluj.ro ; Str Traian Vuia 149)

Aéroport international de Iaşi (Aeroportul Internaţional Iaşi, IAS ; ☎0232-271 590 ; www.aeroport.ro ; Str Moara de Vant 34)

Aéroport international de Sibiu (SBZ ; ☎0269-253 135 ; www.sibiuairport.ro ; Şoseaua Alba Iulia 73)

Aéroport international Traian Vuia de Timişoara (TSR ; ☎0256-386 089 ; aerotim.ro/en ; Str Aeroport 2, Ghiroda).

La compagnie nationale roumaine est **Tarom** (☎centre d'appels 021-204 6464, bureau 021-316 0220 ; www.tarom.ro ; Spl Independenţei 17, centre-ville ; ⏰9h-17h lun-ven ; Ⓜ Piaţa Unirii), dont le siège est à Bucarest. Il s'agit aujourd'hui d'une compagnie fiable et sûre, qui exploite un vaste réseau de lignes intérieures et dessert également des grandes villes d'Europe et le Moyen-Orient.

De nombreuses autres grandes compagnies, surtout d'Europe et du Moyen-Orient, assurent des liaisons régulières avec la Roumanie, généralement entre les capitales et/ou les grandes villes de leur pays et Bucarest.

Pour une liste de tour-opérateurs proposant des séjours, des circuits et parfois des vols secs, reportez-vous à la rubrique *Voyages organisés*, p. 274. Consultez également l'encadré *Agences en ligne*, p. 275.

AVERTISSEMENT

Les informations contenues dans ce chapitre et dans le chapitre *Transports* consacré à la Bulgarie (p. 493) sont particulièrement susceptibles de changements. Vérifiez directement auprès de la compagnie aérienne ou de l'agence de voyages les modalités d'utilisation de votre billet d'avion. N'hésitez pas à comparer les prestations. Les détails fournis ici doivent être considérés à titre indicatif et ne remplacent en rien une recherche personnelle attentive.

Depuis la France

Air France (☎36 54 ; www.airfrance.fr) assure chaque jour plusieurs vols directs au départ de Paris (Roissy-Charles-de-Gaulle) et à destination de Bucarest (2 heures 50), pour certains en partenariat avec **Tarom** (☎01 74 25 00 45 ; www.tarom.ro). Pour un aller-retour en classe économique, les tarifs débutent à 250 € environ, en fonction des disponibilités.

Voici les coordonnées françaises de quelques transporteurs et agences :

Wizzair (www.wizzair.com). Au départ de Paris-Beauvais, vols low cost à destination de Bucarest, Cluj-Napoca, Craiova et Timişoara.

Blue Air (www.blueairweb.com). Vols low cost vers diverses villes roumaines depuis Paris-Beauvais, Nice, Bordeaux et Lyon.

Hahn Air (www.hahnair.com)

Lot Polish Airlines (☎01 55 69 80 83 ; www.lot.com/fr/fr)

Thomas Cook (☎0892 701 088 ; www.thomascook.fr)

Depuis la Belgique

Brussels Airlines ne dessert pas la Roumanie. **Tarom** (☎02-218 63 82 ; www.tarom.ro) opère chaque jour plusieurs vols directs Bruxelles-Bucarest (2 heures 40), à partir de 130 € environ en classe économique (vous devrez souvent débourser au moins 100 € de plus en été). Plusieurs low cost proposent à certaines périodes des tarifs très intéressants, avec des allers-retours Bruxelles-Bucarest (directs) à moins de 80 €.

Voici quelques adresses utiles en Belgique :

Airstop (☎070 233 188 ; www.airstop.be)

Connections (☎070 23 33 13 ; www.connections.be)

Gigatours Voyages Éole (Éole à Bruxelles ☎02 672 35 03 ; www.voyageseole.be)

Depuis la Suisse

Swiss (☎0 848 700 700 ; www.swiss.com) assure des vols quotidiens directs entre Zurich et Budapest (2 heures 15) ; les prix pour un aller-retour en classe économique débutent à 190 FS environ.

Vous pourrez notamment consulter les offres de :

STA Travel (☎058 450 49 49 ; www.statravel.ch)

Depuis le Canada

Il n'existe pas de vol direct entre le Canada et la Roumanie. En partenariat avec Lufthansa, **Air Canada** (☎888 247 2262 ; www.aircanada.ca) propose des allers-retours Montréal-Bucarest via Francfort (environ 11 heures). Pour un aller-retour en classe économique, les premiers prix démarrent à 850 $C (mais comptez plutôt un minimum de 1 200 $C en été). Des vols au départ de Toronto et de Vancouver transitent également par Francfort. Tarom ne dessert pas le Canada.

Vous pourrez contacter notamment :

Lufthansa (☎800 563 5954 ; www.lufthansa.com)

Travel Cuts – Voyages Campus (☎1 800 667 2887 ; www.travelcuts.com)

Travelocity (www.travelocity.ca)

Voie terrestre

Passage des frontières

La Roumanie est limitrophe de cinq pays : la Bulgarie, la Hongrie, la Moldavie, la Serbie et l'Ukraine. La plupart des passages de frontières suivent des autoroutes internationales ou des routes nationales. Depuis la Bulgarie, pour rejoindre la Roumanie en franchissant le Danube, vous aurez le choix entre deux ponts (entre Roussé et Giurgiu, sur l'autoroute E85 ; et entre Vidin et Calafat, sur l'autoroute E79), et trois traversées en ferry.

Sur les autoroutes, les postes-frontières fonctionnent normalement 24h/24 ; en revanche, certains points de passage plus petits n'ouvrent que de 8h à 20h. Les ferries circulent toute la journée ; les horaires peuvent être réduits en hiver.

Depuis l'ouest de l'Europe, en arrivant par la Hongrie, il est conseillé d'emprunter

VOYAGES ET CHANGEMENTS CLIMATIQUES

Tous les moyens de transport fonctionnant à l'énergie fossile génèrent du CO_2 – la principale cause du changement climatique induit par l'homme. L'industrie du voyage est aujourd'hui dépendante des avions. Si ceux-ci ne consomment pas nécessairement plus de carburant par kilomètre et par personne que la plupart des voitures, ils parcourent en revanche des distances bien plus grandes et relâchent quantité de particules et de gaz à effet de serre dans les couches supérieures de l'atmosphère. De nombreux sites Internet utilisent des "compteurs de carbone" permettant aux voyageurs de compenser le niveau des gaz à effet de serre dont ils sont responsables par une contribution financière à des projets respectueux de l'environnement. Lonely Planet "compense" les émissions de tout son personnel et de ses auteurs.

les postes-frontières de Nădlac (près d'Arad), sur l'autoroute E68, ou de Borş (près d'Oradea), sur l'autoroute E60 – il s'agit de deux grands points de passage internationaux ouverts 24h/24.

Les files d'attente sont longues aux postes-frontières roumains, surtout le week-end.

Voiture et moto

De Paris, 2 300 km vous séparent de Bucarest (environ 1 800 km jusqu'à la frontière roumaine). Vous passerez par Strasbourg, puis par l'Allemagne, l'Autriche et la Hongrie, avant d'entrer en Roumanie. La distance est à peu près la même au départ de Marseille ; vous traverserez alors l'Italie, la Slovénie, la Croatie et la Serbie.

Veillez à ce que tous vos papiers (carte d'identité ou passeport, assurance, immatriculation) soient en règle. La carte internationale d'assurance, dite "carte verte", est obligatoire à l'étranger. Munissez-vous d'un permis de conduire international ; au-delà de 90 jours, votre permis de conduire national devra être échangé contre un permis de conduire roumain.

Tous les véhicules circulant en Roumanie doivent s'acquitter d'une taxe routière en achetant une "rovignette" (*rovinieta*), que vous pourrez vous procurer à l'entrée du territoire roumain (postes-frontières) et dans les stations-service. Il est également possible de la commander en ligne (www.roviniete.ro). Le prix varie en fonction du véhicule et de la durée de validité.
La rovignette doit être placée de manière visible dans le véhicule.

Pour des renseignements complémentaires sur la conduite automobile en Roumanie, reportez-vous p. 279.

PRINCIPAUX POINTS DE PASSAGE INTERNATIONAUX ROUTIERS ET FLUVIAUX

Depuis/vers la Bulgarie Par un pont à Giurgiu et Calafat ; par ferry à Bechet, Turnu Măgerele et Călăraşi ; par la route à Vama Veche.

Hongrie Postes-frontières à Nădlac (Arad), Borş (Oradea), Cenad, Valea lui Mihai et Urziceni.

Moldavie Postes-frontières à Rădăuţi-Prut, Albiţa, Galaţi, Ştefăneşti et Sculeni.

Serbie Postes-frontières à Moraviţa, Comloşu Mare, Jimbolia et Porţile de Fier.

Ukraine Postes-frontières à Siret et Sighetu Marmaţiei.

Bus

Face à la multiplication des liaisons aériennes à bas prix, les bus longue distance présentent un intérêt moindre que par le passé. Toutefois, plusieurs compagnies relient encore de nombreuses villes de Roumanie à diverses destinations en Europe et en Turquie.

Par rapport au train, les trajets en bus peuvent être plus rapides et nécessiter moins de correspondances.

DEPUIS LA FRANCE, LA BELGIQUE ET LA SUISSE

Les liaisons en bus avec l'ouest de l'Europe sont dominées par deux compagnies : **Eurolines** (www.eurolines.com) et **Atlassib** (carte p. 46 ; ☎021-222 8971, 080-10 100 100 ; www.atlassib.ro ; Str Gheorghe Duca 4, Bucarest ; Ⓜ Gara de Nord). Toutes deux desservent des destinations dans toute la Roumanie depuis de nombreuses villes européennes. Consultez leur site Web pour connaître les horaires, prix et points de départ.

À titre d'exemple, un aller simple entre Paris et Bucarest (environ 35 heures) coûte environ 100 €.

DEPUIS/VERS LA BULGARIE, LA TURQUIE ET LA GRÈCE

C'est à Bucarest que convergent la majorité des itinéraires en bus depuis/vers la Bulgarie, la Grèce et la Turquie. De par la position géographique de Bucarest, au sud-est de la Roumanie, les trajets en bus sont souvent plus rapides qu'en train.

La compagnie **Etap Grup** (www.etapgroup.com), établie à Sofia, offre chaque jour des bus entre Bucarest et Sofia (environ 130 lei/pers, 7-8 heures), au départ de la gare routière **Autogara Filaret** (☎bus vers la Bulgarie 021-335 3290, bus vers la Grèce 021-336 6780, liaisons intérieures 021-336 0692 ; www.acfilaret.ro ; Piaţa Gării Filaret 1 ; 🚌7, 47).

Les transports **Murat Turism** (☎0735-515 081 ; www.muratturism.ro ; Şos Viilor 33 ; 🚌173), basés à Bucarest, assurent des liaisons quotidiennes en bus au départ de la capitale roumaine et à destination d'Istanbul (160 lei, 11-12 heures) et d'Athènes (200 lei, 18 heures).

Train

La Roumanie fait partie du réseau ferroviaire européen et elle est bien reliée à l'ouest de l'Europe et aux pays voisins. Presque tous les trains internationaux arrivent et partent de la principale gare de Bucarest, la **Gara de**

PRINCIPALES LIAISONS FERROVIAIRES INTERNATIONALES

Durée et tarif approximatif pour un billet de seconde classe lors de nos recherches :

Bucarest-Budapest (via Arad ; 215 lei, 14 heures, 2/jour)

Bucarest-Belgrade (via Timişoara ; 180 lei, 12 heures, 1/jour)

Bucarest-Sofia (via Roussé ; 180 lei, 9 heures, 1/jour)

Bucarest-Chişinău (via Iaşi ; 140 lei, 13 heures, 1/jour)

Bucarest-Moscou (via Chişinău ; 560 lei, 45 heures, 1/jour)

Bucarest-Istanbul (210 lei, 19 heures, 1/jour)

Nord (réservations 021-9522 ; www.cfrcalatori.ro ; Piaţa Gara de Nord 1 ; Ⓜ Gara de Nord).

➜ Budapest, en Hongrie, est la principale porte entre la Roumanie et l'ouest de l'Europe. Deux trains directs la relient chaque jour à Bucarest ; il existe par ailleurs des liaisons régulières entre Budapest et Prague, Munich et Vienne.

➜ Les billets de train internationaux sont en vente dans les grandes gares et dans les agences des Chemins de fer roumains (Agenţia de Voiaj CFR), présentes dans tous les centres-villes.

➜ Pour les longs trajets incluant une nuit, réservez une couchette (*cuşetă*) ou une cabine dans un wagon-lit (*vagon de dormit*). Les couchettes sont moins chères mais moins confortables ; on les trouve dans des voitures standards de seconde classe dotées de sièges convertibles en lits d'appoint. Les wagons-lits offrent de vrais lits. Sachez que, dans tous les cas, vous serez réveillé aux frontières pour le contrôle de vos billets et papiers d'identité. Réservez tôt les cabines en wagon-lit, aux guichets ou dans les agences CFR.

CARTES DE TRAIN

Si vous prévoyez de prendre beaucoup le train ou de combiner la Roumanie avec un voyage dans d'autres pays, il peut être avantageux d'acheter une carte de train internationale. La Roumanie fait partie des réseaux **InterRail** (www.interrail.eu) et **Eurail** (www.eurail.com).

Les cartes InterRail et Eurail permettent généralement d'effectuer un certain nombre de trajets en train sur des durées variables, allant de une à plusieurs semaines. Certaines permettent des trajets illimités. Les cartes InterRail, moins chères, sont réservées aux Européens et aux personnes résidant en Europe depuis plus de 6 mois. Consultez les sites Web de ces deux réseaux pour connaître les conditions et les prix. **Rail Europe** (www.raileurope.com) propose également des cartes de train qui peuvent être intéressantes.

Les trains roumains sont inclus dans le GlobalPass d'InterRail, qui couvre 30 pays européens et la carte pays Roumanie. Les détenteurs d'une carte Eurail auront le choix entre la carte Hongrie-Roumanie et le Balkan Flexipass. Cette dernière option permet des trajets illimités en Roumanie ainsi qu'en Bulgarie, en Grèce, en Turquie, en Macédoine, au Monténégro et en Serbie.

Voie maritime

Le port de Constanţa dispose d'un terminal pour les passagers sur la mer Noire. Lors de nos recherches, toutefois, il n'était pas possible d'arriver en Roumanie par la mer.

VOYAGES ORGANISÉS

Si vous souhaitez planifier votre voyage à l'avance, sachez qu'il est généralement moins cher de faire appel à une agence roumaine. Vous pourrez par exemple contacter **Romania Tour Store** (www.romaniatourstore.com), qui propose notamment des circuits à la découverte de la Transylvanie, des monastères peints de la Bucovine et du delta du Danube.

En France, des tour-opérateurs organisent des circuits et des séjours en Roumanie. Beaucoup offrent la possibilité de voyages à la carte et combinent la découverte du patrimoine roumain à des activités de plein air, comme la randonnée, ou à des circuits dans des pays voisins, comme la Bulgarie. Comptez un minimum de 850 € pour une semaine – et souvent davantage.

Pour des circuits organisés locaux, reportez-vous p. 276.

SPÉCIALISTES DE LA ROUMANIE ET DES PAYS DE L'EST

AmSlave (01 44 88 20 40 ; www.amslav.com ; 60 rue de Richelieu, 75002 Paris). Ce spécialiste de l'Europe centrale et orientale propose des week-ends à Bucarest et des circuits en Roumanie.

Pouchkine Tours (02 98 73 76 38 ; www.pouchkine-tours.com). Spécialiste des voyages en Russie et transsibériens, cette agence organise aussi des circuits en Roumanie.

AGENCES EN LIGNE

Vous pouvez réserver votre vol via une agence en ligne ou vous renseigner auprès d'un comparateur de vols :

- www.bourse-des-vols.com
- www.ebookers.fr
- www.expedia.fr
- www.govoyages.com
- www.illicotravel.com
- www.kayak.fr
- www.opodo.fr
- www.skyscanner.fr
- voyages.kelkoo.fr
- www.voyages-sncf.com

CIRCUITS CULTURELS

Arts et Vie (www.artsetvie.com) ; Paris (☎01 40 43 20 21 ; 251 rue de Vaugirard, 75015 Paris ; autres agences à Lyon, Grenoble, Marseille et Nice). Croisière sur le Danube, séjour musical (festival George Enescu) et circuit culturel.

Clio (☎01 53 68 82 82 ; www.clio.fr ; 34 rue du Hameau, 75015 Paris). Grande croisière sur le Danube (Roumanie, Bulgarie, Serbie, Hongrie et Autriche) et circuit culturel à la découverte des différentes régions du pays.

RANDONNÉE, AVENTURE ET TOURISME RESPONSABLE

Akaoka (☎01 83 62 19 68 ; www.akaoka.com ; 15 place des Halles, 34190 Gange). Randonnées à pied et à VTT ; circuits libres. Une agence affiliée à The International Ecotourism Society.

Allibert (☎04 76 45 84 84 ; www.allibert-trekking.com). Plusieurs agences en France (Paris, Chamonix, Chapareillan, Toulouse et Villeneuve-Loubet), ainsi qu'en **Belgique** (☎02 318 32 02) et en **Suisse** (☎022 519 03 23). Ce spécialiste du trekking propose des itinéraires combinant découverte et randonnée (dont un à raquettes, entre Carpates et Transylvanie).

Huwans Club Aventure (www.huwans-clubaventure.fr) ; Paris (☎01 44 32 09 30 ; 18 rue Séguier, 75006 Paris) ; Lyon (☎04 96 15 10 52 ; 38 quai Arloing, 69009 Lyon) ; Marseille (☎04 96 15 10 20 ; 4 rue Henri-et-Antoine-Maurras, 13016 Marseille ; sur rdv). Plusieurs formules de randonnée, de niveaux modéré à soutenu, alternant marches et visites.

Terres d'Aventure (www.terdav.com) ; Paris (☎01 70 82 90 00 ; 30 rue Saint-Augustin, 75002 Paris) ; nombreuses agences en France ; également en Belgique (Bruxelles ☎02 543 95 60), en Suisse (Genève ☎022 518 05 13) et au Canada (☎514 382 9453). Circuits de randonnée à la découverte de la nature et du patrimoine roumains, dont un combiné avec les montagnes bulgares.

Grand Angle (☎04 76 95 23 00 ; www.grandangle.fr ; 38112 Méaudres). Une randonnée guidée dans les Carpates, le Maramureş et la Bucovine, avec hébergement chez l'habitant, et une randonnée libre dans les Carpates.

Zig Zag (☎01 42 85 13 93 ; www.zigzag-randonnees.com ; 54 rue de Dunkerque, 75009 Paris). Voyages dans toute la Roumanie, alternant marche et visites, dont un circuit à la découverte du delta du Dabube.

COMMENT CIRCULER

Avion

La compagnie nationale roumaine, **Tarom** (www.tarom.ro), exploite un vaste réseau de liaisons intérieures. Des vols relient régulièrement Bucarest et Cluj-Napoca, Iaşi, Oradea, Satu Mare, Suceava et Timişoara.

La compagnie low cost **Blue Air** (www.blueairweb.com) dessert les mêmes lignes, et propose aussi des vols à destination de Sibiu, Bacău et Constanţa.

Pour relier deux villes régionales, vous devrez souvent passer par Bucarest ; les correspondances ne sont pas toujours pratiques.

Bateau

Le delta du Danube se découvre essentiellement en ferry ou à bord de bateaux de pêcheurs, au départ de Tulcea.

Bus

Un mélange de bus, de minibus et de *maxitaxis* (fourgons privés pouvant accueillir de 10 à 20 passagers) constitue le socle du réseau national de transports publics roumain. Si vous comprenez comment fonctionne le système – ce qui n'est pas évident –, vous pourrez parcourir les régions et même le pays facilement, et à moindre coût !

Les itinéraires des bus et des *maxitaxis* changent fréquemment ; souvent, ces modifications sont communiquées verbalement. De nombreuses villes possèdent plusieurs gares routières (*autogara*) et arrêts de *maxitaxis*, pour différentes compagnies et selon les destinations.

Il est souvent impossible de donner un inventaire exhaustif des arrêts de bus et des itinéraires. Vous pourrez consulter le site **Autogari.ro** (www.autogari.ro), très bien fait, qui comporte une grille horaire nationale et actualisée relativement simple à utiliser, et répertorie les itinéraires, les tarifs et les points de départ. Sinon, demandez autour de vous.

Quand vous aurez localisé la gare routière et votre bus, il vous suffira d'acheter le billet au chauffeur. Prévoyez des petites coupures, car on ne pourra souvent pas vous rendre la monnaie sur les gros billets.

Les tarifs, qui varient en fonction de la demande et du nombre de compagnies concurrentes, sont généralement bas. Prévoyez environ 4 à 5 lei pour 20 km parcourus.

Circuits organisés locaux

En Roumanie, il est parfois bon d'avoir recours aux agences locales pour organiser une visite ou un circuit dans des secteurs reculés. En voici quelques-unes vivement recommandées :

Apuseni Experience (☎0747-962 482, 0745-602 301 ; www.apuseniexperience.ro). Ce prestataire basé à Oradea organise des circuits de randonnée pédestre et à VTT dans les monts Apuseni.

Hello Bucovina (p. 204 ; ☎0744-292 588 ; www.hellobucovina.com ; Aleea Nucului 1, bât 1, app 3 ; ⏲9h-17h lun-ven). Au départ de Suceava, excursions à la journée pour découvrir les monastères peints de la Bucovine et d'autres sites touristiques régionaux ; séjours plus longs en Ukraine et en Moldavie également.

RoCultours/CTI (☎0723-160 925 ; www.rotravel.com/cti). Cette agence fiable met sur pied de nombreux circuits culturels et des itinéraires personnalisés, dont la liste figure sur son site Web. Mieux vaut la contacter tôt.

Roving România (☎0724-348 272, 0744-212 065 ; www.roving-romania.co.uk ; ⏲avr-début déc). Circuits personnalisés, en petits groupes, pour explorer les splendeurs de la nature roumaine et des villages authentiques de Transylvanie.

Transylvanian Wolf (☎0744-319 708 ; www.transylvanianwolf.ro ; ⏲toute l'année). Cette agence familiale propose des circuits en milieu naturel, sur les traces d'animaux (loups, ours, lynx...).

En stop

Le stop est encore très répandu en Roumanie, où les gens ont l'habitude de se poster le long des grands axes aux abords des villes. Pour autant, il n'est pas encadré par la loi roumaine et, comme partout, il présente un risque, certes minime, mais potentiellement sérieux.

Il est d'usage de verser au conducteur l'équivalent d'un ticket de bus (soit environ 1-2 lei/10 km).

Train

Le train est un moyen de transport fiable (bien que lent) pour voyager en Roumanie. Le vaste réseau, qui couvre une grande partie du pays, dessert la plupart des grands sites touristiques.

Le réseau ferroviaire national est exploité par les **Chemins de fer roumains** (Căile Ferate Române ; CFR ; www.cfrcalatori.ro), dont le site Web comporte une grille horaire (*mersul trenurilor*) pratique.

Les billets s'achètent aux guichets des gares, dans les billetteries spécialisées (Agenţia de Voiaj CFR), dans les agences de voyages privées ou en ligne sur www.cfrcalatori.ro.

Sosire signifie "arrivée" et *plecare*, "départ". Sur les horaires affichés, le numéro du quai de départ est indiqué sous le mot *linia*.

Classes et types de trains

Il existe trois types de trains pour passagers en Roumanie, classés en fonction de leur vitesse et du niveau de confort. Les prix sont donc variables pour une même destination.

- **Les trains InterCity**, signalés en bleu ou en vert par les initiales "IC" sur les horaires, sont les plus chers et les plus confortables. En revanche, ils ne sont pas toujours beaucoup plus rapides que les trains InterRegional. Ils circulent souvent au-delà des frontières.
- **Les trains InterRegional**, signalés en rouge par les initiales "IR" sur les horaires, sont la catégorie juste en dessous des trains InterCity. Moins chers, ils sont presque aussi rapides que les "IC", mais peuvent être moins modernes.
- **Les trains Regional**, signalés en noir par l'initiale "R" sur les horaires, sont les plus vieux et les plus lents du réseau.

Transports locaux

Bus, tramway, maxitaxi et trolleybus

La plupart des villes roumaines possèdent un très bon réseau de transports publics composé de bus, de tramways, de trolleybus et, dans certains cas, de *maxitaxis*. Bucarest est la seule ville dotée d'un métro. Dans tout le pays, les billets de bus et de tramway s'achètent chez les marchands de journaux et dans les kiosques portant l'indication *bilete* ou *casă de bilete* ; ils doivent être compostés à bord. Pour les *maxitaxis*, on achète habituellement son billet directement auprès du chauffeur. Les tickets coûtent généralement entre 1 et 3 lei par trajet.

Taxi

Les taxis, fiables et peu onéreux, complètent utilement les transports publics. Les chauffeurs sont tenus par la loi d'afficher leurs tarifs sur la portière ou le pare-brise. Les prix, variables selon les villes, s'échelonnent entre 1,39 et 1,79 leu/km. Les chauffeurs qui affichent un tarif supérieur sont sans doute peu scrupuleux... soyez vigilant.

Bien qu'il soit courant de prendre un taxi garé à une station de taxis (en dehors de l'aéroport et de la principale gare ferroviaire de Bucarest) ou d'en héler un dans la rue, il est plus prudent d'en commander un par téléphone en s'adressant à une compagnie réputée, ou de demander aux hôtels et aux restaurants de les contacter pour vous.

À Bucarest, vous pourrez vous adresser aux compagnies **Cobalcescu** (☎021-9451 ; www.autocobalcescu.ro), **CrisTaxi** (☎021-9466 ; www.cristaxi.ro) et **Meridian** (☎English 021-9888, general 021-9444 ; www.meridiantaxi.ro).

Vélo

La Roumanie est une excellente destination pour les cyclistes, même si le vélo n'y est pas encore très développé.

Se déplacer à vélo est un excellent moyen de découvrir le pays et de rencontrer ses habitants. En dehors des grands axes routiers, la Roumanie est parcourue par des milliers de kilomètres de petites routes relativement peu fréquentées et idéales pour les cyclistes.

En revanche, ne vous attendez pas à trouver un réseau étendu de pistes cyclables, ou de nombreuses enseignes de location ou de réparation. Des villes comme Bucarest ont bien créé des pistes cyclables, mais il s'agit de concessions faites un peu à contrecœur aux cyclistes, et ces voies sont fréquemment empruntées par les automobilistes, qui ne sont pas toujours tendres avec les amoureux de la petite reine !

On peut louer ou acheter des vélos dans certaines grandes villes, mais pas dans toutes. Le groupe **i'velo** (www.ivelo.ro), qui s'efforce de populariser le cyclisme en Roumanie, a ouvert des boutiques de location de vélos dans plusieurs villes, dont Bucarest, Timişoara, Braşov, Constanţa, Iaşi et Alba Iulia. Les tarifs moyens sont d'environ 5 lei/heure ou 30 à 50 lei/jour.

Des agences de voyages organisent des circuits longs à vélo, avec transports et hébergements. **Cycling Romania** (www.cyclingromania.ro) figure parmi les meilleurs prestataires.

Emporter son vélo dans le train

Les vélos peuvent généralement être transportés dans les trains. Toutefois, il n'existe pas toujours d'espace prévu à cet effet, y compris dans les InterCity (IC). Consultez les horaires sur le site www.cfrcalatori.ro : les trains accueillant les cyclistes sont signalés par un symbole représentant un vélo.

Si vous voyagez avec votre vélo, tâchez d'arriver tôt à la gare et d'en informer le vendeur de billets. Il se peut que l'on vous demande de payer un supplément (généralement 10 lei) et de déposer votre vélo au comptoir à bagages.

Même si le guichetier affirme que ce n'est pas possible, vous pouvez toujours emporter votre vélo sur le quai et tenter de négocier avec le contrôleur. Bien souvent, si le train n'est pas plein, il vous autorisera à monter à bord.

Voiture et moto

Être motorisé présente des avantages indéniables en Roumanie : libre à vous de sortir des sentiers battus et de découvrir monastères et hameaux isolés ! En outre, vous ne serez plus tributaire des horaires de bus changeants et des départs de trains *très* matinaux.

Il reste que la conduite sur les routes roumaines n'est pas idéale et qu'il peut aussi s'avérer reposant d'opter pour le train ou le bus. Les routes sont généralement bondées et, malgré l'amélioration constante du réseau, elles ne sont pas toujours en bon état. Le pays ne compte que quelques courts tronçons d'autoroute (*autostrada*) : l'essentiel de vos trajets s'effectuera sur des routes nationales à deux voies (*DN, drum naţional*) et sur des routes secondaires (*DJ, drum judeţean*). Celles-ci passent par tous les villages et sont encombrées par les voitures et les camions, et même occasionnellement par des charrettes tirées par des chevaux et des tracteurs. Ajoutons à cela des automobilistes qui roulent à toute vitesse en essayant de doubler dans toutes les côtes et tous les virages, et vous comprendrez que l'exercice peut être éprouvant, même pour un conducteur aguerri. Tablez sur une vitesse de croisière d'environ 50 km/h.

On trouve facilement des stations-service. Néanmoins, ne partez pas pour un long trajet dans une zone montagneuse ou reculée sans avoir fait le plein. Lors de nos recherches, un litre de sans plomb 95 coûtait environ 5 lei. Les stations-service acceptent toutes les cartes bancaires ; vous

DISTANCES ROUTIÈRES (EN KM)

	Alba Iulia	Arad	Baia Mare	Bistriţa	Braşov	Bucarest	Cluj-Napoca	Constanţa	Deva	Iaşi	Miercurea Ciuc	Oradea	Piatra Neamţ	Piteşti	Ploieşti	Satu Mare	Sibiu	Suceava	Târgu Mureş	Timişoara
Arad	236																			
Baia Mare	236	319																		
Bistriţa	217	393	151																	
Braşov	229	429	392	267																
Bucarest	340	538	574	439	175															
Cluj-Napoca	94	270	142	123	281	432														
Constanţa	581	809	781	648	383	243	662													
Deva	84	150	290	301	279	388	178	631												
Iaşi	458	686	508	355	307	389	428	432	586											
Miercurea Ciuc	288	522	349	209	99	272	261	486	378	258										
Oradea	247	117	202	276	434	528	153	815	190	581	411									
Piatra Neamţ	358	620	383	244	236	342	310	425	422	118	140	463								
Piteşti	231	431	467	375	147	107	325	349	281	454	246	478	383							
Ploieşti	344	544	507	382	115	58	396	291	349	347	214	549	300	119						
Satu Mare	264	251	67	226	458	607	175	822	319	581	433	129	456	497	573					
Sibiu	73	274	322	271	156	265	167	538	126	413	255	320	295	188	271	343				
Suceava	408	588	318	191	328	434	300	562	492	140	247	467	107	475	392	403	406			
Târgu Mureş	137	378	227	93	174	347	106	554	221	321	151	260	201	282	289	282	124	284		
Timişoara	240	52	370	457	435	545	334	829	156	742	534	168	578	440	550	297	279	648	377	
Tulcea	600	813	777	591	384	304	665	147	666	335	406	817	345	401	262	846	540	437	558	825

CODE DE LA ROUTE

Tous les automobilistes doivent se procurer une "rovignette" (*rovinieta* ; www.roviniete.ro), qui devra être placée en évidence dans le véhicule. Cette vignette est en vente à la frontière, dans les stations-service ou en ligne. Vous devrez débourser environ 15 lei pour une semaine et 40 lei pour 30 jours.

D'autres règles de base s'appliquent :

- La vitesse est limitée à 50 km/h en agglomération, à 90 km/h sur les routes nationales et à 130 km/h sur les routes à quatre voies.
- L'âge minimal pour conduire est de 18 ans.
- La Roumanie pratique la tolérance zéro vis-à-vis de l'alcool au volant. En cas de contrôle positif (quel que soit le taux d'alcool), votre permis sera immédiatement confisqué.
- Le port de la ceinture de sécurité est obligatoire à l'avant. Les enfants de moins de 12 ans n'ont pas le droit de s'asseoir sur le siège avant.
- Les feux de croisement doivent être allumés de jour comme de nuit.
- Vous devez céder le passage en entrant sur un rond-point.

Reportez-vous également à la rubrique *Voiture et moto*, de la section *Depuis/vers la Roumanie*, p. 277.

devrez composer votre code confidentiel.

Location

Les principales agences de location internationales comme Avis, Budget, Hertz et Europcar sont implantées dans la plupart des villes, ainsi qu'à l'aéroport international Henri Coandă de Bucarest. En outre, on trouve des enseignes locales dans les grandes villes ; certaines pratiquent des tarifs avantageux. Pour bénéficier des meilleurs prix, réservez sur les sites Web. Les conducteurs doivent généralement avoir au moins 21 ans ; on vous demandera en outre de posséder une carte bancaire en cours de validité.

Langue

Le roumain est la langue officielle de la Roumanie et de la Moldavie ; il compte quelque 24 millions de locuteurs. Seule langue d'origine latine en Europe de l'Est, il partage à ce titre un héritage commun avec le français, l'italien, l'espagnol et le portugais, mais s'avère beaucoup plus proche du latin classique que ces langues.

Le roumain est cohérent du point de vue phonétique, et proche de la prononciation du français. Une fois que vous maîtriserez quelques règles simples, vous ne devriez avoir aucun problème pour vous exprimer ! En cas de besoin, référez-vous aux exemples donnés dans ce chapitre.

Au début d'un mot, on prononce le e et le i comme s'ils étaient précédés d'un "y" (c'est à peine perceptible). À la fin d'un mot, en revanche, un i seul est presque muet. Un double i (ii) est un i long. L'accent tonique (indiqué en italique dans les exemples) tombe en général sur l'avant-dernière syllabe.

Le ă se prononce comme un "eu" (de beurre) très ouvert, proche du a ; le â et le î (une orthographe variante du même son) se prononcent comme un"u" (de hutte) très fermé, proche du i. En lisant nos transcriptions, veillez à bien prononcer chaque lettre (par exemple, vin se prononce "vine").

CONVERSATION

Bonjour.	*Bună ziua.*	bou·neu *zi*·oua
Au revoir.	*La revedere.*	la rè·vè·*dè*·rè
Oui.	*Da.*	da
Non.	*Nu.*	nou
S'il vous plaît.	*Vă rog.*	veu rog
Merci.	*Mulţumesc.*	moul·tsou·*mesk*
Je vous en prie.	*Cu plăcere.*	kou pleu·*chè*·rè
Excusez-moi.	*Scuzaţi-mă.*	skou·*za*·tsii·meu
Pardon.	*Îmi pare rău.*	um' *pa*·rè *ra*·ou

Comment allez-vous ?		
Ce mai faceţi?	chè maï *fa*·chets'	
Bien. Et vous ?		
Bine. Dumneavoastră?	*bi*·né doum·nè·a·vo·*as*·treu	
Comment vous appelez-vous ?		
Cum vă numiţi?	koum veu nou·*miits'*	
Je m'appelle...		
Numele meu este...	*nou*·mè·lè *mè*·ou *yès*·tè	
Parlez-vous français ?		
Vorbiţi franceza?	vor·*bits'* fran·*chè*·za	
Je ne comprends pas.		
Eu nu înţeleg.	*ye*·ou nou un·tsè·*leg*	

HÉBERGEMENT

Où peut-on trouver...?		
Unde se află...?		*oun*·dè sè *a*·fleu
un terrain de camping	*un teren de camping*	*un* teren de dè *kam*·ping
une pension	*o pensiunea*	o pèn·*sii*·o·nè o
un hôtel	*un hotel*	oun ho·*tel*
une auberge de jeunesse	*un hostel*	oun *hos*·tel
Pouvez-vous recommander quelque chose (de)...?	*Puteţi recomanda ceva...?*	pou·*te*·tsi re·ko·man·*da* chè·*va*
pas cher	*ieftin*	*yèf*·tiin
bon	*bun*	boun

QUESTIONS

Comment ?	*Cum?*	koum
Quoi ?	*Ce?*	*tchè*
Quand ?	*Când?*	kund
Où ?	*Unde?*	*oun*·dè
Qui ?	*Cine?*	*tchi*·nè
Pourquoi ?	*De ce?*	dè tchè

À proximité	*în apropiere*	un a·pro·pyà·rè

Je souhaiterais réserver une chambre, s'il vous plaît.

Aş dori să rezerv o cameră, vă rog.	ach do·r' seu rè·zèrv o ka·mè·reu veu rog

J'ai une réservation.

Am o rezervaţie.	am o rè·zèr·va·tsiè

Mon nom est...

Numele meu este...	nou·mè·lè mè·ou yès·tè

Avez-vous une chambre... ?	*Aveţi o cameră...?*	a·vets' o ka·mè·reu
simple	*de o persoană*	dè o per·so·a·neu
double	*dublă*	dou·bleu

Combien cela coûte-t-il... ?

Cît costă...?		kut kos·teu
par nuit	*pe noapte*	pè no·ap·tè
par personne	*de persoană*	dè per·so·a·neu

DIRECTIONS

Où est le/la... ?	*Unde este...?*	oun·dè iès·tè
banque	*banca*	ban·keu
centre-ville	*centrul oraşului*	chèn·troul o·ra·shuo·loui
hôtel	*hotelul*	ho·te·loul
marché	*piaţa*	pya·tsa
commissariat	*secţia de poliţie*	sèk·tsya dè po·li·tsyè
office du tourisme	*biroul de nformaţii turistice*	bii·ro·oul dè iin·for·ma·tsi tou·riis·ti·tchè

C'est à quelle adresse ?

Care este adresa?	ka·rè iès·tè a·drè·seu

Pouvez-vous me montrer (sur la carte) ?

Puteţi să-mi arătaţi (pe hartă)?	pou·tè·tsi sèm a·rè·tats' (pè har·teu)

Est-ce loin d'ici ?

Cît e de departe?	kut yè dè dè·par·tè

Est-ce la route pour (Arad) ?

Acesta e drumul spre (Arad)?	a·tchès·ta yè drou·moul sprè (a·rad)

Comment puis-je m'y rendre ?

Cum ajung acolo?	koum a·joun a·ko·lo

AU RESTAURANT

Pouvez-vous recommander... ?	*Îmi puteţi recomanda...?*	um'·mi pou·tèts' rè·ko·man·da
un bar	*un bar*	oun bar
un café	*o cafenea*	o ka·fè·nè·a
un restaurant	*un restaurant*	oun rès·taou·rant
Je voudrais..., s'il vous plaît.	*Vă rog, aş dori...*	veu rog ach do·r'
l'addition	*nota de plată*	no·ta dè pla·teu
la carte des boissons	*lista de băuturi*	lis·ta de beu·ou·tou·r'
le menu	*meniul*	me·ni·oul
ce plat	*acel fel de mâncare*	a·tchèl fèl dè mun·ka·r

Que me conseillez-vous ?

Ce recomandaţi?	tche rè·ko·man·dats'

Quelle est la spécialité locale ?

Care e specialitatea locală?	ka·rè yè spe·tchia·li·ta·tè·a lo·ka·leu

Avez-vous des plats végétariens ?

Aveţi mâncare vegetariană?	a·ve·tsi mun·ka·rè vè·jè·ta·ria·neu

Je vais prendre...	*Aş dori...*	ach do·r'
Santé !	*Noroc!*	no·rok
bière	*bere*	bè·rè
bouteille	*sticlă*	sti·kleu
petit-déjeuner	*micul dejun*	mi·koul de·joun
café (lieu)	*cafenea*	ka·fè·nè·a
café	*cafea*	ka·fè·a
tasse	*cană*	ka·neu
dîner	*cină*	tchi·neu
œufs	*ouă*	o·ou·eu
poisson	*peşte*	pech·tè
fourchette	*furculiţă*	four·kou·li·tseu
fruit	*fructe*	frouk·tè
verre	*pahar*	pa·har
jus de fruits	*suc*	souk
couteau	*cuţit*	kou·tsit
déjeuner	*dejun*	dè·joun
viande	*carne*	kar·nè
lait	*lapte*	lap·tè
restaurant	*restaurant*	rès·taou·rant
cuillère	*lingură*	lin·gou·reu
thé	*ceai*	tchè·ai
légume	*legumă*	le·gou·meu
eau	*apă*	a·peu
vin	*vin*	vin

URGENCES

Au secours !	*Ajutor!*	a·jou·tor
Allez-vous en !	*Pleacă!*	plè·a·keu
Appelez... !	*Chemaţi...!*	kè·mats'
un médecin	*un doctor*	oun dok·tor
la police	*poliţia*	po·lii·tsiia
Je suis perdu.	*M-am rătăcit.*	mam reu·teu·tchit

Pourriez-vous m'aider, s'il vous plaît ?

Ajutaţi-mă, vă rog?	a·jou·ta·tsii·meu veu rog

Où sont les toilettes ?
Unde este o toaletă? oun·dè *yes*·tè o to·a·*lè*·teu

Je suis malade.
Mă simt rău. meu simt *reu*·ou

Je suis allergique à...
Am alergie la... am a·lèr·*ji*·yè la

J'ai perdu mon...
Mi-am pierdut... miam pièr·*dout*

Mon/Mes... a/ont été volé(s).
Mi s-a/s-au furat... mi sa/saou fou·*rat*

bagages	*valizele*	va·*li*·zè·lè
carte de crédit	*cartea de credit*	*kar*·tè·a dè *krè*·dit
passeport	*paşaportul*	pa·sha·*por*·toul
portefeuille	*portofelul*	por·to·*fè*·loul

Je veux contacter mon consulat/ mon ambassade.
Aş dori să contactez consulatul/ambasada. ash do·*ri* seu kon·tak·*tèz* kon·sou·*la*·toul/am·ba·*sa*·da

ACHATS ET SERVICES

Où est le/la... ? *Unde este...?* *oun*·dè *iès*·tè

DAB	*bancomat*	ban·ko·*mat*
banque	*bancă*	*ban*·keu
grande surface	*magazin universal*	ma·ga·*zin* ou·ni·ver·*sal*
magasin d'alimentation	*magazin alimentar*	ma·ga·*zin* a·li·mèn·*tar*

NOMBRES

1	*unu*	*ou*·nou
2	*doi*	do·ii
3	*trei*	trè·ii
4	*patru*	*pa*·trou
5	*cinci*	tchinch'
6	*şase*	*cha*·sè
7	*şapte*	*chap*·tè
8	*opt*	opt
9	*nouă*	*no*·weu
10	*zece*	*zè*·tchè
20	*douăzeci*	*do*·wa·*zè*·tch'
30	*treizeci*	treï·*zè*·tch'
40	*patruzeci*	*pa*·trou·*zè*·tch'
50	*cincizeci*	tchiintch·*zè*·tch'
60	*şaizeci*	chaï·*zè*·tch'
70	*şaptezeci*	*chap*·té·*zè*·tch'
80	*optzeci*	opt·*zè*·tch'
90	*nouăzeci*	*no*·weu·*zé*·tch'
100	*o sută*	o *sou*·teu

cybercafé	*internet café*	in·tèr·*nèt* ka·*fé*
marchand de journaux	*stand de ziare*	stand dè zi·*a*·rè
bureau de poste	*poşta*	*posh*·ta
office du tourisme	*biroul de informaţii turistice*	bii·*ro*·oul dè iin·for·*ma*·tsi tou·*riis*·ti·tchè

Je voudrais acheter (une carte téléphonique).
Aş dori să cumpăr (o cartelă de telefon). ach do·*r'* se *koum*·peur (o kar·*tè*·leu dè tè·lè·*fon*)

Puis-je la voir ?
Pot să mă uit? pot seu meu ouit

Puis-je essayer ?
Pot să probez? pot seu pro·*bez*

Ma taille est le (40).
Port numărul (patruzeci). port *nou*·meu·roul (*pa*·trou·zè·tch')

Cela ne me va pas.
Nu mi se potriveşte. nou mii sè po·trii·*vesh*·tè

En avez-vous une autre ?
Mai aveţi şi altele? mai a·*vets'* chi *al*·tè·lè

Combien cela coûte-t-il ?
Cât costă? kut *kos*·teu

C'est trop cher.
E prea scump. yè prè·*a* skoump

Il y a une erreur dans l'addition.
Chitanţa conţine o greşeală. ki·*tan*·tsa kon·*tsi*·nè o grè·shè·*a*·leu

DATE ET HEURE

Quelle heure est-il ?
Cât e ceasul? kut yè tchè·*a*·soul

Il est (2) heures.
E ora (două). yè o·ra (*dou*·eu)

(1) heure et demie.
(Unu) şi jumătate. (*ou*·nou) chi jou·meu·*ta*·tè

À quelle heure ?
La ce oră...? la chè *o*·reu

À...	*La ora...*	la *o*·ra
hier...	*ieri...*	*yè*·r'
demain...	*mâine...*	mu·*i*·nè
matin	*dimineaţă*	dii·mii·nè·*a*·tseu
après-midi	*după amiază*	*dou*·peu a·*mia*·zeu
soir	*seară*	se·*a*·reu
lundi	*luni*	*lou*·n'
mardi	*marţi*	*mar*·ts'
mercredi	*miercuri*	*mièr*·kou·r'
jeudi	*joi*	joy
vendredi	*vineri*	*vii*·nèr'
samedi	*sâmbătă*	*sum*·beu·teu
dimanche	*duminică*	dou·*mii*·nii·keu

janvier	*ianuarie*	ya·*noua*·rii·è
février	*februarie*	fè·*broua*·rii·è
mars	*martie*	*mar*·tii·è
avril	*aprilie*	a·*prii*·lii·è
mai	*mai*	maï
juin	*iunie*	*you*·nii·è
juillet	*iulie*	*you*·lii·è
août	*august*	*ao*·goust
septembre	*septembrie*	sep·*tèm*·brii·è
octobre	*octombrie*	ok·*tom*·brii·è
novembre	*noiembrie*	no·*yem*·brii·è
décembre	*decembrie*	dè·*tchèm*·brii·è

TRANSPORTS

Transports publics

Est-ce le... pour (Cluj) ? — *Acesta e... de (Cluj)?* — a·*tchès*·ta yè de (klouj)

bateau	*vaporul*	va·*po*·roul
bus	*autobuzul*	aou·to·*bou*·zoul
avion	*avionul*	a·vii·*o*·noul
train	*trenul*	*trè*·noul

À quelle heure est le... bus ?
Când este... autobuz? kund *yès*·tè aou·to·*bouz*

premier	*primul*	*prii*·moul
dernier	*ultimul*	*oul*·tii·moul
prochain	*următorul*	our·meu·*to*·roul

Où puis-je acheter un billet ?
Unde pot cumpăra un bilet? — *oun*·dè pot koum·peu·*ra* oun bi·*lèt*

Un billet... (pour Cluj), s'il vous plaît.
Un bilet... (până la Cluj), vă rog. — oun bi·*lèt* (*pu*·neu la klouj) veu rog

aller	*dus*	dous
aller-retour	*dus-întors*	dous un·*tors*

Combien de temps dure le trajet ?
Cât durează călătoria? — kut dou·*rè*·a·zeu ke·le·to·*rii*·a

Est-ce un trajet direct ?
E o rută directă? — yè o *rou*·teu di·*rek*·teu

À quelle heure arrive-t-il/part-il ?
La ce ora soseşte/ pleacă? — la tchè *o*·ra so·*sèch*·tè/ plè·*a*·keu

De combien sera le retard ?
Cât întârzie? — kut un·*tur*·zii.è

S'arrête-t-il à (Galaţi) ?
Opreşte la (Galaţi)? — o·*prech*·tè la (*ga*·*lats'*)

Combien de temps s'arrête-t-on ici ?
Cât stăm aici? — kut steum a·*iitch'*

Quel(le) est cet/cette arrêt/gare ?
Ce gară/staţie aceasta? — tche *ga*·reu/*sta*·tsyè yè a·tchè·*as*·ta

Quel(le) est le prochain arrêt/la prochaine gare ?
Care este următoarea/gară /staţie? — *ka*·rè *yès*·tè our·meu·to·*a*·rè·a *ga*·reu sta·tsyè

Pourrez-vous me dire quand nous arriverons à (Iaşi) ?
Vă rog, când ajungem (Iaşi)? — veu rog kund a·*joun*·jèm la *la* (*ya*·chi)

Je voudrais un taxi...
Aş dori un taxi... — ach do·*r'* oun tak·*si*

à (9h)	*la ora (nouă) dimineaţa*	la *o*·ra (*no*·oua) di·mi·*nè*·a·tsa
maintenant	*acum*	a·*koum*
demain	*è mâin*	è mu·*i*·ne

Combien cela coûte-t-il pour aller... ?
Cât costă până la... ? — kut kos·teu *pu*·neu la

S'il vous plaît, emmenez-moi à (cette adresse).
Vă rog, duceţi mă la (această adresă). — veu rog dou·*tchèts'* meu la (a·tchè·*as*·teu a·*drè*·seu)

S'il vous plaît...	*Vă rog...*	veu rog
ralentissez	*încetinit*	un·tchè·ti·*nits'*
arrêtez-vous ici	*opriţi aici*	o·*prits'* a·*iitch'*
attendez ici	*aşteptaţi aici*	ach·tep·*tats'* a·*iitch'*

Voiture et vélo

Je voudrais louer un/une...
Aş dori să închiriez o... — ach do·*r'* seu un·kii·*ri*·èz o

vélo	*bicicletă*	bi·tchii·*klè*·teu
voiture	*maşină*	ma·*chii*·neu
moto	*motocicletă*	mo·to·tchii·*klè*·teu

Combien coûte la location par... ?
Cât costă chiria pe... ? — kut *kos*·teu ki·*ri*·a peu

heure	*oră*	*o*·reu
jour	*zi*	zi
semaine	*săptămână*	seup·teu·*mu*·neu

PANNEAUX

Intrare	Entrée
Ieşire	Sortie
Deschis	Ouvert
Închis	Fermé
Informaţii	Informations
Interzis	Interdit
Toalete	Toilettes
Bărbaţi	Hommes
Femei	Femmes

air	*aer*	a·*èr*
huile	*ulei*	ou·*lèy*
essence	*benzină*	bèn·*zii*·neu
pneus	*cauciucuri*	kaou·*tchou*·kou·r'

J'ai besoin d'un garagiste.
Am nevoie de un mecanic. — am nè·*vo*·yè dè oun mè·*ka*·niik

Je n'ai plus d'essence.
Am rămas fără benzină. — am reu·*mas feu*·reu bèn·*zii*·neu

J'ai un pneu à plat.
Am un cauciuc tchouk dezumflat. — am oun kaou·de·zoum·*flat*

Est-ce la route pour (Arad) ?
Acesta e drumul spre (Arad)? — a·*tches*·ta yè *drou*·moul sprè (a·*rad*)

GLOSSAIRE

Voici quelques mots roumains utiles. L'équivalent en hongrois (hong) est indiqué entre parenthèses.

Agenţia Teatrală – billetterie de théâtre (hong : *színház jegyiroda*)

Agenţia de Voiaj CFR – billetterie ferroviaire (hong : *vasúti jegyiroda*)

Antrec – Association nationale du tourisme rural, écologique et culturel

autogara – gare routière (hong : *távolsági autóbusz pályaudvar*)

bagaje de mână – consigne à bagages (hong : *csomagmegőrző*)

biserică – église (hong : *templom*)

biserică de lemn – wéglise en bois

cabana – cabane de montagne, chalet

casă de bilete – billetterie (hong : *jegyiroda*)

cascadă – cascade

cazare – hébergement

CFR – Compagnie ferroviaire nationale roumaine

cheile – gorge

de jos – en bas

de sus – en haut

drum – route, trajet, voyage

gara – gare ferroviaire (hong : *vasútállomás*)

mănăstire – monastère (hong : *kolostor*)

metropolitan – métropolite ; responsable de plusieurs diocèses.

pensiune – pension ; généralement dans une habitation privée.

pensiunea – voir pensiune

piaţa – place ou marché (hong : *főtér* or *piac*)

plecare – départ (hong : *indulás*)

sosire – arrivée (hong : *érkezés*)

ţară – terre, pays

Bulgarie

VALENTIN VALKOV / SHUTTERSTOCK ©

Cathédrale Notre-Dame-de-l'Assomption (p. 425), Varna

Bienvenue en Bulgarie

Montagnes sauvages, longues plages dorées et villes au riche passé et à la vie nocturne foisonnante : la Bulgarie est un séduisant mélange de nature et d'histoire qui promet d'inoubliables aventures.

Plages de la mer Noire

Chaque été, les Bulgares partent vers les longues plages sablonneuses de la mer Noire, rejoints par les étrangers attirés par les prix très compétitifs de ces stations balnéaires qui n'ont rien à envier à certaines destinations prisées de la Méditerranée. Même les deux grandes villes du bord de mer, Varna et Burgas, ont de belles plages, à quelques minutes de leurs centres animés. Et si Sozopol, Slăntchev Bryag (la plage du Soleil) et d'autres hauts lieux sont très urbanisés, de nombreuses criques sauvages restent à découvrir.

Églises et art sacré

Des églises couronnées de coupoles dorées aux superbes icônes, l'art religieux bulgare ne peut manquer d'impressionner les visiteurs. La cathédrale Alexandre Nevski de Sofia et le monastère de Rila (Xe siècle) attirent une foule de visiteurs et de pèlerins, tout comme les sculptures sur bois de Tryavna et les fresques du *Jugement dernier* à Batchkovo. Même dans les plus petits villages, les églises orthodoxes émerveillent : les représentations peintes de saints, souvent disposées dans des panneaux en bois sculpté (iconostases), semblent magiques à la lueur des bougies.

Montagnes et forêts

Découpée par sept massifs montagneux, arrosée par de nombreux lacs, cascades et ruisseaux, la Bulgarie abrite une riche faune (loups, ours et lynx) tapie dans des forêts denses. Les réseaux de sentiers et de *hija* (refuges de montagne) permettent d'admirer de magnifiques panoramas, comme celui de la Stara Planina dans la brume, et de superbes levers du soleil depuis le mont Vihren (2 915 m). Trekking dans les Rhodopes, descentes tout schuss sur les domaines skiables de Bansko ou encore observation des oiseaux dans le parc national du Pirin : les amoureux des grands espaces seront aux anges (et épuisés).

Vestiges

Pays au passé riche et tumultueux, la Bulgarie recèle quantité de vestiges, souvenirs des peuples et des civilisations qui ont conquis ou traversé ses terres. Les Thraces ont laissé leur empreinte dans le Sud et le Centre. Les témoignages de 2 500 ans de colonisation grecque sont manifestes le long de la côte, tandis que Varna et Plovdiv illustrent le génie de l'Empire romain à son apogée. Quant à la forteresse de Tsarevets, elle ravive le souvenir du Second Empire bulgare dans sa capitale médiévale, Veliko Tărnovo.

Pourquoi j'aime la Bulgarie

Anita Isalska, auteure

Des panoramas sur le massif du Pirin aux recoins pavés du vieux Plovdiv, la Bulgarie m'a envoûtée (et ce n'est pas près de s'arrêter). Dans ce pays aux multiples facettes, les domaines skiables sont aussi fabuleux que les plages. Mais ce sont les contrastes de la Bulgarie qui me fascinent. Quoi de plus tentant qu'un concert de heavy metal dans un stade romain, des spectacles son et lumière dans une forteresse médiévale ou d'anciennes demeures en ruines reconverties en bar ? Les découvertes archéologiques garantissent à chaque fois des nouveautés : l'excuse parfaite pour y retourner sans cesse.

Pour en savoir plus sur nos auteurs, reportez-vous p. 520.

Ci-dessus : Plovdiv (p. 346)

Bulgarie

Chaîne des Carpates
ROUMANIE
Craiova
E79
Olt
Vidin
Calafat
14
Lom
Oryahovo
Goulyantsi
Tcherkovitsa
Svishtov
Kneja
Pleven
Levski
Belogradtchik
E79
Borovan
Montana
Tchiprovtsi
Tcherven Bryag
Lovetch
SERBIE
Vratsa
Bekovitsa
Mezdra
Parc naturel de Vratchanski Balkan
Pirot
Teteven
Troyan
A2
Svoge
Kalotina
Stara Planina
Anton
Sopot
Karlovo
Pirdop
Novi Iskăr
SOFIA
Koprivshtitsa
Hisar (Hisarya)
E75
Boyana
Parc naturel du Vitosha
Panagyurishte
Pernik
Brezovo
Mt Vitosha
Ihtiman
Samokov
Kostenets
Pazardjik
A1
Plovdiv
Govedartsi
Borovets
Perushtitsa
Asenovgrad
E871
Kyustendil
Dupnitsa
Massif du Rila
Peshtera
Rila
Velingrad
Gyueshevo
Stob
Avramovo
Batak
Blagoevgrad
Devin
Tchepelare
Bansko
Shiroka Lăka
Pamporovo
Dobrinishte
E79
Massif du Pirin
Parc national du Pirin
Dospat
Massif
Smolyan
MACÉDOINE (FYROM)
Štip
Sandanski
Melnik
Gotse Deltchev
Exohi
GRÈCE
Petritch
Zlatarevo
Promahonas
Drama
Kavadarci
Serres

0
100 km
BUCAREST
Călăraşi
Silistra
Srebărna
Mangalia
Vama Veche
Durankulak
Danube
Tutrakan
Dobritch
Baltchik
Kavarna
Roussé
Albena
Kaliakra
Zlatni Pyasătsi
(Sables d'Or)
Razgrad
Varna
Sveti Konstantin
A2
Madara
Devnya
Shoumen
Popovo
Byala
Targovishte
Veliki
Preslav
Byala
Omurtag
Veliko
Tărnovo
Slăntchev Bryag
(plage du Soleil)
E772
Arbanasi
Stara Planina
Kotel
Aitos
Nesebăr
Elena
Katunishte
Pomorie
Tryavna
Karnobat
Gabrovo
Sliven
Burgas
Col de Shipka
Sozopol
Réserve naturelle
de Ropotamo
Primorsko
Shipka
Yambol
Kiten
Sredets
Tsarevo
Novo
Zagora
Kazanlăk
Stara
Zagora
Parc naturel
de Strandja
Sinemorets
Elhovo
Topolovgrad
Tchirpan
E87
Kırklareli
Dimitrovgrad
Harmanli
E80
Haskovo
Svilengrad
Edirne
Ormenio
TURQUIE
Kărdjali
Ardino
des Rhodopes
Tekirdağ
Zlatograd
Keşan

L'essentiel

Pour des informations détaillées, voir *La Bulgarie pratique* (p. 483)

Devise

Lev (lv ; pluriel : leva)

Langue

Bulgare

Argent

Nombreux DAB. Cartes bancaires fréquemment acceptées dans les hôtels et les restaurants. Paiement en espèces dans les petites pensions et les hébergements à la campagne.

Visa

Pas de visa pour les ressortissants de l'UE, les Suisses et les Canadiens (carte d'identité valide ou passeport valable au moins 3 mois après date de sortie du territoire).

Téléphone portable

Plus de frais de *roaming* au sein de l'UE. Les cartes SIM locales fonctionnent dans les téléphones européens et certains téléphones américains.

Transports

La plupart des villes sont desservies par des bus ; les trains sont plus lents.

Quand partir

Haute saison (juin-août)

- Températures élevées, journées ensoleillées et soirées douces dans tout le pays.
- Forte affluence au bord de la mer Noire ; les prix s'envolent.
- Les villes de l'intérieur du pays étouffent, mais les attractions battent leur plein.

Saison intermédiaire (avril, mai, sept-oct)

- Printemps et automne : climat doux ; beau calendrier de fêtes et festivals.
- Après la fonte des neiges, temps idéal pour les activités de plein air.
- Les sites ouvrent ; les visiteurs sont peu nombreux.

Basse saison (nov-mars)

- Les températures chutent vite en automne ; la neige est fréquente dans une grande partie du pays en hiver.
- Les stations de sports d'hiver atteignent leur pic de fréquentation entre décembre et février.

Budget quotidien

Moins de 70 lv

- Lit en dortoir : 18-22 lv
- Chambre dans une pension basique : 25-50 lv
- Repas dans une cafétéria : 5-10 lv
- Ticket de transport public : environ 1 lv

70-150 lv

- Chambre double de catégorie moyenne : 60-80 lv
- Déjeuner ou dîner dans un bon restaurant : 20-30 lv
- Course en taxi entre l'aéroport et le centre-ville de Sofia ou Plovdiv : 15 lv

Plus de 150 lv

- Chambre double de catégorie supérieure : 150-300 lv
- Repas complet (3 plats) avec vin dans un restaurant haut de gamme : 30-55 lv
- Soin en thalasso : à partir de 30 lv

Sites Web

Beach Bulgaria (www.beachbulgaria.com). Renseignements et réservations dans les stations balnéaires.

Bulgaria Travel (www.bulgariatravel.org). Portail officiel de l'organisme de promotion du tourisme bulgare.

Vagabond (www.vagabond.bg). Culture et vie politique.

Lonely Planet (www.lonelyplanet.fr). Infos sur la destination, forum de voyageurs, réservations (hôtels et transports).

Taux de change

Zone euro	1 €	1,96 lv
Suisse	1 FS	1,79 lv
Canada	1 $C	1,32 lv
Roumanie	1 lei	0,43 lv

Pour des taux de change actualisés, rendez-vous sur : www.xe.com/fr.

Numéros utiles

Le ☎112, le numéro d'appel d'urgence européen, fonctionne en Bulgarie.

Indicatif de la Bulgarie	☎359
Ambulances	☎150
Pompiers	☎160
Police	☎166
Renseignements pharmaceutiques 24h/24	☎178

Heures d'ouverture

Horaires standards :

Administrations 9h-17h lun-ven

Banques 9h-16h lun-ven

Commerces 9h-18h

Bars 11h-0h

Postes 8h30-17h lun-ven

Restaurants 11h-23h

Conseils aux voyageurs

Avant le départ, pensez à vous enregistrer sur le portail Ariane du ministère des Affaires étrangères (voir l'encadré p. 263).

Arriver en Bulgarie

Aéroport de Sofia Le métro de Sofia relie le Terminal 2 à la station Serdika (1 lv, 20 min) ; les tickets sont en vente dans la station à la sortie du terminal. Le bus n°84 (1 lv, 40-50 min) dessert également le centre-ville ; achetez votre ticket auprès du conducteur. On peut commander un taxi (10-15 lv, 30-40 min) au guichet OK-Supertrans (on vous remettra un bon avec le code à 3 chiffres de votre taxi).

Aéroport de Plovdiv Il n'y a pas de navettes ; prenez un taxi Violet pour le centre-ville (15 lv environ, 20 min).

Aéroport de Varna Le bus n°409 (1 lv, 30 min) dessert le centre-ville de Varna et la station balnéaire de Zlatni Pyasătsi (les Sables d'Or). La course en taxi depuis l'aéroport coûte 10-20 lv (20-30 min).

Langage corporel

Petite particularité culturelle pouvant dérouter les visiteurs : les Bulgares tournent la tête de côté pour dire "oui" (notre non à nous !). Pour dire "non", ils rejettent légèrement la tête en arrière. Mais, pour compliquer encore les choses, lorsqu'ils savent qu'ils s'adressent à un étranger, les Bulgares inversent parfois ces mouvements dans le but d'aider leur interlocuteur. Alors, si vous n'êtes pas certain d'avoir bien compris, demandez *"Da ili ne ?"* ("Oui ou non ?"), pour lever toute ambiguïté !

Pour plus de détails sur les transports, voir p. 493.

Envie de...

Églises et art sacré

Monastère de Rila Dans le massif du Rila, un monastère du Xe siècle décoré de fresques réalisées par Zahari Zograf, au XIXe siècle. (p. 330)

Église de Boyana Ce sanctuaire du XIIIe siècle recèle d'admirables peintures murales. (p. 323)

Cathédrale et crypte Alexandre Nevski La plus vaste collection d'art sacré de Bulgarie est exposée sous les coupoles de ce chef-d'œuvre néobyzantin, à Sofia. (p. 309)

Église Sveti Stefan L'intérieur de cette église de Nesebăr est presque entièrement couvert de fresques datant du XVIe au XVIIIe siècle. (p. 421)

Église de la Nativité À Arbanasi, les cinq chapelles (XVIIe siècle) de cette église sont ornées de fresques et de superbes iconostases sculptées. (p. 383)

Église Sveti Konstantin i Elena Monument incontournable de la vieille ville de Plovdiv, cette église chaulée couronnée d'un dôme en cuivre contient de magnifiques fresques du XIXe siècle. (p. 347)

Plages

Primorsko Les belles plages à l'eau peu profonde de cette paisible station balnéaire sont idéales pour les familles. (p. 416)

Slăntchev Bryag Sable doux et vie nocturne trépidante : la "plage du Soleil" est la destination bulgare la plus prisée des étrangers. (p. 420)

Sinemorets Plages de sable blanc, eaux limpides et rythme de vie tranquille dans cette ville à l'extrême sud du pays. (p. 418)

Varna La capitale maritime du pays possède une longue plage de sable toute proche de l'animation. (p. 424)

Sozopol Après avoir découvert l'histoire de Sozopol, cap sur les plages et l'excellent centre de plongée. (p. 411)

Albena Barbotez dans les eaux cristallines le long des 4 km de plages de cette station balnéaire et profitez du spa. (p. 434)

Forteresses et vestiges

Forteresse de Tsarevets À Veliko Tărnovo, les tours et murs de la citadelle des tsars en imposent ! (p. 373)

Théâtre romain Le théâtre de Plovdiv (IIe siècle) accueille des représentations théâtrales et musicales. (p. 347)

Forteresse Kaleto Cette citadelle construite sur des fondations romaines se confond avec les rochers de Belogradtchik. (p. 440)

Forteresse de Baba Vida Un ancien fort romain reconstruit par les Bulgares au Moyen Âge, puis par les Turcs au XVIIe siècle. (p. 441)

Hisar Une petite station thermale dominée par de grandes portes romaines et de vastes remparts en ruines. (p. 391)

Thermes romains Admirez les vestiges de vastes bains publics dans le port d'Odessos (actuelle Varna). (p. 425)

Ski et snowboard

Bansko La plus grande station de sports d'hiver et la plus réputée de Bulgarie promet des soirées divertissantes. (p. 338)

Pamporovo Une station en plein essor, avec des pistes pour débutants. La ville ne présente pas grand intérêt. (p. 361)

Borovets Une station étendue pour les skieurs intermédiaires, qui descendront tout schuss les pistes arborées. (p. 333)

Tchepelare Dans un paisible village du massif des Rhodopes, les pistes faciles de cette station conviennent aux familles. (p. 359)

Mont Vitosha Quand la neige est au rendez-vous, on peut skier l'après-midi avant de faire une virée nocturne à Sofia. (p. 324)

Malăovitsa Pour skier au calme, dans le massif du Rila. (p. 330)

En haut Alpinistes dans le parc national du Pirin (p. 337)

En bas Sozopol (p. 411)

Mythes et légendes

Rochers de Belogradtchik Un univers géologique fabuleux, ayant inspiré le conte tragique d'une nonne au cœur brisé. (p. 440)

Écosentier des pyramides de Stob Les extraordinaires formations rocheuses seraient les vestiges pétrifiés d'une procession de mariage. (p. 329)

Musée de l'Artisanat et des Arts appliqués Ce musée de Troyan présente des costumes de *kukeri*, destinés à chasser les mauvais esprits. (p. 389)

Rocher d'Halkata Cet anneau rocheux de 8 m de haut près de Sliven aurait le pouvoir magique de faire changer de sexe. (p. 401)

Musée historique Admirez les artefacts issus du temple de Cybèle (Kibela), mis au jour en 2007 près de Baltchik. (p. 433)

Randonnée et escalade

Massif du Rila Cette chaîne boisée sillonnée par des sentiers (tous niveaux) accueille une école de varappe et d'alpinisme. (p. 330)

Massif du Pirin Grimpées ardues et itinéraires reculés, parmi les lacs et les vallées glaciaires. (p. 337)

Massif des Rhodopes Arpentez une campagne verdoyante, entre villages et sites naturels comme la grotte de Trigrad. (p. 359)

Stara Planina La "vieille montagne", de toute beauté, réunit une grande diversité de sommets et de vallées. (p. 391)

Rochers bleus Explorez les environs escarpés de Sliven sur les traces des *haïduks*. (p. 401)

Vratchanska Planina Chemins faciles depuis Vratsa – ou plus difficiles jusqu'à la grotte de Ledenika. (p. 437)

Mois par mois

LE TOP 5

Festival international d'été de Varna, juin-septembre

Fête de la Rose, juin

Festival international de jazz, août

Festival des arts d'Apollonia, septembre

Janvier

Les festivités du Nouvel An peuvent être hautes en couleur, en particulier dans les régions rurales qui ont conservé leurs coutumes. La neige recouvre une grande partie du pays : c'est la meilleure période pour skier.

Saint-Vasil

Pour le Nouvel An, dans les campagnes, de jeunes garçons, les *sourvakari,* tapotent leurs proches avec une branche décorée pour leur porter chance.

Février

Les villes s'endorment sous le froid mordant, tandis que la saison du ski, du snowboard et de la raquette bat son plein.

Fête des Raisins dorés

À Melnik et dans d'autres régions viticoles, les vignes sont taillées, aspergées de vin, puis bénites par un prêtre. La fête est célébrée le 1er ou le 14 février, et souvent les deux jours (p. 344).

Mars

La météo reste incertaine. Il peut encore neiger dans les montagnes, même si la saison du ski touche à sa fin. Les sites touristiques reprennent vie peu à peu.

Baba Marta

"Grand-mère Mars" marque le début du printemps. Le 1er mars, les Bulgares s'offrent des pompons de laine rouge et blanc, appelés *martinitsi,* en guise de porte-bonheur. Ils resteront accrochés à des branches d'arbre pendant tout le printemps.

Journées musicales de mars

L'un des meilleurs festivals de musique classique de Bulgarie, organisé à Roussé. Les concerts ont lieu pendant les deux dernières semaines de mars (www.marchmusicdays.eu).

Avril

Il commence à faire plus chaud et la saison des sports d'hiver s'achève. La Pâques orthodoxe tombe généralement en avril.

Pâques orthodoxe

Pour la plus grande fête de l'Église orthodoxe bulgare, les fidèles se pressent dans les volutes d'encens à la messe de 23h. Des batailles d'œufs ont parfois lieu à l'extérieur. On prépare des pains spéciaux et des œufs colorés.

Mai

Il fait souvent chaud et humide. C'est une bonne période pour séjourner sur la côte, avant l'affluence et l'envolée des prix.

Reconstitution du soulèvement d'avril 1876

À Koprivshtchitsa, les 1er et 2 mai, des habitants en costumes d'époque commémorent les tristes événements de 1876.

Fête du Lait de chèvre

À Gorna Bela Retchka, à 55 km au nord de

En haut : fête de la Rose, Kazanlăk (p. 397)

En bas : mets traditionnels de la Pâques orthodoxe

GTS / SHUTTERSTOCK ©

Sofia, cette fête (novakultura.org/en/) mêle culture villageoise traditionnelle des Balkans, art contemporain et débats d'idées.

Juin

La haute saison commence sur la côte. C'est le moment rêvé de s'adonner à la randonnée, à l'escalade et à l'observation des oiseaux.

Fête de la Rose

Alors que les roses fleurissent dans les vallées environnantes, à Kazanlăk et dans les villages voisins, on bénit les visiteurs avec de l'eau de rose, on sirote de la liqueur de rose et on danse lors des défilés de rue. Le temps fort a lieu sur la place principale de Kazanlăk, le premier week-end de juin (p. 397).

Festival international d'été de Varna

Musique, théâtre et autres manifestations culturelles : ce festival, l'un des plus vieux et des plus importants de Bulgarie, commence en juin et dure tout l'été (p. 428).

Juillet

Fortes températures. Tandis que les villes étouffent, les Bulgares et les visiteurs se ruent dans les stations balnéaires.

Festival de la sculpture sur sable

Des artistes invités à Burgas créent de magnifiques sculptures sur sable. Un nouveau thème est défini chaque année. Les œuvres sont exposées tout l'été (p. 407).

Août

Le mercure atteint des records. Les journées sont longues et ensoleillées ; la pluie se fait rare. Les festivals de musique battent leur plein.

Festival Spirit of Burgas

Début août, cet événement musical réputé attire des artistes rock et hip-hop ainsi que des DJ, pour une fête sur la plage au bord de la mer Noire.

Festival international de jazz

Des musiciens de jazz venus de toute l'Europe se produisent à Bansko. Début août, des concerts gratuits ont lieu sur la place principale durant une semaine (p. 341).

Septembre

Les journées, encore chaudes, se rafraîchissent. Cette période propice à l'observation des oiseaux coïncide avec le début de la migration sur la Via Pontica.

Festival des arts d'Apollonia

Le premier week-end du mois, à Sozopol, musique, théâtre et danse en bord de mer. Des pointures sont au rendez-vous (p. 413).

Nuit des musées de Plovdiv

Un vendredi soir de la fin septembre, les musées de Plovdiv ouvrent leurs portes gratuitement, et des représentations et projections de film en plein air ont lieu dans toute la ville (www.night.bg).

Octobre

Si les journées sont plus fraîches, les températures restent agréables. Des fêtes des moissons et des festivals culturels ont lieu dans tout le pays.

Novembre

Les journées, qui raccourcissent, peuvent être froides et pluvieuses. Le rythme de vie ralentit, mais il y a toujours quelque chose à faire ou à voir en ville.

Défilé du vin nouveau

Plovdiv célèbre ses nouveaux millésimes avec des défilés, des représentations et des dégustations de vins nouveaux de la région dans les rues et maisons de la vieille ville (www.visitplovdiv.com/en).

Décembre

Le froid est là et la neige tombe en montagne. C'est le début de la saison des sports d'hiver – les conditions seront optimales à la fin du mois. Dans les églises, les offices de Noël sont remarquables.

Itinéraires

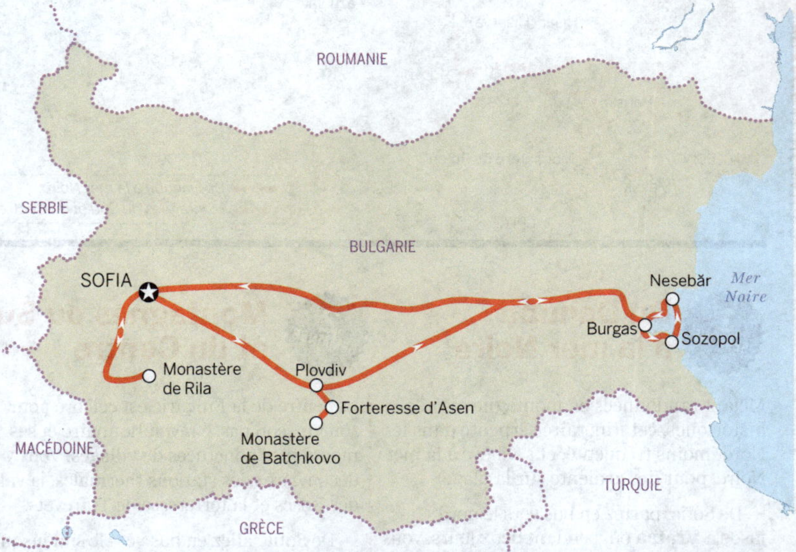

10 JOURS De Sofia à la côte

Votre découverte des sites incontournables de Bulgarie débutera à Sofia ; vous ferez ensuite halte à Plovdiv, plus huppée, pour finir sur les plages de sable de la mer Noire.

Commencez par trois jours à **Sofia** : visitez la cathédrale Alexandre Nevski, chef-d'œuvre de la capitale bulgare, et deux musées passionnants, et partez une journée en excursion au splendide **monastère de Rila**.

Prenez ensuite un bus ou un train vers l'est, en direction de **Plovdiv**, la deuxième ville du pays, où vous passerez deux jours à profiter du charme de la vieille ville, des ruines romaines et d'une scène nocturne bohème. Prenez éventuellement une demi-journée pour visiter la **forteresse d'Asen** et le **monastère de Batchkovo**.

En bus ou en train, rejoignez **Burgas**, paisible ville au bord de la mer Noire où vous dormirez au moins une nuit. Repartez ensuite en bus vers le sud, jusqu'à la cité ancienne de **Sozopol**. Passez un ou deux jours dans ses ruelles pavées pittoresques et sur ses jolies plages sablonneuses. En été, empruntez le ferry jusqu'à **Nesebăr** et ses nombreuses églises médiévales qui méritent une journée de visite. Il sera alors temps de regagner Burgas, puis de reprendre le bus ou le train pour Sofia.

1 SEMAINE — Du Danube à la mer Noire

Mêlant randonnées en montagne et sites historiques, cet itinéraire serpente dans le Nord, moins fréquenté, et s'achève à la mer Noire, pour du farniente sur la plage.

De Sofia, partez en bus vers le nord jusqu'à **Vratsa** où, pendant deux jours, vous pourrez randonner dans les montagnes et visiter d'intéressants musées. De là, reprenez le bus vers Pleven, puis un autre vers **Roussé**, pour un premier aperçu du puissant Danube. Passez deux nuits dans cette ville ravissante pour en découvrir l'architecture austro-hongroise, tout en prévoyant une escapade au **parc naturel de Rusenski Lom**, avec ses églises rupestres et ses grottes. Vous y apercevrez peut-être des animaux sauvages rares.

Depuis Roussé, allez vers l'est jusqu'à **Silistra**. En un ou deux jours, vous admirerez l'or des Romains au Musée archéologique et ferez une excursion jusqu'au **tombeau thrace de Sveshtari**. Pour votre dernière journée (ou les deux dernières), poursuivez jusqu'à **Varna**, au bord de la mer Noire. Profitez de sa longue plage de sable, assistez à un spectacle ou à un concert, ou dansez dans les clubs du bord de mer.

2 SEMAINES — Montagnes du Sud et du Centre

Le centre de la Bulgarie est célèbre pour son vin, son passé révolutionnaire et ses montagnes ponctuées de villages. Vous y découvrirez des stations thermales, la vallée des Roses et la forteresse de Tsarevets.

De Sofia, allez en bus vers le sud jusqu'à **Melnik**, connu pour ses pyramides calcaires, son vin et ses demeures datant du Renouveau national. Visitez le **monastère de Rojen**, puis rejoignez **Bansko** en bus pour randonner ou skier, selon la saison.

De Bansko, une étroite voie ferrée serpente dans la montagne jusqu'à Septemvri et **Plovdiv**, où vous admirerez les maisons-musées du XIXe siècle et le quartier artistique de Kapana pendant deux ou trois jours. Profitez une journée des eaux thermales d'**Hisar**, au nord, puis poursuivez vers **Karlovo**, ville natale de Vasil Levski, héros révolutionnaire bulgare.

Prenez un bus vers **Kazanlăk**, porte d'entrée de l'odorante vallée des Roses. Visitez l'église de **Shipka**, franchissez le col de Shipka, puis relaxez-vous à l'ombre de l'impressionnante forteresse de **Veliko Tărnovo**, d'où vous pourrez partir marcher une journée dans le **canyon d'Emen**.

Les régions en un clin d'œil

Sofia

Culture
Parcs
Cuisine

Richesses culturelles

Merveilles thraces au Musée archéologique, peintures bulgares et étrangères au Kvadrat 500, statues de Lénine au musée d'Art socialiste : la capitale bulgare est l'épicentre culturel du pays.

Havres de verdure

Pour fuir l'agitation urbaine, cap sur le parc de Borisova Gradina, avec ses allées ombragées et ses aires de jeux. Le jardin municipal et le jardin botanique de l'université permettent également d'agréables escapades au calme.

Diversité culinaire

Les restaurants de Sofia sont parmi les meilleurs et les plus variés de Bulgarie. Outre une cuisine traditionnelle de qualité, vous pourrez savourer des plats turcs et marocains, des glaces et du café italiens, ainsi qu'un éventail croissant de mets végétariens.

p. 302

Plovdiv et les montagnes du Sud

Art
Sports d'hiver
Culture

Arts pluriels

Entre la sculpture contemporaine, l'art mexicain et les peintures bulgares du XIXe siècle, la vieille ville de Plovdiv se distingue (aussi) par l'originalité de ses musées et galeries d'art.

Stations de sports d'hiver

Les massifs du Rila, du Pirin et des Rhodopes offrent d'excellentes pistes de ski. C'est à Bansko que vous serez le plus sûr d'avoir de la neige, et de profiter de soirées survoltées. Les 58 km de pistes de Borovets attirent les foules. Les stations plus petites comme Tchepelare conviennent aux familles.

Sorties culturelles

Opéra au théâtre antique le premier soir, hard rock à faire vibrer les murs dans un minuscule bar alternatif le lendemain : à Plovdiv, les sorties se déclinent à l'infini, avec en vedette le quartier ressuscité de Kapana.

p. 327

Veliko Tărnovo et les montagnes du Centre

Histoire
Architecture
Randonnée

Somptueuses églises

Les églises orthodoxes du Centre sont parmi les plus importantes des Balkans, tant sur un plan historique qu'esthétique (beaucoup datent de l'époque byzantine). Les monastères de Troyan et de Dryanovo sont exceptionnels, et de belles églises parsèment Veliko Tărnovo.

Demeures originales

Le cœur de la Bulgarie joua un rôle déterminant pour le Renouveau national des XVIIIe et XIXe siècles. Bon nombre de demeures de cette époque, richement décorées, sont devenues des musées ou des chambres d'hôtes. Les villages comme Koprivshtchitsa et Etăr ont un parfum suranné.

Sentiers de randonnée

La chaîne de la Stara Planina se déploie le long de l'épine dorsale du pays sur près de 550 km. Son relief est sillonné de chemins balisés, pour de petites balades ou de longs treks.

p. 366

Côte de la mer Noire

Plages
Histoire
Vie nocturne

Plages splendides

Avec ses longues plages de sable, le littoral de la mer Noire attire de nombreux touristes. Peaufinez votre bronzage, essayez-vous au parachute ascensionnel ou dénichez une crique à l'abri des regards, à l'extrémité nord ou sud de la côte.

Villes anciennes

Les bourgades pittoresques et chargées d'histoire du bord de la mer Noire invitent à la découverte. Remontez le temps en empruntant les rues pavées de Sozopol ou en explorant les vestiges des églises médiévales de Nesebăr.

Clubs branchés

C'est sur le littoral que l'on trouve la plupart des meilleures discothèques de Bulgarie. Les grandes stations balnéaires tiennent le haut du pavé et accueillent DJ et groupes étrangers. L'été, la jeunesse bulgare vient faire la fête à Varna.

p. 403

Danube et plaines du Nord

Grands espaces
Histoire
Villes

Paysages sauvages

Les paysages du nord de la Bulgarie sont divers : du Nord-Ouest sauvage et montagneux, terrain de randonnée et d'escalade, à la beauté variée du parc naturel de Rusenski Lom, réputé pour sa faune (loups, hiboux grands-ducs, chauves-souris…).

Forteresses et ruines

Les vestiges de citadelles constellent la région. La forteresse romaine de Sexaginta Prista, à Roussé, les enceintes byzantines de Silistra et les fortifications ottomanes de Vidin et de Belogradtchik révèlent combien ces terres furent convoitées. À cheval sur les rochers de Belogradtchik, la forteresse Kaleto est la plus spectaculaire.

Charme urbain

Au bord du Danube, Roussé possède une architecture raffinée, de remarquables musées et d'excellents restaurants. C'est un bon point de chute pour explorer la campagne.

p. 435

Sur la route

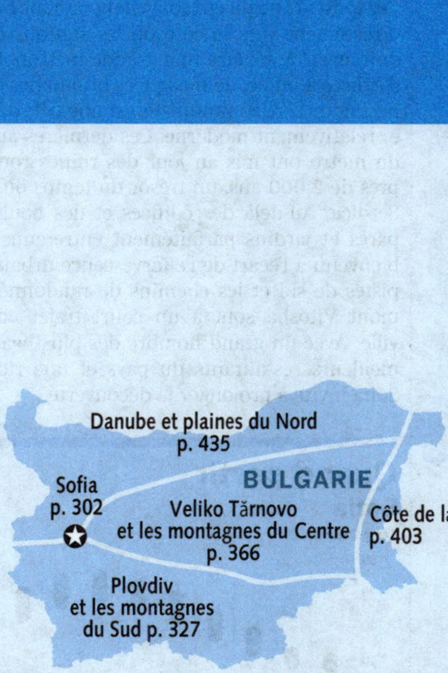

Danube et plaines du Nord
p. 435
BULGARIE
Sofia
p. 302
Veliko Tărnovo
et les montagnes du Centre
p. 366
Côte de la mer Noire
p. 403
Plovdiv
et les montagnes
du Sud p. 327

Sofia

1 260 000 HABITANTS

Dans ce chapitre ➡

Le top des restaurants

- Manastirska Magernitsa (p. 315)
- Ege Türk (p. 315)
- Sun & Moon (p. 314)
- MoMa Bulgarian Food & Wine (p. 315)
- Made In Home (p. 315)

Le top des hébergements

- Hotel Niky (p. 313)
- Light Hotel (p. 313)
- Boutique hotel Les Fleurs (p. 314)
- Art Hostel (p. 313)
- Canapé Connection (p. 313)

Pourquoi y aller

Les visiteurs négligent souvent la capitale bulgare pour partir directement vers la côte ou les stations de ski. C'est bien dommage. Sans être une grande métropole, Sofia, émaillée d'églises à bulbe, de mosquées ottomanes et de monuments hérités de l'ère communiste, est une ville décontractée, jeune et relativement moderne. Ces dernières années, les travaux du métro ont mis au jour des ruines romaines vieilles de près de 2 000 ans, un trésor du temps où la ville s'appelait Serdica. Au-delà des édifices et des boulevards, de vastes parcs et jardins parfaitement entretenus offrent un répit bienvenu à l'écart de l'effervescence urbaine, tandis que les pistes de ski et les chemins de randonnée du majestueux mont Vitosha sont à un court trajet en bus du centre-ville. Avec un grand nombre des plus beaux musées et des meilleurs restaurants du pays et une riche vie nocturne, Sofia invite à prolonger la découverte.

Quand partir

Sofia

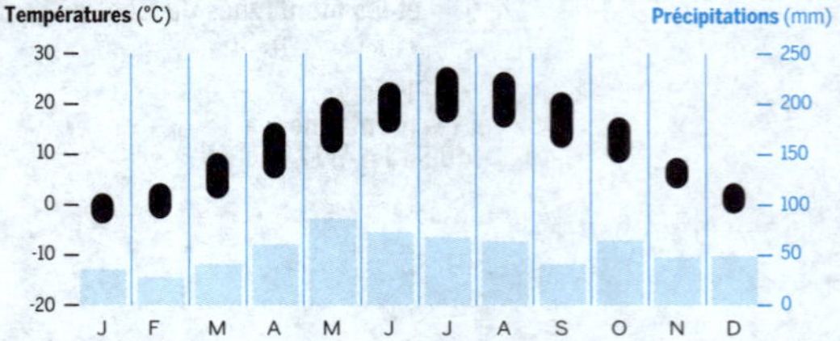

Mars-mai Le printemps est chaud et humide. Les paysages sont joliment colorés.

Juin-août Les températures s'envolent, le temps est sec. Les activités et manifestations sont légion en ville.

Nov-fév Les hivers sont souvent glacials, avec de fortes chutes de neige. Janvier est idéal pour skier.

À ne pas manquer

1 La **cathédrale Alexandre Nevski** (p. 309) et ses coupoles dorées

2 Le **musée en plein air de l'ancienne Serdica** (p. 304), témoin de la splendeur passée de l'antique cité romaine

3 Le **Musée archéologique** (p. 305), où admirer le savoir-faire des Thraces, vieux de six millénaires

4 Le **musée d'Histoire de Sofia** (p. 304), pour un voyage au XIXe siècle, quand Sofia était la capitale du plus jeune pays d'Europe

5 Les magnifiques fresques (XIIIe siècle) de l'**église de Boyana** (p. 323), classée au Patrimoine mondial

6 Le **musée d'Art socialiste** (p. 311), riche en iconographie de l'époque communiste en Bulgarie

7 L'**église Sveta Sofia** (p. 309) et la nécropole romaine située en dessous

8 Une balade dans l'exotique **marché des Femmes** (p. 319), pour trouver des mets turcs

Histoire

Le peuple thrace des Serdi s'établit dans la région dès le VIIIe siècle av. J.-C., mais la cité actuelle fut fondée par les Romains, qui conquirent l'endroit en 29 et construisirent la ville d'Ulpia Serdica. À la fin du IIIe siècle, Serdica devint une importante capitale régionale. Elle atteignit son apogée au début du IVe siècle, sous le règne de l'empereur Constantin le Grand.

Au début du Moyen Âge, la cité passa sous le joug bulgare, puis tomba aux mains de l'Empire byzantin avant d'être de nouveau récupérée par les Bulgares. Après avoir déferlé à travers les Balkans, les Ottomans s'emparèrent de Sofia en 1382 et l'occupèrent durant près de 500 ans. Ils construisirent des bains et des mosquées, comme la mosquée Banya Bashi ; beaucoup d'églises furent abandonnées ou détruites à cette époque.

C'est à Sofia que le célèbre rebelle nationaliste Vasil Levski fut pendu en 1873, après avoir été interrogé et torturé dans le bâtiment du futur palais royal. Libérée des Turcs au début de 1878, la ville devint la capitale officielle de la Bulgarie le 4 avril 1879.

Sofia fut en grande partie détruite pendant les bombardements de la Seconde Guerre mondiale, et les architectes socialistes de l'après-guerre la reconstruisirent selon le modèle soviétique : tours d'habitations dans les faubourgs et imposants bâtiments dans le centre-ville, comme l'ancien immeuble du Parti, qui domine la place Nezavisimost.

À voir

La plupart des monuments de Sofia sont regroupés dans le centre, et l'on peut facilement aller de l'un à l'autre à pied. Plus éloigné, le faubourg de Boyana abrite le plus grand musée de la ville et l'église la plus révérée de Bulgarie.

Ploshtchad Sveta Nedelya

Cathédrale Sveta Nedelya ÉGLISE

(02-987 5748 ; pl Sveta Nedelya ; 8h-18h ; M Serdika). Achevée en 1863, la splendide cathédrale Sainte-Nedelja surmontée d'un dôme est réputée pour ses belles peintures murales de style byzantin. Elle fut endommagée le 16 avril 1925, lors d'un attentat communiste raté contre le tsar Boris III. L'explosion tua plus de 120 personnes, dont la plupart des ministres, mais le tsar s'en sortit indemne.

Nord de la Ploshtchad Sveta Nedelya

Musée d'Histoire de Sofia MUSÉE

(02-985 4455 ; www.sofiahistorymuseum.bg ; pl Banski 1 ; adulte/enfant 6/2 lv ; 10h-18h mar-dim ; M Serdika, 20). Juste derrière la mosquée, ce musée aménagé dans les anciens bains publics de Sofia, superbes, présente sur 2 étages l'histoire de Sofia. Les expositions se répartissent par thématiques sur 8 salles. Les plus intéressantes sont celles consacrées aux familles royales bulgares de la fin du XIXe siècle et du début du XXe siècle, et aux dernières trouvailles archéologiques de la ville. Nombreux panneaux en anglais.

Les bains publics furent achevés en 1913. Leur élégante façade rayée et leur décoration en céramique rappellent les motifs des églises médiévales de Nesebăr, sur la côte bulgare de la mer Noire.

Musée en plein air de l'ancienne Serdica RUINES

(pl Nezavisimost ; 6h-23h ; M Serdika). GRATUIT Au-dessous de la station de métro Serdika, ce remarquable site archéologique en partie couvert regroupe les vestiges de l'antique cité romaine de Serdica, mis au jour entre 2010 et 2012 lors de la construction du métro. On y trouve des portions de 8 rues, une basilique chrétienne primitive, des bains et des maisons datant du IVe au VIe siècle. Nombreux panneaux en anglais.

Église Sveta Petka Samardjiiska ÉGLISE

(bul Maria Luisa 2 ; 9h-17h ; M Serdika). Au centre du musée en plein air de l'ancienne Serdica, la minuscule église Sainte-Petka-des-Selliers fut bâtie pendant les premières années de la domination ottomane (fin du XIVe siècle), ce qui explique sa situation (dans un passage souterrain) et sa façade discrète. L'intérieur contient quelques peintures murales du XVIe siècle. Le combattant et héros national bulgare Vasil Levski y serait enterré.

Synagogue de Sofia SYNAGOGUE

(02-983 1273 ; www.sofiasynagogue.com ; ul Ekzarh Yosif 16 ; 2 lv ; 8h30-12h30, 13h-16h30 ; M Serdika, 20). Consacrée en 1909, la synagogue de Sofia a été dessinée dans le style mauresque par l'architecte autrichien Friedrich Gruenanger. Conçue pour accueillir jusqu'à 1 170 fidèles, c'est la deuxième plus grande synagogue sépharade d'Europe, et son lustre en cuivre de 2 250 kg est le plus imposant du pays. Au 2e étage, un petit musée propose une exposition sur le sauvetage des Juifs bulgares pendant la Seconde Guere mondiale.

Mosquée Banya Bashi MOSQUÉE
(bul Maria Luisa 2 ; ⌚ lever-coucher du soleil ; Ⓜ Serdika, 🚊 20). Cette mosquée, la seule en activité de la ville, fut construite en 1576. L'édifice ne passe pas inaperçu et son minaret en brique rouge constitue un point de repère familier. Les visiteurs sont les bienvenus en dehors des heures de prière, à condition de se couvrir les parties exposées du corps.

Monument à sainte Sophie MONUMENT
(bul Maria Luisa ; Ⓜ Serdika). Haut de 24 m, ce nouveau symbole de la ville fut érigé en 2001 là où se dressait autrefois une gigantesque statue de Lénine. Au sommet de la colonne, la sculpture en bronze d'une femme représente Sophie (Sofia en bulgare) : une couronne de lauriers dans sa main droite et une chouette en équilibre sur son bras gauche, elle incarne la sagesse (Sophia en grec) et le destin.

Ploshtchad Battenberg

Bâti à l'origine comme siège du gouverneur ottoman et de sa police, le **palais royal** (☎ 02-988 1974 ; pl Knyaz Al Battenberg 1 ; Ⓜ Serdika) fut le théâtre des tortures et du jugement de Vasil Levski avant son exécution publique en 1873. Après la libération, le bâtiment fut restauré dans le style viennois ; peu impressionné par le sinistre passé des lieux, le prince Alexandre Battenberg (p. 461) s'y installa en 1887. Le palais fut la résidence officielle de la famille royale de Bulgarie jusqu'à la prise du pouvoir par les communistes. Il offrait jusqu'en 2015 un cadre somptueux à la galerie nationale des Beaux-Arts, qui a depuis déménagé au Carré 500 (Kvadrat 500, p. 309) et n'abrite plus que des expositions temporaires. Seul demeure le **Musée ethnologique**.

Musée archéologique MUSÉE
(☎ 02-988 2406 ; www.naim.bg ; ul Saborna 2 ; tarif plein/étudiant/enfant 10/2/1 lv ; ⌚ 10h-17h jeu-dim ; Ⓜ Serdika). Ce musée aménagé dans une ancienne mosquée (1496) réunit une profusion de vestiges thraces, romains et médiévaux. Parmi les plus belles pièces, citons le sol en mosaïque de l'église Sveta Sofia, un masque mortuaire thrace en or du IVe siècle av. J.-C. et une splendide tête en bronze qui représenterait un roi thrace.

Rotonde Sveti Georgi ÉGLISE
(☎ 02-980 9216 ; www.svgeorgi-rotonda.com ; bul Dondukov 2 ; ⌚ offices tlj 8h, 9h et 17h ; Ⓜ Serdika). Bâtie au IVe siècle, la minuscule église Saint-Georges en brique rouge située dans la cour derrière la Présidence est le plus vieil édifice de Sofia. Elle fut amplement rebâtie au VIe siècle après avoir été endommagée par les Huns. Ses peintures murales furent réalisées entre le Xe et le XIVe siècle. Elle connaît une forte activité et les visiteurs y sont les bienvenus.

Église russe Sveti Nikolaï ÉGLISE
(☎ 02-986 2715 ; ul Tsar Osvoboditel 3 ; ⌚ 7h45-18h30 ; Ⓜ Serdika). La somptueuse église Saint-Nicolas, aux rutilantes mosaïques extérieures et aux dômes dorés, fut achevée en 1914 pour la communauté russe de Sofia et nommée en l'honneur de saint Nicolas, le “faiseur de miracles”. L'intérieur encombré

SOFIA EN...

Un jour

Commencez par les fouilles récentes du **musée en plein air de l'ancienne Serdica**, puis allez au **musée d'Histoire de Sofia**, tout proche. Ensuite, direction le monument le plus impressionnant de la ville : la **cathédrale Alexandre Nevski**. Avec sa nécropole souterraine, l'**église Sveta Sofia**, juste à côté, est incontournable. Le restaurant **Manastirska Magernitsa** promet un bon dîner bulgare traditionnel.

Trois jours

Suivez l'itinéraire ci-dessus puis, le deuxième jour, allez admirer les trésors exposés dans le **Musée archéologique**. Ne ratez pas la relève de la garde qui a lieu près des **bureaux de la présidence**, à proximité, et visitez la minuscule **rotonde Sveti Georgi**. Les inconditionnels d'art souhaiteront voir la **Galerie nationale Kvadrat 500**. Le dernier jour, direction **Boyana** pour voir le **musée national d'Histoire** et la ravissante **église**.

Centre de Sofia

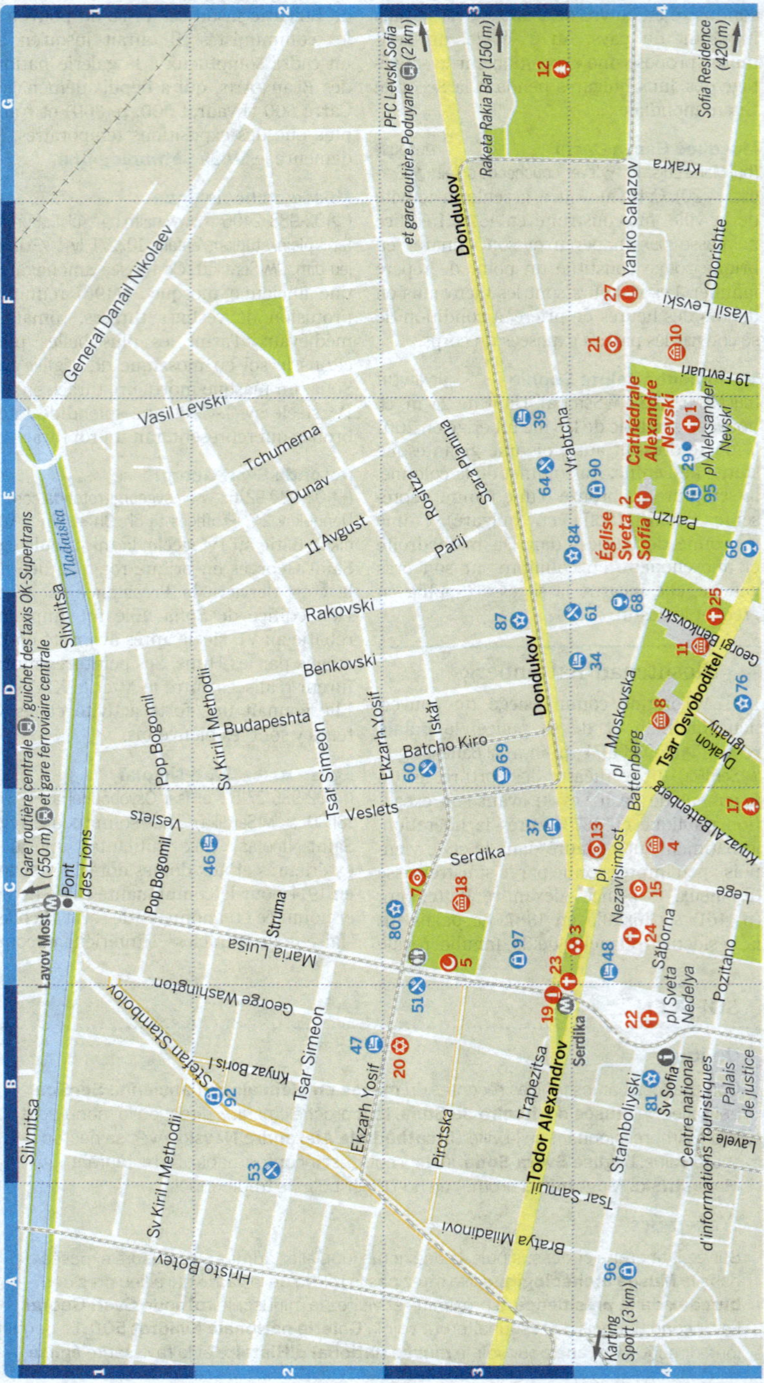

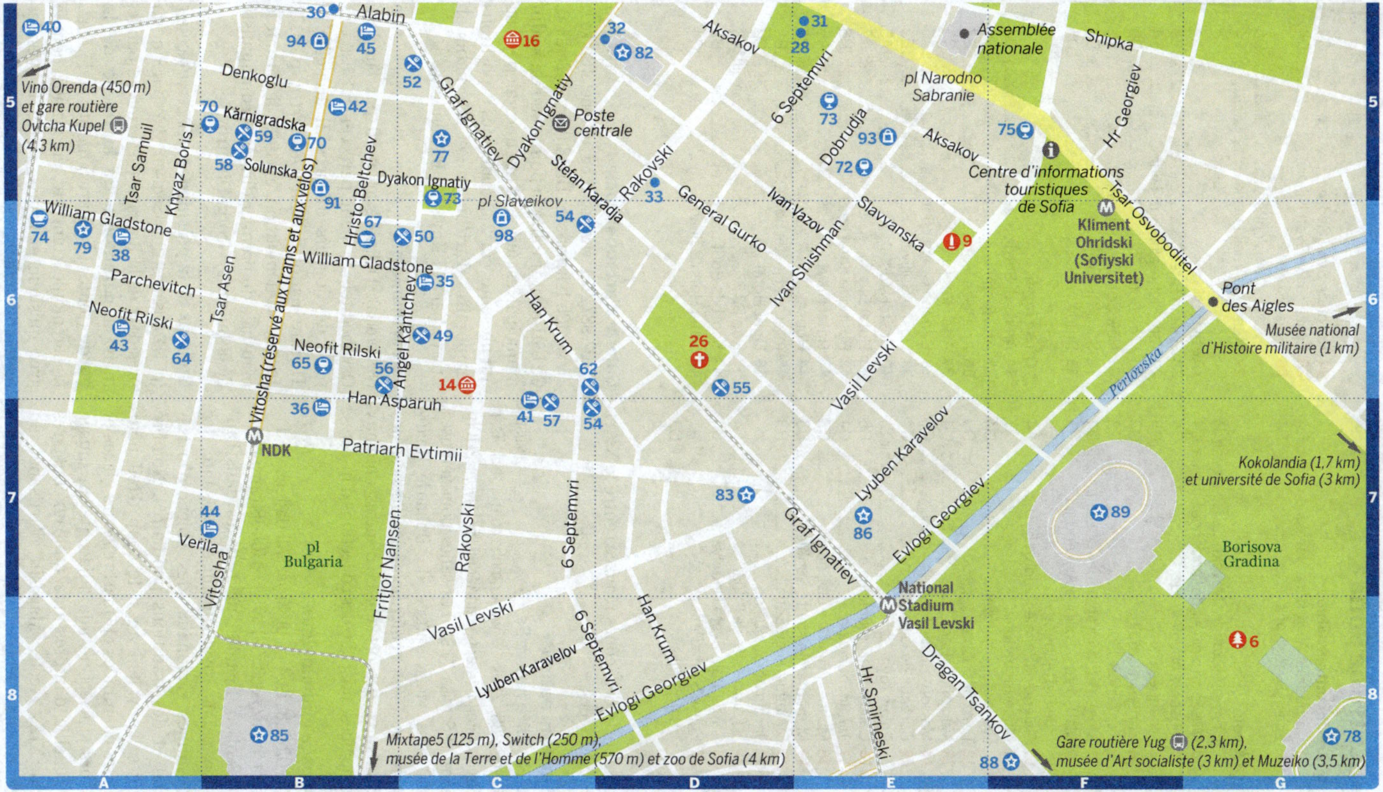
Vino Orenda (450 m) et gare routière Ovtcha Kupel (4,3 km)
Alabin
Denkoglu
Kărnigradska
Solunska
Tsar Samuil
Knyaz Boris I
Tsar Asen
William Gladstone
Parchevitch
Neofit Rilski
Vitosha (réservé aux trams et aux vélos)
Hristo Beltchev
Dyakon Ignatiy
pl Slaveikov
Angel Kăntchey
Han Asparuh
NDK
Patriarh Evtimii
Verila
Vitosha
pl Bulgaria
Fritjof Nansen
Rakovski
6 Septemvri
Graf Ignatiev
Poste centrale
Stefan Karadja
General Gurko
Han Krum
Vasil Levski
Lyuben Karavelov
Evlogi Georgiev
Aksakov
Assemblée nationale
pl Narodno Sabranie
Shipka
Hr Georgiev
Dobrudja
Ivan Vazov
Ivan Shishman
Slavyanska
Centre d'informations touristiques de Sofia
Kliment Ohridski (Sofiyski Universitet)
Tsar Osvoboditel
Pont des Aigles
Musée national d'Histoire militaire (1 km)
Perlovska
Kokolandia (1,7 km) et université de Sofia (3 km)
Borisova Gradina
National Stadium Vasil Levski
Dragan Tsankov
Hr Smirneski
Mixtape5 (125 m), Switch (250 m), musée de la Terre et de l'Homme (570 m) et zoo de Sofia (4 km)
Gare routière Yug (2,3 km), musée d'Art socialiste (3 km) et Muzeiko (3,5 km)
A
B
C
D
E
F
G
5
6
7
8
40
30
94
45
52
16
32
82
31
28
70
59
58
42
77
73
93
75
91
67
50
73
98
54
33
72
9
74
79
38
35
26
43
64
65
56
49
14
62
55
36
41
57
54
83
86
89
44
6
85
88
78

Centre de Sofia

Les incontournables
1 Cathédrale Alexandre Nevski ... E4
2 Église Sveta Sofia ... E4

À voir
Crypte Alexandre Nevski ... (voir 1)
3 Musée en plein air de l'ancienne Serdica .. C4
4 Musée archéologique ... C4
5 Mosquée Banya Bashi ... C3
6 Borisova Gradina ... G8
7 Fontaines ... C3
8 Musée ethnographique ... D4
9 Mausolée du prince Alexandre Ier de Battenberg ... E6
10 Galerie nationale Kvadrat 500 ... F4
11 Muséum national d'Histoire naturelle ... D4
12 Parc Oborishte ... G3
13 Maison du Parti ... C4
14 Maison-musée Peyo Yavorov ... C6
15 Bureaux de la présidence ... C4
Palais royal ... (voir 8)
16 Galerie d'art municipale ... C5
17 Jardin municipal ... C4
18 Musée d'Histoire de Sofia ... C3
19 Monument à sainte Sophie ... B3
20 Synagogue de Sofia ... B3
21 Jardin botanique de l'université de Sofia ... F4
22 Cathédrale Sveta Nedelya ... B4
23 Église Sveta Petka Samardjiiska ... C3
24 Rotonde Sveti Georgi ... C4
25 Église russe Sveti Nikolaï ... D4
26 Église Sveti Sedmotchislenitsi ... D6
27 Mémorial Vasil Levski ... F4

Activités
28 Balkan Bites ... E5
29 City Sighteeing Bus Tour ... E4
30 Free Sofia Tour ... B5
31 New Sofia Pub Crawl ... E5
32 Sofia Green Tour ... D5
33 Study in BG ... D5

Où se loger
34 Arena di Serdica ... D4
35 Art Hostel ... C6
36 Art Plaza Hotel ... B7
37 Arte Hotel ... C3
38 Canapé Connection ... A6
39 Hostel Gulliver ... E3
40 Hostel Mostel ... A5
41 Hotel Diter ... C7
42 Boutique hotel Les Fleurs ... B5
43 Hotel Niky ... A6
44 House ... B7
45 Internet Hostel Sofia ... B5
46 Light Hotel ... C2
Red B&B ... (voir 88)
47 Scotty's Boutique Hotel ... B2
48 Sofia Hotel Balkan ... C4

comporte des icônes réalisées entre le XIe et le XIVe siècle.

Muséum national d'Histoire naturelle MUSÉE
(02-988 2894 ; www.nmnhs.com ; bul Tsar Osvoboditel 1 ; tarif plein/réduit 5/1 lv ; 10h-18h ; M Serdika, 9). Les salles poussiéreuses du plus vieux musée de Bulgarie, inauguré en 1889, renferment des roches, des minéraux, des oiseaux et d'autres animaux empaillés, ainsi que des collections d'insectes.

Musée ethnologique MUSÉE
(02-988 1974 ; pl Knyaz Al Battenberg 1 ; tarif plein/réduit 3/1 lv ; 10h-18h mar-dim ; M Serdika). Installé sur 2 étages dans l'ancien palais royal, le musée présente des costumes régionaux, des objets d'artisanat et des traditions populaires. Nombre de salles valent aussi le coup d'œil pour leurs cheminées en marbre, leurs glaces et leurs stucs. Une aile adjacente au musée accueille d'intéressants tableaux bulgares du XIXe siècle. Magasin d'artisanat au rez-de-chaussée.

Galerie d'art municipale GALERIE D'ART
(02-987 2181 ; www.sghg.bg ; ul General Gurko 1 ; 2 lv ; 10h-19h mar-sam, 11h-18h dim ; M Serdika). Ce bâtiment trapu, à la pointe sud du jardin municipal, est aujourd'hui une galerie d'art qui présente, sur 2 niveaux, des expositions temporaires d'art bulgare et international. Entrée par l'ul Knyaz Al Battenberg.

Jardin municipal PARC
(M Serdika). Délimité au nord par l'ul Tsar Osvoboditel, ce petit parc central est très prisé des joueurs d'échecs. Il accueille le Théâtre national (voir *Où sortir*, p. 317). Jusqu'à sa démolition, en 1999, il abritait le mausolée du premier dirigeant communiste de la Bulgarie, Georgi Dimitrov.

Bureaux de la présidence ÉDIFICE REMARQUABLE
(pl Nezavisimost ; M Serdika). Le bureau du président de la Bulgarie est fermé au public, mais la **cérémonie de la relève de la garde** (toutes les heures) mérite le détour ; la cérémonie complète, en grande pompe avec musique et armes, a lieu le premier mercredi du mois à 12h.

Où se restaurer

- 49 Annette C6
- 50 Bistro Pesto C6
- 51 Galerie marchande centrale Hali B3
- 52 Confetti C5
- Dream House .... (voir 45)
- 53 Ege Türk B2
- 54 Divaka C7
- 55 Little Things D6
- 56 Made In Home B6
- 57 Manastirska Magernitsa C7
- 58 MoMa Bulgarian Food & Wine B5
- 59 Pastorant B5
- 60 Skaptobara D3
- 61 SkaraBar 2 .... D4
- 62 Sun & Moon C6
- 63 Taj Mahal E3
- 64 Vila Rosiché A6

Où prendre un verre et faire la fête

- 65 Ale House B6
- 66 Cervilo E4
- 67 Chucky's Coffee & Culture B6
- 68 DaDa Cultural Bar D4
- 69 Fabrika Daga D3
- 70 JJ Murphy's B5
- Memento .... (voir 87)
- 71 Motto E5
- 72 One More Bar E5
- 73 Pavage C5
- Peroto .... (voir 87)
- 74 Veda House A6
- 75 Yalta F5

Où sortir

- 76 Bulgaria Hall D4
- 77 Club Terminal 1 .... C5
- 78 CSKA G8
- 79 Centre culturel G8 .... A6
- 80 Dom Na Kinoto C3
- 81 Euro Cinema B4
- 82 Théâtre national Ivan Vazov D5
- 83 Kino Odeon D7
- 84 Opéra national E4
- 85 Palais national de la Culture B8
- 86 Red House E7
- 87 RockIT D3
- Sofia Live Club .... (voir 87)
- 88 Swingin' Hall F8
- 89 Stade national Vasil Levski F7

Achats

- 90 Centre d'art et d'artisanat traditionnel ... E4
- 91 Greenwich Book Center B5
- 92 Marché des Femmes B2
- 93 Mirella Bratova E5
- 94 Rose of Bulgaria B5
- 95 Étals de souvenirs E4
- 96 Stenata A4
- 97 Tsum C3
- 98 Colibri C6

Ploshtchad Aleksander Nevski

Cathédrale Alexandre Nevski ÉGLISE

(pl Aleksander Nevski ; 7h-19h ; M Sofiyski Universitet). Cette imposante cathédrale qui domine la place Aleksander Nevski est l'un des symboles non seulement de Sofia, mais de toute la Bulgarie. Elle fut construite entre 1882 et 1912 en mémoire des 200 000 soldats russes morts au combat pour l'indépendance de la Bulgarie durant la guerre russo-turque (1877-1878). Elle porte le nom d'un prince guerrier russe du XIIIe siècle qui avait vaincu les Suédois.

Conçue par l'architecte russe Alexander Pomerantsev, elle est de style néobyzantin (alors prisé en Russie) et agrémentée de mosaïques et de dômes dorés. Le vaste intérieur, où flotte un parfum d'encens, est décoré de fresques naturalistes aux couleurs un peu passées, de grands chandeliers et de trônes élaborés en onyx et albâtre.

Des offices ont lieu quotidiennement. Les visiteurs sont les bienvenus pour écouter des chants et des prières orthodoxes.

Crypte Alexandre Nevski GALERIE

(musée des Icônes ; pl Aleksander Nevski ; adulte/enfant 6/3 lv ; 10h-17h30 mar-dim ; M Sofiyski Universitet). Ultime demeure des rois bulgares à sa construction, cette crypte renferme aujourd'hui la plus grande et la plus belle collection d'icônes du pays, qui remonte au Ve siècle. Entrée à gauche de l'entrée principale de la cathédrale éponyme.

Église Sveta Sofia ÉGLISE

(02-987 0971 ; ul Parij 2 ; musée adulte/enfant 6/2 lv ; église 7h-19h avr-oct, jusqu'à 18h nov-mars, musée 9h-17h mar-dim ; M Sofiyski Universitet). Sofia doit son nom à l'église Sainte-Sophie, l'une des plus vieilles de la capitale. Un **musée** souterrain y réunit une nécropole antique, comportant 56 tombeaux et les ruines de quatre autres églises. Devant, on peut voir la tombe du Soldat inconnu, avec sa flamme éternelle, ainsi que la tombe d'Ivan Vazov, le plus grand écrivain bulgare.

Galerie nationale Kvadrat 500 GALERIE

(Carré 500 ; 02-980 0093 ; www.nationalartgallerybg.org ; ul 19 Fevruari 1 ; adulte/

LE PREMIER CHEF D'ÉTAT BULGARE

Après cinq siècles de domination ottomane, les dirigeants de la toute jeune nation bulgare, sous influence russe, souhaitèrent instaurer un régime monarchique. Faute d'héritier susceptible de prétendre au trône, le tsar russe convoqua son neveu, Alexandre de Battenberg, un prince allemand de second rang âgé de 22 ans. Ce dernier, dûment nommé prince de Bulgarie en 1879, devint le premier chef d'État de la Bulgarie moderne.

Bien que le pays ait célébré l'arrivée de cet ancien officier de l'armée, le jeune Alexandre prit rapidement la mesure des obstacles auxquels il allait être confronté à la tête de ce nouvel État indiscipliné. En 1881, il suspendit la Constitution pour régner en monarque absolu, tandis que ses soutiens russes continuèrent de manœuvrer.

La démocratie fut rétablie en 1883 ; Alexandre révoqua alors les généraux russes qui contrôlaient le pays. En 1885, la province de Roumélie orientale rejoignit le reste de la Bulgarie sans l'accord du tsar russe. Dès lors, Alexandre comptait de nombreux ennemis au sein de son armée, favorable à la Russie.

En 1886, un groupe d'officiers le contraignit à abdiquer et le remit aux autorités russes. Mais une brève contre-révolution éclata et le prince fut aussitôt rappelé à Sofia. Toutefois, sans soutien russe, la position d'Alexandre se révéla intenable et il abdiqua officiellement en septembre 1886. Un nouveau prince, Ferdinand de Saxe-Cobourg-Gotha, fut élu pour lui succéder.

Alexandre quitta définitivement la Bulgarie et rejoignit l'Autriche, où il prit le titre de comte von Hartenau et épousa une comédienne du nom de Johanna Loisinger. Il mourut en 1893, âgé de 36 ans seulement. Alexandre garda une profonde affection pour le pays qu'il avait dirigé si brièvement. Conformément à ses souhaits, sa dépouille fut ramenée à Sofia et inhumée dans un beau **mausolée** (bul Vasil Levski 81 ; 8h-18h ; Ⓜ Sofiyski Universitet). Le site, soigneusement restauré, est ouvert au public.

enfant 10/5 lv ; 10h-18h mar-dim ; Ⓜ Sofiyski Universitet). Cette immense galerie des Beaux-Arts rassemble les fonds de la Galerie nationale et l'ancienne galerie nationale des Arts étrangers. Plusieurs centaines de tableaux sont ainsi répartis dans plus de 28 salles. Les œuvres vont des masques africains aux innombrables peintures des XIXe et XXe siècles. Des esquisses de Renoir et de Matisse ainsi que quelques scènes de Gustave Courbet sont également présentées.

Jardin botanique de l'université de Sofia JARDIN
(02-988 1797 ; ul Moskovska 49 ; 2 lv ; 10h-18h ; Ⓜ Sofiyski Universitet). Dans le petit jardin botanique de Sofia, il y a une serre remplie de palmiers et de cactées, une roseraie et diverses essences d'arbres et de fleurs répertoriées en bulgare et en latin. On entre par ce qui ressemble à un magasin de fleurs dans le bul Vasil Levski.

Mémorial à Vasil Levski MONUMENT
(Ⓜ Sofiyski Universitet). Au milieu d'une rue passante, ce monument de 1895 indique l'endroit où Vasil Levski fut pendu en 1873.

Sud de la Ploshtchad Aleksander Nevski

Église Sveti Sedmotchislenitsi ÉGLISE
(ul Graf Ignatiev ; 7h-19h ; 10). Dans un jardin verdoyant, l'église des Sept-Saints est dédiée aux saints Cyrille et Méthode et à leurs cinq disciples. C'était à l'origine une mosquée (1528), qui servit par la suite de dépôt d'armes et de prison, avant d'être consacrée en 1903. À l'intérieur, son iconostase dorée renferme des icônes réalisées par le peintre bulgare Anton Mitov.

Musée de la Terre et de l'Homme MUSÉE
(02-865 6639 ; www.earthandman.org ; bul Tcherni Vrăh 4 ; adulte/enfant 4/2 lv ; 10h-18h mar-dim ; 6). Sur 2 niveaux, ce musée vieillot consacré à la géologie présente notamment des minéraux et des cristaux, ainsi que deux impressionnantes géodes.

Maison-musée Peyo Yavorov ÉDIFICE HISTORIQUE
(02-988 0887 ; ul Rakovski 136, 2e ét. ; adulte/enfant 3/2 lv ; 10h-17h lun-mer et ven, 13h-17h jeu ; Ⓜ NDK). Peyo Yavorov, révolutionnaire et poète romantique (1878-1914), vécut

brièvement dans un petit appartement de cette maison. Les trois pièces ont été restaurées pour retrouver leur aspect original. Parmi les souvenirs, figurent le masque mortuaire de Yavorov et des photos d'un couple infortuné (voir l'encadré p. 312). Sonnez pour que l'on vous ouvre.

Borisova Gradina PARC
(76, Stadion Vasil Levski, Kliment Ohridski, 5). Au sud-est du centre-ville, le plus beau parc de la capitale invite à une promenade. Ce vaste espace vert, parsemé de statues et de parterres de fleurs, englobe le **stade Vasil Levski** et le **stade CSKA**, ainsi que plusieurs cafés et des aires de jeux pour les enfants.

Son extrémité orientale est dominée par un gigantesque monument soviétique érigé en 1956, la **butte de la Fraternité**, où l'on peut voir un obélisque haut de 42 m et les habituelles icônes socialistes : partisans farouches, camarades brandissant une kalachnikov et travailleurs stoïques et souriants. Depuis longtemps négligés par les autorités, ces héros socialistes s'effritent peu à peu et se couvrent de graffitis. À l'occasion, des petits groupes de retraités viennent y déposer des fleurs en souvenir du "bon vieux temps".

Est de la Ploshtchad Aleksander Nevski

Musée d'Art socialiste MUSÉE
(02-980 0093 ; ul Latchezar Stantchev 7, Iztok ; 6 lv ; 10h-17h30 mar-dim ; GM Dimitrov). C'est ici que sont entreposées certaines des anciennes statues de Lénine mises au rebut, tout comme l'étoile rouge qui se trouvait sur le toit de la **maison du Parti** (pl Nezavisimost ; Serdika). Le musée abrite une galerie de tableaux portant des noms tels que *Réunion de la jeunesse au village de Kilifarevo en vue d'envoyer une délégation de travailleurs-paysans en URSS* ; vous pourrez aussi y voir de vieux films de propagande.

Le musée n'est pas évident à trouver : prenez le métro jusqu'à la station GM Dimitrov, dans la banlieue d'Iztok, remontez le bul Tsankov vers le nord, puis tournez à droite dans la rue Latchezar Stantchev. Le musée est situé dans un bâtiment du ministère de la Culture, à côté des Sopharma Business Towers. On aperçoit la grosse étoile rouge dans le jardin.

Musée national d'Histoire militaire MUSÉE
(www.militarymuseum.bg ; ul Tcherkovna 92 ; adulte/enfant 8/2 lv ; 10h-18h mer-dim ; 9, 72, 20, 23). Ce musée légèrement excentré retrace l'histoire des conflits armés en Bulgarie. La majeure partie de la collection est consacrée à la période allant du soulèvement d'avril 1876 à la Première Guerre mondiale, avec des vitrines remplies d'armes, de drapeaux rebelles, d'uniformes et de décorations. À l'extérieur, on découvre un impressionnant assortiment de matériel militaire soviétique, dont des lanceurs de missiles Scud, des tanks et des chasseurs MiG.

Activités

Plusieurs salles de sport, piscines et complexes sportifs émaillent Sofia. À l'extérieur de la ville, le **parc naturel du Vitosha** (p. 324) offre de nombreuses possibilités de randonnée et de ski.

Sofia Run COURSE À PIED
(0885523630 ; www.sofiarun.com). Circuits de footing faciles (1 heure, 3 km) dans le centre avec un coach anglophone, ainsi que des circuits plus longs (10 km) pour les plus expérimentés. Les prix varient selon la taille du groupe (10 lv au minimum pour un groupe de 3 personnes). Réservation en ligne ou par e-mail. Possibilité de venir vous chercher à votre hôtel.

Cours

Study in BG LANGUE BULGARE
(0889624056 ; www.studyinbg.com ; ul Rakovski 145 ; 9). Ce centre linguistique moderne propose des cours de bulgare pour étrangers. Une leçon particulière de 1 heure dispensée sur place revient à 20 lv – 30 lv si elle a lieu ailleurs. Également : stages collectifs plus longs. Entrée par l'ul General Gurko.

Université de Sofia LANGUE
(02-871 0069 ; www.deo.uni-sofia.bg ; ul Kosta Lultchev 27 ; 9). Cours de bulgare pour les étrangers. Les cours particuliers coûtent au minimum 23,50 lv de l'heure ; les cours en groupe sont bien moins chers. Hébergement disponible.

Circuits organisés

Plusieurs circuits (payants et gratuits) assurés par des bénévoles de la région permettent de découvrir Sofia et ses environs. Afin d'encourager ces initiatives, les dons sont toujours très appréciés. Certaines auberges de jeunesse proposent des excursions d'une journée à leurs hôtes.

Les circuits organisés sont pratiques pour visiter le monastère de Rila (p. 330), difficilement accessible par les transports en commun.

Balkan Bites CUISINE
(☎0877613992 ; www.balkanbites.bg ; don apprécié ; ⏲départ des circuits à 14h ; Ⓜ Sofiyski Universitet, 🚊9). Ce circuit culinaire et pédestre de 2 heures comprend des dégustations et des boissons dans des restaurants de la ville. Il est gratuit, mais un don est attendu. Rendez-vous à 14h près de la statue de Stefan Stambolov, dans le parc Cristal.

New Sofia Pub Crawl DÉCOUVERTES
(☎0877613992 ; www.thenewsofiapubcrawl.com ; circuits 20 lv ; ⏲21h-1h ; Ⓜ Sofiyski Universitet, 🚊9). Tous les soirs, ce circuit festif permet d'explorer les repaires secrets de Sofia. Au programme : des conversations et un aperçu des soirées de Sofia (plus quelques boissons gratuites). Même point de rendez-vous que pour les circuits Balkan Bites.

Sofia Green Tour ACTIVITÉS DE PLEIN AIR
(☎0885523630 ; www.sofiagreentour.com ; ul Dyakon Ignatiy 5, théâtre national Ivan Vazov ; don apprécié pour les circuits, randonnées hivernales 10 lv, location de vélo 10 lv ; ⏲départ des circuits à 11h ; Ⓜ Serdika). Soucieux de l'environnement, ce tour-opérateur propose des circuits pédestres et cyclistes à Sofia, ainsi que des randonnées hivernales (décembre-avril) dans le parc naturel du Vitosha, avec une visite de l'église de Boyana. Les circuits démarrent à 11h devant le théâtre national Ivan Vazov, dans le jardin municipal. Réservation (facultative) en ligne ou par courriel.

Free Sofia Tour PROMENADES
(☎0988920461 ; www.freesofiatour.com ; angle ul Alabin et bul Vitosha ; ⏲11h et 18h ; Ⓜ Serdika). GRATUIT Une promenade guidée de 2 heures à la découverte des monuments de Sofia, en compagnie de jeunes et sympathiques habitants anglophones. Nul besoin de réserver : il suffit de se présenter à 11h ou 18h devant le palais de Justice, à l'angle de l'ul Alabin et du bul Vitosha.

City Sightseeing Bus Tour BUS
(☎0878575200 ; www.citysightseeing.bg ; adulte/enfant 20/10 lv ; ⏲circuits 10h30 et 12h ; Ⓜ Sofiyski Universitet). Après être passé devant plus de 30 monuments lors de ce circuit en bus avec montée et descente à volonté, vous saurez forcément vous orienter dans Sofia ! Circuits en anglais au départ de la cathédrale Alexandre Nevski 2 fois par jour. Réservation obligatoire d'octobre à mars.

Fêtes et festivals

Festival international du film de Sofia CINÉMA
(www.siff.bg ; ⏲mars). Les mordus de septième art se retrouvent en mars pour célébrer le cinéma indépendant du monde entier.

Sofia Underground ART
(SU ; www.sofiaunderground.com ; ⏲avr). Des artistes bulgares et étrangers participent à ce festival d'art contemporain, dans le sous-sol du palais national de la Culture (NDK).

Semaine de la danse de Sofia DANSE
(⏲fin sept-début oct). Sur 2 semaines dans le NDK, avec une programmation variée de danse moderne.

Festival international de folklore pour enfants DANSE
(⏲juin). Ce festival de 5 jours consacré à la musique, à la danse et aux déguisements pour enfants se tient généralement début juin (les dates varient).

Où se loger

À Sofia, les hébergements sont plus chers que dans le reste de la Bulgarie.

LE POÈTE PEYO YAVOROV

L'un des poètes lyriques les plus admirés de Bulgarie, Peyo Yavorov, né à Tchirpan en 1878, connut une vie tumultueuse. Son style d'écriture mélancolique lui valut l'admiration de nombreux cercles littéraires alors qu'il avait à peine 20 ans. Devenu un écrivain célèbre, il rejoignit les rangs de la guérilla qui combattait les Turcs en Macédoine. Sa fiancée Mina Todorova (à qui les parents avaient interdit toute relation avec le fougueux poète) mourut de tuberculose à Paris en 1910 et c'est à son enterrement que Yavorov rencontra son second amour, Lora Karavelova. Ils vécurent ensemble dans la maison de la rue Rakovski, aujourd'hui transformée en musée (voir p. 310). Leur vie commune fut houleuse ; Lora, jalouse des infidélités supposées de son mari, se tua en 1913. Désespéré et ruiné, Yavorov se suicida un an plus tard.

Plusieurs auberges de jeunesse proposent un hébergement en dortoir (et souvent une poignée de chambres simples et doubles privatives) ; on y trouve généralement le Wi-Fi gratuit et une cuisine commune, et souvent un salon ou un jardin.

♥ Canapé Connection PENSION $

(☎ 02-441 6373 ; www.canapeconnection.com ; ul William Gladstone 12a ; s/d à partir de 50/64 lv ; Wi-Fi ; bus 1, 6, 7). Cette ancienne auberge de jeunesse s'est reconvertie en pension en 2016, en conservant la même attention portée à la propreté et le même design (simplicité appréciable). Ses 6 chambres se composent de simples et de doubles, avec une chambre familiale plus grande à l'étage. Son jardin invite à la détente. Attention : pas de petit-déjeuner, mais plusieurs cafés à proximité.

Art Hostel AUBERGE DE JEUNESSE $

(☎ 02-987 0545 ; www.art-hostel.com ; ul Angel Kăntchev 21a ; dort/s/d à partir de 20/47/66 lv ; @ Wi-Fi ; bus 12). Expositions d'art en été, musique live ou encore spectacles de danse : cette auberge de jeunesse bohème sort du lot. Ses dortoirs sont lumineux et les chambres privatives sont spacieuses et très accueillantes. Très bon bar en sous-sol ; paisible jardin à l'arrière.

Hostel Mostel AUBERGE DE JEUNESSE $

(☎ 0889223296 ; www.hostelmostel.com ; bul Makedoniya 2a ; dort/s/d à partir de 20/50/60 lv ; P Wi-Fi ; bus 1, 6, 7, 8, 10). Installé dans une maison du XIXe rénovée, cet établissement apprécié propose des dortoirs de 6 et 8 lits avec sdb commune ou privative, une chambre simple et 2 doubles. Les hôtes ont accès à une cuisine et à un salon confortable. Bière et pâtes gratuites, petit-déjeuner à volonté.

Hostel Gulliver AUBERGE DE JEUNESSE $

(☎ 0889656626 ; gulliver-hostel-sofia.hotelssofia.net/en ; bul Dondukov 48 ; dort/s/d 20/40/50 lv ; @ Wi-Fi ; M Serdika, bus 20). À seulement deux pâtés de maisons au nord de la place Aleksander Nevski, cet établissement propre au mobilier rutilant dispose de dortoirs à 2 ou 5 lits, et de quelques doubles privatives. TV et réfrigérateur dans toutes les chambres. Cuisine commune et buanderie.

Internet Hostel Sofia AUBERGE DE JEUNESSE $

(☎ 0889138298 ; www.internethostelsofia.hostel.com ; ul Alabin 50a, 2e ét. ; dort/s/d à partir de 18/40/60 lv ; @ Wi-Fi ; bus 12). Une auberge centrale proposant un large choix de grandes chambres propres (simples et doubles), des dortoirs de 4 ou 6 lits, des appartements avec entrée indépendante. L'entrée, peu visible de la rue, se situe dans une arcade à quelques pas d'un McDonald's.

♥ Hotel Niky HÔTEL $$

(☎ 02-952 3058 ; www.hotel-niky.com ; ul Neofit Rilski 16 ; ch/ste à partir de 90/130 lv ; P non-fumeurs clim Wi-Fi ; M NDK, bus 1). D'un excellent rapport qualité/prix et bien situé dans le centre-ville, le Niky possède des chambres confortables et des sdb étincelantes. Ses élégantes petites suites sont dotées de kitchenettes. Très prisé, il affiche souvent complet : pensez à réserver.

Light Hotel HÔTEL $$

(☎ 02-983 1243 ; www.hotellight.com ; ul Veslets 37 ; s/d 60/90 lv ; clim Wi-Fi ; M Lavov most). Chambres peu meublées d'une propreté impeccable, sdb rutilantes, matelas fermes, buffet petit-déjeuner classique (œufs brouillés et jambon en tranches), correct pour le prix : dans un quartier un peu morne (mais sûr), le Light, à 10 minutes à pied du centre, est d'un excellent rapport qualité/prix. Personnel serviable.

House BOUTIQUE-HÔTEL $$

(☎ 02-952 0830 ; www.hotelthehouse.com ; ul Verila 4 ; s/d à partir de 45/55 lv ; P non-fumeurs clim Wi-Fi ; M NDK). Dans une petite rue paisible en retrait du bul Vitosha, cette maison de ville joliment rénovée propose un grand choix de chambres. Certaines sont plutôt petites, mais le rapport qualité/prix est bon pour le centre de Sofia. Escalier en bois assez étroit.

Red B&B CHAMBRES D'HÔTES $$

(☎ 0889226822 ; www.redbandb.com ; ul Lyuben Karavelov 15 ; s/d à partir de 40/60 lv ; @ ; M Stadion Vasil Levski, bus 10). Propriété du centre culturel "La maison rouge" (Tchervenata kashta), ce splendide bâtiment des années 1920 où habita jadis Andrey Nikolov, le sculpteur le plus connu de Bulgarie, dispose de 6 chambres originales. Toutes bénéficient d'une décoration unique, et d'une ambiance bohème bon enfant. Sdb communes.

Arte Hotel HÔTEL $$

(☎ 02-402 7100 ; www.artehotelbg.com ; bul Dondukov 5 ; ch/ste à partir de 100/200 lv ; clim Wi-Fi ; M Serdika, bus 20). Un établissement accueillant du centre-ville, avec des chambres modernes et lumineuses, décorées d'œuvres d'art contemporain. L'emplacement central, juste à côté du métro Serdika, est un véritable atout. Les chambres, de catégorie standard ou *deluxe*, se différencient surtout par leur taille. Les tarifs baissent légèrement le week-end. Petit-déjeuner en sus (20 lv).

Hotel Diter HÔTEL $$
(02-989 8998 ; www.diterhotel.com ; ul Han Asparuh 65 ; s/d 70/100 lv ; P ❄ @ ; M NDK, 9). Des chambres claires, dans un hôtel particulier bleu vif du XIXe siècle, douillet, sis dans une rue calme – les quartiers les plus branchés du centre-ville sont facilement accessibles à pied. Au menu ici : un restaurant, un bar et un jardin – attention : le buffet du petit-déjeuner (8 lv) est bien maigre.

Scotty's Boutique Hotel BOUTIQUE-HÔTEL $$
(02-983 6777 ; www.scottyshotel.eu ; ul Ekzarh Yosif 11 ; s/d à partir de 70/90 lv ; ❄ ; M Serdika, 20). En face de la synagogue, ce petit hôtel stylé et *gay friendly* compte 9 chambres. Toutes différentes, elles portent le nom d'une ville qui inspire le décor ; ainsi, la Cape Town (Le Cap) est ornée de motifs zébrés. Dans un quartier central et un peu morne. Le petit-déjeuner est réduit à l'essentiel (un petit pain et du café).

Sofia Residence BOUTIQUE-HÔTEL $$$
(0885006810 ; www.residence-oborishte.com ; ul Oborishte 63 ; ch/ste à partir de 200/300 lv ; ❄ ; 9, 72, M Sofiyski Universitet). Cette demeure des années 1930 couleur rose saumon, qui abrite un restaurant, loue 9 chambres et suites somptueuses, avec parquet en cerisier, mobilier ancien et beaucoup d'espace. L'appartement en terrasse (260 lv) a vue sur la cathédrale Alexandre Nevski. Les prix chutent de 20% le week-end.

Arena di Serdica HÔTEL DE LUXE $$$
(02-819 9191 ; www.arenadiserdica.com ; ul Budapeshta 2-4 ; ch à partir de 200 lv ; P ❄ ; M Serdika). Ce cinq-étoiles moderne, qui loue de grandes chambres luxueuses, doit son nom aux vestiges d'un amphithéâtre romain du IVe siècle mis au jour pendant sa construction, et conservés aujourd'hui sous le hall. Emplacement central, dans une petite rue calme, d'où la plupart des sites sont facilement accessibles à pied. On y trouve aussi un spa inspiré des thermes romains.

Les visiteurs sont les bienvenus et peuvent venir admirer gratuitement les ruines de l'amphithéâtre de 10h à 16h.

Art Plaza Hotel HÔTEL D'AFFAIRES $$$
(02-980 0030 ; www.artplazahotel.bg ; ul Hristo Beltchev 46 ; s/d/ste 110/130/180 lv ; P ❄ @ ; M NDK, 9). Cet établissement chic et moderne de la chaîne Best Western, l'un des plus beaux hôtels du centre, a la faveur des voyageurs d'affaires. Il compte 20 chambres standards, 8 chambres "supérieures" et 6 appartements, tous décorés différemment. Les chambres "supérieures", un peu plus grandes, sont meublées comme les chambres standards. Situation calme et centrale.

Sofia Hotel Balkan HÔTEL DE LUXE $$$
(02-981 6541 ; www.sofiabalkan.com ; pl Sveta Nedelya 5 ; ch/ste à partir de 300/450 lv ; P ❄ @ ; M Serdika). Intégré au palais présidentiel, cet imposant bâtiment du milieu des années 1950 dégage un certain charme socialiste rétro. Il possède un hall chic, et abrite des bars, des discothèques, des cafés et un casino. Le sol en marbre, les lustres scintillants et les vastes chambres élégantes offrent une opulence prompte à satisfaire les clients les plus exigeants.

Boutique hotel Les Fleurs BOUTIQUE-HÔTEL $$$
(02-810 0800 ; www.lesfleurshotel.com ; bul Vitosha 21 ; ch à partir de 220 lv ; P ❄ ; M Serdika, 10). Avec les fleurs géantes qui ornent sa façade, impossible de rater cet hôtel on ne peut plus central. Le thème floral se poursuit dans les grandes chambres soignées. La situation, juste au début de la portion piétonne du bul Vitosha, est idéale. Très bon restaurant.

Où se restaurer

Sofia réunit quelques-uns des meilleurs restaurants du pays. En été, les cafés semblent occuper le moindre espace de jardin ou de trottoir. Les plus simples ne servent que du café et des sandwichs. D'autres, au cadre raffiné, proposent cocktails et pâtisseries.

Dans toute la ville, des kiosques servent des en-cas locaux comme les *banitsi* (feuilletés au fromage) et les *palatchinki* (crêpes), ainsi que des pizzas et des burgers. La **galerie marchande centrale Hali** (Halite ; bul Maria Luisa 25 ; 7h-21h ; M Serdika, 20, 22) est parfaite pour s'approvisionner pour un pique-nique.

Vila Rosiché BOULANGERIE $
(02-954 3072 ; www.vilarosiche.com ; ul Neofit Rilski 26 ; sandwichs et gâteaux 5-7 lv ; 8h-21h ; M NDK). Le jardin à l'arrière de cette boulangerie dissimulée est idéal pour une pâtisserie dans l'après-midi ou un sandwich léger.

Sun & Moon VÉGÉTARIEN $
(0899138411 ; www.sunmoon.bg ; ul 6 Septemvri 39 ; plats 8-12 lv ; 10h-23h ; M NDK). De très bons plats végétariens, une atmosphère chaleureuse et étudiante, une terrasse ensoleillée en bord de rue : cette

adresse est parfaite pour un déjeuner sain et peu onéreux. Excellents pain et viennoiseries maison ; délicieux café.

Confetti GLACES $

(02-988 4444 ; ul Graf Ignatiev 4 ; cornets 2-4 lv ; 9h-0h ; ; M Serdika, 10, 12). Derrière le grand comptoir ovale en devanture, de délicieuses glaces maison aux multiples déclinaisons ne demandent qu'à être goûtées. À déguster sur place ou à emporter.

Ege Türk TURC $

(ul Tsar Simeon 108 ; plats 8-10 lv ; 9h-21h lun-sam ; M Serdika, Lavov most). Au beau milieu du quartier turc de Sofia, ce petit établissement de style snack-bar qui ne paie pas de mine sert les meilleurs plats turcs de la ville : kebabs Iskender et Adana classiques et épicés servis avec du riz et du boulgour, moussaka et ragoûts. Au nord du métro Serdika.

Skaptobara BURGERS $

(0877333233 ; www.skaptobara.com ; ul Iskăr 11a ; burgers 10 lv ; 10h-0h ; ; M Serdika, 20, 22). Cet établissement, ouvert par d'anciens étudiants de l'université américaine de Bulgarie, sert des burgers maison accompagnés de piments *jalapeño* piquants. Cocktails créatifs et musique relaxante sur la terrasse en soirée. Nombreux plats végétariens et sans gluten.

Bistro Pesto MÉDITERRANÉEN $

(0877174845 ; ul Angel Kăntchev 18a ; sandwichs 6 lv ; 10h-22h ; ; 10, 12, 18 MB). Un bar à sandwichs doublé d'un café de style italien plein de charme, idéal pour une halte déjeuner bon marché. Paninis et très bonnes salades.

Divaka BULGARE $

(0886702996 ; www.divaka.bg ; ul 6 Septemvri 41a ; plats 5-12 lv ; 10h-23h ; ; M NDK, 10). Une bonne adresse pour découvrir la cuisine traditionnelle bulgare (brochettes, crème de pomme de terre, truite grillée) et quantité de plats végétariens. Deux autres adresses (ul Gladstone 54 et ul Christo Beltchev 16).

Dream House VÉGÉTARIEN $

(02-980 8163 ; www.dreamhouse-bg.com ; ul Alabin 50a, 1er ét. ; plats 5-8 lv ; 11h-22h ; ; M Serdika, 10, 12). Ce restaurant végétarien tout simple se trouve dans une galerie, juste en retrait de la rue, en haut de marches peu engageantes. La carte comprend des plats sautés, des curries, des pancakes et de la limonade maison. Buffet à volonté le dimanche (10 lv) et menu déjeuner d'un bon rapport qualité/prix tous les jours.

Made In Home INTERNATIONAL $$

(0876884014 ; ul Angel Kăntchev 30a ; plats 12-22 lv ; 11h-21h lun, jusqu'à 22h mar-dim ; ; M NDK). Très apprécié à Sofia, cet établissement à l'intérieur rustique est inspiré par le mouvement Slow Food. Sa cuisine éclectique, aux influences moyen-orientales et turques, comprend un grand choix de mets veggies et végans.

MoMa Bulgarian Food & Wine BULGARE $$

(0885622020 ; www.moma-restaurant.com ; ul Solunska 28 ; plats 8-22 lv ; 11h-22h ; ; M Serdika). Cette *mehana* (taverne) revue et corrigée sert des plats et vins bulgares typiques, dans un intérieur plus moderne et plus sobre que les établissements traditionnels. Après un verre de *rakia* (eau-de-vie) et une salade, place aux généreux plats principaux ! Réservation conseillée.

Little Things INTERNATIONAL $$

(0882490030 ; ul Tsar Ivan Shishman 37 ; plats 8-20 lv ; 12h-0h ; ; 10, 12). Si cette charmante adresse doit son nom à de "petites choses" (bibelots, jouets, livres, fleurs), c'est à ses plats authentiques, copieux et délicieux (boulettes de viande maison, pâtes à se damner et plats de poisson crémeux à souhait) qu'elle doit sa popularité. Mention spéciale au cheese-cake aux figues.

Manastirska Magernitsa BULGARE $$

(02-980 3883 ; www.magernitsa.com ; ul Han Asparuh 67 ; plats 8-18 lv ; 11h-2h ; M NDK). Cette *mehana* est l'une des meilleures adresses de Sofia pour savourer une cuisine bulgare authentique. La carte offre un vaste choix, avec des recettes collectées dans les monastères de tout le pays. Outre les salades, les poissons et le gibier, on peut se régaler d'un "lapin ivre", mijoté au vin. Portions généreuses et service soigné. Possibilité de dîner dans le jardin quand le temps le permet.

SkaraBar 2 BULGARE $$

(02-483 4431 ; www.skarabar.com ; ul Benkovski 12 ; plats 6-12 lv ; 12h-0h ; M Serdika, 20, 22). Parquet, cuisine ouverte, canalisations apparentes et carreaux blancs pour ce grand établissement lumineux, appartenant à une petite chaîne locale de grillades (*skara*). L'origine locale de la viande (bœuf, porc, agneau et cheval) est garantie par les cuisiniers. Spécialité de boulettes de viande grillées, excellents steaks et burgers. Bon choix de vins bulgares.

Taj Mahal INDIEN $$
(☎0876600776 ; www.tajmahal.bg ; ul 11 Avgust 11 ; plats 16-22 lv ; ⏲6h-23h30 lun, 12h-23h30 mar-dim ; 📶 ; Ⓜ Sofiyski Universitet, 🚌20, 22). Sur les 3 étages de ce qui ressemble à un vieil hôtel particulier, ce restaurant indien, le plus ancien de Sofia et probablement le meilleur, privilégie les classiques. Délicieux hors-d'œuvre et curries ; plats végétariens à foison. Nous avons adoré le *lassi* "salé", aromatisé au cumin.

Annette MAROCAIN, MOYEN-ORIENTAL $$
(☎0885139676 ; www.facebook.com/pages/Moroccan-Restaurant-Annette ; ul Angel Kăntchev 27 ; plats 10-20 lv ; 📶 ; Ⓜ NDK, 🚌10, 12). Avec ses banquettes garnies de coussins, ses bougies, ses lanternes et ses effluves d'épices, cet établissement est idéal pour déguster une cuisine marocaine et moyen-orientale authentique. Au menu, large choix de mezze savoureux et tajines (agneau aux figues et aux abricots).

Pastorant ITALIEN $$$
(☎02-981 4482 ; www.pastorant.eu ; ul Tsar Asen 16 ; plats 12-29 lv ; ⏲12h-22h30 ; ; Ⓜ NDK). Ce charmant restaurant offre un cadre intimiste pour déguster une cuisine italienne gastronomique, dont des plats de pâtes et des risottos inventifs, ainsi que des grands classiques tels que la *saltimbocca* (fine escalope de veau roulée, avec jambon cru et sauge) et le poulet au pesto.

Où prendre un verre et faire la fête

Sofia recèle un nombre infini de lieux où étancher sa soif. Les kiosques des jardins publics sont parfaits pour une bière bon marché. Si vous recherchez une ambiance plus raffinée, optez pour les bars branchés du centre-ville.

DaDa Cultural Bar BAR
(☎0877062455 ; www.dadaculturalbar.com ; ul Georgi Benkovski 10 ; ⏲24h/24 ; 📶 ; Ⓜ Serdika, 🚌20, 22). Bien plus qu'un établissement où prendre un verre, cette institution locale a une vocation culturelle. Au programme : musique live, installations artistiques, lectures et événements variés. L'agenda à jour figure sur le site Web. Personnel aimable ; ambiance accueillante.

Fabrika Daga CAFÉ
(☎02-444 0556 ; ul Veslets 10 ; ⏲8h-22h lun-ven, 10h-22h sam, 10h-20h dim ; 📶 ; Ⓜ Serdika, 🚌20, 22). Chez ce torréfacteur installé depuis trois générations, les cafés se préparent dans des cafetières à expresso, à siphon ou à piston à partir de toutes sortes de grains exotiques. Profitez du vaste choix de salades et de sandwichs (options veggies et véganes). Pratique pour un café et un petit pain ou un gâteau au petit-déjeuner.

Raketa Rakia Bar BAR
(☎02-444 6111 ; ul Yanko Sakazov 15-17 ; ⏲11h-0h ; 📶 ; 🚌11, Ⓜ Sofiyski Universitet). Sans surprise, ce bar canaille et rétro de l'époque communiste propose une très grande variété de *rakia* ; avant d'en parcourir la liste, tapissez votre estomac d'en-cas et de plats riches en viande et en crème. Réservation indispensable.

One More Bar BAR
(☎0882539592 ; ul Shishman 12 ; ⏲8h30-2h30 ; 📶 ; Ⓜ Sofiyski Universitet). Dans une vieille maison ravissante, ce haut lieu bobo ne déparerait pas à Manhattan : sa vaste carte des cocktails, son jardin d'été charmant et le jazz en musique de fond ajoutent à son charme cosmopolite.

Memento CAFÉ
(☎0882422928 ; www.memento.cafe ; pl Bulgaria 1, NDK ; ⏲8h-2h lun-ven, 9h-3h sam, 10h-2h dim ; 📶 ; Ⓜ NDK). Un café animé, situé à l'extrémité nord-ouest (sur la droite en venant du centre) de l'immense palais national de la Culture. On y sert d'excellents vins locaux, ainsi que des salades et des sandwichs. Une bonne adresse pour commencer la soirée.

Pavage BAR À COCKTAILS
(☎0877151152 ; ul Angel Kăntchev 9a ; ⏲9h-2h ; 📶 ; Ⓜ Serdika, 🚌10, 12). Un bar-discothèque un peu à l'écart, à deux pâtés de maisons à l'est du bul Vitosha, où savourer en extérieur des cocktails bien préparés. En début de soirée et en semaine, l'ambiance est tranquille. Le week-end, en revanche, l'affluence peut être plus importante à partir de 21h – présence des DJ oblige !

Peroto CAFÉ
(☎02-916 6411 ; www.ndk.bg ; pl Bulgaria 1, NDK ; ⏲24h/24 ; 📶 ; Ⓜ NDK). Logé dans le palais national de la Culture et ouvert 24h/24, ce café-bibliothèque est une oasis de calme, l'adresse idéale pour se détendre entre amis, surfer sur Internet ou parcourir des livres (uniquement en bulgare), de jour comme de nuit. Pour le trouver, entrez dans le NDK et demandez au gardien.

Motto BAR À COCKTAILS
(☎02-987 2723 ; www.motto-bg.com ; ul Aksakov 18 ; ⏰10h-13h ; 📶 ; Ⓜ Sofiyski Universitet). Le jour, c'est un agréable endroit pour prendre un café, une bière et une limonade maison dans un jardin arboré, à l'arrière. En soirée, l'ambiance se fait plus tapageuse, tandis que les clubbeurs branchés s'entassent dans le bar pour siroter des cocktails aux rythmes des DJ.

Chucky's Coffee & Culture CAFÉ
(☎0884068869 ; www.chuckys.bg ; ul Hristo Beltchev 29 ; ⏰9h-20h lun-ven, 10h-19h sam-dim ; Ⓜ NDK). D'après les habitants, ce minuscule établissement sans place assise dans le quartier le plus branché de la ville prépare le meilleur café de Sofia. Soigneusement sélectionnés, les grains et mélanges sont préparés avec les tout derniers filtres, cafetières et sachets sous vide.

JJ Murphy's PUB
(☎02-980 2870 ; www.jjmurphys.bg ; ul Kărnigradska 6 ; ⏰10h-2h ; 📶 ; Ⓜ Serdika). Un pub irlandais réputé, fréquenté par des expatriés. Musique live le week-end.

Ale House BAR À BIÈRE
(☎0884320400 ; www.alehouse.bg ; ul Hristo Beltchev 42 ; ⏰11h-0h ; Ⓜ NDK, 🚋9). Inutile de faire la queue au comptoir de ce lieu convivial : les tables ont leur propre robinet à bière. On y sert aussi à manger. Musique live les vendredis et samedis.

Veda House SALON DE THÉ
(☎0882108108 ; www.vedahouse.bg ; ul William Gladstone 2 ; thé à partir de 3 lv ; ⏰10h30-23h ; 🚋1, 6, 7). Ce salon de thé charmant, d'inspiration vaguement indienne, propose une longue carte (en bulgare) de thés verts et noirs, servis dans d'adorables théières. Il prépare aussi des repas veggies et végans légers.

Discothèques

Switch DISCOTHÈQUE
(☎0877122890 ; bul Bulgaria 2 ; ⏰10h-2h dim-jeu, 10h-4h ven-sam ; 📶 ; Ⓜ NDK). Derrière le NDK, cette immense discothèque attire le fleuron des DJ bulgares et étrangers, et propose la meilleure musique live. Nombreuses places assises en extérieur ; la minuscule piste de danse atteint sa capacité maximale le samedi soir à 1h.

Yalta DISCOTHÈQUE
(☎0897870230 ; www.yaltaclub.com ; bul Tsar Osvoboditel 20 ; ⏰9h-19h lun-jeu, 9h-19h et 23h-6h ven, 23h-6h sam ; 📶 ; Ⓜ Sofiyski Universitet). Indémodable depuis 1959 – ce fut le premier night-club moderne de Bulgarie ! Pour se déhancher aux côtés des habitants branchés de Sofia et au son des DJ vedettes bulgares et étrangers.

Chervilo DISCOTHÈQUE
(☎0888111999 ; bul Tsar Osvoboditel 9 ; ⏰22h30-6h mar-sam ; Ⓜ Sofiyski Universitet). Dans le Tsentralen voenen klub (club militaire), cette adresse chic et réputée (son nom signifie "rouge à lèvres") attire la jeunesse tendance de Sofia avec ses DJ invités, ses soirées à thème et ses concerts. Agréable terrasse.

☆ Où sortir

Si vous lisez le bulgare ou si vous déchiffrez le cyrillique, *Programata* est la source d'informations la plus complète pour les sorties. Sinon, consultez son excellent site Internet en anglais, www.programata.bg.

Vous pourrez réserver des billets en ligne sur le site www.ticketpro.bg.

Cinémas

La ville compte deux multiplexes modernes et plusieurs cinémas plus petits. La plupart montrent des films américains récents, sous-titrés en bulgare. Les dessins animés et les films pour enfants sont habituellement doublés.

Centre culturel G8 CINÉMA
(☎02-995 0080 ; www.g8cinema.com ; ul William Gladstone 8 ; billets 6-8 lv ; ⏰9h-23h ; 🚋1, 6, 7). Ce cinéma d'art et d'essai branché fait également office de galerie d'art contemporain. Il possède un jardin, où prendre un verre au calme.

Euro Cinema CINÉMA
(☎02-980 4161 ; bul Stamboliyski 47 ; billets 5-8 lv ; ⏰12h30-22h lun-ven, 12h-22h sam-dim ; Ⓜ Serdika). Près du centre-ville, ce joli cinéma rétro projette les meilleurs films d'art et d'essai européens et internationaux.

Dom Na Kinoto CINÉMA
(☎02-980 7838 ; domnakinoto.com ; ul Ekzarh Yosif 37 ; billets 5-8 lv ; 🚋20, 22). Programmation variée de vieux films étrangers et de longs-métrages indépendants, en bulgare.

Kino Odeon CINÉMA
(☎02-989 2469 ; bul Patriarh Evtimii 1 ; billets 4-6 lv ; Ⓜ NDK). Spécialisé dans les films d'art et d'essai européens, ce cinéma légendaire hérité de l'époque communiste participe à plusieurs festivals de cinéma au fil de l'année.

Centres culturels

Palais national de la Culture CONCERTS

(NDK ; ☎ 02 916 6300 ; www.ndk.bg ; pl Bulgaria ; ⏲ billetterie 10h-20h ; 📶 ; Ⓜ NDK). Avec ses 15 salles, le NDK est de loin le plus grand complexe culturel du pays. Il propose des manifestations variées tout au long de l'année : projections de films, salons professionnels, concerts de grands artistes...

Red House/ Tchervenata kashta CENTRE CULTUREL

(☎ billetterie 02 988 8188 ; www.redhouse-sofia.org ; ul Lyuben Karavelov 15 ; ⏲ billetterie 15h-21h ; 📶 ; Ⓜ Stadion Vasil Levski, 🚋 10). Cette institution d'avant-garde occupe une magnifique demeure du début du XXe siècle. Elle programme de nombreux événements culturels : débats politiques et culturels (en différentes langues), lectures de poésie et spectacles de danse, souvent gratuits. Consultez son site. Un B&B y est également installé (voir p. 313).

Musique live

Sofia Live Club MUSIQUE LIVE

(☎ 0886661045 ; www.sofialiveclub.com ; pl Bulgaria 1 ; ⏲ 20h-7h ; Ⓜ NDK). Dans le NDK, cette belle salle de concerts est la plus grande de Sofia. Dans un cadre inspiré des cabarets, elle accueille des artistes et groupes bulgares et étrangers – jazz, musique alternative, musique du monde et rock.

Club Terminal 1 MUSIQUE LIVE

(☎ 0889219001 ; ul Angel Kăntchev 1 ; billets 6 lv ; ⏲ 21h-6h jeu-sam ; 📶 ; 🚋 10, 12, 18). Musique live sur 2 étages et nombreux bars attenants : l'adresse la plus connue et la plus prisée du centre-ville pour la musique alternative.

Mixtape 5 MUSIQUE LIVE

(☎ 0889838348 ; www.facebook.com/mixtape5 ; pl Bulgaria 1, NDK, passage souterrain du métro Galleria ; ⏲ 21h-3h ; Ⓜ NDK). Les meilleurs artistes rock et alternatifs bulgares et étrangers se produisent dans 2 grandes salles derrière le NDK.

RockIT MUSIQUE LIVE

(☎ 0888666991 ; ul Georgi Benkovski 14 ; ⏲ 21h-4h lun-sam ; Ⓜ Serdika, 🚋 20, 22). Les 2 étages de cet immense bâtiment tremblent sous le poids des groupes de heavy metal et des DJ.

Swingin' Hall MUSIQUE LIVE

(☎ 0896840161 ; www.swinginghall.bg ; bul Dragan Tsankov 8 ; ⏲ 21h-4h ; Ⓜ Stadion Vasil Levski). Ce club bien établi propose chaque soir une programmation éclectique. Du jazz au blues en passant par le rock et la pop-folk, ses concerts attirent un public de tous âges.

Sports

Les Bulgares sont des passionnés de football, et Sofia compte plusieurs équipes ! Les principaux clubs sont le **CSKA** (☎ billets 02-866 8903 ; www.cska.bg ; bul Dragan Tsankov 3 ; Ⓜ Stadion Vasil Levski), qui joue au stade du même nom à Borisova Gradina, et le **PFC Levski** (☎ 02-847 7958 ; www.levski.bg ; ul Todorini Kukli 47), basé au stade Georgi Asparoukhov.

Stade national Vasil Levski SPORTS

(www.nsb.bg ; Borisova Gradina ; Ⓜ Stadion Vasil Levski). Le stade de l'équipe de football nationale a une capacité de 43 000 places. C'est là qu'ont généralement lieu les matchs internationaux, les compétitions d'athlétisme et les autres événements sportifs majeurs. Il accueille aussi les grands concerts des artistes rock en tournée.

Théâtre et musique

Les prix des places de théâtre et de concert varient énormément. Pour les représentations à l'Opéra national ou au théâtre national Ivan Vazov, comptez de 10 à 30 lv ; celles au NDK coûtent de 30 à 80 lv pour les artistes étrangers, et de 10 à 30 lv environ pour les artistes bulgares.

Zala Bulgaria/ Bulgaria Hall MUSIQUE CLASSIQUE

(☎ billets 02-987 7656 ; www.sofiaphilharmonie.bg ; ul Aksakov 1 ; ⏲ billetterie 9h30-14h30, 15h-19h30 lun-ven, 9h30-14h30 sam ; Ⓜ Serdika). Accueille l'excellent Orchestre philharmonique de Sofia.

Théâtre national Ivan Vazov THÉÂTRE

(☎ 02-811 9219 ; www.nationaltheatre.bg ; ul Dyakon Ignatiy 5 ; ⏲ billetterie 9h30-19h30 lun-ven, 11h30-19h30 sam-dim ; Ⓜ Serdika). Inauguré en 1907, ce théâtre national d'inspiration viennoise est l'un des plus beaux édifices de la ville. On y assiste à des représentations de théâtre bulgare.

Opéra national OPÉRA

(☎ billets 02-987 1366 ; www.operasofia.bg ; bul Dondukov 30 ; ⏲ billetterie 9h-14h et 14h30-19h lun-ven, 11h-19h sam, 11h-16h dim ; 🚋 20, 22). Cet édifice monumental ouvert en 1953 accueille les opéras et ballets classiques, de même que des concerts pour enfants. Entrée par l'ul Vrabtcha.

Achats

Principale artère commerçante, le bul Vitosha est bordé de boutiques de chaînes internationales et de restaurants. Avec ses stands vendant toutes sortes de produits frais, de viandes, de poissons, de fromages et d'épices, le **marché des Femmes** (Jenski Pazar ; ul Stefan Stambolov ; lever-coucher du soleil ; M Lavov most, 20, 22) est un petit bout de Moyen-Orient au cœur de Sofia. La ville compte également quelques grandes galeries commerciales modernes abritant des chaînes de mode étrangères, des cinémas et des supermarchés.

Vino Orenda VINS

(0889623606 ; www.vinoorenda.com ; bul Makedonia 50a ; 10h30-19h30 lun-ven ; 4, 5). Ce petit caviste bien informé vend des vins issus de producteurs indépendants de tout le pays.

Rose of Bulgaria COSMÉTIQUES

(0893356418 ; www.biofresh.bg ; bul Vitosha 4 ; 10h-20h ; M Serdika). Eaux de rose, parfums, eaux de Cologne, savons ou encore shampooings : sur le bul Vitosha, cette petite boutique vend une gamme de produits de fabrication locale parfumés à la rose.

Centre d'art et d'artisanat traditionnel CADEAUX ET SOUVENIRS

(02-989 6416 ; www.craftshop-bg.com ; ul Parij 4 ; 9h30-18h30 lun-sam, sur rdv dim ; 20, 22). Ce magasin assez encombré vend de l'artisanat traditionnel (tapis tissés main, poteries, bijoux en argent, sculptures sur bois) et des CD de musique bulgare à des prix plutôt élevés. Une succursale est installée dans le palais royal, au niveau de la sortie du Musée ethnologique.

Tsum CENTRE COMMERCIAL

(02-926 0700 ; bul Maria Luisa 2 ; 10h-20h lun-sam, 11h-19h dim ; M Serdika). Bâti en 1956, l'ancien grand magasin d'État, monumental, est devenu un dédale chaotique de stands de vêtements, de bijoux, de parfums et de bougies. Il y règne un calme presque inquiétant et les employés semblent souvent plus nombreux que les clients. On y trouve des toilettes publiques gratuites.

Mirella Bratova MODE FEMME

(02-943 5420 ; mirellabratova.com ; ul Ivan Shishman 4 ; 10h30-19h lun-ven, 10h30-18h sam ; M Sofiyski Universitet). Cette petite boutique vend la mode féminine élégante de la créatrice sofiote Mirela Bratova,

SOFIA AVEC DES ENFANTS

Le lion, le tigre, l'éléphant et l'ours : tous sont présents au **zoo de Sofia** (02-868 2043 ; www.zoosofia.eu ; ul Srebărna 1 ; adulte/enfant 4/2 lv ; 8h30-18h ; 120), qui englobe des aires de jeux pour enfants, et 2 ou 3 cafés tout simples. Entrée gratuite pour les moins de 7 ans.

Le **Muzeiko** (02-902-0000 ; www.muzeiko.bg ; ul Prof Boyan Kamenov 3 ; adulte/enfant sam-dim 15/8 lv, mar-ven 10/6 lv ; 10h-18h mar-dim ; ; M GM Dimitrov) est un musée des sciences et techniques destiné aux enfants de 6 à 16 ans, qui craquent pour ses expositions interactives et ses gadgets à foison. On y trouve aussi des aires de jeux et des murs d'escalade, et des expositions plus élaborées pour initier les scientifiques en herbe à la paléontologie, à l'astronomie ou à la géologie.

Les jeunes amateurs de vitesse (à partir de 8 ans) pourront s'essayer au kart sur le circuit moderne de **Karting Sport** (02 920 1447 ; www.karting-bg.com ; bul Vardar 3a ; 2 lv/tour ; 9h-21h mai-sept, 10h-18h oct-avr ; 11, 77, 4, 11, 22), long d'un kilomètre, dans le quartier de Krasna Polyana. Les enfants et les adultes apprécieront **Kokolandia** (0899966970 ; www.kokolandia.com ; ul Nezabravka, Borisova Gradina ; 3-5 lv ; 9h-21h mai-oct ; 84, 413), un parc d'aventures dans le Borisova Gradina. Divisé en trois secteurs de difficulté croissante, il offre diverses activités : grimpez à la corde, ou élancez-vous sur un parcours d'accrobranche (harnais fourni) et des murs d'escalade.

Vous trouverez des aires de jeux dans le parc **Borisova Gradina**, dont les vastes espaces verts font le bonheur des bambins. Le **jardin municipal** et le **parc Oborishte** (parc Vladimir Zaïmov ; bul Yanko Sakazov ; 20) comportent également des aires de jeux et des attractions comme les voitures électriques.

Sofia compte plusieurs crèches et garderies dont le personnel parle anglais, mais elles sont avant tout destinées aux familles expatriées. Les touristes étrangers ne trouveront aucune agence fiable de baby-sitting. Toutefois, certains hôtels haut de gamme offrent ce genre de service.

ainsi que des articles tricotés, des bijoux et des accessoires.

Greenwich Book Center LIVRES
(02-950 8337 ; www.greenwich.bg ; bul Vitosha 37 ; 9h-21h lun-jeu, 9h-22h ven, 10h-22h sam, 9h-21h dim ; ; Serdika, 10). Un choix modeste de livres de souvenirs sur la Bulgarie en anglais, ainsi que des guides, des cartes et des CD de musique. Café au sous-sol.

Colibri LIVRES EN FRANÇAIS
(02 937 79 19 ; www.livresfrancais.bg ; pl Slaveykov 3 ; 10h-18h lun-ven ; NDK). La seule librairie francophone de Bulgarie, installée au sein du bâtiment de l'Alliance Française.

Stenata SPORTS ET ACTIVITÉS DE PLEIN AIR
(02 980 5491 ; www.stenata.com ; ul Bratia Miladinovi 5 ; 10h-20h lun-ven, 10h-18h sam ; Serdika). Le meilleur endroit pour le matériel de randonnée, d'escalade et de camping.

Renseignements

ACCÈS INTERNET

La plupart des cafés, des restaurants et des bars proposent le Wi-Fi gratuit à leurs clients. Il suffit de demander le mot de passe au serveur. Les chambres de la quasi-totalité des auberges de jeunesse, pensions et hôtels disposent du Wi-Fi gratuit. Dans les grands hôtels, les hôtes pourront également avoir accès à un ordinateur ou à un "centre d'affaires".

Les cybercafés ont presque déserté le centre de Sofia. Les rares établissements qui subsistent sont reconnaissables à l'enseigne "Internet".

AGENCES DE VOYAGES

Alexander Tour (02-983 5258 ; www.travelinbulgaria.eu ; ul Pop Bogomil 40, 6e ét. ; 9h30-18h lun-ven ; Lavov most). Nombreux circuits en Bulgarie : excursions d'une journée depuis Sofia et circuits plus longs sur mesure.

Odysseia-In (02-989 0538 ; www.hikingbulgaria.com ; bul Stamboliyski 20-V, 1er ét. ; Serdika). Cette agence destinée aux groupes organise, entre autres, des sorties de randonnée, d'escalade, de ski et d'observation ornithologique dans tout le pays. Entrée par l'ul Lavele.

Zig Zag Holidays (p. 487). S'adresse aux particuliers, avec une vaste offre de sorties : randonnée, escalade, spéléologie, dégustation de vins et vélo. Excursions d'une journée au monastère de Rila et au mont Vitosha. Entrée par l'ul Lavele.

CADEAUX ET SOUVENIRS

Des peintres vendent leurs toiles, surtout des scènes champêtres traditionnelles, près des bains et autour de la place Aleksander Nevski, où des **stands** (lever-coucher du soleil) proposent également des reproductions d'icônes, des bijoux, des souvenirs et des broderies. Sachez que les "antiquités" sont souvent des copies et que les prix sont gonflés pour les touristes. Dans le passage souterrain de la place Nezavisimost, plusieurs boutiques de souvenirs vendent les habituels livres, peintures et cartes postales.

ARGENT

Les banques et les DAB sont omniprésents dans le centre de Sofia, et on trouve plusieurs bureaux de change sur le bul Vitosha, le bul Maria Luisa et le bul Stamboliyski.

Unicredit Bulbank (www.unicreditbulbank.bg ; angle ul Lavele et ul Todor Alexandrov ; 9h-16h lun-ven ; Serdika)

United Bulgarian Bank (02-980 2235 ; www.ubb.bg ; ul Sveta Sofia 5 ; 9h-16h lun-ven ; Serdika)

DÉSAGRÉMENTS ET DANGERS

Sofia est une ville relativement sûre, et peu de problèmes sont à signaler en termes de sécurité. Toutefois, les conducteurs étant peu soucieux des passages piétons, prenez garde aux véhicules en traversant la rue. Attention : le bul Vitosha est entièrement piétonnier, mais ce n'est pas le cas des rues transversales, où les voitures roulent à vive allure.

Comme dans toutes les grandes villes, faites attention à votre sac et à votre portefeuille dans les transports publics bondés et dans les endroits très fréquentés comme le marché des Femmes et la place Sveta Nedelya.

MÉDIAS

- **Programata** (www.programata.bg ; gratuit). Largement disponible, cet hebdomadaire fournit, en bulgare, des informations sur les cinémas, les restaurants et les boîtes de nuit. Le site Web est en anglais.
- **Sofia City Info Guide** (www.sofia-guide.com). Ce mensuel, disponible à la réception des hôtels, donne des renseignements pratiques, avec un plan de la ville, et recense les hôtels, restaurants et discothèques.
- **Sofia – The Insider's Guide** (www.insidesofia.com). Cet autre magazine trimestriel, disponible dans certains

hôtels et agences de voyages, fournit des renseignements généraux et des conseils, ainsi que des avis sur des restaurants et des lieux de loisirs.

POSTE

Poste centrale (ul General Gurko 6 ; 7h-19h lun-sam, 8h-13h dim). Agence bancaire centrale avec DAB 24h/24.

RENSEIGNEMENTS TOURISTIQUES

Centre national d'informations touristiques (02-933 5826 ; www.bulgariatravel.org ; pl Sveta Nedelya 1 ; 9h-17h lun-ven ; M Serdika). Son personnel serviable, qui parle anglais, distribue de luxueuses brochures sur diverses destinations bulgares. Dissimulé près d'une petite rue transversale, à quelques pas au sud-ouest de la place Sveta Nedelya, il n'est pas évident à trouver.

Centre d'informations touristiques de Sofia (02-491 8344 ; www.info-sofia.bg ; passage souterrain du métro Sofiyski Universitet ; 8h-20h lun-ven, 10h-18h sam-dim ; M Sofiyski Universitet). Nombreuses brochures et cartes gratuites ; personnel anglophone.

SERVICES MÉDICAUX

Dr Ivan Dimitrov Dental Practice (02 952 2328 ; www.drivandimitrov.com ; ul Dragshan 5 ; 4). Dentiste anglophone.

International Medical Centre (02 944 9326 ; www.imc-sofia.com ; ul Gogol 28 ; 8h-20h lun-ven, 9h-15h sam ; 9, 306). Les médecins de l'IMC, qui parlent français et anglais, se déplacent à domicile à toute heure. Soins dentaires également.

Pharmacie Neomed (02-951 5539 ; bul General Totleben 2, entrée B ; 24h/24 ; 4, 5). Ouverte 24h/24.

Hôpital Pirogov (urgences 02-915 4411 ; www.pirogov.bg ; bul General Totleben 21 ; 4, 5). Principal hôpital public doté d'un service d'urgences.

URGENCES

Ambulance (150)

Police (166)

Police routière (165)

Pompiers (160)

Secours en montagne (0881470, 02-963 2000 ; www.redcross.bg)

Depuis/vers Sofia

AVION

Les seules liaisons aériennes intérieures sont celles qui relient Sofia à la côte de la mer Noire. De juillet à septembre, **Bulgaria Air** (standard 02-402 0400 ; www.air.bg ; ul Ivan Vazov 2 ; 9h30-12h et 12h30-17h30 lun-ven ; M Serdika) propose 2 ou 3 vols quotidiens vers Varna. La compagnie assure également la liaison entre la capitale et Burgas.

BUS

La **gare routière centrale** (Tsentralna Avtogara ; renseignements 0900 63 099 ; www.centralnaavtogara.bg ; bul Maria Luisa 100 ; 24h/24 ; ; M Tsentralna gara) de Sofia est située à côté de la gare ferroviaire, et on y accède par la même station de métro. Elle est reliée à la plupart des grandes villes du pays, ainsi qu'à des destinations internationales. On y trouve de nombreux comptoirs de compagnies privées, un bureau d'information et un **guichet des taxis OK-Supertrans** (02-973 2121 ; www.oktaxi.net ; 6h-22h ; M Tsentralna gara).

Plus petite et parfois appelée "Zapad ("ouest"), la **gare routière Ovtcha Kupel** (02-955 5362, renseignements 0875105097 ; avtogarazapad.wix.com/avtogarazapad ; bul Ovtcha Kupel 1, Zapad ; 6h30-18h ; 73, 103) accueille quelques liaisons en bus vers le sud, comme vers Bansko, Blagoevgrad et Sandanski.

De la petite **gare routière Yug** ("sud") (02 872 2345 ; bul Dragan Tsankov 23 ; M Joliot-Curie), des bus et des minibus partent pour Samokov (6 lv, 1 heure, toutes les 30 min).

LIAISONS FERROVIAIRES INTÉRIEURES DEPUIS/VERS SOFIA

DESTINATION	TARIF 1RE/2E CLASSE	DURÉE	FRÉQUENCE (PAR JOUR)
Burgas	26/20 lv	7-8 heures	4 rapides et 2 express
Gorna Oryakhovitsa	23/18 lv	4 heures-4 heures 30	6 rapides et 2 express
Plovdiv	10/8 lv	2 heures 30-3 heures	6 rapides, 3 express et 4 lents
Roussé	30/24 lv	6 heures	3 rapides
Sandanski	12/10 lv	4 heures	3 rapides
Varna	39/31 lv	7 heures 30-9 heures	5 rapides et 1 express
Vidin	17/14 lv	5 heures	3 rapides

HORAIRES DES BUS D'ÉTÉ – GARE ROUTIÈRE CENTRALE

DESTINATION	TARIF	DURÉE	FRÉQUENCE
Albena	36 lv	8 heures	4-5/jour
Bansko	16 lv	3 heures	5-6/jour
Blagoevgrad	11 lv	2 heures	toutes les heures
Burgas	30 lv	7-8 heures	6-10/jour
Gabrovo	22 lv	3-4 heures	7/jour
Haskovo	22 lv	6 heures	12-14/jour
Kazanlăk	16 lv	3 heures 30	4-5/jour
Lovetch	14 lv	3 heures	2-3/jour
Nesebăr	37 lv	7 heures	5-10/jour
Pleven	15 lv	2 heures 30	toutes les heures
Plovdiv	14 lv	2 heures 30	plusieurs/heure
Roussé	29 lv	5 heures	toutes les heures
Sandanski	14 lv	3 heures 30	10-12/jour
Shoumen	31 lv	6 heures	7/jour
Sliven	24 lv	5 heures	8/jour
Smolyan	25 lv	3 heures 30	6-7/jour
Sozopol	32 lv	7 heures	6-8/jour
Stara Zagora	22 lv	4 heures	8/jour
Varna	33 lv	7-8 heures	toutes les 30-45 min
Veliko Tărnovo	22 lv	4 heures	toutes les heures
Vidin	20 lv	5 heures	6-7/jour

De la **gare routière Poduyane** (02 847 4262 ; ul Todorini Kukli, angle ul Reka Veleka ; 79), délabrée et également appelée Iztok ("est"), des bus desservent irrégulièrement des petites villes de Bulgarie centrale.

TRAIN

La **gare ferroviaire centrale** (renseignements 02-931 1111, liaisons internationales 02-931 0972, billets 02-932 2270 ; www.bdz.bg ; bul Maria Luisa 02a ; billetterie 7h-20h15 ; M Tsentralna gara) de Sofia est la principale porte d'accès ferroviaire à la ville et au pays. La gare en elle-même est un immense bâtiment d'une morne modernité, qui paraît bien vide et est dépourvu de nombreux services de base. Terminus d'une ligne de métro, elle se situe dans une partie isolée de la ville, à environ 1 km au nord du centre. À 100 m (5 min à pied) de la gare routière centrale.

Les destinations de toutes les lignes intérieures et internationales sont indiquées en cyrillique sur les horaires, mais les départs (pour les 2 prochaines heures) et les arrivées (des 2 dernières heures) sont affichés en anglais sur un grand écran au rez-de-chaussée.

Les billets pour le jour même sont vendus aux comptoirs du rez-de-chaussée ; les autres s'achètent au sous-sol, sinistre, desservi par un escalier non signalé près des snack-bars. Les comptoirs sont ouverts 24h/24 ; seuls quelques-uns disposent de personnel et l'attente peut être longue ; n'arrivez pas au dernier moment et prévoyez du temps pour vous orienter dans le système compliqué des quais (indiqués en chiffres romains) et des voies.

Comment circuler

DEPUIS/VERS L'AÉROPORT

Principale porte d'entrée aérienne de la ville et du pays, l'**aéroport de Sofia** (renseignements 24h/24 02-937 2211 ; www.sofia-airport.bg ; près du bul Brussels ; ; 84, M Letishtche Sofia) est à 10 km à l'est du centre. Il dispose de deux terminaux (1 et 2). La plupart des avions empruntent le terminal 2, plus moderne, mais quelques transporteurs low cost atterrissent et décollent du terminal 1. Dans les deux terminaux, on trouve des services de base, des DAB et des **guichets des taxis OK-Supertrans** (02-973 2121 ; www.oktaxi.net ; jour/nuit 0,79/0,90 lv par km).

Le métro de Sofia relie le terminal 2 au centre (station Serdika) en 20 minutes environ. Les billets sont en vente dans la station, située juste devant la sortie du terminal. Le bus n°84 fait également la navette entre le centre et les deux terminaux. Les tickets (1 lv, plus un supplément pour les bagages volumineux) s'achètent auprès du chauffeur.

Comptez entre 10 et 15 lv pour un taxi vers le centre. Réservez votre taxi au comptoir d'**OK-Supertrans**. On vous remettra un ticket portant le code à trois chiffres de votre taxi. Le chauffeur vous attendra à l'extérieur.

TAXI

Abordables, les taxis constituent une bonne alternative aux transports publics. Si la loi les oblige à utiliser un compteur, ceux qui attendent à l'aéroport, devant les hôtels de luxe et autour de la place Sveta Nedelya essaient souvent de négocier un prix forfaitaire, évidemment plus élevé.

Les taxis officiels sont jaunes, avec un panneau "Taxi" (en cyrillique ou en romain) bien visible sur le toit et le tarif kilométrique indiqué sur une fenêtre. Le tarif standard légal est de 0,79 lv la minute en journée, et de 0,90 lv la minute en soirée. Évitez les taxis illégaux.

OK-Supertrans (voir coordonnées ci-contre). Service fiable de radio-taxis circulant dans la ville et depuis/vers l'aéroport.

Yellow Taxi (☎ 02-91 119 ; www.yellow333.com). À réserver par téléphone ou à héler dans la rue.

TRANSPORTS EN COMMUN

Le réseau de transports en commun de Sofia est composé de trams, de bus, de trolleybus et de lignes de métro. Ces dernières fonctionnent de 5h30 à 23h environ, tous les jours. Le **centre de mobilité urbaine de Sofia** (Sofia Urban Mobility Centre ; ☎ renseignements 0700 13 233 ; www.sofiatraffic.bg) possède un site Web affichant les tarifs et un plan du réseau mis à jour. Dans le centre, les sites d'intérêt sont généralement accessibles à pied et le plus souvent, vous n'aurez pas besoin de prendre le tram ou le trolleybus.

Bus, tram et trolleybus

Les tickets de tram, de bus et de trolleybus coûtent 1 lv à l'unité (8 lv pour 10 trajets). Ils sont en vente dans les kiosques près des arrêts ou aux distributeurs automatiques à bord. L'achat d'un pass journée (4 lv) vous évitera d'avoir à acheter des tickets pour chaque trajet.

Les bus n^{os}64 et 107 vont jusqu'à l'église de Boyana. Le bus n°107 dessert également le musée national d'Histoire.

Métro

L'étincelant métro de Sofia relie le centre-ville à l'aéroport et aux gares ferroviaire et routière centrales. Il compte deux lignes, qui se croisent à la station centrale Serdika. Parmi les autres stations utiles, citons NDK, à l'extrémité sud du bul Vitosha, et Sofiyski Universitet, près de l'université de Sofia. Les billets, qui coûtent 1 lv, ne sont pas valables pour les autres modes de transport en commun. Ils s'achètent aux guichets et distributeurs situés dans les gares.

VOITURE ET MOTO

À Sofia, la circulation peut être dense. Vu la qualité du réseau de transports en commun, vous n'aurez a priori pas besoin de circuler en voiture.

En revanche, pour sortir de Sofia, une voiture peut s'avérer utile. L'**union des automobilistes bulgares** (voir le chapitre *Transports*, p. 499) assure un service d'assistance routière d'urgence. Voici quelques agences de location, qui ont toutes des comptoirs à l'aéroport :

Avis (☎ 02-945 9224 ; www.avis.bg ; terminal 2 ; ⏲ 9h-22h ; Ⓜ Letishtche Sofia)

Hertz (☎ 02-945 9217 ; www.hertz.bg ; terminal 2 ; ⏲ 9h-22h ; Ⓜ Letishtche Sofia)

Sixt (☎ 02-945 9276 ; www.sixt.com ; terminal 2 ; ⏲ 8h-2h30 ; Ⓜ Letishtche Sofia)

ENVIRONS DE SOFIA

Les lieux suivants sont accessibles par les transports publics depuis Sofia. Au-delà de Boyana, mieux vaut prévoir une nuit sur place pour éviter un long trajet aller-retour et profiter des alentours.

Boyana — БОЯНА

Boyana est une banlieue de Sofia paisible et prospère, à environ 8 km au sud du centre-ville. Autrefois retraite favorite des dirigeants communistes et des apparatchiks, elle est aujourd'hui habitée par la classe aisée de la capitale, dont elle recèle deux des principaux centres d'intérêt.

À voir

Église de Boyana — ÉGLISE

(☎ 02-959 0939 ; www.boyanachurch.org ; ul Boyansko Ezero 3, Boyana ; adulte/enfant 10/1 lv, billet combiné avec le musée national d'Histoire 12 lv, guides 10 lv ; ⏲ 9h30-17h30 avr-oct, 9h-17h nov-mars ; 🚌 64, 107). Cette minuscule église du XIIIe siècle est inscrite au patrimoine mondial de l'Unesco, et ses 90 fresques figurent parmi les plus belles œuvres médiévales de Bulgarie. Un billet combiné comprend l'entrée à l'église et au musée national d'Histoire, à 2 km de là.

Parmi les pièces maîtresses de l'église, se trouvent le plus ancien portrait connu de saint Jean de Rila, ainsi que des représentations du roi Constantin Asen et de la reine Irina. Les explications en anglais sont rares, et les visiteurs ne peuvent rester que 10 minutes à l'intérieur.

Musée national d'Histoire MUSÉE
(☎02-955 4280 ; www.historymuseum.org ; ul Vitoshko Lale 16, Boyana ; adulte/enfant 10/1 lv, billet combiné avec l'église de Boyana 12 lv, visites guidées en anglais 30 lv ; ⏲9h30-18h avr-oct, 9h-17h30 nov-mars ; 🚌63, 107, 111, 🚌2). Installé dans l'ancien palais présidentiel communiste, ce musée, bien que mal situé, jouit d'un cadre époustouflant. À moins que n'arrive un bus rempli de touristes, vous avez de grandes chances de vous retrouver seul. Sa vaste collection abrite des trésors thraces en or, des statues romaines, des costumes traditionnels, des armes et des icônes. Le musée organise régulièrement des expositions temporaires.

Les visites guidées en anglais doivent être réservées 2 semaines à l'avance par e-mail. Pour vous rendre au musée, prenez les transports en commun ou un taxi (environ 9 lv l'aller) depuis le centre-ville.

Parc naturel du Vitosha
ПРИРОДЕН ПАРК ВИТОША

Le massif du Vitosha, long de 23 km et large de 13 km, s'étend au sud de Sofia. On le surnomme parfois le "poumon de Sofia" à cause des brises rafraîchissantes qu'il dévie vers la capitale. La montagne fait partie des 22 726 ha du parc naturel du Vitosha (www.park-vitosha.org), le plus ancien de Bulgarie, créé en 1934. Son point culminant est le mont Tcherni Vrăh (Pic noir ; 2 290 m), le quatrième plus haut sommet du pays, où la température peut descendre jusqu'à -20°C en janvier.

Station de ski fréquentée en hiver, le parc est apprécié des randonneurs, des pique-niqueurs et des amateurs de points de vue durant les week-ends d'été. Il accueille quelque 1,5 million de visiteurs chaque année. Outre des dizaines de chemins de randonnée bien signalés, on y trouve quelques hôtels, cafés et restaurants, ainsi que de nombreux chalets et bungalows. Il englobe aussi un monastère vieux de plusieurs siècles sur les collines surplombant la banlieue de Dragalevtsi et une fascinante moraine à Zlatnite Mostove.

À voir

Zlatnite Mostove AIRE DE PIQUE-NIQUE
(⏲24h/24). À Zlatnite Mostove, de gros rochers semblant former une rivière de pierres s'étalent sur une pente entre environ 1 700 et 1 350 m d'altitude. Le nom ("Ponts dorés") de cette moraine, un phénomène géologique relativement rare datant de la période glaciaire, est dû à la couleur du lichen qui pousse sur les pierres. Ses rochers et zones vertes en font un endroit prisé pour les bains de soleil et les pique-niques. Pour y accéder, il faut monter un peu à partir des alentours de l'église de Boyana. Comptez environ 22 lv pour un aller simple en taxi depuis le centre de Sofia.

Monastère de Dragalevtsi MONASTÈRE
(☎02-967 3360 ; Dragalevtsi ; ⏲8h30-12h, 13h30-18h mar-dim ; 🚌66, 93). GRATUIT Ce monastère en activité est probablement le plus vieux de ce genre en Bulgarie. Construit vers 1345 et orné de peintures murales aux couleurs vives, il fut abandonné 40 ans plus tard. Il est aussi vénéré pour avoir servi de cachette au rebelle nationaliste Vasil Levski. Il se situe dans le parc naturel du Vitosha, à environ 1,5 km au sud de Dragalevtsi, dans la banlieue de Sofia.

Le monastère est accessible par les bus n^os^66 ou 93 – le premier circule uniquement le week-end et les jours fériés. Portez des chaussures confortables : le monastère est situé sur une colline, et il vous faudra monter à pied pour le rejoindre.

Activités

Randonnée en été et ski en hiver (de mi-décembre à avril) sont les principales activités. Toutes les zones du parc se prêtent à la randonnée ; Aleko, la station de sports d'hiver la plus élevée du pays, est la meilleure destination pour les amateurs de ski.

Randonnée

Le parc naturel du Vitosha offre de formidables randonnées. Les points de départ les plus spectaculaires sont Zlatnite Mostove et Aleko (accessible par le téléphérique de Simeonovo). Les librairies vendent toutes sortes de cartes de randonnée, dont la *Vitosha Turistitcheska Karta* (au 1/50 000), très pratique. Voici quelques-uns des meilleurs itinéraires :

Église de Boyana-Zlatnite Mostove À l'église, faites-vous indiquer le chemin qui suit la rivière Boyana et mène à la cascade

Parc naturel du Vitosha

du même nom, haute de 15 m (plus belle en hiver). De là, des chemins faciles mènent à Zlatnite Mostove ; environ 3 heures au total.

Zlatnite Mostove-mont Tcherni Vrăh Une randonnée difficile, via le refuge de Kumata et le mont Sedloto (2 018 m) ; 3 heures environ.

Aleko-Goli Vrăh Un court sentier (30 min) entre l'arrivée du téléphérique de Simeonovo et celle du télésiège de Dragalevtsi.

Aleko-mont Tcherni Vrăh Une grimpée de 1 heure 30, agréable et escarpée.

Aleko-Zlatnite Mostove Suivez le sentier jusqu'à Goli Vrăh, faites le tour du mont Sredets (1 969 m) et passez devant l'Hotel Bor ; 3 heures environ.

Télésiège de Dragalevtsi-Goli Vrăh Suivez l'itinéraire du télésiège sur toute sa longueur ; une rude grimpée de 3 heures.

Téléphérique de Simeonovo REMONTÉE MÉCANIQUE
(☎ 0882111480 ; www.planinite.info ; aller/aller-retour 8/10 lv ; ⏲ 9h-17h sam-dim et jours fériés ; 🚌 122, 123). Ce téléphérique (cabines de 6 places assises) est le plus long de Bulgarie (6 270 m). Le trajet jusqu'au sommet dure environ 30 minutes. On peut descendre aux stations Vtora ou Tchetvarta, d'où des sentiers s'enfoncent dans le parc, puis continuer la montée avec le même billet.

Télésiège de Dragalevtsi REMONTÉE MÉCANIQUE
(☎ 02-967 1110 ; www.planinite.info ; Dragalevski ; aller/aller-retour 4/7 lv ; ⏲ 9h-17h sam-dim et jours fériés ; 🚌 66, 93). Un télésiège de 2 places part à 5 km (par la route) du centre du village de Dragalevtsi (ou à 3 km à pied en coupant par le raccourci sur la colline). Un premier télésiège grimpe jusqu'à Bai Krăstio (2 lv, 20 min), d'où un second continue jusqu'à Goli Vrăh (1 837 m ; 2 lv, 15 min).

Une promenade agréable consiste à emprunter le télésiège jusqu'à Goli Vrăh, à rejoindre Aleko à pied (30 min), puis à redescendre en téléphérique à Simeonovo (ou l'inverse).

Ski

À 1 800 m d'altitude, **Aleko** (www.skivitosha.com ; pass télésiège adulte/enfant 35/21 lv) est la station de ski la plus haute du pays et ses six pentes ne sont qu'à 22 km de Sofia. Si l'enneigement est rarement suffisant avant la mi-décembre, la saison dure souvent jusqu'en avril. Aleko doit son nom à l'écrivain bulgare Aleko Konstantinov, qui lança la mode de la randonnée en 1895 en conduisant 300 passionnés de marche au sommet du mont Tcherni Vrăh.

Les 29 km de pistes de ski alpin (la plus longue mesure 5 km) offrent tous les niveaux de difficulté ; la plus élevée part du sommet du Tcherni Vrăh. On peut pratiquer le ski de fond sur 15 km de pistes ou s'adonner aux joies du snowboard. D'autres télésièges et remonte-pentes viennent compléter le téléphérique de Simeonovo et le télésiège de Dragalevtsi. Un forfait d'une journée revient à environ 35 lv.

La location d'un équipement complet coûte autour de 25-40 lv par jour au magasin de la station du téléphérique de Simeonovo ou à Aleko. La location d'un snowboard et de chaussures revient à 30 lv à la journée.

L'école de ski d'Aleko s'adresse surtout aux Bulgares, mais les moniteurs sont polyglottes. Des stages de ski de 5 jours (4 heures de cours par jour) valent environ 140 lv.

Où se loger et se restaurer

Le parc naturel du Vitosha compte plusieurs hôtels modernes, bien moins chers que ceux du centre-ville. Mieux vaut disposer d'un véhicule pour y séjourner. Les randonneurs peuvent loger dans les nombreux refuges de montagne.

Le parc est émaillé de restaurants, mais il peut être agréable d'emporter son déjeuner. Zlatnite Mostove, non loin des hauteurs du parc naturel du Vitosha, est un endroit prisé pour les pique-niques. Les hôtels et chalets de montagne possèdent pratiquement tous un établissement de restauration.

Hostel Andro PENSION $

(☎02-961 1506 ; www.hostel-andro.free.bg ; ul Bor 10, Simeonovo ; s/d à partir de 30/50 lv ; P @ ; 67). Cette petite adresse sans prétention compte une seule chambre et 2 appartements, chacun avec TV, réfrigérateur et sdb moderne et étincelante. Au pied du Vitosha, dans le secteur huppé de Simeonovo, à 8 km au sud du centre de Sofia.

Hija Aleko AUBERGE DE JEUNESSE $

(☎02-967 1113 ; www.motensport.com ; Aleko ; dort/app à partir de 12/50 lv ; P). Dans les montagnes au pied du Tcherni Vrăh, cette *hija* (hutte de montagne) établie de longue date propose plusieurs dortoirs de 2 à 10 lits ainsi que 3 appartements, tous avec sdb commune. L'Aleko abrite un restaurant (ouvert de 9h à minuit) et un salon de thé. Location de matériel de ski.

Kuker Chalet CHALET $

(☎02 955 4955 ; www.kukerbg.com ; Zlatnite Mostove ; ch 40-50 lv ; P). Parmi les refuges les plus confortables, le Kuker compte 10 chambres doubles avec sdb et TV, ainsi qu'un restaurant. Les prix augmentent légèrement les vendredis et samedis. Près de la route principale, à 100 m au nord de Zlatnite Mostove.

SPA Hotel Dragalevtsi HÔTEL DE LUXE $$$

(☎0879 471 135 ; spahotel-dragalevtsi.com ; ul Karnobatski prohod 1, Dragalevtsi ; s/d/ste à partir de 100/130/170 lv ; P @ ; 64, 66, 93). Dans les alentours de Dragalevtsi, cet hôtel moderne et lumineux est idéalement situé pour explorer le parc naturel du Vitosha. Centre de bien-être, piscine couverte et excellent restaurant sur place. Formules tout compris consultables sur le site Web.

Depuis/vers le parc naturel du Vitosha

Le parc naturel du Vitosha compte trois points d'accès principaux : l'extrémité ouest, qui englobe la moraine de Zlatnite Mostove, est accessible par un chemin de randonnée ou en taxi depuis les environs de l'église de Boyana ; la partie centrale, en dessous de Dragalevtsi (banlieue de Sofia), peut se rejoindre par le télésiège de Dragalevtsi ; et l'extrémité est, en dessous de Simeonovo (banlieue de Sofia), est desservie par le téléphérique (télécabine) de Simeonovo qui vous hissera jusqu'à Aleko. Le télésiège et le téléphérique sont en service uniquement pendant les week-ends et jours fériés.

Pour rejoindre le télésiège et le monastère de Dragalevtsi depuis le centre de Sofia, il faut prendre le bus public n°66 ou 93 (attention : le n°66 circule uniquement le week-end et les jours fériés). Les bus n^{os}122 et 123 desservent la base du téléphérique de Simeonovo.

Plovdiv et les montagnes du Sud

Dans ce chapitre ➡

Le top des restaurants

- Hemingway (p. 355)
- Mehana Tchavkova Kăshta (p. 345)
- Hebros Restaurant (p. 355)
- Mehana Dedo Pene (p. 342)
- Restaurant Bulgare (p. 335)

Le top des hébergements

- Todoroff Wine & Spa (p. 360)
- Maisons de Kosovo (p. 360)
- At Renaissance Square (p. 354)
- Villa Stresov (p. 335)
- Hostel Old Plovdiv (p. 354)
- Hotel Rojena (p. 345)

Pourquoi y aller

Deuxième ville du pays, Plovdiv est au cœur d'une région montagneuse, aux paysages sauvages et spectaculaires. Des vestiges romains et des enclaves bohème composent un cadre ravissant pour le riche agenda culturel de cette cité, désignée Capitale européenne de la culture 2019.

Dans les environs de Plovdiv, les villages de viticulteurs vivent à un rythme paisible. Plus au sud, le massif des Rhodopes est émaillé de stations de ski, telles que Pamporovo. À l'ouest s'étire le massif du Rila, où se niche le célèbre monastère, phare spirituel de toute la Bulgarie. Plus majestueux encore, le massif du Pirin s'élève au sud de la cité estudiantine de Blagoevgrad. Ville dynamique, Bansko est la principale station de ski et de snowboard de la région. Au printemps et en été, toutefois, c'est le parc national du Pirin qui fait l'objet de toutes les convoitises : ses sentiers de randonnée sinuent entre des lacs aux eaux turquoise et des sommets arides, tels que le mont Vihren.

Quand partir

Plovdiv

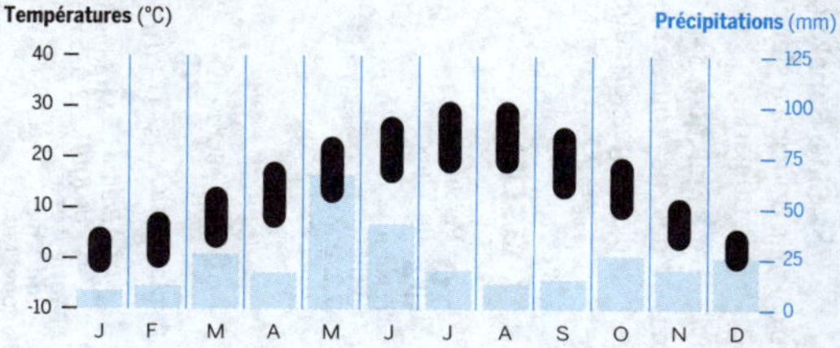

Mai-juin Marchez parmi les fleurs sauvages, dans le Rila et le Pirin, et assistez aux festivals de Plovdiv.

Sept-oct Visitez la Thrace, au climat tempéré, ou les stations thermales du massif voisin des Rhodopes.

Jan-fév Ski le jour et soirées animées lors d'un séjour de sports d'hiver à Bansko ou Pamporovo !

À ne pas manquer

1 Monastère de Rila (p. 330). Un site millénaire aux fresques splendides.

2 Plovdiv (p. 346). Ruines romaines et vie nocturne dans le quartier de Kapana.

3 Ski à Bansko (p. 338). La principale station de ski de Bulgarie.

4 Melnik (p. 343). Dégustation de crus réputés face à d'étranges formations de grès.

5 Thalasso à Devin (p. 364). Les eaux thermales chaudes de cette petite ville pittoresque invitent à un plongeon !

6 Thrace bulgare (p. 346). Un road-trip au cœur d'une région émaillée de vignobles, de forteresses anciennes et de ruines énigmatiques.

7 Sept Lacs du Rila (p. 334). La traversée de cols sauvages mène à des lacs aux eaux turquoise et à des forêts mystérieuses.

8 Rhodopes (p. 359). Grottes à explorer et randonnées parmi des formations rocheuses surréalistes.

Histoire

Des fouilles conduites par des archéologues à Plovdiv et dans les montagnes du Sud ont mis au jour des outils, des os et d'autres fragments provenant de troglodytes. Mais la région est principalement connue pour avoir été le territoire des Thraces, peuple nomade dont les tumulus funéraires sont toujours visibles. Si aucune trace écrite de la langue de ces tribus guerrières ne nous est parvenue, on sait qu'elles dominèrent autrefois une vaste portion de la Bulgarie actuelle, le nord-est de la Grèce et la partie européenne de l'actuelle Turquie. De fait, on appelle toujours Thrace la région limitée par les massifs de la Sredna Gora et des Rhodopes, et la mer Noire. Ce fut le berceau de personnages historiques et légendaires tels que Spartacus, meneur d'une révolte d'esclaves, et Orphée, l'aède mythique.

Les civilisations suivantes laissèrent des vestiges plus impressionnants. Les Romains, qui arrivèrent à Philippopolis (Plovdiv) en 72 av. J.-C., construisirent d'incroyables édifices, tels que des théâtres et des stades, et firent de la ville une capitale stratégique. Après être passée entre les mains des Bulgares puis des Byzantins, la région connut la période la plus dévastatrice de son histoire lorsque les Ottomans envahirent la Bulgarie et s'emparèrent de Plovdiv en 1364. Les habitants des villages qui jalonnent les cols du massif des Rhodopes furent incités à se convertir à l'islam en échange de privilèges. Aujourd'hui, leurs descendants, les Pomaks, continuent de vivre dans les Rhodopes.

Au XVIIIe siècle, le moine Paissi Hilendarski, né à Bansko, partit à la rencontre de la population pour la convaincre qu'il était temps de retrouver l'identité bulgare. Des révoltes s'ensuivirent ; les premiers soulèvements, qui eurent lieu dans des villes comme Perushstitsa, furent écrasés par les Ottomans. La libération de Plovdiv en 1878 lança le mouvement architectural et artistique du Renouveau national. Les vestiges de cette période grandiose peuvent toujours être admirés non seulement à Plovdiv, mais également à Melnik et dans les "vieilles villes" de Bansko et de Blagoevgrad.

La croissance du tourisme permit à des villes de montagne comme Devin et Pamporovo de se développer progressivement à partir des années 1930. Puis, à l'arrivée du communisme, c'est le secteur manufacturier qui fut favorisé. Laissés pour compte à l'époque, les arts et la culture connurent une renaissance dans les années 2000, notamment à Plovdiv. Actuellement, les subventions européennes et les investissements privés continuent de parvenir lentement dans les petites villes des montagnes du Sud.

MASSIF DU RILA
РИЛА ПЛАНИНА

À 70 km au sud de Sofia, le massif du Rila émerveille, tant par son histoire spirituelle que par sa beauté sauvage. Les Thraces l'appelaient "montagne d'eau", en raison des quelque 200 lacs glaciaires qui étincellent entre les sommets et les torrents glaciaux dévalant le long de ses versants.

Immense et densément boisé, le parc national du Rila, qui couvre plus de 80 000 ha, offre un habitat paisible à la faune – cerfs, chèvres sauvages, faucons... En son centre, le Musala (2 925 m), le point culminant du pays, domine une centaine d'autres sommets de plus de 2 000 m. Son ascension, très escarpée, est prisée des randonneurs, tout comme les sentiers qui sillonnent le secteur des Sept Lacs.

Au nord du parc se tient Borovets, principale station de ski de la région, et à l'ouest se dresse le monastère de Rila, cœur spirituel de la Bulgarie et grand site touristique.

Rila РИЛА

3 600 HABITANTS

Ce village assoupi, à 22 km à l'ouest du monastère de Rila, conserve un peu de vitalité grâce aux transports qui le relient au monastère. La plupart des bus qui desservent le sanctuaire s'arrêtent en effet dans la localité, qui compte quelques cafés et hôtels s'adressant aux pèlerins et aux étrangers. Des restaurants et l'office du tourisme de Rila sont regroupés sur la place Vazrajdane.

Activités

Sentier écologique des pyramides de Stob RANDONNÉE

(2 lv ; 8h30-18h30 mars-oct, 8h30-17h lun-ven nov-fév). Ce sentier écologique, qui démarre à 5 km au sud du village de Rila, traverse un paysage féerique composé de formations rocheuses impressionnantes. Les cheminées et pyramides naturelles de grès rouge, ainsi que les crevasses de 40 m de profondeur, contrastent de manière étonnante avec les

Massif du Rila

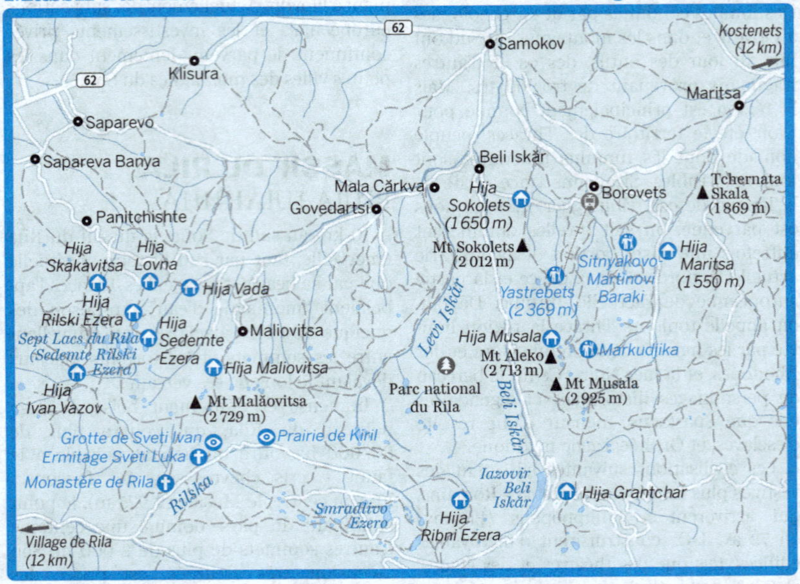

prairies environnant le village. Depuis le bourg de Stob, suivez les panneaux jusqu'au sentier écologique ; vous trouverez un parking à proximité du début du sentier.

Où se loger

Les hôtels et pensions de Rila manquent quelque peu de charme. Des hébergements plus agréables vous attendent le long de la route qui mène au monastère de Rila.

Valdis Hotel PENSION $
(0898920353 ; valdiscomplex.com ; Rila ; s/d/tr 40/50/60 lv). À 5 km à l'est du village, cette pension sans prétention, nichée à l'écart de la route principale en bord de rivière, est une base parfaite pour visiter le monastère. Le restaurant, doté d'une terrasse qui domine les eaux bouillonnantes, sert le petit-déjeuner (à partir de 3 lv), ainsi que des soupes, des omelettes et des grillades (plats 5-10 lv).

Renseignements

L'**office du tourisme de Rila** (pl Vazrajdane ; 7h-13h et 14h-19h), qui ne respecte pas toujours les heures d'ouverture, vous renseignera sur les horaires des bus et distribue des cartes. Vous y trouverez des renseignements sur le monastère et les randonnées, ainsi que de grands panneaux avec des informations locales.

Depuis/vers le village de Rila

Des bus relient toutes les heures Rila à Blagoevgrad (2 lv, 45 min, dernier départ vers 20h). Chaque jour, il y a aussi 2 bus pour Sofia (9 lv, 2 heures). Si vous arrivez d'une autre ville, empruntez un bus assurant la liaison Dupnitsa-Rila (3/jour).

Trois bus (2 lv) relient chaque jour le village de Rila au monastère. Si vous arrivez d'ailleurs, partez tôt pour avoir le temps de prendre les correspondances.

Monastère de Rila

ALTITUDE 1 147 M

Perché dans une étroite vallée boisée du massif du Rila, le plus célèbre monastère de Bulgarie est un centre spirituel depuis plus d'un millénaire. Semblable à une forteresse, l'ensemble architectural de 880 m² présente, derrière ses murs de pierres, une architecture et des œuvres d'art sacré incroyablement colorées. Les visiteurs sont immédiatement conquis par ses élégantes colonnades, ses arcades rayées de blanc, rouge et noir, et les coupoles de l'église principale, sous lesquelles éblouissent des fresques apocalyptiques. Avec les montagnes comme toile de fond, ce monument splendide attire une foule de pèlerins et de visiteurs.

La plupart des voyageurs découvrent le monastère lors d'une excursion, mais il est possible de séjourner sur place ou à proximité, afin de profiter de l'atmosphère paisible qui y règne après le départ des bus, ou de parcourir les sentiers alentour.

Histoire

Le monastère fut fondé en 927, sous l'influence spirituelle d'Ivan Rilski (Jean de Rila ; 876 - v. 946), moine ermite, futur saint patron de la Bulgarie (voir l'encadré page suivante). Originellement construit à 3 km au nord-est, il fut déplacé en 1335. À la fin du XIVe siècle, il était devenu un fief féodal puissant, recevant d'importantes donations des tsars de Bulgarie. Pillé au début du XVe siècle, il fut restauré en 1469 après que la dépouille d'Ivan Rilski eut été ramenée de Veliko Tărnovo. Pendant l'occupation turque, le monastère permit de garder vivantes la culture et la religion bulgares malgré ses destructions répétées par les envahisseurs.

En 1833, un incendie accidentel le ravagea presque entièrement. Grâce à l'afflux massif de fonds bulgares et étrangers, la reconstruction put commencer moins d'un an plus tard. À la suite de cette reconstruction, le monastère devint un symbole à l'époque de la Renaissance bulgare. Aujourd'hui encore, il incarne l'invincibilité de l'identité bulgare. Le gouvernement communiste en fit un musée national en 1961 ; il est classé au patrimoine mondial de l'Unesco depuis 1983.

À voir

Ouvert de 6h à 22h, le domaine du monastère comprend une église principale, deux musées, une galerie d'icônes, des chambres d'hôtes et même un bureau de poste.

Non loin, la **tour Hreljo** (1335), une construction en pierre de 23 m de haut qui porte le nom d'un grand donateur, est le seul édifice du XIVe siècle du site à avoir été conservé. La cuisine (1816) du monastère se trouve dans la cour de l'aile nord. Les plats étaient autrefois préparés dans de gigantesques chaudrons destinés à nourrir les milliers de pèlerins ; un seul chaudron pouvait contenir une vache entière !

Le balcon supérieur réserve une vue époustouflante sur le massif du Rila.

Église Rojdestvo Bogoroditchno ÉGLISE
(église de la Nativité). Cette magnifique église, construite entre 1834 et 1837, est dotée d'arches aux rayures noires et blanches caractéristiques. À l'extérieur, ses fresques colorées représentent des paraboles bibliques : on peut y voir notamment des illustrations sanglantes des sévices infligés aux pécheurs ; ne manquez pas les démons engloutissant les damnés, ou les emportant en enfer. Certaines sont signées Zahari Zograf, le plus célèbre des peintres de Rila.

À l'intérieur, admirez l'iconostase en bois élaborée, la plus grande des Balkans, réalisée par des maîtres artisans de Samokov et de Bansko, ainsi que l'immense lustre décoré d'œufs d'autruche. Notez que les hommes et les femmes doivent être couverts des épaules jusqu'aux genoux. Il est interdit de prendre des photos dans l'église.

Musée historique et ecclésiastique MUSÉE
(8 lv ; ⏲8h30-16h30). Le musée conserve une collection d'objets et de documents anciens, notamment des sculptures sur bois du XIVe siècle, des icônes de la Renaissance et des parchemins révélant l'histoire financière de ce monastère riche et puissant. Les soies luxueuses et les ors envoyés en cadeau par la Russie méritent une attention toute particulière. Toutefois, le plus bel élément du musée est la **croix de Rafail**, un crucifix à deux faces du début du XIXe siècle.

Réalisée à partir d'un seul morceau de bois dans lequel sont gravés 36 scènes bibliques et quelque 600 personnages, la croix de Rafail est une œuvre exceptionnelle. Le frère Rafail, à qui l'on doit cette merveille, perdit la vue après l'avoir achevée.

Galerie des icônes MUSÉE
(3 lv ; ⏲8h30-16h30). Cette galerie d'une seule pièce abrite des icônes de saints datant des XVIIIe et XIXe siècles, ainsi que des portraits de moines.

Exposition de la ferme monastique MUSÉE
(3 lv ; ⏲8h30-16h30). Outils agricoles et costumes traditionnels bulgares sont exposés dans ce petit musée aux murs de pierre, situé près de la porte de Samokov.

Où se loger

La plupart des établissements se trouvent dans un rayon de 100 m autour de la porte de Samokov. Pour ceux qui souhaitent vivre pleinement cette visite, le monastère offre un hébergement relativement spartiate.

Gorski Kut HÔTEL $
(☎0888710348, 07054-2170 ; www.gorski-kut.eu ; d/tr/ste 51/61/76 lv ; P❄). Entre le village de Rila et le monastère, cette agréable pension

VAUT LE DÉTOUR

LES ENVIRONS DU MONASTÈRE DE RILA

La **prairie de Kiril** (Kirilova Polyana) est un petit coin de nature paisible qui contraste avec l'effervescence touristique du monastère de Rila, à 7 km au sud-ouest. Des aires de pique-nique et des cafés/pensions sans prétention sont disséminés dans un paysage verdoyant parsemé de pins. La prairie est aussi le point de départ de sentiers bien balisés.

Plus près du monastère, sur la route qui mène à la prairie de Kiril, un chemin conduit à l'**ermitage Sveti Luka**. Construit en 1798, il comprend une cour et l'église Sveti Luka (église Saint-Luc-L'Évangéliste). De là, un sentier gravit la colline et mène en 15 minutes environ à la grotte de Sveti Ivan, où Ivan Rilski (Jean de Rila ; 876 - v. 946) vécut et est inhumé. Au bord de la route, son portrait indique le début du chemin.

Ivan Rilski vécut dans ces grottes durant 7 ans, dormant à même la pierre et se nourrissant uniquement de nourriture trouvée dans le sol, afin de se rapprocher de Dieu. Ces années d'ascétisme extrême et les miracles qu'on lui attribue lui valent une grande renommée et de nombreux disciples dans tout l'Empire bulgare.

tenue en famille propose de grandes chambres modestes avec balcon donnant sur les montagnes. Elle est indiquée depuis la route, à 5 km à l'ouest du monastère. Paiement en espèces uniquement. Petit-déjeuner en supplément.

Hotel Tsarev Vrah HÔTEL $
(☎07054-2180 ; www.tzarevvrah.com ; s/d/tr 45/50/66 lv). Situé sur des terres appartenant au monastère, cet hôtel loue des chambres quelconques, fonctionnelles, pour la plupart pourvues d'un balcon donnant sur la forêt. On peut aussi demander une chambre avec vue sur le monastère. Vous dégusterez ici une savoureuse cuisine bulgare (plats 10 lv), idéalement dans le jardin verdoyant – ou dans le restaurant, qui sert le petit-déjeuner (non inclus) et les autres repas. Signalé par des pancartes à 150 m de la porte de Samokov.

Chambres du monastère de Rila MONASTÈRE $
(☎0896872010 ; www.rilamonastery.pmg-blg.com ; ch 30-60 lv). L'aile ouest du monastère, la plus ancienne, abrite des dortoirs (avec toilettes communes ; pas de douche) et des chambres avec sdb plus agréables. En été, ces dernières sont généralement déjà réservées à midi ; téléphonez ou arrivez tôt à l'accueil (dans l'aile sud). Petit-déjeuner en supplément.

Où se restaurer

La majorité des restaurants jouxtent la porte de Samokov. La truite (*pastourva*) constitue la meilleure spécialité locale ; les prix indiqués sur les cartes s'entendent pour 100 g.

Restaurant Drushlyavitsa BULGARE $
(plats 6-13 lv ; ⏲8h-22h). Sur la gauche en sortant par la porte de Samokov, ce bon restaurant a installé des tables en terrasse près d'un ruisseau. C'est un endroit plein de charme, où l'on peut déguster des truites, de la soupe de tripes et du porc grillé.

Boulangerie BOULANGERIE $
(en-cas à partir de 1,50 lv ; ⏲8h30-16h30). Dans un bâtiment en pierre face à la porte de Samokov, cette petite boulangerie très fréquentée attire les foules avec sa *banitsa* (feuilleté au fromage) et ses yaourts au lait de brebis.

Rila Restaurant BULGARE $
(plats 7-12 lv ; ⏲8h-0h). Installé dans un bâtiment du XIXe siècle à la décoration traditionnelle, ce restaurant, qui appartient à l'hôtel Tsarev Vrah, est spécialisé dans les grillades bulgares et les poissons de la région.

Achats

Les boutiques de souvenirs à l'intérieur et à l'extérieur du monastère vendent des cartes postales, des bougies et des objets religieux.

Depuis/vers le monastère de Rila

BUS

Pour venir à la journée depuis Sofia, de nombreux visiteurs empruntent des bus de circuits organisés, comme les **Rila Monastery Bus** (☎02-489 0883 ; www.rilamonasterybus.com ; 50 lv).

Un bus public (22 lv, 2 heures 30) part chaque matin de la gare routière Ovtcha Kupel de Sofia – retour l'après-midi.

Depuis la gare routière centrale ou la gare Ovtcha Kupel de Sofia, les liaisons sont plus fréquentes via Dupnitsa (6 lv, 1 heure 30), d'où des bus desservent le monastère de Rila (4 lv) de manière irrégulière. Au retour, suivez le même itinéraire – des trains circulent également entre Dupnitsa et Sofia (6 lv, 2 heures, 7/jour).

Au départ de Blagoevgrad, des bus quotidiens (9 lv, 45 min, 10/jour) desservent le village de Rila, d'où il faut prendre un bus jusqu'au monastère (2 lv, 3-5/jour) – il faut partir tôt.

TAXI

La course en taxi entre le village de Rila et le monastère coûte environ 20 lv. Aux heures les plus chargées, vous trouverez facilement des taxis devant le monastère pour le trajet retour, mais vous pouvez également demander à un chauffeur qu'il vous attende pendant la visite ou revienne vous prendre plus tard. Une heure peut suffire pour une visite rapide, mais comptez plutôt 2 heures.

Les véhicules se garent généralement près de l'entrée ouest, la porte de Dupnitsa ; la porte de Samokov marque l'entrée est.

Borovets БОРОВЕЦ

ALTITUDE 1 350 M / 800 HABITANTS

Bien qu'éclipsée par la station de ski plus chic de Bansko, dans le massif du Pirin, Borovets s'enorgueillit de posséder 58 km de pistes et connaît des soirées animées qui attirent une foule de touristes locaux et étrangers de la mi-décembre à début avril. À 72 km au sud-ouest de Sofia, nichée au pied du mont Musala (2 925 m), cette station de ski est la plus ancienne de Bulgarie. Rien d'étonnant, donc, à ce que les télésièges accusent leur âge et que l'infrastructure ait besoin d'une petite rénovation... Mais ce ne sont que des détails par rapport à l'air frais, l'odeur de pinède, les pistes bordées par les forêts et la vie nocturne joyeuse de Borovets.

La neige est toutefois la seule raison d'être de la localité, qui prend des airs de ville fantôme en dehors de la saison de ski, même si quelques sentiers de randonnée méritent d'être parcourus en été.

Activités

Ski

Les 58 km de pistes de Borovets (principalement bleues ou rouges, agréables et bordées d'arbres) sont répartis entre les domaines skiables de Markudjika, Yastrebets et Sitnyakovo-Martinovi Baraki. La zone est par ailleurs sillonnée par plus de 30 km de pistes de ski de fond, et il est possible de skier de nuit tous les soirs, entre 17h et 22h.

Les fans de glisse feront peut-être la fine bouche face aux faibles infrastructures (10 tire-fesses, plus 3 télésièges et une télécabine) et à la foule. Pourtant, Borovets offre un excellent rapport qualité/prix par rapport aux stations de ski françaises ou suisses, par exemple. Les cours de ski ou de snowboard coûtent 49 lv/heure (en individuel), et les forfaits de ski de 6 jours incluant la location de l'équipement, des leçons de ski quotidiennes et les pass pour les remontées mécaniques reviennent à 500/320 lv par adulte/enfant. Les moniteurs rattachés aux hôtels haut de gamme pratiquent des tarifs intéressants à l'intention des clients de l'établissement.

Randonnée

Au départ de Borovets, des sentiers balisés – certains suivent simplement les pistes de ski – permettent de rejoindre la partie orientale du massif du Rila. Des itinéraires sont indiqués sur la carte de randonnée de la région de Samokov, publiée par Domino et en vente dans certaines boutiques proches des remonte-pentes. Demandez conseil aux habitants et, avant de partir, indiquez à la direction de votre hôtel le circuit que vous prévoyez de faire et l'heure estimée de votre retour.

Quelques courtes randonnées :

Borovets-Tchernata Skala Prenez la route en direction de Kostenets, en suivant les panneaux indiquant l'Hija Maritsa, au sud ; 3 heures (assez facile).

Borovets-Hija Maritsa À partir de la route Borovets-Tchernata Skala, poursuivez le long de la route du sud ; 4 heures 30 (niveau intermédiaire).

Borovets-Hija Sokolets Suivez la route du sud en passant par Borovets ; 2 heures 30 (assez facile). Un autre sentier (1 heure 30) part de l'Hija Sokolets vers le sud, pour rejoindre le mont Sokolets (2 021 m).

LE TOP 5 DES STATIONS DE SKI BULGARES

Bansko (p. 338)
Borovets (p. 333)
Pamporovo (p. 361)
Tchepelare (p. 359)
Malyovitsa (p. 334)

Où se loger

Réservez tôt (3 à 6 mois à l'avance) pour trouver une chambre dans un hôtel de catégorie moyenne ou supérieure pendant la saison de ski. Les prix indiqués ici valent pour l'été ; ils grimpent de 25% environ en hiver. Les quelques rues de la station n'ont pas de nom, d'où l'absence d'adresses.

Pour un hébergement moins onéreux, logez à Samokov, une ville de taille moyenne quelconque et néanmoins plaisante, à 9 km au nord. Pour une expérience rurale et authentique, vous trouverez des pensions bon marché (peu fréquentées par les voyageurs) dans des villages comme Govedartsi.

Hija Musala REFUGE $
(☎0896661454 ; musalahut.com ; dort 15 lv). Voici le plus haut refuge de Bulgarie (2 389 m) ! Il offre un hébergement simple, au bord des Musalenski Ezera (lacs du Musala), au pied du mont Musala. Petit-déjeuner à la cantine (en supplément).

Lodge HÔTEL $$
(☎07503-3850 ; www.thelodgehotel.eu ; d/ste à partir de 110/140 lv ; P 🛜 🏊). Agréable alternative aux immenses complexes hôteliers de Borovets, cet hôtel plus petit possède des chambres d'une hygiène irréprochable, ainsi qu'une petite piscine et un sauna. La direction et les employés sont très chaleureux. À l'écart de la route principale, à quelques pas du remonte-pente de Yastrebets.

Hotel Ela HÔTEL $$
(☎07503-2479 ; hotelela.com ; d à partir de 65 lv ; P 🛜). Chambres d'un bon rapport qualité/prix, local à vélos et à skis (gratuit), emplacement idéal à proximité de la télécabine : cet hôtel sans prétention convient parfaitement aux amateurs de plein air cherchant un hébergement bon marché.

Hotel Rila HÔTEL $$
(☎07503-2658 ; www.rilaborovets.com ; d à partir de 92 lv ; P ❄ 🛜 🏊). Cet imposant hôtel aménagé dans le style des chalets se distingue depuis sa rénovation par un décor luxueux. Situé

MALYOVITSA ET LES SEPT LACS DU RILA

Les sentiers de randonnée de la région des lacs et une modeste station de ski : tels sont les principaux attraits de Malyovitsa, petite bourgade isolée à 13 km au sud-ouest de Govedartsi, au pied du massif du Rila. Parmi les nombreux itinéraires de marche qui en partent, le plus fréquenté conduit aux splendides **Sept Lacs du Rila** (Sedemte Rilski Ezera). En plein hiver, skieurs et snowboardeurs (principalement des habitants) s'aventurent sur les 4 km de pistes qui courent au pied de l'imposant mont Malyovitsa (2 729 m), l'un des plus hauts sommets du parc national du Rila.

Pour rejoindre les lacs de Malyovitsa, commencez par marcher 1 heure jusqu'à l'Hija Malyovitsa (2 050 m). Ce refuge se trouve à 7 heures de l'**Hija Sedemte Ezera**, plus ancien et doté de dortoirs rudimentaires. Vous pouvez aussi gagner, un peu plus au nord, l'**Hija Rilski Ezera** (☎0886509409 ; www.rilskiezera.bg ; dort/d/tr/qua sans sdb à partir de 25/70/100/125 lv, d/tr avec sdb 90/125 lv ; ⏱juin à mi-sept), à 2 135 m d'altitude. C'est le meilleur refuge du massif du Rila ; pensez à réserver si vous partez au cœur de l'été.

Des Sept Lacs, une marche facile de 1 heure en descente conduit à l'**Hija Skakavitsa** (☎0886509409 ; dort à partir de 25 lv). Vous pouvez aussi partir vers le sud et le monastère de Rila (6-7 heures de marche).

Avec plus de 200 sommets au-dessus de 1 000 m, il n'est pas étonnant que la région attire alpinistes et grimpeurs. Attention, les voies d'escalade ne s'adressent qu'aux personnes expérimentées. Contactez la **Central Mountain School** (Centre d'entraînement Hristo Prodanov ; ☎0882966319, 0885241403 ; Malyovitsa) pour louer les services d'un guide qui vous accompagnera lors de vos sorties d'escalade et d'alpinisme. La meilleure saison va de mi-juin à mi-septembre.

Le domaine skiable de Malyovitsa compte 5 tire-fesses desservant les 4 km de pistes – la plus longue fait 1 200 m. Vous pourrez louer votre équipement à la **Central Mountain School**.

Pour aller à Malyovitsa, prenez un minibus entre la gare routière Yug de Sofia et Samokov (4-6 lv, 1 heure 15), puis changez pour un autre minibus à destination de Govedartsi ou de Malyovitsa (1,10-3,50 lv, 30-40 min, 8/jour). Sinon, réservez un transport privé direct via **Rila Shuttle** (www.rilashuttle.com ; 38 lv pour 5 pers minimum).

en face de la montagne, en haut de la route principale, il abrite des chambres meublées simplement (les *deluxe* sont plus chics) et possède d'excellentes installations, dont une piscine chauffée, des Jacuzzis, un casino et une discothèque.

Flora Hotel HÔTEL $$
(☎07503-3100 ; s/d/app à partir de 60/80/114 lv ; P ❄ 📶 ≋). À deux pas des loueurs de matériel de ski, ce quatre-étoiles est une option fiable, avec un service sympathique, des chambres fonctionnelles et propres, une piscine avec sauna et Jacuzzi, un restaurant et un pub d'inspiration irlandaise. Séjour gratuit pour les moins de 2 ans et pour les moins de 11 ans accompagnés de 2 adultes.

Alpin Hotel HÔTEL $$
(☎07503-2201 ; alpinborovets.com ; d/ste à partir de 88/129 lv ; P ❄ 📶). Cet hôtel se distingue des autres adresses au pied de la montagne par son toit pointu vaguement gothique. Les chambres, dépouillées, sont équipées d'un grand lit et d'une TV à écran plat.

Hotel Samokov HÔTEL $$
(☎07503-2309 ; www.samokov.com ; s/d/app à partir de 58/88/134 lv ; P 📶 ≋). Un édifice colossal comprenant 2 restaurants, 3 bars, une discothèque, un centre commercial, une salle de sport, un bowling et une école de ski. Si les chambres ont moins de cachet que celles des complexes voisins, les tarifs sont très compétitifs.

♥ **Villa Stresov** VILLA $$$
(☎02-980 4292, 0887924411 ; www.villastresov.com ; d/villa à partir de 167/607 lv ; P 📶). Au cœur d'un jardin privé qu'embellissent les rhododendrons en été, cette maison dans le style des chalets suisses est de loin l'adresse la plus ravissante de Borovets. Les 4 doubles avec sdb modernes sont ornées de motifs floraux. Les clients ont accès gratuitement au superbe salon et à la cuisine équipée. Malgré le paiement exigé à l'avance et un service pas toujours à la hauteur, ce cinq-étoiles n'en est pas moins remarquable.

Notez que les tarifs doublent presque entre janvier et mars et que vous devrez être motorisé pour séjourner sur place.

Où se restaurer et prendre un verre

Les principales rues de Borovets sont bordées de cafés, bars et restaurants touristiques. La plupart ferment en dehors de la saison hivernale.

Restaurant Bulgare BULGARE $$
(☎0888805544 ; plats 10-15 lv ; ⊙8h-0h). Difficile de résister à ce grand restaurant (certes touristique), qui joue à fond la carte bulgare, avec ses nappes traditionnelles et son décor à mi-chemin entre le chalet et la *mehana* (taverne). Les salades copieuses, les généreuses portions de truite grillée et les viandes rôties ne laissent pas beaucoup de place pour le dessert. Ouvert toute l'année.

Alpin Restaurant INTERNATIONAL $$
(☎07503-2201 ; alpinborovets.com/restaurant ; plats 9-12 lv ; 📶). Ce restaurant cosy arbore un décor tout en bois sombre. Au menu : soupes et ragoûts nourrissants, barbecue, ainsi que des plats comme les pizzas et les steaks.

Black Tiger BAR
(☎0888144319 ; ⊙9h-1h ; 📶). Durant la saison de ski, ce bar-restaurant est envahi par les clients, venus déguster une pizza, siroter un verre de *rakia* (eau-de-vie bulgare) ou se préparer à un karaoké. Au pied de la montagne.

Renseignements

On trouve des bureaux de change et des DAB dans le centre de Borovets et dans le hall de certains grands hôtels.

En saison, un kiosque d'informations et de réservation est installé près du télésiège de Yastrebets.

Bulgaria Ski (www.bulgariaski.com) fournit des infos sur l'enneigement, l'hébergement et l'actualité de toutes les stations du pays.

Le site Web de l'**Association bulgare de ski extrême et acrobatique** (www.befsa.com) donne des renseignements sur la sécurité en montagne et les risques d'avalanche.

Depuis/vers Borovets

BUS

Samokov (à 9 km au nord) est le principal nœud de transports publics permettant d'accéder à Borovets. Il est desservi par des bus au départ de Sofia (6 lv, 1 heure, toutes les heures) et Plovdiv (7 lv, 2 heures, 4/jour). De Samokov, prenez un minibus pour Borovets (1,30 lv, 20 min, toutes les heures) entre 8h et 18h. Les minibus s'arrêtent en face de l'Hotel Samokov, à Borovets.

TAXI

Le taxi est une option intéressante pour les trajets en dehors de Borovets. Les courses dans la station sont incroyablement onéreuses (à partir de 10 lv) durant la saison de ski. **Borovets Express** (www.borovetsexpress.com) assure des liaisons avec les aéroports de Sofia et Plovdiv.

MASSIF DU PIRIN
ПИРИН ПЛАНИНА

Dans le massif du Pirin, les orages peuvent éclipser les coins de ciel bleu en une seconde – rien d'étonnant dans une région qui porte le nom de Péroun, le dieu slave du Tonnerre. Avec plus de 100 sommets au-dessus de 2 000 m, ce massif est très apprécié des randonneurs. Mais c'est la station de ski de Bansko, la plus développée de Bulgarie, qui attire réellement les foules.

À l'extrémité sud de Bansko, le parc national du Pirin (classé au Patrimoine mondial depuis 1983), qui s'étire sur 40 000 ha, est émaillé de 176 lacs étincelants nichés au milieu de pinèdes odorantes et de sommets granitiques. Le parc est peuplé d'animaux sauvages, notamment des ours, des loups et des chacals, mais les randonneurs verront plus probablement l'une des nombreuses espèces aviaires (le parc en abrite 170), comme le tichodrome échelette, le faucon pèlerin et quatre sortes de pics.

À l'ouest du parc, au bord de l'E79, qui court vers le sud depuis Sofia, s'étend l'agréable ville de Blagoevgrad. Plus au sud, encerclée d'imposantes tours de grès, Melnik est la ville viticole préférée des touristes.

Blagoevgrad
БЛАГОЕВГРАД

77 440 HABITANTS

Blagoevgrad, à 100 km au sud de Sofia, ne figure que rarement sur les listes des sites incontournables. Pourtant, ses places arborées, ses parcs et son ravissant quartier historique réservent une agréable surprise. La ville constitue aussi une base pratique pour visiter le monastère de Rila et une étape plaisante en chemin vers Melnik.

Les étudiants (presque 16 000, dont de nombreux étrangers) de la South-West University Neofit Rilski et de l'université américaine de Bulgarie font de Blagoevgrad un lieu jeune et cosmopolite. Traversée par une rivière et ponctuée de places majestueuses, elle ne peut s'enorgueillir d'abriter des sites de premier ordre. Mais le petit quartier de Varosha n'en a pas moins beaucoup de charme, et on y trouve de nombreux espaces ombragés où s'attarder.

Histoire

Appelée Gorna Djumaya à l'époque ottomane, la cité accueillait alors une importante population turque qui fut déplacée après la guerre balkanique de 1912-1913. En 1950, les communistes la rebaptisèrent Blagoevgrad, du nom de Dimitar Blagoev, un marxiste bulgare du XIXe siècle.

À voir

La vieille ville, Varosha, s'étend entre le boulevard Aleksandăr Stamboliyski et le parc Loven Dom. Elle abrite des maisons rénovées datant du Renouveau national bulgare et des galeries d'art.

Depuis Varosha, une rue pentue (de 700 m) mène au **parc Loven Dom**, un espace vert ombragé et très fréquenté, d'où l'on a une vue magnifique sur la ville.

Église Vavedenie Presvetiya Bogoroditsi ÉGLISE
(ul Komitrov ; 7h-20h). Dans un petit jardin tranquille, l'église de l'Annonciation de la Vierge (1844) est ornée d'un ravissant portique décoré d'une fresque. Ses murs sont couverts de peintures et d'icônes.

Activités

Échappez à la chaleur estivale en dévalant les toboggans aquatiques de l'**Aqua Park** (073-881 880 ; aquapark-bg.com ; ul Haïdukovi 74 ; adulte/enfant 5/2 lv ; 8h-20h fin mai-sept ;), à 1 km au nord-est du centre de Blagoevgrad !

Où se loger

Hotel Varosha PENSION $
(073-880 000 ; ul Bistrica 10 ; d/app 35/70 lv ;). Tenue en famille, cette jolie pension de 4 chambres se dresse à la lisière nord du quartier de Varosha. Dans un bâtiment traditionnel blanchi à la chaux dont l'étage supérieur s'élève sur des fondations en pierres, elle offre des chambres propres, décorées de boiseries sombres. La fille du propriétaire, qui parle anglais, se fait un plaisir de servir d'interprète. Petit-déjeuner en supplément.

Hotel Korona HÔTEL $
(073-831 350 ; www.hotelkorona.info ; ul Nikola Vaptsarov 16 ; s/d/app avec petit-déj à partir de 35/40/60 lv ;). À 5 minutes à pied du centre, dans un quartier résidentiel paisible, le Korona loue des chambres d'un bon rapport qualité/prix dotées d'un balcon – qui auraient certes bien besoin d'un coup de peinture. Les plus grandes ont une baignoire. Petit-déjeuner en sus (5 lv).

VAUT LE DÉTOUR

RANDONNÉES DANS LE MASSIF DU PIRIN

Un réseau de sentiers balisés relie les refuges et les abris du parc national du Pirin. Il n'est pas toujours facile d'obtenir une carte papier (même dans les centres d'informations). Procurez-vous la carte *Bansko*, éditée par Domino, qui contient une petite carte détaillée (en anglais) de 12 randonnées, et consultez le site Web pirinmap.com. Très pratique, il détaille les itinéraires étape par étape et propose des cartes téléchargeables du parc.

Les itinéraires suivants réservent de beaux panoramas :

De l'**Hija Banderitsa** (☎0898868999 ; dort/ch à partir de 10/15 lv) au **pin de Baykushev** (1 heure aller-retour). Si vous n'avez pas beaucoup de temps à consacrer au parc national du Pirin, garez-vous sur le parking à proximité de l'Hija Banderitsa et prenez un raccourci pour rejoindre cet arbre âgé de 1 380 ans, le plus vieux de Bulgarie. Une plateforme d'observation a été aménagée en haut d'un escalier en bois.

De l'**Hija Bezbog** à **Popovo Ezero** (1 heure 30). Marchez jusqu'à ce lac saphir, le plus profond du parc national. Selon la légende locale, le minuscule îlot au milieu du lac serait le chapeau d'un prêtre orthodoxe qui aurait connu une fin tragique !

De l'**Hija Yavorov** à l'**Hija Vihren** (☎0889834277, 07443-8279 ; dort à partir de 12 lv ; 9 heures). Plus facile d'accès depuis le village de Razlog. Les marcheurs expérimentés peuvent emprunter cette route depuis l'Hija Yavorov, plus au nord, et partir vers le sud via le spectaculaire col de Premkata.

La saison de randonnée va de juin à septembre. Au printemps, la fonte des neiges forme des cours d'eau surprises, tandis qu'en hiver, des avalanches peuvent survenir. En toute saison, il est recommandé d'être accompagné d'un guide de montagne ; pour en trouver un, contactez le **centre d'informations du parc national du Pirin** (p. 343), à Bansko.

Kristo Hotel HÔTEL $$

(☎073-880 444 ; www.hotel-kristo.com ; ul Komitrov ; s/d/app 50/70/75 lv ; P❄📶). Avec ses lustres, ses lits à baldaquin et ses beaux meubles en bois, cet hôtel situé en plein cœur du quartier de Varosha est sans doute celui qui a le plus de cachet dans la ville. La plupart des chambres ont une belle vue, et quelques-unes sont équipées d'une cheminée. Excellente *mehana*, prisée pour les réceptions de mariage le week-end. Réservez.

Où se restaurer

Pizza Napoli PIZZERIA $

(☎073-882 388 ; pizza-napoli.bg ; pl Hristo Botev 4 ; plats 8-12 lv ; 🕐8h30-23h ; 📶). Cet établissement italien chic, près de la place principale, sert bien sûr des pizzas, mais aussi des raviolis, des cannellonis et des grillades.

♥ **Kristo Restaurant** BULGARE $$

(☎073-880 444 ; www.hotel-kristo.com ; ul Komitrov ; plats 6-15 lv ; 📶). Sur la terrasse donnant sur l'église de l'Annonciation ou dans la salle chic et cosy (lampes en cuivre, tapis rouges et éléments traditionnels), dégustez des *chachliks* (brochettes) bulgares, de copieuses assiettes de viande et de légumes, ou d'énormes salades.

Starata Kashta BULGARE

(☎073-882 909 ; theold-house.com ; ul Ivan Vazov 7 ; 🕐9h-16h lun-ven, à partir de 10h sam-dim). Tables dans une cour ombragée ou dans un intérieur orné de lustres médiévaux pour ce restaurant qui sert de copieuses assiettes de tomates au *sirene* (fromage) et de viandes grillées, à savourer en écoutant des concerts de musique traditionnelle.

Où prendre un verre et faire la fête

Des bars à cocktails sur la place principale aux discothèques cachées dans les rues piétonnes, Blagoevgrad ne manque pas d'adresses à fréquenter en soirée. Bars et clubs ouvrent et ferment dans une lutte sans merci pour courtiser la jeunesse de la ville. La vie nocturne est plus calme en été, lorsque les étudiants quittent la ville.

♥ **PolCa** CAFÉ

(☎0877553655 ; www.facebook.com/PolCaDeli ; ul Krali Marko 10 ; 🕐7h30-16h lun-sam en hiver, 7h30-15h lun-ven en été). Prisé des étudiants, le café le plus sympathique de Blagoevgrad sert des soupes, des salades fraîches et des sandwichs savoureux, et affiche une carte aux tendances italiennes qui comprend des

BUS AU DÉPART DE BLAGOEVGRAD

DESTINATION	TARIFS	DURÉE	FRÉQUENCE
Bansko	6 lv	1 heure 30-2 heures	8/jour
Dupnitsa	4 lv	1 heure 30	1/heure
Melnik	7 lv	2 heures	2/jour
Plovdiv	13 lv	4 heures-4 heures 30	2/jour
Village de Rila	2 lv	45 min	10/jour
Sofia	11 lv	2 heures-2 heures 45	1/heure

cafés classiques et glacés (à partir de 1,50 lv). Géré en famille, il est tenu par des employés enjoués et polyglottes qui vous renseigneront volontiers sur la région. Le café ferme en plein été ; vérifiez les horaires saisonniers sur la page Facebook.

Moon CLUB
(www.facebook.com/NightClubTheMoon ; ul Vasil Koritarov 4 ; ⌚23h-6h mar-sam). Quelle que soit la musique – deep house ou *tchalga* (folk-pop bulgare) –, l'ambiance est tumultueuse dans ce club très fréquenté par les étudiants, qui était anciennement connu sous le nom de Xtreme. La tenue correcte exigée pour entrer sera indéniablement débraillée en fin de soirée. Consultez la page Facebook pour connaître le programme.

Underground BAR
(☎0897820513 ; www.facebook.com/underground.blagoevgrad ; ul Dimitar Talev 5 ; ⌚22h30-4h ; 📶). Les thèmes variés attirent étudiants et autres jeunes dans ce bar tout en briques, en retrait de la place principale. La bande-son mêle house, R&B et pop endiablée, et les soirées sont arrosées. Consultez la page Facebook pour connaître les soirées à venir.

Piano Bar BAR
(☎0898828828 ; ul Todor Alexandrov 23 ; ⌚23h-4h jeu-sam ; 📶). Dans ce club chic ouvert tard, des jeunes d'une vingtaine d'années viennent chanter au karaoké ou écouter des groupes de rock et de jazz.

☆ Où sortir

Des films américains à succès sont projetés sur l'écran géant du **Cinemax** (☎0876592700 ; www.cinemaxbg.com ; pl Georgi Izmirliev Makedontcheto 9 ; tickets 6 lv). Le vénérable **théâtre Vaptsarov** (☎073-885 250 ; www.blagoevgradtheater.eu ; pl Georgi Izmirliev Makedontcheto) et l'**opéra Vaptsarov** (☎073-885 052 ; pl Makedonia) présentent des spectacles plus recherchés.

ℹ Renseignements

Des bureaux de change officient dans l'ul Tsar Ivan Shishman, qui borde la rive ouest de la rivière. On trouve des DAB près de la place principale et des rues piétonnes du centre.

Cybercafé (ul Petko Petkov 2 ; 2 lv/heure ; ⌚10h30-23h lun-sam). Repérez l'enseigne "Internet", non loin de la principale rue piétonne.

ℹ Depuis/vers Blagoevgrad

Adjacentes, la **gare ferroviaire** (☎073-885 695 ; bul Sveti Dimităr Solunski) et les **gares routières** (☎073-884 009 ; bul Sveti Dimităr Solunski) se trouvent à environ 2 km du centre. Du centre, la course en taxi coûte 4 lv environ.

BUS

Reportez-vous au tableau (ci-dessus) pour les liaisons en bus au départ de la gare routière principale. Il y a un bus par jour pour Thessalonique, en Grèce (50 lv, 9 heures).

TRAIN

Blagoevgrad est sur la ligne Sofia-Kulata (en direction de la Grèce). Chaque jour, 6 trains circulent depuis/vers Sofia (7,50 lv, 2 heures 30-3 heures), via Dupnitsa (3,60 lv, 45 min). Cinq trains desservent quotidiennement Sandanski (3,90 lv, 1 heure-1 heure 30) avant de continuer jusqu'à Kulata (4,60 lv, 2 heures), près de la frontière grecque.

Bansko БАНСКО

ALTITUDE 925 M / 9 000 HABITANTS

Très animée, Bansko est la principale station de ski de Bulgarie. C'est aussi celle qui a le plus de chances d'être enneigée. Le soleil, l'ambiance festive après les longues journées de ski et les pistes situées entre 900 et 2 600 m d'altitude attirent chaque hiver la population locale, et des voyageurs britanniques et russes. Aujourd'hui, les hôtels se multiplient et le surdéveloppement immobilier est de plus en plus préoccupant. Durant la saison de ski, Bansko se transforme d'ailleurs en une ville chaotique, et la file d'attente pour la télécabine est interminable.

Bansko n'est toutefois pas une station sans âme. La vieille ville, aux belles rues pavées, abrite des édifices datant de l'époque du Renouveau national (XIXe siècle) et d'intéressants musées. Ses maisons en pierre et bois étaient traditionnellement protégées par des murs semblables à ceux des forteresses, avec des passages secrets pour préserver les habitants des occupants ottomans.

Contrairement à de nombreuses autres stations de ski, Bansko ne s'endort pas en été : c'est alors un point de chute pratique pour explorer le parc national du Pirin, au sud de la ville. Espérons qu'à l'avenir, son cachet ne succombera pas à un développement excessif.

Histoire

Fondée au Xe siècle sur le site d'une ancienne colonie thrace, Bansko se développa pour englober plusieurs villages de montagne dès le XVe siècle. Localité d'artisans et d'éleveurs, elle devint une ville très prospère dès le milieu du XVIIIe siècle grâce à son emplacement sur la route des caravanes entre la mer Égée et l'Europe danubienne. Elle était alors peuplée d'éminents marchands, ainsi que d'artisans et d'artistes issus des écoles de Bansko, réputées pour la peinture d'icônes et la sculpture sur bois. Le moine Paissi Hilendarski, qui contribua par son œuvre littéraire et ses voyages à façonner l'identité nationale bulgare, était natif de la ville.

À voir

Église Sveta Troïtsa ÉGLISE
(pl Vazrajdane ; 7h30-18h). Ceinte d'un mur en pierre de 1 m d'épaisseur, l'église de la Sainte-Trinité, du XIXe siècle, a des allures de forteresse. À l'intérieur, elle dévoile un festival de couleurs, avec des plafonds constellés de fleurs et des piliers peints dans des tons verts et rouge vif. Dans le cimetière, le **clocher** (1850) de 30 m de haut est l'un des monuments emblématiques de Bansko.

Maison de Velyan MUSÉE
(ul Velyan Ognev 5 ; 3 lv ; 9h-13h et 14h-17h30 mar-sam). Cette maison du XVIIIe siècle, peinte dans des teintes riches, se distingue des nombreux autres édifices anciens de Bulgarie. Admirez les fresques recherchées à l'intérieur de la maison-musée et autour de la cour, ainsi que les boiseries finement sculptées typiques de l'école de Debar. La "salle bleue", dédiée à la femme de l'artiste, est la plus belle de toutes.

Maison-musée Nikola Vaptsarov MUSÉE
(0749-88 303 ; pl Nikola Vaptsarov ; 3 lv ; 8h30-13h et 14h-18h). C'est dans cette demeure que naquit Nikola Vaptsarov (1909-1942), célèbre poète et militant antifasciste. À la fois écrivain et syndicaliste, il fut influencé par les idées communistes alors qu'il était étudiant. Pendant la guerre, il fut emprisonné et torturé par les autorités fascistes. Vaptsarov écrivit son plus célèbre poème en attendant son exécution. Des photographies, documents et objets personnels du poète sont exposés dans quelques pièces meublées dans le style de l'époque, et des petits films sur sa vie sont projetés.

Maison-musée Neofit Rilski MUSÉE
(ul Pirin 17 ; 3 lv ; 9h-12h et 13h-17h30 mer-lun). Installée dans un bâtiment en pierres et bois de l'époque du Renouveau national, cette maison-musée présente des manuscrits et photos de Neofit Rilski (1793-1881), considéré comme le père de l'enseignement laïque en Bulgarie, à qui l'on doit la la première grammaire bulgare (1835), ainsi qu'un dictionnaire bulgare-grec.

Exposition permanente d'icônes MUSÉE
(0749-88 273 ; ul Yane Sandanski 3 ; 3 lv ; 9h-12h et 13h-17h mar-sam). Dans un ancien couvent datant de 1749, ce petit musée présente une collection d'icônes des XVIIIe et XIXe siècles peintes par des artistes de l'école de Bansko.

Musée Otets Paissi Hilendarski MUSÉE
(ul Otets Paisii 21 ; 3 lv ; 9h-13h et 14h-17h30 mar-sam). Ce musée rend hommage à la vie du moine dont il porte le nom, auteur et instigateur du Renouveau national bulgare. Sa chapelle abrite une réplique de la cellule du monastère serbe de Hilandar, sur le mont Athos, en Grèce, où l'homme rédigea sa grande *Histoire slavo-bulgare*.

Musée historique et ethnographique MUSÉE
(Radonova Kăshta ; ul Aton 3 ; 3 lv ; 9h-12h et 13h-17h30 mar-sam). Ce musée, qui occupe un édifice du XIXe siècle, contient des pièces archéologiques datant de 6000 av. J.-C., ainsi que des objets antiques, médiévaux et de l'époque du Renouveau national.

Activités

En dehors du ski, la principale activité de la ville, il est également possible de randonner, de se détendre dans un spa ou de faire un

Bansko

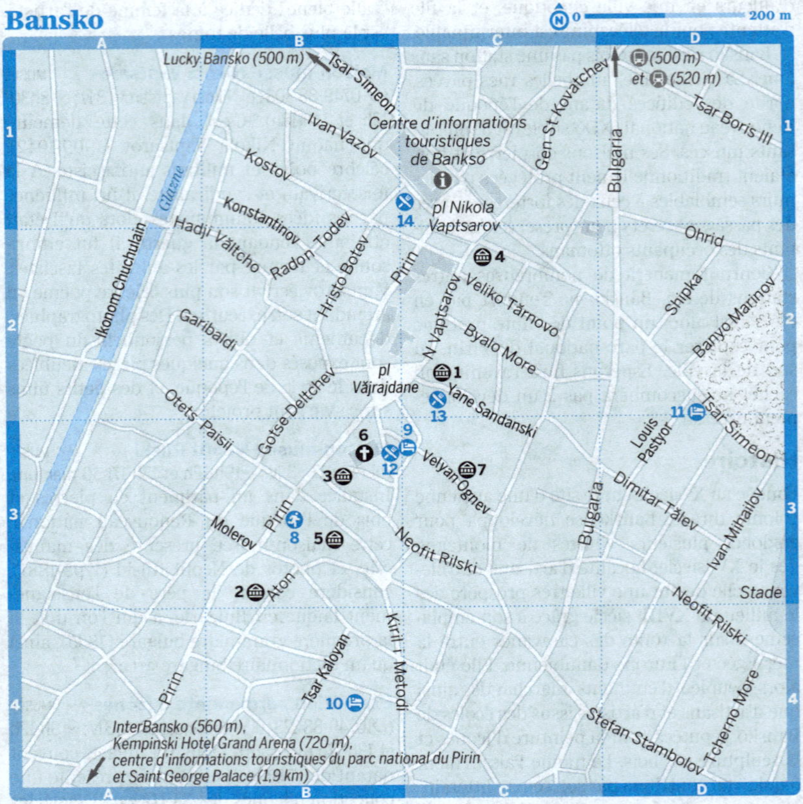

Bansko

À voir

1 Exposition permanente d'icônes C2
2 Musée historique et ethnographique B3
3 Maison-musée Neofit Rilski B3
4 Maison-musée Nikola Vaptsarov C2
5 Musée Otets Paisii Hilendarski B3
6 Église Sveta Troitsa B3
7 Maison de Velyan C3

Activités

8 BTour B3

Où se loger

9 Dvata Smartcha C3
10 Hotel Avalon B4
11 Park Hotel Gardenia D2

Où se restaurer

12 Mehana Dedo Pene B3
13 Mehana Kasapinova Kăshta C2
14 Mehana Vodenitsata C1

circuit à bord d'un petit train. BTour organise des randonnées guidées d'une journée jusqu'au sommet du mont Vihren.

On trouve des bains thermaux et de nombreux spas à Dobrinishte, à 6 km au sud de Bansko. Contactez le **centre d'informations touristiques de Bansko** (p. 343) pour plus de détails.

Ski

Nichée au pied du mont Vihren (2 915 m), Bansko connaît des hivers longs et neigeux (l'enneigement peut durer jusqu'en mai). Des canons à neige permettent de conserver la couche de poudreuse. Les 75 km de pistes balisées, situées entre 900 et 2 600 m d'altitude, s'adressent surtout aux skieurs de niveau intermédiaire, même si on trouve tout de même de nombreuses pistes bleues (faciles), ainsi que deux pistes pour les enfants, et un *fun park* destiné aux skieurs chevronnés et aux snowboardeurs qui savent slalomer et sauter. Du mont Todorka (2 746 m), on peut descendre tout schuss les 16 km jusqu'au bas de la station.

Les files d'attente sont inévitables, car seule la télécabine de Tchalin Valog permet d'accéder au domaine skiable. Du sommet, à Baderishka Polyana, un télésiège dessert les pistes de Shiligarnika. Bansko totalise 10 télésièges et 16 tire-fesses.

Lors de nos recherches, les forfaits remontées mécaniques coûtaient 46/32 lv par adulte/enfant à la journée et 272/132 lv pour 6 jours. Les tarifs augmentent chaque année. Il existe aussi des forfaits avantageux comprenant les remontées mécaniques, la location de l'équipement et des cours.

Des prestataires proposent des sorties en motoneige (à partir de 90 lv pour 30 min) et des randonnées en raquettes (à partir de 240 lv). Renseignez-vous auprès du centre d'informations touristiques.

InterBansko PLEIN AIR
(☎0899933343 ; www.interbansko.com ; ul Pirin 92 ; ⏲8h-20h). Cette boutique spécialisée dans les activités de plein air (toutes saisons) loue des vélos, des skis et des snowboards. Elle pourra vous fournir des moniteurs pour les sports d'hiver et organise des randonnées guidées dans les environs. La location de skis et de chaussures démarre à 30 lv par jour (40 lv pour les snowboards). Comptez 60 lv au minimum pour les randonnées guidées d'une journée, et entre 80 et 100 lv pour les excursions culturelles à Melnik, Plovdiv et au-delà. Les horaires varient en été.

Fêtes et festivals

Festival international de jazz MUSIQUE
(www.banskojazzfest.com ; ⏲début août). Ce festival de musique, qui connaît un énorme succès, se déroule généralement du 6 au 13 août environ. Il attire à Bansko des saxophonistes talentueux et des groupes de jazz bulgares et étrangers. Les concerts les plus importants se déroulent sur une scène en plein air sur la place Nikola Vaptsarov : consultez le site Web pour connaître le programme complet et les lieux.

Horizon Festival MUSIQUE
(horizonfestival.net ; ⏲mi-mai). Musiciens, DJ et fêtards (soirées Jacuzzi, flash-mobs et ski hors-piste) se rencontrent à l'occasion de ce festival d'une semaine, entre deux séances de snowboard ou de ski de fin de saison.

Festival de théâtre estival ARTS DE LA SCÈNE
(⏲début juil). Durant la première semaine de juillet, les grands noms du théâtre bulgares viennent à Bansko pour célébrer les arts de la scène. Réservez votre hébergement tôt ; consultez le centre d'informations touristiques pour le calendrier des événements.

Où se loger

Bansko offre une vaste gamme d'hébergements, allant de la modeste chambre chez l'habitant au cinq-étoiles grand luxe. Les pensions familiales ferment souvent en dehors de la saison de ski, mais les hôtels de catégorie supérieure restent ouverts toute l'année. Réservez 6 mois à l'avance pour un séjour hivernal – les tarifs augmentent alors de 25%, voire plus pour Noël et le Nouvel An.

Dvata Smartcha PENSION $
(☎0749-82 632 ; ul Velyan Ognev 2 ; ch à partir de 35 lv). Établie dans un ravissant jardin, cette pension réputée et accueillante pratique des prix corrects. Cuisine maison traditionnelle. Juste au sud de la place principale.

Saint George Palace HÔTEL $$
(☎0749-82424 ; www.saintgeorgepalace.com ; ul Kosherinata 5 ; ste/app à partir de 66/82 lv ; P 📶). Perché au-dessus de la lisière nord du parc national du Pirin, à 2,5 km au sud de la vieille ville de Bansko, cet hôtel chic convient aux amoureux du luxe et du plein air. L'élégante réception est à l'image du service, tandis que les vastes suites et appartements offrent un décor minimaliste et tendance. Spa de qualité, location de skis et navette gratuite jusqu'aux remonte-pentes en hiver. Les tarifs flambent pendant la saison hivernale. Petit-déjeuner non inclus.

Park Hotel Gardenia HÔTEL $$
(☎0749-86902 ; www.parkhotelgardenia.com ; ul Tsar Simeon 72 ; s/d/app 65/80/132 lv ; ❄ 📶 🏊). À 300 m de la vieille ville, le Gardenia jouit d'un emplacement idéal pour les amateurs de culture et de randonnée. Ses grandes chambres, dans les tons noirs et crème, évoquent un hôtel d'affaires. Tout en pierre et bois, l'immense *mehana* a en revanche une atmosphère médiévale. Les points forts : la piscine à la lumière feutrée, les massages (à partir de 30 lv) et le bar chic.

Hotel Avalon HÔTEL $$

(☎0894488226, 0749-88 399 ; avalonhotelbansko.com ; ul Eltepe 4 ; s/d/ste à partir de 70/92/138 lv ; P @). Cet établissement sympathique tenu par des Britanniques est situé dans une rue résidentielle à l'est de la vieille ville. Il possède des chambres spacieuses, certaines avec Jacuzzi, et un local pour les skis. Le restaurant sert de bons plats de pubs, et des mets indiens et européens. Les propriétaires organisent le transfert depuis l'aéroport et des excursions dans les environs. L'hôtel ferme généralement en juin ou juillet.

Lucky Bansko HÔTEL $$$

(☎879111222 ; luckybansko.com ; ul Kir Blago Todev 4 ; ste/app à partir de 146/258 lv ; P ❄ @). Impossible de se tromper avec cet appart-hôtel doté de nombreux équipements, dont un spa et une piscine (accès inclus dans le prix). Les suites et les appartements, décorés dans des tons neutres, sont équipés d'une kitchenette et d'une sdb moderne. En retrait de la route 19, à l'extrémité nord de Bansko.

Kempinski Hotel Grand Arena HÔTEL $$$

(☎0749-88 888 ; www.kempinski.com ; ul Pirin 96 ; d/ste à partir de 200/300 lv ; P ❄ @). Proche des remontées mécaniques, cet hôtel luxueux offre des chambres rénovées au décor alpin. Piscine intérieure, sauna et massages au centre de remise en forme. Nombreuses installations pour les enfants – pataugeoire, aire de jeux... Réservez tôt : le Kempinski est très réputé, et à juste titre.

Parking payant (5-10 lv/jour).

À NE PAS MANQUER

CIRCUIT EN TRAIN

Vous n'êtes pas pressé de quitter Bansko ? Pourquoi ne pas emprunter la dernière ligne de chemin de fer à voie étroite de Bulgarie. Ce superbe circuit de 114 km relie Bansko à la gare de Septemvri (6,10 lv, 5 heures, 4/jour), d'où l'on peut poursuivre vers Sofia à l'ouest ou vers Plovdiv et au-delà à l'est.

Deux heures après le départ de Bansko, le train atteint la gare d'Avramovo ; située à 1 267 m d'altitude, il s'agit de la plus haute des Balkans. Le splendide trajet à petite vitesse jusqu'à Septemvri emprunte des tunnels, traverse d'épaisses forêts et longe des rivières bouillonnantes.

La billetterie de la gare ferroviaire ne vend les billets que 10 minutes avant le départ ; vérifiez les horaires.

Où se restaurer et prendre un verre

Les *mehane* traditionnelles de Bansko servent des spécialités et d'excellents vins locaux ; en hiver, les stands de grillades et de pizzas abondent près de la télécabine. Gardez de la place pour la *banska kapama*, un appétissant ragoût à base de chou, saucisse et porc. Certaines *mehane* ferment l'été, mais beaucoup d'autres adresses restent ouvertes, notamment dans la vieille ville.

♥ **Mehana Dedo Pene** BULGARE $$

(☎0749-88 348 ; www.dedopene.com ; ul Aleksandar Buïnov 1 ; plats 8-16 lv ; ⌚8h-tard). Une adresse sans prétention installée dans un bâtiment en pierre du XIXe siècle et rehaussée d'éléments classiques des Balkans (nappes et vaisselle typiques). Côté restauration : un choix peu original mais satisfaisant de soupes, viandes grillées et plats cuits dans des pots en terre. Juste à côté de l'église Sveta Troïtsa.

Mehana Kasapinova Kăshta BULGARE $$

(☎0899948494 ; kasapinova-mehana.com ; ul Yane Sandanski 4 ; plats 8-15 lv ; ⌚10h-0h). Juste au sud-est de la place principale, cette auberge du XVIIIe siècle accueillait autrefois les révolutionnaires bulgares. De nos jours, ce sont les randonneurs et skieurs affamés qui l'assaillent pour déguster d'excellentes grillades accompagnées d'un verre de vin de la région. Le cadre est rustique, avec tapis colorés et peaux d'animaux accrochés au mur.

Mehana Vodenitsata BULGARE $$

(☎0888551110 ; angle ul Hristo Botev et ul Ivan Vazov ; plats 8-13 lv ; ⌚11h-0h). Un restaurant bulgare traditionnel, juste à l'ouest de la place Vaptsarov, apprécié des habitants comme des touristes. Portions copieuses et musique live. Spécialité de barbecue. Horaires irréguliers en été.

Happy End BAR

(près d'ul Pirin ; ⌚11h-tard ;). À côté des remontées mécaniques, ce bar-discothèque prisé propose des soirées à thème et des concerts de qualité. Les skieurs fatigués pourront s'effondrer dans les canapés du bar en plein air, avec terrasse en bois. Ouvert uniquement durant la saison de ski.

Renseignements

Centre d'informations touristiques de Bansko (☎0749-88 580 ; infocenter@bansko.bg ; pl Nikola Vaptsarov 1 ; ⏲9h-12h et 13h-18h lun-ven, 10h-12h et 13h-18h sam, 10h-14h dim). Cet office du tourisme central est tenu par un personnel accueillant, efficace et anglophone qui donne des renseignements sur les hébergements, les activités culturelles ou de plein air, les événements à venir, ainsi que les horaires de train et de bus.

Centre d'informations touristiques du parc national du Pirin (☎0749-88 204 ; ul Pirin). Ce centre d'informations à l'extrémité sud de l'ul Pirin, à la lisière du parc national, présente des expositions sur la faune et la flore locales. Le personnel vous conseillera sur les sentiers de randonnée. La plupart des renseignements sont en bulgare, mais le personnel parle un peu français.

Depuis/vers Bansko

La **gare routière** (ul Patriarh Evtimii) et la **gare ferroviaire** (ul Patriarh Evtimii) de Bansko sont adjacentes. Elles se trouvent dans la rue principale, au nord du centre-ville, à 15 minutes à pied (comptez 4 lv en taxi) de la vieille ville.

BUS

Des bus desservent Bansko au départ de Sofia (15-18 lv, 3 heures, 15/jour), la plupart via Blagoevgrad (d'où il faut compter 6 lv pour aller à Bansko). Plusieurs bus en direction de Gotse Deltchev s'arrêtent également à Bansko.

De Bansko, 6 bus se rendent chaque jour à Blagoevgrad (6 lv, 2 heures). Deux bus rallient Plovdiv (14 lv, 2 heures 30) le matin. De la mi-juin à la mi-septembre, 3 minibus desservent chaque jour l'Hija Banderitsa (4 lv).

TRAIN

Le moyen le plus pittoresque de rallier Bansko consiste à emprunter l'**étroite voie ferrée** qui relie en 5 heures Bansko à la gare de Septemvri (6,10 lv, 4/jour), d'où l'on peut poursuivre vers Sofia à l'ouest ou vers Plovdiv et au-delà, à l'est. Reportez-vous à l'encadré page précédente.

Melnik МЕЛНИК

390 HABITANTS

À 20 km au nord de la frontière grecque, d'imposantes falaises pyramidales de grès se dessinent en arrière-plan de Melnik. Ces magnifiques formations rocheuses naturelles mesurant jusqu'à 100 m de hauteur ont donné son nom à ce petit village (en vieux slavon, *mel* signifie "craie sablonneuse").

Toutefois, c'est la culture viticole vieille de 600 ans qui a forgé la réputation de Melnik, et après avoir admiré les édifices de l'époque du Renouveau national magnifiquement restaurés, les visiteurs se plairont à découvrir le délicieux cabernet sauvignon produit ici. Le village peut se visiter en une journée, mais y passer une nuit permet de mieux s'imprégner de ses charmes et de sa tranquillité, une fois les visiteurs en circuit organisé repartis.

Histoire

Melnik a connu tour à tour les dominations thrace, romaine, puis byzantine. Peu de vestiges demeurent, à l'exception de quelques poteries anciennes et du pont romain à l'entrée du village. Après avoir décliné sous l'occupation ottomane, la bourgade retrouva une certaine prospérité à l'époque du Renouveau national, grâce au commerce florissant du vin et du tabac. Au début du XXe siècle, Melnik comptait 20 000 habitants, dont une importante population grecque qui fut évacuée par l'armée grecque lors de la première guerre balkanique (1912-1913), après l'incendie qui détruisit en grande partie la ville.

À voir et à faire

Avec ses ruelles, son architecture ancienne et ses vins, Melnik a de quoi séduire les visiteurs ! Accrochées à flanc de colline, ses maisons typiques pourvues d'un étage en encorbellement sont pour la plupart dotées d'une cave à vin. Officiellement, tous les bâtiments construits ou restaurés à Melnik doivent respecter le style du Renouveau national.

Maison Kordopulov MUSÉE

(☎0887776917, 0877576120 ; www.kordopulova-house.com ; 3 lv ; ⏲9h30-18h30 avr-sept, 9h30-16h oct-mars). Cette demeure en bois blanchie à la chaux construite en 1754 serait le plus grand édifice bulgare de la période du Renouveau national. Bâtie sur un escarpement à l'extrémité est de la rue principale de Melnik, cette maison de 4 étages était autrefois la résidence d'une prestigieuse famille de négociants en vin. Naturellement fraîches, les pièces, agrémentées de vitraux aux motifs floraux, de cheminées de style oriental et d'un sauna, plongent les visiteurs dans l'atmosphère luxueuse d'une époque révolue. Vous découvrirez également quelques détails étonnants, comme le placard secret qui permettait à toute la famille de surveiller les transactions.

Après avoir visité la maison, descendez au sous-sol, où la gigantesque cave (dégustation possible) est composée d'un dédale de 180 m de passages souterrains.

Musée du Vin MUSÉE
(ul Melnik 91 ; 5 lv ; 10h-19h). Attenant à l'Hotel Bulgari, ce musée sympathique présente l'histoire de la viticulture et les outils utilisés autrefois à Melnik. Il réunit plus de 400 bouteilles et propose une carte de vins à déguster. En été, le musée est parfois pris d'assaut par les groupes en visite organisée. En dehors de cette saison, les horaires peuvent être aléatoires.

Dégustation de vin

Les vins de Melnik sont réputés depuis plus de 600 ans. Goûtez avant de faire des achats dans les excellentes caves, comme **Damianitza** (0746-30090 ; www.damianitza.bg ; 11h-18h) ou dégustez un verre en admirant la vue, au **Shestaka**.

Attention : il est très facile, même à Melnik, de boire un vin de mauvaise qualité. Bien sûr, évitez le vin dans des bouteilles en plastique en vente au bord de la route et méfiez-vous des cuvées maison très bon marché (certaines sont de vraies piquettes).

Cave Shestaka VIN
(cave Manolev ; 0887545795 ; www.shestaka.com ; 2 lv ; 9h-coucher du soleil). Pour découvrir les crus locaux dans un cadre pittoresque, grimpez la montée pavée jusqu'à cette cave ("la cave à six doigts"), fondée il y a 120 ans par Iliya Manolev (dont elle porte le nom), qui avait un doigt surnuméraire (tout comme son descendant Mitko). La cave possède un cellier creusé dans la roche et une cabane pourvue de tables et de chaises en terrasse, qui donne sur les pyramides de grès de Melnik.

Mitko organise des circuits dans les vignobles de Melnik ; renseignements sur son site Web. La cave se trouve sur le petit sentier à flanc de colline qui relie les ruines de la maison Bolyar (Bolyaskata Kăshta) et la maison Kordopulov. Mitko loue aussi des chambres (doubles à 35 lv).

Églises et vestiges

Sur les 70 églises que comptait Melnik à l'origine, seules 40 subsistent aujourd'hui et la plupart sont en ruines. L'**église Sveti Antoni** (XIXe siècle) est toujours debout ; autrefois, les handicapés mentaux y étaient amenés pour être "désenvoûtés". Un sentier indiqué mène aux ruines de l'**église Sveti Nikolaï** (1756) et aux vestiges de la **Slavova Krepost**, une forteresse médiévale construite par le despote Alexei Slav. Toutes deux sont visibles depuis la **Bolyaskata Kăshta**, aujourd'hui en ruines. Le sentier continue sur 300 m vers l'est, le long de la crête, jusqu'aux vestiges de la chapelle Sveta Zona.

Difficiles à repérer, les ruines des **bains turcs** se trouvent juste avant la *mehana* Mentcheva Kăshta. L'**église Sveta Barbara** (XVe siècle), un peu plus bas que la maison Kordopulov, a conservé ses murs et son pavement.

Fêtes et festivals

Melnik doit tant à saint Trifon, saint patron de la vigne, que la **fête de Trifon Zarezan** (1er fév) est célébrée deux fois : d'abord le 1er février, puis à l'occasion d'un événement plus important, la **fête des raisins dorés** (2e week-end de fév).

Où se loger

La popularité de Melnik auprès des touristes a entraîné l'apparition d'un bon choix d'hôtels et de pensions, principalement de catégorie moyenne. L'été, il est essentiel de réserver. Les chambres chez l'habitant, simples et bon marché (15-20 lv/pers), et généralement dotées d'une sdb commune, sont repérables aux panneaux en anglais "*Rooms*".

Sveti Nikola Hotel HÔTEL $
(07437-2211 ; melnik-svnikola.com ; d 55 lv ; P ❄ wifi). À l'extrémité est de Melnik, près du musée historique, les 10 chambres bien réaménagées sont installées au-dessus de la *mehana* aux murs de pierre.

Hotel Bolyarka HÔTEL $$
(07437-2383 ; www.melnikhotels.com ; ul Melnik 34 ; s/d/app 40/60/100 lv ; P ❄ @ wifi). Mariant merveilleusement décor rétro et confort moderne, cet hôtel aux chambres élégantes est l'un des plus prisés de Melnik. Il possède un bar douillet dans le hall, un sauna de style finnois et un bon restaurant. Avec leur cheminée, les appartements *deluxe* (130 lv) ont encore plus de cachet.

Hotel Melnik HÔTEL $$
(0879131459, 07437-2272 ; www.hotelmelnik.com ; ul Vardar 2 ; s/d/app 40/60/120 lv ; P ❄ wifi). Dans la rue principale de Melnik, ce charmant hôtel ombragé par des figuiers et des cerisiers loue des chambres chaulées meublées avec simplicité, qui contrastent un peu avec la réception rétro et la *mehana*, d'où se déploie une belle vue. Bien tenu et

situé (en haut d'une ruelle pavée, sur la droite à l'entrée du village), il est pratique lorsque l'on arrive en bus. Excellent rapport qualité/prix.

Lumparova Kăshta AUBERGE DE JEUNESSE **$$**
(☎07437-2218 ; www.lumparovamelnik.com ; ul Melnik 102 ; s/d 50/100 lv ; P). Une pension pleine de charme dans le style du Renouveau national (mis au goût du jour), ornée de superbes vitraux et de fresques murales peintes par des artistes locaux. En haut d'un chemin raide qui démarre derrière le village.

Où se restaurer

Les meilleurs restaurants dépendent généralement des hôtels et des pensions, même s'il existe d'autres bonnes adresses. Goûtez le vin régional, la *banitsa*, et la truite.

Mehana Mentcheva Kăshta BULGARE **$**
(☎07437-2339 ; www.melnik-mehana.com ; plats 6-11 lv ; ⏲10h-23h30). Les habitants de Melnik fréquentent cette taverne pour sa cuisine authentique (grillades et salades assaisonnées au yaourt). Sa jolie terrasse surplombe la rue principale, au bout du village.

♥ **Mehana Tchavkova Kăshta** BULGARE **$$**
(☎0893505090 ; www.themelnikhouse.com ; 7-12 lv). Observez le théâtre de la rue depuis cette fantastique adresse installée sous des arbres vieux de 500 ans. Comme dans la plupart des autres restaurants, les spécialités de la maison sont les grillades et les plats bulgares (goûtez au *satch,* mélange de viande et de légumes). Grâce à son atmosphère et à son service aimable, la Tchavkova Kăshta se place toutefois un cran au-dessus de ses concurrents. À 200 m de l'arrêt de bus, dans la rue principale.

Chinarite Restaurant BULGARE **$$**
(☎0878688328 ; chinarite.cbbbg.com ; plats 7-12 lv ; ⏲10h-22h). À mi-hauteur de la rue principale, près du pont. Les clients sont attirés par la musique folklorique et les brochettes, ainsi que par le jardin en été. On vient y déguster un *tarator* (soupe fraîche au concombre, ail et yaourt) ou siroter des vins de Melnik.

Renseignements

Vous trouverez un DAB près de l'Hotel Bulgari, après la place principale, où est située la poste.

Centre d'informations touristiques de Melnik (bâtiment de l'*obshtina* ; ⏲9h-17h). Derrière l'arrêt de bus, à l'étage supérieur de l'*obshtina* (bâtiment municipal), ce centre vous conseillera des hébergements et des activités. Les heures d'ouverture sont parfois irrégulières (surtout en dehors de l'été). Les horaires des bus et des trains sont affichés à l'extérieur.

Depuis/vers Melnik

Des bus directs relient Melnik à Sofia (17 lv, 4 heures 30, 1/jour) et Blagoevgrad (7 lv, 2 heures, 2/jour). Chaque jour, 2 minibus partent de Sandanski pour Melnik et continuent jusqu'à Rojen ; attention : les places sont limitées lorsque les villageois vont faire leurs courses.

La gare ferroviaire la plus proche est à Damyanitsa, à 12 km à l'ouest.

VAUT LE DÉTOUR

MONASTÈRE DE ROJEN

Posté dans les hauteurs à 7 km au nord de Melnik, le **monastère de Rojen** (monastère de la Nativité de la Vierge ; ⏲7h-19h) GRATUIT s'enorgueillit d'admirables fresques du XVIe siècle et d'une icône de la Vierge Marie. L'édifice le plus notable, l'église de la Nativité de la Vierge (1600), comporte de splendides vitraux, des peintures murales vieilles de 200 ans, des sculptures sur bois et des iconostases ; pour les pèlerins, l'icône de la Vierge Marie en est la pièce maîtresse. Ce monastère est moins touristique que les autres : habillez-vous convenablement et parlez à voix basse.

Érigé en 1217, le monastère de Rojen fut en grande partie reconstruit à la fin du XVIe siècle, après un incendie. L'édifice actuel fut bâti pour l'essentiel entre 1732 et la fin du XVIIIe siècle. L'icône qu'il abrite aurait été peinte par saint Luc et aurait miraculeusement résisté après avoir été jetée dans l'eau et flotté à la verticale.

Offrez-vous une nuit à l'**Hotel Rojena** (☎0878832192, 0878424904 ; www.hotelrojena.net ; Rojen ; d/tr/app à partir de 55/80/140 lv ; P ❄ 📶 🏊), niché dans une rue calme à 1,5 km du monastère. La plupart des chambres donnent sur une piscine entourée de chaises longues et la *mehana* dispose de tables ombragées, près d'une fontaine.

THRACE BULGARE

La Thrace actuelle porte le nom de l'ancien peuple indo-européen qui arpenta les vallées et les plaines de la région. Elle se partage entre le centre de la Bulgarie, le nord-est de la Grèce et le nord de la Turquie. La Thrace bulgare englobe une région viticole fertile – où les Thraces cultivaient déjà des vignes –, émaillée de villages et de monastères reculés.

Seconde ville du pays, Plovdiv justifie à elle seule le détour. Forte de vestiges romains et d'une scène artistique en plein essor, c'est sans aucun doute la ville la plus intéressante de Bulgarie. À 30 km au sud de Plovdiv, le monastère de Batchkovo, orné de belles fresques, figure également parmi les sites à ne pas manquer. Ces dernières années, des habitants se sont attachés à faire connaître d'autres curiosités, moins touristiques. Depuis, les domaines viticoles de premier ordre de Brestovitsa et les sites historiques magnifiquement conservés de Perushtitsa enchantent les voyageurs qui sortent des sentiers battus.

Plovdiv ПЛОВДИВ

341 560 HABITANTS

À l'instar de Rome, Plovdiv s'étire sur sept collines. Elle est en revanche beaucoup plus ancienne, puisqu'il s'agit de la plus vieille ville d'Europe à avoir été habitée de façon continue. Elle est particulièrement appréciée pour son quartier ancien, dont les maisons colorées du XIXe siècle abritent aujourd'hui musées, galeries et pensions.

Mais Plovdiv ne se limite pas à ses rues pavées et à la nostalgie du Renouveau national. Tout aussi cosmopolite que Sofia, Plovdiv a toujours suivi de près la capitale, et le fait d'avoir été désignée Capitale européenne de la culture 2019 semble lui avoir donné l'avantage. Les festivals de musique et artistiques attirent une foule toujours plus nombreuse, tandis que les réhabilitations du quartier de Kapana (littéralement, le "piège" – un nom qui lui vient de ses rues étroites) et du jardin du Tsar Siméon ont donné à la ville un regain de vitalité. Autrefois étape agréable sur la route entre la Bulgarie et la Grèce ou la Turquie, Plovdiv est désormais devenue une destination à part entière, qui mérite de figurer sur tous les itinéraires dans le centre de la Bulgarie.

Histoire

Des vestiges d'habitations datant de 7000 av. J.-C. ont été mis au jour autour de Plovdiv. Les Thraces, qui fondèrent la ville dès 5000 av. J.-C., construisirent sur la colline de Nebet Tepe (dans la vieille ville) une forteresse qu'ils appelèrent Eumolpias. Philippe II de Macédoine (le père d'Alexandre le Grand) étendit l'implantation initiale et, en 342 av. J.-C., il l'appela Philippopolis. Des murs furent construits autour de la forteresse thrace et Philippopolis devint un important centre militaire. La ville ne prit cependant véritablement forme qu'après l'arrivée des Romains (en 46), qui construisirent des rues, des tours et des aqueducs ; elle prit alors le nom de Trimontium ("ville aux trois collines"). Elle fut pillée et détruite par les Goths au milieu du IIIe siècle, puis par les Huns en 447, avant de décliner. Lorsque le khan Kroum conquit la ville en 815 et la renomma Poupoulden, elle devint une base militaire stratégique du Premier Empire bulgare (681-1018).

Au cours des siècles qui suivirent, Poupoulden passa sous le contrôle des Byzantins, des Bulgares et des croisés puis, après divers affrontements, sous celui des Ottomans, en 1365. Filibe, comme les Turcs la rebaptisèrent, fut pendant les cinq siècles suivants un important centre commercial. Pendant le Renouveau national bulgare, à la fin du XVIIIe siècle et au début du XIXe siècle, quelques-unes des plus belles et des plus luxueuses demeures de Bulgarie furent érigées ici. À la fin des années 1850, le réformateur littéraire Hristo G. Danov vint enseigner à Plovdiv ; il fonda plus tard la première maison d'édition et la première imprimerie de la ville.

Si la majeure partie de la Bulgarie obtint son indépendance à l'issue de la guerre russo-turque de 1877, il fut décrété au congrès de Berlin de 1878 que Plovdiv et le sud du pays resteraient dans l'Empire ottoman. La cité dut attendre 1885 pour être intégrée au nouvel État. La première moitié du XXe siècle fut marquée par une expansion industrielle rapide, et les usines de tabac et les exploitations fruitières connurent un véritable essor durant la Seconde Guerre mondiale. Plus de 1 500 des résidents juifs de la ville furent sauvés de la déportation.

À voir

Le principal atout de Plovdiv réside dans sa vieille ville, restaurée dans le style du milieu du XIXe siècle. Riche en maisons-musées et galeries d'art, elle accueille aussi de nombreux artistes en activité. La vieille ville englobe par ailleurs un théâtre antique bien conservé, ainsi que des vestiges thraces, romains et byzantins. Au sud, le centre moderne s'articule autour de l'ul Knyaz Aleksandăr I, une voie piétonne bordée de boutiques, qui passe au-dessus du stade romain et débouche sur une place agrémentée par des fontaines.

Théâtre romain SITE HISTORIQUE
(carte p. 352 ; ul Hemus ; adulte/étudiant 5/2 lv ; 9h-18h avr-oct, 9h-17h nov-mars). Le beau théâtre antique de Plovdiv, qui pouvait accueillir autrefois jusqu'à 6 000 spectateurs, fut construit sous le règne de l'empereur Trajan, au IIe siècle. Il n'a toutefois été découvert qu'en 1972, à la suite d'un glissement de terrain. Il accueille désormais des concerts et d'autres spectacles. En grande partie restauré, c'est un lieu singulier, avec la ville moderne qui se détache en toile de fond. On peut l'admirer gratuitement depuis plusieurs points de vue dans l'ul Hemus ou payer un droit d'entrée pour pouvoir déambuler à l'intérieur.

Maison Balabanov MUSÉE
(carte p. 352 ; 032-627 082 ; ul K Stoïlov 57 ; 3 lv ; 9h-18h avr-oct, 9h-17h30 nov-mars). Magnifique édifice de style Renouveau national, la maison Balabanov permet de découvrir l'architecture de la vieille ville tout en admirant des œuvres d'art contemporain. La maison fut fidèlement reconstruite dans le style d'origine, dans les années 1970. Au rez-de-chaussée, on admire une impressionnante collection de tableaux d'artistes locaux, tandis que les salles du 1er étage présentent des objets anciens et des plafonds finement sculptés.

Jardin du Tsar Siméon PARC
(carte p. 352). Lieu de promenade agréable, ce parc fut dessiné en 1892 par le paysagiste suisse Lucien Chevalas ; il est aujourd'hui surnommé avec tendresse le "ministre des Fleurs". Ces dernières années, la fontaine de la Déesse Déméter et le pavillon central, de style viennois, ont été rénovés avec soin. Le lac du Tsar Siméon, agrémenté de fontaines chantantes, associe lumière et jeux d'eau. En été, rendez-vous dans l'angle sud-ouest du parc les jeudis, vendredis et samedis soir, vers 21h, pour un spectacle gratuit.

Maison Atanas Krastev GALERIE D'ART
(Red Pony Gallery, galerie du Poney Rouge ; carte p. 352 ; 032-625 792 ; redpony-bg.com ; ul Dr Tchomakov 5a ; 2 lv ; 10h-18h mars-nov). Près de la colline de Nebet Tepe, cette maison de la fin du XVIIIe siècle fut la résidence d'Atanas Krastev, célèbre peintre et défenseur de l'environnement, qui mourut en 2003. Krastev, qui a joué un grand rôle dans la conservation et la promotion des richesses culturelles de Plovdiv, est resté dans la mémoire des habitants comme le "maire de la vieille ville". À l'intérieur de cette maison superbement meublée sont exposés ses autoportraits et sa collection personnelle de peintures bulgares du XXe siècle, essentiellement abstraites, ainsi que des objets personnels. Dans le jardin, admirez la fresque murale du poney rouge et les œuvres éparpillées.

Musée ethnographique MUSÉE
(carte p. 352 ; 032-624 261 ; www.ethnograph.info ; ul Dr Tchomakov 2 ; tarif plein/étudiant 5/2 lv ; 9h-18h mar-dim mai-oct, 9h-17h nov-avr). Même si vous n'avez pas le temps de visiter le musée, il serait fort dommage de ne pas jeter un coup d'œil dans la cour de ce remarquable édifice datant du Renouveau national ! Bien entretenu, le jardin fleuri entoure un bâtiment bleu foncé, orné de filigranes dorés et coiffé d'un toit pointu remarquable. L'intérieur mérite aussi le détour, avec les murs jaune vif de l'étage et les plafonds en bois sculpté qui protègent une exposition de costumes régionaux. Au rez-de-chaussée, la collection d'outils agricoles est un peu moins intéressante.

Église Sveti Konstantin i Elena ÉGLISE
(carte p. 352 ; ul Săborna 24 ; 8h-20h avr-oct, 8h-17h nov-mars). Dédiée à l'empereur romain Constantin le Grand et à sa mère, sainte Hélène, la plus vieille église de Plovdiv, qui est aussi l'une des préférées des habitants, s'élève à l'endroit où deux martyrs chrétiens furent décapités en 304. Admirez les merveilleuses fresques et le plafond sculpté du portique extérieur, ainsi que l'iconostase viennoise de style baroque et les œuvres d'art ecclésiastique datant du XVe au XVIIIe siècle, à l'intérieur. Le clocher de 13 m de hauteur, d'un blanc étincelant et surmonté d'un toit de cuivre, se dresse à côté.

Musée archéologique MUSÉE
(carte p. 352 ; 032-633 106 ; www.archaeologicalmuseumplovdiv.org ; pl Saedinenie 1 ; tarif plein/- 7 ans 5 lv/gratuit ; 10h-18h mar-dim). Ce musée riche d'un fonds de 100 000 pièces

Plovdiv

0 400 m

PLOVDIV ET LES MONTAGNES DU SUD PLOVDIV

présente des artefacts thraces et romains, ainsi que des icônes et des objets ecclésiastiques plus récents. Admirez les ors thraces, qui font partie du trésor de Panagyurishte, et constituent la plus grande découverte archéologique d'objets anciens en or de Bulgarie. Et ne manquez surtout pas le couloir baigné de lumière, jalonné de statues et de mosaïques romaines. La pièce maîtresse est une mosaïque du IIIe siècle représentant une divinité fluviale entourée de motifs géométriques.

Ruines d'Eumolpias VESTIGES

(carte p. 352 ; ul Dr Tchomakov ; 24h/24). GRATUIT Les ruines éparses d'Eumolpias, une colonie thrace datant de 5000 av. J.-C. environ, s'étendent sur les hauteurs de la vieille ville, à 200 m d'altitude, d'où se déploie une vue spectaculaire. La forteresse et les habitations alentour occupaient une position stratégique, qui fut renforcée par la suite par les Macédoniens, les Romains, les Byzantins, les Bulgares et les Turcs. Ces derniers l'appelèrent Nebet Tepe (la "colline des prières").

Église Sveta Bogoroditsa ÉGLISE

(carte p. 352 ; 032-623 265 ; ul Săborna 40 ; 7h-19h). Peinte dans un joli jaune clair, l'église Notre-Dame, à trois nefs, se dresse fièrement en haut d'un escalier de pierre situé au pied de la vieille ville. Construite en 1844 sur le site d'une ancienne église datant du IXe siècle (qui fut détruite par les Ottomans), elle abrite de magnifiques icônes et peintures murales, et porte une inscription en remerciement aux libérateurs de la Bulgarie.

Église Sveta Marina ÉGLISE

(carte p. 352 ; ul Dr Vulkovitch 7 ; 8h-19h). Véritable joyau du XVIe siècle, l'église Sainte-Marina, peu visitée, est recouverte de superbes peintures murales représentant des scènes de l'Ancien Testament. On peut y voir notamment Adam, Ève et un serpent malveillant, ainsi que Moïse en colère, jetant des tablettes gravées. Le clocher en bois (1870), de 17 m de haut, est unique en son genre à Plovdiv. L'intérieur sombre cache une splendide iconostase vieille de 170 ans.

Maison Hindlian MUSÉE

(carte p. 352 ; 032-628 998 ; ul Artin Gidikov 4 ; tarif plein/étudiant 5/1 lv ; 9h-18h avr-oct, 9h-17h30 nov-mars). Ancienne propriété du marchand Stepan Hindlian, cette opulente maison fut bâtie entre 1835 et 1840. Sur les murs, des peintures, certaines réalistes et d'autres imaginaires, représentent Venise, Alexandrie et Constantinople. Les magnifiques panneaux des plafonds et la sdb en marbre inspirée du style oriental, avec son haut plafond en forme de dôme étoilé, sont également remarquables.

> **PLOVDIV 2019**
>
> De nombreux événements (conférences, concerts, défilés de mode, etc.) se dérouleront à Plovdiv en 2019 pour célébrer son titre de Capitale européenne de la culture. Consultez les animations prévues sur le site plovdiv2019.eu.

Stade antique SITE HISTORIQUE

(carte p. 352 ; 0876662881 ; www.ancient-stadium-plovdiv.eu ; 9h-18h). GRATUIT Si la majeure partie du stade Philippopolis (IIe siècle) demeure ensevelie sous la rue piétonne, on y accède par des escaliers partant de plusieurs endroits. Un cinéma en 3D (tarif plein/étudiant/enfant 6/3 lv/gratuit ; 10 projections/jour) vous convie à une plongée dans l'âge d'or du stade, à l'époque des combats de gladiateurs. Succès garanti auprès des enfants !

Musée régional d'Histoire MUSÉE

(carte p. 352 ; 032-623 378 ; ul Lavrenov 1 ; 2 lv ; 9h30-18h30 mer-lun, 12h30-18h mar avr-oct, jusqu'à 17h nov-mars). Ce musée traite essentiellement du soulèvement d'avril 1876 contre les Turcs et, plus particulièrement, du massacre de Batak, à la suite duquel la Russie déclara la guerre à la Turquie l'année suivante. Il occupe une maison construite en 1848 par Dimităr Georgiadi et est donc parfois appelé Georgiadi Kăshta.

Galerie des Beaux-Arts municipale MUSÉE D'ART

(carte p. 352 ; 032-635 322 ; www.galleryplovdiv.com ; ul Săborna 14a ; 3 lv ; 9h30-18h lun-ven, à partir de 10h sam-dim avr-oct, 9h30-17h30 lun-ven, à partir de 10h sam-dim nov-mars). Dans un ancien lycée de filles de 1881, cette institution réunit plus de 7 000 œuvres d'art de maîtres des XIXe et XXe siècles, comme Nikolai Pavlovitch, Konstantin Velitchkov et Georgi Dantchov.

Exposition permanente Dimitar Kirov MUSÉE D'ART

(carte p. 352 ; 032-635 381 ; Kiril Nektariev 17 ; tarif plein/étudiant 5/1 lv ; 9h-18h lun-ven

CIRCUITS GUIDÉS

Si vous cherchez un chauffeur pour vous faire visiter Plovdiv et ses environs, **Hristo Petrov** (☎0879694681 ; hristo.petroff@yahoo.com) est votre homme ! Véritable mine d'informations, il conduit des petits groupes pour des circuits d'une journée en voiture. Le tarif habituel pour une escapade à Buzludja, dans les montagnes du Centre, est d'environ 150 lv.

Le guide touristique agréé **Svetlomir Penov**, alias **Patrick** (☎0887364711 ; www.bulgariaprivateguide.com), organise d'excellents itinéraires personnalisés dans toute la Bulgarie pour des groupes allant jusqu'à 4 personnes. Il peut répondre à toutes vos envies, qu'il s'agisse de découvrir les trésors thraces, les vignobles ou la vie rurale, et propose des sorties équestres ou à VTT. Il peut aussi prévoir des périples plus longs, au-delà des frontières. Fort de plus de 20 ans d'expérience, Patrick guide les circuits en anglais ou en espagnol. Comptez un tarif moyen de 200 à 250 lv à la journée.

avr-oct, 9h-17h nov-mars). Présentée dans une majestueuse demeure de la vieille ville où s'exerçaient les jeunes artistes de Plovdiv dans les années 1960, cette exposition rend hommage à la vie et à l'œuvre du peintre Dimitar Kirov, mort en 2008. Incontestablement l'artiste le plus original de Plovdiv, Kirov a laissé une œuvre d'une grande diversité, abordant aussi bien la mosaïque que l'art abstrait, et caractérisée par un usage audacieux des couleurs.

Statue de Milyo STATUE
(carte p. 352). "Milyo l'idiot", comme on l'appelle ici affectueusement, était un blagueur et imitateur, dont on se souvient avec tendresse, sous la forme d'une statue située dans la rue piétonne Knyaz Aleksandăr I. Ne parlez pas trop fort : avec ses grandes oreilles, Milyo écoute les conversations !

Galerie des Icônes MUSÉE
(carte p. 352 ; ul Săborna 22 ; tarif plein/étudiant 2/1 lv ; ⌚9h30-18h lun-ven, 10h-18h sam-dim). Attenant à l'église Sveti Konstantin i Elena, ce petit musée présente une remarquable collection d'icônes remontant au XVe siècle.

Expositions Tsanko Lavrenov et d'art mexicain GALERIE D'ART
(carte p. 352 ; ☎032-628 745 ; ul Artin Gidikov 11 ; tarif plein/étudiant 3/1 lv ; ⌚9h30-12h30 et 13h-17h30 lun-ven, à partir de 10h sam). Comme figé dans le temps, cet édifice de 1846 abrite deux expositions complètement différentes : au rez-de-chaussée, une collection de gravures sur bois, de sérigraphies et de copies d'œuvres précolombiennes mexicaines datant des années 1970 (reçues en cadeau par le gouvernement communiste en 1981) ; à l'étage, des peintures de l'artiste local Tsanko Lavrenov.

Galerie Zlatyu Boyadjiev MUSÉE D'ART
(maison Tchomakov ; carte p. 352 ; ☎032-635 308 ; ul Săborna 18 ; tarif plein/étudiant 5/2 lv ; ⌚9h-18h avr-oct, 9h-17h30 nov-mars). Cette splendide maison de l'époque du Renouveau national abrite des œuvres de deux célèbres artistes bulgares. On peut y voir 72 peintures de Zlatyu Boyadjiev (1903-1976), né à Plovdiv ; beaucoup offrent une image idéalisée de la paysannerie bulgare. L'artiste qui a donné son nom à la maison, le Dr Stoyan Tchomakov, s'est battu contre la domination ottomane et a légué sa demeure à la ville.

Mosquée Djumaya MOSQUÉE
(carte p. 352 ; pl Djumaya ; ⌚6h-23h). Ce bâtiment de style ottoman doté d'un imposant minaret de 23 m se dresse en plein cœur du quartier commerçant. Première mosquée en activité de Bulgarie, elle fut construite en 1364 avant d'être détruite et rebâtie au milieu du XVe siècle. Il est possible d'entrer mais l'intérieur, d'une grande sobriété, est un peu décevant. On vous fournira de quoi vous couvrir à l'entrée.

Centre culturel Thrakart MUSÉE
(carte p. 352 ; ☎032-631 303 ; trakart.org/museum ; Podlez Arhaeologiski ; 5 lv ; ⌚9h-19h avr-oct, 9h-18h nov-mars). Visible à travers la baie vitrée du passage souterrain Tsar Obedinitel, le centre culturel Thrakart renferme de vastes pavements en mosaïque et divers objets de l'époque romaine ou antérieurs. Des concerts ont lieu sur sa petite scène.

Maison Lamartine MUSÉE
(carte p. 352 ; ☎631 776 ; ul Knyaz Tseretelev 19 ; ⌚accès sur autorisation spéciale ou à l'occasion de manifestations spéciales). Édifiée en 1830, la maison Lamartine, également appelée maison de Georgi Mavridi, est aujourd'hui la

propriété de l'Union des écrivains bulgares. Elle porte le nom du célèbre poète français Alphonse de Lamartine qui y séjourna 3 jours, en 1833, au cours de ses "voyages en Orient". Parti de France l'année précédente, il était alors sur le chemin du retour, après avoir appris qu'il avait été élu député.

Maison Nedkovitch MUSÉE
(carte p. 352 ; ☎032-626 216 ; ul Lavrenov 3 ; 3 lv ; ⊙9h-18h lun-ven avr-oct, 9h-17h30 nov-mars). Datant de 1863, cette maison de couleur caramel est dotée d'une cour arborée et d'une fontaine en marbre. L'intérieur, dans les styles classique et baroque, témoigne des goûts de son ancien propriétaire, un marchand fortuné de Karlovo.

Odéon romain RUINES
(carte p. 352). Édifié à la fin du Ier siècle, l'Odéon, où se réunissait jadis le conseil de la ville, accueille désormais des représentations dans son petit amphithéâtre reconstruit.

Galerie d'Art municipale MUSÉE D'ART
(carte p. 352 ; ☎032-635 322 ; www.galleryplovdiv.com ; ul Knyaz Aleksandăr I 15 ; tarif plein/étudiant 4/2 lv ; ⊙9h-12h30 et 13h-17h30 lun-ven, 10h-17h30 sam). Cette annexe de la galerie des Beaux-Arts municipale accueille de petites expositions temporaires d'art abstrait, dans l'une des premières écoles de la Renaissance bulgare de Plovdiv.

Centre d'Art contemporain GALERIE D'ART
(Tchifte Banya ; carte p. 352 ; www.arttoday.org/site/news.php ; pl Hebros ; tarif plein/étudiant 2/1 lv ; ⊙10h-13h et 13h30-18h30 mar-dim). Les anciens bains turcs du XVIe siècle accueillent des expositions temporaires d'art contemporain. Entrée gratuite le jeudi.

Fêtes et festivals

Kapana Fest CULTURE
(www.facebook.com/kapanafest ; ⊙début juin). Durant ce festival culturel animé de 5 jours, le quartier le plus *arty* de Plovdiv accueille des fêtes de rue, des spectacles musicaux en plein air et des festins tardifs. Le programme est éclectique : des œuvres d'art conceptuelles aux défilés de costumes folkloriques, le tout dans une ambiance endiablée. Consultez la page Facebook ou renseignez-vous auprès de l'office du tourisme.

Nuit des musées ART
(night.bg ; ⊙dernier ven de sept). Les vieilles maisons, les musées et les galeries d'art de Plovdiv sont un formidable terrain de découvertes pour la nuit des musées, durant laquelle les musées ouvrent leurs portes jusqu'aux petites heures du jour. Des représentations d'art expérimental animent alors le quartier de Kapana.

Fête de l'Unification CULTURE
(⊙6 sept). L'anniversaire du rattachement de la province ottomane de Roumélie orientale, en 1885, à la Bulgarie est célébré en grande pompe. Les festivités sont particulièrement importantes à Plovdiv, où a été signée la déclaration historique. Au programme : rassemblement militaire sur la place principale, feux d'artifice et *rakia* coulant à flots.

Festival international de folklore FOLKLORE
(cultura@plovdiv.bg ; ⊙1er week-end d'août). Pendant 5 jours : spectacles folkloriques en plein air, chants et danses traditionnels d'autres pays.

Festival Verdi ARTS DU SPECTACLE
(⊙début juin). Deux semaines d'opéra au théâtre romain.

L'ARCHITECTURE DU RENOUVEAU NATIONAL

La vieille ville de Plovdiv abrite certaines des maisons du XIXe siècle les plus jolies et les mieux restaurées du pays. Elles datent de l'époque dite du Renouveau national (ou Éveil national), période post-ottomane durant laquelle l'art, la littérature et l'architecture bulgares prospérèrent. Ces bâtiments se distinguent par un étage supérieur en encorbellement, un avant-toit en saillie et une façade peinte de couleur vive. L'intérieur est décoré de belles boiseries (avec notamment des plafonds en bois finement sculptés), de peintures murales et de niches ornementales. La plupart ont été restaurées pour accueillir des maisons-musées qui présentent aujourd'hui des meubles et œuvres d'art du XIXe siècle, ainsi que des expositions sur la culture et l'histoire locales. D'autres ont été rénovées et reconverties en hôtel ou en restaurant. Elles permettent ainsi aux voyageurs de vivre, l'espace d'un moment ou de quelques jours, la grandeur du Renouveau national.

Vieille ville de Plovdiv

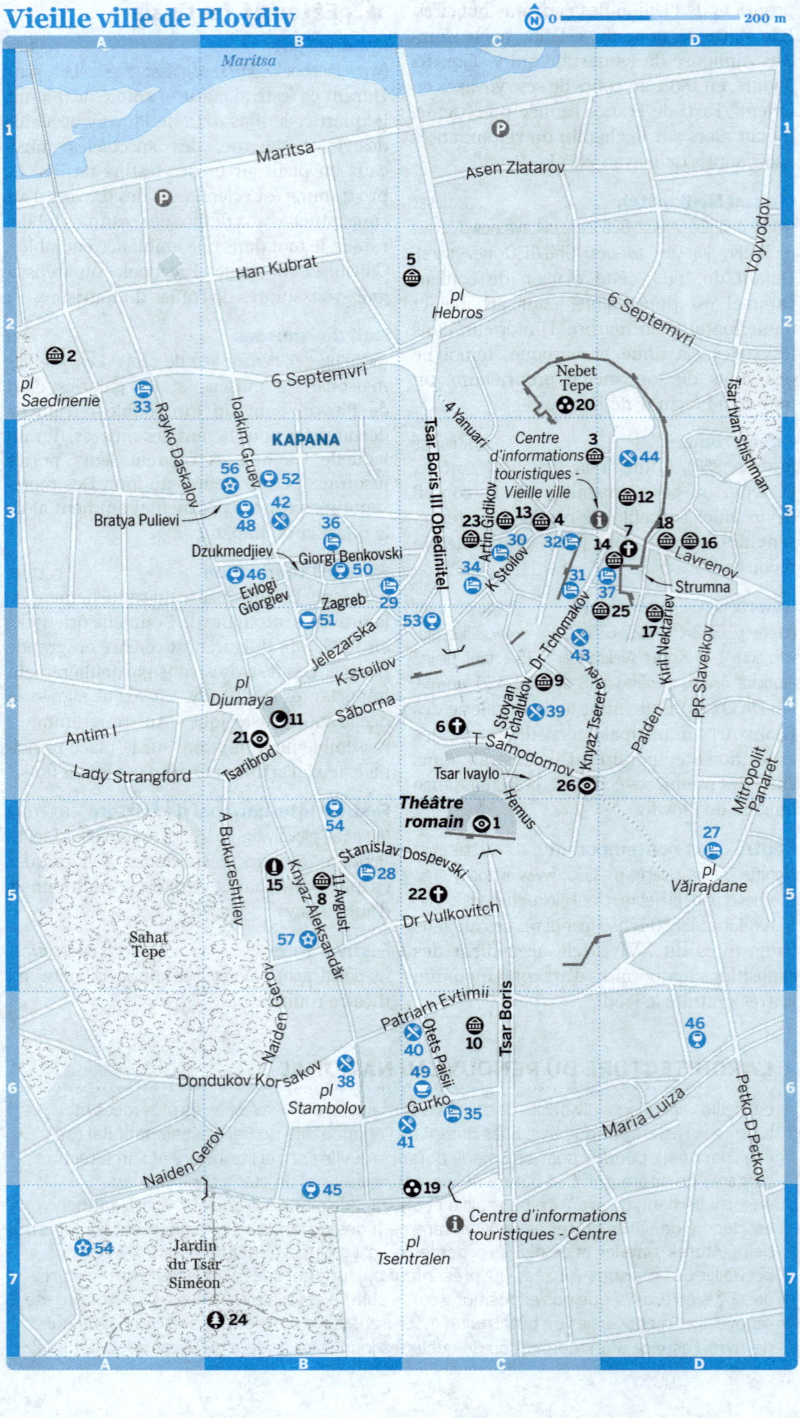

Vieille ville de Plovdiv

Festival international de musique de chambre MUSIQUE
(chamberfestivalplovdiv.com ; mi-juin). Des orchestres de musique de chambre locaux et étrangers se produisent à Plovdiv durant ce long festival d'été. Les concerts sont donnés dans des lieux pleins de charme, y compris au Musée ethnographique.

Où se loger

Élégantes auberges de jeunesse, hôtels chics, pensions cosy… Les hébergements abondent à Plovdiv. Seuls manquent des campings de qualité – les complexes situés en dehors de la ville semblent supprimer progressivement leurs équipements destinés aux campeurs. Les prix augmentent en mai et en septembre, pendant les salons internationaux. Réservez très tôt si vous prévoyez de séjourner à Plovdiv durant des événements comme le festival de jazz et la Kapana Fest.

Hikers Hostel AUBERGE DE JEUNESSE $
(carte p. 352 ; 0896764854 ; www.hikers-hostel.org ; ul Săborna 53 ; dort 12/18 lits 18/20 lv ; @ wifi). Un établissement décontracté de la vieille ville, avec des dortoirs et des services standards (buanderie et cuisine commune). Le coin détente dans le jardin, les hamacs et l'accueil très sympathique ne gâchent rien. Le personnel pourra vous aider à organiser des excursions au monastère de Batchkovo (montagnes du Sud) ou au monument de Buzludja (maison du Parti communiste bulgare, dans les montagnes du Centre), par exemple. Chambres particulières (à partir de 43 lv) disponibles ailleurs à Kapana.

Hotel Elite HÔTEL $
(carte p. 352 ; 032-624 537 ; ul Rayko Daskalov 53 ; s/d à partir de 45/49 lv ; clim wifi). Huit chambres d'un bon rapport qualité/prix, réparties entre les 4 niveaux d'un bâtiment étroit,

à l'ouest du quartier des bars de Kapana. Petit-déjeuner en supplément.

Hostel Old Plovdiv AUBERGE DE JEUNESSE $$
(carte p. 352 ; 032-260 925 ; www.hostelold-plovdiv.com ; ul Tchetvarti Yanuari 3 ; dort/s/d/tr/qua 26/60/90/110/130 lv ; P 📶). Voici un édifice historique (1868) qui conviendrait à merveille à un hôtel de charme ! Superbement restauré par le propriétaire charismatique, Hristo Giulev, et son épouse, cette fantastique option au cœur de la vieille ville mise sur l'accueil, la chaleur et le charme désuet.

Hotel Evmolpia HÔTEL $$
(carte p. 352 ; 0888636370 ; www.hotelevmolpia.com ; ul Krikor Azaryan 4 ; d à partir de 98 lv ; ❄ 📶). Cet hôtel admirablement bien situé inauguré en 2016 est une création des propriétaires de l'Hostel Old Plovdiv. Avec ses antiquités soigneusement sélectionnées et ses objets artisanaux traditionnels, l'Hotel Evmolpia est l'incarnation parfaite du Renouveau national à Plovdiv.

Old Plovdiv House APPARTEMENTS $$
(carte p. 352 ; 032-629 032 ; www.oldplovdivbg.com ; ul Georgi Benkovski 15 ; ch/ste/app à partir de 50/90/110 lv ; ❄ 📶). Dans le quartier animé de Kapana, les suites et appartements raffinés sont équipés d'une sdb moderne et de matelas bien fermes. Les appartements de 1 ou 2 chambres ont une grande cuisine et des canapés. Petit-déjeuner en sus.

Dali Art Hotel BOUTIQUE-HÔTEL $$
(carte p. 352 ; 032-621 530 ; www.hoteldali.hit.bg ; ul Otets Paisii 11 ; d/ste à partir de 60/74 lv ; P ❄ 📶). Cet hôtel intimiste situé à proximité de la rue commerçante piétonnière loue 8 chambres meublées alliant style ancien et équipements modernes – le tout agrémenté de reproductions de peintures de Dalí et de meubles un peu défraîchis ornés de détails subtilement surréalistes. Service aimable. Demandez si l'une des rares places de parking est disponible.

Hotel Real HÔTEL $$
(032-278 130 ; www.real-hotel.com ; ul Georgi Voïteh 2 ; s/d/app 78/89/117 lv ; P ❄ 📶). Vous recherchez une adresse décontractée ? Vous apprécierez cet élégant hôtel de catégorie moyenne. Ses chambres, aux teintes un peu fades, sont confortables, et le service est très professionnel. Emplacement pratique, juste à côté de la route principale, entre Plovdiv et l'aéroport, et à moins de 2 km de la gare routière Yug. Petit-déjeuner sur demande (petite carte).

Plovdiv Guest House AUBERGE DE JEUNESSE $$
(carte p. 352 ; 032-622 432 ; plovdiv-guesthouse.plovdivhotels24.com/fr/ ; ul Săborna 20 ; dort/s/d/tr/q 20/50/68/76/88 lv ; ❄ @ 📶). Même si on se croirait ici dans un internat sans cachet, cette auberge de jeunesse a pensé à tout. Ses dortoirs de 7, 8 et 10 lits sont propres et dotés d'une sdb attenante. Cuisine commune et salon avec TV.

At Renaissance Square BOUTIQUE HÔTEL $$$
(carte p. 352 ; 032-266 966 ; www.renaissance-bg.com ; pl Vazrajdane 1 ; s/d à partir de 115/145 lv ; P ❄ @ 📶). Ce charmant petit hôtel situé entre la vieille ville et les rues commerçantes de Plovdiv reproduit la splendeur de l'époque du Renouveau national. Les 5 chambres parquetées, aux murs et plafonds ornés de motifs floraux, sont toutes décorées différemment. Dimitar Vassilev, l'accueillant propriétaire (qui parle anglais), est une mine d'informations sur la région.

Guesthouse Coco BOUTIQUE-HÔTEL $$$
(carte p. 352 ; 0878801883 ; www.coco-plovdiv.com ; ul Hristo Dyukmedjiev 32 ; s/d/app 139/169/269 lv ; P ❄ 📶). À la lisière du quartier de Kapana, cet établissement chic tout à la fois tendance et rétro ne ressemble à aucun autre à Plovdiv. Ses 8 chambres et 5 suites sont décorées dans des teintes monochromes, rehaussées de quelques touches décoratives, comme les lustres. Si vous souhaitez une place de parking, faites-en la demande assez tôt. Service de qualité.

Hebros Hotel BOUTIQUE HÔTEL $$$
(carte p. 352 ; 032-260 180 ; www.hebros-hotel.com ; ul K Stoïlov 51a ; s/app à partir de 140/200 lv ; ❄ 📶). Dans une demeure luxueuse deux fois centenaire où vécurent des dirigeants du Parti communiste, cet hôtel connaît un très grand succès. Les chambres sont pourvues de meubles anciens. Jacuzzi, sauna (25 lv) et restaurant plein de charme.

Hotel Odeon BOUTIQUE HÔTEL $$$
(carte p. 352 ; 032-622 065 ; www.hotelodeon.net ; ul Otets Paisii 40 ; s/d/app 82/117/154 lv ; ❄ 📶). En face de l'Odéon romain, cet hôtel reste dans le ton, avec certaines chambres ornées de colonnes de style romain et une atmosphère rétro. Chose rare en Bulgarie, le restaurant attenant affiche une longue carte créative d'options véganes, ainsi que des plats de viande raffinés.

Où se restaurer

En matière de cuisine (aussi), Plovdiv se distingue des autres villes bulgares. Les boulangeries et les cafés abondent (surtout dans Kapana et le long de l'ul Knyaz Aleksandăr I), tandis que la vieille ville accueille surtout des restaurants bulgares traditionnels – *mehane* décontractées, adresses spécialisées dans les saveurs des Balkans ou les mets italiens raffinés... Il est rarement nécessaire de réserver, et la majorité des restaurants offrent le service continu.

Klebarnitsa Kapana BOULANGERIE $
(carte p. 352 ; ☎0882330773 ; ul Ioakim Gruev 20 ; 9h-19h ;). Installez-vous dans cette boulangerie pour déguster pain chaud, pâtisseries et autres délices du jour.

Dreams CAFÉ $
(carte p. 352 ; ☎032-627 143 ; dreams-plovdiv.com ; pl Stambolov ; sandwich à partir de 3 lv ; 8h-23h ;). Un bon café, dans une rue passante, près des fontaines. Les sandwichs, crêpes et pâtisseries sont à l'honneur, mais vous vous attarderez peut-être pour un café ou un cocktail. Outre les tables en terrasse, très prisées, une grande salle attend aussi les clients à l'étage.

Grajdanski Klub BULGARE $$
(Club des citoyens ; carte p. 352 ; ☎032-624 139 ; ul Stoyan Tchalukov 1 ; plats 8-15 lv ; 8h-1h lun-ven, 10h-1h sam-dim ;). Une adresse appréciée pour ses copieuses salades bulgares, ses grillades et son *satch* (mélange de viande et de légumes), à quelques mètres en contrebas du théâtre antique. La cour verdoyante est bien agréable en plein été. Ambiance cosy à l'intérieur.

Rahat Tepe BULGARE $$
(carte p. 352 ; ☎0878450259 ; www.rahat-tepe.com ; ul Dr Tchomakov 20 ; plats 7-12 lv ; 10h-0h ;). Cet établissement à l'ambiance animée sert des repas frais, copieux et sans prétention dans une salle chaleureuse tout en bois. Le *satch* est très généreux, tout comme les salades et les kebabs. Service chaotique le week-end.

Gusto ITALIEN $$
(carte p. 352 ; ☎032-623 711 ; www.gustobg.com ; ul Otets Paisii 26 ; plats 6-14 lv ; 9h-1h). À quelques pas de la place Stambolov, le Gusto est un lieu plaisant, raffiné et accueillant, avec des box à l'américaine à l'étage et quelques tables, souvent prises d'assaut, dans la rue piétonne. Au menu : pizzas et pâtes d'un bon rapport qualité/prix (à partir de 6,50 lv), et plats créatifs, comme le canard aux myrtilles (14 lv) et le porc bardé à la sauge (10 lv), un peu plus chers mais superbement préparés.

Puldin Restaurant BULGARE $$
(carte p. 352 ; ☎032-631 720 ; ul Knyaz Tseretelev 8 ; plats 15 lv ; 8h-0h). Installé dans un monastère de derviches du XIXe siècle, le Puldin fait forte impression avec son immense fresque représentant un mariage qui décore la cour. Dans un cadre rustique, les clients se régalent de plats bulgares traditionnels, comme les kebabs et les assiettes de fromages fumés locaux.

♥ **Hebros Restaurant** BULGARE $$$
(carte p. 352 ; ☎032-625 929 ; ul K Stoïlov 51 ; plats 15-27 lv ;). Le restaurant du très chic Hebros Hotel se distingue, sans surprise, par un service distingué et un cadre paisible. Les spécialités bulgares sont teintées d'influences occidentales.

Memory EUROPÉEN $$$
(carte p. 348 ; ☎032-626 103 ; memorybg.net ; pl Saedinenie 3 ; plats 15-25 lv ; 11h-1h). Les tables éclairées aux chandelles installées dans une cour isolée et les musiques soul et jazz en fond sonore font du Memory une adresse romantique. Côté table : des recettes occidentales créatives (risotto d'agneau à la menthe, canard à la purée de panais). Tout est joliment présenté et apporté par un personnel courtois (un peu guindé).

Hemingway INTERNATIONAL $$$
(carte p. 352 ; ☎032-267 350 ; www.hemingway.bg ; ul Gurko 10 ; plats 9-30 lv ; 9h-1h). Revisitant de façon moderne le Paris chic des années 1920, cette table sophistiquée proche de l'Odéon romain prépare d'excellents mets, qui empruntent aux cuisines italienne, française et américaine.

Où prendre un verre et faire la fête

La scène nocturne est disséminée dans toute la ville, même s'il existe plusieurs bonnes adresses dans le quartier appelé de Kapana, qui englobe le secteur situé au nord de la place Djumaia, entre l'ul Rayko Daskalov à l'ouest et le bul Tsar Boris Obedinitel à l'est.

Les discothèques changent régulièrement de nom et parfois même de propriétaires. Vérifiez sur place en consultant les dépliants gratuits consacrés à la vie nocturne, comme *Programata*.

Basquiat Wine & Art BAR À VINS
(carte p. 352 ; 0895460493 ; basquiat.alle.bg ; ul Bratya Pulievi 4 ; 9h-0h). La musique douce et une excellente sélection de vins locaux attirent une clientèle *arty* dans ce petit bar de Kapana. Comptez à partir de 2 lv pour un verre de vin. Pour une expérience plus mémorable, goûtez au vin à la framboise (*malina*), très sirupeux.

Kotka i Mishka BAR
(carte p. 352 ; 0878407578 ; ul Hristo Dyukmedjiev 14 ; 10h-0h). Ce petit bar spécialisé dans les bières artisanales connaît un grand succès (mérité), à tel point que la clientèle déborde dans la rue, malgré la concurrence alentour. Les décorations, comme les cages de hamster qui pendent au plafond, de cet établissement à l'ambiance indus sont un clin d'œil à son nom, qui signifie "le chat et la souris".

Monkey House CAFÉ
(carte p. 352 ; 0889678333 ; ul Zlatarska 3 ; 10h-23h). Les amoureux des expressos ne seront pas déçus par ce café qui prépare le meilleur *flat white* de Plovdiv. Dans un cadre dépouillé, quelques éléments de déco égaient l'intérieur : vélos, sièges éclectiques (souches d'arbre, brouettes, fauteuils) et ampoules nues sur des cordes enroulées autour des poutres. Un endroit sympa pour un café délicieux. Cocktails en soirée.

Vino Culture BAR À VINS
(carte p. 352 ; 0892001926 ; ul Otets Paisii 5 ; 5-23h). Derrière une façade passant facilement inaperçue, des serveurs qui connaissent leur affaire évoluent dans une grande salle aux murs de brique. Au programme ici : de bons vins bulgares à partir de 2 lv le verre, à accompagner de tapas espagnoles et italiennes.

Sandak BAR
(carte p. 352 ; 0888938075 ; www.facebook.com/whiskybarsandak ; ul Abadjiyska 10 ; 17h-0h). Installez-vous sur les fûts de whisky, en terrasse, ou glissez-vous à l'intérieur de ce bar à whiskies de Kapana. La foule y est joyeuse et des guitaristes s'y produisent parfois.

Morado Bar & Dinner BAR
(carte p. 348 ; 0896665213 ; ul Avksentiy Veleshki 19 ; 10h-tard). Dans ce bar tendance : cocktails, musique live et cuisine européenne, à déguster sur une véranda ouverte. Divers événements (sessions DJ, spectacles de danse, soirées musicales rétro ou sportives).

Dolce Fellini CAFÉ
(carte p. 352 ; 0894540709 ; dolcefellini.com ; ul General Gurko 15 ; glace 3 lv ; 7h30-22h lun-ven, à partir de 8h30 sam-dim). Ce café à l'italienne exceptionnel propose des glaces aux parfums variés, des pâtisseries délicates, des desserts et de délicieux cafés.

Bar Maria Luiza BAR
(carte p. 352 ; 0890356394 ; bul Maria Luiza 15 ; 8h-4h lun-sam, 8h-0h dim ;). Trop ravissant pour n'être qu'un simple bar, le Maria Luisa change de décor au gré de la fantaisie de ses propriétaires. Clientèle d'habitués.

Art Club Nylon BAR
(carte p. 352 ; www.facebook.com/clubnylon ; ul Giorgi Benkovski 8 ; 12h-4h lun-sam ;). Établissement bohème s'il en est, ce bar dépouillé accueille des groupes de rock et de musique indé, des soirées à thème et des discussions littéraires arrosées – et interminables.

Rock Bar Download BAR
(carte p. 352 ; www.facebook.com/rockbardownload ; ul Ioakim Gruev 24 ; 10h-23h). Quand le football n'est pas de mise, c'est le hard rock et le metal qui font pulser ce bar. Consultez sa page Facebook pour connaître le programme : de grands groupes de heavy metal s'y produisent.

Apartment 101 BAR
(carte p. 352 ; ul William Gladston 8 ; 10h-1h dim-jeu, 10h-2h ven et sam). Ce bar tendance (mais pas trop) occupe un bâtiment merveilleusement délabré. Musique décontractée et concerts occasionnels.

☆ Où sortir

Les cinémas **Lucky House of Cinema** (carte p. 352 ; 0889200601 ; boxoffice.bg ; ul Gladston 1 ; billet 7 lv) et **Kino Eccoplexx** (carte p. 348 ; 032-644 004 ; kinoeccoplexx.com ; bul 6 Septemvri 128 ; billets à partir de 6 lv) projettent des films étrangers récents en version originale sous-titrée en bulgare.

Marmalad MUSIQUE LIVE
(carte p. 352 ; ul Bratya Pulievi 3 ; 9h-2h). L'une des meilleures adresses de la ville pour écouter de la musique live. À la fois bar et salle de concerts, le Marmalad accueille des groupes de rock et propose

des soirées à thème : karaoké, nuits rétro et DJ aux platines.

Théâtre dramatique Nikolai Masalitinov THÉÂTRE

(carte p. 352 ; ☎032-271 274 ; www.dtp.bg ; ul Knyaz Aleksandăr I 38 ; ⏲billetterie 10h30-13h30 et 16h-19h lun-ven). Ce théâtre historique datant de 1881 est l'un des plus réputés de Bulgarie. Il programme des représentations en bulgare, allant de pièces de Shakespeare aux tragédies grecques en passant par des drames modernes.

Opéra d'État OPÉRA

(carte p. 348 ; ☎032-625 553 ; operaplovdiv.bg ; ul Gladston 15). Cette salle vénérable présente des opéras européens classiques et modernes, interprétés en bulgare. Consultez le site Web pour les représentations données dans d'autres salles, notamment au théâtre antique.

Achats

Pour des bijoux ou des souvenirs faits main, cap sur le quartier de Kapana, où sont installés la communauté artistique et les jeunes créatifs de la ville. Vous trouverez des boutiques de vêtements et de chaussures à la mode dans l'ul Knyaz Aleksandăr I. L'ul Săborna est ponctuée de nombreux magasins d'antiquités. Plusieurs cafés et galeries exposent à la vente des tableaux d'artistes bulgares.

Renseignements

Les offices du tourisme se trouvent dans le **centre** (carte p. 352 ; ☎032-656 794 ; www.visitplovdiv.com ; pl Tsentralen 1 ; ⏲9h-18h lun-ven, 10h-17h sam-dim) et dans la **vieille ville** (carte p. 352 ; ☎032-620 453 ; ul Săborna 22 ; ⏲9h-13h et 14h-18h lun-ven, 10h-13h et 14h-17h sam-dim).

Hôpital de Plovdiv (☎032-959 221 ; www.mbal.net ; bul Bulgaria 234). L'hôpital général, à 3 km au nord-ouest de la vieille ville de Plovdiv, possède un service d'urgences.

Mrejata (☎032-628 501 ; ul Patriarh Evtimii 28 ; 2 lv/heure ; ⏲24h/24). Ce cybercafé à quelques pas de la rue piétonne est presque toujours ouvert.

Depuis/vers Plovdiv

En plein cœur de la Thrace bulgare, Plovdiv est la principale plaque tournante des transports de la région.

AVION

L'**aéroport de Plovdiv** (www.plovdivairport.com) est situé à 12 km environ de la ville. Lors de nos recherches, Ryanair proposait des vols Plovdiv-Londres. Les autres liaisons promises mettent du temps à se mettre en place. Aucun bus n'assure la navette jusqu'à l'aéroport. Empruntez un Taxi Violet (viailet.com) jusqu'au centre (environ 15 lv).

BUS

Plovdiv compte 3 gares routières : les gares Yug (sud), Rodopi et Sever (nord). Reportez-vous au tableau à la page suivante et consultez le site www.avtogara-plovdiv.info pour plus de détails. Les horaires sont disponibles sur www.bgrazpisanie.com.

La plupart des destinations touristiques sont desservies depuis la **gare routière Yug** (carte p. 348 ; ☎032-626 937 ; bul Hristo Botev 47), située en face de la gare ferroviaire, en diagonale, et à 15 minutes à pied du centre. En taxi, la course coûte 5 lv environ. Sinon, les bus locaux nos 7, 20 et 26 (0,80 lv) s'arrêtent en face de la gare, sur le bul Hristo Botev. Des bus publics et privés partent de la gare routière Yug ; il est généralement impossible de savoir si vous voyagerez dans un grand bus moderne ou entassé dans un minibus — ces derniers sont très fréquents pour les destinations rurales.

La **gare routière Rodopi** (carte p. 348 ; ☎032-657 828) est accessible par le passage souterrain sous la gare ferroviaire.

La **gare routière Sever** (☎032-953 705 ; www.hebrosbus.com ; ul Dimitar Stambolov 2), à 3,5 km de la vieille ville, dans la banlieue nord, est desservie par le bus local n°99.

DESTINATIONS INTERNATIONALES

Union-Ivkoni (www.union-ivkoni.bg) dessert Athènes (127 lv, 4 heures, 1/jour) et **Metro** (www.metroturizm.com.tr) offre chaque jour plusieurs bus à destination d'Istanbul (40 lv, 7 heures). Réservez en ligne ou achetez votre billet à la gare routière Yug.

D'autres compagnies privées proposent des services pour Thessalonique (70 lv, 8 heures, 1/jour), Paris (247 lv, 2 jours, 1/jour), Vienne (130 lv, 18 heures, 1/jour) et d'autres villes européennes. Achetez votre billet à la gare Yug.

Les horaires sont disponibles sur le site www.bgrazpisanie.com.

Pour Roussé (Ruse), prenez un bus au départ de la gare routière Sever jusqu'à Veliko Tărnovo, puis une correspondance.

TRAIN

Consultez le tableau à la page suivante pour la liste des liaisons directes au départ de la **gare ferroviaire de Plovdiv** (bul Hristo Botev).

Plusieurs trains rallient Burgas (jusqu'à 5/jour) via Karnobat (12 lv, 3 heures 30-4 heures, 1/jour) ou Ajtos (13 lv, 3 heures 30-4 heures, 3/jour). Prenez un train pour Dimitrovgrad (4-5 lv, 1 heure-1 heure 30, toutes les heures) pour rejoindre Stara Zagora et Svilengrad.

La gare ferroviaire de Plovdiv est relativement bien organisée. Les arrivées et les départs sont affichés en bulgare sur des écrans à l'entrée de la gare et dans le passage souterrain menant aux quais. Lors de nos recherches, il n'y avait pas de service de consigne.

Comme pour les services nationaux, les billets de bus et de train pour des liaisons internationales peuvent être réservés à la gare routière Yug et à la gare ferroviaire.

Comment circuler

Marcher est de loin le meilleur moyen de découvrir Plovdiv ! La vieille ville est en grande partie interdite aux voitures en journée. Si vous arrivez en taxi, le conducteur vous déposera devant l'église Sveta Bogoroditsa, dans l'ul Săborna. La nuit, la rue est généralement accessible. Bien que la plupart des chauffeurs utilisent consciencieusement leur compteur, quelques individus sans scrupule se permettent de facturer jusqu'à 4 lv/km (en particulier depuis l'aéroport) au lieu de 0,90 lv (un peu plus la nuit).

Les grandes compagnies de location comme **Avis** (☎ 0885554445 ; aéroport de Plovdiv) ont des agences à l'aéroport de Plovdiv ; le personnel n'est souvent sur place qu'à l'arrivée et aux départs des avions. Si vous réservez une voiture à l'aéroport en dehors de ces horaires, indiquez une heure précise à l'agence. **Motoroads** (www.motoroads.com) peut se charger de vous louer une voiture (à partir de 17 lv/jour) – possibilité de la récupérer dans le centre de Plovdiv.

BUS AU DÉPART DE PLOVDIV

DESTINATION	GARE	TARIF	DURÉE	FRÉQUENCE
Assenovgrad	Yug	1,20 lv	30 min	2/heure
Batchkovo	Rodopi	4 lv	1 heure	1/heure
Bansko	Yug	14 lv	3 heures 30	2/jour
Blagoevgrad	Yug	13-15 lv	3 heures	3/jour
Burgas	Sever	20-26 lv	4 heures	5/jour
Tchepelare	Rodopi	8,50 lv	2 heures	1/heure
Devin	Rodopi	7 lv	3 heures	2/jour
Haskovo	Yug	4 lv	1 heure	5/jour
Hisar	Sever	4 lv	45 min-1 heure	1/jour
Hisar	Yug	3,80 lv	1 heure	12/jour
Karlovo	Yug	3,90-5 lv	1 heure 30	16/jour
Karlovo	Rodopi	5 lv	1 heure	13/jour
Karlovo	Sever	5 lv	1 heure	1/jour
Kazanlăk	Sever	9 lv	2 heures	3/jour
Nesebăr	Sever	22 lv	4 heures 30-5 heures	1/jour
Pamporovo	Rodopi	9 lv	2 heures-2 heures 30	1/heure
Perushtitsa	Yug	3 lv	40 min	17/jour
Sliven	Yug	10 lv	3 heures	5/jour
Smolyan	Rodopi	10 lv	2 heures 30-3 heures	11/jour
Sofia	Yug	8-14 lv	2 heures 30	2/heure
Stara Zagora	Yug	5-7 lv	1 heure 30	10/jour
Varna	Yug	22-26 lv	7 heures	2-5/jour
Veliko Tărnovo	Sever	18 lv	4 heures 30	3/jour

TRAINS AU DÉPART DE PLOVDIV

DESTINATION	TARIF	DURÉE	FRÉQUENCE
Burgas	14,60 lv	6 heures	2/jour
Karlovo	3,90 lv	1 heure 30	6/jour
Sofia	9 lv	3 heures	15/jour
Stara Zagora	5,70 lv	1 heure 30-2 heures	13/jour
Svilengrad	7,40-8,40 lv	3 heures 30	2/jour
Varna	18,10-21,60 lv	6 heures	4/jour

MASSIF DES RHODOPES
РОДОПИ ПЛАНИНА

De vastes pinèdes, des gorges abruptes et d'innombrables grottes émaillent le massif des Rhodopes, qui porte le nom d'un dieu thrace et couvre un territoire de 15 000 km² d'est en ouest, s'étendant jusqu'en Grèce. La chaîne forme d'ailleurs l'essentiel de la frontière entre les deux pays – elle se trouve à 85% en Bulgarie.

Les stations de ski de Pamporovo et Tchepelare, ainsi que la ville thermale de Devin reçoivent un flux important de visiteurs. Pour le reste, il s'agit d'une des contrées les plus sauvages de Bulgarie. Ses forêts de conifères, denses et majestueuses, abritent plus de 300 espèces d'oiseaux, des ours bruns, des chèvres sauvages et des loups. De nombreuses fleurs poussent à l'état naturel, comme la violette, la tulipe et la *silivriak*, une fleur délicate qui serait née du sang d'Orphée mis en pièces par les Bacchantes en furie.

Tchepelare ЧЕПЕЛАРЕ

ALTITUDE 1 150 M / 5 800 HABITANTS

Entourée de collines boisées, Tchepelare est une station de ski sans prétention et plus calme que Pamporovo, à 11 km au sud. Postée sur les rives de la Tchepelare, cette bourgade offre de nombreuses pensions et deux musées agréables. Le domaine skiable, certes limité, englobe l'une des pistes les plus longues de Bulgarie. Le village est très paisible en été, quand il n'attire que quelques cyclistes et randonneurs.

Activités

Ski

Le ski est la raison d'être de la modeste Tchepelare, qui abrite même une fabrique de skis et un **musée du ski** (ul Vasil Detchev 25 ; 1,50 lv ; 9h-12h30 et 13h30-18h mar-sam). Son enfant la plus célèbre est la skieuse Ekaterina Dafovska, qui a remporté la médaille d'or de biathlon aux Jeux olympiques d'hiver de Nagano en 1998. On peut voir de jeunes athlètes suivant ses traces dévaler Metchi Tchal I (3 150 m de long), la piste de compétition de Tchepelare, tandis que les simples mortels se contentent de descendre Metchi Tchal II (5 250 m de long et 720 m de dénivelé). Le télésiège, à 2 km au sud sur la route de Pamporovo, est indiqué par des panneaux. **Orion Ski** (03051-2142 ; www.orionski.com ; Tchepelare) loue des équipements ; l'office du tourisme vous renseignera sur les écoles de ski.

Station de ski de Tchepelare SKI
(03051-3131 ; www.bulgariaski.com/chepelare ; pass journée adulte/enfant 40/24 lv ; déc-mars). Les pistes de Tchepelare (11,4 km au total) s'adressent surtout aux skieurs débutants et de niveau intermédiaire. Les 3 télésièges se trouvent à 2 km au sud du village. L'enneigement n'a pas été excellent ces dernières années, mais la station possède des canons pour remédier au problème.

Randonnée

De mai à septembre, les visiteurs peuvent s'aventurer sur les sentiers partant de Tchepelare.

Panorama de Tchepelare Suivez le "parcours de santé" (1 heure), d'où se déploie une belle vue sur le village. De l'église Sveta Bogoroditsa, marchez vers le nord sur 100 m avant de tourner à droite et de gravir la colline.

Circuit Tchepelare-Rojen Ce sentier (5 heures) va de Tchepelare à l'observatoire astronomique de Rojen, avant de rejoindre le village de Progled.

Tchepelare-pic de Metchi Tchal Comptez 6 ou 7 heures pour effectuer l'ascension du Metchi Tchal, passer par

VAUT LE DÉTOUR

LE MONASTÈRE DE BATCHKOVO ET SES ENVIRONS

On peut s'adonner à de nombreuses activités dans les environs de Plovdiv, où les sites intéressants ne manquent pas. À 30 km environ au sud de la ville, le splendide **monastère de Batchkovo** (www.bachkovskimanastir.com ; Batchkovo ; monastère entrée libre, réfectoire 6 lv, musée 2 lv, ossuaire 6 lv ; 6h-22h) GRATUIT fut fondé en 1083 ; toutefois, l'ensemble architectural date pour l'essentiel du XVIIe siècle. Après celui de Rila, il s'agit du plus grand monastère de Bulgarie. Sa visite est incontournable dans la région. La pièce maîtresse du monastère, l'église Sveta Bogoroditsa (Notre-Dame ; 1604), est décorée de fresques réalisées par Zahari Zograf dans les années 1850 ; elle abrite notamment une icône particulièrement révérée de la Vierge. Admirez également le réfectoire, entièrement décoré ; et, dans la cour, le cyprès issu du mont Athos et le jujubier de Géorgie.

Les ruines rougeâtres de l'**église rouge** (Perushtitsa ; 3 lv ; 9h-18h avr-sept, 8h-17h oct-mars), une église romaine tardive, dessinent une silhouette énigmatique dans la prairie odorante qui borde Perushtitsa, à 20 km au sud-ouest de Plovdiv. Le centre d'informations des visiteurs revient sur l'histoire de cette rare construction en brique datant du Ve siècle. Les ruines, auxquelles on accède par des passerelles en bois, laissent encore entrevoir des fresques délavées. Les vestiges de l'église se trouvent à 2 km au nord de Perushtitsa.

Il y a plus de 3 500 ans, les Besses, une tribu thrace, construisirent un sanctuaire dédié au dieu du Vin en plein cœur de ces prairies verdoyantes. De nos jours, le **Domaine Bessa Valley** (0889499992 ; www.bessavalley.com ; village d'Ognyanovo ; 9h-12h et 14h-17h lun-ven), à 30 km à l'ouest de Plovdiv, tente de s'inscrire dans cet héritage. Ses bons merlot, syrah et cabernet sauvignon sont bus dans toute la Bulgarie et à l'étranger. Réservez assez tôt votre visite avec dégustation.

À Brestovitsa, à 15 km au sud-ouest de Plovdiv, le fabuleux **Todoroff Wine & Spa** (0896689442, 03142-2166 ; www.todoroff-hotel.com ; Brestovitsa ; s/d/app à partir de 65/95/175 lv) met à l'honneur les vins thraces. L'accès au spa et au sauna traditionnel est inclus dans le prix.

Plus loin, à 50 km au sud de Plovdiv, trois **maisons de Kosovo** (03342-2333 ; www.selokosovo.com ; village de Kosovo ; d 70-80 lv, app 80-120 lv ; mi-fév à début jan) en pierre et bois ont été soigneusement restaurées pour former un hébergement unique. Chaque chambre est décorée d'éléments traditionnels des Rhodopes – tapis rouges, meubles cirés anciens...

le site de la "tombe de l'ours" et revenir tranquillement au village.

Où se loger et se restaurer

La majorité des hébergements de Tchepelare sont des pensions de famille dotées d'un spa ou d'un sauna. En dehors de la saison des sports d'hiver et de l'été (juin-août), où il est conseillé de réserver, le calme règne.

Les offices du tourisme de Tchepelare et de Smolyan fournissent une liste des chambres chez l'habitant (avec sdb commune, environ 20 lv/pers). Les tarifs hôteliers augmentent de 20% environ en hiver.

Hotel Shoky PENSION $

(0887444004, 03051-3343 ; www.hotelshoky.com ; ul 24 Mai 70 ; d/app 40/65 lv ; P). Cette pension d'un excellent rapport qualité/prix, située dans une paisible allée résidentielle à 750 m à l'ouest de la route principale, est tenue par une famille de champions de ski (leurs trophées sont exposés dans le restaurant). Les chambres sont impeccables, et les renseignements sur les sports d'hiver et les randonnées fournis ici sont imbattables ! Espace spa et sauna (5 lv). Petit-déjeuner en supplément (4-5 lv).

Hotel St George HÔTEL $

(0896797326 ; www.stgeorgehotel.bg ; ul Belomorska 6 ; d/app à partir de 36/50 lv ; P). Des chambres simples et confortables, et des appartements modernes et bien équipés occupent ce bâtiment en pierre traditionnel, à l'extrémité nord de Tchepelare, sur la route reliant Plovdiv à Smolyan. Service aimable. Local pour les skis. Petit-déjeuner en supplément (5 lv).

Hotel Savov HÔTEL $$

(☎0888687975 ; hotel-savov.eu ; ul Vasil Detchev 7 ; d/tr/ste à partir de 51/61/82 lv ; P 📶). Au nord de la place principale, cette adresse accueillante propose de grandes doubles claires et des suites confortables avec coin salon. Le personnel se chargera de vous trouver un vélo, une voiture ou des skis à louer. Le restaurant au rez-de-chaussée sert le petit-déjeuner.

Vienski Salon BULGARE $

(☎03051-4486 ; ul Vasil Detchev 14 ; plats 5-8 lv ; ⏲8h-23h). Cette table sans prétention affiche une carte éclectique, de la *banitsa* pour le petit-déjeuner aux spécialités des Rhodopes en passant par les pizzas et les baklavas, très sucrés. À 200 m au nord de la place centrale.

Renseignements

Le **centre d'informations touristiques** (☎03051-2110 ; ticchepelare@gmail.com ; ul Ditcho Petrov 1a ; ⏲8h30-12h30 et 13h30-17h30) fournit des renseignements sur les bus, les randonnées, le ski et les sites des environs.

Depuis/vers Tchepelare

La gare routière se trouve de l'autre côté d'une passerelle, à 200 m au nord-est de la place centrale. Des bus partent toutes les heures pour Smolyan (5 lv, 1 heure), via Pamporovo. Entre 6h et 18h30, services réguliers pour Plovdiv (9 lv, 1 heure 30).

Pamporovo ПАМПОРОВО

ALTITUDE 1 650 M

Plus au sud, Pamporovo figure parmi les quatre grandes stations de ski de Bulgarie. Malheureusement, tout comme à Bansko, dans le massif du Pirin, l'expansion du domaine skiable a énormément empiété sur la forêt et l'horizon est hérissé de grues et d'un nombre croissant d'immeubles d'habitations. Contrairement à Bansko, Pamporovo n'est toutefois qu'une simple station sans centre historique, s'étirant le long de routes dangereuses pour les piétons.

En dehors de la saison des sports d'hiver (et abstraction faite des chantiers), la localité retrouve son calme. En l'absence de centre-ville et d'activités, on peut facilement faire l'impasse dessus en été.

Activités

Avec près de 250 jours d'ensoleillement par an et d'importantes chutes de neige entre la mi-décembre et la mi-avril, Pamporovo offre généralement d'excellentes conditions aux skieurs et snowboardeurs, même si ces dernières années, la neige s'est faite plutôt rare.

Le petit domaine skiable est desservi par 9 tire-fesses et 5 télésièges. Les pistes (25 km au total et plus de 4 km pour la plus longue) s'adressent plutôt aux skieurs et snowboardeurs débutants et de niveau intermédiaire. La descente la plus haute débute à 1 937 m. La station compte aussi plus de 30 km de pistes de ski de fond. Lors de nos recherches, le forfait remontées mécaniques de 2 jours s'élevait à 108 lv par personne ; mais sachez que les tarifs augmentent chaque année.

Il est plus simple d'organiser des cours de ski dans le cadre d'un séjour de plusieurs jours. Les écoles de ski facturent environ 90 lv pour 4 heures de cours sur 3 jours ; les cours individuels coûtent beaucoup plus cher. La plupart des moniteurs parlent anglais et allemand.

Plus d'une dizaine de boutiques louent du matériel, généralement à côté des hôtels. Les tarifs varient, mais l'équipement complet (skis, chaussures et bâtons) pour 3 jours coûte au minimum 60 lv. Optez pour **Sport Shop** (☎0887636000 ; www.perelikpamporovo.com ; ⏲déc-mars), dans l'Hotel Perelik, ou réservez votre équipement sur pamporovo.me pour bénéficier de tarifs plus avantageux (vous pourrez récupérer votre matériel près des télésièges ou au Malina Village). Les meilleurs forfaits incluent souvent l'hébergement, les remontées mécaniques et l'équipement.

Où se loger et se restaurer

Les hôtels de Pamporovo proposent essentiellement des séjours tout compris, destinés aux amateurs de sports d'hiver, et la grande majorité ferment en dehors de l'hiver. Pour venir pendant la saison de ski, réservez plusieurs mois à l'avance ; pour l'été, réservez également afin d'être sûr que l'hôtel de votre choix sera ouvert.

♥ **Aparthotel Kamelia** HÔTEL $$

(☎0309-50 500 ; www.kamelia-hotel-pamporovo.com ; app 1/3 chambres 60/100 lv ; P 📶). Ce très grand hôtel convivial ouvert toute l'année loue des appartements spacieux,

À NE PAS MANQUER

RANDONNÉES DANS LE MASSIF DES RHODOPES

L'exploration des régions boisées autour de Tchepelare, Smolyan, Shiroka Lăka et Devin est un ravissement pour les amoureux de la nature.

Pour toute randonnée, il est essentiel d'être muni de bonnes cartes, comme la *Western Rhodope Mountains* (au 1/100 000), édité par Domino. On trouve parfois les cartes (en anglais) *West Rhodopean Region* et *Western Rhodope Mountains* (au 1/100 000) dans les offices du tourisme de Pamporovo, Tchepelare et de Smolyan. Bien qu'un peu daté, l'ouvrage intitulé *Mountains of Bulgaria*, de Julian Perry, reste un bon guide pour les randonneurs. Il détaille notamment une marche de 5 à 7 heures entre l'Hija Studenents, près de Pamporovo, et l'Hija Rodoposki Partizanin, près de Hrabrino, à environ 14 km au sud-ouest de Plovdiv.

Pour de petites randonnées, logez à Devin et choisissez parmi les quelques sentiers balisés. En chemin pour Trigrad, via le village de Nastan (à 6 km au sud), repérez le "rocher de l'éléphant".

Il existe plusieurs bons itinéraires pour des randonnées d'une journée, même si le balisage n'est pas toujours très bien entretenu :

Batak-Hija Teheran Environ 4 heures aller.

Tchepelare-Hija Igrev Environ 3 heures aller. On peut ensuite poursuivre jusqu'à Zabardo (4 heures 30), Shiroka Lăka (6 heures) ou Pamporovo (8 heures).

Pamporovo-Progled Randonnée (facile) de 5 heures aller-retour.

Smolyan-Hija Smolyanski Ezera Environ 3 heures aller.

Si vous souhaitez vous attaquer à des treks de plusieurs jours, vous trouverez toutes les infos utiles sur les *hiji* (refuges) sur le site Web www.bulgarian-mountains.com.

donnant pour la plupart sur la forêt de conifères. Le restaurant est typique de la région avec sa grande cheminée, ses poutres en bois et ses tapis en laine. La luxueuse piscine est ornée de statues de style grec, et le centre thalasso (15 lv) est équipé d'un sauna carrelé et d'un Jacuzzi.

Également : salle de jeux pour les petits, jardin d'enfants (avec leçons de ski) et local pour l'équipement. Les tarifs doublent durant la saison des sports d'hiver. À l'extrémité sud de Pamporovo, au sud de la route principale.

Malina Village CHALET $$
(☎0309-58 388 ; malina-pamporovo.com ; chalets 2/4 pers à partir de 82/125 lv ; P wifi). Si les grands complexes hôteliers de Pamporovo ne vous tentent pas, optez pour les confortables chalets en bois du Malina Complex, dans la partie ouest de Pamporovo, éparpillés dans la forêt d'épicéas. Chaque chalet possède une petite cuisine, un salon et une sdb. À 5 minutes à pied des remontées mécaniques.

ℹ Renseignements

Consultez le site www.bulgariaski.com pour connaître les conditions d'enneigement, l'hébergement et d'autres informations relatives aux stations de ski bulgares et reportez-vous au site pamporovo.me pour plus de détails sur les événements et les tarifs des forfaits de remontées mécaniques.

ℹ Depuis/vers Pamporovo

Toutes les heures, les bus qui relient Smolyan à Tchepelare passent par Pamporovo, tout comme les bus des lignes Smolyan-Plovdiv et Smolyan-Sofia. Au départ de Sofia, 5 bus quotidiens desservent directement Pamporovo (22 lv, 4 heures) ; des bus réguliers partent également de Plovdiv (12 lv, 2 heures 30). L'arrêt de bus se trouve devant le télésiège n°1, au niveau de l'intersection en T dans le centre.

Smolyan СМОЛЯН

ALTITUDE 1 000 M / 30 640 HABITANTS

Centre administratif du sud du massif des Rhodopes, Smolyan est une base pratique pour les randonneurs. Il s'agit en réalité du regroupement de quatre villages, flanqué au sud par d'abruptes pentes boisées qui contrastent avec la grisaille d'une ville un peu décatie.

Si vous souhaitez skier à Pamporovo et à Tchepelare, vous pourrez loger à Smolyan, mais n'attendez rien d'exceptionnel. Il s'agit avant tout d'un nœud de transports desservant des localités telles que Shiroka Lăka et Devin, et un point de départ pratique pour explorer les sept lacs de Smolyan (un peu marécageux), et les grottes de Golubovitsa et Uhlovitsa.

À voir

Musée historique MUSÉE
(☎0301-62 727 ; www.museumsmolyan.eu ; Ditcho Petrov 3 ; 5 lv ; ⏲9h-18h mar-sam mai-sept, 9h-12h et 13h-17h mar-sam oct-avr). Plus grande et mieux présentée que la majorité des musées régionaux du pays, cette institution aménagée sur plusieurs niveaux se dresse en haut d'une colline escarpée située derrière le centre administratif de Smolyan. Le rez-de-chaussée est consacré à des objets du paléolithique et à des armes thraces, avec notamment un casque et une lampe en bronze arborant une tête de biche, tandis qu'aux étages supérieurs sont exposés des tissages et sculptures sur bois des Rhodopes et des costumes traditionnels, dont les étonnants habits poilus des Koukeri (portés pendant les fêtes du Nouvel An). Il est interdit de prendre des photos.

Galerie d'Art de Smolyan MUSÉE D'ART
(☎0301-62 328 ; Ditcho Petrov 7 ; 3 lv ; ⏲9h-12h et 13h-17h). Cet excellent musée rassemble 1 800 peintures, esquisses et sculptures réalisées par des artistes des environs, bulgares et étrangers. Admirez les œuvres réalistes présentées au dernier étage.

Cathédrale Sveti Vissarion Smolenski CATHÉDRALE
(⏲8h-18h). De par sa taille, la cathédrale orthodoxe Saint-Vissarion de Smolyan est la troisième du pays. Érigée dans la rue principale et coiffée d'un dôme de 17 m de diamètre, elle est impossible à manquer. Elle se trouve juste en face du planétarium.

Où se loger

Three Fir Trees House PENSION $
(☎088855988, 0301-81 028 ; www.facebook.com/KashtataSTriteEliFamilyHotel ; ul Srednogorets 1 ; s/d/app avec sdb commune 30/40/80 lv ; @📶). La famille qui tient cette pension décontractée réserve un accueil chaleureux à ses hôtes. À 400 m à l'est de la principale gare routière, les chambres se distinguent par leur style cosy et agréable. Excellent petit-déjeuner (5 lv) avec produits frais du jardin. Le propriétaire, serviable, qui parle anglais et allemand, organise des circuits pédestres et la location de voitures, et propose un service de blanchisserie bon marché (6 lv).

Hotel Spartak PENSION $
(☎0301-64 632 ; www.hotelspartak.bg ; ul Spartak 21 ; s/d/app à partir de 30/40/100 lv ; P📶). Cette pension conviviale de 14 chambres bénéficie d'un emplacement paisible dans une rue résidentielle au sud de la route principale, à 800 m à l'ouest de la cathédrale. Les chambres, simples, sont pour certaines décorées d'éléments typiques des Rhodopes, comme des cadres de lit en bois sculptés. Plaisante *mehana* au rez-de-chaussée. Le petit-déjeuner peut être pris dans le restaurant attenant.

Où se restaurer et prendre un verre

Starata Kăshta BULGARE $
(ul Studenska 2 ; plats 6-9 lv ; ⏲16h30-0h). Cette jolie maison dans le style du Renouveau national est dotée d'une terrasse avec des tables et bancs rustiques. La carte affiche

VAUT LE DÉTOUR

LES MYSTÉRIEUSES GROTTES DE SMOLYAN

Deux grottes situées au sud de Smolyan méritent le détour. Les visiteurs peuvent explorer les 3 330 m de tunnels de la **grotte d'Uhlovitsa** (☎0889121014 ; adulte/enfant 4/2 lv ; ⏲10h-16h tlj été, mer-dim hiver), à 25 km au sud de Smolyan et à 3 km au nord-est du village de Moguilitsa, où l'on peut admirer des formations rocheuses et des cascades (particulièrement spectaculaires en hiver). Située à 3 km au sud de la grotte d'Uhlovitsa, près de la route entre Smolyan et Moguilitsa, la **grotte de Golubovitsa** est accessible en bateau par un cours d'eau souterrain. Ensuite, il faut avancer à la lumière d'une lanterne. Un équipement spécial et la présence d'un guide sont essentiels. Renseignements auprès de l'office du tourisme de Smolyan.

des spécialités bulgares (grillades et salades au fromage). Montez quelques marches à partir du bul Bulgaria.

Riben Dar PRODUITS DE LA MER $$

(☎0301-63 220 ; ul Snejanka 16 ; plats 6-12 lv). Dans le quartier ouest de Nevyasta, ce sympathique restaurant (qui fait aussi pension) est spécialisé dans les poissons, comme la truite de montagne. En haut de la ville, le Riben Dar offre une vue enchanteresse sur le massif des Rhodopes. Si vous n'êtes pas motorisé, prenez un taxi (3-5 lv).

Renseignements

Office du tourisme (☎0301-62 530 ; www.smolyan.com ; bul Bulgaria 5 ; ⏲9h-17h30 lun-sam). Excellente source d'informations sur Smolyan et les villes voisines, ainsi que sur les activités de plein air, cet office du tourisme pourra vous aider à réserver des circuits et fournit également des renseignements sur les transports.

Depuis/vers Smolyan

La plupart des bus depuis/vers Smolyan passent par la principale **gare routière** (☎0301-63 104 ; bul Bulgaria 85), à l'extrême ouest de la ville. Il y a chaque jour 6 bus pour Sofia (25 lv, 3 heures 30). D'autres partent toutes les heures pour Plovdiv (10 lv, 2 heures 30-3 heures) via Tchepelare (6 lv, 1 heure) et Pamporovo (4 lv, 30 min), entre 6h et 19h. De là, des bus rallient aussi Shiroka Lăka et Devin (8 lv, 1 heure 30, 6/jour en semaine, 1-3/jour le week-end).

Devin ДЕВИН

7 200 HABITANTS

Les voyageurs goûteront à l'eau de Devin bien avant de découvrir cette petite ville. C'est en effet le nom d'une des marques d'eau en bouteille bulgare, et ses célèbres sources minérales invitent les baigneurs et les curistes à prendre des bains prolongés. Si les hôtels-spas de Devin satisfont la demande de leurs clients avec professionnalisme, la ville manque en revanche de sites d'intérêt et de restaurants sortant du lot.

Cette localité assoupie entourée de forêts d'épicéas constitue une excellente base pour explorer les grottes de Trigrad et Yagodina (voir l'encadré ci-contre), parmi les plus importantes du massif des Rhodopes. Les voluptueux soins thalasso et le sentier écologique verdoyant sont autant d'excuses supplémentaires de s'attarder ici.

À voir et à faire

Le charmant **sentier écologique de Struilitsa** suit la rivière Devinska au départ des bains minéraux jusqu'aux vestiges d'une cité médiévale. De là, continuez à gravir la colline jusqu'au **Kavurskoto Kale**, vestiges d'une forteresse où la population locale fit une dernière tentative désespérée pour résister à l'attaque des Turcs. Ce circuit en forme de triangle, qui s'achève aux bains, s'effectue en 3 heures environ.

Où se loger

On trouve surtout à Devin des hôtels-spas des catégories moyenne et supérieure. Vérifiez bien les infrastructures de l'établissement de votre choix : certaines pensions se présentant comme un "hôtel-spa" ne possèdent en réalité qu'un Jacuzzi à l'eau tiède.

Spa Hotel Evridika HÔTEL $$

(☎03041-3727, 0888137222 ; www.spahotelevridika.com ; ul Osvobojdenie 25 ; s/d/app 69/89/102 lv ; ❄📶🏊). Cet hôtel chaleureux et intimiste ne compte qu'une poignée de chambres doubles et d'appartements spacieux, avec kitchenette et balcon donnant sur les forêts environnantes. Service personnalisé et sympathique. Restaurant de cuisine bulgare et internationale. Jardin d'été et "sky bar" sur le toit-terrasse, avec bassin thermal, Jacuzzi et une vue époustouflante sur les forêts des Rhodopes. Difficile de trouver meilleur rapport qualité/prix.

Hotel Elite HÔTEL $$

(☎03041-2240 ; www.elite-devin.com ; ul Undola 2 ; s/d/app 50/65/80 lv ; P❄📶). Dans la rue piétonne du centre, des chambres spacieuses, assorties de sdb modernes et étincelantes (les doubles ont une baignoire). Le mini-centre thermal au sous-sol comporte un sauna, un Jacuzzi et un salon de massage (à partir de 25 lv). Supplément de 15 lv pour les enfants de 2 à 14 ans.

♥ **Complex Ismena** HÔTEL, VILLA $$$

(☎03041-2757, 0884707970 ; www.ismena.bg ; ul Osvobojdenie ; d/ste/chalets 4 lits 140/166/266 lv ; ⏲mars-déc ; P📶🏊). Un établissement de luxe au pied du massif des Rhodopes. Dotées d'un balcon, les vastes villas inspirées du style Tudor britannique sont parquetées et

VAUT LE DÉTOUR

LES GROTTES DE TRIGRAD ET DE YAGODINA

Les grottes les plus faciles d'accès et les plus fréquentées de la région sont celles de Trigrad et de Yagodina. Dans les deux, le prix d'entrée comprend une visite guidée.

La **grotte de Trigrad** (Dyavolskoto Gurlo Peshtera ; ☎0889903642 ; Trigrad ; tarif plein/étudiant 3/2 lv ; ⊙9h-16h mai-sept, horaires restreints le reste de l'année), aussi appelée grotte de la Gorge du Diable, a été creusée par la rivière Trigrad au fil des siècles. La visite, qui s'effectue par groupes de 3 ou 4 et dure environ 20 minutes, passe par plusieurs cavernes hérissées de stalactites. Pendant la descente, on entend une cascade de 42 m de hauteur. La remontée, assez abrupte, requiert quelques efforts. Les visiteurs devront trouver un moyen de transport privé pour rejoindre la grotte, située à 2 km au nord du village de Trigrad via une étroite route de montagne.

Avec ses 8,5 km de long, la **grotte de Yagodina** (☎0889903642 ; www.yagodinska-peshtera.com ; 5 lv ; ⊙9h-16h15 mai-sept, horaires restreints le reste de l'année) est la plus longue du massif des Rhodopes, et avec ses nombreux abysses et passages labyrinthiques, c'est aussi l'une des plus profondes de Bulgarie. La visite de 45 minutes, qui démarre à l'heure pile, dévoile des formations rocheuses à pic et des stalagmites noueuses. La grotte est accessible par une route sinueuse de 20 km au sud de Devin.

agrémentées de fleurs – qui leur donnent une ambiance un peu alpine. Le centre de remise en forme est composé de piscines intérieure et extérieure (en saison uniquement), d'un hammam et d'un sauna ; des massages sont également proposés. L'isolement de l'hôtel ajoute au parfum de vacances.

Réservez assez tôt, car des tarifs promotionnels sont souvent proposés sur le site Web de l'hôtel.

Orpheus Spa & Resort HÔTEL $$$
(☎03041-2041 ; www.orpheus-spa.com ; Tzvetan Zangov 14 ; d/ste 132/182 lv ; P 📶 🏊). Cette immense demeure au style tarabiscoté, dont la piscine est surmontée d'un improbable kiosque à coupole, est l'adresse la plus sélecte de Devin. Les chambres, chics, affichent quelques éléments de décoration traditionnelle (cadres de fenêtres en bois). Le centre thermal est somptueux, avec un hammam de style égyptien, et des soins exceptionnels à base de poudre d'or, de diamants et de caviar.

Où se restaurer

Le centre-ville est plutôt tristounet, et les meilleurs restaurants se trouvent généralement dans les centres thalasso et les pensions.

Starata Varba BULGARE $$
(☎0886842844 ; ul Rodopi ; plats 9-16 ; ⊙10h-23h). Le "Vieux Saule", l'une des tables favorites de Devin, est prisé pour ses salades, ses grosses omelettes et ses plats de viandes, grillées et accompagnées d'un filet de citron ou d'une sauce aux champignons de la forêt. Les tables extérieures, sur une terrasse en bois, ajoutent à l'attrait du lieu. Au sud du cours d'eau, à l'extrême est de l'ul Rodopi.

Oriental Restaurant TURC $$
(☎03041-2041 ; www.orpheus-spa.com ; Tzvetan Zangov 14 ; plats 8-16 lv ; 📶). Cette table du complexe Orpheus Spa & Resort sert des kebabs turcs dans un décor de divans, coussins et voilages.

Renseignements

Vous trouverez des DAB dans la rue principale et à l'Orpheus Spa & Resort (p. 365).

Il n'y a pas d'office du tourisme, mais l'office du tourisme régional (ci-contre) de Smolyan peut vous fournir des cartes, les horaires des transports publics et des renseignements sur toute la région. Les employés du **musée de Devin** (ul Orfei ; 1 lv ; ⊙10h-12h et 15h-17h lun-sam) et des hôtels sont les mieux placés pour donner des renseignements sur les environs.

Depuis/vers Devin

Depuis la **gare routière de Devin** (☎03041-2077 ; ul Osvobojdenie 24), des bus desservent Smolyan (5 lv, 1 heure 30, 6/jour) via Shiroka Lăka et Plovdiv (7 lv, 3 heures, 2/jour). Pour Sofia, des minibus partent tous les 2 jours, mais on peut aussi prendre un bus à destination de Plovdiv, d'où de nombreux bus et trains rejoignent la capitale.

Veliko Tărnovo et les montagnes du Centre

Dans ce chapitre ➡

Le top des restaurants

- Han Hadji Nikoli (p. 379)
- Sevastokrator (p. 383)
- Magnolia (p. 396)
- Pri Hadjiyata (p. 402)
- Starata Loza (p. 386)

Le top des hébergements

- Hotel-Mehana Gurko (p. 379)
- Hotel IT Shipka (p. 399)
- Camping de Veliko Tărnovo (p. 378)
- Dream of Happiness (p. 385)
- Hotel Merian Palace (p. 400)

Pourquoi y aller

Entre montagnes et vallées fleuries, la campagne du cœur géographique de la Bulgarie présente des visages variés. Aujourd'hui encore, l'histoire mouvementée de la région reste gravée dans le paysage.

Dans les montagnes du Centre, les monastères de Troyan et de Dryanovo survécurent aux tentatives répétées de destruction et abritèrent des révolutionnaires entre leurs murs couverts de fresques. Plus au sud, Koprivshtchitsa fut le berceau du soulèvement d'avril 1876, et le col densément boisé de Shipka fut le théâtre des batailles menées contre les Ottomans et pour l'indépendance de la Bulgarie.

La forteresse de Veliko Tărnovo, ancienne capitale des tsars bulgares, demeure le joyau de la région. Et il y a aussi la vallée des Roses de Kazanlăk, qui explose de fleurs en mai et juin, les tombeaux thraces... À l'est, on rejoint des sites moins explorés : les gigantesques monuments de Shoumen, la réserve archéologique de Madara et le terrain parsemé de rochers, propice aux randonnées, des alentours de Sliven.

Quand partir

Veliko Tărnovo

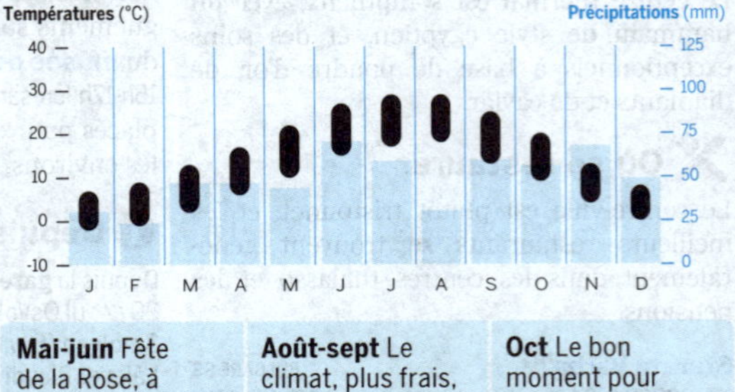

Mai-juin Fête de la Rose, à Kazanlăk et dans les environs, et reconstitution du soulèvement de Koprivshtchitsa.

Août-sept Le climat, plus frais, invite à randonner dans la Stara Planina.

Oct Le bon moment pour admirer le spectacle son et lumière de Veliko Tărnovo et faire la fête !

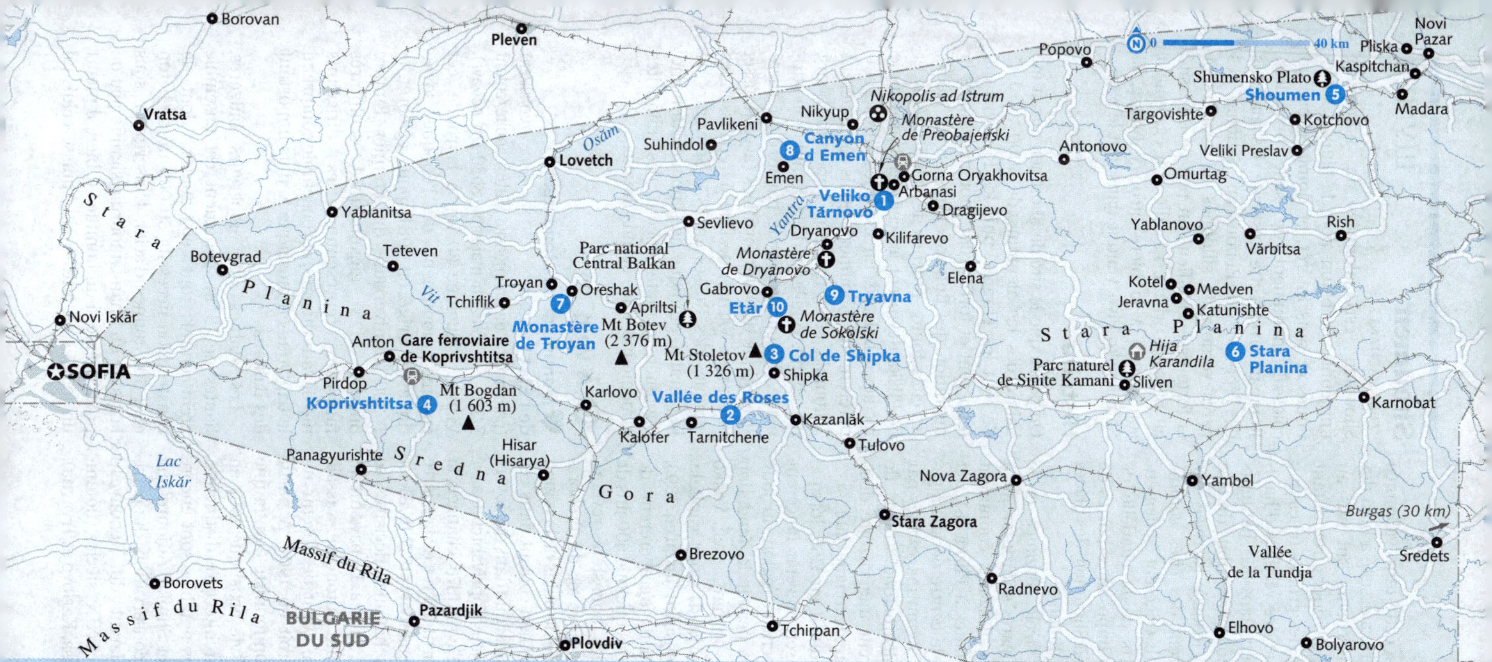

À ne pas manquer

1 Veliko Tărnovo (p. 372). Une promenade au fil de ruelles pavées et le long des remparts médiévaux.

2 Vallée des Roses (p. 397). Le parfum de l'huile de rose fraîche.

3 Col de Shipka (p. 397). Entre dômes dorés de l'église russe et OVNI soviétique.

4 Koprivshtchitsa (p. 393). Les belles façades peintes ont été les témoins d'un soulèvement historique.

5 Monument aux fondateurs de l'État bulgare (p. 368). Les sculptures futuristes de Shoumen.

6 Stara Planina (p. 391). Une randonnée dans la campagne de la "vieille montagne".

7 Monastère de Troyan (p. 390). Les fresques du XIXe siècle de ce monastère en grès sont de toute beauté.

8 Canyon d'Emen (p. 382). Vue vertigineuse depuis le sentier longeant la falaise.

9 Tryavna (p. 384). Merveilleuses iconostases en bois, sculptées de main de maître.

10 Etăr (p. 386). Édifices et boutiques d'artisanat dans le village touristique d'Etăr.

Histoire

Au fil des millénaires, cette terre vallonnée du centre de la Bulgarie a assisté à bien des peuplements. Les chercheurs ont mis au jour des traces troglodytiques remontant au paléolithique dans des grottes telles que Batcho Kiro, ainsi que des vestiges d'habitations du néolithique dans les hauteurs autour de Veliko Tărnovo. Les tribus thraces dominèrent le pays jusqu'à l'arrivée des Romains, qui fondèrent des cités comme Nikopolis ad Istrum. Ils érigèrent également les premiers remparts de la citadelle de Veliko Tărnovo et les imposantes portes de Hisar et remanièrent, à Shoumen, des places fortes datant de l'âge du fer.

À partir du VIIe siècle, Byzance et le Premier Empire bulgare s'affrontèrent à maintes reprises. Les Bulgares connurent deux importantes défaites à Pliska (811) et à Preslav (971), dans le centre de la Bulgarie. Puis, en 1014, les Byzantins, dirigés par Basile II, dit "le Bulgaroctone" (tueur de Bulgares), remportèrent une victoire décisive sur leur adversaire de longue date.

Un sursaut se produisit en 1185, lorsque les frères valaques Asen et Petăr lancèrent une rébellion qui libéra la région du joug de Constantinople et permit la fondation du Second Empire bulgare, avec Veliko Tărnovo (alors Tărnovgrad) pour capitale. Une période faste s'ensuivit jusqu'en 1393, année où les Ottomans s'emparèrent de Tărnovgrad. Au long des quelque 500 ans de domination turque, des monastères révérés, comme ceux de Dryanovo et de Preobrajenski, furent détruits et le poids de la région diminua. Mais la rébellion couvait dans ces mêmes monastères, ainsi que dans des foyers révolutionnaires, comme Koprivshtchitsa.

Le soulèvement d'avril 1876 changea la donne. Tărnovgrad sortit libérée de la guerre russo-turque qui s'ensuivit (1877-1878) et dont la plupart des batailles décisives se déroulèrent au col de Shipka. Le pays fut un temps une principauté autonome, vassale de l'Empire ottoman, avant de devenir un royaume de plein droit en 1908. À partir de 1946, le régime communiste étouffa une grande partie de la vie artistique tout en faisant naître une architecture distinctive, dont certains vestiges notables sont encore visibles à Shoumen et Shipka. Aujourd'hui, la priorité va à la conservation du patrimoine historique datant du Renouveau national des XVIIIe et XIXe siècles (notamment à Koprivshtchitsa, Karlovo et Tryavna).

Shoumen ШУМЕН

87 000 HABITANTS

Shoumen est jalonnée de nombreux immeubles en béton, pour la plupart soviétiques et sans intérêt, et dominée par un colossal monument de style brutaliste. Rompant avec cette austérité, les maisons de l'époque du Renouveau national, les parcs verdoyants sillonnés de sentiers et la forteresse insufflent un peu de diversité au paysage urbain. La ville doit également son renom à la bière qu'on y brasse, la Shumensko Pivo, vendue dans tout le pays.

Histoire

On pense que le site de Shoumen aurait été habité dès les alentours de 5000 av. J.-C. Ce sont les Thraces, puis les Romains qui fondèrent et fortifièrent Shoumen. Après la migration des Bulgares turcs au VIe siècle, les cités toutes proches de Veliki Preslav et de Pliska devinrent les centres du royaume médiéval bulgare. En 1388, les Turcs s'emparèrent de Shoumen, qu'ils nommèrent Tchoumla, et en firent un important bourg marchand. Vers la fin de la domination ottomane, Tchoumla faisait partie d'un carré stratégique de villes fortifiées (avec Roussé, Silistra et Varna), destiné à repousser les attaques des Russes en 1877. Souvenirs de la pluralité ethnique de l'époque ottomane, Shoumen compte encore des minorités arménienne, juive et musulmane.

À voir

Monument aux fondateurs de l'État bulgare — MONUMENT

(parc naturel de Shumensko Plato ; adulte/enfant 3/1 lv ; 8h-20h mai-sept, 8h30-17h oct-avr). Visible à quelque 30 km à la ronde, cet énorme monument de l'époque soviétique fut érigé en 1981, pour célébrer le 1 300e anniversaire du Premier Empire bulgare. Les gigantesques sculptures futuristes représentent les dirigeants médiévaux du pays, et l'ensemble comprend le triptyque en mosaïque le plus important des Balkans.

Les statues des empereurs bulgares, hautes de 18 m, ponctuent cet ensemble architectural tout en angles, dont la construction nécessita 50 000 m^3 de béton et 2 500 tonnes d'acier. L'inscription sous la statue du khan Omourtag signifie peu ou prou "Même si un homme vit bien, il meurt un jour et un autre naît ; puisse celui qui nous succédera, lorsqu'il verra l'inscription, se souvenir de celui qui l'a faite". On estime que le lion en granit qui surmonte le monument pèse 1 000 tonnes.

Du centre de Shoumen, une route circulaire de 5 km conduit au monument ; elle suit la pente de la colline depuis l'ul Saedinenie, au sud de l'Hotel Rai. En taxi depuis le centre-ville, comptez 5 lv environ. Au retour, vous pourrez redescendre par l'escalier.

Un centre d'informations, à environ 300 m du monument, vous renseignera sur ce dernier et sur la flore des environs. Un chemin de 3 km passe par le centre d'informations et le parking, et aboutit à la forteresse.

Musée régional d'Histoire MUSÉE
(☎054-875 487 ; museum-shumen.eu ; bul Slavyanski 17 ; 3 lv ; ⏲10h-18h tlj avr-oct, 9h-17h lun-ven nov-mars). Dans un bâtiment en briques de l'artère principale, ce musée présente de nombreux artefacts thraces et romains provenant de Madara, de Veliki Preslav et de Pliska, ainsi que d'anciens vases funéraires et la reconstitution du tombeau de Smyadovo, une importante sépulture du IVe siècle av. J.-C. Des bijoux, des lanternes du XIXe siècle et des créations d'orfèvres de Shoumen, réalisées durant la période du Renouveau national, sont exposés à l'étage.

Forteresse de Shoumen FORTERESSE
(tarif plein/réduit 3/1 lv ; ⏲9h-19h tlj été, 9h-17h lun-ven hiver). Trônant à 455 m d'altitude, cette forteresse existe, sous une forme ou une autre, depuis 3 000 ans. Érigée à l'âge du fer, elle fut successivement modifiée, ou renforcée, par les Thraces, les Romains et les Byzantins. Elle prit une importance stratégique encore plus grande durant le Second Empire bulgare (1185-1396) – Shoumen fut alors l'une des principales cités du Nord-Est. En 1388, Ali Pacha envahit la ville pour le compte du sultan Mourad Ier, pillant et incendiant la forteresse au passage.

Mosquée Tombul MOSQUÉE
(mosquée Cherif Halil Pacha ; ☎054-802 875 ; ul Rakovski 21 ; adulte/enfant 4/2 lv ; ⏲9h-18h). Édifiée en 1744, cette mosquée marie le style oriental et (dans certains éléments intérieurs) le baroque français. Avec ses 1 730 m², c'est la plus vaste du pays encore dévolue au culte. Son minaret, haut de 40 m, comporte un escalier de 99 marches. La cour renferme une fontaine où coulerait une eau sacrée.

SENTIERS DE RANDONNÉE

Des sentiers de randonnée pédestres et cyclistes sillonnent le Shumensko Plato, une zone protégée qui s'étire au-delà du monument des fondateurs de l'État bulgare.

Où se loger

Les hôtels de Shoumen, qui s'adressent surtout aux voyageurs d'affaires, sont plutôt impersonnels (ils abondent en revanche en équipements haut de gamme !) ; certains baissent leurs tarifs le week-end. L'atmosphère des pensions familiales est souvent plus agréable.

Hotel Rai HÔTEL $
(☎054-802 670 ; shumen-hotel-rai.alle.bg ; ul Ohrid 26a ; s/d/tr/app 33/46/54/59 lv ; ❄@📶). Cet hôtel occupe un bâtiment jaune clair, à proximité du parc naturel de Shumensko Plato. Tenu en famille, il est meublé dans un style confortable et suranné. Les chambres sont équipées d'un ordinateur relié à Internet. Le personnel est sympathique et serviable. Supplément pour le petit-déjeuner (2 lv).

♥ **Nirvana Art Hotel** BOUTIQUE-HÔTEL $$
(☎054-800 127 ; www.hotelnirvana.bg ; ul Nezavisimost 25 ; s/d/app à partir de 79/89/140 lv ; P❄📶🏊). Unique en son genre, et tranchant avec l'esthétique soviétique courante à Shoumen, cet hôtel évoque un palais du Moyen-Orient, avec ses arcades blanches et ses treillis. Décorées dans des styles distincts, les chambres arborent des tons apaisants, comme le bleu clair et l'abricot. Piscine extérieure (ouverte en saison), centre de remise en forme avec spa et hammam. Massages à partir de 25 lv.

Hotel-Restaurant Minaliat Vek HÔTEL $$
(☎054-801 615 ; www.minaliatvek.com ; bul Simeon Veliki 81 ; s/d/ste 58/70/95 lv ; P❄📶). Cet hôtel d'un excellent rapport qualité/prix occupe un édifice du XVIIIe siècle dans la partie ouest de Shoumen. Le personnel, enjoué, parle un grand nombre de langues. Les chambres, rudimentaires, sont joliment tenues. Bon signal Wi-Fi. Petit choix de petits-déjeuners (5 lv/pers).

Hotel Zamaka HÔTEL $$
(☎054-800 409 ; www.zamakbg.eu ; ul Vasil Levski 17 ; s/d/ste 50/70/85 lv ; ❄📶). Niché

Shoumen

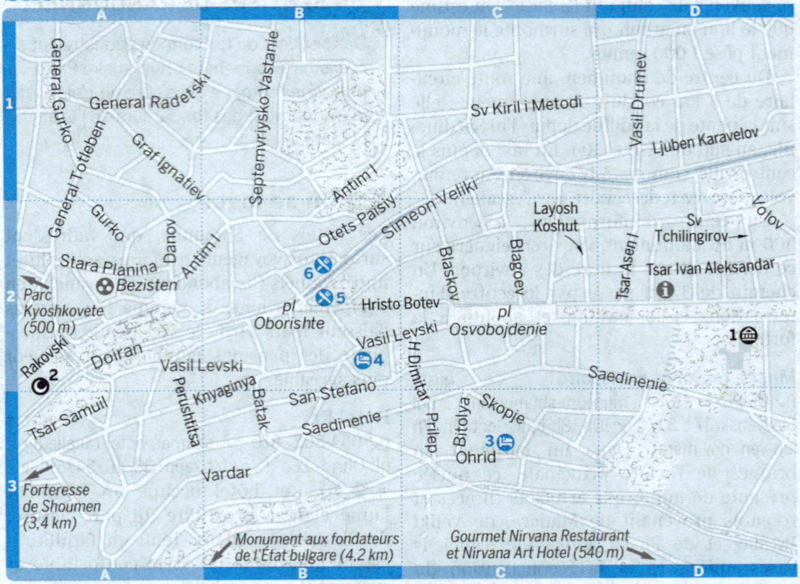

dans un quartier résidentiel paisible, à l'ouest de la place principale, ce ravissant hôtel loue des chambres (en tout 9 chambres et 4 suites) vastes et lumineuses, distribuées autour d'une cour-jardin. Restaurant traditionnel attenant. Le personnel, chaleureux, parle anglais.

Où se restaurer et prendre un verre

Les meilleurs restaurants de Shoumen jalonnent l'ul Tsar Osvoboditel, près de la place principale. On en trouve également dans les établissements de catégorie supérieure, comme le Nirvana Art Hotel et le Grand Hotel Shumen. Goûtez la *Gorna Oryakhovski sudzuk*, une saucisse régionale plate et épicée.

Minaliat Vek Restaurant BULGARE $$
(☎054-801 615 ; www.minaliatvek.com ; bul Simeon Veliki 81 ; plats 9-17 lv ; wifi). Favori des habitants, le restaurant de l'hôtel Minaliat Vek privilégie les saveurs d'autrefois à travers une longue carte de spécialités bulgares, comme le triple filet de porc au *kashkaval* (fromage), le poisson grillé, la soupe de tripes et des salades. Grande sélection de *rakia* (eau-de-vie bulgare).

Mehana Popsheitanova Kashta BULGARE $$
(☎054-802 222 ; ul Tsar Osvoboditel 158 ; plats 5-12 lv ; 12h-23h ; wifi). Cet établissement traditionnel où le bois domine ne lésine pas sur les portions. Laissez-vous tenter par le *shishle* "spécial" de poulet (brochette avec poivrons rouges, oignons, tomates et champignons), à déguster sur un grand banc dehors.

Gourmet Nirvana Restaurant INTERNATIONAL $$$
(☎054-800 127 ; www.hotelnirvana.bg ; ul Nezavisinost 25 ; plats 12-25 lv ; wifi). La cuisine raffinée de cet hôtel néoclassique au sud du centre-ville vaut bien les 10 minutes de trajet en voiture pour s'y rendre. Les plats de poisson, les grillades méditerranéennes et les spécialités italiennes (qui conviennent aux végétariens), comme les cannellonis, son joliment servis à des tables donnant sur un paisible jardin.

Nightclub Colosseum CLUB
(☎054-830 444 ; www.facebook.com/ColosseumOficial ; ul Simeon Veliki ; 23h-4h mer-lun ; wifi). Cette énorme discothèque, la plus populaire de la ville, règne sur les nuits locales depuis plus de 10 ans. Consultez sa page Facebook pour les événements à venir (soirées thématiques, étudiantes, DJ, rétro...).

Shoumen

À voir

1 Musée régional d'Histoire..................D2
2 Mosquée Tombul..................A2

Où se loger

3 Hotel Rai..................C3
4 Hotel Zamaka..................B2
Hotel-Restaurant Minaliat Vek..................(voir 6)

Où se restaurer

5 Mehana Popsheitanova Kashta..........B2
6 Minaliat Vek Restaurant..................B2

Où prendre un verre et faire la fête

7 Nightclub Colosseum..................F1

Renseignements

Le **centre d'informations touristiques** (054-857 773 ; www.shumen.bg/en/tourism ; bul Slavyanski 17 ; 9h-17h lun-ven) fournit plans, conseils et renseignements sur la région. Le **stand de souvenirs** (9h-13h, 14h-18h), adjacent au complexe muséographique de Pantcho Vladigerov, vend des plans présentant les sites locaux (2,50 lv).

Depuis/vers Shoumen

Les gares routière et ferroviaire sont situées l'une à côté de l'autre, à l'extrémité est de la ville. De la **gare routière** (054-830 890 ; ul Rilski Pohod), des bus partent pour Burgas (14 lv, 3 heures, 2-4/jour), Roussé (6-10 lv, 2 heures 30, 1/jour), Dobritch (13 lv, 2 heures-2 heures 30, 2/jour), Silistra (13 lv, 3 heures, 3/jour), Veliko Tărnovo (13 lv, 2 heures-2 heures 30, 3/jour), Sofia (31 lv, 6 heures, 7/jour) et Varna (7 lv, 1 heure 30, 9/jour). Des bus privés, comme ceux d'**Etap Adress** (054-830 670 ; www.etapgroup.com ; bul Madara 33), font halte dans cette même gare. Il y a aussi 2 bus par jour pour Istanbul (60 lv, 9 heures).

De la **gare ferroviaire** (054-860 155 ; ul Stantsionna), des trains directs desservent Varna (6-7 lv, 2 heures, 10/jour) et Sofia (20-26 lv, 6 heures-6 heures 30, 3-4/jour) ; il y a aussi des trains pour Roussé (12 lv, 3 heures 30-4 heures 30, 1/jour) via Gorna Oryakhovitsa. Il existe un seul train direct à destination de Plovdiv (18-20 lv, 7-9 heures, 10/jour) – les autres impliquent de prendre une correspondance. Sept trains vont chaque jour à Madara (1,50-3 lv, 15 min).

Madara МАДАРА

1 300 HABITANTS

C'est le cavalier de Madara, une superbe sculpture rupestre, qui a d'abord fait la renommée de ce paisible village. Madara, à 15 km à l'est de Shoumen, était une cité importante à l'époque des Thraces, qui fut ensuite peuplée par les Romains, puis tira parti d'une situation clé au moment de la fondation de l'État bulgare, au VIIe siècle. Bien plus modeste désormais, elle reste connue pour sa réserve archéologique, ses grottes, ses chapelles et, bien sûr, le fameux cavalier, qui fut sculpté dans la paroi d'une falaise pendant le khanat bulgare, au VIIIe siècle.

La réserve se prête aussi parfaitement à la randonnée. Des sentiers mènent à une forteresse en ruines, d'où l'on jouit d'une vue panoramique sur les falaises blanches qui émergent d'une forêt dense et sur un tapis de champs verdoyants.

À voir

Réserve archéologique de Madara SITE HISTORIQUE

(adulte/enfant 5/2 lv ; 8h30-20h avr-oct, 8h30-17h nov-mars). À 1,5 km à l'est du village de Madara, ce bas-relief représentant un personnage à cheval, suivi d'un chien et transperçant un lion avec sa lance, est le clou de cette réserve archéologique. Réalisé au VIIIe siècle dans une falaise à 23 m du sol, pour célébrer la victoire du khan Tervel et la formation du Premier Empire bulgare (681-1018), le cavalier de Madara (Madarski Konnik), la seule sculpture rupestre du pays datant du Moyen Âge, fait partie des sites protégés par l'Unesco. Les grottes, les chapelles et le sentier écologique de la réserve sont indiqués par des panneaux.

Gravissez les marches taillées dans la roche pour admirer la sculpture. À environ 200 m à droite de l'escalier, vous verrez la **chapelle Sveti Panteleimon** (XIIe-XIVe siècle), un sanctuaire troglodyte rempli d'icônes. Un sentier escarpé, grimpant à gauche de l'escalier, mène aux vestiges de la **forteresse de Madara** (environ 20 min), édifiée aux IVe et Ve siècles, et d'où la vue sur les plaines alentour est superbe.

Où se loger

Vous trouverez un refuge de montagne au nord-ouest de la rivière Madara et un camping à 500 m à pied de la réserve archéologique. Il existe deux pensions plus confortables dans le village de Madara, à 1,5 km à l'ouest de la réserve, mais la plupart des visiteurs séjournent dans la ville animée de Shoumen, à 15 km à l'ouest.

Guesthouse Valentina PENSION $
(☎0895990260 ; ul Madarski konnik 44 ; d 40 lv ; P 📶). Dans Madara, cette pension de 4 chambres est située non loin de la route principale, à 1 km à l'ouest de la réserve archéologique. Les chambres sont simples et propres ; le jardin, fleuri et peuplé d'oiseaux (et de nains en céramique) a vue sur la falaise.

Hija Madarski Konnik REFUGE $
(☎0896688536 ; dort 20 lv). Ce refuge spartiate, à 200 m au nord-ouest du cavalier de Madara sur la route principale, propose des lits en dortoirs aux randonneurs de passage.

Depuis/vers Madara

Les transports publics pour Madara sont limités. Le cavalier est situé à 2 km du village – par une route escarpée. L'aller-retour en taxi depuis Shoumen revient à 30 lv, temps d'attente compris. Vous ne trouverez pas de taxi à Madara.

Chaque jour, plusieurs trains reliant Shoumen et Varna s'arrêtent à Madara (3 lv, 15 min). Les bus entre Shoumen et Madara ne sont pas fiables ; il existe en revanche un bus quotidien pour Kaspitchan, d'où vous pourrez prendre un minibus jusqu'à Madara.

Veliko Tărnovo
ВЕЛИКО ТЪРНОВО

68 783 HABITANTS

Les remparts et les ruelles pavées de Veliko Tărnovo vous plongeront directement dans l'histoire médiévale de la ville. Cette cité, l'une des plus anciennes du pays, a pour épicentre la forteresse de Tsarevets, une citadelle superbement restaurée datant du Second Empire bulgare.

La Tărnovo historique borde les méandres de la Yantra, ceinturée par un amphithéâtre de collines boisées. Les visiteurs pourront y découvrir, au fil de leurs flâneries, les splendeurs de l'époque du Renouveau national bulgare (XVIIIe-XIXe siècles), notamment dans l'ul Gurko. Le marché artisanal de Samovodska Tcharshiya, comme figé dans une autre époque, est tout aussi évocateur.

S'étendant à l'ouest depuis le bul Bulgaria, la ville moderne a largement débordé de ses limites. Tărnovo peut aujourd'hui s'enorgueillir de compter la seconde université de Bulgarie, qui lui vaut son côté cosmopolite. Située entre Bucarest et Istanbul, la cité est prisée des *backpackers*. Elle mérite davantage qu'une simple étape, ne serait-ce que pour prendre le temps de profiter de la vue sur le dédale de ruelles que l'on a depuis les hauteurs de la forteresse.

Histoire

De par leur position stratégique, les collines de Tărnovo furent peuplées dès des temps anciens. On y relève des traces d'occupations néolithiques remontant à 5500 av. J.-C. Puis les Thraces s'installèrent, quelques millénaires plus tard, sur la colline de Tsarevets, où se dresse la forteresse, et sur celle de Trapezitsa, en face. Les Romains construisirent les premiers remparts de la forteresse et, au VIe siècle, l'empereur byzantin Justinien édifia une citadelle. Au VIIe siècle, les Slaves s'emparèrent de la ville ; puis celle-ci fut bientôt l'objet de guerres interminables entre Byzance et le Premier Empire bulgare.

En 1185, sous la direction des frères Asen et Petăr, Tărnovgrad fut le centre d'une rébellion contre les souverains byzantins. Après la fondation du Second Empire bulgare, elle remplaça comme capitale les cités détruites de Pliska et Veliki Preslav. Devenue la deuxième ville de la région après Constantinople, elle connut, deux siècles durant, une embellie culturelle et commerciale.

Le 17 juillet 1393, les Turcs s'emparèrent de Tărnovgrad et détruisirent la forteresse. Ayant perdu sa position stratégique au cœur du vaste empire, la cité végéta jusqu'à l'essor, au milieu du XIXe siècle, du nationalisme bulgare. En 1877, durant la guerre russo-turque, le général russe Gourko libéra Tărnovgrad des Turcs.

Alors rebaptisée Veliko Tărnovo, elle accueillit, en souvenir de son importance sous le Second Empire bulgare, la rédaction de la Constitution du pays, en 1879. Elle fut également, en 1908, le théâtre de la proclamation officielle de l'indépendance de l'État bulgare. En 1913, un séisme détruisit environ un tiers de la ville. Toutefois, les reconstructions progressives permirent de redonner à l'architecture de la ville sa grandeur passée.

À voir

Forteresse de Tsarevets FORTERESSE

(tarif plein/réduit 6/2 lv, ascenseur panoramique 2 lv ; 8h-19h avr-oct, 9h-17h nov-mars). Symbole de cette fière cité médiévale, la forteresse restaurée domine l'horizon et compte parmi les monuments les plus chers au pays. Siège des tsars médiévaux, elle abrite les vestiges de plus de 400 maisons et 18 églises, ainsi que le Palais royal, un rocher d'exécution et d'autres structures. Regardez où vous mettez les pieds, car les nids-de-poule, les marches cassées et les à-pics sans rambarde sont nombreux. En soirée, un spectacle son et lumière sublime l'endroit d'un ballet de couleurs (p. 380).

La réserve muséographique de Tsarevets est située sur la colline éponyme qui fut, de par son emplacement stratégique, occupée depuis des temps immémoriaux. Les Thraces et les Romains en firent une position défensive, et les Byzantins y édifièrent la première forteresse, entre le Ve et le VIIe siècle. Elle fut reconstruite et agrandie par les Slaves et les Bulgares entre le VIIIe et le Xe siècle, puis par les Byzantins au début du XIIe siècle. Véritable splendeur du temps où Tărnovgrad était la capitale du Second Empire bulgare, la forteresse fut pillée et détruite lors de l'invasion turque en 1393. Les communistes lui ont redonné un peu de sa gloire passée, même si des archéologues déplorent une restauration quelque peu fantaisiste.

Les panneaux en langue étrangère sont rares, mais le centre d'informations touristiques organise des visites guidées en anglais (10 lv).

De l'entrée, franchissez deux portes et tournez à gauche (nord-est) pour rejoindre les remparts, dont certains atteignaient jadis 12 m de hauteur et 10 m d'épaisseur. Le long des murs gisent les ruines, difficiles à identifier, d'un monastère du XIIe siècle, de divers ateliers et habitations, et de deux églises. Au nord se dressent les vestiges d'un monastère du XIIIe siècle et le rocher des exécutions d'où les traîtres étaient jetés dans la Yantra – un sort subi par le patriarche Joachim III en 1300.

Le chemin qui longe le côté oriental de la forteresse n'a rien d'extraordinaire. Retournez plutôt au centre en vous repérant à l'ensemble patriarcal, au sommet de la colline. Après l'une des cloches modernes (utilisées pour les spectacles son et lumière, voir p. 380), on voit une maison aristocratique en ruines et deux églises sur la gauche (est).

Sous l'ensemble patriarcal, on découvre les fondations du vaste Palais royal, d'où 22 monarques successifs régnèrent sur la Bulgarie. Autrefois d'une superficie de 4 500 m², il abritait une grande salle du trône (d'environ 30 m sur 10) et des colonnes romaines, qui provenaient sans doute de la ville voisine de Nicopolis ad Istrum.

Du palais, revenez vers l'ouest jusqu'au chemin principal et grimpez les marches

Forteresse de Tsarevets

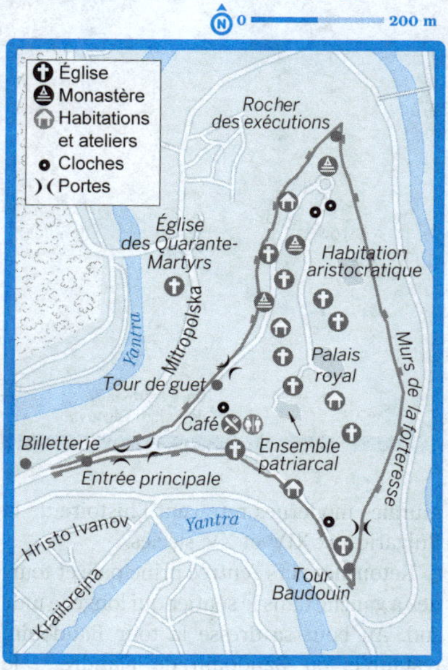

Veliko Tărnovo

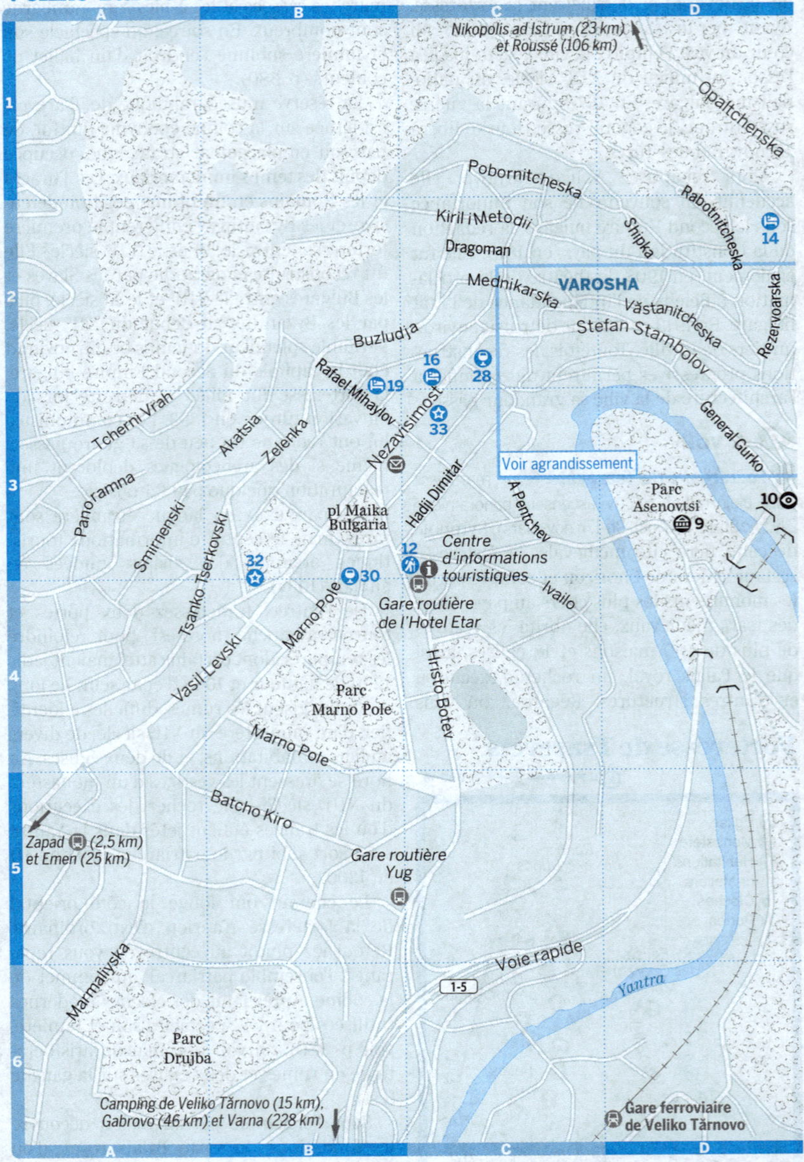

menant à l'ensemble patriarcal, qui s'étendait jadis sur quelque 3 000 m². Également appelé église Saint-Sauveur, il date probablement de 1235 et a été entièrement restauré. Depuis l'escalier en façade, la vue sur la ville est magnifique. À l'intérieur, des peintures murales modernes retracent l'histoire de la Bulgarie aux XIVe et XVe siècles.

Retournez vers l'entrée principale et tournez à gauche dans le sentier qui longe le mur sud. Au bout se dresse la tour Baudouin, restaurée, où Baudouin de Flandre – le

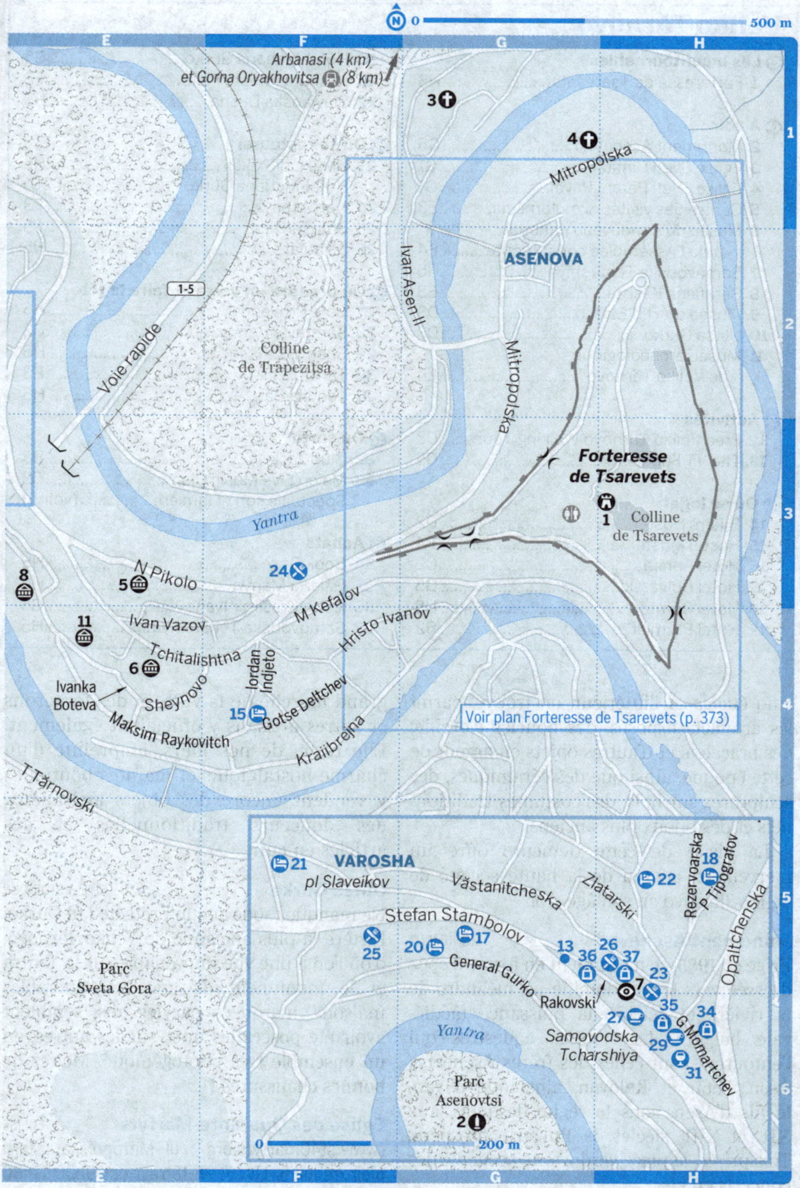

croisé qui dirigea le sac de la Byzance chrétienne en 1204 et fut brièvement empereur de Constantinople – fut emprisonné et mourut après sa défaite contre les Bulgares un an plus tard. Du sommet de la tour, on contemple un panorama de toute beauté.

Sarafkina Kăshta MUSÉE
(ul General Gurko 88 ; tarif plein/réduit 6/2 lv ; 9h-18h mar et jeu-sam, 12h-18h mer). Construite en 1861 pour un riche banquier, cette maison dans le style du Renouveau national compte (vue depuis la rivière)

Veliko Tărnovo

cinq étages. À l'intérieur, on trouve, parmi les artefacts exposés, des boucles d'oreille, des bracelets et d'autres objets en argent de cette époque, ainsi que des céramiques, des sculptures sur bois, des costumes traditionnels et des bijoux plus anciens.

La visite de cette demeure offre un merveilleux aperçu de la haute société de Veliko Tărnovo en son âge d'or.

Monument Asenevtsi — MONUMENT

Érigé en 1985, ce monument en forme d'épée dressée vers le ciel domine un méandre de la rivière et célèbre la puissance médiévale bulgare. Les figures équestres qui l'entourent sont celles des frères Asenevtsi, Asen, Petăr et Kaloyan, ainsi que d'Ivan, le fils d'Asen, sous le règne desquels, aux XIIe et XIIIe siècles, la Bulgarie prospéra. Très prisée, la place verdoyante accueille des concerts en été.

Samovodska Tcharshiya — QUARTIER

Au XIXe siècle, cette rue étroite accueillait des dizaines de vendeurs venus des villages voisins pour vendre fruits, légumes, beurre et fromages qu'ils présentaient sur de petits tapis posés à même le pavé. Dans les années 1880, on y trouvait le plus grand marché de la ville, et des forgerons et autres artisans y officiaient également. Elle reste, de nos jours, empreinte d'un charme nostalgique, et maintes boutiques y vendent encore des objets artisanaux, des douceurs traditionnelles et des articles en cuir.

Ulitsa Gurko — SITE HISTORIQUE

Ne manquez sous aucun prétexte l'ul Gurko, l'artère la plus ancienne de Veliko Tărnovo, d'où l'on a une vue imprenable sur la Yantra et le monument d'Asen. Ses vénérables maisons, marquées par les ans, semblent avoir été posées les unes sur les autres, en un ensemble très photogénique. Mettez de bonnes chaussures !

Église des Quarante-Martyrs — ÉGLISE

(www.st40martyrs.org ; ul Mitropolska ; tarif plein/réduit 5/1 lv ; 9h-18h avr-oct, 9h30-17h30 nov-mars). Dans le vieux quartier d'Asenova, l'église Tchetirideset Mătchenitsi fut construite en 1230 pour célébrer la victoire du tsar Asen II contre les Byzantins. Elle servit de mausolée royal, puis de mosquée sous les Turcs, avant d'être convertie en église après la libération du pays, en 1878.

Centre des visiteurs multimédia MUSÉE
(musée de cire Tsarevgrad Tarnov ; ul Nikola Pikolo 6 ; adulte/enfant 10/5 lv ; ⌚9h-19h mar-dim, 12h-19h lun). Pendant, à la mode médiévale, du Grévin parisien, ce musée de cire donne sur la route de la forteresse de Tsarevets. De nombreux personnages de l'histoire bulgare, modelés avec réalisme, y sont représentés au fil de saynètes. Entre paysans et rois, des panneaux multimédias retracent, en plusieurs langues, le passé de la ville. Les enfants adorent – en particulier la salle du trône, où se tient un tsar hiératique à souhait, et les costumes d'époque mis à leur disposition. Les autres voyageurs trouveront peut-être le prix des billets un peu élevé.

Église Sveti Petăr i Pavel ÉGLISE
(ul Mitropolska ; tarif plein/réduit 4/2 lv ; ⌚9h-18h). Au nord de la forteresse de Tsarevets et de l'église des Quarante-Martyrs, la petite église Saint-Pierre-et-Saint-Paul mêle des éléments de styles byzantin et classique bulgare. L'intérieur, richement décoré, renferme des fragments de fresques datant du XIVe au XVIIe siècle.

Église Sveti Dimităr ÉGLISE
(ul Patriarh Evtimii). Sur l'autre rive, enceinte d'un haut mur de belles proportions, l'église Saint-Dimitri est la plus ancienne de la ville. De style dit "de Tărnovo", elle porte le nom d'un saint originaire de Thessalonique (Grèce). C'est à l'occasion de sa consécration, en 1185, que les tsars Asen et Petăr proclamèrent le soulèvement contre le régime byzantin, prélude à la fondation du Second Empire bulgare (1185-1396).

Musée d'Art d'État MUSÉE D'ART
(galerie Boris Denev ; parc Asenovtsi ; tarif plein/réduit 4/2 lv ; ⌚10h-18h mar-dim). Cette institution, qui porte le nom d'un artiste ayant œuvré dans le Veliko Tărnovo de la première moitié du XXe siècle, occupe un grandiose édifice néoclassique proche du monument d'Asen, au bord d'un méandre de la Yantra. Installées sur 2 niveaux, les collections comprennent des œuvres des XIXe et XXe siècles – icônes, peintures de paysages des environs… Entrée gratuite le jeudi.

Musée du Renouveau national et de l'Assemblée constituante MUSÉE
(ul Ivanka Botev ; tarif plein/réduit 6/2 lv ; ⌚9h-18h mer-lun, 12h-18h mar). Ce musée occupe un ancien hôtel de ville turc de 1872. La première Assemblée nationale de Bulgarie s'y réunit en 1879 pour rédiger la Constitution. Le rez-de-chaussée, dédié à la vie quotidienne et administrative à Veliko Tărnovo du XVe au XIXe siècle, présente de nombreux costumes, photos et livres anciens, jusqu'à l'époque du Renouveau national. À l'étage, des portraits de personnalités locales sont rassemblés dans l'ancienne salle de l'Assemblée. Des photos anciennes et quelques précieuses icônes sont exposées au sous-sol.

Musée archéologique de Veliko Tărnovo MUSÉE
(☎062-638 841 ; museumvt.com ; ul Ivanka Boteva 2 ; tarif plein/réduit 6/2 lv ; ⌚12h-18h lun et 9h-18h mar-dim avr-oct, jusqu'à 17h30 nov-mars). Aménagé dans un beau bâtiment ancien, à la cour jalonnée de sculptures antiques, le musée archéologique renferme des artefacts romains. La collection médiévale bulgare comprend d'immenses peintures murales représentant les tsars et d'anciens objets en or provenant de sites néolithiques des alentours.

Activités

La randonnée et le VTT sont les activités les plus appréciées dans les environs de Veliko Tărnovo. La meilleure période va de mai à octobre.

Free Veliko Turnovo Walking Tours À PIED
(☎0887199921 ; www.facebook.com/freevtwalk ; centre d'informations touristiques ; ⌚11h tlj avr à mi-nov). GRATUIT Ces agréables promenades à pied croisent les sites majeurs de Veliko Tărnovo. Entre les séances photo de la statue et les pauses restauration, les guides vous raconteront, non sans humour, de nombreuses anecdotes. Consultez la page Facebook ou écrivez-leur un e-mail. Nous vous conseillons les "circuits alternatifs" de 18h, moins réguliers, qui explorent le pan interlope de la ville. Les visites durent jusqu'à 3 heures, mais vous pourrez vous esquiver plus tôt si vous manquez de temps.

The VT Foodies CULTUREL, GASTRONOMIQUE
(thevtfoodies@mail.com ; ⌚circuit 11h30 en semaine mai à mi-nov, sur rdv). GRATUIT Guidé par la charmante Mila, vous découvrirez les boulangeries-pâtisseries traditionnelles, les marchés et de succulents desserts. La visite est gratuite, mais un don est bienvenu ; les fournisseurs espèrent que les visiteurs reviendront plus tard pour faire d'autres découvertes (auquel cas il leur est souvent

accordé 10% de réduction). Le circuit part généralement de l'angle de l'ul Stambolov et de l'ul Rakovski. Envoyez un e-mail au moins la veille, en indiquant si besoin vos préférences alimentaires.

Fêtes et festivals

Festival folklorique international CULTUREL
(☎062-630 223 ; www.cioff.org ; ⏲fin juin à mi-juil). Le festival le plus populaire de la ville regroupe de nombreuses troupes de Bulgarie, des Balkans et de pays plus lointains. Au programme : musique et danses folkloriques, et fêtes de rue. Détails et dates exactes disponibles à partir de mi-avril.

Où se loger

Des frais élevés rendent la vie difficile aux propriétaires des petits hôtels et pensions, et les établissements disparaissent aussi vite qu'ils sont apparus. Les voyageurs n'en trouveront pas moins leur bonheur à Veliko Tărnovo. Et ce, quel que soit leur budget. Les hôtels de catégorie supérieure sont confortables et impersonnels ; à l'inverse, les auberges de jeunesse, rudimentaires, ont souvent un certain cachet. Pour un séjour alliant commodités et charme, préférez les pensions et les appartements, en particulier aux alentours de Samovodska Tcharshiya, dans le quartier de Varosha, et à l'extrémité sud-est de l'ul Gurko.

♥ Camping de Veliko Tarnovo CAMPING $
(☎0619-42 777 ; www.campingvelikotarnovo.com ; ul Vasil Levski 70, Dragijevo ; tente/camping-car/adulte/enfant 6/16/7/6 lv ; ⏲avr-oct ; P). Un camping plaisant et paisible niché au milieu des vertes prairies du village de Dragijevo, à 15 km de route à l'est de Veliko Tărnovo. Géré de main de maître par Nick et Nicky, un couple de Britanniques joviaux, il attire familles et voyageurs aventureux. Service de blanchisserie (12 lv), location de vélos (15 lv), piscine pour les enfants.

Hotel Anhea HÔTEL $
(☎062-577 713 ; www.anheabg.com ; ul Nezavisimost 32 ; s/d/tr à partir de 30/45/55 lv ;). Ce superbe hôtel pour les voyageurs à petit budget occupe un édifice des années 1900 où l'on peut facilement se détendre, malgré l'emplacement central. Les chambres, dans les tons beige et crème, sont réparties entre 2 bâtiments, séparés par une cour paisible, où les hôtes prennent le petit-déjeuner.

Slavianska Dusha PENSION $
(☎062-625 182 ; www.slavianska-dusha.com ; ul Nikola Zlatarski 21 ; s/d/tr/app à partir de 30/40/50/70 lv ; P). Cette adresse conviviale est une affaire de famille : le père aux commandes, le fils aux fourneaux et la mère aux tâches du quotidien. Les chambres sont simples, vastes et impeccables ; certaines ont une belle vue sur les toits.

Kăshata Private Flats APPARTEMENTS $
(The House ; ☎0887253693, 062-604 129 ; www.thehouse-bg.com ; pl Slaveikov 4 ; app 2/4 pers à partir de 50/90 lv ;). Pour vivre à la mode locale, optez pour ces appartements du centre-ville, ordinaires et bien tenus, avec TV et petits sofas. La plupart ont un balcon et certains présentent des détails originaux (vieilles poutres apparentes dans l'appartement mansardé). Le propriétaire, qui parle anglais et russe, fait tout son possible pour répondre aux besoins des voyageurs.

Hostel Mostel AUBERGE DE JEUNESSE $
(☎0897859359 ; www.hostelmostel.com ; ul Iordan Indjeto 10 ; empl/dort/s/d avec petit-déj 18/20/46/60 lv ; @). La petite sœur de la célèbre auberge de Sofia a fait une entrée fracassante à Tărnovo avec des dortoirs très modernes et des doubles aux sdb étincelantes, à 150 m seulement de la forteresse. Le personnel, enjoué, parle plusieurs langues. Coin barbecue à l'arrière.

Hikers Hostel AUBERGE DE JEUNESSE $
(☎0889691661 ; www.hikers-hostel.org ; ul Rezervoarska 91 ; dort/d à partir de 14/52 lv ; @). L'auberge la plus décontractée de la ville occupe un coin sans prétention, en haut du vieux quartier de Varosha, à 10 minutes à pied du centre (la vue est ravissante). Les dortoirs, spartiates, sont propres, tout comme les 2 chambres particulières (dont une sans fenêtre). Blanchisserie (4 lv).

♥ Hotel-Mehana Gurko HÔTEL HISTORIQUE $$
(☎0887858965 ; www.hotel-gurko.com ; ul General Gurko 33 ; s/d/app avec petit-déj à partir de 70/90/130 lv ; P@). Posté joliment dans la plus vieille rue de Veliko Tărnovo, avec des fleurs qui dégringolent des balcons en bois, cet hôtel est l'un des meilleurs endroits

où dormir (et manger) de la ville. Il offre 21 chambres calmes et spacieuses, toutes différentes, et un service accueillant, à défaut d'autres prestations.

Hotel Comfort HÔTEL **$$**

(☎0887777265 ; www.hotelcomfortbg.com ; ul P Tipografov 5 ; d 40-140 lv, app 100 lv ; P❄📶). Ce remarquable hôtel familial jouit d'un emplacement imbattable, à l'angle de la place du marché de Samovodska Tcharshia. La plupart des chambres dévoilent un panorama époustouflant de la forteresse et des collines environnantes – les tarifs varient en fonction de la vue et de l'étage. Le personnel, aimable, parle anglais.

Hotel Premier HÔTEL **$$**

(☎062-615 556 ; www.hotelpremier-bg.com ; ul Sava Penev 1 ; s/d 76/96 lv, ste à partir de 210 lv ; P❄📶). Cette enseigne centrale et chic est située dans une rue transversale proche de la poste. Les infrastructures s'adressent aux voyageurs d'affaires, mais les autres pourront aussi se faire plaisir dans la piscine sur le toit, au sauna (14 lv) et au spa – nombreux soins (19-117 lv).

Hotel Bolyarski HÔTEL **$$$**

(☎062-613 200 ; www.bolyarski.com ; ul Stefan Stambolov 53a ; s/d/ste avec petit-déj à partir de 70/130/180 lv ; P❄📶). Sur les hauteurs de l'ul Stambolov, le Bolyarski propose à une clientèle d'affaires des chambres modernes et bien tenues, avec une vue magique sur la ville et la rivière. Les hôtes fatigués d'avoir arpenté la colline de Tsarevets seront enchantés par le centre de fitness, la piscine et le sauna !

Où se restaurer

La scène culinaire de Veliko Tărnovo, dominée par les restaurants bulgares et italiens, comprend de bonnes tables pour toutes les bourses. On trouve un grand choix de restaurants (les meilleurs avec terrasse donnant sur la rivière) le long de l'ul Stefan Stambolov, mais les adresses familiales de l'ul Gurko et de Samovodska Tcharshiya sont celles qui ont le plus de cachet.

Stratilat INTERNATIONAL **$**

(☎062-635 313 ; ul Rakovski 11 ; plats 5-9 lv ; ⏲9h-23h ; 📶). Certes touristique, ce café-restaurant n'en possède pas moins une grande terrasse perchée au-dessus de l'ul Stambolov – d'où son franc succès auprès des visiteurs du quartier historique de Samovodska Tcharshiya. Ses cafés et ses gâteaux sont excellents, et il y a aussi des grillades et des salades, de jour comme de nuit.

♥ Shtastliveca BULGARE **$$**

(☎062-606 656 ; www.shtastliveca.com ; ul Stefan Stambolov 79 ; plats 10-20 lv ; ⏲11h-1h ; 📶). Ses plats inventifs et son service aimable ont fait de "L'heureux" l'établissement favori des Bulgares et des expatriés. Le poulet est ici arrosé de sauces où se marient le chocolat et le fromage, tandis que les fraises accompagnées de vinaigre balsamique donnent du piquant aux autres plats de viande. Beau choix de plats pour les végétariens également.

Un clin d'œil est fait au style vintage, avec un décor aux motifs floraux. C'est au rez-de-chaussée que les tables jouissent de la plus belle vue.

Ivan Asen BULGARE **$$**

(☎0882650065 ; www.ivan-asen.com ; pl Tsar Asen 1 ; plats 8-15 lv ; ⏲10h-23h). Ne vous fiez à l'emplacement touristique de ce restaurant, près de la forteresse de Tsarevets. Et si ses murs en pierre et ses colonnes lui donnent une allure austère, ses plats, eux, sont réconfortants à souhait. Au menu : *satch* (sorte de ragoût servi dans une casserole), porc rôti ou truite au jambon, ainsi que des risottos et des pizzas.

Hotel-Mehana Gurko BULGARE **$$**

(☎062-627 838 ; ul General Gurko 33 ; plats 7-15 lv ; 📶). La taverne de l'Hotel Gurko sert de robustes portions de spécialités bulgares dans un cadre rustique et cosy, assorti d'une belle vue. Service aimable et rapide.

♥ Han Hadji Nikoli INTERNATIONAL **$$$**

(☎062-651 291 ; www.hanhadjinikoli.com ; ul Rakovski 19 ; plats 17-30 lv ; ⏲10h-23h ; 📶). Du temps de la férule ottomane, maintes auberges de Veliko Tărnovo furent saccagées par les Turcs, pour avoir accueilli des révolutionnaires locaux. Fort heureusement, le Han Hadji Nikoli a survécu à cette funeste période. Aujourd'hui meilleure table de la ville, il occupe un bâtiment de 1858, avec une galerie d'art à l'étage. On y sert des plats superbement réalisés, comme le poulet thrace mariné aux herbes et au yaourt, les moules sautées au vin blanc et le succulent collet de porc.

Prisé des groupes en voyage organisé.

À NE PAS MANQUER

SON ET LUMIÈRE

Dans la nuit de Veliko Tărnovo, le Moyen Âge revit au travers de la musique et des couleurs du **son et lumière** (0885080865 ; www.soundandlight.bg ; ul N Pikolo 6 ; 20-25 lv). Ce spectacle audiovisuel évoque, en 40 minutes, l'ascension et le déclin du Second Empire.

Même si peu de faits historiques y sont évoqués, il s'agit d'un spectacle impressionnant : la colline de Tsarevets est ainsi baignée de vert et de rouge tandis que les cordes, les coups de cymbale et les chants traditionnels montent crescendo.

Le spectacle débute entre 20h et 21h30, selon la saison. Consultez le site Internet ou renseignez-vous auprès du centre d'informations touristiques. À défaut, vous pourrez vous contenter d'écouter les cloches et de regarder les rayons laser dans le ciel.

Où prendre un verre et faire la fête

Tam BAR
(0889879693 ; ul Marno Pole 2A ; 16h-3h lun-sam). Il faut passer une porte quelconque et gravir un escalier pour rejoindre le bar le plus sympathique de la ville. Lieu idéal pour prendre le pouls de la société *artsy* de Veliko Tărnovo, le Tam accueille ponctuellement des installations artistiques, et l'on peut y assister à des soirées linguistiques en anglais, français ou espagnol. L'accueil est très chaleureux et la fermeture, tardive.

Sammy's Bar BAR
(0885233387 ; ul Nezavisimost ; 11h-3h). Ce bar avec jardin sert un grand choix de limonades aux herbes (2,80 lv), qui ont fait sa notoriété. Situé à quelques pas de l'ul Nezavisimost, il jouit d'une vue panoramique sur la ville.

Shekerdzinitsa CAFÉ
(ul Giorgi Momartchev 13 ; 9h-18h mar-dim). Le café turc servi dans ce petit établissement pittoresque, voisin du quartier du vieux marché, évoque le Veliko Tărnovo d'autrefois. Offrez-vous quelques alléchants en-cas à emporter – loukoums, sucettes en forme de poule, halvas...

Café Provence CAFÉ
(0876223882 ; ul Stefan Stambolov 36 ; 10h-22h). Havre de paix à l'écart de l'artère principale, ce café, avec ses chaises tendues de satin et ses meubles patinés, a quelque chose d'un salon. Les boissons chaudes et les gâteaux s'alignent sur la thématique vaguement française de l'endroit, mais moyennant des touches bulgares, comme dans la "Rose de Provence", un café avec un trait d'huile de rose locale (2,80 lv).

Tequila Bar BAR
(ul Stefan Stambolov 30 ; 15h-tard). Dominant la rue principale, à l'angle de Samovodska Tcharshiya, le Tequila Bar est un repaire festif prisé des étudiants. Bons cocktails et bière à prix doux.

Où sortir

Melon Live Music Club MUSIQUE LIVE
(062-603 439 ; bul Nezavisimost 21 ; 18h-2h). Un lieu apprécié des amateurs de concerts (4-5 lv). Au programme : rock, R'n'B, latin jazz...).

Club Jack CLUB
(www.jack-club.com ; ul Magistraka 5 ; 22h-4h). Ce club, qui passe principalement de la house et de la dance, attire tous les week-ends un public jeune et bien vêtu. Soirées à thème, promotions sur les cocktails ; DJ locaux. La clientèle est largement estudiantine, et l'établissement est moins animé en dehors de l'année universitaire.

Achats

Samovodska Tcharshiya ART ET ARTISANAT
(ul Rakovski). Le quartier historique de Veliko Tărnovo est un véritable centre d'artisanat, avec des forgerons, des potiers, des couteliers et d'autres artisans toujours en activité. Au fil de ses rues pavées, on découvre des librairies et des boutiques d'antiquités, de bijoux et d'objets d'art, aménagées dans de belles maisons de style Renouveau national.

Galeria Manya ART ET ARTISANAT
(0886432861 ; ul Rakovski 12 ; 10h-18h). Les costumes en fourrure et les masques en bois monstrueux présentés dans la vitrine de cette boutique d'artisanat en plein cœur de Samovodska Tcharshiya ont de quoi surprendre. De fait, cette enseigne est spécialisée dans les décorations et les costumes utilisés lors des processions des *kukeri*, aux alentours du Nouvel An, quand les mauvais esprits sont bannis par des danseurs en costume.

BUS AU DÉPART DE VELIKO TĂRNOVO

DESTINATION	TARIF	DURÉE	FRÉQUENCE
Burgas (départ de Zapad)	18-25 lv	4 heures	4/jour
Karlovo (départ de Zapad)	19 lv	4 heures	1/jour
Kazanlăk (départ de Zapad)	9 lv	2 heures 30	5/jour
Pleven (départ de Zapad)	14 lv	2 heures	1/jour
Plovdiv (départ de Zapad)	19 lv	4 heures	4/jour
Roussé (départ de Yug ou Zapad)	8-12 lv	2 heures	6/jour
Shoumen (départ de Yug)	13 lv	3 heures	6/jour
Sliven (départ de Zapad)	8 lv	2 heures	7/jour
Sofia (départ de Yug)	22 lv	4 heures	départs réguliers
Troyan (départ de Zapad)	10 lv	2 heures	1/jour
Varna (départ de Yug)	21 lv	4 heures	départs réguliers

Book Cave LIVRES
(☎0898229910 ; www.bulgarianbuddies.com ; ul Opaltchenska 9 ; ⏰10h-13h et 13h30-17h lun-sam). Prisée aussi bien des habitants que d'une clientèle d'expatriés et de touristes, cette librairie à l'extrémité du quartier de Varosha est le meilleur endroit pour acheter, échanger ou donner des livres d'occasion (nombreux titres en anglais). Le propriétaire est extrêmement serviable. L'hiver, la boutique est fermée les lundis et mardis.

Icônes Krasimir Ivanov ART ET ARTISANAT
(☎0885060544 ; angle ul Rakovski et ul Kapitan Diado Nikola ; ⏰10h-19h). Cette boutique-atelier vend de jolies icônes (60-400 lv) peintes par Krasimir Ivanov, ainsi que ses dessins à l'encre représentant le vieux Tărnovo (20 lv).

ℹ Renseignements

Vous trouverez de nombreux bureaux de change et DAB dans l'artère principale et le centre commercial.

Centre d'informations touristiques (☎062-622 148 ; www.velikoturnovo.info ; ul Hristo Botev 5 ; ⏰9h-18h lun-sam avr-oct, lun-ven nov-mars). Les employés, aimables et anglophones, vous renseigneront sur la région.

Hôpital Stefan Cherkezov (☎062-626 841 ; ul Nish 1). Un hôpital moderne, avec un service d'urgences et des médecins parlant anglais.

ℹ Depuis/vers Veliko Tărnovo

BUS

La gare routière la plus centrale est la **gare routière de l'Hotel Etar** (www.etapgroup.com ; ul Ivailo 2), d'où partent toutes les heures des bus pour Sofia (20 lv, 3 heures-3 heures 30) et Varna (20 lv, 3 heures 30). Il y a aussi 2 bus par jour pour Dobritch (20 lv, 4 heures), 2 pour Kavarna (21 lv, 4 heures 30) via Albena, ainsi que des services pour Shoumen (13 lv, 2 heures, 7/jour). La gare est juste au sud du centre d'informations touristiques.

Deux autres gares routières, excentrées, sont reliées à un grand nombre de destinations. La **gare routière Zapad** (☎062-620 014, 062-640 908 ; ul Nikola Gabrovski 74), à environ 3 km au sud-ouest du centre d'informations touristiques, constitue le principal terminus pour les bus interurbains. Elle est desservie par les bus locaux n^os^10, 12, 14, 70 et 110, qui passent par l'ul Vasil Levski. On y trouve une consigne à bagages. Un peu plus près du centre, la **gare routière Yug** (☎062-620 014 ; ul Hristo Botev 74) est située à 700 m au sud du centre d'informations touristiques.

Pour des renseignements en ligne et pour réserver votre billet de bus (avec réduction), consultez les sites busticket.bg et online.union-ivkoni.com.

Pour gagner la Roumanie, rendez-vous d'abord à Roussé, dont la gare routière principale est reliée à Bucarest par 5 minibus quotidiens.

TRAIN

Consultez les horaires des trains au centre d'informations touristiques ou sur le site www.bdz.bg. Notez que les 2 principales gares ferroviaires se trouvent à 10 km l'une de l'autre. Des trains circulent de manière irrégulière entre les deux gares (1,50 lv, 20 min, 9/jour).

Un peu plus facilement accessible à pied, la **gare ferroviaire de Veliko Tărnovo** (☎062-620 065) est à 1,5 km à l'ouest de la ville (les employés ne sont pas toujours bien disposés !). De là, il y a un train direct par jour pour Plovdiv (12 lv, 4 heures 30), que l'on peut également rejoindre via Stara Zagora (6,50 lv, 3 heures, 5/jour) – ce qui ajoute une heure au temps de voyage. On peut aller à Sliven (9 lv, 3 heures 30-4 heures, 4/jour) via Tulovo ou Dabovo. Pour gagner la côte, un train quotidien direct dessert Varna (14 lv, 4 heures). Pour Burgas, il vous faudra voyager via Dabovo ou Stara Zagora et Karnobat. Si vous souhaitez faire une escapade d'une journée à Tryavna (3 lv, 1 heure, 8/jour) ou Dryanovo (2,10 lv, 30 min, 9/jour), vous devrez également partir de cette gare. Les bus n^{os}10, 12, 14, 70 et 110 relient la gare ferroviaire au centre-ville. En taxi, comptez 3-6 lv.

La **gare ferroviaire de Gorna Oryakhovitsa** (✆062-826 118), à 8,5 km au nord-est de la ville, est située sur la principale ligne Sofia-Varna. Elle offre des services quotidiens depuis/vers Sofia (14,60 lv, 4-5 heures, 8/jour), certains via Tulovo ou Mezdra. Des trains directs desservent aussi Varna (13 lv, 3 heures 30-4 heures, 5/jour) et Roussé (7 lv, 2 heures-2 heures 30, 7/jour), et il y a également chaque jour des trains pour Stara Zagora (7,40 lv, 3 heures, 4/jour) et Shoumen (8,40 lv, 2 heures-2 heures 30, 8/jour).

Pour rejoindre cette gare depuis Veliko Tărnovo, prenez un minibus en face du marché dans l'ul Vasil Levski. En taxi, comptez 12-15 lv.

Comment circuler

C'est à pied que l'on explore le mieux Veliko Tărnovo. Les taxis, pratiques pour circuler rapidement dans le centre (tarif jour/nuit 0,70/0,80 lv par km), refusent parfois de se rendre dans les vieux quartiers, notamment à Varosha, en raison de l'étroitesse des rues.

Si vous êtes motorisé, sachez que la circulation le long de l'axe principal de la ville est invariablement lente et qu'il peut être difficile de se garer. Il y a un parking payant sur la pl Slaveikov, et vous en trouverez 2 autres près de la forteresse. Il existe un parking plus éloigné et quelques places de stationnement gratuites près de la zone industrielle, au nord de Varosha.

Pour une voiture de location (à partir de 45 lv/jour), demandez au centre d'informations touristiques quelles sont les meilleures offres ou renseignez-vous auprès de Motoroads (www.motoroads.com).

Environs de Veliko Tărnovo

Monastère de Preobrajenski

Ici, la vue sur les falaises le dispute, en beauté, aux fresques murales dont le peintre Zahari Zograf orna ce paisible **monastère** (monastère de la Transfiguration ; église 2 lv ; ⏲7h-19h), à 7 km au nord de Veliko Tărnovo. S'il fut fondé officiellement en 1360, ses origines remontent en réalité au XIIe siècle. Détruit durant l'occupation ottomane, à l'instar de nombreux autres monastères bulgares, il fut reconstruit en 1825. Les fresques de Zograf (peintes entre 1849 et 1851) incluent une Roue de la vie et des scènes de confrontation entre démons et pécheurs. Le monument fut miraculeusement épargné par un glissement de terrain en 1991 : remarquez les gros rochers de part et d'autre de l'église.

De Veliko Tărnovo, le bus n°10 vous déposera à l'embranchement vers le monastère, sur la route de Roussé. De là, vous devrez suivre une montée ombragée de 3 km. La course en taxi depuis Veliko Tărnovo revient à 6 lv.

S'il n'y a personne au moment de votre visite, glissez vos 2 lv dans le tronc, à l'intérieur de l'église.

Emen — Емен

La Negovanka a fait son œuvre, entre les hautes falaises calcaires. Suivant son cours, elle a creusé son lit, ponctué de cascades,

VAUT LE DÉTOUR

NICOPOLIS AD ISTRUM

Les vestiges délabrés d'une "cité de la victoire" romaine, fondée en 110 de notre ère, couvrent ce site isolé, à 20 km au nord de Veliko Tărnovo. Les fondations de **Nicopolis ad Istrum** (adulte/enfant 6/2 lv ; ⏲9h-18h avr-oct, 10h-16h nov-mars) furent posées par l'empereur Trajan après son triomphe contre les Daces. Détruite par les Slaves à la fin du VIe siècle, la ville connut une brève période de repeuplement au IXe siècle, avant de retomber bientôt dans l'oubli. Les ruines, où l'on distingue des rues, des tours, des portes, la place centrale et l'hôtel de ville, furent mises au jour en 1871.

En voiture depuis Veliko Tărnovo, dirigez-vous au nord vers Roussé et prenez la bifurcation indiquée sur la gauche (à l'ouest) après 20 km. Cette route d'accès est mauvaise par endroits.

En bus, prenez la direction de Roussé et descendez à l'embranchement de Nikyup, puis parcourez 4 km à pied en suivant les panneaux jusqu'au site. La course en taxi depuis Veliko Tărnovo coûte environ 15 lv l'aller.

VAUT LE DÉTOUR

ARBANASI

Dans les collines, à 8 km par la route de Veliko Tărnovo, Arbanasi associe agréablement histoire et activités de plein air. Près de 90 églises, maisons et monastères y sont protégés en tant que monuments culturels nationaux. Les riches nobles qui résidaient ici durant la période du Renouveau national bulgare ont laissé derrière eux de superbes édifices, aujourd'hui transformés en musée ou en pension.

Les randonnées pédestres et équestres sont d'agréables manières de découvrir les alentours verdoyants d'Arbanasi. Le week-end, des visiteurs débarquent par bus entiers. Si vous restez après le coucher du soleil, vous pourrez, libéré de l'affluence, profiter des excellentes *mehana* (restaurants) et de la vue sur la vallée.

L'**église de la Nativité** (musée régional d'Histoire ; ul Rojdestvo Hristovo ; tarif plein/réduit 6/2 lv ; ⏲9h-18h mer-lun, 12h-18h mar), la plus ancienne église d'Arbanasi, est le principal site de la localité. Les cinq chapelles sont recouvertes de fresques, réalisées entre 1632 et 1649, d'après des vies de saints et d'émouvants épisodes de la vie de Marie et du Christ. Admirez l'iconostase en bois, finement sculptée par des maîtres-artisans de l'école de Tryavna.

Des saints aux yeux sombres et coiffés d'une auréole dorée toisent les visiteurs depuis les arches peintes de l'**église Sveti Arhangeli Mikhail i Gavril** (église des Saints-Archanges-Michel-et-Gabriel ; ul Sofronii Vrachanski ; tarif plein/réduit 6/2 lv ; ⏲9h-18h mar-dim, 12h-18h lun), construite au XVIe siècle sur les ruines d'un édifice médiéval. Là encore, admirez les iconostases en bois sculptées par des artisans de Tryavna.

Arrêtez-vous ensuite dans la **maison Konstantsalieva** (angle ul Kapitan Pavel Gramadov et ul George Kandilarov ; tarif plein/réduit 6/2 lv ; ⏲9h-18h mar-dim, 12h-18h lun), du XVIIe siècle, pour découvrir la manière dont les habitants nantis d'Arbanasi prospérèrent durant la période du Renouveau national bulgare, quand ils sirotaient des cafés dans des tasses en argent et arboraient, pour parader à l'église, soieries et manteaux en fourrure de renard.

La **base équestre d'Arbanasi** (☎0886999449, 0898459880 ; ⏲8h-12h et 13h-18h) propose des promenades à cheval guidées dans les vertes collines alentour. Les tarifs commencent à 25 lv pour une courte balade.

Le midi, prenez votre déjeuner au **Sevastokrator** (☎062-655 553 ; www.sevastokrator.com ; ul Sveti Nikola 13 ; plats 10-15 lv ; ⏲8h-22h), dont la terrasse offre l'une des plus belles vues sur la forêt d'Arbanasi. Le point fort de la carte est le "kebab sur pierre", dans lequel les champignons juteux, le chou et le porc sont associés sur une même assiette brûlante.

Le **Complex Bulgarka** (☎0889207020 ; www.hotelbulgarka.com ; ul Konstantin Rousevitch 4 ; app avec petit-déj 120-170 lv ; P ❄ 📶) est un hôtel historique qui accueillit, au fil des siècles, des rebelles, des moines réfugiés et même un prince roumain. Ses 3 appartements sont élégamment meublés, avec des sofas en cuir moelleux et des sdb étincelantes. Vos hôtes vous aideront à organiser des sorties de pêche ou d'équitation.

dans la réserve naturelle du **canyon d'Emen** (Emenski Kanion), à 22 km à l'ouest de Veliko Tărnovo. Pour une vue plongeante sur le canyon, suivez l'**écosentier de la Negovanka** qui longe des à-pics de 90 m. La piste débute par un escalier rocheux et escarpé, qui remonte de la **grotte d'Emen** (il est plus prudent de ne pas entrer) jusqu'à un spectaculaire point de vue sur le canyon. Le sentier sinue ensuite le long du sommet de la falaise ombragée et rejoint une descente boueuse jusqu'à une cascade haute de 10 m.

Il faut environ 2 heures pour couvrir l'aller-retour jusqu'à la cascade. N'essayez pas de descendre le sentier, fort glissant, après la pluie ou en hiver, et n'empruntez ni les ponts ni les promenades en bois, très mal entretenus. Restez sur le chemin.

Il y a un étroit parking pavé non loin de la grotte, mais il est préférable de laisser son véhicule dans celui aménagé au centre du village d'Emen. De là, suivez les rues au nord-est, qui montent en direction de la rivière. L'écosentier est indiqué depuis la route Vishovgrad-Emen, à la lisière nord du village, mais les panneaux peuvent être difficiles à voir et à lire.

Monastère de Dryanovo

Encadré par d'impressionnantes falaises, le **monastère de Dryanovo** (Dryanovski manastir ; www.dryanovo.bg ; 8h-20h) GRATUIT a connu une histoire mouvementée, entre saccage et révolution, qui lui vaut aujourd'hui son affluence. Fondé au début du XIIIe siècle, à l'époque où les reliques de saint Michel furent transférées de Batak, il fut détruit par les Ottomans, puis rebâti à la fin du XVIIe siècle à son emplacement actuel, au milieu de la gorge, à 6 km environ du village de Dryanovo, à l'ombre d'à-pics calcaires. Le plus beau fleuron de l'ensemble est son église, avec ses fresques et son immense lustre or et rouge.

Histoire

Un fort sentiment révolutionnaire s'épanouit dans le monastère au cours des décennies qui suivirent sa reconstruction, au XVIIe siècle. C'est ici que se tramèrent les événements clés du soulèvement d'avril 1876, et les moines abritèrent des insurgés, comme Vasil Levski. Durant la guerre russo-turque (1877-1878), plus d'une centaine de villageois résistèrent vaillamment aux Turcs pendant 9 jours. Ceux-ci finirent par envahir le monastère et l'incendièrent. Aujourd'hui, un mausolée commémore la bravoure des habitants.

Activités

Les randonneurs pourront emprunter l'**écosentier de Dryanovo**, qui décrit une boucle bien balisée (départ et arrivée à proximité du monastère). Comptez environ 4 heures de marche, à travers de belles collines boisées.

La **grotte de Batcho Kiro** (adulte/enfant 3/1 lv ; 9h-18h avr-oct, 10h-16h nov-mars) fut la première à être ouverte aux touristes en Bulgarie (1937). De nos jours, sa découverte est souvent associée à celle du monastère. La visite, semi-guidée, inclut une petite introduction historique (en bulgare) que l'on peut faire suivre d'une promenade dans la grotte (25 min ou 1 heure).

Où se loger et se restaurer

Komplex Drianovski Manastir HÔTEL $
(0676-75 253 ; drianovski-manastir.com ; ch/app 50/60 lv ;). Véritable dépendance du monastère, ce petit hôtel comprend 11 chambres propres et 3 appartements, aménagés au-dessus d'une simple *mehana*.

Mehana Andyka BULGARE $$
(0676-72 230 ; www.andyka.com ; plats 8-12 lv ; 9h-0h). Lové dans un cadre boisé, entre falaise et rivière, à 300 m de la grotte de Batcho Kiro, ce restaurant tranquille sert des soupes, aux tripes ou aux haricots blancs, un grand choix de ragoûts aux saucisses ou à diverses viandes, et de nombreuses salades.

Depuis/vers le monastère de Dryanovo

Les bus qui relient Veliko Tărnovo à Gabrovo vous déposeront à l'embranchement menant au monastère (à 4 km au sud de Dryanovo), d'où il vous restera 1,5 km à parcourir à pied. En voiture, comptez 1 lv/heure pour le parking.

Tryavna ТРЯВНА

10 000 HABITANTS

Renommée pour l'habileté de ses sculpteurs sur bois, dont les œuvres ornent des églises et des maisons dans toute la Bulgarie, Tryavna se prête idéalement à une escapade d'une journée au départ de Veliko Tărnovo ou de Kazanlăk (à 1 heure et 1 heure 30 de voiture respectivement). Les visiteurs y retrouveront la splendeur de l'âge d'or du XIXe siècle, en se promenant le long des ponts en pierre et des rues pavées, bordées de maisons de l'époque du Renouveau national et jalonnées de *mehana*. La tradition pluriséculaire de sculpture sur bois se perpétue ici, grâce aux artisans qui viennent encore s'y former.

À voir

Ses maisons et ses églises anciennes restaurées, décorées de sculptures sur bois au style caractéristique, sont le principal attrait de Tryavna. La place Kapitan Dyado Nikola, dominée par une tour de l'horloge de 21 m de haut (1814), forme le cœur historique. Elle est prolongée par un pont en arc en pierre reprenant le style des ouvrages romains (1844), qui débouche sur l'ul PR Slaveikov, une ravissante voie pavée, ponctuée de maisons-musées et de *mehana* traditionnelles.

Maison Daskalov MUSÉE
(www.tryavna-museum.com ; ul PR Slaveikov 27 ; tarif plein/réduit 2/1 lv ; 9h-18h). La maison Daskalov, construite en 1808, présente les différents styles décoratifs du XIXe siècle. Elle accueille également l'admirable **musée de la Sculpture sur bois et des Icônes**.

100% LOCAL

SCULPTURES SUR BOIS

Selon une légende locale, la tradition de la sculpture sur bois à Tryavna trouve son origine dans un talentueux jeune garçon nommé Vitan, qui fut initié à cet art par un moine. La transmission de ce savoir d'une génération à l'autre permit ensuite à la ville de devenir un centre renommé de sculpture sur bois durant la période du Renouveau national bulgare. Les œuvres, minutieusement ciselées dans des essences locales – noisetier, bouleau, peuplier et chêne –, étaient alors utilisées pour décorer des monastères, comme ceux de Gabrovo, de Veliko Tărnovo, d'Arbanasi et de Rila. Les sculpteurs de Tryavna étaient recherchés par des constructeurs et des propriétaires de maisons jusqu'en Serbie, en Turquie et dans l'actuel Iran.

Au début du XIXe siècle, plus de 40 ateliers fabriquaient berceaux, cadres, icônes, frises, portes et croix. Si chaque objet était unique, tous portaient des motifs floraux et d'étoiles détaillés qui devinrent la signature de l'école de Tryavna. Parmi les plus belles pièces figure le "Soleil de juillet" de la **maison Daskalov** (ci-contre), qui abrite le musée de la Sculpture sur bois et des Icônes à Tryavna.

Des cours sont proposés aux touristes, à partir de 60 lv environ par heure. Renseignez-vous auprès du **centre d'informations touristiques** (p. 386).

On peut y voir de splendides exemples de sculptures de l'école de Tryavna – admirez la reproduction d'un atelier. Les œuvres qui ornent la demeure sont nées d'une compétition féroce entre deux sculpteurs, Ivan Botchukovetsa et Dimitar Oshanetsa. Remarquez le "Soleil de juillet", une étoile sculptée dans le plafond et qui remporta le concours.

Église Sveti Arhangeli Mihail ÉGLISE
(angle ul Pentcho Raikov et ul Tchutchura ; 1 lv). Dominant la place à côté de la tour de l'horloge, cette église coiffée d'un toit d'ardoises est la plus ancienne de Tryavna – elle daterait du XIIe siècle. Brûlée par les Turcs puis reconstruite en 1819, elle renferme de belles sculptures sur bois de l'école de Tryavna.

Musée des Icônes MUSÉE
(☎0896755938 ; ul Breza 1 ; 2 lv ; ⏲10h-18h mer-dim été, 9h-16h30 mer-dim hiver). Ce musée aménagé dans une ancienne chapelle renferme plus de 160 icônes provenant de collections d'éminentes familles locales. Il est indiqué dans l'ul PR Slaveikov.

Maison-musée Angel Kăntchev MUSÉE
(ul Angel Kăntchev 39 ; 2 lv ; ⏲9h30-13h30 et 14h-18h mer-dim été, 10h-16h mer-dim hiver). Impossible de manquer ce bâtiment en bois sombre de 1805, avec son étage supérieur en encorbellement. Il abrite désormais la maison-musée Angel Kăntchev et présente une exposition consacrée au héros révolutionnaire – dont elle porte le nom – et à la libération de Tryavna pendant la guerre russo-turque.

Musée de l'École de peinture de Tryavna MUSÉE
(tarif plein/réduit 2/1 lv ; ⏲9h-18h été, 9h-17h hiver). Installé dans la Staroto Shkolo, l'ancienne école municipale (1836) totalement restaurée, ce musée réunit aujourd'hui des œuvres d'artistes locaux.

Où se loger

Bien qu'un grand nombre d'établissements occupent des constructions modernes, quantité de pensions et d'hôtels tirent profit du charme des bâtiments historiques de Tryavna. S'il existe des hébergements pour toutes les bourses, la plupart s'adressent aux voyageurs de catégorie moyenne. Le centre d'informations touristiques pourra vous orienter vers un hébergement chez l'habitant (25 lv/pers environ).

♥ **Dream of Happiness** PENSION $
(☎0892281441 ; dreamofhappiness.tryavna.biz ; ul Angel Kăntchev 63 ; d 50 lv ; P❄📶). Dans cette pension au nom fantaisiste ("rêve de bonheur"), les chambres, propres et confortables, sont distribuées dans une maison impeccable de la rue principale. Il y a un jardin tranquille et une cuisine commune pour les voyageurs souhaitant se préparer une *kebabcheta* (saucisse grillée épicée) sans aller au restaurant. Le personnel dispense des conseils sur les tables et les vins de la région. Demandez à l'avance le chemin pour trouver le parking de la pension, accessible par une rue secondaire.

Possibilité de demander un lit supplémentaire (10 lv).

Hotel Tigara HÔTEL $

(☎0889393154 ; www.tigara.tryavna.biz ; ul D Gorov 7a ; d/app 35/60 lv). Près du musée d'Histoire, dans le centre, l'accueillant "hôtel du Tigre", tenu en famille, loue des chambres soignées, avec balcon.

Art-M Gallery Hotel HÔTEL $$

(☎0887097373 ; www.artmgallery.com ; ul Angel Kăntchev 20 ; d 78-98 lv ; P 📶). Attenant à une petite galerie d'art, ce boutique-hôtel convivial occupe un beau bâtiment d'époque, coiffé d'un toit en ardoises. Les chambres, confortables, ont du parquet et de jolies notes décoratives (œuvres d'art local) ; plafond mansardé au dernier étage. Une adresse mémorable, en face de la tour de l'horloge, à quelques pas du pont qui conduit à la rue pavée PR Slaveikov.

Zograf Inn PENSION $$

(☎0677-64 970 ; zograf.tryavna.biz ; ul PR Slaveikov 1 ; d/app à partir de 59/78 lv ; 📶). Dans le cœur de Tryavna, près de la tour de l'horloge, le Zograf occupe un bâtiment ancien restauré datant du Renouveau national. Ses chambres, d'un bon rapport qualité/prix, affichent toutefois un aspect moderne et ordinaire. Le copieux petit-déjeuner coûte 4 lv. Demandez à l'avance une place dans le minuscule garage.

Où se restaurer et prendre un verre

Pour rester dans le ton de la nostalgie, les innombrables cafés et restaurants de Tryavna servent généralement une cuisine bulgare traditionnelle. Plusieurs tables sont regroupées dans l'ul PR Slaveikov.

♥ **Starata Loza** BULGARE $$

(☎0677-64 501 ; starata-loza.tryavna.biz ; ul PR Slaveikov 44 ; plats 6-15 lv ; ⏲10h-22h ; 📶). Dans cette *mehana* bulgare traditionnelle, les repas, du poisson grillé à la *shopska* (salade avec tomates, concombre et fromage), sont bien préparés et le service est remarquable. En face de l'entrée de la maison Daskalov.

Restaurant Trevnenski Kat BULGARE $$

(☎0677-62 066 ; trevnenski-kat.tryavna.biz ; ul Angel Kăntchev 55 ; plats 8-12 lv ; ⏲8h-0h). Cet établissement pittoresque, qui occupe une imposante demeure de style Renouveau national au parquet usé et au plafond en bois sculpté, sert une savoureuse cuisine maison.

Biraria Tryavna BRASSERIE

(☎0667-63 727 ; lucs.tryavna.biz ; ul Pentcho Raikov 5 ; ⏲12h-tard). Très appréciée des voyageurs, cette taverne accueillante les régale de bières locales dans un jardin au bord de la rivière. Près de la Staroto Shkolo, à moins de 100 m au nord du pont en arc.

Kafe Paraliite CAFÉ

(☎0898545407 ; ul Osmimart 8 ; ⏲9h-20h). Installé sur un tabouret en croissant de lune de ce sympathique établissement voisin de la tour de l'horloge, on aime à siroter un café dans une tasse colorée en céramique de Troyan, tout en grignotant une meringue à la noisette.

Renseignements

Vous trouverez un DAB et quelques restaurants autour de la place.

Centre d'informations touristiques (☎0677-62 247 ; www.tryavna.bg ; ul Batcho Kiro 1 ; ⏲9h-12h30 et 14h-17h lun-ven). Le personnel de ce bureau hébergé dans les locaux de la mairie vous renseignera sur les horaires de bus et de train, et pourra réserver une chambre chez l'habitant.

Depuis/vers Tryavna

Les gares routière et ferroviaire se trouvent à 100 m l'une de l'autre, à l'ouest de l'ul Angel Kăntchev, l'artère principale qui traverse la vieille ville.

La plupart des transports publics à destination de Tryavna passent par Gabrovo (4 lv, 30 min) – des minibus relient les deux (toutes les 30 min-1 heure). Il existe des bus directs pour Sofia (23 lv, 4 heures, 1-2/jour).

En train, on peut rejoindre Tryavna depuis Veliko Tărnovo (3 lv, 1 heure, 8/jour). Pour Sofia, changez à Gorna Oryakhovitsa.

Etăr ЕТЪР

À 8 km au sud-est de Gabrovo, le village-musée ethnographique d'Etăr (page suivante) vous plonge dans le passé rural de la Bulgarie. C'est une destination assez appréciée des familles, et l'on y trouve des ateliers, dans lesquels il est possible de voir à l'œuvre des artisans potiers ou ferronniers. Vous pourrez aussi marcher sur les sentiers de randonnée et visiter le beau monastère de Sokolski.

À voir

♥ **Monastère de Sokolski** MONASTÈRE

(☎0886308017 ; Vodnitsi ; ⏲7h-17h). Son église bleue qui se détache dans un cadre de vallées boisées est la pièce maîtresse de ce monastère de 1833. Bâtie à l'extérieur de la grotte Sokola (grotte du Faucon), la modeste église en bois des origines possède désormais des dépendances et un jardin bien entretenu. Le révolutionnaire Vasil Levski trouva ici refuge, comme dans maints autres monastères du pays. Sokolski se trouve à 2,5 km de route du musée en plein air d'Etăr, près du village de Vodnitsi.

La **fontaine** en pierre au centre du jardin fut réalisée en 1868 par Kolyu Ficheto, le principal architecte de l'époque du Renouveau national. Ses huit jets sont un hommage aux huit rebelles de Gabrovo, qui finirent capturés et pendus.

On trouve des stands de souvenirs et d'encas à l'intérieur et à l'extérieur de l'ensemble architectural, et il y a aussi une excellente boutique de douceurs, où sont vendus des bonbons en forme de coq et des loukoums.

♥ **Village-musée ethnographique d'Etăr** MUSÉE
(☎ guides 066-810 571 ; www.etar.org ; Etăr ; adulte/enfant 5/2 lv ; ⌚8h30-18h). Pour une certaine forme d'immersion dans le passé bulgare, offrez-vous ici une promenade au fil des ruelles pavées. Près de 50 boutiques et ateliers jalonnent cet ensemble architectural perdu dans la verdure au bord d'un affluent de la Yantra. S'il s'agit officiellement d'un musée en plein air, on se croirait un peu dans un décor de cinéma, avec des acteurs en costumes traditionnels. Le musée se trouve sur la route Gabrovo-Shipka, à 17 km de route au nord de Shipka.

Peintes dans des tons pêche et bleu pervenche, les maisons de style Renouveau national abritent des ateliers d'artisans de tous corps de métier. Certes, le site dans son ensemble présente tout de même un intérêt limité, mais si vous recherchez des souvenirs d'une époque révolue, vous trouverez des articles de qualité. Certains ateliers sont alimentés en énergie par un cours d'eau qui traverse le village. Le **moulin à eau de Karadjeika** date de 1780.

Au-delà des emplettes, on peut également admirer l'intérieur de maisons traditionnelles, regarder fonctionner une ancienne scierie et découvrir l'**église de l'Épiphanie**, une réplique d'un édifice de 1868 situé dans le village de Radovtsi.

On accède au site du côté nord, près de l'Hotel Stranopriemnitsa, par le bâtiment administratif central ; ou du côté sud, près du grand parking. Le billet, valable une journée, donne droit à plusieurs entrées. Les visites guidées (en français notamment) reviennent à 7 lv/personne (au moins 5 pers).

Activités

Les collines boisées alentour se prêtent à de superbes randonnées. En face de l'entrée du village-musée ethnographique, une grande carte détaille 15 sentiers (avec la durée de la marche) dans le **parc naturel de Bălgarka** voisin. Certains forment des boucles d'une journée au départ d'Etăr.

Où se loger et se restaurer

Face à un flot incessant de touristes, les hébergements n'ont ici pas beaucoup d'efforts à faire pour attirer la clientèle. Quelques pensions et hôtels corrects sont accessibles à pied depuis le village-musée, mais on peut aussi facilement venir à la journée depuis Shipka (10 km), Tryavna (12 km) ou Kazanlăk (25 km).

Hotel Stranopriemnitsa HÔTEL $
(☎ 066-810 580 ; stranopriemnica@etar.org ; s/d/tr avec petit-déj 36/60/84 lv). À l'extrémité nord du village-musée (côté Gabrovo), un rapport qualité/prix honnête, même si les chambres ne sont malheureusement pas à l'aune de la vénérable façade.

Todorovi Guesthouse PENSION $
(☎ 0879080862 ; bul Derojinski 102, village d'Etăr ; s/d 30/45 lv ; 📶). À 500 m au nord du village-musée, cette pension spartiate et propre est très pratique pour les budgets serrés. Petit-déjeuner en sus (4 lv).

Mehana Etăr BULGARE $
(☎ 0879851462 ; plats 7 lv ; ⌚10h-19h). À quelques mètres au sud du village-musée, de l'autre côté de la rivière et un peu en amont, cette adresse est un peu plus calme que la majorité des restaurants autour du village-musée. Elle dispose de tables ombragées en terrasse et affiche une grande carte de spécialités bulgares – grillades, salades tomate-poivron, etc. Service soigné.

Renaissance Tavern BULGARE $
(plats 8-10 lv ; ⌚8h30-18h). Malgré son emplacement en plein cœur du village-musée, cette taverne est une bonne option, notamment pour les familles désireuses de manger en plein air leurs saucisses fumées ou leurs copieuses assiettes de salade *shopska*.

Depuis/vers Etăr

Des bus desservent Etăr (1 lv, 20 min) depuis la ville de Gabrovo. On peut aussi prendre le bus Gabrovo-Kazanlăk, descendre à la bifurcation près de Lyubovo et parcourir à pied les 2 km restants. L'aller en taxi depuis Gabrovo revient autour de 10 lv. Prendre un taxi entre Etăr et Tryavna (environ 25-30 lv) vous évitera de devoir changer de bus à Gabrovo.

Il est toutefois plus facile de circuler en voiture ; cela permet de visiter Etăr dans la journée depuis Veliko Tărnovo, Shipka ou Tryavna.

Lovetch ЛОВЕЧ

38 000 HABITANTS

Lovetch abonde en sites intéressants. À commencer par une forteresse, une vieille ville et un pont couvert unique. Le printemps est une période particulièrement agréable pour visiter la "ville aux lilas" ; la floraison de ces arbustes embaume alors les rues. Les touristes étrangers sont rares, mais les visiteurs bulgares viennent en groupes le week-end, flâner dans les ruelles pavées du quartier historique de Varosha et s'offrir quelques objets vendus sous le couvert du pont. Lovetch est également une bonne étape entre Sofia et Veliko Tărnovo.

À voir

Pour réussir vos photos souvenirs, rendez-vous dans l'ul Osamska, près de l'entrée du pont couvert, sur la rive ouest de la rivière Osăm. Vous y admirerez les demeures aux teintes jaune canari et rose corail, dont les étages en encorbellement surplombent l'eau.

Cœur historique pavé de Lovetch, le **quartier de Varosha**, qui débute à l'extrémité est du pont couvert, abrite quelque 150 bâtiments rénovés datant du Renouveau national. De là, l'ul Marin Poplukanov conduit aux musées de Lovetch puis rejoint la **colline de Stratesh**, où une imposante **statue de Vasil Levski** trône devant l'entrée de la forteresse.

Pont couvert PONT

(Pokritiyat Most). On doit ce pont couvert unique en son genre dans les Balkans au célèbre architecte Kolyu Ficheto. Édifiés entre 1874 et 1876, ses bâtiments en bois reposaient sur des fondations en pierre. En 1925, ils furent détruits dans un incendie ; leur reconstruction, dans l'esprit de l'original, débuta deux ans plus tard. Aujourd'hui, on y trouve des boutiques d'art, d'artisanat et de souvenirs bon marché, ainsi que des stands d'alimentation.

Forteresse de Hisar RUINES

(tarif plein/réduit 4/2 lv ; 9h-12h et 14h-19h avr-oct, 8h-12h et 13h-17h nov-mars). Dressée sur une colline escarpée qui domine Lovetch, dans un méandre de l'Osăm, la forteresse de Hisar est l'une des rares citadelles ottomanes encore existantes en Bulgarie. À 10 ou 15 minutes de marche de Varosha, les ruines de remparts en mortier et calcaire, érigés entre le VIIIe et le Xe siècle (bien avant l'arrivée des Turcs, donc), occupent un site de 1 200 m² environ. Remarquez la **porte principale**, haute de 8 m, et les vestiges d'une **basilique**, coiffée d'un dôme, du début de l'époque byzantine. Les chemins pavés permettent de visiter l'ensemble, avec vue panoramique sur les collines alentour.

Musée Vasil Levski MUSÉE

(ul Marin Poplukanov 14 ; 3 lv ; 9h-13h et 14h30-18h été, 9h-12h et 13h-17h hiver). Ce musée s'intéresse à la vie et aux tribulations de l'un des révolutionnaires les plus connus du pays, Vasil Levski. Il réunit des objets se rapportant à ce héros national (notamment des armes), ainsi que des œuvres d'art inspirées de ses aventures. Presque toutes les explications sont en bulgare, mais on vous fournira une brochure détaillant les différents artefacts. Remarquez l'immense peinture murale.

Où se loger et se restaurer

Il existe différents types d'hébergements à Lovetch, qui s'adressent principalement à une clientèle d'affaires et aux touristes au budget moyen. Alliant bon rapport qualité/prix et charme, les quelques pensions au nord de la rivière et dans le quartier de Varosha constituent les meilleures options.

Hotel Varosha HÔTEL $

(068-603 377 ; www.hotelvarosha.com ; pl Todor Kirov 36 ; s/d/tr/f à partir de 40/50/70/80 lv ; P). À proximité de l'entrée (rive est) du pont couvert, cet hôtel loue des chambres ordinaires. Ses atouts : son accueil et son emplacement, imbattable. Les "supérieures", avec leur décor chaleureux et leur balcon, valent bien les 5 à 10 lv supplémentaires.

Hotel Varosha 2003 PENSION $$

(068-622-277 ; www.varosha2003.com ; ul Ivan Drasov 23 ; d/ste/app avec petit-déj 60/80/120 lv ; P). Laissez-vous bercer par l'atmosphère inspirée du Renouveau national dans cette pension familiale, dont les balcons fleuris donnent sur la rivière. Les chambres, au parquet poli, comptent parmi les plus confortables en ville. Le petit-déjeuner et le dîner sont servis dans un joli jardin.

Hotel Lovech HÔTEL $$

(☎068-604 717 ; www.hotellovech.com ; ul Tărgovska 12 ; s 30-70 lv, d 46-110 lv avec petit-déj ; P❄📶🏊). Sur la rive ouest de l'Osăm, les chambres de cet établissement plutôt austère sont réparties entre la partie ancienne, moins chère, et l'aile rénovée, plus confortable. De nombreux aménagements sont destinés aux voyageurs d'affaires (casino, bar à cocktails, restaurant correct). Le spa, avec hammam et sauna, et la piscine extérieure (en été uniquement) sont inclus dans le prix.

Mehana Gallereya BULGARE $$

(ul Vasil Levski ; plats 7-12 lv). À côté de la galerie d'art, cette *mehana* dotée d'une vaste cour allie spécialités bulgares (casseroles de viande et légumes, soupes, grillades) et service de qualité.

Renseignements

On trouve des banques, des bureaux de change et la poste sur la place principale (Dimitrov).

Centre d'informations touristiques (pont couvert ; ⌚9h-13h et 14h-17h lun-ven). Un guichet à l'intérieur du pont couvert ; renseignements sur les chemins et brochures. Le personnel parle un peu anglais.

Depuis/vers Lovetch

Les gares routière et ferroviaire sont adjacentes. Pour rejoindre le centre-ville, prenez de préférence un taxi ou longez à pied l'ul Tsatcho Shishkov, tournez à droite et suivez les panneaux.

De la **gare routière** (☎068-603 620 ; pl Garata), des bus partent toutes les heures pour Troyan (7 lv, 45 min) en semaine. Il y a des bus réguliers pour Sofia (10-14 lv, 3 heures 30, 9/jour) et Pleven (9 lv, 1 heure, 8/jour) ; et des bus directs moins fréquents pour Burgas (28 lv, 6 heures, 1/jour), Veliko Tărnovo (8 lv, 1 heure 30-2 heures, 4/jour), Kazanlăk (15 lv, 3 heures 30, 4/jour) et Plovdiv (20 lv, 5 heures, 1/jour).

De la **gare ferroviaire**, des trains desservent chaque jour Troyan (3 lv, 1 heure, 4/jour) et Levski (3 lv, 1 heure, 4/jour). De Levski, des correspondances rejoignent Sofia (au total 15 lv) et le carrefour ferroviaire de Gorna Oryakhovitsa (d'où l'on rallie, entre autres, Veliko Tărnovo).

Troyan ТРОЯН

22 000 HABITANTS

Des poteries colorées, une eau-de-vie de prune et un paisible monastère : tels sont les principaux attraits de Troyan. Outre la sculpture sur bois, la maroquinerie et la ferronnerie, la poterie valut à la ville de connaître une période faste à l'époque du Renouveau national bulgare. Celles dites *Troyanska kapka*, décorées d'un motif à coulure caractéristique, sont un souvenir très apprécié, qui se vend partout dans le pays.

Aujourd'hui, Troyan se distingue par son imposante place de l'époque communiste et ses maisons à pans de bois en surplomb de la rivière Beli Osăm. Bien que les sites y soient peu nombreux, c'est un lieu agréable pour faire une halte avant de rejoindre Karlovo et Lovetch ou d'arriver au monastère de Troyan (qui se trouve en réalité au sud du village d'Oreshak, à 5 km à l'est).

À voir

Musée de l'Artisanat et des Arts appliqués MUSÉE

(☎0670-62063 ; pl Vějrajdane ; tarif plein/réduit 4/2 lv ; ⌚9h-17h tlj avr-oct, lun-sam nov-mars). Ce musée, l'un des plus remarquables du pays en matière d'art populaire, présente un beau florilège de poteries traditionnelles. On y trouve aussi des costumes de *kukeri* et à sequins, et des masques poilus, portés lors des processions de fin d'année pour faire fuir les mauvais esprits. Aménagé sur 2 niveaux (le deuxième présente un plafond sculpté exceptionnel), il s'intéresse également à l'école de céramique de Troyan, fondée en 1911, et aux traditions d'autres localités. Nombreuses explications en anglais.

Où se loger et se restaurer

La scène hôtelière de Troyan est quelque peu terne. Il n'en existe pas moins quelques hébergements de catégorie moyenne décents qui accueillent des voyageurs d'affaires et les visiteurs du monastère.

Il y a des cafés et des pizzerias à l'angle de l'ul Vasil Levski et de la pl Văjrajdane.

Troyan Plaza Hotel HÔTEL $$

(☎0670-64 399 ; www.troyanplaza.com ; ul PR Slaveikov 54 ; s/d/ste avec petit-déj 65/80/120 lv ; P@📶). Désuète bien que tout à fait fonctionnelle, cette sympathique option de 51 chambres et 6 suites abrite un restaurant qui sert des produits locaux, et un pub. Le

VAUT LE DÉTOUR

MONASTÈRE DE TROYAN

À 10 km au sud-est de Troyan, le **monastère de Troyan** (☎0876156500 ; Oreshak ; photos 5 lv, vidéo 15 lv ; ⏲6h-22h) GRATUIT, le troisième du pays par la taille, après ceux de Rila et de Batchkovo, renferme des fresques colorées et apocalyptiques. Le fleuron du monastère est l'église de la Sainte-Vierge, en grès clair, dont l'intérieur est recouvert de fresques. Réalisées par Zahari Zograf, le plus grand artiste muraliste de la période du Renouveau national bulgare, ces peintures représentent des saints et d'éprouvantes scènes du Jugement dernier. Plusieurs cafés, restaurants, boutiques de souvenirs et galeries d'art sont établis aux alentours.

Si des parties de ce monastère du XVIe siècle ont survécu aux nombreuses attaques des Ottomans entre le XVIe et le XVIIIe siècle, la plupart des bâtiments actuels datent de 1835. Les plus belles fresques de Zograf (peintes dans les années 1840) sont à l'extérieur, sur le mur du fond. Elles représentent le Jugement dernier, avec des monstres crachant du feu, des démons armés de fourches regroupant les damnés et des anges faisant sortir les morts de leurs cercueils. Le monastère est également renommé pour son autel et son iconostase en bois, sculptés au milieu du XIXe siècle par des maîtres-artisans de Tryavna.

C'est dans ce monastère que le révolutionnaire Vasil Levski entraîna les insurgés et poussa les moines à prendre les armes contre les Turcs en 1876. Au 3e étage, un petit musée (ouvert sur demande) retrace cet épisode.

La **pension Oreshaka** (☎0889704232 ; www.oreshaka.bg ; Oreshak ; ch 40 lv ; P 📶) offre des chambres simples, juste à l'extérieur des murs du monastère.

L'**exposition nationale des Arts et Artisanats** (☎0888008411, 06952-2816 ; www.fairoreshakbg.com ; ul Stara Planina 256, Oreshak ; tarif plein/réduit 2/1 lv ; ⏲9h-17h30), à 500 m au nord du monastère de Troyan le long de la route principale, est un espace à mi-chemin entre le musée en plein air et un paradis pour les acheteurs. Ce centre d'artisanat composé de 9 salles présente de merveilleux exemples de sculptures sur bois traditionnelles bulgares, de tapis tissés et de bijoux.

Au départ de Troyan, certains bus à destination de Gabrovo, Apriltsi ou Tcherni Osăm (3 lv, 20 min, 7/jour) desservent le monastère.

personnel, serviable, vous renseignera sur les activités locales (équitation, tir à l'arc...).

Les prix augmentent de 15% le week-end.

Hotel Park HÔTEL $$
(☎0878303939 ; www.phtroyan.net ; Park Kăpincho ; s/d/app 50/70/100 lv ; P 📶). Anciennement appelé le Panorama, cet établissement à flanc de colline, dans le parc qui domine la ville, s'enorgueillit d'un cadre unique. Ses chambres gagneraient toutefois à être rafraîchies. En taxi, comptez environ 3 lv depuis le centre.

Café Antik CAFÉ
(☎087052233 ; Ploshtad Văjrajdane ; plats 8-15 lv ; ⏲8h-0h). On aime à siroter une boisson en écoutant la rivière, sous la marquise en bois de ce café-restaurant joliment aménagé derrière le musée de l'Artisanat. En été, optez pour une table en terrasse et, par temps froid, réchauffez-vous d'un verre d'eau-de-vie de Troyan ! La carte change en fonction des plats du jour – soupes, salades, etc.

ℹ Renseignements

Procurez-vous un plan et renseignez-vous sur les curiosités locales auprès du **centre d'informations culturelles** (pl Văjrajdane ; ⏲9h30-13h et 14h-18h30 lun-sam) – notez que les horaires sont irréguliers.

ℹ Depuis/vers Troyan

La **gare routière** (☎0670-62 172 ; ul Dimityr Ikonomov-Dimitrykata 23) de Troyan se trouve à 350 m au sud de la pl Văjrajdane. Le guichet de **Neshev** (neshevbg.com) ferme à 18h. De la gare routière, 2 bus rallient chaque jour Sofia (14-15 lv, 3 heures). Ceux qui passent par Lovetch (4-5 lv, 45 min, 7/jour) trouvent des correspondances immédiates pour Pleven. Pour le monastère de Troyan (3 lv, 20 min, 7/jour), prenez un bus en direction de Gabrovo, Apriltsi ou Tcherni Osăm.

Les trains, beaucoup plus lents, sont moins recommandés. La gare ferroviaire est située à proximité de la gare routière. Les trains pour Sofia (16 lv, 6-7 heures, 4/jour) passent par Pleven ou Levski.

Hisar ХИСАР

9 300 HABITANTS

Cette ville thermale doit son renom à l'eau de Hisar (également appelée Hissar ou Hisarya), réputée riche en propriétés (et en minéraux). À l'époque romaine, déjà, elle avait l'honneur d'être nommée Diokletianopolis, d'après l'empereur Dioclétien. La majorité des visiteurs viennent ici pour remplir leurs bouteilles à l'une des 16 sources ou pour se glisser dans les eaux douces des hôtels de thalassothérapie. Or, la visite des ruines romaines de Hisar, avec notamment les remparts, longs de plus de 2,3 km, et les hautes portes de la forteresse, qui figurent parmi les mieux préservées de Bulgarie, n'est pas moins stimulante.

À voir

Plus de 2,3 km de **remparts romains**, remaniés par les Byzantins, traversent Hisar. Comptant parmi les vestiges romains les mieux conservés du pays, ils atteignent jusqu'à 3 m d'épaisseur par endroits, pour des portes hautes de 13 m. Élevés pour protéger la cité de 30 ha et ses bains thermaux, ils continrent les assauts des Slaves au VIe siècle. Le lieu le plus photogénique de Hisar est la **porte sud de la forteresse**, que l'on peut rejoindre en marchant vers le sud le long du bul Ivan Vazov, après être passé devant le **parc de Momina Salza**.

D'autres ruines romaines, dont un théâtre antique, des thermes et quelques maisons, jalonnent des rues reliant l'artère principale au centre-ville. Aucune barrière n'empêche de s'y promener librement.

Source de Momina Salza FONTAINE

L'eau de cette source riche en minéraux permettrait, dit-on, de stimuler toutes les fonctions métaboliques et rénales. Que vous soyez convaincu ou non de ses vertus, vous pourrez, comme les habitants venus équipés de bidons, remplir votre bouteille à la fontaine. Celle-ci est abritée par une belle colonnade ; vous la trouverez sur la

RANDONNÉES DANS LA STARA PLANINA

Également appelée Grand Balkan, la chaîne de la Stara Planina ("vieille montagne") traverse toute la Bulgarie, de sa frontière avec la Serbie jusqu'à la mer Noire. Près de 30 sommets s'élèvent au-dessus de 2 000 m d'altitude (pour une altitude moyenne de 700 m) ; le point culminant est le mont Botev (2 376 m), au nord de Karlovo. Les réserves naturelles de la Stara Planina et ses collines verdoyantes séduisent les randonneurs.

Il est essentiel de se munir de bonnes cartes. Pour les treks courts, la série *Stara Planina* (1/50 000) de Domino couvre les différentes zones de la chaîne. Les randonneurs expérimentés lisant l'anglais pourront consulter le guide *Walking in Bulgaria's National Parks* de Julian Perry, qui inclut quatre excellentes marches dans les montagnes du Centre, ainsi que *Mountains of Bulgaria*. Les trekkeurs confirmés aiment s'aventurer sur le difficile "Itinéraire de l'amitié" de 25 jours reliant Kom à Emine, qui couvre presque 700 km dans la partie bulgare de la chaîne (il fait partie du GR transeuropéen E3).

Les randonnées guidées, qui constituent un bon moyen de découvrir la Stara Planina, vous permettront d'obtenir des renseignements de première main – tant sur la culture que sur l'état des sentiers. **Bulgaria Walking** (bulgariawalking.com) propose des itinéraires ardus jusqu'au mont Botev.

Voici quelques-unes des randonnées les plus intéressantes. Notez que le balisage des sentiers n'est pas toujours irréprochable.

De Tcherni Osăm à l'Hija Ambaritsa 4 heures

Écosentier de Dryanovo 4 heures

D'Etăr au monastère de Sokolski 1 heure

De Gabrovo à l'Hija Ouzana 7 heures

De Karlovo à l'Hija Houbavets 3 heures ; possibilité de poursuivre jusqu'à l'Hija Vasil Levski (2-3 heures de plus) et au mont Botev (encore 2 ou 3 heures)

Du monastère de Shipka au col de Shipka 3 heures

De Sliven à l'Hija Karandila 3 heures

promenade entre le bul Hristo Botev et la porte sud de la forteresse (près du restaurant Izvora).

Musée archéologique MUSÉE
(☎0337-62 796 ; museum.hisar.bg ; ul Stamboliyiski 8 ; 2 lv ; ⏲9h-12h30 et 13h30-17h30 en été, 8h-12h et 13h-16h30 en hiver). Ce petit musée, installé au fond d'une jolie cour, présente des trouvailles archéologiques, allant d'outils du néolithique à des bijoux de l'époque thrace, et une petite collection consacrée aux costumes folkloriques et aux métiers traditionnels. Il y a peu de panneaux explicatifs, mais la visite permet de compléter agréablement une balade le long des remparts romains.

Où se loger

Les hébergements ne manquent pas à Hisar, et la majorité d'entre eux disposent d'espaces de balnéothérapie, qui vont de petits bains ou saunas à des piscines extérieures, avec divers soins à la clé. Les hôtels thalasso de catégorie moyenne ont, pour certains, des allures de cliniques ; ceux qui ont davantage de cachet le répercutent sur leurs tarifs. Les voyageurs au budget serré pourront opter pour une chambre chez l'habitant en cherchant les panneaux "*rooms*" dans le bul General Gurko.

Hotel Hissar HÔTEL $$
(☎0337-62 781 ; www.hotelhissar.com ; ul General Gurko ; s/d/app à partir de 105/115/162 lv ; P❄@≋). Les chambres standards, dans les tons beiges, de cet hôtel sont assez plaisantes ; et les *deluxe* (d à partir de 150 lv), rehaussées de notes de couleur prune et dotées de sofas en veloutine, sont d'un cran supérieur. La plupart des chambres ont un balcon donnant sur la piscine extérieure encadrée de verdure.

Augusta Spa Hotel HÔTEL THERMAL $$
(☎0337-62 244 ; www.augustaspa.com ; ul General Gurko 3 ; s/d à partir de 69/88 lv ; P@≋). Certaines chambres de cet hôtel, à l'extérieur d'un modernisme austère, sont un peu aseptisées ; en revanche, celles qui ont été rénovées sont plus chics. Au programme ici : 2 piscines thermales, une extérieure et une intérieure, un toboggan et une pataugeoire, ainsi qu'une salle de sport et une grotte de sel (à partir 12 lv la visite).

Le spa (9h-21h) est ouvert à tous (à partir de 8 lv).

Hotel Chinar HÔTEL THERMAL $$$
(☎0337-62 288 ; www.hotelchinar.bg ; ul Vasil Petrovitch 5 ; s/d/app avec petit-déj à partir de 90/130/195 lv ; P❄). Toutes majestueuses et raffinées qu'elles soient (têtes de lit en bois sculpté, sdb impeccables), les chambres du Chinar sont un peu défraîchies. Les appartements sont vastes. L'entrée au spa est incluse dans le tarif de la chambre ; grand choix de soins.

Où se restaurer

National BULGARE $$
(bul General Gurko ; plats 12-15 lv ; ⏲9h-0h). Attenante à l'Hotel Chinar, cette *mehana* sophistiquée déborde dans un jardin calme, avec treille et rosiers grimpants. La carte va des ragoûts bulgares à de l'osso buco (15,50 lv).

Provence EUROPÉEN $$
(☎0876414144 ; bul General Gurko 5 ; plats 8-20 lv ; ⏲11h-0h). Derrière les murs couleur moutarde se cache une cour paisible avec des géraniums en pot et de la pop douce en fond sonore. Les plats européens sont variés : lapin à la mode toscane (16 lv), collet de porc bulgare, risotto aux champignons sauvages (9 lv)...

Izvora BULGARE $$
(☎0896864987 ; bul Ivan Vazov ; plats 7-15 lv ; ⏲10h-22h). À seulement 100 m des remparts de la forteresse, cette chaleureuse *mehana* familiale, avec bains attenants, sert des plats bulgares, comme la salade yaourt-concombre, et de bonnes grillades.

Renseignements

Le petit **centre d'informations touristiques** (☎0337-62 141 ; bul General Gurko ; ⏲9h-12h et 13h-18h lun-sam), en face du restaurant National, vend des plans (2 lv). Horaires réduits en dehors de l'été.

Depuis/vers Hisar

La **gare ferroviaire** (ul Geo Milev) et la **gare routière** (☎0337-62 069 ; ul Geo Milev) sont adjacentes. Des bus desservent Pleven (20 lv, 5 heures, 1/jour) via Lovetch (18 lv, 4 heures), et la gare routière nord de Plovdiv (3,50 lv, 50 min, 1/jour). Pour rejoindre Plovdiv en train, il faut généralement prendre une correspondance à Dolna Mahala (3 lv, 1 heure-1 heure 30, 6/jour) ; et pour Sofia, il faut changer de train à Plovdiv.

VAUT LE DÉTOUR

KOPRIVSHTCHITSA

Derrière les façades colorées et les cours d'eau gazouillants couve l'esprit révolutionnaire de Koprivshtchitsa. Ce village-musée plaît d'emblée, avec ses nombreuses maisons restaurées datant de la période du Renouveau national. S'il s'agit désormais d'un site touristique tranquille, Koprivshtchitsa fut autrefois au cœur de la lutte contre les Ottomans. Todor Kableshkov lança en effet un soulèvement contre les Turcs le 20 avril 1876 au pont Kalatchev (également appelé pont du "premier coup de feu").

Les quelques rues de la bourgade sont bordées de bâtiments anciens, séparés par des venelles envahies par la végétation où les enfants peuvent gambader.

Il existe six maisons-musées. Si vous voulez acheter un billet combiné pour les visiter toutes (tarif plein/réduit 6/3 lv), allez au magasin de souvenirs **Kuptchinitsa** (près du centre d'informations touristiques) ou à la **maison Kableshkov** (ul Todor Kableshkov 8 ; tarif plein/réduit 4/2 lv ; ⏲9h30-17h30 mar-dim avr-oct, 9h30-17h nov-mars).

Avec son entrée à triple arche et son intérieur restauré dans des teintes allant du rouge écarlate au bleu saphir, la **maison Oslekov** (ul Gereniloto 4 ; 3 lv ; ⏲9h30-17h30 avr-oct, 9h-17h nov-mars, fermé lun) constitue sans doute le plus bel exemple du style Renouveau national à Koprivshtchitsa. Construite entre 1853 et 1856 par un riche marchand exécuté après son arrestation lors du soulèvement d'avril 1876, elle a été transformée en maison-musée et présente des expositions instructives en plusieurs langues (dont le français) sur la Bulgarie du XIXe siècle.

Les hébergements ne manquent pas dans ce joli village historique, mais il est conseillé de réserver si vous séjournez un week-end d'été. Le restaurant traditionnel **Dyado Liben** (☎0887532096 ; bul Hadji Nentcho Palaveev 47 ; plats 8-15 lv ; ⏲11h-0h ; wi-fi) occupe une demeure de 1852 pleine de cachet, dotée d'un dédale de salles aux murs peints et au lourd parquet patiné.

Le **centre d'informations touristiques** (☎07184-2191 ; www.koprivshtitza.com ; pl 20 April 6 ; ⏲9h30-17h30 mar, mer et ven-dim avr-oct, 9h30-17h nov-mars), sur la place principale, fournit des renseignements sur les hébergements et les restaurants.

Si vous n'êtes pas motorisé, il vous sera difficile de vous rendre à Koprivshtchitsa : la gare ferroviaire est en effet à 9 km au nord du village, ce qui oblige à prendre un taxi ou une navette (2 lv, 15 min), ne coïncidant pas toujours avec le départ et l'arrivée des trains.

Karlovo КАРЛОВО

30 340 HABITANTS

L'histoire révolutionnaire de la ville et son vieux quartier pittoresque font de la ville de Karlovo, nichée dans les contreforts de la Stara Planina, une étape particulièrement intéressante. Presque à mi-chemin entre Koprivshtchitsa et Kazanlăk, elle possède de beaux édifices datant du Renouveau national et des églises bien conservées. Pour la majorité des visiteurs bulgares, toutefois, elle est surtout connue pour avoir vu naître Vasil Levski, chef révéré de la lutte contre les Turcs, au début des années 1870.

À voir

Les sites majeurs de Karlovo bordent l'ul Vasil Levski. En marchant vers le nord depuis la gare routière ou la gare ferroviaire, on arrive à la place Vasil Levski, où une statue représente le grand homme en compagnie d'un lion (une référence au surnom dont l'avaient affublé ses compagnons). Non loin se dressent l'**église Sveti Nikola** (ul Vasil Levski 10 ; ⏲7h-19h), rose clair, et le **musée d'Histoire** (ul Vŭzrojdenska 4 ; 3 lv ; ⏲8h-12h et 13h-17h), où sont exposés des outils agricoles et des costumes tissés aux couleurs éclatantes. Continuez vers le nord et admirez les magnifiques fresques extérieures de l'**église Sveta Bogoroditsa** (angle ul Vasil Levski et ul 27 Decembri ; ⏲7h-19h) d'un bleu profond avant de faire une pause, le temps d'un authentique café turc, au centre culturel **Buhalov Han** (Owl Inn ; angle ul Evlogi Georgi et ul Vasil Levski ; 2 lv ; ⏲8h30-17h).

Plus haut dans l'ul Vasil Levski, la **mosquée Kursum** (1485), entourée d'un parc, est aujourd'hui fermée. Remontez l'artère commerçante jusqu'à la place 20-ti Yuli, puis suivez la rue à gauche (ouest) sur 300 m, via la **tour de l'horloge**, pour atteindre le **musée Vasil Levski** (☎0335-93 489 ; www.

vlevskimuseum-bg.org ; ul Gen Kartzov 57 ; 3 lv ; 8h30-13h et 14h-17h lun-ven).

Où se loger et se restaurer

White Guesthouse PENSION $
(0878152726 ; ul Tsar Simeon 6 ; s/d/tr 27/37/45 lv ;). Avec leurs murs blancs et leur sol parqueté, les chambres de cette pension affichent un certain dépouillement. Impeccables, elles sont en outre bien équipées, avec TV, réfrigérateur et jolies sdb. Le propriétaire, charmant, parle un peu anglais. La pension est nichée dans un bâtiment résidentiel paisible, dans une rue secondaire donnant sur l'ul General Kartsov, à 150 m à l'est du musée Vasil Levski.

Shterev Hotel HÔTEL $
(0335-93 380 ; www.shterevhotels.com ; pl 20 Yuli ; s 33-40 lv, d 40-50 lv, ste 68-85 lv ; P). Dominant l'immense place aux cafés et restaurants, le Shterev possède un emplacement de choix, et des chambres assez ordinaires.

Restaurant Dionisi BULGARE $$
(0335-93 412, 0885244346 ; ul Evlogi Georgiev ; plats 9-12 lv ; 11h-23h lun-sam). Plus haut près de la place Sveti Nikolai, venez déguster une cuisine maison roborative, et notamment des soupes à base de viande et de légumes.

Depuis/vers Karlovo

La **gare ferroviaire** (0335-94 641 ; rte E871) est située sur la ligne Sofia-Burgas, qui passe aussi par Kazanlăk et Sliven. On trouve des trains directs pour Sofia (7,40 lv, 2 heures 30-3 heures, 4/jour), Burgas (14 lv, 4 heures 30, 1/jour), Koprivshtchitsa (3 lv, 1 heure, 1/jour) et Plovdiv (4 lv, 1 heure 30, 6/jour).

La **gare routière** (0885218139 ; ul Vasil Levski), à 200 m au nord de la gare ferroviaire, assure des liaisons avec Sofia (18 lv, 3 heures, 2/jour) ; Plovdiv (5 lv, 1 heure-1 heure 30, 5/jour, parfois via Hisar), Pleven (16 lv, 1 heure 30, 1/jour) et Lovetch (14,50 lv, 1 heure 30, 1/jour).

Kazanlăk КАЗАНЛЪК

47 300 HABITANTS

Nichée au pied de la Stara Planina, la vallée des Roses (Rozovata Dolina) produirait près des deux tiers de l'huile de rose de toute la planète. Lorsque les fleurs s'ouvrent, en mai et juin, les visiteurs affluent à Kazanlăk, ville poussiéreuse au cœur de cette industrie du parfum. Mais si les roses en constituent le principal attrait, la civilisation thrace y a également laissé son empreinte. Kazanlăk abrite un important tombeau du IVe siècle ; plus au nord, en direction de Shipka, la "vallée des Rois thraces" présente une succession d'anciens tumulus.

Dotée d'une mosquée en activité et peuplée par d'importantes communautés musulmanes turques et pomaks, la ville moderne de Kazanlăk est l'une des localités les plus multiculturelles de Bulgarie. Avec ses immeubles de style soviétique et ses places délabrées qui succèdent à la place principale, mieux entretenue, elle ne saurait rivaliser avec la beauté des vallées environnantes. Elle n'en compte pas moins quelques endroits qui méritent le coup d'œil, notamment le long de la rivière, bordée d'édifices du XIXe siècle.

À voir

Tombe thrace de Kazanlăk TOMBEAU
(parc Tyulbe). Dans le parc Tyulbe vallonné, à 15 minutes de marche au nord-est du centre de Kazanlăk, cette sépulture d'un souverain thrace du IVe siècle av. J.-C., ornée de superbes fresques, est l'une des grandes découvertes archéologiques du siècle dernier. Mise au jour en 1944 durant la construction d'un abri antiaérien, elle est désormais inscrite au patrimoine mondial de l'Unesco. Le tombeau n'est, hélas, pas ouvert au public, mais il est possible d'en visiter une réplique (ci-dessous), érigée à proximité.

Le long du *dromos* (couloir d'entrée voûté), une double frise décrit des scènes de bataille. La chambre funéraire, de 12 m de diamètre, est couverte d'un dôme en forme de ruche, typique de l'architecture thrace du IIIe au Ve siècle av. J.-C. Sur le dôme, plusieurs peintures murales dépeignent divers événements, dont un festin funéraire et une course de chars.

Réplique de la tombe thrace de Kazanlăk MUSÉE
(parc Tyulbe ; adulte/enfant 3/1 lv ; 9h-17h30). Ce musée contient une réplique grandeur nature du tombeau voisin. Les photos sont autorisées à l'intérieur moyennant 5 lv.

Musée des Roses MUSÉE
(0431-64 057 ; bul Osvobojdenie 10 ; tarif plein/réduit 3/1 lv ; 9h-18h30). Le musée des Roses a ouvert ses portes en 2016 dans le parc Rozarium, à 500 m au nord

Kazanlăk

Kazanlăk

À voir

1 Complexe ethnologique de Kulata C1
2 Musée des Roses A2
3 Réplique de la tombe thrace de Kazanlăk .. D1
4 Tombe thrace de Kazanlăk C1

Où se loger

5 Diamond Hotel B2
6 Hotel Teres C1
7 Hotel-Restaurant Chiflika C2
8 Roza Hotel B4

Où se restaurer

9 Banicharnitsa Violeta Asenova C3
10 Magnolia C1
11 New York Pub & Grill B3

de la place Sevtopolis. Il retrace l'histoire de la production de l'huile de rose et en détaille les procédés tricentenaires, encore en usage aujourd'hui. De nombreux outils anciens qui servaient autrefois à la fabrication de parfum et des photos de ramasseurs de roses sont présentés dans les atriums inondés de lumière.

Complexe ethnologique de Kulata MUSÉE
(☎0431-63 762 ; bul Nikola Petkov 18 ; 3 lv ; ⏲8h-12h et 13h-18h). En contrebas du parc Tyulbe et du tombeau thrace, l'agréable quartier de Kulata ("Tour") abrite un complexe ethnologique. La maquette d'une maison paysanne à un étage du XIXe siècle et des remises en bois, avec des outils agricoles et des charrettes, sont notamment exposés.

Où se loger

Les voyageurs ont l'embarras du choix à Kazanlăk, qui compte une myriade d'hôtels de catégorie moyenne et quelques pensions moins onéreuses. Presque tous les établissements sont pris d'assaut durant la floraison des rosiers et la plupart reçoivent alors des groupes en voyage organisé. Réservez plus de 3 mois à l'avance si vous comptez arriver à cette période.

Hotel Teres HÔTEL $
(☎0431-64 272 ; www.hotelteres.com ; ul Nikola Petkov ; d 50 lv ; P ❄ 📶). Dans un secteur plus calme que le centre-ville, juste en contrebas du tombeau thrace, cette option accueillante occupe un bâtiment en bois chaulé. Chambres propres et modernes, bar dans le hall et restaurant attenant.

Hotel-Restaurant Chiflika HÔTEL $
(☎0431-21 411 ; www.hotelchiflikakazanlak.bg ; ul Knyaz Mirski 38 ; d 35-46 lv ; P ❄ @ 📶). Au sud du tombeau thrace, dans un édifice de 1851, cet hôtel cache, sous ses dehors pseudo traditionnels, des chambres assez haut de gamme, avec des sdb modernes et chics. La taverne, agrémentée d'une cheminée, prépare de savoureux classiques bulgares.

Diamond Hotel HÔTEL $$
(☎0431-63 192 ; www.hoteldiamant.bg ; ul Shipchenska Epopeya 2 ; d 65-76 lv ; P ❄ 📶). Face au musée d'Histoire, cet hôtel restitue un soupçon de la grandeur passée. Ses 6 chambres jouent sur ce registre, avec draps dorés en satin, papier peint à motif floral et lampes aux allures de chandeliers. Plusieurs petits-déjeuners au choix (7 lv).

S'il n'y a pas de place de parking libre dans la rue, demandez où se trouve le minuscule garage en sous-sol.

Roza Hotel HÔTEL $$
(☎0431-50 005 ; www.hotelrozabg.com ; ul Rozova Dolina 2 ; ch 50-110 lv ; P ❄ @ 📶). Bien qu'installé dans un immeuble de bureau, cet hôtel constitue un refuge chaleureux, tenu par un personnel avenant. Sa terrasse, égayée de fleurs, donne sur la place principale. Les chambres à droite du hall sont petites, avec des lits tassés dans le sens de la longueur. Celles de gauche sont un peu plus spacieuses, et plus chères.

Thé, café et fruits gratuits toute la journée dans le coin petit-déjeuner. Parking payant (4 lv/24 heures).

Où se restaurer

New York Pub & Grill INTERNATIONAL $
(☎0431-62 464 ; www.newyorkpub-bg.com ; pl Sevtopolis ; plats 5-10 lv ; ⏲9h-22h ; 📶). Rien de bien new-yorkais dans ce restaurant, qui n'en est pas moins très apprécié pour sa longue carte de pizzas et de grillades. Tout y est frais et de grande qualité.

Banicharnitsa Violeta Asenova BOULANGERIE $
(Otets Paisii 33 ; banitsa à partir de 0,80 lv ; ⏲7h30-21h). Meilleure adresse à l'heure du petit-déjeuner, ce minuscule établissement face au marché sert des *banitsi* et des *byurek* (feuilletés typiques des Balkans), au fromage et à d'autres garnitures. Arrivez tôt, car le service se termine lorsque les produits frais ont tous été vendus.

♥ **Magnolia** BULGARE $$
(☎0431-89 546 ; www.magnolia-kazanlak.com ; bul Nikola Petkov 1 ; plats 5-14 lv ; ⏲10h-22h). Dans un bâtiment couleur pêche, en face du tombeau thrace sur la rive opposée, cette *mehana* incontournable affiche une carte de classiques bulgares concoctés à la perfection, comme des plats de viande en pot de terre (à partir de 5 lv) et des grillades mixtes (12 lv). Installez-vous dans la salle dans le style du Renouveau bulgare ou, encore mieux, dans la cour carrelée de blanc, aux murs couverts de vigne vierge.

Renseignements

Il y a plusieurs DAB sur la pl Sevtopolis et dans l'ul 23 Pehoten Shiptchenski Polk, entre la place et l'ul Petko Stajnov.

Centre d'informations touristiques (☎0431-99 553 ; ul Iskra 4 ; ⏲9h-13h et 14h-18h lun-ven, 10h-16h sam-dim). Réservation d'hôtels et d'excursions ; renseignements généraux sur la ville.

Depuis/vers Kazanlăk

Des gares routière et ferroviaire, il faut marcher 10 minutes vers le nord pour rejoindre la place

À NE PAS MANQUER

LE PARFUM DES ROSES DE KAZANLĂK

Durant des siècles, Kazanlăk a été le centre européen de la production d'huile de rose. Le riche sous-sol et les nappes phréatiques de la vallée des Roses offrent des conditions idéales pour la culture de ces fleurs. On fabrique ici toutes sortes de produits à partir des roses : savons, crèmes hydratantes, liqueurs, confitures et bonbons.

Les roses fleurissent approximativement de la mi-mai à la mi-juin, et les vallées alentour explosent de couleurs à cette période de l'année. Dans la ville, la **fête de la Rose** (1er week-end de juin) est l'événement phare de la saison ; des villages comme Rajena, Kantchevo et Rozovo organisent aussi des manifestations sur le thème de la rose certains week-ends. Les festivités donnent souvent lieu à une cueillette de roses, à des danses en costume, à une bénédiction des visiteurs avec une branche plongée dans de l'eau de rose… et il est toujours possible d'acheter des souvenirs parfumés. Il y a généralement un droit d'entrée de 10 lv environ.

Pour une immersion complète dans la saison des roses, joignez-vous à un circuit. Le guide Nikolay Tsutsov organise des excursions de plusieurs jours au départ de la **maison Cucovata** (0887804223, 03133-5483 ; www.cucovata.com) dans le village de Kalofer, à 40 km à l'ouest de Kazanlăk. Réservez jusqu'à un an à l'avance pour ne pas risquer d'être déçu.

La région reste intéressante même en dehors de la période de floraison. La **distillerie de rose Enio Bontchev** (02-986 3995 ; www.eniobonchev.com ; Tarnitchene ; avec/sans cueillette 9,60/6 lv), à 27 km à l'ouest de Kazanlăk, dans le village de Tarnitchene, retrace l'histoire du commerce de l'huile de rose en Bulgarie et fait humer aux visiteurs son parfum apaisant. Il est possible de découvrir les immenses cuves en cuivre de la distillerie, fondée en 1909, et le petit musée toute l'année, mais il faut auparavant téléphoner ou envoyer un e-mail pour prendre rendez-vous.

De son côté, le tout nouveau musée des Roses de Kazanlăk offre une introduction instructive sur l'histoire de l'industrie. Enfin, vous pourrez déguster des délices à la rose à l'occasion d'une visite au complexe ethnologique de Kulata.

principale (2 lv en taxi). La **gare routière** (0431-63 200 ; ul Sofronii Vratchanski) est reliée à Sofia (17 lv, 3 heures, 5/jour), à Plovdiv (9 lv, 2 heures, 3/jour) et à Gabrovo (6 lv, 1 heure-1 heure 30, 8/jour) via Shipka. Des bus quotidiens vont aussi à Roussé (16 lv, 3 heures 30) via Veliko Tărnovo, et à Svilengrad (12 lv, 2 heures 30).

Les minibus pour Stara Zagora (4 lv, 45 min) démarrent toutes les 30 min à l'extérieur de la gare routière. Plus loin dans la rue, vers le rond-point, le bus municipal n°6 (1,80 lv, 25 min, toutes les 30 min) rallie Shipka ; il fait également halte dans le centre, au carrefour de Knyaz Al Battenberg et de l'ul Kiril i Metodii.

La **gare ferroviaire** (0431-62 012 ; ul Sofronii Vratchanski) assure des liaisons avec Sofia (10 lv, 3 heures 30, 3/jour) et Burgas (12 lv, 3 heures, 3/jour), via Karlovo (5 lv, 1 heure 30, 6/jour) ou Stara Zagora. Des trains quotidiens circulent jusqu'à Sliven (6 lv, 2 heures, 4-6/jour). Les trains depuis/vers Plovdiv impliquent un changement à Karlovo ou à Stara Zagora.

Shipka ШИПКА

Modeste village situé au pied des montagnes, Shipka s'enorgueillit de monuments hérités de différentes périodes de l'histoire bulgare. L'austère col de Shipka, par lequel passe la seule bonne route qui traverse la Stara Planina, fut le théâtre, en 1877, de l'une des batailles les plus décisives de la guerre russo-turque, menée pour libérer la Bulgarie du joug ottoman. Un monument en pierre a été érigé sur le col en hommage aux combattants. À 13 km au sud de Shipka, se dresse en outre une ravissante église de style russe.

Le village et ses alentours comptent également un grand nombre de tombeaux, datant du IVe siècle av. J.-C. La campagne qui sépare Kazanlăk de Shipka a, de fait, pour surnom "vallée des Rois thraces", par allusion aux multiples tumulus et sites archéologiques qui y ont été mis au jour. Shipka constitue une excellente destination pour une escapade d'une journée au départ de Kazanlăk ; en y passant 2 ou 3 jours, vous pourrez aussi visiter les tombeaux et découvrir les ruines du monument de Buzludja.

À voir

Monument de Buzludja RUINES

(Shipka). Ce monument en béton en forme d'OVNI dressé sur le col de Shipka est le site le plus singulier du centre de la Bulgarie. Il s'agit d'une ancienne salle de congrès, laissée à l'abandon après la chute du communisme. Sa silhouette futuriste attire irrésistiblement les voyageurs. Lors de la rédaction de ce guide, les autorités avaient rouvert les portes après en avoir longtemps interdit l'accès. Nous recommandons toutefois vivement de rester à l'extérieur : quiconque s'aventure à l'intérieur, parsemé de verre brisé et sujet à des chutes d'éléments de maçonnerie, court un risque réel de blessure.

Le monument de Buzludja se tient sur un pic s'élevant à 1 441 m et dominant le col. En montant au site, vous apercevrez un monument en acier représentant deux poings tenant des flambeaux. À côté du bâtiment, une haute structure en béton pointe vers le ciel, une étoile rouge ornant son sommet. Les rumeurs selon lesquelles l'étoile était en rubis (c'est en réalité du verre) ont poussé des habitants à piller et détériorer le site. Si la population locale est mitigée quant à cette structure, le projet de la transformer en un musée d'Histoire a été bien accueilli.

Le monument est accessible par une route sinueuse et pleine d'ornières qui part de l'E85 entre Shipka et Kazanlăk. Il se trouve à 30 minutes en voiture de Kazanlăk.

Église-mémorial de la Nativité ÉGLISE

(église Sveti Nikolai ; 8h30-17h30 mai-oct, 8h30-17h nov-avr). Avec ses murs rose et blanc et ses bulbes dorés, cette église splendide, qui domine le village de Shipka, présente un contraste saisissant avec la forêt alentour. Partie intégrante du monastère, elle fut construite en 1902 à la mémoire des soldats morts au col de Shipka durant la guerre russo-turque. Suivez le panneau indiquant *Hram Pametnik* sur 1,2 km à travers le village ou grimpez sur 300 m à partir du restaurant le long de la route Kazanlăk-Gabrovo.

Fortement influencée par l'architecture russe, elle compte cinq dômes dorés et 17 cloches, installées dans une tour haute de 53 m, et que l'on peut entendre sonner à des kilomètres à la ronde. Trente-quatre plaques en marbre accrochées sur les murs extérieurs rappellent le nom des soldats morts durant la guerre russo-turque. La crypte renferme les dépouilles de soldats du Tsar, et l'on y trouve également de superbes fresques dépeignant des scènes de l'histoire russe.

Des stands de souvenirs et d'alimentation sont installés sur le parking de ce site très fréquenté. L'autorisation de prendre des photos coûte 5 lv.

Tombeau d'Ostrusha TOMBEAU

(tarif plein/réduit 3/1 lv ; 9h-17h mai-nov). Découvert en 1993, le sarcophage enfoui dans cet immense tumulus thrace fut taillé, au IVe siècle av. J.-C., dans une unique pierre de 60 tonnes. Aujourd'hui encore, les découvertes continuent de déconcerter les archéologues (le squelette d'un cheval a ainsi été mis au jour, mais aucun reste humain). Le plus grand mystère concerne le granite, qui ne provient pas de la région et fut transporté à Shipka. Le tumulus se trouve à 3 km au sud du village de Shipka.

Les Byzantins endommagèrent nombre de tumulus thraces, et le tombeau d'Ostrusha ne fit pas exception. La majorité des fresques ont été effacées. Le visage serein d'une femme sur l'un des tableaux du plafond témoigne de la splendeur passée des tombes.

Monument de la Liberté MONUMENT

(mémorial de Shipka ; 9h-19h avr-oct, 9h-16h30 nov-mars). GRATUIT Une route sinueuse mène au col de Shipka (1 306 m), à 13 km au nord du village du même nom. Quelque 1 000 marches conduisent au sommet du mont Stoletov (1 326 m), dominé par l'imposant monument de la Liberté. Construit en 1934, ce mémorial rend hommage aux 7 000 soldats russes et volontaires bulgares qui perdirent la vie durant la bataille du col de Shipka, dont le pire épisode se produisit en août 1877. Les combattants parvinrent à repousser les attaques répétées de 27 000 soldats turcs.

Pour atteindre le col depuis Kazanlăk ou Shipka, prenez un bus pour Haskovo, Gabrovo ou Veliko Tărnovo, et demandez au chauffeur de vous déposer au col (*Shiptchensky prokhod*).

Où se loger et se restaurer

De par la notoriété du monument de la Liberté, sur le col de Shipka, de nombreux cafés ont ouvert leurs portes en aval, à proximité de l'Hotel-Restaurant Shipka. Vous n'aurez guère de choix pour vous restaurer dans le village même, qui ne possède qu'un café à son extrémité nord. Le choix est plus grand à Kazanlăk.

Hotel IT Shipka
PENSION $

(☎0896755090 ; www.shipkaithotel.com ; ul Kolyo Adjara 12 ; s/d/app 37/49/86 lv ;). Dans un quartier résidentiel tranquille à 500 m à l'est de la place, cette sympathique pension tenue par une famille loue de jolies chambres modernes, avec une belle vue sur la vallée des Roses ou la montagne et les dômes étincelants de l'église-mémorial de la Nativité. Le restaurant mitonne une cuisine bulgare. Petite piscine découverte, sauna infrarouge et hammam.

Appelez Ivan, le propriétaire, qui parle anglais, pour qu'il vienne vous chercher à l'arrêt de bus sur la place principale. Des randonnées et d'autres activités de plein air dans les environs sont organisées. Les chambres sont équipées de la climatisation ou de ventilateurs au plafond. Le petit-déjeuner, qui coûte 6 lv, est un véritable festin de crêpes, pâtisseries et autres délices maison.

Hotel-Restaurant Shipka
HÔTEL $

(☎0888356479 ; shipkahotel@abv.bg ; col de Shipka ; d 40-60 lv ; P). Pour profiter d'une vue vertigineuse depuis le col, optez pour cet hôtel de 13 chambres simples, avec réfrigérateur et TV. Au rez-de-chaussée, le restaurant (8h-0h) sert des plats bulgares. Le personnel, qui ne parle guère anglais, est très sympathique ! À 50 m en amont du parking.

Depuis/vers Shipka

Toutes les 30 minutes en semaine (et toutes les heures le week-end), le bus n°6 relie l'arrêt des bus locaux, près de la gare routière de Kazanlăk, et le village de Shipka (1,80 lv, 25 min). Le bus Kazanlăk-Gabrovo, qui circule toutes les heures, s'arrête dans le village et au col de Shipka, de même que les bus à destination de Veliko Tărnovo.

Stara Zagora
СТАРА ЗАГОРА

137 850 HABITANTS

Ville d'affaires et important carrefour ferroviaire et routier, Stara Zagora (littéralement "vieille derrière la montagne") figure rarement sur les itinéraires touristiques. Elle mérite pourtant bien qu'on lui consacre 2 ou 3 jours : la scène culinaire est excellente ; les rues piétonnes, bordées de cafés tendance, mènent tout droit à des ruines romaines ; et les nombreux parcs invitent à se prélasser. Mais Stara Zagora est surtout connue dans le pays pour la fameuse bière bulgare Zagorka, brassée ici depuis 1902.

À voir

Mosquée Eski
MOSQUÉE

(musée des Religions ; ☎042-919 214 ; ul Pazarska 1 ; adulte/enfant 3/1 lv ; ⊙10h-18h mar-sam). Cette mosquée, l'une des plus anciennes de Bulgarie (XVe siècle), présente un intérieur sombre, orné de magnifiques dessins floraux et rococo. Aujourd'hui appelé le "musée des Religions", elle compte quelques vitrines garnies d'artefacts (explications en bulgare uniquement). On y vient toutefois surtout pour admirer l'intérieur. À l'est du parc central.

Théâtre romain
SITE ANTIQUE

(bul Mitropolit Metodii Kusev). GRATUIT Le forum antique Augusta Trayana du IIIe siècle, bien préservé, accueille des concerts en été. Il se trouve au nord du parc et peut tranquillement s'explorer à pied.

Monde de Zagorka
BRASSERIE

(zagorkatours.bg ; ul Han Asparuh 41 ; adulte/enfant 6/4 lv ; ⊙12h-18h ven-dim, sur rdv). Dédiée à l'histoire de la bière, cette brasserie-musée présente du matériel de production et des bouteilles anciennes, ainsi que des photos sur les techniques de brassage d'autrefois. Cerise sur le gâteau : une dégustation est proposée en fin de visite. Le musée se trouve à 2 km au nord du centre de Stara Zagora, à la lisière est du parc de Zagorka.

Musée de l'Habitat néolithique
MUSÉE

(☎042-600 299 ; adulte/enfant 5/2 lv ; ⊙9h-12h30 et 13h-17h30 mar-sam). Ce musée composé de 2 salles abrite les vestiges d'une maison datant de l'âge de la pierre, vieille de 8 000 ans et alors haute de 7 m, et donne des détails intéressants sur la façon dont vivaient les Bulgares 6 000 ans av. J.-C. On peut y voir des bijoux, des outils et des ustensiles pour la maison. Certains, comme les récipients en émail à tête d'animal, sont incroyablement détaillés. Pour accéder au musée, franchissez les portes de l'hôpital municipal et traversez le bâtiment jusqu'à l'escalier extérieur qui y monte.

Où se loger

Hotel La Roka
HÔTEL $

(☎042-919 427 ; www.hotel-laroka.com ; ul Tsar Ivan Shishman 38 ; s/d/ste 55/59/69 lv ; P). Les chambres confortablement meublées, le décor rouge et or, et la salle commune avec sofas et TV font de ce petit hôtel chic un établissement d'un excellent rapport qualité/prix. Petit-déjeuner en sus (5 lv).

TRAINS DIRECTS AU DÉPART DE STARA ZAGORA

DESTINATION	TARIF	DURÉE	FRÉQUENCE
Burgas	10 lv	2 heures 30-3 heures	2/jour
Kazanlăk	3-4 lv	1 heure-1 heure 30	2/jour
Plovdiv	6-7 lv	2 heures	1/heure
Sofia	14 lv	4 heures	5/jour
Varna	15-19 lv	4 heures 30	4/jour
Veliko Tărnovo	7-8 lv	3 heures	4/jour

♥ **Hotel Merian Palace** HÔTEL **$$**
(☎042-611 100 ; www.merianpalace.com ; bul Ruski 8 ; s/d/app avec petit-déj 95/115/150 lv ; P❄☎☒). Cet hôtel proche des gares, moderne et élégant, loue des chambres bien meublées, avec TV et sdb impeccables. Les “appartements VIP” (320 lv), bien plus luxueux, ont des canapés en cuir de couleur crème et des tapis bordeaux. Centre de remise en forme avec sauna (8 lv) ; service soigné.

Hotel Vereya HÔTEL **$$**
(☎042-919 373 ; www.hotel-vereya.com ; ul Tsar Simeon Veliki 100 ; d/app à partir de 70/120 lv ; P❄☎). Avec ses matelas moelleux et ses chambres accueillantes au décor crème, le Vereya se distingue des autres hôtels d'affaires de la ville. Les “appartements VIP” (150 lv), immenses, sont bien décorés. Bel emplacement sur la place la plus animée de la ville, surnommée le “Complexe”, pleine de cafés et de restaurants.

Parking et petit-déjeuner en sus (respectivement 10 lv/jour et 5 lv).

Où se restaurer

La plupart des restaurants et des cafés donnent dans les sections piétonnes de l'ul Metropolit Metodii Kusev et de l'ul Tsar Simeon Veliki, qui se croisent à un pâté de maisons à l'ouest du parc October 5. On trouve ici facilement des recettes aux influences italiennes et françaises parmi les classiques bulgares.

Restaurant Uniqato ITALIEN **$$**
(☎042-661 155 ; www.uniqato.com ; ul Sava Silov 36 ; plats 10-20 lv ; ⏱11h-0h ; ✎). Ce restaurant italien sophistiqué, qui prépare des pizzas cuites au four à bois, des salades agrémentées de jambon italien et des boulettes de viande, est la meilleure table de Stara Zagora. Les végétariens ne sont pas oubliés, avec des plats comme les lasagnes d'aubergine et la ratatouille au fromage de chèvre. La carte aligne un grand choix de desserts, des cheese-cakes à la panna cotta, ce qui change agréablement de la plupart des restaurants bulgares. Alors, gardez un peu de place !

Mehana Chevermeto BULGARE, EUROPÉEN **$$**
(☎042-630 331 ; chevermetosz.com ; ul Bratya Jekovi 60 ; plats 10-15 lv ; ⏱8h-0h ; ☎). Au programme ici : un décor traditionnel, un cadre reposant en bord d'étang, une atmosphère familiale et de savoureuses spécialités. La carte des vins est bien fournie, et des plateaux de charcuterie sont proposés en entrée, en prélude aux spécialités bulgares (parmi lesquelles figurent des plats cuits dans des pots en terre). Les influences méditerranéennes se font également sentir dans les poissons grillés et les salades à la mozzarella.

Renseignements

Les sympathiques employés du **centre d'informations touristiques** (☎042-627 098 ; tour.starazagora.bg ; bul Ruski 27 ; ⏱9h-18h lun-ven, 9h-12h30 et 13h30-16h sam) distribuent des plans gratuits et délivrent des renseignements sur la ville.

Depuis/vers Stara Zagora

La **gare routière** (☎042-605 349 ; ul Slavyanski) est reliée à Sofia (17-22 lv, 4 heures, toutes les heures), Burgas (16 lv, 3 heures, toutes les heures), Sliven (7 lv, 1 heure 15, toutes les heures), Varna (23-33 lv, 5 heures, 6/jour), Veliko Tărnovo (13-23 lv, 3 heures, 6/jour), Plovdiv (5-8 lv, 3 heures, toutes les heures), Kazanlăk (4 lv, 45 min, 8/jour) et Roussé (25 lv, 5 heures, 1/jour).

De nombreuses compagnies privées proposent aussi des bus depuis/vers des destinations à l'étranger.

La **gare ferroviaire** (☎042-626 752 ; ul Papazchev) est à 5 minutes de marche au sud de la gare routière, à la limite sud du parc Stantsionna Gradina. Pour les trains directs, reportez-vous au tableau ci-dessus.

Il existe aussi des liaisons moins directes, comme Sofia via Plovdiv, et Burgas via Karnobat ou Zimnica. Pour rejoindre Roussé (11 lv, 6 heures), il vous faudra prendre une correspondance à Gorna Oryakhovitsa.

Sliven СЛИВЕН

96 400 HABITANTS

Sliven doit sa notoriété à son rôle dans la lutte contre les Ottomans au XIXe siècle. Au nord de la ville, les grottes et les rochers qui émaillent le haut des collines qui l'entourent, désormais protégées par le parc national des Rochers bleus, servaient de cachettes aux Haïdouks, les rebelles qui permirent à la Bulgarie de se libérer du joug ottoman. Fière de ce glorieux passé, Sliven compte son lot de maisons-musées et d'autres atouts culturels le long de sa jolie rue piétonne.

En dehors de ces zones, il s'agit toutefois d'une localité plutôt poussiéreuse, où semble prévaloir une certaine morosité. Soucieux de la voir figurer un jour sur les itinéraires touristiques, ses habitants s'emploient, jour après jour, à changer cet état de faits.

À voir

Rochers bleus SITE NATUREL

(Sinite Kamani ; télésiège aller/aller-retour 3/6 lv ; télésiège 8h30-17h mar-dim, 12h-17h lun). Les rochers de cette réserve naturelle ne sont pas vraiment bleus, et c'est davantage leur lien avec le passé révolutionnaire qui distingue ces collines. En effet, les Haïdouks, qui luttèrent autrefois contre les Turcs, y trouvèrent souvent refuge. La majorité des visiteurs empruntent le télésiège jusqu'au sommet où ils pique-niquent en profitant de la vue sur la vallée et suivent les sentiers jusqu'aux grottes où se cachaient les Haïdouks. La meilleure période pour le visiter va de mai à septembre.

Si vous ne voulez pas prendre le télésiège, vous pourrez faire l'ascension de la colline par un sentier sinueux (1 heure 30). À l'arrivée, un chemin descend sur 300 m jusqu'à la route ; traversez-la et continuez sur 500 m à travers bois jusqu'à l'Hija Poveda. Suivez la route qui descend pour contourner les centres d'informations (prenez-y une carte). Les sentiers irréguliers (beaucoup sont escarpés) qui conduisent aux grottes des Haïdouks sont indiqués ici et là depuis le bois principal.

Le parc comprend également des formations rocheuses qui font l'objet de légendes aussi étranges que leurs formes. Halkata, "l'anneau", est un rocher de 8 m de haut qui, à en croire les récits, garantit une vie longue et heureuse aux couples qui passent au milieu. D'autres formations ressemblent,

Sliven

dit-on, à différents animaux, comme des chameaux et des grenouilles. Pour de plus amples renseignements, contactez le centre d'informations touristiques (p. 402).

Le minibus n°25, qui circule de manière irrégulière, va du centre de Sliven à la route principale, à une courte distance à pied des télésièges. Il est beaucoup plus simple de prendre un taxi (4 lv). Gardez un numéro de taxi pour le retour, car les chauffeurs ne desservent pas fréquemment les télésièges.

Maison Mirkovitch MUSÉE
(☎044-622 796 ; ul Mirkovitch 10 ; adulte/enfant 2/1 lv ; ⏲10h-18h mar-ven, 10h-17h sam-dim). Les expositions d'art temporaires offrent une belle excuse pour visiter cette maison d'époque, avec des tapis bordeaux et des plafonds en bois finement ouvragé, qui lui confèrent une agréable atmosphère des années 1930 et 1940.

Musée Hadji Dimităr MUSÉE
(☎044-622 496 ; ul Asenova 2 ; adulte/étudiant 2/1 lv ; ⏲9h-12h et 14h-17h tlj avr-oct, fermé dim nov-mars). Cette maison-musée dédiée au chef du mouvement rebelle occupe un charmant bâtiment en bois aménagé autour d'une cour pavée. Cet édifice comporte plusieurs salles fidèlement préservées dans le style XIXe siècle, notamment une cuisine et la chambre où naquit Dimităr.

Où se loger et se restaurer

Hotel Toma PENSION $
(☎044-623 333 ; www.hoteltoma.com ; ul Velikoknyajevska 27 ; d avec petit-déj 50-60 lv ; ❄@🛜). Cette petite adresse familiale assortie d'un vaste restaurant parfois bruyant occupe une demeure du XVIIIe siècle, dans une rue latérale au nord de la place. Des trophées de chasse et des boiseries ouvragées composent le décor ; les chambres, décorées de tapisseries, sont tout aussi gaies.

Hotel National Palace HÔTEL D'AFFAIRES $$
(☎044-662 929 ; nationalpalace.bg ; ul Velikoknyajevska 31 ; s/d/ste/app à partir de 69/89/108/138 lv ; P🛜). Aménagé autour d'une jolie cour, le National Palace ne se contente pas d'être un hôtel d'affaires : avec son service cordial et ses chambres impeccables, c'est une adresse élégante. Le personnel parle plusieurs langues. Les *deluxe* (double à partir de 97 lv), avec lumière près de la tête de lit et TV à écran plat, méritent le supplément, même si les autres chambres sont aussi soignées et bien tenues. Parking payant (5 lv/24 heures).

♥ **Pri Hadjiyata** BULGARE $
(☎0878553222 ; ul Yordan Kyuvliev 11 ; plats 5-12 lv ; 🛜). Les habitants de Sliven aiment à se régaler, dans la cour ombragée ou dans la salle, d'excellentes recettes bulgares, cuisinées et servies dans le respect des traditions. Mention spéciale pour le *satch* (ragoût servi dans une casserole), les côtelettes et le poisson de rivière. Au déjeuner, les plats du jour sont très bon marché (3,50 lv).

Renseignements

Le **centre d'informations touristiques** (☎044-611 148 ; tourism.hostsliven.net ; bul Tsar Osvoboditel 1 ; ⏲9h-16h lun-ven), au sud de la place Hadji Dimităr, vend des brochures consacrées à l'histoire et aux randonnées.

Depuis/vers Sliven

La petite **gare routière** (☎044-662 629 ; bul Hadji Dimităr) se trouve à 300 m au sud du grand supermarché Billa. Des bus et minibus vont chaque jour à Sofia (22 lv, 4-5 heures, 10/jour), Stara Zagora (8 lv, 1 heure, 18/jour), Plovdiv (10 lv, 3 heures, 12/jour) et Burgas (12 lv, 2 heures, 12/jour). Des bus moins fréquents rallient Veliko Tărnovo (13 lv, 2 heures, 4/jour) et Kazanlăk (8 lv, 1 heure 30, 2/jour).

La **gare ferroviaire** (☎044-622 614) est à 1 km au sud de la gare routière. Il existe des trains pour Sofia (23 lv, 5 heures 30, 1/jour), Varna (11 lv, 3 heures 30, 1/jour) et Burgas (7 lv, 1 heure 30, 2/jour). Pour d'autres destinations, vous devrez souvent passer par Karnobat. Des trains quotidiens desservent Kazanlăk (6 lv, 2 heures, 5/jour). Pour Stara Zagora (6 lv, 2-3 heures, 5/jour), prenez une correspondance à Tulovo. Pour Plovdiv (12 lv, 5 heures, 10/jour), passez par Karlovo ou Zimnica. Pour vous rendre à Roussé, une ou deux correspondances sont nécessaires.

Côte de la mer Noire

Dans ce chapitre ➡

Le top des restaurants

- Ethno (p. 409)
- Ribarska Sreshta (p. 417)
- Mehane Neptun (p. 415)
- Bay (p. 433)
- Gloria Mar (p. 424)

Le top des hébergements

- Art Hotel (p. 414)
- Graffit Gallery Hotel (p. 429)
- St Stefan Family Hotel (p. 423)
- Hotel Regina Maria Spa (p. 434)
- Yo Ho Hostel (p. 428)

Pourquoi y aller

L'été, le long littoral bulgare de la mer Noire attire des touristes venus de toute l'Europe et d'ailleurs, ainsi que les Bulgares eux-mêmes. Certaines grandes stations balnéaires rivalisent désormais avec celles d'Espagne et de Grèce. Mais les voyageurs indépendants découvriront dans cette région bien d'autres lieux intéressants, loin des parasols et des jet-skis, comme les plages presque désertes du Nord et du Sud, les lacs de Burgas, peuplés d'oiseaux, et les superbes cités anciennes telles Nesebăr et Sozopol. Varna, la "capitale maritime", et sa rivale, Burgas, comptent parmi les villes les plus animées du pays. Elles sont toutes deux réputées pour leurs festivals d'été et leur vie nocturne, ainsi que pour leurs nombreux musées et galeries.

Si vous disposez d'un véhicule, vous pourrez explorer le parc naturel de Strandja, au sud, ainsi que le beau cap Kaliakra et la région de la Dobroudja.

Quand partir

Burgas

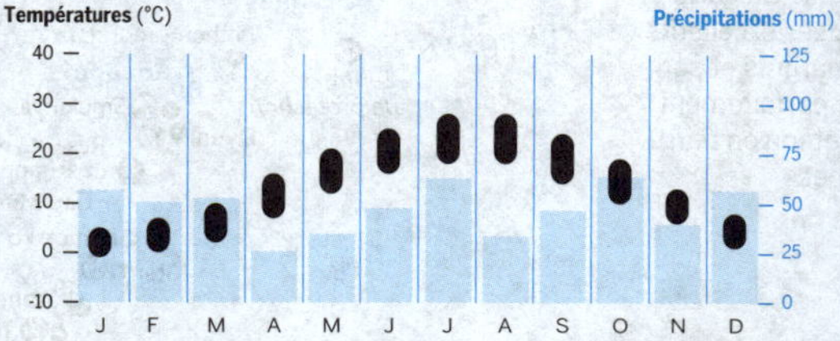

Avr-mai Sur la côte, le printemps est doux et l'ambiance est décontractée. Les touristes sont peu nombreux.

Juin-août Le temps chaud, sec et ensoleillé attire les foules sur les plages.

Nov-mars Les hivers sont très froids. Les complexes hôteliers ferment : la région sera toute à vous !

À ne pas manquer

1. **Sozopol** (p. 411), un ancien port grec ravissant, aux ruelles pavées
2. Le **Musée archéologique** (p. 425) de Varna, véritable fenêtre ouverte sur les origines thraces, grecques et romaines de la côte bulgare de la mer Noire
3. Le **palais d'été de la reine Marie** (p. 433), une villa pittoresque en bord de mer, à Baltchik
4. La minuscule péninsule pavée de **Nesebăr** (p. 420), où l'on peine à croire que se dressaient jadis 80 églises médiévales
5. Le **parc naturel de Strandja** (p. 418), pour randonner et faire du vélo dans des paysages très variés
6. **Sinemorets** (p. 418), pour prendre un bain de soleil près de la frontière avec la Turquie, là où la mer et le fleuve se rencontrent
7. **Burgas** (p. 405), l'une des plus belles villes de Bulgarie, avec ses excellents restaurants et son parc parfaitement entretenu en bord de mer

Histoire

Les villes du bord de la mer Noire partagent des origines communes. Leurs musées archéologiques et historiques renferment bon nombre d'artefacts de l'âge du cuivre et du début de l'âge du bronze (environ 5000-1500 av. J.-C.). Vous pourrez admirer au musée archéologique de Varna une superbe collection datant de ces périodes (avec ce qui fut sans doute les tout premiers bijoux en or).

Dès le VIIe siècle av. J.-C., des marchands grecs fondèrent les ports de la mer Noire : Apollonia Pontica (Sozopol), Odessos (Varna), Mesembria (Nesebăr), Krounoi/Dionysopolis (Baltchik) et Pirgos (Burgas).

La région fut ensuite dominée par les Romains, qui firent leur apparition au Ier siècle. Ils conquirent Mesembria et Odessos, et construisirent les remarquables thermes de Varna. Ils y restèrent quelques siècles seulement, avant que l'Empire ne commence à se disloquer.

Avec l'essor et la chute des deux Empires bulgares (681-1018 et 1185-1396), les villes côtières de la mer Noire furent coincées entre les Bulgares au nord et ce qu'il restait de l'Empire romain d'Orient (Byzance) au sud. Toute la région tomba aux mains de l'Empire ottoman au XIVe siècle, mais certaines cités comme Varna et Sozopol devinrent à cette époque des ports marchands florissants.

Au XIXe siècle, la région côtière s'unit au reste du pays pour former la Bulgarie indépendante, mais l'Empire ottoman se retira au terme d'une lutte acharnée qui dura jusqu'au XXe siècle.

CÔTE SUD

Burgas — БУРГАС

200 000 HABITANTS

Pour la plupart des visiteurs, Burgas (parfois orthographiée "Bourgas") n'est qu'un lieu de transit vers les stations balnéaires et les villes historiques qui bordent la côte au nord et au sud. Cette ville portuaire est pourtant animée, bien entretenue et dotée d'un joli centre piétonnier, d'une longue plage peu fréquentée, d'un superbe jardin maritime et d'intéressants musées. Une poignée d'hôtels à prix raisonnables et quelques-uns des meilleurs restaurants de la région en font aussi une bonne base pour explorer la côte sud.

LES MEILLEURES PLAGES POUR...

La baignade urbaine : Burgas

Une eau peu profonde : Primorsko

L'animation jour et nuit : Slăntchev Bryag (la plage du Soleil)

Un havre de paix : Sinemorets

Un cadre romantique : Sozopol

Les amoureux de la nature viennent aussi à Burgas pour les quatre lacs qui l'entourent et qui abritent une avifaune abondante. On peut y observer des oiseaux, y faire du kayak, et piquer une tête dans un bassin salé (pour en savoir plus, reportez-vous à l'encadré p. 409).

Histoire

Dès le VIe siècle av. J.-C., des colons grecs d'Apollonia (l'actuelle Sozopol) étendirent leur territoire jusqu'à la région de Burgas. Les Romains arrivèrent par la suite et, au Ier siècle, l'empereur Vespasien fonda ici la cité de Deultum. Le nom de Burgas apparut sur les cartes au XVIIe siècle, quand des pêcheurs venus des confins de la région s'y installèrent. La ville connut une croissance rapide après l'achèvement de la ligne ferroviaire de Plovdiv (1890) et le développement du port (1903). Aujourd'hui centre industriel et commercial majeur, elle abrite la plus grande raffinerie de pétrole des Balkans.

À voir

Jardin maritime — PARC

S'étendant paresseusement le long de la côte, cette oasis de verdure, parsemée de parterres fleuris et de fontaines, et émaillée de bustes de personnalités bulgares, de sculptures abstraites et de multiples cafés, fait la fierté de Burgas. Le jardin offre une vue splendide sur la mer depuis les terrasses ; des marches descendent vers la plage.

Musée archéologique — MUSÉE

(☎056-843 541 ; www.burgasmuseums.bg ; bul Aleko Bogoridi 21 ; tarif plein/étudiant 5/2 lv ; ⏲10h-18h lun-sam). Ce petit musée présente des trouvailles locales : outils en silex du néolithique, canoë en bois du Ve siècle av. J.-C., statues grecques et cercueil en bois d'un chef thrace admirablement conservé. Il est bien agencé ; explications en anglais.

Burgas

Muséum d'histoire naturelle MUSÉE
(☎056-843 239 ; www.burgasmuseums.bg ; ul Konstantin Fotinov 30 ; tarif plein/étudiant 5/2 lv ; ⏱10h-18h lun-sam). Ce musée présente des expositions désuètes et instructives sur la faune, la flore et la géologie locales. Le rez-de-chaussée est consacré aux pierres, aux coquillages, aux papillons et aux coléoptères. Une collection d'animaux de la région naturalisés occupe l'étage.

> **PLAGE, MODE D'EMPLOI**
>
> Tous les jours en été, des sauveteurs travaillent de 9h à 18h sur les plages fréquentées ; ils secourent régulièrement les touristes qui ne tiennent pas compte des avertissements et ne respectent pas les limites de baignade. Il est impératif de respecter ces consignes, car des courants puissants provoquent plusieurs noyades chaque année.
>
> Tolérés dans les grandes stations, les seins nus sont mal vus ailleurs.

Musée ethnographique MUSÉE
(☎056-842 587 ; www.burgasmuseums.bg ; ul Slavyanska 69 ; tarif plein/étudiant 5/2 lv ; ⏱10h-18h lun-sam). Ce musée, qui renferme des costumes, bijoux et meubles traditionnels, propose des expositions sur les industries régionales du tissage et de la pêche. Explications en bulgare uniquement.

Monument à l'Armée rouge MONUMENT
(Pl Troïkata). Cet imposant mémorial domine la place Troïkata. Composé d'une colonne surmontée d'un soldat russe faisant un salut et de panneaux sculptés figuratifs, c'est l'un des points de repère de la ville.

Burgas

À voir

1	Musée archéologique	B3
2	Musée ethnographique	B2
3	Parc maritime	D2
4	Muséum d'Histoire naturelle	B3
5	Monument à l'Armée rouge	A1

Où se loger

6	Fotinov Guest House	B3
7	Hotel Bulair	C4
8	Hotel Luxor	C3
9	Old House Hostel	C3
10	Primoretz Grand Hotel & Spa	C4

Où se restaurer

11	BMS	B3
12	Boulevard	D2
13	Ethno	B2
14	Rosé	B3
15	Satsanga	C3

Où prendre un verre et faire la fête

16	Bar Neptun	D3
17	Mezetto	A2

Où sortir

18	Opéra de Burgas	A3
19	Centre culturel Sea Casino	D2
20	Théâtre d'été	D1

Activités

Les 3 km de **plage** (⏲9h-18h juin-sept) de Burgas sont étonnamment séduisants pour une plage de ville. Plus l'on flâne vers le nord, plus l'eau et le sable y sont beaux. La grève, surveillée par des maîtres-nageurs en été, est propre et sûre. Elle est bordée de bars et de restaurants de poisson, et on peut y louer des parasols et des chaises longues.

Bains de boue et de sel SANTÉ ET BIEN-ÊTRE

(plage de Solnitsite ; ⏲lever-coucher du soleil). GRATUIT Au nord de Burgas, le très fort taux de salinité du lac Atanasovsko donne l'occasion de se baigner dans de l'eau salée et de la boue, ce qui est bénéfique pour la santé. Allez à la plage de Solnitsite, à 3 km au nord de la pointe septentrionale du jardin maritime ; emportez un maillot de bain ne craignant pas la boue, des tongs et une serviette. Vous aurez le choix entre plusieurs bassins salés ou boueux, dont d'étranges bassins de sel rouge. Rincez-vous ensuite dans la mer !

Kayak Safaris Burgas Bulgaria KAYAK

(☎0877500031 ; www.facebook.com/kayaksafarisbg ; sorties 65 lv). En semaine, de mai à septembre, cette agence tenue par un couple d'expatriés de longue date assure des sorties de 2 à 3 heures en kayak sur la Fakiska, un des affluents du lac Mandrensko, au sud de Burgas. Moyennant un supplément, on viendra vous chercher et vous déposer à votre hôtel. Précisions et réservations sur appel téléphonique ou par e-mail.

Fêtes et festivals

Festival des sculptures de sable de Burgas ART

(☎0889360430 ; www.sandfestburgas.com ; adulte/enfant 3,50/1 lv ; ⏲début juil-sept). Chaque été en juillet, des artistes créent de fabuleuses sculptures de sable. À la fin de l'été, leurs œuvres sont exposées au parc Ezero, près de la pointe nord du jardin maritime.

Festival musical Emil Tchakarov MUSIQUE

(⏲juil-sept). Une série de concerts de musique classique, d'opéras et de ballets en mémoire du compositeur bulgare Emil Tchakarov, né à Burgas en 1948 et décédé en 1991.

À NE PAS MANQUER

L'ÎLE SVETA ANASTASIA

L'île Sveta Anastasia (☎0882004124 ; www.anastasia-island.com ; aller-retour en bateau adulte/enfant 12/7 lv ; ⏲départs 10h, 11h30, 13h, 15h juin-août) offre une belle excursion d'une journée. L'îlot volcanique, qui servit de retraite religieuse, de prison et de leurre pour les pirates (selon la légende, un trésor serait enfoui sous son sable), est dominé par un phare et un monastère, où l'on peut goûter des breuvages médicinaux. Tous les jours en été, 3 ou 4 bateaux partent du **terminal des ferries**, au sud des gares routière et ferroviaire.

TARIFS DES HÔTELS

Sauf mention contraire, tous les prix des hébergements figurant dans ce chapitre valent pour la haute saison (juillet-août). Pendant la saison intermédiaire (mai, juin, septembre et début octobre), quand il fait beau presque en permanence et que la fréquentation est bien moindre, ils peuvent baisser de moitié : c'est vraiment la meilleure période pour séjourner en Bulgarie. Notez toutefois que de nombreux hôtels et restaurants des stations balnéaires ne sont ouverts que l'été.

Festival folklorique international MUSIQUE TRADITIONNELLE
(fin août). Principal festival de Burgas, avec des spectacles en soirée dans le théâtre d'été du jardin maritime et dans divers lieux du centre-ville.

Festival de chansons de la mer de Burgas CONCERTS
(juil-août). Réunit des groupes de tout le pays et donne leur chance aux nouveaux talents. Dans le jardin maritime.

Où se loger

Peu de touristes étrangers s'attardent à Burgas, qui offre pourtant un bon choix d'hôtels, de catégorie moyenne pour la plupart.

Old House Hostel AUBERGE DE JEUNESSE $
(056-841 558 ; www.burgashostel.com ; ul Sofroniy 3 ; dort/d 17/33 lv ;). Dans cette ravissante maison de 1895, on se sent tout de suite chez soi. Les dortoirs sont spacieux et lumineux (et sans lits superposés !), et les doubles donnent sur une adorable petite cour. Emplacement central, à 400 m de la plage.

Hotel Bulair HÔTEL $
(056-844 389 ; www.hotelbulair.com ; ul Bulair 7 ; ch 60 lv ; P). Quatorze chambres dans un ancien hôtel particulier du XIXe siècle. Les hôtes ont accès au spa et au centre de bien-être du Primoretz Grand Hotel & Spa, tout proche. Dans une rue passante, très pratique pour les gares routière et ferroviaire.

Hotel Opera BOUTIQUE-HÔTEL $$
(0885578000 ; www.burgashotel.com ; ul Lyuben Karavelov 36 ; s/d/ste avec petit-déj 60/70/120 lv ; P). Les chambres de ce joli boutique-hôtel, situé dans une rue calme à 5 minutes de marche à l'ouest du centre-ville, sont grandes et colorées, et les matelas y sont particulièrement moelleux. L'excellent restaurant offre 20% de réduction aux hôtes.

Hotel Luxor HÔTEL $$
(056-847 670 ; www.luxor-bs.com ; ul Bulair 27 ; s/d 70/80 lv ; P@). Les chambres de cet établissement central trois étoiles de style vaguement égyptien sont confortables. Restaurant italien avec une jolie terrasse.

Fotinov Guest House HÔTEL $$
(0878974703 ; www.hotelfotinov.com ; ul Konstantin Fotinov 22 ; s/d 70/80 lv ;). Idéalement situé au cœur de la ville, cet établissement propose des chambres aux couleurs vives, équipées d'un réfrigérateur, d'une bouilloire et de la télévision câblée. Il compte même un petit sauna. Personnel polyglotte, aimable et attentif.

Hotel Chiplakoff BOUTIQUE-HÔTEL $$
(056-829 325 ; ul Ferdinandova 88 ; s/d 70/80 lv ; P@). À 10 minutes de marche à l'ouest du centre-ville, cet établissement occupe un hôtel particulier Art nouveau, bien restauré par l'architecte qui a aussi construit la superbe gare ferroviaire. Les chambres sont spacieuses. L'escalier en colimaçon d'origine a été conservé – pas d'ascenseur.

Primoretz Grand Hotel & Spa HÔTEL DE LUXE $$$
(056-812 345 ; www.hotelprimoretz.bg ; ul Knyaz Al Battenberg 2 ; ch à partir de 220 lv ; P). Ce gigantesque établissement cinq étoiles situé à l'extrémité sud de la plage, qui paraît démesuré pour Burgas, propose d'excellents services (spa et piscines intérieure et extérieure). Petit supplément pour les chambres avec vue sur la mer, le Wi-Fi et le parking, ce qui semble un peu abusif vu les prix pratiqués.

Où se restaurer

Les restaurants de Burgas comptent assurément parmi les meilleurs de la côte. Les voyageurs soucieux de leur budget opteront pour l'ul Aleksandrovska ou le bul Aleko Bogoridi, bordés d'établissements vendant pizzas, kebabs et glaces. L'été, plusieurs bars ouvrent le long de la plage. La plupart servent à manger.

Satsanga VÉGÉTARIEN $
(0885070443 ; ul Slavyanska 14 ; plats 6-10 lv ; 10h-22h ;). Cet établissement propre

VAUT LE DÉTOUR

OBSERVATION DES OISEAUX AUX LACS DE BURGAS

Les quatre lacs entourant Burgas (Pomoriysko, Atanasovsko, Mandrensko et Burgasko) couvrent 9 500 ha. Ils forment le plus vaste réseau de zones humides de Bulgarie. Environ 260 espèces d'oiseau, représentant 70% de l'avifaune du pays, y ont élu domicile.

Créé en 1998 à 8 km environ au sud de Burgas, le **centre de protection de Poda** (☎056-500 560 ; www.bspb-poda.de ; adulte/enfant 5/2 lv ; ⏲9h-19h avr-sept, 9h-17h oct-mars ; 🚌17) protège l'habitat des oiseaux, et offre aux visiteurs une excellente occasion d'apercevoir de nombreuses espèces rares et en danger.

Le centre de conservation, qui s'enorgueillit également d'un écosentier balisé de 2,5 km, est situé au point le plus à l'ouest de la mer Noire, et sur une route migratoire d'importance majeure pour les oiseaux. Ces derniers sont les plus nombreux à la fin août et en septembre. Parmi les espèces remarquables, citons le pélican frisé, le héron, l'avocette et la sterne.

Le centre de Poda se rejoint plus facilement en voiture, par la route principale au sud de Sozopol (guettez les panneaux de sortie "Poda"). Le bus public de Burgas n°17 s'y rend depuis la gare routière Zapad. Les heures de départ sont indiquées sur le site Web de Poda.

et à l'ambiance enjouée propose un éventail de classiques veggies internationaux inspirés des cuisines asiatique, moyen-orientale et mexicaine. Son aimable propriétaire est une bonne source d'informations sur la région. C'est l'un des rares restaurants exclusivement végétariens de Burgas.

Vodenitsata BULGARE **$**
(☎0899174715 ; Kraïbrejna aleya ; plats 5-10 lv ; ⏲10h-2h). Sur le front de mer au bord de la plage, le "Moulin à eau" est un bungalow en bois traditionnel, toujours bondé. Poissons grillés, barbecues, steaks et salades font partie de ses spécialités. Bon rapport qualité/prix.

BMS CAFÉTÉRIA **$**
(ul Aleksandrovska 20 ; plats 4-7 lv ; ⏲8h-22h). Cette chaîne de self-service bon marché propose des plats simples et copieux (saucisses, salades, ragoûts...). Elle dispose de quelques tables en terrasse et sert également de la bière.

♥ **Rosé** INTERNATIONAL **$$**
(☎0885855099 ; bul Aleko Bogoridi 19 ; plats 8-20 lv ; ⏲8h-23h ; 📶). Ce très beau restaurant du centre-ville propose une carte variée de viandes et poissons grillés (dont un jarret d'agneau succulent), ainsi que de pâtes fraîches. Les gâteaux et les glaces sont maison. Très bons petits-déjeuners – il y a même du muesli sans gluten !

♥ **Ethno** PRODUITS DE LA MER **$$**
(☎0887877966 ; ul Aleksandrovska 49 ; plats 7-20 lv ; ⏲11h-23h30 ; 📶). Ce restaurant central fait des merveilles avec les poissons et fruits de mer : à elles seules, les moules de la mer Noire méritent le voyage à Burgas. Avec son charmant décor bleu et blanc rappelant le patrimoine grec, l'Ethno est chic sans être collet monté. Service excellent (personnel anglophone).

Boulevard ITALIEN **$$**
(☎056-825 555 ; bul Aleko Bogoridi 60 ; plats 6-20 lv ; ⏲10h-0h ; ❄📶). Bien placé à l'entrée du jardin maritime, ce restaurant informel d'inspiration italienne est moins sophistiqué qu'il ne le laisse paraître. Ses pizzas sont considérées comme les meilleures de Burgas, et il y a aussi des produits de la mer et des risottos. L'espace à l'étage est climatisé – la plus belle table est toutefois placée sous un grand arbre, à l'extérieur.

Où prendre un verre et faire la fête

En été, les boîtes de nuit et les bars surgissent entre les arbres du jardin maritime.

Bar Neptun DISCOTHÈQUE
(☎0878101789 ; www.neptunburgas.com ; jardin maritime ; ⏲21h-4h). Avec sa programmation variée, cette discothèque d'été est l'une des plus fiables. Sur la plage centrale, près de la pointe sud du jardin maritime.

Mezetto PUB
(☎0898405555 ; pl Troïkata 4 ; ⏲9h-1h ; 📶). Au bord de l'une des places principales de la ville, cet agréable bar à vins et à bières propose un vaste choix de bières pression. Il possède une

carte sympathique de plats de pub (5-8 lv). Pas de paiement par carte bancaire.

☆ Où sortir

Centre culturel Sea Casino CENTRE CULTUREL
(056-911 868 ; jardin maritime ; 10h30-19h30 lun-ven). Concerts, expositions, projections de films et lectures : l'ancien casino de Burgas, construit dans les années 1930, est aujourd'hui un centre culturel à la programmation variée. Renseignez-vous auprès du centre d'informations touristiques.

Opéra de Burgas OPÉRA
(056-840 762 ; www.operaburgas.com ; ul Sv Kliment Ohridski 2 ; billets 10-30 lv ; billetterie 11h-14h et 15h-19h). Opéras, ballets et concerts. Billets en vente à la billetterie de l'Opéra ou en ligne sur le site Web.

Théâtre d'été THÉÂTRE
(056-844 274 ; www.letenteatar.com ; jardin maritime). Concerts, ballets et représentations théâtrales.

Théâtre Adriana Boudevska THÉÂTRE
(056-841 494 ; www.burgteatre.com ; ul Tsar Asen I 36a). Théâtre classique et contemporain, dans une salle raffinée. Représentations en bulgare.

Renseignements

Le centre d'informations touristiques possède deux bureaux : dans chacun d'entre eux, le personnel parle anglais, et l'on trouve quantité de brochures. Le **centre d'informations touristiques principal** (056-841 542 ; www.gotoburgas.com ; ul Hristo Botev ; 8h30-17h30 lun-ven) est à l'entrée du passage souterrain de l'ul Hristo Botev. Son **annexe** (056-825 772 ; pl Tsaritsa Yoanna ; 8h30-17h30 lun-ven) se trouve dans l'enceinte de la gare routière Yug (sud).

De nombreuses banques équipées de DAB bordent l'ul Aleksandrovska et l'ul Aleko Bogorid.

Raffeisen Bank (056-851 422 ; www.rbb.bg ; ul Ferdinandova 5 ; 8h30-17h lun-ven). Change du liquide et des chèques de voyage, et dispose d'un DAB.

Unicredit Bulbank (02-933 7212 ; www.unicreditbulbank.bg ; ul Aleksandrovska 22 ; 8h30-17h lun-ven). DAB accessible 24 h/24.

Depuis/vers Burgas

AVION

De l'**aéroport de Burgas** (BOJ ; renseignements 056-870 248 ; www.bourgas-airport.com ; Sarafovo ; ; 15), à 10 km au nord-est de la ville, **Burgas Air** (www.air.bg) dessert Sofia 3 fois/jour (avr-oct). En été, **Wizz Air** (www.wizzair.com) propose des vols quotidiens entre Burgas et Luton (Londres), Budapest, Prague et Varsovie.

BUS

La plupart des voyageurs circulant en bus arrivent ou partent de la **gare routière Yug (sud)** (0884981220 ; www.bgrazpisanie.com ; pl Tsaritsa Yoanna), voisine de la gare ferroviaire, à l'extrémité sud de l'ul Aleksandrovska. Des bus desservent régulièrement les destinations côtières. Les départs sont moins fréquents en dehors de la saison estivale. Vous trouverez une consigne (6h-22h) dans la gare.

Plusieurs agences présentes dans la gare, dont **Viva Travel** (056-841 245 ; www.viva-travel.net ; ul Bulair ; 9h-18h lun-ven), assurent des liaisons quotidiennes en bus à destination d'Istanbul (50 lv, 7 heures).

De la **gare routière Zapad (ouest)** (056-831 427, 0884981270 ; www.bgrazpisanie.com ;

BUS AU DÉPART DE BURGAS

DESTINATION	TARIF	DURÉE	FRÉQUENCE
Kiten	8 lv	1 heure	toutes les 1 heure-1 heure 30
Nesebăr	6 lv	40 min	toutes les 30-40 min
Plovdiv	20 lv	4 heures	plusieurs/jour
Pomorie	4 lv	30 min	toutes les 1 heure-1 heure 30
Primorsko	7 lv	1 heure	plusieurs/jour
Sinemorets	15 lv	1 heure 30	1/jour
Sofia	30 lv	7-8 heures	plusieurs/jour
Sozopol	5 lv	40 min	toutes les 45 min
Slăntchev Bryag (plage du Soleil)	6 lv	45 min	toutes les 30-40 min
Tsarevo	10 lv	2 heures	plusieurs/jour
Varna	14 lv	2 heures	toutes les 30-40 min

TRAINS AU DÉPART DE BURGAS

DESTINATION	TARIF	DURÉE	FRÉQUENCE
Kazanlăk	12 lv	3 heures	2/jour
Plovdiv	16 lv	5-6 heures	5/jour
Sliven	8 lv	1 heure 45	4/jour
Sofia	21 lv	7-8 heures	5/jour
Stara Zagora	11 lv	3 heures	4/jour

ul Maritsa 2), moins pratique, située à 2 km au nord-ouest de la place Troïkata, des bus partent pour Malko Tărnovo (9 lv, 1 heures 30, 2/jour), dans le parc national de Strandja, et pour Veliko Tărnovo (25 lv, 4 heures, 1/jour).

Le site Web de **Burgas Bus** (www.burgasbus.info), en bulgare uniquement, est utile pour trouver les horaires des deux plus grandes gares routières (en haut, au milieu de la page d'accueil, cliquez sur Разписания).

TRAIN

La **gare ferroviaire** (☎ renseignements 056-845 022 ; www.bdz.bg ; ul Ivan Vazov ; ⊙ bureau des renseignements 6h-22h) a été érigée en 1902. Aux guichets, on peut acheter des billets de train pour des liaisons nationales et internationales. On y trouve un DAB et un café.

Sozopol — СОЗОПОЛ

5 700 HABITANTS

Avec ses charmantes rues pavées sinueuses et ses jolies maisons en bois serrées les unes contre les autres sur une étroite péninsule, l'ancienne cité de Sozopol est l'un des joyaux du littoral. Deux plages superbes, une ambiance exceptionnelle, un grand choix d'hébergements et un bon réseau de transports en ont fait depuis longtemps une station balnéaire appréciée et une excellente base pour explorer la région. Moins bondée que Nesebăr, elle connaît une popularité croissante auprès des touristes étrangers. Sa scène culturelle est en outre très animée ; de nombreux concerts gratuits et d'autres manifestations ont lieu en été.

La ville nouvelle, "Harmanite", est au sud de la petite gare routière. La meilleure plage est dans cette partie de Sozopol, qui se résume sinon à des hôtels modernes et à des quartiers résidentiels.

Histoire

Plus ancien lieu de peuplement du littoral bulgare, Sozopol fut fondée en 611 av. J.-C. par des colons grecs venus de Milet dans une région habitée par une tribu thrace. Ils appelèrent leur nouvelle cité Apollonia Pontica, en l'honneur du dieu Apollon. Le philosophe et astronome Anaximandre compta parmi les premiers habitants.

Gouvernée par un conseil d'archontes (gouverneurs de l'Empire byzantin) élus, Apollonia prospéra longtemps grâce au commerce du vin. Mise à sac en 72 av. J.-C., elle fut en grande partie détruite et la célèbre statue en bronze d'Apollon fut emportée à Rome en guise de butin.

Nommée Sozopolis (ville du Salut) sous l'Empire byzantin, la ville devint un important centre religieux. Elle tomba aux mains du khan Tervel en 705, fut récupérée par les Byzantins en 759, puis retourna dans le giron du Premier Empire bulgare (681-1018) en 969. Sous l'occupation turque, plusieurs siècles plus tard, son économie ne reposait plus que sur la construction navale et la pêche. À la fin de la guerre russo-turque (1877-1878), la plupart des habitants de Sozopol se réfugièrent en Russie, fuyant d'éventuelles représailles turques. La ville resta déserte pendant des décennies avant d'être à nouveau habitée par des Turcs, des Bulgares et des Grecs.

Promue station balnéaire pendant l'ère communiste, elle dut attendre les années 1990 pour prendre réellement son envol et attirer de nombreux visiteurs étrangers, majoritairement allemands et russes.

À voir

Les sites dignes d'intérêt se concentrent pour la plupart dans les ruelles pavées et enchevêtrées de la vieille ville, où l'on trouve des maisons du XIXe siècle en pierre et en bois, construites sur des ruines présentes depuis plus de 1 000 ans.

Musée archéologique — MUSÉE
(☎ 0550-22 226 ; ul Han Krum 2 ; adulte/enfant 7/3 lv ; ⊙ 8h30-18h juin-sept, 8h30-18h lun-ven oct-mai). Ce musée possède une petite collection fascinante de trouvailles datant de la période faste d'Apollonia. Outre de très

Sozopol

nombreuses merveilles helléniques, le squelette d'un "vampire" local, découvert avec un pieu enfoncé dans sa poitrine, y est parfois exposé. Près du port, dans un bâtiment en béton.

Église Sveta Bogoroditsa ÉGLISE

(église de la Sainte-Vierge ; ul Anaksimandăr 13 ; 1 lv ; ⏲10h-18h). Cet édifice fut construit au XVe siècle sur les ruines d'une église plus ancienne, au-dessous du niveau de la rue comme l'exigeaient alors les dirigeants ottomans. Dans une cour plantée d'un gigantesque figuier, c'est l'une des églises les plus pittoresques de la ville. Elle renferme une exquise iconostase en bois et une chaire sculptée de grappes de raisin.

Port de pêche PORT

Depuis le port de pêche à la pointe ouest de la péninsule, des bateaux peuvent être affrétés pour de courtes excursions ou des traversées en soirée. Renseignez-vous sur place.

Mur sud de la forteresse et musée de la Tour SITE ANTIQUE, MUSÉE

(☎0550-22 267 ; www.sozopol-foundation.com ; ul Milet 50 ; adulte/enfant 7/5 lv ; ⏲9h-18h). Ce musée un peu décevant occupe un ancien

Sozopol

À voir

1 Musée archéologique ... A3
2 Église Sveta Bogoroditsa ... B2
3 Église Sveti Georgi ... B2
4 Port de pêche ... A3
5 Mur sud de la forteresse et musée de la Tour ... B2

Activités

6 Voiliers ... A3
7 Sozopol Diving Center ... C5
8 Plage de la ville ... B4

Où se loger

9 Art Hotel ... C2
10 Doctor's House ... C1
11 Hotel Anaxemander ... D4
12 Hotel Diamanti ... C1
13 Hotel Orka ... B5
14 Hotel Radik ... B4
15 Hotel Villa List ... B5
16 Justa Hostel ... A2
17 Sasha Khristov's Private Rooms ... C1

Où se restaurer

18 Albatros ... C5
19 Biju ... A3
20 Mehane Neptun ... C1
21 Panorama ... B1

Où sortir

22 Art Club Michel ... B2
23 Théâtre en plein air ... A3

Achats

24 Galerie d'art Laskaridi ... B2
25 Galerie Bissera ... B2

grenier et une partie des remparts datant de la cité médiévale (Ve siècle), quand Sozopol était considérée comme une importante place forte de l'Empire byzantin, qui avait pour capitale Constantinople (Istanbul). Vous y découvrirez des remparts intérieurs et un puits du IIIe siècle av. J.-C. Même si vous faites l'impasse sur le musée, passez sous l'arche pour admirer la vue sur la mer.

Église Sveti Georgi ÉGLISE
(ul Apolonia ; 1 lv ; 9h-14h et 15h-20h). Une église colorée, avec une belle peinture de saint Georges et le dragon au-dessus de l'entrée et une iconostase impressionnante du XIXe siècle. Les gardiens veillent au respect du code vestimentaire (pas de shorts).

Activités

Les deux plages de la ville, celle d'**Harmanite** (ul Ropotamo ; 9h-18h juin-sept) et la **plage municipale** (9h-18h juin-sept) sont jolies. Attention toutefois : les vagues y sont assez hautes.

À 4 km au sud de Sozopol, on accède à **Smokinya**, une belle plage sablonneuse, par la grand-route en direction du sud ou en longeant la côte dans l'ul Via Pontika. Guettez les panneaux "*Smokinya*" ou "*Camping Smokinya*".

Centre de plongée de Sozopol PLONGÉE
(0885245526 ; www.dive-sozopol.com ; ul Yani Popov 27). Propose des plongées encadrées pour débutants à partir de 80 lv environ, diverses plongées spécialisées comme les plongées sur épave (140 lv) et des formations PADI Open-Water. Pour les excursions de 2 jours hébergement compris, compter au minimum 180 lv par personne.

Voiliers VOILE
(port de Sozopol ; adulte/enfant 10/6 lv). De grands voiliers amarrés dans le port de la vieille ville, sur la rive ouest de la péninsule, effectuent des croisières touristiques les soirs d'été. Les bateaux partent vers 18h et 19h30, pour une croisière d'environ 1 heure.

Fêtes et festivals

Festival des arts d'Apollonia ARTS, MUSIQUE
(www.apollonia.bg ; fin août à mi-sept). Le point d'orgue de l'agenda culturel de Sozopol, avec des concerts, des représentations théâtrales, des expositions d'art ou des projections cinématographiques dans divers lieux de la ville.

Où se loger

Vous trouverez très facilement des chambres chez l'habitant. Repérez les panneaux le long de l'ul Republikanska dans la ville nouvelle et un peu partout dans la vieille ville. Si vous recherchez des vacances traditionnelles au bord de la plage ou si vous venez en voiture, mieux vaut opter pour la ville nouvelle. La circulation automobile est très limitée dans la vieille ville, qui est en revanche plus petite et plus pittoresque.

Justa Hostel AUBERGE DE JEUNESSE $
(0550-22 175 ; ul Apolonia 20 ; dort 20 lv ;). Hébergement en dortoir avec sdb et douches communes dans une auberge de jeunesse propre et douillette au centre de la vieille

À NE PAS MANQUER

SVETI IVAN

À 3 km au nord de la vieille ville de Sozopol, **Sveti Ivan** est la plus grande île bulgare de la mer Noire (0,7 km²). On peut s'y rendre en bateau privé (environ 50 lv) depuis le port de pêche de la ville.

L'histoire de l'île, sur laquelle se trouve un monastère du IVe siècle, remonte aux époques thrace et romaine. En 2010, Sveti Ivan a fait les gros titres des journaux à l'étranger avec la découverte des restes supposés de saint Jean-Baptiste.

Sveti Ivan est aussi un refuge important pour les oiseaux. Quelque 70 espèces y sont recensées. Au printemps, saison de nidification, les visites sont limitées.

ville, à quelques minutes à pied de la plage. Petit-déjeuner traditionnel (crêpes) et café inclus dans le prix.

Sasha Khristov's Private Rooms PENSION $
(☎0550-23 434 ; ul Venets 17 ; s/d à partir de 20/30 lv ;). Dans la vieille ville, en face de la galerie d'art au bout de la péninsule, cette charmante maison familiale loue des chambres de bonne taille et un grand appartement. Réservation indispensable en été.

Hotel Orka HÔTEL $
(☎0888752200 ; www.sozopol-orka.com ; ul Părvi Mai 2 ; d/tr/app 50/65/80 lv ;). Non loin de la plage, dans le centre de la ville nouvelle, cet hôtel soigné, tenu par une famille, propose des chambres simples et propres, avec balcon, TV et réfrigérateur.

Camping Zlatna Ribka CAMPING $
(☎0550-22 534 ; www.zlatna-ribka.com ; plage Tsarski ; tente/caravane à partir de 30/45 lv ; juin-sept ;). À 2 km à l'ouest de la vieille ville, ce camping bien ordonné doté d'une plage privée surveillée propose des emplacements gardés pour 150 caravanes et tentes. Restaurant, boutiques, boulangerie, école de surf et d'autres sports nautiques sur place. Les bus assurant la liaison avec Sozopol et Burgas s'arrêtent devant l'entrée.

Art Hotel HÔTEL $$
(☎0878650160, 0550-24 081 ; www.arthotel-sbh.com ; ul Kiril i Metodii 72 ; d/studio 80/100 lv ;). Cet immeuble calme de la vieille ville, qui appartient à l'Union des artistes bulgares, occupe une cour murée, au bout de la péninsule, à l'écart des foules. Il dispose d'une petite gamme de chambres lumineuses et confortables avec balcon, la plupart avec vue sur la mer. Le petit-déjeuner est servi sur les terrasses donnant sur la mer.

Hotel Radik HÔTEL $$
(☎0550-23 706 ; ul Republikanska 4 ; d/studio/app à partir de 68/75/95 lv ;). Le Radik, tenu par un adorable couple anglo-bulgare, est bon marché, chaleureux et idéalement placé à 100 m de la vieille ville, et à quelques pas de la plage. Balcon et vue sur la mer pour toutes les chambres, bonnes kitchenettes dans les studios et appartements.

Anaksimander Guest Rooms HÔTEL $$
(☎0882683361 ; anaksimander-guest-rooms.sozopol.hotels-burgas.com/en/ ; ul Odessa 38 ; d/tr/app 70/80/100 lv ;). Sur un promontoire rocheux dans un coin calme de la ville nouvelle, l'Anaksimander est doté de chambres claires et spacieuses avec vue sur la mer et terrasse, ainsi que d'appartements de 2 chambres avec cuisine et baignoire. Il organise diverses excursions, dont des sorties en bateau.

Doctor's House HÔTEL $$
(☎0550-22 731 ; www.doctorshousesozopol.com ; ul Morski Skali 35 ; ch 60-80 lv, app 100-140 lv ;). Surplombant la mer à la pointe nord de la péninsule, cet hôtel propose des chambres basiques avec lits jumeaux et des appartements pour 4 personnes. Toutes les chambres ont un balcon avec vue sur la mer. Restaurant et chapelle sur place.

Hotel Diamanti HÔTEL $$
(☎0550-22 640 ; www.hoteldiamanti.com ; ul Morski Skali 8 ; d/app à partir de 80/120 lv ;). Certaines chambres de cet hôtel de la vieille ville ont vue sur la mer. Il y a aussi de petits appartements avec kitchenette, et d'autres plus grands dans un autre bâtiment à proximité. Restaurant avec terrasse et concerts en été.

Hotel Villa List HÔTEL $$
(☎0550-22 235 ; www.hotellist-bg.com ; ul Yani Popov 5 ; s/d à partir de 80/120 lv ;). Dans un cadre exceptionnel surplombant la mer, cet établissement très prisé (souvent complet pendant la saison estivale) a de grandes chambres et une piscine extérieure.

Où se restaurer

Sans surprise, le poisson est la spécialité locale. Plusieurs restaurants aux prix raisonnables sont regroupés dans le quartier du port. Les meilleures tables de la ville se trouvent dans l'ul Morksi Skali, à la pointe nord-est de la péninsule. Ce sont surtout des établissements traditionnels avec une vue magnifique.

Diamant BULGARE $
(ul Ropotamo ; plats 5-8 lv ; 9h-23h juin-sept). L'un des meilleurs restaurants du front de mer d'Harmanite. Au programme : grillades, soupes, poissons et formule déjeuner entrée-plat-dessert à partir de 5 lv environ. Le Diamant fait partie d'un chapelet de restaurants du même genre dans l'ul Ropotamo, vers l'extrémité sud de la plage d'Harmanite.

Biju PRODUITS DE LA MER $
(0878726928 ; ul Kraïbrejna 51 ; plats 5-10 lv ; 11h-23h). Ce restaurant du port, très simple, offre un bon rapport qualité/prix. Il propose divers plats de poisson frais, des spécialités bulgares telles que les *kebabtcheta* (saucisses grillées aux épices) et des salades.

Albatros BULGARE $$
(0897909089 ; www.hoteli-albatros.com ; ul Yani Popov 10 ; plats 7-14 lv ; 9h-23h30 ; wi-fi). Sous l'hôtel éponyme dans la ville nouvelle, ce restaurant sert d'excellents poissons et grillades, et de remarquables frites maison. Vous aurez le choix entre les quelques tables sur le trottoir et la belle salle à manger. Pas de vue sur la mer.

Panorama PRODUITS DE LA MER $$
(ul Morski Skali 21 ; plats 8-20 lv ; 11h-23h). Depuis la terrasse à ciel ouvert de cet établissement animé, la vue sur l'île Sveti Ivan (voir ci-contre) est sublime. La carte fait la part belle au poisson frais pêché sur place. Il s'agit de l'un des meilleurs restaurants de poisson et fruits de mer de la rue.

Mehane Neptun BULGARE $$$
(0550-22 735 ; ul Morski Skali 45 ; plats 15-30 lv ; 10h-23h). Dans cet établissement situé sur un promontoire donnant sur la mer et l'île Sveti Ivan, la vue formidable et les délicieux plats de poisson compensent largement le service parfois nonchalant. Si vous arrivez à réserver une table en extérieur avec vue sur la mer, vous y passerez une soirée inoubliable.

Où sortir

Des concerts, des ballets et d'autres spectacles ont lieu tout l'été au **théâtre** (ul Han Krum) moderne en plein air près du Musée archéologique.

Art Club Michel CONCERTS
(0889801120 ; ul Apolonia 39 ; billets 3-5 lv ; 18h-2h). Doté d'un jardin clos juste derrière l'une des principales rues de la vieille ville, ce lieu décontracté propose des concerts, notamment de jazz.

Achats

En été, les rues de la vieille ville sont bordées de stands qui vendent les habituelles babioles pour touristes. On peut trouver ailleurs des souvenirs de meilleure qualité.

VAUT LE DÉTOUR

LA RÉSERVE NATURELLE DE ROPOTAMO

La **réserve naturelle de Ropotamo** (0887767706 ; www.ropotamo-reserve.com ; promenade en bateau adulte/enfant 10/5 lv ; juin-sept) est située à 10 km au sud de Sozopol, sur la route principale qui mène à Primorsko. On peut y randonner ou y pique-niquer ; la plupart des visiteurs viennent toutefois pour 30 à 40 minutes de promenade en bateau sur le Ropotamo. Pour rejoindre l'entrée du parc par les transports en commun, prenez n'importe quel bus au sud de Sozopol et descendez au pont bien indiqué et visible, là où la grand-route franchit la rivière. Des bateaux partent à intervalles réguliers tout au long de la journée.

Cette réserve fut créée en 1940 pour protéger un environnement fragile de vastes marais et les plus grandes dunes du pays, ainsi qu'une flore rare comme le lis des sables endémique. Elle préserve également quelque 257 espèces d'oiseaux, de reptiles et de mammifères, dont des aigles barbus, des sangliers, des chacals et 10 sortes de chauves-souris. La réserve abrite aussi des mégalithes thraces et la minuscule île Sveti Toma, où poussent les seuls cactus sauvages de Bulgarie.

Galerie Bissera CADEAUX ET SOUVENIRS
(☎0550-24 092 ; ul Apolonia 52 ; ⏲9h-22h). Dans une vieille grange en bois, cette boutique propose un choix de peintures et de céramiques locales, ainsi que quelques objets anciens.

Galerie d'art Laskaridi CADEAUX ET SOUVENIRS
(☎0550-23 906 ; ul Kiril i Metodii 19 ; ⏲9h-20h). Œuvres d'art contemporain, bijoux, poteries et beaux livres sur Sozopol. Dans une maison ancienne située derrière de très vieilles églises en ruines.

Renseignements

Il n'y a pas d'office du tourisme.

De nombreuses banques avec DAB sont installées dans les rues de la vieille ville et sur la place principale de la ville nouvelle.

Depuis/vers Sozopol

La petite **gare routière** (☎0550-23 460 ; www.bgrazpisanie.com ; ul Han Krum) est au sud de la vieille ville. Des bus partent pour Burgas (4,50 lv, 40 min) environ toutes les 30 minutes entre 6h et 21h en été, et toutes les heures en basse saison.

L'été, des bus partent toutes les heures pour Primorsko (6 lv, 30 min) et Kiten (6 lv, 40 min). Des bus publics rallient Sofia jusqu'à 3 fois par jour (32 lv, 7 heures).

Depuis une billetterie sur le port, **Fast Ferry** (☎0988908629, réservations 0885808001 ; www.fastferry.bg ; port de Sozopol) assure 3 liaisons quotidiennes en catamaran rapide ou en hydrofoil vers Nesebăr (aller/aller-retour à partir de 27/54 lv, 40 min) et Pomorie (aller/aller-retour à partir de 22/44 lv, 30 min) de juin à septembre.

Comment circuler

On se déplace facilement à pied dans Sozopol. Autour de la place Harmanite et de l'ul Ropotamo dans la ville nouvelle, plusieurs agences de voyages louent des voitures à partir de 70 lv par jour.

Primorsko ПРИМОРСКО

3 680 HABITANTS

Jolie et propre, assez tranquille sans manquer pour autant d'établissements où se restaurer et prendre un verre : à 52 km au sud-est de Burgas, Primorsko ("près de la mer") est sous bien des aspects la station balnéaire idéale. Ses deux plages comptent parmi les plus belles de la côte.

Activités

C'est sur les deux plus grandes plages de la ville, surveillées par des maîtres-nageurs de 9h à 18h de juin à septembre, que se concentrent les activités principales de Primorsko. Accessible depuis l'ul Briz, la **plage nord** s'incurve le long de l'extrémité nord de la ville. La **plage sud**, que l'on rejoint depuis l'ul Tcherno More, s'étire sur quelques kilomètres.

Où se loger

Même si les hôtels et pensions ne manquent pas à Primorsko, les meilleurs établissements affichent souvent vite complet en été. Si vous n'avez pas réservé, empruntez la route qui mène à la ville : elle est bordée de chambres chez l'habitant.

Zora Guest House PENSION $
(☎0878510406 ; ul Zora 2 ; d/app 50/100 lv ; P❄📶). Cette grande pension du centre-ville se trouve à équidistance (300 m) des plages nord et sud. Meublées sobrement, propres et bien entretenues, les chambres sont équipées de réfrigérateurs – balcon ou cuisine d'appoint pour certaines.

Hotel Plovdiv HÔTEL $$
(☎0550-32 372 ; www.hotel-primorsko.com ; ul Briz 9 ; d/ste 80/120 lv ; ❄📶🏊). Dans une rue calme donnant sur la plage nord, le Plovdiv offre un excellent rapport qualité/prix. Les chambres, basiques, sont claires et confortables. Il y a un restaurant et une piscine pour les enfants. L'hôtel est ouvert toute l'année ; les prix chutent hors saison.

Spektar Palace HÔTEL $$
(☎0550-31 043 ; www.spektar-palace.com ; ul Treti Mart 82 ; d/tr 60/80 lv ; ⏲mai-oct ; P❄📶🏊). Un hôtel moderne éloigné des plages et plus près de l'entrée ouest de la ville. En raison de son emplacement (à 300 m de la plage sud), il est d'un très bon rapport qualité/prix, et permet d'accéder facilement à la gare routière. Grandes chambres et excellents équipements, dont une petite piscine et une salle de sport.

Où se restaurer

Outre les stands de kebabs, de pizzas et de burgers, la ville compte quelques bons restaurants, notamment dans l'ul Tcherno More.

Birariya Dionisii BULGARE $
(☎0878656220 ; ul Tcherno More 28, angle ul Hristo Botev ; plats 4-6 lv ; ⏲11h-23h mai-oct).

Cette petite taverne traditionnelle située dans la partie sud-est de la ville, près de la plage sud, sert des spécialités bulgares classiques ainsi que des pizzas, des salades et des poissons locaux.

Restaurant Ahtamar BULGARE **$$**
(☎0885888969 ; ul Ropotamo 26 ; plats 7-15 lv ; ⏲11h-23h mai-oct). Cette table de Primorsko cuisine le poisson local avec créativité. C'est l'une des rares à proposer autre chose que les éventails habituels de grillades et de salades. Son sympathique propriétaire vous aidera à faire votre choix sur la carte des vins bulgares. Près du cœur de Primorsko, à un pâté de maisons au nord de l'ul Treti Mart, la rue principale.

Restaurant Tchaïka BULGARE **$$**
(☎0550-32 990 ; ul Tcherno More ; plats 5-20 lv ; ⏲11h-0h mai-oct). Poulpe grillé, maquereau et autres plats de poisson figurent au menu, qui comprend aussi des poivrons farcis et du goulasch. Quelques tables dans le petit parc ombragé derrière le restaurant. Dans un bâtiment en stuc rouge près du croisement entre l'ul Kiril i Metodii et l'ul Tcherno More.

Depuis/vers Primorsko

Tous les transports publics arrivent et partent de la gare routière, à 1 km du centre-ville. De là, des bus partent vers Kiten (1 lv, 10 min, environ toutes les heures), Tsarevo (4 lv, 30 min, 6/jour) et Sozopol (6 lv, 35 min, plusieurs/jour). En outre, quelques bus rallient quotidiennement Burgas (7 lv, 1 heure) et Sofia (35 lv, 8 heures).

Tsarevo ЦАРЕВО

5 800 HABITANTS

Tsarevo s'étire paresseusement sur deux petites péninsules qui s'avancent dans la mer Noire. Élégante et paisible, la ville était autrefois une villégiature prisée de la famille royale bulgare. Jadis appelée Vasiliko, elle fut rebaptisée Tsarevo ("lieu royal") en 1934 en l'honneur du tsar Boris III. En 1950, les communistes la nommèrent Mitchourine (du nom d'un botaniste soviétique), puis elle redevint Tsarevo en 1991. Une ambiance calme et prospère règne dans le centre-ville, sur la péninsule nord, qui semble plus authentique que les stations balnéaires voisines.

À voir et à faire

Avec deux grandes plages, la baignade constitue la principale activité dans la paisible ville de Tsarevo – qui, contrairement à sa voisine Primorsko, ne peut toutefois pas être considérée comme une station balnéaire.

Jardin maritime PARC
Avec une vue panoramique spectaculaire sur la mer Noire, ce jardin paisible surplombe le cœur rocheux de la péninsule nord au bout de l'ul Han Asparuh, la rue principale.

Plage nord PLAGE
(⏲9h-18h juin-sept). La plus petite des deux grandes plages de Tsarevo s'étend sur la rive nord de la péninsule nord. On y accède par un escalier qui part de l'ul Hristo Botev, au croisement avec l'ul Samuil.

Plage sud PLAGE
(⏲9h-18h juin-sept). Plus grande et plus jolie que sa voisine du nord, la plage sud (ou plage de Nestinarka), de l'autre côté de la baie, occupe une anse de la péninsule sud. Hélas, plusieurs hôtels modernes y sont installés. À environ 2 km du centre-ville.

Angel Divers PLONGÉE
(☎0590-99 379 ; www.angel-divers.com ; Lozenets ; plongées pour débutants à partir de 100 lv). Au cœur du complexe de l'Hotel Lalov Egrek de Lozenets, à 4 km au nord de Tsarevo, cet excellent centre de plongée possède une piscine d'entraînement et propose divers cours de plongée. Cours certifiés PADI pour tous niveaux, des débutants aux chevronnés.

Où se loger

Tsarevo compte plusieurs hôtels adaptés à toutes les bourses. Si la baignade et la plage sont vos priorités, Lozenets, à proximité, est une bonne option.

Hotel Lalov Egrek RESORT **$$**
(☎0590-99 379 ; www.hotel.lalov.net ; Lozenets ; s/d/app 80/120/140 lv ; P ⊜ ❄ 📶 ≋). À 4 km au nord de Tsarevo, ce complexe en bord de plage est doté d'une superbe vue sur la mer et d'un très bon restaurant. Il abrite un centre de plongée et donne accès à deux plages réputées.

Hotel Ribarska Sreshta HÔTEL **$$**
(☎0590-52 455 ; www.hotelribarska.com ; ul Kraïmorska, port de Tsarevo ; d/tr/ste 60/85/100 lv ; ❄ 📶). Cet établissement situé au nord du port de pêche, qui évoque un petit paquebot de croisière échoué, propose de jolies chambres avec balcon sur la mer. Excellent restaurant de poisson au rez-de-chaussée ; pension complète (40 lv/pers).

VAUT LE DÉTOUR

LE PARC NATUREL DE STRANDJA

Le **parc naturel de Strandja** (☎05952-3635 ; www.strandja.bg ; ⏲9h-12h, 13h-18h mer-dim), créé en 1995, s'étire des basses montagnes du Centre à la pointe méridionale de la côte de la mer Noire. Il occupe ainsi une bonne partie du sud-est de la Bulgarie. Ce parc de 1 161 km² forme la zone protégée la plus vaste du pays. Il accueille une faune et une flore variées, et englobe diverses ruines antiques.

Peu peuplé et relativement plat, le parc est idéal pour la randonnée. Plusieurs courtes marches (de 1 à 8 km) et des treks plus longs (20 km) entre le centre du parc et la côte sont détaillés sur la carte *Nature Park Strandzha* (1/70 000 ; 4 lv). Strandja est également idéal pour la baignade, avec les étendues sablonneuses les plus reculées du pays.

À 80 km au sud de Burgas, Malko Tărnovo est le centre administratif du parc ; c'est aussi le meilleur point de départ pour explorer la zone. On y trouve le centre des visiteurs et un intéressant **musée d'Histoire** (☎05952-3664 ; ul Konstantin Petkanov 1a ; adulte/enfant 5/3 lv ; ⏲8h-17h lun-ven, 9h30-12h et 14h-17h sam-dim mai-oct, 8h-12h et 13h-16h lun-ven nov-avr). C'est également le départ ou l'arrivée de nombreux sentiers pédestres et cyclables.

Hotel Zebra HÔTEL $$
(☎0590-55 111 ; www.hotel-zebra.com ; ul Han Asparuh 10 ; s/d 60/76 lv ; P ❄ @ 📶 ≋). Près du jardin maritime, sur la péninsule nord, ce complexe moderne est d'un excellent rapport qualité/prix. Les grandes chambres confortables sont toutes dotées d'un balcon, les sdb sont étincelantes, et il y a une piscine extérieure et un restaurant.

Family Hotel Diana HÔTEL $$
(☎0590-54 855 ; ul Hristo Botev 2 ; ch à partir de 60 lv ; P ❄ 📶). Moderne et bien situé, cet établissement est à 50 m environ de la plage nord, à un pâté de maisons au nord du centre. De nombreuses chambres ont vue sur la mer Noire et disposent d'une terrasse. Restaurant et parking gratuit (rare dans cette petite ville) ; pas d'ascenseur pour monter au 3e étage.

Où se restaurer

Tsarevo compte plusieurs bons restaurants, dont l'une des meilleures tables du pays pour les poissons et les fruits de mer.

♥ **Ribarska Sreshta** PRODUITS DE LA MER $$
(☎0590-52 451 ; www.hotelribarska.com ; ul Kraïmorska, port de Tsarevo ; plats 8-14 lv ; ⏲11h-0h ; 📶). Même si vous ne séjournez pas à l'hôtel éponyme, nous vous conseillons de déjeuner ou de dîner dans ce restaurant, riche d'une longue carte de poisson frais – les petits tassergals, frits ou grillés, sont typiques de la région. Faites votre choix parmi les nombreux hors-d'œuvre et salades, et arrosez le tout de *rakia* (eau-de-vie bulgare) en contemplant le port.

Depuis/vers Tsarevo

La gare routière est au bout de l'ul Mikhaïl Guerdjikov, en allant vers l'autoroute, à environ 2 km à l'ouest du centre. Des bus pour Burgas (10 lv, 1 heure 15) via Kiten (2 lv, 20 min) et Primorsko (4 lv, 30 min) partent toutes les 30 min-1 heure entre 6h et 20h. Chaque jour, 2 bus desservent Sofia (37 lv, 8 heures).

Sinemorets СИНЕМОРЕЦ

300 HABITANTS

Avec ses superbes plages de sable blanc, Sinemorets est idéal pour échapper à la foule – mieux vaut être motorisé pour y accéder. Bien qu'elle semble dans la ligne de mire des promoteurs immobiliers et malgré la présence de plusieurs hôtels modernes près de la plage principale, cette bourgade conserve une atmosphère paisible. Sinemorets se trouve au sein du parc naturel de Strandja ; les sentiers de randonnée menant au parc débutent à la sortie du village.

Activités

Sinemorets compte deux **plages** publiques : la plage principale (parfois appelée "plage de Butamya"), au sud-est de la ville (suivez l'ul Butamya, l'artère principale, vers l'est, puis descendez une colline raide), et une plage plus petite et plus jolie, au nord du centre, là où la Veleka se jette dans la mer Noire.

Où se loger

Les hôtels ouvrent généralement de mai à septembre. La plupart des hébergements proposent une formule pension pour les repas : l'offre de bons restaurants étant limitée, l'option peut s'avérer judicieuse.

Casa Domingo HÔTEL $$
(0590-66 093 ; www.casadomingo.info ; ul Ribarska ; s/d/app à partir de 50/65/130 lv ;). Ce bel ensemble moderne abrite des chambres, studios et appartements variés. Joli jardin avec piscine découverte et restaurant sur place ; petit-déjeuner en option (6 lv) ; réductions pour les moins de 12 ans. Pour vous y rendre, suivez la rue principale (ul Butamya) vers l'est, puis tournez dans la 4e rue à droite (vers le sud).

Asti Arthotel HÔTEL $$
(0590-65 504 ; www.asti.bg ; ul Silistar 8 ; d/app 80/140 lv ; mai-sept ;). L'Asti compte 26 appartements avec terrasse et kitchenette, 3 doubles, un court de tennis, une piscine, un terrain de jeux et un restaurant. Possibilité de louer des vélos. Pour le trouver, marchez 1 km vers l'est dans la rue principale (ul Butamya), puis prenez à droite dans une rue sans nom. L'hôtel est indiqué.

Dayana Beach Hotel HÔTEL $$
(0590-65 502 ; www.dayanabeach.com ; ul Silistar ; s/d 60/80 lv ; mai-sept ;). Près de la plage centrale, cet hôtel familial et moderne possède des chambres claires avec terrasse couverte, TV et réfrigérateur. Derrière l'Asti Arthotel.

Où se restaurer

La plupart des restaurants se concentrent dans l'ul Butamya, qui traverse le centre d'ouest en est.

Zafo PRODUITS DE LA MER $$
(0888401916 ; www.zafosinemorec.com ; ul Butamya 6 ; plats 8-16 lv ; 11h-23h mai-sept ;). Avec ses viandes grillées et son poisson frais, ce joli restaurant doté d'un jardin est très fréquenté en soirée. L'ambiance y devient festive quand la *rakia* coule à flots. Dans la rue principale, près du centre-ville.

Depuis/vers Sinemorets

Sinemorets est mal desservi. Il n'existe qu'un bus par jour en provenance de Burgas en été (14 lv, 2 heures). Sinon, il faut changer à Ahtopol et prendre un minibus (2 lv, 15 min, 4/jour).

CÔTE CENTRALE

Pomorie ПОМОРИЕ

13 500 HABITANTS

Comme sa voisine Nesebăr, Pomorie occupe une étroite péninsule. Elle était d'ailleurs presque aussi pittoresque, avant d'être dévastée par un incendie en 1906. Mais là s'arrêtent les similitudes. Situé au bout de la pointe est de la péninsule, son vieux centre-ville dégage un charme apaisant et possède une plage agréable, généralement peu bondée. Pomorie est une station balnéaire typiquement bulgare, rarement fréquentée par les touristes étrangers.

Le lac de Pomorie, au nord, est une lagune côtière d'où l'on extrait du sel marin et de la boue médicinale. C'est également un refuge important pour les oiseaux – sternes, avocettes, échasses...

À voir et à faire

Si la plupart des visiteurs viennent surtout pour la plage, Pomorie n'en possède pas moins quelques édifices religieux d'importance. Au centre des visiteurs du lac de Pomorie, les passionnés de nature et d'ornithologie pourront découvrir les actions de sauvegarde menées dans la région.

Centre des visiteurs du lac de Pomorie RÉSERVE NATURELLE
(0885108712 ; www.greenbalkans.org ; adulte/enfant 4/2 lv ; 9h30-12h et 13h30-18h30 mar-dim). Ce centre des visiteurs situé sur la rive sud du lac, à environ 1 km à l'ouest de la promenade du front de mer, informe sur les actions menées par l'ONG Green Balkans (www.greenbalkans.org) pour la sauvegarde de l'avifaune. Dès l'entrée, les visiteurs peuvent voir les principales colonies reproductrices (jumelles fournies). Un écosentier borde le lac le long de la digue.

Musée du Sel MUSÉE
(0596-25 344 ; www.saltmuseum.bg ; adulte/enfant 4/2 lv ; 8h-18h lun-ven, 10h-16h sam-dim juin-sept, 8h-16h lun-ven oct-mai). Environné de marais salants, le lac de Pomorie est une source importante de sel depuis des temps immémoriaux. Vous apprendrez ici les techniques utilisées dans les salines, ainsi que l'histoire de l'extraction du sel. Près du centre des visiteurs, sur la rive sud du lac.

Église Preobrajenie Hristovo ÉGLISE
L'église de la Transfiguration (1765), située dans la partie la plus ancienne de la

bourgade, à la pointe est de la péninsule, est la plus pittoresque de Pomorie.

Où se loger

Hotel Pri Amerikaneca HÔTEL $$
(0596-22 824 ; www.attheamericans.com ; ul Knyaz Boris I 9, angle ul Vitosha ; ch 100 lv ; P ❄ @ wifi). Cet hôtel moderne de la vieille ville, au sud de la promenade qui longe la plage principale, au bout de la pointe sud de la péninsule, possède une petite plage privée. Les 12 chambres spacieuses ont toutes un balcon avec vue panoramique sur la mer. Restaurant et bar à cocktails sur place.

Zeus Hotel HÔTEL $$
(0888866174 ; www.zeus-hotel.com ; ul Rakovska 9, angle ul Aheloï ; s/d 65/85 lv ; ❄ wifi). Dans le centre-ville, le Zeus propose un choix de chambres douillettes avec balcon, réfrigérateur et TV. Les prix baissent jusqu'à 50% en dehors de la saison estivale. Pour le trouver, parcourez 200 m vers le centre dans l'ul Aheloï, depuis la promenade qui longe la plage principale (ul Kraïbrejna).

Où se restaurer

La promenade du front de mer, l'ul Kraïbrejna, est bordée de restaurants. On trouve toutefois de meilleures adresses (avec des cartes en plusieurs langues) près de l'église Preobrajenie Gospodne.

Restaurant Tsarevets BULGARE $$
(0875148517 ; ul Knyaz Boris I 5 ; plats 7-20 lv ; 11h-23h). Au menu du Tsarevets, l'une des meilleures option de la ville : grillades de porc, poulet et plats de poisson. La terrasse à l'arrière donne sur la plage de l'Hotel Pri Amerikaneca, à proximité. Près de l'église Preobrajenie Hristovo, au bout de la pointe sud-est de la péninsule.

Depuis/vers Pomorie

Il y a deux gares routières à Pomorie. La principale est à 3 km à l'ouest du centre-ville ; elle est desservie par les bus et minibus qui relient régulièrement Burgas et Nesebăr et/ou Slăntchev Bryag. Plus petite, la gare centrale se trouve au sud-est, plus près des complexes hôteliers de la plage. À peu près toutes les heures, des minibus signalés "Pomorie Central" (Поморие Център) partent de Burgas (4 lv, 30 min) et de Slăntchev Bryag (3 lv, 30 min).

Nesebăr НЕСЕБЪР

11 600 HABITANTS

À 37 km au nord-est de Burgas, sur une petite île rocheuse reliée au continent par un étroit isthme artificiel, Nesebăr (parfois orthographiée Nessebar en français) est le joyau de la côte bulgare. Inscrite au patrimoine mondial de l'Unesco, elle est réputée pour ses nombreuses églises médiévales, en ruines pour la plupart. Elle est inévitablement devenue commerciale et, en haute saison, elle est envahie par les groupes en circuit organisé et les vendeurs de souvenirs ; hors saison, elle devient une ville fantôme.

Histoire

En 512 av. J.-C., des colons grecs fondèrent ce qui allait devenir le port marchand prospère de Mesembria. La plupart des temples et tours érigés à cette période furent submergés lors de la montée du niveau de la mer Noire il y a environ 2 000 ans. Pour éviter de subir le sort d'Apollonia (Sozopol), le peuple de Mesembria accepta les envahisseurs romains en 72 av. J.-C. ; pour

VAUT LE DÉTOUR

SLĂNTCHEV BRYAG (PLAGE DU SOLEIL)

Slăntchev Bryag, la plage du Soleil (ou Sunny Beach), est la plus grande station balnéaire, et sans doute l'endroit le plus cher du pays. Elle évoque les *costas* espagnoles... sur le littoral de la mer Noire.

Ses kilomètres de sable fin attirent plus de vacanciers étrangers que toute autre localité côtière. Si votre principal objectif est de bronzer le jour et de danser la nuit, vous serez comblé.

La plupart des touristes séjournant à Slăntchev Bryag réservent depuis leur pays d'origine, en optant souvent pour une formule tout compris. De toutes les stations balnéaires de la côte, c'est celle qui convient le moins aux voyageurs indépendants : si vous souhaitez vraiment y aller, mieux vaut passer par une agence étrangère pour réserver – sinon, posez vos bagages à Nesebăr, à proximité.

VISITER LES ÉGLISES

On peut visiter gratuitement les édifices en ruines, et notamment l'église principale, Sveta Sofia. Cinq églises (Sveti Stefan, Sveti Spas, l'église du Christ Pantokrator, Sveta Paraskeva et Saint-Jean-Baptiste) abritent de petites expositions, impliquant un droit d'entrée spécifique. Plusieurs billets combinés sont disponibles : ils incluent l'accès au Musée archéologique, au Musée ethnographique et à au moins une église.

autant, l'importance de la ville déclina progressivement.

Passée sous tutelle byzantine en 395, Mesembria retrouva son statut de grand centre marchand, stratégique et religieux. Durant les Ve et VIe siècles, plusieurs belles églises furent construites et les fortifications furent agrandies. Après l'invasion bulgare en 812, la ville fut rebaptisée Nesebăr. Au cours des siècles suivants, elle repassa à plusieurs reprises sous l'autorité byzantine et sous celle du Premier Empire bulgare (681-1018), tout en étant largement préservée. Les Turcs finirent par la prendre en 1453.

Sous la férule ottomane, Nesebăr demeura un évêché grec et ses remparts furent renforcés pour la protéger des pirates. Lors du Renouveau national bulgare des XVIIIe et XIXe siècles, Nesebăr prospéra et de riches marchands y firent construire de belles demeures, dont certaines subsistent aujourd'hui. Nesebăr perdit son activité commerçante au début du XXe siècle. Aujourd'hui, elle survit presque entièrement grâce au tourisme.

À voir

Quatre-vingts églises se dressaient jadis à Nesebăr, mais le temps a eu raison de nombre d'entre elles. Celles qui subsistent sont pour la plupart en ruines. Les rayures horizontales en pierre blanche et brique rouge et les façades ornées de disques en céramique verte sont caractéristiques de l'architecture religieuse de Nesebăr.

Basilique Sveta Sofia RUINES
(ancienne métropole ; ☎0554-46 019 ; www.ancient-nessebar.com ; ul Mitropolitska ; ⏲lever-coucher du soleil). GRATUIT Avec ses ruines impressionnantes, la basilique Sainte-Sophie de Nesebăr, une église du Ve siècle à trois nefs, forme le cœur d'une place animée bordée de cafés et de stands d'artistes.

Église Sveti Stefan ÉGLISE
(nouvelle métropole ; ☎0554-46 019 ; www.ancient-nessebar.com ; ul Ribarska ; adulte/enfant 6/3 lv ; ⏲9h-19h lun-ven, 10h30-14h et 14h30-19h sam-dim mai-sept, 9h-17h lun-ven, 10h-17h sam-dim oct-avr). Édifiée au XIe siècle et reconstruite 500 ans plus tard, l'église Saint-Étienne est la mieux conservée de la ville. Son intérieur est presque entièrement tapissé d'impressionnantes peintures murales réalisées entre le XVIe et le XVIIIe siècle. En vous y rendant tôt, vous éviterez les groupes en voyage organisé.

Musée archéologique MUSÉE
(☎0554-46 019 ; www.ancient-nessebar.com ; ul Mesembria 2 ; adulte/enfant 6/3 lv ; ⏲9h-19h lun-ven, 9h30-14h et 14h30-19h sam-dim juin-sept, horaires réduits oct-mai). Découvrez la riche histoire de Nesebăr dans ce musée où sont exposés poteries, statues et pierres tombales grecques et romaines, bijoux thraces et ancres anciennes. Vous y verrez également une collection d'icônes religieuses provenant des nombreuses églises de Nesebăr.

Musée d'ethnographie MUSÉE
(☎0554-46 019 ; www.ancient-nessebar.com ; ul Mesembria 32 ; adulte/enfant 3/2 lv ; ⏲10h30-14h et 14h30-18h mar-dim juin-sept, sur demande oct-mai). Installé dans un édifice en bois typique de l'époque du Renouveau national et construit en 1840 pour un riche marchand, ce musée renferme une collection de costumes traditionnels et propose une exposition consacrée au tissage.

Église du Christ Pantokrator ÉGLISE
(☎0554-46 019 ; www.ancient-nessebar.com ; ul Mesembria ; adulte/enfant 3/2 lv ; ⏲9h-19h lun-ven, 9h30-14h et 14h30-19h sam-dim juin-sept, horaires réduits oct-mai). Typique du style de Nesebăr, cette église bien conservée fut édifiée au milieu du XIVe siècle. Côté est, une curieuse frise représente des svastikas, un ancien symbole solaire. L'église abrite aujourd'hui une petite galerie consacrée aux cartes anciennes.

Église Sveta Paraskeva ÉGLISE
(☎0554-46 019 ; www.ancient-nessebar.com ; ul Hemus ; adulte/enfant 3/2 lv ; ⏲10h30-14h et 14h30-19h juin-sept, jusqu'à 18h mai et oct, sur demande nov-avr). Composée seulement d'une nef et d'une abside, l'église Sainte-Parascève est un bel exemple de l'architecture du XIIIe siècle. Elle accueille aujourd'hui une

Nesebăr
0
200 m
MER NOIRE
Emona
Neptun
Kraybrejna
Han Asparuh
Neptun
Rusalka
Slavyanska
Sadala
Vratchavski
Mitropolitska
Ivan Asen II
Hemus
Venera
Hemus
Hemus
Mesembria
Aheloi
Tervel
Ivan Alexander
Ribarska
Mitropolitska
Tsar Simeon
Kraybrejna
Mena
Mesembria
Tchaika
Ferry rapide
Bateaux-taxis vers Slăntchev Bryag
Port
Gare routière
Trolleybus vers Slăntchev Bryag (en été uniquement)
Nouvelle ville de Nesebăr (400 m) et plage du sud (1 km)

Nesebăr

À voir

Où se loger

Où se restaurer

petite exposition de fresques ayant traversé les âges. Certaines proviennent de l'église Saint-Georges-l'Ancien, détruite en 1958.

Église Saint-Jean-Baptiste ÉGLISE
(☎0554-46 019 ; www.ancient-nessebar.com ; ul Mitropolitska ; adulte/enfant 3/2 lv ; ⏲10h30-14h et 14h30-19h juin-sept, jusqu'à 18h mai et oct, sur demande nov-avr). Bâtie au Xe siècle sur les fondations d'une église de l'époque byzantine (VIe siècle), cette église contient des peintures murales bien préservées, réalisées entre le XIVe et le XVIIe siècle.

Église Sveti Spas ÉGLISE
(☎0554-46 019 ; www.ancient-nessebar.com ; ul Aheloi ; adulte/enfant 3/2 lv ; ⏲10h30-14h et 14h30-19h juin-sept, jusqu'à 18h mai et oct, sur demande nov-avr). L'église du Saint-Sauveur, modeste et à nef simple, date de 1609. Comme toutes les églises de l'époque ottomane, elle est bâtie en dessous du niveau de la rue. Elle renferme quelques peintures murales bien préservées représentant des scènes de la vie du Christ et de la Vierge.

Porte de la ville PORTE
Cette porte mène à la vieille ville. Elle date du Ve siècle, tout comme les fortifications.

Activités

La **plage sud** s'étend à environ 1,5 km au sud-ouest de la péninsule (dans la "ville nouvelle"). On trouve deux autres plages au bout de la pointe est.

Aqua Paradise SPORTS AQUATIQUES
(☎0885208055 ; www.aquaparadise-bg.com ; adulte/enfant 40/20 lv, après 15h 30/15 lv ; ⏲10h-18h30 ; 👪). Consacré aux loisirs nautiques, cet immense parc aquatique à la lisière sud de la station, juste à l'entrée de Nesebăr, possède toutes sortes de bassins et de toboggans. Un minibus gratuit dessert toutes les 15 minutes des arrêts dans Nesebăr et sur Slăntchev Bryag (plage du Soleil).

Où se loger

L'été, il est indispensable de réserver votre hébergement. Les voyageurs à petit budget opteront pour des chambres chez l'habitant ; des propriétaires attendent à l'arrivée des bus.

Hotel Tony PENSION $
(☎0554-42 928 ; ul Kraïbrejna 20 ; ch 40-50 lv ; ⏲juin-sept ; ❄). Avec ses prix bas et son excellent emplacement donnant sur la mer, cet établissement aux chambres simples et propres se remplit rapidement : mieux vaut réserver tôt. Le propriétaire, volubile, est aussi très serviable.

♥ **St Stefan Family Hotel** BOUTIQUE-HÔTEL $$
(☎0554-43 603 ; www.hotelsaintstefan.com ; ul Ribarska 11 ; ch/ste 80/160 lv ; P❄📶). Au St Stefan, l'un des plus beaux hôtels de Nesebăr, les chambres ont vue sur le port et la mer Noire. Elles sont décorées d'œuvres originales réalisées par des artistes bulgares. L'établissement contient un petit sauna, ainsi qu'une terrasse où prendre un verre et des repas légers. Petit-déjeuner à 8 lv. Réservez tôt pour la période estivale.

Prince Cyril Hotel HÔTEL $$
(☎0887897971 ; hotelprincecyril@gmail.com ; ul Slavyanska 9 ; d 60-80 lv ; ❄📶). Dans une paisible ruelle pavée oubliée des vendeurs de souvenirs, cet hôtel sympathique propose des chambres variées, avec TV, réfrigérateur et, pour certaines, climatisation. Demandez à visiter pour éviter les petites chambres mansardées avec ventilateur du dernier étage.

Royal Palace Hotel HÔTEL $$
(☎0554-46 490 ; www.nessebarpalace.com ; ul Mitropolitska 19 ; s/d 80/110 lv ; P⊖❄📶). Au cœur de la vieille ville, le Royal Palace possède des chambres élégantes et confortables avec réfrigérateur et TV (une seule simple), ainsi qu'un bon restaurant et un jardin d'été. Diverses réductions sont souvent proposées.

Où se restaurer et prendre un verre

Tous les restaurants de Nesebăr visent les touristes de passage. D'où des prix deux fois plus élevés que dans l'arrière-pays. Mieux vaut éviter ceux qui emploient des rabatteurs.

Zlatnoto Runo BULGARE $$
(☎0554-45 602 ; ul Rusalka 6 ; plats 8-20 lv ; ⌚10h-0h). Dominant la mer à la pointe sud-est de la péninsule, la "Toison d'or" propose une carte variée : agneau rôti, lapin et quelques recettes inventives à base de produits de la mer, comme le poulpe sauce myrtilles.

Plakamoto PRODUITS DE LA MER $$
(☎0888807239 ; ul Ivan Alexander 9 ; plats 8-20 lv ; ⌚12h-23h). Ce restaurant sur plusieurs niveaux offre une vue magnifique sur la mer. Avec de délicieux produits de la mer, c'est l'adresse rêvée pour un dîner (ou un déjeuner) mémorable.

Mehana Pri Shopite BULGARE $$
(☎0897910754 ; ul Neptun 12 ; plats 10-20 lv ; ⌚9h-23h ; ✎). Dans une cour de taverne traditionnelle, autour d'un figuier tortueux vieux de 300 ans, le personnel de cet endroit chaleureux prépare une excellente cuisine : poissons frais, grillades, steaks et quelques plats végétariens.

♥ **Gloria Mar** BULGARE $$$
(☎0893550055 ; www.gloriamar-bg.com ; ul Kraïbrejna 9 ; plats 12-30 lv ; ⌚11h-23h). Produits de la mer frais, pizzas cuites au feu de bois, viandes grillées, risottos, paella... Voici une adresse de choix à l'heure du dîner ! Il possède une vaste carte des vins et une salle à manger sur 3 étages, dont un toit-terrasse. En face de la marina et du terminal des ferries.

Depuis/vers Nesebăr

Nesebăr est bien reliée aux autres destinations côtières par les transports publics. La **gare routière** (☎0554-42 721 ; www.bgrazpisanie.com) se trouve sur la petite place juste devant les remparts. L'arrêt qui la précède, sur le continent, est desservi depuis/vers la ville nouvelle. En saison, des bus partent toutes les quelques minutes vers Slăntchev Bryag (1 lv, 10 min). Il existe aussi des liaisons avec des destinations plus lointaines comme Burgas (6 lv, 1 heure, 1/heure), Varna (14 lv, 2 heures, 4/jour) et Sofia (37 lv, 7 heures, 3/jour).

En saison, un **trolleybus** (adulte/enfant 3/1 lv ; ⌚juin-sept) plus lent part toutes les 10-15 minutes juste après la porte de Nesebăr à destination de la pointe sud de Slăntchev Bryag, près de l'Hotel Kotva. Toutes les 15 minutes, un **bateau-taxi** (adulte/enfant 10/5 lv) part du port en face de Slăntchev Bryag pour rejoindre le centre de la station balnéaire de Slăntchev Bryag.

Tous les jours en saison, les hydrofoils et catamarans rapides de **Fast Ferry** (☎0885808001 ; www.fastferry.bg ; terminal des ferries ; ⌚8h30-22h30 juin-sept) quittent le terminal des ferries de Nesebăr pour Pomorie et Sozopol. Les billets s'achètent dans un petit stand au bord de l'eau, en face du bâtiment du terminal, en ligne ou à bord. Les horaires à jour et les tarifs sont consultables sur le site Web.

CÔTE NORD

Varna БАРНА

334 700 HABITANTS

Varna, la troisième ville du pays et sa capitale maritime, est de loin la localité la plus cosmopolite et la plus intéressante du littoral de la mer Noire. À la fois cité portuaire, base navale et station balnéaire, cette ville chargée d'histoire et résolument moderne, dotée d'un vaste parc propice à la flânerie et d'une longue plage pour le farniente, mérite qu'on lui consacre quelques jours. Dans le centre-ville, vous découvrirez les plus vastes bains romains du pays, un musée archéologique particulièrement intéressant, et une scène culturelle et culinaire animée.

Histoire

Les Grecs de Milet colonisèrent la région en 585 av. J.-C. et fondèrent la cité d'Odessos. Celle-ci prospéra et devint un important centre de commerce avant que les Romains ne s'en emparent au IIe siècle.

Ville portuaire majeure sous les Byzantins, elle acquit son nom moderne de Varna (qui viendrait du mot "eau") sous le Premier Empire bulgare (681-1018). Successivement sous dominations byzantine et bulgare au cours du Moyen Âge, elle tomba en 1393 aux mains des Turcs, qui en firent un bastion septentrional de leur empire. Les Britanniques l'utilisèrent comme base portuaire durant la guerre de Crimée (1853-1856), puis la Grande-Bretagne et la France furent autorisées à commercer avec l'Empire ottoman, et Varna redevint un grand centre de négoce.

En 1866, la voie ferrée Roussé-Varna assura un accès direct entre le Danube et le littoral de la mer Noire. Varna s'imposa alors comme un port et un centre de construction navale de premier plan. En 1921, elle fut proclamée première station balnéaire de Bulgarie. En 1926, le lancement du festival international d'été, qui conserve aujourd'hui toute sa popularité, consolida son statut d'importante destination estivale.

À voir

Musée archéologique MUSÉE
(052-681 030 ; www.archaeo.museumvarna.com ; ul Maria Luisa 41 ; adulte/enfant 10/2 lv ; 10h-17h mar-dim avr-sept, mar-sam oct-mars ; 8, 9, 109, 409). Ce vaste musée, le plus beau du genre en Bulgarie, renferme notamment des bracelets, des boucles d'oreilles et des colliers vieux de 6 000 ans – ce serait les plus anciens objets en or trouvés à ce jour dans le monde –, des instruments chirurgicaux de l'ère romaine, des pierres tombales grecques et d'émouvants objets, comme une plaque de marbre portant la liste, en grec, des diplômés de l'École de la cité en 221. Les textes explicatifs en anglais sont très clairs. Admirez la vaste collection d'icônes au 2e étage.

Cathédrale Notre-Dame-de-l'Assomption ÉGLISE
(052-613 005 ; www.mitropolia-varna.org ; pl Kiril i Metodii 2 ; 8h-18h ; 8, 9, 109, 409). La cathédrale de Varna (1886) est surmontée de bulbes dorés. Remarquez les peintures murales (réalisées en 1950) et les vitraux colorés. Il vous faudra débourser 5 lv si vous voulez prendre des photos à l'intérieur.

Thermes romains RUINES
(052-600 059 ; www.archaeo.museumvarna.com ; angle ul Han Krum et ul San Stefano ; adulte/enfant 5/2 lv ; 10h-17h mar-dim mai-oct, 10h-17h mar-sam nov-avr). Bien conservées, les ruines des thermes romains (IIe siècle) de Varna sont les plus grandes de Bulgarie et les quatrièmes plus grandes d'Europe. Les visiteurs peuvent monter dans les différentes salles de l'ensemble pour admirer les vestiges du niveau supérieur (et la chaufferie). Les bains sont restés dans leur état d'origine pendant un siècle ou deux seulement, jusqu'à leur abandon. Avec le déclin de l'empire, leur entretien était trop coûteux.

Église Saint-Michel-Archange ÉGLISE
(ul 27 Yuli ; 8h-18h ; 8, 9, 109, 409). Cette église fondée en 1865, petite et mal éclairée, revêt une importance historique : c'est ici que furent célébrés les premiers offices religieux en bulgare. Elle abrita également la première école de Varna et recèle quelques belles icônes en bois.

Église orthodoxe Sveti Atanas ÉGLISE
(052-633 925 ; www.sv-atanasii-varna.org ; ul Graf Ignatiev 19 ; 8h-18h). Bâtie en 1838 et donnant sur les thermes romains, la belle église Saint-Athanase contient de nombreuses icônes et un trône épiscopal finement sculpté.

Église Sveti Nikolaï ÉGLISE
(052-622 727 ; ul Knyaz Boris I 35 ; 8h-18h). La jolie église Saint-Nicolas, située en plein centre-ville, mérite la visite pour ses

LE PARC PRIMORSKI

Créé en 1878, ce bel et vaste espace vert longe le bord de mer sur près de 8 km et serait le plus grand jardin maritime d'Europe. Les familles en promenade et les vieilles dames qui y tricotent de la dentelle y sont nombreuses l'été. Le parc englobe quelques-uns des sites les plus intéressants de la ville.

Aquarium (052-632 066 ; bul Primorski 4, adulte/enfant 4/2 lv ; 9h-17h mar-dim ; 8, 9, 109, 409). Mérite le coup d'œil pour ses bassins où vivent hippocampes, piranhas et congres.

Planétarium Copernicus (052-684 444 ; www.astro-varna.com ; 4 ; adulte/enfant 4/2 lv). Le planétarium à l'ancienne de Varna occupe un joli bâtiment qui mérite à lui seul la visite. Attention : les présentations nocturnes sont uniquement en bulgare.

Muséum d'Histoire naturelle (052-610 243 ; www.nature.museumvarna.com ; adulte/enfant 5/2 lv ; 10h-17h mar-dim avr-oct, 10h-17h lun-ven nov-mars ; 8, 9, 109, 409). Présente la faune et la flore de la région de la mer Noire.

Jardin zoologique (052-820 612 ; www.varna-zoo.com ; adulte/enfant 1,50/1 lv ; 8h-20h juin-août, 8h30-18h30 sept-mai ; 8, 9, 109, 409). Abrite environ 70 espèces d'animaux, dont des lamas et des grands félins.

Varna

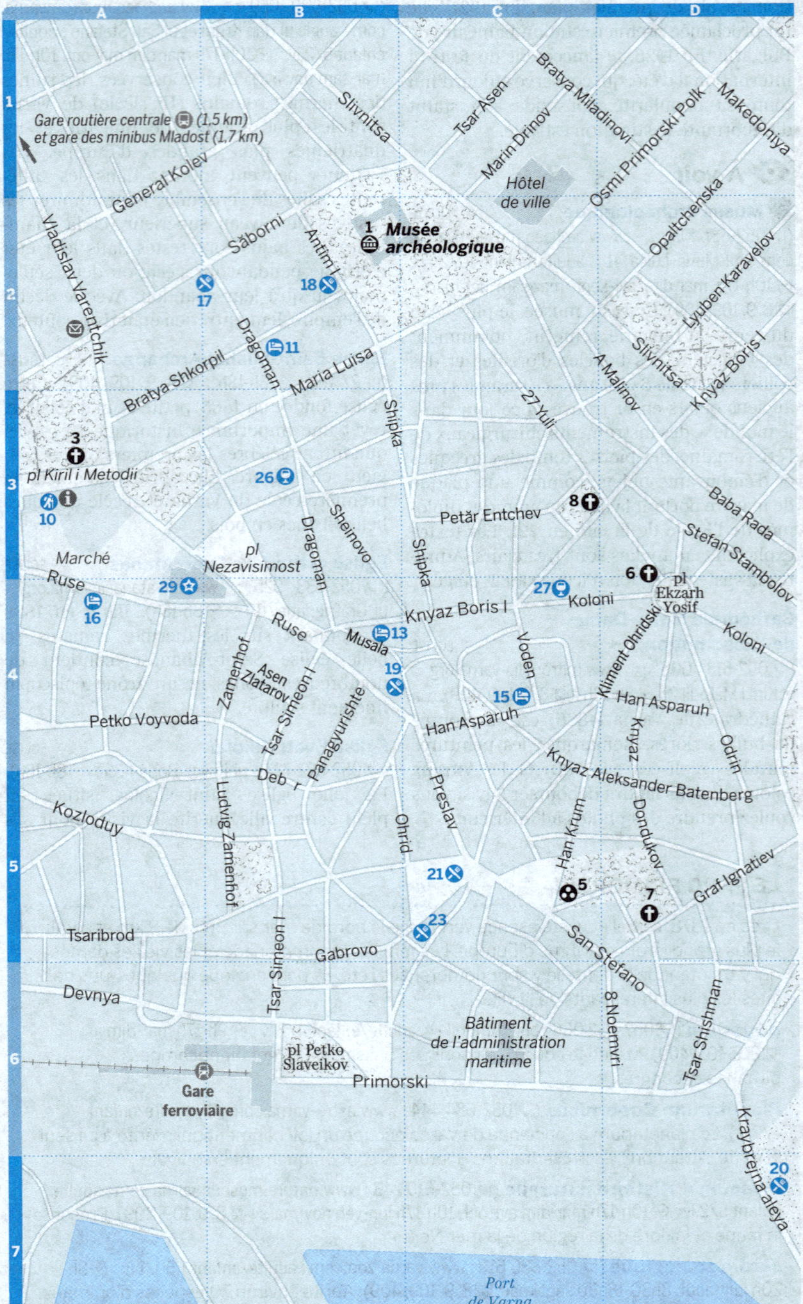

A
B
C
D
1
2
3
4
5
6
7
Gare routière centrale (1,5 km)
et gare des minibus Mladost (1,7 km)
General Kolev
Slivnitsa
Tsar Asen
Marin Drinov
Bratya Miladinovi
Osmi Primorski Polk
Makedoniya
Hôtel de ville
Opaltchenska
1 Musée archéologique
Săborni
Antim I
Vladislav Varentchik
17
18
Lyuben Karavelov
Dragoman
11
Bratya Shkorpil
Maria Luisa
Slivnitsa
A Malinov
Knyaz Boris I
27 Yuli
Shipka
3
pl Kiril i Metodii
26
10
Sheinovo
Dragoman
Petăr Entchev
8
Baba Rada
Stefan Stambolov
pl Nezavisimost
Shipka
Marché
Ruse
29
16
27
Koloni
6
pl Ekzarh Yosif
Knyaz Boris I
Ruse
13
Musala
Koloni
Zamenhof
Asen Zlatarov
Tsar Simeon I
19
Kliment Ohridski
Voden
15
Han Asparuh
Petko Voyvoda
Panagyurishte
Han Asparuh
Knyaz
Odrin
Deb r
Knyaz Aleksander Batenberg
Kozloduy
Ludvig Zamenhof
Preslav
Ohrid
Han Krum
Dondukov
21
5
7
Graf Ignatiev
23
Tsaribrod
San Stefano
Gabrovo
Tsar Simeon I
Devnya
8 Noemvri
Tsar Shishman
Bâtiment de l'administration maritime
pl Petko Slaveikov
Primorski
Gare ferroviaire
Kraybrejna aleya
20
Port de Varna

Varna

Les incontournables
1 Musée archéologique B2

À voir
2 Aquarium E5
3 Cathédrale Notre-Dame-de l'Assomption A3
4 Planétarium Copernicus E4
5 Thermes romains C5
6 Église Saint-Michel-Archange D3
7 Église orthodoxe Sveti Atanas D5
8 Église Sveti Nikolai C3

Activités
9 Plage F4
10 Free Varna Tour A3

Où se loger
11 Flag Hostel B2
12 Graffit Gallery Hotel E2
13 Grand Hotel London B4
14 Hotel Capitol E2
15 Hotel Hi C4
16 Yo Ho Hostel A4

Où se restaurer
17 Bistro Dragoman B2
18 Di Wine Restaurant & Wine Cellar B2
19 Dom na Arkitekta B4
20 Mr Baba D7
21 Orient C5
22 Pri Monahinite E5
23 Stariya Chinar C5

Où prendre un verre et faire la fête
24 Makalali Beach Bar E4
25 Palm Beach F4
26 Pench's B3
27 Sundogs C4

Où sortir
28 Palais des Congrès et des Festivals E3
29 Opéra de Varna A4

peintures murales. Toujours très fréquentée, elle est prisée pour les mariages.

Activités

La longue **plage** (9h-18h) publique de Varna s'étire sur 4 km du sud, près du port, jusqu'au nord. Le sable et l'eau y sont généralement de meilleure qualité et la foule s'amoindrit à mesure que l'on se dirige vers le nord. Pour y accéder le plus facilement, empruntez le bul Slivnitsa vers le sud jusqu'au parc Primorski, et descendez les escaliers menant à la plage.

Kraïbrejna est la longue promenade côtière qui longe la plage. Vous y trouverez

VAUT LE DÉTOUR

CAP KALIAKRA

Le cap Kaliakra ("magnifique") est un promontoire s'étirant sur 2 km (il s'agit du plus long du littoral bulgare), à environ 13 km au sud-est de Kavarna.

La **réserve naturelle de Kaliakra** (☎0896798912 ; www.bbf.biodiversity.bg ; 3 lv ; ⏲9h-19h avr-oct), d'une superficie de 687 ha, couvre la majeure partie du cap. Seule réserve du pays à protéger en partie la mer Noire (jusqu'à 500 m du littoral), elle préserve également les marécages fragiles de Bolata et de Taukliman (baie des Oiseaux), une centaine de grottes isolées et plus de 300 espèces d'oiseaux.

Entre août et octobre, on peut voir des oiseaux migrateurs, parmi lesquels des cigognes et des pélicans. Presque toute l'année, les points de vue le long du cap et près de Rusalka permettent d'apercevoir des dauphins, de plus en plus rares.

Le **Musée archéologique**, installé dans une grotte, explique en détail l'histoire de la région.

Plus au nord, la minuscule station balnéaire de Krapets constitue un excellent point de chute pour explorer le secteur. Nous conseillons la **Villa Kibela** (☎02-870 3495 ; www.villakibela.com ; Krapets ; ch 80-100 lv ; P ❄ ≋) , une adresse accueillante qui organise également des excursions pédestres et des sorties pêche.

une enfilade de discothèques donnant accès à la plage et louant canapés et parasols (5-10 lv).

Plateau Cycling VÉLO
(☎0897478989 ; www.plateaucycling.com ; excursions à partir de 90 lv). Cette agence organise des sorties cyclistes guidées d'une demi-journée ou d'une journée entière dans Varna et sur la côte de la mer Noire, ainsi que des excursions personnalisées, plus longues, dans l'est de la Bulgarie et le sud de la Roumanie. Inclus : vélo hybride, équipement, ramassage et dépose, transfert des bagages et boissons fraîches. Offres consultables sur le site Web ; réservations par téléphone ou par e-mail.

Centre de plongée Baracuda PLONGÉE
(☎052-610 841 ; www.baracudadive.com ; demi-journée de formation débutants à partir de 110 lv). Formations pour plongeurs débutants et expérimentés, et excursions de plongée guidées le long de la côte. Matériel inclus dans le prix.

Free Varna Tour À PIED
(☎052-820 690 ; www.visit.varna.bg ; pl Kiril i Metodii ; ⏲juin-sept ; 🚌8, 9, 109, 409). GRATUIT Le centre d'informations touristiques de Varna propose un circuit pédestre de 3 heures dans la ville certains jours de juin à septembre, et presque tous les jours en juillet et en août. Départ à 10h30 devant les locaux du centre, où vous pourrez obtenir des renseignements et réservez.

Fêtes et festivals

Très chargé, l'agenda culturel de Varna a pour point d'orgue annuel le festival international d'été. Le service culturel de la ville gère un excellent site Web (www.varnaculture.bg) consacré aux festivals et temps forts de l'année.

Festival international d'été de Varna MUSIQUE
(www.varnasummerfest.org). Ce festival de musique d'orchestre et de chambre est l'un des plus importants du pays. Il se tient chaque année en juin et juillet dans le théâtre en plein air, la Galerie d'art municipale et le palais des Congrès et des Festivals.

Où se loger

Varna ne manque pas d'hébergements. Toutefois, les meilleurs (ou les plus centraux) se remplissent rapidement en été.

Les chambres privées y sont légion, et des retraités proposant des chambres rudimentaires viennent de temps à autre à la gare ferroviaire à la rencontre des nouveaux arrivants. Les prix s'élèvent à 15-20 lv par personne en moyenne ; assurez-vous de ne pas vous retrouver dans une banlieue éloignée.

♥ **Yo Ho Hostel** AUBERGE DE JEUNESSE $
(☎0884729144 ; www.yohohostel.com ; ul Ruse 23 ; dort/s/d à partir de 14/30/40 lv ; @📶 ; 🚌8, 9, 109). Cette joyeuse auberge de jeunesse propose des dortoirs à 4 et 11 lits et des chambres privatives. L'équipe propose

des transferts gratuits et organise des excursions en rafting avec camping.

Flag Hostel AUBERGE DE JEUNESSE $

(☎0897408115 ; www.varnahostel.com ; ul Bratya Shkorpil 13a, 4e ét. ; dort à partir de 22 lv ; P ⊖ ☎ ; 🚌8, 9, 109, 409). Installé de longue date, cet établissement à l'ambiance fêtarde propose 3 dortoirs basiques avec des lits simples confortables (pas de lits superposés). Possibilité de venir vous chercher gratuitement à la gare routière ou ferroviaire.

Hotel Hi HÔTEL $$

(☎052-657 777 ; www.hotel-hi.com ; ul Han Asparuh 11 ; s/d/ste 80/120/200 lv ; P ❄ @ ☎). Un établissement chaleureux aux chambres élégantes et douillettes (certaines très petites), avec TV et minibar, situé dans un quartier calme au sud de la rue principale. Doubles standards ou *deluxe* – ces dernières sont légèrement plus grandes et pourvues d'un coin salon.

♥ **Graffit Gallery Hotel** BOUTIQUE-HÔTEL $$$

(☎052-989 900 ; www.graffithotel.com ; bul Knyaz Boris I 65 ; s/d à partir de 160/190 lv ; P ⊖ ❄ ☎ ≋ ; 🚌8, 9, 109, 409). Cet hôtel design moderne abrite une galerie d'art et propose des chambres à thème. C'est l'un des hébergements les plus originaux de Varna. La grande efficacité de son personnel, son spa et sa salle de sport chics, ainsi que son magnifique restaurant (ouvert de 7h30 à 0h) en font une adresse de choix. Entrée par l'ul Makedonia.

Grand Hotel London HÔTEL $$$

(☎052-664 100 ; www.londonhotel.bg ; ul Musala 3 ; ch/ste à partir de 200/230 lv ; P ⊖ ❄ ☎). L'hôtel le plus majestueux et le plus ancien de Varna a ouvert en 1912. Il possède deux types de chambres, standards et *deluxe*. Si les *deluxe* sont plus grandes, toutes sont spacieuses et élégamment meublées. Sdb propres et entièrement rénovées. Réduction pour un séjour de 5 jours minimum.

Hotel Capitol HÔTEL $$$

(☎052-688 000 ; www.capitol.bg ; ul Petko Karavelov 40 ; s/d 100/130 lv ; P ❄ @ ☎ ; 🚌8, 9, 109, 409). Ce petit hôtel chic fréquenté par les voyageurs d'affaires est un bel établissement haut de gamme, à quelques pâtés de maisons du bul Slivnitsa, dans le centre. Les chambres sont propres et calmes – notamment celles donnant sur l'arrière. Petit garage sous l'hôtel.

✕ Où se restaurer

Des cahutes en bord de plage aux établissements gastronomiques, les restaurants de Varna figurent parmi les meilleurs du littoral de la mer Noire !

Dom na Arkitekta BULGARE $

(ul Musala 10 ; plats 4-10 lv ; ⏲8h-21h). La "Maison de l'architecte" est un joli bâtiment en bois dans le style du Renouveau national, doté d'une cour arborée. La carte comprend des grillades, des steaks et des salades, ainsi que des mets plus traditionnels, comme des gésiers aux oignons. Bon rapport qualité/prix au déjeuner.

♥ **Stariya Chinar** BULGARE $$

(☎0876520500 ; www.stariachinar.com ; ul Preslav 11 ; plats 10-20 lv ; ⏲8h-0h). Cette table sert une cuisine des Balkans authentique et haut de gamme inégalable. Mention spéciale à l'agneau au four et aux succulents travers de porc au barbecue. Les salades sont plutôt copieuses. La terrasse est très agréable en été, et l'on peut s'installer dans l'intérieur traditionnel lorsque le temps se rafraîchit.

Orient TURC $$

(☎052-602 380 ; www.orientbg.com ; ul Tzaribrod ; plats 9-16 lv ; ⏲9h-0h). La meilleure adresse de Varna pour des plats turcs (kebabs relevés, viandes grillées, ragoûts ou encore salades) et un bon éventail de hors-d'œuvre. À déguster à l'intérieur ou en extérieur, sous les parasols.

Dragoman Restaurant PRODUITS DE LA MER $$

(☎052-621 688 ; restaurant-dragoman.net ; ul Dragoman 43 ; plats 6-16 lv ; ⏲10h-23h ; 🚌8, 9, 109, 409). Une petite table accueillante, spécialisée dans les fruits de mer et le poisson pêché dans la région, succulents. Les viandes grillées figurent elles aussi sur la carte.

Pri Monahinite BULGARE $$

(☎052-611 830 ; www.monahini.com ; bul Primorski 47 ; plats 12-24 lv ; ⏲11h-22h ; ☎ ; 🚌20). Installée dans la cour d'une petite église, "Chez les nonnes" est une bonne adresse pour de l'agneau rôti, du porc grillé et d'autres mets carnés. Longue carte des vins.

♥ **Di Wine Restaurant & Wine Cellar** EUROPÉEN MODERNE $$$

(☎052-606 050 ; www.diwine.bg ; ul Bratya Shkorpil 2 ; plats 12-30 lv ; ⏲11h-23h ; 🚌8, 9, 109, 409). Cet établissement chic et accueillant est, selon de nombreuses personnes,

LES BAINS ROMAINS

Comme toute cité romaine digne de ce nom, Odessos (l'actuelle Varna) possédait de remarquables bains publics. Ces vastes *thermae* constituaient un puissant symbole des apports – et du génie – de la civilisation romaine. Loin d'être un simple lieu d'hygiène, ils faisaient partie intégrante de la vie en société. C'était un lieu où l'on venait discuter, conclure une affaire, écouter les derniers potins, faire la sieste, lire ou manger. Toutes les classes sociales étaient acceptées, et il y avait des horaires différents pour les hommes et les femmes.

Les grands bains étaient équipés d'une *palaestra*, ou salle d'exercice, où l'on pratiquait la lutte et d'autres activités athlétiques, souvent en musique. Après l'effort, les baigneurs restaient un moment dans le *sudatorium* (sorte de sauna), couverts d'huile et de sueur, avant de se frotter avec un strigile (dont on voit des exemples au **Musée archéologique**, p. 425). Ils plongeaient ensuite dans l'eau chaude du *caldarium*, puis revenaient au *tepidarium* pour bénéficier d'une température plus supportable et prenaient enfin un bain dans le *frigidarium* glacé. Les **thermes** de Varna (p. 425) contiennent des vestiges de ces bassins peu profonds, ainsi que la chaufferie et l'hypocauste, un système qui fournissait un chauffage par le sol et de l'eau chaude.

le meilleur restaurant gastronomique de Varna. Carré d'agneau, bifteck d'aloyau, pintade, saumon et truite figurent sur la vaste carte alléchante, qui comporte aussi des grillades moins onéreuses. Grand choix de bons vins.

Mr Baba PRODUITS DE LA MER **$$$**
(☎0896505050 ; www.mrbaba.net ; bul Primorski ; plats 15-30 lv ; ⏲8h-0h ; 📶 ; 🚌20). Ce restaurant aménagé dans un bateau transformé et situé au bout de la pointe sud de la plage, non loin du bul Primorski et près du port, est assez cher. Il propose de savoureux plats de viande ou de poisson (loup de mer, truite, tassergal, etc.). Places assises à l'intérieur et à l'extérieur.

Où prendre un verre et faire la fête

Les bars les plus branchés de Varna sont installés dans le parc Primorski, sur la Kraïbrejna aleya qui longe la plage. Beaucoup ouvrent uniquement en été. Entrez dans le parc par l'extrémité sud du bul Slivnitsa, puis descendez les escaliers. De nombreux *resorts* au bord de la plage se métamorphosent en discothèque à la nuit tombée.

Makalali Beach Bar DISCOTHÈQUE
(☎0882828220 ; Kraïbrejna aleya ; ⏲8h-4h juin-sept). Un bar de plus sur la Kraïbrejna aleya, dans le parc Primorski, où l'on paresse sur la plage toute la journée, avant de danser toute la nuit.

Palm Beach DISCOTHÈQUE
(☎0889422553 ; www.facebook.com/PalmBeachVarna ; Kraïbrejna aleya ; ⏲24h/24). En journée, le Palm Beach est une adresse idéale pour se détendre au bord de la plage et prendre un café et un verre au bar. La nuit, c'est une discothèque de plage, où musique et danse peuvent se prolonger jusqu'au petit matin.

Sundogs PUB
(☎0988936630 ; www.sundogspub.com ; ul Koloni 1 ; ⏲9h-0h ; 📶). Cet établissement très chaleureux est apprécié des expatriés comme des habitants de Varna : c'est une adresse idéale pour se faire de nouveaux amis, savourer d'excellents plats de pub et de bonnes bières, ou profiter des soirées quizz.

Pench's BAR À COCKTAILS
(☎052-616 696 ; www.penchis.com ; ul Dragoman 25 ; ⏲14h-2h ; 🚌8, 9, 109, 409). Le Pench's a décroché par deux fois le record du monde du plus grand nombre de cocktails disponibles dans un seul bar !

Où sortir

Palais des Congrès et des Festivals SPECTACLE VIVANT
(☎052-685 214 ; www.fccvarna.bg ; bul Slivnitsa 2 ; ⏲billetterie 10h-21h). À l'entrée du parc Primorski, cette grande salle de concerts accueille des festivals de cinéma et de musique, ainsi que des spectacles de danse toute l'année. Programmation consultable sur le site Web ; billets en vente à la billetterie de la salle.

Opéra de Varna OPÉRA
(☎ billetterie 052-665 022 ; www.tmpcvarna.com ; pl Nezavisimost 1 ; ⊙ billetterie 10h-13h et 14h-19h ; 🚌 8, 9, 109, 409). Fondé en 1947, ce majestueux opéra programme des représentations de l'Opéra et de l'Orchestre philharmonique de Varna toute l'année, sauf en juillet-août (les représentations ont alors lieu dans le théâtre en plein air du parc Primorski).

ℹ Renseignements

On trouve de nombreuses banques avec DAB dans le centre-ville.

Internet Doom 7 (☎ 052-612 043 ; bul Tsar Osvoboditel 20 ; 2 lv/h ; ⊙ 24h/24). Le cybercafé le plus central, derrière l'église Sveti Nikolaï.

Centre municipal d'informations touristiques (☎ 052-820 690 ; www.visit.varna.bg ; pl Kiril i Metodii ; ⊙ 9h-19h ; 🚌 8, 9, 109, 409). Nombreuses brochures et cartes gratuites ; personnel multilingue et obligeant. Certains jours de juin à septembre, le centre organise des circuits pédestres gratuits de 3 heures dans la ville.

ℹ Depuis/vers Varna

AVION

L'**aéroport international de Varna** (VAR ; ☎ 052-573 323 ; www.varna-airport.bg ; Aksakovo ; 🚌 409) est desservi par des vols charters réguliers arrivant de toute l'Europe, et par des liaisons régulières depuis/vers Sofia. Le bus n°409 le relie au centre-ville.

BUS

Varna possède deux gares routières. La **gare routière centrale** (Avtoexpress ; ☎ renseignements 052-757 044, billets 052-748 349 ; www.bgrazpisanie.com ; bul Vladislav Varentchik 158 ; ⊙ 24h/24 ; 🚌 148, 409) est située à environ 2 km au nord-ouest du centre-ville. On y trouve des cafés et une **consigne à bagages** (1 lv/heure ; ⊙ 7h-19h).

À 200 m au sud-ouest de la gare routière centrale, la **gare des minibus Mladost** (☎ 052-500 039 ; www.bgrazpisanie.com ; ul Dobrovoltsi 7 ; 🚌 148, 409) accueille des minibus desservant des destinations sur la côte de la mer Noire, dont Baltchik (5 lv, 50 min, toutes les heures), Kavarna (7 lv, 1 heure 30, toutes les heures), Burgas (14 lv, 2 heures 30, toutes les 40 min-1 heure) et Nesebăr (12 lv, 1 heure 30, 6/jour) via Slăntchev Bryag (11 lv, 1 heure 15).

TRAIN

La **gare ferroviaire** (☎ 052-662 3343 ; www.bdz.bg ; pl Slaveikov ; 🚌 8, 9, 109) comprend notamment une consigne et un café (ci-dessus). Parmi les destinations desservies, citons Roussé (14 lv, 4 heures, 2/jour), Sofia (24 lv, 7-8 heures, 7/jour), Plovdiv (24 lv, 7 heures, 3/jour) et Shumen (7 lv, 1 heure 30, 10/jour).

ℹ Comment circuler

Le bus n°409 est le plus pratique pour les visiteurs : reliant l'aéroport au cœur de Varna, il s'arrête près du centre d'informations touristiques, avant de poursuivre vers la station balnéaire de Zlatni Pyasătsi (les Sables d'Or). Il dessert également la gare routière centrale de Varna et s'arrête à Sveti Konstantin. Il passe toutes les 15 minutes environ de 6h à 23h. Le bus n°109 relie la gare ferroviaire et Zlatni Pyasătsi. Les tickets s'achètent auprès du chauffeur.

Si vous souhaitez louer une voiture, sachez que **Hertz** (☎ 052-510 250 ; www.hertz.bg ; aéroport de Varna ; ⊙ 9h-18h) et **Sixt** (☎ 052-599 490 ; www.sixt.com ; aéroport de Varna ; ⊙ 9h-21h) disposent de comptoirs à l'aéroport.

BUS AU DÉPART DE LA GARE ROUTIÈRE CENTRALE DE VARNA

DESTINATION	TARIF	DURÉE	FRÉQUENCE
Burgas	14 lv	2 heures 30	plusieurs/jour
Kavarna	7 lv	1 heure 30	7/jour
Plovdiv	26 lv	7 heures	5/jour
Roussé	15 lv	4 heures	5/jour
Shumen	7 lv	1 heure	6/jour
Silistra	10 lv	2 heures	2/jour
Sofia	33 lv	7 heures	10/jour
Veliko Tărnovo	21 lv	4 heures	8/jour
Istanbul	60 lv	10 heures	1/jour

VAUT LE DÉTOUR

LES SABLES D'OR ET LE MONASTÈRE ALADJA

Zlatni Pyasătsi (les Sables d'Or ou Golden Sands), à 18 km au nord de Varna, fut la première station de Bulgarie construite pour accueillir des vacanciers. Le premier hôtel y vit le jour en 1957. Aujourd'hui deuxième station balnéaire du pays avec ses 4 km de plage sablonneuse, elle se distingue par l'animation de sa vie nocturne.

On peut y pratiquer les sports nautiques habituels. Plusieurs centres sont installés le long de la plage – parmi lesquels le **Harry's Diving Center** (052-356 701 ; www.divewithharry.com ; mai-oct), certifié PADI.

La quasi-totalité des visiteurs séjournant à Zlatni Pyasătsi viennent dans le cadre d'un voyage organisé et de nombreux hôtels affichent totalement complet pendant tout l'été. Ils sont toutefois tellement nombreux que vous n'aurez probablement pas de mal à trouver une chambre.

Accessible par un chemin de randonnée depuis Zlatni Pyasătsi, le **monastère Aladja** (052-355 460 ; www.archaeo.museumvarna.com ; adulte/enfant 5/2 lv ; 10h-17h mai-oct, 10h-17hj mar-sam nov-mars) est l'un des monuments phares de la région. On sait très peu de choses sur ce curieux monastère troglodytique ; l'endroit fut habité dès le XIe siècle par des ermites, mais les vestiges que l'on découvre aujourd'hui datent des XIIIe et XIVe siècles. Ils comprennent des fresques remarquables.

Sveti Konstantin
СВЕТИ КОНСТАНТИН

Sveti Konstantin est une station balnéaire paisible à environ 9 km au nord-est de Varna. Ses hôtels sont bien répartis dans un cadre verdoyant. Fondée en 1946 sous le nom de Drujba (Amitié), elle fut plus tard rebaptisée Sveti Konstantin i Elena, mais on l'appelle souvent simplement Sveti Konstantin. Moins commerciale que d'autres villes côtières, elle a longtemps séduit des vacanciers plus âgés et compte toujours plusieurs établissements destinés aux fonctionnaires et syndicalistes retraités. Elle est renommée pour ses eaux thermales thérapeutiques et ses centres de soins.

À voir et à faire

Bien que divers hôtels se soient approprié la majeure partie de la **plage** (9h-18h juin-sept), de nombreux secteurs restent accessibles aux non-résidents.

Monastère Sveti Konstantin i Sveta Elena MONASTÈRE
(monastère Saint-Constantin-et-Sainte-Hélène ; lever-coucher du soleil, fermé dim matin). GRATUIT Érigée au début du XVIIIe siècle sur le site d'une source miraculeuse, cette minuscule église a été reconstruite et remaniée. La source existe toujours, sous la sainte table. L'église renferme des reliques de ses saints patrons et de saint Valentin.

Château d'Euxinograd CHÂTEAU, CAVE
(052-393 165 ; euxinograde@government.bg ; adulte/enfant 12/3 lv, dégustation à partir de 10 lv/pers ; visites 9h, 12h et 15h mar-dim). À environ 2 km au sud de Sveti Konstantin, sur la route principale qui mène à Varna, ce domaine de 90 ha englobe un palais du XIXe siècle décoré de meubles d'époque ouvragés et un jardin botanique aux plantes rares. Il abrite une collection de grands crus ayant appartenu au prince Ferdinand et au tsar Boris III, parmi lesquels un Château-Margaux de 1904. Visites guidées. Dégustations (7 participants minimum) au chai. Réservation des visites et des dégustations par e-mail.

Où se loger et se restaurer

La plupart des grands hôtels possèdent de bons restaurants, et les prix sont raisonnables en comparaison de ceux pratiqués dans de plus grandes stations balnéaires.

Hotel Frederic Joliot-Curie HÔTEL $$
(052-361 161 ; www.ihsvarna.com ; s/d 60/90 lv, ch rénovées 90/100 lv ; P @). Vestige d'une époque révolue, cette tour des années 1960, à l'ouest de l'arrêt de bus, offre un bon rapport qualité/prix. N'hésitez pas à dépenser quelques *leva* de plus pour une chambre rénovée. L'hôtel comprend une piscine d'eau thermale, une pharmacie et un jardin de cactées, et propose divers soins de balnéothérapie.

Sirius Beach Hotel HÔTEL $$$

(☎052-361 224 ; www.siriusbeach.com ; s/d 100/150 lv ; P❄@≋). Avec sa rotonde de verre rutilante et son restaurant logé dans une réplique de bateau, cet hôtel quatre étoiles situé dans une courbe de la plage est immanquable. C'est un complexe balnéaire typique, doté de piscines couverte et extérieure, d'une aire de jeux pour les enfants et d'un spa. Depuis l'arrêt de bus, marchez vers la plage et tournez à gauche (vers le nord).

♥ **Bay** MOYEN-ORIENTAL $$$

(☎0887003003 ; www.thebay.bg ; plats 15-25 lv ; ⏲11h-23h). Ce restaurant libanais et bar à cocktails de bord de plage est la meilleure table de Sveti Konstantin, et sans aucun doute de toute la région de Varna. Les grillades sont exceptionnelles, tout comme la vue sur la petite plage.

Depuis/vers Sveti Konstantin

Le bus n°409 dessert régulièrement Sveti Konstantin (2 lv, 1 heure) depuis l'arrêt situé devant le centre d'informations touristiques de Varna (p. 431).

Baltchik БАЛЧИК

12 000 HABITANTS

Après les grandes stations artificielles plus au sud, Baltchik apporte une bouffée d'air frais. Ce joli petit port de pêche, blotti sous des falaises de craie blanche, est un lieu de villégiature détendu, à mille lieues des stations comme Albena, dont on aperçoit le soir les lumières de l'autre côté de la baie. Son palais et son fabuleux jardin botanique, à 2 km à l'ouest le long de la promenade du front de mer, sont ses principales curiosités.

À voir

♥ **Palais d'été de la reine Marie et jardins botaniques** PALAIS

(Dvorets ; ☎0579-74 552 ; www.dvoreca.com ; adulte/enfant 10/2 lv ; ⏲8h-20h mai-oct, 8h30-17h nov-avr). À l'extrémité ouest du front de mer, ce palais fut achevé en 1926 par le roi Ferdinand de Roumanie pour sa femme anglaise la reine Marie, lorsque Baltchik faisait partie de la Roumanie. La villa, de taille plutôt modeste, se distingue par son architecture exceptionnelle. Mêlant les styles local, gothique et islamique, elle est coiffée d'un minaret. Le vaste jardin botanique, qui abrite quelque 600 espèces végétales, dont une impressionnante collection de cactus, se trouve derrière le palais. L'ensemble comprend également un moulin à eau, un vignoble et la minuscule chapelle Sveta Bogoroditsa.

Musée historique MUSÉE

(☎0579-72 177 ; www.dobrudzha.com ; ul Vitosha 3 ; adulte/enfant 5/2 lv ; ⏲9h-13h et 14h-18h). Vous pourrez admirer ici des vestiges provenant des fouilles effectuées dans le temple de Cybèle (Kibela) : appelé dans le musée "temple de la Mère pontique des Dieux", il remonte au IIIe siècle av. J.-C. et fut enseveli lors d'un séisme il y a 1 500 ans. Il fallut attendre 2007 pour qu'il soit découvert, lors de la construction d'un hôtel. Le musée présente aussi des statues romaines et des poteries médiévales. Nombreuses explications en anglais.

Galerie d'art GALERIE

(www.dobrudzha.com ; ul Otets Paisii 4 ; adulte/enfant 5/1 lv ; ⏲9h30-13h et 14h-17h30 mar-sam). La collection permanente de cette galerie rassemble quelque 1 500 œuvres d'artistes bulgares et étrangers, mais ce sont surtout les expositions temporaires, comme celle qui s'est tenue récemment sur les monnaies scythes, qui font son intérêt.

Activités

La **plage** (ul Primorska ; ⏲9h-18h juin-sept) principale de Baltchik est située à l'extrémité est de la ville, en face de l'Hotel Helios. À peu près à mi-chemin de la promenade du front de mer, la **nouvelle plage** (⏲9h-18h juin-sept) est plus petite et plus calme.

Où se loger

L'offre en matière d'hébergement est plutôt bonne à Baltchik – même s'il n'y a pas d'auberge de jeunesse.

Hotel Helios HÔTEL $$

(☎0579-76 970 ; www.heliosbg.com ; ul Primorska 32 ; d/app 100/140 lv ; P❄@≋). L'Helios est un complexe hôtelier moderne, occupant la seule vraie plage de sable de Baltchik. Toutes les chambres ont un balcon, souvent avec une superbe vue sur la mer. Les prix baissent jusqu'à 50% en dehors de la haute saison.

Hotel Mistral HÔTEL $$

(☎0579-71 130 ; www.hotelmistralbg.com ; ul Primorska 8b ; s/d 100/126 lv ; ⊖❄📶). L'un des meilleurs hôtels du front de mer, ce quatre-étoiles haut de gamme propose de grandes

VAUT LE DÉTOUR

ALBENA

Cette grande station balnéaire est dotée d'une jolie plage longue de 4 km, baignée par une eau peu profonde, idéale pour les sports nautiques. Vu la flambée des prix, elle n'est guère adaptée aux voyageurs indépendants. Vous pourrez toutefois profiter des activités, même en y passant une seule journée. Jet-ski, parachute ascensionnel, ski nautique, surf : le choix est vaste. Et si cela vous semble trop sportif, sachez que plusieurs hôtels sont dotés d'excellents spas.

La gare routière est à environ 800 m de la plage et des minibus assurent régulièrement la liaison avec Baltchik (4 lv, 30 min) et Varna (6 lv, 45 min). Attention : si vous décidez de venir avec votre véhicule, l'entrée dans la station vous coûtera 6 lv par voiture (10 lv le samedi et le dimanche).

chambres avec balcon donnant sur la mer. Son restaurant en plein air donne sur la marina. Possibilité de louer des vélos. Les prix peuvent chuter de moitié en dehors de la saison estivale.

Hotel Regina Maria Spa HÔTEL $$$
(052-953 466 ; www.reginamariaspa.com ; ch/ste 150/230 lv ; P). Au bout de la pointe ouest du front de mer, à 1,5 km du centre, ce quatre-étoiles dispose de chambres élégantes de plusieurs styles, toutes avec vue sur la mer. Piscine intérieure et extérieure, plage rocheuse devant l'hôtel, spa avec de nombreuses activités de remise en forme et de bien-être, forfaits de golf et organisation de sorties de pêche.

Où se restaurer

Entre le port et le palais, des restaurants en plein air de qualité variable jalonnent le front de mer. La plupart servent du poisson frais. Plus on va vers l'est, plus la qualité et les prix augmentent.

Tihoto Gnezdo PRODUITS DE LA MER $
(plats 5-12 lv ; 9h-23h). Ce restaurant sans chichis, juste après le palais d'été de la reine Marie, offre une alternative bienvenue aux tables plus touristiques au bord de l'eau. Sans être de la haute cuisine, ses salades et son poisson grillé sont très bons.

Old Boat PRODUITS DE LA MER $$
(ul Primorska 20 ; plats 6-15 lv ; 8h-1h). Ce restaurant de poisson et fruits de mer dominant le port est l'un des tout premiers que vous rencontrerez en longeant la promenade vers l'ouest.

Francis Drake PRODUITS DE LA MER $$$
(0579-71 130 ; www.hotelmistralbg.com ; ul Primorska 8b ; plats 15-30 lv ; 9h-23h). Le restaurant de l'Hotel Mistral est incontournable pour les gastronomes. Turbot poêlé, saumon fumé et poissons locaux figurent au menu.

Depuis/vers Baltchik

La **gare routière** (0579-74 069 ; www.bgrazpisanie.com) est au bout de l'ul Tcherno More. Depuis le port, vous devrez gravir une montée escarpée de 1,5 km. Plusieurs bus partent chaque jour pour Varna (5 lv, 50 min, toutes les heures), Kavarna (5 lv, 45 min) et Zlatni Pyasătsi (4 lv, 30 min). Quelques bus effectuent quotidiennement le trajet vers Sofia (36 lv, 7 heures). Toutes les heures, des minibus à destination d'Albena (3 lv, 20 min) partent d'un **arrêt de bus** pratique sur la grand-route, l'ul Primorska, près de la plage principale.

Danube et plaines du Nord

Dans ce chapitre ➡

Le top des restaurants

- Garden Restaurant (p. 445)
- New House (p. 445)
- Riverside (p. 450)
- Classic Pizzeria (p. 441)
- Sladost (p. 450)

Le top des hébergements

- Hotel Drustar (p. 450)
- City Art Hotel (p. 443)
- Hotel Kiprovets (p. 439)
- Pelican Lake Guesthouse (p. 449)
- Hotel Staryat Grad (p. 441)

Pourquoi y aller

Avec ses paysages montagneux intacts, ses réserves naturelles et ses monastères paisibles, le nord de la Bulgarie, l'une des régions les plus pauvres d'Europe, mérite d'être exploré. Le majestueux Danube serpente presque tout le long de la frontière roumaine en passant par Roussé, capitale régionale prospère, réputée pour son architecture néoclassique.

Le parc naturel de Rusenski Lom sert d'écrin aux monastères rupestres de Basarbovo et d'Ivanovo. Plus à l'est, le paisible lac de Srebărna accueille des espèces d'oiseaux rares. Plus loin du Danube, les étonnantes formations rocheuses de Belogradtchik et le tombeau thrace de Sveshtari sont des sites nationaux de premier ordre.

Quand partir

Vidin

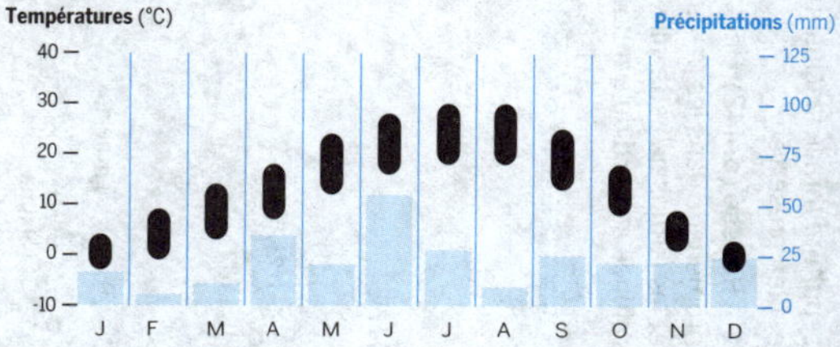

Mars-mai Le printemps est marqué par des journées assez chaudes. C'est le début de la saison des festivals. La fin du printemps est idéale pour observer les oiseaux.

Juin-août L'été est chaud et sec ; c'est une période propice à la randonnée et aux bains de soleil.

Nov-jan L'hiver peut être rigoureux, mais la campagne enneigée offre des paysages superbes.

À ne pas manquer

1 **Rochers de Belogradtchik** (p. 440). D'impressionnantes formations de calcaire et de grès.

2 **Tombeau thrace de Sveshtari** (p. 442). Une sépulture thrace fascinante et bien préservée.

3 **Roussé** (p. 442). Une promenade dans les parcs et les jardins de cette ville raffinée au bord du Danube.

4 **Monastère rupestre d'Ivanovo** (p. 447). Une plongée au cœur de la vie des moines qui se réfugiaient dans les grottes du parc naturel de Rusenski Lom.

5 **Réserve naturelle de Srebărna** (p. 448). Des espèces rares d'oiseaux aquatiques peuplent cette réserve classée au Patrimoine mondial.

6 **Musée historique de Vratsa** (p. 437). Sa pièce maîtresse : le trésor de Rogozen, une collection de plus d'une centaine de carafes et de plats thraces en argent.

Histoire

Les berges du Danube sont habitées depuis au moins 40 000 ans. Les musées d'histoire de Vratsa et de Silistra renferment des vestiges d'outils et d'artefacts utilisés par les peuples anciens de ces régions.

Le nord de la Bulgarie fut d'abord peuplé par de puissantes tribus thraces et notamment par celle des Gètes, l'une des plus avancées – les musées historiques locaux conservent de merveilleux objets en or et en argent de cette civilisation. Le tombeau thrace de Sveshtari est incontournable.

Dans les premiers siècles de notre ère, les Romains accélérèrent le développement de la région. Ils établirent la province de Mésie le long du Danube et des fortifications furent élevées autour des villes principales comme Roussé, Bononia (Vidin) et Durostorum (Silistra).

À partir de 1362, les Ottomans envahirent le nord des Balkans. En 30 ans, ils s'emparèrent de la Bulgarie, qu'ils dominèrent pendant 500 ans. Vidin est connue pour sa forteresse ottomane sur le Danube, Baba Vida.

Les monastères isolés de la région jouèrent un rôle clé dans le Renouveau national bulgare au XIXe siècle. Ils offrirent souvent refuge aux combattants rebelles durant leurs combats contre les Turcs et ils affichent encore fièrement leurs sentiments nationalistes.

Vratsa et ses environs

ВРАЦА

74 700 HABITANTS

Située au pied d'un défilé abrupt dans la Vratchanska Planina, Vratsa est une base pratique pour explorer le parc naturel de Vratchanski Balkan, ainsi que les monastères Lopushanski et de Tcherepish. Cette ville paisible et bien entretenue compte de nombreux cafés avec terrasse, où vous pourrez vous reposer après avoir visité ses passionnants musées.

Vratsa s'organise autour de la place Hristo Botev, dominée par la statue du révolutionnaire du XIXe siècle qui lui a donné son nom. La place est encadrée de cafés et de bâtiments municipaux ; toutefois, l'essentiel de l'activité se concentre plus à l'est, le long du boulevard piétonnier Nikola Voïvodov qui aboutit au marché proche de la gare ferroviaire.

À voir

Musée historique

MUSÉE

(☎092-620 220 ; www.vratsamuseum.com ; bul Hristo Botev 2 ; adulte/enfant 4/1 lv ; ⏲9h-12h30 et 13h-18h). Ce musée historique régional retrace l'histoire de la ville et de ses environs depuis les périodes thrace et romaine, et jusqu'au XIXe siècle. Sa pièce maîtresse est le **trésor de Rogozen**, une collection de plus d'une centaine de carafes et plats thraces en argent, qui furent mis au jour accidentellement par un paysan, en 1985. Une exposition est consacrée à la figure de Hristo Botev. La boutique du musée est installée dans une tour du XVIIe siècle.

Parc naturel de Vratchanski Balkan

PARC NATIONAL

Ce parc naturel de 288 km², au sud-ouest de Vratsa, recèle de nombreuses espèces d'oiseaux, 700 variétés d'arbres et quelque 500 grottes. On peut s'y adonner à l'escalade et au deltaplane. Attention toutefois, car certains affleurements rocheux sont fragiles.

VAUT LE DÉTOUR

MONASTÈRE DE TCHEREPISH

Initialement érigé au XIVe siècle, le monastère de Tcherepish fut rasé et reconstruit plusieurs fois pendant l'occupation turque. Comme beaucoup d'autres monastères de la région, il a servi de refuge à des rebelles avant et pendant la guerre russo-turque (1877-1878). Un musée présente des icônes et des livres en bulgare sur le monastère et l'histoire de la région. Un hébergement rudimentaire (20 lv/pers) est proposé sur place.

Le monastère se trouve à 30 km au sud-est de Vratsa, sur la route qui relie Mezdra à Zverino. Les bus qui partent de Sofia en direction de Mezdra, de Vratsa, de Montana ou de Vidin passent par là. Descendez à l'embranchement de Zverino, puis marchez vers l'ouest sur 6 km. Si vous venez de Sofia en voiture, préférez la route plus longue qui traverse la magnifique gorge de l'Iskăr et passe par Novi Iskăr.

Grotte Ledenika GROTTE

(☎0888245509 ; www.vratza.bg ; visite guidée 6 lv/pers ; ⏲9h-17h avr-oct, 10h-16h nov-mars). La "grotte de glace" (son nom en bulgare) se trouve à 16 km à l'ouest de Vratsa, à l'intérieur du parc naturel de Vratchanski Balkan. Sous la glace une grande partie de l'hiver, elle se visite en été (après le dégel). Elle n'est pas desservie par les transports publics : marchez (3 heures de Vratsa) ou prenez un taxi (15 lv).

Ensemble ethnographique du Renouveau Sveti Sofronii Vratchanski MUSÉE

(☎092-624 573 ; www.vratsamuseum.com ; ul Targovska ; adulte/enfant 3/1 lv ; ⏲9h-17h30 lun-ven). Dans un ensemble de 4 bâtiments datant de l'époque du Renouveau national, la collection de cette institution réunit des costumes traditionnels, des instruments et des jouets anciens, ainsi que des métiers à tisser la soie. Le musée présente aussi des intérieurs d'autrefois et une collection de vieux véhicules, comprenant un traîneau et des calèches du XIXe siècle. On peut accéder gratuitement aux jardins et s'y promener ; achetez votre billet à l'école Vaznesenie (de l'Ascension) et demandez que l'on vous ouvre les autres édifices.

Activités

Des sentiers faciles sillonnent les collines boisées du **parc naturel de Vratchanski Balkan** – au sud-ouest de la place principale. Il existe également des treks plus ardus le long de la route qui borde la rivière en direction de la **grotte Ledenika** – plusieurs sentiers balisés. Les intrépides pourront gravir les parois à pic qui encadrent la route.

Où se loger

Hotel Hemus HÔTEL $$

(☎092-624 150 ; www.hotelhemus.com ; pl Hristo Botev 1 ; s/d 55/70 lv ; P). Cet hôtel de plusieurs étages sur la place principale est la meilleure option de la ville – même si les chambres et les couloirs auraient bien besoin d'un coup de neuf. Vu l'emplacement central, les tarifs sont raisonnables. Petite piscine et restaurant avec terrasse.

Hotel Chaika HÔTEL $$

(☎092-621 369 ; www.chaika.net ; d 45-65 lv, ste 70-160 lv ; P). Cette auberge dotée d'un superbe jardin se trouve à 1 km au sud de la ville, sur la route menant à la grotte Ledenika. Si elle bénéficie d'un cadre spectaculaire, près du défilé, ses chambres n'ont en revanche rien d'exceptionnel (néanmoins, plusieurs sont dotées d'une terrasse). Les tarifs varient selon la taille des chambres et la vue. Du centre-ville, marchez 20 minutes ou prenez un taxi (4 lv depuis les gares routière ou ferroviaire).

Où se restaurer et prendre un verre

Trakiiska Printsesa INTERNATIONAL $

(☎0888099966 ; bul Nikola Voïvodov 12 ; plats 4-9 lv ; ⏲8h-0h). Dans la principale rue piétonnière, cet établissement agréable sert des repas légers : salades, risottos, poissons et plats de pâtes. Mention spéciale pour les *fettucine* au poulet.

Pintata BULGARE $$

(☎092-621 873 ; ul Sofroniy Vratchanski 17 ; plats 8-15 lv ; ⏲11h-0h lun-ven, 18h-0h sam). Voici sans doute la meilleure adresse du centre. Particulièrement recommandé pour le dîner, le Pintata possède un petit jardin caché derrière une rue peu engageante. Il offre une belle carte de *rakia* (eau-de-vie bulgare) et de vins, ainsi que de très bons plats de viande et salades. À l'extrémité nord du centre, à 300 m au nord de la place Hristo Botev.

Renseignements

À 200 m au sud du centre de Vratsa en direction du défilé, le **centre d'informations Natura** (☎092-660 318 ; www.vr-balkan.net ; ul Pop Sava Katralfilov 27-29 ; ⏲9h-12h et 13h-17h avr-oct, fermé sam-dim nov-mars) sera votre premier arrêt si vous cherchez des renseignements sur les randonnées et les sites du parc naturel de Vratchanski Balkan. Il est installé dans une ancienne mosquée de l'époque ottomane.

Depuis/vers Vratsa

BUS

La **gare routière** (☎092-622 558 ; bul Vasil Kantchev 98) se trouve à 200 m à l'est de la gare ferroviaire. Des bus desservent Sofia (8 lv, 2 heures) toutes les heures (ils sont plus fréquents entre 6h et 9h) ; chaque jour, il y en a également 1 ou 2 pour Pleven (10 lv, 2 heures 30) et 3 ou 4 pour Vidin (13 lv, 2 heures 30).

TRAIN

Depuis l'imposante **gare ferroviaire** (☎092-624 415 ; bul Vasil Kantchev), des trains desservent Sofia (8 lv, 2 heures, 5/jour) et Montana (3,60 lv, 1 heure, 6/jour), ainsi que Vidin (10 lv, 3 heures, 4/jour) via Gara Oreshets, où vous pourrez prendre un taxi pour Belogradtchik.

Pour des destinations plus lointaines, mieux vaut rallier la gare ferroviaire de Mezdra, à 20 minutes au sud, et prendre une correspondance. De Mezrda, il y a chaque jour 4 trains vers des villes du Nord comme Pleven (6,50 lv, 1-2 heures), Roussé (15,30 lv, 4 heures) et Varna (20 lv, 6-9 heures).

Tchiprovtsi ЧИПРОВЦИ

1 500 HABITANTS

Réputé pour ses tapis traditionnels et son monastère, le village endormi de Tchiprovtsi se niche dans les contreforts de la Stara Planina. Ville minière et bastion du catholicisme dans une Bulgarie orthodoxe, Tchiprovtsi est devenu ces dernières années une destination appréciée des habitants de Sofia qui veulent se détendre le week-end. Cela dit, la ville offre peu de curiosités et d'activités.

À voir

Monastère de Tchiprovtsi MONASTÈRE

(0878970388 ; 8h-20h). GRATUIT Ce monastère, fondé au Xe siècle et dédié à saint Jean de Rila (Sveti Ivan Rilski), a été détruit et reconstruit à maintes reprises ; ce que l'on voit aujourd'hui date surtout du début du XIXe siècle. Il se trouve à environ 6 km au nord-est de Tchiprovtsi ; prenez n'importe quel bus reliant Montana à Tchiprovtsi.

Musée historique MUSÉE

(095-542 168 ; ul Vitosha 2 ; 2 lv ; 8h-12h et 13h-17h lun-ven, 9h-17h sam-dim). Ce petit musée situé dans le centre de Tchiprovtsi, au-dessus d'un cours d'eau, retrace l'histoire du village, enclave catholique et saxonne, où se trouvaient jadis des mines d'or et d'argent. On y découvre des armes anciennes, des costumes traditionnels et les tapis qui font la renommée du village.

Où se loger et se restaurer

Tchiprovtsi possède un très bel hôtel et quelques pensions convenables. Mieux vaut réserver.

Pavlova Kăshta PENSION $

(095-542 242 ; ul Pavleto 17 ; ch 35 lv). Cette maison de pierre blanche propose des chambres basiques, spacieuses et propres. La *mehana* (taverne) attenante mitonne de savoureuses spécialités bulgares.

Hotel Kiprovets HÔTEL $$

(0886853311 ; ul Ivan Stanislavov 4 ; ch/app 45/65 lv ; P). Cet hôtel se distingue des autres hébergements de la ville, avec des chambres mêlant équipements modernes (TV à écran plat) et détails rétro (poutres au plafond), et un excellent restaurant (barbecue) – n'hésitez pas à y déjeuner ou à y dîner, même si vous ne logez pas sur place. Les propriétaires sont extrêmement aimables.

Renseignements

Centre d'informations touristiques

(0885258405 ; bul Petar Partchevitch ; 9h-17h lun-ven). Situé dans le bâtiment de la mairie, dans le centre, il fournit peu de renseignements et de cartes, mais le personnel peut répondre à des questions simples.

Depuis/vers Tchiprovtsi

Plusieurs bus et minibus relient chaque jour Montana à Tchiprovtsi (5 lv, 1 heure). En voiture, Tchiprovtsi est à environ 50 km de Belogradtchik (1 heure).

VAUT LE DÉTOUR

MONASTÈRE LOPUSHANSKI

Le **monastère Lopushanski** (monastère de Lopušan ; 0887-397 301 ; www.lopushanski-monastery.domino.bg ; Georgi Damyanovo ; 8h-18h) GRATUIT, qui jouit d'un cadre paisible, est également connu sous le nom de Saint-Jean-le-Précurseur. Il est situé à environ 21 km à l'ouest de Montana, près du village de Georgi Damyanovo. Achevé en 1853, il compte de précieuses icônes exécutées par les frères Stanislav et Nikolai Dospevski. Il servit de refuge aux rebelles durant l'occupation ottomane.

Une **pension** (Balova Shouma Inn ; 0887-397 301 ; www.lopushanski-monastery.domino.bg ; Georgi Damyanovo ; ch à partir de 25 lv ;) se trouve dans l'enceinte du monastère. Le café attenant, qui jouit d'un emplacement très agréable, sert des plats corrects.

Belogradtchik
БЕЛОГРАДЧИК

5 150 HABITANTS

L'air vif de la montagne et les étranges formations rocheuses qui se dressent sur une colline constituent les principaux atouts de Belogradtchik, située à la lisière orientale de la Stara Planina. Bien que relativement isolée, la petite bourgade attire un nombre croissant de visiteurs.

À voir

Rochers de Belogradtchik FORMATIONS ROCHEUSES

Faites de grès et de calcaire, ces imposantes formations rocheuses dominent la localité et s'étirent sur 30 km de long (sur 3 km de large environ). Elles s'élèvent jusqu'à 200 m de haut et ont été sculptées sur plusieurs millions d'années par l'érosion. Des sentiers de randonnée de difficulté variable permettent de se promener entre les rochers. Le centre d'informations touristiques propose une carte des itinéraires.

Les formations rocheuses portent des noms étranges, tels que "les Moines", "l'Ours", "le Berger" ou encore "Adam et Ève".

Forteresse Kaleto FORTERESSE

(☎093-653 001 ; www.muzeibelogradchik.com ; ul Tsolo Todorov ; 6 lv ; ⏲9h-18h juin-sept, 9h-17h oct-mai). La forteresse Kaleto, qui se confond presque avec les roches avoisinantes, a été bâtie par les Romains, avant d'être agrandie par les Byzantins, les Bulgares, puis les Turcs. L'édifice actuel date en grande partie des années 1830. On peut pénétrer dans trois cours et visiter des abris défensifs ; il faut emprunter des échelles raides et étroites pour monter jusqu'aux rochers les plus hauts, qui offrent une très belle vue.

La forteresse se trouve à 1 km environ à l'ouest du centre. Le site est indiqué. Pour vous y rendre, suivez l'ul Tsolo Todorov jusqu'en haut.

Musée de la Nature et des Sciences MUSÉE

(☎093-653 231 ; www.muzeibelogradchik.com ; adulte/enfant 3/2 lv ; ⏲9h-12h, 14h-17h avr-oct). La section nature de ce musée affilié au musée historique présente des spécimens inhabituels de la flore et de la faune locales. Depuis l'Hotel Skalite, un grand établissement moderne dans le centre-ville, montez l'ul Vasil Levski, tournez à droite et suivez le chemin sur environ 600 m. De là, la vue sur les rochers de Belogradtchik est superbe.

Activités

Dans les environs de Belogradtchik, il est possible de profiter de deux activités aussi plaisantes que différentes : la spéléologie et la dégustation de vin. La **grotte Magura** (☎089-448 1955 ; Rabisha ; adulte/enfant 5/3 lv ; ⏲10h-17h avr-oct, 10h-16h nov-mars), l'une des plus vastes de Bulgarie, totalise environ 3 km de longueur. Elle est connue pour ses très grandes stalagmites et stalactites, ainsi que pour ses peintures rupestres, qui remontent à plusieurs milliers d'années.

Après avoir exploré les environs, offrez-vous une expérience plus raffinée : une dégustation au **domaine viticole Magura** (⏲093-296 230, 02-857 0015 ; www.magurawinery.bg ; Rabisha ; forfaits dégustation à partir de 25 lv/pers). Consultez le site Web de la propriété pour connaître les différentes formules. La grotte et le domaine viticole sont à une vingtaine de kilomètres de Belogradtchik.

DES LÉGENDES NÉES DES ROCHERS

Depuis des siècles, les formations rocheuses de Belogradtchik stimulent l'imagination des habitants de la région. Ces colonnes de pierre aux contours torturés évoquent en effet des silhouettes humaines et animales.

Une légende raconte l'histoire belle et tragique de la jolie nonne Valentina. Un jour, au cours d'une fête religieuse, un jeune noble de passage succomba à son charme. Les jeunes gens tombèrent amoureux et leur liaison ne fut découverte que lorsque Valentina donna naissance à un enfant au couvent. La mère supérieure et un conseil de moines décidèrent de son renvoi. Alors que Valentina quittait les lieux en larmes, son bien-aimé vint la chercher sur son destrier blanc. À cet instant, le ciel s'obscurcit d'un coup et un orage terrifiant déchira les airs. Le sol s'ouvrit et engloutit le couvent. Tous les protagonistes furent métamorphosés en pierre, y compris Valentina, qui prit la forme du rocher que l'on l'appelle aujourd'hui "la Vierge" (*Madona*).

VAUT LE DÉTOUR

VIDIN

Blottie au creux d'un méandre du Danube dans l'extrême nord-ouest du pays, Vidin semble loin de tout et, à moins de vouloir franchir la frontière pour rejoindre la Roumanie, il n'y a guère de raison de faire un détour jusqu'ici. Toutefois, cette ville n'en a pas moins des atouts : elle offre une jolie vue sur le fleuve et sa principale curiosité, la majestueuse **forteresse Baba Vida** (094-601 705 ; www.museum-vidin.domino.bg ; parc Kraïdunavski ; adulte/enfant 4/2 lv, billet combiné avec le musée archéologique 5 lv ; 9h-17h lun-ven, 10h-17h sam-dim), est l'une des forteresses ottomanes les mieux préservées de Bulgarie.

Baba Vida a été construite par les Bulgares au Xe siècle sur les vestiges de la citadelle romaine de Bononia. L'édifice actuel a été en grande partie reconstruit au XVIIe siècle par les Turcs. La forteresse domine l'extrémité nord du joli parc de Vidin.

Vidin constitue une étape pratique si vous venez de Roumanie via le pont du Danube. L'**Hotel Staryat Grad** (094-600 023 ; www.oldtownhotel.dir.bg ; ul Knyaz Boris I 2 ; s/d/tr 60/80/100 lv ;) est un boutique-hôtel ravissant aménagé dans une maison de ville rénovée. Pour vous restaurer, optez pour le **Classic Pizzeria** (0878656402 ; www.vidinrestaurants.com ; ul Knyaz Al Battenberg 23 ; plats 8-15 lv ; 11h-23h ;), dans le centre, qui propose un large choix de viandes et de poissons grillés.

Où se loger

Drakite Guesthouse PENSION $

(093-653 930 ; www.drakite.com ; ul Treti Mart 37 ; ch à partir de 30 lv ; P). Dans la partie ouest de la ville, à 400 m de l'entrée de la forteresse Kaleto, cette modeste pension loue 5 chambres, certaines avec balcon et sdb attenante. Le propriétaire, un habitant de la région, parle anglais et organise des sorties de pêche. Possibilité de louer toute la maison (175 lv/jour).

Guesthouse Geto PENSION $

(093-653 388 ; getobelogradchik.alle.bg ; ul Treti Mart 47 ; ch à partir de 30 lv ; P). Dans la partie ouest de la ville, à 400 m de l'entrée de la forteresse Kaleto, cette pension confortable abrite des chambres sans prétention avec balcon, sdb privée et, parfois, cuisine privative. Il y a aussi une cuisine commune et un Jacuzzi. Location de vélo (environ 10 lv/jour).

Hotel Skalite HÔTEL $$

(094-691 210, 0884514154 ; www.skalite.bg ; pl Vajrajdane 2 ; s/d à partir de 80/100 lv ; P@). Ce quatre-étoiles moderne en centre-ville offre les plus belles chambres et les meilleures prestations de Belogradtchik, avec un centre de remise en forme, une salle de sport, un restaurant et un agréable bar en terrasse. Les prix augmentent légèrement le week-end.

Où se restaurer

Mislen Kamak BULGARE $

(0879830207 ; plats 6-10 lv ; 10h-2h). La vue splendide sur les rochers de Belogradtchik compense la médiocrité de la cuisine (salades, grillades) de ce restaurant, doté d'une terrasse et situé au sud du centre. Grand choix de boissons à base de *rakia*. Les week-ends d'été, arrivez avant l'heure habituelle des repas pour avoir une table à l'extérieur. Pour le trouver, suivez le sentier qui grimpe derrière l'Hotel Skalite.

Restaurant Pri Ivan BULGARE $$

(0879207712 ; www.priivan.com ; ul Yuri Gagarin 3 ; plats 10-15 lv ; 8h-0h). Cet établissement, le meilleur des quelques restaurants de la ville, prépare divers plats traditionnels bulgares et des Balkans – nombreuses salades et grillades. Passez devant l'Hotel Skalite et grimpez l'ul Vasil Levski sur environ 200 m, puis tournez à gauche.

Renseignements

Le **centre d'informations touristiques** (0877881283 ; ul Porutchik Dvoryanov 1a ; 9h-17h lun-ven) peut vous aider à trouver un hébergement. Il fournit des plans et des brochures gratuites.

Depuis/vers Belogradtchik

Depuis la **gare routière** (bul Saedinenie 1), 2 ou 3 bus rallient chaque jour Vidin (5 lv, 1 heure) et un bus dessert Sofia (16 lv, 4 heures, départ 6h) via Montana.

La gare ferroviaire la plus proche se trouve à 9 km de là, à Gara Oreshets. Aucun bus public ne s'y rend : vous devrez prendre un taxi (environ 8 lv). Plusieurs trains vont quotidiennement à Vidin (5 lv, 30 min), Vratsa (7 lv, 20 min) et Sofia (10 lv, 3 heures 30).

Roussé РУСЕ

150 000 HABITANTS

Roussé (Ruse) est l'une des plus belles villes de Bulgarie. Elle s'enorgueillit d'une imposante architecture d'influence austro-hongroise, au point que la cité n'est pas sans évoquer Vienne. Plusieurs musées et les ruines d'une forteresse romaine dominant le Danube témoignent de son riche passé.

Roussé est aussi une base pratique pour visiter les monastères rupestres et d'autres curiosités du parc national de Rusenski Lom.

Histoire

La forteresse romaine de Sexaginta Prista ("port des 60 bateaux") dominait le Danube. La cité déclina sous la domination byzantine, puis sous l'Empire bulgare, avant de connaître un renouveau grâce aux Turcs, qui l'appelèrent Roustchouk. Elle devint alors un important centre économique et culturel, notamment après la construction en 1866 du chemin de fer entre Roussé et Varna (le premier de Bulgarie et de l'Empire ottoman), qui assura la liaison entre le Danube et la mer Noire.

Toute proche de Bucarest, où se trouvait l'état-major du Comité central révolutionnaire bulgare (CCRB), Roussé fut un bastion de la révolte contre les Turcs. À la fin de la guerre russo-turque (1877-1878), c'était la plus grande ville de Bulgarie et la plus prospère. On retrouve des traces de ce riche passé dans l'architecture ravissante de la ville.

À voir

Forteresse romaine de Sexaginta Prista — SITE ARCHÉOLOGIQUE

(☎082-825 002 ; www.museumruse.com ; ul Tsar Kaloyan 2 ; adulte/enfant 4/1 lv ; 9h-12h et 12h30-17h30 mar-sam). Des fouilles archéologiques sont en cours dans l'ancienne forteresse romaine située sur une hauteur près du Danube. Des recherches ont démontré qu'elle avait été utilisée à des fins militaires pendant 2 000 ans sans interruption, du temps des premiers habitants thraces à la période romaine, puis jusqu'à l'époque des Slaves, des Bulgares et des Turcs. Des fragments romains et d'anciens artefacts thraces y sont exposés.

Musée national des Transports — MUSÉE

(☎082-803 516 ; ul Bratya Obretenovi 5 ; adulte/enfant 4/2 lv ; 9h-12h et 14h-17h30 lun-sam). Ce musée, qui occupe le bâtiment de la première gare ferroviaire de Bulgarie, présente des locomotives de la fin du XIXe et du début du XXe siècle, ainsi que des voitures, dont celles des tsars Boris III et Ferdinand Ier, et du sultan ottoman Abdülaziz.

Musée régional d'Histoire — MUSÉE

(☎082-825 002 ; www.museumruse.com ; pl Aleksandar Battenberg 3 ; adulte/enfant 4/1 lv ; 9h-18h). La pièce maîtresse de ce musée

VAUT LE DÉTOUR

LE TOMBEAU THRACE DE SVESHTARI

À environ 90 km à l'est de Roussé se trouve l'un des sites archéologiques les plus impressionnants du pays : un ancien village thrace renfermant un tombeau composé de trois chambres funéraires presque parfaitement conservé. Inscrit au patrimoine mondial de l'Unesco, le **tombeau thrace de Sveshtari** (☎084-735 279 ; whc.unesco.org/fr/list/359 ; Sveshtari, près d'Isperih ; tarif plein/réduit 10/5 lv ; 9h30-16h30 mer-dim) date de 300 ans av. J.-C. Exceptionnelles, l'architecture, les ornementations et les offrandes témoignent du développement avancé de la civilisation thrace. Dix silhouettes féminines uniques en leur genre et finement sculptées s'alignent en haut-relief le long du mur de la chambre centrale : ces cariatides sont les seules de ce type à avoir été découvertes jusqu'à présent sur le territoire thrace.

La visite du tombeau n'est possible que dans le cadre d'un groupe de 10 personnes maximum, accompagné d'un guide. Inscrivez-vous au centre des visiteurs à votre arrivée et attendez votre tour. Vous pourrez vous promener librement dans l'immense site et visiter également un mausolée et un minaret de la période ottomane.

Le tombeau de Sveshtari se trouve à 8 km environ de la ville d'Isperih ; il peut être difficile à rejoindre sans véhicule. Des trains peu fréquents desservent Isperih, d'où il faut marcher longuement ou prendre un taxi (environ 10 lv). Des chauffeurs acceptent de faire le trajet depuis Roussé (aller-retour). Renseignez-vous auprès du centre d'informations touristiques de Roussé (p. 448).

très intéressant est le **trésor de Borovo** (Vᵉ siècle av. J.-C.), composé de tasses et de carafes en argent, ornées de représentations des dieux grecs. Il réunit aussi des statues romaines, des casques thraces et des costumes du XIXᵉ siècle.

Église Sveta Troïtsa ÉGLISE
(pl Sveta Troïtsa 9 ; ⏲7h-18h). Érigée en 1632, la Sainte-Trinité est une construction souterraine – les Turcs exigeaient que les églises soient plus basses que les mosquées. Elle recèle une belle iconostase en bois doré, des colonnes en bois peintes de manière à donner l'illusion du marbre, ainsi que quelques icônes bien conservées.

Panthéon du Renouveau national MONUMENT
(☎082-820 998 ; www.museumruse.com ; Park na Vazrojdentsite ; adulte/enfant 2/1 lv ; ⏲9h-12h et 12h30-17h30). Cet édifice monumental dans le plus pur style soviétique, surplombé d'une coupole dorée, a été construit en 1978. Il commémore le centenaire de la mort de 453 habitants de Roussé qui combattirent les Ottomans durant la guerre russo-turque et dont les dépouilles reposent à l'intérieur. Le Panthéon abrite également une petite collection d'épées et de pistolets. Aucune explication en anglais.

Musée de la Vie urbaine de Roussé MUSÉE
(maison Kaliopa ; ☎082-820 997 ; www.museumruse.com ; ul Tsar Ferdinand 39 ; adulte/enfant 4/1 lv ; ⏲9h-12h et 12h30-17h30). Installé dans une élégante maison de ville de 1866, ce musée présente à l'étage des salles d'époque, avec du mobilier, des tableaux et des lustres du XIXᵉ siècle. Au rez-de-chaussée, des expositions temporaires sont consacrées à des thèmes de société, comme l'éducation, l'enfance ou la vie domestique. Au milieu des années 1800, la maison accueillait le consulat de Prusse.

Où se loger

Roussé compte plusieurs excellents hôtels ; la plupart sont destinés aux voyageurs d'affaires – avec des tarifs en conséquence. Les voyageurs à petit budget auront le choix entre une pension et quelques hôtels vieillots.

English Guest House PENSION $
(☎082-875 577 ; vysachko@abv.bg ; ul Raïko Daskalov 34 ; s/d/tr à partir de 40/60/70 lv ; P ❄ @). Cette pension centrale aménagée dans une maison de ville rénovée propose un choix de chambres simples, ainsi que des hébergements plus chers avec sdb attenante. Cuisine commune et salon avec TV et cheminée. Les clients ont accès au jardin. Les propriétaires, qui pourront vous conseiller sur les transports, organisent des excursions d'une journée.

LE PONT DU DANUBE

À 6 km en aval de Roussé, ce pont à deux niveaux où passent une autoroute et un chemin de fer rejoint la ville de **Giurgiu**, sur la rive roumaine du Danube. Bâti en 1954, cet ouvrage s'étirant sur 2,8 km de long à 30 m au-dessus du fleuve fut initialement appelé "pont de l'Amitié" ; il figure parmi les plus grands ponts en acier d'Europe.

♥ **City Art Hotel** BOUTIQUE-HÔTEL $$
(☎0885158403 ; www.cityarthotel.com ; ul Veliko Târnovo 5 ; s/d 70/90 lv ; ❄ 📶). Dans la boutique rénovée d'un chapelier du XIXᵉ siècle, dans une rue paisible proche du centre, le City Art loue 19 chambres bien décorées, dans des tons tendance, avec de très grandes têtes de lit et des citations philosophiques aux murs. Un restaurant chinois, le Bambuk, est installé dans l'arrière-cour.

Hotel Riga HÔTEL $$
(☎082-822 042 ; www.en.hotel-riga.com ; bul Pridunavski 22 ; s 60-80 lv, d 90-110 lv ; P ❄ @ 📶). Dans un immeuble de l'époque communiste, le Riga, qui s'efforce de se moderniser, mérite qu'on s'intéresse à lui. Rénovées et légèrement plus chères que les autres, les chambres *executive*, de style contemporain, possèdent des sdb impeccables et des lits confortables. Le restaurant dans le jardin domine le Danube ; celui du dernier étage, le Panorama, est l'un des meilleurs de Roussé. Le jardin mérite à lui seul une visite, même si vous ne séjournez pas sur place.

Charlino Plaza HÔTEL $$
(☎082-825 707 ; www.charlino-plaza.com ; ul Kaloyan 24, pl Dunav ; s/d 50/70 lv ; P ❄ 📶). Vingt-deux chambres, dont une suite présidentielle, occupent les 4 niveaux de cette superbe demeure de style viennois située sur une place centrale. Les chambres évoquent la fin du XIXᵉ et le début du XXᵉ siècle, avec des tapis et des rideaux épais. Restaurant, bar et jardin.

Roussé

Anna Palace HÔTEL **$$**
(☎082-825 005 ; www.annapalace.com ; ul Knyajeska 4 ; s/d/ste à partir de 75/90/140 lv ; P❄@). Dans un édifice évoquant l'architecture néoclassique jaune vif situé non loin du fleuve, l'Anna Palace est un luxueux établissement, doté de vastes chambres décorées dans le style fin de siècle (rideaux de brocart et papiers peints). Sur l'avant, certaines donnent sur le fleuve. Il existe aussi des simples sous les toits, plus petites et moins chères.

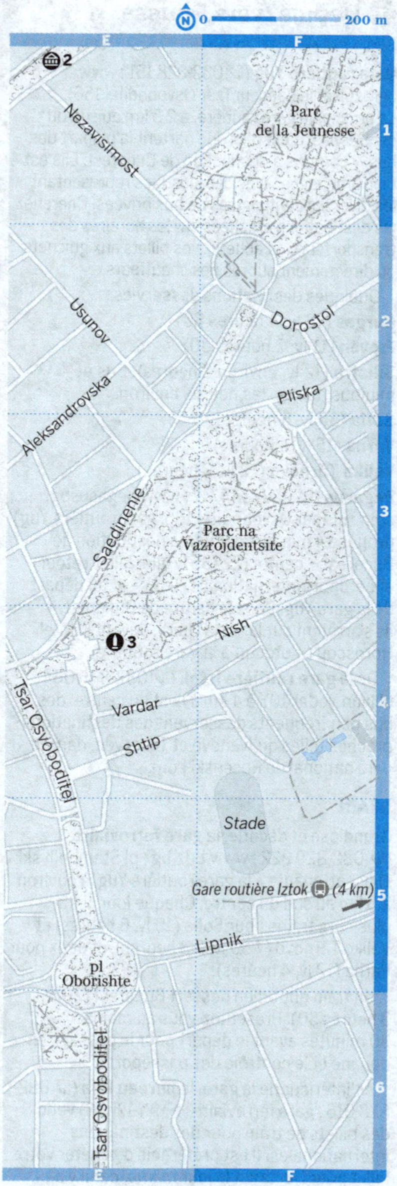

Rousse

À voir

1 Musée de la Vie urbaine de Roussé C3
2 Musée national des Transports E1
3 Panthéon du Renouveau national E4
4 Forteresse romaine de Sexaginta Prista A5
5 Musée régional d'Histoire B6
6 Église Sveta Troitsa D5

Où se loger

7 Anna Palace A5
8 Charlino Plaza A6
9 City Art Hotel B4
10 English Guest House C3
11 Hotel Riga C3

Où se restaurer

12 Tchiflika B6
Garden Restaurant .... (voir 11)
13 Happy Bar & Grill C5
14 New House B5

Où prendre un verre et faire la fête

15 Club Admiral A5
16 Sofa Coffee Time D3

Où sortir

17 Opéra de Roussé D5

Où se restaurer

Vous trouverez de nombreux restaurants et des terrasses aménagées sur le trottoir dans le centre de la ville, autour de la place Svoboda.

Garden Restaurant BULGARE $
(☎0886005658 ; www.hotel-riga.com ; bul Pridunavski 22 ; plats 6-12 lv ; ⊙11h-1h avr-sept ; 📶). Le restaurant en plein air du Riga Hotel jouit d'une superbe vue sur le Danube, les fontaines et la verdure. Longue carte de viandes et de poissons grillés.

New House BULGARE $
(☎0892000627 ; ul Hristo Danov 5 ; plats 5-10 lv ; ⊙11h-0h). Le patron de cet établissement à l'intérieur simple et modeste met à l'honneur des plats sains, avec des recettes traditionnelles comme le *tarator* (soupe froide au concombre et yaourt) et la moussaka, préparées de manière authentique et rehaussées d'une touche de modernité. D'un bon rapport qualité/prix, les plats du jour en font une adresse de choix au déjeuner. Dans le centre-ville.

Happy Bar & Grill INTERNATIONAL $$
(☎0888154222 ; www.happy.bg ; pl Svoboda 4 ; plats 7-14 lv ; ⊙11h-23h ; 📶🍴👪). Un excellent restaurant bien tenu, caché derrière une façade aux allures de fast-food. Au menu ici : pizzas, pâtes, produits de la mer, sushis, steaks et salades. Quand il fait chaud, la

terrasse est parfaite pour un dîner festif. Sinon, choisissez une table dans la jolie salle contemporaine.

Tchiflika BULGARE **$$**
(☎ 082-828 222 ; ul Otets Paisii 2 ; plats 9-20 lv ; ⏲ 11h-2h lun-sam, 12h-1h dim). Cette *mehana* à l'ambiance traditionnelle un peu kitsch (bancs en bois, tapis, peaux de bêtes aux murs et costumes de rigueur pour les serveurs) compte plusieurs salles. C'est l'une des rares adresses de Roussé où l'on peut déguster une copieuse cuisine bulgare. Sa carte offre un large choix : plats cuits en cocotte (dont un excellent *gyuvetch* au poulet – plat braisé de légumes et de viande), soupes, grillades et recettes plus audacieuses.

Où prendre un verre et faire la fête

Club Admiral PUB
(☎ 0888002023 ; www.admiralruse.com ; ul Slavyanska 5 ; ⏲ 10h-0h lun-ven, 12h-0h sam ; 📶). L'Admiral, qui se présente comme un pub écossais, est un grand établissement animé regroupant un pub traditionnel, un piano-bar plus chic et, en été, un jardin où l'on peut consommer.

Sofa Coffee Time CAFÉ
(ul Tsar Osvoboditel, angle ul Aleksandrovska ; ⏲ 8h-2h ; 📶). Ce petit bar branché est toujours plein. Il sert aussi des cocktails et des repas légers. Canapés confortables à l'intérieur et tables à l'extérieur.

Où sortir

L'**opéra de Roussé** (☎ 082-825 037 ; www.ruseopera.com ; pl Sveta Troïtsa 7) est réputé pour accueillir des productions de grande qualité. Les places s'achètent au guichet ou en ligne, ou auprès du centre d'informations touristiques.

Renseignements

On trouve nombre de banques avec DAB et de bureaux de change le long de l'ul Aleksandrovska et aux abords de la place Svoboda.

Bureau du parc naturel de Rusenski Lom (☎ 082-872 397 ; www.lomea.org ; ul General Skobelev 7 ; ⏲ 9h-17h30 lun-ven). Cartes, et infos sur le camping et la randonnée ; organise des excursions au monastère rupestre d'Ivanovo.

Centre d'informations touristiques (☎ 082-824 704 ; ul Aleksandrovska 61 ; ⏲ 9h-18h lun-ven, 9h30-18h sam-dim ; 📶). Plans de la ville et dépliants gratuits. Bon accueil.

Depuis/vers Roussé

BUS

Gare routière Yug (☎ 082-828 151 ; www.bgrazpisanie.com ; ul Tsar Osvoboditel 156). La principale gare routière, à 2,5 km au sud du centre-ville. C'est d'ici que partent la plupart des bus, y compris à destination de Bucarest. Elle est bien aménagée, avec des kiosques représentant les diverses compagnies de bus privées. Cherchez les destinations affichées sur les horaires des transporteurs, et achetez vos billets aux guichets ou directement auprès des chauffeurs.

Quelques destinations desservies :

Burgas (18 lv, 4 heures 30)
Pleven (11 lv, 2 heures 30)
Silistra (12 lv, environ 2 heures). Bus et minibus, toutes les heures environ.
Sofia (30 lv, 5 heures)
Varna (15 lv, 4 heures)
Veliko Tărnovo (12 lv, 2 heures)

Pegasus (☎ 0877344747 ; www.pegasusbg.com ; ul Tsar Osvoboditel 156, gare routière Yug) propose 4 minibus par jour à destination de Bucarest – centre (22/35 lv aller/aller-retour) et aéroport international (29 lv) – et au départ de la gare Yug. Dans le centre de Bucarest, ils s'arrêtent sur la Piaţa Unirii, devant l'Hotel Horoscop (plutôt qu'à la gare routière).

De la **gare routière Iztok** (☎ 082-845 064 ; ul Ivan Vedar 10), à 4 km à l'est du centre, des bus peu fréquents desservent des destinations proches telles qu'Ivanovo et Tcherven, dans le parc national de Rusenski Lom.

TRAIN

Grandiose et décatie, la **gare ferroviaire** (☎ 082-820 222 ; www.bdz.bg ; pl Stamboliyski 1) est attenante à la gare routière Yug, à environ 2,5 km au sud du centre. Chaque jour, il y a plusieurs trains pour Sofia (19 lv, 6 heures) et Veliko Tărnovo (7,50 lv, 2-3 heures), et deux pour Varna (12 lv, 4 heures).

Un train quotidien dessert Bucarest (20 lv, 3 heures 30). Présentez-vous au moins 30 minutes avant le départ pour le passage en douane et le contrôle des passeports.

À l'intérieur de la gare, le **bureau Rila** (☎ 082-828 016 ; gare ferroviaire ; ⏲ 9h-17h30) vend des billets de train pour des destinations internationales. Il est préférable d'acheter votre billet pour Bucarest le jour même, car il y a parfois des retards.

Comment circuler

La compagnie de taxi **To4nite** (☎ 082-212 222 ; www.to4nite.com ; bul Tsar Osvoboditel 156, gare routière Yug) propose des services régionaux desservant les sites du parc naturel de Rusenski Lom, notamment le monastère rupestre de Basarbovo (26 lv aller-retour), le monastère rupestre d'Ivanovo (37 lv) et la forteresse de Tcherven (48 lv aller-retour). Des forfaits tout compris sont disponibles.

Parc naturel de Rusenski Lom ПРИРОДЕН ПАРК РУСЕНСКИ ЛОМ

Ce parc naturel de 32,6 km² qui s'étire au sud de Roussé et englobe trois rivières (Rusenski Lom, Beli Lom et Malki Lom) se prête admirablement à l'observation des oiseaux. Quelque 172 espèces, dont le vautour percnoptère, le faucon crécerellette et le hibou grand-duc, y côtoient 67 espèces de mammifères et 24 types de chauves-souris.

La plupart des visiteurs viennent toutefois admirer les églises rupestres creusées dans certaines des 300 grottes que compte le parc. S'il en existe une quarantaine, seules quelques-unes sont accessibles ; les plus célèbres sont celles de Basarbovo et d'Ivanovo. On pourra également découvrir la deuxième plus grande grotte de Bulgarie, l'Orlova Tchuka Peshtera, située entre les villages de Tabatchka et de Pepelina. On trouve par ailleurs quelques sites thraces et romains dans la région.

À voir

Monastère rupestre de Basarbovo MONASTÈRE

(Sv Dimitar Bassarbovski ; 082-800 765 ; Basarbovo ; 9h-18h). GRATUIT Le seul monastère rupestre en activité du pays se trouve à environ 12 km au sud de Roussé, près du village de Basarbovo. Antérieur au XVe siècle, il a été maintes fois restauré et agrandi au fil des siècles. Les visiteurs peuvent découvrir une église creusée dans la roche, abritant des icônes colorées, ainsi qu'un petit musée.

Forteresse de Tcherven FORTERESSE

(Tcherven ; adulte/enfant 4/1 lv ; 9h-12h et 13h-18h mars-nov). Juste à l'extérieur du village de Tcherven, à 30 km au sud de Roussé, subsistent les vestiges d'une citadelle du VIe siècle étonnamment bien préservée. Des fouilles ont mis au jour des rues, des tours et des églises. On peut se hisser au sommet pour profiter de la vue superbe sur les vallées fluviales et les collines en contrebas. Munissez-vous de chaussures de randonnée confortables, car l'ascension est longue depuis le parking.

Monastère rupestre d'Ivanovo MONASTÈRE

(Sv Archanguel Mikhaïl ; 0889370006 ; Ivanovo ; adulte/enfant 4/1 lv ; 9h-18h avr-nov). Le monastère Saint-Michel-L'Archange (qui

Parc naturel de Rusenski Lom

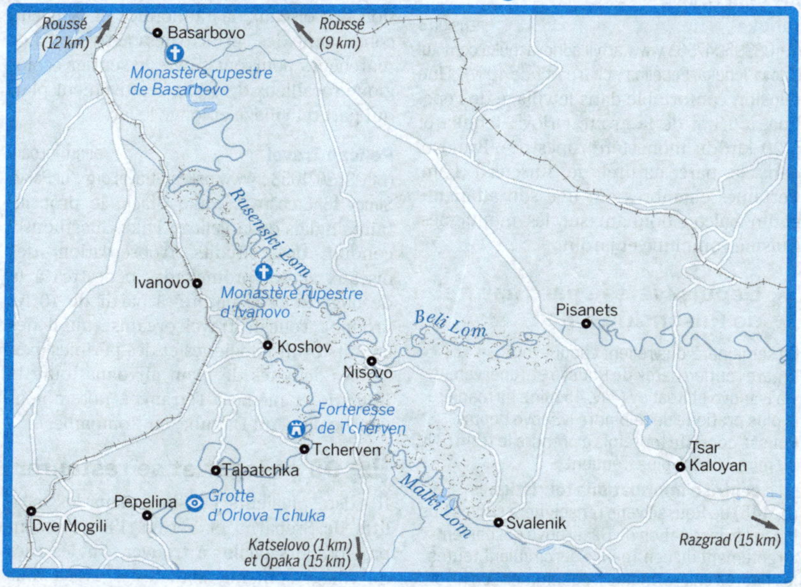

n'est plus en activité), inscrit au patrimoine mondial de l'Unesco, est situé dans une grotte à environ 40 m de hauteur, à 4 km du village d'Ivanovo. Construit au XIIIe siècle, il est orné de peintures murales du XIVe siècle considérées comme les plus belles de Bulgarie, dont une représentation de la Cène. Il est accessible en voiture ou à pied (30 min) depuis le village.

Grotte Orlova Tchuka GROTTE
(grotte du pic de l'Aigle ; ☎0885500294 ; Pepelina ; adulte/enfant 6/2 lv ; ⊙10h-17h avr-oct). À 2 km du village de Pepelina, cette grotte est la deuxième plus longue du pays (13,43 m). Les visiteurs peuvent en explorer 3 km, en passant par plusieurs cavités. En raison de sa bonne acoustique, la première est appelée la "salle de concerts". Les visites guidées (obligatoires) ont lieu toutes les 2 heures, aux heures paires.

Où se loger et se restaurer

Pour tout renseignement sur l'hébergement, contactez le centre d'informations touristiques de Roussé ou le **centre d'informations** (☎081-162 285 ; ul Olimpiiska 75, Ivanovo ; ⊙9h-17h lun-ven) d'Ivanovo. Dans le parc naturel de Rusenski Lom, les restaurants sont peu nombreux et très espacés ; emportez plutôt un pique-nique.

Art Villa Orlova Tchuka PENSION $
(☎0899504756 ; www.artvillaorlovachuka.com ; ul Orlova Tchuka, Pepelina ; ch à partir de 40 lv). Une pension confortable dans le village de Pepelina, à 2 km de la grotte Orlova Tchuka et à 20 km du monastère rupestre d'Ivanovo, dans le parc naturel de Rusenski Lom. Certaines chambres ont une sdb attenante et un balcon donnant sur les montagnes. Cuisine commune et jardin.

Depuis/vers le parc naturel de Rusenski Lom

En semaine, 2 bus relient chaque jour la gare routière Iztok de Roussé et Tcherven, via Ivanovo et Koshov (4 lv, 45 min). La manière la plus pratique de rejoindre Ivanovo depuis Roussé consiste toutefois à prendre le train (3 lv, 30 min, 7/jour), plus fréquent.

Le **centre d'informations touristiques** (p. 446) de Roussé vous renseignera sur les bus locaux à destination de Basarbovo qui partent directement du centre-ville. Ils circulent toutes les heures en été, moins fréquemment en hiver.

To4nite (p. 446), la compagnie de taxi, propose des excursions (aller-retour) vers les sites du parc naturel de Rusenski Lom, au départ de Roussé.

Lac de Srebărna et ses environs

Le lac de Srebărna est un plan d'eau peu profond, relié au Danube par un étroit canal. Riche d'une végétation unique et d'étonnants îlots de roseaux, il accueille plus de 160 espèces d'oiseaux aquatiques, dont des colonies de cormorans pygmées et de pélicans de Dalmatie, en voie de disparition. Des postes d'observation sont installés le long des berges. La vaste réserve naturelle de Srebărna (80 km²) qui entoure le lac est classée au patrimoine mondial de l'Unesco.

Le village de Srebărna est le point de chute le plus pratique pour découvrir le lac ; c'est là que l'on trouve les meilleures infrastructures. Le village voisin de Vetren (4 km à l'ouest) est une bonne base pour la pêche ; il donne aussi accès à de nombreuses randonnées et à d'autres activités de plein air.

À voir et à faire

Le **muséum d'Histoire naturelle** (☎086-772 469 ; Srebărna ; tarif plein/réduit 5/1 lv ; ⊙9h-18h lun-ven) du village de Srebărna offre une bonne introduction (en anglais) sur la faune et l'avifaune du secteur, où l'observation des oiseaux, la randonnée et la pêche constituent les principales activités. Les marcheurs pourront suivre le sentier écologique rocailleux de 4 km, relativement plat, qui part du village et longe le lac.

Pelican Travel ORNITHOLOGIE
(☎0885671058 ; www.pelican-travel.org ; ul Petko Simov 16, Srebărna). Mike Black, le propriétaire anglais de la Pelican Lake Guesthouse, conduit des circuits d'observation des oiseaux et des promenades pédestres à la découverte de la nature (à partir de 40 lv/groupe). Pelican Travel organise aussi des circuits ornithologiques et des périples axés sur les activités de plein air dans toute la Bulgarie et même à l'étranger, notamment dans le delta du Danube, en Roumanie.

Où se loger et se restaurer

Il existe plusieurs pensions dans les localités de Srebărna et Vetren. Elles ne sont pas toujours faciles à trouver, car les rues du village sont mal signalisées. Nous vous conseillons de demander le chemin à la pension lors de la réservation.

Les restaurants sont rares. Il en existe toutefois un dans le centre du village de Srebărna, au Complex Diva.

Guesthouse Luba PENSION **$**
(☎ 086-772 462, 0889441116 ; www.srebarna-bg.com ; ul Lebed 35, Srebărna ; s/d 30/50 lv ; Ⓟ). Dans une rue calme de Srebărna, à quelques minutes de marche du lac, cette jolie pension abrite des chambres propres et ravissantes. Le propriétaire parle un peu anglais, mais le site Web n'est qu'en bulgare. Les clients peuvent prendre leurs repas sur place, dans la petite taverne traditionnelle.

Complex Diva PENSION **$**
(☎ 0898751478 ; www.complexdiva.com ; ul Dunav 19, Srebărna ; s/d 25/35 lv). En plein centre du village de Srebărna, cette pension d'un excellent rapport qualité/prix, qui fait également office de restaurant et d'épicerie, loue 12 chambres propres, meublées simplement et équipées de lits confortables. En dehors du restaurant sur place, il n'y a nulle part ailleurs où manger dans le village. Les cartes bancaires ne sont pas acceptées.

Kalimaritsa PENSION **$**
(☎ 086-762 554 ; www.housekalimaritsa.bg ; ul Dunav 12, Vetren ; d/app 40/65 lv). À Vetren, cette pension-restaurant loue des chambres correctes pour une nuit, malgré un côté vieillot et une légère odeur de renfermé. La cour, agrémentée de treilles, est charmante. Viandes grillées et poisson au menu (plats 5-8 lv).

♥ **Pelican Lake Guesthouse** PENSION **$$**
(☎ 0885671058, 086-772 322 ; www.srebarna-birding.com ; ul Petko Simov 16, Srebărna ; s/d/ste 40/60/100 lv ; Ⓟ❄☎). Cette pension douillette tenue par des Anglais possède deux chambres attenantes, avec une sdb commune. Les propriétaires fournissent quantité d'informations sur la région et proposent des activités – excursions d'observation des oiseaux gratuites pour les hôtes. Petite cuisine commune et jardin paisible. Dîners sur demande et petit-déjeuner en sus (8 lv). Les cartes bancaires ne sont pas acceptées.

ℹ Renseignements

Il n'existe pas d'office du tourisme officiel dans les environs. Vous ne trouverez pas non plus de DAB à Srebărna ou Vetren.

ℹ Depuis/vers le lac de Srebărna

En l'absence de gare routière à Srebărna et à Vetren, les bus qui empruntent la principale route Silistra-Roussé déposent leurs passagers sur le bas-côté, à 1,5 km du centre de Srebărna.

Pour rejoindre Vetren, entrez dans Srebărna et suivez l'artère principale, l'ul Dunavska. Au bout de 4 km, vous atteindrez le village qui s'arrête au Danube.

Silistra СИЛИСТРА

35 000 HABITANTS

Au bord du Danube, Silistra, délaissée par les visiteurs, paraît quelque peu isolée. La ville jouit pourtant d'une jolie vue sur la rive roumaine en face et a plus à offrir qu'elle ne le laisse paraître. C'était une cité importante à l'époque romaine. Connue alors sous le nom de Durostorum, elle servait de forteresse pour la province romaine de Mésie. Le musée archéologique et un tombeau romain du IVe siècle bien conservé témoignent de ce riche passé.

À voir

Entre la place principale et le fleuve, subsistent des ruines éparses, avec un imposant tronçon d'un mur d'enceinte du VIe siècle et des vestiges de plusieurs sanctuaires religieux anciens.

Le parc de Silistra, au bord du fleuve, est particulièrement beau. Ce qui vaut bien une petite promenade.

ℹ LIAISONS EN FERRY AVEC LA ROUMANIE

Le poste-frontière entre la Bulgarie et la Roumanie se trouve à 1 km à l'est du centre de Silistra (suivez l'ul Drastar). Là, il est possible d'emprunter un ferry transportant voitures et passagers jusqu'à la ville roumaine de Călăraşi. Le ferry effectue la traversée toutes les 30 minutes environ, mais les bateaux ne partent généralement que quand ils sont pleins. Lors de nos recherches, le tarif s'élevait à environ 25 lei par voiture (payable uniquement en devise roumaine). Vous trouverez un service de change à proximité de l'embarquement.

Musée archéologique
MUSÉE

(086-820 386 ; ul Simeon Veliki 72 ; adulte/enfant 2/1 lv ; 9h30-12h et 12h30-17h mar-sam). Le musée archéologique de Silistra possède un vaste fonds d'objets romains et slaves mis au jour dans la région, exposés sur 2 niveaux (explications en anglais). Vous y verrez entre autres la réplique à l'échelle d'un char romain (les éléments d'origine sont présentés dans une vitrine), au rez-de-chaussée, et une incroyable collection de pièces de monnaie en or et en argent datant de l'époque d'Alexandre le Grand.

Le musée organise des visites guidées (minimum 5 pers) du tombeau romain de Durostorum (nom romain de Silistra), situé non loin. Ce tombeau qui date du IVe siècle est orné de remarquables fresques, représentant le maître et son épouse qui y furent inhumés, ainsi que leurs serviteurs. Les visites sont peu fréquentes et il faut s'inscrire au musée.

Musée d'Art
MUSÉE D'ART

(ul Simeon Veliki 49, angle pl Svoboda ; 1 lv ; 9h-11h30 et 14h-17h30 lun-ven). Installé dans un somptueux bâtiment jaune et blanc de style viennois sur la place principale, ce musée contient de nombreuses œuvres d'artistes bulgares, du XIXe siècle à nos jours. Dommage que les panneaux explicatifs ne soient presque qu'en bulgare.

Où se loger

Les hébergements se limitent à quelques hôtels assez onéreux.

Hotel Silistra
HÔTEL $$

(086-833 033 ; hotel_silistra@abv.bg ; ul Dobrujda 41 ; s/d/app 45/60/90 lv ;). Au 5e étage d'un centre d'affaires rutilant du centre-ville, cet hôtel loue 9 chambres spacieuses, coquettes et parquetées. Restaurant et discothèque au rez-de-chaussée.

Hotel Drustar
HÔTEL DE LUXE $$$

(086-812 200 ; www.hoteldrustar.com ; ul Kapitan Mamartchev 10 ; s/d 130/160 lv ;). Ce cinq-étoiles moderne, au cœur d'un espace vert donnant sur le Danube, dispose de chambres spacieuses et séduisantes avec balcon. Demandez-en une avec vue sur le fleuve pour admirer en été les ballets aériens dessinés par les nombreuses hirondelles qui vivent ici. Grande piscine et très bon restaurant. Formules demi-pension particulièrement avantageuses.

Où se restaurer

Silistra n'est pas réputée pour ses excellents restaurants, mais deux adresses méritent néanmoins la visite.

Riverside
BULGARE $$

(0888002691 ; ul Geno Tcholakov 1 ; plats 6-12 lv ; 11h-0h ;). À l'extérieur du parc qui borde le Danube et près de l'Hotel Drustar, ce restaurant moderne et décontracté sert une savoureuse cuisine bulgare, notamment des boulettes de veau épicées à souhait et des salades fraîches. On peut s'asseoir à l'intérieur ou à l'extérieur, aux quelques tables dans le parc.

Sladost
BULGARE $$

(086-822 177 ; ul Hristo Smirnenski ; plats 7-14 lv ; 11h-22h). Particulièrement connu pour ses gâteaux et ses pâtisseries, le Sladost tient aussi un excellent restaurant qui sert de délicieux poissons grillés et soupes de poissons. À 700 m à l'est de l'Hotel Drustar, dans une rue sans nom qui longe le Danube – depuis le centre, suivez l'ul Hristo Smirnenski vers le nord, jusqu'au fleuve.

Renseignements

Silistra est une grande ville, avec bon nombre de banques, DAB, boutiques et pharmacies dans le centre-ville – mais aucun office du tourisme.

Depuis/vers Silistra

Des bus et des minibus, plus lents, relient toutes les heures la **gare routière** de Silistra (086-820 280 ; www.bgrazpisanie.com ; ul Moskova 1) à la gare routière Yug de Roussé (12 lv, 2 heures). Des bus rejoignent également Varna (10 lv, 2 heures, 1-2/jour), Sofia (36 lv, 6 heures, 3-4/jour) et Shoumen (12 lv, 2-3 heures, 2-3/jour).

De la **gare ferroviaire** (086-821 813 ; www.bdz.bg ; ul Haralampi Djamdjiev 1 ; 9h-20h30), il y a chaque jour un train pour Roussé (4 heures, 12 lv).

Comprendre la Bulgarie

La Bulgarie aujourd'hui

Alors que les législatives de mars 2017 ont porté une nouvelle fois au pouvoir Boïko Borissov, ce dernier a dû faire appel à l'extrême droite pour gouverner. Cette coalition a suscité bien des interrogations dans un pays qui, malgré des réussites notables, ne bénéficie toujours pas pleinement de son adhésion à l'Union européenne – des ministres ont finalement dû démissionner, après la diffusion de photos compromettantes les montrant en train de faire le salut nazi.

À voir

La Corne de chèvre (Metodij Antonov, 1972). Une histoire de vengeance dans la Bulgarie sous le joug ottoman.
Eastern plays (Kamen Kalev, 2009). La rencontre entre un Bulgare et une Turque qu'il sauve d'un groupe néonazi.
Glory (Kristina Grozeva et Petar Valchanov, 2016). Un cheminot trouve des billets de banque qu'il préfère rendre à l'État. Tragicomédie réussie.

À lire

Sous le joug (Ivan Vazov, 1894 ; Fayard, 2007). Les aventures d'un héros imaginaire pendant l'occupation ottomane. Le chef-d'œuvre de la littérature romanesque bulgare.
La Langue sauvée, Histoire d'une jeunesse, 1905-1921 (Élias Canetti, 1977 ; Albin Michel, 2005). Le récit de son enfance par le prix Nobel de littérature, natif de Roussé.
Un roman naturel (Gueorgui Gospodinov, 1999 ; Intervalles, 2017). Un récit considéré comme fondateur du postmodernisme bulgare.

À écouter

Le mystère des voix bulgares (1990). Des enregistrements désormais légendaires du Chœur féminin national.
Gadna Poroda (2011). Par Azis, grande star pop-folk du pays.
Song of the Crooked Dance (1927-1942). Chansons populaires.

Une adhésion en demi-teinte

L'accession à l'Union européenne (UE) en 2007 fut pour la Bulgarie postcommuniste une consécration ; une décennie plus tard, les habitants portent un regard critique sur l'évolution de leur pays. En 2015, le PIB bulgare était le plus bas de l'UE, et une enquête a révélé que les Bulgares étaient les citoyens européens les moins satisfaits. Le coût du carburant, l'une des causes de la vague de protestations ayant conduit en 2013 à la démission de Boïko Borissov lors de son premier mandat de Premier ministre, freine encore les petites entreprises.

Comme la Roumanie, la Bulgarie a été soumise aux contrôles migratoires pendant ses toutes premières années d'appartenance à l'UE. Depuis leur levée, en 2014, les Bulgares peuvent travailler sans permis dans le reste de l'UE. Mais après des années de mise à distance par les membres historiques de l'Union, le pays se confronte aujourd'hui à l'épineux sujet de l'immigration. Depuis 2016, un mur de barbelés longe sur 80 km la frontière bulgare avec la Turquie, dans une tentative d'endiguement de l'immigration illégale. Lors de nos recherches, il était également question de construire un mur le long de la frontière grecque.

La liberté de circulation s'est avérée à double tranchant. Si nombre de jeunes partent désormais travailler en Espagne, en Allemagne, en Italie ou ailleurs, beaucoup de Bulgares de la génération précédente affirment ne pas pouvoir trouver de main-d'œuvre pour travailler dans les petites entreprises du pays. D'autres déplorent la fragmentation des familles, effet collatéral de l'ambition des Bulgares partis gagner leur vie sous d'autres cieux.

Le financement par L'UE des trésors culturels bulgares, l'extension du métro de Sofia, la désignation de Plovdiv comme Capitale européenne de la culture 2019, l'interdiction de fumer dans les bars et les restaurants : les effets positifs de l'appartenance à l'UE ne peuvent être ignorés. Mais les accusations de corruption n'ont pas disparu et l'Europe ne s'est finalement pas avérée être la solution miracle qu'attendaient les Bulgares. Le pays satisfaisant désormais aux exigences pour rejoindre l'espace Schengen, de plus grands changements sont à venir. Entre-temps, le processus d'adoption de l'euro a été ralenti par l'instabilité économique.

La résurrection du patrimoine culturel et historique

Les merveilles culturelles de la Bulgarie ont connu une histoire mouvementée, et la lutte pour leur sauvegarde est aujourd'hui un enjeu majeur. Sous la domination ottomane, les églises furent mises à sac et la langue bulgare fut étouffée. Une fois le pays libéré de ce joug, l'art et l'architecture fleurirent pendant le Renouveau national bulgare. Avant que le communisme ne marque une stagnation de la vie culturelle.

À la chute du communisme, nombre de trésors nationaux (bâtiments datant du Renouveau national, découvertes archéologiques comme celle, dans les années 1990, du tombeau thrace à Kazanlăk) ont pâti du manque de financement. Combinée à l'appétit des collectionneurs privés, la limitation des investissements destinés à la sauvegarde du patrimoine culturel a conduit au pillage de joyaux inestimables.

Depuis peu, il est à nouveau permis d'espérer. Un casque romano-thrace rare, volé en 1995 et retrouvé en 2015, est aujourd'hui exposé au Musée archéologique de Plovdiv. Le musée en plein air de l'ancienne Serdica, un site archéologique regroupant les vestiges de l'antique cité romaine mis au jour pendant les travaux de construction du métro de Sofia, a ouvert en 2016, dans un grand enthousiasme. Des quartiers historiques ont été réhabilités, comme le secteur de Kapana à Plovdiv, où les jeunes artistes ont été incités à s'installer dans de vieux immeubles pour en faire des galeries et des cafés. Les découvertes archéologiques récentes suscitent par ailleurs un engouement pour l'histoire bulgare : la mise au jour du plus grand tumulus thrace du pays et d'autres fouilles menées dans la cité romaine de Sexaginta Prista à Roussé ont figuré parmi les temps forts de 2016.

Alors que les historiens perdaient peu à peu espoir de voir les recettes du tourisme réinvesties dans d'autres recherches archéologiques, les financements européens laissent entrevoir une évolution lente, mais réelle : la résurrection du patrimoine bulgare est en bonne voie.

NOMBRE D'HABITANTS : **7,19 MILLIONS**

SUPERFICIE : **110 879 KM²**

TAUX DE CROISSANCE DU PIB (2016) : **3,5%**

TAUX D'INFLATION (2016) : **1,7%**

SALAIRE MENSUEL MOYEN (2016) : **748 LV (383 €)**

Sur 100 personnes en Bulgarie

85 sont bulgares
9 sont turques
5 sont roms
1 est d'une autre origine

Religions
(% de la population)

Population au km²

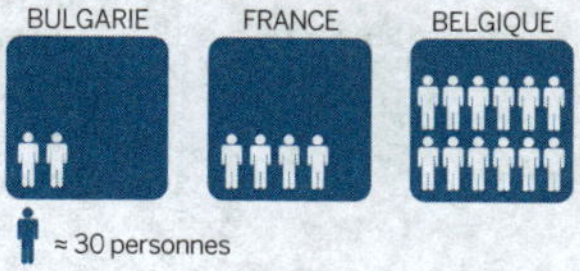

Histoire

Patrie de Spartacus et d'Orphée, la Bulgarie fut d'abord peuplée par les tribus thraces, réputées pour leurs talents d'orfèvres, puis envahie par les Romains, les Byzantins et les Turcs. Elle connut plusieurs périodes de grande prospérité, au cours desquelles elle figura parmi les nations les plus puissantes d'Europe. Avant que cinq siècles de domination ottomane ne l'isolent du reste du continent. Après la Seconde Guerre mondiale, la Bulgarie vécut sous la botte soviétique. Puis vint une difficile période de transition dans les années 1990. Elle a désormais intégré l'OTAN et l'Union européenne.

Préhistoire

Des fouilles menées dans des grottes proches de Pleven et dans la Stara Planina (chaîne des Balkans) ont permis d'établir la présence d'habitats remontant à la fin du paléolithique, soit à environ 40000 av. J.-C. Toutefois, les archéologues pensent que les premiers sites de peuplement dateraient de 6000 av. J.-C. et auraient été fondés par des peuples du néolithique qui vivaient dans des grottes. Mises au jour lors de fouilles à Mursalevo (ouest du pays), des habitations vieilles de 8 000 ans révèlent un urbanisme particulièrement élaboré. À Stara Zagora, des tumulus ont été découverts, et des traces de blé et d'orge brûlés indiquent une agriculture précoce. Les cultures de la période chalcolithique (qui connaissaient l'usage du cuivre) se développèrent au quatrième millénaire avant notre ère. Le Musée archéologique de Varna possède une superbe collection d'objets de cette période, qui contient notamment ce qui pourrait être les plus anciens bijoux en or jamais découverts.

L'ouvrage *Histoire de la Bulgarie. Au pays des roses*, de Georges Castellan et Marie Vrinat-Nikolov (Armeline, 2008), deux spécialistes des Balkans, vous fera découvrir le passé tumultueux de ce pays.

Les Thraces

Issus de diverses tribus indo-européennes, les Thraces s'implantèrent d'abord dans des grottes et alentour, ainsi qu'à proximité de sources. Par la suite, ils construisirent des villages permanents autour de forteresses primitives érigées sur les hauteurs. Selon Hérodote, ce peuple était le plus important sur terre après les Indiens, et leur incapacité à dominer le monde était uniquement due à leur absence d'unité.

CHRONOLOGIE

6000-5000 av. J.-C.

Les premiers habitants permanents s'établissent dans des grottes, qu'ils abandonnent vers 5000 av. J.-C. pour des huttes en terre. Développement de l'agriculture.

4000-1000 av. J.-C.

L'actuelle Bulgarie est dominée par des tribus thraces, qui fondent notamment Mesembria, au bord de la mer Noire, vers 3000 av. J.-C., et progressent en Grèce et en Anatolie vers 2000 av. J.-C.

611 av. J.-C.

Des Grecs de la cité-État de Milet fondent au bord de la mer Noire Apollonia Pontica (Sozopol), la première démocratie classique du territoire bulgare – les hommes de plus de 18 ans peuvent voter.

ORPHÉE EN THRACE

La légende du demi-dieu Orphée, chanteur et joueur de lyre, fut l'une des plus populaires et pérennes de l'Antiquité. Elle donna même naissance à un culte mystique en Grèce et dans le monde hellénique. On pense cependant qu'Orphée exista vraiment et naquit quelque part dans les environs de Gela, au nord de Shiroka Lăka. Son histoire est connue : sa musique apaisait les hommes, les bêtes et même les arbres. Il accompagna Jason et les Argonautes dans leur recherche de la Toison d'or et réussit à couvrir les appels trompeurs des sirènes en jouant de la lyre. Surtout, c'est lui qui alla jusqu'aux Enfers pour arracher Eurydice, sa défunte épouse, aux griffes d'Hadès, après avoir endormi Cerbère de sa lyre. L'ayant perdue au dernier moment, Orphée passa le reste de ses jours à errer dans le massif des Rhodopes, jusqu'à ce que, exaspérées par ses lamentations, les Bacchantes (femmes vouées à Dionysos) le mettent en pièces et jettent ses membres dans le fleuve. On dit que son sang éclaboussa, la tachant à jamais, la fleur endémique des Rhodopes, la *silivriak* (*Haberlea rhodopensis*), parfois appelée plante de la Résurrection.

Les Serdi, qui s'installèrent autour de l'actuelle Sofia, les Gètes, qui vivaient le long du Danube, et les Odryses, venus de l'est de la région des Rhodopes, comptaient parmi les peuples thraces les plus puissants. Malgré leur absence d'unité, ces différentes tribus avaient une culture, une langue et des rites religieux communs. C'était des guerriers et des cavaliers redoutés, comme l'attestent les armures exposées dans les musées bulgares. Polybe, historien grec du IIe siècle av. J.-C., a relaté les guerres d'usure entre Thraces et colons grecs à Byzance.

Les Thraces, qui adoraient plusieurs dieux, vénéraient Dionysos lors de rites orgiaques. Nombre d'entre eux croyaient fermement à un au-delà (selon la légende, Orphée, le musicien mythique qui revint des Enfers, serait né en Thrace), tandis que les chroniqueurs étrangers stigmatisaient avec dédain leur sexualité et le recours à l'inhalation de drogues.

Les Thraces étaient aussi des agriculteurs et des artisans accomplis. Ils s'enrichirent en échangeant bijoux et objets en cuivre ou en or. Par ailleurs, ils influencèrent grandement la religion des dignitaires grecs et romains qui leur succédèrent. Plusieurs noms géographiques encore utilisés de nos jours, comme "*rila*" (monastère de Rila) et "*yantra*" (la rivière qui arrose Veliko Tărnovo), ont certainement une origine thrace. Toutefois, faute d'écrits laissés par les Thraces, leur histoire et leur culture demeurent mystérieuses. L'histoire de cette civilisation est essentiellement parvenue jusqu'à nous grâce à des sources grecques, qui ont peut-être hellénisé les réalisations thraces.

Parmi les vestiges thraces connus figurent des tombeaux datant de vers l'an 4000 av. J.-C. (dans le Musée archéologique de Varna) et

Nos ancêtres les Thraces de Tchavdar Marinov (L'Harmattan, 2016) tente de lever le voile sur ce peuple mystérieux.

Les Gètes, une tribu thrace, envoyaient des messagers au dieu Zalmoxis en les jetant sur une rangée de lances dressées.

335 av. J.-C.
Le roi macédonien Alexandre le Grand étend les possessions thraces de son père Philippe II. Le Danube devient la frontière septentrionale de son vaste empire.

46
L'Empire romain s'empare des Balkans, et l'actuelle Bulgarie est découpée entre les provinces de Thrace (au sud) et de Mésie (au nord). Ulpia Serdica (l'actuelle Sofia) devient la capitale de la Dacie intérieure.

293
L'empereur romain Dioclétien introduit la Tétrarchie (règne de quatre empereurs) et réorganise l'administration impériale. Création des capitales régionales, dont Serdica (Sofia), qui prend de l'importance.

443-447
Attila, roi des Huns, traverse le Danube avec son armée. Il progresse sur le territoire romain et met à sac Serdica (Sofia) et Philippopolis (Plovdiv). Il oblige l'empereur à lui verser de l'or.

plusieurs tumulus dans la région de Kazanlăk et de Shipka, surnommée la "vallée des Rois thraces". Les musées de Haskovo, de Smolyan, de Sofia et de Sliven présentent d'autres objets thraces. Des vestiges d'habitats thraces sont également visibles à Burgas et à Nesebăr, au bord de la mer Noire, et au sein de la forteresse de Nebet Tepe, à Plovdiv.

Les Thraces privilégiaient les techniques de guerre éclair : ils poursuivaient leurs adversaires sur les pentes des collines, assaillaient leurs ennemis avec des lances, les attaquaient à répétition pour les fatiguer.

Les Grecs, les Macédoniens et les Romains

Dès le VIIe siècle av. J.-C., des marchands grecs établirent des ports de commerce au bord de la mer Noire, qu'ils appelèrent Apollonia (aujourd'hui Sozopol), Odessos (Varna), Mesembria (Nesebăr), Dionysopolis (Baltchik) et Pirgos (Burgas). Ils exportaient blé, poisson et sel, et échangeaient des poteries grecques contre des objets en métal et des bijoux thraces.

Les Thraces étant très nombreux dans l'intérieur de la Bulgarie, les Grecs évitèrent cette contrée, et très peu de villes y portent la trace de leur présence. L'influence grecque s'exerça toutefois sur la religion, les arts et la culture des Balkans. Le bulgare conserve d'ailleurs de nombreux mots d'origine grecque.

Au IVe siècle av. J.-C., les Macédoniens, conduits d'abord par Philippe II, puis par son fils Alexandre le Grand, annexèrent toute la Thrace. Philippe II fonda Philippopolis (Plovdiv), qui devint un avant-poste militaire important, tandis qu'Odessos (Varna) et l'actuelle Sofia étaient occupées.

Très vite confronté à la puissance de Rome, le pouvoir macédonien ne dura pas. Bien que vainqueurs de l'Empire macédonien en 148 av. J.-C., les Romains durent attendre le milieu du Ier siècle de notre ère pour faire une percée en territoire thrace et occuper Mesembria (Nesebăr) et Odessos (Varna), site des plus beaux thermes romains de toute la Bulgarie.

Dès l'an 46, le territoire correspondant à l'actuelle Bulgarie fut divisé en deux provinces : la Thrace au sud et la Mésie au nord. Les Romains fortifièrent les grandes villes thraces et grecques au bord du Danube, Roussé et Bononia (Vidin), ainsi que Debeltous (Burgas), sur le littoral de la mer Noire.

Ulpia Serdica (Sofia) devint la capitale de la province romaine de la Dacie intérieure (au nord-ouest du pays) ; à la fin du IIIe siècle, elle était devenue une grande capitale régionale de l'empire.

Bien d'autres villes furent fondées par les Romains, parmi lesquelles Sevtopolis (Kazanlăk), Ulpia Augusta Trayana (Stara Zagora), Nicopolis ad Istrum (au nord de Veliko Tărnovo) et Trimontium (Plovdiv), dont le théâtre antique accueille toujours des représentations. À partir du IIIe siècle av. J.-C., les Goths, les Huns et d'autres tribus guerrières firent des ravages, mais leurs invasions furent sporadiques et de courte durée.

Sites historiques thraces

- *Tombeau thrace de Sveshtari (province de Razgrad)*
- *Vallée des Rois thraces (Shipka)*
- *Tombeau thrace de Kazanlăk (Kazanlăk)*
- *Musée archéologique (Sofia)*

681

Les tribus bulgares turques descendent des steppes de la mer Noire. Le Premier Empire bulgare est fondé par le khan Asparouh, qui prend pour capitale Pliska. S'ensuivent des siècles de rivalité avec les Byzantins.

814

Le khan Kroum meurt alors qu'il s'apprêtait à assiéger Constantinople. La paix est rétablie avec les Bulgares deux ans plus tard.

855

Les moines Cyrille et Méthode évangélisent les Slaves de Moravie et créent l'alphabet glagolitique, que leurs disciples transformeront en alphabet cyrillique à Ohrid (actuelle Macédoine).

863

Les prélats orthodoxes byzantins baptisent le tsar Boris Ier et sa cour : la forte concurrence de Constantinople avec le pape ne prend fin qu'en 870, lorsque l'église bulgare acquiert le statut d'Église nationale.

Les Byzantins et les Protobulgares

En 330, la ville de Constantinople (Istanbul), fondée par l'empereur romain Constantin sur le site de l'ancienne Byzance, devint la capitale de l'Empire romain d'Orient. La partition de l'empire fit passer les provinces bulgares sous l'autorité de la nouvelle capitale. La Bulgarie connut une période de paix relative sous le règne de l'empereur Justinien le Grand, au VIe siècle. La première cathédrale Sainte-Sophie (Sveta Sofia) fut construite à Sofia à cette époque. Un nombre croissant de Slaves, d'Avars et de Bulgares, désignés comme "Protobulgares" (à l'origine de la formation du royaume bulgare), menaçaient toutefois les Balkans byzantins.

À partir de 632, les Protobulgares progressèrent vers le sud-ouest. Ces tribus guerrières d'Asie centrale étaient composées de nomades des steppes, cavaliers et archers émérites. Elles gagnèrent les terres situées entre la mer Caspienne et la mer Noire et, unies sous la férule du khan Koubrat, se déployèrent bientôt dans l'actuelle Bulgarie. Les Byzantins furent incapables de résister au nombre et cette tribu s'installa dans toute la région, imposant sa domination sur les tribus slaves et grecques, et sur les derniers Thraces.

Le khan Asparouh (règne 681-701) fonda le Premier Empire bulgare (681-1018), dont il établit la capitale à Pliska, près de l'actuelle Shoumen. L'empire s'étendit au sud et à l'ouest sous le khan Tervel (règne 701-721), qui aida l'armée byzantine à repousser une offensive arabe sur Constantinople.

S'ensuivirent des périodes de conflit sanglant et de trêve entre Byzance et les Bulgares. Le khan Kroum dit "l'Effroyable" (règne vers 803-814) étendit l'empire et assiégea Constantinople après la destruction de Pliska par les Byzantins.

L'archéologue Georgi Kitov (1943-2008) a mis au jour des merveilles parmi les plus incroyables de la vallée des Rois thraces. Ses méthodes, en particulier l'utilisation de bulldozers, sont toutefois vivement controversées.

L'âge d'or

Après la mort soudaine de Kroum, plusieurs khans agrandirent le territoire du royaume : le khan Omourtag (règne 814-831) s'empara de ce qui est aujourd'hui la Hongrie en 829. À la fin du règne du khan Pressian (règne 837-852), l'État bulgare comprenait une bonne partie de l'Europe du Sud-Ouest, dont les territoires des actuelles Roumanie, Moldavie et Macédoine, et certaines parties de la Grèce. Conjuguée à l'avènement du christianisme dans le jeune empire, la présence d'un nombre considérable de Macédoniens et d'autres Slaves allait profondément remodeler l'identité et la culture bulgares.

Le fils de Pressian, Boris Ier (règne 852-889), sut habilement exploiter la rivalité entre Rome et Constantinople, qui cherchaient chacune à imposer leur hégémonie religieuse sur la Bulgarie. En 863, le tsar et sa cour se firent baptiser par des prélats byzantins et, en 870, l'Empire bulgare se convertit à la religion orthodoxe. Les dirigeants bulgares adoptèrent rapidement les usages des cours de Byzance, leurs pratiques

Dirigeant bulgare du IXe siècle, le khan Kroum était féroce au combat et aimait se servir du crâne de ses ennemis pour boire le vin, d'où son surnom "le Terrible". On raconte qu'il adorait forcer les diplomates en visite à boire dans les crânes de ses anciens ennemis.

917

Le troisième fils de Boris, le tsar Siméon (règne 893-927), repousse les frontières de l'Empire bulgare jusqu'au Péloponnèse et en fait la plus grande puissance d'Europe.

972

La capitale bulgare, Preslav, est prise par les Byzantins et réduite en cendres. Le pouvoir se réinstalle à Ohrid, qui devient capitale de l'empire. Elle le restera jusqu'à la reconquête byzantine, en 1018.

1014

Les Byzantins remportent la bataille décisive de Belasitsa (Kleidion), dans le sud-ouest de la Bulgarie, annonçant la chute de l'Empire bulgare quatre ans plus tard.

1185-1396

Deux frères, Asen et Petăr, se soulèvent contre l'Empire byzantin et fondent le Second Empire bulgare, avec Veliko Tărnovo pour capitale. Le tsar Ivan Asen II (règne 1218-1241) étend les frontières du pays.

SAINTS CYRILLE ET MÉTHODE

Cyrille (Kiril) et Méthode (Metodii), deux frères, naquirent à Thessalonique au début du IXe siècle dans une famille byzantine noble d'origine slavo-bulgare. Moines érudits, ils travaillèrent et étudièrent dans toute la péninsule balkanique. Ils sont vénérés en Bulgarie pour avoir mis au point en 855 le premier alphabet bulgare, alors appelé glagolitique (*glagol* signifie "parole") qui, après avoir été simplifié par Clément, un de leurs disciples, devint l'alphabet cyrillique. Ils contribuèrent au développement de la foi orthodoxe chrétienne dans tous les Balkans, en faisant du slave la quatrième langue officielle de l'Église (après le latin, le grec et l'hébreu).

L'alphabet cyrillique est aujourd'hui utilisé en Bulgarie, en Russie, en Macédoine, en Ukraine, en Biélorussie, en Serbie et en Mongolie. La Bulgarie consacre même un jour à la célébration de son alphabet (le jour de la Culture bulgare), le 24 mai, jour des Saints-Cyrille-et-Méthode.

spirituelles et leur culture. Aujourd'hui encore, l'Église bulgare loue le rôle fondateur du tsar Boris Ier.

Boris Ier fit encore preuve de sagacité en offrant l'asile aux disciples persécutés de Cyrille (Kiril) et Méthode (Metodii), deux moines missionnaires de Salonique partis convertir les Slaves de Moravie (actuelle Slovaquie) en 855, grâce à une langue liturgique compréhensible (le slavon). Sous l'impulsion de Boris Ier et des tsars qui lui succédèrent, les écoles théologiques de Macédoine et de Bulgarie mirent au point l'alphabet cyrillique – une langue qui permit en outre à l'Église bulgare de s'affranchir de Rome et de Constantinople, puisque la liturgie s'exprimait dans une langue qui n'était ni du grec ni du latin.

Le bogomilisme est une doctrine du Xe siècle basée sur la notion de deux divinités, du bien et du mal. En 1118, Basile le Bogomile, chef de file du courant, périt sur le bûcher à Constantinople – un châtiment rare visant à dissuader ses disciples.

Conformément aux pratiques impériales byzantines, Boris se retira dans un monastère en 889, confiant le pouvoir à son fils aîné, Vladimir. Celui-ci entreprit de restaurer le paganisme, reniant ainsi la politique de son père, qui le destitua et lui fit crever les yeux. Le cadet, Siméon (règne 893-927), étendit les frontières de l'Empire bulgare de la mer Adriatique à la mer Égée et jusqu'au Dniepr au nord. Depuis Preslav, la nouvelle capitale, Pierre (règne 927-968) contribua à un âge d'or culturel avec l'édification d'églises, la floraison des arts et la rédaction de nombreux manuscrits. Preslav fut toutefois gravement endommagée vers 960 lors des conflits avec les Russes de Kiev et Byzance ; elle ne se releva pas de ses cendres.

Le déclin et la chute

Après la destruction de Preslav, Samuel (règne 978-1014) déplaça la capitale à Ohrid (aujourd'hui en Macédoine) ; son château surplombe

1396
Défaite du dernier souverain bulgare de souche, le tsar Ivan Shishman (règne 1371-1396). La Bulgarie est intégrée à l'Empire ottoman ; début de cinq siècles d'un régime islamique sévère.

1444
Les Hongrois mènent une croisade contre les Turcs, qui se solde de façon catastrophique lors de la bataille de Varna.

1598
La première révolte de Tărnovo contre la domination turque entraîne une brève libération de la ville et le couronnement d'un nouveau tsar. Mais la rébellion est réprimée ; des milliers de Bulgares fuient en Valachie.

1686
Les défaites militaires infligées aux Turcs par les forces autrichiennes déclenchent des rébellions dans le nord de la Bulgarie. Cette seconde révolte de Tărnovo est réprimée.

encore l'imposant lac de la ville. À la bataille de Belasitsa en 1014, les Byzantins infligèrent une défaite à l'armée de Samuel, et l'empereur Basile II (règne 976-1025), surnommé Voulgaroktonos ("le tueur de Bulgares"), ordonna de faire crever les yeux à 15 000 soldats avant de les renvoyer à Samuel, qui mourut d'une crise cardiaque à la vue de l'insoutenable spectacle. Ohrid tomba en 1018, et la Bulgarie fut intégrée à l'Empire byzantin.

À la suite du déclin de Byzance, deux frères issus de l'aristocratie, Asen et Petăr, prirent la tête d'un soulèvement général. La révolte aboutit à la fondation du Second Empire bulgare (1185-1396), dont Veliko Tărnovo devint la capitale. En 1204, les Byzantins furent vaincus lors de la quatrième croisade, conduite par Baudouin IX, comte de Flandre, qui s'autoproclama empereur. Envahissant la Bulgarie l'année suivante, il fut capturé et finit sa vie prisonnier dans une tour de la forteresse de Veliko Tărnovo.

Le fils d'Asen, le tsar Ivan Asen II (règne 1218-1241), devint le monarque le plus puissant du sud-est de l'Europe, davantage grâce à son habileté diplomatique qu'à sa force militaire. Il fit de Veliko Tărnovo un centre littéraire et artistique influent. En 1230, il vainquit les forces byzantines à la bataille de Klokotnitsa. Après sa mort, le royaume ne résista pas aux invasions tartares et arabes, auxquelles s'ajoutèrent les divisions internes entre chefs bulgares.

Histoire de l'État byzantin, de Georgije Ostrogorski (Payot, 2007), est une synthèse monumentale qui présente mille ans d'histoire.

Les Ottomans

L'Empire ottoman fit ses premières incursions dans le nord des Balkans en 1362. En 30 ans, il parvint à conquérir la Bulgarie, qui allait demeurer sous le joug ottoman durant cinq siècles.

Les non-musulmans furent alors considérés comme des citoyens de seconde zone : nombre de Bulgares furent privés de droits fondamentaux, et sévèrement sanctionnés pour le moindre délit. Comme la plus grande partie des Balkans, la Bulgarie fut coupée de l'Europe occidentale chrétienne, et ne put pas bénéficier de ses avancées culturelles et intellectuelles. Un grand nombre de Bulgares périrent ou furent réduits en esclavage. Les jeunes garçons étaient enlevés à leurs familles pour devenir janissaires et les jeunes filles, placées dans des harems. Beaucoup d'églises et de monastères furent détruits, fermés ou transformés en mosquées. Les multiples révoltes furent réprimées dans le sang et de nombreux Bulgares s'exilèrent.

Les seigneurs ottomans s'installèrent dans les zones urbaines, repoussant les Bulgares dans les montagnes et les campagnes. Les haïdouks (rebelles armés) prirent le maquis et résistèrent contre l'occupant. D'autres, habitant dans des régions stratégiques comme le massif des Rhodopes, furent fortement incités à se convertir à l'islam. En contrepartie, les Pomaks,

1762-1878

Le Renouveau national bulgare est inauguré par la rédaction de l'*Histoire slavo-bulgare* du moine Paissi Hilendarski. L'enseignement du bulgare est autorisé ; création de l'Église orthodoxe de Bulgarie.

1853-1856

La guerre de Crimée amène les troupes britanniques et françaises en Bulgarie. Varna devient une importante ville de garnison. Les Turcs acceptent d'ouvrir la Bulgarie au commerce international.

1876

Le soulèvement d'avril à Koprivshtchitsa est suivi de massacres de civils, qui provoquent l'indignation internationale. Les Turcs rejettent l'autonomie de la Bulgarie à la conférence de Constantinople.

1877-1878

Guerre russo-turque. L'armée russe envahit la Bulgarie et inflige une lourde défaite aux forces ottomanes. Les Turcs, contraints de signer le traité de San Stefano, cèdent 60% de la péninsule des Balkans à la Bulgarie.

LADISLAS ET LA DERNIÈRE CROISADE

Au début du XVe siècle, après la chute de la Bulgarie, de la Serbie et de la Transylvanie devant les Ottomans, la Hongrie paraissait vulnérable et Constantinople était assiégée.

Désireux de préserver l'Europe des griffes ottomanes, le pape Eugène IV appela à une croisade contre les Turcs. En 1443, une armée de 25 000 hommes prit la mer à Venise, sous le commandement de Ladislas (Władysław III), roi de Hongrie et de Pologne. Tout d'abord victorieux, ils envahirent la Serbie, puis prirent Sofia. En 1444, le sultan Murad II accepta notamment de renoncer à la Serbie et conclut une trêve de dix ans.

Mais le pape et les participants de la croisade forcèrent Ladislas à revenir sur cet accord. Avec une armée modeste, Ladislas traversa la Bulgarie jusqu'à Varna, où il comptait trouver une flotte de renfort – qui n'arriva jamais. Le sultan et ses 80 000 hommes se précipitèrent sur la côte. Ladislas fut décapité et son armée fut détruite. Neuf ans plus tard, Constantinople tomba aux mains des Turcs. L'expansion ottomane se poursuivit.

comme ils furent surnommés, étaient exemptés d'impôts et bénéficiaient de droits que n'avaient pas leurs voisins chrétiens.

L'identité nationale et culturelle bulgare survécut essentiellement dans les monastères isolés, qui continuèrent à fonctionner ou ne furent jamais contrôlés par les Turcs – ce fut particulièrement le cas dans celui de Rila. Les moines entretenaient les rituels et les traditions, conservant les manuscrits importants afin de préserver la culture bulgare, en attendant qu'elle puisse renaître en toute sécurité.

Sites révolutionnaires

Col de Shipka (Stara Planina)

Koprivshtchitsa

Rochers bleus (Sliven)

Église Sveti Arhangeli Mihael (Perushtitsa)

Musée national d'Histoire militaire (Sofia)

Le Renouveau national bulgare

Les monastères bulgares furent à l'origine d'une véritable renaissance du sentiment d'identité nationale aux XVIIIe et XIXe siècles. Le moine Paissi Hilendarski (qui devait son nom à son passage par le monastère de Hilandar, sur le mont Athos, en Grèce) joua ainsi un rôle essentiel dans ce mouvement qu'on appela le Renouveau national.

Hilendarski rassembla suffisamment d'éléments pour écrire, en 1762, la première histoire des peuples slavo-bulgares. Il parcourut le pays, lisant leur histoire aux populations illettrées, ce qui ranima la flamme d'une identité bulgare depuis longtemps oubliée. Le récit des grands exploits des tsars de la Bulgarie médiévale nourrit le sentiment de fierté nationale.

Au début du XIXe siècle, l'économie bulgare connut une croissance rapide. Les marchands de Plovdiv et de Koprivshtchitsa fournissaient laine, vin, métaux et bois sculpté à la Turquie et à l'Europe occidentale. Une nouvelle classe urbaine, instruite et prospère, émergea, en particulier après la guerre de Crimée, lorsque les alliés victorieux convainquirent la Turquie de s'ouvrir aux échanges internationaux.

1885

Un coup d'État permet la réunification de la Bulgarie avec ses territoires sous contrôle ottoman. Les Serbes envahissent la Bulgarie mais sont vite vaincus. Les nouvelles frontières du pays sont reconnues par les autres pays.

1908

Le prince Ferdinand profite du chaos politique en Turquie pour déclarer son indépendance totale par rapport à la suzeraineté ottomane. Il est couronné tsar du nouveau royaume bulgare.

1912-1913

La Bulgarie et les États voisins combattent les Ottomans lors de la première guerre balkanique (1912) ; puis la Bulgarie attaque ses alliés, la Grèce et la Serbie, lors de la seconde guerre balkanique (1913).

1915-1919

La Bulgarie se range du côté de l'Allemagne lors de la Première Guerre mondiale. Le traité de Neuilly-sur-Seine la punit en accordant des territoires à ses voisins ; le pays doit payer des sommes écrasantes en guise de réparation.

Les négociants bulgares se firent construire de vastes demeures et commencèrent l'édification de bâtiments publics dans le style du Renouveau national. L'ornementation fut confiée à des sculpteurs sur bois de Tryavna et à des peintres de Samokov, à l'origine d'un style typiquement bulgare. Cette période vit également l'essor de l'art, de la musique et de la littérature ; des écoles où l'enseignement se faisait en bulgare ouvrirent leurs portes. Dans les villes et villages, des *tchitalishta* (maisons de la culture locales) offraient aux habitants un lieu propice aux activités sociales et culturelles, et aux discussions politiques. En 1870, l'autorité turque reconnut officiellement une Église orthodoxe bulgare autonome.

La fin de l'Empire ottoman

Les révolutionnaires Georgi Sava Rakovski et Hristo Botev, et le héros bulgare Vasil Levski avaient fomenté de longue date la rébellion contre les Turcs qui éclata en avril 1876, à Koprivshtchitsa. Les Turcs réprimèrent impitoyablement le soulèvement : des milliers de civils bulgares furent assassinés, 58 villages furent rasés et des centaines d'autres furent pillés.

Ces atrocités conduisirent la Russie à déclarer la guerre à la Turquie en 1877 ; 200 000 soldats russes périrent en Bulgarie pendant ce conflit, à l'issue duquel l'armée russe et les volontaires bulgares écrasèrent les Turcs. Alors que les forces russes étaient arrivées à 50 km d'Istanbul, les Turcs durent admettre leur défaite. Lors de la signature du traité de San Stefano, le 3 mars 1878, la Turquie reconnut enfin l'autonomie de la Bulgarie et lui céda 60% des Balkans.

Mais craignant l'influence russe, les pays d'Europe de l'Ouest revinrent sur ces termes au congrès de Berlin le 13 juillet 1878. Il fut décidé que la région comprise entre la Stara Planina et le Danube, plus Sofia, deviendraient la principauté autonome de Bulgarie. La plaine thrace et le massif des Rhodopes formeraient la Roumélie orientale, placée sous contrôle ottoman. La Macédoine, renommée Roumélie occidentale, demeura sous domination ottomane, tout comme la plaine de Thrace, au bord de la mer Égée. Le traité de Berlin divisa la région au mépris des identités ethniques, ce qui provoqua la colère des nations balkaniques et entraîna des décennies de conflits. Entre 1878 et la Seconde Guerre mondiale, les pays des Balkans connurent six conflits frontaliers.

Païssi le Bulgare, de Toutcho Karaboulkov (L'Harmattan, 1999), est une histoire des Bulgares écrite il y a plus de deux siècles par Paissi Hilendarski, moine du mont Athos, qui craignait que le peuple bulgare ne disparaisse. Visionnaire, ce livre annonçait la vie de la Bulgarie moderne.

Un nouvel État

Le 16 avril 1879, la première Assemblée nationale bulgare adopta une constitution à Veliko Tărnovo ; le 26 juin de la même année, Alexandre Battenberg, un prince allemand, fut élu chef de l'État. Le 6 septembre 1885, la principauté de Bulgarie et la Roumélie orientale furent réunifiées après un coup d'État militaire. Cette entorse au traité de Berlin suscita la colère des puissances d'Europe centrale ; la Turquie se prépara à attaquer.

1940

Occupée par la Roumanie depuis 1913, la Dobroudja du Sud est rendue à la Bulgarie moyennant une somme symbolique ; s'ensuit un échange de populations.

1941

La Bulgarie, jusque-là neutre, rejoint les forces de l'Axe après le stationnement de troupes allemandes au bord du Danube. Elle déclare la guerre à la France et à la Grande-Bretagne, mais pas à l'Union soviétique.

1945-1946

Sortis victorieux des élections de 1945, les communistes prennent le pouvoir sous la direction de Georgi Dimitrov. En 1946, proclamation de la République populaire de Bulgarie avec le soutien de l'Union soviétique.

1949

À l'issue d'un procès spectacle, la Cour suprême condamne à mort le Premier ministre Traïcho Kostov pour avoir encouragé le sentiment antisoviétique. D'autres communistes subissent des procès semblables.

L'Empire austro-hongrois encouragea la Serbie à déclarer la guerre à la Bulgarie, mais les troupes serbes furent rapidement repoussées et les soldats bulgares pénétrèrent très avant en territoire serbe. L'Autriche intervint alors pour demander un cessez-le-feu et les grandes puissances reconnurent la réunification de la Bulgarie.

Les années de guerre

Alexandre fut contraint d'abdiquer en 1886. Le prince (puis roi) Ferdinand de Saxe-Cobourg-Gotha lui succéda. C'est à cette époque que le Premier ministre, Stefan Stambolov, donna un coup d'accélérateur au développement économique du pays. On assista aussi à la naissance de deux partis politiques majeurs : le Parti social-démocrate, annonciateur du communisme, et l'Union agraire, qui représentait la paysannerie. En 1908, le roi Ferdinand Ier profita de la révolte des Jeunes Turcs pour déclarer l'indépendance complète de la Bulgarie, qui se retrouva soustraite au contrôle de la Turquie.

Le leader communiste Georgi Dimitrov devint célèbre en 1933, lorsqu'il fut accusé, avec trois autres personnes, d'être à l'origine de l'incendie du Reichstag. Dimitrov se servit de son procès comme d'une tribune pour exposer ses idées communistes.

Après dix ans de conflits sporadiques avec les Turcs de Macédoine et de Grèce, le Monténégro, la Bulgarie, la Grèce et la Serbie s'unirent en 1912, lors de la première guerre balkanique. Les troupes serbes se déployèrent rapidement à travers la Macédoine et les forces navales grecques empêchèrent l'arrivée de renforts turcs. L'infanterie bulgare essuya l'essentiel de la contre-attaque turque. Mais les dissensions entre les vainqueurs au sujet de la Macédoine poussèrent la Bulgarie à se retourner contre ses alliés et la seconde guerre balkanique éclata en 1913. Rapidement vaincue, la Bulgarie perdit les territoires qu'elle avait eu tant de mal à obtenir et la Turquie récupéra Adrianople (l'actuelle Edirne).

En 1915, la Bulgarie entra dans la Première Guerre mondiale aux côtés des empires centraux (dont faisait partie la Turquie). Les soldats bulgares passèrent plusieurs années sur le front de Salonique (la frontière actuelle entre la Macédoine et la Grèce), à faire face aux troupes alliées. En 1918, la politique pro-germaniste de Ferdinand Ier le contraignit à abdiquer en faveur de son fils, Boris III.

En 1919, le traité de Neuilly-sur-Seine attribua la Thrace égéenne à la Grèce et la Dobroudja du Sud à la Roumanie. Il obligea la Bulgarie à fournir des réparations humiliantes, qui contribuèrent au désordre politique et social. L'Union agraire, une formation radicale, renonça à revendiquer la Macédoine (désormais divisée entre la Grèce et le jeune royaume des Serbes, Croates et Slovènes). Un coup d'État militaire organisé par des partisans droitistes éclata en 1923. Puis, en 1925, des terroristes communistes tentèrent sans succès de tuer Boris III dans la cathédrale Sveta Nedelia ; 150 personnes périrent dans l'attentat. En 1934, le groupe d'extrême droite Zveno fomenta un nouveau coup d'État ; Boris III instaura alors une dictature politique.

1978

Le dissident bulgare Georgi Markov est assassiné à Londres par un agent des services secrets bulgares, avec la pointe d'un parapluie empoisonnée.

1984

Une campagne nationaliste, visant à assimiler la population turque du pays, entraîne un exode. De nombreux Turcs reviendront après la chute du régime communiste.

1989-1990

La révolution démocratique entraîne l'effondrement du régime communiste de Todor Jivkov ; Jeliou Jelev devient le premier chef d'État non communiste.

1991-2000

Période de transition : l'inflation massive, la corruption et la chute des salaires font de la Bulgarie le pays le plus pauvre d'Europe. Les gouvernements échouent les uns après les autres ; le crime organisé prospère.

La Seconde Guerre mondiale

Au début de la Seconde Guerre mondiale, la Bulgarie se déclara neutre. Mais dès 1941, les forces allemandes marchant sur la Grèce furent stationnées le long du Danube. Tentée par la proposition d'Hitler de lui accorder la souveraineté sur la Macédoine, la Bulgarie rejoignit l'Axe.

Ouvrant la voie aux nazis, la Bulgarie déclara la guerre à la Grande-Bretagne et à la France, mais pas à la Russie. Les soldats bulgares occupèrent la Macédoine et le nord de la Grèce, déportant 11 000 juifs grecs et macédoniens vers les camps de la mort afin d'éviter aux juifs de leur propre territoire de connaître le même sort.

Une semaine après avoir rencontré Hitler, le tsar Boris III mourut mystérieusement le 28 août 1943. Son jeune fils lui succéda sous le nom de Siméon II. Durant l'hiver 1943-1944, les raids aériens alliés provoquèrent de gros dégâts à Sofia et dans d'autres villes du pays. Un gouvernement de coalition tenta en pure perte de signer la paix avec les alliés. La Russie entra alors en guerre avec la Bulgarie et l'envahit. Le 9 septembre 1944, le Front patriotique, coalition de groupes de résistants comprenant des communistes, prit le pouvoir. Sans attendre la fin des hostilités, des "tribunaux populaires" jugèrent des milliers de sympathisants du gouvernement monarco-fasciste et les firent emprisonner ou exécuter.

Dans *La Fragilité du bien : le sauvetage des Juifs bulgares* (Albin Michel, 1999), Tzvetan Todorov essaie de comprendre comment la Bulgarie, pays allié de l'Allemagne, est parvenue à sauver ses Juifs des nazis durant la Seconde Guerre mondiale.

La montée du communisme

Le Front patriotique remporta les élections de novembre 1945 et les communistes s'assurèrent le contrôle de l'Assemblée nationale. Georgi Dimitrov fit adopter le 15 septembre 1946 une nouvelle Constitution, inspirée du modèle soviétique, qui proclama la République populaire bulgare. La famille royale s'exila. À la fin des années 1940, l'industrie fut nationalisée et l'agriculture collectivisée. De grands procès pour "trahison" furent organisés pour juger les opposants. Le successeur de Dimitrov, Vălko Tchervenkov, fut surnommé le "petit Staline".

Sous Todor Jivkov, chef de l'État de 1954 à 1989, le pays connut la prospérité sous la protection de l'Union soviétique. Ce fut l'époque des biens de consommation bon marché, pétrole et électricité en tête. La Bulgarie signait alors des contrats avec les pays du bloc de l'Est et du mouvement des non-alignés, exportait. Parallèlement, la police secrète devint l'instrument du totalitarisme ; elle se forgea une réputation terrifiante quant au traitement des dissidents. Des rumeurs évoquèrent même un complot bulgare avec un homme de main turc lors de la tentative d'assassinat du pape Jean-Paul II en 1981. La Bulgarie a toutefois toujours nié et il existe des supputations tout autres. Avec l'affaiblissement du bloc soviétique et le ralentissement de l'économie bulgare, les années 1980 virent l'expression d'un nationalisme impitoyable. Des pressions

Baba Vanga est une voyante devenue célèbre pour avoir, dit-on, prévu la date de mort de Staline, le démantèlement de l'URSS et les attentats du 11 Septembre. L'ancien dictateur Todor Jivkov l'aurait consultée plusieurs fois.

2001

Siméon de Saxe-Cobourg-Gotha, l'ancien roi bulgare exilé par les communistes alors qu'il était enfant, est élu Premier ministre.

2004

La Bulgarie intègre l'OTAN, avec d'autres anciens pays du pacte de Varsovie.

2007

La Bulgarie est le premier pays des Balkans à rejoindre l'UE. Bruxelles fait pression sur le gouvernement pour qu'il s'attaque au crime organisé et aux problèmes environnementaux.

2014

Le 23 juillet, après une année de protestations et la perte de confiance en sa capacité à vaincre la crise bancaire, Plamen Orecharski démissionne. La coalition de Boïko Borissov fait son entrée le 7 novembre.

s'exercèrent sur les Turcs, les Pomaks et les Roms pour qu'ils adoptent des noms bulgares. Un exode des Turcs s'ensuivit.

La transition vers l'ouest

En 1989, la Perestroïka fut un véritable électrochoc pour tout le bloc de l'Est. À la suite d'un coup interne au parti, Jivkov démissionna le 10 novembre 1989 et le parti communiste renonça à son monopole sur le pouvoir. Il prit dès lors le nom de Parti socialiste bulgare (PSB). Dans l'opposition, une vaste coalition forma l'Union des forces démocratiques (UDF). Ce qui n'empêcha pas le PSB de s'adjuger une victoire aux premières élections législatives de juin 1990. La Bulgarie devint ainsi le premier pays de l'ancien bloc soviétique à faire revenir les communistes au pouvoir.

Ancien tsar de Bulgarie devenu Premier ministre, Siméon Borissov de Saxe-Cobourg-Gotha est un parent éloigné de la reine Élisabeth II.

Les deux partis se révélant incapables de faire face à la situation économique du pays, les gouvernements se succédèrent au gré de processus électoraux parfois superflus. Dans une Bulgarie en pleine mutation, le pouvoir et la fortune se concentrèrent entre les mains de nouveaux riches et autres entrepreneurs du capitalisme émergent. Les années 1990 furent marquées par les mouvements de protestation d'une population appauvrie, lasse des défaillances des pouvoirs publics. En 1997, le Premier ministre Ivan Kostov promit de lutter contre la criminalité et la corruption et d'attirer les investissements étrangers – un engagement qu'il était bien difficile de tenir tout en mettant en place les douloureuses réformes exigées par l'OTAN et l'Union européenne.

En 2001, les Bulgares élurent au poste de Premier ministre l'ancien roi Siméon de Saxe-Cobourg-Gotha, qui avait formé le Mouvement national Siméon II (MNSII). Au sein de sa coalition figurait le Mouvement turc pour les droits et les libertés (MLD), du riche homme d'affaires Ahmed Dogan. Le MNSII promit un tournant dans l'économie bulgare, promouvant l'adhésion à la fois à l'OTAN et à l'Union européenne. Si la popularité de Siméon fit long feu, ces objectifs furent atteints : la Bulgarie rejoignit l'OTAN en 2004 et devint membre de l'UE en 2007. À ce jour, elle n'est toutefois membre ni de la zone euro ni de l'espace Schengen.

Reportez-vous également au chapitre *La Bulgarie aujourd'hui*, p. 452.

Les années suivantes furent marquées par la crise bancaire et une opposition politique virulente. La perte de confiance dans le Premier ministre Plamen Orecharski entraîna la chute du gouvernement en juillet 2014, après une année ou presque de protestations violentes. Boïko Borissov (centre droit), qui avait démissionné en février 2013, eut alors la voie libre pour faire son retour en novembre 2014 au sein d'un gouvernement de coalition. Entre-temps, l'Union européenne finança la rénovation de quelques sites historiques et en 2014, Plovdiv fut désignée Capitale européenne de la culture 2019. De quoi donner aux jeunes Bulgares des raisons d'être optimistes quant à l'avenir de leur pays et à sa place sur la scène européenne.

2009
Élection d'Irina Bokova comme directrice générale de l'Unesco. Première femme à occuper ce poste, elle sera réélue en 2013.

2014
Plus vieille ville d'Europe à avoir été habitée de façon continue, Plovdiv est choisie comme Capitale européenne de la culture 2019.

2016
Élection présidentielle : victoire de Roumen Radev (socialiste).

2017
Les élections législatives voient le retour de Borissov qui forme une coalition avec l'extrême droite.

Environnement et activités de plein air

La Bulgarie est un véritable terrain d'aventures, où la randonnée, le vélo et l'escalade occuperont une place de choix dans votre programme. Des sentiers sillonnent la chaîne de la Stara Planina et les parcs nationaux, comme celui du Pirin. Les skieurs et snowboardeurs affluent chaque hiver dans les stations de ski de Borovets et de Bansko. Et les amateurs de snorkeling et de windsurf se pressent sur le littoral de la mer Noire.

Activités

Randonnée

La randonnée a toujours été extrêmement populaire en Bulgarie. Sous le régime communiste, elle était même encouragée comme activité patriotique ! Aujourd'hui, 37 000 km de sentiers balisés font de ce pays un véritable paradis pour les marcheurs.

Les sentiers de randonnée transeuropéens E3, E4 et E8 traversent la Bulgarie. Le E3, qui commence en Espagne, suit la crête de la chaîne de la Stara Planina en direction de l'est, entre Belogradtchik et le cap Emine. Il est bien signalisé. La section bulgare fait environ 720 km de long : comptez au moins 25 jours pour la parcourir en entier. Les sentiers E4 et E8, qui passent par le parc national du Rila, présentent des paysages et des niveaux de difficulté variés.

Les marcheurs trouveront de nombreuses *hiji* (refuges), sur les sentiers les plus fréquentés comme dans les régions plus sauvages. Certaines offrent un gîte très sommaire ; d'autres sont plus confortables et abritent même parfois un café. C'est l'un des rares legs positifs de l'ancien régime communiste, qui considérait la randonnée comme un passe-temps prolétarien sain et productif.

Le massif du Rila est une chaîne de montagnes rocheuses couvertes de forêts, ponctuée de quelques vallées glaciaires pentues, à la végétation variée. L'un des sentiers les plus beaux et les plus accessibles traverse la chaîne de Malyovitsa, au sud de la petite ville du même nom, et décrit une boucle autour du mont Malyovitsa (2 729 m).

Un itinéraire assez facile et très agréable suit la rivière Rilska jusqu'au monastère de Rila, en passant par la prairie de Kiril.

Le massif du Pirin, l'un des plus beaux sites de randonnée du pays, se compose d'un paysage alpin de vallées et de lacs glaciaires, et bénéficie d'un climat doux de type méditerranéen.

La chaîne de la Sredna Gora, la région la plus belle et la plus visitée de la Stara Planina, englobe d'innombrables sentiers et une concentration de *hiji* inégalée. Très arrosée et venteuse, elle est aussi réputée pour ses changements de temps brusques : soyez prévoyant.

Les guides de montagne se révèlent d'une aide particulièrement précieuse en Bulgarie. Ils vous aideront à affronter des terres reculées et parfois difficiles d'accès, et vous transmettront leurs connaissances sur la géologie du pays et les légendes locales ; consultez le site Hiking Guide Bulgaria (www.bulguides.com) pour trouver un guide (à partir de

La Société balkanique pour la protection de la faune et de la flore (www.balkani.org) est engagée dans des projets de défense de l'environnement dans tout le pays et œuvre pour la sensibilisation du public.

120 lv/jour environ). Pour des circuits organisés, contactez Odysseia-In (p. 320) à Sofia. Pour les coordonnées d'agences spécialisées à l'étranger, reportez-vous à la rubrique *Voyages organisés* du chapitre *Transports*, p. 496.

Escalade et alpinisme

Il existe de nombreux endroits où pratiquer l'escalade et l'alpinisme dans les chaînes du Rila, du Pirin et de la Stara Planina. Il est essentiel d'être accompagné par un guide qualifié pour affronter les pics périlleux et enneigés où, même en plein été, les températures basses persistent à haute altitude. Pour trouver un guide local spécialisé (escalade, escalade glaciaire ou alpinisme), consultez le site www.bulguides.com (à partir de 230 lv/jour).

La Fédération bulgare des clubs alpins (www.bfka.org), à Sofia, fournit renseignements, conseils et contacts. Le site www.climbingguidebg.com constitue également une bonne source d'informations.

Massif du Rila

Le massif du Rila, émaillé de lacs, compte plus de 200 sommets culminant au-dessus de 1 000 m. Dans le village de Malyovitsa, la Central Mountain School (p. 334) propose des sorties d'escalade et les services de guides. Dans ces montagnes, l'escalade est réservée aux plus confirmés. C'est entre mi-juin et mi-septembre que les conditions sont les meilleures.

Massif du Pirin

Plus d'une centaine de pics alpins s'élèvent au-dessus de 2 000 m dans le massif du Pirin. La face nord du mont Vihren (2 915 m), accessible depuis Bansko, est l'ascension numéro un de la région ; elle est très difficile. La plupart des voies d'escalade des montagnes du Pirin s'adressent aux grimpeurs expérimentés. **BTour** (carte p. 340 ; ☎ 0887243793, 0886205953 ; www.btour.org ; ul Pirin 27 ; ⏲ 10h-19h) organise des sorties d'escalade pour les familles et les débutants depuis Bansko (à partir de 70 lv/pers, groupe de 3 pers minimum). La meilleure saison va de mai à septembre ; renseignez-vous sur les conditions météorologiques sur place.

Massif de la Stara Planina

Les 550 km de la chaîne de la Stara Planina (littéralement, “vieille montagne”), également appelée Grand Balkan, comptent plus de 350 voies d'escalade au départ de Vratsa. Tout à l'ouest, les rochers de Vratsa constituent le plus grand site d'escalade sur paroi calcaire du pays ; c'est aussi le plus fréquenté. L'ascension du mont Botev (2 376 m), situé dans le parc national Central Balkan, est également très prisée. On y accède facilement depuis Karlovo. Pour en savoir plus, rendez-vous dans le centre d'informations Natura (p. 438). Le printemps ou l'automne sont les meilleures saisons pour grimper.

Pour des informations complètes sur les stations de ski et l'enneigement, connectez-vous sur www.bulgariaski.com.

Ski et snowboard

Bansko est la première station de ski et de snowboard du pays. Elle est en plein essor et ses hôtels envahissent le paysage. Dotée des équipements les plus modernes, cette station bénéficie de la plus longue saison d'enneigement et de la plus grande visibilité internationale. Elle totalise 75 km de pistes de ski balisées (avec un dénivelé allant de 900 à 2 600 m) pour tous les niveaux et comprend un *snowpark* pour les snowboardeurs expérimentés. La couverture neigeuse se maintient de décembre à avril – les canons à neige viennent en renfort le cas échéant. La meilleure saison s'étend de janvier à mars.

Dans les Rhodopes, la station familiale de Pamporovo (1 650 m) possède 25 km de pistes, parfaites pour les débutants. Les plus

STATIONS THERMALES

Après le vélo, le ski et une randonnée, soulagez vos muscles dans les eaux chaudes et les piscines naturelles des stations thermales.

Hisar (p. 391). Depuis l'époque romaine, Hisar est renommée pour les vertus de son eau riche en minéraux, dans laquelle on s'immerge ou que l'on boit.

Bains de boue et de sel (p. 407). Au nord de Burgas, profitez des piscines de boue et de l'eau rouge du lac Atanasovsko.

Devin (p. 364). Plongez dans les eaux aux propriétés curatives de cette ville thermale des Rhodopes qui possède des hôtels pour tous les budgets.

Pomorie (p. 419). Cette ville côtière est connue pour les traitements à base de boue qu'offrent ses nombreux hôtels.

Dobrinishte (p. 340). À seulement 6 km de Bansko, on apprécie les thermes sympathiques et peu onéreux, pour se détendre après le ski.

expérimentés se feront modestes face à la gigantesque piste de slalom et au mur de 1 100 m de long. La "ville" est en revanche assez quelconque.

Non loin, Tchepelare, plus paisible et préservée, offre 30 km de sentiers de ski de fond et certaines des plus longues pistes de Bulgarie. La Metchi Tchal 1 (3 150 m) est une piste noire utilisée pour les compétitions internationales ; la Metchi Tchal 2 (5 250 m) est, quant à elle, une piste combinée rouge/verte avec 720 m de dénivelé.

Dans le massif du Rila, Borovets totalise 58 km de pistes bordées de sapins et offrant de beaux panoramas, ainsi que 30 km de pistes de ski de fond.

À 10 km seulement du centre de Sofia, Vitosha, bien située pour les citadins qui viennent y passer le week-end, possède des pistes pour les skieurs et surfeurs de tous les niveaux. Malyovitsa fait partie des stations plus petites (et moins chères), qui attirent majoritairement des vacanciers bulgares et ne retiennent pas les visiteurs plus d'un jour, faute d'animation.

Sports nautiques

En été, les stations balnéaires destinées aux voyageurs en séjour organisé comme Slăntchev Bryag (plage du Soleil) et Zlatni Pyasătsi (Sables d'Or ou Golden Sands), et certaines petites villes de bord de mer proposent jet-ski, ski nautique, parachute ascensionnel, planche à voile et autres sports nautiques, le plus souvent dans de simples baraques le long de la plage.

Gagnant en popularité ces dernières années, la plongée se pratique en divers points de la côte, notamment à Varna, Sozopol et Nesebăr, trois villes prisées des touristes. Il existe aussi un complexe de plongée juste au nord de Tsarevo. Outre les cours et sorties en mer standards, il est possible d'explorer des épaves dans plusieurs endroits.

La Société bulgare de protection des oiseaux (www.bspb.org) constitue une bonne source d'informations sur la faune aviaire. Vous pourrez également consulter le site www.oiseaux.net, en français.

Observation de la faune

La Bulgarie abrite toutes sortes d'animaux sauvages – certains se montrent rarement, comme les ours bruns et les loups –, et plus de 400 espèces d'oiseaux – soit environ 60% des oiseaux européens.

Les Bulgares aiment observer les oiseaux et plusieurs agences proposent des excursions ornithologiques. Ce sont les périodes de nidification (mai-juin) et de migration (septembre-octobre) qui s'y prêtent le mieux. La Via Pontica, qui survole la Bulgarie, est l'un des principaux axes de migration d'Europe. Parmi les meilleurs endroits pour observer les oiseaux, citons le lac de Srebărna qui abrite des pélicans frisés et de rares cormorans, le lac de Pomorie qui compte plus de 200 espèces et la réserve naturelle de Kaliakra, fréquentée par des oiseaux migrateurs.

Vélo et moto

S'il n'est pas toujours conseillé pour se déplacer dans les villes, le vélo est en revanche un excellent moyen de transport pour explorer la magnifique campagne sauvage bulgare, hors des sentiers battus.

Il existe plusieurs itinéraires agréables autour de Malko Tărnovo, dans le Sud-Est. Vous en trouverez aussi le long de la côte, autour de Varna. Dans les terres, les environs de Veliko Tărnovo se prêtent au cyclisme.

Étonnamment, il existe peu de magasins de location de vélos. Il vous faudra soit apporter le vôtre, soit réserver un séjour thématique ou un circuit. Sinon, cherchez à vous loger dans des pensions ou des campings qui proposent la location de vélos, comme le camping de Veliko Tărnovo (p. 378) ou la **pension Djambazki** (☎0888573133 ; www.house-djambazki.com ; bul Iskar 53, Govedartsi ; s/d/tr à partir de 70/100/150 lv ; P ❄ 📶 🏊).

Motoroads (www.motoroads.com) propose un large choix de VTT à louer (5 jours minimum, à partir de 240 lv) et de motos (5 jours minimum, à partir de 485 lv) ; cette agence organise aussi une série de circuits sans guide, notamment un circuit de 5 jours sur la côte de la mer Noire, et un autre à la découverte des monastères bulgares (chaque circuit coûte environ 1 270 lv).

Odysseia-In (p. 320) organise des circuits à VTT dans les Rhodopes et le long de la côte. Le circuit de 5 jours à vélo le long du littoral de la mer Noire coûte autour de 1 020 lv.

Le groupe Cycling Bulgaria (www.cyclingbulgaria.com) propose d'intéressantes excursions à vélo, qui vont de la sortie d'une journée dans le massif du Vitosha depuis Sofia (66 lv), aux circuits de 8 jours dans l'ouest de la Stara Planina (à partir de 960 lv).

Plateau Cycling (p. 428), qui jouit d'une bonne réputation, organise des sorties à vélo à la journée ou à la demi-journée autour de Varna et sur le littoral de la mer Noire, incluant le prêt de vélos et le ramassage.

Équitation

Découvrir la campagne bulgare à cheval est une expérience magique. Plusieurs centres à travers le pays proposent des circuits équestres dans les zones les plus spectaculaires de la Bulgarie : la Stara Planina, les montagnes du Pirin et le littoral de la mer Noire. Arbanasi est une

EXCURSIONS D'OBSERVATION DE LA FAUNE ET DE LA FLORE

Plusieurs agences organisent des excursions thématiques conduites par des professionnels parlant anglais, qui permettent d'observer plantes et animaux.

Neophron (www.neophron.com) – excursions d'observation des oiseaux, d'autres animaux et de la flore, avec un focus sur les loups, les vautours et les libellules.

Via Pontica Tours (www.viapontica.com) – oiseaux, papillons, insectes et flore.

Wild Echo (www.wildechotours.com) – oiseaux, chauves-souris, papillons, loups et ours. Anciennement Spatia Tours.

Pelican Travel (www.pelican-travel.org) – faune et flore, et circuits culturels à travers la Bulgarie. Possède une pension au lac Srebărna, véritable paradis des ornithologues amateurs.

Wildlife Photography (www.cometobg.com) – circuits et ateliers de photographie animalière.

Zig-Zag Holidays (www.zigzagbg.com) – oiseaux et flore.

bonne destination pour les amateurs d'équitation : on trouve un centre équestre idéal pour les familles (p. 383) à proximité de ce village calme et pittoresque, niché sur une colline (courtes balades à partir de 25 lv).

Faune et flore

Malgré sa taille modeste, la Bulgarie possède une très grande diversité d'animaux et de plantes. Cette richesse est due en partie à la variété de ses paysages et de ses climats, à sa population humaine relativement faible et au fait que près d'un tiers du pays se compose de forêts.

Animaux

Le pays totalise environ 56 000 espèces animales, dont plus de 400 espèces d'oiseaux, 38 types de reptiles, plus de 200 sortes de poissons d'eau douce et de mer (environ la moitié vit sur le littoral de la mer Noire) et 27 000 types d'insectes.

De nombreux mammifères peuplent les collines et les montagnes, loin des villes et du regard des hommes. Pour observer des animaux sauvages, nous vous conseillons de vous joindre à un circuit organisé et/ou de partir en randonnée dans les parcs naturels de Strandja, de Rusenski Lom, qui abrite 66 espèces de mammifères, soit environ deux tiers de la faune du pays, du Rila ou du Pirin – ce dernier compte 45 espèces de mammifères, telles que l'ours brun européen, le cerf et la chèvre sauvage.

PARCS NATIONAUX

Dans les trois parcs nationaux créés par les autorités bulgares (Rila, Pirin et Central Balkan), la flore et la faune sont en théorie protégées. Ces trois ensembles n'englobent aucune localité, contrairement aux dix parcs naturels non officiels. Les réserves naturelles, dotées d'écosystèmes spécifiques, sont particulièrement bien protégées. Leur accès est souvent limité, voire interdit.

PARC NATIONAL/ RÉSERVE	CARACTÉRISTIQUES	ACTIVITÉS	MEILLEURE PÉRIODE
Parc national Central Balkan	montagnes, forêts, cascades et canyons ; loups, loutres, chats sauvages, oiseaux rares et chauves-souris	randonnée, spéléologie et équitation	mai-sept
Parc national du Pirin	montagnes et lacs ; ours et oiseaux	randonnée, raquettes et ski	jan-fév et juin-sept
Parc national du Rila	forêts et prairies alpines ; cerfs, chèvres sauvages et aigles	randonnée	mai-sept
Réserve naturelle de Ropotamo	marais et dunes ; oiseaux rares	sorties en bateau et randonnée	avr-juil
Parc naturel de Rusenski Lom	rivières et vallées ; oiseaux rares ; églises troglodytiques	ornithologie et spéléologie	juin-sept
Parc naturel des Rochers bleus (Sinite Kamani)	collines et formations rocheuses ; grottes de Haïdouks	randonnée et observation des oiseaux	mai-sept
Parc naturel de Strandja	forêts variées et plages ; oiseaux et mammifères ; vestiges archéologiques	randonnée et ornithologie	juin-août
Parc naturel du Vitosha	sentiers de montagne	randonnée, ski et snowboard	avr-août et déc-jan
Parc naturel Vratchanski Balkan	forêt, grande variété d'essences et grottes	randonnée et spéléologie	juin-sept

ESPÈCES MENACÉES

L'une des plus importantes populations d'ours bruns d'Europe vit en Bulgarie ; elle compterait entre 400 et 700 individus. Quelque 300 à 500 ours peupleraient le sud-est du massif des Rhodopes et jusqu'à 200 hanteraient le parc Central Balkan. À moins de participer à un circuit spécifique, il est toutefois très rare d'apercevoir ces plantigrades.

La Bulgarie abriterait jusqu'à 1 200 loups. Toutefois, ces derniers étant considérés comme une menace pour le bétail, ils peuvent être abattus par les éleveurs. Il y a aussi un certain nombre de lynx eurasiens, une espèce très menacée. Là non plus, ne vous attendez pas à les croiser à l'état sauvage.

Parmi les insectes rares, citons la *Somatochlora borisii*, une sorte de libellule, identifiée en 1999. Elle ne vivrait que dans des périmètres restreints de la partie orientale du massif des Rhodopes, et dans des régions voisines en Grèce et en Turquie.

Des oiseaux rares, tels que les vautours percnoptères, les faucons crécerellettes et les hiboux grands-ducs, sont protégés dans le parc national de Rusenski Lom. Des petits cormorans, les fuligules nyrocas (une sorte de canard) et des pélicans frisés vivent dans la réserve naturelle de Srebărna. L'aigle impérial est l'une des espèces d'oiseaux les plus menacées de Bulgarie : il ne resterait que 24 couples en liberté. Les faucons sacre ont frôlé l'extinction en Bulgarie à cause du commerce illégal lié à la fauconnerie et aux collectionneurs d'œufs ; après une diminution de 90% de la population sur une dizaine d'années, des projets de conservation tentent de renverser ce déclin.

Les amoureux des oiseaux pourront admirer une multitude de spécimens aux lacs de Burgas (le plus grand ensemble marécageux du pays, qui abrite environ 60% de toutes les espèces d'oiseaux présentes en Bulgarie), dans la réserve naturelle de Ropotamo (plus de 200 espèces d'oiseaux), près du lac Srebărna (plus de 200 espèces), dans le parc naturel de Strandja (presque 70% de toutes les espèces d'oiseaux du pays), ou dans celui de Rusenski Lom (170 types d'oiseaux aquatiques). On pourra ainsi observer dans ces régions des cigognes blanches ou noires, des pélicans frisés, des bécasseaux, des râles, des genêts et des cormorans pygmées. À l'intérieur des terres, le parc naturel des Rochers bleus (Sinite Kamani), près de Sliven, abrite la pie-grièche écorcheur (qui empale les insectes), ainsi que des aigles royaux et des vautours.

Des dauphins, des tursiops (dauphins à gros nez) et des marsouins communs vivent dans la mer Noire, mais leur nombre décroît.

Plantes

La rare *silivriak* est également appelée la fleur d'Orphée. Selon la légende, cette fleur aurait été éclaboussée par le sang du dieu musicien lorsqu'il fut tué par les Bacchantes.

Environ 250 des 10 000 espèces de plantes bulgares sont endémiques, et beaucoup ont des noms autochtones, telles que la mûre bulgare et la tulipe des Rhodopes. La *silivriak*, une plante aux fleurs rose pâle, poussait dans toute l'Europe avant l'ère glaciaire. On ne la trouve plus que dans le sud de la Bulgarie, surtout dans le massif des Rhodopes. La tulipe "splendide" porte bien son nom, avec ses larges fleurs rouges. Elle est extrêmement rare et fut découverte en 1976, près de Yambol.

Le parc national du Pirin, protégé par l'Unesco, compte plus de 1 300 espèces de plantes. Le parc national Central Balkan, composé d'anciennes forêts de sapins, d'épicéas et de charmes, ainsi que de prairies montagneuses, compte 2 340 espèces de plantes, dont beaucoup sont introuvables ailleurs.

Arts et culture traditionnelle

La Bulgarie possède une longue tradition de peintures d'icônes, et ces représentations religieuses restent les témoignages les plus remarquables de l'art bulgare. Les cinq siècles de domination turque ont en grande partie fait disparaître la culture bulgare des origines ; puis, à la fin du XVIIIe siècle et au XIXe siècle, des écrivains et des artistes ont redonné vie au sentiment national, ce qui se solda par un véritable épanouissement créatif. Sous la férule communiste, l'art fut étroitement contrôlé et instrumentalisé. Aujourd'hui, cette traversée du désert est bien loin, et la production artistique bulgare a retrouvé sa vitalité et ses couleurs.

Icônes et art sacré

À l'origine, la plupart des artistes bulgares peignaient sur les murs des maisons, des églises et des monastères. Les œuvres de ces maîtres anonymes ont désormais statut de trésors nationaux. Il en subsiste quelques beaux exemples, comme dans la jolie église de Boyana (p. 324), près de Sofia.

Si la tradition des icônes, symbole de la culture et de l'identité nationales, perdura durant les cinq siècles de domination ottomane, elle connut son âge d'or à la période du Renouveau national bulgare. On doit à Zahari Zograf (1810-1853), le maître de l'époque, les magnifiques fresques des monastères de Rila, de Troyan et de Batchkovo.

Aujourd'hui encore, cette tradition est bel et bien vivante ; la peinture d'icônes est tenue en haute estime, et des artistes comme Silvia Dimitrova expose leurs œuvres à Sofia, ainsi qu'à l'étranger. Les icônes réalisées à la main par des peintres contemporains sont vendues dans les galeries d'art et les églises, et sur les marchés, notamment à Sofia, Veliko Tărnovo et Oreshak.

Plovdiv a été désignée Capitale européenne de la culture 2019. Pour tout savoir sur la scène artistique foisonnante de la ville, rendez-vous sur www.plovdiv2019.eu.

Peinture et sculpture

Bien que sa peinture soit peu connue à l'étranger, la Bulgarie a vu naître, ces 150 dernières années, des artistes de renom, comme Georgi Mashev, qui a réalisé des portraits et des scènes historiques d'une grande force ; le moderniste Tsanko Lavrenov ; Zlatyu Boyadjiev, réputé pour ses scènes pastorales ; sans oublier Vladimir Dimitrov, souvent surnommé "le Maître" et indiscutablement le plus fameux d'entre tous. Ce dernier, qui mena une vie d'ascèse, se distingue par ses portraits colorés, presque psychédéliques avant l'heure, de paysans du XIXe siècle. On peut admirer ses toiles dans de nombreux musées du pays.

La sculpture bulgare s'est développée aux XIXe et XXe siècles. L'un des grands noms de cette période fut Andrey Nikolov (1878-1959), qui fut influencé par les courants français de l'époque. Sa maison de Sofia a été transformée en centre culturel doublé d'un hôtel. On lui doit le lion de pierre qui trône, dans la capitale, devant la tombe du Soldat inconnu.

CHRISTO ET JEANNE-CLAUDE

Les artistes bulgares contemporains les plus célèbres du monde sont indiscutablement Christo et Jeanne-Claude. Né à Gabrovo en 1935, Christo Javacheff a étudié à l'Académie des beaux-arts de Sofia dans les années 1950 avant de rencontrer à Paris, en 1958, la Française Jeanne-Claude (1935-2009), qui allait devenir sa femme et sa compagne de travail. Ils créèrent leur première installation temporaire en extérieur – *Entassement de fûts* – dans le port de Cologne, en 1961. Puis ils s'installèrent à New York en 1964, où ils se rendirent célèbres pour leurs œuvres d'art architecturales à grande échelle et généralement temporaires, consistant souvent à emballer des monuments célèbres avec des feuilles de polypropylène destinées à en faire ressortir les formes de base. En 1985, Christo et Jeanne-Claude emballèrent ainsi le Pont-Neuf, à Paris, qui se retrouva couvert de tissu doré pendant 14 jours ; en 1995, le Reichstag, à Berlin, fut enveloppé dans du tissu argenté. En 2005, ils réalisèrent dans Central Park, à New York, une installation impressionnante, *The Gates* (Les Portes), composée de 7 503 portes en vinyle réparties sur 32 km d'allées. Pour en savoir plus sur leur travail, consultez le site www.christojeanneclaude.net.

D'autres exemples de ses sculptures naturalistes sont exposés dans la galerie nationale Kvadrat 500 de la ville.

Parmi les artistes contemporains majeurs, citons le sculpteur Todor Todorov ; le peintre abstrait Kolio Karamfilov ; Daria Vassilyanska, qui peint des scènes lumineuses représentant des danses et des villageois ; et bien sûr, Christo et son épouse Jeanne-Claude, qui sont sans conteste les artistes bulgares contemporains les plus connus.

Poterie

Si l'origine de la poterie en Bulgarie se perd dans la nuit des temps, le style le plus caractéristique de notre époque est celui de la céramique de Troyan. Son nom bulgare, *Troyanska kapka* (littéralement "gouttelette de Troyan"), évoque la technique de peinture utilisée, qui laisse des coulures. Apparue au XIXe siècle, cette technique a toujours cours dans la fabrication d'objets à usage domestique ou de souvenirs. Des boutiques de cadeaux et des ateliers indépendants vendent de la vaisselle et des objets décoratifs de ce type, de couleur bleue, verte, marron ou jaune, comportant des motifs en forme de cercles concentriques, de vagues ou de larmes.

La remarquable icône en céramique peinte de saint Théodore Stratilate, qui date de la fin du IXe siècle, est exposée à Veliki Preslav. Elle est considérée comme l'un des chefs-d'œuvre de l'art bulgare médiéval.

Tapis

En Bulgarie, le tissage remonte à la période néolithique, comme en témoignent les fragments de fuseaux mis au jour lors de fouilles. Le tissage des tapis et des couvertures se perfectionna au IXe siècle ; et il gagna véritablement en popularité et en inspiration à l'époque du Renouveau national. Hélas, de nos jours, cet art se meurt et n'est plus pratiqué que par des femmes âgées dans quelques villages reculés. Pour en apprendre davantage et vous procurer des pièces authentiques, vous devrez vous rendre à Troyan ou à Oreshak.

Les tapis réalisés dans le sud du massif des Rhodopes sont en laine épaisse et servent à la vie de tous les jours, tandis que ceux de l'ouest de la Bulgarie, souvent délicats et colorés, ont surtout un usage décoratif. L'industrie du tapis vit le jour à Tchiprovtsi vers la fin du XVIIe siècle ; les motifs étaient alors essentiellement géométriques et abstraits. Les dessins de fleurs et d'oiseaux, plus appréciés, que l'on voit souvent dans les magasins pour touristes, datent, eux, du XIXe siècle.

Musique

La scène musicale bulgare affiche une grande diversité, qui va des chœurs lyriques au pop-folk endiablé. Forte d'une tradition longue d'un millénaire, la musique ecclésiastique est toujours très présente. Son pendant folklorique n'est pas réservé aux restaurants kitsch ; il donne sa pleine mesure dans les fêtes de village et l'on peut en écouter à travers tout le pays. Un dérivé de la musique traditionnelle, la *tchalga* (qui ne va pas sans rappeler le turbo folk serbe), domine les radios, avec sa pop entraînante influencée par la musique turque.

Chœurs

Depuis le IXe siècle, la musique ecclésiastique bulgare se nourrit du mysticisme des chroniques, des fables et des légendes. Les chants orthodoxes, dont certains sont interprétés par des chœurs de 100 personnes, sont souvent très émouvants. Dobri Hristov (1875-1941), l'un des plus célèbres compositeurs bulgares de musique sacrée, a écrit sa principale œuvre chorale, *Liturgie n°1*, pour l'ensemble The Seven Saints, de l'église Sveti Sedmotchislenitsi de Sofia – il s'agit du chœur de musique sacrée le plus connu de Bulgarie.

Fondé en 1968, le chœur de garçons de Sofia rassemble des enfants de différentes écoles de la capitale, âgés de 8 à 15 ans. Il se produit dans le monde entier et rencontre un grand succès. Réputé pour les concerts qu'il donne à Noël et à Pâques, il l'est aussi pour ses chants orthodoxes et traditionnels.

Pour connaître l'actualité du chœur de garçons de Sofia, consultez le site www.sofiaboyschoir.altpro.net.

Musiques traditionnelles

Expression de l'âme du pays, la musique traditionnelle bulgare résonne de mélodies joyeuses. La *gaida* (cornemuse), la *gadoulka* (instrument à cordes frottées) et le *kaval* (flûte) figurent parmi les instruments récurrents. Certaines chansons reposent sur des harmonies polyphoniques ou incluent des voix ensorcelantes flottant en mode mineur. Comme dans de nombreuses cultures paysannes, les femmes n'avaient pas le droit de jouer d'un instrument. Ce sont donc elles qui assurent la partie vocale des morceaux. Les villageoises du massif du Pirin sont connues pour leur façon unique de chanter. Les festivals, tels que Pirin Sings, sont l'occasion de découvrir cet aspect de la culture locale. Dans des villages historiques préservés, comme Etăr, des concerts de musique traditionnelle sont organisés tout au long de l'année.

En août 1977, un enregistrement du *Mystère des voix bulgares* est parti en direction de l'espace lointain à bord de la sonde *Voyager 2*.

Jazz

La scène jazz bulgare a vu le jour après la Première Guerre mondiale quand, aux États-Unis, la Grande Dépression força des immigrés bulgares à rentrer dans leur pays avec, dans leurs bagages, un goût affirmé pour

QUELQUES ALBUMS À DÉCOUVRIR

Vkusut Na Vremeto (1982) de Shturcite – ces "Beatles bulgares" composent des hymnes rock psychédélique.

Gladiator (1988) d'Impulse – glam metal endiablé et grosses guitares ; le groupe a fait une tournée avec The Scorpions.

Bulgarian Rhapsody Vardar (2007) de Pancho Vladiguerov – réunit certains des plus grands morceaux du compositeur.

Gadna Poroda (2011) d'Azis – album pop-folk de la star incontestée de la *tchalga*.

Folk Impressions (2012) – chants traditionnels par le chœur de garçons de Sofia.

ce style. Puis, comme bien d'autres formes d'expression, le florissant jazz bulgare fut réprimé sous le communisme. Il est aujourd'hui redevenu plus populaire que jamais, et le pays accueille son lot de festivals, tels que A to JazZ (www.atojazz.bg) à Sofia, le festival de jazz de Plovdiv (www.plovdivjazzfest.com), et le festival international de jazz (www.banskojazzfest.com) de Bansko.

Tchalga

Loin de se cantonner à la seule *tchalga*, la Bulgarie compte d'innombrables artistes pop. Citons entre autres Mariana Popova, le groupe de rock FSB, et Poli Genova, dont la chanson *If Love Was a Crime* est arrivée quatrième à l'Eurovision de 2016 – le meilleur classement du pays à ce jour.

Si vous allumez la radio, vous entendrez forcément les airs entraînants et vibrants de la *tchalga*. Impossible d'échapper à cette musique pop endiablée – que l'on aime ou que l'on déteste –, influencée par les rythmes balkaniques, turcs, arabes et même du flamenco. Les concerts et les clips mettent presque tous en scène des torses luisants, des tenues suggestives et des regards enjôleurs. Les stars du genre sont Azis, chanteur à paillettes et à barbichette argentée, qui use de son succès pour promouvoir les droits des homosexuels, et Gloria, une chanteuse originaire de Roussé.

Bien que désignée à l'étranger comme la "musique pop et traditionnelle bulgare", la *tchalga* moderne ne fait plus que de vagues clins d'œil à la musique traditionnelle, favorisant plutôt les synthétiseurs, les voix chevrotantes et les filles en petites tenues. Et si la plupart des Bulgares n'en sont pas authentiquement fans, le genre se taille la part du lion dans la programmation musicale de nombre de discothèques. Sans doute finirez-vous, envers et contre tout, par taper du pied le rythme de la *tchalga* au moins une fois durant votre voyage.

Culture et société

Lucides, volontiers cyniques et un rien goguenards, les Bulgares, s'ils peuvent sembler réservés de prime abord, se montrent bien vite plus chaleureux. Leur identité nationale ayant été malmenée par des siècles d'occupation étrangère, beaucoup affichent avec fierté leur histoire et l'intègrent à leur quotidien. Ainsi croiserez-vous des jeunes arborant des T-shirts à l'effigie de héros du XIXe siècle, tels que Vasil Levski, ou avec un *martenitsi* (ancien porte-bonheur païen) pendant à leur smartphone.

Les Bulgares

Alors que cinq siècles de terrible férule ottomane touchaient bientôt à leur terme, le Renouveau national bulgare permit à la culture et à la langue nationales de s'épanouir pleinement. Plus récemment, la fin de 40 ans de régime communiste totalitaire fut suivie par une seconde renaissance. Les épreuves endurées par des générations de bulgares ont ancré leur fierté et marqué les mentalités. Après des années de corruption endémique et d'aléas économiques, les Bulgares ont de surcroît tendance à ne rien attendre des politiciens et des bureaucrates.

Ouverts et chaleureux envers les étrangers, les Bulgares ont un grand sens de l'hospitalité et souhaitent sincèrement donner de leur pays une bonne image. Et ce, d'autant que, en bien des endroits, le secteur des services porte encore la marque de l'inflexibilité soviétique. Plutôt décontractés et d'un abord facile, les Bulgares témoignent d'un goût certain pour les fêtes où l'alcool coule à flots. Leur notion d'espace personnel est moins rigide qu'en Europe occidentale ; aussi, ne soyez pas surpris si, dans un restaurant plein, des inconnus vous demandent la permission de s'asseoir à votre table.

Dans *Mausolée* (Flammarion, 2009), Rouja Lazarova se livre à une puissante autopsie du régime totalitaire communiste vécu au quotidien, à travers la vie de trois générations de femmes.

Les plus jeunes font souvent montre d'une curiosité appuyée à l'égard des visiteurs ; la plupart s'intéressent d'ailleurs à la politique européenne et internationale

Mode de vie

La Bulgarie demeure une société traditionnelle et conservatrice. Le machisme prévaut et s'exprime parfois au travers d'attitudes rétrogrades envers les femmes, surtout dans les zones rurales (et ce, malgré leur réel pouvoir de décision dans ces communautés). Les villes sont plus progressistes.

Les marques d'hostilité envers les gays et les lesbiennes ne sont pas rares. De nombreux Bulgares considèrent que les personnes homosexuelles et bisexuelles doivent cacher leur situation ; et la tolérance est encore moindre envers les personnes transgenres. Heureusement, les jeunes Bulgares des villes inversent cette tendance, mais le changement tarde à venir.

En plus de leur anniversaire, la plupart des Bulgares célèbrent aussi leur fête (jour du saint dont ils portent le nom).

Par certains aspects, le mode de vie rural n'a guère changé depuis un siècle. On croise aujourd'hui encore des vieilles femmes en fichu s'échinant dans les champs et l'on voit des charrettes tirées par un âne le long des sentiers de terre qui traversent des villages délabrés. Il en va différemment dans les villes où, outre les boutiques occidentales et les casinos, les clubs de strip-tease et les agences d'escortes prolifèrent et font l'objet d'une publicité tapageuse dans les magazines touristiques, à côté des rubriques consacrées aux restaurants et aux musées.

Les différentes cultures bulgares

Bien que longtemps envahie et occupée, la nation reste relativement homogène ; environ 80% de sa population se revendique bulgare.

Au milieu des années 1980, le gouvernement communiste mit en place un programme d'assimilation des Turcs (10% des habitants à l'époque), interdisant le port et l'utilisation de vêtements et de la langue turcs en public. Les réactions ne tardèrent pas à venir et, dans les premiers mois de 1989, environ 300 000 Bulgares turcs et Pomaks émigrèrent en Turquie (beaucoup revinrent une fois levées les mesures répressives).

Les relations entre les Bulgares et la minorité turque se sont améliorées depuis, même si des tensions raciales subsistent. Depuis quelques années, les formations d'extrême droite gagnent en popularité – à tel point que, en 2017, Boïko Borissov a formé (brièvement) une coalition avec l'extrême droite pour gouverner. À travers une rhétorique agressive et nationaliste, ces partis s'en prennent directement aux musulmans et aux Roms. Des quartiers roms ont été le théâtre de violences et des réfugiés Syriens ont souffert d'attaques xénophobes.

Les Roms de Bulgarie, qui représentent environ 4% de la population, subissent une discrimination, et connaissent des taux de chômage, de pauvreté et d'analphabétisme très au-dessus de la moyenne nationale. Ils vivent généralement dans des sortes ghettos et se livrent partout à la mendicité dans les rues. Avec d'autres pays d'Europe centrale et de l'Est, la Bulgarie a participé de 2005 à 2015 à un programme baptisé Décennie d'intégration des Roms. Quelques progrès ont été enregistrés dans le domaine de l'emploi et dans la reconnaissance de l'exclusion de cette population ; les améliorations sont toutefois lentes à voir le jour (surtout dans les communautés reculées) et les préjugés perdurent.

Quelque 200 000 Pomaks, descendants de Slaves convertis à l'islam pendant l'occupation ottomane au XVe siècle, vivent dans le massif des Rhodopes. Par le passé, ils durent faire face aux mêmes pressions assimilationnistes que les Turcs. Certains villages du massif des Rhodopes possèdent une population à majorité pomak. On en trouve également de petites communautés autour de Roussé et Lovetch.

Religion

Le christianisme (plus tard devenu celui du patriarcat) est la religion officielle de la Bulgarie depuis 865, même si la Bulgarie moderne est un État laïque. La majorité de la population (environ 60%) déclare appartenir à l'Église orthodoxe bulgare, bien que seule une minorité assiste régulièrement aux offices.

Selon le recensement de 2011, environ un quart des Bulgares se déclarent athées. Il s'agit pour la plupart de jeunes urbains vivant à Sofia, Plovdiv ou Varna. Les protestants et les catholiques représentent ensemble moins de 2% de la population.

Les minorités ethniques turques, les Pomaks et de nombreux Roms (soit environ 12% de la population au total) sont de confession musulmane. Au cours des siècles, l'islam pratiqué en Bulgarie a intégré diverses traditions bulgares et croyances chrétiennes, pour donner naissance à ce que l'on appelle l'islam des Balkans.

Il existe également une petite communauté juive, principalement à Sofia.

Le 1er mars, les Bulgares portent des pompons rouges et blancs pour célébrer le jour de Baba Marta, qui marque l'arrivée du printemps. Cette tradition se retrouve également, avec des variantes, en Roumanie et en Moldavie.

Dans *Goût bulgare. Portraits de femmes en Bulgarie* (éd. du Rocher, 2008), Albéna Dimitrova s'intéresse à la place des femmes dans la société bulgare depuis la chute du mur de Berlin, à travers des portraits de femmes très différentes.

Les vins bulgares

Un climat varié, un sol riche et une longue tradition : tous les éléments sont réunis pour garantir l'excellence des vins bulgares. Depuis quelques années, ils sont de mieux en mieux connus et appréciés sur la scène internationale, et attirent de plus en plus d'investisseurs étrangers. Vous pourrez vous faire votre propre opinion dans les domaines, les restaurants et les bars, et même à des stands en bord de route. L'offre touristique varie selon les établissements ; si vous tenez à organiser vos dégustations, renseignez-vous à l'avance, inscrivez-vous à un circuit œnologique ou rendez-vous dans les grandes cités vinicoles, comme Melnik.

Histoire

Les origines du vin bulgare se perdent dans la nuit des temps. Le mythe veut d'ailleurs que Dionysos, le dieu grec du Vin, souvent représenté sur les cratères d'or et d'argent découverts en Bulgarie, ait vécu une partie de son enfance en pays thrace. Il y a près de 3 000 ans, Homère évoquait déjà, dans *L'Odyssée*, le vin noir de Thrace dont Ulysse aurait enivré le cyclope Polyphème. Il s'agissait à l'époque d'un breuvage épais et sucré que l'on coupait avec de l'eau, les Scythes seuls le consommant tel quel. Les œnologues du XXIe siècle considèrent que nombre de grands cépages bulgares, dont le gamza, le mavrud et le melnishka remontent sans doute à cette époque.

Le vin blanc fit son apparition avec l'arrivée des Romains qui, selon Ovide, cultivaient la vigne dans les régions de Pomorie et de Nesebăr, au bord de la mer Noire. Après l'adoption du christianisme au IXe siècle, la production devint l'apanage des moines et, bien que le khan Kroum ait tenté en vain de les éradiquer, les vignobles prospérèrent au Moyen Âge.

L'excellence des crus locaux fut remarquée, entre autres, par les croisés. Aux XIVe et XVe siècles, le vin bulgare fit l'objet d'un commerce dans toute l'Europe. La production diminua ensuite vers le milieu de la période ottomane pour reprendre aux XVIIIe et XIXe siècles, à l'époque du Renouveau national. Avec le retour à une relative aisance, les goûts de la population s'affinèrent et les grandes demeures aristocratiques organisèrent des dégustations pour leurs hôtes de marque.

Vous manquez de temps pour organiser une visite de dégustation ? Alors, faites provision de bouteilles chez le meilleur caviste de Bulgarie, Vino Orenda (p. 319), à Sofia !

Quelques années après la guerre russo-turque et la libération du joug ottoman en 1878, l'euphorie fut assombrie par les épidémies de phylloxéra qui dévastèrent les vignes. Les experts français appelés à la rescousse au tournant du XXe siècle conseillèrent aux Bulgares de concentrer leurs efforts sur certains cépages – le mavrud et le pamid au sud, le gamza au nord –, ce qui façonna durablement le paysage viticole du pays. Consultés à nouveau au cours des deux décennies suivantes, les spécialistes étrangers suggérèrent également, à bon escient, de planter des variétés prisées comme le cabernet sauvignon et le riesling.

Avant même l'avènement du communisme en 1944, les viticulteurs bulgares avaient déjà commencé à travailler en collectivité. La nationalisation de l'industrie et le monopole d'État Vinprom firent de la Bulgarie l'un des plus gros pays producteurs ; son marché était alors essentiellement limité au bloc soviétique. La chute du communisme permit les investissements et l'apport de savoir-faire extérieurs. Depuis la fin des années 1990, le vin bulgare connaît, en partie du fait du retour à une production de qualité, une notoriété grandissante à l'international.

Régions productrices

La Bulgarie compte cinq grandes régions vinicoles, chacune avec un microclimat et des cépages distincts.

Plaine de Thrace (Sud)

Protégée par les montagnes des vents froids du Nord, la plaine, qui débute au sud de la Stara Planina et se déploie jusqu'aux monts Sakar et au fleuve Maritsa, connaît des étés chauds et secs. Cette sous-région est le terroir de l'un des plus fameux vins rouges bulgares, le mavrud, mais aussi du merlot, du cabernet sauvignon, du muscatel et du pamid.

Domaines vinicoles

➡ Todoroff Wine & Spa (p. 360). Un splendide établissement vinicole et hôtel, à 15 km au sud-ouest de Plovdiv, où l'on peut déguster du vin, mais aussi profiter du spa ! Il est entouré de collines ondoyantes et de vignes, et même les rampes de l'hôtel sont décorées de grappes en fer forgé. Réservez tôt pour profiter de la dégustation dans la belle cave à vin (14-30 lv ou 44-50 lv avec repas).

➡ Domaine Bessa Valley (p. 360). Il y a plus de 3 500 ans, les collines verdoyantes renfermaient un sanctuaire érigé par les Besses de la Thrace antique en l'honneur du dieu du Vin. Aujourd'hui, le domaine Bessa Valley, à 30 km à l'est de Plovdiv, contribue à préserver cet héritage. Ses merlot, syrah et cabernet sauvignon ont la faveur des palais fins, en Bulgarie comme à l'étranger. Organisez-vous bien à l'avance pour participer à une visite de dégustation, menée dans un cadre impressionnant.

Vallée du fleuve Struma (massif du Pirin)

Délimitée par le fleuve Struma et le massif du Pirin, cette région du sud-ouest de la Bulgarie se distingue par son climat et son sol méditerranéens arides, qui donnent des grands vins comme le Shiroka Melnishka Loza de Melnik et le Keratzuda de Kresna, un village situé entre Blagoevgrad et Sandanski.

> Le vin No Man's Land de Damianitza est produit à partir de cépages qui poussent à la frontière entre la Grèce et la Bulgarie, une zone qui était autrefois interdite.

Domaines vinicoles

➡ Damianitza (p. 344). Ce domaine, le principal établissement vinicole de Melnik, possède une boutique sur la route principale, peu après l'entrée du village. Les dégustations (rouge sec Uniqato ou cabernet sauvignon boisé No Man's Land) sont gratuites et personne ne vous forcera la main pour que vous achetiez. Lors de notre passage, les visites de dégustation étaient suspendues pour travaux ; consultez le site Web.

➡ Cave Shestaka (p. 344). Cette cave de Melnik doit son nom, qui signifie "six doigts", à son fondateur, Iliya Manolev, qui avait un doigt surnuméraire (comme son descendant, Mitko). Vous pourrez visiter la cave à vin creusée à même la roche (2 lv) ou prendre un verre à l'extérieur, avec vue sur Melnik. Mitko propose aussi des visites de dégustation plus longues ; faites-en la demande sur le site Web.

Est (côte de la mer Noire)

Le long du littoral de la mer Noire, entre la Roumanie et la Turquie, cette région réunit les conditions idéales pour la culture du raisin, du fait de ses longs étés et de ses automnes doux. Elle regroupe un tiers des vignobles du pays et présente une grande variété de cépages : dimyat, traminer, riesling, muscat ottonel, sauvignon blanc et gewurztraminer.

Domaines vinicoles

➡ Chateau Euxinograde (p. 432). Il faut réserver tôt pour se joindre aux dégustations de groupe organisées dans ce palais du XIXe siècle, avec mobilier d'époque et jardin verdoyant. Cet établissement est réputé pour ses vins blancs et pour son eau-de-vie d'inspiration française, l'Euxignac.

➡ Di Wine (p. 429). À Varna, ce restaurant créatif possède une carte des vins particulièrement bien fournie.

Amateur de vin bulgare, Winston Churchill commandait régulièrement des tonneaux de rouge en provenance de Melnik.

Nord (plaine du Danube)

Ce territoire est pris entre le fleuve et le massif de la Stara Planina, bordé à l'ouest par la frontière serbe et à l'est par la vallée de la Dobroudja. C'est dans cette région de plaines ensoleillées qu'est produit le gamza, un rouge fruité et léger, parfait à l'heure du repas. Le Nord donne aussi des cépages tels que le cabernet sauvignon et le merlot (rouges), le chardonnay, le riesling et le sauvignon (blancs). Mais aussi du muscat de l'ottonel, de l'aligoté et du pamid.

Domaines vinicoles

➡ Domaine Magura (p. 440). Offrez-vous une délectable dégustation de vins locaux dans cette cave de Belogradchik. Réservez quelques jours avant de venir.

➡ Han Hadji Nikoli (p. 379). Cette taverne historique de Veliko Tărnovo est l'endroit rêvé pour siroter de bons vins régionaux, choisis sur la longue carte du restaurant ou commandés dans l'élégant bar à vins. Le Han Hadji Nikoli vend également six crus issus de sa propre production.

Vallée des Roses (région sous-balkanique)

Cette étroite région, au sud du massif de la Stara Planina et au nord de Plovdiv, produit des vins blancs secs, en particulier du misket – meilleur ici que partout ailleurs en Bulgarie.

Domaines vinicoles

➡ Vini Sliven (www.vini.bg). On ne saurait passer à côté du chardonnay, du misket et du rkatsiteli tirés des vignes, au sol sablonneux, de ce domaine. Datant de 1920, celui-ci s'étend aux alentours de Shivatchevo, à 30 km de Sliven.

La cuisine bulgare

Les fruits et les légumes frais, les produits laitiers et les grillades forment la base de la cuisine bulgare, marquée par de fortes influences balkaniques, grecques et turques. Le porc et le poulet sont les viandes les plus consommées. Le canard, le lapin et le gibier entrent également dans la préparation de nombreuses recettes traditionnelles, tout comme les tripes. On mange beaucoup de poisson sur le littoral de la mer Noire et dans le massif des Rhodopes.

Dans *La Cuisine bulgare* (Esprit des péninsules, 2006), à dénicher d'occasion, Raymond Wagenstein propose 40 recettes traditionnelles toutes plus savoureuses les unes que les autres.

Viandes

Les grillades (*skara*), en particulier de porc, font partie des plats les plus courants servis dans les restaurants, les *mehane* (tavernes) et les snack-bars. Difficile d'échapper aux *kebaptcheta* (saucisse de porc épicée) et aux *kioufte* (burger de porc), à la fois savoureux, nourrissants et bon marché, que l'on sert d'ordinaire avec des frites (*părjeni kartofi*) ou une salade. Les *kioufte tatarsko*, des boulettes de porc relevées et farcies de fromage fondu, constituent une variante. D'origine grecque, la moussaka à base de porc ou de veau haché, d'aubergines et de tomates est le plat rapide par excellence des cafétérias.

On trouve un peu partout des *shishtcheta* (brochettes), au poulet ou au porc, avec champignons et poivrons, ainsi que des steaks et côtelettes.

Les ragoûts et plats de viande mijotés, servis brûlants dans un plat en terre cuite, occupent une place de choix dans la cuisine traditionnelle. Le *kavarma*, à base de poulet ou de porc, compte parmi les plus appréciés. La recette, qui varie d'une région à l'autre, inclut généralement des légumes et du fromage, auxquels on ajoute parfois des œufs.

Les abats de porc, de bœuf et de mouton n'ont rien d'exceptionnel sur la carte des restaurants. Vous pourrez ainsi goûter de la soupe de tripes (*shkembe chorba*), de la cervelle (*mozăk*) ou de la langue (*ezik*), accommodées de diverses façons, y compris en omelette. On sert aussi de la rate et des intestins, souvent en soupe ou grillés.

Salades et entrées

Les salades figurent généralement au menu. On les consomme surtout en entrée, mais certaines sont assez copieuses pour constituer un repas à elles seules. La plupart des restaurants en proposent une belle variété.

La salade *shopska*, avec tomates, concombres, poivrons et oignons coupés en dés, parsemée de morceaux de *sirene* (feta bulgare), est si prisée qu'on la considère comme un plat national. La salade *snejanka* ("Blanche-Neige") – concombre, yaourt, ail, aneth et noix pilées – est une version plus consistante de la soupe froide appelée *tarator*, délicieusement rafraîchissante en été.

La *rouska* (salade russe) comporte pommes de terre bouillies, des œufs, du jambon et des cornichons ; et l'*ovtcharska*, consistante, mêle jambon, champignons, tomates, concombre, poivrons, fromage et olives. Plus légères, la salade verte et la salade grecque sont servies partout, et les restaurants proposent souvent des compositions maison intéressantes.

SALADE SHOPSKA

La *shopska salata* est la salade bulgare traditionnelle par excellence. Elle est composée d'un mélange de tomates, de concombres et de morceaux de fromage *sirene*. Chaque restaurant en propose sa variante, avec une pincée d'origan ou des poivrons rouges grillés. Elle est habituellement servie agrémentée d'une olive, dont la rondeur et la fraîcheur annoncent sa qualité.

Des hors-d'œuvre se dégustent avant le repas, parfois avec un verre de *rakia* (eau-de-vie de fruits). Il peut s'agir de rondelles de saucisse sèche (*loukanka*), de feuilles de vigne farcies (*losovi sarmi*), de poivrons grillés farcis de fromage et d'œuf (*tchouska byourek*) ou de fromage pané et frit (*sirene pane* ou *kashkaval pane*).

Cuisine de rue

Pour déjeuner sur le pouce, un large choix de spécialités savoureuses et peu chères vous attend dans les rues du pays. La *banitsa (banitsi* au pluriel), un feuilleté au fromage cuit au four et servi chaud dans de simples stands ou kiosques de vente à emporter, est de loin le plus populaire. On en mange souvent au petit-déjeuner. Les boulangeries plus sophistiquées améliorent la recette en ajoutant des épinards, de l'œuf, du jambon ou d'autres ingrédients. Il existe aussi une version sucrée (*mletchna banitsa*), avec du lait.

Il y a également les crêpes (*palatchinki*) et les croissants (*kiflitchki*) salés ou sucrés, fourrés à la confiture, au chocolat ou au fromage, ainsi que les beignets (*mekitsi*).

Les Bulgares aiment grignoter. Dans les parcs des grandes villes, on trouve des graines de tournesol grillées vendues dans des cornets en papier. Dans les parcs et les rues, on peut aussi acheter des épis de maïs cuits à la vapeur et des petits pains en forme d'anneau (*gevrek*) couverts de graines de sésame ou de pavot.

Soupes, salades, plats principaux, pains, feuilletés, desserts... Le site Web www.cuisinebulgare.com présente (en français) quelque 70 recettes bulgares.

Fromages et yaourts

La Bulgarie ne compte que deux sortes de fromages typiques, le *sirene* ("blanc", similaire à la feta) et le *kashkaval* ("jaune", à pâte dure, souvent incorporé dans les omelettes), que l'on retrouve dans de nombreuses recettes. Si vous ne consommez pas de produits laitiers ou si vous êtes allergique au lactose, étudiez bien le menu.

Les Bulgares se targuent d'avoir inventé le yaourt (*kiselo mlyako*, littéralement "lait aigre"). De fait, la bactérie qui sert à sa fabrication se nomme *Lactobacillus bulgaricus*. Ils l'emploient pour préparer quantité de recettes, notamment des salades et des desserts. Les yaourts à boire sont très consommés ; l'*ayran* (yaourt mêlé d'eau salé) accompagne à merveille un repas léger.

Boissons

Les Bulgares, qui adorent le café, boivent aussi des tisanes à base de plantes (*bilkov*) ou de fruits (*plodov*). Si vous voulez du thé noir, demandez un *tcheren tchaï* nature ou avec du lait (*tchaï s'mlyako*) ; il pourra arriver qu'on vous apporte le thé et le lait dans des tasses distinctes.

La bière (*bira*) est servie partout, en bouteille ou à la pression (*nalivna*) – ce qui revient généralement moins cher. Les plus courantes sont la Zagorka, la Kamenitza et l'Ariana. Il existe également quelques bières régionales, telles que la Shoumensko (de Shoumen) et la Pirinsko (de Blagoevgrad), que l'on trouve rarement ailleurs dans le pays. Les bières aux fruits, moins alcoolisées, sont à la mode depuis quelques années.

CUISINE VEGGIE

Parmi les entrées ou plats végétariens savoureux, citons le *sirene po shopski* (fromage, œufs et tomates cuits dans une marmite en terre), le *gyuvetch* (pommes de terre, tomates, aubergines, oignons et carottes, également cuits dans une marmite en terre), le *mish-mash* (œufs brouillés avec poivrons, tomates et fromage), le *kashkaval pane* (fromage pané frit), le *tchouska byourek* (poivrons panés frits farcis aux œufs, fromage et persil), la *bob tchorba* (soupe de haricots) et la très prisée *banitsa* (une pâtisserie). Sans oublier le *tarator* (soupe froide au concombre et au yaourt), savoureux et rafraîchissant.

La *rakia*, l'eau-de-vie nationale, est un alcool clair très fort, généralement à base de prunes, de raisin ou d'abricots, et servi très frais. Il en existe de nombreuses marques (ainsi que des variantes faites maison à base de coings, de cerises et de pommes, qui sont très corsées). Les restaurants et les bars, qui la servent en apéritif avec des glaçons, consacrent souvent une page entière de leur carte aux différentes *rakia* régionales qu'ils proposent. La salade *shopska* se marie superbement bien avec un verre de rakia !

Reportez-vous également au chapitre *Les vins bulgares*, p. 477.

La Bulgarie produit de grandes quantités de *vino* (vin) blanc et rouge, dont la qualité est très variable.

Établissements

Cafés et marchés

Les cafés et les cafétérias, moins chers, affichent des plats bulgares préparés, des soupes et des salades. En ville, les petits cafés et snack-bars, qui servent des boissons et des en-cas, disposent parfois de quelques chaises à l'extérieur ou d'une simple table. Certains préparent eux-mêmes leurs *banitsi* et autres en-cas cuits au four. Repérez les enseignes marquées *закуска* (*zakuska* ; petit-déjeuner, en-cas).

Pour faire vos courses, rendez-vous sur les nombreux marchés, comme la plupart des Bulgares. Vous y trouverez beaucoup de produits frais, locaux et bio (quoique les locaux rapportent que dans de nombreux villages, les produits estampillés "bio et locaux" seraient importés).

Mehana

Plus traditionnelles, les *mehane* (tavernes) affichent souvent un décor de style rustique, avec tapis et outils agricoles, et ne préparent que d'authentiques spécialités bulgares. Si certaines sont des pièges à touristes, qui attirent le chaland à grand renfort de "spectacles folkloriques" bruyants et par des serveurs en tenue "typique", la *mehana* authentique offre un cadre plaisant et le meilleur de la cuisine locale. Pour éviter de vous tromper, repérez celles que fréquentent les Bulgares. Il est d'usage d'arrondir la note ; certains serveurs ne rapportent tout simplement pas la monnaie.

Restaurants

Sans surprise, il existe toutes sortes de restaurants, servant une grande variété de cuisines.

Dans les grandes villes et les stations de la côte, les cartes sont souvent traduites (au moins partiellement) en anglais. Il est rarement nécessaire de réserver, à moins d'être nombreux ou de choisir une adresse très prisée. L'addition est habituellement "arrondie" ; on ajoute parfois 10% pour le service. Dans le cas contraire, vous pourrez laisser un petit pourboire.

La Bulgarie pratique

Carnet pratique

Alimentation

Bonne nouvelle : en Bulgarie, vous pourrez vous régaler à prix doux dans les restaurants ! Même si votre budget est limité, vous aurez ainsi la possibilité de vous sustenter avec des mets savoureux.

Reportez-vous aux chapitres *La cuisine bulgare*, p. 480 et *Les vins bulgares*, p. 477.

Ambassades et consulats

Représentations étrangères en Bulgarie

France (☎02-965 1100 ; www.ambafrance-bg.org ; ul Oborishte 27-29 ; 🚌9, Ⓜ Sofiyski Universitet)

Belgique (☎02-988 72 90 ; bulgaria.diplomatie.belgium.be ; bul James Bourchier 103, 3e ét., entrée par l'ul Lyubotran ; Ⓜ James Boucher)

Suisse (☎02-942 01 00 ; www.eda.admin.ch/sofia ; ul Shipka 33 ; Ⓜ Vasil Levski Stadium)

Canada Consulat honoraire (☎02-939 47 47 ; Info.canbuliom@vfshelpline.com ; ul Tzar Assen 77, 1er ét. ; Ⓜ NDK). L'ambassade du Canada pour la Roumanie, la Bulgarie et la Moldavie est implantée à Bucarest (voir p. 262).

Grèce (☎02-943 4096 ; www.mfa.gr/sofia ; ul San Stefano 33 ; Ⓜ Vasil Levski Stadium)

Macédoine (☎02-870 5098 ; ul Frederic Joliot-Curie 17 ; Ⓜ Joliot-Curie)

Roumanie (☎02-971 28 58 ; sofia.mae.ro/en ; bul Mihay Eminesku 4 ; Ⓜ Vasil Levski Stadium, Sofia University)

Serbie (☎02-946 1635 ; sofia.mfa.gov.rs ; ul Veliko Tărnovo 3 ; Ⓜ Sofia University)

Turquie (☎02-935 5500 ; www.sofia.emb.mfa.gov.tr ; bul Vasil Levski 80 ; Ⓜ Vasil Levski Stadium)

Représentations bulgares à l'étranger

France (☎ 01 45 51 85 90 ; www.amb-bulgarie.fr ; 1 av. Rapp, 75007 Paris)

Belgique (☎02-374 59 63 ; Embassy.Brussels@mfa.bg ; av. Hamoir 58, 1180 Uccle)

Suisse (☎031 351 14 55 ; www.mfa.bg/embassies/switzerland ; Bernastrasse 2-4 ; 3005 Bern)

Canada (☎613 789 3215 ; www.mfa.bg/embassies/canada ; 325 Stewart St, Ottawa, K1N 6K5)

TARIFS DES RESTAURANTS

Les prix suivants valent pour un plat principal. Sauf mention contraire, le service est compris.

€ moins de 10 lv

€€ 10-20 lv

€€€ plus de 20 lv

Argent

Bien que la Bulgarie soit membre de l'UE, elle n'a pas adopté l'euro.

La monnaie bulgare est le lev (leva au pluriel), qui se divise en 100 stotinki. Elle est presque toujours abrégée sous la forme lv (лв). Le lev est une monnaie stable. Pour les sommes importantes (circuits organisés, billets d'avion, location de voiture, chambres d'hôtel des catégories moyenne et supérieure), les prix sont pratiquement toujours indiqués en euros – il est toujours possible de payer en leva.

Il existe des billets de 2, 5, 10, 20 et 50 leva, et des pièces de 1, 2, 5, 10, 20 et 50 stotinki ou de 1 lev. Dans certains magasins, les vendeurs ne rendent pas la monnaie pour moins de 1 lv.

Il est conseillé de faire l'appoint dans les sites touristiques de moindre importance, qui ne semblent jamais disposer de monnaie.

Pour des taux de change actualisés, voir p. 291.

POURBOIRES

Bars Les serveurs apprécieront que vous fassiez un petit geste en partant !

Hôtels Le personnel hôtelier n'attend pas de pourboire, sauf dans les établissements les plus luxueux.

Restaurants Dans certains restaurants, une taxe de 10% pour le service est incluse – certains serveurs arrondissent quand même la note ou gardent la monnaie.

Taxis Les chauffeurs des taxis équipés d'un compteur gardent en principe la monnaie.

Cartes bancaires

Les cartes bancaires sont généralement acceptées dans les hôtels, les restaurants et les magasins des villes, ainsi que dans les stations balnéaires ; en revanche, il est plus rare de pouvoir payer avec une carte bancaire à la campagne, où les espèces sont nettement privilégiées.

Certains établissements, comme des hôtels haut de gamme, appliquent un supplément de 5% pour les paiements par carte.

Distributeurs automatiques de billets (DAB)

On trouve des DAB acceptant les principales cartes bancaires internationales – Visa, MasterCard et American Express – dans toutes les localités assez importantes. Pour connaître le plafond des retraits autorisés, contactez votre banque.

Change

Des bureaux de change sont implantés dans les grandes villes. Ils affichent clairement les taux pratiqués et n'ont, légalement, plus le droit de prendre une commission – mais certains essaient quand même. Vérifiez bien la somme qui vous sera versée avant de donner vos billets. Évitez de changer de l'argent dans les gares ferroviaires, les aéroports et les stations balnéaires, où les taux sont très désavantageux.

Lorsque vous changez des espèces, assurez-vous que vos billets (en monnaie étrangère ou en leva) ne sont pas déchirés, annotés ou en mauvais état, car ils pourraient alors être refusés. Les devises les plus faciles à changer sont les euros et les dollars US ; le dollar canadien, par exemple, est plus difficilement échangeable, sauf dans certains établissements de Sofia, Plovdiv ou Varna.

Vous pourrez aussi changer des espèces dans la plupart des grandes banques en ville. Les taux de change indiqués sur leurs panneaux électroniques sont parfois un peu plus intéressants que ceux des bureaux de change, mais la plupart des banques facturent une commission.

Marché noir

Si certains Bulgares, notamment à Varna et Sofia, proposent encore aux étrangers de changer des devises, sachez qu'il s'agit d'une pratique illégale et que vous risquez d'obtenir des billets volés ou faux – ou de vous faire escroquer d'une autre manière.

Taxes

Une taxe sur la valeur ajoutée (TVA) de 20% est comprise dans les prix affichés en Bulgarie, ainsi que dans l'ensemble des tarifs indiqués dans ce guide. Certains restaurants ajoutent un supplément de 10% pour le service ; quelques établissements haut de gamme (ainsi que des guides touristiques) ne comprennent pas la TVA dans les tarifs annoncés.

Assurance

Il est conseillé de souscrire une police d'assurance qui vous couvrira en cas d'annulation de votre voyage, de vol, de perte de vos affaires, de maladie ou encore d'accident.

➡ Lisez avec la plus grande attention les clauses en petits caractères : c'est là que se cachent les restrictions. Vérifiez notamment que les "sports à risques", comme la moto ou même la randonnée, ne sont pas exclus de votre contrat, ou encore que le rapatriement médical d'urgence, en ambulance ou en avion, est couvert.

➡ Attention ! Avant de choisir une police d'assurance, vérifiez que vous ne bénéficiez pas déjà d'une assistance avec votre carte bancaire, votre mutuelle ou votre assurance automobile. C'est bien souvent le cas.

➡ Consultez également la rubrique *Santé* (p. 491) et le chapitre *Transports* (p. 493).

Bénévolat

La Bulgarie offre des opportunités de travail bénévole. Plusieurs organisations internationales ont des projets en cours dans le pays et de nombreux groupes locaux accueillent volontiers les étrangers.

Vous pourrez contacter :

Bulgarian Archaeological Association (www.archaeology.

LA BULGARIE PRATIQUE

- **Journaux** *Vagabond* (www.vagabond.bg) est un mensuel généraliste en anglais sur papier glacé, en vente dans les librairies et les kiosques à journaux de Sofia, ainsi que dans les cafés de Varna, Plovdiv et Stara Zagora. *Novinite* (www.novinite.com) est un journal d'actualités en ligne et en anglais.
- **Tabac** Environ 45% des Bulgares sont fumeurs. Il s'agit de l'un des taux les plus élevés d'Europe. Il est interdit de fumer dans tous les lieux publics fermés.
- **Radio** Les chaînes principales sont Radio Bulgaria (BNR ; www.bnr.bg), qui propose chaque jour un programme d'une heure en anglais, et BG Radio (91.9 FM ; www.bgradio.bg).
- **Poids et mesures** Le système métrique est en usage.

archbg.net). Fouilles archéologiques.

Green Balkans (www.greenbalkans-wrbc.org). Centre de soins et de réhabilitation des animaux sauvages blessés. Le réseau de bénévoles est chargé de réintroduire les animaux soignés dans leur milieu naturel.

Habitat for Humanity (www.habitatbulgaria.org). Construction de maisons et projets communautaires dans des quartiers défavorisés.

En France, des organismes offrent des opportunités de travail bénévole sur des projets de développement ou d'environnement, parfois sur des périodes courtes, de 1 à 4 semaines. Certaines associations s'adressent plus spécifiquement aux jeunes. Les chantiers proposés sont variés. Il s'agit d'une bonne formule pour s'immerger dans le pays, connaître l'envers du décor touristique et bénéficier d'une ambiance internationale (les volontaires viennent souvent de divers pays). En revanche, sachez que les conditions de vie sont souvent spartiates.

Vous pourrez contacter le **Comité de coordination pour le service volontaire international** (CCVIS ; ☎01 45 68 49 36 ; ccivs.org ; Maison de l'Unesco, 1 rue Miollis, 75015 Paris) et consulter les sites de **France Volontaires** (☎01 53 14 20 30 ; www.france-volontaires.org ; 6 rue Truillot, BP220, 94203 Ivry-sur-Seine Cedex), la plateforme des volontariats solidaires à l'international, et du **Centre d'information sur le volontariat international** (www.civiweb.com), qui constituent d'excellents points de départ pour rechercher une mission.

Cotravaux (☎01 48 74 79 20 ; www.cotravaux.org ; 11 rue de Clichy, 75009 Paris) est un "réseau d'acteurs du travail volontaire" qui regroupe des associations, dont plusieurs proposent des missions en Bulgarie, en lien avec des partenaires locaux. Vous en trouverez la liste (avec coordonnées et liens) sur son site Web.

Le réseau **World Wide Opportunities on Organic Farms** (WWOOF ; www.wwoofbulgaria.org) propose des missions de travail volontaire dans des fermes biologiques. Il existe diverses possibilités en Bulgarie.

Cartes de réduction

La carte internationale d'étudiant (ISIC), la carte jeune internationale (IYTC) et la carte internationale d'enseignant (ITIC) donnent droit à des réductions sur les sites touristiques, ainsi que dans les transports, les hébergements, les restaurants, les commerces et les salles de spectacles. Cela vaut toujours la peine de se renseigner, car les endroits concernés ne l'indiquent pas systématiquement. En Bulgarie, on peut acheter ces cartes dans les agences de voyages Usit Colours (www.usitcolours.bg). Vous pourrez également vous les procurer en ligne avant le départ.

- Carte internationale d'étudiant (ISIC) – pour les étudiants à temps complet ; plus d'infos sur isic.fr.
- Carte jeune internationale (IYTC) – pour les moins de 26 ans ; plus d'infos sur carteiytc.fr.
- Carte internationale d'enseignant (ITIC) – pour tous les enseignants à plein temps ; plus d'infos sur carteitic.fr.

Cartes et plans

Même pour les adeptes invétérés du GPS, il est bon d'avoir une carte routière papier de Bulgarie. L'atlas routier de la Bulgarie de chez Domino, intitulé *Bulgaria Road Atlas* (1/330 000), est de qualité.

En France, vous pourrez notamment vous procurer les cartes du pays publiées par Michelin (1/700 000) et Marco Polo (1/800 000).

Pour les randonneurs, avoir de bonnes cartes est primordial. Vous pourrez vous en procurer en ligne ou dans des librairies spécialisées avant le départ. Sinon, prenez le temps d'aller dans une librairie à Sofia : il sera nettement plus difficile d'en trouver dans les villages.

Vous pourrez vous rendre chez **Zig Zag Holidays** (☎02-980 5102 ; www.zigzagbg.com ; bul Stamboliyski 20-V ; ⌚9h30-18h30 lun-ven ; Ⓜ Serdika), qui vend des plans des parcs nationaux et des chaînes de montagnes. Dans le reste du pays, adressez-vous aux agences de voyages et aux centres d'informations touristiques locaux.

Douane

➡ La Bulgarie ne fait pas partie des pays membres de l'espace de Schengen.

➡ Les voyageurs sont autorisés à importer jusqu'à 10 000 € en devises fortes.

➡ Selon votre mode d'entrée dans le pays, vous serez plus ou moins susceptible d'être arrêté par les douaniers. Les touristes de bonne foi sont en principe épargnés.

➡ Pour des renseignements sur la réglementation en matière d'exportation d'articles rares (comme des objets anciens) depuis la Bulgarie, contactez l'Agence nationale de la douane (www.customs.bg).

Électricité

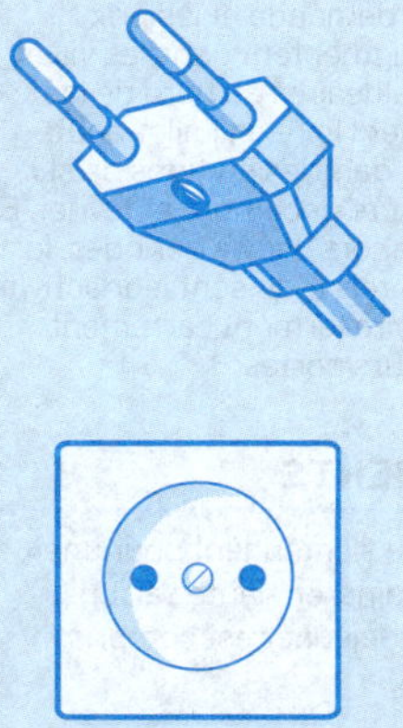

Type C
220 V/50 Hz

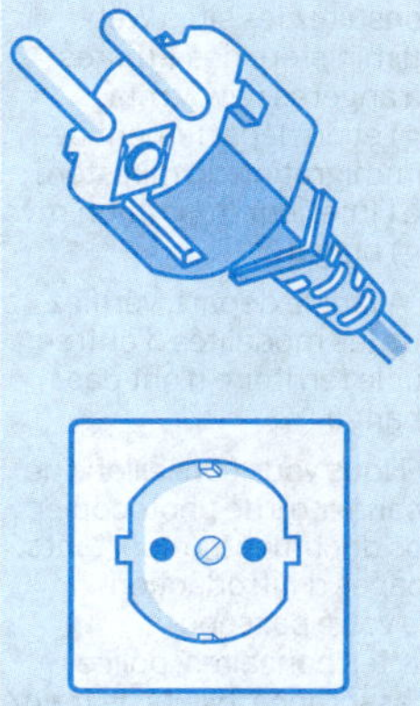

Type F
230 V/50 Hz

Enfants

Les enfants occupent une place de choix dans la société bulgare ! En dehors des bars, ils sont accueillis à bras ouverts, y compris dans les restaurants, les hôtels et les sites touristiques.

Les destinations les plus faciles pour un voyage en famille sont les stations de sports d'hiver, comme Bansko, et le littoral de la mer Noire. Les grands hôtels disposent souvent de clubs destinés aux petits. À la campagne, les plus grands apprécieront l'équitation, le vélo et l'observation de la faune. On trouve des parcs publics avec des aires de jeux dans toutes les grandes villes ; il y a aussi des zoos à Sofia et Varna.

Le guide *Voyager avec ses enfants* de Lonely Planet contient des renseignements et conseils d'ordre général pour faciliter votre voyage avec des enfants, et une section spéciale consacrée à la Bulgarie.

En bref

➡ **Allaitement** L'allaitement en public est peu répandu en Bulgarie, même si des associations tentent de faire évoluer les mentalités.

➡ **Enfants en bas âge**
Dans tout le pays, les magasins et supermarchés vendent des produits de base pour les tout-petits (couches jetables, aliments pour bébés, lait frais ou en poudre...). Les toilettes publiques sont rarement équipées d'un plan de change ; en revanche, les toilettes des restaurants et hôtels haut de gamme proposent souvent un espace bébé.

➡ **Baby-sitting**
En dehors de la communauté des expatriés de Sofia, il est difficile de trouver une agence de baby-sitting. Quelques hôtels haut de gamme proposent un service de garde d'enfants ; on en trouve aussi dans les hébergements de luxe des stations de ski comme Bansko.

➡ **Lits bébé et sièges enfant** Les grandes chaînes d'hôtels haut de gamme des grandes villes et des stations balnéaires possèdent en principe des lits bébé. La plupart des sociétés de location de voitures internationales vous fourniront un siège enfant (prévoir un supplément).

➡ **Restaurants** La plupart des restaurants de Bulgarie accueillent volontiers la clientèle familiale. Ils offrent rarement un menu spécifique – et encore moins des chaises hautes. Il ne vous restera qu'à partager vos plats avec vos bambins, afin de les initier aux saveurs du pays ! On trouve davantage de menus destinés aux plus jeunes dans les stations balnéaires de la mer Noire et parfois à Sofia. Pour les plus difficiles – et les coups de mou –, les restaurants à l'occidentale et les chaînes de fast-food ne manquent pas.

Femmes seules

En général, les femmes seules ne rencontreront pas de problèmes particuliers en Bulgarie. La plupart des hommes sont polis et respectueux. Cependant, sachez que les femmes bulgares n'ont pas pour habitude de fréquenter seules les bars et les discothèques, et que les étrangères en solo pourront attirer une attention excessive. À titre informatif, "*Az sâm omâzhena*" signifie "Je suis mariée" !

Pour les trajets à bord de trains de nuit, optez de préférence pour un compartiment plutôt que pour un siège-couchette. Dans les grandes villes et les stations balnéaires, les femmes s'habillent comme bon leur semble ; en revanche, les attitudes sont davantage conservatrices à la campagne.

Dans certains monastères et lieux de culte, on pourra vous demander de vous couvrir la tête à l'aide d'un châle ou d'un voile (souvent fournis) ; cette pratique tend toutefois à disparaître et on vous laissera peut-être entrer comme vous êtes si vos épaules et vos genoux sont couverts.

On trouve des tampons et des serviettes hygiéniques dans les supermarchés et les pharmacies de tout le pays.

Formalités et visas

Bien que membre de l'UE, la Bulgarie ne fait toujours pas partie de l'espace Schengen.

- Les ressortissants de l'Union européenne, les Suisses et les Canadiens n'ont pas besoin de visa pour pénétrer sur le territoire bulgare. Ils devront présenter un passeport (valable au moins 3 mois après la date de sortie du territoire prévue) ou une carte d'identité en cours de validité.
- Pour des renseignements complémentaires, consultez les sites Web du ministère des Affaires étrangères (www.mfa.bg) et du département de l'Immigration du ministère de l'Intérieur (migration.mvr.bg) bulgares.
- Avant le départ, vérifiez que les modalités d'entrée sur le territoire n'ont pas changé.
- Nous vous conseillons de scanner ou de photocopier vos documents importants (pages d'introduction de votre passeport, cartes bancaires, police d'assurance, billets de train/d'avion/de bus, permis de conduire, etc.). Conservez les copies à part des originaux, que vous remplacerez ainsi plus aisément en cas de perte ou de vol.

Handicapés

La Bulgarie n'est pas une destination facile pour les voyageurs handicapés. On y trouve peu d'installations conçues pour les besoins des personnes à mobilité réduite. En dehors des grandes villes, les trottoirs sont bien souvent jonchés de nids-de-poule ; et, hormis dans quelques hôtels haut de gamme de Sofia et des principales agglomérations, les rampes d'accès et les toilettes adaptées sont rares. Trop souvent, les transports publics ne conviennent pas aux handicapés.

- Vous pourrez contacter le Center for Independent Living (www.cil.bg), une organisation basée à Sofia.
- En France, l'**APF** (Association des paralysés de France ; Paris ☎01 53 80 92 97 ; www.apf.asso.fr ; 13 place de Rungis, 75013 Paris) et l'association **Handi Voyages** (handivoyages.free.fr) peuvent fournir des informations utiles sur les voyages accessibles. L'association **Ailleurs & Autrement** (www.ailleursetautrement.fr) organise des voyages adaptés aux personnes à mobilité réduite. Il existe également des agences de voyages spécialisées, parmi lesquelles **Access Tourisme Service** (☎02 38 74 28 40 ; www.access-tourisme.com ; 24 rue du 11-Novembre, 45130 Charsonville). **Yanous** (www.yanous.com) et **handicap.fr** (www.handicap.fr) constituent de bonnes sources d'informations.
- Si vous lisez l'anglais, vous pourrez télécharger le guide gratuit de Lonely Planet, *Accessible Travel*, à l'adresse suivante : lptravel.to/AccessibleTravel.

Hébergement

C'est à Sofia et dans les grandes villes comme Plovdiv et Varna que les hébergements sont les plus onéreux. Bien évidemment, la demande et les prix augmentent dans les villes balnéaires au bord de la mer Noire en juillet-août, et dans les stations de ski entre décembre et février. En dehors de ces périodes, les hôtels réduisent leur activité, voire ferment carrément leurs portes.

TARIFS DES HÉBERGEMENTS

Les tarifs indiqués dans ce guide s'entendent pour une chambre double avec salle de bains, en haute saison. Sauf mention contraire, le petit-déjeuner est compris.

€ moins de 60 lv

€€ 60-120 lv (jusqu'à 200 lv à Sofia)

€€€ plus de 120 lv (plus de 200 lv à Sofia)

TROUVER UN HÉBERGEMENT EN LIGNE

Bulgaria Monasteries (www.bulgariamonasteries.com). Pour réserver une chambre dans un monastère.

Hostelling International (www.hihostels.com). Auberges de jeunesse à Sofia et Plovdiv.

Lonely Planet (www.lonelyplanet.fr). Trouvez un hôtel en quelques clics dans la rubrique "Réservations".

Zig Zag Holidays (www.zigzagbg.com). Cette agence de voyages de Sofia peut vous aider à réserver des hébergements dans les villages et en montagne.

- **Pensions** Ces petits établissements familiaux, parfois appelés *guesthouse*, offrent un excellent rapport qualité/prix, avec des chambres confortables et des petits-déjeuners maison.
- **Hija** Ces refuges de montagne rudimentaires sont très pratiques pour les randonneurs.
- **Hôtels** On trouve toutes sortes d'hôtels en Bulgarie, des plus basiques aux plus luxueux.

Auberges de jeunesse

Sofia compte davantage d'auberges de jeunesse que les autres villes, mais il en existe aussi à Veliko Tărnovo, à Varna, à Plovdiv, à Bansko et à Burgas. La plupart sont modernes, propres, accueillantes et centrales.

Camping

La plupart des terrains n'ouvrent que de mai à septembre. Ils s'adressent avant tout à une clientèle familiale bulgare et conviennent rarement aux voyageurs non motorisés. Le camping sauvage est généralement interdit. Vous vous exposeriez à une forte amende en vous installant dans un parc national.

Chambres chez l'habitant

On peut souvent louer des chambres chez l'habitant auprès d'agences situées en centre-ville ou dans les gares routières et ferroviaires. Les tarifs s'échelonnent de 10 à 45 lv par personne. Repérez les pancartes indiquant des locations, en bulgare (Свободни Стаи) ou, assez fréquemment, en anglais ou en allemand. Les retraités qui attendent les voyageurs devant les gares routières et ferroviaires pour leur proposer de loger chez eux vivent avec des revenus très bas. Aujourd'hui, en raison du nombre croissant d'auberges de jeunesse et de sites communautaires de locations saisonnières, cette forme d'hébergement tend à disparaître.

Hôtels

D'une façon générale, les petits établissements familiaux présentent davantage d'attrait et, souvent, un meilleur rapport qualité/prix. Les destinations de villégiature (stations de ski, balnéaires ou thermales) sont en principe très bien dotées en hôtels haut de gamme.

Monastères

Parmi les 160 monastères que compte le pays, une dizaine proposent des hébergements à tous les voyageurs, qu'ils soient pèlerins ou touristes. Les chambres peuvent être situées dans l'enceinte même des monastères, comme à Rila et Tcherepish, ou dans des pensions voisines, comme aux monastères de Troyan, de Dryanovo et de Lopushanski. Certains n'hébergent des visiteurs que de manière sporadique. Sachez qu'il vous faudra revêtir une tenue couvrante et vous plier aux horaires de l'extinction des feux.

Refuges de montagne

Les *hija* (refuges) sont ouvertes à tous, et plus particulièrement aux randonneurs. Une *hija* dispose généralement de lits dans un dortoir rudimentaire, propre et confortable, avec salle de bains commune, à un prix oscillant entre 15 et 35 lv par personne et par nuit. La plupart ne fonctionnent que de mai à septembre. Celles installées près des principales pistes de ski restent ouvertes en hiver. Il s'agit d'établissements privés, qui changent souvent de propriétaires ; ceux qui les tiennent ne parlent fréquemment aucune autre langue que le bulgare. Il peut être utile de réserver ; demandez à un Bulgare de vous aider.

Heure locale

- La Bulgarie est à l'heure GMT + 2 heures. Quand il est midi à Bucarest, il est 11h à Paris et 5h du matin à Montréal.
- Le pays observe le passage à l'heure d'été : on avance d'une heure à 2h du matin le dernier dimanche de mars, et on recule d'une heure à 3h du matin le dernier dimanche d'octobre.
- Les horaires sont exprimés sur 24 heures pour les informations officielles comme les horaires de transport.

Heures d'ouverture

Voici les horaires standards :

Administrations 9h-17h lun-ven

Banques 9h-16h lun-ven

Bars 11h-0h

Commerces 9h-18h

Postes 8h30-17h lun-ven

Restaurants 11h-23h

Homosexualité

Bien que l'homosexualité soit légale, la culture gay reste très discrète dans une société encore conservatrice, souvent machiste et rongée par l'homophobie. Il n'existe pas de statut légal pour les couples de même sexe, qui ne peuvent en outre prétendre ni à l'adoption ni à la procréation assistée.

Les mentalités évoluent, toutefois, en particulier chez les jeunes. Il existe désormais quelques clubs et bars gays à Sofia, ainsi qu'à Varna et Plovdiv, à un degré moindre. Un défilé de la Gay Pride est organisé chaque année à Sofia (www.sofiapride.org), malgré les protestations et des actes de violence survenus ces dernières années.

Paradoxalement, l'une des plus grandes stars du pays, Azis, est un travesti d'origine rom qui affiche clairement son orientation sexuelle et a évoqué la double discrimination dont il est victime.

Plus de renseignements sur www.gay.bg.

Internet (accès)

La plupart des hôtels et des auberges de jeunesse offrent un accès Internet à leur clientèle. Certains mettent même des ordinateurs portables à disposition. On trouve des points Wi-Fi dans de nombreux restaurants, cafés et autres commerces.

En Bulgarie aussi, les cybercafés sont de plus en plus rares. Quand on en trouve, la connexion s'avère bon marché, entre 2 et 3 lv/heure – mais peut être d'une lenteur exaspérante. En outre, il s'agit surtout de lieux exigus, enfumés et remplis d'adolescents jouant à des jeux vidéo à un volume sonore assourdissant.

Dans ce guide, @ indique un endroit équipé de terminaux connectés à Internet ou de branchements pour ordinateurs portables, et (Wi-Fi) la présence du Wi-Fi.

Jours fériés

Les administrations, les banques, les postes et la plupart des entreprises ferment les jours fériés. Les hôtels, les restaurants, les bars, les réserves naturelles, les parcs nationaux et les musées restent ouverts (à moins que le jour férié ne coïncide avec leur jour de fermeture habituel), tout comme la plupart des commerces et des stations-service. Les postes-frontières et les transports publics fonctionnent également normalement.

Nouvel An 1er janvier

Jour de la Libération 3 mars

Pâques orthodoxe mars/avril/mai

1er mai

Fête de la Saint-Georges/ Fête de l'Armée bulgare 6 mai

Journée de l'alphabet cyrillique, de la littérature et de la culture slave 24 mai

Fête de l'Unification 6 septembre

Fête de l'Indépendance de la Bulgarie 22 septembre

Noël 25-26 décembre

Offices du tourisme

En Bulgarie, il existe des centres d'informations touristiques dans les grandes villes ainsi que, plus généralement, dans toutes les destinations touristiques. On y trouve des cartes gratuites, des brochures et des dépliants. Souvent, malheureusement, le personnel ne parle que bulgare. Les parcs nationaux possèdent la plupart du temps un centre d'accueil des visiteurs.

Burgas (www.gotoburgas.com)

Ministère du Tourisme (www.tourism.government.bg)

Portail national du tourisme (www.bulgariatravel.org)

Plovdiv (www.visitplovdiv.com)

Sofia (www.visitsofia.bg)

Varna (www.visit.varna.bg)

Veliko Tărnovo (www.velikoturnovo.info)

Poste

Envoyer une carte postale ou une lettre de 20 g maximum coûte 1 lv vers le reste de l'Europe et 1,40 lv pour le reste du monde. Les tarifs actualisés sont consultables sur www.bgpost.bg.

Si vous souhaitez expédier un colis depuis la Bulgarie, mieux vaut le présenter non emballé à la poste – cela vous épargnera de longues discussions avec les employés. Tout colis excédant 2 kg doit a priori passer par un bureau des douanes dédié (renseignez-vous auprès du bureau de poste).

Problèmes juridiques

En qualité d'État membre de l'UE, la Bulgarie suit plus ou moins le système légal du reste de l'Union : un prévenu a le droit d'être informé, d'avoir les services d'un

INSTITUT CULTUREL BULGARE

À Paris, l'**Institut culturel bulgare** (☎01 43 59 20 52 ; www.ccbulgarie.com ; 28 rue de La Boétie, 75008 Paris) œuvre pour la promotion de la langue et de la culture bulgares en France. Cet institut organise (et participe à) diverses manifestations culturelles (expositions, concerts, colloques...). Il possède en outre une bibliothèque.

avocat et d'un traducteur, et d'accéder aux documents légaux le concernant rédigés dans sa langue. Les arnaques aux touristes étrangers ont pris fin depuis longtemps et les policiers doivent se soumettre à une certaine éthique. Les Bulgares déplorent cependant la corruption de certaines administrations, notamment des douanes. Le mieux est de contacter votre ambassade (p. 484) en cas de problème avec la police.

La plupart des gouvernements possèdent des sites Internet qui recensent les dangers possibles et les régions à éviter. Reportez-vous aux encadrés p. 263 et p. 269.

PAS D'IMPAIRS !

Politesse Les Bulgares sont polis et assez réservés au premier abord. Privilégiez la poignée de main.

Espace vital Les Bulgares n'ont pas de problème avec la notion d'espace vital. Ne soyez pas surpris si des gens s'installent à votre table s'il manque des places dans un restaurant.

Files d'attente Les Bulgares sont peu regardants sur ce sujet : si vous êtes distrait, ne soyez pas étonné qu'on vous passe devant...

Cadeaux Si vous avez la chance d'être invité, les fleurs et l'alcool sont toujours des cadeaux appréciés.

Pourboires Arrondissez la note ou laissez un pourboire équivalent à 10% du montant total.

Transports en commun Il serait très mal vu de ne pas céder votre place à une femme enceinte ou à une personne âgée.

Santé

Avant le départ

ASSURANCE

➡ Il est conseillé aux ressortissants de l'UE et aux Suisses de se procurer une carte européenne d'assurance maladie (CEAM ; à demander au moins 15 jours avant le départ) auprès de leur caisse d'assurance maladie. Gratuite, individuelle et nominative, elle permet de bénéficier d'une prise en charge pour les soins de santé d'urgence.

➡ Les ressortissants des autres pays devront sûrement avancer les frais médicaux et demander ensuite le remboursement.

➡ Veillez à conserver tous les documents fournis par l'hôpital et tout autre structure médicale. Vous devrez les présenter à votre compagnie d'assurances avec votre demande de remboursement.

VACCINATIONS

Il n'existe pas de vaccin obligatoire pour entrer en Bulgarie. Toutefois, la vaccination contre l'hépatite A est conseillée. Les vaccins contre l'encéphalite à tiques, la rage et la typhoïde sont recommandés pour des séjours prolongés et/ou dans des conditions d'hygiène précaires ou en zone forestière.

En Bulgarie

DISPONIBILITÉ ET COÛT DES SOINS MÉDICAUX

Les grandes villes disposent d'hôpitaux publics d'un niveau acceptable, bien que pas toujours très performants. Préférez les cliniques privées.

Maladies infectieuses

ENCÉPHALITE À TIQUES

L'encéphalite à tiques représente un risque dans certaines régions rurales de Bulgarie. Ce virus rare mais grave peut provoquer d'importantes lésions cérébrales et entraîner la mort dans les cas les plus sévères. Si vous randonnez ou campez dans la nature, portez des vêtements couvrants et utilisez un répulsif. Vérifiez bien que vous ne contractez pas de tiques. Si vous vous faites mordre, retirez la tique avec un crochet spécial et prenez un avis médical.

RAGE

Les cas de rage sont rares, mais il s'agit d'une maladie à ne pas négliger étant donné le nombre de chiens errants en Bulgarie. Si vous vous faites mordre par un chien, une chauve-souris ou tout autre mammifère, consultez un médecin.

Eau

Généralement potable, l'eau du robinet peut néanmoins avoir un goût bizarre en Bulgarie. De plus, des cas de contamination ont été rapportés dans certaines zones rurales. Préférez l'eau minérale, disponible partout et à bas prix.

Téléphone

Appels nationaux et internationaux

➡ Pour téléphoner en Bulgarie depuis l'étranger, composez le code d'accès international en vigueur dans votre pays (☎00 en France, en Belgique et en Suisse, ☎011 au Canada), suivi du ☎359 (l'indicatif de la Bulgarie), de l'indicatif local (en enlevant le zéro initial) et du numéro.

➡ De Bulgarie, pour téléphoner dans un autre pays, faites le ☎00, puis l'indicatif du pays (☎33 pour la France, ☎32 pour la Belgique, ☎41 pour la Suisse, ☎1 pour le Canada), et le numéro de votre correspondant sans l'éventuel 0 initial.

➡ Pour téléphoner à l'intérieur de la Bulgarie, composez l'indicatif local, qui comporte entre 2 et 5 chiffres, puis le numéro de votre correspondant. Si vous téléphonez avec votre mobile, il vous faudra ajouter en premier l'indicatif du pays (☎359), sauf à utiliser une carte SIM bulgare.

➡ Pour contacter un mobile bulgare depuis la Bulgarie, composez le numéro complet, avec le 0 initial.

➡ Pour consulter les pages jaunes bulgares en ligne : www.goldenpages.bg.

Téléphone portable

➡ Les portables sont très répandus en Bulgarie. D'ailleurs, de nombreux hôtels, restaurants et autres services indiquent en premier lieu un numéro de mobile.

➡ Les numéros de téléphone portable ne commencent pas comme ceux des lignes fixes (ils sont en 087, 088, 089...). Ils sont souvent indiqués par les abréviations "GSM" ou "mob".

➡ Les trois principaux opérateurs mobiles bulgares, qui couvrent une grande partie du territoire, sont M-Tel (www.mtel.bg), Telenor (www.telenor.bg) et Vivacom (www.vivacom.bg).

➡ Depuis juin 2017, il n'existe plus de frais de *roaming* (itinérance) au sein de l'Union européenne (les Suisses ne sont pas concernés par cette mesure).

➡ Si vous venez d'un pays extérieur à l'UE, l'utilisation de votre propre carte SIM en Bulgarie peut entraîner des coûts de *roaming* élevés. Contactez votre opérateur. Une solution consiste à acheter une carte SIM bulgare prépayée.

Cartes téléphoniques

Les kiosques à journaux et certains magasins vendent des cartes prépayées (5-25 lv) permettant d'appeler en Bulgarie ou à l'étranger depuis les cabines téléphoniques. Quelques téléphones publics fonctionnent aussi avec les cartes bancaires.

Toilettes

La plupart des toilettes sont à l'occidentale – on trouve des toilettes à la turque sur certains sites, et notamment dans les monastères, et à proximité de la frontière avec la Turquie. Tous les hôtels fournissent du papier toilette et du savon ; c'est rarement le cas dans les autres établissements.

Il existe des toilettes publiques dans les gares routières et ferroviaires, les passages souterrains et les parcs, mais l'hygiène laisse généralement à désirer. Vous devrez payer de 0,30 à 0,50 lv, parfois plus pour le papier hygiénique.

Les toilettes des centres commerciaux modernes et des enseignes de fast-food sont bien entretenues.

Travailler en Bulgarie

Depuis que la Bulgarie a rejoint l'UE en 2007, il n'y a en théorie plus de restrictions à l'emploi pour les ressortissants européens (les autres devront en revanche demander un visa de travail – renseignez-vous auprès de l'ambassade de Bulgarie de votre pays). Toutefois, avec un taux de chômage élevé et des salaires parmi les plus bas d'Europe, la Bulgarie s'avère peu attractive pour les chercheurs d'emploi étrangers. À l'inverse, les bulgares se plaignent de la fuite des cerveaux, tandis que de nombreux jeunes partent travailler ailleurs en Europe.

L'État encourage l'implantation d'entrepreneurs étrangers sur son territoire, à condition qu'ils emploient une majorité de Bulgares. Toutefois, les formalités administratives sont extrêmement complexes.

Si vous trouvez un travail en Bulgarie et signez un contrat avant votre arrivée, votre employeur devrait se charger de toutes les démarches auprès des services administratifs et de payer les différentes taxes. Sinon, prenez contact avec d'autres expatriés qui vous renseigneront sur les formulaires à remplir et les taxes à régler.

Vous pourrez également consulter des sites à destination des expatriés, comme **expat.com** (www.expat.com/fr) ou **Just Landed** (www.justlanded.com).

Transports

DEPUIS/VERS LA BULGARIE

La plupart des visiteurs étrangers arrivent en Bulgarie à l'aéroport de Sofia, qui est bien desservi depuis les autres villes européennes. Le pays est également accessible par la route et par le rail depuis les territoires voisins. Le réseau ferré bulgare, qui fait partie des systèmes InterRail et Eurail, peut être intégré dans le cadre d'un voyage en train plus long en Europe. Les villes bulgares sont desservies par des bus longue distance arrivant de Turquie, de Grèce, de Serbie et de Macédoine. Depuis la Roumanie, des ferries transportant passagers et véhicules traversent régulièrement le Danube.

Si vous préférez les formules organisées, un certain nombre de compagnies proposent des circuits et des séjours tout compris (voir p. 496).

Vous pourrez trouver un vol, un séjour ou un hôtel en quelques clics dans la rubrique "Réservations" de www.lonelyplanet.fr.

Entrer en Bulgarie

Bien que membre de l'Union européenne (UE), la Bulgarie ne fait pas partie de l'espace Schengen.

Les ressortissants de l'UE, les Suisses et les Canadiens n'ont pas besoin de visa pour pénétrer sur le territoire bulgare. Ils devront présenter un passeport (valable au moins 3 mois après la date de sortie du territoire prévue) ou une carte d'identité en cours de validité.

L'attente est courante aux postes-frontières. Les douaniers vous questionneront peut-être sur les raisons de votre voyage en Bulgarie et sur vos lieux de séjour.

Pour des renseignements complémentaires concernant les formalités et les visas, reportez-vous p. 488.

Voie aérienne

La Bulgarie bénéficie de bonnes liaisons aériennes avec de nombreuses villes européennes, ainsi qu'avec quelques destinations au Moyen-Orient.

Aéroports et compagnies aériennes

L'aéroport de Sofia (www.sofia-airport.bg) est le principal point d'entrée en Bulgarie. En dehors de la capitale, les deux autres aéroports internationaux, à Varna (www.varna-airport.bg) et Burgas (www.bourgas-airport.com), desservent la côte et sont particulièrement fréquentés, quand ils accueillent de nombreux vols charters. Pour le centre de la Bulgarie, de rares vols directs desservent l'aéroport de Plovdiv (www.plovdivairport.com) au départ des quelques villes européennes, et notamment depuis Londres.

La compagnie nationale, Bulgaria Air (www.air.bg), couvre l'Europe et le Moyen-Orient, ainsi que des destinations intérieures sur le littoral de la mer Noire.

Les tarifs des billets d'avion vers la Bulgarie varient beaucoup. N'hésitez pas à consulter un comparateur de vols en ligne comme www.skyscanner.net. Renseignez-vous également auprès de spécialistes de la Bulgarie et des Balkans.

- www.balkanholidays.co.uk
- www.bulgariaflights.com
- www.flybulgaria.bg

Reportez-vous également à l'encadré *Agences en ligne*, p. 275.

Depuis la France

Air France (☎36 54 ; www.airfrance.fr) et **Bulgaria Air** (www.air.bg) assurent des vols directs quotidiens entre Paris (Roissy-Charles-de-Gaulle) et Sofia (2 heures 45), à partir de 200 € environ pour un aller-retour en classe économique.

La compagnie low cost hongroise **Wizz Air** (wizzair.com) propose des tarifs intéressants au départ de Paris-Beauvais.

Voici quelques adresses d'agences ou de transporteurs :

Les Connaisseurs du Voyage (☎01 53 95 27 00 ; www.connaisseursvoyage.fr ; 95 av. Mozart, 75016 Paris). Autre agence à Marseille.

Voyageurs du Monde (☎01 42 86 16 00 ; www.voyageursdumonde.fr ; 55 rue Sainte-Anne, 75002 Paris). Nombreuses agences en région ; également à Genève et Bruxelles.

Thomas Cook (☎0892 701 088 ; www.thomascook.fr)

Depuis la Belgique

Brussels Airlines ne dessert pas la Bulgarie. **Bulgaria Air** (www.air.bg) assure des vols directs quotidiens pour Sofia au départ de Bruxelles (2 heures 35) ; les tarifs débutent autour de 180 € pour un aller-retour en classe économique.

Renseignez-vous également sur les offres de **Wizz Air** (wizzair.com), qui propose des tarifs très intéressants.

Voici quelques adresses utiles en Belgique :

Airstop (☎070 233 188 ; www.airstop.be)

Connections (☎070 23 33 13 ; www.connections.be)

Gigatours Voyages Éole (Éole à Bruxelles ☎02 672 35 03 ; www.voyageseole.be)

Depuis la Suisse

En partenariat avec Helvetic Airways, **Swiss** (☎0848 700 700 ; www.swiss.com) propose des vols directs Zurich-Sofia (2 heures), à partir de 130 FS environ pour un aller-retour en classe économique. **Bulgaria Air** (www.air.bg) assure la même liaison à une fréquence moindre et à des tarifs comparables.

Vous pourrez notamment consulter les offres de :

STA Travel (☎058 450 49 49 ; www.statravel.ch)

PASSAGE DES FRONTIÈRES

Vous devrez sans doute patienter aux postes-frontières bulgares, surtout si vous voyagez par les transports publics, et plus encore depuis/vers la Turquie. Voici quelques points de passage (il ne s'agit pas d'une liste exhaustive) :

Depuis la Grèce

- Promahonas (Serres)-Kulata
- Ormenio (Alexandroupoli)-Svilengrad
- Thermes (Xanthi)-Zlatograd

Depuis la Macédoine

- Deve Bair-Gyushevo
- Delčevo-Stanke Lisitchkovo (Blagoevgrad)
- Novo Selo-Petritch

Depuis la Roumanie

- Giurgiu–Roussé ; pont à péage (6 €/véhicule)
- Calafat–Vidin ; pont à péage (6 €/véhicule)
- Calarasi-Silistra ; ferry
- Negru Vodă-Kardam
- Vama Veche (Varna)-Durankulak

Depuis la Serbie

- Dimitrovgrad-Kalotina
- Zaječar-Vrăshka Tchuka (Vidin)
- Strezimirovtsi (Serbie)-Strezimirovtsi (près de Pernik)

Depuis la Turquie

- Dereköy-Malko Tărnovo
- Edirne-Kapitan Andreevo

Depuis le Canada

Il n'existe pas de vol direct entre la Bulgarie et le Canada, et Bulgaria Air ne dessert pas le Canada. En partenariat avec Lufthansa, **Air Canada** (☎888 247 2262 ; www.aircanada.ca) propose des allers-retours Montréal-Sofia avec 1 escale (environ 11 heures). Pour un aller-retour en classe économique, les premiers prix démarrent à 1 000 $C.

Vous pourrez contacter notamment :

Lufthansa (☎800 563 5954 ; www.lufthansa.com)

Travel Cuts – Voyages Campus (☎1 800 667 2887 ; www.travelcuts.com)

Travelocity (www.travelocity.ca)

Voie terrestre

Bus

Face à la multiplication des liaisons aériennes à bas prix, les bus longue distance présentent un intérêt moindre que par le passé. Néanmoins, des bus en provenance de toute l'Europe desservent Sofia et d'autres villes bulgares. Vous devrez descendre à la frontière pour vous soumettre aux contrôles d'identité. Sachez que l'attente peut être longue.

DEPUIS LA FRANCE, LA BELGIQUE ET LA SUISSE

Des bus **Eurolines** (☎www.eurolines.com) partent

régulièrement de Paris et de nombreuses villes de province et desservent de nombreuses villes bulgares – Burgas, Razgrad, Shoumen, Roussé, Sliven, Sofia, Plovdiv, Stara Zagora, Varna. À titre indicatif, comptez 130 € au minimum pour un aller-retour Paris-Sofia (36 heures aller).

Lors de nos recherches, Eurolines ne desservait pas la Bulgarie depuis la Belgique et la Suisse.

DEPUIS/VERS LA GRÈCE

Sofia, Plovdiv, Burgas et Varna constituent les principaux points d'arrivée/de départ pour les liaisons avec la Grèce ; plusieurs compagnies desservent ces itinéraires. Consultez les sites www.bgrazpisanie.com et www.eurolines.bg.

DEPUIS/VERS LA MACÉDOINE

Les bus qui circulent entre la Macédoine et la Bulgarie arrivent et partent de Sofia et Blagoevgrad. Le site www.matpu.com (en bulgare) fournit tous les renseignements sur les liaisons en bus depuis/vers la Macédoine ; une version en anglais est disponible sur www.bgrazpisanie.com.

DEPUIS/VERS LA ROUMANIE

Il existe des bus réguliers depuis/vers Sofia, Roussé et Varna.

DEPUIS/VERS LA SERBIE

Des bus relient Sofia et la Serbie. Pour Belgrade, prenez une correspondance à Niš.

DEPUIS/VERS LA TURQUIE

Plusieurs compagnies assurent la liaison depuis/vers la Turquie. Consultez les horaires sur www.bgrazpisanie.com.

Train

La **compagnie nationale bulgare des chemins de fer** (Bălgarski Dărjavni Jeleznitsi, БДЖ, BDZ ; www.bdz.bg) gère toutes les liaisons ferroviaires internationales.

La Bulgarie fait partie des réseaux **InterRail** (www.interrail.eu) et **Eurail** (www.eurail.com) – pour de plus amples détails, reportez-vous à la rubrique *Cartes de train*, p. 274.

DEPUIS LA FRANCE, LA BELGIQUE ET LA SUISSE

Au départ de la France, il n'y a pas de train direct pour la Bulgarie. Un trajet à destination de Sofia nécessite au moins trois changements. Renseignez-vous directement à la gare la plus proche.

Depuis la Belgique, au moins quatre changements sont nécessaires. Vous devrez passer par l'Allemagne et l'Autriche.

Depuis la Suisse, vous pourrez rejoindre la capitale bulgare au départ de Zurich en passant par Budapest et Belgrade. Comptez 33 heures de trajet environ

Pour plus de détails, contactez les sociétés de chemins de fer française, belge ou suisse :

SNCF (☎3635 ; www.voyages-sncf.com)

SNCB (☎070 79 79 79 ; www.belgianrail.be)

CFF (☎0900 300 300 ; www.cff.ch)

DEPUIS/VERS LA MACÉDOINE

Actuellement, il n'existe pas de train direct entre la Bulgarie et la Macédoine. Pour aller de Sofia à Skopje par le train, vous devrez prendre une correspondance à Niš, en Serbie.

DEPUIS/VERS LA ROUMANIE

La plupart des voyageurs désireux de rejoindre la Roumanie depuis la Bulgarie transitent par Roussé. Consultez le site www.cfr.ro. Parmi les liaisons proposées : Roussé-Bucarest (20 lv, 3 heures 30) et Sofia-Bucarest (50 lv, 10 heures).

DEPUIS/VERS LA SERBIE

Des tronçons du Balkan Express, qui relie Belgrade et Istanbul via Sofia et Plovdiv, étaient en travaux lors de nos recherches.

Des trains de jour et de nuit circulent entre Belgrade et Sofia (40-80 lv, 11 heures) ; plus de renseignements sur www.serbianrailways.com.

DEPUIS/VERS LA TURQUIE

Le Bosphore Express, qui traverse quotidiennement la Bulgarie sur la ligne Bucarest-Istanbul (14 heures), s'arrête à Roussé. De Roussé à Istanbul, le voyage coûte environ 50 lv (supplément pour les couchettes).

Le Balkan Express relie chaque jour Istanbul à Belgrade (Serbie), via la Bulgarie, en passant par Plovdiv et Sofia. Le voyage entre Sofia et Istanbul prend environ 12 heures et revient à 60-70 lv. En raison des travaux en cours sur certains tronçons, il fallait prendre des correspondances en bus aux abords d'Istanbul lors de nos recherches.

PONTS VERS LA ROUMANIE

- Le péage du pont du Danube (anciennement "pont de la Liberté"), qui relie Giurgiu en Roumanie à Roussé en Bulgarie, revient à 6 € (environ 12 lv) par véhicule. La traversée à pied depuis Giurgiu n'est pas autorisée.
- Le même tarif s'applique pour le pont de la Nouvelle Europe (ou pont du Danube 2), qui va de Vidin, en Bulgarie, à Calafat, en Roumanie.

Voiture et moto

Pour rejoindre Sofia par la route depuis Paris ou Bruxelles, le trajet le plus court passe par l'Allemagne, puis par l'Autriche, la Slovénie, la Croatie et la Serbie. Comptez environ 2 200 km et 22 heures de trajet depuis Paris, et 2 100 km et 21 heures de trajet depuis Bruxelles.

Si vous partez de Marseille/Lyon, en passant par l'Italie via le péage de La Turbie/tunnel de Fréjus, comptez environ 1 900 km et 18 ou 19 heures de trajet. De Genève, il vous faudra parcourir 1 700 km (17 heures 30). Vérifiez que l'assurance de votre véhicule fonctionne en Bulgarie.

Tous les véhicules circulant en Bulgarie doivent posséder une **vignette** (15/30 lv par semaine/mois), en vente aux postes-frontières, ainsi que dans les stations-service et les bureaux de poste. En général, les voitures louées en Bulgarie en sont déjà dotées.

Pour des renseignements complémentaires sur la conduite automobile en Bulgarie, reportez-vous p. 501.

Voie fluviale

Oryahovo Des ferries assurent la traversée du Danube au départ de cette petite ville au nord de la Bulgarie et à destination de Bechet, en Roumanie.

Silistra De Silistra, les voyageurs peuvent traverser une frontière terrestre en direction de la ville d'Ostrov en Roumanie, avant d'embarquer à bord du ferry Ostrov-Călăraşi.

Voie maritime

Très peu de visiteurs arrivent en Bulgarie ou en repartent par la mer. Seul un cargo hebdomadaire (pour passagers et véhicules) assure la traversée entre l'Ukraine et le port de Varna. Un ferry de la compagnie **UKR** (www.ukrferry.com) relie Ilyichevsk en Ukraine à Varna (à partir de 100 $US, 30 heures environ).

VOYAGES ORGANISÉS

De nombreuses agences de voyages organisent des circuits et des séjours en Bulgarie. Beaucoup offrent la possibilité de voyages à la carte et combinent la découverte du patrimoine architectural et immatériel bulgare (monastères, traditions, artisanat...) à des activités de plein air, comme la randonnée (à pied, à VTT, en raquettes...), ou à des circuits dans des pays voisins (Grèce ou Macédoine, par exemple). Les croisières sur le Danube occupent une place de choix parmi les formules proposées. À titre indicatif, comptez un minimum de 900 € pour un circuit d'une semaine – et souvent beaucoup plus.

SPÉCIALISTES DE LA BULGARIE ET DES PAYS DE L'EST

AmSlave (☎01 44 88 20 40 ; www.amslav.com ; 60 rue de Richelieu, 75002 Paris). Ce spécialiste de l'Europe centrale et orientale propose un circuit à la découverte des trésors de la Bulgarie.

Pouchkine Tours (☎02 98 73 76 38 ; www.pouchkine-tours.com). Spécialiste des voyages en Russie et transsibériens, cette agence organise aussi des circuits en Bulgarie – plusieurs itinéraires combinés avec des pays voisins.

CIRCUITS CULTURELS

Arts et Vie (www.artsetvie.com) ; Paris (☎01 40 43 20 21 ; 251 rue de Vaugirard, 75015 Paris ; autres agences à Lyon, Grenoble, Marseille et Nice). Croisière sur le Danube, escapade à Sofia, circuit à la découverte des trésors des civilisations bulgares et un voyage combinant Bulgarie et Grèce.

Intermèdes (☎01 45 61 90 90 ; www.intermedes.com ; 10 rue de Mézières, 75006 Paris). Croisières sur le Danube, séjour à Sofia, circuit en Bulgarie, randonnée culturelle, et un voyage combinant Bulgarie et Macédoine.

Clio (☎01 53 68 82 82 ; 34 rue du Hameau, 75015 Paris ; www.clio.fr). Croisière sur le Danube et un circuit archéologique.

RANDONNÉE, AVENTURE ET TOURISME RESPONSABLE

Akaoka (☎01 83 62 19 68 ; www.akaoka.com ; 15 place des Halles, 34190 Gange). Randonnées à pied, à VTT ou en raquettes, trekking en liberté, formules combinant rando et balnéo dans le massif du Pirin, autotours... Nombreuses formules, dans les différentes régions du pays. Une agence affiliée à The International Ecotourism Society.

Allibert (☎04 76 45 84 84 ; www.allibert-trekking.com). Plusieurs agences en France (Paris, Chamonix, Chapareillan, Toulouse et Villeneuve-Loubet), ainsi qu'en **Belgique** (☎02 318 32 02) et en **Suisse** (☎022 519 03 23). Des circuits de marche-découverte pour tous les niveaux, avec des randonnées plus sportives dans les massifs du Balkan Central, du Rila et du Pirin.

Huwans Club Aventure (www.huwans-clubaventure.fr) ; Paris (☎01 44 32 09 30 ; 18 rue Séguier, 75006 Paris) ; Lyon (☎04 96 15 10 52 ; 38 quai Arloing, 69009 Lyon) ; Marseille (☎04 96 15 10 20 ; 4 rue Henri-et-Antoine-Maurras, 13016 Marseille ; sur rdv). Randonnées de niveaux facile ou modéré, circuit de découverte (hébergement chez l'habitant), et raquettes dans le parc du Vitosha, et dans les massifs du Rila et du Pirin.

Terres d'Aventure (www.terdav.com) ; Paris (☎01 70 82

90 00 ; 30 rue Saint-Augustin, 75002 Paris) ; nombreuses agences en France ; également en Belgique (Bruxelles ☎02 543 95 60), en Suisse (Genève ☎022 518 05 13) et au Canada (☎514 382 9453). Plusieurs formules de randonnées culturelles – à la découverte des monastères et des villages, des traditions et de l'artisanat... Une formule en raquettes également.

Zig Zag (☎01 42 85 13 93 ; www.zigzag-randonnees.com ; 54 rue de Dunkerque, 75009 Paris). Randonnées et circuits culturels. À noter : un voyage à la découverte du mystère des voies bulgares, une formule combinée avec le Monténégro, un voyage entre les Balkans et Istanbul, un circuit à l'occasion de la fête de la Rose...

SÉJOURS

De nombreux tour-opérateurs proposent des séjours tout compris dans les stations balnéaires du littoral de la mer Noire. La plupart offrent des formules incluant le voyage aller-retour en avion, le transfert à l'hôtel, et l'hébergement (avec demi-pension) en hôtel-club, avec piscine et carré de plage au bout de l'allée. Les prix sont souvent alléchants (400 € pour 7 nuits), mais attention ! Les prestations hôtelières varient énormément selon les établissements. Prenez le temps de comparer les offres et les destinations.

Vous pourrez notamment consulter le catalogue des prestataires suivants :

Kuoni (☎01 55 87 82 50 ; www.kuoni.fr). Séjours balnéaires (*resorts*).

Look Voyages (☎01 45 15 15 15 ; www.look-voyages.fr). Séjours (*resorts*) et clubs Lookéa (3, 4, ou 5 "parasols")

Thomas Cook (☎0 892 701 088 ; www.thomascook.fr). Hôtels et séjours.

Promovacances (☎0899 654 850 ; www.promovacances.com). Séjours balnéaires, hôtels, clubs.

COMMENT CIRCULER

Avion

Il n'existe que deux lignes intérieures – Sofia-Varna et Sofia-Burgas –, qui sont couvertes par Bulgaria Air (www.air.bg).

Bateau

La seule ligne maritime nationale fonctionne en été entre les villes touristiques de la mer Noire. Il s'agit de la liaison rapide assurée par le **Fast Ferry** (☎0885808001 ; www.fastferry.bg), qui relie le port des ferries de Nesebâr à Sozopol (aller à partir de 27 lv) et Pomorie (aller à partir de 11 lv).

Bus

Le bus constitue le mode de déplacement le plus agréable et le plus rapide en Bulgarie. Toutefois, l'état des véhicules est très variable.

Des bus desservent les principales agglomérations et relient les villages à la grande ville la plus proche. Plusieurs compagnies privées disposent de bus fréquents, modernes et confortables pour rallier les grandes villes, tandis que des minibus plus anciens, souvent bondés, circulent entre les localités de moindre importance.

De nombreux horaires de trains et de bus (mais pas tous) sont indiqués sur www.bgrazpisanie.com.

Biomet (☎02-813 3332 ; www.biomet.bg). Relie Sofia à Veliko Târnovo, Varna et Burgas, ainsi qu'à Roussé et Silistra, avec une moindre fréquence.

Etap-Grup (☎02-945 3939 ; www.etapgroup.com). Un réseau étendu avec des bus circulant entre Sofia, Burgas, Varna, Roussé et Veliko Tărnovo, ainsi qu'entre Sofia, Sozopol, Primorsko, Tsarevo et Pomorie.

Union-Ivkoni (☎02-989 0000 ; www.union-ivkoni.com). Sofia, Burgas, Varna, Plovdiv, Pleven, Roussé, Sliven, Shoumen et de nombreuses autres villes de taille plus modeste.

En stop

Bien qu'officiellement illégal en Bulgarie, le stop s'y pratique encore. Il peut s'avérer utile dans certaines circonstances, en raison de la rareté des transports publics.

Toutefois, le stop n'est jamais sûr à 100% et nous ne le conseillons pas. Ceux qui se laissent tenter doivent garder en tête qu'ils prennent un risque, rare mais potentiellement grave.

Depuis quelques années, la hausse de la criminalité tend à dissuader certains Bulgares de prendre des auto-stoppeurs.

Il est en outre déconseillé de franchir les frontières de la Bulgarie à bord d'un véhicule inconnu – vous risqueriez de subir des contrôles renforcés et d'être retardés.

Train

La **compagnie nationale bulgare des chemins de fer** (Bălgarski Dărjavni Jeleznitsi, БДЖ, BDZ ; www.bdz.bg) se targue de posséder pas moins de 4 278 km de voies ferrées, raccordant entre elles les principales villes et localités du pays. Certaines, situées sur des embranchements reliés à la ligne principale, sont peu desservies.

Vétustes et mal entretenus, la plupart des trains sont d'un confort médiocre et généralement plus lents que les bus. En revanche, les paysages traversés sont souvent plus beaux !

Il existe 3 catégories de trains : *ekspressen* (express), *bărz* (rapides) et *pătnitcheski* (lents). À moins d'adorer le rail ou de vouloir

POUR DÉCHIFFRER VOS BILLETS DE TRAIN

Tous les billets sont en cyrillique. Outre le lieu de départ et la destination, ils comportent quelques renseignements importants :

- Клас – *klas* – "1" (1re classe) ou "2" (2e classe)
- Категория – *kategoriia* – type de train : T (express), 255 (rapide) ou G (lent)
- Влак – *vlak* – numéro du train
- Час – *tchas* – heure de départ
- Дата – *data* – date de départ
- Вагон – *vagon* – numéro du wagon
- Място – *miasto* – numéro de la place

visiter un coin reculé, optez pour un train rapide ou express.

Deux des circuits en train les plus spectaculaires longent la gorge de l'Iskăr, de Sofia à Mezdra, et la voie étroite entre Septemvri et Bansko. Les amoureux du rail empruntent souvent ces itinéraires pour le simple plaisir.

Les voyages en train s'avèrent généralement sûrs et agréables. On rapporte toutefois des cas de vols et d'autres désagréments (présence de passagers en état d'ivresse, notamment) sur certains trajets transfrontaliers depuis/vers la Turquie ou la Serbie. Évitez les compartiments vides si vous voyagez à une heure tardive et prenez une couchette si vous effectuez un long périple de nuit entre la Bulgarie et un pays voisin.

Classes

Les compartiments de première classe comportent 6 places assises. En seconde classe, vous vous entasserez à huit. Les express interurbains possèdent des sièges individuels dans des wagons ouverts.

Vous devrez réserver pour avoir une place dans une voiture-lit ou un siège-couchette – disponibles de Sofia à Burgas et Varna. Les tarifs de première classe sont supérieurs de 25% à ceux de seconde classe, mais on apprécie généralement de débourser ce supplément en échange d'un peu plus d'espace.

Tarifs

En Bulgarie, les voyages en train vous sembleront bon marché : un billet pour la ligne Sofia-Varna, qui traverse le pays d'un bout à l'autre, coûte environ 25/30 lv en 1re/2e classe à bord d'un express. À plusieurs (3-6 personnes), vous aurez peut-être droit à une petite réduction.

Réservations

Pour les liaisons fréquentes, par exemple entre Sofia et Plovdiv, vous pourrez généralement vous présenter à la gare et trouver sans problème une place dans le prochain train (prévoyez tout de même 30 min de queue).

Sur certaines lignes, il est conseillé d'acheter ses billets à l'avance. C'est notamment le cas pour les week-ends d'été, dans l'express interurbain desservant le littoral de la mer Noire. On peut se procurer les billets à l'avance dans les grandes gares ferroviaires.

Généralement, il n'est pas possible d'acheter un billet pour partir d'une autre ville que celle où l'on se trouve (par exemple, vous ne pourrez pas réserver un billet Plovdiv-Veliko Tărnovo depuis Sofia).

Transports locaux

Bus et minibus

- Des bus et des minibus privés et publics sillonnent les routes reliant les petits villages, notamment sur le littoral de la mer Noire, ainsi que les centres urbains et les stations de ski en hiver. Les billets de minibus, qui coûtent environ le même prix que ceux des bus publics, s'achètent généralement auprès du chauffeur. Les destinations (en cyrillique) et l'heure du départ (souvent) sont indiquées sur le pare-brise. La plupart des minibus partent des grandes gares routières ou à proximité.
- À Sofia, des minibus appelés *marshrutki*, qui fonctionnent comme des taxis collectifs, relient le centre aux banlieues.
- La plupart des villes bulgares disposent d'un bon réseau de bus, efficaces et bon marché, quoique souvent bondés.
- Dans certains centres-villes, on trouve aussi des trolleybus. Les tarifs sont en principe les mêmes que dans les bus urbains.

Taxi

Vous pourrez généralement héler un taxi dans les rues des grandes villes de Bulgarie. Veillez à ce que le véhicule soit bien jaune et équipé d'un compteur en état de fonctionnement.

Certains sont très bon marché, mais les tarifs varient énormément. Il est possible de louer un taxi pour de longs trajets, à un tarif négociable que vous pourrez calculer en rapportant le prix par kilomètre à la distance et en ajoutant le temps d'attente.

Les chauffeurs sont tenus d'afficher clairement leurs tarifs sur les vitres, sur 3 ou 4 lignes stipulant :

- Le prix au kilomètre de 6h à 22h (0,60-0,80 lv/km en moyenne), ainsi que le tarif de nuit (parfois le même, mais souvent majoré de 10%)
- Le supplément éventuel (0,50 lv environ) pour commander un taxi par téléphone (pratiquement toujours superflu)
- Le tarif minimal (0,30-0,50 lv)
- Le tarif pour l'attente (0,15-0,30 lv/min)
- Certains chauffeurs ont tendance à duper les étrangers non avertis en prétendant que leur compteur "ne fonctionne pas" (la loi stipule qu'il doit fonctionner) ou en proposant un tarif forfaitaire au moins deux fois supérieur à celui du compteur. Les taxis malhonnêtes semblent se regrouper devant les aéroports et les gares (routières et ferroviaires), dans les centres des grandes villes, ainsi que dans les stations balnéaires de la mer Noire. Il n'est utile de négocier un prix que si la course comprend plusieurs étapes ou si le chauffeur doit vous attendre pendant une visite.

Vélo

Les déplacements à vélo ne sont ni très pratiques ni très sûrs dans les zones urbaines et les accidents sont nombreux dans les rues encombrées de Sofia.

Globalement, les routes sont mal entretenues et la circulation est dense sur les axes principaux. Les vélos sont interdits sur les voies rapides.

Les petites routes de campagne se prêtent mieux au cyclotourisme et il est possible de transporter son vélo à bord des bus longue distance et des trains (supplément de 2 lv, demandez un ticket à la billetterie).

Il est agréable de se promener à vélo dans les stations balnéaires au bord de la mer Noire, où il y a de nombreux loueurs. On trouve des pièces détachées dans les villes ; toutefois, il est recommandé de prévoir le nécessaire. Les VTT sont plus adaptés à la campagne que les vélos de route. On en trouve parfois à louer, surtout dans des campings. Des formules d'une semaine à vélo sont proposées (à partir de 900 lv) sur www.cyclingbulgaria.com.

Certaines agences répertoriées dans la rubrique *Voyages organisés* proposent aussi des circuits à VTT.

Pour des renseignements complémentaires, consultez le site de l'Association bulgare de cyclisme (www.bulgaria-cycling.org).

Voiture et moto

Le meilleur moyen de se déplacer en Bulgarie, notamment pour atteindre les villages reculés, les monastères et les parcs nationaux, consiste à louer une voiture (ou une moto). L'**Union des automobilistes bulgares** (☎02-935 7935, assistance route 02-91 146 ; www.uab.org), la principale association automobile nationale, fournit hélas peu d'informations en anglais.

Avant d'emprunter les autoroutes, vous devrez vous procurer une **vignette** valable une semaine ou un mois, qui devra être placée en évidence dans votre véhicule. Vous pourrez vous la procurer au passage de la frontière (15/30 lv), ainsi que dans certaines stations-service et dans les postes bulgares. En général, les voitures de location en sont déjà dotées.

Permis de conduire

Vous pourrez conduire en Bulgarie avec votre permis de conduire national.

LES TRANSPORTS EN BULGARIE EN BREF

Bus Entre les villes, ce sont les bus qui offrent les liaisons les plus fiables. Les bus locaux, bien que peu fréquents, desservent la plupart des villages, les stations de ski et les stations balnéaires.

Voiture Le mode de transport le plus pratique, notamment pour accéder à de petits villages. En Bulgarie aussi, on conduit à droite !

Taxi En dehors des courses en ville, il peut être intéressant de louer à la journée les services d'un chauffeur : on évitera ainsi les désagréments liés à la rareté des bus. Veillez toutefois bien à convenir d'un prix *avant* le départ.

Train Plus lent que les bus, souvent en retard sur l'horaire prévu... Le train permet de découvrir de beaux paysages... à ceux qui ont du temps devant eux !

DISTANCES ROUTIERES (EN KM)

	Blagoevgrad	Burgas	Dobritch	Gabrovo	Haskovo	Kulata	Kyustendil	Lovetch	Pleven	Plovdiv	Roussé	Shoumen	Sliven	Silistra	Smolyan	Sofia	Stara Zagora	Varna	Veliko Tărnovo	Vidin
Burgas	464																			
Dobritch	613	185																		
Gabrovo	321	234	317																	
Haskovo	272	213	388	141																
Kulata	82	520	695	403	346															
Kyustendil	72	462	602	310	278	154														
Lovetch	268	299	356	65	206	350	257													
Pleven	275	334	347	100	241	357	264	35												
Plovdiv	194	270	455	146	78	260	200	159	194											
Roussé	421	263	212	152	293	503	410	150	146	298										
Shoumen	482	148	133	186	302	564	471	225	219	283	115									
Silistra	543	262	92	274	374	619	525	272	268	396	122	113								
Sliven	353	114	299	130	132	419	359	193	228	159	216	135	248							
Smolyan	244	357	541	241	141	207	302	261	296	102	393	356	474	232						
Sofia	101	385	512	220	234	183	90	167	174	156	320	381	443	279	258					
Stara Zagora	282	182	367	80	61	348	288	145	180	88	232	218	355	71	161	231				
Varna	571	134	51	274	371	652	559	313	304	398	203	90	143	248	477	469	316			
Veliko Tărnovo	342	224	271	46	187	424	331	85	120	192	106	140	228	110	287	241	126	228		
Vidin	300	538	558	308	433	382	289	243	208	355	356	429	478	429	457	199	388	515	328	
Vratsa	217	406	451	172	316	299	206	119	108	237	254	329	376	300	329	116	251	421	193	126

Location

Pour louer une voiture en Bulgarie, vous devrez être âgé d'au moins 21 ans et avoir obtenu votre permis de conduire depuis un an au minimum.

Il existe des agences de location dans tout le pays, même si le choix est plus étendu dans les grandes villes, les aéroports et les stations balnéaires de la mer Noire. Comptez autour de 60-80 lv/jour.

Assurance

Une assurance au tiers est obligatoire et vous devrez à tout moment pouvoir présenter la carte internationale d'assurance du véhicule, dite "carte verte", ainsi que les papiers d'immatriculation (carte grise) de votre véhicule. Avant le départ, assurez-vous que vous serez bien couvert en Bulgarie.

Vous trouverez des informations en anglais utiles sur le site Web du Bureau national des assureurs de véhicules bulgares (www.nbbaz.bg).

État des routes et sécurité routière

Parmi les plus dangereuses d'Europe, les routes bulgares font chaque année un nombre élevé de victimes. Vitesse excessive et conduite agressive sont banales ; en été (de juillet à septembre), on note une augmentation de la conduite en état d'ivresse qui, alliée à une forte circulation, cause davantage d'accidents.

L'agglomération de Sofia et les routes de la côte de la mer Noire sont particulièrement embouteillées. Armez-vous de patience.

En dehors des routes principales, bien entretenues, l'état des routes bulgares laisse souvent à désirer. Ornières, travaux, véhicules lents, chevaux, carrioles, conduite parfois hasardeuse d'autres automobilistes : soyez préparé à tout !

Les routes de montagne sont souvent étroites et sujettes aux éboulis. À l'intérieur du pays, à la campagne, les voies sont souvent jonchées de nids-de-poule et dépourvues de marquage au sol.

- Ne comptez jamais entièrement sur les panneaux indicateurs qui, en dehors des villes et des sites touristiques, sont uniquement rédigés en alphabet cyrillique – essayez d'apprendre à le déchiffrer. Procurez-vous aussi une bonne carte routière ou le *Bulgaria Road Atlas* (au 1/330 000), en bulgare et en anglais, édité par Domino et en vente dans de nombreuses librairies du pays.

Code de la route

Même si les panneaux indicateurs sont rares, les limitations de vitesse (50 km/h en agglomération, 90 km/h hors agglomération et 130 km/h sur autoroute) sont contrôlées régulièrement par la police, notamment à l'aide de radars installés sur les axes principaux.

- À l'avant, conducteurs et passagers doivent boucler leur ceinture de sécurité. Le port du casque est obligatoire pour les motards.
- Tous les véhicules doivent être équipés d'un triangle de signalisation, d'un gilet réfléchissant et d'un kit de première urgence.
- L'alcoolémie autorisée est limitée à 0,05%.
- Les moins de 12 ans n'ont pas le droit de s'asseoir à l'avant.
- Les feux de croisement doivent être allumés de jour comme de nuit, et ce toute l'année. Les voitures de location peuvent être réglées pour conserver leurs feux allumés – renseignez-vous auprès de l'agence.
- Il est interdit de téléphoner au volant, sauf avec un kit mains libres.
- En cas d'accident, vous devez rester près de votre véhicule et demander à quelqu'un d'appeler la police locale et le ☎112 pour assistance.
- On entend encore parler de policiers de la route corrompus qui ciblent les automobilistes, surtout ceux qui circulent en berline de marque étrangère : ils exigent alors une "amende" à payer immédiatement pour un motif fallacieux. La pratique tend à disparaître mais si par malchance cela devait vous arriver, demandez de payer au commissariat ou exigez un formulaire à conserver, mentionnant la qualité de l'agent de police. Vous pourriez bien échapper à l'amende ! On rapporte également des cas d'extorsion semblables, menés par de faux agents. Une fois encore, exigez des garanties avant de payer.

Langue

Langue officielle de la république de Bulgarie, le bulgare moderne appartient au groupe des langues slaves méridionales, à l'instar du macédonien et du serbe, et compte 9 millions de locuteurs.

Il utilise l'alphabet cyrillique (voir p. 458), que nous vous conseillons fortement d'apprendre avant de partir ; pour l'essentiel, il se prononce presque comme il s'écrit. La seule difficulté concerne peut-être la lettre ъ qui se prononce "eu". L'accent tonique ne porte pas de signe distinctif, mais nous indiquons ici en italique les syllabes accentuées. Le cas échéant, nous faisons aussi figurer entre parenthèses la forme de politesse ("pol") et la forme plus familière ("fam").

Enfin, notez que dans la transcription adoptée dans ce guide, le "u" se prononce "ou" ; par ailleurs, nous n'avons pas accentué le "e", qui se dit systématiquement "é".

CONVERSATION

Bonjour.	Здравейте.	zdra·*veï*·te
Au revoir.	Довиждане.	do·*vij*·da·ne
Oui.	Да.	da
Non.	Не.	ne
S'il vous plaît.	Моля.	*mol*·ya
Merci.	Благодаря.	bla·go·dar·*ya*
Je vous en prie.	Няма защо.	*nya*·ma zash·*to*
Excusez-moi.	Извинете.	iz·vi·*ne*·te
Désolé.	Съжалявам.	seu·jal·*ya*·vam

Comment allez-vous ?

Как сте/си? (pol/inf)	kak ste/si

Bien, merci. Et vous ?

Добре, благодаря.	do·*bre* bla·go·da·*rya*
А вие/ти? (pol/inf)	a *vi*·e/te

Quel est votre/ton nom ?

Как се казвате /казваш? (pol/inf)	kak se *kaz*·va·te /*kaz*·vash

Je m'appelle...	Казвам се…	*kaz*·vam se

Parlez-vous français ?

Говорите ли френски?	go·*vo*·ri·te li fren·ski

Je ne comprends pas.

Не разбирам.	ne raz·*bi*·ram

HÉBERGEMENT

Où y a-t-il un(e)... ?

Къде има…?	keu·*de* *i*·ma

auberge de jeunesse

общежитие	ob·shte·*ji*·ti·ye

camping	къмпинг	*keum*·ping
hôtel	хотел	ho·*tel*
pension	пансион	pan·si·*on*
Avez-vous	Имате ли	*i*·ma·te li
une chambre... ?	стая с…?	*sta*·ya s
simple	едно легло	ed·*no* leg·*lo*
double	едно голямо легло	ed·*no* go·*lya*·mo leg·*lo*

Quel est le prix par nuit/personne ?

Колко е на вечер /човек?	*kol*·ko e na *ve*·tche r/tcho·*vek*

QUESTIONS

Comment ?	Как?	kak
Quoi ?	Какво?	kak·*vo*
Quand ?	Кога?	ko·*ga*
Où ?	Къде?	ka·*de*
Qui ?	Кой? (m sg)	koï
	Коя? (f sg)	ko·*ya*
	Кое? (n sg)	ko·*e*
	Кои? (pl)	ko·*i*
Pourquoi ?	Защо?	zash·to

DIRECTIONS

Où est le (marché) ?
Къде се намира (пазарът)? — keu·de se na·mi·ra (pa·za·reut)

Quelle est l'adresse ?
Какъв е адресът? — ka·keuv e ad·re·seut

Pouvez-vous me montrer (sur la carte) ?
Можете ли да ми покажете (на картата)? — mo·je·te li da mi po·ka·je·te (na kar·ta·ta)

À quelle distance est-ce ?
На какво растояние е? — na kak·vo ras·to·ya·ni·e e

AU RESTAURANT

Je voudrais, s'il vous plaît.
Дайте ми…, моля. — daï·te mi… mol·ya

ce plat	онова блюдо	o·no·va blyou·do
l'addition	сметката	smet·ka·ta
la carte des boissons	листата с напитките	lis·ta·ta s na·pit·ki·te
le menu	менюто	men·you·to

Que conseillez-vous ?
Какво ще препоръчате? — kak·vo shte pre·po·reu·tcha·te

Avez-vous des plats végétariens ?
Имате ли вегетерианска храна? — i·ma·te li ve·gue·te·ri·an·ska hra·na

Je vais prendre...
Ще взема… — shte vze·ma

Santé !	Наздраве!	na·zdra·ve
bière	бира	bi·ra
bouteille	шише	shi·she
café (lieu)	кафене	ka·fe·ne
café	кафе	ka·fe
couteau	нож	noj
cuillère	лъжица	leu·ji·tsa
déjeuner	обед	o·bed
dîner	вечеря	ve·tcher·ya
eau	вода	vo·da
fourchette	вилица	vi·li·tsa
fruit	плод	plod
jus	сок	sok
lait	мляко	mlya·ko
légume	зеленчук	ze·len·tchouk
œuf	яйца	yaï·tsa
petit-déjeuner	закуска	za·kous·ka
poisson	риба	ri·ba
restaurant	ресторант	res·to·rant
tasse	чаша	tcha·sha
thé	чай	tchaï
verre	чаша	tcha·sha
viande	месо	me·so
vin	вино	vi·no

URGENCES

À l'aide !	Помощ!	po·mosht
Allez-vous-en !	Махайте се!	ma·haï·te se
Appelez... !	Повикайте…!	po·vi·kaï·te
la police	полицията	po·li·tsi·ya·ta
un médecin	лекар	le·kar
Je suis perdu.	Загубих се.	za·gou·bih se

Où sont les toilettes ?
Къде има тоалетни? — keu·de i·ma to·a·let·ni

Je suis malade.
Болен/Болна съм. (m/f) — bo·len/bol·na seum

Je suis allergique à...
Алергичен/Алергична съм на… (m/f) — a·ler·gui·tchen/a·ler·guitch·na seum na

ACHATS ET SERVICES

Où est le/la... ? — Къде се намира…? — keu·de se na·mi·ra

banque	банката	ban·ka·ta
DAB	банкомат	ban·ko·mat
épicerie	гастроном	gas·tro·nom
grand magasin	универсален магазин	ou·ni·ver·sa·len ma·ga·zin
kiosque à journaux	киоск	ki·osk
office du tourisme	бюрото за туристическа информация	byou·ro·to za tou·ri·sti·tches·ka in·for·ma·tsi·ya
poste	пощата	po·shta·ta

Je voudrais acheter (une carte téléphonique).
Искам да си купя. (една телефонна карта) — is·kam da si koup·ya (ed·na te·le·fon·na kar·ta)

Puis-je la voir ?
Мога ли да го разгледам? — mo·ga li da go raz·gle·dam

En avez-vous d'autres ?
Имате ли още? — i·ma·te li osh·te

Combien ça coûte ?
Колко струва? — kol·ko strou·va

C'est trop cher.
Скъпо е. — skeu·po e

Il y a une erreur dans l'addition.
Има грешка в сметката. — i·ma gresh·ka v smet·ka·ta

HEURE ET DATE

Quelle heure est-il ?
Колко е часът? — *kol*·ko e tcha·*seut*

Il est (2) heures.
Часът е (два). — tcha·*seut* e (dva)

(1) heure et demie.
(Един) и половина. — (e·*din*) i po·lo·*vi*·na

À quelle heure... ?
В колко часа...? — v *kol*·ko tcha·*seu*

À ...	В ...	v
hier...	вчера...	*vtche*·ra
demain...	утре...	*out*·re
matin	сутринта	sout·rin·*ta*
après-midi	следобед	sle·*do*·bed
soir	вечерта	ve·tcher·*ta*

lundi	понеделник	po·ne·*del*·nik
mardi	вторник	*vtor*·nik
mercredi	сряда	*srya*·da
jeudi	четвъртък	tchet·*veur*·teuk
vendredi	петък	*pe*·teuk
samedi	събота	*seu*·bo·ta
dimanche	неделя	ne·*del*·ya

janvier	януари	ya·nou·*a*·ri
février	февруари	fev·rou·*a*·ri
mars	март	mart
avril	април	ap·*ril*
mai	май	maï
juin	юни	*you*·ni
juillet	юли	*you*·li
août	август	*av*·goust
septembre	септември	sep·*tem*·vri
octobre	октомври	ok·*tom*·vri
novembre	ноември	no·*em*·vri
décembre	декември	de·*kem*·vri

PANNEAUX

Вход	Entrée
Изход	Sortie
Отворено	Ouvert
Затворено	Fermé
Информация	Information
Забранено	Interdit
Тоалетни	Toilettes
Мъже (М)	Hommes
Жени (Ж)	Femmes

TRANSPORTS

Transports publics

Est-ce le... pour (Burgas) ?
Това ли е... за (Бургас)? — to·*va* li e... za (bour·*gas*)

avion	самолетът	sa·mo·*le*·teut
bateau	корабът	ko·*ra*·beut
bus	автобусът	av·to·*bou*·seut
train	влакът	*vla*·keut

À quelle heure est le... bus ?
В колко часа е... автобус? — v *kol*·ko tcha·*seu* e... av·to·*bous*

premier	първият	*peur*·vi·yat
dernier	последният	po·*sled*·ni·yat
prochain	следващият	*sled*·vash·ti·yat

Où puis-je acheter un billet ?
Къде мога да си купя билет? — keu·*de mo*·ga da si *koup*·ya bi·*let*

Un billet... (pour Varna), s'il vous plaît.
Един билет... (за Варна), моля. — e·*din* bi·*let*... (za *var*·na), *mol*·ya

aller simple
в едната посока — v ed·*na*·ta po·*so*·ka

aller-retour
за отиване и връщане — za o·*ti*·va·ne i *vreush*·ta·ne

Combien de temps dure le trajet ?
Колко трае пътуването? — *kol*·ko *tra*·ye peu·tou·va·ne·to

Est-ce un trajet direct ?
Има ли прекачване? — *i*·ma li pre·*katch*·va·ne

À quelle heure arrive-t-il/part-il ?
В колко часа пристига /тръгва? — v *kol*·ko tcha·*seu* pris·*ti*·ga /*treug*·va

De combien sera le retard ?
Колко закъснение има? — *kol*·ko za·keus·*ne*·ni·ye ma

S'arrête-t-il à (Plovdiv) ?
Спира ли в? (Пловдив) — *spi*·ra li v (*plov*·div)

Combien de temps s'arrête-t-on ici ?
След колко време тръгваме оттук? — sled *kol*·ko *vre*·me *treug*·va·me ot·*touk*

Quel(le) est cet(te) arrêt/gare ?
Коя е тази гара/спирка? — ko·*ya* e *ta*·zi ga·ra/*spir*·ka

Quel(le) est le (la) prochain(e) arrêt/gare ?
Коя е следващата гара/спирка? — ko·*ya* e *sled*·va·shta·taga·ra/*spir*·ka

S'il vous plaît, dites-moi quand nous arriverons à (Smolyan).
Кажете ми моля. когато пристигнем в (Смолян) — ka·*je*·te mi *mol*·ya · ko·gato pris·*tig*·nem v (*smol*·yan)

Quel est le prix pour... ?
Колко струва до...? — *kol*·ko *strou*·va do

S'il vous plaît, emmenez-moi à (cette adresse).

Моля да ме докарате до (този адрес).	*mol*·ya da me do·*ka*·ra·te do (*to*·zi ad·*res*)	

Je voudrais un taxi...

	Искам да поръчам такси…	*is*·kam da po·*reu*·tcham tak·*si*
à (9h)	в (девет часа) сутринта	v (*de*·vet tcha·*sa* sou·trin·*ta*)
maintenant	сега	se·*ga*
demain	за утре	za *out*·re

S'il vous plaît...	Моля…	*mol*·ya
ralentissez	намалете	na·ma·*le*·te
arrêtez-vous ici	спрете тук	*spre*·te touk
attendez ici	чакайте тук	*tcha*·kaï·te touk

Voiture et vélo

Je voudrais louer un(e)...

	Искам да… взема под наем	*is*·kam da vze·ma pod *na*·em
moto	един мотопед	e·*din* mo·to·*ped*
vélo	един велосипед	e·*din* ve·lo·si·*ped*
voiture	една кола	e·*dna* ko·*la*

Combien coûte la location par... ?

	Колко струва на… да се наеме?	*kol*·ko *strou*·va na... da se na·e·me
heure	час	tchas
jour	ден	den
semaine	седмица	*sed*·mi·tsa

air	въздух	*veuz*·douh
essence	бензин	ben·*zin*
huile	масло	*mas*·lo
pneus	гуми	*gou*·mi

J'ai besoin d'un garagiste.

Трябва ми монтьор.	*tryab*·va mi mon·*tyor*

NOMBRES

1	един (m)	e·*din*
	една (f)	ed·*na*
	едно (n)	ed·*no*
2	два (m)	dva
	две (f et n)	dve
3	три	tri
4	четири	*tche*·ti·ri
5	пет	pet
6	шест	shest
7	седем	*se*·dem
8	осем	*o*·sem
9	девет	*de*·vet
10	десет	*de*·set
20	двайсет	*dvaï*·set
30	трийсет	*tri*·set
40	четирийсет	tche·*ti*·ri·set
50	петдесет	pet·de·*set*
60	шестдесет	shest·de·*set*
70	седемдесет	se·dem·de·*set*
80	осемдесет	o·sem·de·*set*
90	деветдесет	de·vet·de·*set*
100	сто	sto

Je n'ai plus d'essence.

Нямам бензин.	*nya*·mam ben·*zin*

J'ai un pneu à plat.

Пукнала ми се е гумата.	*pouk*·na·la mi se e *gou*·ma·ta

Est-ce la route de (Rila) ?

Това ли е пътят за (Рила)?	to·*va* li e *peu*·tyat za (*ri*·la)

ALPHABET CYRILLIQUE BULGARE

ÉCRITURE CYRILLIQUE	ÉCRITURE LATINE	PRONONCIATION CYRILLIQUE
А а	**a**	comme dans “papa”
Б б	**b**	comme dans “bébé”
В в	**v**	comme dans “voiture”
Г г	**g**	comme dans “gare”
Д д	**d**	comme dans “dé”
Е е	**e**	comme dans “épi”
Ж ж	**j**	comme dans “je”
З з	**z**	comme dans “zéro”
И и	**i**	comme dans “lit”
Й й	**y/ï**	comme dans “maïs”
К к	**k**	comme dans “koala”
Л л	**l**	comme dans “lent”
М м	**m**	comme dans “mais”
Н н	**n**	comme dans “nous”
О о	**o**	comme dans “lot”
П п	**p**	comme dans “paire”
Р р	**r**	*r* roulé
С с	**s**	comme dans “sens”
Т т	**t**	comme dans “tarte”
У у	**u**	comme le “ou” français
Ф ф	**f**	comme dans “faire”
Х х	**h**	comme le “ch” allemand ou la “jota” espagnole
Ц ц	**ts**	comme dans “tsar”
Ч ч	**tch**	comme dans “tchèque”
Ш ш	**sh**	comme dans “chez”
Щ щ	**shtch**	comme dans “vache tchèque”
Ъ ъ	**ă**	comme dans “beurre”
Ю ю	**yu**	comme “you” en français
Я я	**ya**	comme dans “yack”

GLOSSAIRE

aleya – allée
apteka – pharmacie
avtogara – gare routière

banya – bain ; désigne souvent des bains thermaux
BDJ – abréviation de Bălgarski Dărjavni Jeleznitsi, les chemins de fer d'État bulgares
besplaten – gratuit
bul – abréviation de boulevard

djumaya – mosquée
dvorets – palais

ezero (s), **ezera** (pl) – lac(s)

fonokarta – carte téléphonique

gara – gare
gradina – jardin ; désigne souvent un parc public

Haïdouks – rebelles bulgares qui combattirent les Turcs aux XVIIIe et XIXe siècles
hali – marché couvert
hija – refuge ; désigne souvent un refuge de montagne

iconostase – cloison, porte ou panneau généralement richement décoré, qui sépare le sanctuaire de la nef dans une église orthodoxe
iztok – est

kăshta – maison
khan – roi d'une tribu bulgare ou, plus tardivement, de l'Empire bulgare ; également appelé tsar
kilim – tapis en laine tissé à la main, généralement à motifs géométriques de couleurs vives
kino – cinéma
knyaz – prince
konak – commissariat datant de l'occupation ottomane
krepost – forteresse
kvartiri – chambres/appartement, le plus souvent chez l'habitant

maison-musée – en Bulgarie, il s'agit souvent d'une maison construite dans le style typique du Renouveau national et transformée en musée
manastir – monastère
mehana – taverne
more – mer
most – pont

obshtina – municipalité ; également mairie

pacha – haut responsable politique pendant l'occupation ottomane
peron – quai
peshtera – grotte
pl – abréviation de *ploshtchad* : place
planina – montagne
Pomaks – littéralement "aides" ; Slaves qui se convertirent à l'islam pendant l'occupation ottomane

rakia – eau-de-vie bulgare, habituellement à base de raisin, mais qui peut aussi être fabriquée à partir de prunes ou d'autres fruits
reka – rivière

sever – nord
spirka – arrêt du bus/abribus
sveti (m), **sveta** (f) – saint(e)
svobodni stai – chambres libres : écriteau placé devant des maisons privées pour indiquer la location de chambres chez l'habitant

tchalga – style de musique pop entraînante basée sur des mélodies bulgares traditionnelles et jouée sur des instruments modernes
tcharshiya – rue ou endroit où se trouvent des ateliers d'artisans traditionnels
tcherga – tapis traditionnel et coloré, tissé à la main
toaletna – toilettes
turistitcheska spalnya – "chambre touristique", établissement basique de style dortoir
turistitcheski dom – "maison touristique", hôtel très confortable avec chambres doubles
troyanska kapka – poterie émaillée traditionnelle, originaire de la ville de Troyan et peinte selon une technique particulière laissant des coulures (*kapka* veut dire "gouttes")
tsar – *voir* khan
tsărkva – église

ul – abréviation d'*ulitsa* : rue

varosha – centre d'une vieille ville
veliko – grand
vilayet – province de l'Empire ottoman au XIXe siècle
vlak – train
vrăh – sommet d'une montagne

yug – sud

zakuska – petit-déjeuner
zapad – ouest

En coulisses

VOS RÉACTIONS ?

Vos commentaires nous sont très précieux et nous permettent d'améliorer constamment nos guides. Notre équipe lit toutes vos lettres avec la plus grande attention. Nous ne pouvons pas répondre individuellement à tous ceux qui nous écrivent, mais vos commentaires sont transmis aux auteurs concernés. Tous les lecteurs qui prennent la peine de nous communiquer des informations sont remerciés dans l'édition suivante, et ceux qui nous fournissent les renseignements les plus utiles se voient offrir un guide.

Pour nous faire part de vos réactions, prendre connaissance de notre catalogue et vous abonner à notre newsletter, consultez notre site Internet : **www.lonelyplanet.fr**.

Nous reprenons parfois des extraits de notre courrier pour les publier dans nos produits, guides ou sites Web. Si vous ne souhaitez pas que vos commentaires soient repris ou que votre nom apparaisse, merci de nous le préciser. Notre politique en matière de confidentialité est disponible sur notre site Internet.

À NOS LECTEURS

Merci à tous les voyageurs qui ont utilisé la dernière édition de ce guide et qui nous ont écrit pour nous faire part de leurs conseils, de leurs suggestions et de leurs anecdotes. Et notamment à :
Éric et Manon Albin, Thomas Bisiaux, Cécile et Greg, Sophie Christophe, Isabelle Hubinet, Adriana et Claudia Nicolae, M. Sadakhom.

UN MOT DES AUTEURS

Mark Baker

Je souhaite tout d'abord remercier mes co-auteurs et les éditeurs de Lonely Planet pour leur aide sur ce guide. Un grand merci également aux lecteurs de Lonely Planet et aux utilisateurs du site Internet qui m'ont soumis leurs remarques, critiques et compliments sur les éditions précédentes. Sur place en Roumanie, j'aimerais adresser mes plus vifs remerciements à mes amis Florina Presadă, Ioana Lupea, Ana Raluca, Ruxandra Predescu, Dalia Tabacaru, Ştefania Oprina, Crina Becheanu, Elena Loghin, Diana Podasca, Narcisa Suruianu, Mirela Petra et Lori Alexe, sans oublier Paula Gusetu Nimigean et son époux Costi. En Bulgarie, toute ma gratitude à Tatyana Spasova, Martina Ivanova Staneva-Antonova, Dani Nencheva, et bien d'autres encore.

Steve Fallon

Mulţumesc foarte mult à tous ceux qui m'ont apporté leur aide, leurs suggestions et/ou l'hospitalité au Maramureş, et dans la Crişana et le Banat, et notamment à : Dan Carpov et Rada Pavel à Baia Mare ; Ion Hotea, qui m'a sorti du fossé (littéralement) à Mănăsteria ; Duncan et Penny Ridgley à Breb. Tous mes remerciements également à mes co-auteurs Mark Baker et Anita Isalska pour leur soutien et leurs idées. Comme toujours, je dédie mon travail à mon compagnon, Michael Rothschild.

Anita Isalska

Un grand merci aux personnes suivantes pour leurs conseils précieux sur la Bulgarie : Denitsa Leshteva et toute l'équipe du service touristique de Plovdiv ; Hristo Giulev ; Sophia Bojkova et l'équipe touristique de VT ; Mila Todorova ; Samokov TIC ; Ivan Djamulov ; et, plus encore, mon co-auteur éclairé, Mark Baker. Merci à mes intrépides parents, qui m'ont retrouvée au monastère de Rila et m'ont apporté un regard neuf sur ce lieu extraordinaire. Merci à ceux qui m'ont consacré de leur temps en Transylvanie, notamment à Andrea Rost, Sana Nicolau, Cristina Cofaru, Cristiana Fica, Mark Tudose, Crina Prida, Colin Shaw, Karla Zimmerman et mon co-auteur Steve Fallon. Toute mon affection à Normal Matt, qui a rendu mon séjour à Sibiu encore plus agréable et qui m'a encouragée tout le temps de l'écriture.

À PROPOS DE CET OUVRAGE

Cette 2e édition française du guide *Roumanie* et *Bulgarie* est une traduction-adaptation de la 7e édition du guide *Romania & Bulgaria*, publiée en anglais par Lonely Planet, et écrite et actualisée par Mark Baker, Steve Fallon et Anita Isalska. L'édition précédente avait été rédigée par Mark Baker, Chris Deliso, Richard Waters et Richard Watkins.

Traduction
Florence Delahoche, Lucie Marcusse, Véronique Mondon, Damien Zalio

Direction éditoriale
Didier Férat

Adaptation française
Marie Thureau

Responsable prépresse
Jean-Noël Doan

Maquette
Gudrun Fricke

Cartographie
Cartes originales de David Kemp et Alison Lyall, adaptées par Eduardo Yanes-Blanch pour la version française

Couverture
Adaptée par Laure Wilmot pour la version française

Remerciements à Jean-Victor Rebuffet et Ségolène Roy pour leur précieuse contribution au texte, à Marie Barriet-Savev pour son travail de révision, la transcription de l'alphabet cyrillique et ses nombreux conseils, et à Maud Bruguière pour sa relecture attentive. Merci à Ludivine Brehier et Olympe Richez pour la préparation du manuscrit, à Camille Marie pour les renvois de page, à Dominique Spaety pour son soutien, et à toute l'excellente équipe du bureau de Paris. Enfin, merci à Clare Mercer, Joe Revill, Sarah Nicholson et Luan Angel du bureau de Londres, ainsi qu'à Andy Nielsen, Darren O' Connell, Chris Love, Sasha Baskett, Angela Tinson, Jacqui Saunders, Ruth Cosgrave et Glenn van der Knijff du bureau australien.

REMERCIEMENTS

Données des graphiques climatiques adaptées de Peel MC, Finlayson BL & McMahon TA (2007) "Updated World Map of the Köppen-Geiger Climate Classification", *Hydrology and Earth System Sciences*, 11, 1633-44.

Photographie de couverture : vue aérienne de la vieille ville de Brașov, Transylvanie, Roumanie, Dziewul/Shutterstock ©

Index

Références des cartes **en gras**
Références des photos en bleu

D

E

Références des cartes **en gras**
Références des photos en bleu

INDEX H-M

Références des cartes **en gras**
Références des photos en bleu

N

O

P

Références des cartes **en gras**
Références des photos en bleu

R

S

T

U

V

W

Y

Z

Références des cartes **en gras**
Références des photos **en bleu**

Légende des cartes

À voir

- Château
- Monument
- Musée/galerie/édifice historique
- Ruines
- Église
- Mosquée
- Synagogue
- Temple bouddhiste
- Temple confucéen
- Temple hindou
- Temple jaïn
- Temple shintoïste
- Temple sikh
- Temple taoïste
- Sentō (bain public)
- Cave/vignoble
- Plage
- Réserve ornithologique
- Zoo
- Autre site

Activités, cours et circuits organisés

- Bodysurfing
- Plongée/snorkeling
- Canoë/kayak
- Cours/circuits organisés
- Ski
- Snorkeling
- Surf
- Piscine/baignade
- Randonnée
- Planche à voile
- Autres activités

Où se loger

- Hébergement
- Camping

Où se restaurer

- Restauration

Où prendre un verre

- Bar
- Café

Où sortir

- Salle de spectacle

Achats

- Magasin

Renseignements

- Banque
- Ambassade/consulat
- Hôpital/centre médical
- Accès Internet
- Police
- Bureau de poste
- Centre téléphonique
- Toilettes
- Office du tourisme
- Autre adresse pratique

Géographie

- Plage
- Refuge/gîte
- Phare
- Point de vue
- Montagne/volcan
- Oasis
- Parc
- Col
- Aire de pique-nique
- Cascade

Agglomérations

- Capitale (pays)
- Capitale (région/État/province)
- Grande ville
- Petite ville/village

Transports

- Aéroport
- Poste frontière
- Bus
- Téléphérique/funiculaire
- Piste cyclable
- Ferry
- Métro
- Monorail
- Parking
- Station-service
- Station de métro
- Taxi
- Gare/chemin de fer
- Tramway
- U-Bahn
- Autre moyen de transport

Les symboles recensés ci-dessus ne sont pas tous utilisés dans ce guide

Routes

- Autoroute à péage
- Voie rapide
- Nationale
- Route secondaire
- Petite route
- Chemin
- Route non goudronnée
- Route en construction
- Place/rue piétonne
- Escalier
- Tunnel
- Passerelle
- Promenade à pied
- Promenade à pied (variar
- Sentier

Limites et frontières

- Pays
- État/province
- Frontière contestée
- Région/banlieue
- Parc maritime
- Falaise
- Rempart

Hydrographie

- Fleuve/rivière
- Rivière intermittente
- Canal
- Étendue d'eau
- Lac asséché/salé/intermittent
- Récif

Topographie

- Aéroport/aérodrome
- Plage/désert
- Cimetière (chrétien)
- Cimetière (autre)
- Glacier
- Marais/mangrove
- Parc/forêt
- Site (édifice)
- Terrain de sport

LES GUIDES LONELY PLANET

Une vieille voiture déglinguée, quelques dollars en poche et le goût de l'aventure, c'est tout ce dont Tony et Maureen Wheeler eurent besoin pour réaliser, en 1972, le voyage d'une vie : rallier l'Australie par voie terrestre via l'Europe et l'Asie. De retour après un périple harassant de plusieurs mois, et forts de cette expérience formatrice, ils rédigèrent sur un coin de table leur premier guide, *Across Asia on the Cheap*, qui se vendit à 1 500 exemplaires en l'espace d'une semaine. Ainsi naquit Lonely Planet, dont les guides sont aujourd'hui traduits en 13 langues.

LES AUTEURS

Mark Baker

Écrivain voyageur, Mark Baker est né aux États-Unis et vit désormais à Prague. Il a contribué à de nombreux guides consacrés à l'Europe de l'Est ou centrale pour Lonely Planet. Ce qu'il aime par-dessus tout ? Dévoiler des lieux habituellement jugés trop à l'écart ou trop insolites pour figurer dans des guides ! Mark travaille également pour le *Wall Street Journal* et le *National Geographic Traveler*. Par le passé, il a été journaliste pour *The Economist*, Bloomberg News et Radio Free Europe. Entre deux voyages (et deux balades à vélo), il enseigne l'histoire de l'Europe centrale et le journalisme à l'université anglo-américaine de Prague.

Steve Fallon

Originaire de Boston, Steve Fallon a d'abord fait des études de langues vivantes, avant de devenir journaliste et de travailler pendant plusieurs années pour un quotidien américain. Fasciné par la "nouvelle" Asie, il s'est ensuite envolé pour Hong Kong, où il est resté une dizaine d'années – il y a travaillé pour divers médias et a même ouvert une librairie de voyages ! Steve a ensuite vécu à Budapest, puis à Londres. Il a écrit ou contribué à plus d'une centaine de guides Lonely Planet.

Anita Isalska

Journaliste spécialisée dans le voyage, éditrice et rédactrice publicitaire, Anita Isalska travaille depuis de nombreuses années pour Lonely Planet, ce qui l'a conduite des stations balnéaires grecques à la jungle malaisienne ! Aujourd'hui freelance, elle partage son temps entre le Royaume-Uni, l'Australie et n'importe quelle pension des Balkans, pourvu qu'elle possède une connexion Wi-Fi. Elle contribue à différentes publications papier et en ligne sur les voyages, la gastronomie et la culture. Suivez-la sur www.anitaisalska.com.

Roumanie et Bulgarie

2e édition
Traduit et adapté de l'ouvrage *Romania & Bulgaria, 7th edition, July 2017*

Dépôt légal Septembre 2017
ISBN 978-2-81616-408-4

Imprimé par Grafica Veneta, Trebaseleghe, Italie

En Voyage Éditions | un département place des éditeurs